Der Glaube
Hubertus Halbfas

Der Glaube

erschlossen und kommentiert
von Hubertus Halbfas

Patmos

*Für die Schwabenverlag AG ist Nachhaltigkeit ein wichtiger Maßstab ihres Handelns.
Wir achten daher auf den Einsatz umweltschonender Ressourcen und Materialien.
Dieses Buch wurde auf FSC®-zertifiziertem Papier gedruckt. FSC® (Forest Stewardship Council)
ist eine nicht staatliche, gemeinnützige Organisation, die sich für eine ökologische
und sozial verantwortliche Nutzung der Wälder unserer Erde einsetzt.*

Bibliografische Information der Deutschen Nationalbibliothek
Die Deutsche Nationalbibliothek verzeichnet diese Publikation in der Deutschen Nationalbibliografie;
detaillierte bibliografische Daten sind im Internet über http://dnb.d-nb.de abrufbar.

Alle Rechte vorbehalten
© 2010 Patmos-Verlag der Schwabenverlag AG, Ostfildern
www.patmos-verlag.de

Umschlaggestaltung: Gesine Beran, Düsseldorf
Umschlagabbildung: Michael Triegel, Anthropisches Prinzip, 1996/97 (vgl. S. 581), © VG Bild-Kunst, Bonn 2010
Illustrationen: Annemarie und Josef Schelbert, Olten
Layout: Ina Halbfas, Köln
Gesamtherstellung: Patmos-Verlag, Ostfildern
Hergestellt in Deutschland

ISBN 978-3-491-72563-8

Inhalt

Vorwort 13

I. Glaube und Bewusstsein 17

1. Der Homo sapiens 17
2. Der archaische Ursprung 18
3. Das magische Bewusstsein 19
   Die Höhlen der großen Jäger 20
   Jagdmagie 22
4. Das mythische Bewusstsein 25
   Der Sonnentempel von Newgrange 27
   Der Demeter-Mythos 27
5. Das mentale Bewusstsein 29
   Die Achsenzeit und das Aufkommen der Universalreligionen 30
   Der Fall Sokrates 32
   Die Religionen in der Religion 34
6. Das integrale Bewusstsein 37
   Das neue Denken 37
   Paradigmenwechsel 39

Bestattungsszene, Felsdarstellung aus Namibia, um 10 000 v. Chr.

II. Glaube und Sprache 41

1. Sprache und Denken 42
   Exkurs: Plattdeutsche Sprache und Dogma 48
2. Sprache und Wirklichkeit 50
3. Sprache und Sinngebungskompetenz 51
4. Sprache und Glaube 54

III. Glaube und Existenz 57

1. Glaube als Mut zum Leben 57
2. Glaube und Geschichte 62
3. Glaube und Vernunft 63
4. Glaube und Wissen 68
5. Glaube und Wahrheit 74
   Mythos als das wahre Wort 74
   Der Beginn der Interpretation 77
   Das Ende der Metaphysik 80
   Wahrheit, die frei macht 83
6. Glaube und Offenbarung 85
7. Glaube und Zweifel 88
8. Glaube und Toleranz 91

Pablo Picasso (1881–1973), La vie – Das Leben, 1903.

Julius Schnorr von Carolsfeld (1794–1872), Der Prophet Daniel (Dan 5), 1860.

IV. Glaube und Bibel — 95

1. Die Entstehung der Jüdischen Bibel 95
Die Reform des Königs Joschija 95
Joschijas politisch-theologischer Geschichtsentwurf 97
    Die Erzväter 98
    Die Eroberung Kanaans 99
    Kanaanäer oder Israeliten? 100
    Staatenbildung unter David und Salomo? 100
    Das Nordreich Israel und das Südreich Juda 101
    Der Untergang des Südreiches Juda 103
Die Neukonzeption der Geschichte Israels und die Entstehung des Pentateuch 103
2. Der lange Weg der historisch-kritischen Bibelauslegung 105
3. Bibel und modernes Weltbild 107
4. Bibel als »Wort Gottes« 110
5. Historisch-kritische oder/und Kanonische Bibelauslegung? 111
6. Bibel als Kritik des Dogmas 114

V. Glaube und Dogma — 117

1. Die jüdische Glaubensweise 117
2. Die christliche Glaubensweise 123
3. Was ist ein Dogma? 126
4. Häresie und Dogma 127
5. Dogma und Macht 131
6. Dogma und Angst: Fundamentalismus 132

Der Planet Erde.

VI. Evolution oder Schöpfung? — 135

1. Von Kopernikus bis Newton 135
2. Das moderne kosmologische Weltbild 141
3. Der Urknall 143
4. Die erste Sekunde nach dem Urknall 147
5. Von einer Sekunde bis drei Minuten 149
6. Das Universum 150
7. Der Beginn des Lebens 154
8. Die Entstehung des Menschen 156
9. Die Frage nach dem Schöpfergott 162
  Erstens: *Die Evolutionswissenschaften widerlegen die Anthropozentrik der christlichen Schöpfungslehre* 163
  Zweitens: *Die Erfahrung widerspricht der »guten« Schöpfung* 165
  Drittens: *Religion ist Hermeneutik. Mit welchem Recht sprechen wir noch von »Schöpfung«, »Vorsehung« und »Theodizee«?* 170
  Viertens: *Gott ist nicht, was Menschen sich unter einem Schöpfer vorstellen, er ist dieser Vorstellung unähnlicher als ähnlich* 172
  Fünftens: *Auch die mystische Erfahrung hilft nicht, wenn sie den Schrei der Leidenden ignoriert* 174

VII. Gott 179

1. Die Masken Gottes ... 180
2. Der Gott der Bibel ... 183
   - *Die Entstehung des biblischen Monotheismus* ... 183
   - *Monotheismus und Menschenrechte* ... 186
     - *Das Recht des Fremden* ... 186
     - *Sklaverei und das Recht auf Freiheit* ... 186
     - *Soziale Gerechtigkeit* ... 187
   - *Die Eigenart des biblischen Gottes* ... 188
     - *Der bildlose Gott und das biblische Bilderverbot* ... 188
     - *Der befreiende Gott* ... 189
     - *Der gebietende Gott* ... 190
   - *Gottesverständnis – jüdisch und christlich* ... 192
3. Der Gott des Islam ... 193
4. Hinduismus: Die Einheit mit dem Göttlichen ... 197
5. Buddhismus: Eine »gottlose« Religion? ... 201
6. Die Wahrheit der Religionen ... 203
7. Gottesglaube und Atheismus ... 205
   - *Ludwig Feuerbach* ... 207
   - *Karl Marx* ... 208
   - *Friedrich Nietzsche* ... 210
   - *Sigmund Freud* ... 212
8. Das Ende des Theismus ... 214
9. Nicht-theistisch an Gott glauben: Die Mystik ... 219
   - *Jüdische Mystik* ... 219
   - *Frühchristliche Mystik* ... 220
   - *Islamische Mystik* ... 221
   - *Deutsche Mystik* ... 223
   - *Mystik: personal oder transpersonal?* ... 224
   - *Mystik und Erfahrung* ... 228
   - *Der biblisch-jesuanische Weg* ... 231

Barnett Newman (1905–1970), Untitled (The break), 1946.

VIII. Jesus von Nazaret und der Christus des Glaubens 235

1. Die Rückfrage nach dem historischen Jesus ... 236
   - *Exkurs: Die Leben-Jesu-Forschung* ... 240
2. Die Jesusbewegungen und ihre Schriften ... 244
   - *Schriften aus palästinischer Überlieferung* ... 244
     - *Die Spruchquelle Q und ihr Hintergrund* ... 244
     - *Das Thomasevangelium und dessen Gemeinde* ... 245
   - *Schriften aus dem Christuskult* ... 246
     - *Die Deutung des Kreuzestodes Jesu* ... 248
     - *Das rituelle Mahl* ... 249
3. Jesus von Nazaret ... 251
   - *Kurze Lebensbeschreibung* ... 251
   - *Das Programm Jesu* ... 255
     - *Das »Reich Gottes« ist eine Gestalt der alltäglichen Welt* ... 255
     - *Das Reich Gottes ist schon da: »mitten unter euch«* ... 257
     - *Paradigma und Prüfstein: Offene Tischgemeinschaft* ... 257
     - *Armut als Bedingung der Teilhabe am Reich Gottes* ... 259
     - *Im Reich Gottes gilt eine andere Verwandtschaft* ... 260

Christus. Gotische Wandmalerei im Dom zu Lübeck.

4. Zweierlei Evangelium	262
5. Divergierende Deutungskonzepte	265
Das Evangelium des Paulus	265
Exkurs: Paulus	272
Der »Jesus« des Markusevangeliums	274
Der »Jesus« des Matthäusevangeliums	281
Der »Jesus« des Lukasevangeliums	282
Der »Jesus« des Johannesevangeliums	284
6. Abendmahl, Tod und Auferstehung	287
Das Abendmahl	288
Historische Rückfragen	288
Der Todesbezug des Abendmahls	292
Die Deutung des Todes Jesu	297
Die Auferstehung Jesu	302
Die Auferstehung im Zeugnis der Schrift	302
Auferstehung im Judentum	302
Die Metapher »Auferstehung«	303
Körper und Leib	305
Die Entstehung des Osterglaubens	305
Wie viele Jahre dauerte der »Ostersonntag«?	308
Unterschiedliche Ansätze in der frühen Jesusbewegung	309
In der Wurzel korrumpiert?	313
Die Auferstehung – Grundstein des Glaubens?	315
Exkurs: Das Alte Ägypten und die Christologie	318
7. Wie die Jesusinterpretation weiterging	326
Das Konzil von Nicäa	327
Die Konzile von Ephesus und Chalcedon: Die Trinitätslehre	328
8. Jesus der Christus	331
Jesus und das Judentum	331
Jesus und das Christentum	334

IX. Die Kirche   341

1. Die Anfänge in Galiläa	341
2. Das Gemälde	345
3. Die Hellenisierung des Christentums	350
4. Das kirchliche Amt	355
Die frühchristlichen Gemeindeformen und ihre Dienste	358
Auf dem Weg zum Monepiskopat	360
Die Sacerdotalisierung des Klerus	362
Das Priesterbild des Mittelalters	362
Eine Kirche ohne Priester? Die reformatorische Kritik	363
Das Priesterbild der Neuzeit	364
Die Priesterkirche und ihre Bürokratisierung	365
Das Ende der Priesterkirche?	368
Priestertum ohne Priesteramt. Die protestantische Situation	372

5. Die Kirche und die Frauen 374
   Die Frau in der Jüdischen Bibel 376
   Jesus und die Frauen 377
   Von der »Frauenkirche« zum Patriarchat 379
   Erbsünde und Sexualität 381
   Benachteiligung der Frauen im Bildungswesen 383
   Definitionszwänge und Selbstautorisierung 385
   Der Beitrag der Mystikerinnen 386
   Frühe feministische Bibelkritik 388
   Die Selbstverständlichkeiten des Patriarchats 392
   Frauenordination als Maßstab 394
   Ausblick 396
6. Kirche und Mission 397
   Mission als Rettung der Seelen 398
   Die Religionen als Gesprächspartner 401
   Das Evangelium Jesu als Ansatz für eine Theologie der Mission . . . 402
   Dezentralisation und Pluriformität 408
      Afrikanisches Christentum 409
      Indisches Christentum 410
   Der Weg der Religionen 412
7. Die Ökumene 413
   Das Neue Testament und die Vielfalt der Konfessionen 413
   Schismatogene Ansätze im Christentum 414
   Die Ökumenische Bewegung 418
   Ökumene – oben und unten 423
   Der christliche Fundamentalismus 425

X. Glaube – Volksglaube – Unglaube – Aberglaube   429

1. Volksglaube – am Beispiel der Marienverehrung 431
   Antike Vorläufer 433
   Die Große Mutter des Mittelalters 435
   Unter pastoraler Regie 436
   Das gebrochene Verhältnis der Gegenwart 438
   Das Zeitalter der Marienerscheinungen 439
   Visionen – aus der Tiefe der Seele? 442
   Gott und die Wirklichkeit in uns selbst 445
2. Volksglaube – am Beispiel des Wunderglaubens 446
   Mit einem Wunder legitimiert der Himmel jede Heiligsprechung . . . 447
   Auch Unheilige wirken Wunder 450
   Die weinenden Madonnen 451
   Beleidigt das Wunder den guten Geschmack? 452
   Die Vermessung des Glaubens 454
   Was ist Wirklichkeit? 457
3. Der populäre Unglaube 459
   Subversive Zweifel 459
   Religionskritik als Korrektur des Glaubens 461
   Der inhumane Gott 464
4. »Wer bin ich – und wenn ja, wie viele?« 466

Gegenüber: Notre-Dame de la Belle Verrière, 12. Jh., Kathedrale von Chartres.

Lichterprozession in Lourdes.

Martial Leiter (geb. 1952), Parking.

Keltische Kultstätte in Roquepertuse, 2. Jh. v. Chr.

XI. Glauben im Zeitenumbruch — 471

1. Neun biographische Skizzen 471
    - *Franz Jägerstätter:* Keiner will für etwas verantwortlich sein 471
    - *Vilma Sturm:* Die Worte der Kirche sind meine Worte nicht mehr . 475
    - *Otto Kuss:* In Wirklichkeit ist alles ganz anders 481
    - *Simone Weil:* Alle Wahrheit in sich aufnehmen 486
    - *Hugo Lassalle:* Zen für das Christentum 488
    - *Henri Le Saux:* Indische Erfahrung und westliche Begriffswelt ... 492
    - *Petra Mönnigmann:* An jedem Tag sollte ein Mensch weniger leiden 495
    - *Hélder Câmara:* Vision einer anderen Kirche 498
    - *Heinrich Missalla:* Nichts muss so bleiben, wie es ist 505
2. Das Schicksal der Kirchen 509
    - *Abgehende Kirchen* 510
    - *Sakral oder profan? Ist die Kirche ein »Gotteshaus«?* 512
    - *Funktionslose Kirchen der Innenstädte* 514
    - *Zu verkaufende Kirchen?* 516
    - *Kirchen »nach dem Ende des Christentums«* 516
    - *Die Kirchen und ihre Nutzung* 518
3. Das Geschehen in den Kirchen 522
    - *Meditation* 522
    - *Gebet* 524
    - *Gottesdienst* 526
    - *Eucharistie/Abendmahl* 530
4. Glaube und Mystik 533

XII. Das Jenseits — 537

1. Das dunkle Tor des Todes 538
2. Die Seele, der Zwischenzustand und die Auferstehung am Jüngsten Tag 540
3. Jenseitsvorstellungen 542
    - *Neandertaler* 542
    - *Vorgeschichtliche Bestattung* 542
    - *Steinzeit* 543
    - *Ägypten* 543
    - *Israel und die Bibel* 545
    - *Christliche Vorstellungen* 547
    - *Das Jenseits im neuzeitlichen Denken* 551
    - *Die modernen Höllen* 556
4. Nahtod-Erfahrungen 558
5. Reinkarnation oder Seelenwanderung 562
    - *Hinduistische Religionen: Leiden an der Wiedergeburt* 562
    - *Buddhismus: Neuinterpretation der Wiedergeburtslehre* 565
6. Reinkarnationsglaube im Abendland 566
    - *Bibel und frühes Christentum* 566
    - *Reinkarnationsvorstellungen der westlichen Welt* 567
7. Auferstehung – Ewiges Leben 568

XIII. Wohin gehen wir?

1. Die Enterbung Israels und die Hellenisierung des Christentums – eine Wurzel heutiger Glaubensproblematik 574
2. Die christliche Glaubenslosigkeit – eine Folge der christlichen Glaubenslehre 578
3. Die historisch-kritische Exegese – eine Infragestellung des dogmatischen Christusbildes 582
4. Die Säkularisierung der Religion, die Auflösung der Metaphysik und das Entscheidend-Christliche 584
5. Die alte Ordnung und das Chaos des neuen Denkens 590

Robert Rauschenberg (1925–2008), White Painting, 1951.

Vorwort

Das Christentum blickt auf zweitausend Jahre Geschichte zurück. Dass diese Geschichte die Zukunft nicht sichert, lassen die gravierenden Traditionsabbrüche erkennen, die heute den Glauben betreffen. Seit der Aufklärung unterliegt er kritischen Korrekturen. Ein immer noch wachsender Schwund an Zustimmung ist zu verzeichnen. Für die zwei jüngsten Generationen gilt dieser Schwund nahezu flächendeckend. Konnte man bisher der Ansicht sein, es handle sich um ein europäisches Krisenproblem, so zeigen sich ähnliche Vorgänge auch in Lateinamerika. Die vermeintliche Vitalität der jungen Kirchen außerhalb Europas ist trügerisch. Früher oder später werden sie dieselben Krisen wie die alte europäische Christenheit durchmachen. Sogar in den Vereinigten Staaten, deren Kirchlichkeit immer wieder gegenüber der Alten Welt hervorgehoben wird, fühlen sich neuerdings größere Teile der jungen Generation vom alten Glauben nicht mehr angesprochen. Ist es nahezu zwangsläufig, dass, je aufgeklärter, arbeitsteiliger, fortschrittlicher eine Kultur ist, die Menschen sich umso stärker von Kirche und tradiertem Gottesglauben entfernen?

Zentrale Inhalte des christlichen Glaubens zeigen sich inzwischen der inneren Akzeptanz entfremdet. Die Leitbegriffe des Apostolischen Glaubensbekenntnisses sind unverständlich geworden. Einen solchen Glauben aufzugeben bereitet keine Schwierigkeiten; eines eigenen Entschlusses bedarf es nicht mehr. Soziologen sagen, der Kirchenaustritt sei inzwischen in die Breite der Bevölkerung hineingewachsen. Schönreden wird in dieser Situation nicht helfen. Soll dieser epochale Traditionsabbruch bestanden werden, gilt es vielmehr, das Christentum von seinen Anfängen her neu zu sehen und neu zu bewerten.

Dieses Buch stellt sich der Aufgabe. Es spricht aus, was unter der Oberfläche virulent ist. Es nimmt an, dass die Zukunft nicht mehr mit Einzelkorrekturen, sondern nur mit einer alles umfassenden Neubesinnung gewonnen werden kann. Nicht Faktoren gesellschaftlicher Entwicklung stehen folglich im Vordergrund, sondern Fragen nach dem, was der christliche Glaube selbst zu der Entwicklung beigetragen hat und wie es um seine Erneuerungsressourcen bestellt ist.

Quint Buchholz (geb. 1957), Der Leuchtturm.

Ein Freund aus katholischen Zeiten erzählte mir neulich bei einem Bier, dass er ausgetreten sei aus der Kirche. Er sagte es in einem Nebensatz und mit der gleichen Beiläufigkeit, mit der man von Trennungen entfernter Bekannter berichtet. Kurz überlegte ich, ob ich eine Diskussion über die Kirche beginnen sollte, besann mich jedoch, bestellte ein Bier, und wir redeten über etwas anderes.

Matthias Stolz

Ich habe den Eindruck, dass das verfasste Christentum in der modernen Welt sein tatsächliches Ende längst hinter sich hat, aber ohne dies bemerkt zu haben.
Herbert Schnädelbach

Was heute den Kirchen Not tut, kann wohl so zusammengefasst werden: Zum einen müsste erkannt, aber auch anerkannt werden, dass es sich um eine evolutive Veränderung des religiösen Bewusstseins handelt. Alle Indizien sprechen dafür.

Zum anderen müsste insbesondere durch die Repräsentanten der Kirchen anerkannt werden, dass es sich um einen wohl schmerzhaften, aber doch Hoffnung schenkenden Prozess handelt. Ebenso wie Revolutionen bedingen auch Evolutionen Destabilisierungen bestehender Systeme, doch fegen sie sie nicht hinweg. Was stark und lebensfähig ist, hat die Chance, in die neuen Formen hineinzuwachsen, aufgenommen und adaptiert zu werden. Evolutionen sind von außen kaum zu steuern, sicherlich nicht durch die alten, häufig verschlissenen Kräfte oder Autoritäten. Es ist tödlich, sich diesen Entwicklungen zu widersetzen, aber sicherlich auch, sich ihnen völlig anzupassen.
Knut Walf

Es macht dem heutigen Menschen, der in dem Weltbild der dogmatisierten Theologie erzogen ist, das Glauben schwer, durch eine derartige Masse von Enttäuschungen gehen zu müssen, wie die unsymbolisch und unpoetisch denkende und sprechende Lehrform einer fundamentalistisch geprägten, metaphysisch argumentierenden Theologie sie erzeugt, vor allem, weil all diese Stellen der Enttäuschung einmal als heilige Versprechungen der Religion galten. Die meisten Menschen vertragen es nicht, derart enttäuscht zu werden, und bleiben irgendwo resigniert und verbittert auf ihrem Lebensweg stehen.
Eugen Drewermann

Den Anfang bestimmt eine Geschichte des Glaubens, die sich bis in die Frühzeit der Menschen zurücktastet. Dabei zeigt sich Glauben in Abhängigkeit von der menschlichen Bewusstseinsentwicklung: als eine veränderbare Größe, die nie Endgültigkeit findet, sondern nach vorne hin offen bleibt und zu gestalten ist. In keiner Religion der Welt hat es je »den« einen, gesicherten Glauben gegeben noch kann es ihn jemals geben. Immer steht er in Verbindung mit unterschwelligen Anschauungen als auch einem vorauseilenden Denken. Selbst wenn er dem Zeitgeist widerspricht, entgeht er doch nicht dem Wandel des Wissens und des Urteils. Beharren Religionen und Kirchen aber statisch auf ihrer Tradition, so ignorieren sie auch die Revisionen, die das eigene Erbe aus seiner Geschichte mitbringt. Die israelitisch-jüdische Tradition kennt Brüche geradezu umstürzender Art, etwa im Übergang zum Monotheismus. Auch die Jesusbewegung war ein Reformprogramm. Das Christentum bewahrt seine Dynamik nur, wenn es unter wechselnden Zeiten immer neu aktualisiert wird.

Der Hauptteil befragt die zentralen Glaubensinhalte im Kontext des heutigen Wissens. Die Evolutionswissenschaften schildern die Geschichte des Lebens als eine Folge unablässiger Katastrophen. Die Natur verfährt mit Mensch und Tier, wie kein Mensch mit einem anderen Menschen oder einem Tier umgehen dürfte. Ist damit die Idee eines guten Schöpfergottes zu verbinden? Definieren Menschen in ihrem Gottesverständnis zugleich ihr Selbstverständnis – oder umgekehrt: aus ihrem Selbstverständnis ihr Gottesverständnis? Ist Theologie doch Anthropologie?

Im Bereich der Christologie und Kirchenlehre kommen die historischen Wissenschaften zu Resultaten, die fundamentale Ansätze der christlichen Dogmatik bestreiten. Der Gewissheit ihrer Erkenntnisse lässt sich nicht ausweichen, weshalb die Art, wie sie im kirchlichen Bereich übergangen und abgetan werden, die Wahrhaftigkeit der heutigen Glaubensdarlegung infragestellt. Auch der Blick auf das kirchliche Amtsverständnis, die Rolle der Frauen, auf Theologie und Praxis der Mission, die Situation der Ökumene, das Verhältnis von Volksglaube, Aberglaube und Unglaube sowie heute diskutierte Jenseitsvorstellungen verlangt eine ungeschönte Auseinandersetzung, ohne die keine Zukunft in Aussicht steht.

Der Abschluss des Buches verfolgt die Frage: Wohin gehen wir? Der stattfindende Paradigmenwechsel drängt dazu, die jesuanischen Anfänge wieder frei zu legen, um eine zukunftsfähige Neuorientierung des Christentums zu entwickeln. Die Christenheit hat alle Möglichkeiten, jenseits der heutigen Krise noch einmal Profil zu gewinnen, sofern sich deklamatorische Glaubensstarre in lebendiges Leben, Denken und Sprechen auflösen lässt.

Für dieses Ziel kommen viele Stimmen zu Wort: Solche von theologischen Autoritäten, die wichtige Positionen mittragen, aber auch Gegenstimmen, die es erlauben, im Abwägen der Argumente ein eigenes Urteil zu finden. Neun Biographien, in denen sich die heutigen Umbrüche spiegeln, bieten dazu anschauliche und bewegende Hintergründe.

Um weitere Gesichtspunkte einzubeziehen, finden sich in der Randspalte Zitate, die den Gedankengang unterstreichen, oder variieren oder in neue Bezüge setzen. Daneben werden Erläuterungen zu Fachbegriffen und Personen geboten. In ihrer Summe umspielen die Texte der Randspalte den Grundtext mit einer Fülle ergänzender Informationen und pointierter Stellungnahmen.

Kunstwerke vergangener Jahrhunderte veranschaulichen den Weg einzelner Glaubensinhalte oder ein gängiges Verständnis. Aktuelle Werke der bildenden Kunst aber zeigen, wie tiefgreifend der Traditionsabbruch ausfällt.

Der katholische Theologe Karl Rahner war überzeugt, »dass wir heute zum ersten Mal wieder in der Zeit einer Zäsur leben, wie sie beim Übergang vom Juden-Christentum zum Heiden-Christentum gegeben war«. Er fand, die hellenistische Inkulturation des Christentums sei zu relativieren, um neue Inkulturationen weltweit zu ermöglichen. Man werde für die Zukunft »nicht daran zweifeln können, dass auch die Glaubens- und Dogmengeschichte der Kirche Veränderungen mit sich bringen wird, die wir uns heute noch kaum vorstellen können«. Die »prüfende Wiederdurchsicht« der kirchlichen Lehre werde zwingend auch zu inhaltlichen Änderungen führen.

Solch inhaltliche Revisionen fehlen in diesem Buch gewiss nicht, doch gilt dafür auch die Einschränkung, die der antike Skeptiker Sextus Empiricus (2. Jh. n. Chr.) für sein Denken in Anspruch nahm: »Ich möchte bemerken, dass ich von keinem der Dinge, die ich sagen werde, mit Sicherheit behaupte, dass es sich in jedem Fall so verhalte, wie ich sage, sondern dass ich über jedes einzelne nur nach dem, wie es mir jetzt erscheint, urteile.« – Was hier verhandelt wird, ist für das Gegenargument offen.

Es wäre allerdings welt- und kirchenfremd, zu verkennen, dass Angst wie Glaubenssorge auf dieses Buch (vermutlich nicht immer fair) mit Abwehr reagieren werden. Jedoch: steht angesichts der stattfindenden Entwicklung eine »Neuerfindung« des Christentums aus der Substanz des Reich-Gottes-Programms Jesu an, können Analyse und Kritik sich kaum in den Bahnen und Grenzen bewegen, die nach Maßgabe des herrschenden Bewusstseins für sie vorgesehen sind. Hilfreich können in diesem Prozess allein Beiträge sein, die keinen dogmatischen Setzungen unterstehen, welche der Diskussion und Bestreitung von vorneherein entzogen sind. Der oft beschworene »Wille zum Gehorsam gegenüber der Wahrheit« setzt ein ergebnisoffenes Fragen voraus. Das Gehorsamsethos gegenüber der Wahrheit besteht ja gerade darin, sich fortschreitender Einsicht zu öffnen und zu akzeptieren, dass auch der christliche Glaube dem geschichtlichen Wandel unterliegt – und allein in diesem Wandel sich erhalten lässt.

Hubertus Halbfas

Gespräch unter Pfarrern

»Was ich fragen wollte«, begann Pauly wieder. »Hatten Sie, als Sie diese plötzliche Sprachstörung bekamen, ein Problem mit dem Text?«

»Ja«, sagte er. »Aber es kam völlig überraschend.«

»Es handelte sich um das Glaubensbekenntnis, nicht wahr?«

»Ja.«

»Was ist denn in Ihnen vorgegangen?« Er zögerte. Dann sagte er: »Es war der totale Schrecken. Ich musste plötzlich denken, alles, was da steht und was ich immer gesagt habe und jetzt wieder sagen soll, glaube ich nicht. Weder die Erschaffung von Himmel und Erde durch Gott noch seine eigene Existenz. Und auch nicht die Auferstehung Christi, seine Himmelfahrt und seine Wiederkehr beim Jüngsten Gericht. Nichts war mehr da. Ich bin ins Bodenlose abgestürzt …

Ja, so war es. Ein Sturz ins Leere … Ich habe mich gefragt: ›Was erzählst Du den Menschen eigentlich? Das sind doch alles nur Fiktionen!‹« …

»Sehen Sie«, sagte Pauly, »da sind wir gleich einen Schritt weiter. Ja, es sind Fiktionen, alte Geschichten, neue Gedanken und Bilder, Kunstwerke und ehrwürdige Rituale, Gewohnheiten und Gefühle. Und das alles zusammen bildet das Netz, das uns auffangen soll, und das wir Religion nennen. Es besteht aus Altem und Neuem, es hat Lücken, ist stellenweise morsch. Und es wird ständig repariert und erneuert und immer wieder erprobt. Es ist ein work in progress. Und das ist auch die Lebendigkeit der Religion.« …

Trotzdem konnte er es nicht unterlassen zu fragen: »Wäre denn für Sie und für die Kirche ein Pfarrer akzeptabel, der nicht an Gott glaubt?«

»Sie stellen verfängliche Fragen«, sagte Pauly. »Aber ich weiß, es treibt Sie um. Also, ich kann in diesem Fall nur für mich sprechen. Ich könnte es akzeptieren unter der Bedingung, dass die christliche Grundorientierung erhalten bleibt und der Gottesglaube anderer Menschen nicht angetastet wird. Ich bin sogar überzeugt, dass es oft so läuft.«

Eigentlich, dachte er, glaubt Pauly auch nicht an Gott. Oder nur in der unbestimmten, nicht weiter hinterfragten Weise, wie ich es bis vor kurzem auch getan habe.

Dieter Wellershoff

I. Glaube und Bewusstsein

Die Wörter Glaube und Religion gab es in keiner Sprache der frühen Menschheit. Sie sind viel zu abstrakt, als dass sie hätten gedacht werden können. Für hunderttausend und mehr Jahre ist über das Denken und Glauben der Menschen nichts zu sagen, weil die Knochenfunde, die ihre Existenz belegen, keine weitere Auskunft bieten. Selbst erste, bewusst angelegte Gräber früher Menschen erlauben noch keinen Schluss, ob sich damit die Ahnung von einem »Totenreich« verband oder ob sie nur das Bedauern um den Verlust eines Mitmenschen darstellen. Immerhin verrät die in späterer Zeit anzutreffende Bestattung von Menschen, etwa das Besprengen des Toten mit rotem Ocker oder erste Grabbeigaben, ein Denken, das hinter die endgültigste aller Grenzen reicht, und von uns als »Glaube« und »Religion« gedeutet wird.

Wir müssen darum zunächst die Entwicklung des Bewusstseins vor dem Hintergrund der gesamten Menschheitsgeschichte im Überblick verfolgen, um sehen zu können, wie sich Glaube in Abhängigkeit vom Bewusstsein entwickelt.

1. Der Homo sapiens

Alle heute lebenden Menschen sind miteinander verwandt. Fossilien, die dem *homo sapiens* zugerechnet werden, gibt es seit etwa 160 000 Jahren, verstärkt seit ca. 100 000 Jahren.

Als Ursprungsland der Menschheit gilt Afrika. Die von dort Auswandernden – vor etwa 55 000 Jahren – teilten sich eine nördliche und eine südliche Gruppe. Die südliche Gruppe gliederte sich wenige Jahrtausende später in Australier (heutige Aborigines, Tasmanier und Papuas), Negritos (indigene Völker in den Regenwäldern Süd- und Ostasiens) und Südasiaten (heute: Südchinesen, Thai, Khmer, Indonesier, Philippinos, Polynesier und andere Bewohner Ozeaniens).

Die nördliche Gruppe gliederte sich vor etwa 45 000 Jahren auf in »Weiße« (Inder, südwestasiatische Völker, Araber, Nordafrikaner, hellhäutige Menschen europäischer Abstammung) und Nordasiaten (heute: Mongolen, Tibetaner, Sibirische Bevölkerung, Nordchinesen, Japaner, Ainu, Koreaner, Inuit). Von den Nordasiaten trennten sich zwischen 30 000 und 14 000 Jahren die Indianer Nord- und Südamerikas.

Heute leben etwa 6,4 Milliarden Menschen auf dem Globus. Durch zunehmende Mobilität vermischen sich die genetischen Gruppen immer mehr, nachdem sie früher durch geographische Distanz oder kulturelle Unterschiede voneinander getrennt blieben.

Die Wissenschaft der vergangenen Generationen hat ein Zerrbild des frühen Menschen entworfen: Seine intellektuellen Fähigkeiten seien nur gering gewesen. Er habe durchweg falsche Schlüsse über Ursache und Wirkung gezogen. Seine rituellen Praktiken – zauberische Mittel – würden das geringe geistige Niveau offenbaren, das an heutigen Primitiven immer noch studiert werden könne.

Bei Laetoli in Tanzania blieben in der Vulkanasche diese Fußabdrücke erhalten. Sie sind das früheste Zeugnis für eine zweifüßige Fortbewegung. Vor etwa 3,5 Millionen Jahren wanderten ein erwachsenes und ein kindliches Lebewesen durch den Ascheregen. Dabei trat das Kind in die Fußstapfen des Erwachsenen. Es kamen noch kleine Hirsche vorüber, und ein kurzer, heftiger Regen ergoss sich über die Landschaft, ehe die Fußspuren durch weitere Vulkanausbrüche zugedeckt wurden.

Diesem Bild widersprechen heutige Anthropologen. Sie sehen die Unterschiede zwischen unseren und den Fähigkeiten der Frühmenschen lediglich durch die jeweilige kulturhistorische Situation bedingt. Darum kann auch ein Kind, das in einer steinzeitlichen Kultur geboren wird, beim Wechsel in die moderne Welt Jahrtausende menschheitlicher Entwicklung überspringen.

Wenn es dennoch über vielleicht hundertfünfzigtausend Jahre kaum Veränderung gab, sollte das Begabungspotential des frühen Homo sapiens gleichwohl nicht in Zweifel gezogen werden. Die geistigen Fähigkeiten, die das Überleben erforderte, werden leicht unterschätzt: Um mit Erfolg Großwild zu jagen, ist Koordination untereinander, also auch Sprachvermögen wichtig, und Feuer zu erzeugen und zu unterhalten erfordert eine Abfolge ziemlich komplizierter Handlungen. Ebenso lässt sich der Weg übers Meer nach Australien vor etwa vierzig- bis fünfzigtausend Jahren nur als eine kooperative Hochleistung verstehen. Viele der heutigen Vorstellungen über die frühe Menschheit beruhen noch auf Annahmen der ersten Religionswissenschaftler, die selbst nie Kontakt mit indigenen Völkern hatten und vom Schreibtisch aus seltsame Theorien über das Leben der »Primitiven« entwickelten. Weder konnten sie sich vorstellen, wie viel Kenntnisse, Geschick und überlegtes Handeln dazu gehörten, um in der Dürre, in der Kälte oder in der Steppe zu überleben. Noch vermochten sie aus den Totenkulten, Ritualen oder Mythen eine angemessene Vorstellung vom geistigen Format der zugehörigen Glaubensvorstellungen zu entwickeln.

Das Gehirn des Homo sapiens hat sich seit seinem Auftreten nicht wesentlich verändert. Das heißt, der Mensch der Frühzeit war bereits für heutige Denkleistungen ausgestattet. Er änderte sich auf seinem Weg durch die Geschichte nicht biologisch, wohl aber durchschritt er in seiner Bewusstwerdung mehrere Stadien: vom archaischen Anfang über das magische Bewusstsein zum mythischen und schließlich zum mentalen Bewusstsein, dessen Krisis die heutige Situation der Menschheit kennzeichnet.

2. Der archaische Ursprung

Wenn auch der Mensch der Frühzeit nicht unbegabter war als wir heute, war sein Bewusstseinsstand dennoch ein gänzlich anderer. In seinem menschlichen Ur-Sprung musste er sich aus der anfänglichen Umklammerung des Unbewussten Schritt für Schritt befreien. Dazu boten sich dem archaischen Menschen zunächst nur symbolische Formen an. Diese Symbole des Anfangs haben, wenn wir Erich Neumann vertrauen können, Kreisgestalt; es sind die Formen des Runden, Kugel und Ei. Damit verbinden sich Schoß und Uterus als Weltsymbole für das eigene Daseinsgefühl. Doch ist der Uterus der Frau nur Teil-Aspekt des Ursymbols und keinesfalls mit »Gebärmutter« gleichzusetzen. Auch Tiefe, Abgrund, Urgrund,

Der homo sapiens, der die Welt eroberte, der nach Amerika, Australien und in andere Gebiete kam, die die großen Eroberer unserer Geschichte nicht einmal dem Namen nach kannten, war mit einer verhängnisvollen Neugier ausgestattet, die es nicht zuließ, dass ihm in seiner Umgebung etwas unbekannt blieb. In dieser Neugier, die das Verhalten des homo sapiens von Anfang an kennzeichnet, besteht unsere große Ressource. Wehe dem, der nicht neugierig ist! Die Neugier treibt uns dazu, mehr wissen und verstehen zu wollen, und das ist die Grundlage des Seins.

Emmanuel Anati

ebenso wie Höhle, Untergrund, Brunnen, See und Teich gehören in diesen Zusammenhang. Alles Umfassende, das ein Kleines umfängt und nährt, vertritt den urmütterlichen Bereich. Und so, wie der Anfang des Lebens, wird auch sein Ende davon umgriffen: Mit den Symbolen von Höhle, Erde und Grab, mit der Bestattung in Embryonalhaltung in den Hockergräbern der Steinzeit, wird der Tod als Rückkehr in ein Allumfassendes empfunden.

Unbeschadet seiner Alltagstüchtigkeit lebte der Mensch der Frühzeit primär unbewusst. Dass er diese Ursituation überwindet und aus dem »Tiefschlaf« heraustritt, ist sein auszeichnendes Spezifikum.

Die weitere menschliche Bewusstseinsentwicklung lässt sich – nach Jean Gebser – in drei Phasen beschreiben. Es sind das magische, das mythische und das mentale Bewusstsein. Diese Aufeinanderfolge ist nicht so zu verstehen, als ob die jeweils nächste Bewusstseinsstufe die voraufgegangene zurücklasse, vielmehr bleibt die frühere Bewusstseinsstufe weiterhin wirksam, wird aber der aktuell herrschenden untergeordnet, so dass ein Kontinuum entsteht unter der Dominanz der jüngsten Bewusstseinsebene. Für menschliche Ganzheit ist es grundsätzlich bedeutsam, dass alle Bewusstseinsstrukturen der voraufgegangenen Geschichte lebendig bleiben. Sollten ältere Bewusstseinsstufen teilweise oder ganz verdrängt werden, so gilt doch weiterhin, sie von neuem zu beleben und wieder zu integrieren.

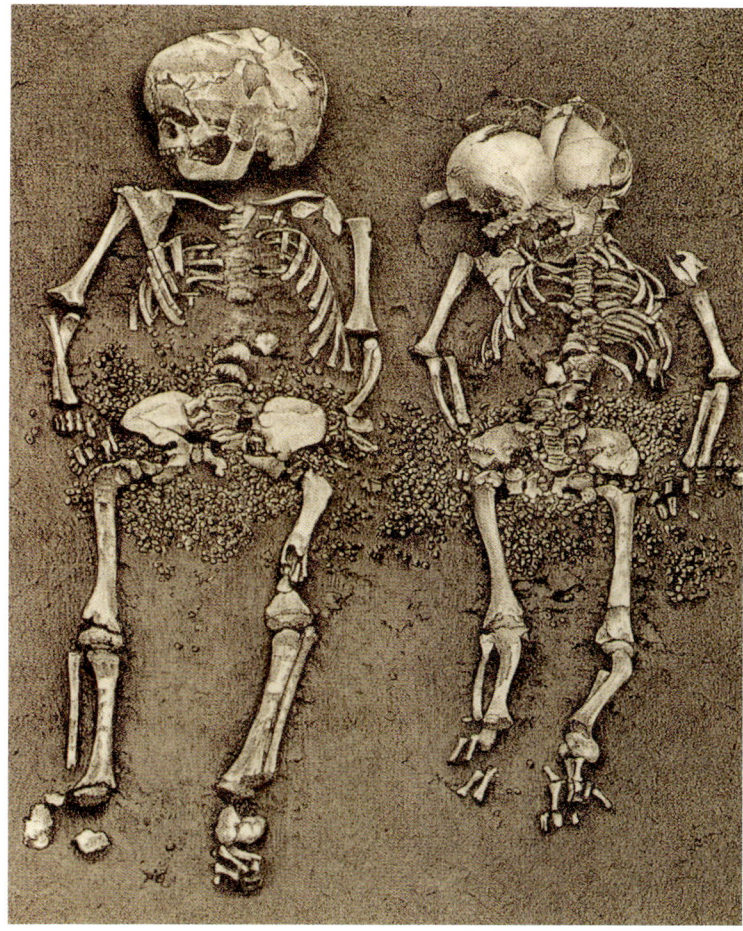

Ein reich geschmücktes Kindergrab, das bei Balzi Rossi in Italien freigelegt wurde. Der Schmuck aus durchbohrten Molluskenschalen könnte frühes Beispiel eines erblichen sozialen Statussymbols sein.

3. Das magische Bewusstsein

Die Wörter *machen*, *Mechanik*, *Maschine* und *Macht* gehören zur gleichen Wortgruppe. Dieser Wurzel entstammen auch lateinisch *magus*, der Zauberer, und *Magie*. Es gibt viele Definitionen von Magie; eine davon heißt: »Magie ist Tun ohne Wissen«. Ins Psychologische übersetzt könnte der Satz lauten: Magie ist Tun ohne Wachbewusstsein.

Im aufkommenden magischen Bewusstsein versucht der Mensch, unabhängig von der Natur zu werden, sie zu bannen und zu beschwören. Damit beginnt zugleich der bis heute endlose Kampf um die Macht: Der Mensch wird zum Macher. Das zeigt sich zunächst im Verhältnis zum Tier: Er unterstellt das Tier seiner Macht, indem er es zeichnet oder malt. Die ersten Niederschläge dieses Strebens finden sich in den Höhlen der großen Jäger, deren Bilder vornehmlich einen bannenden, magischen Charakter haben. Ihre Zeit datiert zwischen 35 000 und 10 000 Jahren vor uns.

Erich Neumann (1905–1960), deutsch-israelischer Psychoanalytiker. Er gilt als der bedeutendste Schüler C. G. Jungs. Seine »Ursprungsgeschichte des Bewusstseins« (1949) hat die Tiefenpsychologie stark beeinflusst.

Glaube und Bewusstsein

Der Saal ist groß und lang, dann kommt der Tunnel. Wir stellen die Lampe auf den Boden und schieben sie hinein in das Loch. Das Loch ist nicht viel breiter als meine Schultern und auch nicht höher. Vor mir höre ich die anderen stöhnen und sehe, wie ihre Lampen sich ganz langsam vorschieben. Die Arme dicht am Körper, so kriechen wir auf dem Bauch vorwärts wie Schlangen. Aber der Gang ist stellenweise nur etwa dreißig Zentimeter hoch, so dass man auch den Kopf auf die Erde legen muss. Es ist, als wenn ich durch einen Sarg krieche. Man kann den Kopf nicht heben, man kann nicht atmen. Da, endlich, wird der Gang höher. Man kann einmal den Unterarm aufstützen. Aber es bleibt nicht so, schon wieder verengt er sich. Meter um Meter muss so erkämpft werden, 40 m insgesamt. Niemand spricht. Die Lampen werden um Zentimeter vorgestellt, und wir schieben uns nach. Vor mir höre ich das Stöhnen der anderen, das Herz hämmert, das Atmen fällt schwer. Es ist grausig, so dicht über dem Kopf die Decke zu haben. Und sie ist sehr hart, immer wieder stoße ich an. Es will nicht enden. Doch plötzlich sind wir durch. Alle atmen auf. Es ist wie eine Erlösung.

Riesig der Saal, in dem wir stehen. Wir lassen das Lampenlicht an die Decke, an die Wände gleiten: ein mächtiger Raum – und da sind auch die Zeichnungen. Eine ganze Wand ist von oben bis unten bedeckt mit Bildern. Mit dem Steinmesser ist in die Wand geritzt worden, man sieht alle die Tiere, die damals in Südfrankreich lebten: Mammut, Rhinozeros, Bison, Wildpferd, Bär, Hemion, Rentier, Vielfraß, Moschusochse. Auch kleine Tiere kommen vor: Schnee-Eulen, Hasen, Fische. Überall wieder Pfeile, die auf die Tiere zufliegen. Besonders fesseln uns mehrere Bilder von Bären. Sie zeigen Einschusslöcher, und das Blut schießt den Bären aus dem Maul. Das richtige Jagdbild also, das Bild des Zaubers der Jagd.

Herbert Kühn

Die Höhlen der großen Jäger

Der Zugang zu der künstlerischen Arbeit dieser Großwildjäger ist eine Begegnung mit dem Übernatürlichen. Erstes Merkmal dieser Bilder ist ihre beinahe unzugängliche Lage. Wenn überhaupt, erscheinen die Bilder nur selten an den Eingängen der Höhlen, wo die Menschen lebten. Stattdessen muss man auf Knien und Ellenbögen kriechen, ja manchmal sogar reißende unterirdische Flüsse und Seen durchschwimmen, um – oft unter Lebensgefahr – die innersten Bereiche jener Zufluchtsstätten zu erreichen. Man stelle sich nur vor, dass man den Weg nicht zurückfindet oder in einem der nahezu unpassierbaren Gänge stecken bleibt. Nicht selten stößt ein Forscher, der nach Höhlenbildern sucht, auf eine Sackgasse, die zu eng ist, als dass er sich umdrehen könnte. Dann bleibt ihm nichts anderes übrig, als über Hunderte von Metern rückwärts zu kriechen.

Die Gefahr und die Erregung müssen ein wesentlicher Teil des paläolithischen Rituals gewesen sein. Die Lampen jener Zeit, die mit Tierfett gespeist und mit Dochten aus trockenen Fasern versehen waren, brannten vielleicht fünf oder sechs Stunden. In zahlreichen Höhlen wurden Steinlampen gefunden. Einige davon waren elegant geformt, während andere aus einfachen Kalksteinplatten bestanden, in die Löcher für den Brennstoff gebohrt waren. Niemals jedoch wurde das Skelett eines Menschen gefunden, der es nicht mehr geschafft hatte, die Höhle lebend zu verlassen ...

Auf den meisten Bildern, Gravuren und Reliefs wird Jagdwild abgebildet, etwa Rentiere, Pferde, Mammute, Wisente, Wollnashörner, Hirsche, Steinböcke und Auerochsen. Gelegentlich tauchen auch Höhlenlöwen, Bären, Fische und Vögel auf. Es gibt aber auch einige Bilder von Menschen, die häufig in Tierhäute gekleidet sind und Hufe, Hörner und andere tierische Merkmale tragen. Vermutlich sind hier Schamanen bei ihren kultischen Handlungen abgebildet ... Das bekannteste Beispiel ist der »Zauberer« von Les Trois Frères in den Pyrenäen. Es handelt sich um eine männliche Figur mit dem Geweih eines Hirsches. Seine Nase gleicht dem Schnabel eines Greifvogels, und seine Augen haben den starrenden Blick einer Eule. Zudem trägt die Figur einen Pferdeschweif, und ihre unnatürlich kurzen Arme enden in krallenbesetzten, bärenähnlichen Tatzen ... Diese in merkwürdiger Weise gebeugte oder hockende Figur scheint gerade einen zeremoniellen Tanz auszuführen.

In der Religion der meisten arktischen und subarktischen Jäger und Sammler, einschließlich der heutigen Inuit (oder Eskimo) und der Rentierjäger Nordostalaskas, ist der Schamanismus das beherrschende Element. Schamanen sind Männer oder Frauen, die eine besondere Beziehung zur Welt der Geister unterhalten. Man ruft sie bei Krankheit oder anderen Schwierigkeiten, damit sie im Namen der Gemeinschaft mit den Geistern verhandeln. Wenn zum Beispiel das Wild so knapp wird, dass das Überleben der Gemeinschaft bedroht ist, fällt der Schamane in Trance und sendet seine Seele aus, um herauszufinden, warum der Geist, der über die Tiere herrscht, sie zurückhält. Anschließend muss die Seele den Geist dazu bringen, mehr Tiere zu senden. Auch zur Heilung von Krankheiten werden die Schamanen gebraucht. Vermutlich hatten die eiszeitlichen Großwildjäger ähnliche Vorstellungen, und ihre Schamanen – oder jedenfalls Menschen mit vergleichbaren Aufgaben – hielten entsprechende Zeremonien in den Höhlen ab. Wie könnten diese ausgesehen haben?

In den letzten Jahren hat man eine ganze Reihe von Höhlenkammern mit gut erhaltenen Fußabdrücken aus dem Paläolithikum entdeckt. Am spektakulärsten ist ein Abschnitt der Höhle von Niaux in den Pyrenäen ... Der Weg dorthin ist extrem schwierig, und zunächst müssen drei unterirdische Seen überwunden werden.

Wie sich herausstellte, stammen die Fußabdrücke von Kindern, die zwischen 13 und 15 Jahren alt waren. Doch wie in allen Höhlen, wo die Abdrücke noch erhalten sind, mischen sie sich mit den Fußspuren Erwachsener. Da man in vielen Höhlen auf Flöten und andere Reste mutmaßlicher Musikinstrumente stieß, wurde der zeremonielle Tanz wohl durch Musik begleitet. ...

Frühere Forscher hatten schon darauf hingewiesen, dass wenigstens einige Höhlenbilder mit verschiedenen Initiationsriten zu tun gehabt haben können ... In allen traditionellen Kulturen bilden Übergangsriten einen wesentlichen Teil des rituellen und zeremoniellen Lebens. Sie beziehen sich auf Geburt, Pubertät, Eheschließung und den Tod. Die Initiationsriten der Jungen haben häufig mit Isolierung, mit der Dunkelheit und der Erfahrung von Angst zu tun. Im Laufe dieser ausgedehnten Zeremonien kommt es häufig zu schmerzhaften Prüfungen der Männlichkeit, wie etwa der Tätowierung und manchmal der Beschneidung. Nicht selten werden solche Rituale von Tänzen begleitet. Unter zahlreichen traditionellen Völkern unserer Tage, einschließlich der australischen Aborigines und der südafrikanischen Buschleute, besitzen die Höhlenbilder einen direkten Bezug zu diesen Pubertätsriten. Beinahe immer dienen die Riten auch dazu, Kenntnisse der mythischen Welt zu vermitteln ...

Die Kunst und das Ritual ... repräsentieren offenbar einen der entscheidenden Wege, auf dem Menschen mit ihrer neuartigen, ausspruchsvolleren und sozial komplizierteren Lebensweise fertig wurden. Die Glaubenswelt mit den dazugehörigen Zeremonien und Ritualen waren ein Hilfsmittel, um die Gesellschaft zusammenzuschließen, sie zu schützen und ihre Werte zu erhalten – letztlich eine Strategie zum Überleben.

Göran Burenhult

In den Höhlenmalereien des Paläolithikums ist die Aufmerksamkeit des Menschen völlig auf das Erfassen der Jagdtiere und ihrer charakteristischen Bewegungen gerichtet. Gegenüber den genial gezeichneten tierischen Gattungsmerkmalen erscheint das Bild des Menschen nur selten und dann unbeholfen, wie kindliche Strichfiguren. Der Mensch ist noch kein Thema – und erst recht kein menschengestaltiger Gott. Die Natur war belebt von archaischen Geistern, die alles beseelten. Als sich im Neolithikum Clans und Stammesgesellschaften auflösten, die Kulturwelt des Menschen größer und komplexer wurde und dann, wie in Ägypten, eine frühe Staatenbildung erfolgte, überrascht es nicht, dass die tiergestaltigen Numina anthropomorphen Vorstellungen wichen, diese aber die alten Tierköpfe behielten.

Für heutige Menschen sind die Bilderhöhlen der vorgeschichtlichen Menschheit früheste Orte geistiger Sammlung, die sich mit den Wünschen und Ängsten jener Menschen verbinden. Sie bewahren bis zum Tag eine unverkennbare sakrale Wirkung, obwohl dieses Erbe aus 40 000 Jahren dem Bewusstsein der Menschen fast unbekannt blieb. Weil die Bilder dieser verborgenen Höhlen nur eingeschränkt zugänglich sind, haben sie un-

Vermutlich ist Holz in der Steinzeit das am häufigsten verwendete Material, das sich jedoch nicht erhalten hat. Daneben gab es Tierhäute, Matten, Blätter und viele andere Materialien, die heute noch bei den Stämmen in Gebrauch sind. Fast alle Stammesvölker führen Zeichnungen im Sand aus, die sich mit dem ersten Wind oder ersten Regen wieder auflösen. Von all dem ist keine Spur zurückgeblieben, außer in den seltenen Fällen, wenn diese Zeichnungen im Sand oder im Lehm innerhalb von Höhlen ausgeführt worden sind, die dann aufgegeben wurden oder verkalkten.

Emmanuel Anati

Glaube und Bewusstsein

Die Höhle von Lascaux birgt einige der schönsten Beispiele mehrfarbiger Bilder. Vergleichbares findet man nur noch in Altamira. Diese Darstellungen repräsentieren den Höhepunkt einer 20 000-jährigen Tradition vorgeschichtlicher Kunst in Europa. Etwa um 12 000 v. Chr. endete diese Epoche.

Wenn du das gesehen hast, kannst du auch aufhören.
Pablo Picasso

sere Kultur und zumal unser religiöses Selbstverständnis kaum erreicht. In ihnen spiegelt sich die Seelenwelt einer dem Ursprung nahen Zeit wider, eine Geschichte ihrer Glaubens- und Denkweisen, deren Erforschung erst in den Anfängen steckt, die aber Aufschluss über unser eigenes religiöses Erbe gibt, wie es unterschwellig noch existiert.

Jagdmagie

Das Faktenmaterial, das über die Bilderwelt der großen Höhlen zusammentragen wurde, lässt es einigermaßen gesichert erscheinen, dass sich mit diesen verborgenen Orten magische Praktiken verbanden. In jener fernen Zeit war der Geist des Menschen vom Geheimnis der Tierwelt und den Gesetzen der Jagd beherrscht. Einen Spaltbreit finden wir Zugang zu dieser uns entzogenen Welt durch Leo Frobenius in einem Bericht über seine Erkundungen in Afrika:

Im Jahre 1905 traf ich in dem Urwaldgebiet zwischen Kassai und Luebo [im heutigen Zaire] auf Vertreter jener verdrängten Jägerstämme, die als Pygmäen so berühmt geworden sind. Einige der Leute, drei Männer und eine Frau, geleiteten die Expedition etwa eine Woche lang. Eines Tages – es war gegen Abend und wir hatten uns schon ausgezeichnet miteinander angefreundet – war wieder einmal große Not in der Küche, und ich bat die drei Männer, uns heute noch eine Antilope zu erlegen, was ihnen ja als Jäger etwas Leichtes sei. Die Leute sahen mich ob dieser Ansprache offenbar erstaunt an, und einer platzte dann mit der Antwort heraus, ja das wollten sie schon sehr gerne tun, aber für heute sei es natürlich ganz unmöglich, da keine Vorbereitungen getroffen seien.

Das Ende der sehr langen Verhandlung war, dass die Jäger sich bereit erklärten, am anderen Morgen mit Sonnenaufgang ihre Vorbereitungen zu treffen. Damit trennten wir uns. Die drei Männer gingen dann prüfend umher und zu einem hohen Platz auf einem benachbarten Hügel. Da ich sehr gespannt war, worin die Vorbereitungen dieser Männer denn nun bestehen würden, stand ich noch vor Sonnenaufgang auf und schlich mich in das Gebüsch, nahe dem freien Platze, den die Leutchen gestern Abend für ihre Maßnahmen ausgewählt hatten. Noch im Grauen kamen die Männer, aber nicht allein, sondern mit der Frau. Die Männer kauerten sich auf den Boden, rupften einen kleinen Platz frei und strichen ihn glatt. Dann kauerte der eine Mann nieder und zeichnete mit dem Finger etwas in den Sand. Währenddessen murmelten die Männer und die Frau irgendwelche Formeln und Gebete. Danach abwartendes Schweigen. Die Sonne erhob sich am Horizont. Einer der Männer, mit dem Pfeil auf dem gespannten Bogen, trat neben die entblößte Bodenstelle. Noch einige Minuten, und die Strahlen der Sonne fielen auf die Zeichnung am Boden. Im selben Augenblick spielte sich blitzschnell Folgendes ab: die Frau hob die Hände wie greifend zur Sonne und rief einige mir unverständliche Laute; der Mann schoss den Pfeil ab; die Frau rief noch mehr; dann sprangen die Männer mit ihren Waffen in den Busch. Die Frau blieb noch einige Minuten stehen und ging dann in das Lager. Als die Frau fortgegangen war, trat ich aus dem Busch und sah nun, dass auf dem geebneten Boden das etwa vier Spannen lange Bild einer Antilope gezeichnet war, in deren Hals nun der abgeschossene Pfeil steckte.

Während die Männer noch fort waren, wollte ich zu dem Platz gehen, um den Versuch zu machen, eine Fotografie von dem Bild zu gewinnen. Die immer in meiner Nähe sich aufhaltende Frau hinderte mich daran und bat mich inständigst, dies zu unterlassen. Wir marschierten also ab.

Am Nachmittag kamen die Jäger mit einem hübschen Buschbocke uns nach. Er war durch einen Pfeil in die Halsader erlegt. Die Leutchen lieferten ihre Beute ab und gingen dann mit einigen Haarbüscheln und einer Fruchtschale voll von Antilopenblut zu dem Platz auf dem Hügel zurück. Erst am zweiten Tag holten sie uns wieder ein, und abends bei einem schäumenden Palmwein konnte ich es wagen, mit dem mir vertrautesten der drei Männer über diese Sache zu sprechen. Der – schon ältere, jedenfalls von den Dreien der älteste – Mann sagte mir nun einfach, dass sie zurückgelaufen waren, die Haare und das Blut in das Antilopenbild zu streichen, den Pfeil herauszuziehen und dann das Bild zu verwischen. Vom Sinn der Formel war nichts zu erfahren. Wohl aber sagte er, dass das »Blut« der Antilope sie vernichten würde, wenn sie das nicht so machten. Auch das Auslöschen müsse bei Sonnenaufgang geschehen.

Inständig bat er mich, der Frau nicht zu sagen, dass er mit mir darüber gesprochen habe. Er schien große Furcht vor den Folgen seines Schwätzens zu haben, denn am anderen Tag verließen uns die Leutchen, ohne sich zu verabschieden, fraglos auf seine Veranlassung, denn er war der eigentliche Führer der kleinen Gesellschaft.

Leo Frobenius (1873–1938), Ethnologe. Mit seiner Forschung hat er Afrika für die westliche Welt zum Sprechen gebracht. Er sah die afrikanische Kultur der europäischen als gleichwertig an. Der senegalesische Politiker Léopold Sédar Senghor bekannte, durch F. habe »Afrika seine Würde und seine Identität wiedererhalten«.

Jean Gebser weist darauf hin, dass viele Zeichnungen und Statuetten einer sehr frühen Zeit mundlos sind. Er deutet diese Mundlosigkeit als Ausdruck, ja Kennzeichen der magischen und nicht etwa der mythischen Bewusstseinsstruktur. »Denn erst dort, wo Mythos ist, ist auch der ihn aussagende Mund.« Dieser Deutung liegt die Wahrnehmung zugrunde, dass noch nicht das Gesprochene Bedeutung hat, sondern das Gehörte, d.h. die Laute der Natur, die auf den magischen Menschen einwirken. »Die Verständigung innerhalb des Gruppen-Ich, des ›Wir‹, bedarf noch nicht der Sprache, sondern erfolgt gewissermaßen ›subkutan‹ oder telepathisch, da die Ichlosigkeit des Einzelnen, der kein Einzelner ist, die Teilhabe und Kommunikation an den kollektiven und vitalen Intentionen fördert, weil die untrennbare Verflochtenheit der Sippe das vorherrschende Prinzip ist.«

Glaube und Bewusstsein

»Der Zauberer« von Les Trois Frères.

Das Höhlensystem von Trois Frères umfasst mindestens anderthalb Kilometer unterirdischer Gänge. Es muss in der sehr langen Zeit, in der es in Gebrauch war, eines der wichtigsten Zentren der Magie und »Religion« auf der Welt gewesen sein. Die Zeitspanne, in der es benutzt wurde, wird auf wenigstens 20 000 Jahren geschätzt.

In dieser Höhle sind die Tiere nicht auf die Wände gemalt, sondern darin eingegraben. Über ihnen allen, ganz am Ende der Kultstätte, fast vier Meter über dem Boden in einer schroffen Felsapsis, schaut der berühmte »Zauberer von Trois Frères« den Besucher mit durchdringenden Augen musternd an. Eindrucksvoll über die dort in unglaublicher Zahl versammelten Tiere herrschend, verharrt er im Profil einer Tanzbewegung. Der geweihtragende Kopf ist mit dem Gesicht dem Raum zugewandt. Die gespitzten Ohren sind die eines Wolfes; die runden Augen erinnern an eine Eule; der auf die Brust fallende Bart ist der eines Mannes, desgleichen die tanzenden Beine. Der Schweif könnte einem Wildpferd gehören; die Hände sind die Pranken eines Bären.

Die Figur ist dreiviertel Meter hoch und das einzige Bild in der Kultstätte, bei dem schwarze Farbe verwendet wurde, was der Gestalt eine größere Eindringlichkeit gibt.

Dass die Sandzeichnung der Pygmäen, von denen hier erzählt wird, mit den Höhlenzeichnungen in engster Verbindung steht, geht aus ähnlichen prähistorischen Bildern hervor. Im Unterschied zu dem von Frobenius beschriebenen Ritual, das gerade der Sonne eine entscheidende Rolle zuwies, befinden sich die Tierbilder in den dunkelsten Bereichen der Höhlen. Der entlegene Ort der frühen magischen Handlung und die Dunkelheit deuten auf die große Bewusstseinsferne jener frühen Mentalität hin – selbst wenn ein Feuer bei der Zeremonie die Sonne vertreten haben sollte. Obwohl die Sandzeichnung der Pygmäen um Jahrtausende später erfolgt und das damit verbundene Ritual auch ein viel freieres Gegenüber zur Natur aufweist, lässt das Geschehen doch Kennzeichen des magischen Bewusstseins beschreiben, wie es die großen Jäger prägte.

Nicht der Pfeil der Pygmäen ist es, der hier tötet, sondern der erste Strahl der Sonne, der auf das Tier fällt, und für den der Pfeil Symbol ist. Es ist auch nicht der den Pfeil abschießende Mann, der das Tier tötet, sondern das Gruppen-Ich, das hier das magische Ritual vollzieht. Beides macht deutlich, in welchem Maße das Bewusstsein des Menschen noch an die Außenwelt gebunden ist: Während der heutige Mensch Verantwortung für sein eigenes Tun trägt, liegt hier die Verantwortung für das Geschehen bei der Sonne. Das zeigt die Ichlosigkeit des magischen Menschen, für den die symbolische Tötung mit der tatsächlichen zusammenfällt.

Eine solche Praxis macht den magischen Menschen unabhängig von Raum und Zeit. Die symbolische Vorwegnahme kann für ein Geschehen auf völlig anderer Ebene wirksam werden. Die Einschaltung des modernen Bewusstseins würde durch rational-kausales Denken diese psychische Verknüpfung unterbrechen. Dagegen spielt alles magische Geschehen – auch heute noch – in einer ichlosen, raum- wie zeitlosen Sphäre. Modernen Menschen ist dergleichen nur möglich durch Preisgabe des eigenen Bewusstseins, wie sie beispielsweise in der Trance stattfindet, oder aber durch Massensuggestionen, wie sie bei religiösen oder politischen Regressionen vorkommen.

Die Gleichsetzung des symbolischen mit dem realen Tun lässt sich als Analogiedenken bezeichnen, das allerdings weniger ein »Denken« als ein assoziatives Verknüpfen von tatsächlichen oder eingebildeten »Ähnlichkeiten« ist.

In allem wird das Bestreben deutlich, die Natur, die Tiere, das andere Leben zu beherrschen. Das heißt, der magische Mensch tritt aus der umschließenden Einheit des urzeitlich Runden heraus, wird sich seiner Gruppen-Identität bewusst und löst sich dabei aus seiner Naturverhaftetheit, deren Bann er durch einen Gegenbann bricht.

Einzuräumen ist aber auch dies: Mit der magischen Bewusstheit verbinden sich Fähigkeiten, die heute noch in der Form medialer Begabungen – als Medium wirkender Menschen – erfahren werden können. Der magische Mensch war in hohem Maße telepathisch. Er besaß Fähigkeiten des Fernwissens und Fernsehens, wie dies im ländlichen Westfalen über hundert Jahre zurück bei sogenannten »Spökenkiekern« auch noch erfahren werden konnte.

4. Das mythische Bewusstsein

Das magische Bewusstsein der Menschen bestimmte die *Vorzeit*. Vorzeit meint die prähistorische, also vorgeschichtliche Zeit. Der in diesem Zusammenhang sehr passende Ausdruck weist darauf hin, dass das magische Denken *vor* der Zeit, genauer: vor dem heutigen Zeitbewusstsein liegt.

Den Zeitraum, in welchem der Sprung aus der magischen in die mythische Struktur geschah, können wir in etwa eingrenzen. Er verbindet sich mit dem Überschritt zur Sesshaftigkeit der Menschen, als sie lernten, die Erde zu bebauen und von ihren Früchten zu leben. Wo immer in der Spätzeit der magischen Struktur sich Jahreszeiten-Riten entwickeln, astronomisches Interesse und erste Kalenderformen – wie in den mesopotamischen Kulturen oder später bei Azteken und Inkas – wird der Weg zum mythischen Denken beschritten und damit eine Bewegung zu weiterer Bewusstwerdung. Die Tendenz führt zu einer Bewusstwerdung der Seele, also der Innenwelt des Menschen.

In einem gewissen Sinne sind Mythen die Kollektivträume der Völker. Solange diese Träume nur erinnert, aber noch nicht in dichterischer Form dargestellt werden, gehören sie der unbewussten Sphäre zu und sind noch kein Indiz für erfolgte Bewusstwerdung; sie begründen lediglich deren Möglichkeit. Erst wenn mit Mythen eine gewisse Kraft der Formulierung und Gestaltung einhergeht, erschließt sich das darin erwachende Bewusstsein die Seele.

Mit dem Neolithikum, also der jüngeren Steinzeit, begann eine neue geschichtliche Phase in der Entwicklung der Menschheit. In der viele Jahrtausende langen Altsteinzeit lebten die Menschen von der Jagd, von Früchten und Wurzeln. Sie konnten sich nur in kleinen Sippen gesellen, weil für größere Gemeinschaften die Nahrungsbasis fehlte. Die Buschleute Südafrikas und die australischen Aborigines haben noch im letzten Jahrhundert Einsicht in diese anspruchslose Lebensform geboten.

Der Anstoß, das Land zu bebauen, um größere Vorräte für Notzeiten anzulegen, ist wahrscheinlich aus den fruchtbaren Flusslandschaften Mesopotamiens, Indiens und Anatoliens gekommen, doch haben die ersten Ernten nicht gleich das nomadische Leben beendet. Der Prozess, der aus Jägern und Sammlern sesshafte Bauern machte, überspannt vier bis fünf Jahrtausende, genug Zeit, um bisherige Ordnungen an die langsam sich wandelnden Lebensbedingungen anzupassen.

Das sesshafte Leben entwickelte eigene Bedingungen. Es zeigte sich abhängig von den Vegetationsperioden und dem Wetter. Man gewann eine veränderte Beziehung zum Himmel und zumal zur Sonne. Für Bauern ist der Wechsel der Jahreszeiten mit ihren unterschiedlichen Bedingungen lebenswichtig. Wird zu früh gesät, kommt es zu Schäden; geschieht es zu spät, können Hitze und Trockenheit jede Ernte verhindern. Nun begann man, Himmel und Erde genauer zu beobachten, denn der Himmel mit Sonne und Regen und die Erde mit ihren Erträgen entschieden von jetzt an über Leben und Tod.

Menhir von Champs de Callac, ein hoher Stein auf einem unbewaldeten Plateau.

Menhire gehören zur Megalithkultur der Jungsteinzeit und Bronzezeit. Sie sind über mehrere Kontinente verbreitet. Ihr europäischer Schwerpunkt liegt im Westen. Der größte stehende Menhir ist mit einer Höhe von 10 m und mehr als 150 t Gewicht der Menhir von Kerloas in der Bretagne. Auch der längste bekannte Menhir findet sich dort. Es ist der umgestürzte und in vier Teile zerbrochene Menhir von Locmariaquer. Ursprünglich war er etwa 21 m hoch. Die Kirchtürme stehen in ihrem Erbe.

Die Steinreihen bei Carnac (Bretagne) in einer historischen Zeichnung.

Glaube und Bewusstsein

Göbekli Tepe (dt. »Nabelberg«), ein vor ca. 11 500 Jahren errichtetes Bergheiligtum, die derzeit älteste bekannte Tempelanlage der Welt, errichtet auf dem höchsten Punkt eines langgestreckten Bergzugs im Südosten der heutigen Türkei.

Newgrange. Die Steintafel rechts vom Eingang trennte die Lebenden von den Toten. Darüber die Öffnung, durch die die ersten Strahlen der Wintersonne fallen.

Bedingungen kultureller Entwicklung

Im oberen Paläolithikum, vor etwa 45 000 Jahren, »explodierte« die technologische und kulturelle Entwicklung des Menschen. Seine Werkzeuge wurden ausgefeilter, es entstanden eine figurative Kunst, Formen des Köperschmucks und Musikinstrumente. Diese »Explosion« fand jedoch nicht überall gleichzeitig statt. In Afrika traten einzelne Elemente neuer Verhaltensweisen bereits vor rund 90 000 Jahren auf – um später wieder zu verschwinden. Nachdem vor 45 000 Jahren dann in Europa und Westasien eine neue Kulturschwelle erreicht wurde, dauerte es weitere tausende Jahre, bis auch andere Regionen diese Höhe erreichten. Da der heutige Homo sapiens jedoch schon vor 200 000 Jahren entstand, fragt sich, wieso es über 100 000 Jahre dauerte, bis er damit begann, seine geistigen Kapazitäten auszuschöpfen?

Laut einem Modell des University College in London sind für diese Entwicklung die Größe einer Population und die migratorische Beweglichkeit ihrer Untergruppen entscheidend – letztlich also die Menge der Kontakte, die Menschen untereinander haben. Demnach ist eine bestimmte Siedlungsdichte notwendig, damit Innovationen und eine entsprechende kulturelle und technische Entwicklung in Gang kommen.

Die neue Lebensform ließ die Menschen enger zusammenrücken. Sie vereinten sich zu Stämmen und Kultgemeinschaften. Dabei entstanden auch erste territoriale Abgrenzungen. Zugleich wandelten sich die religiösen Vorstellungen und Rituale. Die Höhlen und ihre Kulte verloren ihre Bedeutung. Die neuen Kulte verknüpften sich mit dem jahreszeitlichen Rhythmus der Vegetation. Die Heiligtümer, die jetzt entstanden, waren nicht mehr naturgegebene Räume wie die unterirdisch versteckten Höhlen, sondern geplante und selbst errichtete Bauten inmitten der eigenen Lebenswelt: Steinsetzungen von imponierender Monumentalität.

Das früheste Zeugnis dieses Umbruchs sind die ersten Sakralbauten der Menschheit in Anatolien auf der Kuppe des Göbekli Tepe (»Nabelberg«), entstanden vor mehr als elftausend Jahren. Nach zwölf Jahren archäologischer Forschung ist heute klar, dass es sich hier um einen steinzeitlichen Ort »mit monumentaler, megalithischer Architektur handelt, der bisher ohne Vergleiche bleibt und der die architektonische Wucht des südenglischen Stonehenge um mehr als sechstausend Jahre vorwegnimmt« (Klaus Schmidt). Hier, am Oberlauf des Euphrat, finden sich auch die ersten Zeugnisse betriebener Landwirtschaft. In dieser Region wurden die Fundamente des neolithischen Lebensstils gelegt, der dann nach Jahrtausenden in die frühen Stadtkulturen und schließlich in die Großreiche Mesopotamiens überleitete.

Viele spätere Steinsetzungen des Neolithikums sind astronomisch ausgerichtet. In den großen Steinkreisen wie Stonehenge geht die Sonne zur Sommersonnenwende genau über dem »Heelstein« auf, während zu den Tag- und Nachtgleichen die Auf- und Untergangspunkte der Sonne einander direkt gegenüber liegen. Diesen Kalender markierte also der Hori-

zont, während besondere Steine jene Stellen bezeichneten, an denen zu bestimmten Zeiten die Sonne aufging. Die Zeiten für Aussaat und Ernte konnten an den selbst gestalteten Orten abgelesen werden.

Die offen unter dem Himmel liegenden Steinsetzungen waren heilige Stätten. Obwohl wir nicht wissen, welche Kulte sich damit verbanden, ist immer noch erkennbar, dass sie die Ordnung des Himmels ablesbar machten, und alleine diese Funktion dürfte für das Vegetationsjahr der Bauern sakrale Bedeutung gehabt haben. Himmel und Erde gewinnen im Neolithikum eine starke religiöse Gewichtung, wie die Megalithstätten in aller Welt vor Augen führen:

Der Sonnentempel von Newgrange

Die Grabanlage von Newgrange/Irland ist in einen Hügel hineingebaut, ein Megalith-Monument, das eine erstaunliche technische und astronomische Kenntnis seiner Erbauer um 3200 v. Chr. verrät. Das Bauwerk wurde 1963 wieder freigelegt. Dabei gewann der Grabungsleiter, Michael J. O'Kelly, die Vermutung, dass eine Öffnung über dem Eingang nicht wie Stonehenge auf die Sommersonnenwende bezogen war, sondern auf deren Gegenpol. So begab er sich am frühen Morgen des 21. Dezember 1969 in die Mitte der Grabanlage und wartete auf den Sonnenaufgang:

In jedem Jahr wird am 21. Dezember um 9.54 Uhr die Grabkammer von Newgrange von der aufgehenden Sonne erleuchtet. Ab 10.15 Uhr ruht dieses Totenhaus dann für weitere 364 Tage in Dunkelheit.

Genau um 9.54 Uhr tauchte die Spitze des Sonnenballs über dem Horizont auf, und um 9.58 Uhr drang der erste direkte Sonnenstrahl durch die Öffnung auf dem Dach und durch den Gang. Als sich der dünne Lichtstrahl auf eine Breite von 17 Zentimeter erweiterte und über den Boden der Kammer ergoss, wurde das Grab in dramatischer Weise erleuchtet, und in dem Licht, das vom Boden reflektiert wurde, waren verschiedene Einzelheiten der Seiten- und Endkammern sowie des mit Balkenköpfen gestützten Daches deutlich sichtbar. Um 10.04 Uhr verschmälerte sich das Lichtband wieder, und genau um 10.15 Uhr wurde der direkte Lichtstrahl vom Grab abgeschnitten. Also kann bei Sonnenaufgang des kürzesten Tages im Jahr direktes Sonnenlicht eindringen, nicht über den Eingang, sondern durch den eigens dafür entworfenen Spalt.

Was aber fand in neolithischer Zeit in der Grabstätte zur Wintersonnenwende statt? War es eine vorchristliche »Osterfeier«? Wie verbanden sich dort die Lebenden mit den Toten? Wie wurde der Mythos von Tod und Wiedergeburt begangen?

Der Demeter-Mythos

Wenn wir auch von den kultischen Funktionen der neolithischen Grabanlagen und Steinsetzungen nichts wissen, so gibt es doch eine Fülle von Mythen, die das Thema von Tod und neuem Leben in ihrer Weise behandeln. Eine dieser Mythen erzählt von Demeter, der Hüterin des Ackerbaus, des Wachstums und der Fruchtbarkeit, deren Kult ins 2. Jahrtausend v. Chr. zurückreicht:

Glaube und Bewusstsein

Auf dem griechischen Vasenbild belehrt die Göttin Demeter den Triptolemos, Heros der Eleusinischen Mysterien, Verbreiter des Ackerbaus und der Kultur.

Der Liebling der Demeter erhielt von ihr Ähren, wurde im Ackerbau unterwiesen und ausgesandt, den Menschen den Getreideanbau zu lehren. Dafür lieh sie ihm ihren geflügelten Luftwagen, um diese Weisheit auf Erden zu verbreiten.

Demeter hatte eine Tochter Persephone. Diese wurde von Hades, dem Gott der Unterwelt, entführt, um sie dort zu heiraten. Da verließ Demeter den Olymp und streifte, als alte Frau verkleidet, rastlos durch die ganze Welt. Sie aß weder Nektar noch Ambrosia und ruhte auch nicht, um zu baden. Ihre Trauer war so groß, dass sie die Erde vernachlässigte. Da wuchsen die Pflanzen nicht mehr, die Felder verdorrten, und die Menschen litten Hunger.

Angesichts dieser Not versuchte der Göttervater Zeus, Demeter an ihre Pflichten zu erinnern; doch Demeter verweigerte sich, solange sie Persephone nicht wiederhatte. Sie wollte ihre göttliche Aufgabe ganz niederlegen und nie wieder in den Himmel zurückkehren. Da sandte Zeus den Götterboten Hermes in die Unterwelt. Durch ihn forderte er seinen Bruder Hades auf, Persephone ihrer Mutter zurückzubringen. Hades war folgsam, ließ aber das Mädchen, bevor er es freigab, Granatapfelkerne essen. Damit war es gezwungen, so die Regel, alljährlich vier Monate bei ihm in der Unterwelt zu verbringen.

Aus Freude über die wiedergewonnene Tochter befruchtete Demeter die Erde erneut und beschenkte sie mit prächtigen Frühlingsblumen, Früchten und Getreide. Im Herbst jedoch, wenn Persephone in die Unterwelt zurückkehren musste, versank sie erneut in tiefe Trauer. Dann herrscht auf der Erde Winter, und erst wenn Persephone zu Demeter zurückkehrt, erblüht das neue Leben.

Demeter ist nicht die Natur im Rohzustand, sondern die gebändigte, gezähmte, durch menschlichen Einsatz in Plan und Ordnung gebrachte Natur. In einem tieferen Sinn aber geht es um das Ineinander von Leben und Tod, wie es der Mythos schildert. Jene, die an den Mysterienfeiern teilnahmen, hätten verständnislos auf die Frage reagiert, ob Persephone denn tatsächlich in die Erde hinabgestiegen sei. Sie lernten die Unausweichlichkeit des Todes als wesentlichen Teil des Lebens zu akzeptieren: dass Leben und Tod untrennbar sind, aber neues Leben zunächst ein Sterben voraussetzt.

Der Demeter-Mythos korrespondiert mit den vielen Darstellungen eines mythischen Lebensgartens, in dem der Baum, die Weltachse, die Sonne und das Lebenswasser in alle vier Weltrichtungen Segen spenden. Im Gegensatz zum Paradiesgarten der Bibel verbindet sich in den vorbiblischen Versionen dieser Symbolik damit aber kein »Sündenfall« und kein Schuldmotiv. Die Schlange, genauer gesagt der Schlangengott, ist der Wächter des Weltenbaumes, aber kein Verführer, vielmehr geht von diesem kosmischen Lebensbaum Erkenntnis und Überwindung des Todes aus. Die Gaben der Erkenntnis des Lebens reifen an den Weltbäumen der mesopotamischen Kulturen, um gepflückt zu werden, und sie schenken sich willig »jedem Sterblichen, ob Mann oder Frau, der mit der rechten Entschiedenheit und Empfängnisbereitschaft danach greift« (Joseph Campbell).

Um 4000 v. Chr. war in den fruchtbaren Gebieten der Welt das soziale Leben so weit entwickelt, dass ein weiterer Schritt nach vorne möglich wurde. Man begann zunächst in Mesopotamien und Ägypten, später auch in Indien, in China und auf Kreta Städte zu bauen, die dann zu ersten Staatsgebilden führten. Damit entwickelten sich aus Clan-Gottheiten in Tiergestalt oder Fruchtbarkeitsidolen menschengestaltige Götter und bald auch übergreifende, auf einem Thron sitzende göttliche Herrscher. Diesen schrieb man zu, nicht nur den Stadtstaat gegründet und ihn seiner Ordnung unterstellt zu haben, sondern zugleich auch den Kosmos, wobei zu bedenken ist, dass der Stadtstaat selbst sich als kosmologisches Modell für eine beherrschte und geordnete Welt versteht. Dieser Gott ist ein Städter. Sein Bild unterscheidet ihn kaum vom königlichen Herrscher. Er repräsentiert dessen Gewalt und zugleich deren Begrenzung, denn die Gottheiten der frühen Stadtstaaten sind auf Stadt und Land bezogen. Erst mit dem Jahwe Israels stellt sich eine personal verstandene Gottesbeziehung ein.

Im Prozess des sich differenzierenden Lebens lernten die Menschen, ihren Gedanken in unterschiedlichen Künsten Ausdruck zu geben und – nach Erfindung der Schrift – ihre mythische Tradition auch literarisch zu gestalten.

Damit begann das historische Zeitalter, eine Zeit wachsender Unabhängigkeit von der Natur und darum auch eine Zeit der Befreiung und des Stolzes. Das städtische Leben veränderte schließlich auch die mythische Tradition. Die Götter rückten in größere Ferne. Die enge Verbindung, die einmal zwischen Himmel und Erde geherrscht hatte, lockerte sich, die alten Mythen erfuhren Um- und Neudeutungen.

Letztlich führte das zu Irritationen über die Gültigkeit der bisherigen Tradition, die in vielen Inhalten die neuen Verhältnisse nicht mehr zu deuten vermochten. Das dadurch entstehende geistige Vakuum und die spirituelle Leere weckte beim geistig wachen Teil der Bevölkerung wachsendes Unbehagen, das schließlich zu dem nächsten großen Umbruch führte.

5. Das mentale Bewusstsein

Im letzten Jahrtausend v. Chr. hatte dieses Unbehagen unter den sensiblen und geistig am meisten aufgeschlossenen Menschen so weit zugenommen, dass es zu neuen Klärungen drängte. Das mythische Zeitalter befriedigte mit seinen Sinnangeboten nicht länger die Glaubens- und Weltvorstellungen der Menschen. Der Philosoph Karl Jaspers bezeichnete das nun anbrechende Zeitalter als »Achsenzeit«, weil sich hier eine Wende vollzog, die er als den bis dahin tiefsten Einschnitt der menschlichen Geschichte ansah. »Es entstand der Mensch, mit dem wir bis heute leben.«

Glaube und Bewusstsein

»Gott«

Bis zum Ende der Steinzeit kann von einem Gottesglauben im Sinn des späteren Theismus (→ S. 214 ff.) nicht gesprochen werden. Bevor die Menschen fähig waren, ihren »Glauben« in spezifischen Symbolen darzustellen, bleiben als Spuren einer Sinndeutung des Daseins nur Bestattungsformen und Grabbeigaben oder Farbreste aus rituellen Körperbemalungen, insgesamt also flüchtige und aus sehr früher Zeit kaum erhaltene Dinge.

Die prähistorische Periode lässt allerdings erkennen, so bald es Zeugnisse gibt, dass sich der Mensch, niemals nur zweckgebunden betätigte, sondern Gegenstände und Riten schuf, die auf eine empirisch nicht fassbare Dimension verweisen. Doch ob es sich in der Altsteinzeit um die Verwandtschaft mit dem Tier oder im Jungpaläolithikum um weibliche Statuetten handelt, ein Gottesbegriff ist damit noch nicht zu verbinden. Bevor das menschliche Denken zu der Abstraktion »Gott« fähig wurde, war es auf eine Sinngebung bezogen, die sich mit den Kräften des Lebens und der Deutung des Todes befasste.

Im Neolithikum und bei zunehmender Sesshaftigkeit erfolgt bald eine Differenzierung in regional sich verzweigenden Kulturen. Das Numinose wird jetzt zunehmend menschengestaltig begriffen. Schon die ersten Kulturen lassen ahnen, wie sich die Sinndeutung des Daseins weiter entwickeln wird: gebunden an die Natur, aus der der Mensch hervorgegangen ist, kommt als neue Dimension die Geschichte hinzu. Natur und Geschichte sind die beiden Horizonte, die für die Selbstinterpretation des Menschen zur Verfügung stehen. Das Wort »Gott« ist der Gewinn einer Kultur, in der sich der Mensch über das Vorhandene hinaus auf ein transzendentes Mehr zu verstehen sucht.

Die Achsenzeit und das Aufkommen der Universalreligionen

Aus den frühen Stammestraditionen haben sich Volksreligionen entwickelt, in die man weder eintritt noch austritt. Als Assyrer, Ägypter, Grieche, Römer, Germane, Kelte … teilte man die Glaubensanschauungen, Mythen und Rituale der jeweiligen Tradition. Zwischen dem 8. und 2. Jahrhundert v. Chr. aber vollzog sich eine neue geistige Mutation, aus welcher der eigenständig fragende und eine individuelle Antwort für sich beanspruchende Mensch hervorging. Das initiierte die Entstehung der Religionen, wie wir sie heute kennen.

In diesem Zeitraum traten in Persien Zarathustra, in Indien Gautama Buddha, in China Konfutse, in Israel die Propheten, in Hellas die ersten Philosophen als Reformatoren der Volksreligion auf.

Das Neue in allen drei Geschichtsräumen war, dass der Mensch sich des Seins im Ganzen, seiner selbst und seiner Grenzen bewusst wird. Das geschah in Reflexion. Bewusstheit machte noch einmal das Bewusstsein bewusst, das Denken richtete sich auf das Denken. Es erwuchsen geistige Kämpfe mit den Versuchen, den andern zu überzeugen durch Mitteilung von Gedanken, Gründen, Erfahrungen. Es wurden die widersprechendsten Möglichkeiten versucht … bis an den Rand des geistigen Chaos.

In diesem Chaos wurden die Grundkategorien hervorgebracht, in denen wir bis heute denken, und es wurden die Ansätze der Weltreligionen geschaffen, aus denen die Menschen bis heute leben. In jedem Sinne wurde der Schritt ins Universale getan.

Durch diesen Prozess wurden die bis dahin unbewusst geltenden Anschauungen, Sitten und Zustände der Prüfung unterworfen, in Frage gestellt, aufgelöst. Alles geriet in einen Strudel. Soweit die überlieferte Substanz noch lebendig und wirklich war, wurde sie in ihren Erscheinungen erhellt und damit verwandelt.

Das mythische Zeitalter war in seiner Ruhe und Selbstverständlichkeit zu Ende. Die griechischen, indischen, chinesischen Philosophien und Buddha waren in ihren entscheidenden Einsichten, die Propheten in ihrem Gottesgedanken unmythisch. Es begann der Kampf gegen den Mythos von Seiten der Rationalität und der rational geklärten Erfahrung (der Logos gegen den Mythos), – weiter der Kampf um die Transzendenz des Einen Gottes gegen die Dämonen, die es nicht gibt, – und der Kampf

Karl Jaspers (1883–1969), deutscher Philosoph. Seit 1921 war J. Professor der Philosophie in Heidelberg, bis ihn die Nazis 1937 seines Amtes enthoben. 1945 erneut eingesetzt, lehrte er seit 1948 in Basel.

Die Vorstellung von einer »Achsenzeit« verbindet sich durchweg mit Jaspers Buch »Vom Ursprung und Ziel der Geschichte« (1949). Doch bemerkte Leo Baeck bereits 1932, »dass bisweilen verwandte Gedanken zur selben Zeit an verschiedenen Stellen der Menschheit unabhängig voneinander hervorkommen«. Neben der prophetischen Zeit Israels verwies Baeck auf »das ganze große Kulturgebiet Asiens und Europas, das von religiöser Fruchtbarkeit damals erfüllt war. In Indien erstehen die Meister der Upanishads und an sie sich anschließend Gotama Buddha, in Persien die Männer der Gathas, Zarathustra und seine Jünger, in China Laotse und Kung-tse. Und vor allem ist es auch in Griechenland die Epoche religiösen Wachsens und Drängens, die Zeit der Denker und Dichter, … in ihrem Streben, in dem, um dessentwillen sie philosophierten, waren sie die Suchenden einer neuen Religion.«

Thales (um 624–546 v. Chr.), Naturforscher und Mathematiker.

Pythagoras (um 572–480) verband kritisches Denken mit einem spirituellem Lebensprogramm.

Heraklit (um 540), genannt »der Dunkle«. Seine Sinnsprüche gaben oft Rätsel auf.

gegen die unwahren Göttergestalten aus ethischer Empörung gegen sie. Die Gottheit wurde gesteigert durch Ethisierung der Religion. Der Mythos aber wurde zum Material einer Sprache, die in ihm ganz anderes kundgab als ursprünglich in ihm lag, ihn zum Gleichnis machte. Mythen wurden umgeformt, aus neuer Tiefe erfasst in diesem Übergang, der auf neue Weise mythenschöpferisch war im Augenblick, als der Mythos im Ganzen zerstört wurde. Die alte mythische Welt sank langsam ab, blieb aber der Hintergrund des Ganzen durch den faktischen Glauben der Volksmassen (und konnte in der Folge in weiteren Gebieten wieder zum Siege gelangen).
Karl Jaspers

Dass diese Entwicklung nicht in der Menschheit insgesamt, sondern nur in begrenzten Geschichtsräumen und Kreisen stattfand, ist kein Einwand gegen die davon ausgehende allgemeine Bewusstseinsveränderung. Eine neue Bewusstseinsebene wird nicht gleichzeitig von der ganzen Menschheit erreicht. Dieser Prozess kann große Zeitspannen in Anspruch nehmen, denn geistige Veränderungen setzen sich in der Breite eines Kulturraumes nur in langen Zeiträumen durch, ganz zu schweigen von Veränderungen für die Menschheit insgesamt.

Wie der neolithische Mythos von Tod und Wiedergeburt, der an der Demeter-Tradition aufgezeigt wurde, sich unter den Bedingungen des neuen Denkens wandelt, demonstriert die Buddha-Mythologie. Als der Buddha sich unter dem Baum der Erleuchtung niederließ, geschah Folgendes:

Konfutse (vermutlich von 551–479 v. Chr.).

Buddha (die gegenwärtig vorherrschenden Datierungsansätze für den Tod des Buddha schwanken zwischen ca. 420 und ca. 368 v. Chr.)

Ein mächtiger Schlangenkönig namens Mucalinda kam aus seiner Wohnung unter der Erde hervor, umschloss den Leib des Gesegneten siebenmal mit seinen Windungen, spreizte seinen großen Hals über dessen Haupt auf und sprach: »Weder Kälte noch Hitze, nicht Mücken, Fliegen, Wind, Sonnenschein, nicht kriechendes Getier sollen dem Gesegneten zu nahe kommen!« Als dann sieben Tage verstrichen waren und Mucalinda an den sich zerstreuenden Wolken erkannte, dass das Gewitter sich gelegt hatte, wickelte er seine Ringe vom Leib des Gesegneten ab, nahm menschliche Gestalt an und huldigte dem Gesegneten, die Hände vor der Stirn zusammengelegt.
Mahavagga I,3,1-3

Der Gedanke der Befreiung vom Tode erhält hier eine neue Auslegung. Die Bindung an die Göttinnen und Götter der Natur und ihre Lebenskraft wird aufgegeben. Aber die alten Symbole von Baum und Schlange bleiben. Sie verbinden sich jetzt mit einer wirklichen historischen Person. Der Gautama Buddha konnte den Sinn der Symbolik von Tod und Wiedergeburt in seinem eigenen Leben anschaulich vor Augen führen. Wenn in der mythischen Tradition der kosmische Baum jene Mitte darstellte, in der sich Diesseits und Jenseits, Mensch und Gottheit verbinden, um den vom Tod gezeichneten Menschen Anteil an den Quellen des Lebens zu gewähren, zeigt nun die Erzählung von Buddha am Baum der Erkenntnis, wie diese Erleuchtung einem geschichtlichen Leben zukommt, das sich von den Mächten der Sinneswelt gelöst hat.

Glaube und Bewusstsein

Sokrates (469–399)

Ich ging zu einem von den für weise Gehaltenen. Es war einer von den Staatsmännern ... Im Gespräch mit ihm schien mir dieser Mann am meisten sich selbst sehr weise vorzukommen, ohne es zu sein. Darauf nun versuchte ich ihm zu zeigen, er glaubte zwar weise zu sein, wäre es aber nicht; wodurch ich dann ihm verhasst ward und vielen der Anwesenden. Indem ich fortging, dachte ich bei mir selbst, weiser als dieser Mann bin ich nun freilich. Dieser meint zu wissen, da er nicht weiß, ich aber, wie ich eben nicht weiß, so meine ich es auch nicht. Ich scheine also um dieses wenige doch weiser zu sein als er, dass ich, was ich nicht weiß, auch nicht zu wissen glaube.

Platon, Apologie des Sokrates

Mit dem mentalen Denken beginnt ein gerichtetes *Denken*. Darin ist die lateinische »ratio« richtungweisend, wie es sich bereits in Aristoteles' Definition des Menschen als animal rationale kundtut.

War das mythische Denken, soweit man es als ein »Denken« bezeichnen darf, ein imaginierendes Bilder-Entwerfen, so handelt es sich bei dem gerichteten Denken um ein grundsätzlich andersgeartetes: ... es ist objektbezogen und erhält seine Kraft aus dem einzelnen Ich.
Dieser Vorgang ist ein außerordentliches Geschehen, das buchstäblich die Welt erschütterte ... etwas bisher Unerhörtes, etwas, das die Welt grundlegend veränderte.

Jean Gebser

Der Fall Sokrates

Anders als in Indien endete die mythische Zeit in Griechenland. Gewann in Indien ein meditierender Mönch jene vollkommene Erleuchtung, die zur Erhellung der menschlichen Existenz führt, so suchten in Griechenland Philosophen den neuen Weg. Ihr Denken ging aus den überlieferten Mythen hervor. Zunächst bewegte es sich noch in einer Mischung aus mythischen und rationalen Vorstellungen, die schwer zu trennen sind.

Der Beginn des philosophischen Denkens wird dem Thales von Milet (6. Jh. v. Chr.) zugesprochen. Zwei seiner berühmten Äußerungen kennzeichnen sein Denken: Zum ersten habe er gelehrt, das Wasser sei der Ursprung von allem; zum anderen habe er gesagt: »Alles ist voll von Göttern«, oder in anderer Übersetzung: »In allem sind die Götter«. Es scheint, als sei der erste Satz eine rationale Aussage, während der zweite mythisch verstanden werden müsse.

Die Aussage: »Alles ist voll von Göttern« sieht die Welt als eine Stätte göttlicher Anwesenheit. Demnach sind Dinge für Thales nicht nur »Dinge«; sie besitzen eine Tiefe, die niemand einholen kann, weil sie im Göttlichen gegründet sind.

Dagegen scheint der Satz vom Wasser als dem Ursprung der Dinge ohne doppelten Boden zu sein. Jedoch meinte in späterer Zeit Aristoteles, Thales habe hier wohl an den Okeanos gedacht, jenen Urstrom, der nach alter Sage die Erde umfließt und der als Vater alles Gewordenen galt. Dann jedoch hätte Thales in seinem Wort vom Wasser nicht das chemische Element H_2O vor Augen gehabt, sondern den göttlichen Schoß der Welt. Dazu passt bruchlos der zweite Satz des Thales, wonach alles voll von Göttern ist.

Dem Thales werden aber auch mathematische Sätze zugesprochen. Der berühmte »Satz des Thales« lautet: Konstruiert man ein Dreieck aus den beiden Endpunkten des Durchmessers eines Halbkreises und einem weiteren Punkt dieses Kreises, erhält man immer ein rechtwinkliges Dreieck. Oder kürzer: Alle Winkel im Halbkreis sind rechte Winkel. Diese Tradition macht deutlich, wie der Mythos zu einer rationalen Welterklärung überschritten wird und sich ein strenges mathematisches Denken entwickelt.

Das physikalische Weltbild, das die Philosophen der nächsten Generationen weiter entfalteten, war freilich nicht allen damaligen Zeitgenossen recht. Viele sahen darin – ähnlich wie dies Fundamentalisten heute gegen die Evolutionstheorie einwenden – einen Widerspruch zum göttlichen Handeln. Man verklagte sie der Gottlosigkeit (griech. *asebeia*). Das erste Opfer war Anaxagoras (geb. 428) und dessen physikalisches Weltbild. Ihm wurde geraten, Athen zu verlassen, bevor es zum Prozess käme. Auch Protagoras (gest. um 415) wurde aus Athen verbannt, weil er geschrieben hatte: »Von den Göttern vermag ich nicht zu erkennen, ob sie existieren oder nicht und wie sie gestaltet sind.«

Ebenso machte man dem Diagoras von Melos (5. Jh. v. Chr.) in Athen einen Prozess wegen Gottlosigkeit. Als er einmal die Votivtafeln betrachtete, die nach Schiffbrüchen gerettete Seeleute gestiftet hatten, fragte ihn ein Freund:

Du, der du meinst, die Götter kümmerten sich nicht um die Angelegenheiten der Menschen, erkennst du aus der Menge der Votivtafeln denn nicht, wie viele Menschen durch ihre Gelübde der Gewalt des Sturmes entronnen und wohlbehalten in den Hafen gelangt sind?«

»Richtig!«, erwidert er. »Man sieht ja nirgends die Bilder derjenigen, die Schiffbruch erlitten und im Meer den Tod gefunden haben!«

Wer so redete, stand im Ruf, Atheist zu sein. Es heißt, man habe ihn zum Tode verurteilt und ein Kopfgeld auf ihn ausgesetzt, deshalb sei er geflüchtet und habe sein Leben in Achaia beschlossen.

Am berühmtesten wurde schließlich das Verfahren gegen den Philosophen Sokrates. Die Anklage lautete:

Sokrates versündigt sich durch Ableugnung der vom Staat anerkannten Götter sowie durch Einführung neuer göttlicher Wesen; auch vergeht er sich an der Jugend, indem er sie verführt. Der Antrag geht auf Todesstrafe.

Verfasst wurde die Anklage von Meletos, »des Meletos Sohn aus dem Demos Pitthos, gegen Sokrates, des Sophroniskos Sohn aus dem Demos Alopeke«. In seiner Verteidigungsrede fragte ihn Sokrates:

Meinst du, ich lehre zu glauben, dass es gewisse Götter gäbe, so dass ich also doch selbst Götter glaube … nur jedoch die nicht, die der Staat glaubt, und verklagst du mich deshalb, weil ich andere glaube: oder meinst du, ich selbst glaube gar keine Götter und lehre dies auch andere?«

Darauf Melitos: »Dies meine ich, dass du gar keine Götter glaubst.«

Sokrates antwortete: »Wollte ich behaupten, dass ich um irgendetwas weiser wäre, so wäre es um dieses, dass, da ich nichts ordentlich weiß von den Dingen in der Unterwelt, ich es auch nicht zu wissen glaube.«

Wer ihm aber antwortet: »Wir lassen dich los, Sokrates, unter der Bedingung, dass du deine Nachforschung nicht mehr betreibst und nicht mehr nach Weisheit suchst; wirst du aber noch einmal betroffen, dass du dies tust, so musst du sterben«, bekommt von Sokrates gesagt: »Ich bin euch, ihr Athener, zwar zugetan und Freund, gehorchen aber werde ich dem Gott mehr als euch, und solange ich noch atme, werde ich nicht aufhören, nach Weisheit zu suchen … Ich meinesteils glaube, dass noch nie größeres Gut dem Staat widerfahren ist als dieser Dienst, den ich dem Gott leiste. Denn nichts anderes tue ich, als dass ich umhergehe, um Jung und Alt unter euch zu überreden, ja nicht für den Leib und für das Vermögen so sehr zu sorgen als für die Seele, dass diese aufs Beste gedeihe … Wenn ich nun durch solche Reden die Jugend verderbe, so müssten sie ja schändlich sein; wenn aber jemand sagt, ich rede etwas anderes als dies, der sagt nichts. Demgemäß nun, ihr Athenischen Männer, – gehorcht nun dem Anytos oder nicht, sprecht mich los oder nicht, – ich werde auf keinen Fall anders handeln, und müsste ich noch so oft sterben.«

Die eigentlichen Motive des Prozesses dürften die vielen Feinde gewesen sein, die sich Sokrates mit seiner kompromisslosen Ehrlichkeit insbesondere unter Politikern gemacht hatte. Er warf ihnen vor, Ämter durch Geburtsrecht oder Geld sich angeeignet zu haben, ohne ihnen gewachsen zu sein. Freilich schwankt das Bild des Sokrates im Spiegel der späteren Lite-

Jacques-Louis David (1748–1825), Tod des Sokrates, 1787.

David war zunächst Hofmaler des französischen Königshauses und Mitglied der französischen Akademie. In dieser Zeit schuf er zahlreiche Bilder mit antiken Motiven. Sein »Tod des Sokrates«, zwei Jahre vor Beginn der Französischen Revolution entstanden, ist ein Hauptwerk des Klassizismus. Es feiert das Eintreten für die eigene Überzeugung – ein Prinzip der Aufklärung.

In seiner zweiten Schaffensperiode war David eifernder Jakobiner. Er votierte für den Tod des Königs, konnte aber schließlich seiner Verbindung zu Robespierre wegen nur knapp der eigenen Hinrichtung entgehen.

In seiner dritten Periode trug der ehemalige Jakobiner keine Bedenken, die Taten und Feste des Kaisertums zu verherrlichen. Davids Hauptwerke aus jener Zeit sind: Napoleon zu Pferde; die Krönung Napoleons; Napoleon im Kaiserornat.

Glaube und Bewusstsein

ratur. Aristophanes lässt Sokrates sagen: »Bei welchen Göttern schwörst du denn? Denn die Götter hier sind abgeschätzte Münze!« Insgesamt überwiegt eine agnostische Tendenz. Im *Kratylos* behauptet Sokrates, nichts über die Götter zu wissen, empfiehlt aber, die Bräuche der offiziellen Religion zu befolgen, wie er dies auch seinerseits tat. Im *Phaidros* erklärt er, da er weder Zeit habe noch in der Lage sei, sich selbst zu erkennen, wäre es lächerlich, etwas über die Götter zu sagen.

Soweit mythische Traditionen jetzt noch weiter wirken, werden sie von den kritischen Geistern auf ihren Gehalt hin befragt und vor allem auf ihr Ethos hin ausgelegt, das heißt, der Mythos begegnet nur noch gebrochen. Eine im Ansatz rationale Weltbetrachtung löst ihn ab. Damit beginnt das mentale Denken, das bis heute die Geschichte bestimmt, in unserer Zeit jedoch in die Krise gerät (→ S. 37 ff.).

Die Religionen in der Religion

Die Prozesse gegen Anaxagoras, Protagoras, Diagoras, Sokrates und andere belegen die Verwerfungen, die der Überschritt in eine neue Bewusstseinslage auslöst. Das veränderte Denken erreichte zunächst nur eine geistige Minderheit, denn das entstandene Verlangen nach existenzieller Wahrheit und subjektiv vertiefter Frömmigkeit bestimmte bei weitem nicht jedermann, sondern nur eine geistig rege Schicht städtischer Prägung.

Der größere Anteil des Landvolkes blieb davon unbetroffen. Hier behaupteten sich die alten Volksreligionen; anfangs überdauerten sie neben den Universalreligionen, später wurde ihr Erbe von diesen adaptiert. Die alten Religionen gingen also nicht einfach unter. Unter neuen Namen und in modifizierten Formen lebt vieles von ihnen in den heutigen Universalreligionen fort. Reste magischer Religiosität, naturreligiöse Elemente und mythisch-volksreligiöse Traditionen bilden immer noch einen breiten Sockelbereich im Christentum.

Doch während bisher der Mensch sein »Heil« in Mythos und Kult vorgegeben fand, einer Ordnung, der alle unterstehen, zerbricht mit dem Heraustreten des Individuums diese Ordnung und setzt eine Subjektivität frei, die nun nach dem Woher, Wohin und Wozu des individuellen Lebens fragen lässt. Der aus dem bisherigen Kollektiv entlassene Mensch erfährt damit eine ihm neue Ungewissheit, in der die Frage nach dem eigenen Heil zum entscheidenden Existenzproblem wird.

Diese Auflösung der kollektiven Totalität führte die Volksreligionen ihrem Ende zu. Die Gebildeten »entmythologisierten« sie durch das Spiel ihrer Interpretationen. Seitdem leben »gemeines Volk« und Gebildete auf unterschiedlichen Ebenen. Welche Konflikte die Auseinandersetzung zwischen einer reflexionsfähigen kleinen Bildungsschicht und dem breiten Volk auslösen konnte, zeigt das Schicksal griechischer Philosophen, insbesondere das des Sokrates.

Die neuen Universalreligionen erwiesen sich im Fortgang der Zeiten hinreichend flexibel, die mythische Vergangenheit mit der stärker rational denkenden Gegenwart zu versöhnen. Das logische Denken war fortan unverzichtbar auf den Gebieten der Naturwissenschaften, der Mathematik und der Medizin. Wenn es aber um Sinnfragen ging, konnten auch die neuen Religionen nicht darauf verzichten, in den Formen des Mythos die menschliche Existenz zu deuten. Unverkennbar ist allerdings, dass der

---

Bedeutende christliche Kirchen stehen an Orten, die vordem keltische oder römische Kultorte waren. So soll sich die Kathedrale von Chartres über einer Druidengrotte erheben. Unter ihrer Krypta entdeckte René Merlet 1904 einen verschütteten Brunnen, 33 m tief. Ob historisch oder nicht: darin soll das Bild einer »schwarzen Jungfrau« gesteckt haben, die älter war als die ersten Madonnenbilder …

Eine ähnliche Geschichte verbindet sich mit dem Paderborner Dom: Auch hier erzählt die Sage von einem tiefen Brunnen mit einem steinernen Marienbild, das niemand heraufholen konnte, wenngleich sich das ganze Land Segen davon versprach. Doch einmal sei es einem alten Bischof gelungen, mit Hilfe eines Zauberers in den Brunnen zu steigen, dessen Wasser denn auch zurückwichen. Als er sich aber den Wundern der Tiefe ergab, »hörte er die kleine eiserne Tür zufallen und das Wasser steigen und an seinen Ort zurückkehren«. Der alte Bischof wurde nie wieder gesehen, sowenig wie der fremde Türöffner und das steinerne Bild …

Solche Sagen bewahren die Ahnung, dass vielen alten Kirchen und Kathedralen andere Welten vorausliegen, wobei sich in bezeichnender Weise mit dem Wasser weibliche Kultfiguren verbinden (→ S. 433 f.), in welchen die christliche Zeit »Muttergottesbilder« erkennt.

Einfluss des mentalen Denkens in der westlichen Welt stets ausgeprägter war als in der östlichen. Insbesondere hat sich das mentale Bewusstsein im Christentum entfalten können, zumal es in einer Zeit entstand, in welcher sich das begriffliche Denken in der hellenistischen Welt etabliert hatte. Die christliche Theologie der ersten Jahrhunderte hätte sich ohne die damalige philosophisch bestimmte Gedankenwelt nicht ausbilden können.

Dennoch wäre das Christentum wohl nie eine große Religion geworden, hätte es sich damit begnügt, die Person Jesu ausschließlich historisch zu sehen. Für Paulus, der die junge Jesusbewegung erst in den Gang der Weltgeschichte einfädelte, ist bezeichnend, dass er sich für den geschichtlichen Jesus überhaupt nicht interessiert hat. »Auch wenn wir früher Christus nach menschlichen Maßstäben eingeschätzt haben, jetzt schätzen wir ihn nicht mehr so ein«, bemerkt er 2 Kor 5,16 und fragt im Weiteren nicht mehr nach dem verflossenen Leben Jesu und seiner Reich-Gottes-Botschaft, sondern verkündet ihn hinfort »als Sohn Gottes in Macht seit der Auferstehung von den Toten« (Röm 1,4). Erst die mit dieser Sicht verbundene Mythisierung machte Jesus zum Christus und damit zu einer spirituellen Realität im Leben seiner Anhänger (→ S. 265 ff.).

Im Fortgang der Geschichte blieb es dem Christentum – zumal in der Begegnung mit jungen Völkern – nicht erspart, die offizielle Lehre mit den jeweiligen Volksreligionen zu verbinden. Ein Beispiel dafür aus der Angelsachsen-Mission ist der Brief von Papst Gregor I. (gest. 604) an den Bischof Mellitus von London. Darin fordert er Mellitus auf, die heidnischen Tempel nicht zu zerstören, sondern als Kirchen zu nutzen:

Denn, wenn die Tempel gut gebaut sind, ist es notwendig, sie vom Dämonenkult zum Dienst des wahren Gottes umzuwandeln, damit das Volk, wenn es sieht, dass seine eigenen Tempel nicht zerstört werden, von seinem Irrtum lässt und den wahren Gott erkennend und verehrend umso vertrauter sich an den gewohnten Orten versammelt.

Eben das aber ist die Frage, ob nicht gerade »an den gewohnten Orten« die kultische Tradition nur von christlichen Begriffen und äußeren Formen überstülpt wird, wie dies auch Papst Gregors Brief empfahl:

Weil man bei Götzenopfern viele Ochsen zu schlachten pflegt, muss ein solches Fest in ein anderes umgeformt werden. Die Neubekehrten sollen also an Kirchweihtagen oder an den Festen der heiligen Märtyrer, deren Reliquien in der Kirche beigesetzt sind, im Umkreis jener Gebäude, die aus Götzentempeln in Kirchen umgewandelt wurden, aus Baumzweigen Hütten errichten und ein Fest mit religiösen Zeremonien begehen. Sie werden dann nicht weiter dem Teufel Tiere opfern, sondern diese Tiere zu Ehren Gottes für ihre Mahlzeiten schlachten … Denn man kann offenbar unmöglich den harten Herzen alles auf einmal abschneiden.

Dass bei solchem Vorgehen zunächst nur die Etiketten gewechselt werden, zeigt eine Verordnung der Äbtissin Marcsuitis aus dem 939 von ihr gestifteten Kloster Schildesche bei Bielefeld:

Wir verordnen, dass ihr alljährlich am zweiten Pfingsttage unter dem Beistand des Heiligen Geistes den Patron der Klosterkirche in euren

---

Als den Azteken im 16. Jahrhundert der mentale Spanier gegenübertrat, versagte deren magisch-mythische Kraft vor der mentalen Kraft. Eine Beschreibung dieses erschütternden Ereignisses findet sich in der Chronik des Fray Bernadino de Sahagún, acht Jahre nach der Eroberung Mexikos durch Fernán Cortés niedergeschrieben:

Das dreizehnte Kapitel;
darin erzählt wird, wie Montezuma,
der mexikanische König,
andere Zauberer schickt,
dass sie die Spanier behexen sollen,
und was ihnen auf dem Weg geschah.
Und die zweite Schar von Boten,
die Wahrsager, die Zauberer
und die Räucherpriester,
gingen ebenfalls sie zu empfangen.
Aber sie taugten nichts mehr,
sie konnten die Leute nicht mehr bezaubern,
sie konnten ihren Zweck bei ihnen nicht mehr erreichen,
sie gelangten nicht mehr hin.

Es gibt kaum einen anderen Text, der so kurz und in eindringlich wiederholenden Worten das Zusammenbrechen einer ganzen Welt, einer bis dahin gültigen und wirksamen Ordnung beschreibt.

Diese über 1500-jährige Eibe war eine Stätte keltischer Frömmigkeit, bevor eine Kapelle den Ort christlich besetzte.

Glaube und Bewusstsein

Pfarrbezirken in langer Prozession herumtragt, dass ihr eure Häuser lustriert, dass ihr statt des heidnischen Flurumganges unter Tränen und Demut euch selbst opfert und zur Erquickung der Armen Almosen zusammenbringt…, so dass wegen dieses Umganges die Saaten der Felder reichlicher gedeihen und die Unbilden der Witterung weichen werden.

Hier werden zunächst nur die Kultadressen ausgetauscht, während unter veränderten Titeln der alte Brauch fortdauert. Ende des 19. Jahrhunderts wurde resümiert:

Die Überreste des altgermanischen Pantheismus erhielten sich, freilich in verstümmelter und entstellter Form, durchs Mittelalter hindurch in Sitten und Gebräuchen, in Regeln und Vorschriften, Meinungen und Phantasiebildern, besonders im Zauber- und Hexenwesen; ja sie leben im Gedächtnis des Volkes, selbst in seiner Sprache fort bis zur Stunde.

Dazu merkte Friedrich Theodor Vischer (1807–1887) ironisch an: »Wer war wohl einst die heilige Rosalia? Geborene Minerva, Diana, Juno?« Und in Heinrich Federers Roman »Jungfer Therese« (1913) hält die wackere Schweizer Pfarrhaushälterin, als sie nach Pisa kommt, die antiken Statuen allesamt für christliche Heilige und bekreuzigt sich vor ihnen.

Nicht nur im Christentum, sondern auch in allen anderen Universalreligionen ist ein Unterstrom alten Volksglaubens erhalten geblieben und hat in manchen Landstrichen sogar das eigentliche Feld behauptet, so dass beispielsweise im süditalienischen Mezzogiorno der dreißiger Jahre des 20. Jahrhunderts ein »Nebeneinander von zwei vollkommen verschiedenen Kulturen« behauptet wurde, die sich in Stadt und Land als »nicht mehr christliche und vorchristliche Kultur gegenüberstanden«.

Die primitive Religion im Sockelbereich der heutigen Weltreligionen unterliegt in neuerer Zeit einem tief greifenden Wandel. Was an alter Bauernfrömmigkeit noch begegnet, scheint nun am Hauptstrom der Glaubenslebendigkeit vorbeizufließen und wird fast nur noch als Folklore gepflegt. Einheimische wie Touristen feiern diese Traditionen selbstgenießerisch als das Erbe einer vermeintlich heilen Welt zur eigenen farbigen Daseinssteigerung.

Die Mischung unterschiedlicher Bewusstseinsstadien der Religionsgeschichte in einer Universalreligion kann man als Synkretismus bezeichnen. Innerhalb des Christentums wird Synkretismus überwiegend negativ verstanden; dies ist nur möglich, wenn man wesentliche Bereiche der eigenen Geschichte verdrängt. Das Christentum hat ja Wurzeln im Judentum und darüber hinaus auch in den Religionen Mesopotamiens und Ägyptens. Das griechisch-römische Umfeld steuerte neue Elemente bei. Die keltisch-germanische Welt mischte kräftige Unterströmungen ein. Von den Universalreligionen im Allgemeinen und vom Christentum im Besonderen darf man darum mit unterschiedlicher Gewichtung sagen, dass sie Weltgeltung erlangten, *weil* sie synkretistisch waren, das heißt fähig, Elemente aus früheren und benachbarten Religionen in sich aufzunehmen.

Sicherlich dominieren in diesen geschichtlichen Abläufen die dogmatischen Formeln der Hochreligion. Aber bis zum Tag verbinden sich darunter ältere Traditionen. Zum Beispiel kann in Lateinamerika die Madon-

Stillende Isis. Mittelägypten, 4. Jh. n. Chr. Von der Isis lactans führt ein direkter Weg zur Maria lactans.

Am deutlichsten belegt die Umwandlung diese Grabstele aus dem 4./5. Jh. Dem Bild der stillenden Isis wurden nachträglich zwei Kreuze eingefügt, um die Darstellung in einen christlichen Kontext zu überführen.

na auch in Riten der vorchristlichen Pachamama verehrt werden, oder man füllt, etwa in Afrika, christliche Rahmen mit Heilungsriten, Tieropfern, Ekstasepraktiken und Exorzismen aus der Praxis voraufgegangener Religionen.

So bestimmt das Christentum auch heute noch die Gleichzeitigkeit höchst ungleichzeitiger Bewusstseins- und Religionsstufen (→ S. 429 ff.). In Europa aber bereitet sich – spätestens seit der Aufklärung – eine neue Transformation vor, die vom mentalen Denken zu einer nächsten Bewusstseinsstufe zu führen scheint.

6. Das integrale Bewusstsein

Jean Gebser hat um die Mitte des 20. Jahrhunderts das mentale Bewusstsein bereits an einer Grenze gesehen, über die hinaus er freilich nicht spekulieren wollte. Die nächste Bewusstseinsdimension lässt sich ja nicht von der noch herrschenden her erfassen; sie wird erst deutlich werden, wenn sie gewonnen und von einer geistig führenden Schicht konkretisiert wird. Dennoch können die Wurzeln eines neuen Bewusstseins weit in die Geschichte zurückreichen, denn immer werden sie von den vorangegangenen und weiterhin beteiligten Bewusstseinsstufen mitgespeist. Möglicherweise ist die Mystik in ihrer die Religions- und Kulturgrenzen übergreifenden Art die wichtigste Wurzel des vor sich gehenden religiösen Wandels.

Das neue Denken

Was hier »neues Bewusstsein« genannt, aber mit den sprachlichen Mitteln eines durchaus traditionellen Bewusstseins umschrieben wird, »lässt sich nicht adäquat von außen fassen, wird also erst klar werden, wenn es von der Menschheit integriert ist«. Doch wenn auch dieser Prozess in die Zukunft verweist, ist er zugleich doch schon gegenwärtige Aufgabe, denn er ist an die Bereitschaft der Menschen gebunden, sich ihm zu öffnen. Eine erste Beschreibung versuchte zu Beginn der 1980er Jahre Hugo M. Enomiya-Lassalle:

Das Neue Bewusstsein, wodurch es über das mentale hinausgeht, lässt sich als »vierte Dimension« bezeichnen. Wir sagen »hinausgeht«, weil die vierte Dimension die vorausgehenden Dimensionen nicht einfach ausschließt. Vielmehr bleiben das magische, mythische und mentale Element der früheren Stufen wirksam. Doch dominieren diese Elemente der früheren Stufen nicht mehr, sondern haben das rechte Verhältnis zueinander gefunden. Denn alle diese Dimensionen gehören zum Menschen und müssen, falls sie ganz oder teilweise in Verfall geraten sind, von neuem belebt und integriert werden ...

Bekanntlich stammt der Ausdruck »vierte Dimension« von Albert Einstein, der sie für die Mathematik und Physik entdeckt hat. Sie ist inzwischen denn auch auf diesen Gebieten schon längst gegenwärtig und wirksam geworden. Die großen Entdeckungen der letzten Jahrzehnte wurden erst auf dem Hintergrund der vierten Dimension möglich. Man denke nur an die Freilegung der Kernenergie, die man in diesem Zusam-

---

In uns schlummern Möglichkeiten, die noch nicht geweckt sind. Bislang wurde unser Potential nur so weit aktiviert, wie es für das Überleben der Spezies notwendig war. Wenn sich die Voraussetzungen für das Überleben ändern, ist damit zu rechnen, dass nunmehr neue unbekannte Potenzen geweckt werden; genauso, wie bei manchen Ethnien Fähigkeiten entwickelt sind, die es bei der Mehrheit der Menschen nicht gibt. So berichtet etwa die Ärztin Marlo Morgan, die drei Monate lang mit australischen Ureinwohnern zusammenlebte, dass sie bei ihren Gefährten Begabungen beobachten konnte, die diese für das Überleben der Gemeinschaft brauchten und deshalb auch entwickelt haben, wie etwa die Fähigkeit der Telepathie, der Homöopathie oder die Fähigkeit im Alter, wenn das Leben erfüllt schien, in kürzester Zeit den Geist auszuhauchen.

Wir Europäer gleichen Klavierspielern, die immer nur auf einer Oktav herumklimpern. Ein Klavier hat aber sieben Oktaven. So benützen wir nur unsere geistigen und grobsinnlichen Fähigkeiten, während in der Tiefe unseres Bewusstseins Potenzen schlummern, die Wirklichkeit ganz anders erfassen und deuten können. Diese Potenziale scheinen mir für das Überleben als Spezies von größter Bedeutung zu sein, wenn sich die Lebensbedingungen auf unserem Globus weiter so rasch und dramatisch entwickeln wie in den vergangenen hundert Jahren; wenn neue Technologien die Erde überschwemmen, wenn wir Menschen klonen und Roboter entstehen lassen, die unsere Arbeitskraft entwerten, wenn die Weltbevölkerung die Zehn-Milliarden-Grenze übersteigt, wenn wir beginnen, eine pränatale Auslese zu betreiben. Es ist nicht logisch, anzunehmen, dass unsere bisherigen geistigen Kapazitäten dazu ausreichen, diese Probleme zu bewältigen. Hier bleibt einzig die Hoffnung auf einen evolutionären Fortschritt im menschlichen Bewusstsein: dass der Spezies die Fähigkeit zuwächst, neue Bewusstseinspotenzen freizusetzen – und dass ihr genügend Zeit dazu bleibt. Unser Bewusstsein hat sich entwickelt.

Willigis Jäger

Glaube und Bewusstsein

Jean Gebser (1905–1973), war Kulturphilosoph und wagte den Versuch, wissenschaftliche und spirituelle Erkenntnisse miteinander zu verbinden. In diesem Kontext gilt er als einer der ersten Bewusstseinsforscher, die ein Strukturmodell der Bewusstseinsgeschichte des Menschen etabliert haben. G. ist der Meinung, dass das Bewusstsein sich nicht kontinuierlich »entwickelt« hat, sondern dass sprunghafte, diskontinuierliche Wandlungen der Strukturen geschahen. Sobald eine Struktur »defizient« wird, sobald sie also erschöpft ist und sich destruktiv auszuwirken beginnt, gelangt eine andere Bewusstseinstruktur zum Durchbruch, die keine kontinuierliche Weiterführung der alten Bewusstseinsstruktur, sondern etwas vollkommen Neues ist. Den sprunghaften, diskontinuierlichen Charakter der Bewusstseinswandlung bringt G. zum Ausdruck, indem er von »Bewusstseinsmutationen« spricht.

Einen veritablen Paradigmenwechsel veranschaulicht die Szene im Straßburger Münster, das während des sogenannten Entchristlichungsfeldzugs der linken Jakobiner in einen »Tempel der Vernunft« umgewandelt wurde.

Im Vordergrund haben die Revolutionäre offenbar den hl. Petrus vom Sockel gestoßen – der abgetrennte Arm hält noch die Schlüssel fest – und die Haupttäter weisen ausdrücklich darauf hin. Ein Jakobiner mit der Mütze in der Hand predigt. Im

menhang nicht zunächst von ihrer Gefahrenseite her bewerten darf, sondern als Frucht einer positiven Entwicklung des menschlichen Bewusstseins. Gewiss hat der Mensch schon vor Entdeckung der vierten Dimension mit Hilfe des mentalen Bewusstseins auf allen Gebieten, zumal in Technik und Naturwissenschaft große Leistungen vollbracht, von denen sich ein Mensch des magischen oder mythischen Bewusstseins noch keine Vorstellungen machen konnte. Doch stehen wir heute schon in der Dekadenzphase des mentalen Bewusstseins, in der allen bloß mentalen Leistungen eine Schattenseite anhaftet. Wenn die Entwicklung so geradlinig weiterliefe, könnte es dahin kommen, dass die Menschheit sich selbst zu vernichten imstande ist. Dieser Entwicklung lässt sich nur entkommen, wenn der Mensch durch eine weitere Intensivierung des Bewusstseins fähig wird, sich gegen diese Gefahr abzuschirmen. Das aber leistet das neue Bewusstsein, weil der Mensch darin vom extremen Dualismus des Subjekt-Objekt-Schemas und dem unerbittlichen Entweder-Oder bloßer Rationalität befreit wird.

Allgemein gesehen besteht die Befreiung von einer jeweils um eine Dimension ärmeren Bewusstseinsstruktur in der Befreiung von der ausschließlichen Gültigkeit dieser Struktur. In diesem Fall besagt das, dass der Mensch von der ausschließlichen Gültigkeit des rationalen Denkens befreit werden muss. Damit verliert das rationale Denken gewiss nicht schlechthin seine Gültigkeit. Es bleibt bestehen, aber innerhalb gewisser Grenzen. Vielen, vielleicht den meisten Menschen unserer Zeit – wenigstens in den westlichen Kulturkreisen – mag es einfachhin unverständlich erscheinen, dass es noch ein Denken geben könnte, das über das rationale Denken hinausgeht. Doch lässt sich wohl kaum leugnen, dass ein bloß logisches, berechnendes Denken die Menschheit gegenwärtig in Not und Bedrängnis gebracht hat und ständig noch tiefer in eine Sackgasse hineintreibt. Zudem hat es neben dem gegenständlichen Denken schon immer ein anderes Denken gegeben, wenigstens bei einzelnen Menschen.

Das gegenständliche Denken ist nun wesentlich durch einen Horizont begrenzt, wenn dieser Horizont auch immer weiter hinausgeschoben werden kann. Das wird in der Technik deutlich, wo etwa immer bessere Flugzeuge hergestellt werden können und doch jeweils eine Grenze bleibt. Im neuen Denken wird dieser Horizont gesprengt oder durchstoßen. Natürlich kann man auch mit dem neuen Denken nicht etwa Flugzeuge von unendlicher Geschwindigkeit bauen. Gemeint ist vielmehr, dass das neue Denken ein offenes Denken ist, das grundsätzlich über die Grenzen des gegenständlichen Denkens hinausgeht. Koshiro Tamaki, Professor der Tokyo-Universität, nennt es das ganz persönliche Denken; dieses werde nicht allein durch den Verstand bestimmt, sondern ebenso auch durch Intelligenz, Gefühl, Willen, Geist und Leib. Es umfasst also das Ganze des Menschseins …

Nun ist zu fragen, ob sich schon Anzeichen für ein neues Bewusstsein zeigen. Anzeichen gibt es zweifellos in der jüngeren Generation. Wenn es auch immer schon Unterschiede im Denken der älteren und jüngeren Generation gab, so ist dieser doch heute viel größer und wesentlicher als in früheren Zeiten. Das gilt ganz besonders für das religiöse Gebiet. So meinen heute viele Menschen, die christlich erzogen wurden, mit dem besten Willen nicht mehr an das glauben zu können, was man sie in der Kindheit gelehrt hat. Dennoch erwacht in ihnen ein Verlangen nach etwas, was sie nicht benennen können und ihnen doch wichtiger erscheint als alles andere.

Mit dem Überschritt in die neue Dimension des Bewusstseins vollzieht sich also eine Unterordnung aller früheren Bewusstseinsdominanten. Damit verändert sich auch der Umgang mit dem magischen und mythischen Erbe. So wurde unter den Bedingungen des rationalen religiösen Denkens der Mythos zwar im Blick auf *nichtchristliche* Religionen als Mythos benannt, doch soweit mythische Inhalte den *christlichen* Glaubens bestimmen, blieb diese Kennzeichnung bis heute verpönt. Von einem »Christusmythos« zu sprechen, ist Psychologen wie C. G. Jung oder Erich Fromm vorbehalten, aber ein Theologe, der so redet, macht sich des Systemverrats verdächtig. Doch der Überschritt ins integrale Bewusstsein wird eine Theologie reifen lassen, die sich mit den Mythemen der eigenen Tradition befassen kann, und dabei den ins Dogma überführten Mythos auch als Mythos benennt. Die einseitige Abwertung, die unter rationaler Dominanz den Inhalten früherer Bewusstseinsstufen zuteil wurde, wird einer Wertung weichen, die dem Mythos wie dem Dogma neue Zugänge erschließt. Das darin erreichbare Niveau lässt sich vielleicht als eine Metaebene des mythischen wie dogmatischen Bewusstseins beschreiben, auf der metaphorische wie symbolische Sprache ebenso intuitiv wie reflexiv verstanden wird.

Zunächst führt die Entwicklung zu einem umfassenden Paradigmenwechsel, der in seinen formalen Abläufen und Konsequenzen überschaut werden sollte, um Verständnis für die bevorstehende »Unordnung« einer sich wandelnden Glaubenswelt zu gewinnen.

Paradigmenwechsel

Paradigma nennt die Wissenschaftsgeschichte die Summe jener Überzeugungen, Werte und Lebensformen, die alle Mitglieder einer gegebenen Gesellschaft miteinander teilen. Kommt ein derartiges Verständigungsmodell ins Rutschen und kann nicht mehr überzeugen, führt dies zu Sinnkrisen und innergesellschaftlichen Konflikten. Auslösend für solche Umbrüche mögen epochemachende Entdeckungen oder gesellschaftliche Verschiebungen auf unterschiedlichen Gebieten und Ebenen sein. Als Kopernikus nachwies, dass nicht die Sonne sich um die Erde, sondern die Erde sich um die Sonne dreht, führte das zu einem Paradigmenaustausch, der nicht allein das mittelalterliche Weltbild aufhob, sondern auch die Grundlagen erschütterte, auf denen sich bis dahin das biblische und kirchliche Lehrgebäude verstand.

Der Wechsel zu einem neuen Paradigma ist kein einfacher Vorgang, dem alle davon Betroffenen zustimmen, vielmehr verwickeln sich progressive und regressive Kräfte in- und gegeneinander, weil es dabei um einen Austausch des Deutungsgefüges geht, in dem Übereinstimmung und Kontinuität einer Gesellschaft begründet sind. Dabei verändern sich Denkansätze und Denkstil, auch Mentalitäten, die Lebensgefühl und Lebensform prägen und die soziale Orientierung, gesellschaftliche Verhaltensmuster und ethische Maßstäbe neu einfärben. Was ehedem höchsten Rang einnahm, kann peripher werden, was bislang wenig beachtet wurde, kann ins Zentrum der Aufmerksamkeit rücken.

Chor verkörpert eine Schauspielerin die Göttin Vernunft.

Das später entstandene Bild will Abscheu wecken, kann aber nicht ausblenden, wie viele Heiligtümer jene zerstört haben, die sich als Nachfolger des Petrus verstanden. Wenn hier Revolutionäre mit der Kirche des Mittelalters und des Ancien Regime aufräumen und den Repräsentanten einer Kirche vom Thron stürzen, die bisher steuerfrei auf Kosten eines geschundenen Volkes lebte, so ist das Geschehen, blendet man die Gewaltanwendung aus, durchaus nicht ohne Bezug zur Jesusbewegung.

Jesu Bewegung war eine Laienbewegung (in Distanz zum Klerus) und zudem eine frauenfreundliche.

Zur Zeit der Französischen Revolution erhielten die Frauen – wiederum nur für kurze Zeit – Anerkennung und Gewicht in Gesellschaft und Politik. Die Herrschaft der Vernunft und die bessere Stellung der Frau kennzeichnen diesen Paradigmenwechsel. Sie markieren bis heute Imperative und Desiderate der Gesellschaft. Die wichtigste »Bastion«, die diesem Prozess entgegensteht, ist immer noch die römische Kirche.

Es heißt, es habe sich damals um einen Entchristlichungsfeldzug gehandelt. Ob nicht zutreffender von einer Entkirchlichungsbewegung zu sprechen wäre?

Glaube und Bewusstsein

Man riss Kirchen ab, selten so radikal wie in Cluny. Hier wird die gotische Kirche Saint Jean-en-Grève noch lange nach dem »Entchristlichungsfeldzug« (1797–1800) abgeräumt. Soweit überschaubar, traf dieses Schicksal romanische und gotische Bauten. Die benachbarte barock-klassizistische Kirche bleibt intakt.

Die Französische Revolution war eine Bürgerbewegung, welche die Klerikerkirche durch eine Zivilverfassung überwinden wollte. Die Formulierung der Menschenrechte in dieser Epoche brachte Fortschritt in die Geschichte, von dem wir immer noch zehren. Mit atemberaubender Geschwindigkeit versanken Jahrhunderte im Staub (auch wenn sie sich – vorübergehend – in der Restauration neu erhoben). Der in Kirchenrecht und Kirchenstruktur bis heute nicht nachvollzogene Paradigmenwechsel gab in wenigen Jahren einem überholten System eine neue gesellschaftliche, politische, soziale, philosophische und wohl auch religiöse Ausrichtung. Es gibt Anzeichen, dass sie dabei ist, auch das römische Kirchensystem umzuwandeln.

Menschen, die im Horizont eines bestimmten Traditionsrahmens ihr Selbstverständnis gewonnen haben, können durch die Irritationen des neu heraufkommenden Paradigmas ihre Orientierung – wenigstens zeitweilig – verlieren und in tiefgreifende Identitätskrisen geraten. Bei einem religiösen Paradigmenwechsel sind Glaubenszweifel und Erfahrungen von Sinnverlust mit solchen Übergangszeiten zwangsläufig verbunden. Wenn schon Albert Einstein seinen eigenen Überschritt in ein neues physikalisches Weltbild kommentierte: »Es war, wie wenn einem der Boden unter den Füßen weggezogen worden wäre, ohne dass sich irgendwo fester Grund zeigte, auf den man hätte bauen können«, so gilt dies für einen Wechsel von einem religiös-weltanschaulichen Paradigma zum anderen umso nachdrücklicher.

Weil in der Annahme oder Abweisung eines neuen Paradigmas stets lebensgeschichtliche Faktoren beteiligt sind, ist es verständlich, dass religiöse Paradigmenwechsel nicht nur wissenschaftlich entschieden werden. Je mehr ein neu heraufziehendes Paradigma Umdenken und die Bereitschaft zu neuen Wegen verlangt, desto heftiger werden sich Gegenwehr und Ablehnung einstellen unter dem Anspruch, der überlieferten Wahrheit in größerer Treue verpflichtet zu bleiben. Demgegenüber erscheinen die Verfechter des neuen Paradigmas als die leichtfertigen Zerstörer der tragenden Sicherheiten, wenngleich es nicht darum geht, die bisherige Tradition – und zumal die Quellen dieser Tradition – auszutauschen, sondern sie unter veränderten Verstehensbedingungen neu zur Sprache zu bringen. Damit wird auch die bestimmende Intention deutlich: die Tradition nicht sterben zu lassen, sie nicht zu mumifizieren, sondern sie neu zu sehen, um sie auf diese Weise für eine gewandelte Zeit weiterführen zu können.

II. Glaube und Sprache

Über Jahrhunderte galt die Ansicht, die Sprache sei ein göttliches Geschenk an die Menschen. Als aber 1769 die Preußische Akademie der Wissenschaften die Frage nach ihrer Herkunft als Wettbewerb ausschrieb, gewann ihn Johann Gottfried Herder mit der These, die Sprache habe nichts Überirdisches an sich. »Bau und Grundriss ... verrät Menschheit.« Damit eröffnete er den Weg zu einer rationalen Erklärung der Sprachentstehung. 1851 führte Jacob Grimm diese Position weiter aus: »Es bleibt nichts übrig, als dass sie eine menschliche, mit voller freiheit ihrem ursprung und fortschritt nach von uns selbst erworbene sein müsse: nichts anderes kann sie sein, sie ist unsere geschichte, unsere erbschaft.«

In der nachfolgenden Zeit entstanden unzählige Theorien über die Sprachentstehung. Den heutigen Stand der Wissenschaften fasst Dieter E. Zimmer folgendermaßen zusammen:

Sprache muss sich in sozialen Beziehungen eingestellt haben, dort, wo es etwas zu kommunizieren gab, sonst macht sie keinen Sinn. Welches aber ist die engste soziale Beziehung? Die zwischen Mutter und Kind. Vor 250 000 Jahren war das gewiss nicht anders; eher war sie noch einzigartiger. Die Mutter versorgt das Kind, hütet es, spielt mit ihm, beruhigt und ermuntert es, und sie beginnt, ihm die Wirklichkeit zu »erklären«, indem sie auf interessante Sachen aufmerksam macht, vor Gefahren warnt und ihm Kulturtechniken beibringt – was genießbar ist, wo man es findet, wie man herankommt, wie man sich sichere Schlafstellen einrichtet, wie man Junge betreut. Das tun bereits Schimpansenmütter. Aus dem Studium frei lebender Schimpansen weiß man, wie viel selbst bei ihnen ein Kind schon zu lernen hat. All dies lässt sich sprachlich sehr viel leichter und genauer weitergeben. Wo die Vermittlung besser gelang, müssen die Kinder einen merklichen Überlebensvorteil mit auf den Weg bekommen haben ...

Nun haben die ersten Sprachäußerungen des Menschen jedoch keine Spur hinterlassen. Lange Zeit wurde darüber nur spekuliert. In jüngster Zeit konnten unterschiedliche Wissenschaftszweige – Biologie, Archäologie, Paläanthropologie sowie die Gehirn- und Kehlkopfforschung – in einem fächerübergreifenden Ansatz umfangreiches Wissensmaterial zusammentragen, das erstmals zu belastbaren Erkenntnissen geführt hat. Untersucht wurde bei den vorliegenden Schädelfunden die Gehirnform und das Gehirnvolumen, die sich bereits beim Homo erectus und beim Neandertaler zu charakteristisch heutigen menschlichen Formen ausprägten. Das führte zu der Folgerung, die Sprache als eine Hauptursache, nicht als eine Folge des menschlichen Gehirnwachstums zu verstehen.

Die Auffassungen darüber, wann die menschliche Entwicklung so weit gediehen war, dass sie zur Herausbildung der Sprache führte, gehen jedoch beträchtlich auseinander. In den Wissenschaftsmedien wird gewöhnlich eine Zeit zwischen 100 000 bis 30 000 Jahren genannt. Frühere Datierungen argumentieren mit komplexen Techniken der Werkzeugherstellung und der Feuernutzung, die nur in einem sozialen Umfeld vermit-

---

Herodot meldet uns, Psammetich der Ägypterkönig um zu versuchen, welches volk und welche sprache zuerst erschaffen worden sei, habe zwei neugeborene kinder einem hirten einsam aufzuziehen gegeben, mit befehl kein wort vor ihren ohren auszusprechen und zu achten, welchen laut sie nun hervorbringen würden. Nach einiger Zeit verlauf, als der hirt diesen kindern sich genähert, hätten sie mit ausgestreckten händen bekos ausgerufen, und dann öfter dasselbe wort in gegenwart des königs wiederholt. Auf angestellte erkundigung sei man aber gewahr geworden, dass die Phryger das brot bekos nennen und habe dadurch die überzeugung gewonnen, dass die Phryger das älteste volk der erde seien.

Jacob Grimm

Die Chronik des Salimbene von Parma (1268) berichtet von einer Wiederholung dieses Experiments unter Friedrich II. von Hohenstaufen. Dieser wollte die Ursprache der Menschen finden:

Und deshalb befahl er den Ammen und Pflegerinnen, sie sollten den Kindern Milch geben, dass sie an den Brüsten säugen möchten, sie baden und waschen, aber in keiner Weise mit ihnen schön tun und zu ihnen sprechen. Er wollte nämlich erforschen, ob sie die hebräische Sprache sprächen, als die älteste, oder Griechisch oder Latein oder Arabisch oder aber die Sprache ihrer Eltern, die sie geboren hatten. Aber er mühte sich vergebens, weil die Knaben und anderen Kinder alle starben. Denn sie vermöchten nicht zu leben ohne das Händepatschen und das fröhliche Gesichterschneiden und die Koseworte ihrer Ammen und Nährerinnen.

telt würden, in dem Sprache vorhanden ist. In diese Schätzungen mischt sich immer auch das jeweilige Menschenbild des Wissenschaftlers. Einige gehen von einer Zeittiefe von 500 000 Jahren aus. Jene, die nur 30 000 Jahre annehmen, haben als einziges Argument die kulturelle Explosion, die mit der Sesshaftwerdung der Menschen begann. Wieder andere sagen, mit Fug und Recht lasse sich behaupten, dass die Sprache tatsächlich so alt sei, wie der Mensch selbst.

1. Sprache und Denken

Jacob Grimm sagte in seiner Rede in der Preußischen Akademie der Wissenschaften 1851:

> Der mensch heißt nicht nur so, weil er denkt, sondern ist auch mensch weil er denkt, und spricht, weil er denkt, dieser engste zusammenhang zwischen seinem vermögen zu denken und zu reden bezeichnet und verbürgt uns seiner sprache grund und ursprung.

Dass unser Denken von der Sprache abhängt, ist im allgemeinen Bewusstsein verankert. Der Amerikaner Benjamin Lee Whorf (1897–1941) hat hiervon ein »linguistisches Relativitätsprinzip« abgeleitet, mit dem er die Fachwelt in Aufregung versetzte:

> Das linguistische System ist nicht nur ein reproduktives Instrument zum Ausdruck von Gedanken, sondern formt selbst die Gedanken ... Die Formulierung von Gedanken ist selbst kein unabhängiger Vorgang, der im alten Sinne des Wortes rational wäre, sondern wird von der jeweiligen Grammatik beeinflusst ...
>
> Die Strukturphänomene der Sprache sind Hintergrundphänomene, die man gar nicht oder bestenfalls sehr ungenau wahrnimmt – so wie die winzigen Stäubchen in der Luft eines Raumes. Besser noch kann man sagen, alle Sprechenden unterliegen linguistischen Strukturen ungefähr so, wie alle Körper der Schwerkraft unterliegen ...
>
> Menschen, die Sprachen mit sehr verschiedenen Grammatiken benutzen, werden durch diese Grammatiken zu typisch verschiedenen Beobachtungen und verschiedenen Bewertungen äußerlich ähnlicher Beobachtungen geführt. Sie sind daher als Beobachter einander nicht äquivalent, sondern gelangen zu irgendwie verschiedenen Ansichten von der Welt ... So geht zum Beispiel die Weltansicht der modernen Naturwissenschaft aus der höher spezialisierten Anwendung der grundlegenden Grammatik der westlichen indoeuropäischen Sprachen hervor. Natürlich wurde die Naturwissenschaft durch die Grammatik nicht verursacht, sondern nur sozusagen gefärbt.

Ein Beispiel für diese Ansicht bietet die japanische Schriftstellerin Yoko Tawada (geb. 1960), die 1979 erstmals der deutschen Sprache begegnete und darin einer anderen Weltwahrnehmung:

> Meine neue Umgebung wirkte auf mich zuerst nicht so fremd: Ein deutscher Bleistift unterschied sich kaum von einem japanischen. Er

---

Die Jahrmillionen, in denen aus einem merkwürdigen Affen der Mensch wurde, müssen von einer für uns noch ganz unvorstellbaren Monotonie gewesen sein. Nicht dass es dem Einzelnen an Aufregung gefehlt hätte: Seuchen, Naturkatastrophen, Unfälle, Kriege dürften sich eher stärker als heute fühlbar gemacht haben, da die Menschen ihnen hilfloser ausgesetzt waren. Aber der Einzelne muss sein kurzes Leben über den Eindruck gehabt haben, alles sei, wie es schon immer war und immer bleiben würde. Er lebte in einer »Horde« von dreißig bis hundert Individuen. Nie dürfte die Gesamtbevölkerung zwei Millionen überstiegen haben; die Horden lebten also weit über die Erde verstreut. Jede kannte nur das Jetzt und Hier ... In völligem Gleichmaß wechselten die Generationen. So, wie es heute war, war es auch vor zehn Jahren; vor hundert Jahren; vor tausend Jahren; vor hunderttausend Jahren ...

Und dann kam plötzlich Bewegung in diese Stagnation, Ackerbau und Viehzucht wurden erfunden, die Menschen begannen, sich explosionsartig zu vermehren, organisierten sich in größeren Sozialverbänden, und immer rascher hintereinander wurden Erfindungen gemacht, die das Leben jedes Einzelnen stärker veränderten, als es sich vordem im Laufe von Jahrzehntausenden verändert hatte. Eine der folgenschwersten war die Erfindung der Schrift vor etwa 5000 Jahren in Sumer: Sie machte die Tradierung von der mündlichen Überlieferung mit deren Zufällen und Grenzen unabhängig – alles, was jemals ein Mensch gedacht hatte, stand nunmehr potenziell jedem anderen zur Verfügung.

Dieter E. Zimmer

hieß aber nicht mehr »Enpitsu«, sondern »Bleistift«. Das Wort »Bleistift« machte mir den Eindruck, als hätte ich jetzt mit einem neuen Gegenstand zu tun. Ich hatte ein leichtes Schamgefühl, wenn ich ihn mit dem neuen Namen bezeichnen musste … Bis dahin war mir nicht bewusst gewesen, dass die Beziehung zwischen mir und meinem Bleistift eine sprachliche war.

Eines Tages hörte ich, wie eine Mitarbeiterin über ihren Bleistift schimpfte: »Der blöde Bleistift! Der spinnt! Der will heute nicht schreiben!« Jedes Mal, wenn sie ihn anspitzte und versuchte, mit ihm zu schreiben, brach die Bleistiftmine ab. In der japanischen Sprache kann man einen Bleistift nicht auf diese Weise personifizieren: Ein Bleistift kann weder blöd sein noch spinnen. In Japan habe ich noch nie gehört, dass ein Mensch über seinen Bleistift schimpfte, als wäre er eine Person.

Trotzdem kam mir der Bleistift lebendig vor, als die Frau über ihn schimpfte. Außerdem kam er mir männlich vor, weil er *der* Bleistift hieß. In der japanischen Sprache sind alle Wörter geschlechtslos. Die Substantive lassen sich zwar in verschiedene Gruppen aufteilen, aber diese Gruppen haben nie das Kriterium des Männlichen oder Weiblichen: Es gibt zum Beispiel eine Gruppe der flachen Gegenstände oder der länglichen oder der runden. Häuser, Schiffe und Bücher bilden jeweils eigene Gruppen. Es gibt natürlich auch die Gruppe der Menschen: Männer und Frauen gehören zusammen darin. Grammatikalisch gesehen ist im Japanischen nicht einmal ein Mann männlich …

Es gab damals zwei Figuren in der deutschen Sprache, die mir stark auffielen. Sie standen oft mit verdeckten Gesichtern vor meinen Augen. Ich wusste nicht genau, was oder wer sie waren, und es war nicht möglich, jemanden danach zu fragen; denn meine deutschen Mitarbeiterinnen schienen sie nicht sehen zu können. Die eine Figur hieß »Gott« und die andere »Es«. Sie zeigten sich immer wieder in verschiedenen Sätzen.

> Ließ der Mensch die unausdenkliche Monotonie seiner Vergangenheit hinter sich, weil ihm plötzlich das Werkzeug Sprache zuwuchs?
>
> Absurd ist die Idee nicht. Aber je deutlicher wird, wie viele biologische – anatomische, neurale – und somit genetisch gesteuerte Voraussetzungen gegeben sein müssen, damit so etwas wie Sprache möglich wird, umso unwahrscheinlicher wird sie. Die genetische Entwicklung macht keine Sprünge. Der Kehlkopf rutscht nicht mit einem Mal nach unten, die neuralen Mechanismen der Sprachwahrnehmung entstehen nicht plötzlich … Erst muss der Zufall ein neues Gen bilden, dann muss dieses den Test des Lebens bestehen, und dann muss es sich von Generation zu Generation weiter ausbreiten. Auch die genetischen Voraussetzungen der Sprache haben gewiss ihre Zeit gebraucht, und zwar eine lange.
>
> *Dieter E. Zimmer*

Glaube und Sprache

Wie wir drei grammatische Geschlechter haben, so haben einige Indianersprachen zwei Artikel, zwischen denen sie sich bei jedem Substantiv entscheiden müssen. Aber diese beiden Artikel bezeichnen nicht das Geschlecht, sondern den Grad des Respekts. Die eine Klasse von Substantiven enthält die gemeinen Dinge, die andere solche, zu denen man eine persönliche achtungsvolle Beziehung hat: Menschen, Tiere, große Bäume, Sonne, Mond, Sterne, Schnee, Donner, Metalle, Federn, Wasserkessel… In die indoeuropäischen Sprachen ist diese Nuance ebenso wenig zu übersetzen, wie die subtile Nuancierung der Bedeutung, die unser grammatisches Geschlecht mit sich bringt, in die Indianersprachen zu übersetzen ist.

Dieter E. Zimmer

Gott kam oft aus dem Mund einer Frau, wenn ein Gefühl ohne Kommentar herauskam: »Oh, mein Gott!«, »Ach du lieber Gott!«, »Gott sei Dank!«, »Um Gottes Willen!« Jedes Mal, wenn ich einen von diesen Ausdrücken hörte, spürte ich eine große Macht, die mich beherrschen wollte. Um ihren Einfluss zu vermeiden, versuchte ich immer, dieses Wort zu ignorieren. Noch heute kann ich keinen Ausdruck verwenden, in dem das Wort »Gott« vorkommt. – Die zweite Figur, die mir damals stark auffiel, war »Es«. Man sagte: »Es regnet«, »Es geht mir nicht gut«, »Es ist kalt«. Im Lehrbuch stand, dass dieses »es« gar nichts bedeute. Dieses Wort fülle nur die grammatikalische Lücke. Ohne »es« würde nämlich das Subjekt des Satzes fehlen, und das ginge auf keinen Fall, denn das Subjekt müsse sein. Ich sah es aber nicht ein, dass ein Satz ein Subjekt haben musste.

Whorf widerspricht der Ansicht, das Denken hänge von den Gesetzen der Logik und Vernunft ab, aber nicht von der Grammatik einer Sprache, darum repräsentiere es eine Rationalität, die allen intelligenten Menschen gemeinsam sei, gleichgültig, ob sie Japanisch, Deutsch oder Aztekisch sprechen. Diese Vorstellung, sagt Whorf, sieht nicht, dass Sprachphänomene einen Hintergrundcharakter haben, der für die jeweilige Sprachgemeinschaft außerhalb ihres kritischen Bewusstseins und seiner Kontrolle bleibt. Das linguistische System einer Sprache sei immer an der Art und Weise des Denkens beteiligt. Das Sprachsystem relativiere also auch Wahrnehmung und Denken. Die unterschiedlichen Wahrnehmungen und Denkweisen, die aus unterschiedlichen Sprachstrukturen resultieren, liegen folglich auch den kulturellen, weltanschaulichen und religiösen Differenzen unserer Welt wesentlich zugrunde.

Jede Sprache ist ein eigenes riesiges Struktursystem, in dem die Formen und Kategorien kulturell vorbestimmt sind, aufgrund deren der Einzelne sich nicht nur mitteilt, sondern auch die Natur aufgliedert, Phänomene und Zusammenhänge bemerkt oder übersieht, sein Nachdenken kanalisiert und das Gehäuse seines Bewusstseins baut.

Was das bedeutet, kann an einem Vergleich der indoeuropäischen und der fernöstlichen sowie der indianischen Sprachen aufgezeigt werden. In den indoeuropäischen Sprachen bildet das Subjekt-Prädikat-Schema den Satz. Beide Elemente des Satzes können vielfältig erweitert werden. Dieses uns selbstverständliche Schema vermittelt uns die Wirklichkeit aus den Bedingungen dieser Satzstruktur. Darin erlebt sich der Mensch als Aktionszentrum. Man könnte von einem Tätersubjekt sprechen. Der Mensch sieht sich Vorgängen in Natur und Welt gegenüber, die vom ihm her bestimmt werden – indem er sie sieht, hört, gestaltet usw. Wie durchgängig unsere Sprache ein derartiges Tätersubjekt verlangt, zeigen Sätze vom Typ »es regnet«, in denen mit dem neutrischen »es« ein unbekanntes Agens für den Vorgang »regnen« verantwortlich gemacht wird. Der Zwang zu diesem Satzschema geht keinesfalls von der vorgegebenen Wirklichkeit aus, sondern liegt in der linguistischen Eigenart unserer Sprache, nach deren Struktur sich auch unser Bewusstsein von der Wirklichkeit aufbaut.

Ganz anders disponieren die nicht-indoeuropäischen Sprachstrukturen. Für die chinesische Sprache betont der Philosoph Chang Tung-sun (1886–1973), dass sie das Subjekt-Prädikat-Schema nicht kennt, ja dass es

René Magritte (1898–1967), Hegels Ferien, 1958.

Magritte schreibt in einem Brief, dass Hegel »sehr empfänglich für diesen Gegenstand gewesen wäre, der zwei entgegengesetzte Funktionen hat: Wasser nicht wollen (es abhalten) und Wasser wollen (es auffangen). Es hätte ihm gefallen, glaube ich, oder Spaß gemacht (wie Ferien), und deshalb nenne ich dieses Bild ›Hegels Ferien‹.« Hegel nämlich entwickelt in seiner »Phänomenologie des Geistes« von 1807 das Emporsteigen des Geistes von der einfachen, naiven Wahrnehmung über das Bewusstsein, das Selbstbewusstsein, die Vernunft bis hin zum absoluten Wissen des Weltgeistes. Ein wesentlicher Schritt in diesem Prozess ist es, dass das Bewusstsein an seiner jeweiligen Gestalt eine Einseitigkeit zu erkennen vermag, die es aufgrund dieser Erkenntnis ablegt, um dadurch eine neue, höhere Gestalt zu erreichen, in der die alte Gestalt in dreifacher Weise vorhanden bleibt: als Festhalten, Widersprechen und Steigern. »Hegels Genialität«, sagt der Philosoph Otfried Höffe, »liegt in der Fähigkeit, gegen sich selbst zu denken, dabei sich zu beobachten und das Beobachtete aufzuzeichnen.«

für den chinesischen Satz nicht einmal wesentlich ist, ein Subjekt zu haben. Weil die Sprache es nicht verlange, habe der Chinese auch nicht das Bedürfnis, jedes Geschehen oder jede Handlung auf ein Subjekt zu beziehen. Ein Geschehen kann also ohne ein Tätersubjekt ausgesagt werden.

Ähnliches gilt für die japanische Sprache. »Ich sah es nicht ein, dass ein Satz ein Subjekt haben musste«, sagt Yoko Tawada. Die indianischen Sprachen verkörpern ebenfalls einen rezeptiven Typ. Der Mensch steht der Welt nicht isoliert gegenüber, um sie willentlich zu gestalten, sondern als ein von den Vorgängen berührtes Objekt. »Dort der sinngebundene Empfang, hier das hirngesteuerte Werken; dort das Überwältigtwerden durch die Wirklichkeit, hier die wollende Aktivität, die sich die Welt unterwirft« (Werner Müller).

Der Unterschied zwischen beiden Sprachwelten ist gravierend. Die chinesische und japanische Sprache ebenso wie die indianischen Sprachen zeigen den Menschen als den Erlebenden und nicht als den Ergreifenden und Begreifenden. Ebenso wie der Chinese Chang Tung-sun die aristotelische Logik auf der Struktur des westlichen Sprachensystems beruhend erkannte und deshalb bestritt, dass die westliche Logik die universale Regel für das menschliche Denken sein könne, konnte seinerseits der Altphi-

Glaube und Sprache

> Der Nihilismus als historische Grundrichtung einer ganzen Kultur ... braucht aus asiatischer Sicht nicht mehr als fremd angesehen zu werden. Er gilt nicht, wie im islamischen Denken unserer Tage, als eine tödliche Gefährdung und verabscheuungswürdige Verfallenheit des säkularisierten europäischen Geistes, der seinen Glauben eingebüßt hat. Das kritische asiatische Denken sieht hier tiefer. Es bemerkt die Fragwürdigkeit der Ausgangslage der europäischen Überlieferungen, deren Ontologien allesamt das Staunen darüber zur Sprache des Denkens bringen, »dass etwas ist und nicht nur nichts« ... Aus dieser anfänglichen Bestätigung des Seienden und des Selbst ist das europäische Denken in den Abgrund der Nichtigkeit gestürzt. Aus ihm wird es sich niemals am eigenen Schopf herausziehen. Vielmehr »ist die Richtung der Negation bis zu ihrem Ende durchzuhalten, bis zu dem Punkt, wo das Negative sozusagen ins Positive umschlägt« (Keiji Nishitani).
>
> Selbstverständlich vermag das abendländische Denken diesen Weg nur kraft seiner eigenen Dynamik zu gehen, indem es in den Quellgrund seiner eigenen Überlieferungen und ihrer ursprünglichen Erfahrung zurückfindet. Was es verloren hat, sein »absolutes Zentrum«, auf das Nietzsches Aufschrei »Gott ist tot« vielleicht deutlicher verweist als die meisten apologetischen Beteuerungen eines Christentums, das seinen Glauben nicht mehr zur konkreten Erfahrung zu bringen vermag, ist nicht zu ersetzen – auch nicht durch asiatische Wegweisung und Weisheit. Nishitani verfällt keinen Augenblick auf den Gedanken, dies könne die Stunde der asiatischen Gegenmission sein, und in der christlichen Dürre könne der buddhistische Weizen blühen. Vielmehr glaubt er ..., der abendländischen Ausweglosigkeit werde nichts anderes übrig bleiben als der Durchbruch durch die Negativität des Nihilismus. Dies erfolgt, wie seine Erfahrung ihn lehrt, in Richtung der asiatischen Wegweisungen, kann jedoch einzig und allein für den Abendländer aus den ursprünglichen Kräften der eigenen Kultur gelingen. Und er lässt keinen Zweifel daran aufkommen, dass dies die christlichen sind.
>
> *Dora Fischer-Barnicol*

loge Bruno Snell (1896–1986) zeigen, dass und wie die naturwissenschaftliche Begriffsbildung aus den Gegebenheiten der griechischen Sprache hervorgegangen ist. Insbesondere hat sich das aristotelische Denken für das physikalisch-technische Denken als effektiv erwiesen. In der neueren Physik stößt es aber offenbar seit Einsteins Relativitätstheorie an Grenzen; besonders die Konzeption des »Feld«-Begriffs in der Physik hat die Vorstellung von einem notwendig substanziellen Agens erschüttert. Whorf: »Die moderne Naturwissenschaft ist auf dem Boden unserer westlichen indoeuropäischen Sprachen entstanden, und deshalb geht es ihr oft genauso wie uns allen: sie sieht Tätigkeiten und Kräfte, wo es vielleicht besser wäre, Zustände zu sehen.«

Die unterschiedlichen Sprachstrukturen, »die Nachdenken kanalisieren und das Gehäuse des menschlichen Bewusstseins bauen«, sind auch für das Verständnis der Religionen und ihrer Glaubenssysteme relevant. Was die Theologen der Vergangenheit nach dem Muster lateinischen Denkens in abstrakten Begriffen und Sätzen formuliert haben, lässt sich in den Indianersprachen nicht adäquat wiedergeben. Zwar sind auf der Ebene konkreter Benennungen alle Sprachen untereinander übersetzbar. Übersetzer müssen nicht befürchten, in irgendeiner Sprache kein Wort für »Wasser«, »Vogel« oder »Baum« zu finden. Aber bei Oberbegriffen und abstrakten Bezeichnungen hört diese Sicherheit auf. Wörter wie »Verstand«, »Aufklärung« oder »Erlösung« haben eine Geschichte. Ein Wort wie »Hand« eigentlich nicht. Eine Hand war immer eine Hand.

Auch das Gottesverständnis ist sprachgebunden. Die im theistischen Denken mit Gott verbundenen Eigenschaften und die Lehre, dass dieser Gott »Person« sei, unterliegen einerseits den Voraussetzungen indoeuropäischen Denkens und andererseits den Denkmitteln der griechischen Philosophie.

Beispiel Schöpfungslehre: Die »Erlebnissprachen«, die einen Eindruck aufnehmen, ohne ihn gleich kausal zu deuten, leiten dazu an, mit dem Gegenstand des Erlebens eins zu werden. Die Sprachen des Subjekt-Objekt-Schemas knüpfen mit einer anderen Blickrichtung an und fragen nach der Verursachung des Geschehens: »Von nichts kommt nichts.« Sowohl der Schöpfungs- wie der Entwicklungsgedanke sind Antworten auf dieselbe Frage, wenngleich sie mal im Mythos, mal im Logos beantwortet wird. Sofern die Theologie in diesem Kontext Gott als causa prima (»Erstursache«) der Schöpfung versteht, denkt sie kaum darüber nach, inwieweit die linguistische Struktur unserer Sprache daran beteiligt ist und alle Weltvorgänge mit der Frage nach einem persönlichen Subjekt verbindet.

Beispiel Gottesverständnis: Noch wirksamer wirkt sich die Sprachstruktur inhaltbildend auf die Gottesvorstellung aus. Vom theistischen Konzept ist unten die Rede (→ S. 214 ff.). Der sprachliche und geistige Zugriff des Theismus ist nicht die blanke Erfassung einer absoluten Wirklichkeit, sondern steht in einer Entsprechung zu unserer eigenen Gebundenheit und ist zugleich Indiz für eine nicht durchschaute Systembefangenheit. Sollte »Gott« nur unter den Bedingungen solch begrenzter weltanschaulicher Vorgaben vernehmbar und sagbar sein, wäre alles Vernehmen und Sprechen von Gott – in der Konsequenz auch aller Glaube – ausschließlich von menschlichen Vorstellungen abhängig.

Anders verhält es sich, wenn auf Ereignisse im Erfahrungshorizont des Menschen zurückgegriffen wird, etwa auf liebendes, vergebendes, helfendes Handeln, das uns von einem Menschen widerfährt. »Im Menschsein und Handeln Jesu manifestiert sich das Spezifikum dessen, wofür dem Christen das Wort ›Gott‹ steht ... In der Begegnung mit solchem Menschsein wird eine neue Wirklichkeit bewusst. Eine subjektlose Sprache könnte diese im menschlichen Tun sich kundgebende Wirklichkeit als Gotteswirklichkeit annehmen. Sprachen mit Subjektzwang werden notwendig auf ein Tätersubjekt hin weiterdenken und das erlebte Geschehen als Wirkung einer Ursache deuten. Eine echte Erkenntnis ist damit freilich nicht gewonnen, sondern das Geschehen ist nur in Ursache und Wirkung auseinandergefaltet, also verdoppelt worden« (Helmut Fischer).

Der Unterschied zwischen westlichem und östlichem Denken wird besonders deutlich, wenn die philosophiebegrifflichen Brennpunkte beider Kulturräume einander gegenübergestellt werden. Der japanische Philosoph Yoshinori Takeuchi hält die »Idee des Seins« für den archimedischen Punkt des westlichen Denkens:

Keiji Nishitani (1900–1990) war einer der wichtigsten Philosophen im Japan des 20. Jh.s, Schüler und Nachfolger von Kitaro Nishida, dem Begründer der Kyoto-Schule. 1924 promovierte er über »Das Ideale und das Reale bei Schelling und Bergson«. Von 1935–1964 war N. Professor für Religion und Philosophie an der Kaiserlichen Universität Kyoto. 1937–1939 Studienaufenthalt bei Martin Heidegger in Freiburg. Aus seiner Erfahrung des Zen-Buddhismus, seiner detaillierten Kenntnis der westlichen und der östlichen Philosophie konnte er Existentialismus, Nihilismus und das buddhistische Verständnis der Leere miteinander verbinden.

Nicht allein Philosophie und Theologie, die gesamte Überlieferung der abendländischen Zivilisation dreht sich um diesen Punkt. Im Denken des Ostens und des Buddhismus ist das anders. Der zentrale Begriff, von dem Asiens religiöse Intuition, sein Glaube wie sein philosophisches Denken ausgehen, ist der Gedanke des »Nichts«.

Das angezeigte Spannungsverhältnis würde allerdings missdeutet, wollte man das »Nichts« im Gegensatz zum »Sein« verstehen. Das lehrt bereits ein Blick auf die eigene Geistesgeschichte, zumal deren mystische Dimension. So heißt es bei Nikolaus von Kues (1401–1464):

Die Verneinung von allem, d. h. alles, was zu bejahen, zu begreifen ist, ist nicht Gott, denn wenn er das wäre, was zu begreifen ist, dann wäre er schon endlich ... Aus dieser Sicht ist Gott absolut nichts. Wenn man jedoch sagt, Gott sei nur Nichts, dann ist dies keineswegs der Fall ... Er ist der Grund der Wirklichkeit, doch nur auf Grund der Tatsache, dass er nichts ist, gibt es keinen Ort, an dem er nicht ist und arbeitet.

Und ebenso betont Kitaro Nishida (1870–1945), Japans bedeutendster Philosoph der neueren Zeit: »Ein Nichts, das vom Sein getrennt ist, ist nicht das wahre Nichts.« So sehr nun auch eine (dem Europäer wenig bewusst gewordene) Verbindung über die Mystik zwischen westlichem und östlichen Denken bestehen mag, so wird die unerledigte Diskrepanz zwischen beiden Denktraditionen doch sogleich deutlich, wenn Nishidas Schüler Keiji Nishitani (1900–1990) sagt, ohne zur Erleuchtung durchgebrochen zu sein, lohne es sich nicht, über die Wirklichkeit nachzudenken. Diese kleine Problemanzeige kann deutlich machen, dass eine christliche Tradition, die in der Sicht Joseph Ratzingers erst unter dem Einfluss des griechischen Logos »zu sich selbst gekommen« ist, sich in Zukunft ernsthaft auch dem östlichen Denken öffnen und stellen muss. Das mag umso leichter geschehen, als Zen keine Dogmatik hat und keine haben will; alle aber, die sich den Erfahrungen der Zen-Übung unterstellen, dürfen mit einem erweiterten Bewusstsein rechnen, das nicht zuletzt das theologische Denken vertiefen und freier machen wird.

Glaube und Sprache

Zwar haben die meisten Menschen in ihrer Mundart gelebt, gedacht und geträumt, dennoch empfanden viele das Beten in plattdeutscher Sprache als unangemessen. 1929 berichtet die sauerländische Mundartdichterin Christine Koch (1869–1951) von einer Bäuerin: »Jo, säo fär Hiusgebriuk lot ik mey dat plattduitske Biän gefallen, awer ik meine, in der Kiärke könn me de Wore doch nit recht stellen.«

Ja, so für den Hausgebrauch lasse ich mir das plattdeutsche Beten gefallen, aber ich meine, in der Kirche kann man die Worte doch nicht recht gebrauchen.

Es bedurfte wohl des Selbstbewusstseins der Schriftstellerin, um bekennen zu können: »Ik fär meyne Persäon hawwe all mehr ase äinmol en plattduitsk Gebiät iut döppester Säile opsteygen loten, bo't met 'm friämmesten Biäebauke un diän schoinsten häoduitsken Woren nit mehr gohn woll.«

Ich für meine Person habe mehr als einmal ein plattdeutsches Gebet aus tiefster Seele aufsteigen lassen, was mit dem frömmsten Gebetbuch und den schönsten hochdeutschen Worten nicht möglich gewesen wäre.

Exkurs: Plattdeutsche Sprache und Dogma

Anders zeigt sich das Verhältnis von Sprache und Denken, wenn wir vom Hochdeutschen zum Niederdeutschen oder Plattdeutschen zurückgehen. Weil das Plattdeutsche die zweite hochdeutsche Lautverschiebung nicht mitmachte, hat es auch viele bürgerliche Entwicklungen der Schriftsprache ignoriert. Der Vielfalt und Flexibilität des Hochdeutschen steht ein erheblich geringerer Wortschatz gegenüber. Plattdeutsch ist knapper, auch deutlich derber, wenngleich immer allgemein verständlich. Ein »zu hoch« des Ausdrucks gibt es hier nicht. Hochdeutsche Literatur enthält Dimensionen, die nicht ins Plattdeutsche übertragen werden können. Vieles wird dort anders gedacht; für vieles fehlen die Wörter, manches ist härter. Differenzierungen und Artigkeiten der Schriftsprache entfallen. Sagt die Bibel: »Du Tor!«, heißt es auf Platt: »Du Dusselkopp!« Trotz ihrer Anschaulichkeit bleibt die Bibel auch in ihren narrativen Sequenzen auf Transzendenz bedacht und kennt dafür zahlreiche metaphorische Möglichkeiten. Das Plattdeutsche kann viele dieser Differenzierungen und Metaphern nicht wiedergeben. In der Übertragung des Alten Testaments ins Plattdeutsche des märkischen Sauerlandes spricht Mose zu Gott: »Du hiäs mi befuohlen, ieck soll dat Volk in sin Land föühern, owwer du hiäs mi nit ›esaggt, of du metkuommen woss … Dau nit vergiätten, dat diese Lüü din Volck sind.« De Häär antwuorre: »Ieck soll selwer metgaohn?« Mose sagge: »Jao, wann du nit metgäihs, dann wäor dat biätter, vî blaiwen hî.« (Ex 33,12ff.) – »Wenn nicht dein Angesicht vorangeht, so führe uns nicht von hier hinauf«, formuliert die Lutherübersetzung. Das Plattdeutsche ist für solche Metaphern zu erdverhaftet, es bringt die eigene Position nüchtern auf den Punkt: »Jao, wann du nit metgäihs, dann wäor dat biätter, vî blaiwen hî.« Die poetischen Umschreibungen der Bibel haben im Plattdeutschen kein Äquivalent und erst recht nicht die diskursiven Begriffe der Theologie. Das Plattdeutsche ist für dogmatische Differenzierung und Systembildung kein Medium. Übertragungsversuche auf diese Ebene könnten aber zeigen, wo und wie weitgehend die theologische Sprache ihre Erdung verloren hat und in welchem Maße spezifische Begriffsbildungen an einem zwar frommen, aber nüchternen Alltagssinn scheitern. In Hamburg erschien 1834 bei Hoffmann und Campe ein Traktat mit dem Titel »Soll die plattdeutsche Sprache gepflegt oder ausgerottet werden? Gegen Ersteres und für Letzteres – beantwortet von Dr. Ludolf Wienbarg.« Wienbarg (1802–1872) war ein Schriftsteller des Vormärz; er gehörte literarisch zum Kern der Jungdeutschen Bewegung und war zugleich erklärter Gegner der plattdeutschen Sprache:

Täuscht euch nicht, sie ist immer noch die Sprache des sechzehnten Jahrhunderts und schleppt die gebrochenen Ketten sichtbar mit sich umher, und pflügt und ackert jeden Frühling und jeden Herbst den alten Grimm in die alten Furchen hinein. O sie ist schrecklich treu, schrecklich dumm und gemüthlich; aber lasst euch sagen, sie hat wenig Religion, nur sehr wenig und sie kennt, wenn sie wild wird, den Teufel besser als den lieben Gott. Worüber ihr euch nicht sehr zu verwundern habt; denn als sie katholisch war, da war das Christenthum, die Messe nämlich, lateinisch und als sie lutherisch wurde, wurde das Christenthum, Predigt und Katechismus hochdeutsch … Diese Sprache hat nichts gelernt, allein, sie hat auch »nichts vergessen«, es sei denn ihre alten Lieder, ihren fröhlichen Gesang und eben das Vaterunser, das sie früher doch, wie ich glaube, hat beten können …

Frage: kann er die hochdeutsche Predigt hochdeutsch durchdenken, spricht er mit Nachbaren, mit Frau und Kindern hochdeutsch vom Inhalt derselben, ist er gewohnt und geübt, ist er nur im Stande, den religiösen Gedankengang in's Plattdeutsche zu übersetzen? Antwort: Schwerlich. Frage: hat ihm die Predigt das Herz erwärmt, den Verstand erleuchtet? Antwort: ein Schweigen.

Wienbarg folgerte aus dieser Problemanalyse: Das Plattdeutsche muss ausgerottet werden. Heute könnte er sich seinen Traktat sparen. Die plattdeutsche Sprache geht ihrem Ende entgegen, aber sie erlaubt vielleicht erst jetzt, den Weg der Theologie, von dem sie ausgeschlossen blieb, als Weg in eine Begrifflichkeit zu sehen, die sich weit vom konkreten Leben gelöst hat. Mit den frühen Gemeindegründungen in den hellenistisch geprägten Städten begann eine Glaubensformulierung in den Bahnen des griechischen Denkens, die sich in immer kompliziertere Begriffsakrobatiken verstieg; der Westen führte diese Linie in der strengen Logik der lateinischen Sprache weiter. Schließlich verhalf Luthers Bibelübersetzung der hochdeutschen Schriftsprache zum Sieg. Das bis dahin ausschließlich gesprochene Niederdeutsch blieb seit der lateinisch buchstabierten Theologie und ebenso in der neuzeitlichen schriftdeutschen Theologie von Lehre, Unterricht und Kult ausgeschlossen.

Die Christologie, wie sie das griechische Denken der ersten Jahrhunderte entwickelt hat, arbeitet mit Formeln wie *mia ousia – treis hypostaseis*; *una substantia – tres personae*; »ein Sein – drei Personen«. Die daraus resultierende Trinitätslehre, die sich so delikater Begriffe wie Wesen, Natur und Substanz bedient, hätte in keiner anderen damaligen Volkssprache ihre Ausprägung finden können; in ihrer Konsequenz liegt es, dass der Alltagsglaube bis zum Tage weder dem Missverständnis eines Tritheismus noch einer Gleichsetzung von Gott und Jesus entgeht. Mundarten widersetzen sich solch artifizieller Theologie immer noch. Das gilt auch für spätere Entwicklungen wie etwa die Eucharistielehre mit ihrem Begriff der Transsubstantiation und den Unterscheidungen von Substanz und Akzidenz, die Brot und Wein nur dem Anschein bestehen lässt, da die ihnen geltenden Konsekrationsworte doch die reale Verwandlung in Leib und Blut Christi aussagen.

Nun soll nicht gesagt sein, die Theologie hätte auf die Geschmeidigkeit von Hochsprachen besser verzichtet, aber noch weniger, es sei unnötig, die Vermittelbarkeit theologischer Rede im Test von Mundarten zu prüfen:

Erst wenn ein Dogma fern von Abstraktionen auch in der Mundart als etwas Bedeutsames vermittelbar ist, befinden sich Theologe, Theologin oder Katechet auf einem richtigen Weg. Mit etwas mehr Selbstbewusstsein hätten schon die Plattdeutschen vergangener Jahrhunderte geltend machen können: »Unsere dem bäuerlichen Leben verbundene Sprache ist eine gute Sprache. Sie steht der Gleichnissprache der Evangelien jedenfalls näher als die Sprache der neuscholastischen Dogmenlehrbücher!«

Peter Bürger

Wilhelm Leibl (1844–1900), Drei Frauen in der Kirche, 1881.

Die Bilder von Wilhelm Leibl aus dem ländlichen Raum Oberbayerns haben nichts von Idylle oder genrehafter Erzählfreude. Sie prägt eine ungeschönte Darstellung der Menschen. Zu seiner Zeit an einem Gottesdienst teilzunehmen, verwies die Menschen auf ihre eigene Innerlichkeit. Dabei vertritt jede dieser Frauen eine andere Generation. Im Gegensatz zur Haltung der älteren Frauen scheint die jüngste recht skeptisch der Sprache des Gebetbuchs zu begegnen.

Glaube und Sprache

2. Sprache und Wirklichkeit

Platon lehrte in seinem Höhlengleichnis, dem Menschen gelte durchweg nur das als »das Wirkliche«, was er im Lichte seiner eingeschränkten Bedingungen sieht. Die eigenen Erkenntnisbedingungen erfasse er nicht in ihrer Relativität, denn es gelinge ihm nicht, aus dem Gefängnis seiner »Normalität« auszubrechen:

> Sieh nämlich Menschen wie in einer unterirdischen, höhlenartigen Wohnung, die einen gegen das Licht geöffneten Zugang längs der ganzen Höhle hat. Von Kindheit an sind sie in dieser Höhle gefesselt an Hals und Schenkeln, so dass sie nur nach vorne hin sehen, den Kopf aber der Fessel wegen nicht herumdrehen können. Licht haben sie von einem Feuer, welches von oben und von ferne her hinter ihnen brennt. Zwischen dem Feuer und den Gefangenen geht ein Weg … Stelle dir vor, hier trügen Leute allerlei Geräte, Bildsäulen und andere steinerne und hölzerne Bilder. Was meinst du wohl, erkennen dergleichen Menschen, die von sich selbst und voneinander nie anderes gesehen haben als die Schatten, welche das Feuer auf die ihnen gegenüberstehende Wand der Höhle wirft? – Wenn sie nun miteinander reden könnten, glaubst du nicht, dass sie dieses Vorhandene danach benennen würden, wie sie es sehen? – Notwendig. – Und wenn ihr Kerker auch einen Widerhall hätte von drüben her, meinst du, wenn einer von den Vorübergehenden spräche, sie würden denken, etwas anderes rede als der eben vorübergehende Schatten? – Nein, beim Zeus, sagte er. – Auf keine Weise also können diese irgendetwas anderes für das Wahre halten als die Schatten jener Kunstwerke? – Ganz unmöglich.

Soll dieses Gleichnis die menschliche Situation beschreiben, der nicht zu entkommen ist, lässt sich kein »objektives« Bild der Welt gewinnen. Der Schritt von dieser antiken Skepsis zur heutigen Sicht naturwissenschaftlicher Erkenntnis ist kleiner, als ihn der Zeitenabstand vermuten lässt. So resümiert Werner Heisenberg im Blick auf die in Bewegung geratenen Fundamente der modernen Naturwissenschaft,

> Dass wir die Bausteine der Materie, die ursprünglich als die letzte objektive Realität gedacht waren, überhaupt nicht mehr »an sich« betrachten können, dass sie sich irgendeiner objektiven Festlegung in Raum und Zeit entziehen und dass wir im Grunde immer nur unsere Kenntnis dieser Teilchen zum Gegenstand der Wissenschaft machen können. Das Ziel der Forschung ist also nicht mehr die Erkenntnis der Atome und ihrer Bewegung »an sich«, d. h. abgelöst von unserer experimentellen Fragestellung; vielmehr stehen wir von Anfang an in der Mitte der Auseinandersetzung zwischen Natur und Mensch, von der die Naturwissenschaft ja nur ein Teil ist, so dass die landläufigen Einteilungen der Welt in Subjekt und Objekt, Innenwelt und Außenwelt, Körper und Seele nicht mehr passen wollen und zu Schwierigkeiten führen. Auch in der Naturwissenschaft ist also *der Gegenstand der Forschung nicht mehr die Natur an sich, sondern die der menschlichen Fragestellung ausgesetzte Natur,* und insofern begegnet der Mensch auch hier wieder sich selbst.

Das menschliche Auge ist nur für den schmalen Abschnitt des Lichtbandes zwischen Rot und Violett empfindlich. Die Differenz von einigen Zehntausendsteln eines Millimeters in der Wellenlänge bedeutet den Unterschied zwischen Sichtbarkeit und Unsichtbarkeit … Es ist somit klar, dass das menschliche Auge die meisten »Licht«strahlen in der Welt nicht wahrnimmt und dass das, was der Mensch von der Welt sieht, ein durch die Unvollkommenheiten seines Sehorgans verfälschtes und abgeschwächtes Bild ist. Die Welt würde sich ihm anders darbieten, wäre sein Auge für Röntgenstrahlen empfänglich.

Die Erkenntnis, dass unser ganzes Wissen vom Weltall eigentlich nur auf fragmentarischen Eindrücken unserer unvollkommenen Sinne beruht, lässt uns daran verzweifeln, dass wir je an die Realität herankommen können …

In der heutigen Physik haben wir es mit dem Paradoxon zu tun, dass jede Verbesserung des mathematischen Apparates den Abgrund zwischen dem menschlichen Beobachter und der objektiven Welt der Wissenschaft vertieft.

Lincoln Barnett

Indem Heisenberg das Naturbild der exakten Wissenschaften nicht mehr als »ein Bild der Natur«, sondern als »ein Bild unserer Beziehung zur Natur« beschreibt, gibt er die alte Subjekt-Objekt-Distanz auf und rückt nun vor allem »das Netz der Beziehungen zwischen Mensch und Natur« in das Blickfeld seiner Wissenschaft:

René Magritte (1898–1967), Die unsichtbare Welt, 1953/54.

Die wissenschaftliche Methode des Aussonderns, Erklärens und Ordnens wird sich der Grenzen bewusst, die ihr dadurch gesetzt sind, dass der Zugriff der Methode ihren Gegenstand verändert und umgestaltet, dass sich die Methode also nicht mehr vom Gegenstand distanzieren kann. Das naturwissenschaftliche Weltbild hört damit auf, ein eigentlich naturwissenschaftliches zu sein.

Die Auswirkungen dieses gewandelten Naturverständnisses für das moderne Bewusstsein sind umfassend. Das Objekt »an sich« hat sich uns entzogen. Nirgendwo stehen wir der »Wirklichkeit« sozusagen »pur« gegenüber, sondern begegnen in der vermeintlich objektiven Sachfrage letztlich uns selbst. Denn ob wir nun mit Teleskop-Fernrohren den Makrokosmos befragen oder mit dem Elektronenmikroskop in den Mikrokosmos eindringen, das jeweilige Werkzeug, die Versuchsanordnung, der experimentelle *modus procedendi* definiert gleichzeitig, in welcher Weise das befragte Objekt uns wahrnehmbar wird, so dass wir niemals einer Sache an sich, sondern stets nur der unserer Fragestellung unterworfenen Sache begegnen. Diese Einsicht relativiert jedes Weltbild und zeigt, wie sehr wir von den Verstehensbedingungen der menschlichen Sinne abhängig bleiben. Am schärfsten hat sich diese Relativierung jeder Wirklichkeitserfassung im Spektrum der Postmoderne entfaltet (→ S. 80 ff.).

3. Sprache und Sinngebungskompetenz

Auch die Gesellschaftswissenschaften fragen nach den Wahrnehmungsmöglichkeiten von »Wirklichkeit«. Der Buchtitel von Thomas Luckmann und Peter L. Berger »Die gesellschaftliche Konstruktion der Wirklichkeit« (1969) gibt bereits Antwort. Die hier gemeinte »Wirklichkeit« repräsentiert das Sinngebungssystem einer jeweiligen Gesellschaft. Die darin gründende Lebensordnung ist nicht biologisch gegeben. Sie kann auch nicht aus Naturgesetzen abgeleitet werden, sondern wird gesellschaftlich bestimmt, wenngleich die Notwendigkeit einer gesellschaftlichen Ordnung in der biologischen Verfassung des Menschen angelegt ist. Diese Bestimmung geschieht nicht rundweg anonym, sondern Institutionen und konkrete Personen wirken als die Bestimmer von Wirklichkeit. Will man den Zustand der gesellschaftlich konstruierten Sinnwelt verstehen, so muss man also die gesellschaftliche Organisation durchschauen, die es solchen Bestimmern ermöglicht, dass sie bestimmen.

Sinnwelten ergeben sich aus den Aktivitäten der Menschen, darum verändern sie sich auch. Schon mit der Arbeitsteilung in einer Gesellschaft verbindet sich die Spezialisierung von Wissen. Während in der frühen Menschheitsgeschichte Expertenschaft allenfalls in den unterschiedlichen Begabungen der Menschen angelegt war, konkurrierte der Jagdexperte dennoch nicht mit dem Fischereiexperten. Als aber komplizierte Wissens-

> Die Menschen dringen in unserer Zeit in entlegene Bereiche der Natur vor, die unseren Sinnen nicht mehr unmittelbar zugänglich sind, die nur auf dem Umweg über komplizierte technische Apparaturen erschlossen werden können. Damit verlassen wir nicht nur den unmittelbar sinnlich erfahrbaren Bereich, wir verlassen auch den Raum, in dem sich unsere gewöhnliche Sprache gebildet hat und für den sie brauchbar ist. Wir sind daher gezwungen, eine neue Sprache zu lernen, die der natürlichen Sprache an vielen Stellen sehr fremd ist. Eine neue Sprache bedeutet aber auch eine neue Art zu denken, und damit wird in der Naturwissenschaft in aller Schärfe die Forderung erhoben, die sich in unserer Zeit so sichtbar in so vielen Bereichen des Lebens stellt.
>
> *Werner Heisenberg*

formen entstanden und ein wirtschaftlicher Überschuss einen neuen Status hauptamtlicher Experten erlaubte, beanspruchten diese bald »die absolute Jurisdiktion über den gesamten Wissensvorrat«:

Sie sind, horribile dictu, Welt-Spezialisten. Das bedeutet nicht, dass sie die ganze Welt kennen oder alles über sie wissen, sondern dass sie nicht anstehen, den absoluten Sinn dessen, was jedermann weiß und tut, kennen und wissen zu wollen. *Peter L. Berger/Thomas Luckmann*

Üblicherweise leben Menschen in einer gegebenen symbolischen Sinnwelt naiv und in fragloser Gewissheit. Es schadet nicht, wenn intellektuell Begabte sich intensiver mit dieser Sinnwelt befassen. Ihre Reflexionen entwickeln gewöhnlich neue Stützen für die herrschende Sinnwelt.

Trotzdem ist jede symbolische Sinnwelt potenziell gefährdet, wenn eigenständig denkende Menschen eine abweichende Interpretation bieten. Gelingt es diesen, ihre Weltdeutung zu objektivieren, so reagieren die Hüter der »offiziellen« Wirklichkeitsbestimmung in der Regel darauf mit Repressalien, im besseren Fall mit Widerlegung. Manchmal sind sie auch gezwungen, die andersartige Deutung in das eigene System zu transformieren, um dem Verdacht entgegenzutreten, die eigene Sinnwelt könnte ihren umfassenden Anspruch nicht einlösen. In solcher Auseinandersetzung mit alternativen Konzepten erfährt das eigene Konzept oft Bereicherung. Immer aber sind die Inhaber der entscheidenden Machtpositionen »bereit, ihre Macht für die traditionellen Wirklichkeitsbestimmungen einzusetzen und sie der Bevölkerung autoritativ aufzuzwingen. Mögliche Konkurrenz für die Sinnwelt wird liquidiert, sobald sie auftaucht, nämlich entweder physisch zerstört … oder integriert.«

Was die moderne Gesellschaft von der beschriebenen Gesellschaft unterscheidet, ist der Pluralismus heutiger Sinndeutungen. Die Zeiten geschlossener Sinnsysteme sind in Europa vorbei. Das alte Sinn-Monopol ist zusammengebrochen. Der einstmals absolute Anspruch auf verbindliche Weltdeutung unterliegt inzwischen der Wahrnehmung und Interpretation von außen. »Von jetzt an gilt«, sagt der Philosoph Peter Sloterdijk, »dass zur Substanz des Glaubens nur gehört, was die Skepsis der Außenwahrnehmung – die zunehmend über die Selbstwahrnehmung eingebaut wird – überlebt.«

Sloterdijk nennt eine Gesellschaft *modern*, wenn sie einen Pluralismus von Inspirationsquellen einräumt – einen Markt des weltanschaulich Möglichen, auf dem sich Menschen begegnen können, die sich für Verschiedenes begeistern und von Verschiedenem angeregt werden. Dagegen nennt er eine Kultur *mittelalterlich*, die sich durch das »Eine, das nottut« – die Einzigkeit einer Inspirationsquelle – bestimmt sieht:

Mit dem Anbruch der Modernität gehen die glücklichen Zeiten mittelalterlicher Selbstzentrierung zu Ende. Die alten Zitadellen des Glaubens bieten nun vielfältigen äußeren Beobachtungen offene Flanken. In der Moderne steht Religion im Zeichen der Wehrlosigkeit gegen Beobachtung durch Nichtmitglieder. Dabei zeigt sich, dass Religionen beobachtungsempfindliche Gebilde sind; leicht kann der Eishauch äußerer Wahrnehmungen die zarten Blüten der Leichtgläubigkeit zerstören;

Francisco de Goya (1746–1828), Die Wahrheit ist gestorben. Desastres, Blatt 79, 1820–25.

Eine junge Frau in ärmellosem, weitem Gewand liegt vor einer Menschengruppe. Breite Lichtstrahlen gehen von ihr aus. Während zwei Mönche bereits dabei sind, sie mit Erde zu bedecken, verweist der die Bestattung leitende Bischof mit der linken Hand zum Himmel. Rechts im Bild hat Justitia Platz genommen. Klagend hält sie ihr Gesicht bedeckt, während die Waage außer Balance ist. Die schöne Tote trägt jedoch den Lorbeerkranz der Unsterblichkeit.

Es gab einmal eine Denktradition, die glaubte, auf dem Weg über die Etymologie der Wörter irgendwie zu dem Wesen der Dinge kommen zu können. In der Theologie ist sie immer noch heimisch (wohl weil hier Gedankensurrogate besonders gefragt sind): Ver-ant-wort-ung – das ist die Antwort, die du Gott schuldest. Mit bedeutungsvollem Pathos pflegt sie Bindestriche in die Wörter einzubauen. Be-greifen: da sehe man doch, wie das Verstehen ein Zupacken sei. Ver-zweifeln: daran erkenne man doch, dass die Verzweiflung »im Grunde« ein Überhandnehmen von Zweifeln sei …

Dieter E. Zimmer

der Glaube gedeiht in der Regel am besten, wenn er sich selbst klimatisieren kann. Eben mit diesem »mittelalterlichen« Klimaschutz geht es im Zeitalter des Buchmarktes, und vollends dem des Medienpluralismus zu Ende.

Nun ist es allerdings keineswegs so, als steuere die moderne Gesellschaft in einen religionslosen Raum. Das aufgrund von Selbstbeobachtung von Sinnlosigkeitsgefühlen irritierte Ich erkennt die förderliche Wirkung eines Glaubens »an irgendetwas überhaupt«, und damit erfährt Religion eine neue Wertschätzung:

Neureligiöse Strömungen des autogenen Typs dämmern heute in weltweitem Maßstab herauf; Interessierte finden inzwischen überall die Mittel, um sich ihre persönliche Religionsdiät zusammenzustellen. Gegen den Schmerz, ein moderner Mensch zu sein, werden alle Reserven der spirituellen Tradition aufgeboten – ob Sufismus oder Kabbala, ob Gnosis oder Upanishaden, ob das Tao oder der Große Geist. Willkommen ist alles, was es der religionswilligen Seele erlaubt, die ihr entsprechenden Glaubensmelodien fremder Kulturen mitzusummen. *Peter Sloterdijk*

Das Verhalten auf dem neuen Markt der religiösen Möglichkeiten untersteht also nicht mehr dem Modell einer Gefolgschaft, sondern dem von Wählern oder Kunden, die einiges prüfen und das besser Erscheinende behalten. Peter L. Berger hat dieses Verhalten als den »Zwang zur Häresie« bezeichnet, zurückgehend auf die Ursprungsbedeutung von *hairesis*, griechisch »Auswahl«, und mit ihm meint auch Peter Sloterdijk, dass die Modernen, bevor sie begreifen, was ihnen geschieht, fast ausnahmslos zur Häresie verdammt seien. So definiert er heutige Religiosität als »die allmähliche Verfertigung des Glaubens beim Experimentieren mit dem Glauben. Es könnte aber sein, dass jemand, der sich glauben lässt, am Ende jemand wird, den der Glaube im Stich lässt.«

Jede gesellschaftliche Wirklichkeit ist gefährdet und jede Gesellschaft eine Konstruktion am Rande des Chaos.

Das Auftauchen einer alternativen symbolischen Sinnwelt ist eine Gefahr, weil ihr bloßes Vorhandensein empirisch demonstriert, dass die eigene Sinnwelt nicht wirklich zwingend ist.

Solange mein Wissen befriedigend funktioniert, bin ich im Allgemeinen bereit, Zweifel an ihm nicht aufkommen zu lassen.

Peter L. Berger/Thomas Luckmann

Glaube und Sprache

4. Sprache und Glaube

Angesichts des heute vor sich gehenden Paradigmenwechsels darf es nicht verwundern, dass die Sprache, in der sich ein Glaubenssystem artikuliert, ihre Lebendigkeit und Vermittlungskraft verliert. Einerseits soll sie den »wahren Glauben« weitergeben und bewahren helfen, doch sieht sie sich in diesem Bemühen so sehr an den überlieferten Formelbestand verwiesen, in welcher dieser Glaube vor Zeiten seine Definition gefunden hat, dass seine ständige Repetition nur noch ins Leere geht. In Martin Walsers Roman »Halbzeit« heißt es: »Ich kann mich nicht mehr so verrenken. Ich habe Gott mit diesen Formeln geerbt, jetzt verliere ich ihn durch diese Formeln.« Inzwischen haben zentrale theologische Begriffe ihre Relevanz für das existenzielle Befinden der Menschen verloren; sie werden einfach nicht mehr verstanden. Das gilt selbst für die Vermittler dieser Glaubensanschauungen. Man kann davon ausgehen, dass der durchschnittliche Seelsorger (oder auch Bischof) in einem Alltagsgespräch nicht in der Lage ist, einem Zeitgenossen verständlich zu machen, was unter Gnade, Erlösung oder Opfer zu verstehen ist, ganz davon zu schweigen, dass er die Kenntnisse hätte, Begriffe wie Auferstehung, Himmelfahrt oder Wiederkunft aus den biblischen Texten heraus zu erklären. Inzwischen befinden sich die grundlegenden Wörter des christlichen Glaubens außerhalb des regulären Verständigungsrahmens unserer Zeit.

Dazu kommt ein Zweites. Im theologischen Studienplan gibt es keinen Kurs in religiöser Sprachlehre, der dem auf diesem Gebiet allgemein herrschenden Analphabetismus entgegentreten könnte. Einem Verständnis religiöser Traditionen steht ja durchweg das Unvermögen entgegen, die Engführung der üblichen Informationsmitteilung zu überschreiten. Da keine Religion dieser Welt auf dem Niveau unserer Tagesnachrichten spricht, sich vielmehr metaphorisch und symbolisch artikuliert, müssen Glaubensinhalte auch auf dieser Ebene verstanden werden. Gott ist ein sinnvolles Wort nur im Zusammenhang mit metaphorischer Sprache. Geht die Rede von der »Hand« Gottes, von seinem »Arm«, dem »Auge« Gottes, seinem »Ohr«; heißt es, er »führe«, »lenke«, »leite«; er »sehe« und »höre«, wird kaum bedacht, dass solche Aussagen allein im metaphorischen Verständnis sinnvoll sind. Der Mensch kann nur von sich her über Gott sprechen. Ohne Metapher lässt sich vom Göttlichen nichts Sinnvolles sagen. Nur die Metapher rettet vor dem Verstummen. Die gesamte Lehre Jesu, seine Gleichnisse, seine Gottesrede artikulieren sich metaphorisch.

Im nächsten Schritt geht es um die Wahrheit der Formen. Mythe, Märchen, Sage, Legende, Gleichnis …, alle sprachlichen Formen haben eine gattungsspezifische Gültigkeit. Wird die Eigenart einer Gattung verkannt und gar an historischer Wahrheit gemessen, gibt es grobe Missverständnisse. Vor allem die Bibel bleibt ohne Sinn für die Wahrheit der in ihr begegnenden zahlreichen Sprachformen ein verschlossenes Buch.

Religiöse Sprachlehre ist kein Themenfeld *neben* anderen Inhalten, sondern *ein Verstehensschlüssel für alle anderen Inhalte*. Erst solche Sprachbildung überwindet das Gefängnis einer eindimensionalen Wirklichkeit. Unterbleibt sie, lässt sich der verengende Realismus, wie er seit Generationen herrscht, nicht überwinden. Statt eines Zuwachses an spirituellem Verständnis, verstärken sich dann religiöse Orientierungslosigkeit und Traditionsabbruch.

Ich fürchte mich so vor der Menschen Wort.
Sie sprechen alles so deutlich aus:
Und dieses heißt Hund und jenes Haus,
und hier ist Beginn und das Ende dort.

Mich bangt auch ihr Sinn, ihr Spiel mit dem Spott,
sie wissen alles, was wird und war;
kein Berg ist ihnen mehr wunderbar;
ihr Garten und Gut grenzt grade an Gott.

Ich will immer warnen und wehren: Bleibt fern.
Die Dinge singen hört ich so gern.
Ihr rührt sie an: sie sind starr und stumm.
Ihr bringt mir alle die Dinge um.

Rainer Maria Rilke

Eine tatsächliche Erneuerung religiöser Sprache erfolgt nicht aus rhetorischer Begabung oder didaktischem Geschick. Sie verlangt heute ein gelebtes Leben »auf der Grenze« (Paul Tillich). Eine solche Existenz ist nicht einfach. Sie wird ebenso vom Glauben wie vom Zweifel berührt und dichtet den einen Bereich nicht gegen den anderen ab. »Jeder von uns ist mehrere, ist viele, ist ein Übermaß an Selbsten« (Fernando Pessoa). Wer nur Amtsträger, Verkünder des Glaubens oder gar dessen Wächter ist, unterliegt der Gefahr, aus seiner Person und seinem Weltbild auszugrenzen, was doch zu einem authentischen Menschen der heutigen Welt dazu gehört: jene Komplexität der Erfahrung, des Denkens und Seins, die ein mit sich identischer Mensch integriert. Wer dazu nicht gelangt, wird in seiner Sprache den Worthülsen nicht entrinnen – ja nicht einmal merken, dass sein Wort hohl ist.

Zur Sprachbildung gehört auch theologisches Interesse an Literatur. Dieses Interesse misst religiöse und literarische Texte aneinander, zeigt, dass Sprache nicht nur Denken, sondern auch Glauben legitimiert. Goethe nimmt bereits im »Faust« die ganze neuzeitliche Religionskritik vorweg mit Versen, die er seinem Mephisto als Urteil über die Theologie in den Mund legt:

> Was diese Wissenschaft betrifft,
> Es ist so schwer, den falschen Weg zu meiden,
> Es liegt in ihr so viel verborgnes Gift,
> Und von der Arzenei ist's kaum zu unterscheiden.

Was später mit Feuerbach, Marx und Freud folgte, ist hier bereits angelegt. Die Gefährlichkeit der Theologie liegt vor allem darin, dass sie – wie Karl-Josef Kuschel in seinen Untersuchungen deutlich macht – kein hinreichendes Potential immanenten Misstrauens sich selber gegenüber aufbringt: »Die Rede von Gott wird nur allzu leicht dazu missbraucht, die Abgründe der eigenen Existenz, die Widersprüche der Evolution und die Absurditäten der Geschichte zu verdrängen. Theologie wird dann verwechselt … mit Sinnproduktion für schwere Stunden, mit beschwichtigender Therapie für Seelenschmerzen.«

Religiöse und ästhetische Erfahrung können einander bestätigen, aber auch radikal negieren. Es besteht ein Spannungsverhältnis zwischen Zustimmung und Kritik. Solange die Theologie nur Bestätigung sucht, der Kritik aber aus dem Wege geht, hat sie bereits die nötige Sensibilität für Wahrheit und Wahrhaftigkeit eingebüßt.

Erweitert sich das Verständnis von religiöser Sprache und Existenz, ist es schließlich über den verbalen Bereich hinaus zu verfolgen. Auch die bildende Kunst, die Architektur und nicht zuletzt Musik und Tanz sind Gestaltungen, deren Sprache zum Grundbestand religiöser Bildung gehört. Theologie wurde niemals nur gedacht, gesprochen und geschrieben, sondern stets auch gemalt, gebaut, gespielt, gesungen und getanzt. Über Gottesdienste, Predigt und Religionsunterricht lässt sich hier nicht in je spezifischen Bahnen nachdenken, aber alle diese Wege der Vergegenwärtigung unterstehen der Erwartung, dass sie die Menschen zu einer tieferen Wahrnehmung ihrer selbst führen, dass sie sich innerhalb ihrer eigenen Kultur verstehen lernen.

Theologie sei »Sprechen von Gott«. Was heißt »Sprechen von«? Sprechen wir »von« etwas – von der Schallplatte, die wir eben gehört, von der Hochzeit in Nachbars Haus, an der wir teilgenommen haben, von den nächsten Bundestagswahlen, an denen wir teilnehmen werden, wir sprechen von der Liebe, wir sprechen vom Tod –, immer ist dieses Etwas den Sprechenden gegeben – Etwas Vorhandenes, Geschehenes, Gesehenes, Erlebtes, ein Wirkliches immer. Aber: Wovon sprechen wir, wenn wir sagen, wir sprechen von Gott?

Fridolin Stier

Es ist wahr, die Tragödie des Glaubenden ist größer als die des Nichtglaubenden. Nicht zu glauben, ist kein Problem; es ist aus. Aber zu glauben und dennoch Fragen zu haben, auf die es keine Antworten gibt, das ist ein Problem.

Elie Wiesel

Es gibt weitere Gründe, die zur Entfremdung von Sprache und Glauben beitragen. Eine erst heute freigesetzte Sensibilität, die der Vergangenheit fremd war, gilt der im kirchlichen Bereich herrschenden Dominanz androzentrischen Sprechens. Bis in die Gegenwart durften nur Männer den Glauben denken und lehren, die weibliche Hälfte der Gattung Mensch blieb von dessen Reflexion und Formulierung ausgeschlossen. Das hat sich – nach Jahrhunderten flacher Hinnahme – heute geändert und führt nun zu wachsendem Befremden und deutlicher Distanzierung. Gott etwa immer noch einseitig als »Vater« und »Herr« anzusprechen, schließt zunehmend mehr Frauen – sensible Männer inbegriffen – aus einer inneren Zustimmung aus (→ S. 386 ff.).

Eine erlernbare Lese- und Verstehensfähigkeit ist auch außerhalb einer Glaubensgemeinschaft wichtig. Wer einem Glauben nicht zustimmt, sollte doch gehalten sein, nicht aus Mangel an sprachlicher Bildung den Metaphern und Symbolen einer fremden Glaubenswelt ratlos oder gar arrogant gegenüberzubleiben. Wer immer religiösen Inhalten zustimmend oder ablehnend gegenübersteht, kann sich mit ihnen nur bei hinreichendem Sprach- und Verstehensvermögen auseinandersetzen. Grundsätzlich wollen die Metaphern und Symbole in biblischer und dogmatischer Sprache stets als Metaphern und Symbole erkannt werden und – ob mit oder ohne Glaubenszustimmung – letzten Endes aus den Tiefenerfahrungen der menschlichen Psyche Plausibilität gewinnen. Sprachliche Formen wie Mythe, Sage, Wundererzählung oder Gleichnis bewahren auch für Nichtgläubige Relevanz, wenn sie aus dem Wirklichkeitsverhältnis ihrer jeweiligen Gattung heraus gedeutet werden. Wichtiger als vordergründige historische Wahrheit im Sinne bloßer Faktizität ist die sinnstiftende Wahrheit, die jedem erreichbar wird, der noch über den Alltag hinaus zu fragen versteht. Michael Triegel, der in diesem Buch mit einer Reihe bedeutender Bilder christlichen Inhalts in nachchristlicher Brechung vertreten ist, sieht seine Aufgabe ähnlich:

Gefangen
Dreimal las ich »strafvollzug«
den wir schon lange verändern wollten
bis ich merkte
da stand »sprachvollzug«
ich erschrak und sah
uns alle
im gefängnis sitzen
das »langue« heißt
Dorothee Sölle

Der christliche Glaube hat ja unsere Kultur zwei Jahrtausende lang geprägt. Das lässt sich von einem ungläubigen Menschen nicht einfach abschütteln. Die Bilder und Symbole sind also immer noch – leider mit wachsenden Einschränkungen – lesbar; und das müssen sie sein, wenn ich sie auf ihre Gültigkeit hin untersuche, sie befrage, ihnen widerspreche, sie ironisiere, paraphrasiere oder auch affirmiere.

Vor allem interessant für mich ist aber auch die Archetypik der Figuren und Geschichten, die nach wie vor ihre Gültigkeit haben. Es geht doch immer noch um Liebe, Geburt, Glück, Leid, Verrat, Tod und Erlösung (oder ihre Unmöglichkeit). An der Stelle, wo die Religion in der Moderne versagt, muss die Kunst einspringen und deren Aufgabe übernehmen. Gefährlich wird es aber, wenn sie Realität sein will. Wehe, wenn Gott tot ist und wir finden keine humane Kompensation für die entscheidende Leerstelle. Die Kunst schafft das natürlich nicht. Daher bleiben meine Bilder immer Bilder einer Sehnsucht.

III. Glaube und Existenz

Im Christentum ist der Glaube vornehmlich auf dogmatische Glaubensinhalte bezogen. In diesem Verständnis werden die anderen Glaubensformen, die anthropologisch fundamental sind, in den Hintergrund gedrängt, zum Beispiel der Lebensglaube, der Heilungsglaube oder jener allgemeine Glaube als höchst effiziente »Strategie«, das eigene Bewusstsein zu zentrieren und wirkungsmächtig zu machen.

1. Glaube als Mut zum Leben

Für die meisten Menschen, Christen wie Nichtchristen, ist Glauben gleichbedeutend mit dem Für-wahr-Halten kirchlicher Lehren. Dem leisten die Katechismen seit jeher Vorschub. Im »Katholischen Katechismus« von 1925 heißt Glauben »etwas fest für wahr halten, weil Gott es gesagt hat«. Das wird in drei Sätzen erläutert: »Wir müssen alles glauben, was Gott geoffenbart hat.« – »Wir müssen die göttlichen Offenbarungen fest für wahr halten, weil Gott nicht irren und nicht lügen kann.« – »Was Gott geoffenbart hat, lehrt uns die katholische Kirche.« Der Deutsche Einheitskatechismus von 1956 setzte diese Linie fort: »Wir müssen glauben, was sie (die Kirche) glaubt und uns zu glauben lehrt. Dann gehen wir den Weg der Wahrheit und gelangen einst ins ewige Leben.«

Dieser schlichten Gewissheit haben sich zunehmend mehr Menschen durch eigenes Fragen und Zweifeln entzogen. Der schwäbische Pfarrer und Theologe Heinrich Buhr:

Wenn es je *eine* christliche Wahrheit, *eine* Lehre, *eine* Offenbarung gegeben hätte, jetzt gibt es sie nicht mehr. Oder wäre dort die Wahrheit, wo man sicher ist, sie zu haben?

Dieser Fragwürdigkeit ist kein Text, kein Katechismus so gewachsen, dass es genügte, sich bloß darauf zu berufen, dass es »geschrieben« steht … Das christliche und kirchliche Dogma ist nicht nur von außen bestritten, sondern auch von innen her fragwürdig geworden. Es wird nicht nur zum Schein gefragt und gezweifelt, sondern mit sokratischem Ernst. Mein Glaube hat Gründe, aber meine Zweifel haben sie auch. Auf dem Stand des Zweifels bin ich angefochten durch die Gründe, die der Glaube hat. Und wenn ich glaube, so weiß ich gut, warum ein anderer nicht glaubt. Wohin entscheide ich mich?

Ein solch ehrlicher Umgang mit sich selbst hat dazu geführt, der Frage nach den Inhalten des christlichen Glaubens die andere nach dem, was Glaube denn seinem Wesen nach ist, vorzuordnen. So der Pädagoge Hartmut von Hentig:

Woran glaube ich?« – nicht das ist die wichtigste und schwierigste Frage, sondern: »Was ist das: ›glauben?‹« Die Übersetzung »für wahr halten«, hilft nicht viel weiter. Was soll dann »wahr« bedeuten? Das rich-

Konrad von Soest (um 1370–nach 1422), sog. Brillenapostel, 1403.

Im Mittelalter wurden Berylle in Reliquiare und Monstranzen eingeschliffen, um den Inhalt sichtbar zu machen. Dabei erkannte man die optische Wirkung des Halbedelsteins und erfand so um 1300 die Brille. Der überragende Humanist und Denker des 15. Jh.s, Nikolaus von Kues, schrieb 1458 eine Abhandlung »Über den Beryll«. Der zugleich konkav und konvex geschliffene Beryll erlaube, zuvor Unsichtbares zu sehen: »Wenn den Augen der Vernunft eine vernunftgemäße Brille … angepasst wird, wird durch ihre Vermittlung der unteilbare Ursprung von allem berührt.« Über die scholastischen Theologen urteilte Nikolaus, sie »entbehrten der Brille«, weil sie vom Unendlichen sprächen, als wäre es endlich. Nur dem Mystiker Dionysius Areopagita (→ S. 220) gestand er zu, einer docta ignorantia gefolgt zu sein, »gelehrter Unwissenheit«, die dem »Zusammenfallen der Gegensätze« entspreche.

tig, ohne Fehl und Falsch Gesagte und Gemeinte? Oder das, was über mein Leben Macht hat, was mir unausweichlich so zu leben gebietet, wie die ›Wahrheit‹ es sagt? Oder das, was jenseits von allem Schein – aller Erscheinung – liegt, nicht erreichbar für uns, die wir im Reich unserer unsteten Sinne leben und eines nicht weniger unsteten Denkens?

Man sieht: Die Antwort auf die Frage »Woran glaube ich?« geht schnell in den Fragen auf: »Wie verstehe ich mein Leben?« – »Wie lege ich mich selber aus?« »Welcher Erfahrungsweise gebe ich den Vorrang vor anderen?«

Auch der katholische Dogmatiker Theodor Schneider wählt diesen Ansatz:

Es geht um die Grundentscheidung, die ich getroffen habe, immer neu treffe in Bezug auf mein Leben, meine Arbeit, meine persönlichen Beziehungen, meine Stellung in der Gesellschaft. Ob ich mein Engagement, mein konkretes Leben oder gar das Leben der Menschheit als Ganzes als lebenswert und sinnvoll ansehe, das kann ich aus keinem naturwissenschaftlichen Wissen, aus keiner exakten Forschung ableiten. Andererseits kann dieser zutreffenden Grundentscheidung niemand ausweichen, obgleich die eingenommene Einstellung meistens unbewusst bleibt, selten scharf durchreflektiert wird oder so offen zutage tritt wie etwa bei denen, die sich negativ entscheiden, indem sie ihrer Verzweiflung im Selbstmord Ausdruck verleihen. In diesem Bezirk der grundsätzlichen Einstellung zum Leben muss jeder Mensch eine Entscheidung fällen, die aller kalkulierenden Planung, allem Machen voraus- und zugrunde liegt. Weder das Ja noch das Nein zum Ganzen des Daseins in der Welt kann wissenschaftlich entworfen oder konstruiert werden. Wer seinem Leben ein Ende setzt, weil er das Ganze nicht mehr zu ertragen vermag, zweifelt damit nicht notwendig die Erklärungen an, die die Wissenschaften für die Einzelheiten der Welt bereithalten; seine Handlung ist vielmehr ein Indiz dafür, dass das Wissen und die Gewissheiten, die die Wissen-

Vincent van Gogh (1835–1890), Die ersten Schritte, 1890.

Vincent van Gogh konnte sagen, dass die Beschäftigung mit der Winzigkeit die Augen öffne für die unendliche Schöpfung, eine Haltung, in der er sich mehr und mehr einübte. Alle Dinge hatten für ihn Symbolkraft, da sie in seinem Weltverständnis auf einen letzten Grund verweisen, den der Glaube Gott nennt.

Mary Cassatt (1845–1926), Das Bad, um 1891.

Die amerikanische Malerin bewegt sich in ihrem Werk um Grundbefindlichkeiten des menschlichen Lebens. Aus diesem Bild verhaltener Ruhe spricht die Selbstverständlichkeit beständiger Zuwendung: die Sprache der Liebe im Alltäglichen.

schaften zur Verfügung stellen, allein letztlich nicht imstande sind, den Sinn des Lebens für den Einzelnen zu erweisen. Wer sein Dasein akzeptiert, tut dies in einer Wirklichkeitsbejahung ganz eigener Art … Auf dieser Ebene wird nicht wissenschaftlich gewusst, sondern geglaubt – in einer grundsätzlichen »Stellung-Nahme«, einem Standfassen im Ganzen der Wirklichkeit … Glaube in diesem Sinne ist Entscheidung, nicht Schlussfolgerung.

Was der Glaube eigentlich ist, sagt Heinrich Buhr, sei die kardinale Frage, die alle weiteren Fragen und Antworten vor sich her treibe. Anknüpfend an den Kleinen Katechismus Martin Luthers setze er philosophisch bei der menschlichen Existenz an, um Vorstellungen auf ihr Recht, ihre Wahrheit und ihre Geltung zu überprüfen:

Der Glaube, was ist das? Zuversicht, Mut, wohlberatener Mut; der reine Glaube ist nichts als Mut.
Unglaube, was ist das? In Furcht und Angst haltlos schweben und so Mutlosigkeit, Verzagtheit, auch Feigheit und Unmut, Resignation und dann Schwermut und Verzweiflung.
Mut, was ist das? Dieses Wort ist Ausdruck für das ganze Gemüt, für Geist, Gesinnung und Stimmung des Menschen. …
Welcher Art ist der Mut …? Der Glaube ist nicht eine beliebige Tugend, sondern jene fundamentale Haltung, aus welcher jedes Wohlverhalten kommt. Er ist keineswegs nur beliebige Tapferkeit, und schon gar nicht Tapferkeit um der Tapferkeit willen, Kunst um der Kunst willen, sondern vielmehr Mut im Dienst und in der Verantwortung einer Sache.
Es ist nicht immer leicht, den Mut, als welcher der rechte Glaube ist, von geringeren Formen oder von Verfälschungen des Glaubens zu unterscheiden. So bedarf es der Erkenntnis und Lehre, um den Mut, der gutzuheißen und allgemein zumutbar ist, zu unterscheiden von blindem, törichten Mut, von bloßem Leichtsinn und Übermut, von flachem Opti-

Pablo Picasso (1881–1973), Die Liebenden, 1923.

Auch dieses »Paarbild« spricht von Vertrautheit und Liebe, aus der ein gemeinsames Leben wachsen kann. Die erotische und sexuelle Komponente ist dafür eine tragende Kraft, will aber eingebunden sein in einen Glauben, der sich selbst, den anderen und das ganze Leben mit Wert und Sinn verbindet.

Lovis Corinth (1858–1925), Selbstbildnis mit Skelett, 1896.

Corinths »Doppelporträt« konfrontiert nicht nur den Künstler, sondern auch den Betrachter des Bildes mit dem eigenen Tod. Es lässt fragen, welches Gewicht der Mensch der gestundeten Zeit seines Lebens gibt.

Glaube und Existenz

mismus oder von der Verwegenheit, auch von dummem Hochmut, von borniertet Tapferkeit als falschen Ort, zur Unzeit, unter falschen Herren, unter falschen Zeichen oder kindischen Hoffnungen und Illusionen.

Der Mut ... muss guten Grund haben, er muss begründbar sein, er muss Sinn und Zweck haben. Mut, der sich nur hält mit einem Mangel an Weltkenntnis und Überblick, das ist nicht der christliche Glaube, zu dem doch jedermann ermutigt werden muss.

Wenn nun der Glaube kein Fürwahrhalten ist, hängt er nicht von Lehren ab; welcherart ist dieser Zusammenhang? Wenn klargestellt ist, dass biblischer Glaube nicht *glauben-an, glauben dass,* und dass er noch weniger der »Mut« ist, Unwahrscheinliches für wahr hinzunehmen und sich gegen Wissen und Gewissen Lehren zu unterwerfen, dann muss der Zusammenhang von Glaube und Lehre (Dogma) unter neuen Gesichtspunkten reflektiert werden ... Folge falscher Belehrung und Predigt ist es, wenn ein Glaube an die Bibel, an Lehren, an Dogmen gefordert und praktiziert wird. Vielmehr ist es richtig, wenn *durch* die Bibel, *durch* Lehren und Dogmen ein ursprünglicher Mut begründet, gefestigt, gestärkt, wenn so ein schwacher Mut neu erweckt wird.

Wer an eine Zukunft, wer an seine Zukunft nicht mehr zu glauben vermag, ist im Lager verloren. Mit der Zukunft verliert er den geistigen Halt, lässt sich innerlich fallen und verfällt sowohl körperlich als auch seelisch. Das geschieht meist sogar ziemlich plötzlich, in Form einer Art Krise, deren Erscheinungsweisen dem halbwegs erfahrenen Lagerinsassen geläufig sind. Jeder von uns fürchtete – nicht für sich, denn das wäre ja dann schon gegenstandslos gewesen, vielmehr für seine Freunde – den Zeitpunkt, an dem sich erstmalig die Krise äußerte. Gewöhnlich sah das so aus, dass der betreffende Häftling eines Tages in der Baracke liegen blieb und nicht dazu zu bewegen war, sich anzukleiden, in den Waschraum zu gehen und auf den Appellplatz zu kommen. Nichts wirkt dann mehr, nichts schreckt ihn noch – keine Bitten, keine Drohung, keine Schläge – alles vergeblich: er bleibt einfach liegen, rührt sich kaum, und wenn es Krankheit ist, welche die Krise ausgelöst hat, dann weigert er sich auch, sich in die Ambulanz bringen zu lassen oder irgendetwas für sich zu unternehmen. Er gibt sich auf! Selbst in seinem eigenen Harn und Kot bleibt er dann liegen und nichts kümmert ihn mehr.

Viktor E. Frankl

Ohne sich auf religiöse oder gar christliche Inhalte zu berufen, hat der österreichische Arzt Viktor E. Frankl (1905–1997) als KZ-Häftling die Grundlagen der menschlichen Existenz erfahren. Bereits 1945 schrieb er einen Rückblick auf diese Zeit:

Jeder Tag und jede Stunde im Lager gab tausendfältige Gelegenheit ... eine Entscheidung zu vollziehen, die eine Entscheidung des Menschen für oder gegen den Verfall an jene Mächte der Umwelt darstellt, die dem Menschen sein Eigentliches zu rauben drohen – seine innere Freiheit – und ihn dazu verführen, unter Verzicht auf Freiheit und Würde zum bloßen Spielball und Objekt der äußeren Bedingungen zu werden und sich von ihnen zum typischen Lagerhäftling umprägen zu lassen. ...

Was hier not tut, ist eine Wendung in der ganzen Fragestellung nach dem Sinn des Lebens: Wir müssen lernen und die verzweifelten Menschen lehren, *dass es eigentlich nie und nimmer darauf ankommt, was wir vom Leben noch zu erwarten haben, vielmehr darauf: was das Leben von uns erwartet!* Zünftig philosophisch gesprochen könnte man sagen, dass es hier also um eine Art kopernikanische Wende geht, so zwar, dass wir nicht mehr einfach nach dem Sinn des Lebens fragen, sondern dass wir uns selbst als die Befragten erleben, als diejenigen, an die das Leben täglich und stündlich Fragen stellt – Fragen, die wir zu beantworten haben, indem wir nicht durch ein Grübeln oder Reden, sondern nur durch ein Handeln, ein richtiges Verhalten, die rechte Antwort geben. Leben heißt letztlich nichts anderes als: Verantwortung tragen für die rechte Beantwortung der Lebensfragen, für die Erfüllung der Aufgaben, die jedem Einzelnen das Leben stellt, für die Erfüllung der Forderung der Stunde.

Diese Forderung, und mit ihr der Sinn des Daseins, wechselt von Mensch zu Mensch und von Augenblick zu Augenblick. Nie kann also der Sinn menschlichen Lebens allgemein beantwortet werden, nie lässt sich die Frage nach diesem Sinn allgemein beantworten – das Leben, wie es hier gemeint ist, ist nichts Vages, sondern jeweils etwas Konkretes, und so sind auch die Forderungen des Lebens an uns jeweils ganz konkrete.

Diese Konkretheit bringt das Schicksal des Menschen mit sich, das für jeden ein einmaliges und einzigartiges ist. Kein Mensch und kein Schicksal lässt sich mit einem anderen vergleichen; keine Situation wiederholt sich. Und in jeder Situation ist der Mensch zu einem anderen Verhalten aufgerufen. Bald verlangt seine konkrete Situation von ihm, dass er handle, sein Schicksal also tätig zu gestalten versuche, bald wieder, dass er … das Schicksal eben schlicht auf sich nehme. Immer aber ist jede Situation ausgezeichnet, die jeweils nur eine, eine einzige, eben die richtige »Antwort« auf die Frage zulässt, die in der konkreten Situation enthalten ist.

Sofern nun das konkrete Schicksal dem Menschen ein Leid auferlegt, wird er auch in diesem Leid eine Aufgabe, und ebenfalls eine ganz einmalige Aufgabe sehen müssen. Der Mensch muss sich auch dem Leid gegenüber zu dem Bewusstsein durchringen, dass er mit diesem leidvollen Schicksal sozusagen im ganzen Kosmos einmalig und einzigartig dasteht. Niemand kann es ihm abnehmen, niemand kann an seiner Stelle dieses Leid durchleiden. Darin aber, wie er selbst, der von diesem Schicksal Betroffene, dieses Leid trägt, darin liegt auch die einmalige Möglichkeit zu einer einzigartigen Leistung.

Für uns im Konzentrationslager war dies alles nichts weniger als lebensfremde Spekulation. Für uns waren solche Gedanken das Einzige, was uns noch helfen konnte! Denn diese Gedanken waren es, die uns auch dann nicht verzweifeln ließen, wenn wir keine Chance mehr sahen, mit dem Leben davonzukommen. Denn uns ging es längst nicht mehr um die Frage nach dem Sinn des Lebens, wie sie oft in Naivität gestellt wird und nichts weiter meint als die Verwirklichung irgendeines Zieles dadurch, dass wir schaffend etwas hervorbringen. Uns ging es um den Sinn des Lebens als jener Totalität, die auch den Tod noch mit einbegreift und so nicht nur den Sinn von »Leben« gewährleistet, sondern auch den Sinn von Leiden und Sterben: um diesen Sinn haben wir gerungen.

Dieser Glaube an das Leben – als der Mut zu leben –, geht allen anderen Bekenntnissen, Formeln und Konfessionen voraus. Er ist die eigentümliche Zuversicht des Menschen, der vorwärts und rückwärts blickend leben muss und lebt, und die er, wenn er nicht bereits durch Hospitalismus geschädigt ist, einfach hat. Unsere Vorfahren stützten ihren Glaubensmut oft auf Formeln und Sätze, die heute nicht mehr allgemein überzeugen. Wir müssen den eigenen Glaubensmut, aus veränderten Kenntnissen unserer Welt, der Situation angemessen neu begründen. Darum hilft das Deklamieren alter Formeln nicht mehr. Die Glaubenstradition braucht eine Übersetzung in die Gegenwart, bei der sich zeigen mag, was Bestand hat und für welche Inhalte das Verfallsdatum möglicherweise überschritten ist.

»glaube«, eine Anzeige der Zigarettenmarke »Peter Stuyvesant« (1996).

Die für den modernen Menschen bedeutsamen Themen Autonomie, Selbstfindung und Selbstverwirklichung werden am Beispiel herausfordernder Praktiken – hier ist es Bungee-Jumping – aufgegriffen und verbal in einen religiösen Kontext gestellt. Der Glaube als Mut zum Leben spricht sich im Sport ebenso aus wie in der Pflege behinderten Lebens.

Glaube und Existenz

Das Glaubensbekenntnis

Aus dem 3. Jahrhundert ist der Wortlaut des römischen Taufsymbols erhalten geblieben, noch in griechischer Sprache abgefasst, die damals auch in Rom die Sprache der Liturgie war:

Ich glaube an Gott, den Vater, den Allmächtigen, und an Jesus Christus seinen eingeborenen Sohn, unsern Herrn, der, aus dem Heiligen Geist und der Jungfrau Maria geboren, unter Pontius Pilatus gekreuzigt und begraben, aufgefahren in den Himmel, zur Rechten des Vaters sitzt, von wo er kommt, zu richten die Lebenden und die Toten, und an den Heiligen Geist, die heilige Kirche, die Vergebung der Sünden, die Auferstehung des Fleisches und das ewige Leben.

Nachdem sich in Rom im Laufe des 4. Jahrhunderts Latein auch für den liturgischen Bereich durchsetzte, verbreitete sich das stadtrömische Taufbekenntnis nunmehr in der lateinischen Volkssprache im gesamten Westen. Im spanisch-gallischen Raum bekam es durch kleine Zusätze seine heutige Gestalt. Karl der Große, der für sein Reich großes Interesse an einer einheitlichen Liturgie hatte, schrieb diesen Text dann für seinen engeren Herrschaftsbereich vor.

2. Glaube und Geschichte

Die Geschichte des christlichen Glaubens setzt weit vor dem jüdischen Monotheismus an (→ S. 183 ff.), in dessen Erbe das Christentum vorrangig steht. Die junge Kirche ist mit griechischen, ägyptischen, römischen und anderen in der hellenistischen Welt wirksamen Einflüssen verbunden, die schon im ersten Jahrhundert eine Überformung der jüdischen Tradition bewirkten. Später mussten die antiken Traditionen so übersetzt werden, dass sie dem keltischen und germanischen Denken zugänglich wurden. Auf diesem Weg hat es vielfache Verschmelzungsvorgänge gegeben, wenngleich keine totalen Neuanfänge.

Auch nach erfolgter Christianisierung Europas, die nie vollständig gelang, veränderten sich die Glaubensvorstellungen mit den sich wandelnden Zeiten. Die jüdische Geschichte von Rabbi Akiba, der im ersten Jahrhundert n. Chr. lebte, gilt auch für den christlichen Glaubensweg: Mose habe seine eigene Tora nicht wiedererkannt, als er Rabbi Akiba sie auslegen hörte. Diese Irritation wiederholt sich immer wieder. Hätte Jesus wenige Jahre nach seinem Tod dem Paulus zuhören können, wie dieser an ihn anknüpfte, würde auch er sein eigenes Programm kaum wiedergefunden haben. Sein Programm war die Reich-Gottes-Botschaft. Paulus hat es wohl nicht einmal gekannt. Er bezieht sich auf kein einziges Gleichnis Jesu. An Stelle der »Bergpredigt« steht gewissermaßen sein Brief an die Römer. Die Wandlungen, die das Christentum in den weiteren Jahrhunderten durchmachte, erläutern das Verhältnis von Glaube und Geschichte in vielen Kapiteln.

Doch so bedeutsam alle Veränderungen auch waren – von Kaiser Konstantin bis zur Französischen Revolution, von den christologischen Konzilien bis zu den Ergebnissen der historisch-kritischen Bibelforschung –, der sich heute vollziehende Prozess ist ein Traditionsabbruch, für den es in christlicher Zeit keine Parallele gibt. Das gilt zunächst weniger für die Bibel als für die überlieferten Lehrformeln, die statt dem Glauben Tore zu öffnen, sich ihm irritierend in den Weg stellen. Schon Mitte des 20. Jahrhunderts schrieb der schwäbische Pfarrer Heinrich Buhr:

Wer nun erkennen will, was mit diesen dogmatischen Sätzen gesagt und »bekannt« ist, der muss imstande sein, die Sprache dieser Dokumente zu lesen; das setzt eine nicht geringe philologische und historische Bildung voraus und mehr als dies. So ist es eigentlich der Unverstand, der an diese Sätze bloß »glaubt«, weil er sie nicht versteht. Es ist der Unverstand, der diese historischen Sätze anbetet, zelebriert, als wären es Götzen, während es doch Aufgabe wäre, sie mit aller verfügbaren historischen Kenntnis und Wissenschaft zu entziffern. Hätte das Dogma die ihm aufs Ganze der menschlichen und christlichen Existenz zukommende Funktion – es wäre nämlich erst dogmatisch zu formulieren, welche Funktion dem Dogma zukommen kann –, dann würde man den Spielraum, der bei allen Versuchen, möglichst genau zu präzisieren, was dem Menschen zum Heil und Leben wahrhaft notwendig ist, anders beurteilen und viel mehr offen lassen können …

Die Kirchen werden sich aber ernstlicher als bisher fragen müssen, ob sie den Gemeinden so viel historische Kenntnisse und Interessen zumuten dürfen, wie sie nötig sind, um das Dogma zu verstehen. Und manches ist doch auch ohne Zweifel Schutt der Jahrhunderte oder unnötig zu wissen. Die gegenwärtige Zeit ist bestimmt durch eine Revolutionierung des Denkens, die über das, was in der Reformation geschah, weit hinausgeht. Man sollte sich nicht zu viel Mühe und Arbeit damit machen, dass man kraftlos gewordene Texte und Vorstellungen zu beleben und noch interessant zu machen versucht, anstatt es nun anders zu sagen. »Darum lasset uns ablegen alles, was uns hindert, die Verstrickungen, und lasset uns laufen in der zugewiesenen Bahn und durchhalten im Aufblick zu Jesus, dem Anfänger und Vollender des Glaubens« (Hebr 12,1-2).

Die Krisis des christlichen Glaubens – sie gilt nicht für die Christenheit insgesamt, sondern zunächst nur für die westliche Kultur – ist in einer Rationalität mit angelegt, die bereits Anselm von Canterbury (1033–1109) zu Gottesbeweisen drängte.

Mit beginnender Neuzeit reduzierte sich der forschende Geist immer mehr auf die empirisch wahrnehmbare Wirklichkeit. Da aber die Kirche ihre eigene Glaubenstradition, zumal die Bibel, oft recht pauschal als historische Wahrheit in Anspruch nahm, weil ihr die sprachliche Unterscheidungsfähigkeit für Metapher, Symbol, Mythos und Logos fehlte, geriet sie in ärgste Bedrängnis, als sich zwischen Wissen und Glauben ein unüberwindlich scheinender Gegensatz auftat.

3. Glaube und Vernunft

Die christliche Glaubensgeschichte speist sich bekanntlich aus zwei Quellen, der jüdischen sowie der griechischen Tradition. Die Bibel versteht unter Glauben primär ein existenzielles Vertrauen (vgl. Gen 15,6; Ex 14,31; Num 14,11; Ps 78,22). Es ist kein Für-wahr-Halten, richtet sich nicht auf einen Sachverhalt, sondern wird im Sinne personaler Getragenheit verstanden. Der Glaubensvorgang als solcher wird in der Bibel aber kaum thematisiert. Erst bei dem im hellenistischen Kulturraum lebenden und schreibenden Philon von Alexandria (30/15 v. Chr. – 45 n. Chr.) begegnet ein Nachdenken darüber. Bedingt durch die griechische Kultur, in welcher Philon zu Hause war, kommen neue Akzentsetzungen hinzu.

Ganz anders der griechische Glaube. Im alten Griechentum gibt es dafür das Wort *nomizein*, abgeleitet von *nomos*, das vor allem Brauch, Herkommen, Ordnung, Gesetz bedeutet; im religiösen Bereich meint es, etwas nach herkömmlichem Brauch und Kult wertzuhalten und zu verehren. Solange die antike Religiosität ungebrochen blieb, war es fraglos selbstverständlich, dass ein Mensch sich in den Rahmen kultischer Traditionen einfügte. Als Sokrates einige Volksgötter nicht mehr als göttliche – und damit kultisch zu verehrende – Wirklichkeit anerkannte, richtete sich seine Verurteilung auf den, »der die Götter, welche der Staat als kultisch anerkennt, nicht kultisch anerkennt«.

Diesem *nomizein* tritt später ein Wort an die Seite und ersetzt es schließlich: *pisteuein*. Pisteuein kommt von *pistis* und bedeutet auch hier vor allem ein Vertrauen oder Sich-verlassen-auf. Im religiösen Bereich haben *pistis* und *pisteuein* den Sinn der sicheren religiösen Überzeugung von einer religiösen Wirklichkeit, die jedoch auf eigener geistiger Einsicht in die Wahrheit des Gemeinten beruht.

Die Propheten Israels tragen die Repräsentanten der Christenheit. Die Gewändefiguren am Königsportal in Bamberg bezeugen ebenso Wandel wie Kontinuität im Christentum.

Raffael (1493–1520), Die Schule von Athen, 1510–1511.

Das große Fresko in der Stanza della Segnatura des Vatikans verbindet mit der philosophischen Denkschule des antiken Griechenland maßgebliche Wissenschaftler und Philosophen von der Antike bis zur Renaissance. Im Mittelpunkt stehen Platon und Aristoteles. Links gruppieren sich die platonisch, rechts die aristotelisch orientierten Geistesgrößen. Vorne, auf der Treppe liegend, Diogenes.

Im späteren Hellenismus wird das mit *pistis* gemeinte Verhalten immer deutlicher mit Erkenntnis verknüpft. Das zeigt sich, wenn zum Beispiel Lukian (geb. um 120 n. Chr.) ein »Glauben« und »Vertrauen« verwirft, das nicht auf kritischer Prüfung und rationaler Einsicht beruht. Nun entstand das Christentum in seiner heutigen Gestalt erst im hellenistischen Kulturraum, und zwar gerade dadurch, dass es griechisches Denken und griechische Begriffe übernahm. Damit gerieten das biblisch-personale und das griechisch-rationale Moment in der Glaubenshaltung in erhebliche Spannung zueinander.

Zwischen beiden Glaubenshaltungen besteht eine nicht auflösbare Spannung. Man könnte meinen, das antike Erkenntnismoment sei mit dem jüdischen Vertrauensglauben unvereinbar. Und in der Tat fiel es dem Christentum nicht leicht, die erkenntnisgeleitete Linie durchzuhalten. Schon im zweiten Jahrhundert konnte das christliche Glaubensverständnis kritische Geister im hellenistischen Milieu wenig überzeugen, so dass sich hier heftige Polemik entwickelte. Der bekannteste griechische Arzt der Antike, Galen (129–199), kritisierte, dass die Christen, mit denen er die Juden gleichsetzt, ihren Schülern befehlen, »alles auf bloßen Glauben hin anzunehmen«. Ebenso wirft der Philosoph Celsus gegen Ende des 2. Jahrhunderts den Christen vor, sie verlangten »sofortigen Glauben« und befählen »von vorneherein, dass man zuerst glauben solle«: »Glaube, wenn du gerettet werden willst, oder pack dich fort«. Ähnlich stellt Kaiser Julian stolz den hellenistischen gegen den christlichen Glauben, wie vernünftiges gegen unvernünftiges Glaubensverhalten.

Im Rückgriff auf Augustinus (354–430) versucht Joseph Ratzinger dennoch, den griechischen Logos für die christliche Glaubenshaltung in Anspruch zu nehmen:

Das Erstaunliche ist, dass er [Augustinus] ohne jedes Zögern dem Christentum seinen Platz im Bereich der ... philosophischen Aufklärung zuweist. Er steht damit in vollkommener Kontinuität mit den frühesten Theologen des Christentums, den Apologeten des zweiten Jahrhunderts, ja mit der Ortsbestimmung des Christlichen durch Paulus im ersten Kapitel des Römerbriefs, die ihrerseits auf der alttestamentlichen Weisheitstheologie beruht und über sie zurückreicht bis zur Verspottung der Götter in den Psalmen. Das Christentum hat nach dieser Sicht seine Vorläufer und seine innere Vorbereitung in der philosophischen Aufklärung, nicht in den Religionen. Das Christentum beruht nach Augustin und nach der für ihn maßgeblichen biblischen Tradition nicht auf mythischen Bildern und Ahnungen, deren Rechtfertigung schließlich in ihrer politischen Nützlichkeit liegt, sondern es bezieht sich auf jenes Göttliche, das die vernünftige Analyse der Wirklichkeit wahrnehmen kann. Anders gesagt: Augustinus identifiziert den biblischen Monotheismus mit den philosophischen Einsichten über den Grund der Welt, die sich in verschiedenen Variationen in der antiken Philosophie herausgebildet haben. Dies ist gemeint, wenn das Christentum seit der Areopagrede des heiligen Paulus mit dem Anspruch auftritt, die *religio vera* zu sein. Das will sagen: Der christliche Glaube beruht nicht auf Poesie und Politik, diesen beiden großen Quellen der Religion; er beruht auf Erkenntnis. Er verehrt jenes Sein, das allem Existierendem zugrunde liegt, den »wirklichen Gott«. Im Christentum ist Aufklärung Religion geworden und nicht mehr ihr Gegenspieler. Weil es so ist, weil das Christentum sich als Sieg der Entmythologisierung, als Sieg der Erkenntnis und mit ihr der Wahrheit verstand, deswegen musste es sich als universal ansehen und zu allen Völkern gebracht werden: nicht als eine spezifische Religion, die andere verdrängt, nicht aus einer Art von religiösem Imperialismus heraus, sondern als Wahrheit, die den Schein überflüssig macht.

Diese Herleitung übergeht Fragen, die eine sorgfältige Abwägung einbeziehen und beantworten muss. Ist der Ort des Christentums tatsächlich in der philosophischen Aufklärung zu sehen, oder liegt nicht eher ein Anpassungsverhalten an die antike Geistesverfassung vor? Sodann: Wie weit und um welchen Preis lässt sich überhaupt das jüdische Erbe mit dem griechischen Logos in Einklang bringen? Bilden Jerusalem und Athen mit gleichem Recht den christlichen Wurzelgrund? (→ S. 350–355) Vor allem aber ist zu fragen, wieso sich das Christentum als »Aufklärung« und »Sieg der Entmythologisierung« feiern darf, wenn es die neuzeitliche Aufklärung und die historisch-kritische Entmythologisierung bis zum Tage vor der dogmatischen Tür hält. Werden Begriffe wie »Vernunft«, »Aufklärung« und »Wahrheit« hier nicht mit neuen, aber ungeklärten Bedeutungen unterschoben? Wann und mit welchem Recht hat das Christentum denn aufgehört, aufklärend und entmythologisierend zu wirken? Sooft die religiöse Situation der Gegenwart bei Joseph Ratzinger zur Sprache kommt, erscheinen die europäische Aufklärung und deren Folgen als die eigentliche Ursache für die gegenwärtige äußerst heikle Situation des Christentums. Er fragt, warum diese Synthese von Vernunft, Glaube und Leben nicht mehr überzeugt, Aufklärung und Christentum vielmehr als einander widersprechend, ja, einander ausschließend gelten. Die Ursache dafür sieht er im enggeführten Wissenschaftsbegriff der Moderne:

Mit dem späten Bonaventura wendet sich Joseph Ratzinger bereits 1960 gegen eine philosophische Autonomie in einem auch noch so begrenzten Bereich der »natürlichen Theologie«:

Im Sinne von Augustins »Doctrina« ist für Bonaventura alles Wissen ... notwendig der auctoritas fidei [Autorität des Glaubens] unterstellt, in deren Raum allein das Heil des Menschen zu wirken ist ... Nicht nur die scriptura und die scientia scripturae [die wissenschaftliche Auslegung der Schrift], sondern auch die Philosophie und ihre ratio muss sich in den Raum der lebendigen fides [des lebendigen Glaubens] einordnen, die die wahre auctoritas ist.

Eine Religion, die der Vernunft unbedenklich den Krieg ankündigt, wird es auf die Dauer gegen sie nicht aushalten.

Immanuel Kant

Glaube und Existenz

> Es zeigt sich, dass jede Art einer behaupteten, an Sätzen klebenden Orthodoxie die Zukunft des Christentums nur behindert und gefährdet. Es kann in ihm nie um theoretische Botschaft, die man glauben müsse, gehen … Nein, das Sinngefälle des Lebens Jesu wie des Christentums am Ende der Neuzeit gehe gerade auf die Selbstaufgabe alles Nur-Eigenem aus, sei gekennzeichnet von der je neu auszutragenden Gegenwart eines in der Verborgenheit nahen Gottes. Dabei gehe es nicht einmal um Gott, sondern um den Nächsten, um ein solches Dasein, in welchem selbst der Fernste noch zum Nächsten werden könne.
> *Elmar Salmann*

> Glaube und Vernunft gehören beim Papst nur unter der Voraussetzung zusammen, dass die säkulare Vernunft sich jener Glaubensvernunft beugt, die in der christlichen Offenbarung niedergelegt ist.
> *Hermann Häring*

> Der menschliche Geist hat nicht mehrere Weisen, vernünftig zu sein und vernünftig zu denken.
> *Maurice Blondel*

Nur noch exakte wissenschaftliche Erkenntnis ist überhaupt Erkenntnis. Der Gedanke an das Göttliche ist damit abgedankt. Die Ankündigung von Auguste Comte, eines Tages werde es eine Physik des Menschen geben und die bisher der Metaphysik überlassenen großen Fragen würden in Zukunft genauso »positiv« zu behandeln sein wie alles, was jetzt schon positive Wissenschaft ist, hat im 20. Jahrhundert in den Humanwissenschaften ein beeindruckendes Echo hinterlassen. Die durch das christliche Denken vollzogene Trennung von Physik und Metaphysik wird immer mehr zurückgenommen. Alles soll wieder »Physik« werden. Immer mehr hat sich die Evolutionstheorie als Weg herauskristallisiert, um Metaphysik endlich verschwinden, die »Hypothese Gott« (Laplace) überflüssig werden zu lassen und eine streng »wissenschaftliche« Erklärung der Welt zu formulieren. Eine umfassend das Ganze alles Wirklichen erklärende Evolutionstheorie ist zu einer Art »erster Philosophie« geworden, die sozusagen die eigentliche Grundlage für das aufgeklärte Verständnis der Welt darstellt. Jeder Versuch, andere als die in einer solchen »positiven« Theorie erarbeiteten Ursachen ins Spiel zu bringen, jeder Versuch von »Metaphysik« muss als Rückfall hinter die Aufklärung, als Ausstieg aus dem Universalanspruch der Wissenschaft erscheinen. Damit muss der christliche Gottesgedanke als unwissenschaftlich gelten … Allenfalls könnte man im Sinne des Buddhismus diese ganze Welt als Schein und das Nichts als das eigentlich Wirkliche betrachten und in diesem Sinn mystische Religionsformen rechtfertigen, die wenigstens mit der Aufklärung nicht direkt konkurrieren.

Nun aber konkurrieren Religionen und zumal das Christentum nicht zwingend mit der Aufklärung. Eine Religion, die Glaube und Vernunft nicht in einen Gegensatz rückt, muss sich niemals gegen neue Erkenntnis wehren, auch dann nicht, wenn diese auf den Marktplatz getragen wird. Und einer Verabsolutierung wissenschaftlicher Erkenntnis, wie sie im Gefolge der Aufklärung stattfand, kann auch eine »Verdummung durch Unglauben« (Jan Ross) gegenübergestellt werden. In seiner Regensburger Rede meinte Benedikt XVI., Vernunft und Glaube würden nur wieder zueinanderfinden, »wenn wir die selbstverfügte Beschränkung der Vernunft auf das im Experiment Falsifizierbare überwinden und der Vernunft ihre ganze Weite wieder eröffnen«. So simpel ist das heutige Wissenschaftsverständnis allerdings nicht! Ein großer Teil heutiger Wissenschaft, einschließlich der Wissenschaftstheorie, wird von dieser Kritik nicht betroffen. Wenn hier etwas zusammengeführt werden muss, fällt den Kirchen ein nicht geringer Anteil an dieser Aufgabe zu. In der gleichen Rede sagte Benedikt: »Das Ethos der Wissenschaftlichkeit ist im Übrigen Wille zum Gehorsam gegenüber der Wahrheit und insofern Ausdruck einer Grundhaltung, die zu den wesentlichen Entscheiden des Christlichen gehört.« Aus diesem Grunde wollte er die Theologie als Frage nach der Vernunft des Glaubens in die Universität und in den Dialog der Wissenschaften eingebunden sehen, doch wird diese Position sofort unglaubwürdig, erstens weil die Theologie die dogmatischen Setzungen, unter denen sie forscht, der allgemeinen wissenschaftlichen Überprüfung und Diskussion entzieht, und zweitens zu berufende Theologen für ihr »Nihil obstat« primär nicht nach wissenschaftlicher Qualifikation sondern nach kirchlicher Angepasstheit beurteilt werden, so dass solche, die unerwünschte Inhalte untersuchen oder zu unbequemen Resultaten kommen, keine Chance haben, je einen theologischen Lehrstuhl zu erhalten.

Ungezählte Theologen beider Konfessionen haben keinen Lehrstuhl bekommen oder diesen aufgeben müssen, weil die Resultate ihrer Forschung am Tagesbewusstsein des je herrschenden dogmatischen Denkens gemessen wurden. Dabei waren es durchweg Menschen, die sich bemühten, die Kirche der Welt zu öffnen, um hinwieder dieser Welt die immer unverständlicher werdende Botschaft der Kirche zu bringen. Ihre zunächst beanstandeten Lehren hatten nur den einzigen Fehler, zu früh für das kirchliche Bewusstsein angemeldet worden zu sein. Mit unfairen Mitteln wurden diese Theologen oft zum Schweigen gebracht, verleumdet, nicht selten verurteilt und um Ehre und Ansehen gebracht. Menschliche Tragödien verknüpfen sich damit. Was beispielsweise die geistigen Pioniere des Reformkatholizismus – Félicité de Lamennais, Alfred Loisy, George Tyrell, Ernesto Buonaiuti, Friedrich von Hügel, Maurice Blondel, Romolo Murri, Marc Sangnier, Hermann Schell, Ignatz von Döllinger – an Gewissensnöten, Demütigungen und Missverständnissen durchgestanden haben, ist der Gegenwart nicht mehr vor Augen. Selbst die Namen dieser Männer haben sich bereits der Erinnerung entzogen. Die Indizierungen der letzten hundert Jahre bis zu Hans Küng und Eugen Drewermann stehen derzeit noch vor Augen. Immer noch tun sich die Kirchen schwer, die konsensfähig gewordenen Resultate der Bibelwissenschaften in Gottesdienst und Predigt aufzunehmen und auf ein neues Selbstverständnis hin aufzuarbeiten.

Im Vernunftbegriff der Neuzeit hat der von Benedikt bemängelte »Gehorsam gegenüber der Wahrheit« keinen originären Platz mehr. Das Ethos der Wissenschaftlichkeit ist nicht als »Wille zum Gehorsam gegenüber der Wahrheit« zu fassen, weil die Wahrheit nicht einfach vorliegt (es sei denn, Benedikt versteht sie in der »Offenbarung« und den Definitionen des Lehramtes vorgegeben), sondern sie bildet sich – stets dem Wandel unterworfen – im unendlichen Prozess wissenschaftlichen Bemühens. Ihr Ethos besteht darin, sich fortschreitender Einsicht nie zu verwehren, also gerade gegenüber der aktuell präsentierten Wahrheit »ungehorsam« zu sein. In diesem Prozess brauchen Wissenschaft und Philosophie keine theologische Führung. Sie sind autonome Gebilde.

Disputatio. Jona und Hosea. Skulpturen im Bamberger Dom (um 1230).

Das Christentum war nie eine geschlossene Schule. Bereits für die Schriften des Neuen Testaments gibt es keinen einheitlichen Nenner. In der mittelalterlichen Scholastik streiten uneinige Autoritäten miteinander und erweisen die christliche Überlieferung als ein Aggregat voller Spannungen und Widersprüche, die argumentativ zu diskutieren sind.

Glaube und Existenz

4. Glaube und Wissen

Die Unterscheidung von Wissen und Glauben war in Altertum und Mittelalter unmöglich. Die Theologien eines Anselm von Canterbury oder Thomas von Aquin, in sich hochrationalistische Entwürfe, versuchten ganz unbescheiden, Gottes Gedanken zu denken. Das aber trauten sie sich nur zu kraft des Glaubens. Ihr Denken baute auf einem Grund, der sich als Offenbarungsglaube verstand, dessen geschichtliche Bedingtheit noch nicht durchschaut war, wenngleich er seine dogmatische Entfaltung bereits gefunden hatte. Darum sind die Denkgebäude des Mittelalters auch keine selbsttragenden Konstruktionen. Gottesglaube und Naturwissenschaft gehen in diesen Lehrgebäuden ineinander über.

Nachdem Kant (1724–1804) auf die Preisfrage, was Aufklärung sei, die berühmte Antwort vom »Ausgang aus der selbstverschuldeten Unmündigkeit« gegeben hatte, spitzte er wenige Jahre später zu: »Befreiung vom Aberglauben heißt Aufklärung.« Die Definition dessen, was Aberglaube ist, ist jedoch alles andere als einfach; der Kampf gegen den Aberglauben war auch im Mittelalter ein Anliegen der Theologie. Nach der Reformation zählten protestantische Theologen in diesen Kampf die spezifisch katholischen Dogmen und Bräuche der Volksfrömmigkeit gleich mit dazu. Eine Reihe von Intellektuellen unterstellten die Religion sogar pauschal dem Aberglauben.

Die Trennung von Religion und Wissenschaft ist ein komplexer Vorgang, der sich über Jahrhunderte hinzog. Die Naturwissenschaften waren in dieser Zeit mit astrologischen und magischen Anschauungen durchsetzt. Bis ins 18. Jahrhundert bestimmte der Hexenglaube Kirche wie Staat. Über lange Zeit wagte es niemand, die Existenz der Hexerei öffentlich zu diskutieren und damit in Frage zu stellen. Selbst zentrale Vertreter der Aufklärung zeichneten sich eher durch Traditionalismus als durch intellektuellen Wagemut aus. Kaum jemals gaben weltliche oder geistliche Regierungen im 17. Jahrhundert zu, Unrecht an all den Gefolterten und Verbrannten geübt zu haben. Die Gegner des Hexenglaubens haben nie naturwissenschaftliche oder theologische Begründungen vorgetragen, sondern nur juristisch argumentiert. Die Trennung von Wissen und Glauben blieb auf diese Weise ungeklärt.

Dennoch waren die Kategorien auf anderem Felde längst vorher erörtert worden. Als man Galilei die Frage stellte: Ist die Lehre von der Bewegung der Erde mit den biblischen Schriften in Einklang zu bringen?, verteidigte er sich mit einer grundsätzlichen Abhandlung, an der er während des ganzen Frühjahrs 1615 gefeilt hatte:

W o es um die Beantwortung von naturwissenschaftlichen Fragen geht, sollte man sich, wie ich meine, nicht in erster Linie auf die Autorität von Bibelstellen berufen, sondern auf Beobachtung und schlüssige Beweisführung … Und umgekehrt sollte man das, was einem die Beobachtung hinsichtlich einer Naturerscheinung vor Augen führt oder was sich aus schlüssiger Herleitung ergibt, nicht gestützt auf Bibelstellen, hinter denen sich möglicherweise ein ganz anderer Sinn verbirgt, in Zweifel ziehen oder gar verdammen …

Für mich ist undenkbar, dass derselbe Gott, der einem die Sinne, die Sprache und den Verstand gab, wollen könnte, man müsse auf deren

Immanuel Kant (1724–1804). In seinem ersten Hauptwerk, der monumentalen »Kritik der reinen Vernunft«, nach Schopenhauer »das wichtigste Buch, das jemals in Europa geschrieben worden«, stellt sich K. der Frage, ob und wie Metaphysik als Wissenschaft möglich ist. Er will sie nur noch als Wissenschaft von den Grenzen der menschlichen Vernunft gelten lassen. Unter dieser Bedingung lässt sich zwar sagen, dass die Fragen der traditionellen Metaphysik auf Problemstellungen beruhen, die uns die eigene Vernunft aufgibt, dass diese Fragen jedoch das menschliche Vermögen übersteigen. An die Stelle der »dogmatischen Metaphysik«, deren Begrifflichkeit letztlich leer bleibt, tritt die »theoretische Vernunft«, welche die Möglichkeit einer absoluten Erkenntnis des Seienden bestreitet.

Gebrauch verzichten, damit er uns auf anderem Wege die Kenntnisse geben kann, die wir doch eben dank diesen selber erlangen können. Dies würde ja bedeuten, dass wir bezüglich derjenigen Erscheinungen der Natur, die uns Beobachtung oder schlüssige Herleitung vor das Auge oder den Verstand führen, die Sinne und die Vernunft verleugnen müssten, und dies angeblich sogar in den Wissenschaften, von denen die Schrift nur ganz knapp und zudem verzettelt berichtet. Genauso verhält es sich nämlich bei der Astronomie: Über sie ist in der Bibel so wenig enthalten, dass man nicht einmal die Namen der Himmelskörper findet; es ist nur von der Sonne und dem Mond die Rede sowie ganz vereinzelt – unter der Bezeichnung »Morgenstern« – auch von der Venus. Wenn die heiligen Verfasser der Schriften denn tatsächlich im Sinn gehabt hätten, die Menschen die Ordnung und Bewegung der Himmelskörper zu lehren, und darüber hinaus auch gewollt hätten, dass sie dieses Wissen aus der Bibel holen, dann hätten sie, so meine ich, nicht bloß so wenig darüber geschrieben, nämlich praktisch nichts im Vergleich mit den unermesslichen und staunenswerten Erkenntnissen, mit denen sich die Astronomie befasst und die sie aufzeigen kann …

Wenn ich hier offen reden darf: Man sollte der Bibel zu höherer Zierde und Würde verhelfen und dafür besorgt sein, dass oberflächliche und gemeine Schreiber ihren Zusammenreimungen, zumeist leeren Hirngespinsten, nicht mit Bibelzitaten Glaubwürdigkeit verleihen können, die sie zu allem Unglück oft noch so auslegen oder, genauer gesagt, zurechtbiegen, dass sie mit den wirklichen Absichten der Heiligen Schrift nichts mehr zu tun haben …

Da sie den wahren Sinn der Schrift nicht erkannt haben, würden solche Schreiber, wenn sie denn die Macht dazu hätten, andere zweifellos zwingen, Ansichten für wahr zu halten, die der Vernunft und den Sinnen offensichtlich widersprechen. Gott möge verhindern, dass solcher Missbrauch Wurzeln schlagen und Nachahmung finden kann; sonst würden binnen kurzem alle sich auf logische Ergründung stützenden Wissenschaften untersagt …

Zu diesen unverständigen Autoren will ich gewisse Autoren nicht zählen, die ich als Männer von hoher Gelehrsamkeit und sehr heiliger Lebensführung ansehe und daher hoch achte und bewundere. Aber ich kann nicht leugnen, auch bei ihnen Vorbehalte zu haben, von denen ich mich gerne befreit sähe: Sie meinen nämlich, sie müssten sich in naturwissenschaftlichen Auseinandersetzungen überhaupt nicht mit den Vernunft- und Erfahrungsgründen [der Naturforscher] befassen, sondern könnten – auch wenn sie jenen damit widersprechen – allein die Meinung als wahr anerkennen, die sie als am besten mit einer Bibelstelle übereinstimmend ansehen; und kraft der Autorität der Schrift hätten sie dann auch das Recht, anderen diese Meinung aufzuzwingen …

Aber ganz abgesehen davon, ist es schlicht ein Ding der Unmöglichkeit, von Gelehrten der Astronomie zu verlangen, sie müssten sich vor den Resultaten ihrer eigenen Beobachtungen und Beweisgänge in acht nehmen und diese als Täuschungen und Spitzfindigkeiten darstellen. Denn damit befähle man ihnen nicht nur, nicht zu sehen, was sie sehen, und nicht zu wissen, was sie wissen, sondern mit ihren Forschungen sogar das Gegenteil von dem zu beweisen, was sie tatsächlich in Händen haben …

Sagredo: Hast du allen Verstand verloren? Weißt du wirklich nicht mehr, in was für eine Sache du kommst, wenn das wahr ist, was du da siehst? Und du es auf allen Märkten herumschreist? Dass da eine neue Sonne ist, um die sich andere Erden drehen!

Galilei: Ja, und dass nicht das ganze riesige Weltall mit allen Gestirnen sich um unsere winzige Erde dreht, wie jeder sich denken konnte!

Sagredo: Dass also da nur Gestirne sind! – Und wo ist dann Gott?

Galilei: Was meinst du damit?

Sagredo: Gott! Wo ist Gott?

Galilei (zornig): Dort nicht! So wenig, wie er hier auf der Erde zu finden ist, wenn dort Wesen sind und ihn hier suchen sollten!

Sagredo: Und wo ist also Gott?

Galilei: Bin ich Theologe? Ich bin Mathematiker.

Sagredo: Vor allem bist du ein Mensch. Und ich frage dich, wo ist Gott in deinem Weltsystem?

Galilei: In uns oder nirgends!

Bertolt Brecht

Ich möchte doch die sehr klugen geistlichen Väter bitten, sich mit aller gebotenen Sorgfalt zu überlegen, welches denn der Unterschied ist zwischen einer Lehre, die auf bloßen Überlegungen gründet, und einer, die experimentell nachgewiesen werden kann. Wenn sie sich die Beweiskraft schlüssiger Folgerungen vor Augen halten, müssen sie doch klar erkennen, dass man die in den experimentellen Wissenschaften gewonnenen Einsichten nicht nach ihrem Wunsch zurechtbiegen kann ... Es ist nun einmal nicht dasselbe, ob man einen Mathematiker oder Naturwissenschaftler von ihren Überzeugungen abbringen oder einen Kaufmann oder Rechtsgelehrten umstimmen will; denn nachgewiesene Erkenntnisse über Vorgänge in der Natur oder am Himmel lassen sich mitnichten so leicht ändern wie die Ansicht darüber, ob nun bei einem Vertrag oder bei den Steuern oder bei einem Wechselgeschäft das oder jenes zulässig sein soll ...

Zentraler Streitpunkt in diesem bedeutsamen Dokument ist der Konflikt zwischen Wissenschaft und Theologie. Galilei plädierte für ihre Trennung, eine kühne Option angesichts des engen Zusammenhangs, der zwischen beiden Bereichen bestand. Bei Widersprüchen solle man der Offenbarung »zu höherer Zierde und Würde verhelfen«, sie jedoch nicht missbrauchen, »die in den experimentellen Wissenschaften gewonnenen Einsichten« nach theologischen Wünschen »zurechtzubiegen«.

Einmal mehr kommen in diesem Konflikt die Spannungen zwischen rationalem und mythischem Denken zum Ausdruck. Beim Wechsel der Bewusstseinsebenen rücken die Wahrheiten des neuen Bereichs jene des abgelösten Bereichs in einen veränderten Kontext. Zwar ist der Mythos in seinem eigenen Geschichtsraum durchaus wahr, aber die entwickelte Rationalität entwertet diese Wahrheit, weil sie sich auf der rationalen Ebene allen Forderungen nach Beweisen entzieht. Die Aufklärung pocht darauf, dass Glaubensbehauptungen, die sich der Überprüfung entziehen, nicht die Stimme Gottes sind, sondern bloß die Stimme von Menschen, gar noch von solchen, die Wahrheit mit ihrer eigenen Macht verbinden.

Dreihundertzwölf Jahre, nachdem Galilei seine Stellungnahme über das Verhältnis von Wissenschaft und Glaube vorgelegt hatte, führten im September 1927 anlässlich einer »Gipfelkonferenz« in Brüssel, die damals bedeutendsten jungen Physiker ein Gespräch zum selben Thema. Werner Heisenberg erinnert sich:

Werner Heisenberg (1901–1976), bedeutender Physiker und Nobelpreisträger. Er formulierte 1927 die nach ihm benannte Heisenbergsche Unschärferelation. Sie besagt, dass bestimmte Messgrößen eines Teilchens (etwa Ort und Impuls) nicht gleichzeitig genau bestimmt werden können. Damit fand er eine der fundamentalen Kennzeichnungen der Quantenmechanik (→ S. 144 f.).

An einem der Abende ... saßen noch einige der jüngeren Mitglieder des Kongresses zusammen in der Halle, darunter Wolfgang Pauli und ich. Einer hatte die Frage gestellt: »Einstein spricht so viel über den lieben Gott, was hat das zu bedeuten? Man kann sich doch eigentlich nicht vorstellen, dass ein Naturwissenschaftler wie Einstein eine starke Bindung an eine religiöse Tradition besitzt.«

»Einstein wohl nicht, aber vielleicht Max Planck«, wurde geantwortet. »Es gibt doch Äußerungen von Planck über das Verhältnis von Religion und Naturwissenschaft, in denen er die Ansicht vertritt, dass es keinen Widerspruch zwischen beiden gebe, dass Religion und Naturwissenschaft sehr wohl miteinander vereinbar seien.«

Ich wurde gefragt, was ich über Plancks Ansichten auf diesem Gebiet wisse und was ich darüber dächte. Ich hatte zwar erst ein paar Mal mit

Planck selbst gesprochen, meist über Physik und nicht über allgemeinere Fragen, aber ich kannte verschiedene gute Freunde Plancks, die mir viel über ihn erzählt hatten; so glaubte ich mir ein Bild von seinen Auffassungen machen zu können.

»Ich vermute«, so mag ich geantwortet haben, »dass für Planck Religion und Naturwissenschaft deswegen vereinbar sind, weil sie, wie er voraussetzt, sich auf ganz verschiedene Bereiche der Wirklichkeit beziehen. Die Naturwissenschaft handelt von der objektiven materiellen Welt. Sie stellt uns vor die Aufgabe, richtige Aussagen über diese objektive Wirklichkeit zu machen und ihre Zusammenhänge zu verstehen. Die Religion aber handelt von der Welt der Werte. Hier wird von dem gesprochen, was sein soll, was wir tun sollen, nicht von dem, was ist. In der Naturwissenschaft geht es um richtig oder falsch; in der Religion um gut oder böse, um wertvoll oder wertlos. Die Naturwissenschaft ist die Grundlage des technisch zweckmäßigen Handelns, die Religion die Grundlage der Ethik. Der Konflikt zwischen beiden Bereichen seit dem 18. Jahrhundert scheint dann nur auf dem Missverständnis zu beruhen, das entsteht, wenn man die Bilder und Gleichnisse der Religion als naturwissenschaftliche Behauptungen interpretiert, was natürlich unsinnig ist. …

Ich muss gestehen, dass mir bei dieser Trennung nicht wohl ist. Ich bezweifle, ob menschliche Gemeinschaften auf die Dauer mit dieser scharfen Spaltung zwischen Wissen und Glauben leben können.«

Wolfgang pflichtete dieser Sorge bei. »Nein«, meinte er, »das wird kaum gut gehen können. Zu der Zeit, in der die Religionen entstanden sind, hat natürlich das ganze Wissen, das der betreffenden Gemeinschaft zur Verfügung stand, auch in die geistige Form gepasst, deren wichtigster Inhalt dann die Werte und die Ideen der betreffenden Religion waren. Diese geistige Form musste, das war die Forderung, auch dem einfachsten Mann der Gemeinschaft irgendwie verständlich sein; selbst wenn die Gleichnisse und Bilder ihm nur ein unbestimmtes Gefühl darüber vermittelten, was mit den Werten und Ideen eigentlich gemeint sei. Der einfache Mann muss überzeugt sein, dass die geistige Form für das ganze Wissen der Gemeinschaft ausreicht, wenn er die Entscheidung seines Lebens nach ihren Werten richten soll. Denn Glauben bedeutet für ihn ja nicht ›Für-richtig-Halten‹, sondern sich der ›Führung durch Werte anvertrauen‹. Daher entstehen große Gefahren, wenn das neue Wissen, das im Verlauf der Geschichte erworben wird, die alte geistige Form zu sprengen droht. Die vollständige Trennung zwischen Wissen und Glauben ist sicher nur ein Notbehelf für sehr begrenzte Zeit. Im westlichen Kulturkreis zum Beispiel könnte in nicht zu ferner Zukunft der Zeitpunkt kommen, zu dem die Gleichnisse und Bilder der bisherigen Religion auch für das einfache Volk keine Überzeugungskraft mehr besitzen; dann wird, so fürchte ich, auch die bisherige Ethik in kürzester Frist zusammenbrechen, und es werden Dinge geschehen von einer Schrecklichkeit, von der wir uns jetzt noch gar keine Vorstellung machen können.

Also mit der Planckschen Philosophie kann ich nicht viel anfangen, auch wenn sie logisch in Ordnung ist und auch, wenn ich die menschliche Haltung, die aus ihr hervorgeht, respektiere. Einsteins Auffassung liegt mir näher. Der liebe Gott, auf den er sich so gerne beruft, hat irgendwie mit den unabänderlichen Naturgesetzen zu tun. Einstein hat ein Gefühl für die zentrale Ordnung der Dinge. Er spürt diese Ordnung in der Ein-

---

Die Wirklichkeit zeigt sich dem Menschen nicht so, wie sie an sich selber sein mag, sondern nur so, wie sie ihm aufgrund der besonderen Art seines Erkenntnisvermögens erscheint. Wir erfassen nicht die Dinge an sich, sondern nur die Dinge als Erscheinungen. Das ist auf dem Felde des Erkennens das Schicksal des Menschen als eines endlichen Wesens. Jene metaphysischen Versuche aber zeigen sich von daher als Bemühungen, den dem Menschen zugewiesenen und angemessenen Erkenntnisbereich zu übersteigen. Darin liegt letztlich ihr Scheitern. Immer wieder strebt der Mensch danach, seine Erkenntnis über seine Grenzen hinaus zu erweitern; immer wieder wird er im Fehlschlagen solcher Bemühungen auf den alleinigen Ort sicheren Wissens, die Erfahrung, zurückgetrieben. Er will »einen Turm« errichten, »der bis an den Himmel reichen sollte«, und er kann es doch nur zu einem »Wohnhaus« bringen, welches »zu unseren Geschäften auf der Ebene der Erfahrung gerade geräumig und hoch genug« ist.

Wilhelm Weischedel

fachheit der Naturgesetze. Man kann annehmen, dass er diese Einfachheit bei der Entdeckung der Relativitätstheorie stark und unmittelbar erlebt hat. Freilich ist von hier noch ein weiter Weg zu den Inhalten der Religion. Einstein ist wohl kaum an eine religiöse Tradition gebunden, und ich würde glauben, dass die Vorstellung eines persönlichen Gottes ihm ganz fremd ist. Aber es gibt für ihn keine Trennung zwischen Wissenschaft und Religion. Die zentrale Ordnung gehört für ihn zum subjektiven Bereich ebenso wie zum objektiven, und das scheint mir ein besserer Ausgangspunkt.«

Um das Gegeneinander von Religion und Naturwissenschaft zu überwinden, müsste die Schattenseite, die jedem nur rationalen Denken anhaftet, bewusst werden. Auf dem Weg zu einem umfassenden integralen Bewusstsein (→ S. 37 ff.) geht es darum, den nur-rationalen Erkenntnismodus in seiner Alleinherrschaft zu übersteigen. Neben all ihren grandiosen Leistungen haben die empirischen Wissenschaften ja auch eine Wirklichkeitsverengung bewirkt, welche die inneren Realitäten wie Psyche, Geist, Ethos objektivierbaren Methoden unterwarfen und zu dem machten, was der britische Mathematiker und Philosoph Alfred N. Whitehead (1861–1947) einen »einfachen Ort« nannte. Auf ihn bezieht sich der amerikanische Biochemiker und Philosoph Ken Wilber:

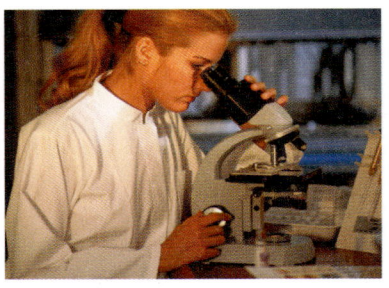

Geistige Verhaltensweisen lassen sich dem Mythos oder dem Logos zuordnen.

Ich nenne diese Katastrophe die »Verflachung des Kosmos«, weil die drei großen Bereiche Kunst, Wissenschaft und Moral nach ihrer heroischen Differenzierung brutal auf einen einzigen »wirklichen« Bereich verflacht wurden, den Bereich der empirischen und monologischen Wissenschaft, eine Welt von nichts als sinnlosen Es-heiten, die durch ein eindimensionales Flachland schweifen. Die Naturwissenschaft sah im Weltgeschehen nichts als objektive Prozesse, die sich nicht in einer Ich- oder Wir-Sprache beschreiben ließen, sondern nur in einer Es-Sprache – es gab kein Bewusstsein, kein Innen, keine Werte, keine Sinnhaftigkeit, keine Tiefe und kein Göttliches.

Alle rechtsseitigen Ereignisse, also alle sensomotorischen Objekte, empirischen Prozesse und Es-heiten kann man mit dem Auge des Fleisches betrachten. Man schaut den Stein einfach an, die Stadt, die Wolken, den Berg, die Eisenbahnschienen, das Flugzeug, die Blume, den Baum, das Auto. Sie alle haben einen einfachen Ort, und auf die meisten von ihnen kann man zeigen.

Die linksseitigen oder inneren Holons kann man jedoch nicht in dieser Weise betrachten. Liebe, Neid, Staunen, Mitleid, Einsicht, Absicht, Wert oder Sinn sind nicht irgendwo da draußen in der empirischen Welt. Innere Ereignisse können nicht in einer äußerlichen oder objektiven Weise angeschaut werden, sondern nur durch Introspektion und Interpretation. Es gibt also nicht nur das Auge des Fleisches, sondern auch ein Auge des Geistes (ganz abgesehen vom Auge der Kontemplation).

Ken Wilber meint, die Naturwissenschaften reduzierten die Wirklichkeit auf »Flachland«, für das es kein Inneres gibt. Eine Wissenschaft empirischer Erfahrung möchte er ergänzt sehen durch eine Wissenschaft geistiger und spiritueller Erfahrung. Für diese Dimension hält er die Religion zuständig:

Wenn die Wissenschaft ihren engen Empirismus zugunsten eines weiten Empirismus aufgeben könnte (was sie letztlich doch schon tut), und wenn die Religion auf ihre falschen mythischen Behauptungen zugunsten einer echten spirituellen Erfahrung verzichten könnte (was ja auch alle ihre Gründer schon taten), dann sähen Wissenschaft und Religion mit einem Mal eher wie Zwillinge als wie jahrhundertelange Feinde aus …

Echte Wissenschaft und echte Religion sind also in Wirklichkeit Verbündete gegen das Falsche, das Dogmatische, das nicht Verifizierbare und nicht Falsifizierbare in ihren jeweiligen Sphären.

Um diesen Prozess zu realisieren, müssten beide Seiten ihr Selbstverständnis korrigieren: Die Wissenschaft über ihren empirischen Rahmen hinaus für geistige und kontemplative Erfahrungen offen bleiben, die im wissenschaftlichen System unzugänglich sind. Die Religion sich auf das besinnen, was ihr wirkliches Proprium ist und das nur sie besitzt: die Kontemplation. Die einzigartige Stärke der Religion sieht Ken Wilber darin, dass sie ein Weg der spirituellen Erfahrung ist; allein auf diesem Weg werde sie in Zukunft Authentizität und Autorität genießen:

Im Westen hat Religion seit Kant und seit den Differenzierungen der Moderne einen schweren Stand. Ich behaupte, dass dies einfach daran liegt, dass sie mit dem Auge des Geistes zu tun versuchte, was nur mit dem Auge der Kontemplation gelingen kann. … Weder die sinnliche Empirie, die reine Vernunft, die praktische Vernunft noch irgendeine Kombination davon kann in das Reich des Geistes blicken. … Alle künftige Metaphysik und authentische Spiritualität muss auf direkter Evidenz aus der Erfahrung gründen. Die Möglichkeit der direkten Wahrnehmung sinnlicher Erfahrung, geistiger Erfahrung und spiritueller Erfahrung … bringt das Erkenntnisstreben auf den sicheren Weg der Evidenz … Anhand dieser drei Stränge können die Wahrheitsbehauptungen wirklicher Wissenschaft und wirklicher Religion in der Tat bestätigt werden. Sie haben einen harten Kern, und dieser harte Kern ist Evidenz aus Erfahrung, der sinnlichen, der geistigen und der spirituellen.

Wenn sich »künftige Metaphysik und authentische Spiritualität« wirklich auf »direkte Evidenz aus der Erfahrung« gründen sollen, ist zu akzeptieren, dass es auch in den Naturwissenschaften um Einsichten geht, die den Glauben betreffen: ihn korrigieren, erweitern, in Frage stellen, verändern … Dann haben auch Naturwissenschaftler und nicht nur Theologen Kompetenz, über Dinge zu sprechen, welche die Gottesvorstellungen betreffen. Was immer Naturwissenschaftler über Kosmos und Leben erkannt haben und noch erkennen werden, ihr Wissen kann die Grundlagen des Glaubens berühren, wie die folgenden Kapitel dieses Buches noch zeigen werden. Das Wahrheitsverständnis der Kirche hat kein Recht, sich davon abzukoppeln oder sich gar mit Metaphysik begnügen, am wenigsten dann, wenn eine beanspruchte Wahrheit lediglich Behauptung ist, die sich jeder Überprüfbarkeit oder vernunftgeleiteter Argumentation entzieht.

Holon, von griech. *holós* und *on*, »ganzes Seiendes«. Gemeint ist ein Ganzes, das Teil eines anderen Ganzen ist.

Metaphysik, von altgr. μετά, *metá*, »hinter, jenseits« und φύσις, *phýsis*, »Natur«, jene Sparte der Philosophie, deren Erkenntnis- und Begründungsinteresse über die Natur bzw. die natürlichen Gegebenheiten hinausgeht. Der Anspruch, überhaupt Erkenntnisse außerhalb der Grenzen der sinnlichen Erfahrung zu formulieren, wird seit der Aufklärung zunehmend kritisiert. Andererseits gelten die Fragen nach einem letzten Sinn und einem systematisch beschreibbaren »großen Ganzen« als im Menschen angelegt. Seit dem 19. Jahrhundert tritt eine starke Ernüchterung gegenüber der M. ein. Das Wort vom »Zusammenbruch der metaphysischen Systeme« machte die Runde. Im Lauf des 19. und 20. Jahrhunderts wurde die methodische Grundanlage traditioneller metaphysischer Erklärungen kritisiert – beispielsweise von Friedrich Nietzsche, Theodor W. Adorno, Martin Heidegger oder in der Postmoderne durch Michel Foucault, Emmanuel Levinas, Jacques Derrida und Gianni Vattimo (→ S. 80 ff.).

5. Glaube und Wahrheit

Mythos als das wahre Wort

Eine verbreitete Vorstellung sieht das Verhältnis von Mythos und Logos so, als habe sich das griechische Denken von der Phantastik des Mythos zur reinen Erkenntnis und klaren Eindeutigkeit des Logos hin entwickelt, gewissermaßen auf einem Weg des geistigen Aufstiegs. Dem liegt die fragwürdige Annahme zugrunde, als sei der alte Mythos das Produkt eines unfertigen Denkens, das sich noch selbst habe suchen und zum Logos hin klären müssen.

Bei Homer und in der älteren griechischen Literatur begegnen tatsächlich Mythos und Logos nebeneinander, und auf den ersten Blick könnten sie als Synonyme erscheinen. Darum hat eine frühere Zeit auch geglaubt, es gehe stets um das »Wort« im gleichen Sinne, nämlich Ausdruck eines Gedankens zu sein, außer dass im Logos das Wort seine reifere Klarheit gefunden habe. Dass aber das Wort, das *Mythos* heißt, von Anfang an etwas ganz anderes bedeutet hat als das Wort, das *Logos* heißt, hat als erster der Altertumswissenschaftler Walter F. Otto (1874–1958) deutlich gemacht.

Über die Herkunft des Wortes *Mythos* gibt es kein verlässliches Wissen. Wichtig ist aber die Beobachtung, dass Mythos für »Wort« und »Rede« bei Homer häufig gebraucht wird, während Logos, ebenfalls im Sinne von »Wort« und »Rede«, nur an wenigen Stellen vorkommt.

> Mit Mythos ist ursprünglich das wahre Wort, die unbedingt gültige Rede gemeint, die Rede von dem, was ist. Daher gilt Mythos hauptsächlich von den göttlichen Dingen, die keines Beweises bedürfen, sondern unmittelbar gegeben oder geoffenbart sind … Wenn ich vom Mythischen spreche, so meine ich also im ursprünglichen Sinne das wahre Wort.

Sagt man, Mythos sei Erzählung ohne Beweisführung, dem Logos hingegen entspreche Argumentation und Begründung, verbindet der Zeitgenosse damit einen Entwicklungsschritt, der von einer Bevorzugung des Logos bestimmt wird. Untergründig verbindet er nämlich mit dem Wort als Mythos eine einschränkende, um nicht zu sagen nachteilige Beurteilung. Die Scheidung zwischen Mythos und Logos hatte freilich für Herodot und auch Sokrates noch nichts Abgespaltenes.

Das Wort als Mythos, in der Frühzeit als das wahre Wort verstanden, lässt Naturvölker ihre alten und heiligen Geschichten als die wahren Geschichten von den »erfundenen«, phantasievollen und neuen Geschichten abheben. Raffaele Pettazzoni (1883–1959) belegte die »Wahrheit des Mythos« mit folgender Erfahrung:

> Es geht die Rede von einem Wettbewerb zwischen dem Coyoten und einem seiner Gegner, wer mehr Geschichten zu erzählen weiß. Die beiden Konkurrenten sitzen am Feuer und erzählen abwechselnd. Der Coyote spricht ohne Unterlass und ohne Zögern, unerschöpflich ist sein Vorrat. Schließlich muss sich sein Gegner geschlagen geben.

In allen Völkern werden die mythischen Strukturen der Welt übereinstimmend dargestellt. Immer steht der Kreis für die Erde und das Universum. Das Quadrat vertritt die Grundordnung im All; das Zentrum ist Nabel, Achse und haltende Mitte; die Weltachsen binden in den Kosmos ein.

Hans Erni (geb. 1909), Wandstillleben, 1975.

Dreieck, Kurvenlineale und Zirkelrisse verweisen auf die machbare Welt, die Welt des Logos. Der Engel steht für das, was dieser Welt unverfügbar ist. Der hier flüchtig mit einer Nadel an die Wand geheftete Engel stammt von Piero della Francesca (um 1420–1492). In einer Ausstellung sagte jemand: »Malen Sie mal einen Ton!« Hat Piero mit seinem Engel »einen Ton« gemalt?

Warum gewinnt nun der Coyote? Es sei deswegen, wird berichtet, weil seine Geschichten »falsch«, erfunden und daher unbegrenzt an Zahl waren, die Geschichten des Konkurrenten aber seien »wahr« gewesen: sie erzählten Dinge, die sich einst ereigneten, und deren gibt es nur eine bestimmte Menge und nicht mehr.

Solche Rede gilt nur von den Erzählungen, in denen sich der Ursprung und die Ordnung der Welt darstellen. Je älter die Geschichten sind, von denen das Wort als Mythos Zeugnis gibt, umso weniger kann an Irrtum oder Täuschung gedacht werden. Wer sollte die Geschichten von Urzeiten, von Göttern und frühesten Vorfahren auch »erfunden« haben? Dieses Misstrauen erwachte erst in einer Zeit rationaler Kritik, und selbst da hielt sich noch die Überzeugung von der Wahrheit des Mythos, dass sie nämlich eine verborgene, symbolische Wahrheit sei.

Verliert sich bei Mythos die Wortgeschichte im Dunkeln, so ist für Logos der sprachliche Ursprung eindeutig: Logos gehört zum Stamm *leg-*, dem sowohl im Griechischen wie im Lateinischen bedeutsame Bildungen entspringen, von denen *legein* und *legere* die einfachsten und bekanntesten sind. Fast immer wird gesagt, die Grundbedeutung sei die des Sammelns. Tatsächlich ist das eine sekundäre Version, denn Sammeln setzt Auslese voraus, und darin fassen wir den eigentlich lebendigen Sinn aller Wortbildungen dieses Stammes. Es geht um das Achthaben, Bedenken und Rücksichtnehmen beim griechischen *legein* und seinen Verwandten, wie dem lateinischen *legere* (*neclegere*) und seinen Ableitungen wie *legio* und auch *religio*. Noch einmal Walter F. Otto:

Glaube und Existenz

Die Ikone

Eine Ikone ist jeder subjektiven Interpretation entzogen. Sie unterliegt einer nicht veränderbaren Darstellung. Für den Pantokrator (griech. Allherrscher) gelten folgende Merkmale:

– Er wird frontal dargestellt;
– Die rechte Hand ist zum Segnen erhoben;
– Die linke Hand hält das Evangelienbuch;
– Christus erscheint in halber oder ganzer Figur.

Hinzu kommt die unverzichtbare Beischrift: links die griechischen Buchstaben IC, entsprechend dem lateinisches JS für Jesus; rechts XC für Christos. Ohne Beischrift ist die Ikone nicht irrtumsfrei identifiziert. Die Buchstaben im Kreuznimbus bedeuten »Der Seiende«. Auch die Fingerstellung, die sich aus der antiken Rhetorengestik entwickelte, entspricht einem festen Kanon. Der Pantokrator trägt ein Untergewand, den Chiton, darüber einen Mantel, Himation. Sein Gesichtsausdruck ist ernst; ein Hauch von Jenseitigkeit liegt darin. Die Göttlichkeit soll zu ahnen sein. Den byzantinischen Kaisern bot der Pantokrator eine Identifikationsmöglichkeit; einer ihrer Titel war »Kosmokrator«, Weltenherr.

Logos bezeichnet das »Wort« von der subjektiven Seite des Denkenden und Sprechenden her als das Bedachte und Berechnete. Und genau in diesem Sinne wird es in der ältesten erhaltenen Literatur gebraucht, nämlich da, wo das Sprechen mit der Absicht zu unterhalten, zu überreden oder zu beschwatzen verbunden ist. So wenn in der Ilias Patroklos den Eurypylos, während er seine Wunde pflegt, mit Logoi ergötzt, oder wenn in der Odyssee Kalypso den Odysseus mit einschmeichelnden Logoi dazu zu bringen sucht, dass er seine Heimat vergisst … Dass aber dieses »Wort«, als das bedachte, vorzüglich dazu angetan war, das Sinnvolle, Folgerichtige, Vernünftige zum Ausdruck zu bringen, leuchtet ohne weiteres ein und wird durch die Sprachgeschichte in der großartigsten Weise bestätigt.

Die archaische Tradition sieht die Welt gewissermaßen aus einem göttlichen Blickwinkel, also objektiv und allgemein gültig. Diese Objektivität gilt so umfassend, dass es auch noch unter den Bedingungen des mentalen Bewusstseins langer Entwicklungen bedurfte, bis Philosophen, Schriftsteller und Künstler frei genug wurden, um die Welt ausschließlich aus ihrer nackten Subjektivität zu betrachten.

Wie sehr der Mythos eine objektive Weltsicht darstellt, zeigt sich einerseits an den Ursprungsmythen der alten Völker, die – jedem individuellen Anspruch voraus – eine *in principio* gründende Gültigkeit der Weltordnung beschreiben. Dasselbe gilt ebenso für die steinzeitlichen Höhlenbilder und lebt immer noch fort in der ostkirchlichen Ikonentradition. Die Ikone ist konkretisierter Mythos, objektive Sicht dessen, was gilt.

In der zweiten Phase des Bilderstreits (806–815) schrieb der Patriarch Nikephoros:

Wie der Text des Evangeliums aus sich heraus bei den Christen Verehrung genießt und keines anderen Buches oder Wortes bedarf, das ihn bestätigen und für ihn Zeugnis ablegen müsste, um ihn als ehrwürdig und verbindlich gelten zu lassen, so erzeugt auch das heilige Bild, das mit dem Evangeliumstext identisch ist, von sich aus Glauben und bedarf keiner Stütze von außen, die beweisen müsste, dass es dasselbe bedeutet wie das Evangelium und damit dieselbe Hochachtung und Verehrung verdient. Bedürfte es einer Bestätigung von außen, was ließe sich dann anders anführen als eben das Wort des Evangeliums?

Die Ikone gilt dem Urbild verwandt wie der Siegelabdruck dem geschnittenen Stempel, erklärte Theodoros Studites (759–826), einer der großen Theologen der Ostkirche; darum könne die Ikone auch die transzendente Wirklichkeit präsent setzen. Die heilige Person, die auf der Ikone dargestellt wird, wohne ihr zugleich inne und sei durch die Ikone gegenwärtig. Aber diese himmlische Welt findet in der Ikone nur ihren Widerschein, wenn sie alles Zufällige und Wandelbare überwindet. Das bedingte die festgeprägten Bildtypen und einen fixierten Formenkanon.

Der Beginn der Interpretation

Diese Wahrnehmung hat Kunsthistoriker dazu geführt, zwischen *Mythos* und *Kunst* zu unterscheiden. Für André Malraux, Ernesto Grassi, aber auch Hans Belting entsteht Kunst erst dann, wenn der Bruch mit dem Mythos als der absoluten Ordnung erfolgt ist. Mit dem Aufkommen der Kunst beginnt das freie Spiel der menschlichen Möglichkeiten – vielseitig, phantasievoll und reich, aber zugleich subjektiv und nicht länger allgemein verpflichtend. Jede Zeit setzt sich von dem voraufgegangenen Kunstschaffen ab, jeder Künstler sucht seine eigene Ausdrucksweise. Damit erschöpft sich die Offenbarung objektiver und absolut verbindlicher Realität. Sie macht »Ansichten« und »Interpretationen« Platz, die lediglich subjektive Entwürfe ohne letztverbindlichen Charakter sind. Malraux beschreibt diesen Übergang vom Mythos, in dem sich die Transzendenz objektiv ausdrückt zur subjektiv interpretierenden Kunst sehr anschaulich. Für ihn ist es die Spannung zwischen Offenbarung und Fiktion:

Auf den Pantokrator im Apsisgewölbe (12. Jahrhundert) ist der ganze Innenraum des Doms von Monreale ausgerichtet.

Jede Fiktion beginnt mit einem »Angenommen, dass …« Der *Christus von Monreale* ist aber kein »Angenommen, dass …«, ebenso wenig wie Giottos *Begegnung an der Goldenen Pforte*. Doch eine Madonna von Lippi oder Botticelli beginnt damit und eine Madonna Leonardos ist es bereits ganz. Ein Kruzifix von Giotto ist ein Zeugnis, Leonardos *Abendmahl* eine erhabene Erzählung. Das konnte Religion erst werden, seitdem sie nicht mehr Glaube war; ihre Darstellungen mussten erst in eine Vorhölle gesunken sein, deren Farbe die der Renaissance selbst ist, wo sie, noch ohne alle Wahrheit eingebüßt zu haben, doch noch nicht ganz Fiktion geworden sind, wenn auch ihr Weg dorthin führt …

Im 13. Jahrhundert war diese Fiktion noch ganz aus dem Bereich religiöser Kunst ausgeschlossen; dafür wurde die religiöse Kunst im 17. Jahrhundert zur reinen Fiktion. Zum Schöpfer eines fiktiven Universums geworden, fühlte sich der Künstler als König.

Wenn die Madonna ihr zeitloses Antlitz, das die Ikonen und die meisten geschwärzten Gnadenbilder zeigen, verliert und menschlich näher rückt, wird sie zur Fiktion des Mutter-Kind-Themas oder zur Figuration der verehrten Frau. Sie sinkt herab zum Vorwand für das Schönheitsideal wechselnder Moden, so dass in diesen Werken römische und Florentiner Mädchen, Nürnberger Bürgerinnen oder flämische Kaufmannstöchter begegnen, jeweils in zeitbetonte konkrete Umwelten hineingestellt, die das Marienleben zu einer Inszenierung subjektiver Intention werden lassen, die auch dann dem Kulte fremd bleiben, wenn sie als Altarbilder Verwendung finden.

Derselbe Bruch zwischen Mythos (Kult) und Kunst zeigt sich in der Wiederaufnahme antiker Mythen durch Künstler der Renaissance und des Barock. Als Tizian 1545 »Danaë mit Amor« für Philipp II. malte, wollte er damit, wie er schrieb, »Abwechslung bringen«. Er zeigt die nackt daliegende Frau »ganz von vorne«, lässt sie aber auch, diesmal »Venus und Adonis« genannt, »die entgegengesetzte Seite« darbieten. Nachdem für über ein Jahrtausend die unbefangene Körperfreude der Antike verdrängt worden war, verlangte seit dem 15. Jahrhundert fürstliche Sinnlichkeit nach unverhüllter Nacktheit, als deren moralischer Deckmantel – und sei es

> Kunst stellt sich jetzt auf den Standpunkt der Subjektivität, auf die Seite des Individuums. Sie nimmt ein Element des Anarchischen, des Gesellschaftsfeindlichen, ja des Destruktiven auf. Verzweiflung an der Welt und Opposition gegen die Bürgerwelt steigern sich miteinander. Die Kunst wendet sich gegen den Bürgerzwang und das Respektable, sie zersetzt – direkt oder indirekt – die Bürgerwelt, etwa im Erotischen …
>
> *Thomas Nipperdey*

Glaube und Existenz

allein durch ein nominelles Etikett – sich die Göttergeschichten der griechischen Mythologie anboten. Die »Götter« sind hier nur noch fiktiv, das eigentliche Thema ist der schöne Körper. Darum haben sie mit dem Glauben der alten Griechen so wenig zu tun, wie Gauguins »Orana Maria«, eine kraftvolle Tahitianerin mit ihrem Buben auf der Schulter, etwas mit der Marienfrömmigkeit des frühen Mittelalters gemein hat, ganz zu schweigen etwa von Max Ernst mit seinem Bild »Die Jungfrau züchtigt das Jesuskind vor drei Zeugen« oder Michael Triegels »Vater und Sohn malen Mutter und Tochter«. Deren Darstellungen erscheinen nicht mehr als das objektiv Angehende und zu letzter Verbindlichkeit Verpflichtende, sondern begnügen sich mit subjektiven Aspekten, die zur Betrachtung einladen, ohne dem einzelnen eine existentielle Stellungnahme aus gläubiger Verehrung abzunötigen. Das ist das Ende des Mythos und die Freisetzung der Kunst; anders gewendet – es ist die Entbindung zu geschichtlichem Wandel und der Beginn einer sich immer mehr entfaltenden Subjektivität. Geschichte entsteht ja nur dann, wenn das Allgemeine, das ewig Gültige zurückgedrängt und dem Bedingten und Vergänglichem Raum gewährt wird.

Aus dieser Entwicklung der westlichen Kunst resultiert ein Originalitätsanspruch, mit dem Tradition wie Konvention zurückgedrängt werden, denn Originalität verlangt immer auch das Neue als Kriterium des Authentischen. Noch zu Shakespeares Zeiten erfand man keine völlig neue Geschichte; man erzählte alte Geschichten neu. Erst die Lösung des Individuums aus dem Umfassend-Allgemeinen brachte die radikale Lösung. Kunst ist seitdem »aus eigener Notwendigkeit instabil und destabilisierend« (Thomas Nipperdey).

Die geschilderten Vorgänge gelten auch für die Literatur. Sie hat es ebenfalls mit Erfahrungen zu tun, die als individuell anzusprechen sind. Die stabilisierenden Inhalte und Formgesetze der Tradition schwanden in der Neuzeit dahin. Gab es einmal Konsens in Grundfragen literarischer Gestaltung, so entfaltete die Neuzeit eine Vielheit der Themen, Stile und Richtungen, die Einheit in Pluralismus wandelte. Der Schriftsteller hört auf, naiv zu sein, wird reflektiert und zunehmend theoretisch gebildet. Wie der Künstler produziert auch er Subjektivität. Diese Rolle stellt ihn der Gesellschaft gegenüber, macht ihn einsamer, verändert aber auch seine Leser, die zunehmend mehr das Nichtkonventionelle und Komplexe akzeptieren lernen.

Extremsituationen und Außenseiter spielen für Thematik und Personal eine besondere Rolle. Literatur handelt von Problemen, die nicht alltäglich ins Bewusstsein treten, von Grenzproblemen, und entsprechend steht es mit ihren Perspektiven. Die Abgründigkeit der Subjektivität, die Unheimlichkeit von Leidenschaften, die Intensität großer Gefühle oder deren Ambivalenz, das Ausschweifen der Ironie, der zum Weltschmerz gesteigerte normale Schmerz, die zum Nihilismus werdende normale Langeweile, die Phantastik realitätsübersteigender Imagination, das sind einige solcher Grenzerfahrungen, die die Kunst – vornehmlich die Literatur – ausspricht. Musik gar ist – auf dem Grund des romantischen Konsensus vom Ausdruck der Lebensspannungen und der Innenbewegung der Subjektivität – die Erfahrung des »Anderen« an sich. *Thomas Nipperdey*

Paul Gauguin (1848–1903), Ia orana Maria, 1891.

Max Ernst (1891–1976), Die Jungfrau züchtigt das Jesuskind vor drei Zeugen: André Breton, Paul Elouard und dem Maler, 1926.

Michael Triegel (geb. 1968), Vater und Tochter malen Mutter und Sohn, 2005.

»Alle großen Stile der Vergangenheit sind religiös: sie dienen vor allem dazu, die Götter Gestalt werden zu lassen; durch die Gestaltung der Götter sind sie selbst geworden; noch der plastisch verzierte Löffel Ägyptens ist mit Osiris verbunden« (André Malraux).

Von dieser Traditionsbindung hat sich die Kunst längst gelöst und ist eigene Wege gegangen. Die Welt der Maler und Dichter sucht eine Autonomie, die sich gegen den Bürger, gegen die Geschichte und gegen religiöse Verehrung wenden kann.

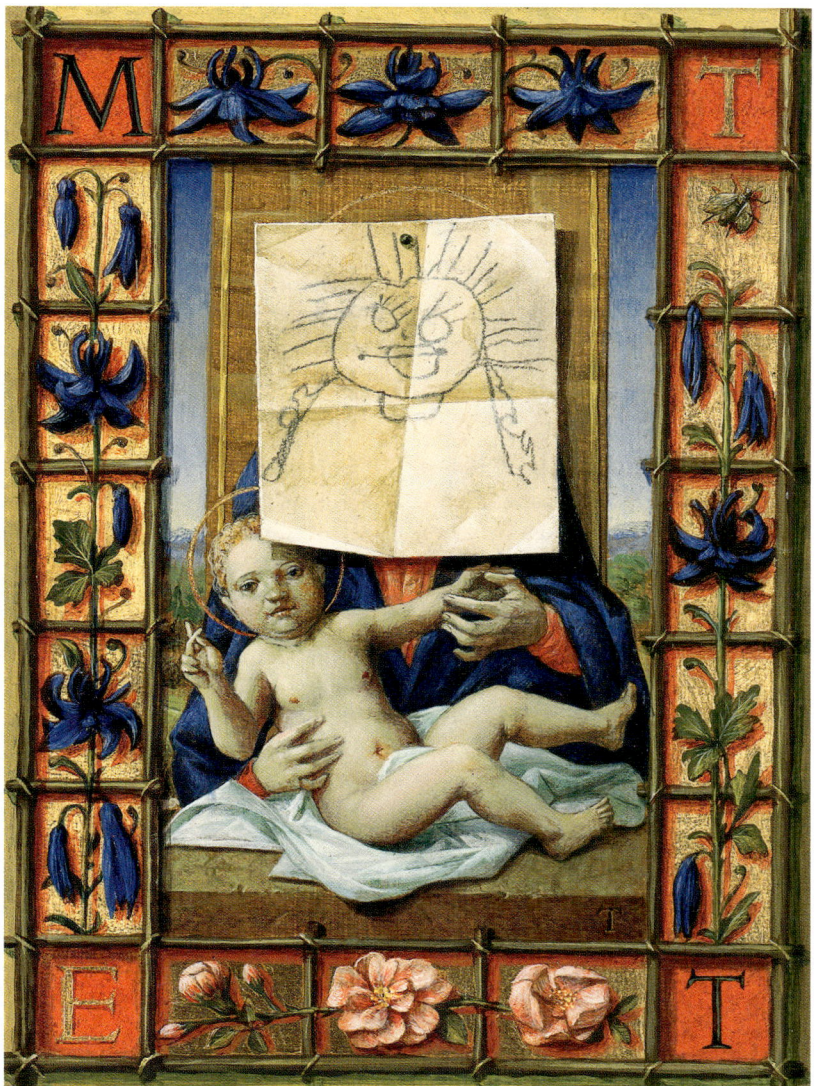

Glaube und Existenz

Das Ende der Metaphysik

In der Philosophie war es bis dahin die Metaphysik, jene Grunddisziplin, die zu klären versuchte, »was hinter der Natur ist«. Ihre traditionellen Entwürfe haben sich auf eine »Ordnung« jenseits dessen bezogen, was empirisch zugänglich oder physikalisch beschreibbar ist: auf Ideen, Allgemeinbegriffe, Werte, eine universelle Vernunft, ein göttliches Prinzip und überhaupt auf geistige Objekte und Fakten, die von Materiellem grundverschieden sind, um Sinn wie Zweck der »Wirklichkeit« (→ S. 50 ff.) verständlich zu machen. Dabei spielten Fragen eine Rolle wie: Verändert sich alles oder gibt es auch Objekte und Zusammenhänge, die bei allem Wechsel der Erscheinungen immer gleich bleiben? Warum existiert das Universum und wie ist es entstanden? Gibt es einen Gott und welche Eigenschaften besitzt er? Gibt es einen prinzipiellen Unterschied zwischen Geist und Materie? Wenn ja, wie sind dann Geist und Materielles aufeinander beziehbar? Besitzt der Mensch eine Seele und wenn ja, ist diese unsterblich?

Die Metaphysik will demnach die der Realität zugrunde liegenden allgemeinen Gesetzlichkeiten, Strukturen und Prinzipien klären. Aber seit der Aufklärung wird die Möglichkeit dieser Bemühung prinzipiell kritisiert. Kant fragte, welche Strukturen des Erkennens überhaupt die Möglichkeit bilden, darüber zu urteilen, was ist. Die kritische Philosophie bezweifelt die Möglichkeit, unabhängig von unseren bedingten Sichtweisen einen Zugang zu Objekten und Zusammenhängen zu finden, um zu erkennen, wie sie *an sich* beschaffen sind. Insbesondere ging Nietzsche gegen jene seit Platon herrschende »grandiose Dummheit« an, die den Sinn des Lebens in jenseitigen objektiven Werten und Wahrheiten suchen wollte. Martin Heidegger schließt sich an diese Linie, die vom Ende der europäischen Metaphysik überzeugt ist, an. In der gegenwärtigen philosophischen Situation stimmen Philosophen darin überein, dass menschliche Erfahrung durch ein sprachliches Apriori strukturiert ist: »Wenn unsere Erfahrung wesentlich sprachlich und unsere Existenz wesentlich historisch ist, dann besteht keine Möglichkeit, die Sprache zu überwinden und Zugang zu einem ›Ganzen‹ namens Realität zu erlangen« (Santiago Zabala). Die Dekonstruktion der Metaphysik, wie sie seit Nietzsche betrieben wurde, führte zum Ende der gewissermaßen naiven Überzeugung, auf den Wegen des Logos könne dem endlichen Subjekt das Sein zugänglich werden. In seinem Nachlass der Achtzigerjahre notierte Nietzsche:

Gegen den Positivismus, welcher bei den Phänomenen stehen bleibt »es gibt nur *Tatsachen*«, würde ich sagen: nein, gerade Tatsachen gibt es nicht, nur *Interpretationen*. Wir können kein Faktum »an sich« feststellen: vielleicht ist es Unsinn, so etwas zu wollen.

»Es ist alles *subjektiv*« sagt ihr: Aber schon das ist *Auslegung*. Das Subjekt ist nichts Gegebenes, sondern etwas Hinzu-Erdichtetes, Dahinter-Gestecktes. – Ist es zuletzt nötig, den Interpreten noch hinter die Interpretation zu setzen? Schon das ist Dichtung, Hypothese.

Soweit überhaupt das Wort »Erkenntnis« Sinn hat, ist die Welt erkennbar: aber sie ist anders *deutbar*, sie hat keinen Sinn hinter sich, sondern unzählige Sinne. – »Perspektivismus.«

Unsere Bedürfnisse sind es, *die die Welt auslegen*.

Aufklärung war für Heidegger die Wiederherstellung des Frühlichts bei der überraschenden und darum überwältigenden Ankunft des Daseins in der Welt …: Das Verdeckende, Gewohnte, Abstraktgewordene, Erstarrte beiseite schaffen – destruieren. Und was sollte sich dann zeigen? Nichts anderes als das, was uns umringt, ohne uns zu beengen, dieses »Da« unseres Daseins. Das gilt es auszukosten und zu erfüllen …

Das Denken des Seins ist für Heidegger die spielende Bewegung des Offenhaltens für den unermesslichen Horizont der möglichen Seinsverhältnisse. Deshalb darf man Heidegger auch nicht danach fragen, was das Sein sei; dann nämlich würde man von ihm eine Definition für etwas verlangen, das selbst der Horizont jeder möglichen Definition ist. Und weil die Seinsfrage diese Horizonteröffnung ist, so kann ihr Sinn auch nicht darin liegen, beantwortet zu werden … Die Frage nach dem Sein soll verhindern, dass die Welt zum Weltbild wird.

Als Heidegger merkte, dass dieses »Sein« selbst zu einem Weltbild werden könnte, schrieb er es mit einem Ypsilon, und manchmal behalf er sich auch, indem er »Sein« ausschrieb und dann durchstrich.

Für Heidegger war auch noch Nietzsche ein Philosoph des Weltbildes.

Rüdiger Safranski

Unter den verschiedenen Interpretationen gibt es niemals eine, die die einzig wahre ist, während alle anderen falsch sind, und es sind auch nicht alle zusammen falsch oder alle zusammen wahr: eine jede hat den Grad an Wirklichkeit und Wahrheit, wie ihn unsere Leben haben …

Sergio Quinzio

Über Martin Heidegger bis zu Jacques Derrida und Gianni Vattimo wurde die radikale Fassung des Nietzsche-Wortes gewissermaßen zum Motto der Postmoderne: »Es gibt keine Tatsachen, nur Interpretationen.« Der Physiker Werner Heisenberg bestätigte dies bereits vordem mit seinem Resümee: »In der Naturwissenschaft ist also der Gegenstand der Forschung nicht mehr die Natur an sich, sondern die der menschlichen Fragestellung ausgesetzte Natur, und insofern begegnet der Mensch auch hier wieder sich selbst.« Oder Vattimo: »Wir können uns nicht mehr in dem Glauben wiegen (oder, schlimmer, in dem Glauben wiegen lassen), dass das, was wir uns sagen und was uns gesagt wird, ›objektive‹ Beschreibungen einer ›da draußen‹ gegebenen Realität sind.«

Wenn Wahrheit sich nicht auf der Ebene der Tatsachen, sondern allein auf der von Aussagen abspielt, dann entspricht dies für Rorty und Vattimo einem kulturellen Moment, in dem das Ende der traditionellen Metaphysik mit dem Dialog zwischen Natur- und Geisteswissenschaften, analytischer und kontinentaler Philosophie, Atheismus und Theismus zusammenfällt. Ort der Begegnung für diesen Dialog ist die Sprache. Wenn der Streit zwischen Religion und Wissenschaft nach und nach abgeklungen ist, dann deshalb, weil beide Parteien sich immer weiter von den rationalistischen Motiven der modernen Kultur und ihrer ausschließlichen Vorliebe für die Erkenntnisproblematik entfernt haben …

Wo immer eine Autorität auftritt, die in Gestalt einer wissenschaftlichen oder kirchlichen Gemeinschaft etwas als objektive Wahrheit durchsetzen will, hat die Philosophie die Pflicht, die entgegengesetzte Richtung einzuschlagen – und zu zeigen, dass Wahrheit niemals Objektivität ist, sondern immer ein interpersonaler Dialog, der im Teilen einer Sprache wirksam wird … Heute ruft die Philosophie die Menschen dazu auf, sich auf ihre Geschichtlichkeit und nicht auf das Ewige zurückzubesinnen … Sie bietet nicht an, diese oder jene Wahrheit zu beweisen, sondern lediglich, einen Konsens in Erwägung zu ziehen, der als Wahrheit betrachtet werden könnte. *Santiago Zabala*

Diesem Denken stellt sich eine Analyse des gegenwärtigen philosophischen Denkens in den Weg, die Papst Johannes Paul II. in seiner Enzyklika *Fides et ratio* vorlegte:

Die moderne Philosophie hat das Fragen nach dem Sein vernachlässigt und ihr Suchen auf die Kenntnis vom Menschen konzentriert. Anstatt von der dem Menschen eigenen Fähigkeit zur Wahrheitserkenntnis Gebrauch zu machen, hat sie es vorgezogen, deren Grenzen und Bedingungen herauszustellen.

Daraus entstanden verschiedene Formen von Agnostizismus und Relativismus, die schließlich zur Folge hatten, dass sich das philosophische Suchen im Fließsand eines allgemeinen Skeptizismus verlor. In jüngster Zeit haben dann verschiedene Lehren Bedeutung erlangt, die sogar jene Wahrheiten zu entwerten trachten, die erreicht zu haben für den Menschen eine Gewissheit war. Die legitime Pluralität von Denkpositionen ist einem indifferenten Pluralismus gewichen, der auf der Annahme fußt, alle Denkpositionen seien gleichwertig: Das ist eines der verbreitetsten Symptome für das Misstrauen gegenüber der Wahrheit, das man in

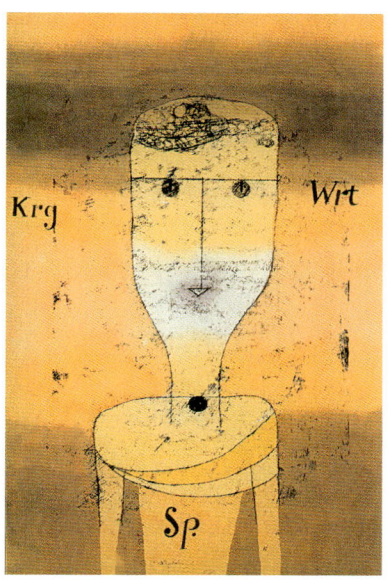

Paul Klee (1879–1940), Karge Worte des Sparsamen, 1924.

In der analytischen Sprachkritik (Gottlob Frege, Bertrand Russel, Alfred North Whitehead, Ludwig Wittgenstein, Karl Popper) wird versucht, »die Herrschaft des Wortes über den menschlichen Geist zu brechen, indem sie Täuschungen aufdeckt, die durch den Sprachgebrauch über die Beziehungen der Begriffe oft fast unvermeidlich entstehen« (Frege). Von daher besteht eine tiefe Skepsis gegenüber aller Metaphysik. Das kirchliche Bewusstsein und Sprechen ist von dieser Skepsis weit entfernt.

Glaube und Existenz

René Magritte (1898–1967), Die unendliche Besichtigung, 1963.

In einem Interview wurde Magritte gefragt: »Sie hassen es wie die Pest, mit Ihrer Malerei Ideen zu äußern?« Darauf Magritte: »Die Malerei, so wie ich sie auffasse, hat keine Ideen auszudrücken, selbst wenn sie genial wären. Wenn der Maler genial ist, ist er genial in Bildern und nicht in Ideen.«

Das haben die beiden Herren bei ihrer unendlichen Besichtigung mitbekommen:

A: Haben Sie gehört, was dieser kauzige Maler gesagt hat? Als wenn sich ein Maler beim Malen nichts dächte.

B: Wir sind seine Kreaturen, aber sollen nicht wissen, ja nicht einmal fragen, als was er uns sieht und versteht. Unverschämt!

A: Und obendrein die Idee, uns in die Wolken zu stellen!

B: Wieso Idee? Er lehnt doch ausdrücklich ab, hinter uns stünde eine Idee oder eine Bedeutung. Was sollen wir hier eigentlich?

A: Das sehen Sie doch: unserem Publikum den Rücken zudrehen und blauen oder grauen Dunst betrachten.

B: Aber das kann doch niemand tun, ohne ins Nachdenken oder Grübeln zu verfallen. Ich jedenfalls habe zu viel Verstand mitbekommen, dass ich mich fragen muss, wofür ich denn nun da bin.

A: Worüber denken Sie denn nach?

B: Über das, was ich vom Himmel sagen hörte: Er sei der Ort Gottes.

A: Sehen Sie etwas davon?

B: Das ist es ja gerade! Von alldem keine Spur. Diese dicke Wolke vor uns nimmt außerdem jede Sicht.

A: Und wenn in der Wolke ein Geheimnis, gewissermaßen ein «Mysterium» wäre, was immer das sein soll. Der Herr Magritte spricht schon mal davon!

B: Diesem Mann traue ich nicht zu, dass gerade er die Bibel mit uns verbindet, obwohl es darin heißt: »Ich werde zu dir in einer dichten Wolke kommen.«

A: Wer will das tun?

B: Dieser Jehova oder Gott, von dem auch hier im Museum so viel Aufhebens gemacht wird. Aber ich weiß nicht, warum der sich gerade in einer Wolke verstecken will. Im gleichen Buch steht auch: »Er

der heutigen Welt feststellen kann … Als Folge davon sind beim modernen Menschen, und das nicht nur bei einigen Philosophen, Haltungen eines verbreiteten Misstrauens gegenüber den großartigen Erkenntnisfähigkeiten des Menschen zutage getreten. Mit falscher Bescheidenheit gibt man sich mit provisorischen Teilwahrheiten zufrieden, ohne überhaupt noch zu versuchen, radikale Fragen nach dem Sinn und letzten Grund des menschlichen, persönlichen und gesellschaftlichen Lebens zu stellen. Die Hoffnung, von der Philosophie endgültige Antworten auf diese Fragen zu erhalten, ist also geschwunden.

Aus der Sicht des traditionellen Denkens ist diese Position verständlich. Der postmodernen Philosophie allerdings gilt das »Misstrauen gegenüber der Wahrheit« mit der entsprechenden Relativierung unterschiedlicher Denkpositionen als wirklicher Fortschritt im Blick auf das zukünftige Gespräch zwischen den Philosophien, Kulturen und Religionen. Man mag bedauern, dass es keine letzte und normative Grundlage für Erkenntnis und Ethik mehr gibt, dass der in der katholischen Tradition verankerte Naturbegriff seine Eindeutigkeit verloren hat, aber diese Situation wird dem Menschen abverlangen, furchtlos in der relativen Welt der Halbwahrheiten zu leben:

Das Ideal einer absoluten Gewissheit, eines vollkommen begründeten Wissens und einer rational eingerichteten Welt ist für ihn nur ein beruhigender Mythos aus den frühen Phasen der Menschheitsgeschichte, als Ohnmacht und Angst angesichts der Naturgewalten vorherrschten und dazu führten, wie es so schön heißt, dass die Götter erschaffen wurden. Dank der Säkularisierung befreit sich der Mensch von der Hierarchie der Schöpfung und überwindet alle Grenzen, seien es die der Kosmologie (wie in der griechischen Version des Universums) oder die der Theologie (wie sie die Kirche festlegt). Wäre ein in diesem Sinne schwacher Begriff von Vernunft nicht mehr mit der Botschaft der Liebe des Evangeliums zu vereinbaren?

Santiago Zabala

Was aber ist von einem »schwachen« Denken und einem »reduzierten« Glauben, wie ihn Vattimo versteht, zu erwarten? Entspricht diesem destrukturierten Glauben, für individuelle Bedürfnisse gar maßgeschneidert, letztlich nur ein Supermarkt beliebiger Optionen? Ist es angesichts der Notwendigkeit, in einer säkularisierten Gesellschaft zu leben, nicht unverzichtbar, dass die Kirche aus der Kontinuität ihrer Geschichte einen festen Hort gegen die »Diktatur des Relativismus« bildet, so die gewagte Begrifflichkeit Ratzingers, um die Gefahren der Selbstzerstörung, denen wir uns auf unterschiedlichen Feldern gegenübersehen, zu bändigen? Würde die Schwächung des kirchlichen Apparats nicht zur endgültigen Verwirrung der Weltordnung führen?

Wahrheit, die frei macht

Der Philosoph Gianni Vattimo setzt gegen diese Ängste nicht die objektive Wahrheit der Metaphysik. Diese glaubt aus ihren Traditionen heraus zu wissen, was »Natur« und was »Wahrheit« ist. Aus solchen Gewissheiten resultierten nur Autoritarismus, Gewalt und Gängelei. Wahrheit, die sich auf eine metaphysische Grundlage beruft und für ihre Geltung erste Prinzipien beansprucht, hält er sogar dem Eigentlich-Christlichen zuwider, weil er »Wahrheit eher als Nächstenliebe, denn als Objektivität« verstehen möchte:

Die Wahrheit, die uns frei machen wird (Joh 8,32), ist nicht die objektive Wahrheit der Theologie und der Naturwissenschaften: Die biblische Offenbarung erklärt nicht, wie Gott beschaffen ist oder wie wir uns durch die Kenntnis der Wahrheit erlösen. Die einzige Wahrheit, die uns die Bibel enthüllt, ist der praktische Aufruf zur Liebe, zur Nächstenliebe.

Santiago Zabala

Unter den Bedingungen des heutigen Bewusstseins sind die vermeintlich objektiven Sicherheiten, aus denen die Kirche ihre Gottesbeweise, ihr Offenbarungs- und Wunderverständnis, ihren Naturbegriff, aus dem sie ihre Maßstäbe für die Beurteilung sexueller Praktiken oder bioethischer Richtlinien ableitet, hinfällig geworden. Längst haben sich auch kirchentreue Katholiken von den Lehren der Kirche über Geburtenkontrolle und den Gebrauch von Verhütungsmitteln, die Benutzung von Kondomen zur Vorsorge gegen AIDS, die Beurteilung der Homosexualität distanziert. Sie denken über die Richtlinien für die Ausschließung wiederverheirateter Geschiedener vom Kommunionempfang grundsätzlich anders als die kirchliche Behörde (und selbst da decken sich nicht die in der administrativen Verwaltung geltenden Bestimmungen mit der Überzeugung des Verwaltungspersonals). Sie halten nicht dafür, dass Priester ehelos leben müssen, dass Frauen aufgrund einer »göttlichen« Bestimmung vom Priesteramt ausgeschlossen sind, dass Bischöfe nur in Rom ernannt und Theologieprofessoren nur mit römischem *Nihil obstat* der Wahrheit dienen.

---

hüllte sich in Finsternis, in dunkles Wasser und dichtes Gewölk.«

A: Eigenartige Rede. Da ist es mir lieber, mich an die Warnung unseres künstlerischen Schöpfers zu halten, und solche Ideen gar nicht erst aufkommen zu lassen.

B: Aber ich will doch wissen, warum ich hier, solange es uns gibt, mit Ihnen zusammen stehen und diskutieren muss. Wenn wir schon miteinander reden sollen, wie es unser Maler will, muss es doch auch einen Inhalt geben, der uns beschäftigt. Wir können doch nicht immerzu blablabla sagen …

Festtagstradition

In Kröpkes Garten mir gegenüber sitzt ein Gast bei einem halbgeleerten Glas Bier. Er ruft den Kellner, bezahlt und geht dann, um ein Gespräch zu führen, in die Telefonzelle. Der Kellner räumt sein Glas ab. An den Platz setzt sich ein neuer Gast, der gleichfalls ein Bier bestellt. Er scheint in Eile, denn er bricht auf, nachdem er hastig die Hälfte getrunken hat. Inzwischen hat der erste sein Gespräch beendet und kommt in den Garten zurück. Ich sehe ihn seinen Platz aufsuchen und behaglich die Neige leeren, dann geht er gemächlich fort. Ich sah hier im Modell die blinde Zuversicht des Menschen, der einen Zustand fortlebt, nicht wissend, dass er sich inzwischen von Grund auf geändert hat. Das ist eine der großen menschlichen Lagen; ich sah sie mit den Augen des Wissenden … Wie hier bei dem Glas Bier das Eigentum sich unsichtbar vertauscht, so wechseln vielleicht auch die metaphysischen Gehalte unseres Lebens; aber wir führen es mechanisch fort.

Ernst Jünger

Gilt diese Beobachtung auch für Feste und Feiern des Kirchenjahres? Einige haben einen vorchristlichen Entwurf, dessen Hohlform mit neuem Inhalt gefüllt wurde. Äußerlich mögen die Festtagsformulare bis heute gelesen werden, de facto ist der damit verbundene Glaubensinhalt nicht mehr vorhanden oder er hat sich stark verändert. Man studiere die Geschichte des Weihnachtsfestes, die Wandlungen, die sich mit Ostern, Himmelfahrt, Pfingsten, Fronleichnam … verbinden.

Glaube und Existenz

Gianni Vattimo, geb. 1936 in Turin, zählt zu den führenden Vertretern der philosophischen Postmoderne. Er promovierte über Aristoteles, schrieb seine Habilitationsschrift über Heidegger, studierte in Heidelberg bei Karl Löwith und Hans-Georg Gadamer. Er wurde 1964 Professor für Ästhetik in Turin und übernahm dort 1982 den Lehrstuhl für Theoretische Philosophie. 1992 erhielt Vattimo den Max-Planck-Forschungspreis. 2002 wurde er mit dem Hannah-Arendt-Preis für politisches Denken ausgezeichnet.

Walter Eisler (geb. 1954), Der Mantel, 1994.

Wenn die Kirche weiterhin als Autorität aus derartigem metaphysischem Anspruch auftritt, »riskiert sie ihre eigene Marginalisierung und zwingt ihre Anhänger indirekt dazu, ihren Glauben zu privatisieren … Die Aufgabe der Zukunft wird sein, die Kirche davon zu überzeugen, dass Nächstenliebe an die Stelle von Disziplin treten muss« (Santiago Zabala).

Die Kirche in der Moderne wollte für alle Bereiche von Theologie, Wissenschaft und Kultur die einzige Quelle der Wahrheit sein. So wusste sie im Ersten Vaticanum, dass die Existenz Gottes sicher durch die Vernunft erkannt werden kann, dass der Papst, wenn er *ex cathedra* spricht, in Sachen des Glaubens und der Sitte unfehlbar ist, dass alle möglichen »modernistischen« Erkenntnisse und Strömungen zu verwerfen sind: Menschenrechte, Meinungsfreiheit, Religionsfreiheit; dass die historisch-kritische Bibelexegese abzulehnen ist … und so weiter, immer von der Überzeugung regiert, dass die Wahrheit, die uns frei macht, nur die objektive Wahrheit sein kann, über die man selbst verfüge – im »Licht der Offenbarung«. Dementsprechend wurde auch die Bibel als »objektive« Information gelesen. Diese »Wortwörtlichkeit« musste schrittweise zurückgenommen werden; sie bleibt aber dennoch bis zum Tage (bei etwas mehr hermeneutischer Flexibilität) erhalten, so oft es darum geht, mit »passenden« Bibelstellen Dogmen zu stützen (→ S. 337 f.).

Solange die [katholische] Kirche im Netz ihrer »natürlichen Metaphysik« und der Buchstäblichkeit gefangen ist, wird es ihr nie gelingen, frei und brüderlich in einen Dialog mit den anderen christlichen Konfessionen, insbesondere aber mit den anderen großen Weltreligionen zu treten. Der einzige Weg … ihre universelle Berufung auszubauen, besteht darin, die evangelische Botschaft als Prinzip der Auflösung aller Objektivitätsansprüche anzunehmen… Nur wenn die Realität nicht ausschließlich und hauptsächlich die Welt der objektiv vorhandenen Dinge ist, hat das Christentum Sinn … Wenn die Kirche erkennen würde, dass sich der befreiende Sinn der christlichen Botschaft gerade in der Auflösung des Objektivitätsanspruchs entfaltet, könnte sie endlich auch den Widerstreit zwischen Wahrheit und Nächstenliebe beheben, der sie im Laufe ihrer Geschichte regelrecht blockiert hat … Die Wahrheit, die uns laut Jesus befreien wird, ist weder die objektive Wahrheit der Wissenschaft noch die der Theologie: Genauso wie die Bibel kein Buch über Kosmologie ist, ist sie kein anthropologisches oder theologisches Handbuch. Die schriftliche Offenbarung ist nicht dazu da, uns wissen zu lassen, wie wir sind, wie Gott beschaffen ist, was das »Wesen« der Dinge ist oder die Gesetze der Geometrie – und uns somit durch die »Erkenntnis« der Wahrheit zu befreien. Die einzige uns durch die Heilige Schrift offenbarte Wahrheit, die im Laufe der Zeit keinerlei Entmythisierung erfahren kann – da es sich nicht um eine experimentelle, logische, metaphysische Aussage, sondern um einen praktischen Appell handelt –, ist die Wahrheit der Liebe, der *caritas*.
Gianni Vattimo

Wenn diese Entwicklung als die Relativierung aller bisherigen Gewissheiten beklagt wird, ist doch auch zu sehen, dass sie einen kulturellen Pluralismus freisetzt, der das Recht des anderen respektiert. Zugleich hat sie das moderne Geschichtsbewusstsein ermöglicht, das so lange zurückgedrängt blieb, als Schöpfung und die Welt des Menschen als vorherbestimmt galten. Denn solange die Welt als eine objektiv vollendete göttliche Schöpfung angesehen wurde, konnte sich das heutige Geschichtsdenken nicht entfalten. Geschichte wird nur dadurch möglich, dass dem Subjektiven, Bedingten und Vergänglichen Raum gegeben wird. Um zu dieser Einsicht zu gelangen, waren der christliche Humanismus, die volkssprachliche Literatur, der Protestantismus, der Nationalstaat, die kritische Philosophie, die Wissenschaften, die liberale Demokratie, die moderne Technologie notwendige Bewusstseinsschritte … Die Summe dieser Vorgänge ergab schließlich ein Verständnis von »Wahrheit« als etwas, das wir nicht besitzen, sondern nur als ein Mobile der Interpretationen ansehen können.

Nietzsches Diktum »Es gibt keine Tatsachen, nur Interpretationen« resümiert, genau genommen, einen langen Weg. Solange die jüdisch-christliche Welt die Bibel nur bestätigend las und für die Griechen Hesiod und Homer Grundlagen ihrer Tradition waren, konnte sich das nachantike Europa auf einen Kanon klassischer Texte zur ständig wiederholten Lektüre verpflichten. Diese Tradition bestimmte die Geschichte der europäischen Kunst und Literatur. Ohne wesentliche Brüche mochte das weit über tausend Jahre stattfinden, dann aber begann mit der historisch-kritischen Interpretation der Bibel ein entscheidender Traditionsabbruch. In diesem Prozess vollzog sich die radikale Infragestellung der bisherigen Dogmatik als einer sich objektiv gültig verstehenden Wahrheit. So sehr das Ende dieses metaphysischen Wahrheitsverständnisses auch bis zum Tage apologetisch verschleiert wird, alles läuft auf die Erkenntnis zu, dass »die christliche Botschaft in Wirklichkeit ein historisches Ereignis (ist), nicht die Offenbarung einer ewigen Wahrheit durch Christus« (Gianni Vattimo).

6. Glaube und Offenbarung

In älteren theologischen Büchern heißt es, Offenbarung sei »die Mitteilung bisher unbekannter Wahrheiten oder Tatsachen, die auf Grund göttlicher Autorität im Akt verstandesmäßiger Zustimmung angenommen werden«. Eine entsprechende Beschreibung des Glaubens liest sich im Kompendium des Katechismus der Katholischen Kirche von 2005 so:

Gott tut sich schon von Anfang an den Stammeltern, Adam und Eva, kund und beruft sie zu einer innigen Gemeinschaft mit ihm. Nach ihrem Sündenfall bricht er seine Offenbarung nicht ab und verheißt das Heil für alle ihre Nachkommen. Nach der Sintflut schließt er noch mit Noach einen Bund zwischen ihm und allen lebenden Wesen …

Die Nachkommen Abrahams werden zu Trägern der göttlichen Verheißungen, die an die Patriarchen ergangen sind. Gott macht Israel zu seinem auserwählten Volk: Er befreit es aus der Knechtschaft Ägyptens, schließt mit ihm den Sinaibund und gibt ihm durch Mose sein Gesetz. Die Propheten künden eine radikale Erlösung des Volkes an … Aus dem Volk Israel, aus dem Stamm des Königs David, wird der Messias hervorgehen: Jesus … Er, der eingeborene und Mensch gewordene Sohn Gottes, ist das vollkommene und endgültige Wort des Vaters. Mit der Sendung des Sohnes und der Gabe des Geistes ist die Offenbarung nunmehr gänzlich abgeschlossen, auch wenn der Glaube der Kirche im Lauf der Jahrhunderte nach und nach ihre ganze Tragweite erfassen muss. (Nr. 7–9)

Martin Schongauer (um 1450–1491), Verkündigungsengel.

Offenbarung

»Übernatürliche« Inhalte gelten in der katholischen Theologie als »strikte Geheimnisse«, die auf »natürliche Weise« nicht zugänglich sind. Dementsprechend lehrt das Erste Vaticanum:

Mit göttlichem und katholischem Glauben ist also an all das zu glauben, was im geschriebenen oder überlieferten Wort Gottes enthalten ist und von der Kirche im feierlichen Entscheid oder durch gewöhnliche und allgemeine Lehrverkündung als von Gott geoffenbart zu glauben vorgelegt wird.

Dieses Glaubensverständnis, das unbedingten Glaubensgehorsam einschließt, fordert zwingend einen obersten unfehlbaren »Glaubenslehrer«.

Das Zweite Vatikanische Konzil rückte in seiner Dogmatischen Konstitution über die göttliche Offenbarung *Dei Verbum* den Gedanken der Selbstoffenbarung Gottes in der Mittelpunkt:

Gott hat in seiner Güte und Weisheit beschlossen, sich selbst zu offenbaren und das Geheimnis seines Willens kundzutun: dass die Menschen durch Christus, das fleischgewordene Wort, im Heiligen Geist Zugang zum Vater haben und teilhaftig werden der göttlichen Natur. In dieser Offenbarung redet der unsichtbare Gott aus überströmender Liebe die Menschen an wie Freunde und verkehrt mit ihnen, um sie in seine Gemeinschaft einzuladen und aufzunehmen … Die Tiefe der durch diese Offenbarung über Gott und das Heil der Menschen erschlossenen Wahrheit leuchtet uns auf in Christus, der zugleich der Mittler und die Fülle der ganzen Offenbarung ist. *Dei Verbum 2*

Eine Offenbarung als »Mitteilung bisher unbekannter Wahrheiten oder Tatsachen« will Erfahrung im Menschen begründen, die er nicht aus sich selbst heraus gewinnen kann. Das Verständnis von Offenbarung als Gewährung transzendenter Kenntnisse findet sich immer noch in theologischen Werken, obwohl es bereits seit der europäischen Aufklärung nicht mehr plausibel ist, Offenbarung als Gottes Handeln in der Geschichte zu verstehen. Das neuzeitliche Denken kennt »keine Fakta, die zwar in der Geschichte stehen, aber nicht aus der Geschichte stammen« (Ernst Troeltsch). Mit dieser Grundannahme wird die Sonderstellung einer biblischen Offenbarungsgeschichte nivelliert, die Bibel ist dem historisch-kritischen Denken unterworfen und die Geschichte Israels muss sich den Kriterien einer allgemeinen Religionsgeschichte unterordnen. Der Fundamentaltheologe Jürgen Werbick artikuliert die davon ausgehende Ratlosigkeit:

Müsste zugestanden werden, dass diese religionsgeschichtliche Betrachtung biblischer Überlieferungen auch theologisch legitim ist, wo bliebe dann noch die Möglichkeit – und worin läge die theologische Notwendigkeit begründet –, im Blick auf solche Wortmeldungen von *Gottes Wort* zu reden? Diese Notwendigkeit kann doch nicht nur darin ihren Grund haben, dass die biblischen Autoren bzw. Autorengruppen sich darauf beriefen, Gottes Wort zu verkünden, um ihren Optionen größere Durchschlagskraft zu verleihen. Liegen ihrer Inanspruchnahme des Gottesworts und des göttlichen Willens, den sie gültig bekanntzumachen beanspruchten, authentische religiöse Erfahrungen zugrunde? Was zeichnet sie als authentische aus? Was berechtigt Glaubensgemeinschaften und ihre Theologien dazu, ihnen Offenbarungsqualität zuzubilligen? Und was will man damit zum Ausdruck bringen?

Man kann diese Problematik im Rückgriff auf exegetische Erkenntnisse fast beliebig steigern: Wenn man zum Beispiel weiß, dass »Adam« und »Eva« Prototypen bezeichnen und die Erzählung, in der sie figurieren, nicht historisch zu verstehen ist; dass »Abraham« als Adressat göttlicher Verheißung erst nach Entstehung des Monotheismus, also Jahrhunderte später, von JHWH »angesprochen« wurde; dass Mose »alles mögliche gewesen sein kann, aber ganz gewiss kein Religionsstifter« war (Fritz Stolz);

dass die Tora erst nach 500 v. Chr. mit ihrer heutigen auf den Einen Gott Israels ausgerichteten Linie entstand (→ S. 103 f.) … mit welchem Vorgang biblischer Erfahrung und Reflexion verbindet sich dann das Offenbarungsgeschehen? In dieser Gedankenspur kann man »leicht auf den Gedanken kommen, Offenbarung sei nichts anderes als eine Legitimationskategorie, deren Verwendung schärfste Skepsis hervorrufen sollte« (Jürgen Werbick).

Die hier angedeutete Entstehungsgeschichte der Bibel (→ S. 95–104) war in vielen Positionen Ernst Troeltsch nicht bekannt. Möglicherweise hätte er die Kategorie Historie dann noch entschiedener gegen ein übernatürliches Offenbarungsverständnis geltend gemacht. Dennoch blieb er beim Begriff Offenbarung, wenngleich in religionsgeschichtlicher Verallgemeinerung, was dem Christentum seinen Absolutheitsanspruch nimmt:

Das Christentum bleibt die große Offenbarung Gottes an die Menschen, auch wenn die anderen Religionen … gleichfalls Offenbarungen Gottes sind, und auch die abstrakte Möglichkeit weiterer Offenbarungen durch keine Theorie beseitigt werden kann.

Wesentlich kritischer muss die geläufige Rede von Offenbarung ausfallen, wenn dies im Blick auf die heutigen Evolutionswissenschaften geschieht. Dann fragt sich, ob überhaupt und – wenn ja – wie von einem Schöpfergott noch gesprochen werden kann und in welchem Horizont von einem »Handeln Gottes in der Geschichte« auszugehen ist. Wie weit überhaupt die Rede von Offenbarung einem theistischen Gottesverständnis zugehört, von einem nicht-theistischen Verständnis aber erheblich revidiert wird oder im Rahmen einer theologia negativa sogar ganz wegfällt? Die gängigen theologischen Äußerungen zu diesem Thema klammern fast immer den angedeuteten Problemhintergrund aus, um letztlich die traditionellen lehramtlichen Verbindlichkeiten zu bestätigen. Man akzeptiert damit ein viel zu naives Offenbarungsverständnis, denn in einem veränderten theologischen Koordinatensystem lassen sich natürliche Vernunft und »übernatürliche« Offenbarung ohne dogmatische »Setzungen« schwerlich verbinden.

In der Gegenwart ist es Eugen Drewermann, der den Offenbarungsbegriff neu bestimmt, ohne in einen Supranaturalismus zu verfallen. Für ihn hat Gott »keine andere Sprache an uns als die Sprache der Seele in uns«. Ohne Verständnis für die Sprache der Seele, die sich in symbolischen Bildern artikuliert, wird darum die einzige Sprache verfehlt, in der Göttliches wirksam sich mitteilen kann. Doch kann der Mensch diese Sprache nicht verstehen, ohne darin zugleich sich selbst zu verstehen.

Die Vorstellung herrscht in der Theologie immer wieder, dass Gott in Christus die zu unserem »Heil« notwendigen »Wahrheiten« historisch vermittelt habe; dabei hat gerade die historisch-kritische Exegese gegen den entschiedenen Widerstand der Dogmatik eindeutig gezeigt, dass die Glaubensinhalte des Christentums nicht eigentlich Inhalt der Botschaft Jesu waren … Die Verbindung zwischen Geschichte und Glauben ist, historisch betrachtet, völlig opak [dunkel, undurchsichtig] und bislang nicht mehr als ein theologisches Postulat, ein Glaubenssatz zur Begründung des Glaubens … Es geht also nicht um die Offenbarung irgendwel-

Julius Schnorr von Carolsfeld (1794–1872), Christus offenbart sich Paulus vor Damaskus, 1860.

Würden die Fundamentaltheologen auf die Frage eingehen, wie der Offenbarungsvorgang heute gesehen wird und auch weshalb man ihn heute anders sieht als in archaischer Zeit, müssten sie nicht einmal forschen. Sie müssten sich nur ins Bild setzen über die *Ergebnisse* der tiefenpsychologischen Forschung. Ferner müssten sie sich in den Verlauf der Bewusstseinsmutation vertiefen …

Es wird sich die Einsicht durchsetzen, dass zum Fachwissen eines auf der Höhe der Zeit stehenden Theologen die Kenntnis der Tiefenpsychologie gehört, und zwar ihres theoretischen wie ihres hermeneutischen Zweigs. *Willy Obrist*

Glaube und Existenz

> Der Glaube versetzt Berge, der Zweifel erklettert sie. *Karl Heinrich Waggerl*
>
> Der Zweifel gehört zur echten Fruchtbarkeit, man muss durch ihn hindurch, es geht kein anderer Weg als dieser gefahrvolle in die große Gewissheit. *Martin Buber*
>
> Durch Zweifeln kommen wir nämlich zur Untersuchung; in der Untersuchung erfassen wir die Wahrheit. *Peter Abaelard, Sic et non*
>
> Es ist Talent nötig zum Zweifeln, aber es ist schlechterdings kein Talent nötig zum Verzweifeln. *Sören Kierkegaard*
>
> Jedes Wort, mit dem der Schreibende eine Wahrheit gewinnt, ist aus Zweifeln und Widersprüchen hervorgegangen. *Peter Weiss, Laokoon oder Über die Grenzen der Sprache*
>
> Mit dem Wissen wächst der Zweifel. *Johann Wolfgang von Goethe*
>
> Satire ist die Waffe des Volkes, sie ist der höchste Ausdruck des Zweifels, die wichtigste Hilfe der Vernunft. *Dario Fo*
>
> Schönheit ist eines der seltenen Wunder, die unsere Zweifel an Gott verstummen lassen. *Jean Anouilh*
>
> Wer nicht zweifelt, muss verrückt sein. *Peter Ustinov*
>
> Wer recht erkennen will, muss zuvor in richtiger Weise gezweifelt haben. *Aristoteles*
>
> Zweifel darf nichts weiter sein als Wachsamkeit, sonst kann er gefährlich werden. *Georg Christoph Lichtenberg*
>
> Zweifel ist der Anfang, und nicht das Ende der Weisheit. *George Iles*
>
> Zweifel zu haben ist ein unangenehmer, sich in Sicherheit zu wiegen ein absurder Zustand. *Voltaire*
>
> Der Zweifel ernährt den Glauben, der Glaube den Zweifel. *Reinhold Schneider*

cher Inhalte, sondern spezifisch um die Vermittlung von symbolischen Inhalten, die den Menschen zu sich selbst befreien …

Religiös gesehen, kommt es gerade darauf an, die überzeitlich gültige, bleibende Wahrheit herauszustellen, die sich nur in der Weise eines Mythos, eines Märchens, einer Sage, einer Legende etc. mitzuteilen vermag. Statt bedauernd die »tendenziösen« Verfälschungen der Historie in der Bibel festzustellen … muss es theologisch gerade darum gehen, die Bedeutung der einzelnen Erzählinhalte und Bilder in sich selbst zu verstehen … Nur auf diese Weise gelangt man zu einer Einsicht in die Gegenwartsbedeutung religiöser Texte …; deren bleibende Wahrheit ist nicht historisch, sondern nur psychologisch zu verstehen … Der Mythos stellt keine Verfälschung der Historie dar, sondern er bildet das einzige Verfahren, um die überzeitliche Bedeutung eines historischen Geschehens für alle kommenden Geschlechter mitzuteilen.

Offenbarung als übernatürliches Geschehen ist Drewermann fremd. In seinem Rückbezug auf das Symbol als Sprache der Seele kann er sich auf Paul Tillich berufen, der deutlicher als irgendeiner vor ihm das Symbol als »die einzige Sprache, in der sich Religion direkt ausdrücken kann« betonte. Auch Jürgen Werbick verschließt sich diesem Aspekt nicht, wendet aber ein, dass Offenbarung – christlich verstanden – an eine geschichtliche Ereignisfolge erinnere, so dass es nicht genüge, auf das »zutiefst zwiespältige« *innere* Wort zu hören; hinzukommen müsse das korrigierende »*von außen* auf die Menschen zukommende Wort«. Dieses von außen zukommende Wort muss nicht bestritten werden, auch von Drewermann nicht, denn es mag im Evangelium angenommen werden (→ S. 262 ff.), doch zeigt sich nicht, dass dieses Wort auch von außen als »Handeln Gottes in der Geschichte« belegt werden kann. Eher wäre hier von Religion als *Hermeneutik* zu sprechen (→ S. 170 ff.). Dann aber verknüpft sich Offenbarung mit jener *Interpretation*, mit der biblische Autoren bzw. Autorengruppen ihr Material mehrfach wendeten und gegen den bisherigen Strich auslegten (→ S. 95 ff.), von der Jahwe-allein-Bewegung über die joschijanischen und deuteronomistischen Reformen bis hin zu den neutestamentlichen Autoren, die der Jüdischen Bibel eine letzte, auf Jesus den Christus bezogene Deutung gaben, die aber das Judentum insgesamt nicht mehr mitvollzog.

7. Glaube und Zweifel

Der Zweifel am Glauben drängt sich nicht jeder Zeit so auf wie heute. Theodor Adorno vermerkt: »Ein jüdischer Dichter hat einmal mit Recht geschrieben, im Judentum und im Christentum herrsche Dorfluft.« Gemeint ist, dass sich im Binnenraum dieser Religionen Antwortsysteme etabliert haben, die einen soziokulturellen Immobilismus sichern, der mit Anachronismus und sozialer Wirkungslosigkeit bezahlt wird. Die zur Gewohnheit gewordene Tradition immunisiert gegen Fragen. Das ist hier im Prinzip auch erwünscht, weil Fragen das Gewohnte aufheben.

Was sich von selbst versteht, ist dem Fragehorizont entrückt. Der Mensch als Fragender zerstört alle Automatismen und verwandelt gültige Antworten zurück in die Schwebe.

In früheren Epochen wirkten kirchliche Traditionen so selbstverständlich, dass nicht einmal der reflektierende Theologe ihren Gesamtumfang überschaute. Gewohnheiten und Selbstverständlichkeiten haben nämlich die Eigenschaft, unsichtbar zu sein. Wer als Christ heute zu fragen beginnt, muss gegen die Traditionen seiner Kirche antreten … Es wird Letztes aufs Spiel gesetzt, wenn der Fragesteller nur noch gegen die Gewohnheit und nicht mehr mit ihrer Unterstützung den Kampf im Überraschungsfeld aufnimmt … Wer sich identifiziert, bleibt fraglos im volkskirchlichen Kreisverkehr … Wer fragt, bricht aus der Volkskirche aus.

Nicht das sind die notwendigen Fragen, die sich Kirche und Theologie bona fide selber stellen, sondern diejenigen, die ihr von draußen gestellt werden.

Die Christenheit hätte erst dann wieder Antworten, wenn sie selbst – nicht die »Welt« – wieder Fragen hätte.

Hans-Dieter Bastian

> Wenn ich nicht die Male der Nägel an seinen Händen sehe und wenn ich meinen Finger nicht in die Male der Nägel und meine Hand in seine Seite lege, glaube ich nicht (Joh 20,25).

Die theologische Didaktik des Mittelalters und die der Reformation haben sich im Blick auf die Frage kaum unterschieden. Bis weit ins 20. Jahrhundert hinein dominiert das Frage-Antwort-Schema des Katechismus. Dessen Antworten passen nicht zu unseren Fragen, und dessen Fragen, sofern es sie gibt, gehen an unseren Problemen vorbei. Nun ist die Gegenwart jedoch von einem Traditionsabbruch gekennzeichnet, für den es in der Vergangenheit keine Parallele gibt (→ S. 39 f.). Die tragenden Begriffe der christlichen Glaubens haben für die Menschen Europas ihre existenzielle Relevanz verloren. Das traditionelle theistische Gottesverständnis produziert mehr Zweifel und Widerspruch, als dass der kritische denkende Zeitgenossen darin sich selbst und die Welt tiefer verstehen würde. Der Philosoph Max Horkheimer (1895–1973) plädierte 1969 im ureigenen Interesse der Religionen dafür, dass diese sich positiv auf den Zweifel einlassen sollten:

Paolo Morando (1486–1522), Thomas und Christus.

> Ich frage, ob … die gesamten theologischen Systeme und Begriffe im rein positiven Sinn nicht mehr haltbar sind. Den Religionen, das Judentum eingeschlossen, liegt der Gedanke an ein ewiges Wesen, seine Allmacht und Gerechtigkeit zugrunde. Was die menschlichen Organe zu erkennen vermögen, ist jedoch das Endliche, den Menschen mit eingeschlossen. Das Ich, das eigene Bewusstsein, die sogenannte Seele sind, soweit wir selbst zu urteilen vermögen, schon im Leben leicht in Unordnung zu bringen, zu verwirren, zu unterbrechen; Unglücksfälle, schwere Krankheit, ja, der Genuss von Alkohol und anderer Stimulantien schaffen es. Dass auf Erden an so vielen Stellen Ungerechtigkeit und Grauen herrschen und die Glücklichen, die es nicht leiden müssen, davon profitieren, dass ihr Glück vom Unglück anderer Kreaturen, heute wie in der vergan-

Sprichwörter

Auf dem Weg zum Wissen begegnen uns viele Zweifel. – *Aus Deutschland*

Der Weg zum Entschluss geht über den Zweifel. – *Aus England*

Der Zweifel ist das Wartezimmer der Erkenntnis. – *Aus Indien*

Der Zweifel ist der Schatten eines Menschen im Dunkel. – *Aus Japan*

Von allen sicheren Wegen ist der Zweifel der sicherste. – *Aus Spanien*

genen Geschichte, abhängt …, ist offenbar. Den im eigentlichen Sinn Denkenden ist dies alles bewusst, und ihr Leben, selbst in glücklichen Momenten, schließt die Trauer ein. Wenn die Tradition, die religiösen Kategorien, insbesondere die Gerechtigkeit und Güte Gottes nicht als Dogmen, nicht als absolute Wahrheit vermittelt werden, sondern als die Sehnsucht derer, die zu wahrer Trauer fähig sind, eben weil die Lehren nicht bewiesen werden können und der Zweifel ihnen zugehört, lässt theologische Gesinnung, zumindest ihre Basis, in adäquater Form sich erhalten. Die Maßnahmen in Hochschulen und Schulen, die zu solcher Änderung notwendig sind, vermag ich hier nicht zu erörtern. Den Zweifel in die Religion einzubeziehen, ist ein Moment ihrer Rettung.

Wilhelm von Kaulbach (1804–1874), Der Künstler zweifelt an der Lehre von der Dreifaltigkeit Gottes, um 1850.

Nicht als ein »Moment der Rettung«, wohl aber als »Ort der Kommunikation« für Glaubende wie Nicht-Glaubende hat auch Joseph Ratzinger, 1968 noch Professor in Tübingen, den Zweifel positiv gewürdigt:

> Es gibt keine Flucht aus dem Dilemma des Menschseins. Wer der Ungewissheit des Glaubens entfliehen will, wird die Ungewissheit des Unglaubens erfahren müssen, der seinerseits doch nie endgültig gewiss sagen kann, ob nicht doch der Glaube die Wahrheit sei. Erst in der Abweichung wird die Unabweisbarkeit des Glaubens sichtbar …
>
> Niemand kann dem andern Gott und sein Reich auf den Tisch legen, auch der Glaubende sich selbst nicht … Der Glaubende wie der Ungläubige haben, jeder auf seine Weise, am Zweifel und am Glauben Anteil, wenn sie sich nicht vor sich selbst verbergen und vor der Wahrheit ihres Seins. Keiner kann dem Zweifel ganz, keiner kann dem Glauben ganz entrinnen; für den einen wird der Glaube *gegen* den Zweifel, für den andern *durch* den Zweifel und in der *Form* des Zweifels anwesend. Es ist die Grundgestalt menschlichen Geschicks, nur in dieser unbeendbaren Rivalität von Zweifel und Glaube, von Anfechtung und Gewissheit die Endgültigkeit seines Daseins finden zu dürfen. Vielleicht könnte so gerade der Zweifel, der den einen wie den anderen vor der Verschließung im bloß Eigenen bewahrt, zum Ort der Kommunikation werden. Er hindert beide daran, sich völlig in sich selbst zu runden, er bricht den Glaubenden auf den Zweifelnden und den Zweifelnden auf den Glaubenden hin auf, für den einen ist er seine Teilhabe am Geschick des Ungläubigen, für den andern die Form, wie der Glaube trotzdem eine Herausforderung an ihn bleibt.

Höfel war der Meinung, Zweifel solle man so wenig verdrängen wie die Sexualität. Das sei psychisch ungesund, denn was man unterdrücke, verdränge, breche irgendwann irgendwo wieder hervor, verzerrt dann jedoch, vielleicht sogar monströs, wie Sigmund Freud bekanntlich nachgewiesen habe. Leicht auch werde ein Glaube, der Zweifel kurzerhand abmurkst, zum Aberglauben, der Gott zum Götzen macht. Ähnlich auch Professor Schädelin in der Homiletik: Ein Glaube, der Zweifel nicht zulässt, macht rechthaberisch und realitätsblind – aufgepasst also! Vergesst bei der Predigtvorbereitung nie, dass ihr selber arme Zweifler seid, die möglichst liebevoll überzeugt werden müssen.
Kurt Marti

Der strenge Dogmatismus kennt keinen Zweifel; der rigorose Skeptizismus erhebt den Zweifel zum unüberwindlichen Prinzip. Die christlichen Fundamentalisten grenzen ihre eigene Welt ab in Distanz zur herrschenden Kultur, verbunden mit einem Gefühl der Überlegenheit. Sie wissen sich zweifelsfrei im rechten Glauben, indem sie den *Mythos* in *Logos* verwandeln, und damit zwei unterschiedliche, aber einander ergänzende Quellen der Erkenntnis vermengen. Glaubenswahrheit wird auf eine äußere Faktenebene transponiert, die Bibel absolut wörtlich ausgelegt. Damit bewirken sie letztlich eine Karikatur sowohl der Religion als auch der Wissenschaft und verfälschen zugleich die eigene Tradition. Das Ergebnis solcher Verdrängung des Zweifels ist, dass Fundamentalisten die toleranten, offenen und versöhnenden Lehren ihrer jeweiligen Konfession oder Religion verwerfen und eine Absonderung betreiben, die alle ausgrenzt und verurteilt, die nicht die eigene Ansicht teilen. Ohne Zugang zu den tieferen Regionen der eigenen Seele aber, zu denen Symbole, Mythen und mystische Kontemplation führen, verliert die religiöse Welt ihre Menschenfreundlichkeit (→ S. 425 ff.).

8. Glaube und Toleranz

Das Verhältnis von Glaube und Toleranz gestaltet sich abhängig von Struktur und Eigenart einer Religion. Religionen mit ausgeprägter Orthodoxie neigen mehr zu intolerantem Verhalten als Religionen mystischer Prägung. Am frühen Monotheismus lässt sich eifernde Intoleranz besonders anschaulich studieren.

Die erste geschichtlich greifbare Religionsstiftung ist der Monotheismus des ägyptischen Königs *Echnaton* (1364–1347). Die Durchsetzung dieses neuen Glaubens und die Aufhebung des alten waren das Werk nur weniger Jahre. Echnaton vollzog mit seiner »Reform« eine radikale Abkehr von der Tradition, mit der die großen Tempel und Kulte, Riten und Feste, Priesterordnungen und Machtkartelle »abgeschafft« werden sollten zugunsten eines strengen Glaubens im Symbol der Sonne. Profil gewann der neue Kult zunächst nur aus einer Handvoll eigener Texte. Erstmals in der Religionsgeschichte wurde die Unterscheidung zwischen »wahr« und »falsch« eingeführt und wo sie je später erfolgte, geschah sie stets im Medium normativer Texte.

Das monotheistische Experiment scheiterte bereits unter Echnatons Nachfolger Tutanchamun. Die meisten Ägypter haben diese Jahre als »Finsternis am Tage«, als eine Zeit der Zerstörung, Verfolgung und Unterdrückung erlebt. In der Restaurationsschrift des Pharao Tutanchamun heißt es:

Ihre Heiligtümer waren im Begriff zu verfallen,
sie waren Schutthügel geworden,
bewachsen mit Disteln.
Ihre Kapellen waren, als seien sie nie gewesen,
ihre Tempelanlagen waren ein Fußweg.
Das Land war von Krankheit befallen,
die Götter hatten diesem Land den Rücken gekehrt.

In der Folgezeit wurde die Erinnerung an diese Zeit ausgelöscht und blieb über Jahrtausende unbekannt. Fünfzig oder hundert Jahre nach Echnatons Tod war in Ägypten alle Erinnerung an diesen König und seine Religion vergessen. Erst gegen Ende des 19. Jahrhunderts ist die Kenntnis von Echnatons Monotheismus wiedergewonnen worden.

Ganz anders erging es der Reform des Königs *Joschija* (639–609) in Jerusalem. Mit ihm begann ein Prozess, der nicht allein die weitere Geschichte des Judentums bestimmte, sondern auch den bisherigen Geschichtsverlauf in seiner Darstellung und Bewertung überformte. Was seit den Anfängen zur Erinnerung Israels gehörte, geriet unter eine verändernde Deutung, die ein modernes Bewusstsein als Verdrängung und Fälschung bezeichnen würde, denn nunmehr sollte die gesamte Geschichte

---

Nötigt die Häretiker, von den Zäunen hereinzukommen …; draußen wendet Zwang an, damit drinnen Freiheit einzieht.

Die Kirche verfolgt aus Liebe, die Gottlosen verfolgen aus Grausamkeit.

Augustinus

Kann man denn nicht als Kriterium formulieren: Was der Liebe entspricht und zu mehr Liebe beizutragen geeignet scheint, das ist in religiösen Traditionen – abgesehen von den damit verbundenen religiös-dogmatischen Wahrheitsansprüchen – »tolerabel«; was der Liebe widerspricht, das verlangt den nicht-hinnehmenden Widerspruch? Kann man nicht noch einen Schritt weitergehen und sagen: Was der Liebe entspricht und sie fördert, das hat auch religiöse Wahrheit in sich, ist substantiell authentisch religiös? Und darf man dann nicht folgern: Weil viele religiöse Erfahrungstraditionen zu mehr Liebe beitragen, muss – insofern sie dies in concreto tatsächlich »leisten« – die Frage nach der Triftigkeit der in ihnen erhobenen Wahrheitsansprüche nicht länger argumentativ ausgetragen werden, kann zwischen den verschiedenen Wahrheitsansprüchen eine Toleranz aufgrund der weiter nicht zu beurteilenden »Schönheit« der verschiedenen »Blumen« herrschen?

Jürgen Werbick

Israels als eine Geschichte ausschließlicher Jahweverehrung erscheinen. Da diese Geschichte sich aber mit der Geschichte Kanaans deckte und die Götter des Landes neben lokalen Kultstätten auch im Tempel zu Jerusalem verehrt wurden, betreibt das Buch Deuteronomium nunmehr eine entschiedene Trennung zwischen Israel und Kanaan. Israel sollte mit Kanaan nichts mehr zu tun haben, so dass eine rigorose Verdrängung der bisher praktizierten Glaubenswelt einsetzte. Zwar scheiterte die joschijanische Reform infolge militärischer Auseinandersetzungen mit Ägypten, aber nach dem Ende des Königtums und einer radikalen Neubesinnung im Babylonischen Exil (→ S. 103 f.) sollte der Neubeginn in Jerusalem endgültig der Alleinherrschaft Jahwes unterstehen. Konsequent betrieben Männer wie Esra und Nehemia die Abgrenzung der neuen Kultgemeinde von den übrigen Traditionen im Lande und den Nachbarvölkern. Ein Mischehenverbot sollte fremdreligiösen Einflüssen in den eigenen Reihen wehren.

Von Toleranz gab es in diesem Prozess keine Spur. Aber blieb der kleinen Jerusalemer Kultgemeinde angesichts der umgebenden polytheistischen Volksreligionen mit erdrückendem kulturellem Übergewicht eine andere Wahl, als sich nach außen abzuschirmen? Das spätere Überleben des Judentums in der christlichen Welt verdankt sich ebenso einer sozialen Gettoisierung mit entsprechend strenger Disziplin nach innen.

Nicht minder hob sich das *Christentum* des Anfangs von seiner kulturellen Umgebung ab. Durch seine Gemeindebildungen im mediterranen Raum grenzte es sich von »der Welt« ab. Doch obwohl es sich auf dieselbe biblische Offenbarungstradition gründet wie das Judentum, unterschieden sich schon bald beide Überlieferungen in ihrem Verhältnis zur Glaubenswahrheit. Das Judentum kannte weder Dogmen noch explizite Bekenntnisse noch eine autoritative Lehrinstanz, welche die Glaubensdarstellungen überwachte. Kriterium war allein die Unterscheidung zwischen Glaube und Gottlosigkeit. Im Gegensatz hierzu definierte bereits Paulus das Christentum als feststehende Lehre (Röm 6,17; 16,17; Phil 4,9), aus deren fortschreitender Entfaltung sich ständige Polarisierungen und zunehmende Konflikte ergaben. Mahnte Paulus, einen fehlenden Mitbruder »im Geist der Sanftmut wieder auf den rechten Weg zu bringen« (Gal 6,1), forderte er ein andermal dazu auf, den Übeltäter fortzuschaffen (1 Kor 5,13). Und an den Rändern der apostolischen Zeit meldeten sich bereits die Parolen, einen »ketzerischen« Menschen, einerlei ob er ethische oder doktrinäre Probleme stellte, oder auch nur anders dachte und lebte, zu meiden, ihn nicht einmal zu grüßen oder ihn aus der Gemeinde auszustoßen:

> Gewalt hat es schrecklicher und beklagenswerter Weise genug gegeben. Aber an einer ganz bestimmten Stelle: nicht gegen die Andersgläubigen, sondern gegen die Abtrünnigen. Dabei wurde zumeist ein gestuftes Verfahren befolgt: Wer einmal sich bekehrt hat, für den gibt es bei Abfall noch eine Bedenkzeit zur Umkehr; wer dann aber nicht zurückkehrt und endgültig abfällt, ist zu eliminieren, sogar durch Tötung … Schon das Schwert des Moses traf die Anbeter des Goldenen Kalbes als von Jahwe Abgefallene. Im Frühjudentum, als noch die Christen zur Tempelgemeinde zählten, wurde der Grieche Stephanus als dissidenter Tempelkritiker gesteinigt, ebenso der Herrenbruder Jakobus der Ältere hingerichtet. Dasselbe Muster der Tötung von Abgefallenen verfolgte auch der Islam.
>
> *Arnold Angenendt*

Mitchristen, die ihrem Geschlechtstrieb freien Lauf lassen oder habgierig sind, die Götzen anbeten, den Glauben lästern, Säufer und Wucherer sind. Mit solchen Menschen sollt ihr auch nicht gemeinsam Mahlzeit halten. Warum sollte ich denn die Menschen außerhalb der Gemeinde verurteilen? Das wird Gott besorgen. Aber eure Mitchristen, die müsst ihr beurteilen. Daher reißt, wie es in der Schrift heißt, das Böse mit Stumpf und Stiel aus eurer Mitte! *1 Kor 5,11-13*

Wenn jemand zu euch kommt und nicht diese Lehre vertritt, nehmt ihn nicht in euer Haus auf, grüßt ihn nicht einmal. Denn wer ihn grüßt, beteiligt sich schon an seinen bösen Taten. *2 Joh 10f.*

Es haben sich bei euch Leute eingeschlichen, die das Urteil, das ich jetzt über sie fällen muss, längst verdient haben, gottlose Menschen, die Gottes Zuwendung zu uns zu moralischer Unverbindlichkeit, ja, zu grenzenloser Beliebigkeit verfälscht haben. … Sie machen große Versprechungen wie Wolken, die heraufziehen, aber keinen Regen bringen. Sie sind Bäume im Spätherbst, die ohne Frucht und abgestorben dastehen, so dass ihre Wurzeln der Axt zum Opfer fallen. Sie sind wilde Meereswellen, die nur ihre eigene Schändlichkeit aufwirbeln, herumirrende Sterne, die in immerwährende Finsternis fallen.
Jud 4.11-13

Diese Menschen sind wie die Tiere, die keinen Verstand haben und dazu geboren sind, gefangen und vertilgt zu werden. Für sie ist die tiefste Finsternis reserviert … Es wäre besser für sie gewesen, sie hätten den christlichen Weg nie kennengelernt, als nun den Rückzug antreten und das heilige Gebot, das ihnen überliefert und anvertraut wurde, verlassen zu müssen. Über sie kann man nur sagen: »Der Köter frisst die eigene Kotze« oder: »Die Sau suhlt sich im eigenen Dreck«, wie es im Sprichwort heißt.
2 Petr 2,12.14.17.21f.

Je später die Texte entstanden, desto affektgeladener ist ihre Sprache, wie sich besonders an den Schimpfnamen ablesen lässt, mit denen die Abweichler bedacht werden: eklige Schmarotzer, wasserlose Wolke, unfruchtbarer Baum, Kinder des Fluches, Nebelwolke, Köter und Sau. Sobald der angegriffene Mensch in die Perspektive dieser herabsetzenden und ausschließenden Worte gerät, schwindet die Möglichkeit, sich mit ihm noch offen auseinandersetzen zu können und ihn neu in die Gemeinschaft zu integrieren.

Solange das Christentum von seiner Umwelt misstrauisch betrachtet, abgelehnt und verfolgt wurde, richtete sich jede Ketzermacherei nach innen. Mit der Anerkennung als *religio licita* durch Kaiser Konstantin aber erfolgte ein fast abrupter Übergang von der verfolgten zur verfolgenden Kirche: Schon 315 wird das Judentum als »gottlose Sekte«, *nefaria secta*, bezeichnet, schändlich (*turpis*) und entartet (*perversa*). 325 erklärt das Konzil zu Nicäa: »Fortan wollen wir mit dem uns feindlichen Judenvolk nichts mehr gemein haben, denn unser Heiland hat uns einen anderen Weg gewiesen.« Damit wird das Wissen um die gemeinsame Wurzel vom eigenen Weg in die neue Zeit abgespalten. Es folgen weitere Abgrenzungen: 339 das Verbot von Ehen zwischen Christen und Juden; Juden wird das Halten christlicher Dienstboten untersagt, der Übertritt vom Christentum zum Judentum mit Einzug des Vermögens geahndet. Kaiser Theodosius bestrafte seit 384 die Aufnahme von Sklaven in das Judentum; die Hassreden von Johannes Chrysostomus, dem Patriarchen von Konstantinopel, aber auch von Ambrosius, dem Bischof von Mailand, beleuchten den kirchlichen Hintergrund.

Die hier nur angedeutete Linie setzte sich fort in den Repressalien und Verfolgungen gegen die Judenheit in allen weiteren Jahrhunderten und mündete schließlich in dem monströsen Genozid der Nazizeit.

Aber auch die internen Ab- und Ausgrenzungen der frühen Zeit setzten sich fort. Wenn der katholische Theologe Karl Rahner feststellte: »Die Radikalität eines ganz bestimmten Wahrheitsethos …, findet sich doch nur im Christentum, und so gibt es das eigentliche Wesen der Häresie

Orthodoxie
Ist eine Religion erst einmal Orthodoxie geworden, ist ihre Zeit der Innerlichkeit vorbei: Die Quelle ist versiegt; die Gläubigen leben ausschließlich aus zweiter Hand und steinigen nun ihrerseits die Propheten. Auf die neue Kirche kann man fortan als auf einen standfesten Verbündeten rechnen, wenn es darum geht, den spontanen religiösen Geist zu ersticken.
William James

So gleichgültig und ekelhaft mir die mehrsten Gerüchte zu sein Pflegen, so unruhig macht mich eine seit gestern hier verbreitende Sage, dass Sie Wolfenbüttel verlassen. Und warum verlassen? Ich kann den Gedanken nicht denken ohne ein Gefühl, gleich Todtschlag vorrückend, damit zu verbinden.

Lieber Herr Lessing, wenn es wahr ist, dass Ihre Anti-Goezen verboten, Ihre Fragmente confisziert sind, wenn Alles wahr ist, o, so gönnen Sie doch der Dummheit nicht auch den Sieg, dass Sie fliehen. Confiscationen sind seit jeher stillschweigende Zeugnisse für die Wahrheit gewesen, und je mehr sie gewalttätig unterdrückt wird, je mehr gewinnt sie Anhänger; aber das Reich der Lügen wächst nur in der Abwesenheit des ehrlichen Mannes.

Um Alles daher, was Ihnen lieb ist, nein, um Ihres ärgsten Feindes willen verlassen Sie Wolfenbüttel itzt nicht.

Vielleicht haben Sie nie daran gedacht, vielleicht ist es Unsinn, mir einzubilden, dass meine Bitten etwas über die Entschließungen eines Mannes vermögen sollten; aber wie dem auch sei, so hab' ich es meiner Unruhe nicht versagen können, mich ohne Jemandes Wissen an Sie selbst zu wenden, und wenigstens vergeben Sie den Versuch Ihrer Freundin

Elise Reimarus

doch nur hier«, so benennt er damit ein grundlegendes Moment, das die gesamte Kirchengeschichte durchzieht, immer neue Häresien abgrenzte, die grausamsten Kriege, Verfolgungsjagden und Diffamierungen zeitigte und auch heute noch unterschwelliges Misstrauen gegen stets mögliche Abweichungen wachhält.

Dennoch ist auch auf dem Boden des Christentums eine inhaltliche Toleranz erwachsen, zuvörderst bei Theologen der christlichen Mystik. Hier ist es jener Grund-Satz, nach Jakob Böhme zitiert, der alle Mystik, auch die außerchristliche, kennzeichnet und eine tiefinnere Gemeinsamkeit stiftet: »Das Wort ist allenthalben Mensch geworden, verstehe: es ist allenthalben eröffnet in der göttlichen Wesenheit, darinnen unsere ewige Menschheit stehet.« Und ein andermal: »Wenn ich gleich kein ander Buch hätte als nur mein Buch, das ich selber bin, so hab ich Bücher genug, liegt doch die ganze Bibel in mir.« In diesem Sinne liegt in der Mystik der Anspruch der je gegenwärtigen Generation »auf Ebenbürtigkeit mit den Hochzeiten der Offenbarung« (Sloterdijk). Mystik begibt sich nicht auf den Weg des Schriftstudiums. Die Überlieferung wird damit nicht abgelehnt, doch soll die Urerfahrung der Ersten Wirklichkeit in der eigenen Tiefe gewonnen werden.

»Alle Dinge schmecken nach Gott«, sagte Meister Eckhart. In diesem Rückgang auf die mystische Erfahrung werden dogmatische Formeln als Metaphern, Gleichnisse und Bilder erkannt, die überschritten werden müssen. Darum ist es auch wichtig, dass die Religionen ihre Begriffe und Symbole durchsichtig halten, damit sie das, worauf in allem verwiesen wird, nicht verstellen. Ansonsten würde sich das Schicksal jenes Königs wiederholen, der die Sonnenuhr erfand, über die aber, nach dessen Tod, die Menschen einen Tempel bauten.

IV. Glaube und Bibel

1. Die Entstehung der Jüdischen Bibel

Die Geschichte der Bibel ist neu zu erzählen. Mehr als zweihundert Jahre historisch-kritische Forschung und die Summe archäologischer Ergebnisse haben das Bild des frühen Israel revolutioniert und begründete Zweifel an der Geschichtlichkeit der biblischen Erzählungen geweckt.

Die Reform des Königs Joschija

Um an die Zeit heranzukommen, in der sich die Keimzelle der Bibel bildete, müssen wir knapp 2600 Jahre zurückgehen. Wir kommen in das Königreich Juda, ein raues Bergland, besiedelt von Bauern und Schafhirten, regiert von Jerusalem aus. Hier hatte sich gegen Ende des 7. Jahrhunderts v. Chr. eine Koalition von Hofbeamten, Schreibern, Priestern, Bauern und Propheten gebildet, die eine neue Bewegung ins Leben riefen. Ihre Intention hatten sie in einer Schrift grundgelegt, die zwar aus dem Überlieferungsmaterial der israelitischen Vergangenheit bestand, das sie aber mit einer beispiellosen literarischen und geistigen Genialität zum Grundgesetz des künftigen Staates umzuformen wussten.

Man gab an, dieses »Grundgesetz« habe man bei Bauarbeiten im Tempel wiedergefunden. Gemeint ist das Buch Deuteronomium – genauer: dessen Urform – in dem sich das Reformprogramm des Königs Joschija (639–609) und seiner Parteigänger niederschlug. Und da sich dieses Buch insgesamt als Rede des Mose vorstellt, will der »Fund« nicht historisch, sondern als die Wiederaufnahme einer alten Tradition verstanden werden.

Julius Schnorr von Carolsfeld (1794–1872), Joschija vernimmt des Herren Wort aus dem Gesetzbuch (2 Kön 22,8–13), 1860.

Da sandte der König hin und ließ alle Ältesten Judas und Jerusalems bei sich zusammenkommen. Er ging zum Haus Jahwes hinauf mit allen Männern Judas und allen Bewohnern Jerusalems, und den Priestern und Propheten und allem Volk, jung und alt. Und er las ihnen alle Worte des Bundesbuches vor, das im Haus Jahwes gefunden worden war. Dann trat der König auf das Podium und schloss vor Jahwe diesen Bund: Er wolle Jahwe folgen, auf seine Gebote, Mahnungen und Satzungen von ganzem Herzen und ganzer Seele achten und die Vorschriften des Bundes einhalten, die in diesem Buch niedergeschrieben sind. Das ganze Volk trat dem Bund bei. Hierauf befahl der König dem Hohenpriester Hilkija, den Priestern des zweiten Ranges und den Wächtern an den Schwellen, alle Gegenstände aus dem Tempel Jahwes hinauszuschaffen, die für den Baal, die Aschera und das ganze Himmelsheer angefertigt worden waren. Er ließ sie außerhalb Jerusalems bei den Terrassen des Kidrontals verbrennen und die Asche nach Bet-El bringen. Auch setzte er die Götzenpriester ab, die von den Königen von Juda eingesetzt worden waren und die auf den Kulthöhen, in den Städten Judas und in der Umgebung Jerusalems

Diese Inschrift aus der 1. Hälfte des 8. Jahrhunderts v. Chr. befand sich an einer Wand des Hauptgebäudes von Kuntillet 'Adschrud im nordöstlichen Sinai. Sie lautet »JHWH von Teman«. Weitere Inschriften von dort beziehen sich anscheinend auf die Göttin Aschera als Gemahlin von JHWH. Ein verheirateter Jahwe lässt sich aber keinesfalls als eine sündige Halluzination lesen, auch im judäischen Hügelland spricht eine Formel in der späten Königszeit von Jahwe und seiner Aschera. Die judäischen Propheten beklagen immer wieder, dass Jahwe in Jerusalem zusammen mit anderen Göttern wie Baal, Astarte und sogar den nationalen Göttern der Nachbarländer verehrt wurde. Jeremia sagt, die Zahl der in Juda verehrten Götter entspreche der Zahl der judäischen Städte und die Zahl der Baal-Altäre in Jerusalem sei gleich der Menge der Gassen in der Hauptstadt (Jer 11,13). Rückblickend spricht auch Ezechiel 8 von den Gräueln, die im Tempel zu Jerusalem praktiziert wurden.

Opfer verbrannt sowie dem Baal, der Sonne, dem Mond, den Bildern des Tierkreises und dem ganzen Himmelsheer geopfert hatten. Die Aschera ließ er aus dem Haus Jahwes hinausschaffen und aus Jerusalem hinaus und im Kidrontal verbrennen und zu Staub zermahlen, den er auf die Gräber des einfachen Volkes streuen ließ. Er riss auch die Gemächer der Tempelprostituierten nieder, die sich im Haus Jahwes befanden, in denen die Frauen Schleier für die Aschera webten. Alle Priester holte er aus den Städten Judas weg und machte die Kulthöhen von Geba bis Beerscheba, auf denen die Priester geopfert hatten, unrein. …

Vor Joschija gab es keinen König wie ihn, der so mit ganzem Herzen, mit ganzer Seele und mit all seinen Kräften zu Jahwe umkehrte und so getreu das Gesetz des Mose befolgte. Und auch nach ihm war keiner wie er.

2 Kön 23,1-8.25

Der joschijanischen Reform ging es um mehr als den Kult. Sie verfolgte, die Schwäche Assyriens nutzend, eine umfassende nationale, soziale und religiöse Neuordnung des Staates. Die Reformgruppe nahm in Anspruch, die wesentlichen staatlichen Einrichtungen – Kult, Priestertum, Gerichtswesen, Kriegsführung und sogar das Königtum selbst – neu zu regeln. Damit dieses Programm überzeugte, wurde die gesamte Geschichtsüberlieferung Israels von den frühen Anfängen bis zum Tage neu interpretiert. Die Reformparole lautete: »Höre, Israel! Jahwe unser Gott, Jahwe ist einer!« (Dtn 6,4). Das bedeutete: 1. Die Verehrung Jahwes lässt sich nicht mit der Verehrung anderer Gottheiten verbinden; ein Götterpantheon ist ausgeschlossen. 2. Jahwe, der Gott Israels, ist für das ganze Land ein und derselbe Gott. Er lässt sich nicht in lokale Kultfassungen aufspalten, etwa als Jahwe von Bet-El, Samaria oder Hebron. Alle Opferstätten im Lande wurden verboten (Dtn 12,2-7), der Jahwekult konzentrierte sich auf den Tempel zu Jerusalem. Das schloss die Aufhebung der lokalen Heiligtümer ein, wenngleich deren Zerstörung erst später erfolgte. Die Bevölkerung musste nun mehrmals im Jahr nach Jerusalem kommen, um dort die Einheit der Nation zu erfahren und auch zu stärken.

Mit dem Kampf um einen kompromisslosen Monotheismus verbanden sich weitere Entscheidungen. Innerhalb des Jahwekultes wurden bildliche Darstellungen streng geahndet. Wie hart jedem Synkretismus begegnet werden sollte, zeigen die Gesetze, die das 13. Kapitel, Vers 13-17 des Deuteronomiums zusammenstellt:

Wenn du aus einer deiner Städte, die Jahwe, dein Gott, dir als Wohnort gibt, hörst: Niederträchtige Menschen sind aus deiner Mitte herausgetreten und haben ihre Mitbürger von Jahwe abgebracht, indem sie sagten: Gehen wir, und dienen wir anderen Göttern, die ihr bisher nicht kanntet, dann sollst du untersuchen und nachforschen und genau ermitteln. Und ist es wahr, steht der Tatbestand fest, dass dieser Gräuel in deiner Mitte geschehen ist, dann sollst du die Bürger dieser Stadt unbedingt mit scharfem Schwert erschlagen, du sollst an ihnen und an allem, was darin lebt, auch am Vieh, mit scharfem Schwert den Bann vollstrecken. Und alle Beute sollst du auf dem Marktplatz zusammentragen und die Stadt und die gesamte Beute als Ganzopfer für Jahwe, deinen Gott, im Feuer verbrennen. Für immer soll sie ein Schutthügel bleiben und nie wieder aufgebaut werden.

Die hier genannten Sanktionen übertragen altorientalische Vasallenverträge auf die Ebene der offiziellen Jahwereligion. Inwieweit eine solch rigide Linie der Abschreckung überhaupt praktikabel war, muss offenbleiben. Die Rückbesinnung auf das exklusive Gottesverhältnis Israels hatte unter den Bedingungen seiner staatlichen Einhaltung grausame und für heutiges Verständnis inakzeptable Konsequenzen. Dies umso mehr, als sich der Kampf gegen den öffentlichen Synkretismus bis in die familiäre und private Frömmigkeit ausdehnte. Beschwörungen, Orakelbefragungen und mantische Praktiken wurden verfolgt (Dtn 18,10-14); der »Gestirnkult« wurde mit der Todesstrafe belegt (17,2-7). Von besonderem Gewicht aber ist der Einbruch in die Familiensolidarität und private Lebenssphäre:

> Wenn dein Bruder, der dieselbe Mutter hat wie du, oder dein Sohn oder deine Tochter oder deine Frau, mit der du schläfst, oder dein Freund, den du liebst wie dich selbst, dich heimlich verführen will und sagt: Gehen wir, und dienen wir anderen Göttern – die du und deine Vorfahren noch nicht kanntest, von den Göttern der Völker, die rings um euch wohnen, nah oder weiter entfernt, von einem Ende der Erde bis zum andern Ende der Erde –, dann darfst du nicht nachgeben und seinetwegen nicht betrübt sein. Du sollst nicht auf ihn hören, keine Nachsicht für ihn kennen und ihn nicht decken. Sondern du sollst ihn anzeigen. Wenn er hingerichtet wird, sollst du als Erster deine Hand gegen ihn erheben, dann erst das ganze Volk. Und du sollst ihn steinigen, dass er stirbt. Denn er hat versucht, dich von Jahwe, deinem Gott, abzubringen, der dich aus Ägypten geführt hat, aus dem Sklavenhaus. Ganz Israel soll davon hören, damit sie sich fürchten und in deiner Mitte nicht noch einmal solch einen Frevel begehen.
>
> *Deuteronomium 13,7-12*

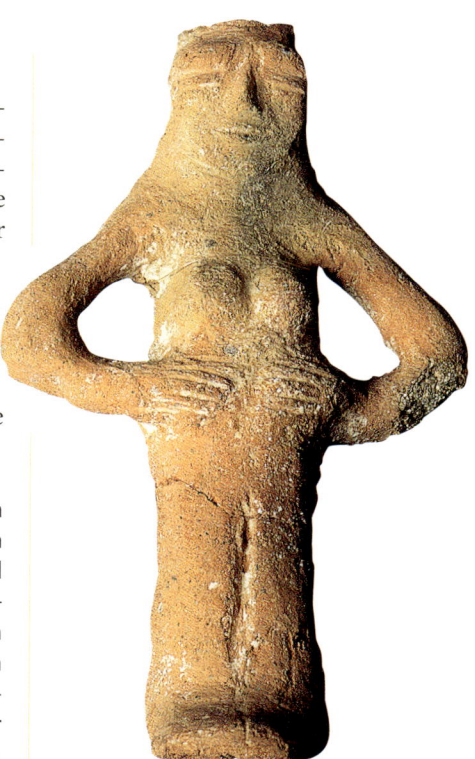

Statuette einer kanaanäischen Göttin (Ende 1. Jahrtausend v. Chr.).

Das ist ein Gesetz für Gesinnungsschnüffler und Denunzianten. Zwar sollte einem Missbrauch die Klausel begegnen: »Wenn es um Leben und Tod eines Angeklagten geht, darf er nur auf die Aussage von zwei oder drei Zeugen hin zum Tode verurteilt werden« (Dtn 17,6), doch hob sie die Totalität der Kontrollabsichten nicht auf. Die Überwachung der privaten Frömmigkeit sollte vor allem die Verehrung einer weiblichen Gottheit ausschließen, die im gesamten Orient populär war. In älterer Zeit war dies *Aschera* (→ 1 Kön 18,19; 2 Kön 23,4.7, S. 184); sie wurde später unter assyrischem Einfluss von *Ischtar* verdrängt und wird bei Jeremia als »Himmelskönigin« bezeichnet (vgl. Jer 44,15-19).

Dieser Tempel wurde bei der Festung Arad im Süden des Landes ausgegraben. Der Ausgräber Yohanan Aharoni glaubte, dass der Tempel um 600 v. Chr. nicht mehr benutzt wurde, weil man darüber eine neue Befestigungsmauer baute. Das legt den Schluss nahe, dass er um die Zeit von Joschijas Reformen aufgegeben wurde. Andere Archäologen stellen das in Frage. Sie sind sich nicht so sicher, dass der Arad-Tempel bereits zur Zeit Joschijas seinen Betrieb einstellte, wie dieser es sich wohl gewünscht hätte.

Joschijas politisch-theologischer Geschichtsentwurf

Mit der joschijanischen Reform begann ein Prozess, der nicht allein die weitere Geschichte des Judentums bestimmte, sondern auch den bisherigen Geschichtsverlauf in seiner Darstellung und Bewertung überformte. Was immer seit Abraham zur Erinnerung Israels gehörte, geriet unter ei-

> Mose ist die Symbolfigur einer menschheitsgeschichtlichen Wende, deren historischer Ort sich nicht auf die späte Bronzezeit und auch nicht auf das historische Wirken einer Persönlichkeit festlegen lässt. Diese Wende verbindet sich mit dem exklusiven Monotheismus, der die Verehrung eines einzigen als des einzig wahren Gottes fordert und alle anderen Götter zu »Götzen«, d.h. Lug und Trug erklärt. Mit diesem neuen Religionstyp zieht die Unterscheidung von wahr und falsch in die Religionsgeschichte ein.
>
> Jan Assmann

ne verändernde Deutung, die einem modernen Bewusstsein als Verdrängung und Fälschung der tatsächlichen Vergangenheit erscheinen kann. In einem aufregend kreativen und literarisch genialen Prozess wurde das heterogene Überlieferungsmaterial Israels – Listen, Genealogien, Sagen, Geschichtsberichte, Verwaltungstexte – zusammengetragen, in einen inneren Zusammenhang gebracht, und auf die Programmatik der joschijanischen Reform hin ausgerichtet. Damit war der entscheidende Grundstein für die spätere Tora gelegt.

Über die Jahrhunderte hin haben Juden wie Christen Mose als den Verfasser dieser Geschichte gesehen, weil die Betreiber der joschijanischen Reform ihre Gesetzestradition an seine Person banden und zumal ihr Grundgesetz – *Deuteronomium*, das »zweite Gesetz« – als Testament des Mose ausgaben. Wie haben die Reformer das vorhandene Traditionsmaterial auf die neuen Intentionen hin umgestaltet?

Die Erzväter

Heute beginnt die Geschichte Israels ab Gen 11,10 mit einer Familiensaga, die über vier Generationen die Schicksale der Erzväter und -mütter beschreibt. Als deren Stammvater wird Abraham vorgestellt, dessen Nachkommenschaft zum Volk Israel anwächst. Die kritische Forschung hat die geschichtliche Zuverlässigkeit dieser Erzählungen lange Zeit anerkannt. Ihr hohes Alter galt unbestritten. Erst die jüngsten Forschungen, zumal die Erkenntnisse der Archäologie, setzten bei den Anachronismen im Text an, die eine präzisere Datierung erlauben als das wenig orientierende Hirtenmilieu. So ist mehrfach die Rede von Kamelherden, von arabischen Handelswaren, von Philistern und der Stadt Gerar. Solche Momente weisen darauf hin, dass die Texte viele hundert Jahre nach der Zeit verfasst wurden, von der sie handeln. Auch die Stammbäume, die Familienbeziehungen und Begegnungen der Erzväter mit anderen Menschen verraten Umstände, in welchen der Fachmann die politischen Verhältnisse des 8. und 7. Jahrhunderts erkennt. Es ist zwar anzunehmen, dass einzelne Episoden der Patriarchengeschichten auf alten Traditionen beruhen, aber so, wie sie ausgewählt und aneinandergereiht wurden, geben sie die Interessen des Königreiches Juda im 7. Jahrhundert wieder. Sie lassen sich als der literarische Versuch betrachten, die Einheit des Volkes Israel zu definieren, denn sie beschreiben die allerfrüheste Geschichte der Nation, umschreiben ethnische Grenzen und betonen den Status der Israeliten als Außenseiter, die der kanaanäischen Bevölkerung als nicht zugehörig gegenüberstehen. Aber genau das ist das Programm der joschijanischen Reform.

Samuel Bak (geb. 1933), Von Generation zu Generation, 1968/69.

Die Eroberung Kanaans

Die Bibel erzählt weiter, dass Abrahams Nachkommen infolge einer Hungersnot nach Ägypten zogen und dort zum Volk Israel heranwuchsen. Generationen später seien sie aus Ägypten geflohen, um nach vierzig Jahren Wüstenaufenthalt das ihnen von Gott verheißene Land zu erobern. Im Buch Josua wird berichtet, wie kriegerisch sich diese Landnahme nach Überschreiten des Jordan vollzog. Nachdem sie die kanaanäischen Streitkräfte besiegt und vernichtet hatten, teilten die Israeliten das Land als von Gott geschenktes Erbe unter ihren Stämmen auf.

Tatsächlich gibt es eine frühe ägyptische Notiz über die Existenz einer Gruppe mit Namen Israel. Sie findet sich auf einer Stele des Pharao Merenptah aus dem Jahr 1207 v. Chr. Zu dieser Zeit und noch später beherrschte Ägypten das Land Kanaan. Es ist in hohem Maße unwahrscheinlich, dass die im Land vorhandenen ägyptischen Garnisonen nur zugeschaut haben sollten, wie eine Gruppierung von Flüchtlingen – ausgerechnet aus Ägypten! – ganz Kanaan verwüstete. Die einzige Notiz aus jener Zeit, eben die Siegesstele des Merenptah, vermerkt, dass dieses Volk Israel eine vernichtende Niederlage einstecken musste. Die entscheidenden Informationen über die Verhältnisse jener Zeit liefert die Archäologie. Zwar wurden bedeutende kanaanäische Städte zerstört, aber die Ausgrabungen zeigen, dass diese Zerstörungen sich über hundert Jahre hinzogen. Sie waren also nicht das Werk einer einzelnen Streitmacht und noch weniger das eines einzigen Feldzugs. Jericho, dessen Mauern allein durch den Posaunenklang der Israeliten eingefallen sein sollen, war damals ohne Besiedlung, es existierten auch keine Befestigungsmauern. Somit ist die berühmte Schilderung, wie sie Jos 6,1-24 vorliegt, eine spätere Traumvorstellung, die politische Wünsche spiegelt.

Auch entspricht die Darstellung des Buches Josua nicht den Verhältnissen der späten Bronzezeit. Die Liste der Städte auf dem Gebiet des Stammes Juda (Jos 15,21-62) stimmt genau mit den Grenzen des Königreichs Juda unter Joschija überein. Einige dieser Orte waren nur in den letzten Jahrzehnten des 7. Jahrhunderts bewohnt. Die nördlichen Gebiete, denen sich Josua anschließend zuwendete, entsprechen dem im Jahr 722 untergegangenen Königreich Israel, das Joschija gewissermaßen als »neuer Josua« wiedergewinnen wollte. Als Joschija 639 die Herrschaft antrat, lag der Gedanke an eine Wiederherstellung des Landes Israel, nämlich des von den Assyrern zerstörten Nordreiches Israel und des Südreiches Juda, außerhalb realistischer Vorstellungsmöglichkeiten. Aber es entstand die Vision, wenn alle Israeliten das Gesetz Jahwes strikt befolgen würden, bliebe dem König kein Sieg versagt. In diesem Sinne entwirft das Buch Josua eine Befreiungsvorstellung für die angestrebte Zukunft: Hinter Josua, der erklärt, Israel müsse sich völlig von Kanaan lösen, steckte der König Joschija und dessen Plan, das Land, das einmal ganz Israel zugesprochen war, wiederzugewinnen.

Dieser steinzeitliche Turm in Jericho datiert aus der Zeit um 8000 v. Chr. Im Jahrhundert der vermeintlichen Eroberung Kanaans jedoch lag ganz Jericho wüst. Die existierenden Städte besaßen Palast, Tempel und ein paar öffentliche Gebäude für hochgestellte Beamte und deren Verwaltung. Aber es gab keine Stadtmauern mehr. Den Grund für den Verfall der Befestigungsanlagen der als furchterregend geschilderten kanaanäischen Städte sehen Archäologen darin, dass Ägypten das Land stärker als je zuvor im Griff hatte und für die Sicherheit der gesamten Provinz sorgte. Sobald von Unruhen berichtet wurde, war das ägyptische Heer präsent. Darum ist es höchst unwahrscheinlich, dass dessen Garnisonen der im Buch Josua erzählten Verwüstung Kanaans zugesehen hätten.

Glaube und Bibel

Bärtiger Kanaanäer. Malerei auf einem Krugscherben aus Beit-Schean. 1200–1000 v. Chr.

Bauarbeiter mit Aufseher in Ägypten: Malerei aus dem Grab des Rechmire in Theben. Rechmire war Wesir unter Thutmosis III. und Amenophis II. und Aufseher über die Handwerker. In seinem Grab befinden sich viele Darstellungen von Handwerkern und Bauarbeitern.

Kanaanäer oder Israeliten?

Wenn eine »Landnahme« Kanaans durch die Israeliten nicht stattgefunden hat, wer waren dann die Israeliten? Woher kamen sie? Die Reform des Königs Joschija betont unaufhörlich, das Volk Israel habe sich von der einheimischen Bevölkerung fernzuhalten; auf Vermischung und Teilnahme an den kanaanäischen Kulten folge unausweichlich göttlicher Zorn und Strafe.

Die heutige Erklärung besagt, dass sich um 1200 v. Chr. im westjordanischen Bergland ein dramatischer Wandel vollzog; bis dahin dünn besiedelt, erfolgte jetzt eine überraschend einheitliche Besiedlung von Hirten und Bauern. Aber woher kamen sie? Die Archäologen unterscheiden drei Besiedlungswellen: die erste setzte um 3500 v. Chr. ein, mehr als zweitausend Jahre vor dem Aufstieg Israels; die zweite Siedlungswelle fand in der mittleren Bronzezeit kurz nach 2000 v. Chr. statt. Aus vielen der damals gegründeten Dörfer sind Zentren wie Hebron, Jerusalem, Bet-El, Schilo und Sichem hervorgegangen. Die dritte Welle setzte schließlich als frühe israelitische Besiedlung um 1200 v. Chr. ein. Der Auslöser dafür war der Zusammenbruch der bisherigen kanaanäischen Wirtschaftsstruktur, die eine Verschiebung von der Hirtenkultur zur Landwirtschaft mit sich brachte. Die meisten Israeliten kamen demnach nicht von außen, sondern aus der Mitte Kanaans heraus. Das heißt, die Menschen, die das frühe Israel bildeten, waren Einheimische, also originäre Kanaanäer.

Staatenbildung unter David und Salomo?

Der vorstaatliche Stammesverband endete mit der Gründung des davidischen Königtums. David gilt in Personalunion als König über Juda und Israel. Seine historische Existenz ist inzwischen verbürgt. Seine Gründungen in Jerusalem und die seines Nachfolgers aber werden von Archäologen in Frage gestellt: Grabungen erbrachten hier keine nennenswerten Beweise für eine politische Bedeutung Jerusalems. »Es fehlte nicht nur jegliches Anzeichen einer monumentalen Architektur, auch einfache Tonscherben fand man nicht … Es gibt absolut keine archäologischen Hinweise auf den Reichtum, die militärische Stärke und das Organisationsniveau, die erforderlich gewesen wären, um große Armeen – und sei es für kurze Zeit – unter Waffen zu halten« (Israel Finkelstein/Neil A. Silberman). Auch von Salomos Tempel und Palast wurde in Jerusalem keinerlei Spur gefunden. Die übrigen Bauten, die Salomo in Hazor, Meggido und Geser zugeschrieben wurden (1 Kön 9,15), sind erst hundert Jahre nach seinem Tod entstanden. Darum gibt es viele Gründe, Umfang und Bedeutung des Reiches Davids und Salomos in Frage zu stellen.

Was aber erklärt dann die so großartig dargestellte Pracht des davidischen Königtums? In der späten Königszeit hatte sich in Juda eine Theologie entwickelt, die in Davids Königtum eine Verheißung für Joschijas Zielsetzungen sah. Ein neuer David sollte den Thron besteigen und den Ruhm des Anfangs wieder herstellen. Dazu war Joschija bestimmt, der frömmste unter allen judäischen Königen. Indem er Juda von den Gräueln der Abgötterei säuberte, die mit Salomo begonnen hatte, wollte Joschija die vereinte Monarchie der Reiche Juda und Israel wiederherstellen, also zurückgewinnen, was unter David »ganz Israel« gewesen war.

Das Nordreich Israel und das Südreich Juda

Die archäologische Neudatierung der vermeintlich salomonischen Städte um ein Jahrhundert später weckte die Frage, ob es je eine vereinte Monarchie unter David und Salomo gegeben hat. Die Archäologen Finkelstein und Silberman zogen den Schluss, »dass David und Salomo aus politischer Sicht kaum mehr als Stammesoberhäupter waren«. Im Norden hat offensichtlich die Dynastie der Omriden (Omri, 884-873; Ahab, 873-852; Ahasja, 852-851; Joram, 851-845) die erste voll entwickelte Monarchie in Israel mit der Hauptstadt Samaria gegründet. Dieses Nordreich Israel umfasste das Bergland von Samaria mit den nördlichen Tälern; es gliederte sich in unterschiedliche Ökosysteme und bezog zugleich eine heterogene Bevölkerung in den Staat ein. Seine ethnische, kulturelle und religiöse Vielfalt spiegelt sich indirekt in der scharfen Polemik, mit der die aus später Interessenlage geschriebene »Bibel« die Politik der Omriden verurteilt. Aus Sicht der joschijanischen Reformer waren Omri, Ahab und Isebel nur der Verachtung wert, da sie den Jahwe-Kult nicht für das Gesamtreich verlangten. Der heutige Text interpretiert also aus einer wesentlich späteren theologischen Sicht die Politik der Omriden mit jener Entschiedenheit, welche zum ausgehenden 7. Jahrhundert die joschijanische Reform zur Richtschnur machte.

Das Foto zeigt die Mauern von Arad im östlichen Negev; die Festung darüber wird – wie viele andere Bauwerke – als salomonische Gründung ausgegeben. Tatsächlich sind die ersten Bauwerke und Institutionen eines organisierten Staatswesens in Juda erst im 9. Jahrhundert errichtet worden. Die Zeit Davids und Salomos war für eine solche Architektur noch nicht entwickelt.

Die von den Omriden entwickelte Architektur war von hoher Qualität, wie die Reste von Samaria heute noch erkennen lassen. Ein Fund von zweihundert Elfenbeintäfelchen mit ägyptischen Motiven, die den Königspalast schmückten, lassen den Reichtum ahnen, der sich hier konzentrierte. Die provokante Spannung zwischen Arm und Reich führte im 8. Jahrhundert zu den ersten prophetischen Protesten von Amos und Hosea. Nach dem Ende des Nordreiches gewannen deren Anklagen eine neue Bedeutung und beeinflussten eine geistige und soziale Bewegung, die den späteren Bibeltext wesentlich prägen sollte.

Die Vernichtung des Nordreiches Israel geschah unter der Expansionspolitik des assyrischen Reiches. Im Jahr 722 war auch die letzte Stadt niedergebrannt und Samaria zerstört. Der assyrische König Sargon resümiert: »Den Rest (Israels) siedelte ich in der Mitte Assyriens an. Ich bevölkerte Samaria mehr als zuvor. Ich brachte Völker aus Ländern, die ich mit meinen Händen erobert habe, hinein. Ich setzte meinen Beauftragten als Gouverneur über sie. Und ich zählte sie zu den Assyrern.«

Die Deportationen als auch die nach Israel umgesiedelte assyrische Bevölkerung sollte die spätere Außenpolitik des Südreiches Juda wesentlich mitbestimmen.

Bronzestier der frühen Eisenzeit aus einem israelitischen Heiligtum in Nordsamaria.

Mit dem Ende des Königreiches Israel wurden die mit dem Südreich Juda konkurrierenden Geschichten zum Schweigen gebracht. Die biblischen Traditionen bestimmte fortan ausschließlich Jerusalem und gestaltete sie gemäß den eigenen Überzeugungen.

Erst nach dem Fall des stets größeren und reicheren Nordreiches Israel konnte sich Juda voll zu einem Staat entwickeln. Trotz der Hervorhebung Jerusalems in der Bibel, gibt es bis zum 8. Jahrhundert keinerlei archäologische Anhaltspunkte, dass dieses ziemlich abgelegene und isolierte Bergland besondere Bedeutung gehabt hätte. In einem Moment realistischer Offenheit vergleicht Amazja, der König von Juda, sein Land mit einem »Dornstrauch«, Israel hingegen mit der »Zeder auf dem Libanon« (2 Kön 14,9).

Glaube und Bibel

Die rechte Figur nimmt zwei Drittel des Platzes auf dem Podium ein und ist offensichtlich die Hauptfigur. Bei der Nebenfigur handelt es sich wahrscheinlich um eine weibliche Gestalt. Soweit die vielen Beschädigungen ein Urteil erlauben, könnte es sich um Jahwe und seine Aschera handeln. (Juda, etwa 8. bis 7. Jh.)

Aber Israels Untergang und epochale politische Veränderungen bringen in Jerusalem im 7. Jahrhundert ungewöhnliche Prozesse in Gang. Zum ersten Mal wird Jerusalem religiöses Zentrum und auch wirtschaftlicher Knotenpunkt. Und schließlich setzt hier jene religiöse Reformbewegung ein, die gegenüber den bisherigen Lebensformen eine radikale Zäsur bedeutet. Judas traditionelle Religion war bis dahin die der kanaanäischen Vielfalt. Die archäologischen Funde belegen ein breites religiöses Spektrum. Im 8. Jahrhundert sprechen Inschriften von der Göttin Aschera und von Jahwe als deren Gemahl. Ein späterer Fund im Hügelland von Juda nennt »Jahwe und seine Aschera«. Auch aus den Anklagen der judäischen Propheten geht hervor, dass Jahwe in Jerusalem zusammen mit anderen kanaanäischen Göttern wie Baal, Astarte und sogar den Nationalgöttern der Nachbarländer verehrt wurde. »So zahlreich wie deine Städte sind auch deine Götter, Juda, und so zahlreich wie die Straßen Jerusalems sind die schändlichen Altäre, die ihr errichtet habt, um dem Baal zu opfern« (Jer 11,13).

Dieser religiösen Vielfalt, die auch im Tempel zu Jerusalem ihren Niederschlag fand, treten im späten 8. Jahrhundert Bestrebungen entgegen, die als religiöses wie politisches Ziel die Vereinheitlichung ganz Israels verfolgte. Die »Jahwe-allein-Bewegung« hatte bereits eine prophetische Anbahnung gefunden. Nun erweiterte sie sich zu einem nationalen Programm. Die zerstreut im Land liegenden Opferstätten wurden verboten, der Kult ausschließlich auf Jerusalem konzentriert und »ganz Israel« auf die alleinige Verehrung Jahwes verpflichtet. Gleichzeitig hatte diese Jahweallein-Bewegung einen politischen Aspekt: die davidische Dynastie sollte sich nicht auf das kleine Juda begrenzen, sondern auch die Gebiete des untergegangenen Nordreiches einbeziehen, in denen ja immer noch viele Israeliten lebten. Im Kampf um diese Zielsetzung erklärte die Jahwe-allein-Bewegung alles, was bisher zur judäischen Tradition zählte, aber einen religiösen Synkretismus darstellte, zur kanaanäischen Häresie.

Wann sich diese Theologie zum ersten Mal in der Politik Judas auswirkte, ist kaum auszumachen. Als jedoch König Hiskija (725–697) den Thron von Juda bestieg, verband sich damit ein bis dahin beispielloses Ereignis: »Er schaffte die Kulthöhen ab, zerbrach die Steinmale, zerstörte den Kultpfahl und zerschlug die Kupferschlange, die Mose angefertigt hatte und der die Israeliten bis dahin Rauchopfer darbrachten … Er setzte sein Vertrauen auf Jahwe, den Gott Israels« (2 Kön 18,4f.). Wenn auch dieser Text die spätere Wertung wiedergibt, so vollzog sich unter Hiskija doch ein tiefer Wandel, der schließlich unter Joschija, wie oben geschildert, in einer Revolution mündete, die alle bisherige Geschichte umbewerten und neu schreiben ließ.

Der Untergang des Südreiches Juda

Die Erwartungen der Jahwe-allein-Bewegung und der Reformer der joschijanischen Zeit haben sich nicht erfüllt. Ebenso wie Hiskija scheiterte Joschija; dieser an den Assyrern, jener an den Ägyptern. Die Jahwe erwiesene Verehrung und Treue blieb unbeantwortet. Nach Joschijas Tod im Jahr 609 fiel das Land in die »kanaanäischen« Religionsverhältnisse zurück, wie bei Jeremia 3,1-13 zu lesen ist. Danach blieben nur noch 23 Jahre, dann kam »der Feldhauptmann des Königs von Babel nach Jerusalem und verbrannte das Haus Jahwes und das Haus des Königs und alle Häuser in Jerusalem … Und die ganze Heeresmacht der Chaldäer … riss die Mauern Jerusalems nieder. Das Volk aber, das übrig war in der Stadt, … führte … der Oberste der Leibwache weg« (2 Kön 25,8-11).

Für die Mehrheit des Volkes, zumal die national-religiös Orientierten, bedeutete dieses Fiasko den Zusammenbruch des bisherigen Weltbildes. Unter den nach Babylonien Deportierten wie unter den Zurückgebliebenen wird dumpfe Verzweiflung geherrscht haben. Alles, was als die Garantien des offiziellen Jahwekultes geglaubt worden war, war widerlegt. Lag die Ohnmacht Jahwes nicht offen vor aller Augen? War dies das Ende Israels? (Ez 37)

> **Israels Spott über die Götter**
>
> Man pflanzt eine Fichte, und der Regen macht sie wachsen. Sie dient dem Menschen zur Feuerung, und er nimmt davon und wärmt sich; teils heizt er damit und bäckt Brot; teils verarbeitet er es zu einem Gott und wirft sich davor nieder, macht ein Götzenbild daraus und betet es an.
>
> Die Hälfte davon hat er im Feuer verbrannt; auf den Kohlen brät er Fleisch und sättigt sich; auch wärmt er sich und spricht: Ha! Mir wird's warm, ich spüre Feuer. Den Rest macht er zu einem Gott, zu seinem Götzenbilde; er betet es an, wirft sich vor ihm nieder, betet zu ihm und spricht: »Rette du mich, denn du bist mein Gott!«
>
> *Jesaja 44, 14b-17.*

Israelitische Gefangene. Das Relief im Amun-Tempel von Karnak erinnert an den Sieg des Pharao Scheschonq I. über israelitische Städte 930 v. Chr. Es gelang ihm, den ägyptischen Einfluss über Palästina wiederherzustellen.

Die Neukonzeption der Geschichte Israels und die Entstehung des Pentateuch

Die Gruppe der Reformbewegung konnte sich zwar durch die eingetretene Entwicklung bestätigt sehen. Sie hatte ja das Geschehen als Strafgericht Gottes vorausgesehen und eindrücklich zur Umkehr gemahnt. Doch stellten sich nun andere Fragen: War die Kultreform wirklich richtig gewesen, mit der sich so viel Hoffnung auf Erneuerung verbunden hatte? Oder hatte die Jahwe-allein-Bewegung gar andere Götter erzürnt, die in Babylon und Ägypten mit strahlendem Glanz verehrt wurden? Während ringsum die babylonischen Götter in imposanten Bildnissen gefeiert wurden, fehlten dem bildlosen Jahwe offenbar Wille oder Macht, die Weltgeschichte zu verändern.

Glaube und Bibel

In diesen Jahren der Verwirrung und Neuorientierung konnte der Rückgriff auf die Jahwe-allein-Bewegung und das Grundgesetz der joschijanischen Reform entscheidende Hilfe bieten, denn in der Linie dieser Tradition erhielt der politische Zusammenbruch Sinn. Er ließ sich aus dem »Hinken nach zwei Seiten« erklären, den ständigen Kompromissen zwischen Jahwe, dem Gott Israels, und den Göttern Kanaans. Und aus dieser Einsicht ergab sich der Neuansatz für die Zukunft. Jede Anbindung an eine davidische Nachkommenschaft wurde fallengelassen. Hinfort sollte sich Israel ausschließlich als kultisch gegründete Jahwe-Gemeinde verstehen.

Damit brach sich ein kompromissloser Monotheismus Bahn. Ein namenlos gebliebener Prophet, der als »Deuterojesaja« (der zweite Jesaja) bezeichnet wird, deklarierte als Wort Gottes: »Ich bin Jahwe, und sonst niemand; außer mir gibt es keinen Gott. Ich habe dir den Gürtel angelegt, ohne dass du mich kanntest, damit man vom Aufgang der Sonne bis zu ihrem Untergang erkennt, dass es außer mir keinen Gott gibt« (Jes 45,5f.).

Die Durchsetzung der im Exil erarbeiteten Konzepte gelang nicht ohne weiteres. Nach ihrer Rückkehr aus dem Exil betrieben Männer wie Esra und Nehemia die Abgrenzung der neuen Kultgemeinde von den Völkern im Land und den Nachbarländern (→ S. 185). Ein Mischehenverbot sollte fremdreligiösen Einflüssen in den eigenen Reihen wehren. Vor allem aber wurde eine Schriftfassung des überarbeiteten Glaubensverständnisses notwendig, die über die vorhandenen internen Kontroversen hinweg zu einem mehrheitsfähigen Kompromiss führte. Mit etwas realistischer Spekulation ist denkbar, dass eine Kommission fachkundiger Theologen zusammentrat mit dem Auftrag, auf der Basis vorliegender disparater Überlieferungen eine »Gründungsurkunde Israels« zu erarbeiten, die mehrheitsfähig war. Das passt mit den heutigen Erkenntnissen zusammen, nach denen der Pentateuch einen Kompromisstext aus priesterlichem und nicht-priesterlichem Überlieferungsmaterial bildet. In jedem Fall geht der heute vorliegende Pentateuch auf zwei unterschiedliche Entwürfe zurück, die sowohl nebeneinander als auch gegeneinander gerichtet sind und sich nur aus der Differenz unterschiedlicher Trägerkreise erklären lassen. Beide Gruppierungen hatten im Blick auf das, was Israels Identität ausmacht, voneinander abweichende Ansichten, die sie jedoch unter dem Druck der Zeitverhältnisse in eine Gründungsurkunde gemeinsamer Verantwortung einbinden mussten.

Das »Gesetz«, das Esra öffentlich machte, dürfte den Entwicklungsprozess abgeschlossen haben. Wahrscheinlich begann die Arbeit an der Endredaktion des Pentateuch nach der Tempeleinweihung im Jahre 515 und fand ihren Abschluss um die Mitte des folgenden Jahrhunderts. Damit war das Kernstück der Bibel geschaffen – ein Epos aus geschichtlicher Erinnerung und überformenden theologischen Überzeugungen, das zur tragfähigen Basis aller zukünftigen jüdischen Solidarität und Identität werden sollte.

Teilstück der in Qumran gefundenen Jesaja-Rolle. In der 1947 entdeckten Höhle 1 Q befanden sich über 50 Tonkrüge mit insgesamt 80 Schriftrollen, darunter auch das vollständige Jesaja-Buch. In den weiteren Höhlen wurden insgesamt etwa 1000 Schriftrollen versteckt, von denen heute nur noch zehn Texte mit mehr als halbem Bestand vorliegen. Die übrigen Textmenge ist in viele kleine Fragmente zerfallen.

2. Der lange Weg der historisch-kritischen Bibelauslegung

Der voran geschilderte Längsschnitt durch die Geschichte Israels, wie sie sich heute nach Generationen kritischer Bibelforschung darstellt, ist das Ergebnis fast kriminologisch-wissenschaftlicher Arbeit. Der erste in dieser Reihe war der französische Ordensmann *Richard Simon* (1638–1712). Mit seinen Arbeiten wurde er der Begründer einer neuen theologischen Disziplin, wenngleich ihm seine *Histoire critique du Vieux Testament* (1678) den Ausschluss aus der Ordensgemeinschaft brachte, wie überhaupt alle weiteren Vertreter einer historisch-kritischen Methode – dieser Begriff stammt von Simon – mit Schimpf, Repression und Exkommunikation über Generationen hin belegt wurden. Noch mehr als Simon erfuhr der jüdische Philosoph *Baruch Spinoza* (1632–1677) wegen seiner theologischen und bibelkritischen Ansichten schärfste Anfeindungen. Man nannte ihn einen »lästernden Erzjuden und völligen Atheisten«, einen »elenden Wicht«, ein »ausländisches Tier«, voll von »fluchwürdigen Anschauungen«. Spinoza hat sich durch solche Angriffe nie in seiner Arbeit beirren lassen. Freunden sagte er, ein Gedanke höre nicht auf wahr zu sein, bloß weil er von Vielen nicht anerkannt werde. »Es ist nicht erst seit heute, dass die Wahrheit teuer zu stehen kommt; üble Nachrede aber soll mich nicht dazu bringen, sie im Stich zu lassen.«

Baruch de Spinoza

Nach Simon und Spinoza blieben bis weit ins 20. Jahrhundert hinein die bahnbrechenden Lösungen biblischer Fragen mit den Namen evangelischer Theologen verbunden (→ S. 240 ff.). Auch hier musste jede neue Erkenntnis gegen Abwehr und Verunglimpfung durchgesetzt werden. Ferdinand Christian Baur (1792–1860) wurde in Tübingen wegen seiner literarkritischen Arbeiten als »Zerstörer der Heiligen Schrift« beschimpft. Julius Wellhausen (1844–1918) fand zwar überwiegend Anerkennung, doch weckten seine Schriften bei Kirchenmännern und Theologen schärfste Kritik und Feindschaft. 1882 gab er seinen Lehrstuhl innerhalb der theologischen Fakultät in Göttingen auf, um fortan nur noch orientalische Sprachen zu lehren.

Ferdinand Christian Baur

Im 20. Jahrhundert führte der Weg der kritischen Bibelexegese über neue Stationen. Hermann Gunkel (1862–1932) legte 1901 einen Genesis-Kommentar vor, der erstmals die mündliche Tradition, die der Schriftwerdung voranging, untersuchte. »Die Genesis ist eine Sammlung von Sagen«, lautete seine These und beschrieb, wie solche Erzählstücke von Generation zu Generation weitergegeben wurden.

Julius Wellhausen

Während diese hier nur angedeutete, insgesamt gigantische Forschungsleistung erbracht wurde, stand die katholische Kirche in fortwährender Abwehr. Sooft Erkenntnisse der protestantischen historisch-kritischen Forschung auf katholische Autoren Einfluss nahmen, griff die Bücherzensur ein, suchte das Erscheinen beargwöhnter Titel zu verhindern oder setzte bereits erschienene Werke auf den »Index verbotener Bücher«. Die Phase dieser Abwehr ist eine Leidensgeschichte vieler Bibelwissenschaftler. Am schwersten hatte es die katholische Exegese unter Pius X. (1903–1914). Nahezu alle Resultate der historischen Forschung wurden ausdrücklich verworfen. Die Autorschaft des Mose am Pentateuch wurde festgehalten, die synoptische Zweiquellentheorie abgelehnt u. a. m. Erst die Enzyklika Pius' XII. *Divino afflante Spiritu* von 1943 brachte die

Hermann Gunkel

Glaube und Bibel

befreiende Wende aus der stickigen und repressiven Getto-Situation. Darin hieß es, man solle nicht meinen, »alles was neu ist, schon deshalb, weil es neu ist, bekämpfen und verdächtigen zu müssen«. Aber erst im Jahr 1964 wurde die historisch-kritische Exegese endgültig anerkannt und damit der Leidensweg kritischer Forscher beendet.

Es ist das gar nicht zu überschätzende Verdienst der bibelkritischen Forschung, die Bibel einer rationalen Fragestellung erschlossen zu haben. Nur so kann sie auch theologisch bedacht werden. Der evangelische Theologe Paul Tillich (1886–1965) urteilt:

> Die historische Bibelkritik hat die christliche Wahrheit von legendären, abergläubischen und mythischen Elementen in der geschichtlichen Überlieferung befreit. Die Aufrichtigkeit und Radikalität dieser christlichen Selbstkritik ist etwas Neues in der Kirchengeschichte; sie schuf Werte, die bis dahin weder erkannt noch akzeptiert worden waren. Ohne sie hätte das Christentum dem modernen Geist nicht begegnen und seine Botschaft nicht verständlich und sinnvoll machen können.

Die historisch-kritische Exegese hat die Bibel jenen hermeneutischen Regeln unterworfen, die für alle Literatur gelten; sie hat die Bibel also in den Kontext der Literaturgeschichte zurückgeführt. *Il n'y a pas deux verbes*, heißt es in Frankreich, und in gleicher Richtung konnte der Neutestamentler Rudolf Bultmann (1884–1976) schreiben: »Die Interpretation der biblischen Schriften unterliegt nicht anderen Bedingungen des Verstehens als jede andere Literatur.« Das ist auch Bedingung dafür, mit der Bibel heute in Schulen und Hochschulen umgehen zu können. Wenn Frage und Zweifel nicht zugelassen und methodisch handhabbar würden, bliebe der biblische Text einer vertretbaren Erschließung entzogen. Zwar kommt ein Text unter historisch-kritischer Befragung nur mit Teilaspekten seines Gehalts zur Sprache, aber ohne diesen Ansatz würde jede sonstige Auslegung nur zu »wilder Exegese« führen.

Heute resultiert das Selbstverständnis katholischer Exegeten aus dem Ethos wissenschaftlicher Arbeit, nicht dogmatischer Vorgaben, wenngleich diese Position keineswegs alle so pointiert beanspruchen wie der Alttestamentler Bernhard Lang:

> Die Bibelwissenschaftler wollen sich die Ergebnisse ihrer Auslegung nicht mehr vorschreiben lassen. Sie wollen nicht nur feststehende Glaubenssätze veranschaulichen und beweisen. Von Tradition unbelastet und von Beaufsichtigung frei, versuchen sie ihre Texte neu zu lesen, die Schätze der Bibel zu heben, statt nur mit dogmatischer Wünschelrute durchs biblische Terrain zu gehen. So wird die Exegese von einer theologischen Hilfswissenschaft, von der »Magd der Dogmatik«, zu einem ebenso eigenständigen theologischen Fach wie etwa die Kirchengeschichte. Sie ist heute nicht mehr die Magd der Dogmatik, sondern eher schon deren Mutter.

Was der Ausleger an Glaubens- und Katechismuswissen, an gesellschaftlich-zeitgebundenem und persönlichem Interesse mitbringt, darf das exegetische Erkennen und den Auslegungsprozess nicht beherrschen. Nichts darf die Bibelwissenschaft hindern, sich unvoreingenommen mit ihrem Gegenstand zu beschäftigen. Denn wissenschaftliche

---

Römisch-katholische Exegese

»Römisch-katholische Exegese« war … zu dieser Zeit ein mühseliges und quälendes Geschäft. Mein Lehrer Friedrich Wilhelm Maier brachte in der Vorlesung, um die verzweifelte Situation des um Kirchentreue bemühten römisch-katholischen Exegeten zu illustrieren, gelegentlich das Bild von der Streckbank in der Folterkammer: rechts zog die Bibelkommission, links die Wissenschaft, und mancher ging dabei zugrunde, wissenschaftlich, kirchlich, menschlich. Wenn man sich von Zeit zu Zeit wieder einmal den Friedhof der Namen und Arbeiten vergegenwärtigt, der die damalige römisch-katholische Exegese repräsentiert, ist man traurig und betroffen, wie schlecht es doch um Wahrhaftigkeit und Wahrheit gleichermaßen bestellt war; dabei braucht keineswegs im Vorhinein geleugnet werden, dass die »Hüter des Heiligtums« Gefahren heraufziehen sahen, welche die Fundamente des »Systems« in Frage stellten und denen sie eben mit den uralten kirchlichen Mitteln der brutalen Gewalt, sofern und soweit die Machtverhältnisse es nur immer erlaubten, zu steuern suchten … Römisch-katholische Exegese war eine Gratwanderung: man bewegte sich auf einem schmalen Streifen zwischen dem, was unabhängige Wissenschaft erarbeitet hatte und wusste, und dem, was dogmatisch voreingenommene oder auch pseudodogmatisch vermauerte Hinterwäldler an verbindlichen Direktiven verbreiteten und mit den bekannten Zuchtmitteln jedes autoritären Systems zu erzwingen verstanden.

Otto Kuss

Bibellektüre hat mit der aktuellen kirchlichen Szene zunächst nichts zu tun, sondern ist eigenständig und unabhängig. Treffend schreibt Pius XII.: »Der Exeget muss sozusagen im Geiste zurückkehren in jene fernen Jahrhunderte des Orients« (Divino afflante Spiritu, 1943). Wer aber im Geiste in den Orient zurückkehrt, darf zwar seine neuzeitlich geprägte Erfahrung mitnehmen, aber nicht zulassen, dass sie ihm die Sicht verstellt.

Natürlich bleiben die Theologen nicht bei einer Bibellektüre stehen, die nur »im Geiste zurückkehrt in jene fernen Jahrhunderte des Orients«. ... Zuerst und vorrangig wird die Eigenaussage der biblischen Autoren erhoben und dann gefragt, ob und inwiefern diese Gegenstand unseres Glaubens und Hoffens sein könne. Dieses Verfahren mag man in Verlegenheit um einen anderen Ausdruck die »kritische Hermeneutik« nennen. ...

Das historische Wirklichkeitsbewusstsein und die von ihm geforderte historisch-kritische Methode haben Bibel und aktuellen Glauben zunächst einmal auseinander gebrochen – man entdeckte die Fremdheit der biblischen Welt und ihres Glaubens, man gab sich Rechenschaft über die Unterschiede zwischen dem Glauben der biblischen Autoren und dem der gegenwärtigen Christen. Der Versuch, diese Kluft durch eine biblische Erneuerung zu überbrücken, unseren Glauben wieder auf das neu erarbeitete biblische Fundament zu stellen, wurde unverzüglich unternommen. Aber dabei zeigt sich bald, dass zwischen Bibel und Glauben kein Gleichheitszeichen mehr gesetzt werden kann. Denn der heutige Mensch trifft auf vieles in der Bibel, das ihm so fremd entgegensteht, dass er es nicht zum Gegenstand seines Glaubens machen kann.

Wenn, wie Bernhard Lang meint, zwischen Bibel und Glauben kein Gleichheitszeichen mehr gemacht werden kann, stellt sich die Frage nach dem Stellenwert der Bibel für den Glauben neu. Immerhin gilt die Bibel in den protestantischen Kirchen ja als alleinige Quelle des Glaubens. Sola scriptura, »allein die Schrift«, heißt es. Aber auch die katholische Kirche sieht die Bibel als normativ für ihren Glauben an. Wie also verhalten sich Bibel und Glaube zueinander?

3. Bibel und modernes Weltbild

Wer die Bibel ohne angemessene Vorkenntnisse liest, einerlei ob Altes oder Neues Testament, findet sich bald in einem Zaubergarten wieder. Die Welt, wie sie dort entgegentritt, hat kaum etwas mit heutiger Welterklärung gemein: Die Erde ist ein vom Meer umgebenes Land, über dem sich der Himmel wölbt. Sonne, Mond und Sterne ziehen darüber ihre Bahn. Auch wenn der Himmel hoch ist, ist er doch nicht weit. Die Geschichte der Menschen unterliegt zwar strengen Naturgesetzen, aber jederzeit kann Gott in den Ablauf der Dinge eingreifen. Gott spricht immerfort und auf mannigfache Weise zu den Menschen; er beruft Männer zu besonderen Diensten; führt Israel durch das Rote Meer; gibt auf dem Berg Sinai dem Mose die Gesetzestafeln; lässt die Sonne stillstehen, bis die Truppen Josuas gesiegt haben; lässt die Mauern von Jericho einfallen beim Posaunenschall, ohne dass Israel auch nur einen Finger rührt ... Unaufhörlich ereignen sich Eingriffe in die Weltgeschichte als Wundertaten Gottes, die weltlichen Geschichtsbüchern fremd sind.

Während das Zweite Vatikanische Konzil in einer sehr eingeschränkten Weise eine Bibelkritik zugelassen und damit die Möglichkeit von Irrtümern in der Schrift eingeräumt hat, ist dies bezüglich der Tradition nicht geschehen. Diese steht also über der Bibel und bildet die Norm für deren Auslegung. Das wirft die Frage auf, warum das kirchliche Lehramt einen höheren Anspruch stellen darf als die Schrift. Wie kann die Bibel dann die Grundlage und der Maßstab der Kirche sein?

Paul Wess

Ebenso ungewöhnliche Dinge gibt es im Neuen Testament. Jesus verwandelt Wasser in Wein, erweckt Tote, geht über den See und steht nach schimpflicher Kreuzigung von den Toten auf. Er erscheint als ein überirdisches Wesen, das als »Sohn Gottes« vom Himmel herabgekommen ist und Menschengestalt annahm. Als Auferstandener aber thront er zur Rechten Gottes und wird auf den Wolken des Himmels wiederkommen, um sein Werk zu vollenden. Dann werden sich die Gräber öffnen, und das Weltgericht scheidet die Guten von den Bösen, bestimmt die einen zur ewigen Herrlichkeit, die anderen zur Verdammnis. Und zwischendrin mangelt es nicht an zusätzlichen Seltsamkeiten: Jungfrauengeburt, Höllenabstieg, Himmelfahrt … Das Apostolische Glaubensbekenntnis reiht dergleichen dicht aneinander.

Wir würden dieser biblischen Tradition verwirrt gegenüber bleiben, wollten wir die geschilderten Ereignisse auf der Ebene historischer Fakten sehen. Sind wir uns jedoch des mythischen Bewusstseins, das darin waltet, und des zugehörigen Weltbildes bewusst (→ S. 74 f.), so muss dies alles keine Ratlosigkeit aufzwingen, denn dann können wir des Mythos als Mythos ansichtig werden. Der Weg zur Erringung dieser geistigen Freiheit gegenüber dem Mythos war für die Theologie mühsam. Nachdem er dort halbwegs bewältigt erscheint, ist sein Nachvollzug innerhalb der Gesellschaft erst noch zu leisten.

Zunächst war es der Marburger Exeget Rudolf Bultmann, der die Problematik so zuspitzte:

> Man kann nicht elektrisches Licht und Radioapparat benutzen, in Krankheitsfällen moderne medizinische und klinische Mittel in Anspruch nehmen und gleichzeitig an die Geister- und Wunderwelt des Neuen Testaments glauben.

Hinter dieser Aussage steht ein Programm, das Bultmann im Jahr 1941 die »Entmythologisierung« der Bibel nannte, und mit dem er die christliche Welt tiefgreifend verwirrte:

Dem mythischen Kupferstich »Adam und Eva« von Albrecht Dürer (1504) steht ein Evolutionsschema gegenüber. Beide Sichtweisen haben ihr je eigenes Recht.

Das Schema stützt sich auf wissenschaftliche Erkenntnisse und informiert über die langen Zeiträume der Entwicklung zum aufrechten Gang, die Veränderung des Schädels (und der Physiognomie) und einen wachsenden Hirninhalt.

Von alldem weiß die Bibel nichts. Ihr Thema ist die Gottesbeziehung des Menschen und darin das eigene Selbstverständnis.

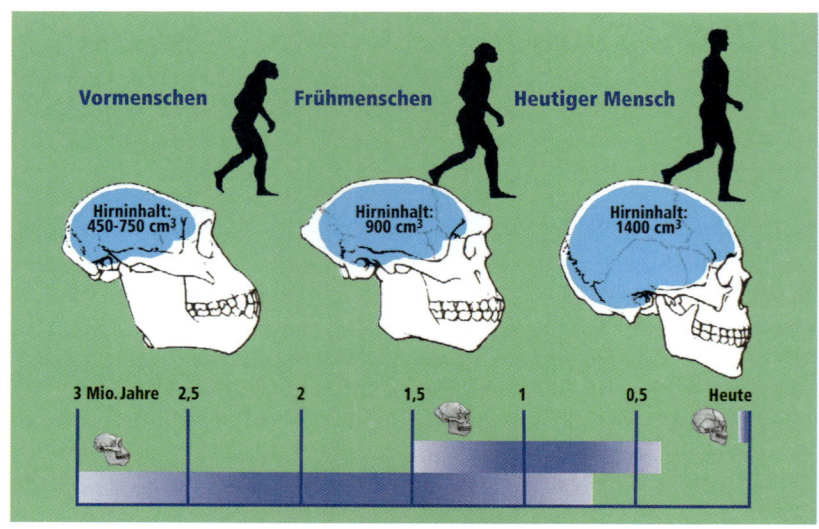

Entmythologisieren heißt verneinen, dass die Botschaft der Schrift und der Kirche an eine alte, veraltete Weltanschauung gebunden ist ... Die Weltanschauung der Schrift ist mythologisch und daher für den modernen Menschen nicht annehmbar, dessen Denken von der Naturwissenschaft her geformt wird und deshalb nicht mehr mythologisch ist ... So erkennt der Mensch nur solche Phänomene oder Ereignisse als Wirklichkeit an, die innerhalb der rationalen Ordnung des Universums begreiflich sind. Er erkennt Mirakel nicht an, denn sie passen nicht in diese Gesetzesordnung. Ereignet sich etwas Seltsames oder Wunderbares, dann ruht er nicht, bevor er einen rationalen Grund dafür gefunden hat.

Der Kontrast zwischen dem alten Weltbild der Bibel und dem modernen Weltbild ist der Kontrast zwischen zwei Denkarten, der mythologischen und der naturwissenschaftlichen.

Die unklare Verquickung von Mythos und Logos, wie sie in der Rede von »Entmyth*ologisierung*« und »myth*ologisch*« begegnet, soll hier nicht fortgesetzt werden; wir sagen besser *entmythisieren* und *mythisch*. Aber damit stellt sich bereits ein fundamentaler Einwand: Warum soll der Mythos aufgegeben werden? Die mythische Symbolik haben wir als eine Kategorie kennengelernt, die existenzielle Erfahrungen besser zur Sprache bringt, als dies in einer diskursiven Begrifflichkeit möglich ist. Es stimmt auch nicht, dass mythische Vorstellungen, wie Bultmann sagt, »für den modernen Menschen nicht annehmbar« seien. Das ist nur der Fall, wenn ein Mythos nicht *als* Mythos zur Sprache kommt, sondern fälschlich auf die empirische Ebene verschoben wird, wie es Fundamentalisten tun, die Metaphern, Symbole und Mythen nicht *als* Metaphern, Symbole und Mythen lesen können. »Für den Fundamentalismus ist alles geschichtlich, was in der Vergangenheitsform berichtet oder erzählt wird, ohne dass er auch nur der Möglichkeit eines symbolischen oder figurativen Sinnes die notwendige Beachtung schenkt«, heißt es in einem Dokument der Päpstlichen Bibelkommission von 1993.

In seiner Auseinandersetzung mit Rudolf Bultmann bestand auch der Philosoph Karl Jaspers darauf, die Qualität mythischer Rede nicht zu verkennen:

Der Mythos ist Bedeutungsträger, aber von Bedeutungen, die nur in dieser seiner Gestalt ihre Sprache haben. In mythischen Gestalten sprechen Symbole, deren Wesen es ist, nicht übersetzbar zu sein in eine andere Sprache. Sie sind nur in diesem Mythischen selber überhaupt zugänglich, sind unersetzlich, unüberholbar.

Wollte man auf mythische Traditionen verzichten, so wäre auf die Sinnlichkeit der Sprache zu verzichten, auf ihre Bilder und ihre erzählende Kraft. Die Deutung der Welt, wie sie in der Literatur geschieht, lässt sich nicht ohne Mythen und Gleichnisse denken. Auch Dantes Göttliche Komödie, Shakespeares Dramen und Goethes Faust lassen sich nicht in diskursive Sprache »umschreiben«, ohne ihren Wert zu verlieren. Selbst Sigmund Freud konnte seine tiefenpsychologischen Thesen nur im Rückgriff auf den griechischen Mythos formulieren. Eine Übersetzung des Mythos in abstrakte Gedanken würde die Bedeutung des Mythos zunichte machen.

Die technologisch orientierte Kultur ... wollte den Mythos in die technologische Ordnung miteinbeziehen, sie wollte nämlich den Mythos zu einem Bestandteil der Erkenntnis im nämlichen Sinne machen, in dem die Wissenschaft Erkenntnis ist; sie begann nach einer Rechtfertigung für den Mythos Ausschau zu halten ...

Wenn wir den auf die mythische Realität gerichteten Worten genau denselben manipulatorischen (»kognitiven«) Wert zuschreiben werden, wie den Worten, die auf dem Boden des empirischen Materials wachsen, sind wir zu fruchtlosen Streitigkeiten über die Wahrheit der sich befehdenden Mythen verurteilt, und alle diese Streitigkeiten zeichnen sich durch die nämliche intellektuelle Würde aus wie der Zank der christlichen Theologen um die Formel für die Hl. Dreifaltigkeit oder das Verwandlungsdogma ...

Keine rationale Argumentation vermag zwingende Gründe anzuführen, die uns die eine oder die andere Ordnung eindeutig als einen Schatten bezeichnen heißen, der die andere, »wahre« Wirklichkeit verdecke; keine erlaubt es zu entscheiden, welche dieser beiden Ordnungen, die mythische oder die phänomenale, die reale Welt bilde und welche hingegen nur eine Ausgeburt der Imagination sei; in welcher wir beiden wir eher im Wachzustand leben und welche von beiden einen Teil unserer Traumwelt darstelle; welche das Gesicht der Welt und welche ihre Maske sei.

Leszek Kolakowski

Glaube und Bibel

Auch wenn die Geschichte von Mose auf dem Berge Sinai, wo er die Gesetzestafeln aus der göttlichen »Wolke« empfing, mythischer Natur ist und keine historische Begebenheit abbildet, so kann ihre symbolische Qualität doch durch keine begriffliche Sprache ersetzt werden. Und so sehr das wissenschaftliche Denken die Welt entzaubert hat, es bleiben auch weiterhin begleitende und ergreifende Bilder, wie die drei Engel Abraham besuchen, wie Jakob in der Nacht mit dem Engel Gottes kämpft, Israel durch das Rote Meer zieht, Mose zwar nicht Gott selber, wohl aber seinen Mantelsaum sehen darf, Elija in einer Stimme verschwebenden Schweigens Gottes inne wird, Bileams Eselin besser sieht als ihr Reiter, Jesus über Wasser wandelt, als Auferstandener abwehrend sagt: *noli me tangere*, der Pfingststurm die Menschen erfasst … und so fort.

Die Wahrheit dieser Erzählungen liegt nicht im Wie des Geschehens, sondern in der Gültigkeit ihrer Bilder. Es ist etwas anderes, einem Mythos in mythischem Bewusstsein zu begegnen, oder demselben Mythos im Wissen um seinen mythischen Charakter reflexiv gegenüberzustehen. Die mythische Sprache ist »die Sprache jener Wirklichkeit, mit der wir existenziell leben, während unser Dasein sich ständig an die empirische Realität verlieren will, als ob diese schon die Wirklichkeit selber sei« (Karl Jaspers).

Evangelist Markus. Evangeliar aus Soissons, um 825.

Alte Bilder wie Texte verstehen »Wort Gottes« und »Heilige Schrift« als gleichbedeutend. Übereinstimmung stiftet der Inspirationsbegriff. Hier schreibt der Evangelist sein Buch, aber er muss gar nicht erst hinsehen, was ihm in die Hand fließt. Er braucht nur zu hören, was der symbolische Löwe ihm vorliest.

4. Die Bibel als »Wort Gottes«

Alles bisher Gesagte macht klar: die Bibel fiel nicht vom Himmel. Sie unterlag geschichtlichen Bedingungen und Interessen. Ihre Texte sind mehrfach überarbeitet, in neue Zusammenhänge gefügt und jedes Mal neu gedeutet worden. Wort für Wort, Satz für Satz sind sie Menschenwort, und darum auch grundsätzlich der Beschränktheit und dem Irrtum ausgeliefert. In dieser Geschichtlichkeit unterscheidet sich die Bibel kategorial vom muslimischen Verständnis der Heiligen Schrift des Islam.

Der Koran versteht sich als die Abschrift eines im Himmel aufbewahrten Urbuches, dessen Inhalt dem Propheten Mohammed durch den Engel Gabriel übermittelt wurde. Der Koran ist als arabische Version dieses himmlischen Urbuches unmittelbar Gottes Wort, in einem realen, nicht im metaphorischen Verständnis. Diese göttliche Herkunft des Koran begründet auch seine absolute Autorität. Er ist unfehlbar und erhebt Anspruch auf uneingeschränkten Gehorsam. Weil der Koran in arabischer Sprache offenbart wurde, hat diese gewissermaßen göttlichen Status erhalten. Daher rührt auch der Widerwille, den Koran in andere Sprachen zu übersetzen. In ihrer poetischen Schönheit beglaubigt seine Sprache die göttliche Herkunft dieses heiligen Buches und die Sendung Mohammeds.

Von »Heiliger Schrift« sprach im Blick auf die Bibel auch das hellenistische Judentum. Im Neuen Testament wird diese Sichtweise nicht aufgegriffen. In der frühen hellenistischen Kirche galt jedoch die Bibel als von Gottes Geist »inspiriert«. Man glaubte, das die biblischen Schriftsteller gewissermaßen als Werkzeuge unter göttlicher »Eingebung« oder gar göttlichem »Diktat« geschrieben hätten. Aus dieser Vorstellung hat sich später die Meinung entwickelt, die Bibel müsse infolge göttlicher Inspiration frei von Irrtümern sein, oder – noch stärker betont – bis ins letzte Wort hinein göttlich legitimiert sein.

Die historisch-kritische Forschung hat dieser Sichtweise den Boden entzogen. Wenn man die Bibel dennoch mit der traditionellen Rede vom »Wort Gottes« verbinden will, so kann nicht damit gemeint sein, das Wort Gottes liege geschrieben vor, gar noch derart zwingend, als setze sich jeder, der die Bibel liest, dem objektiv gegebenen Wort Gottes aus. Der Systematiker Hans-Martin Barth interpretiert so:

Die Heilige Schrift ist nicht Gottes Wort, sondern wird je und je zu Gottes Wort. Sie entfaltet ihre therapeutische, heilgende Kraft nicht aufgrund der Verbalinspiriertheit eines Textes, sondern in dem Inspirationsvorgang am Hörer und Leser selbst. Dies ist der Sinn der Rede der alten Dogmatiker vom »inneren Zeugnis des Heiligen Geistes«.

Der katholische Theologe Hans Küng sieht die Bibel unter dem Wort-Gottes-Aspekt nicht anders, wenn er sagt:

Die Bibel ist nicht einfach Gottes Wort: sie ist zunächst und in vollem Umfang Menschenwort ganz bestimmter Menschen.
Die Bibel enthält auch nicht einfach Gottes Wort: Es sind nicht bestimmte Sätze reines Gotteswort, während die übrigen Menschenwort sind.
Die Bibel wird zu Gottes Wort: Sie wird Wort Gottes für jeden, der sich vertrauend, glaubend auf ihr Zeugnis und damit auf den in ihr bekundeten Gott und Jesus Christus einlässt.

Das heißt aber, dass es sich nie um einen objektiven Tatbestand handelt, sondern um die subjektive, persönliche Entscheidung, das eigene Leben einem bestimmten Wort zu unterstellen.

5. Historisch-kritische oder/und Kanonische Bibelauslegung?

Nun hat die exegetische Erschließung der Bibel unübersehbar gemacht, dass dieses Konvolut eine Schriftensammlung voll innerer Spannungen und Widersprüche ist. Wie es in der Jüdischen Bibel ein Nach- und Nebeneinander verschiedener Gottesbilder gibt, die nicht einfach dogmatisch verbunden werden können, gibt es im Neuen Testament ein palästinisches, paulinisches, synoptisches und johanneisches Christentum, dessen jeweiligen Vertretern es keineswegs gelungen wäre – hätten sie sich gekannt – ihre Positionen untereinander auszugleichen (→ S. 244 ff., 265 ff.). Die naive Rede von der Bibel als »Wort Gottes« steht darum im-

---

Wo immer die Bibel oder ein Stück Bibel … zur aktuellen Anrede wird und den heutigen Leser zur Begegnung mit dem richtenden und rettenden Gott, zu Buße und Umkehr, zu Glaube und Hoffnung, aber auch zu Liebe und Freude führt, da wird sie zum Wort Gottes. Die Bibel kann Wort Gottes werden, muss es aber nicht – nicht jeder Leser des Buchstabens wird zum Hörer eines an ihn gerichteten göttlichen Wortes.

Bernhard Lang

Im Gegensatz zur Systematischen und Biblischen Theologie, die seit langem ihre Auffassungen ohne Inspirationstheorie begründet, hat das Zweite Vaticanum in seiner »Dogmatischen Konstitution über die göttliche Offenbarung« an der Inspirationslehre festgehalten.

Das von Gott Geoffenbarte, das in der Heiligen Schrift enthalten ist und vorliegt, ist unter dem Anhauch des Heiligen Geistes aufgezeichnet worden; denn aufgrund apostolischen Glaubens gelten unserer heiligen Mutter, der Kirche, die Bücher des Alten wie des Neuen Testaments in ihrer Ganzheit mit allen ihren Teilen als heilig und kanonisch, weil sie, unter der Einwirkung des Heiligen Geistes geschrieben, Gott zum Urheber haben und als solche der Kirche übergeben worden sind … In der Heiligen Schrift also offenbart sich, unbeschadet der Wahrheit und Heiligkeit Gottes, eine wunderbare Herablassung der ewigen Weisheit … Gottes Worte, durch Menschenzunge formuliert, sind menschlicher Rede ähnlich geworden, wie einst des ewigen Vaters Wort durch die Annahme menschlich-schwachen Fleisches den Menschen ähnlich geworden ist. (11; 13)

Falls der Zeitgenosse ein solches Dokument überhaupt liest, wird er mehr mit Fragen und Einwänden als mit Zustimmung reagieren. Die meist proklamatorische Sprache erleichtert den Zugang keineswegs.

Glaube und Bibel

mer vor der Problematik, dass dieses »Wort Gottes« in einen Plural christlicher und konfessioneller Möglichkeiten zerfällt, die nicht harmonisierbar sind.

Um diesen »zersetzenden« Schwierigkeiten zu entkommen, welche die historisch-kritische Exegese bereitet, hat sich eine neue Auslegungsrichtung etabliert, die sich als »kanonische Exegese« versteht. Sie stammt aus den USA und fasste in jüngerer Zeit auch in Europa Fuß. Im Jesus-Buch von Joseph Ratzinger/Benedikt XVI. findet sie eine deutliche Bevorzugung. Dort wird der historisch-kritischen Exegese zwar zugestanden, unverzichtbar zu sein, weil sich der biblische Glaube »auf dem Boden dieser Erde zugetragen hat«, doch wird eingeschränkt, dass sie den Auftrag der Auslegung, »der in den biblischen Schriften die eine Heilige Schrift sieht«, nicht ausschöpft:

Soweit die historische Methode sich treu bleibt, muss sie das Wort nicht nur als vergangenes aufsuchen, sondern auch im Vergangenen stehen lassen. Sie kann darin Berührungen mit der Gegenwart, Aktualität ahnen, Anwendungen auf die Gegenwart versuchen, aber »heutig« machen kann sie es nicht – da überschritte sie ihr Maß. Gerade die Genauigkeit in der Auslegung des Gewesenen ist ihre Stärke wie ihre Grenze.

Solches ist nun freilich auch nicht die Aufgabe der historisch-kritischen Exegese. Sie will wissen, wie ein Text zustande gekommen ist, welche Quellen er hat, welchen Einflüssen er unterliegt, wie er in seinem historischen Rahmen verstanden werden muss. Diese Methode ist keinem Glaubensanspruch unterstellt, aber sie führt zu Ergebnissen, die sehr wohl die Glaubenslehre korrigieren können. Demgegenüber setzt die kanonische Exegese »einen Glaubensentscheid voraus«, der die gesamte Auslegung unter neue Bedingungen rückt: Hier soll sich die Bibel »als Wort Gottes« nicht über »vermeintlich ältere Textstufen« erschließen, sondern »über den Endtext, der im vielstimmigen Zusammenhang der ganzen Bibel ausgelegt wird« (Georg Steins). Damit wird die Bibel einer grundlegenden Glaubenszustimmung unterstellt, und zwar letztlich nicht allein in ihrem vorliegenden Kanon, sondern sogar in einer Überschreitung dieses Kanons in seiner weiteren kirchlichen Auslegung, die selbst die Kirchenväter, die frühen Konzile und das gegenwärtige Lehramt mit einbezieht. Joseph Ratzinger/Papst Benedikt XVI.:

Das Volk Gottes – die Kirche – ist das lebendige Subjekt der Schrift; in ihr sind die biblischen Worte immer Gegenwart. Freilich gehört dazu, dass dieses Volk sich selbst von Gott her, zuletzt vom leibhaftigen Christus her, empfängt und sich von ihm ordnen, führen und leiten lässt.

Pantokrator. Viviansbibel, um 846.

Kanon. Die Liste der Schriften, die zum verbindlichen Bestand der Bibel gehören, unterscheidet sich zwischen Judentum, katholischer Kirche und den Kirchen der Reformation, während die orthodoxen Kirchen des Ostens keinen geschlossenen Kanon haben. Durchweg wird unterstellt, dass dieser K. »den« biblischen Glauben grundlege, aber ausgeblendet, dass der K. aus heterogenen Schriften besteht, die eine einheitliche, in sich übereinstimmende Glaubenslehre nicht legitimieren.

Das ist fromm gesagt, nimmt aber die Vielstimmigkeit und Widersprüchlichkeit der Bibel wieder in den »Zangengriff dogmatischer Verzweckungen« (Peter Rosien). Bei Georg Steins, einem Vertreter dieser »Methode« liest es sich so:

Wir stehen heute als Leserinnen und Leser nicht einer urchristlichen Literaturgeschichte gegenüber, sondern dem vielstimmigen und vielsinnigen Großtext »Neues Testament«. Dieser wirkt nicht zuerst durch seine einzelnen und erst recht nicht durch seine angeblich ältesten Teile, sondern als Ganzheit und in Einheit. Denn die Bibel insgesamt ist nicht einfach eine Sammlung beziehungslos nebeneinander stehender Texte, sondern Ausdruck einer einzigen großen und vielfältigen Tradition, auf die sich Judentum und Christentum bleibend beziehen.

Hier wird der Kanon zum Schlüssel für die Bibelauslegung beansprucht. Die Exegese soll ihr Selbstverständnis »nicht mehr von profanen Standards der Geschichtswissenschaft des späten 18. und des 19. Jahrhunderts« gewinnen, sondern aus »der Mitte der Theologie« heraus. Das ist ein Programm, das alle Disharmonien, welche die historisch-kritische Forschung zur Sprache bringt, wieder löschen möchte. Der frühere Münchener Neutestamentler Otto Kuss (1905–1991), der sich mehr als andere seiner Zunft selbstkritisch Rechenschaft über das exegetische Handwerk gab, sieht die Problematik gestochen scharf:

Genau genommen gibt es zunächst einmal »die Schrift« überhaupt nicht, wenn man damit etwa die Vorstellung von einer gedanklichen Einheit verbinden wollte. Das Konglomerat »die Bibel« besteht vielmehr aus einer großen Anzahl recht verschiedenartiger Konzeptionen mit teilweise sehr divergierenden, zuweilen auch sachlich unvereinbaren Inhalten, die sich nicht ohne weiteres zu einem verständlichen, in sich einheitlichen »System« zusammenordnen lassen.

Die »Autoren« der »Bibel« – soweit sie uns als Individualitäten und nicht als die »unwissentlichen« Träger einer Gesamtbotschaft, wie sie die Kirchen predigen, zugänglich sind, wären vermutlich ungemein erstaunt und teilweise sogar entrüstet gewesen, wenn sie sich als Elemente eben des Gesamten hätten entdecken müssen, das wir als »die Bibel« häufig unbedacht und auch als gedankliche Einheit ansehen wollen. Man muss also, wo man durchschlagende, verbindliche Auskünfte sucht, immer unter »Angeboten« wählen, um dann Akzente zu setzen – etwas unfreundlicher ausgedrückt: man wird aus dem riesigen und vielschichtigen Reservoir der … äußerst mannigfaltigen, verschiedenwertigen und einander häufig widersprechenden … Schriftaussagen, bei der Genesis angefangen bis zur Apokalypse, »Passendes« aussuchen, dieses dann zum Auslegungskriterium erheben und Widerstrebendes entwerten, mit den Methoden cleverer Rechtsanwälte zur Räson bringen, schließlich auch vor plumpen Vergewaltigungen – z. B. durch Allegorese – nicht zurückschrecken, immer oder doch zumeist in durchaus frommer Absicht. Die sogenannten »rechtgläubigen Kirchen« haben das genauso gehalten wie die von ihnen abgelehnten unzähligen sogenannten »Häresien« (diese Etiketten lassen sich freilich ohne Mühe auswechseln oder »umkleben«) – einfach, weil es gar nicht anders geht.

Nach dem Konzil von Nicäa 325 wurden die Formen zur Darstellung des erhöhten Christus weitgehend dem Kaiserkult entnommen. Der höfischen Repräsentation entstammen Nimbus und erhobene Rechte, Wolken als Herrschaftssymbol. Der bärtige Christus verdrängt den jugendlichen. Der Bart ist Würdezeichen, erinnert aber an Bilder des Göttervaters Zeus oder andere der großen Heilgötter. Das frontal gewahrte Antlitz ist von tiefem Ernst erfüllt, aus dem unnahbare Würde und Strenge sprechen. Der Blick geht ins Weite ohne den Beschauer zu treffen. Die Augen sind weit geöffnet mit großen Pupillen. Die Beischrift IC und XC, also Jesus Christus, meint eine Gestalt, die mit Gottvater eins ist, Herrscher und Richter, nicht der menschenfreundliche Jesus.

Diesen in seiner Mandorla thronenden Christus umgeben in den Eckzwickeln die vier Evangelisten, in den Medaillons die Propheten Jesaja, Daniel, Jeremia und Ezechiel. Als Verfasser »der Schrift« bilden sie ein dogmatisches System der Einheit, eine theologische Konstruktion, die zweifellos eine kanonische Exegese illustrieren kann, dafür auch in Anspruch zu nehmen ist, die aber dabei jeden Weg historischer Relativierung verneint.

Glaube und Bibel

Und es gibt – zweitens – dann natürlich auch »die Klarheit der Schrift« nicht. Wer hier Erkenntnis sucht, stößt niemals auf »die Schrift«, auch wenn man Millionen und Millionen von »Bibeln« verbreitet, er stößt, sobald es Ernst wird, immer nur auf »Interpretationen«, und zwar zum Teil äußerst divergente, häufig »kirchentrennende« Interpretationen: die Geschichte der Entstehung, Entwicklung und Verbreitung der »kirchlichen« oder »quasi-kirchlichen« Gruppierungen, ihrer »Dogmen«, ihrer jeweiligen »Häretifizierungen« – die Etiketten »orthodox« und »häretisch« sind, wie gesagt, beliebig austauschbar – macht das vollkommen deutlich und zeigt unabweislich, dass Exegese in solchen Zusammenhängen immer nur als Bestätigung, Apologie dogmatischer Urteile und Vorurteile verstanden werden kann …

Wo ein »Lehramt« entscheidende Weisungsmacht besitzt, wird durch – mit mehr oder weniger Glück – theologisch und dann – mit zahlreichen, mehr oder minder durchsetzbaren Paragraphen eines ausgefeilten Straf- und Prozessrechtes – auch juristisch fundamentierte, streng verpflichtende, vor »Gott« bindende Glaubensbekenntnisse autoritativ und künstlich ein Wertgefälle innerhalb der Schrift und damit »Ordnung« und »System« konstituiert.

Wenn anderwärts wieder pneumatisches Berufungsbewusstsein, prophetischer Vollmachtsanspruch etwa eine »Schriftmitte«, ein theologisches Kristallisationszentrum deklarieren, muss dann jeweils zuvor »die Schrift« »in Ordnung« gebracht werden: siehe etwa den »Kanon« des Marcion oder des Luther, aber auch Wertungen, Abwertungen, Normprävalenzen, »die Schrift der Juden« gegen »das Neue Testament«, den Führungsanspruch des »Juristischen« oder des »Enthusiastischen«, gewachsenes, vielleicht erstarrtes »Kirchentum« gegen als »prophetisch« interpretierbare Urkunden und vieles andere mehr.

Niemals jedenfalls hat eine Gruppe, die sich auf »die Bibel« stützt, das Ganze, immer wählt sie aus und setzt entsprechende Bevorzugungen und Abwertungen. Zu den grundlegenden Voraussetzungen solcher Methoden gehört die ebenso seltsame und unmögliche wie verständliche Hypothese, das »die Schrift« sich nicht widersprechen könne, da überall der sich offenbarende Gott ihr Urheber sei; mit diesem dogmatischem Postulat werden die Ergebnisse theologischer »Forschung« für den jeweiligen Glaubensbereich programmiert und vorausgenommen. In Wirklichkeit ist alles ganz anders.

Es sieht so aus, als hätte das Lehramt die Wahrheit der Offenbarung als sicheres Kriterium der Beurteilung theologischer Auslegungsvorschläge an das Volk Gottes zur Hand und als wäre es immer auf der sicheren Seite, während die theologischen Vorschläge irrtumsanfällig wären und deshalb am lehramtlich verfügbaren Maßstab der Wahrheit gemessen werden müssten.

Man braucht sich nur zu vergegenwärtigen, wie viele gravierende Fehlgriffe dem Lehramt etwa in exegetischen Fragen oder im Blick auf das Verhältnis von Glaubenswahrheit und Naturwissenschaften unterlaufen sind, um dieses lehramtliche Selbstbewusstsein für überzogen zu halten. Wenn man in diesen Fragen nur schweigend und betend gelitten und sich dem Diskussionsverbot von »Humani generis« unterworfen hätte, wäre der Prozess der Wahrheitsfindung in den kirchlichen Untergrund oder aus der Kirche hinaus gedrängt worden. Das ist trotz vieler Verurteilungen nicht geschehen. Es wäre ein Armutszeugnis für die Kirche, wenn sie immer »von außen« gezwungen werden müsste, das nicht länger zu Ignorierende endlich hinzunehmen.

Ulrich Ruh

6. Die Bibel als Kritik des Dogmas

Es ist verständlich, dass eine solche Problemskizze den üblichen kirchlichen Zugriff auf die Bibel in Frage stellt. »Schließlich machte das Studium der großen Meister einer ›historisch-kritischen‹ Sichtung der biblischen Überlieferungen im engeren Sinne die immer nur vorgespiegelte Einheit des ›Jesus Christus‹ der Tradition endgültig fragwürdig«, äußerte Otto Kuss ein andermal. Aber auch, nachdem er emeritiert war: »Dergleichen Erkenntnisse im Einflussbereich der römisch-katholischen Kirche zu äußern, wäre nun allerdings für einen Abhängigen beruflicher Selbstmord gewesen.« Was den Schluss erlaubt, neben der publizierten Theologie bei

Julius Schnorr von Carolsfeld (1794–1872), Salomo verfällt der Abgötterei (1 Kön 11,4.6.9–12), 1860.

Diesen Titel konnte das Bild erhalten, weil zu seiner Entstehungszeit die Exegese noch am biblischen Wortlaut haftete. Inzwischen wissen wir, dass der den Göttern opfernde Salomo keineswegs von der Verehrung des einziges Gottes, der sich am Sinai offenbarte, abgefallen ist. Der Monotheismus war bei ihm noch gar nicht angekommen, dazu brauchte es ein weiteres halbes Jahrtausend – ganz davon abgesehen, dass Salomo sich den Kult eines einzigen Gottes politisch nicht hätte leisten können.

amtierenden Professoren auch Überzeugungen anderer Art vermuten zu dürfen, und zwar solche, die erheblich von der dogmatischen Linie abweichen.

Tatsächlich fürchtet die traditionelle Dogmatik nichts mehr, als mit exegetischen Erkenntnissen konfrontiert zu werden, weil all zu vieles, was als *de fide definita* – dogmatisch verbindlich – gilt, von den Bibelwissenschaften mit stichfesten Argumenten in Frage gestellt wird. Wenn Joseph Ratzinger/Benedikt XVI. meint, die historische Methode lasse das Wort »im Vergangenen stehen«, sie könne es nicht »heutig machen«, so wäre einzuwenden, dass diese Methode und eine aktuelle Glaubenshermeneutik aufeinander angewiesen sind. Soll der Sinn der biblischen Schriften wirklich erhoben werden, lässt sich davon nicht absehen. Die Angst, sich darauf einzulassen, hat bei der Abfassung des römischen Weltkatechismus von 1992 und dessen Kurzfassung von 2005 Pate gestanden und beide Bücher um ihre Überzeugungskraft und Glaubwürdigkeit gebracht, weil jede Dogmatik, welche die Bibel nur bestätigend heranzieht, sich von ihr aber nicht korrigieren lässt, es an Wahrhaftigkeit fehlen lässt – und damit ihren Anspruch aufs Spiel setzt.

Bibel und Dogma sind nicht mehr deckungsgleich. Zweihundertfünfzig Jahre angestrengter Arbeit lassen vieles genauer erkennen, als es allen früheren Jahrhunderten möglich war. Gewiss erfuhr der christliche Glaube unter diesen Erkenntnissen eine erhebliche Verunsicherung. Hatte die dogmatische Tradition bis dahin die unveränderliche Gültigkeit des Glaubens betont, wurde er nun mit seiner eigenen Geschichtlichkeit konfrontiert. Geschichtlichkeit aber relativiert Wahrheit. Auch wenn Kirchen und Freikirchen – sei es aus Unsicherheit, sei es aus Fundamentalismus – Informationen über »störende« Ergebnisse der Bibelwissenschaften vor den Kirchentüren zu halten versuchen und die Prediger sich immer noch hilflos zeigen, exegetische Resultate zu vermitteln, so wächst im Volk dennoch

Der »Weltkatechismus«

Über den »Katechismus der Katholischen Kirche« von 1983, auch »Weltkatechismus« genannt, urteilt der Ratzinger-Schüler Hansjürgen Verweyen:

Immer wieder zeigen sich zwei Grundübel: (1) Der Weltkatechismus möchte als biblisch fundiert erscheinen – und ist doch lediglich das Produkt einer mittelmäßigen, Schrift und Tradition ekklektizistisch verwendenden Theologie restaurativen Zuschnitts.

(2) Eine lebendige spirituelle Mitte der oft ermüdend breiten Ausführungen zu entdecken, fällt schon dem theologischen Spezialisten schwer. Wie sollen erst Christinnen und Christen mit durchschnittlicher Vorbildung, und vor allem solche, für die – dank einer nachkonziliaren Einführung ins Christentum – vieles in diesem Katechismus fremd und manchmal anstößig erscheint, Orientierung für ihr Glaubensleben gewinnen?

Die ... gebotene Analyse ergibt nun aber, dass dieses Werk in wesentlichen Punkten mit den Lehren des Zweiten Vatikanischen Konzils nicht in Einklang zu bringen ist. Das würde – wenn meine Beobachtungen richtig sind – bedeuten, dass sich das Lehramt selbst in einen Widerspruch verwickelt, wie er in der Geschichte der Kirche kaum seinesgleichen findet ...

Zu diesem Ergebnis komme ich mit vielen anderen Theologinnen und Theologen, die kaum alle der Häresie verdächtig sein können.

Glaube und Bibel

> Eine Änderung der Lehre der Kirche über die Geschichtlichkeit ihrer Erkenntnis in Glaubensfragen ist noch nicht in Sicht. Sie wäre mit einer großen Krise verbunden, weil sie das bisherige Verständnis des kirchlichen Lehramts in Frage stellen würde.
> *Paul Wess*

die Erwartung, dass die Weise, wie die Bibel im Gottesdienst ausgelegt wird, die eigenen Fragen und Zweifel nicht länger übergeht. Der Religionsunterricht, auch die über Jahrzehnte zu den christlichen Hauptfesten erscheinenden Titelgeschichten der Nachrichtenmagazine und die von einer gebildeten Leserschaft beachteten Bücher theologischer Autoren haben den Anspruch an theologische Bildung durch die Predigt gestärkt. Die im kirchlichen Milieu weiterhin herrschende Informationsverweigerung stößt auf Unwillen. Dass viele Religionslehrerinnen und -lehrer in den letzten Jahrzehnten ihren Pfarrern im biblischen Problembewusstsein – und vor allem in der Bereitschaft und Freiheit, sich damit auseinanderzusetzen – enteilt sind, verschärft die Situation. Man erwartet innerhalb der Kirchengemeinden kaum noch eine offene Auseinandersetzung im Spannungsverhältnis von Bibel und Dogma.

V. Glaube und Dogma

Das Christentum hat seine tiefsten Wurzeln im Judentum. Paulus mahnte: »Nicht du trägst die Wurzel, sondern die Wurzel trägt dich!« Damit machte er klar, dass die Kirche nicht an die Stelle Israels getreten ist, sondern nur »Mitinhaberin an der Wurzel« wurde (Röm 11,17f.). Umso aufschlussreicher sind die Differenzen in der jeweiligen Glaubensgeschichte.

1. Die jüdische Glaubensweise

Von Dogma und Dogmatik im Judentum zu sprechen ist nicht mit gleichem Recht wie im Christentum möglich. Sicherlich wurden im Judentum immer auch unterschiedlichste Auffassungen der Lehre verhandelt. Es hat nicht an wechselseitigen Bannsprüchen gefehlt, aber eine Lehrstreitigkeit wurde nicht von Konzilen verhandelt, sondern in der Breite des Judentums ausgetragen, in Lehrhäusern, in der Literatur und selbst im Gottesdienst der Synagogen. Das hob einen Dissens über jeden Gelehrtenstreit hinaus. Alle konnten daran teilnehmen, manchmal überspannte der Disput sogar Generationen. Das traditionelle jüdische Gebetbuch *Sidur Sefat Emet* ist ein Abbild der vielfältigen und widersprüchlichen jüdischen Religionsgeschichte. In diesem Werk, das den Ertrag der Zeiten zusammenbindet, offenbart sich die Spannung von Vielfalt und Einheit, die für jüdisches Denken und Glauben kennzeichnend ist.

Grundlegend gilt die Lehre von der zweifachen Tora. Christliche Theologen übersetzen *tora* in der Regel mit »Gesetz«, wozu insbesondere Paulus den Anstoß gegeben hat. Zwar gehören zur Tora auch Gesetze, doch sind diese nur ein Aspekt: Die Tora selbst ist mehr. Das hebräische Wort *tora* leitet sich aus einem Stamm ab, der »Lehre« oder »Unterweisung« bedeutet. Nach rabbinischer Auffassung umfasst *tora* alles, was ein Jude lernen und wissen kann. Darum hat sich die traditionelle jüdische Wissenschaft um die Tora herum entfaltet; was immer gefragt, gesucht und erkannt wird, wird als Auslegung der Tora verstanden und als Kommentar zu ihr vorgetragen.

Die rabbinische Literatur bezeichnet mit Tora aber nicht nur den Pentateuch, die fünf Bücher Mose. Zur Schriftlichen Tora tritt die Mündliche Tora, und nur beide zusammen bilden die ganze Tora. Zwar sollte die Mündliche Tora grundsätzlich mündlich bleiben, doch hat es über die Zeiten hin immer auch Niederschriften dieser Tradition gegeben, gleichwohl gilt es als unmöglich, die Mündliche Tora ganz zu erfassen. »Somit gehört das gesamte, schließlich zu Papier gebrachte Traditionsschrifttum der Juden zur Mündlichen Tora: die biblischen Propheten und Hagiographen, Mischna, Talmud ... und auch die spätere mittelalterliche Literatur. Die Tora wird nie aufhören, von Generation zu Generation neu formuliert zu werden, auch nicht, wenn der Messias kommt. Die Mündliche Tora ist das Schatzhaus der gesamten jüdischen Tradition und zugleich die nie endende Quelle der Erneuerung. Und all dies gilt als Offenbarung vom Sinai her, auch wenn vieles als ganz neu erscheint!« (Karl Erich Grözinger)

Rembrandt (1606–1669), Mose mit den Tafeln der Zehn Gebote, 1659.

Die Bruchstücke der Wahrheit, die der Einzelne besitzt, erweisen sich untereinander als unvereinbar: »Für fast jede Aussage lässt sich irgendwo in der ausgedehnten rabbinischen Literatur eine Gegenaussage finden, mit gleichem Bürgerrecht. Einen Vers eines Psalms (62,12) kommentierend, versichern die Meister: »Ein Schriftvers hat verschiedene Deutungen, nicht aber ist eine Deutung aus verschiedenen Versen zu entnehmen«; und im Kommentar zu Jeremia 23,29 versichern sie sogar, »ebenso zerfällt ein Schriftvers in viele Deutungen«. Es kommt auch vor und ist nicht außergewöhnlich, dass die Rabbinen innerhalb der Schrift selbst Widersprüche entdecken.

Sergio Quinzio

Dieses Verständnis spiegeln auch Geschichten, die der Talmud erzählt:

Als Moses auf den Sinai stieg, um die Tora in Empfang zu nehmen, sagte ihm Gott, dass dereinst ein großer Gelehrter kommen würde, Rabbi Akiba, der aus jedem Wort der Tora Berge über Berge weiterer Gesetze ableiten würde.

Da bat Moses: »Herr der Welt, zeig ihn mir!« Er erwiderte: »Wende dich um!«

Moses ging hin und setzte sich in Rabbi Akibas Lehrhaus in die letzte Reihe. Aber Moses verstand kein einziges Wort von dem, was da besprochen wurde, so dass er fast in Ohnmacht fiel. Als aber Rabbi Akiba zu einem bestimmten Lehrsatz kam, fragten ihn seine Schüler: »Rabbi, von wo weißt du dies?« Und er antwortete: »Dies ist eine Halacha (Gesetz) des Moses vom Sinai!«

Als Moses dies hörte, beruhigte er sich wieder.

Rabbi Akiba (um 50–135 n. Chr.) hatte für seine Lehre keine sichere Ableitung aus der schriftlichen Tradition. Indem er sie aber in die mosaische Tradition einordnete, beglaubigte er sie zugleich und entzog sie dem Zweifel. So ungeheuerlich die Brüche und Verwerfungen in der jüdischen Tradition auch waren, wenn das Neue sich als Kommentar zum Alten ausgab, wurde es akzeptabel oder konnte sich wenigstens nach und nach behaupten.

Das Tora-Prinzip ist nicht erst in rabbinischer Zeit entstanden. Wie stark eine Neuinterpretation der Tradition in die Geschichte Israels und des Judentums eingreifen konnte, hat in kaum überbietbarer Weise die Reform unter König Joschija gezeigt (→ S. 95 ff.). Das gesamte bisherige Überlieferungsmaterial wurde durch eine gänzlich neue Geschichtsinterpretation überformt und als Tora des Mose ausgegeben. Dass später in der jüdischen Gesellschaft darüber debattiert worden ist, ob die Mündliche Tora wirklich Gottes Offenbarung vom Sinai sei oder gar nur Menschenwerk, kann kaum verwundern. So etwa haben zur Zeit Jesu die Sadduzäer nur die Schriftliche Tora anerkennen wollen, im Gegensatz zu den Pharisäern, den Vorläufern der Rabbinen. Die spätere Zeit hat freilich damit fortgefahren, biblische Traditionen in neuen Bearbeitungen und Erzählungen als Offenbarungsschriften auszugeben.

Die »Berge über Berge weiterer Gesetze«, die aus der Tora abgeleitet wurden, haben dazu beigetragen, das Judentum als »Gesetzesreligion« zu kennzeichnen. Aber im Judentum ging es immer mehr um Orthopraxie als um Orthodoxie, mehr um rechtes Leben als um rechtes Glauben. Das bezeugt schon die Antwort auf die Pharisäerfrage nach dem höchsten Ge-

Hebräische Bibel. Gedruckt in Amsterdam 1724–1727. Der Text wird von Kommentaren umgeben. Rechts der philologisch kenntnisreiche Kommentar von RaSCHi; gegenüber konzentriert sich die Interpretation auf Grammatik und faktische Bedeutung. Darunter philosophische Kommentare sowie eine Auslegung, die mit numerischen Wortbedeutungen spielt.

bot, welche die Liebe zu Gott mit der Liebe zum Nächsten verschränkt (Lk 10,25-37). Auch die goldene Regel des Hillel gehört hierhin: »Was dir nicht lieb ist, das tue auch deinem Nächsten nicht. Das ist die ganze Tora und alles andere ist nur Erläuterung, geh und lerne sie!« Das Judentum ist eine ethische Religion, denn »die Ethik macht sein Prinzip, sein Wesen aus« (Leo Baeck).

Ein Bruch mit der aufgezeigten Linie verbindet sich mit dem Judentum in den muslimischen Ländern des frühen Mittelalters. Mit dem Arabischen kam auch ein neues philosophisches Vokabular hinzu. Muslimische Gelehrte hatten im 11. und 12. Jahrhundert die philosophische Tradition des klassischen Griechenland entdeckt, und damit erhielten zum ersten Mal seit der Antike auch Juden wieder Zugang zu dieser Tradition (→ S. 63 ff., 350 ff.). Um den Herausforderungen ihrer Zeit zu begegnen, bemühten sich besonders die jüdischen Lehrhäuser in Bagdad, das jüdische Leben an die gebildeten Verhältnisse der muslimischen Welt anzupassen. Deren neue philosophische Herausforderungen drängten nach jüdischen Antworten.

Der bedeutendste Vertreter in dieser Auseinandersetzung mit der griechisch-muslimischen Philosophie war Saadja Gaon (882–942), mit dem die Dogmatisierung des Judentums begann. Während der Talmud kaum gestattet, den jüdischen Glauben in ein System zu fangen, wollte Saadja einen Umriss des gesamten jüdischen Glaubens fixieren. Es war der erste Versuch, das Judentum als ein rationales Gebäude von Glaubenslehren zu zeigen. Gleichzeitig machte er die Zugehörigkeit zur jüdischen Gemeinde von der Annahme philosophischer und theologischer Lehrsätze abhängig. Für ihn galt einer, der bestimmte Glaubenssätze nicht anerkennt oder »falsch glaubt«, aus der jüdischen Gemeinde als ausgeschlossen, was zwar keine juristischen Folgen haben musste, aber doch eine bisher unbekannte Unterscheidung zuwege brachte. War es bis dahin wichtig, dass ein Jude sich den Geboten entsprechend verhielt, wurde es bei Saadja wichtig, theologische Auffassungen gemäß ihrer Definition zu *verstehen* und zu *glauben*.

Den Ansatz des Saadja Gaon führte Moses Maimonides (1135–1204), der bedeutendste jüdische Philosoph des Mittelalters, fort. Er war der Erste, der den Bestand dessen, was man als Jude glauben sollte, in 13 kurzen Artikeln zusammenfasste. Jemand, der auch nur einen dieser 13 Grund-Sätze verleugne, schließe sich selbst aus der Gemeinschaft Israels aus und habe auch keinen Anteil an der kommenden Welt:

Wenn ein Mensch alle diese Fundamente glaubt …, dann gehört er zur Gemeinschaft Israels, ihn muss man lieben und sich seiner erbarmen …, auch wenn er sündigt aus Begierde und aus der Macht der Natur, dann wird er bestraft gemäß seinen Sünden, aber er hat Anteil an der kommenden Welt … Wenn aber der Mensch eines dieser Fundamente ablehnt, dann hat er die Gemeinschaft Israels verlassen und hat die Hauptsache geleugnet … dann ist es Pflicht, ihn zu hassen und zugrunde gehen zu lassen.

Solche Feststellungen waren etwas absolut Neues. Damit wurde das Judentum erstmalig dogmatisch definiert. Freilich kam die Wende von einem

Mose ben Maimon (Maimonides)
Er entstammte einer angesehenen Familie Córdobas, deren Haus zu den Zentren des dortigen intellektuellen Lebens gehörte. 1148 vor die Wahl gestellt, zum Islam überzutreten oder auszuwandern, floh die Familie und verbrachte zunächst mehrere Jahre in Spanien und ließ sich vermutlich 1159 im marokkanischen Fès nieder. M. vermochte sich trotzdem weiterzubilden und verfasste eine Einführung in die Grundlagen der Kalenderberechnung und 1159 eine Einführung in die aristotelische Logik. Die weiteren Stationen der Familie führten über Jerusalem, Alexandria und schließlich nach Fustat, heute ein Teil von Kairo, wo M. bis zu seinem Tod lebte. Damals schrieb er an seinen provenzalischen Übersetzer Schmuel ibn Tibbon:

Ich wohne in Misr (= Fustat) und der Sultan residiert in Kairo; diese zwei Orte sind zwei Sabbatreisen voneinander entfernt. Meine Pflichten beim Sultan sind sehr ermüdend. Ich muss ihn jeden Tag besuchen, angefangen am frühen Morgen, und wenn er sich unwohl fühlt oder eines seiner Kinder oder ein Mitglied seines Harems krank ist, darf ich Kairo nicht verlassen, sondern muss für die meiste Zeit des Tages im Palast bleiben. Es geschieht auch oft, dass ein oder zwei königliche Beamte krank werden und ich ihre Heilung beaufsichtigen muss. Deshalb gelange ich sehr früh am Morgen nach Kairo, und auch wenn nichts Außergewöhnliches geschieht, kehre ich nicht vor dem Nachmittag nach Misr zurück. Dann sterbe ich fast vor Hunger … Ich finde dort ein volles Vorzimmer vor, gefüllt mit Juden wie Nichtjuden, Edelmännern und Bürgerlichen, Freunden und Feinden, eine bunt gemischte Menge, die auf meine Rückkehr wartet. Ich steige ab von meinem Reittier, wasche mir die Hände und widme mich meinen Patienten und bitte sie, ein leichtes Mahl mit mir zu teilen, das einzige, das ich innerhalb von 24 Stunden verzehre. Dann untersuche ich sie, schreibe Rezepte und gebe ihnen Anweisungen für die verschiedenen Krankheiten. Die Patienten kommen und gehen bis zum Sonnenuntergang, manchmal gar bis zur späten Nacht. Wenn es Abend wird, bin ich so müde, dass es mir kaum noch gelingt, zu sprechen.

Als M. am 13. Dezember 1204 starb, wurde in sämtlichen jüdischen Gemeinden öffentliche Trauer ausgerufen, die in Fustat drei Tage dauerte. In Jerusalem wurde ein öffentliches Fasten verordnet, wobei aus diesem Anlass 1 Sam 4,22 vorgelesen wurde: »Fort ist die Herrlichkeit aus Israel, denn die Lade Gottes ist weggeschleppt worden«.

Leo Baeck (1873–1956), Rabbiner, Judaist und führende Persönlichkeit des deutschen Judentums während der NS-Zeit. B.s liberale Deutung des Judentums knüpft am ethischen Monotheismus der Propheten an. Der verzerrten Darstellung des Judentums in Adolf von Harnacks (→ S. 241) Buch »Das Wesen des Christentums« (1900) stellte B. in seinem Hauptwerk »Das Wesen des Judentums« (1905) die universalistische Ganzheit des Judentums gegenüber.

ethisch definiertem Judentum zu einem dogmatischen Judentum nicht unvermittelt. Abgesehen vom Einfluss des Aristotelismus, dessen systematisierendes Denken hier wirksam wird und durch Saadja Gaon einen ersten Entwurf fand, glaubte Maimonides, dass das richtige Wissen um Gott und die Welt auch Voraussetzung für die richtige Gebotserfüllung sei. Er weckte damit große Empörung, aber noch größer war seine nachfolgende Wirkung, wie die Aufnahme seiner 13 Glaubenssätze in die jüdischen Gebetbücher zeigt.

Dennoch hat sich das spätere Judentum nicht durch Maimonides festlegen lassen. Leo Baeck schreibt in seinem Werk über das Wesen des Judentums (1906; 1921ff.):

Wofern man dieses Wort nicht allzu weit fasst, kann sogar gesagt werden, dass das Judentum überhaupt keine Dogmen hat und infolgedessen auch eigentlich nicht eine Orthodoxie … Man brauchte hier nicht die gesicherte, unverbrüchliche Formel … Ebenso wenig verlangte die Notwendigkeit einer ganzen, ungekürzten Erkenntnis, dass der völlige Glaubensinhalt ein für allemal begrifflich umfriedet werde … Wenn der rechte Glaube zur Gabe wird, von der alles abhängt, dann bedarf er in der Tat seiner Geschlossenheit und Endgültigkeit, in der alles enthalten ist, dann muss sein Ausdruck vom Anfang bis zum Ende fest gefügt und gesichert bleiben; jede Lücke und jede falsche Linie würden ein Verhängnis sein. Im Judentum haben die Glaubenssätze nie diese Bedeutung gehabt; sie galten nicht als Bedingung der Seligkeit, noch standen sie daher unter dem Zeichen des Alles oder Nichts …

Dazu kommt, dass die jüdische Glaubensgemeinschaft des Subjektes, welches Dogmen schaffen kann, entbehrt … Verbindliche Bekenntnisformeln kann nur eine geistliche Behörde feststellen, die im Namen der Gesamtheit spricht und Gehorsam heischt und auch über die Mittel verfügt, sich gegen Widerstrebende durchzusetzen. Wer die Macht besitzt, bestimmt auch hier über die Wahrheit. In ihrer ganzen harten Folgerichtigkeit zeigte sich diese Dogmenbildung in den ersten Jahrhunderten der Kirche bei den Parteien, die mit kaiserlichen Edikten oder mit den Waffen die Geltung des Glaubenssatzes durchführten, und dann später nach der Reformation, als das Prinzip aufgestellt wurde, dass der Landesherr auch der Glaubensherr sei. Die kirchlichen Gewalten, sei es Bischof, Papst und Konzil oder ein weltliches Kirchenregiment, sind das Entscheidende. Sie hat es für das Judentum nicht gegeben; man hatte hier eine sichere Überlieferung mit ihrer Sukzession der Lehrer, aber keinerlei geistliche und staatliche Hierarchie. Wenn zu manchen Zeiten eingesetzte Autoritäten bestanden, die freilich immer sehr bald wieder schwanden, so haben sie doch nie Befugnisse besessen, die sich auf die Glaubensbegriffe erstreckten. So fehlten die Vollmachten, kraft deren ein Dogma, wofern das Bedürfnis nach ihm vorhanden gewesen wäre, hätte festgelegt werden können. Keine Behörde konnte für alle maßgebend die Grenzen abstecken. Der Wille und die Überzeugung, dem Judentum anzugehören, blieb das Eigentliche und Bestimmende.

Doch ist damit das »Wesen des Judentums« noch nicht scharf genug erfasst. Es wird deutlicher, wenn wir es im Gegensatz zu Ägypten sehen. Die ägyptischen Bilder religiöser Identität beruhen auf dem Prinzip territorialer Ursprünglichkeit. Der Tempel schirmt mit seinen Mauern den Gott und jene, die auf seinen Wegen gehen, gegen die unreine und feindliche Außenwelt ab. In diesem Sinne wird der Tempel schließlich zum Bild ganz Ägyptens als Wohnstatt der Götter und der Frommen. Die zentralen Ursprungsbilder Israels hingegen, Exodus und Sinaibund, beruhen auf dem Prinzip der Extraterritorialität. Der Bund wird zwischen einem Gott geschlossen, der auf Erden keinen Kultort hat und einem Volk, das sich im Niemandsland der sinaitischen Wüste befindet, auf der ungewissen Wanderung zwischen Ägypten und Kanaan, der späteren Landnahme vorgreifend. Das ist das unterscheidend Andere. In diesem Bund kann man überall verbleiben, einerlei wohin das Schicksal verschlägt.

Auf die Geschichtlichkeit des Exodusgeschehens, die höchst unsicher ist, kommt es hier nicht an. Entscheidend ist der Stellenwert dieser Überlieferung in der Geschichte Israels. Wo immer sich Israel auf seinen Ursprungs bezieht, heißt es: »Der dich (Israel) aus Ägypten herausgeführt hat.« Jan Assmann pointiert: »Von allem Anfang her wird das Volk durch die Auswanderung und Ausgrenzung bestimmt«, was nicht heißt, dass dies tatsächlich in den vorstaatlichen und frühstaatlichen Verhältnissen schon so war.

Innerhalb der Traditionen Ägyptens und aller Völker des mesopotamischen Raumes ist eine solche Ursprungsgeschichte ohne Parallele. Zu ihrer Erklärung hat der amerikanische Althistoriker Morton Smith nicht auf den Staat, mit dem die ägyptische Religion gewissermaßen identisch ist, sondern auf eine kleine Gruppe von Dissidenten verwiesen, die als *Jahwe-allein-Bewegung* die Initiatorin des jüdischen Monotheismus wurde. Zwar galt Jahwe auch in der frühen Königszeit als Staatsgott; er wurde aber nicht exklusiv verehrt, sondern teilte sich sogar den Tempel bis zum Ende der Königszeit mit anderen Göttern und Göttinnen der kanaanäischen Kultur. Insofern war die Religion Israels nichts anderes als eine weitere Farbe im Reigen der vorderorientalischen Kulte.

Ein erster Protest gegen diese polytheistische Vielfalt kündigte sich im 9. Jahrhundert an. Ein Echo dieser Vorgänge bewahren die Elija-Legenden von der Verfolgung der Baalskulte. Es sind die Anfänge der Jahwe-allein-Bewegung, die in den folgenden Jahrhunderten als Protest einer Minderheit gegen die polytheistisch-synkretistische Mehrheit kämpferisch antritt. Aus diesem Ringen, das sich über Jahrhunderte hinzog, entstand etwas weltgeschichtlich gänzlich Neues, nämlich Religion als Abgrenzung gegenüber dem eigenen Staat und der Mehrheit der Gesellschaft. Zum eigentlichen, »wahren Israel« gehört nur, wer die abgrenzenden monotheistischen Überzeugungen dieser Gruppe teilt:

In Israel kommt es, und dieser Aspekt des Vorgangs ist bis dahin einzigartig, zu einer Abgrenzung gegen die eigene Kultur und dadurch zu einer Dissoziation von Religion, Kultur und politischer Herrschaft. Diese Dissoziation ... ist es, die in der Erinnerungsfigur des Exodus-Geschehens symbolisiert wird. Mit der Auswanderung aus Ägypten geht es um die Auswanderung aus jeder Art von profaner, unreiner ... gottvergessener Umwelt und damit: aus der »Welt« überhaupt. Damit ist die Grenze zwischen dem »Weltlichen« und dem »Geistlichen« präfiguriert, die für den neuen Typus von Religion konstitutiv ist. ... Eine Gruppe, die darauf besteht, nur einen einzigen Gott anzuerkennen, sondert sich aus der Kom-

Aristotelismus, das aus dem Gedankengut des griechischen Philosophen Aristoteles entwickelte Wissenschaftssystem. Seine Nachfolger werden als Aristoteliker bezeichnet. Der Hauptstrang der A.-Tradition war lange Zeit die griechischsprachige Linie im östlichen Mittelmeerraum. Im 4. Jahrhundert entwickelte sich der lateinische Zweig. Die islamische Aufklärung im 9. Jahrhundert entfaltete eine arabischsprachige Tradition, die im 12. Jahrhundert auch das Abendland erreichte. Die »heidnischen« Philosophien des Aristoteles und der Araber lösten die Befürchtung aus, die kirchlichen Lehren könnten davon in Frage gestellt werden. In der Folge kam es zu kirchlichen Verurteilungen aristotelischer Lehren. Doch gerade das löste genauere Studien und Diskussionen aus, so dass im Laufe des 13. Jahrhunderts die Schriften des Aristoteles zu Standardlehrbüchern der scholastischen Wissenschaft avancierten. Wegweisend wurden die Aristoteleskommentare des Albertus Magnus. Schließlich setzte sich das von Thomas von Aquin abgewandelte und weiterentwickelte aristotelische Lehrsystem durch, zunächst im Orden der Dominikaner, später in der gesamten Kirche. Aristoteles wurde »der Philosoph« schlechthin: mit Philosophus (ohne Zusatz) war nur er gemeint. Im 19. Jahrhundert knüpfte die katholische Theologie mit Unterstützung der Kirchenleitung betont hier wieder an, um die als kirchenfeindlich verstandenen modernen Strömungen abzuwehren. Der »Neothomismus« wurde faktisch zur offiziellen Denkrichtung. Erst im Zweiten Vatikanischen Konzil wurde dieses Monopol durchbrochen, ist aber für römische Instanzen in deren Beurteilung neuerer Theologien immer noch normativ.

Auf dem Weg in die Gefangenschaft. Detail einer Reliefplatte vom Palast Assurbanipals (668–631) in Ninive.

munikationsgemeinschaft aus und konstituiert sich als ein eigenes Volk, dem beizutreten nicht mehr Sache der Einwanderung, Einheirat oder sonstiger eingebürgerter Formen der Erwerbung von Zugehörigkeit ist, sondern eine Sache von »Konversion«. Das *Sch'ma Jisrael* wird zum Bekenntnis einer Identität, für die man auch zu sterben bereit sein muss …

Durch das babylonische Exil wurde nun diese Gruppe aus ihrem kulturellen Kontext herausgelöst, mit dem sie über Jahrhunderte in schwerstem Konflikt gelegen hatte, und formierte sich in Babylon als Exilsgemeinde in nun wirklich fremdem kulturellem Kontext, abgetrennt vom heimatlichem Königtum und Opferkult und damit von jeder religiösen Deutungskonkurrenz. In dieser Gruppe konnten sich die Anschauungen der *Jahwe-allein-Bewegung* umso mehr durchsetzen, als die Ereignisse ihre Unheilsprophezeiungen voll und ganz bestätigt hatten.

Jan Assmann

Die das Exil beendende persische Herrschaft erlaubte in Jerusalem den Wiederaufbau des Tempels und erstmals damit verbunden die Errichtung eines ausschließlichen Jahwekults. Zur Sicherung und Entfaltung dieser neuen religiösen Ordnung wurde die Tora zum Kanon ausgebaut, als verbindliche und zugleich geschlossene Heilige Schrift. Aber damit dieser Kanon entstehen konnte, mussten die Tore geschlossen werden, durch die immer wieder neuer Sinn, also auch Störung einfallen konnte. Bedingung dafür war das Ende der Prophetie. An die Stelle der Propheten traten nun die Schriftgelehrten, welche die kodifizierte Überlieferung bewachten und auslegten. Damit wurde die Jahwe-allein-Bewegung, die bis zum Exil nur als Gegenkultur bestand, zur offiziellen Kultur, die fortan die Reinheit des Lebens und der Lehre überwachte. Es entstanden scharfe Vorschriften gegen eine Vermischung mit den religiös anders gerichteten Mitbewohnern des Landes, Ideologien der Abgrenzung und Ausgrenzung, das Verbot von Mischehen, Angst vor Verführung und Abfall, letztlich auch die Angst vor dem »Kanaanäer in der eigenen Brust« (→ S. 100).

Als dann in den folgenden Generationen die Hellenisierung des Lebens zunahm und deren Kultur viele Juden und sogar Priesterkreise beeindruckte, verschärfte sich der Zwiespalt zwischen der eigenen religiösen Ordnung und dem Glanz des Griechentums. Nachdem schließlich Antiochus IV. Epiphanes (175–164) in Jerusalem ein »Gymnasion« einrichtete, das schlechthin griechischen Lebensstil repräsentierte, und das jüdische Leben ganz hellenistischen Sitten unterwerfen wollte, kam es zu den Makkabäerkriegen. Jüdische Identität als religiös fundierte Lebensform wurde deutlich von *Hellenismós* abgehoben. Bei gleicher ethnischer Herkunft brachte dies die Unterscheidung zwischen *Israel* und dem *wahren Israel*, und zugleich die Angst vor Verführung, welche die durch alle folgenden Zeiten gehende Absonderung motiviert.

Die mit dieser Absonderung verbundenen Gewaltpotentiale sind – auch wenn sie in einzelnen biblischen Schriften ihren irritierenden Ausdruck fanden – in den monotheistischen Bewegungen Israels und des Judentums real nie wirksam geworden; das kann nicht deutlich genug vermerkt werden. Das verhält sich jedoch anders in der christlichen Transformation des jüdischen Erbes, in der Weise, wie dort die kanonisierte Religion ihre Fortsetzung fand.

Antiochus IV., 8. König des Seleukidenreiches (175–164), der sich mit seinem Beinamen Epiphanes als der »Offenbare Gott« bezeichnete. A. versuchte die Juden insgesamt zu hellenisieren durch das Verbot jüd. Traditionen und die Anlage einer nach griechischem Muster errichteten Stadt. Dieser Versuch scheiterte am bewaffneten Widerstand vor allem der altgläubigen jüdischen Landbevölkerung.

2. Die christliche Glaubensweise

Jesus war Jude und glaubte in jüdischer Weise an Gott. Seine Botschaft lautete: »Die Zeit ist reif. Herbeigekommen ist das Reich Gottes. Kehrt um und glaubt an das Evangelium!« (Mk 1,15; → S. 262) Diese Botschaft galt dem hier und heute: »Siehe, das Reich Gottes ist mitten unter euch« (Lk 17,21b). Als Reich Gottes galt jene neue Welt, in der »Gerechtigkeit und Frieden einander küssen« (Ps 85,11). Damit war kein Jenseits gemeint, sondern die konkrete irdische Wirklichkeit. Auch lag keine »Kirchengründung« in dieser Perspektive (→ S. 255 ff.).

Die Bewegung, die von Jesus ausging, zerfiel zunächst in deutlich sich unterscheidende Richtungen. In der palästinischen Welt setzte seine Gefolgschaft die Reich-Gottes-Verkündigung fort. Sie wollte vermitteln, was auch Jesus vermittelt hatte. Die Spruchquelle Q und das Thomasevangelium belegen diese Tradition mit Worten und Gleichnisgeschichten. Für diese frühe palästinische Jesus-Bewegung war die Person Jesu, sein Tod und eine Bezeugung seiner Auferstehung noch kein Thema (→ S. 244 ff.).

Anders in der hellenistischen Diaspora. Kennzeichnend dafür ist das Programm des Paulus. Nur den Gekreuzigten und Auferstandenen wollte er verkünden. Das Reich-Gottes-Verständnis Jesu und die Inhalte seiner Botschaft haben ihn wenig interessiert. Während also die Jesusleute in der palästinischen Welt das Engagement Jesu fortsetzten, ohne (zunächst) eigene Gemeinden zu gründen, richtete sich in der hellenistischen Welt alle Anstrengung auf den Aufbau von Gemeinden, die sich mit der Zeit schrittweise vom Judentum abgrenzten. An die Stelle der Reich-Gottes-Verkündigung trat das Bekenntnis zum gekreuzigten und auferstandenen Messias, der nun griechisch Christos genannt wurde (→ S. 246 ff.).

Das hellenistische Judenchristentum brachte schon bald spezifische Bekenntnisformeln hervor. Bereits der frühe Paulus konnte auf Formeln zurückgreifen. Etwa die 1 Kor 15,3ff zitierte Deklamation, »dass Christus gestorben ist für unsere Sünden gemäß der Schrift; und dass er begraben wurde; und dass er auferweckt worden ist am dritten Tage gemäß der Schrift; und dass er erschienen ist dem Kephas, danach den Zwölfen«. Eine andere frühe Glaubensformel gibt Paulus Röm 10,8-9 wieder: »Wenn du bekennst mit deinem Munde: ›Herr ist Jesus‹ und glaubst in deinem Herzen, dass Gott ihn auferweckte aus den Toten, wirst du gerettet werden.«

Um sich als eine neue Glaubensgemeinschaft gegenüber dem Judentum, aber auch vor der hellenistischen Welt abzuheben, waren Kurzformeln unerlässlich. Es handelt sich dabei noch nicht um Dogmen im heutigen Verständnis, sondern um variable Formulierungen, die neue Bildungen nicht ausschlossen. Angesichts der sich hier schon bald steigernden Auseinandersetzung mit Abweichungen, entwickelte sich jedoch eine immer heftigere Ketzerschelte (→ S. 92 ff.). Mit ihr verknüpften sich polemische Abgrenzungen, die schließlich auch zu defensiv-definierenden Sätzen führten, die den eigenen Glauben gegenüber »Irrlehren« klarstellten.

Seit dem Urchristentum gab es durch alle Jahrhunderte einen meist kompromiss- und schonungslosen Streit, in welchem sich Christen gegenseitig den rechten Glauben bestritten. Die Lehre hat als verbindli-

In dieser romanischen Handschrift aus Katalonien (13. Jh.) wird Paulus als Pantokrator dargestellt, hervorgehoben durch die Mandorla, die ihn umfasst, den Regenbogen, auf dem sonst nur der Weltenrichter thront, und das Kissen gemäß byzantinischer Repräsentanz. Die den kosmischen Kreis präsentierenden Engel unterstreichen ihrerseits eine Würde, die sonst nur Christus oder der Trinität vorbehalten ist. Diese vielleicht einmalige Darstellung macht deutlich, dass Paulus letztlich hinter allen christologisch bestimmten Bildwerken als deren Matrix zu sehen ist, denn er ist der entscheidende Schöpfer des Christusmythos.

che Doktrin von Beginn an eine sich steigernde Rolle gespielt. Durch das historische Phänomen von Abweichungen (Häresien) verstärkte sich die Fixierung auf die »rechte Lehre« in der Form von Dogma und Glaubensformel ständig ... Aus dieser starken Fixierung des Christentums auf die Doktrin ist die Leidenschaftlichkeit zu verstehen, mit der die dogmatischen Streitigkeiten vor allem seit dem 2. Jahrhundert geführt wurden. Die vernichtende Polemik, die unerhört scharfen Aggressionen, die Verweigerung von Einigung und Versöhnung, die rücksichtslosen Mittel im Umgang mit dem »Gegner« zeigen, wie einseitig nun das Wesen des Christentums im Dogma gesehen wurde, zu dessen Gunsten andere christliche Postulate missachtet wurden. Infolge von Parteilichkeit, Fanatismus und auch Machtinteressen waren diese Konflikte kompliziert und aussichtslos. Die antike Gesellschaft hatte wegen ihres sehr anderen, undogmatischen Religionsverständnisses solche Glaubensstreitigkeiten vorher nicht gekannt. Erst das Christentum hat sie durch sein zentrales Interesse an der Glaubensformel verursacht. *Norbert Brox*

Um Wahrheit von Häresie leichter trennen zu können, entwarf gegen Ende des 2. Jahrhunderts der Bischof Irenäus von Lyon das Prinzip, die Wahrheitsfrage ausschließlich den Bischöfen als den Lehrern der Kirche vorzubehalten und begründete dies damit, dass sie Nachfolger der Apostel seien:

Die Verteidigung der wahren Lehre entwickelte sich nach dem Bruch mit der Ostkirche (1054) und der sich anschließenden gregorianischen Reform zu einem Hauptaugenmerk des Papsttums. Auf dem Bild geißelt Ambrosius einige Ketzer. Giovanni di Milano (14. Jh.).

Man muss den Presbytern in der Kirche gehorchen, die, wie wir gezeigt haben, die Nachfolger der Apostel sind und zugleich mit der Nachfolge im Bischofsamt auch die gewisse Gabe der Wahrheit nach dem Wohlgefallen des Vaters empfangen haben; die andern hingegen, die sich von der ursprünglichen Nachfolge absondern und irgendwo zusammenkommen, muss man für verdächtig halten; es sind dies entweder Häretiker, Leute mit verkehrter Ansicht, oder Schismatiker voll Aufgeblasenheit und Selbstgefälligkeit oder endlich Heuchler, denen es hierbei nur um Geld und eitlen Ruhm geht ...

Irenäus projizierte das inzwischen entstandene monarchische Bischofsamt in die Anfänge zurück. Er folgerte eine lückenlose Aufeinanderfolge (Sukzession) vom ersten Inhaber eines Bischofsstuhls – den ein Apostel oder »Apostelschüler« direkt eingesetzt haben soll – bis zum derzeitigen Amtsinhaber. »Diese Konstruktion historischer *Kontinuität* garantierte jetzt die Rechtgläubigkeit mit Hilfe des Amtes« (Norbert Brox).

Während sich die griechische Ostkirche pluriform entwickelte und in dieser gleichrangigen Vielfalt bis zum heutigen Tage verweilt, neigte der lateinische Westen schon bald zu einer zentralistischen Kirchenverfassung. Darüber hinaus scheint die politische und kulturelle Bedeutung Roms als »Haupt« des Reiches auch für das Selbstverständnis des römischen Bischofs eine Rolle gespielt zu haben. Irenäus begründete den Vorrang der römischen Kirche so:

Weil es ... zu weitläufig wäre, in einem Werk wie diesem die Sukzessionen sämtlicher Kirchen aufzuführen, darum begnügen wir uns mit der sehr großen und alten, allen bekannten, von den beiden berühmtesten Aposteln Petrus und Paulus begründeten und errichteten Kirche und zeigen auf, wie die Tradition, die sie von den Aposteln empfangen, ... durch die bischöflichen Sukzessionen bis auf uns gelangt ist ... Denn mit dieser (römischen) Kirche müssen wegen ihres doppelt gewichtigen Vorzugs alle Kirchen, d. h. die Gläubigen allerorten, übereinstimmen, so wahr in ihr ... die apostolische Überlieferung allezeit bewahrt worden ist.

Die erste sichere Äußerung eines Primatanspruchs kam von dem römischen Bischof Stephan I. (254–257), der sich in einem damaligen Ketzertaufstreit mit der formalen Argumentation durchzusetzen suchte, dass er Petrusnachfolger auf dem römischen Bischofsstuhl sei und damit der für alle Kirchen vorrangige und maßgebliche Bischof. Dabei nahm er erstmals den Text Mt 16,18f. für sich in Anspruch. Die übrigen Teilkirchen legten energischen Widerspruch ein; der erhobene Anspruch wurde (noch) nicht anerkannt.

Erst im späten 4. Jahrhundert änderten sich die Verhältnisse unter Damasus I. von Rom (366–384). Er veranlasste Kaiser Gratian, auf den von den Imperatoren geführten Titel eines *Pontifex Maximus* zu verzichten und ihn den Bischöfen von Rom zu übertragen. Gegenüber den östlichen Patriarchaten beanspruchte Rom jetzt Vorrang mit Berufung auf das petrinische Prinzip. Dagegen blieb Rom aus östlicher Sicht ein Patriarchat neben anderen.

Die politischen Wirren des 5. Jahrhunderts boten dem Papsttum optimale Bedingungen zu seiner weiteren Entwicklung, als Rom im Zuge der Völkerwanderung mehrfach belagert und überfallen und das Kaisertum zusehends schwächer wurde. Mit dem Ende des Reiches entstand im Westen ein Machtvakuum, das dem Papst eine politische Rolle zuwies, die auch der Idee des Papsttums außerordentliche Aufwertung brachte. Leo I. (440–461), die bedeutendste Gestalt seiner Zeit, reklamierte für den Nachfolger des Petrus die Vollgewalt über alle anderen Bischöfe und die Universalkirche. Gleichzeitig mischte sich die Papst-Idee mit Vorstellungen und Begriffen der vorchristlichen römischen Reichsideologie. Der Papst übernahm das kaiserliche Hofzeremoniell.

Papst Gregor I. (590–604) griff noch einmal auf das ursprüngliche Amtsverständnis als Dienst zurück und nannte sich »Diener der Diener Gottes«. Das hinderte ihn aber nicht, auch mit imperialen Insignien und Titeln aufzutreten und seine hoheitliche Macht zu nutzen. So hatte nun das Papsttum mit Beginn des Mittelalters allergrößte politische Bedeutung errungen. Es stand, wie ehedem das Kaisertum, dem Volk jetzt hoheitlich gegenüber. Die ursprüngliche synodale Verfassung gleichberechtigter Gemeinden mit Communio-Struktur war in einer hierarchisch-monarchischen Papstkirche aufgegangen.

Der Apostel Petrus auf dem Thron ist Prototyp des päpstlichen Selbstverständnisses auf der »Cathedra Petri«. Das kirchliche Rechtsbuch beschreibt in Can 332 die angeblich auf Petrus zurückgehende »höchste, volle, unmittelbare und universale Gewalt« des Papstes, die dem Apostel selbst völlig unvorstellbar gewesen wäre. Erst um die Mitte des 2. Jahrhunderts findet sich der erste Hinweis auf diese Idee. Sie nimmt eine Kirchenstruktur als ursprünglich in Anspruch, die sich erst als das Resultat einer langen und kontroversen Geschichte entwickelt hat. (Siena, um 1280)

Glaube und Dogma

> Wenn man das Leben lebt, muss man auch den Irrtum in Kauf nehmen, sonst wäre das Leben nicht vollständig. Es gibt keine Garantie – in keinem Augenblick – dass wir nicht in einen Irrtum geraten oder in eine tödliche Gefahr. Man meint vielleicht, es gäbe einen sicheren Weg. Aber das wäre der Weg der Toten. Dann geschieht nicht mehr oder auf keinen Fall das Richtige. Wer den sicheren Weg geht, ist so gut wie tot.
>
> C. G. Jung

Wenn angesichts der Kanonbildung im Frühjudentum bemerkt worden war, dass damit auch die Tore geschlossen wurden, durch die immer wieder neuer Sinn – und damit auch Störung – Eingang finden konnte, so gilt dies für die hier geschilderte kirchliche Entwicklung erst recht. Ein Lehramt, das sich im Fortgang der Entwicklung mit inquisitorischem Misstrauen verbindet, schließt quer stehende Propheten von vorneherein aus. Soweit sie dennoch auftreten, sind sie nicht willkommen, werden behindert oder ausgeschaltet und haben es unendlich schwer, zu ihrer eigenen Zeit Gehör zu finden. Auch hier haben Schriftgelehrte, Theologen und beamtete Glaubenswächter die Propheten abgelöst. Sie bewachen eher steril als kreativ den kodifizierten Glauben.

3. Was ist ein Dogma?

Wie nun entwickelte sich das Dogmenverständnis? Auszugehen ist vom Grundwort *doxa*; es bedeutet einerseits Ansehen, Ehre und Ruhm, aber auch Ansicht und Lehrmeinung, besonders im philosophischen Sprachgebrauch. Das Kompositum *Orthodoxia* steht für »richtige Meinung«, »korrekte Lehre«. Damit wird das ursprüngliche Evangelium in ein System begrifflicher Sätze übertragen, wozu die spätantike philosophische Bildung allzu bereit war. Dem antiken Griechisch war der Begriff *dogma* allerdings kaum geläufig. In der theologischen Literatur begegnet er gegen Ende des 3. Jahrhunderts, zunächst nur vereinzelt. Erst Vinzenz von Lerin (gest. vor 450) verwendete *Dogma* als pointiert kirchlichen Begriff, der die Aspekte Offenbarungswahrheit, Glaubenspflicht und die Funktion der Kircheneinheit umfasst. In der Gegenreformation griff man darauf zurück, um schließlich mit zunehmender »Aufklärung« unter Dogma einen definierten Glaubenssatz und unfehlbare Offenbarungswahrheit zu verstehen, die autoritativ gehorsame Glaubenszustimmung verlangt und diese als heilsverbindlich bezeichnet. Die Leugnung eines solchen Dogmas überführt der Irrlehre. Doch unabhängig von dieser Begriffs-

Karikatur aus dem Humoristisch-satirischen Wochenblatt »Kladderadatsch« vom 14. November 1869.

entwicklung wurde *in der Sache* die abweichende Lehre im griechisch inkulturierten Christentum immer schon als Häresie verfolgt.

Die orthodoxen Kirchen fassen unter den Dogmenbegriff vor allem die Lehraussagen der ersten sieben Ökumenischen Konzilien sowie die einiger späterer panorthodoxer Synoden zusammen. Auch die Reformation blieb in dieser Tradition. Sie lehnte das Dogma als fest umrissene Glaubensaussage nie ab und übernahm den gesamten Bestand der von der Alten Kirche festgelegten Glaubensentscheidungen. Luther bestritt jedoch den unbedingten Lehranspruch von Papst und kirchlicher Hierarchie, gegen den weder mit biblischer Argumentation noch im Namen eines allgemeinkirchlichen Glaubensbewusstseins appelliert werden kann.

Seine autoritativste Ausprägung gewann das Dogma in der katholischen Kirche mit Pius IX. (1846–1878) und dem Ersten Vatikanischen Konzil (1869/70). Man glaubte, die Kennzeichnung von Glaubenssätzen als verbindliche Dogmen schaffe ein Bollwerk gegen irritierende oder gar auflösende Einflüsse. Innerhalb der katholischen Lehrdarbietung entwickelte sich in der Folge eine dogmatistische Übersteigerung, die 1870 im Dogma von der Unfehlbarkeit des Papstes mündete.

Unter Pius X. (1903–1914) nahm diese Abwehr krankhafte Züge an und führte zu einer geistigen Isolation, die das Gespräch über das eigene System hinaus zeitweilig unmöglich machte. War es das Bestreben der Kirche, den Glauben durch dogmatische Qualifikationen stärker zu sichern, so war die Wirkung eher gegenteilig. Offensichtlich nahm man an, die mittelalterliche kirchliche Selbstklimatisierung ließe sich fortsetzen. Aber in den neuzeitlichen Jahrhunderten ist die Glaubenslehre der Außenwahrnehmung ausgesetzt. Dabei überlebt langfristig nur, was sachhaltiger Kritik standhält.

Brisanter noch als jede Kritik von außen wirken innertheologische Vorgänge. Hier sind es vor allem die biblischen Wissenschaften, die kritisch dem definierten Glaubensgefüge zusetzen. Die immer noch geübte dogmatische Praxis, einzelne Bibel*stellen* zur Stützung bestimmter Glaubensanschauungen punktuell in Anspruch zu nehmen, findet seitens der Exegese kaum Legitimation. Als »Glaubensargument« haben solche Zitationen ihre Verwendbarkeit verloren. Für manche christologischen und mariologischen Höhenflüge sind vermeintlich biblische Begründungen schlicht weggefallen.

> Wenn das Dogma unverrückbar feststeht, wenn der Papst unfehlbar ist und nur eine Interpretation rechtens ist, kann von einer Neuinterpretation, einer neuen Vorstellung, einer Neuerfindung oder einer Neuprägung religiöser Glaubenssätze keine Rede mehr sein. Das System kennt schon sämtliche Antworten …
>
> [Aber es ist wichtig …] zu verstehen, in welchem Ausmaß die große Tradition des Christentums zu Beginn der Aufklärung sich durch ihre katastrophale Vernarrtheit in den Buchstabenglauben und den Einsatz purer Macht zur Kontrolle von Sprache selbst zerstört hat. Das ausgebrannte autoritäre Herrschaftssystem der römisch-katholischen Kirche von heute und der nichtssagende protestantische Fundamentalismus sind die langfristigen Konsequenzen davon. Wenn die Sprache zu eng an die Kandare genommen wird, erleidet die Religion einen langsamen Tod.
>
> *Don Cupitt*

4. Häresie und Dogma

Von Karl Rahner, dem wirkmächtigsten katholischen Theologen des 20. Jahrhunderts, wurde bereits zitiert, dass die Radikalität eines ganz bestimmten Wahrheitsethos nur im Christentum vorkomme, darum gebe es »das eigentliche Wesen der Häresie doch nur hier«. Dieser Hinweis verweist auf ein Wahrheitsverständnis, mit dem sich das Christentum von allen früheren Religionen abhebt (→ S. 93 f.).

Im hellenistisch-römischen Kulturraum hat es den frühchristlichen Begriff der Häresie als Verstoß gegen eine religiös verbindliche Lehre nicht gegeben. Die Idee einer orthodoxen Wahrheit im Sinne einer im Christentum bestehenden universalen Verbindlichkeit war unbekannt. Religiöser Glaube war weder normativ noch konfessorisch, also prinzipiell undogmatisch und darum von weitgehender Toleranz geprägt (→ S. 91 ff.). Für das philosophische Denken – auch für die *religio naturalis*, in der Augustin und Benedikt XVI. »die innere Vorbereitung« des Christentums erkennen wollen – galt der Zwang des besseren Arguments, was Schulstreitigkeiten nicht ausschloss, bei polemischen Kontroversen doch umso mehr den Rekurs auf die argumentative Vernunft nahe legte (→ S. 65).

Bei genauerem Hinsehen zeigt sich, dass sich das Christentum von seiner Umgebung von Anfang an abhob durch die Ableitung seiner Wahrheit aus Offenbarung und von daher durch die »autoritätsbezogene Art und Weise ihrer Begründung, Bewahrung und Präsentierung, bzw. die Härte der Sanktionen für alle Verstöße gegen die solchermaßen unbezweifelba-

> Die Wahrheit kann nicht ein für alle Mal ausgedrückt und auf ewig festgehalten werden. Dann wäre sie längst tot.
>
> *Peter Trummer*

> Je älter das Christentum wird, umso affirmativer scheint es zu werden, umso weniger negative Theologie scheint es zu ertragen, umso »geschlossener« sucht es sich an den Widrigkeiten der Schöpfung vorbeizuretten. Das Sensorium für das fremde Unglück verkümmert, Glaubensfestigkeit wird unter der Hand zur Verblüffungsfestigkeit.
>
> *Johann Baptist Metz*

Glaube und Dogma

Im Jahr 1517 erschien dieser Holzschnitt als Titelbild zu einem Buch, das die ecclesia militans, *die »streitende Kirche« zum Thema hat. Verfasser des Werkes ist der Dominikaner Isidor Isolani, der schon zwei Jahre später literarisch gegen Luther Stellung nehmen sollte. Doch hier ist die Vision einer Kirche, die alle Stände der Christenheit in einer hierarchischen Ordnung umschließt, noch ungebrochen. Die Mitte des Bildes nimmt der Papst ein, in seiner Linken ein riesiger Schlüssel, in der Rechten das Evangelienbuch. Über ihm der Heilige Geist. Von ihm gehen Strahlen auf die um den Papst vollständig versammelte Christenheit aus, die freilich nur aus Klerikern besteht. Das »Volk Gottes« wird nicht einmal angedeutet. Zu den Grundlagen dieser im Glauben und Leben geeinten Kirche gehört auch die Überlieferung der Vorfahren, dargestellt durch die Folianten vor dem Papstthron.*

re Wahrheit« (Norbert Brox). Darin unterschied es sich schon bald vom Judentum, das große Differenzen in Schulmeinungen und Grundrichtungen kannte und doch die Glaubensartikulation nicht überwachte. Im Gegensatz dazu definierte sich das (hellenistische) Christentum schon bald als feststehende Lehre. Bereits um das Jahr 56 mahnte Paulus, »auf die Acht zu geben, die im Widerspruch zu der Lehre, die ihr gelernt habt, Spaltung und Verwirrung verursachen: Haltet euch von ihnen fern!« (Röm 16,17), und ergänzte seine Mahnung gleich mit der Diffamierung der »anderen«: »Diese Leute dienen nicht Christus, unserem Herrn, sondern ihrem Bauch und sie verführen durch ihre schönen und gewandten Reden das Herz der Arglosen.«

Die christliche Auffassung von Wahrheit aus Offenbarung unterschied sich grundsätzlich von jener der griechischen Philosophen, weil »diese verbindliche und gültige Wahrheit in der Geschichte selbst, in der Gestalt Jesu Christi und des Glaubens der Kirche« gegeben ist (Joseph Ratzinger). Für den Christ ist es dann bald ausreichend, Erleuchtung in der Lektüre der Heiligen Schrift zu suchen. Ging es den griechischen Philosophen um Intellektualität, die kosmische Wahrheit zu begreifen, die Platon und Plotin um moralische Reinheit ergänzten, so hörte für das Christentum der Logos auf, abstrakt zu sein. Er wurde ein persönliches Wort Gottes, das in Christus erschienene erlösende Wort. Darin begrenzte sich der christliche Fokus gegenüber dem griechischen erheblich. Seine höchste Wahrheit war die Menschwerdung Gottes (→ S. 330), der göttliche Eingriff in die Geschichte, die Verbindung von Diesseits und Jenseits, der Sterblichkeit mit der Unsterblichkeit. Diese überwältigende Tatsache zu verstehen, sollte nun ausreichen, um an das Ziel aller Philosophie zu gelangen, denn jetzt war Christus die Quelle aller Wahrheit im Kosmos, das allumfassende Prinzip der Wahrheit selbst. Dementsprechend erklärte Augustinus:

Wenn dann die Frage gestellt wird, was wir denn nun glauben sollen, die Religion betreffend, so ist es nicht nötig, in die Natur der Dinge forschend einzudringen, wie es jene taten, die die Griechen Physici nannten; noch sollte uns beunruhigen, dass ein Christ nichts von der Kraft und Anzahl der Elemente weiß; von der Bewegung, der Ordnung und den Eklipsen der Himmelskörper; von den Arten und der Beschaffenheit der Tiere, Pflanzen, Steine, Quellen, Flüsse und Berge; über Chronologie und Entfernungen; die Anzeichen kommender Stürme; und über tausend andere Dinge, die diese Philosophen entweder herausgefunden haben oder von denen sie glauben, sie herausgefunden zu haben ... Für einen Christen reicht es aus zu glauben, dass die einzige Ursache aller erschaffenen Dinge, ob himmlisch oder irdisch, ob sichtbar oder unsichtbar, die Güte des Schöpfers, des einen wahren Gottes, ist; und dass es nichts gibt, was sein Dasein nicht ihm verdankt.

Von dem aristotelischen Drang, »die Phänomene zu retten«, bleibt da nicht viel übrig; sie treten hinter dem Glanz der transzendenten Wirklichkeit zurück. Zugleich schwächt sich auch der aufklärerische Impetus ab, obwohl er nach Augustinus und Joseph Ratzinger doch das Geburtskennzeichen des Christentums sein soll. Bald nähert man sich der Wahrheit »am besten nicht durch selbst bestimmtes intellektuelles Forschen, sondern durch Vertiefen in die Heilige Schrift und das Gebet sowie durch den Glauben an die Lehren der Kirche« (Richard Tarnas).

Das erklärt, warum der Glaube erstmals unsicher wird, als mit dem Aufkommen der Neuzeit der klassische Humanismus seine Wiedergeburt erfährt und dem westlichen Geist ein neues Universum eröffnet. In nur einer einzigen Generation schufen Leonardo, Michelangelo und Raffael ihre Meisterwerke. In Musik, Malerei, Skulptur und Architektur wurden Grenzen durchstoßen und ein neues Niveau bisher unerreichter Komplexität und Schönheit gewonnen. Technische Erfindungen veränderten den Alltag: die mechanische Uhr, der magnetische Kompass, das Schießpulver und vor allem die Druckerpresse ließen zusammen mit der Neuentdeckung der griechischen Philosophie eine Kultur entstehen, in der zum ersten Mal seit tausend Jahren individuelle Fähigkeiten aus dem kollektiven Leib der christlichen Gemeinschaft heraustreten konnten. Luther stand gegen eine übermächtige kirchliche Tradition auf; Kopernikus revolutionierte das physikalische Weltbild. Zwar waren die neben und miteinander wetteifernden Genies der Renaissance immer noch zutiefst religiöse Menschen, und doch schon unleugbar weltlich, die Päpste dieser Zeit inbegriffen. Zwischen der Mitte des fünfzehnten und dem frühen siebzehnten Jahrhundert ereignete sich ein Quantensprung im menschlichen Verhalten, das sich nun individualistisch und ehrgeizig, oft rebellierend und rücksichtslos, aber auch kreativ und skeptisch zeigte. Die Aufklärung des 18. Jahrhunderts, in der sich – auch für den denkenden Gläubigen – die Frage nach der Wahrheit des Christentums neu stellte, fand hier ihre Vorbereitung.

Für die Kirche bedeutete diese Entwicklung eine Herausforderung, der sie sich in der Folgezeit nicht gewachsen zeigte. Bis zum Ende des Mittelalters lässt sich von einer Unsicherheit des Glaubens nicht sprechen, wohl aber von ständigen Abgrenzungen gegenüber tatsächlichen wie vermeintlichen Irrlehren. Seit der Wende zum 2. Jahrhundert blieb das Christentum nahezu ununterbrochen mit dem Problem abweichender Lehren befasst. Doktrinäre Konflikte folgten in derartiger Dichte aufeinander, dass ein Dauerklima der Abwehrhaltung entstand.

Je hilfloser und ängstlicher die Kirche sich gegen das aufklärende Denken absetzte, vielen neuen Ansichten und Argumentation aus ihrer dogmatischen Tradition heraus auch wenig entgegenzusetzen hatte, desto heftiger verteidigte sie die überlieferten Glaubensformeln. Zunächst irri-

Eine allegorische Figur verkörpert die Gesamtheit des Konzils. Dass die Summe der bei einem Konzil versammelten »Väter« aber just durch eine Frauengestalt repräsentiert werden soll, entbehrt nicht der Ironie. Ihre Rechte stützt sich auf einen Sockel mit päpstlicher Tiara. Mit dem linken Arm richtet sie ihren Schild, der ebenso schützt wie angreift, gegen die Feinde der Kirche. Der Heilige Geist nämlich sendet seinen Lichtstrahl auf den Schild, der ihn als Lichtpfeile gegen die anstürmenden Unholde umlenkt. Kinderengel unterstützen mit größter Tapferkeit die kirchliche Abwehr, doch traut man ihnen nicht zu, dass sie wissen, was sie tun.

Glaube und Dogma

tierte die kopernikanische Wende, in der sich das geschlossene mittelalterliche Weltbild auflöste. Hinzu kam die reformatorische Kirchenspaltung mit ihrer erstmaligen Individualisierung des Glaubensvollzugs. Dem Trauma der Französischen Revolution, ihrem Bruch mit der alten Feudalordnung und der selbstbewussten Erklärung der Menschenrechte trat Pius IX. mit dem Urteil entgegen, »jener Irrtum oder vielmehr Wahnsinn, man müsse jedem die Gewissensfreiheit gewähren«, auch Meinungs-, Presse- und Religionsfreiheit, sei genau so, wie wenn man alle Gifte im öffentlichen Handel schrankenlos freigeben würde. Dazu erschütterte der Einbruch des geschichtlichen Denkens in den dogmatisch immobilen Innenraum mit der historisch-kritischen Untersuchung der Bibel – von Reimarus bis Bultmann.

Seitdem ist die Zeit nicht stehengeblieben. Das Dogma findet sich heute einem neuen Spektrum analytischer Disziplinen unterworfen: Hermeneutik, Sprachwissenschaft, Wissenssoziologie, Tiefenpsychologie und Religionsgeschichte relativieren ihrerseits dogmatische Absolutsetzungen und fördern das Unbehagen gegenüber solchen Glaubensformeln. Dieses Unbehagen steigert sich angesichts einzelner Dogmeninhalte, wobei der Umgang damit variiert. Beispielsweise wird die dem Mittelalter entstammende Vorstellung von der »Jungfräulichkeit Mariens *vor*, *in* und *nach* der Geburt Jesu« heute eher verschwiegen als erinnert, weil dergleichen selbst für die meisten Christen nur noch Kuriositätswert besitzt, während am Beispiel der 1950 definierten »Leiblichen Aufnahme Mariens in den Himmel« studiert werden kann, wie durch Auslegungskünste Wortlaut und ursprüngliches Verständnis von Dogmen überholbar werden (→ S. 337 f.). Die Entwicklung des Dogmenbegriffs und die Qualifizierung von Glaubenssätzen in den neuzeitlichen Jahrhunderten ging einher mit einem zunehmenden kirchlichen Sicherheitsbedürfnis. Der Sinn dogmatischer Rede ist mit ihrer Definition nicht bereits ausgefüllt, zielt vielmehr darauf ab, einen umstrittenen oder potenziell fraglichen Glaubensinhalt überstark abzusichern. Treibender Faktor, der diesen Sicherungswillen in Bewegung setzt, sind Motive der Sorge, die sich als Not, Enge, Befangenheit oder Beklemmung auffächern. Symptomatisch dafür ist das Wort »Gefahr«, das sich in fast jeder Kontroverse über theologische Auslegungsprobleme einstellt. Auch wenn der Gesprächspartner damit auf objektiv gegebene Risiken hinweisen will, gibt er doch immer auch der eigenen Irritation Ausdruck, wobei – vielleicht unbewusst – mit der geäußerten Sorge zugleich ein Wille zu Macht und Machtsicherung beteiligt bleibt.

Das absichernde Bemühen tauscht Offenheit gegen Sicherheit aus, was zwangsläufig Wirklichkeit verkürzt. Dabei zeigt sich, dass der Sicherungswille gerade jene Sicherheit des Daseins verschlingt, um die er so ängstlich bemüht ist. Sicherheit äußert sich in Gelassenheit und Distanz, in Ruhe und innerer Festigkeit; sie gründet in Glauben und Vertrauen.

Ein weiteres Strukturmoment solcher Haltung ist die beschnittene Dialogfähigkeit. Dogmatistische Glaubenspositionen sind wenig beweglich; apologetisches Denken sichert sie gegen die Offenheit der Geschichte ab, so dass alle von außen hereindrängenden Fragestellungen blockiert werden. Wo aber Apologie vorherrscht, findet kein freier Dialog statt. Die Glaubensdarstellung erfolgt dann im kontrollierten System, ist belehrend deklamatorisch, nur die Formel repetierend, und zwar aus so enger Selbstbefangenheit, dass die Sprache an ihre baldige Grenze stößt.

Bis heute lassen sich zu viele Theologinnen und Theologen zur Verteidigung zwingen, indem sie ihre Kontinuität mit der Tradition beschwören. Die Kunst des Angriffs und der Verweigerung sind immer noch verpönt. Warum eigentlich? Warum ausgerechnet die Gruppe derjenigen, die wohl etabliert auf unkündbaren Stellen wirken? Würden wir diese Schwäche durchbrechen, dann könnten wir noch deutlicher machen, dass jede schöpferische Theologie nicht Beharren auf alten Positionen, sondern wie alle menschliche Aktivität ein Geschehen in Beziehung ist, das umso fruchtbarer wird, je mehr es in Freiheit und gegenseitiger Achtung geschieht.

Hermann Häring

Da der kanonische Text (der Bibel) vieldeutig und vielstimmig ist, die Identität der sich darauf gründenden Rezeptionsgemeinschaft (Synagoge/ Kirche) also durch Rekurs auf nicht eindeutige Texte konstituiert wird, Identität aber ohne Distinktion nicht bestehen kann, ergibt sich die Notwendigkeit eines von der Rezeptionsgemeinschaft akzeptierten Verfahrens der Sinnbegrenzung. Das heißt: Über das »richtige« Verständnis wird (im Konfliktfall mit Macht) entschieden.

Ludger Schwienhorst-Schönberger

Francisco de Goya (1746–1828), Inquisitionsprozess, um 1812/14.

Im Jahr 1799 konnte nur das Eingreifen des spanischen Königs verhindern, dass Goya vor der Inquisition wegen seines Gemäldes »Die nackte Maja« erscheinen musste. Den Verkauf von Bildern aus der Sammlung »Caprichos« und »Desastres« wurde Goya allerdings verboten.
Die spanische Inquisition war unter Napoleons Herrschaft über Spanien (1808 bis 1814) ausgesetzt worden. König Ferdinand VII. von Spanien führte sie wieder ein. Zu dieser Zeit richtete sie sich vor allem gegen normale Gotteslästerer, Humanisten, Lutheranos und sogenannte Bigamisten.

5. Dogma und Macht

Die Zeit, in der unberührt von Amtsgewalt und Politik der christliche Glaube reflektiert und vermittelt wurde, ging in den Generationen nach Paulus schon bald zu Ende. Nachdem die »demokratischen« Gemeindeverfassungen sich in ein hierarchisches System umbildeten, konnte der gefährliche Satz formuliert werden: *Ecclesia in sacerdotibus constat*, was geschichtlich korrekt bedeutet: Es sind die Bischöfe, welche die Kirche ausmachen. Die Bischöfe beanspruchen jetzt ausschließlich das Recht, über den wahren Glauben zu urteilen. Ketzerei ist seitdem Opposition gegen die Hierarchie. Und solchen Ketzern gegenüber verfügte die Kirche bald über Machtmittel, von denen die Urkirche nie zu träumen gewagt hätte.

Gewöhnlich wird die Entwicklung zum monarchischen Bischofsamt und entsprechender Autorität mit der »konstantinischen Wende« verknüpft. Historiker sehen die Entwicklung jedoch schon früher angebahnt. Bezeichnenderweise bemerkt Cyprian von Karthago (gest. 258) einmal, der römische Kaiser Decius (249–251) habe die Nachricht vom Aufstand seiner Truppen, die ihm einen Usurpator entgegensetzten, gelassener aufgenommen als den Ausgang einer Bischofswahl in seiner Hauptstadt Rom. Der Byzantinist Hans-Georg Beck schildert diese Entwicklung:

Schon vor der letzten großen Verfolgung durch Kaiser Diokletian im Jahre 304 war der Weg für die Emanzipation geebnet ... Allzu viele Kaiser besonders des 3. Jahrhunderts waren nicht mehr als Eintagsflie-

Glaube und Dogma

Der befohlene Glaube

In römischen Verlautbarungen begegnet oft die Wendung: »Es ist vor allem fest zu glauben …« Darauf gab Thomas Mann bereits im Jahr 1901 eine Antwort:

So aber geschah es, dass Thomas Buddenbrook, der die Hände verlangend nach hohen und letzten Wahrheiten ausgestreckt hatte, matt zurücksank zu den Begriffen und Bildern, in deren gläubigen Gebrauch man seine Kindheit geübt hatte. Er ging umher und erinnerte sich des einigen persönlichen Gottes, des Vaters der Menschenkinder, der einen persönlichen Teil seiner selbst auf die Erde entsandt hatte, damit er für uns leide und blute, der am jüngsten Tag Gericht halten würde … dieser ganzen, ein wenig unklaren und ein wenig absurden Geschichte, die aber kein Verständnis, sondern nur gehorsamen Glauben beanspruchte und die in feststehenden und kindlichen Worten zur Hand sein würde, wenn die letzten Ängste kamen … Wirklich?

Ein so eingeübter Glaube der »Begriffe und Bilder« bleibt in den Stereotypien der Kindheit gefangen. Ihn mit der Bekenntnisformel »Ich glaube« zu bestätigen, entspricht lediglich jenem »Glaubensgehorsam«, wie ihn die Kirche nach Röm 1,5; 16,26 und 2 Thess 1,8–10 verlangt und mit dem sie sich bis heute zufrieden gibt. Einer solchen Kirche aber können Gegenwart und Zukunft nicht gehören, so lange die vermeintlich Gläubigen den institutionell verwalteten Glauben nur rezeptiv annehmen, ohne sich selbst dabei mit Vernunft und Einsicht selbständig und frei ins Spiel zu bringen. »Wo aber nur eine Gehorsamsform angemessen ist, kann kein Evangelium sein.« (Herbert Koch)

gen, die den letzten Kredit der [Kaiser-]Idee verspielten. Konstantin der Große sah im Christentum eine Möglichkeit für ein neues Zusammengehörigkeitsgefühl und war entschlossen, die christlichen Bischöfe für seinen neuen Gedanken in Dienst zu nehmen. Die Bischöfe ließen sich vereinnahmen und genossen es, sich dafür privilegieren und bezahlen zu lassen. Bald stand ihnen das sogenannte »brachium saeculare«, der weltliche Arm, zur Verfügung und damit notfalls auch die kaiserliche Polizei. Aus dem Anathem wurde im Handumdrehen zugleich ein staatlicher Bannstrahl, aus Lehrdefinitionen einer Bischofsversammlung Reichsgesetz. Orthodoxie wurde politisch einsetzbar.

Im Rückblick auf zweitausend Jahre Kirchengeschichte sind »Ketzer« fast immer in der Defensive. Nur wenige sehen wir bei einem Gegenangriff. Es fehlte ihnen durchweg eine Institution, auf die sie sich hätten stützen können. Insofern waren Ketzer von Anfang an verloren. Das heißt nicht, dass auch ihre Sache verloren war, wie die Reformation und ihre breite Wirkungsgeschichte zeigt. Aber die Reformation hätte nicht kirchentrennend ausgehen müssen, hätte es in der Catholica ein waches Ohr für die *vox populi* gegeben. Nur zu oft ist in der Kirchengeschichte ein Reformprogramm verketzert worden, weil es den Amtsträgern an gleichzeitigem Bewusstsein fehlte. Auch die zerstörten Biographien vieler katholischer Theologen, deren bibelkritische Arbeiten dem Verdikt anheim fielen, haben letztlich nicht den Zensurierten, sondern der lehramtlichen Autorität geschadet. Einer Ketzergeschichte steht eine Geschichte der Irrtümer des kirchlichen Lehramtes gegenüber.

Es ist allerdings den kirchlichen Institutionen, die Christen der Ketzerei bezichtigten, so gut wie nie in den Sinn gekommen, den tatsächlichen oder vermeintlichen Ketzern je Gerechtigkeit widerfahren zu lassen, und sei es in einem noch so bescheidenem Maße. Ihre Verunglimpfung beginnt bereits in den Pastoralbriefen des Neuen Testaments (→ S. 92 f.), und mit der gewonnenen Macht auch die Geschichte ihrer blutigen Verfolgung und Vernichtung. So wurde aus irgendeinem ketzerischen »Irrtum« ohne weiteres Teufelei, die mit allen verfügbaren Mitteln ausgerottet werden musste. Die Rede, man solle den Irrtum, nicht aber den Irrenden hassen, blieb fast immer auf dem Papier, und bis zum Tage gibt es kein Denkmal, keinen Gedenktag für die zahllosen Märtyrer, die den vermeintlichen Glaubenswächtern zum Opfer gefallen sind.

6. Dogma und Angst: Fundamentalismus

Die Auseinandersetzung mit der modernen Welt hat in dem Maße, als die westlichen Religionen davon betroffen wurden, zu Bewegungen geführt, die ein rigoroser Sicherungswille kennzeichnet. Im Judentum, im Christentum und im Islam sind fundamentalistische Gruppierungen entstanden, welche die Vorherrschaft eines kritischen Denkens und westlicher säkularer Werte in Frage stellen und mit zunehmender Aggressivität darauf reagieren. Der Begriff Fundamentalismus geht auf eine Schriftenreihe »The Fundamentals« bzw. »The Fundamentals of Truth« zurück, die 1915–1919 in den USA erschien. Sie richtete sich vor allem gegen die historisch-kritische Bibelexegese und die Rezeption der Evolutionstheorie.

Aus diesem Ansatz entwickelte sich eine militante Frömmigkeit, die erschreckende Gestalt annehmen kann (→ S. 425 ff.). Im Blick auf die Bibel distanzierte sich 1993 die Päpstliche Bibelkommission deutlich von einem solchen Fundamentalismus und beschrieb ihn so:

Die fundamentalistische Verwendung der Bibel geht davon aus, dass die Heilige Schrift – das inspirierte Wort Gottes und frei von jeglichem Irrtum – wortwörtlich gilt und bis in alle Einzelheiten wortwörtlich interpretiert werden muss. Mit solcher »wortwörtlicher Interpretation« meint sie eine unmittelbare buchstäbliche Auslegung, d. h. eine Interpretation, die jede Bemühung, die Bibel in ihrem geschichtlichen Wachstum und in ihrer Entwicklung zu verstehen, von vornherein ausschließt. Eine solche Art, die Bibel zu lesen, steht im Gegensatz zur historisch-kritischen Methode, aber auch zu jeder anderen wissenschaftlichen Interpretationsmethode der Heiligen Schrift. …

Der Begriff »fundamentalistisch« wurde auf dem Amerikanischen Bibelkongress geprägt, der 1895 in Niagara im Staate New York stattfand. Die konservativen protestantischen Exegeten legten damals »fünf Punkte des Fundamentalismus« fest: die Lehre von der wörtlichen Irrtumslosigkeit der Heiligen Schrift, der Gottheit Christi, der jungfräulichen Geburt Jesu, der stellvertretenden Sühne Jesu und der körperlichen Auferstehung bei der Wiederkunft Christi. Als der fundamentalistische Umgang mit der Bibel sich in anderen Weltteilen ausbreitete, führte er in Europa, Asien, Afrika und Südamerika zu weiteren Spielarten, die alle auch die Bibel »buchstäblich« lesen. In der zweiten Hälfte des 20. Jahrhunderts fand der fundamentalistische Gebrauch der Bibel in religiösen Gruppen und Sekten wie auch unter den Katholiken immer mehr Anhänger.

Obschon der Fundamentalismus mit Recht auf der göttlichen Inspiration der Bibel, der Irrtumslosigkeit des Wortes Gottes und den anderen biblischen Wahrheiten insistiert, die in den fünf genannten Grundsätzen enthalten sind, so wurzelt seine Art, diese Wahrheiten darzulegen, doch in einer Ideologie, die nicht biblisch ist, mögen ihre Vertreter auch noch so sehr das Gegenteil behaupten. Denn diese verlangt ein totales Einverständnis mit starren doktrinären Haltungen und fordert als einzige Quelle der Lehre im Hinblick auf das christliche Leben und Heil eine Lektüre der Bibel, die jegliches kritisches Fragen und Forschen ablehnt. …

Der Fundamentalismus betont über Gebühr die Irrtumslosigkeit in Einzelheiten der biblischen Texte, besonders was historische Fakten oder sogenannte wissenschaftliche Wahrheiten betrifft. Oft fasst er als geschichtlich auf, was gar nicht den Anspruch auf Historizität erhebt; denn für den Fundamentalismus ist alles geschichtlich, was in der Vergangenheitsform berichtet oder erzählt wird, ohne dass er auch nur der Möglichkeit eines symbolischen oder figurativen Sinnes die notwendige Beachtung schenkt. …

Dem Fundamentalismus kann man auch eine Tendenz zu geistiger Enge nicht absprechen. Er erachtet z. B. eine alte vergangene Kosmologie, weil man sie in der Bibel findet, als übereinstimmend mit der Realität. Dies verhindert jeglichen Dialog mit einer offenen Auffassung der Beziehungen zwischen Kultur und Glauben. Er stützt sich auf eine unkritische Interpretation gewisser Bibeltexte, um politische Ideen und soziales Verhalten zu rechtfertigen, das von Vorurteilen gekennzeichnet ist, die ganz einfach

Fundamentalismus

Der ursprünglich christliche Fundamentalismus hat sich auf fünf Überzeugungen konzentriert. Sie lauten: Inspiration und Irrtumsfreiheit der Schrift, die Gottheit Jesu, die Jungfrauengeburt, der Opfertod Jesu sowie Christi Auferstehung und Wiederkunft. Im weiteren Sinne werden alle Strömungen fundamentalistisch genannt, die auf der wörtlichen Übernahme biblischer Überzeugungen bestehen. Unter ihnen spielt, wie bekannt, die Erschaffung der Welt in sechs Tagen (Kreationismus) eine wichtige Rolle. Wer dies versteht, kann auch nachvollziehen, weshalb der Begriff auch auf jüdische, muslimische sowie andere religiöse Strömungen angewendet wird.

Herman Häring

Bibelkommission
Als Präfekt der Glaubenskongregation war Joseph Kardinal Ratzinger gleichzeitig Präsident der Päpstlichen Bibelkommission, deren vom Papst berufene Mitglieder ihren Sekretär selbst wählen. 1991 übernahm dieses Amt der Neutestamentler Albert Vanhoye SJ, der in Sachen Bibeltheologie zu den Kritikern Ratzingers gehörte. »Auf diesem Hintergrund wird nachvollziehbar, warum das 1993 erschienene Dokument, dessen Aussagen teilweise nur schwer mit den Ansichten Ratzingers zu vereinbaren sind, in einer Ansprache Johannes Pauls II. geradezu enthusiastisch begrüßt, vom Präfekten der Glaubenskongregation aber mit einem eher kühlen Geleitwort auf den Weg geschickt wurde. Darin wird eigens betont, dass die Päpstliche Bibelkommission ›kein Organ des Lehramts, sondern eine Kommission von Gelehrten‹ ist.« In seinen Inhalten steht das Dokument der Päpstlichen Bibelkommission »in einer kaum zu übersehenden Spannung zu dem ein Jahr zuvor veröffentlichten ›Katechismus der Katholischen Kirche‹, in dem von den Früchten der historisch-kritischen Exegese kaum noch etwas zu finden ist.«
Hansjürgen Verweyen

im klaren Gegensatz zum Evangelium stehen, wie z. B. Rassendiskriminierung und dgl. mehr. …

Der fundamentalistische Zugang ist gefährlich, denn er zieht Personen an, die auf ihre Lebensprobleme biblische Antworten suchen. Er kann sie täuschen, indem er ihnen fromme, aber illusorische Interpretationen anbietet, statt ihnen zu sagen, dass die Bibel nicht unbedingt sofortige, direkte Antworten auf jedes dieser Probleme bereithält. Ohne es zu sagen, lädt der Fundamentalismus doch zu einer Form der Selbstaufgabe des Denkens ein. Er gibt eine trügerische Sicherheit, indem er unbewusst die menschlichen Grenzen der biblischen Botschaft mit dem göttlichen Inhalt dieser Botschaft verwechselt.

Insgesamt lehnen Fundamentalisten ein differenzierendes Sprachverständnis in Glaubenfragen ab. Sie missverstehen jeden Mythos als Logos und ignorieren die Gesetze metaphorischer und symbolischer Rede. Ihr Kurzschluss, die Wahrheit einer Religion in verifizierbaren Fakten finden und wissenschaftlich beweisen zu wollen, macht sowohl aus der Religion wie aus der Wissenschaft eine Karikatur. Ob Juden, Christen oder Muslime, alle, die so verfahren, verfälschen ihre Tradition, weil sie diese in eine erstickende Engführung pressen. Toleranz, Feinfühligkeit und Sympathie für andersgeartete Lebensformen haben darin keinen Platz. Stattdessen entwickelt sich ein Denken in Feindkategorien, das im Namen Gottes alles verurteilt und ausgrenzt, was nicht die eigene Ansicht teilt.

VI. Evolution oder Schöpfung?

»Ich glaube an Gott, …den Schöpfer des Himmels und der Erde …« Dass Gott der Schöpfer ist, ist über Jahrhunderte fragloses und unbestrittenes Bekenntnis des Glaubens gewesen. Doch was die christliche Tradition über Gott gedacht und gesagt hat, erfährt heute seine Infragestellung durch die revolutionär entwickelte Weltraumphysik, wie sie von Kopernikus initiiert, von Einstein, über Heisenberg, Bohr und Dirac bis Hawking in eine neue Ära überführt worden ist.

1. Von Kopernikus bis Newton

Die Anfänge der kopernikanischen Revolution reichen in jene Monate zurück, in denen sich Kolumbus in der Neuen Welt aufhielt. Aber während die Entdeckung des Kolumbus ohne Aufschub der europäischen Welt bekannt wurde, blieb die kopernikanische einer breiten Öffentlichkeit verborgen. Erst kurz vor seinem Tode erklärte Kopernikus (1473–1543) in seinem Werk *De revolutionibus orbium coelestium*, »Über die Umdrehung der Himmelsbahnen« das ptolemäische System für unbefriedigend und stellte folgende Axiome auf:

1. Nicht alle Himmelskörper bewegen sich um das gleiche Zentrum.
2. Die Erde ist nicht die Mitte des Weltalls, sondern nur das Zentrum der Mondbahn.
3. Zentrum des Planetensystems [und damit auch des Universums] ist die Sonne.
4. Die Entfernung von der Erde zur Sonne ist, verglichen mit der zu den Fixsternen, verschwindend klein.
5. Die tägliche Umdrehung des Firmaments ist auf die Rotation der Erde um die eigene Achse zurückzuführen.
6. Die jährliche Bewegung der Sonne folgt aus der Umlaufbahn der Erde um die Sonne.
7. Auch die scheinbaren Kehrpunkte und Rückläufigkeiten gehen auf die Drehung der Planeten um die Sonne zurück.

Ablehnend reagierten zunächst die Reformatoren. Luther gab sich unwirsch: »Der Narr will die ganze Kunst Astronomiam umkehren; aber die Heilige Schrift sagt uns, dass Josua die Sonne stillstehen ließ und nicht die Erde.« Bald schlossen sich Melanchthon und Calvin seinem Urteil an. Calvin fragte: »Wer wird es wagen, Kopernikus als Autorität über den Heiligen Geist zu stellen?« In der katholischen Kirche wurde die Propagierung des heliozentrischen Weltbildes nicht gleich als Ketzerei angesehen. Man sah in der neuen Theorie lediglich eine mathematische Hilfe, um die Planetenbahnen einfacher berechnen zu können. Dabei war dieses Rechenmodell im Grunde nicht genauer als das des Ptolemäus, weil Kopernikus von kreisförmigen Planetenbahnen ausging, wenn auch die Zahl der Astrologen wuchs, denen die kopernikanischen Diagramme für ihre

Nikolaus Kopernikus (1473–1543). Das heliozentrische Weltbild hat als Erster Aristarchos von Samos im dritten vorchristlichen Jahrhundert vertreten. Kopernikus war auch nicht der Erste an der Wende zur Neuzeit, der ein heliozentrisches System in Betracht zog. Vor ihm hatten schon Nikolaus von Kues (1401–1464) und der Königsberger Regiomontanus (1436–1476) diesen Gedanken. Es gilt als sicher, dass K. deren Überlegungen weiterführte, aber nur Vertrauten zugänglich machte. Einige Freunde, besonders Bischof Tiedemann Giese und Kardinal Nikolaus von Schönberg, haben ihn jahrzehntelang ermuntert, seine astronomischen Arbeiten zu veröffentlichen, doch war K. dazu erst in seinem Todesjahr bereit. Wahrscheinlich zögerte er damit, weil seine Berechnungen nicht durch Beobachtungen gestützt werden konnten und eine Ablehnung durch die wissenschaftliche Öffentlichkeit zu befürchten war.

Allerdings galt die Propagierung des heliozentrischen Weltbildes zu Kopernikus' Zeiten noch nicht als Ketzerei, eher als Hirngespinst eines verwirrten Geistes. Das geozentrische System konnte ja alle Beobachtungen des gesunden Menschenverstandes für sich in Anspruch nehmen.

Johannes Kepler

Wer aber soll hausen in jenen Welten, wenn sie bewohnt sein sollten? Sind wir oder sie die Herren des Alls? Und ist dies alles dem Menschen gemacht?

Gib mir Schiffe oder richtige Segel für die Himmelsluftfahrt her und es werden auch Menschen da sein, die sich vor den entsetzlichen Weiten nicht fürchten.

Kepler an Galilei

Zwecke hilfreich wurden. Im gesamten 16. Jahrhundert wurde die Vorstellung, dass die Erde sich bewegt, noch durchgehend lächerlich gemacht. Erst Johannes Kepler (1571–1630) errechnete die wahre Gestalt der Planetenbahnen als elliptisch und erschloss mit seinen »Keplerschen Gesetzen« tragfähige Kenntnisse über das Sonnensystem. Er formulierte seine drei Gesetze folgendermaßen:

(1) … unter Verarbeitung von sehr viel Beobachtung fand ich, das der Weg des Planeten am Himmel kein Kreis ist, sondern eine ovale, vollkommen elliptische Bahn …
(2) dass gleiche Bögen auf ein und demselben Exzenter nicht mit gleicher Geschwindigkeit durchlaufen werden, dass vielmehr die verschiedenen Wegzeiten für gleiche Teile des Exzenters proportional sind ihren Abständen von der Sonne, der Quelle der Bewegung …
(3) dass die Proportionen, die zwischen den Umlaufzeiten irgendzweier Planeten besteht, genau das Anderthalbfache der Proportionen der mittleren Abstände, d. h. der Bahnen selbst, ist …

Diese Gesetze sind im Keplerschen Werk an unterschiedlichen Stellen zu finden, nicht in der vorliegenden Zuordnung. Anders als Kopernikus sah Kepler hinter den Zahlen und geometrischen Figuren eine transzendente Macht. Dennoch wurde fortan die Physik der Himmelskörper als »eine Art Uhrwerk« beschrieben. Die neue Qualität wissenschaftlicher Reduktion beschränkte sich auf Empirie und Mathematik, zumal die Resultate selbst nach strengsten Maßstäben mit den Beobachtungen übereinstimmten.

Die Himmelsscheibe von Nebra, um 1600 v. Chr.

Dieser »Schlüsselfund der Astronomie« ist 3600 Jahre alt und die bislang älteste astronomische Darstellung. Sie wurde 1996 in Sachsen-Anhalt bei Nebra innerhalb einer Wallanlage von Raubgräbern entdeckt. Die Bronzescheibe ist mit 32 Goldblättchen belegt; zu ihnen gehört das Siebengestirn der Plejaden. Die großen goldenen Formen zeigen den zunehmenden Mond, mittig den Vollmond oder die Sonne, am rechten Rand ein Symbol des Sonnenverlaufs; unten die Sonnenbarke. Die Scheibe hat in ihrer Geschichte verschiedene Ergänzungen erfahren. Für die Forschung stellen sich noch viele Fragen.

Galilei pointierte: »Wer naturwissenschaftliche Fragen ohne Hilfe der Mathematik lösen will, unternimmt Undurchführbares.« Im gleichen Jahr als Kepler 1609 seine Gesetze der Planetenbahnen veröffentlichte, richtete Galilei sein neu entwickeltes Fernrohr auf den Himmel. »Ich habe eine Menge von nie gesehenen Fixsternen beobachtet, die die Zahl derer, die man mit bloßem Auge wahrnehmen kann, um mehr als das Zehnfache übertrifft.« Er gewann seine Erkenntnisse aus methodischer Naturbeobachtung und wies damit der gesamten Naturforschung ihren Weg in die Neuzeit. Über seine Entdeckungen und Schlussfolgerungen berichtete Galilei in seinem Werk *Sidereus Nuncius*, »Sternenbote«, das unter den europäischen Intellektuellen zur Sensation wurde. Der Siegeszug der kopernikanischen Revolution im westlichen Denken war danach nicht mehr aufzuhalten.

Für die Kirche bedeuteten die neuen Erkenntnisse und Fragestellungen eine irritierende Herausforderung. Sehen wir von den menschlichen Schwächen der je im Konflikt Beteiligten ab, hätte sie sich zweifellos anders verhalten können, als sie es tat. Die wissenschaftlichen Ergebnisse einfach unterdrücken zu wollen, weil sie nicht mit dem eigenen Bibelverständnis übereinstimmten, war zumindest unklug und in den weiteren Folgen selbstschädigend. Der Konflikt mit der Kirche konzentrierte sich schließlich auf die Frage: Ist die Lehre von der Bewegung der Erde um die Sonne mit der Bibel in Einklang zu bringen? Dafür galt der Maßstab, den das Konzil zu Trient mit Blick auf Luther dekretierte: »dass fortan niemand, der eigenen Klugheit vertrauend, wagen darf, in Dingen des Glaubens und der zum Aufbau der christlichen Lehre gehörenden Sitten die Heilige Schrift nach eigenem Sinne zu verdrehen und auszulegen gegen den Sinn, den die Heilige Mutter Kirche angenommen hat und annimmt, sie, der es zukommt, über den wahren Sinn und die Auslegung der Heiligen Schrift zu entscheiden oder auch gegen die einmütige Übereinstimmung der Väter«. Galilei setzte dagegen:

Wenn es einen wirklichen Beweis gäbe, dass die Sonne der Mittelpunkt des Universums ist … und dass die Sonne sich nicht um die

Galileo Galilei

Die Tragik Galileis liegt darin, dass er die Kirche nicht widerlegen oder spalten, sondern Welt und Natur aus ihrer eigenen Gesetzlichkeit verstanden sehen wollte.

Der Sonnenwagen von Trundholm, 4. Jahrhundert v. Chr.

Das aus Bronze gegossene Modell eines Kultwagens wurde 1932 im Moor von Trundholm auf der dänischen Insel Seeland gefunden. Eine Seite der Scheibe ist mit Goldblech belegt und wird als Tagseite gedeutet im Gegensatz zur dunklen Nachtseite.

Evolution oder Schöpfung?

Archimedes über Aristarch von Samos:
Du, König Gelon, weißt, dass »Universum« die Astronomen jene Sphäre nennen, in deren Zentrum die Erde ist, wobei ihr Radius der Strecke zwischen dem Zentrum der Sonne und dem Zentrum der Erde entspricht. Dies ist die allgemeine Ansicht, wie du sie von Astronomen vernommen hast. Aristarch aber hat ein Buch verfasst, das aus bestimmten Hypothesen besteht, und das, aus diesen Annahmen folgernd, aufzeigt, dass das Universum um ein Vielfaches größer ist als das »Universum«, welches ich eben erwähnte. Seine Hypothesen sind, dass die Fixsterne und die Sonne unbeweglich sind, dass die Erde sich um die Sonne auf der Umfangslinie eines Kreises bewegt, wobei sich die Sonne in der Mitte dieser Umlaufbahn befindet, und dass die Sphäre der Fixsterne, deren Mitte diese Sonne ist und innerhalb derer sich die Erde bewegt, eine so große Ausdehnung besitzt, dass der Abstand von der Erde zu dieser Sphäre dem Abstand dieser Sphäre zu ihrem Mittelpunkt gleichkommt.

Erde, sondern die Erde sich um die Sonne dreht, dann müssten wir mit größter Behutsamkeit jene Passagen der Heiligen Schrift erklären, die das Gegenteil zu lehren scheinen, und wir sollten eher zugeben, sie nicht richtig verstanden zu haben, als dass wir eine Meinung für falsch erklären, die bewiesenermaßen wahr ist.

Galilei gab auch zu bedenken, dass die Bibel kein astronomisches Lehrbuch sei, sondern für das Verständnis des einfachen Volkes geschrieben. Ein »Hineintragen der Heiligen Schrift in naturwissenschaftliche Diskussionen« sei unzulässig (→ S. 68 ff.).

Wie der Streit ausging, ist aller Welt bekannt. In seinem Dokument der Unterwerfung bekannte er:

Ich, Galileo, Sohn des Vinzenz Galilei aus Florenz, siebzig Jahre alt, stand persönlich vor Gericht und knie vor Euch, Eminenzen, die Ihr in der ganzen Christenheit die Inquisitoren gegen die ketzerische Verworfenheit seid. Ich habe vor mir die heiligen Evangelien, berühre sie mit der Hand und schwöre, dass ich immer geglaubt habe, auch jetzt glaube und mit Gottes Hilfe auch in Zukunft glauben werde, alles, was die heilige katholische und apostolische Kirche für wahr hält, predigt und lehrt. Es war mir von diesem Heiligen Offizium von Rechts wegen die Vorschrift auferlegt worden, dass ich völlig die falsche Meinung aufgeben müsse, dass die Sonne der Mittelpunkt der Welt ist, und dass sie sich nicht bewegt, und dass die Erde nicht der Mittelpunkt der Welt ist, und dass sie sich bewegt. Es war mir weiter befohlen worden, dass ich diese falsche Lehre nicht vertreten dürfe, weder in Wort noch in Schrift. Es war mir auch erklärt worden, dass jene Lehre der Heiligen Schrift zuwider sei. Trotzdem habe ich ein Buch geschrieben und zum Druck gebracht, in dem ich jene

Den physikalischen und den transzendentalen Himmel illustriert dieser Holzschnitt von 1888. Der Mensch kann die Grenzen seiner sinnlichen Wahrnehmung durchbrechen und zu einer übersinnlichen Himmelsvision kommen: Diese Sphäre wird im Rückgriff auf Ez 1,16b dargestellt, wo »ein Rad mitten im anderen« läuft.

bereits verurteilte Lehre behandele und in dem ich mit viel Geschick Gründe zugunsten derselben beibringe, ohne jedoch zu irgendeiner Entscheidung zu gelangen. Daher bin ich der Ketzerei in hohem Maße verdächtig befunden worden, darin bestehend, dass ich die Meinung vertreten und geglaubt habe, dass die Sonne Mittelpunkt der Welt und unbeweglich ist, und dass die Erde nicht Mittelpunkt ist und sich bewegt. Ich möchte mich nun vor Euren Eminenzen und vor jedem gläubigen Christen von jenem schweren Verdacht, den ich gerade näher bezeichnete, reinigen. Daher schwöre ich mit aufrichtigem Sinn und ohne Heuchelei ab, verwünsche und verfluche jene Irrtümer und Ketzereien und darüber hinaus ganz allgemein jeden irgendwie gearteten Irrtum, Ketzerei oder Sektiererei, die der Heiligen Kirche entgegen ist. Ich schwöre, dass ich in Zukunft weder in Wort noch in Schrift etwas verkünden werde, das mich in einen solchen Verdacht bringen könnte. Wenn ich aber einen Ketzer kenne, oder jemanden der Ketzerei verdächtig weiß, so werde ich ihn diesem Heiligen Offizium anzeigen oder ihn dem Inquisitor oder der kirchlichen Behörde meines Aufenthaltsortes angeben.

Ich schwöre auch, dass ich alle Bußen, die mir das Heilige Offizium auferlegt hat oder noch auferlegen wird, genauestens beachten und erfüllen werde. Sollte ich irgendeinem meiner Versprechen und Eide, was Gott verhüten möge, zuwiderhandeln, so unterwerfe ich mich allen Strafen und Züchtigungen, die das kanonische Recht und andere allgemeine und besondere einschlägige Bestimmungen gegen solche Sünder festsetzen und verkünden. Dass Gott mir helfe und seine heiligen Evangelien, die ich mit den Händen berühre.

Ich, Galileo Galilei, habe abgeschworen, geschworen, versprochen und mich verpflichtet, wie ich eben näher ausführte. Zum Zeugnis der Wahrheit habe ich diese Urkunde meines Abschwörens eigenhändig unterschrieben und sie Wort für Wort verlesen, in Rom im Kloster der Minerva am 22. Juni 1633. Ich, Galileo Galilei, habe abgeschworen und eigenhändig unterzeichnet.

Michael Mathias Prechtl (1926–2003), Galileo Galilei, Brecht & Ei, 1982.

Galilei wie seine Richter waren sich der Verlogenheit dieser Situation bewusst. Niemand konnte ehrlicherweise überzeugt sein, dass Galilei »immer geglaubt habe, auch jetzt glaube und … in Zukunft glauben werde«, dass die Erde im Weltall feststehe und Sonne, Mond und Sterne sich um sie als ihren Mittelpunkt bewegen. Und weil das Ganze schon damals eine Farce war, konnte Galilei auch 1993 nicht durch die gleiche Instanz »rehabilitiert« werden. In der Sache ging und geht es nicht um Galilei, sondern um das kirchliche Selbst- und Wahrheitsverständnis. Carl Friedrich von Weizsäcker urteilte: »Er vertrat eine Wahrheit, die keiner Märtyrer bedarf, die man nicht zu bekennen brauchte, weil sie beweisbar war …«

Die Arbeiten von Kepler und Galilei hatten die mathematischen Beweise für das heliozentrische Weltbild erbracht, doch fehlte immer noch eine umfassende Kosmologie, in der das neue Verständnis einen schlüssigen Rahmen bekam. Warum bewegen sich die Planeten, die Erde eingeschlossen, überhaupt? Warum fallen Gegenstände auf der Erde stets zu Boden? Sind Erde und die anderen Himmelskörper von gleicher Natur? Wenn die Sterne weit zahlreicher und entfernter sind, als das Auge erkennen konnte, wie groß ist dann das Universum? Und wo ist Gott in diesem Universum? Kopernikus hatte zwar das alte physikalische Paradigma zer-

Evolution oder Schöpfung?

schlagen, aber kein neues aufgebaut. Galilei hatte eine Vielzahl neuer Instrumente entwickelt, mit denen genauere Experimente und Messungen möglich wurden: Linse, Fernrohr, Mikroskop, Magnet, Kompass, Luftthermometer ... und aus den daraus gewonnenen Daten die Folgerung gezogen: »Das Buch der Natur ist in der Sprache der Mathematik geschrieben.«

Dieser Satz lässt bis zum Tage der mathematischen Wahrheit nachspüren. Wenn das wissenschaftliche Bild der Welt eine mathematische Grundlage hat, ist dann dieses Bild, überlegt der englische Astronom John D. Barrow, »eine vom Verstand auferlegte Projektion unserer eigenen Geistesstruktur auf die Außenwelt?« Offenbar nehmen wir die Welt wirklichkeitsgetreu wahr. Vollzöge sich etwa unsere Wahrnehmung von Licht, Schall oder Bewegung, also durch Sehen, Hören und Erkennen wesentlich verzerrt, wären unsere Überlebenschancen in der Vergangenheit geringer gewesen und auch die heutige Wissenschaft entsprechend verzerrt. Aber unsere Augen verraten uns etwas vom Licht, weil sie sich im Verlauf der Evolution als Reaktion auf die wirklichen Eigenschaften des Lichtes entwickelt haben. Und unsere Ohren lassen den Schall wahrnehmen, weil sie im Prozess von Auslese und Überleben Empfangssysteme geworden sind, die der Wirklichkeit entsprechen halfen. Da aber alle Lebewesen denselben Naturgesetzen unterworfen sind, sind biologische Informationsverarbeitungssysteme bei ihnen zu unterstellen, die ihnen helfen, der Wirklichkeit gerecht zu werden.

Michael Mathias Prechtl (1926–2003), Johannes Kepler, 1981.

Wenn nun Galilei überzeugt war, dass das Buch der Natur in der Sprache der Mathematik geschrieben sei, und dass wir, solange wir diese Sprache nicht lernen, auch die Feinheiten des Universums nicht ausloten können, so haben wir mit dieser Behauptung doch noch nicht viel verstanden. Denn es bleibt unbeantwortet, warum die Welt voll mathematischer Zusammenhänge ist, und wieso die heutige Physik die physikalische Welt in einer Weise mathematisch beschreiben kann, die der direkten menschlichen Erfahrung nicht mehr zugänglich ist. Im Grunde wissen wir nicht, was Mathematik ist. »Wir wissen weder, warum sie sich bewährt, noch wo sie versagt. Die am ehesten befriedigende Vorstellung vom Wesen und Sinn der Mathematik zwingt uns zu der Annahme einer immateriellen Wirklichkeit, zu der man mit Mitteln in Verbindung tritt, über die niemand Aufschluss geben kann« (John D. Barrow). Jedes mathematische System beruht somit auf Voraussetzungen, die es selbst nicht mehr erfasst. Man mag diese ungeklärte Grundlegung »religiös« verstehen, kann aber auch mit Barrow sagen, dass unsere Fähigkeit, mathematische Strukturen zu entdecken und zu erfinden, eine Folge unserer eigenen Einheit mit der Welt sei. Uns als Kinder der eigenen Erfindungen zu verstehen, erhellt uns selbst und die Welt allerdings auch nicht.

Die Fülle aller neuen Erkenntnisse zusammenzufassen und in eine schlüssige wissenschaftliche Theorie zu binden, fiel dem Engländer Isaac Newton (1643–1727) zu, der im Todesjahr Galileis geboren wurde. In einer beispiellosen Folge von mathematischen und physikalischen Entdeckungen gelang es Newton, Gesetze zu formulieren, welche die Ordnung des gesamten Kosmos zu erklären schienen. Mit dem von ihm gefundenen Gravitationsgesetz konnte er die Planeten- und Mondbewegungen erklären und damit den keplerschen Planetengesetzen eine physikalische Grundlage geben. Darüber hinaus ermöglichten seine mathematischen Formeln nun, die Gezeiten zu berechnen, auch den Wechsel zwischen den Tag- und Nachtgleichen, die Bahn der Kometen wie die Bahnen von Kanonenkugeln und Geschossen aller Art. Was immer im Universum sich bewegt, Newton fand dafür die erklärende Formel. Die Natur erschloss sich ihm aus diesen Erkenntnissen als eine perfekte Maschine, die von mathematischen Gesetzen regiert und von der menschlichen Wissenschaft verstehbar und berechenbar geworden war. Die wahre Natur der Wirklichkeit schien damals erkannt zu sein. Voltaire nannte Newton den bedeutendsten Mann, der je gelebt habe.

Die newtonsche Kosmologie setzte sich bald als das neue Paradigma durch. Zu Beginn des 18. Jahrhunderts gehörte zum Grundwissen eines gebildeten Menschen, »dass Gott das Universum als ein komplexes mechanisches System erschaffen hatte, das aus Materieteilchen bestand, die sich in einem unendlichen, neutralen Raum nach wenigen, mathematisch analysierbaren Grundprinzipien – wie Trägheit und Gravitation – bewegten« (Richard Tarnas). Man ging davon aus, dass Gott sich nach der Erschaffung dieses geordneten Universums davon zurückgezogen habe, dass er es seitdem seiner eigenen Gesetzlichkeit überlasse, ohne sich in die Naturordnung noch einzumischen. Darum komme es nun dem Menschen zu, sich seiner Möglichkeiten bewusst zu werden, diese Welt zum eigenen Nutzen zu gestalten. Die wissenschaftliche Revolution hatte gesiegt und in diesem Prozess den traditionellen christlichen Glauben als naiv und als für das moderne Zeitalter nicht mehr orientierend erwiesen.

Anders als der mittelalterlich-christliche Kosmos ist das moderne Universum damit aus jeder Transzendenz herausgefallen. Es wird nur noch von Naturgesetzen beherrscht und bedarf in seinen mechanischen Gesetzmäßigkeiten keiner übernatürlichen Ordnung. Mit diesem materiellen Kosmos verbindet sich auch nicht mehr ein Gott der Liebe; allenfalls ist Gott die erste Ursache, die auf das weitere Geschehen keinen Einfluss mehr nimmt. Mochte die vorgefundene Ordnung anfangs noch einer göttlichen Intelligenz zugeschrieben werden, mit fortschreitender wissenschaftlicher Erforschung verschwand auch dieser Rest göttlicher Realität. Die Wissenschaft löste die Religion als die das Weltbild definierende und überwachende Instanz ab. Empirische Beobachtungen, mathematische Berechnung und rationales Denken verdrängten die biblische Schöpfungsgeschichte und ihre dogmatische Ausprägung, deklassierten sie als überholt und desorientierend. Die physische Welt verlor alle über sich hinausweisende Bedeutung.

Isaac Newton

»Ich weiß nicht, wie ich der Welt erscheinen mag; aber mir selbst komme ich nur wie ein Junge vor, der am Strand spielt und sich damit vergnügt, ein noch glatteres Kieselsteinchen oder eine noch schönere Muschel als gewöhnlich zu finden, während das große Meer der Wahrheit gänzlich unerforscht vor mir liegt.«

2. Das moderne kosmologische Weltbild

Hatte der Glaube seinen Rückhalt durch die empirische Welt ebenso wie durch das aufgeklärte Vernunftdenken verloren, so verlor er auch an Plausibilität für die Psyche des gebildeten modernen Menschen. Wenn Kant bereits ausschloss, dass eine Erkenntnis des Weltgrundes durch das menschliche Denken möglich sei, so wurde diese Verneinung durch den weiteren Entwicklungsgang des westlichen Geistes radikal verschärft. Die erheblichen Relativierungen, die Einstein, Heisenberg und Bohr im Bereich des physikalischen Weltbildes auslösten, ergänzten Darwin, Marx und Freud im Blick auf Herkunft und Bewusstsein des Menschen. Auf philosophischer Ebene bestritten Nietzsche, Heidegger und Wittgenstein

»Der Spiegel« vom 12. Januar 2005.

alle absolut geltende Wahrheit; im Blick auf das Verhältnis von Sprache und Erkenntnis folgten Saussure, Lévi-Strauss und Foucault, sowie die postmodernen Philosophen wie Derrida, Vattimo und Rorty.

Die in der Neuzeit gewonnenen Annahmen der Wissenschaften wurden – vor allem im 20. Jahrhundert – grundlegend erschüttert. Zunächst ersetzte die Relativitätstheorie Einsteins den newtonschen Determinismus, denn die Relativitätstheorie hat das Verständnis von Raum und Zeit revolutioniert und Naturzusammenhänge aufgedeckt, die sich der klassischen Anschauung entziehen. Die betreffenden Vorgänge und Eigenschaften lassen sich jedoch mathematisch präzise beschreiben und sind experimentell bestätigt.

Für Newton war es noch selbstverständlich, dass ein Ereignis an einem Ort A auf der Erde *gleichzeitig* mit einem Ereignis an einem Ort B auf der Sonne stattfinden kann. Entsprechend wurde auch der Raum absolut gesetzt: »Der absolute Raum bleibt vermöge seiner Natur und ohne Beziehung auf einen äußern Gegenstand, stets gleich und unbeweglich« (Newton). Bis zu Einsteins Relativitätstheorie von 1905 stellte man sich Raum und Zeit als einen festgelegten Rahmen vor, in dem Ereignisse stattfinden können, der aber durch das, was darin geschieht, nicht beeinflusst wird. Man ging wie selbstverständlich davon aus, dass Raum und Zeit ewigen Bestand haben.

In der Relativitätstheorie sind Raum- und Zeitangaben keine universell gültigen Ordnungsstrukturen, vielmehr werden der räumliche und zeitliche Abstand zweier Ereignisse und damit auch ihre Gleichzeitigkeit von Beobachtern in verschiedenen Bewegungszuständen unterschiedlich beurteilt. Bewegte Objekte erweisen sich im Vergleich zum Ruhezustand

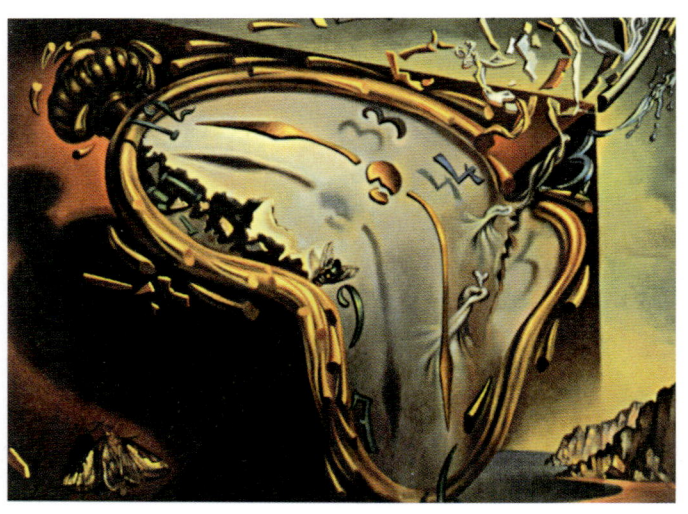

Salvador Dali (1904–1989), Weiche Uhr im Augenblick der ersten Explosion, 1954.

in Bewegungsrichtung als verkürzt und bewegte Uhren als verlangsamt. Befindet sich ein Beobachter im Zustand der gleichförmigen Bewegung, geht nach der speziellen Relativitätstheorie jede relativ zu ihm bewegte Uhr aus seiner Sicht langsamer. Diesem Phänomen unterliegen nicht nur Uhren, sondern jeder beliebige Vorgang und damit die Zeit im bewegten System selbst. Die Zeitdilatation (Zeitausdehnung) ist umso stärker, je größer die Relativgeschwindigkeit der Uhr ist. Sie ist allerdings für Geschwindigkeiten, die im Alltag eine Rolle spielen, so gering, dass sie nicht bemerkt wird. Diese Phänomene machen sich erst bei Geschwindigkeiten bemerkbar, die im Vergleich zur Lichtgeschwindigkeit ins Gewicht fallen. Im Rahmen der Astrophysik lassen sich Raum und Zeit nur als dynamische Größen wahrnehmen. »Dieses neue Verständnis von Raum und Zeit veränderte in den Jahrzehnten nach 1905 unsere Auffassung vom Universum von Grund auf. An die Stelle der alten Vorstellung von einem im Wesentlichen unveränderlichen, ewig bestehendem Universum trat das Modell eines dynamischen, expandierenden Universums, das einen zeitlich fixierbaren Anfang zu haben scheint und zu einem bestimmten Zeitpunkt in der Zukunft enden könnte« (Stephen W. Hawking).

3. Der Urknall

Die Zeit, so wissen wir nun, entstand zusammen mit dem Raum. Solange nichts existierte, gab es auch keine Zeit. Aristoteles ging davon aus, dass die Welt ewig sei, also ohne Anfang und Ende. Diese Position haben bis ins 20. Jahrhundert hinein viele Wissenschaftler vertreten, auch Albert Einstein. Dann aber entdeckte der amerikanische Astronom Edwin O. Hubble, dass sich das Universum mit rasender Geschwindigkeit ausdehnt. Die Milliarden von Galaxien streben unaufhaltsam voneinander fort. Verfolgt man ihre Bewegung rückwärts, zeigt sich, dass sie einmal vereint waren, bis ein unvorstellbares Ereignis sie auseinandertrieb. Also hat das Universum einen Anfang. Es war nicht immer da. Wollte man aber sagen, es habe eine Zeit vor dem Universum gegeben, so wäre dies eine unsinnige Behauptung. Das Nichts ist ohne Zeit.

Der erste, der die Entstehung des Universums aus einem Anfang erklärte, war der belgische Priester und Physiker Georges Lemaître (1894–1966). Er sprach von einem »Uratom« und fand damit zunächst nur Ablehnung. Um die Theorie ins Lächerliche zu ziehen, nannte der englische Astronom und Mathematiker Fred Hoyle (1915–2001) sie den großen Knall, »Big Bang«. Dem deutschen Äquivalent »Urknall« fehlt dieser ironische Unterton. Von einem »Knall« zu sprechen ist allerdings falsch, denn es gab kein Medium, in dem sich Schallwellen hätten ausbreiten können, und ebenso falsch ist es, von einer Explosion zu sprechen, weil es keine Materie gab, die hätte explodieren können. Mit Urknall ist der Beginn des Kosmos *aus nichts* gemeint. Diese Vorstellung lehnten viele Astrophysiker und mit ihnen auch Einstein ab, weil einige ihrer Merkmale sich mit den herrschenden physikalischen Vorstellungen nicht gut vertrugen und der offensichtliche Versuch, die biblische Schöpfungsvorstellung mit dem physikalischen Weltbild zu verbinden, zusätzliches Misstrauen weckte.

Inzwischen hat sich die Urknalltheorie als Grundmodell der heutigen Welterklärung durchgesetzt. Die damit verbundene Vermutung setzt dieses Ereignis vor rund 13,7 Milliarden Jahren an, bisweilen wird auch von 15 Milliarden Jahren gesprochen. Das ausgesprochen Widersinnige an dieser Weltentstehungstheorie ist, dass sie den Gesetzen der Physik völlig widerspricht, denn dort gilt: Von nichts kommt nichts. Wenn also vor dem Urknall nichts war, weder Raum noch Zeit, also auch keine Materie, so liegt der Anfang der Welt im Dunkel seiner Anfanglosigkeit, und so paradox dieser Satz klingt, er lässt sich nicht umgehen.

Mag der Urknall für sich ein physikalisch unlösbares Rätsel bleiben, so ist die Astrophysik doch in der Lage, den Beginn von Zeit und Raum exakt festzulegen. Dieser Anfang fällt mit dem Urknall nicht zusammen, sondern mit einer mathematisch exakt beschreibbaren Größe danach: Es sind 10^{-43} Sekunden, das ist eine 1 geteilt durch eine 1 mit 43 Nullen. Dieser unvorstellbar winzige Teil einer Sekunde ist die kleinste mögliche Zeiteinheit. Im Universum gibt es keinen Vorgang, der noch kürzer sein könnte. Die Zeit fließt also nicht bruchlos dahin, sondern bewegt sich in »Sprüngen« von so unvorstellbarer Winzigkeit, dass sie als Sprünge durch nichts wahrnehmbar werden.

Verbunden mit dieser ersten möglichen Zeitangabe ist die erste und damit auch kleinste Raumgröße:

Alle lehren nun, dass der Kosmos geworden sei; doch als einen gewordenen setzen ihn die einen als unvergänglich an, die anderen als ebenso vergänglich wie irgendein anderes Entstandenes; andere wiederum lassen ihn ununterbrochen abwechselnd sich bald so, bald anders verhalten und untergehen … Dass also der gesamte Himmel weder entstanden ist noch untergehen kann, wie einige meinen, sondern dass er einer ist und ewig und in seiner ganzen Dauer weder Anfang noch Ende hat und in sich selbst die unbegrenzte Zeit fasst und umgreift, davon kann man sich aus dem Gesagten überzeugen wie auch auf Grund der Meinungen jener, die anders lehren und ihn entstanden sein lassen.

Aristoteles

Die großen kosmologischen Theorien, mit denen in der heutigen Physik gearbeitet wird, sind die Allgemeine Relativitätstheorie und die Quantentheorie. Die Relativitätstheorie befasst sich mit der Struktur von Zeit und Raum; sie beschreibt die Gesetzlichkeit des Kosmos: wie Massen und Energiezustände in weiten Räumen und bei hohen Geschwindigkeiten sich zueinander verhalten.

Sie besteht aus zwei physikalischen Theorien: der maßgeblich von Albert Einstein 1905 veröffentlichten speziellen Relativitätstheorie und der 1916 abgeschlossenen Allgemeinen Relativitätstheorie. Die spezielle beschreibt das Verhalten von Raum und Zeit aus der Sicht von Beobachtern, die sich relativ zueinander bewegen, und damit verbundene Phänomene. Darauf aufbauend führt die Allgemeine Relativitätstheorie die Gravitation auf eine Krümmung von Raum und Zeit zurück, die unter anderem durch die beteiligten Massen verursacht wird. Die Relativitätstheorie hat das Verständnis von Raum und Zeit revolutioniert und Naturzusammenhänge aufgedeckt, die sich der klassischen Anschauung entziehen. Die betreffenden Vorgänge und Eigenschaften lassen sich jedoch mathematisch präzise beschreiben und sind experimentell bestens bestätigt.

Die Quantentheorie erforscht im subatomaren Bereich kleinste Massen, winzigste Räume und winzigste Zeiteinheiten. Um den Anfang des Universums untersuchen zu können, ist eine Kombination von allgemeiner Relativität und Quantenmechanik notwendig. Doch ist diese verbindende Theorie bis heute nicht gefunden worden. Das Nebeneinander beider Theorien zeigt an, dass keine von ihnen ein ausreichend vollständiges Erfassen der gesamten Wirklichkeit leistet. Eine »Weltformel« für alle Naturkräfte ist nur zu erwarten, wenn die Erkenntnisse beider Theorien in einer übergreifenden Theorie ausgeglichen werden.

Die Irritation geht von der Quantentheorie aus. Nach ihr kann das Licht – je nach Art des Experiments – mal als Welle, mal als Teilchen erscheinen. Das widerspricht allem naturwissenschaftlichen Denken, in dem es nur ein striktes Entweder-Oder gibt, aber kein Sowohl-als-auch. Will man aber in die Welt des ganz Kleinen vordringen, so ist zunächst zu akzeptieren, dass die Physik Newtons hier ihre Gültigkeit verliert. Nach Newton lässt sich die Bahn eines Körpers exakt berechnen, wenn man seine Lage und Geschwindigkeit kennt und weiß, welche Kräfte von außen einwirken. Zunächst glaubte man, dass dies auch im atomaren

Sie ergibt sich aus der Strecke, die das Licht in 10^{-43} Sekunden zurücklegt, nämlich 10^{-33} Sekunden nach dem Urknall hatte das Universum einen Durchmesser von 10^{-33} Zentimetern. Die gesamte Masse und Energie des Universums war auf diesen winzigen Raum, der viel viel kleiner als ein Atom war, zusammengepresst. Dieses winzige, formlose und gleichmäßige Universum war extrem heiß. Es hatte eine Temperatur von 10^{32} Grad. Die Welt war zu Beginn buchstäblich eins. In diesem gemeinsamen Ursprung war alles extrem dicht beieinander, so gleichmäßig wie nur eben möglich. Es gab noch keinerlei Form, nicht mal in Gestalt von Atomen. Es gab somit auch keine Eigenschaften. Im Urknall existierte im Grunde nichts weiter als diese eine fundamentale Idee, dass alles so dicht und so gleichmäßig wie möglich sei.
Gerhard Staguhn

Der »Urknall« ist also der Grund, der die Galaxien entstehen ließ, sie auseinanderfliegen lässt und das Universum immer noch weiter ausdehnt. Es handelt sich um ein Ereignis, für das es keine Sprache gibt. Die physikalische Welt und deren Beschreibbarkeit beginnt erst jenseits des Urknalls. Am Anfang der Welt steht Unfassbares. Diese Unfassbarkeit ist dem physikalischen und mathematischen Denken unzugänglich. Warum das so ist, liegt an der Dichte eines explodierenden »Punktes«, der unendlich viel kleiner war als der Punkt, den ein sehr spitzer Bleistift auf einem Blatt Papier andeuten kann. Die Welt ging im Urknall aus einem Materiepunkt von unendlicher Dichte und unendlicher Temperatur hervor. Was Physiker aber als unendlich beschreiben und als Singularität bezeichnen, die keinen Vergleich kennt, entzieht sich aller Berechenbarkeit. Physikalische Gleichungen stimmen nicht mehr, sobald sie das Zeichen ∞ für Unendlichkeit in sich aufnehmen. Die Physik kann Annäherungen beschreiben, nicht aber das Unendliche selbst.

So unvorstellbar klein nun auch der Ausgangspunkt des Universums war, so inflationär war die darauf folgende Expansion. Mit jedem weiteren Sekundenbruchteil verdoppelte das Universum seine Größe. Stephen Hawking benennt die Expansion, um die der Größenzuwachs erfolgte, als »einen Faktor von mindestens einer Million Million Million Million Million in einem winzigen Sekundenbruchteil«.

Als das Universum ein einzelner leerer Punkt war, enthielt es nichts. Heute aber werden Milliarden Galaxien mit vielen weiteren Milliarden Sternen gezählt. Woher ist diese Materie gekommen? Relativitätstheorie und Quantenmechanik antworten, dass Materie in Form von Teilchen-Antiteilchen-Paaren aus Energie erzeugt werden kann. Und woher kam die Energie, aus der die Materie entstand? Die Urknall-Theorie stellt die Physik vor unlösbare Fragen: Was war »vor« dem Urknall? Was löste ihn aus? Wie kann aus »Nichts« ein Kosmos entstehen? Geht die Ausdehnung des Universums endlos weiter?

Die Frage, was vor dem Urknall war, können wir gleich wieder einstellen, weil sie einerseits nicht einmal angemessen formuliert werden kann, solange niemand weiß, was der Urknall selber ist. Zum anderen ist sie sinnlos, weil sie mit einer Zeitvorstellung verbunden ist, wo es Zeit nicht gab. Dennoch ist es die Frage nach einem Ursprung, die nicht beantwortet werden kann, ohne mit einer neuen Ursprungsfrage verknüpft zu werden. Die Religionen der Welt begnügen sich hier weithin mit mythischen Schöpfungsgeschichten, die »Gott« an den Anfang aller Dinge rücken. Da-

Vom Urknall bis heute

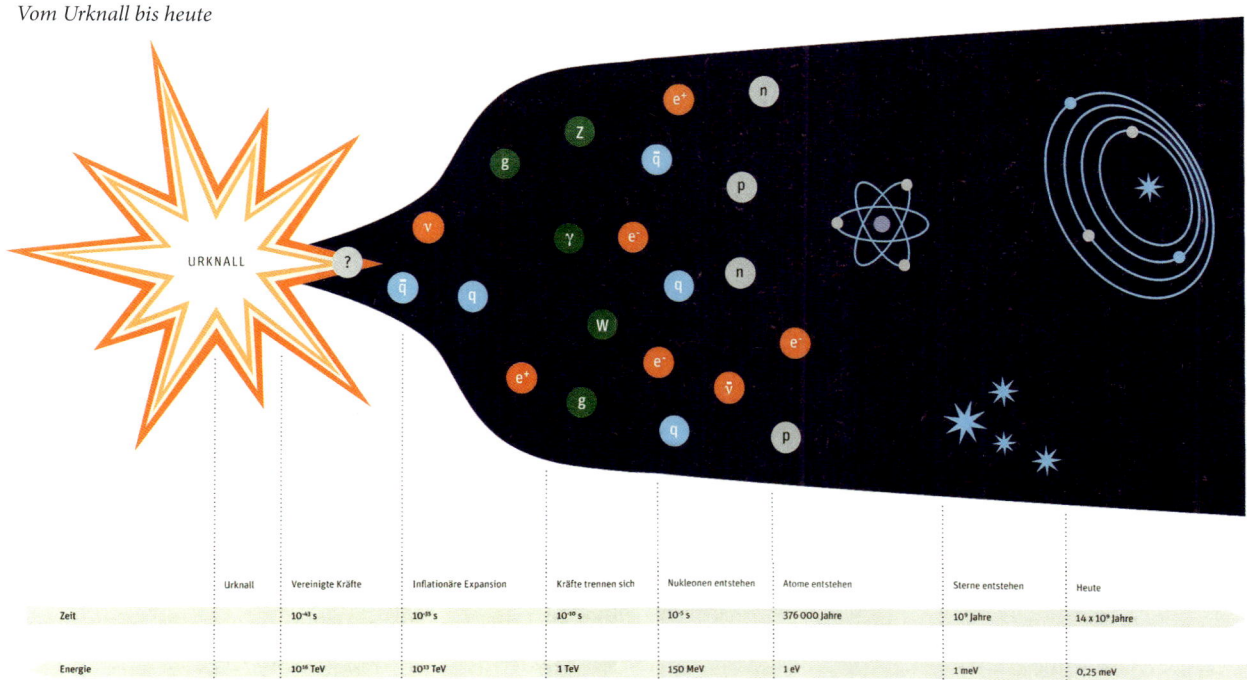

mit mögen sich Physiker nicht abfinden. Deswegen haben sie verschiedene Versuche gemacht, die Urknall-Theorie zu umgehen. Auch Stephen W. Hawking wollte sich mit Resignation nicht zufrieden geben:

Ich gehöre nicht zu denen, die glauben, das Universum sei und bleibe ein Geheimnis, etwas, das man intuitiv erfassen, aber niemals ganz analysieren und verstehen kann. Das Weltall gibt uns immer noch viele Rätsel auf, aber die großen Fortschritte, die wir besonders in den letzten hundert Jahren erzielt haben, sollten uns in der Überzeugung bestärken, das ein vollständiges Verständnis im Bereich unserer Möglichkeiten liegt.

Als Hawking 1981, anlässlich einer Konferenz im Vatikan über Ursprung und Schicksal des Universums, an einer Papstaudienz teilnahm, betonte Johannes Paul II., die Physiker könnten die Evolution des Universums nach dem Urknall untersuchen, sollten sich aber lieber mit dem Urknall selber nicht beschäftigen, weil er der Schöpfungsaugenblick und damit das Werk Gottes sei. »Ich war froh, dass er das Thema des Vortrags nicht kannte, den ich gerade auf der Konferenz gehalten hatte: Ich hatte über die Möglichkeit gesprochen, dass das Universum keinen Anfang hat, dass es keinen Schöpfungsaugenblick gibt«:

Wenn das Universum einen Anfang hatte, können wir von der Annahme ausgehen, dass es durch einen Schöpfer geschaffen worden sei. Doch wenn das Universum wirklich völlig in sich selbst abgeschlossen ist, wenn es wirklich keine Grenze und keinen Rand hat, dann hätte es auch weder einen Anfang noch ein Ende; es würde einfach sein. Wo wäre dann noch Raum für einen Schöpfer?

Bereich zutreffe, wobei die Genauigkeit der Vorhersage allein davon abhängig sei, wie genau gemessen werde. Nun aber setzte die Quantenmechanik dieser Genauigkeit von Messungen eine Schranke, die grundsätzlicher Art ist.

Albert Einstein, der durch seine eigene Forschung die Quantentheorie mit grundgelegt hat, mochte sich mit einer Naturbeschreibung, die dem Prinzip von Ursache und Wirkung nicht mehr gehorchte und nur noch statistischer Art war, nicht abfinden: »Eine innere Stimme sagt mir, dass das doch nicht der wahre Jakob ist. Die Theorie liefert viel, aber dem Geheimnis des Alten bringt sie uns kaum näher: Jedenfalls bin ich überzeugt, dass der nicht würfelt.«

Die Unvereinbarkeit zwischen Allgemeiner Relativitätstheorie und Quantenmechanik tritt nur in ultramikroskopischen Größenordnungen auf, die bei den meisten Forschungsprojekten ignoriert werden können, so dass man mit beiden Theorien rechnet. Dennoch sind viele Physiker beunruhigt, dass die beiden Grundpfeiler heutiger Physik in ihrer uns bekannten Form unvereinbar sind. Dem liegt die (intuitiv unabweisbare) Überzeugung zugrunde, dass das Universum durch eine logisch schlüssige Theorie, deren Teile miteinander harmonieren, beschreibbar sein muss.

Evolution oder Schöpfung?

Nun ist es verständlich, dass der Urknall Theologen entgegenkommt, weil er der Idee einer Ewigkeit der Welt widerspricht, den biblischen Gedanken von Anfang und Ende der Schöpfung bestätigt und zudem noch einen Gott einräumt, der aus nichts alles erschafft. Gerade dieses Können gilt ja als Indiz seiner Göttlichkeit. Darüber hinaus aber hat Gott als Schöpfer so wenig Eigenschaften wie der Urknall. Gott wie der Urknall liegen jenseits aller menschlichen Vorstellungskraft.

Wenn Gott aber jenseits aller menschlichen Verstehbarkeit liegt, dann muss das auch für sein Handeln gelten. Wenn ein Gott die Welt im Urknall erschaffen hat, wird dieser Schöpfungsakt so unfassbar und unbeschreibbar bleiben wie Gott selbst. Die Beschreibbarkeit der Weltschöpfung bedeutete letztlich die Beschreibbarkeit des Schöpfers. Ein verstehbarer Gott aber wäre ein Widerspruch in sich. Ein verstehbarer, beschreibbarer Gott wäre überhaupt kein Gott mehr. Wenn es Gott gibt und wenn er das Universum geschaffen hat, dann wird dieser Schöpfungsvorgang für den Menschen immer unergründbar bleiben. Sollte es der Physik aber doch gelingen, den Beginn der Welt mathematisch exakt zu beschreiben, so wäre das wohl gleichbedeutend mit dem Ende Gottes. Er wäre am menschlichen Wissen, an der Physik, zugrunde gegangen.

Der Wissenschaftsjournalist Gerhard Staguhn, der diese Überlegung anstellt, reflektiert zugleich die Religionsgeschichte und meint, der Mensch habe letztlich nur deshalb einen Gott oder die Götterwelt gebraucht, weil sein Wissen Grenzen hat. Gott oder die Götter hätten immer dort herrschen können, wo Erklärungen des menschlichen Verstandes versagten. Darum sei der göttliche Herrschaftsbereich umso kleiner geworden, je reicher und tiefer das menschliche Wissen anwuchs. Nachdem der Mensch wusste, wie Blitz und Donner entstehen, brauchte er keinen Gott mehr, der Blitze schleudert und die Himmelstrommel rührt, wie auch hinzugefügt werden kann, dass Wettersegen und geweihte Kerzen überflüssig wurden, nachdem Kunstdünger und Blitzableiter entwickelt waren. »Wenn es Gott gibt, kann er nur dort sein, wo menschliches Wissen nicht hinreicht.«

Dieser Ansicht hat freilich schon Dietrich Bonhoeffer widersprochen: »In dem, was wir erkennen, sollen wir Gott finden, nicht aber in dem, was wir nicht erkennen; nicht in den ungelösten, sondern in den gelösten Fragen will Gott von uns begriffen sein. Das gilt für das Verhältnis von Gott und wissenschaftlicher Erkenntnis … Gott ist auch hier kein Lückenbüßer; nicht an den Grenzen unserer Möglichkeiten, sondern mitten im Leben muss Gott erkannt werden.« Von hierher ist der Ansicht zu widersprechen: »Sollte es der Physik aber doch gelingen, den Beginn der Welt mathematisch exakt zu beschreiben, so wäre das wohl gleichbedeutend mit dem Ende Gottes.«

Die Annahme eines Urknalls als Beginn des Universums hat, wie wir gesehen haben, zur Voraussetzung, dass aus »nichts« etwas entstehen kann. Für die Physik ist dies eine Annahme, auf die sie sich äußerst ungern einlässt, weil sie sich damit auf eine Vorgabe einlässt, die alle Wahrscheinlichkeit eher gegen sich als für sich hat. Es bleibt aber – gerade für die Theologie! – auch zu bedenken, welchen nie vorhersehbaren Weg die Astrophysik im 20. Jahrhundert gegangen ist und dass deren heutige Position keine Endstation darstellt. Es ist keiner Prognose zu unterstellen,

---

Im beobachtbaren Universum sind zurzeit ungefähr eine Trillion (eine Eins mit achtzehn Nullen) Sterne am entstehen. Dieser Vorgang dauert bei einem Stern mittlerer Größe etwa eine Million Jahre. Als Geburt eines Sterns könnte man den Zeitpunkt nennen, wenn die nukleare Energiefreisetzung im Innern beginnt und der Stern eine stabile Phase der Wasserstoffverschmelzung erreicht. Demnach werden im Universum rund 30 000 Sterne pro Sekunde geboren und vielleicht ebenso viele Planeten. Bei der Entstehung des Universums sollte man daher nicht nur vom Urknall reden. Keines der Dinge im heutigen Universum ist im Urknall entstanden. Selbst die Materie, die chemischen Elemente, alle Galaxien und natürlich Sonne, Planeten und Lebewesen haben sich erst im Laufe der 13,7 Milliarden Jahre seit dem Urknall gebildet.

Arnold Benz

was die Physik in weiteren hundert oder gar tausend Jahren zum Urknall sagen wird. Möglicherweise gibt es noch Kräfte, von denen heute niemand eine Ahnung hat. Von einem vollständigen Verständnis des Weltalls ist die Forschung immer noch weit entfernt. Man darf sogar sagen, dass die erstaunlichen Erkenntnisse der Astrophysik die Fragen nicht vermindert sondern vermehrt und gesteigert haben.

4. Die erste Sekunde nach dem Urknall

Aus dem Wert der Lichtgeschwindigkeit – etwa 300 000 Kilometer pro Sekunde – und anderen Grundfaktoren der Natur ergibt sich als Zeitpunkt nach dem Urknall, mit dem die mathematisch beschreibbare Welt beginnt, 10^{-43} Sekunden. Die Zeit begann also nicht bei Null, sondern einen unbeschreiblich winzigen Moment später. Vor diesem Moment gab es keine Zeit, also auch keinen Raum.

In der ersten milliardstel Sekunde seiner Existenz machte das Universum eine rasante Entwicklung durch, in der bereits die Menge der insgesamt im Universum enthaltenen Materie definiert war als auch deren bis heute geltenden Eigenschaften. Die Physiker vermuten, dass im Urknall alle heute bekannten Naturkräfte ununterscheidbar zu einer einzigen Kraft vereint waren: Gravitation, starke Kernkraft, elektromagnetische Kraft und schwache Kernkraft. Schon nach 10^{-35} Sekunden begann die bereits erwähnte inflationäre Phase, in der sich das Universum ausdehnte. Innerhalb dieses winzigen Moments expandierte es um das 10^{50}-fache. Das ist die Größe eines Tischtennisballs mit einer Temperatur von 10^{25} Grad.

In der darauf folgenden Phase bis eine millionstel Sekunde sinkt die Temperatur auf 10 Billionen Grad, das ist 10^{13}; die Dichte beträgt mehr als zehn Milliarden = 10^{10} Tonnen im Volumen eines Zuckerwürfels. Atome gibt es wegen der enorm hohen Temperatur noch nicht, die Materie besteht aus einem noch ungeordnetem Gemisch aus Strahlung, Quarks, Elektronen und Neutrinos sowie deren Antiteilchen.

Von einer millionstel Sekunde bis zu einer Sekunde wächst der Weltdurchmesser und ist am Ende dieser Phase etwa ein Lichtjahr groß. Mit der Ausdehnung fällt die Temperatur. Protonen und Neutronen lagern sich bei Temperaturen unterhalb von einer Milliarde Grad zusammen und bilden die ersten Atomkerne im Kosmos. Es entstehen zunächst die beiden leichtesten Elemente, Wasserstoff und Helium. Das heißt auch, dass im ersten Moment nach dem Urknall alle physikalischen Gesetze für die weitere Entwicklung der Welt bereits da sind. Die darin gegründete Ordnung des Kosmos wird den Naturkonstanten zugeschrieben.

Die Naturkonstanten bestimmen den Kosmos, wie wir ihn kennen. Sie sind extrem fein aufeinander abgestimmt; würden sie geringfügig anders ausfallen, wäre der Kosmos ein anderer oder es gäbe ihn gar nicht. Winzigste, kaum messbare Abweichungen bei den physikalischen Grundkräften hätten ein völlig anderes Universum zur Folge gehabt. Die erste der in der Neuzeit erkannten Naturkonstanten ist die von Newton entdeckte und beschriebene Gravitationskonstante. Die Stärke der Gravitationskraft zwischen zwei Protonen beträgt 10^{-38}, eine unglaublich winzige Ungleichheit dicht über Null, die aber doch genauso ausfallen musste, damit das Weltall entstehen konnte. Würde die Gravitationskraft stärker sein, wäre das

Forscher des europäischen Kernforschungszentrum CERN bei Genf haben am 30. März 2010 das größte Experiment aller Zeiten gestartet. In einem 27 km langen unterirdischen Ringtunnel lenkten sie zwei gegenläufige Protonenstrahlen mit nahezu Lichtgeschwindigkeit aufeinander. Sie simulierten damit den Vorgang unmittelbar nach dem Urknall, um Einsicht in die Gegebenheiten des Anfangs zu gewinnen.

Universum nach dem Urknall gleich wieder kollabiert; wäre sie schwächer, hätte sich die Materie zu einem Gasnebel verflüchtigt, aus dem nie Galaxien, Sterne und Planeten hätten hervorgehen können.

Nicht minder staunenswert ist die Koordination der Anfangsbedingungen. Stephen W. Hawking beschreibt sie so:

Da die Allgemeine Relativitätstheorie bei einer Singularität zusammenbricht, kann alles Mögliche aus dem Urknall auftauchen. Warum also ist das Universum so homogen und isotrop auf großen Skalen und hat dennoch lokale Irregularitäten wie Galaxien und Sterne? Und warum liegt das Universum so nahe an der Trennungslinie zwischen Rekollabieren und ewiger Expansion? Um ihr so nahe zu sein wie jetzt [d. h. im gegenwärtigen Zustand des Universums], muss die Expansionsrate in der Frühzeit des Universums extrem genau eingestellt worden sein. Wäre sie eine Sekunde nach dem Urknall um einen Teil von 10^{10} kleiner gewesen, hätte das Universum bereits ein paar Millionen Jahre später wieder zu kollabieren begonnen. Wäre die Rate um einen Teil von 10^{10} größer gewesen, wäre das Universum einige Millionen Jahre später im wesentlichen leer gewesen. In keinem Fall hätte die Zeitspanne ausgereicht, um Leben entstehen zu lassen.

Insgesamt sind siebenunddreißig Naturkonstanten bekannt, ungeklärt hingegen, warum sie so ungestört zusammenwirken, obwohl sie nach heutigem Wissen völlig unabhängig voneinander sind und nicht aus anderen Größen abgeleitet werden können. Die Überlegung, dass der Zufall sie in Übereinstimmung gebracht habe, hat den britischen Physiker Roger Penrose zu einer Wahrscheinlichkeitsrechnung angeregt: Für eine Zufallsgeburt unseres Alls wäre ein »Würfeln« in einer Größenordnung von 10^{10} mal hoch 123 erforderlich. Um diese Zahl selbst im Nanobereich auszuschreiben, überträfe sie den Durchmesser des Universums, d. h. sie kann mit Null gleichgesetzt werden. Obwohl die Wissenschaft die Naturkonstanten mit immer größerer Genauigkeit zu messen gelernt hat, kann sie ihre Werte nicht erklären. Sie bergen ein zentrales Geheimnis des Universums.

Angesichts dieser Feinabstimmung, die das Universum existent macht, liegt es nahe, hier Gott ins Spiel zu bringen. Das mögen Theologen nun bereitwillig tun, Physiker aber müssen sich dagegen wehren, in eine physikalische Theorie die Hypothese aufzunehmen, der Natur seien durch einen von *außen* kommenden Willen Gesetze auferlegt worden, statt davon auszugehen, dass diese eine intrinsische Eigenschaft der Natur darstellen.

5. Von einer Sekunde bis drei Minuten

Der Kosmos wächst bis auf hundert Lichtjahre an; die Temperatur fällt dabei auf einige hundert Millionen Grad, die Dichte der Materie auf einen Gramm pro Kubikzentimeter, was derjenigen von Wasser entspricht. Protonen und Neutronen bilden die ersten Atomkerne. Es entstehen jedoch nur die beiden leichtesten Elemente, Helium und Wasserstoff, dazu in sehr geringer Menge Lithium, Beryllium und Bor. Innerhalb dieser drei Minuten entsteht die gesamte Materie, die sich heute in Sternen, Planeten und Lebewesen, teilweise sogar in unveränderter Form wiederfindet.

Rund eine Milliarde Jahre nach dem Urknall war die Materie nicht mehr gleichmäßig im Weltraum verteilt. Auf ein Kubikzentimeter Rauminhalt kam ein Atom. Diese Dichte ist billiardenmal geringer als die Dichte der Luft, die wir atmen. Trotzdem reichte diese geringe Dichte aus, um weitere Gasmengen anzuziehen. Das nahm Jahrmillionen in Anspruch und führte schließlich zu galaktischen Urwolken. Weil jedes Atom schon von sich aus eine Eigendrehung mitbringt, die ihm vom Urknall her zukommt, gibt es im Universum nichts Unbewegtes. Im Laufe der Zeit drückte die Drehbewegung die kosmischen Gaswolken zusammen, es bildeten sich Urgalaxien, aber noch ohne Sterne. Deren Entstehung begann, als die rotierende Urwolke, vermutlich infolge von Dichteschwankungen, unter ihrer Schwerkraft in Milliarden Einzelwolken zerfiel. Auch diese kleineren Gaswolken verdichteten sich weiter, zunächst langsam, dann immer schneller bei ansteigender Innentemperatur. Schließlich erreichte die Gasdichte das Einhundertsechzigfache von Wasser bei Temperaturen von einigen Millionen Grad. Unter dem Druck und der Hitze im Zentrum solch einer Gaskugel vollzieht sich eine Kernverschmelzung von Wasserstoff und Helium. Die Strahlung unserer Sonne ist eine solche in Energie umgewandelte Atomkernmasse, ein Atomkraftwerk, in dem Atomkerne jedoch nicht gespalten sondern verschmolzen werden. Dass aber ein solcher Stern sich durch seinen Strahlungsdruck nicht sofort aufbläht und platzt, bewirkt das Gleichgewicht zwischen dem Gasdruck, der von innen nach außen wirkt und der Massenschwerkraft, die von außen nach innen drückt. Dadurch bewahrt der Stern seine Stabilität über viele Milliarden Jahre.

Die Windungen der ATLAS-Toroid-Magnetspule im Kernforschungszentrum CERN in Genf. Das CERN ist eine »Weltmaschine«, die Teilchen nahezu auf Lichtgeschwindigkeit bringt, um sie dann frontal aufeinander zu schießen. Damit werden die Bedingungen im Universum etwa eine milliardstel Sekunde nach dem Urknall experimentell nachgestellt.

Die sogenannte Whirlpool-Galaxie (M 51).

Ist Gott auch zuständig für die Milliarden auseinanderdriftenden Galaxien und ihr rasendes Verschwinden im dunklen Raum und für die Schwerkraftfallen der schwarzen Löcher in ihrer Mitte, die ganze Sternsysteme verschlingen und zu Nichts zusammenpressen. Oder ist er nur der Lokalgott eines kosmisch winzigen, bedeutungslosen Planeten?

Dieter Wellershoff

Schon der griechische Naturphilosoph Demokrit (gest. 371 v. Chr.) postulierte, dass die gesamte Natur aus Atomen, kleinsten, unteilbaren Einheiten, zusammengesetzt sei. Von Demokrit bis zum 20. Jahrhundert galt, dass Atome unteilbar seien, bis Antoine Henri Becquerel (1852–1923) die Radioaktivität von Uran entdeckte. Wenn Uran-Atome Teilchen von sich schleudern können, lautete die Folgerung, so ist das Atom keine letzte Einheit, sondern muss aus anderen, noch kleineren Teilchen bestehen. Mit dieser Erkenntnis begann die Atomphysik der Neuzeit.

Anfang des 20. Jahrhunderts entdeckte man, dass Atome aus einem Atomkern bestehen, der aus Nukleonen, das sind die Kernbausteine Protonen und Neutronen, und einer Hülle aus Elektronen aufgebaut sind. Von dem lateinischen Wort für Kern (*nucleus*) leitet sich der Begriff »nuklear« ab. Er bezeichnet Dinge oder Wirkungen, die mit Eigenschaften oder Reaktionen von Atomkernen zusammenhängen.

Der Zugang zur Welt der Atome ist schwierig, weil Atome wegen ihrer winzigen Größe außerhalb jeder Erfahrbarkeit liegen. Während der Weltraum nur mit riesigen Teleskopen erforschbar ist, müssen es hier Vergrößerungsgeräte sein, welche die atomare Welt (bedingt) zugänglich machen. Man misst diese Welt in Nanometern (nm). Ein Nanometer sind 1 milliardstel Meter; man schreibt auch 10^{-9} Meter. Ein Atom wird mit etwa 1 nm angegeben, somit 10^{-10} Meter. Mit solchen Zahlen können wir im Grunde nichts anfangen, weil sie in

6. Das Universum

In den ersten hundert Millionen Jahren nach dem Urknall herrschte im Universum völlige Dunkelheit. Licht wurde erst mit den Sternen. Astrophysiker schätzen, dass die ersten Sterne 150 bis 200 Millionen Jahre nach dem Urknall entstanden. Diese Vorgänger unserer Sonne müssen viel schwerer gewesen sein als die späteren Sterne, sie endeten aber bereits nach kurzer Zeit in gewaltigen Explosionen, denn je massereicher ein Stern ist, desto intensiver verströmt er seine Energie und desto kürzer ist seine Lebensdauer. Als die frühen Megasterne nach nur zwei bis drei Millionen Jahren ihren Brennstoff aufgebraucht hatten, kollabierten sie in den wohl gewaltigsten Explosionen seit dem Urknall. Möglicherweise wurden die größten Giganten in diesen Explosionen vollständig zerfetzt. Sterne mit hundert Sonnenmassen oder weniger brachen zu Schwarzen Löchern ein, die vielleicht die Keime der ersten Galaxien wurden.

Zwischen den Galaxien ist der Weltraum leer, selbst die als »Sternenhaufen« zu betrachtenden Galaxien bestehen größtenteils aus Leere. Die gewaltigen Abstände sind notwendig, denn sonst würden Galaxien und Sterne einander anziehen und zusammenstoßen. Um die Leere zu veranschaulichen, stellt man sich am besten einen Stern durchschnittlicher Größe in Gestalt einer Glasmurmel vor:

Dann befände sich der nächste Stern in unserer Milchstraße – auch als Glasmurmel angenommen – in einer Entfernung von etwa 200 Kilometern. Das wäre der durchschnittliche Abstand der Sterne innerhalb einer als »Haufen« von Glasmurmeln vorgestellten Galaxie – ein »Haufen«, der fast nur aus Leere besteht.

Gerhard Staguhn

Zusammenstöße zwischen Sternen sind wegen der riesigen Abstände so gut wie ausgeschlossen; schon eher kann es zu Zusammenstößen von Galaxien kommen; dabei können Galaxien miteinander verschmelzen oder einander durchdringen, wobei eine Galaxie der anderen Sterne entreißen kann. Ein solcher Zusammenstoß ist für unsere Milchstraße und die »benachbarte« Andromeda-Galaxie zu erwarten, da sich beide mit etwa 200 km pro Sekunde aufeinander zu bewegen. Der Zusammenstoß ist in etwa 3,7 Milliarden Jahren zu erwarten und würde sich seinerseits wieder über Millionen Jahre hin erstrecken.

Stets zu bedenken ist, dass jeder Blick in den Kosmos ein Blick in seine Vergangenheit ist. Unser Sternenhimmel besteht aus lauter vergangenen Ereignissen, denn jedes kosmische Ereignis braucht Zeit, um sein Licht-Bild zu senden.

Betrachtet man den Andromeda-Nebel, sieht man ihn so, wie er vor 2,4 Millionen Jahren aussah. Natürlich muss man hinzufügen, dass sich eine Galaxie innerhalb von ein paar Millionen Jahren überhaupt nicht verändert … Anders sieht es aus, wenn ich eine Galaxie durchs Teleskop betrachte, die Milliarden Lichtjahre entfernt ist: Ich sehe sie, wie sie vor Milliarden Jahren aussah. In solchen unvorstellbar langen Zeiträumen verändern sich auch Galaxien. Galaxien, die z. B. zehn und mehr Milliarden Lichtjahre entfernt sind, befinden sich gewissermaßen noch im Babyalter der eigenen Erfahrungswelt keinen Ort haben. Für die Wissenschaft sind sie unverzichtbar; dem Laien erlauben sie die vage Ahnung von einem Bereich, der jeder Vorstellung entzogen ist.

Der nächste Erkenntnisschritt zeigte, dass Atome positive und negative Ladungen haben, wobei sich entgegengesetzte elektrische Ladungen anziehen, gleiche elektrische Ladungen abstoßen. Als man dann entdeckte, dass Teilchen, die man auf eine Goldfolie schießt, durch diese ungehindert hindurchgehen, legte sich die Vermutung nahe, dass zwischen den Atomen offenbar leerer Raum herrscht, den die Teilchen problemlos passieren

Aufnahmen vom Stern V838 Monocerotis. Der rote gigantische Stern in der Mitte leuchtete im Jahr 2002 für mehrere Wochen besonders intensiv. Die Staubwolken um ihn herum, die er beleuchtet, stammen aus einer vorangegangenen Explosion in diesem Stern.

Evolution oder Schöpfung?

> ... »Gleichzeitigkeit« löst sich in den kosmischen Dimensionen vollkommen auf ... Unsere Gegenwart hier auf der Erde bewegt sich sozusagen vor einer Kulisse aus lauter kosmischen Vergangenheiten. Der Kosmos, den wir sehen, ist nur ein Licht-Bild von etwas, das mal war. Da drängt sich natürlich die Frage auf: Was ist der Kosmos wirklich, was ist kosmische Wirklichkeit?
> *Gerhard Staguhn*

Alles Gewordene muss auch wieder vergehen. Irgendwann geht jedem Stern der Brennstoff aus. Wenn dann im Innern keine Kernverschmelzung mehr möglich ist, nimmt der Strahlungsdruck kontinuierlich ab, so dass nun die Schwerkraft überwiegt. Der Stern fällt unter dem Gewicht seiner eigenen Masse in sich zusammen, wobei je nach Masse der Vorgang unterschiedliche Verläufe hat. Sterne bis zur anderthalbfachen Größe unserer Sonne blähen sich gegen Ende ihrer Zeit zu einem Roten Riesen auf, um danach zu einem kleinen Sternenrest von der Größe unserer Erde in sich zusammenzustürzen. Die Bewegungsenergie der zusammenstürzenden Massen verwandelt sich dabei in Hitze, so dass der kleine Reststern in grellweißem Licht erstrahlt. Seine Strahlung entsteht aber nicht mehr durch Kernverschmelzung, sondern allein durch den extrem hohen Druck in der zusammengepressten Materie. Ein Teelöffel Materie eines solchen Weißen Zwergs wiegt etwa eine Tonne.

Danach dauert es noch ungefähr zehn Milliarden Jahre, bis der Weiße Zwerg nicht mehr leuchtet. Bei rund zweitausend Grad gibt er nur noch infrarote Strahlung ab, ist also nicht mehr zu sehen und treibt von da an endlos durch die Galaxie.

Wenn aber der Stern um ein Mehrfaches größer als unsere Sonne ist und keinen Brennstoff mehr hat? Auch dann bläht er sich zu einem Roten Riesen auf. Bei seinem Zusammensturz steigt die Temperatur im Kernbereich so stark an, dass der noch vorhandene Brennstoffrest auf einmal verbraucht wird: es entsteht eine Super-Nova-Explosion, wobei die äußeren Schichten des Sterns, unter Freisetzung gewaltiger Energien, in den Weltraum geschleudert werden. Die dabei kurzzeitig entstehende Leuchtkraft entspricht der von Milliarden Sonnen. Die Restmasse des Sterns hat eine Dichte, die weit größer als die der Weißen Zwerge ist. Deren Materie besteht ja immer noch aus Atomen. Nach einer Supernova-Explosion jedoch können die Elektronen dem Gravitationsdruck nicht mehr standhalten; sie werden in die Atomkerne hineingequetscht, verschmelzen mit den Protonen und bilden Neutronen. Es entsteht ein Neutronenbrei, man kann auch sagen, ein überdimensionaler Atomkern aus Neutronen mit einem Durchmesser von zehn bis fünfzehn Kilometern. Ein Teelöffel dieser Masse würde auf der Erde mehrere Millionen Tonnen wiegen.

Was aber geschieht, wenn bei noch größeren Massen auch die Neutronen dem zunehmenden Druck der Materie nicht mehr standhalten können?

Es gäbe nichts mehr, was der Massenanziehungskraft noch entgegenwirken könnte. Der Stern würde zu einem »Materiepunkt« der Größe Null, aber mit unendlich hoher Dichte, zusammenstürzen. Selbst die Starke Kernkraft, die im Neutronenstern dem Druck der Materienmassen noch entgegenwirken kann und damit seine Stabilität aufrechterhält, würde jetzt unterliegen.

können. Demnach, so lautete die Folgerung, besteht Materie vor allem aus leerem Raum. Darin ähnelt das Innere der stofflichen Welt dem äußeren kosmischen Raum, der ebenfalls weitgehend leer ist.

Heute weiß man, dass der Atomkern aus Protonen und Neutronen besteht. Die Anzahl der Protonen im Kern und die damit identische Anzahl der Elektronen bestimmt, um welches chemische Element es sich handelt, da die chemischen Eigenschaften aus dem Aufbau der Elektronenhülle resultieren.

Nach der Entdeckung der Elementarteilchen, die das Atom aufbauen, wurde eine Vielzahl weiterer Teilchen sowie Antiteilchen entdeckt. Schließlich stieß man auf eine Substruktur der Nukleonen, die Quarks. Quarks sind jene elementaren Bestandteile, aus denen Protonen und Neutronen bestehen. Messungen ergaben, dass sich Protonen und Neutronen aus je drei Quarks aufbauen, die drittelzahlige elektrische Elementarladungen tragen. Außerdem sollen Quarks auch einen Drehimpuls besitzen, einen sogenannten Spin. Wenn zum Beispiel das Proton aus drei Quarks besteht, die sich jeweils um sich selber drehen, so drehen davon zwei Quarks in eine Richtung, das dritte Quark in die andere Richtung. Da die Quarks aber durch Gluonen (von Englisch glue, »Klebstoff«) zusammengehalten werden, zeigte sich bei aufwändigen Experimenten im CERN, dass Quarks sich nicht nur um die eigene Achse drehen können, sondern mit den Gluonen zwischen ihnen auch umeinander.

Die Bindung zwischen Quarks und Gluonen ist so stark, dass man es nicht schafft, Quarks aus dem Proton zu befreien. Unmittelbar nach dem Urknall war das anders. In den ersten Mikrosekunden war das Universum ein sogenanntes Quark-

Wie beim Urknall, so hätte man es auch hier mit einer so genannten Singularität zu tun, einem Punkt in der Raumzeit, der mathematisch nicht beschrieben werden kann, weil unendliche Größen darin vorkommen. Einen Namen hat dieses gestaltlose, aus der Theorie abgeleitete Objekt aber trotzdem: Schwarzes Loch. Gesehen hat es noch keiner, und es wird auch in Zukunft niemals direkt zu beobachten sein – weil man es gar nicht sehen kann. Weder Materie noch Strahlung können einem Schwarzen Loch entkommen, so stark ist die Anziehungskraft, die diesen unendlich dichten Materiepunkt umgibt. Sehen aber kann man immer nur etwas, das Licht aussendet. Die Strahlung, die im Innern eines Schwarzen Lochs entsteht, kann es nicht verlassen. Denn auch die elektromagnetische Strahlung unterliegt der Massenanziehungskraft so gewaltig, dass die Energie des Lichtes zu gering ist, um gegen sie anzukommen …

Die Astronomen nennen den »Bannkreis« eines Schwarzen Lochs Ereignishorizont. Er umgibt das Zentrum des Schwarzen Lochs als eine Art undurchdringlichen Schleier, der jeden Blick ins Innere verhindert. Am Ereignishorizont eines Schwarzen Lochs wird die Raumzeitkrümmung unendlich groß; damit aber geht die Zeit gegen null. Im Einflussbereich eines Schwarzen Lochs hört die Zeit auf und damit auch die Herrschaft der physikalischen Gesetze, die im Universum gültig sind.

Zwar gehorcht die Entstehung von Schwarzen Löchern den physikalischen Gesetzen der Natur. Die Natur bringt somit in den Schwarzen Löchern etwas hervor, das über sie hinaus weist. Das Schwarze Loch ist Teil der Natur, doch sein Inneres hat eine übernatürliche Qualität. In den Schwarzen Löchern berühren sich eine reale und eine irreale Welt. So etwas mutet ziemlich befremdlich an, denn normalerweise ist das Innere eines Objekts nicht weniger Teil dieser Welt als sein Äußeres. Aber das macht gerade das Faszinierende an den Schwarzen Löchern aus: Man hat das Gefühl, dass sich in ihnen etwas Unergründliches … verbirgt.

Gerhard Staguhn

Was bisher im Blick auf einzelne Sterne gesagt wurde, gilt für den Kosmos insgesamt. Auch ihm ist ein Ende sicher. Der Grund dafür dürfte im Urknall liegen. Seit dieser Zeit vor etwa 13,7 Milliarden Jahren dehnt sich das Weltall aus und kühlt sich zugleich ab. Die derzeitige Temperatur des Universums liegt bei drei Grad über dem absoluten Nullpunkt. Zugleich werden mit der Ausdehnung des Kosmos die Räume zwischen den Galaxien immer größer. Die Fluchtbewegung zwischen den Galaxien ist umso höher, je weiter sie voneinander entfernt sind. Heute weiß noch niemand, ob die Ausdehnung des Universums endlos weitergeht, oder ob irgendwann die Anziehungskraft der Materie im Kosmos eine Umkehrung einleiten kann. Um das zu beurteilen, müsste man die kosmische Materie berechnen können. Dazu ist die Astrophysik noch nicht in der Lage. Sie weiß zwar, dass es im Universum mehr Materie gibt als jene, die sichtbar ist, und geht davon aus, dass diese sichtbare Materie allenfalls zehn Prozent der Gesamtmaterie ausmacht. Die restlichen unsichtbaren neunzig Prozent nennt man »Dunkle Materie«.

Die Mehrzahl der heutigen Astrophysiker neigt dazu, einen offenen Kosmos anzunehmen, der sich endlos weiter ausdehnt. Dann würden sich die Galaxien irgendwann von der Anziehung, die sie heute noch aneinander bindet, befreit haben und ins Unbegrenzte weiter fliehen. Falls dies ge-

Gluon-Plasma, in dem unter extrem hoher Temperatur und Druck die Quarks nicht durch Gluonen in Kernbausteinen gebunden wurden, sondern sich in einer Art »Ursuppe« frei bewegen konnten. Als sich das Quark-Gluon-Plasma abkühlte, bildeten sich gebundene Teilchen wie Protonen und Neutronen.

Um diese Vorgänge verstehen zu können, hat das europäische Kernforschungszentrum CERN in Genf den leistungsstärksten Teilchenbeschleuniger der Welt gebaut, gewissermaßen eine »Weltmaschine«. Dieser Beschleuniger, Large Hadron Collider (LHC), bringt Teilchen nahezu auf Lichtgeschwindigkeit, um sie dann frontal aufeinander zu schießen. Damit werden die Bedingungen im Universum etwa eine milliardstel Sekunde nach dem Urknall experimentell nachgestellt. Wegen der immensen Kosten, die sich zwanzig Staaten teilen, wird der LHC auf lange Sicht die letzte Unternehmung sein, die sich die Menschheit zur Erforschung der Materie leisten kann. In jedem Fall wird man so nah wie noch nie zuvor an die Geburt des Universums heranrücken und erkennen, wie sich das Quark-Gluon-Plasma eine milliardstel Sekunde nach dem Urknall verhalten hat.

Der Sekundenbruchteil, der hier untersucht wird, ist so klein, dass selbst das Licht währenddessen nicht einmal die Strecke eines Atomdurchmessers zurücklegen kann. Aber so wenig wir die hoch komplizierte Struktur dieser letzten Materieteilchen auch verstehen können, immerhin zeigt sie uns, wie tief die Forschung in das Innere der Materie eingedrungen ist. Zugleich gilt: Je kleiner die Teilchen sind, nach denen gesucht wird, umso größer muss die Energie sein, mit der in die atomare Struktur eingedrungen wird, um die darin verborgenen Gesetze zu entdecken.

In der »Edda« heißt es, dass nach der letzten Schlacht der Götter und Riesen bei Ragnorak die Erde durch Feuer und Wasser zerstört wird, doch die Wasser weichen zurück, Thors Söhne tauchen mit dem Hammer ihres Vaters aus der Hölle auf, und die ganze Welt beginnt wieder von vorn.

Wenn es aber tatsächlich so sein sollte, dass das Universum erneut expandiert, dann wird auch diese Expansion schließlich zum Stillstand kommen und von einer erneuten Kontraktion abgelöst werden, die wiederum in einem kosmischen Ragnorak endet, dem sich ein weiterer Stoß anschließen wird, und so wird es in alle Ewigkeit weitergehen.

Sollte das unsere Zukunft sein, dann kann man annehmen, dass es auch unsere Vergangenheit war. Die gegenwärtige Expansion des Universums wäre dann nur eine Phase, die sich an die letzte Kontraktion und den letzten Stoß anschließt … Wenn man noch weiter zurückblickt, kann man sich vorstellen, dass sich ein endloser Kreislauf von Expansion und Kontraktion bis in die unendliche Vergangenheit erstreckt, ohne dass es je einen Anfang gegeben hätte.

Steven Weinberg

Man glaubt seit Ende 2001 zu wissen, dass es niemals eine Kontraktion des Universums geben wird. Die Expansionsgeschwindigkeit ist zu groß. Das bedeutet, dass wir uns damit anfreunden müssen, den Kältetod des Universums vorherzusagen. Was wir in 10^{23} Jahren zu erwarten haben, dürfte eine Reihe von Schwarzen Löchern und zerfallenden Atomkernen sein – Materietrümmer, die sich in unendlichen Räumen und Zeiten immer weiter voneinander entfernen und dahintreiben. In unglaublichen Abständen von 10^{100} Jahren müssen wir mit der Auflösung aller Strukturen rechnen.

Eugen Drewermann

schieht, lässt sich diese ultraferne Zukunft so beschreiben: Nach den bisher verflossenen 13,7 Milliarden Jahren und weiteren 10 Milliarden Jahren werden die meisten der »jetzt« in der Milchstraße leuchtenden Sterne erloschen sein. Unsere Sonne hat schon in rund fünf Milliarden Jahren ihren Brennstoff verbraucht. Dann wird auch alles Leben auf der Erde vorbei sein.

Während also viele Sterne unserer Galaxie und der benachbarten Galaxien verlöschen, werden auch neue Sterne aus Gaswolken und dem Staub explodierter Sterne entstehen. Nach rund hundert Milliarden Jahren wird der Galaxienhaufen, zu dem die Milchstraße gehört und der etwa dreißig Galaxien zählt, ziemlich einsam im Kosmos sein. Die anderen Galaxienhaufen haben sich dann so weit voneinander entfernt, dass auch die größten heutigen Teleskope sie nur noch als schwache Lichtflecke ausmachen können.

»Irgendwann« werden alle kosmischen Gasmassen und Brennvorräte aufgebraucht sein und die letzten Sterne verlöschen. Das Weltall ist dann völlig dunkel. Nach Gerhard Staguhn sind nach zehn Trillionen Jahren (eine 1 mit neunzehn Nullen) alle Kernbereiche der erloschenen Galaxien zu supermassereichen Schwarzen Löchern zusammengebrochen. Auch die Schwarzen Löcher bleiben wahrscheinlich nicht ewig. Sie könnten sich, nach Stephen W. Hawking, in 10^{65} bis 10^{100} Jahren in Gammastrahlung auflösen. Danach bestünde das Universum nur noch aus einer extrem dünnen Suppe elektromagnetischer Strahlung – so dünn, dass man nur alle Millionen Lichtjahre auf eines der Elementarteilchen stieße. Dieser Zustand gibt physikalisch nichts mehr her.

Ein ganz anderes Ende ist denkbar, wenn die Anziehungskräfte im Universum irgendwann stärker sein sollten als die Urknallkraft, die ja bis heute die Galaxienhaufen auseinandertreibt. In diesem Fall kann in vielleicht achtzig Milliarden Jahren die Ausdehnung des Universums zum Stillstand kommen. Danach würde es sich wieder zusammenziehen, bis es jenen Zustand erreicht, aus dem es auch hervorgegangen ist: Der nächste Urknall stünde an, und daraus ginge das nächste Universum hervor.

7. Der Beginn des Lebens

Das bisher beschriebene Universum kennt kein Leben. In diesem Universum, das aus Gas- und Staubwolken, aus glühenden und erloschenen Sternen besteht, wäre Leben auch gar nicht möglich, denn Leben gibt es nur in einem ziemlich begrenzten Raum. Eine erste Grenze bestimmt die Temperatur. Bei Temperaturen über einhundert Grad Celsius zerfallen Nukleinsäuren und Eiweißmoleküle in kleinere Moleküle; bei Temperaturen von einigen tausend Grad zerfallen die einfachen Moleküle in ihre Einzelatome. Bei Temperaturen unter null Grad verlangsamen sich die biochemischen Reaktionen so sehr, dass sich selbst vermehrendes Leben nicht mehr möglich ist. Alle heute auf der Erde vorkommenden höher entwickelten Lebewesen haben Körpertemperaturen zwischen 25 und 45 Grad Celsius.

Sauerstoffhaltige Atmosphäre und Wasser sind nach heutigem Wissen ebenfalls Voraussetzungen für die Entwicklung von Leben. Diese Bedingungen können sich nur auf Planeten ergeben. Ein Universum mit Milliarden mal Milliarden Sternen, aber ohne Planeten könnte vermutlich kein Leben hervorbringen. Aber wie das Planetensystem der Sonne zeigt, gehören weitere Bedingungen dazu, Leben zu ermöglichen, etwa die Größe des Planeten, seine richtige Entfernung zum Zentralgestirn und eine möglichst kreisförmige Umlaufbahn. Lebenswichtig ist auch die Ausbildung einer Ozonschicht, welche die UV-Strahlung des Sonnenlichts abschirmt.

Den Weg zu beschreiben, wie das Leben auf der Erde entstand, ist der Physik und der Biologie zu überlassen. Er kann in seiner Komplexität hier nicht nachgezeichnet werden. Es genügt zu sagen, das bisher nur das auf den Nukleinsäuren RNA und DNA beruhende Leben bekannt ist. Die Wege zum Leben begannen auf der Erde vor etwa 4 bis 3,5 Milliarden Jahren, als die Erde genügend abgekühlt war, um die ersten Voraussetzungen für eine Evolution des Lebens zu bieten. Dabei kann die DNA selber schon das Ergebnis eines lange währenden Selektionsdrucks miteinander konkurrierender biochemischer Systeme sein. Alle bekannten Lebensformen, von Bakterien und Pilzen über Pflanzen bis hin zu Tieren und dem Menschen, verwenden ausnahmslos denselben, universell gültigen genetischen Code und erzeugen aus den gleichen chemischen Bausteinen die für irdisches Leben typischen Proteine und Nukleinsäuren. Es ist jedoch nicht auszuschließen, dass außerirdisches Leben im Universum auch auf anderen chemischen Substanzen aufbauen kann. Im Laufe von Jahrmilliarden entwickelten sich durch biologische Evolution aus vergleichsweise einfachen Lebensformen immer komplexere Lebewesen. Die rekonstruierenden Theorien arbeiten alle mit Wahrscheinlichkeiten. »So könnte es gewesen sein«, sagen sie, schließen aber trotz ihres hypothetischen Charakters die Annahme aus, irgendwann sei ein schöpferischer Eingriff Gottes in das Naturgeschehen anzunehmen:

Der Mechanismus des Lebens ist zwar komplex, im Rahmen unseres physikalischen und chemischen Wissens indes vollkommen interpretierbar. Das soll nicht besagen, dass in diesem Bereich alles hinlänglich erforscht wäre, sondern damit ist gemeint, dass das, was bereits gefunden wurde, nicht rätselhaft ist, sondern sich ohne weiteres physikalisch und chemisch erklären lässt. Aufgrund unserer Erkenntnisse ist es wahrscheinlich, dass es auch einfachere – weniger wirksame – Mechanismen gibt, die unter natürlichen präbiotischen Bedingungen realisierbar waren.
Manfred Eigen

Heute nimmt kein Forscher mehr einen plötzlichen Übergang von toter zu lebendiger Materie an. Der Entwicklungsprozess des Lebens war unendlich langsam. So unterschiedlich auch die damit verbundenen Erklärungsversuche ausfallen mögen, sie alle gehen von der Selbstorganisation des Lebens aus, das heißt, dass es eine Ordnung ohne einen Ordner von außen, einen Plan ohne Planer gibt. Dabei ist der »Ordner« mit dem Prozess identisch, aus dem heraus er sich bildet. Das je notwendige Gleichgewicht der Strukturen entsteht aus Rückkoppelungsmechanismen. In diesem Verständnis sind unterschiedliche Wege vorstellbar, die das Leben zu seiner Selbstbegründung gegangen sein kann, von denen schließlich nur eine »Hauptstraße« übrig geblieben ist. »Gerade bei der Entstehung des Komplexen wird die Natur keine ›komplizierten‹, sondern die nächst-

Charles Robert Darwin (1809–1882)
Von seiner Reise mit der »Beagle« nach Südamerika und verschiedenen Südsee-Inseln von 1831 bis 1835 bekannte D.: »Sie war das bedeutendste Ereignis in meinem Leben und hat meinen gesamten Werdegang bestimmt.« Wenngleich er schon 1837 von der Veränderlichkeit der Arten überzeugt war, legte er sein Resümee erst 1859 in seinem Buch *Die Entstehung der Arten* in fünf Theoremen vor:

1. die Evolution verstanden als Veränderlichkeit der Arten;
2. die gemeinsame Abstammung aller Lebewesen;
3. die Veränderung der Arten durch kleinste Schritte;
4. ihre Vermehrung in Populationen;
5. die natürliche Selektion als wichtigster, wenn auch nicht einziger Mechanismus der Evolution.

Die Tatsache der Evolution wurde in den nächsten Jahren in Wissenschaftskreisen praktisch universell akzeptiert, doch führte sie zu religiösen Irritationen, die auch heute noch fundamentalistisches Denken erbosen. Während Darwin »etwas Großartiges« darin sah, »dass das Leben mit seinen mannigfaltigen Kräften vom Schöpfer ursprünglich nur wenigen Formen oder gar nur einer eingehaucht worden ist …«, konnten Kirche und Theologie darin zunächst nur einen Angriff auf die Glaubwürdigkeit der Bibel erkennen.

Hat die Schöpfung überhaupt ein Ziel? Oder reimen wir uns angebliche Ziele und Zwecke später nur zusammen, rückblickend von dem, was durch Zufall und Notwendigkeit letztendlich planlos entstanden ist, was uns nun aber, da es geworden ist, als sinnvoll und gewollt erscheint?

Manche flüchten sich in Ersatzkonstrukte: Wenn Gott schon nicht mehr eingreifen kann, dann habe er zumindest als Anfang vor allem Anfang diesen ins Werk gesetzt. Die Autonomie der Zweitursachen habe er gewollt. Das sei eben Gottes Bescheidenheit.

Nur: Auch ein solches Gottesbild, das philosophisch das Mittelalter befriedigt haben mag, ist heute nicht mehr plausibel. Denn was hilft uns ein Gott, der etwas macht, damit die Dinge sich selbst machen, um die Hände daraufhin in den Schoß zu legen und sich an den unendlichen Katastrophen des Gangs der Dinge zu er»götzen« oder sich wie eine Majestät als Zuschauer an den Clownerien seiner verwirrten Kreatur zu erfreuen? Nein, auch solche Versuche, Gottes Allmacht vor seiner Ohnmacht zu retten, überzeugen nicht mehr, wenn der grausame Kampf ums Dasein in unser Gesichtsfeld tritt.

Johannes Röser

Selbst wenn wir nur die Entwicklung des Lebens bedenken, fallen Weltzeit und Lebenszeit »in einem Maße auseinander, dass die zeitlichen Aussichten der Menschheit auf Fortbestand und die mutmaßliche Fortdauer der Erde zueinander in ein absurdes Verhältnis geraten«.

Ulrich H. J. Körtner

liegenden, die *einfachsten* Wege gegangen sein. Wer des Allerkompliziertesten, das wir denken können, wer eines göttlichen oder vitalistisch vorgestellten *Geistes* bedarf, um das Leben zu erklären, entfernt sich am allerweitesten von dem, was naturwissenschaftlich als Erklärung plausibel und akzeptabel ist« (Eugen Drewermann).

Auch wenn wir gerade von einem »Plan« gesprochen haben, ist doch einzuwenden, dass es in der Natur weder Absicht noch Ziel und erst recht keine Fürsorge gibt; auch die sich fortsetzende »Höherentwicklung« des Lebens unterliegt keiner voraus entworfenen Intention. Selbst wenn es manchmal so aussieht, als verfolge die Evolution bestimmte Ziele, ergeben sich diese doch aus dem Zusammenspiel von Notwendigkeit und Zufall, die sich in das Muster bereits getroffener »Entscheidungen« einfügen. Wenn aber das Erste Vatikanische Konzil den Katholiken zu »glauben« gebot, dass man Gott aus den geschaffenen Dingen »beweisen« könne, und zwar aus den Ursachen (*e causis*), die in ihm ihren absoluten Seinsgrund (*prima causa efficiens*) fänden, so leitete dazu die Überzeugung an, Systeme, die sich selbst begründen, seien absolut undenkbar. Wir haben aber die durchaus heute denkbare Weltentstehung ohne das Theorem »Gott« bereits kennengelernt und stehen bei der Evolution des Lebens erneut vor dieser intrinsischen Erklärung.

Die Natur ist, wie sie ist; sie lässt an Leben zu, was möglich ist, und sie nimmt wieder fort, was nicht mehr leben kann; sie entwirft keine Pläne, sie stellt lediglich den Raum, die Zeit und die Grenzen bereit, nach denen etwas sich selber organisieren und weiterentwickeln kann, und wenn die Entfaltung einer bestimmten Form, aus was für Gründen auch immer, an ihr Ende gekommen ist, wird augenblicklich in die Lücke, die mit ihrem Ausscheiden hinterlassen wurde, beziehungsweise in die »Nische«, die nun nicht länger besetzt ist, etwas Neues eindringen. In solchen Veränderungen besteht das, was wir den Gang des Lebens auf dieser Erde nennen.

Wie anders beschaffen aber ist die Erwartung des theologischen Denkens an die Natur! Da müsste ein Gott sein, der in oberster Weisheit, Güte, Planung und Übersicht den Gang der Welt zum immer Besseren lenkte, doch ein solcher Gott ist nicht zu erkennen! Diese Enttäuschung ist fundamental und unvermeidbar, solange das Gottes- und Weltbild der herkömmlichen christlichen Theologie noch in Kraft ist. *Eugen Drewermann*

8. Die Entstehung des Menschen

Alle heute lebenden Tierarten sind gleich weit von ihrem Ursprung entfernt, denn sie gehen ohne Ausnahme auf einen Ursprung zurück, der rund drei Milliarden Jahre zurückliegt. Sie sind darum in stammesgeschichtlicher Hinsicht gleich alt. Was die jeweilige Art, den Mensch inbegriffen, voneinander unterscheidet, ist die unterschiedliche Zeit der Abspaltung, bei der sich die einzelnen Stammeslinien voneinander trennten. Der Weg zum Menschen hat keinen Anfang, denn eine nie unterbrochene Kontinuität verbindet alles Leben, selbst über die frühesten Lebensformen hinaus bis in den nichtlebendigen Bereich der Materie hinein. »Jeder

Organismus, gleich ob der menschliche, der einer Pflanze oder eines Bakteriums, baut auf der Einheit des Lebendigen auf«, wie der Münchner Evolutionsbiologe und Zoologe Josef H. Reichholf in seiner Entstehungsgeschichte des Menschen betont.

Wir beginnen hier – Reichholf folgend – mit der Geschichte der Säugetiere. Sie führt bis ins Erdmittelalter zurück, in jene Zeit, als noch die Dinosaurier die Welt beherrschen. Diese frühen Säugetiere waren spitzmausähnlich klein. Die riesenhaften Reptilien gestatteten ihnen über Jahrmillionen hinweg nur ein Schattendasein. Einziger Vorteil war ihre geregelte Körpertemperatur, die ihnen erlaubte, auch nachts aktiv zu sein. Das nächtliche Leben entwickelte ihren Tast- und Geruchssinn, verhalf zu einer nährstoffreichen Beute und förderte die Umbildung von Reptilienschuppen zum Haarkleid. Im Gegensatz zu den Brontosauriern, die sich von Pflanzenmassen ernährten, die kaum ausreichen, um die Kolosse warm zu halten und das im Verhältnis zum massigen Körperbau unglaublich kleine Gehirn bedingte, entwickelten die primitiven Säugetiere aufgrund eiweißhaltiger und fettreicher Nahrung schon Gehirngrößen, die weit über denen der Reptilien lagen. Auch dürften die Säuger hohe Fortpflanzungsraten ausgezeichnet haben. Die Ausbildung von Milchdrüsen zur Ernährung des eigenen Nachwuchses machte sie ebenfalls den Reptilien überlegen, deren Eier allen Nahrungsvorrat für die Brut enthalten mussten.

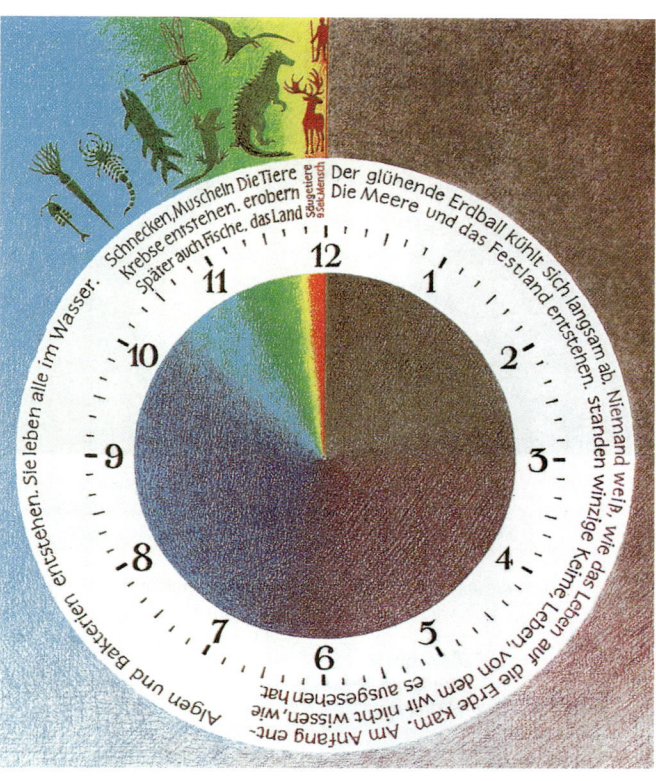

Die entscheidende Wende in diese Tierwelt brachte ein vor 65 Millionen Jahren auf der Erde einschlagender Meteorit, der in seinem Feuersturm einen Großteil der Saurier vernichtete. Was durch Feuer und die gigantischen Flutwellen, die um den Erdball rasten, nicht unterging, verkümmerte unter der anschließenden Dunkelheit. Unvorstellbare Mengen Staub verfinsterten die Sonne und verhinderten das Pflanzenwachstum, so dass die Ernährungsbasis für viele Großtiere wegfiel. Damit ging das Erdmittelalter zu Ende, und es begann das Tertiär als Zeitalter der Säugetiere.

Das Aussterben der Dinosaurier gab den Säugetieren neue Freiheit. Auch hatten jetzt unter den Pflanzen die Bedecktsamer Vorsprung gewonnen, die geschützte Samen entwickeln und jahrelang überdauern, bis sich eine Gelegenheit zum Keimen bietet. Zwar mussten die Säugetiere noch einige Millionen Jahre auf den großen Durchbruch warten, doch begann dieser, als die Blütenpflanzen sich durchsetzten. Damit kam die wechselseitige Anpassung von Blüten und Insekten in Gang. Die Artenfülle von bedecktsamigen Pflanzen und Insekten explodierte gewissermaßen und schuf den immer noch kleinen Säugetieren ein sicheres und reiches Nahrungsangebot. Unter den feuchtwarmen Klimabedingungen des Eozäns breiteten sich riesige Wälder über den Kontinenten aus. Insekten gab es darin in Fülle, so dass die Jagd nach Nahrung nun auch die dritte Dimen-

Die älteste bekannte Vorfahrin des Homo sapiens – führt mit 4,4 Millionen Jahren über den Australopithecus noch weiter als bisher angenommen zurück. Das fossile Skelett von Ardipithecus ramidus stammt aus der Afar-Ebene im Nordosten Äthiopiens, die als eine Wiege der Menschheit gilt. »Ardi« war etwa 1,20 m groß und wog 50 Kilo. Ihr aufrechter Gang belegt, dass Hominiden und Affen zwei völlig verschiedene Pfade der Evolution gingen. Mit Schimpansen und Gorillas verbindet dieser frühe Schnappschuss aus der Vergangenheit nur wenig. Der Fund von 1992/93, dessen Auswertung 2009 publiziert wurde, belegt ein Zwischenglied zwischen Primaten und Hominiden: am Boden lebend, im Buschland zu Hause, scheint er ein Sozialverhalten gehabt zu haben, das friedlicher war als jenes der eine Million Jahre jüngeren »Lucy«, wobei völlig ungeklärt ist, warum für die Zeit Lucys diese Entwicklung wieder rückgängig erscheint.

Evolution oder Schöpfung?

sion, die Höhe der Bäume, einbezog. Das veränderte die Fortbewegung; aus Läufern wurden Kletterer, auch das Gehör verbesserte sich, vor allem im Ultraschallbereich, und führte zu der ganz ungewöhnlichen Gruppe der Fledermäuse. Mit der Entwicklung der Flugfähigkeit konnten sie ihre Insektenbeute nun bis in den Luftraum hinein verfolgen. Dabei steigerten sie ihre Hörfähigkeit bis ins schier Unglaubliche. Die Fledermäuse entwickelten eine riesige Artenfülle; bis heute zählen in tropischen Waldgebieten zur Gruppe der Fledermäuse mehr Säugetiere als zu allen anderen Gruppen.

Innerhalb der Waldgebiete gab es nun Insekten jagende Säugetiere am Boden und Fledermäuse in der Luft. Der Raum dazwischen wurde zur großen Nische der späteren Primaten. Sie entwickelten die Fähigkeiten für den Nahrungserwerb zwischen Baumstämmen, Ästen und Zweigen. Dazu war ein dreidimensionales Sehen wichtig, bei dem sich die Gesichtsfelder der beiden Augen überschneiden, um die Raumtiefe zu erfassen; nur so sind Entfernungen exakt zu bemessen und Sprungweiten einzustellen, um einen angezielten Ast oder die Beute zu erreichen. Damit einher ging die Anpassung der Vorder- und Hinterbeine zum Greifen und Festhalten. Die weitere Entwicklung der Primaten teilte sich schon früh in drei Linien: zunächst die Halbaffen, die insbesondere auf Madagaskar eine große Artenfülle hervorbrachten; sodann die eigentlichen Affen, die sich seit dem frühen Tertiär in die Gruppen der Altwelt- und der Neuweltaffen teilen, die in vielen Eigenschaften voneinander abweichen.

Wir können hier, um den nachfolgenden Entwicklungsgang zum Menschen zu erhellen, nur die Gabelungen beschreiben, an denen sich die neuen Linien von den alten getrennt haben. Die Basis für diese Rekonstruktion bieten die Fossilfunde.

Paläontologen entdeckten in Sibirien eine neue Menschenform, Denisowa-Mensch genannt, die bis vor 30 000 Jahren dort lebte. »Unsere neuen Ergebnisse sind eine Einladung, darüber nachzudenken«, sagt der Leipziger Paläogenetiker Svante Pääbo, »ob es nicht noch viel mehr Menschenformen gegeben haben könnte, die zeitlich mit dem Neandertaler und dem modernen Menschen gelebt haben. Wenn ich spekulieren sollte, würde ich sagen: ja.«

Vor etwa fünf Millionen Jahren zweigten die Australopithecus-Primaten von der allgemeinen Primatenlinie ab. Sie bildeten mehrere Arten über die folgenden eineinhalb Millionen Jahre. Eine davon, *Australopithecus africanus*, wurde vor rund zwei Millionen Jahren zum Ausgangspunkt eines neuen Zweiges, der als Homo erectus, als »aufrechter Mensch« bezeichnet wird. Sein Name ist sehr treffend, weil er das besonders Charakteristische, den auffallenden Fortschritt beinhaltet, und das ist der aufrechte Gang.

Während des Pleistozäns, das mittlerweile eingesetzt hatte vor etwa zwei Millionen Jahren, zweigten dann wenigstens zwei Äste von der Homo-erectus-Linie ab. Vielleicht waren es auch mehr; das wissen wir nicht. Eine davon repräsentiert den Neandertaler, *Homo sapiens neanderthalensis*, die andere, die jüngste, den »modernen« Menschen *Homo sapiens sapiens*. Die letzte Abspaltung war vor etwa 250 000 Jahren vollzogen, aber wirksam wurde sie erst in großem Umfang, als sich eine kleine Gruppe moderner Menschen anschickte, aus Afrika auszuwandern und die Welt eroberte.

Josef H. Reichholf

Es mag im Rückblick so scheinen, als sei dieser Evolutionsprozess eine gerichtete, gleichsam vorbestimmte Linie. Aber wie wir bereits oben erkannten, verfolgt die Natur weder Absichten noch Ziele. Die Entwicklung des Lebens zeigt überall mehrere Anläufe, Auffächerungen mit Sackgassen und Verschwinden bisheriger Formen. Auch der Weg, der zum Menschen führte, war weder gerichtet und schon gar nicht vorbestimmt. Wer eine solche Linie behauptet, ignoriert die vielen Wandlungen, die sich aus dem Zusammenspiel von Notwendigkeit und Zufall ergeben, und schafft damit ein Konstrukt, das die Evolutionsgeschichte einfach nicht deckt.

Die entscheidende Abzweigung aus der Primatengruppe, war der Australopithecus, mit »Süd-Affe« zu übersetzen. Die verschiedenen Arten dieser Gruppe unterschieden sich äußerlich nach Größe und Gewicht. Sie maßen zwischen gut einem Meter bis knapp 1,50 Meter und wogen zwischen 25 und 65 Kilogramm. Sie waren also viel leichter als die spätere Gattung Mensch und auch leichter als Schimpansen und Gorillas. Ihr Schädel fasste ein Gehirn, das etwa 500 Gramm wog. Was sie aber vor allem von den Waldbewohnern Afrikas, Schimpansen und Gorillas, unterschied, war ihre aufrechte Haltung. Die Füße waren zum Laufen, nicht zum Greifen geformt, die Vorderextremitäten konnten als Arme benutzt werden. Diese Beschaffenheit lässt nicht mehr auf den Lebensraum Wald schließen. Folglich muss, noch bevor Australopithecus seine Gestalt bekam, etwas Entscheidendes passiert sein, sodass eine Stammeslinie der Primaten den Wald verließ und sich dem Leben im offenen Land anpasste.

Dieser Vorgang hat einen komplexen Hintergrund, der mit der Plattentektonik der Erde, also mit einer Verschiebung der Kontinente, dem Absinken des Meeresspiegels, der Vereisung der Polkappen, der Entstehung des Golfstromes und anderen Folgeerscheinungen zu tun hat. Eine dieser Folgen war der dauerhafte Klimawandel im Tertiär, der großräumige Grasländer auf Kosten der Wälder entstehen ließ und tiefgreifende Wandlungen in der Entwicklung der Arten auslöste.

Besonders die afrikanischen Savannen gewannen neue Fruchtbarkeit. Dazu trug ein weiteres geologisches Ereignis bei, welches Ostafrika zu etwas ganz Besonderem werden ließ. Dieses Ereignis war der schon genannte Aufbruch der Erdkruste im ostafrikanischen Grabenbruch. Heftiger Vulkanismus lebte auf, Lavamassen und Asche wurden frei. Sie überschütteten die Gebiete entlang des Grabenbruchs mit mineralischen Nährstoffen aus den tieferen Schichten der Erdkruste, während nahezu überall Nährstoffe knapp wurden. Die Savannen in Südamerika und Australien, ja selbst die Savannenzone im übrigen afrikanischen Raum verarmten immer mehr, weil seit Jahrmillionen nichts nachgekommen war und die Böden ausgelaugt worden waren. Die Großtiere, die in diesen Grasländern lebten, gerieten immer mehr in Bedrängnis. Die Qualität ihrer Nahrung verschlechterte sich, und die Menschen nahmen gleichfalls ab, weil die stärker gewordenen Regen noch mehr als früher Mineralstoffe auswuschen. Das Ende des Tertiärs markiert das Ende vieler Großtiere in Südamerika und Australien. In Afrika hingegen setzte eine neue Blüte ein. Sie konzentrierte sich auf das ostafrikanische Hochland mit seinen vulkanischen Böden und seinem Reichtum an Mineralstoffen. So wurde dieser Raum zum Angelpunkt einer neuen Entwicklung: zum Zentrum des Fortschritts in der Entwicklungsgeschichte.

Josef H. Reichholf

Das Erbe der Vorfahren aus dem Wasser

Jedes unserer Körperteile erinnert daran, dass wir von Lebewesen abstammen, die vor 385 Millionen Jahren im Wasser gelebt haben.

Der Fisch im Menschen zeigt sich zum Beispiel in den Gliedmaßen. Nahezu jedes Körperteil des Menschen können Forscher inzwischen einer Entwicklungsstufe der Evolution zuordnen, einem entfernten Ahnen. So hat der Mensch noch den gleichen genetischen Code wie Einzeller. Sein Gebiss entwickelte sich aus panzerähnlichen Platten, die im Kiefer der Vorfahren der heutigen Haie auftauchen. Ihnen verdanken wir auch den Steigbügel, eines der Gehörknöchelchen im Mittelohr; allerdings verband er bei den Ur-Haien noch Kiefer und Schädel. Die beiden anderen Mittelohrknochen, Hammer und Amboss, halfen ursprünglich Reptilien beim Kauen. Erst als die Ära der Landlebewesen begann, übernahmen die drei Knochen ihre neue Funktion, Schallwellen zu übertragen.

Wie sehr der Mensch seinen Ahnen aus dem Meer ähnelt, merkt er vor allem an seinen Gebrechen. Niemand ist dazu gebaut, den ganzen Tag am Schreibtisch zu sitzen, Fußball zu spielen oder über die Alpen zu radeln. Zwar hat sich der Mensch nach Millionen Jahren mit dem aufrechten Gang arrangiert, doch bei starken Belastungen macht seine Konstruktion Probleme. Wären wir weniger Fisch und mehr Mensch, gäbe es Rücken- und Knieschmerzen nicht als Volksleiden.

Katrin Blawat

Evolution oder Schöpfung?

Australopithecus robustus   Australopithecus africanus   moderner Mensch

Hier in Ostafrika standen eine einzigartige Fauna und die frühe Menschheitsentwicklung in engem Zusammenhang. Es dürfte darum nicht zufällig sein, das die Entwicklung vom grazilen Australopithecus zum Homo erectus und schließlich zum Homo sapiens hier stattfand und deutliche fossile Spuren hinterlassen hat. Im Schritt vom Australopithecus zur frühesten Gattung Mensch werden zwei Menschheitsgattungen unterschieden: *Homo habilis* und *Homo erectus*.

Die Entwicklung zum Homo habilis reicht rund 1,8 bis 2 Millionen Jahre zurück. Noch sprechen wir von einem Primaten, etwa 40 Kilogramm schwer, der sich schon in recht menschenähnlicher Weise aufgerichtet hatte. Sein Gehirn war auf ein Volumen zwischen 500 und 800 Kubikzentimeter gewachsen. Der Stirnbereich gewann an Höhe. Funde belegen, dass er einfache Werkzeuge aus Stein, vielleicht auch aus Holz benutzte.

Den nächsten Schritt in der Menschheitsentwicklung repräsentiert der Homo erectus. Er trat vor etwa 1,5 Millionen Jahren auf den Plan. Seine Gehirngröße überschritt bereits 1000 Kubikzentimeter. Die vollständige Aufrichtung des Körpers setzte sich durch. Sicher beherrschte er den Umgang mit Werkzeugen. Mit seinem Auftritt fällt das Verschwinden der Australopithecinen zusammen, die offenbar den veränderten Verhältnissen nicht mehr gewachsen waren.

In der für erdgeschichtliche Vorgänge kurzen Zeitspanne von knapp einer halben Million Jahre vollzog sich also der entscheidende Übergang vom Australopithecus zur Gattung Mensch. Eine derart hohe Evolutionsgeschwindigkeit lässt sich für keinen der früheren Abschnitte während des Tertiärs feststellen. Was sich vorher über Jahrmillionen erstreckte, drängt sich nun in Jahrhunderttausenden, vielleicht in noch kürzeren Zeiten zusammen.

Josef H. Reichholf

Nun zu glauben, dass der beschleunigte Evolutionsprozess bessere Überlebensmöglichkeiten geschaffen habe, so dass er die Basis für jede weitere Entwicklung werde, widerlegen die Fakten. Zwar war Homo erectus die erste Menschengattung, die auch Afrika verließ, aber dann stirbt diese Linie aus, ohne in irgendeiner neuen Lebensform weitergeführt zu werden. Es ist keineswegs sicher, dass sich dieses Schicksal unter weiteren Angehörigen der Gattung Mensch nicht öfter ereignet hat.

Für den Neandertaler wissen wir es genau. Die meisten Darstellungen, die sein Aussehen rekonstruieren, schildern ihn als behaarten, dunkelhäutigen Typ, der seine tierhafte Vergangenheit noch nicht ganz abgelegt hatte und finster vor sich hinstarrte. Demgegenüber meint der Evolutionsbiologe Reichholf: »Ein nach heutigen Schönheitsvorstellungen gepflegter Neandertaler mit Anzug und Krawatte wäre höchstens noch durch seine kräftige Statur mit fliehender Stirn aufgefallen; nicht unangenehm womöglich, weil er Athletik verkörpert hätte.« Er hatte ein stabiles Knochengerüst, war hellhäutig, sein Gehirnvolumen übertraf im Durchschnitt das des modernen Menschen; die Extremwerte reichten bis zu 1800 Ku-

Für die ungeheure Glaubenskrise, die in der Folge Darwins ausgelöst wurde, war weniger das erste Erschrecken über die Erkenntnis, dass Affe und Mensch gemeinsame Vorfahren haben, entscheidend, als vielmehr, dass es einen handelnd eingreifenden Gott, wie wir ihn uns gemäß biblischer Überlieferung »handgreiflich« vorstellen, so nicht gibt. Ja, der allmächtige Erhabene kann nichts tun gemäß einem Vorsehungsplan, weil nichts vorhergesehen ist, was sich nicht autonom aus den Gesetzen von Selektion und Anpassung ergibt ...

Manche flüchten sich in Ersatzkonstrukte: Wenn Gott schon nicht mehr eingreifen kann, dann habe er zumindest als Anfang vor allem Anfang dieses ins Werk gesetzt. Die Autonomie der Zweitursachen habe er gewollt ... Nur: Auch ein solches Gottesbild ist heute nicht mehr plausibel. Denn was hilft uns ein Gott, der etwas macht, damit die Dinge sich selbst machen, um die Hände daraufhin in den Schoß zu legen und sich an den unendlichen Katastrophen des Gangs der Dinge zu er»götzen« ... Nein, auch solche Versuche, Gottes Allmacht vor seiner Ohnmacht zu retten, überzeugen nicht mehr, wenn der grausame Kampf ums Dasein in unser Gesichtsfeld tritt.

Johannes Röser

bikzentimeter. Nachdem er Afrika verlassen hatte, existierte der Neandertaler im eurasischen Bereich viel länger als der moderne Mensch bis heute existiert. Über Jahrhunderttausende war er ein höchst vitaler Vertreter der Gattung Mensch.

Dennoch ist auch diese Spezies ausgestorben. Dass dazu der moderne Mensch beigetragen hätte, gilt als ausgeschlossen. Einerseits lebten Neandertaler und moderne Menschen mehrere Jahrtausende nebeneinander, andererseits folgten sie erst nach langen Zwischenzeiten aufeinander. Was dem Neandertaler zum Verhängnis wurde, war seine zu enge Spezialisierung auf die Großwildjagd, die mit der letzten Eiszeit vor knapp 10 000 Jahren ziemlich abrupt zu Ende ging.

Freilich stellt das Aussterben des *Homo erectus* wie des Neandertalers fundamentale Fragen an die Theologie. Sie betreffen das Gottesbild, das kaum von Güte und Fürsorge als von der erbarmungslosen Konsequenz des Naturgeschehens bestimmt wird. Zugleich betreffen sie die Christologie. Soweit diese an den geschichtlichen Jesus von Nazaret gebunden ist, ist auch die mit ihm verknüpfte Erlösungslehre auf die Spezies *Homo sapiens sapiens* begrenzt. Die Menschheit vor dem Homo sapiens bildete demnach eine andere Spezies, unterlag nicht dem »Sündenfall« des »ersten Menschenpaares«, Adam und Eva genannt, und blieb darum außerhalb des christologischen Erlösungsgeschehens. Solche Überlegungen anzustellen zeigt, wie fiktiv sie sind, denn die christliche Dogmatik unterliegt einem Verständnis, dem alle hier referierten Kenntnisse fremd sind. Hier mischen sich biblischer Mythos und dogmatische Setzungen mit naturwissenschaftlichen Fakten, was zur Korrektur der geltenden Lehre zwingt.

Dieser Korrekturzwang trifft auch die traditionelle Erbsündenlehre, wenn die naturwissenschaftliche Annahme gilt, dass die heutige Menschheit zwar einheitlich zur Spezies des Homo sapiens sapiens gehört, aber deswegen nicht auch Abkömmlinge eines einzigen Elternpaares sein müssen. In seiner Enzyklika *Humani generis* vom 12. August 1950 bestritt Papst Pius XII., dass der *Adam* genannte erste Mensch »eine gewisse Vielheit von Ureltern bezeichnen« könne. Dies sei mit der kirchlichen Lehre von der Ursünde nicht vereinbar. (Weil aber diese Lehre als geoffenbart gilt und als Dogma »unfehlbar«, muss sich die fehlbare Wissenschaft dem Dogma unterordnen? Oder ist gegebenenfalls auch das Dogma der Revision zu unterziehen?) Noch ein Jahrzehnt nach *Humani generis* führte Karl Rahner aus, »dass *alle* Menschen, die auf dieser Erde je gelebt haben, von einem einzigen Elternpaar abstammen«. Da aber nun das dogmatische Denken unterstellt, dass die »Unheils- und Heilsgemeinschaft der Menschen eine Grundlage biologischer Einheit hat«, und die kirchliche Lehre von der Erbsünde ebenfalls einen Sündenzustand meint, »der auf der Tat eines Einzigen beruht, ein *peccatum origine unum* ist und nicht durch Nachahmung, sondern durch Geschlechtszusammenhang weitergegeben wird«, ist innerhalb dieser Vorgabe zu schließen, dass bereits unser Evolutionswissen von heute – unabhängig von jeder exegetischen und theologischen Argumentation, über die später zu sprechen sein wird (→ S. 164) – eine solche Erlösungstheologie aufhebt. Karl Rahner räumte seinerseits auch ein: »Diese Lehre wäre unter der Annahme mehrerer voneinander unabhängiger erster Elternpaare nicht mehr zu halten, da dann von einer ur-sprünglich einen Erbsünden aller nur noch mit sehr künstlich klingenden und willkürlichen Hilfshypothesen gesprochen werden könnte.«

> Gegen Ende des 20. Jahunderts war häufig von einer »Stammmutter«, einer »mitochondrialen Eva« zu lesen, die angeblich von der molekularen Genetik gefunden worden sei. Sie sollte vor 150 000 Jahren in Afrika gelebt haben … Bedeutet das nun, dass tatsächlich alle Menschen von einer Stammmutter abstammen? Das ist sicher nicht so. Dann gäbe es nämlich bei weitem keine so große genetische Vielfalt bei den Menschen.
>
> *Josef H. Reichholf*

Wir nehmen die Spur des Menschen wieder auf. Als vor rund 200 000 Jahren der Neandertaler von Ostafrika nach Europa und Westasien kam, befand sich der *Homo sapiens sapiens* immer noch in seiner ostafrikanischen Heimat und blieb hier auch die nächsten 100 000 Jahre. Vor etwa 60 000 bis 70 000 Jahren aber zog er, wie vor ihm bereits der *Homo erectus* und der Neandertaler, ebenfalls aus und besiedelte im Laufe der weiteren Jahrtausende die gesamte Welt (→ S. 17 ff.). Vor mehr als 40 000 Jahren erreichte er Australien. Bis dahin musste er gelernt haben, Flöße oder einfache Boote zu bauen, weil Australien zu dieser Zeit nur über das Meer erreicht werden konnte. Die Nachkommen dieser Erstbesiedler sind die heutigen Aborigines. In Asien verdichtete sich die Menschheit am stärksten; bis heute lebt dort der größte Teil der Menschheit. Amerika war über die damals noch trockene Beringstraße zugänglich. Nach heutigem Forschungsstand wanderten die ersten Menschen vor nicht mehr als 15 000 bis 11 500 Jahren in mehreren Wellen ein und besiedelten in knapp tausend Jahren ganz Amerika bis zur Südspitze hin.

9. Die Frage nach dem Schöpfergott

Die hier verfolgte Linie vom Urknall bis zum heutigen Menschen stellt die traditionelle Schöpfungstheologie in vielerlei Hinsicht in Frage und verlangt vor allem eine grundlegende Korrektur im bisherigen Gottesverständnis. Kann überhaupt noch von einem »Handeln Gottes« gesprochen werden, ohne neue Konflikte mit naturwissenschaftlichen Theorien auszulösen? Für die herrschende Schultheologie gilt immer noch, dass Gott primäre Ursache für alles evolutionäre Geschehen bleibt, dass er mittelbar durch sekundäre Ursachen handelt, im Einklang mit der von ihm gesetzten Naturordnung. Dieses bereits von Thomas von Aquin favorisierte Modell der doppelten Ursächlichkeit erlaubt, Schöpfung *durch* Evolution zu denken. Man geht

»Der Spiegel« vom 3. März 1997.

dabei von verschiedenen Ebenen aus, die nicht miteinander in Konflikt geraten, weil Gottes Handeln nicht im Sinne physikalischer Wirkkausalität zu verstehen sei, sondern als tragender Konstitutionsgrund der Welt, der die Geschehnisse nicht direkt und unmittelbar verursacht.

Diese Linie wird weitergeführt im »Modell des effektiven Kraftfeldes«: Demnach ist die Geisteskraft Gottes »wie ein morphogenetisches Kraftfeld zu denken, das über die gesamte Wirklichkeit ausgebreitet ist, sie durchdringt und seinen Einfluss auf alles Geschehen darin ausübt« (Reinhold Bernhardt). Das soll jedoch nicht bedeuten, dass Gottes Wirksamkeit mit den Selbstorganisationsprozessen der Natur und ihrer inneren Steuerung gleichgesetzt werden dürfe. Erst wo diese Prozesse die Frage nach ihrem »Sinngrund« und ihrer »Zielbestimmung« aufwerfen, trete die Theologie auf den Plan und sehe sich aus ihren Traditionen heraus »berechtigt und beauftragt, die naturwissenschaftlich erklärte Wirklichkeit mit bekenntnishaften Prädikationen zu versehen, die ihr eine metaempirische Qualität ›Schöpfung‹ zusprechen und in ihr eine Einwirkung der göttlichen Geisteskraft zur Ausrichtung auf die Schöpfungsbestimmung erkennen« (Reinhold Bernhardt)

Wenn eine solche Theologie immer noch gelten soll, sind fundamentale Einwände zu bedenken:

Erstens: *Die Evolutionswissenschaften widerlegen die Anthropozentrik der christlichen Schöpfungslehre*

Der Weltkatechismus der Katholischen Kirche von 1992 stellt seiner Schöpfungslehre als deren innere Struktur vorauf:

Die Schöpfung ist »der Beginn der Heilsökonomie«, »der Anfang der Heilsgeschichte«, die in Christus gipfelt. Umgekehrt ist das Christusmysterium die entscheidende Erhellung des Schöpfungsmysteriums; es enthüllt das Ziel, auf das hin Gott »im Anfang … Himmel und Erde« schuf (Nr. 280).

Tatsächlich gründet die gesamte christliche Theologie auf dieser Christozentrik, hinter der immer noch das geozentrische Weltbild steht. Dass sich unsere kleine Erde um die Sonne dreht, dass unsere Sonne nur eine unter Milliarden Sonnen innerhalb der eigenen Galaxis ist, dass es Milliarden weitere Galaxien gibt, die sich über viele Milliarden Lichtjahre voneinander entfernen … ist nie in das dogmatische Denken einbezogen worden. Wenn es Kol 1,15ff. heißt: »In ihm [Christus] ist alles geschaffen, was im Himmel und auf Erden ist, das Sichtbare und das Unsichtbare … er ist vor allem, und es besteht alles in ihm …«, so ist dies im Rahmen eines Christusmythos gedacht, der antike Bedingungen hat. Doch wird dieser Mythos bis zum Tage ungebrochen weitergeführt. Teilhard de Chardin (1881–1955) hat als Ziel der Entwicklung den »Punkt Omega« ausgemacht, den er mit dem kosmischen Christus identifizierte. In der evangelischen Dogmatik von Hans-Martin Barth heißt es: »Christus ist der wahre ›Evolutor‹«.

Hier erfolgt eine Fokussierung der kosmischen Evolution auf den Menschen hin, die jedoch zur Gänze dem Erkenntnisstand der darin zusammenarbeitenden Wissenschaften widerspricht. Dass es überhaupt zum *Homo sapiens sapiens* kam, auf den sich, wie wir gesehen haben, die christliche »Heilsökonomie« bezieht, resultierte aus dem Zusammenspiel von Notwendigkeit und Zufall. Natürlich kann man dieses Zusammenspiel einer göttlichen Absicht unterstellen und damit die Glaubenstradition zu retten versuchen, aber eine tiefere Glaubwürdigkeit schaffen solch aufgesetzte Deutungen nicht.

Die Erschaffung der Welt. Titelbild der Bible moralisée. Frankreich, um 1270.

Eine Darstellung Gottes in menschlicher Gestalt war bis ins hohe Mittelalter hinein unmöglich. Sie entwickelte sich aus der Identifikation Gottes mit Christus. Die »kosmische Christologie« in Joh 1, Kol und Eph stiftete diese Perspektive.
Die hingebungsvolle Haltung des Schöpfers lässt Anteilnahme erkennen; der Zirkel verweist auf ein ordnendes Geschehen: Er setzt in der Mitte der Erde an, die umkreist ist von Sonne, Mond und Sternen, eingeschlossen von einem Wolkenband. Der Zirkel zieht die Firmamentlinie als eine klare Grenze.

Julius Schnorr von Carolsfeld (1794–1872), Der vierte und sechste Schöpfungstag, 1860.

Wenn aber die christliche Anthropozentrik sagt, das ganze Menschengeschlecht sei in Adam als eine Einheit begründet, darum auch in dessen Sündenfall insgesamt in Sünde gefallen, um erst durch die Menschwerdung Christi und dessen Kreuzesopfer erlöst zu werden, so ist dies – auch innerhalb des dogmatischen Systems – eine nicht minder problematische Vorstellung. Hier werden die Jahrhunderttausende des *Homo erectus* und des Neandertalers ausgeklammert. Für die christliche Theologie ist erst »Adam« als *Homo sapiens sapiens* der »erste« Mensch. Was bedeutet das, systemimmanent gefragt, für die Universalität des »Schöpfungsmysteriums« in Christus? Was verbinden *Homo erectus* und Neandertaler in einer kosmisch beanspruchten »Heilsökonomie« – deren Erlöser ein Homo sapiens war? Und wo in der Linie des Homo sapiens soll der sogenannte Sündenfall, der ja »geschichtlich« verstanden werden will, angesiedelt sein? Waren die davor existierenden Menschengattungen nicht erlösungsbedürftig, also auch nicht dem Heil in Christus zu unterstellen? Und noch einmal weiter gedacht: Was haben mögliche geistbegabte Lebewesen anderer Planeten mit Christus zu tun, wenn dieser »vor aller Schöpfung ist«, und alles, was ist, »durch ihn und auf ihn hin geschaffen wurde« (Kol 1,16 f.)?

Die Deutung von Inkarnation, Kreuzestod und Auferstehung Christi als zentrales Erlösungsgeschehen bezieht sich auf biblische Traditionen von »Paradies« und »Sündenfall«, die als Mythen ihren Sinn haben, diesen aber sofort verlieren, sobald sie in ihrem dogmatischen Verständnis die Faktenebene einbeziehen. Der katholische »Weltkatechismus« erklärt, die Geschichte vom »Sündenfall« verwende zwar eine »bildhafte Sprache«, beschreibe jedoch »ein Urereignis, das zu Beginn der Geschichte des Menschen stattgefunden hat. Die Offenbarung gibt uns die Glaubensgewissheit, dass die ganze Menschheitsgeschichte durch die Ursünde gekennzeichnet ist, die unsere Stammeltern freiwillig begangen haben« (Nr. 390). Es wird sodann erklärt, dass »hinter der Entscheidung unserer Stammeltern zum Ungehorsam« ein »gefallener Engel (steht), der Satan oder Teufel genannt wird« (Nr. 391). »Vom Teufel versucht, ließ der Mensch in seinem Herzen das Vertrauen zu seinem Schöpfer sterben, missbrauchte seine Freiheit und gehorchte dem Gebot Gottes nicht. Darin bestand die erste Sünde des Menschen« (Nr. 397). Dadurch schließlich erhielt der Tod »Einzug in die Menschheitsgeschichte«, wie »für den Fall des Ungehorsams ausdrücklich vorhergesagt worden war« (Nr. 400).

Die letzte Bemerkung über den »Einzug des Todes in die Menschheitsgeschichte« lässt nur den Schluss zu, dass demnach der Homo sapiens sapiens in seinem Ursprung unsterblich war. Die fundamentalistische Naivität, die hier begegnet, macht aus den biblischen Erzählungen, die auf einem ganz anderen Niveau zur Sprache zu bringen sind, sich selbst karikierende Zerrbilder. Es lohnt nicht, den mythischen Elementen, die hier in ein dogmatisches Konstrukt aufgenommen wurden, nachzugehen, weil angesichts der skizzierten Evolutionsgeschichte dieses sich selbst widerlegt.

Darauf, dass sich der Mensch sein Elend selbst eingebrockt habe, beruhen große Teile der Bibel und der traditionellen Theologie. Doch diese sublime Geschäftsgrundlage der sogenannten Heilsgeschichte Gottes mit den Menschen ist uns mit der Evolutionsforschung schlicht abhanden gekommen. In der Evolution wie auch in der Individualpsychologie lässt sich kein Ort und kein Zeitpunkt ausmachen, an der der Mensch willentlich aus »der gerechten Ordnung Gottes« in ein Leben des Sündigen-Müssens ausgebrochen wäre.

Peter Rosien

Zweitens: *Die Erfahrung widerspricht der »guten« Schöpfung*

Der priesterschriftliche Schöpfungshymnus der Bibel lässt Gott mehrfach im Blick auf seine Tageswerke sagen: »Und Gott sah, dass es gut war.« Diese Wertschätzung der Welt prägt auch die christliche Tradition in allen ihren Facetten. Der »Weltkatechismus« lehrt:

Die Welt ist zur Ehre Gottes geschaffen ... Gott hat nämlich keinen anderen Grund zum Erschaffen als seine Liebe und Güte (Nr. 293). Gottes Ehre ist es, dass sich seine Güte zeigt und mitteilt. Dazu ist die Welt geschaffen (Nr. 294). Die Schöpfung ist von Gott gewollt als Geschenk an die Menschen, als ein Erbe, das für ihn bestimmt und ihm anvertraut ist. Die Kirche musste wiederholt dafür einstehen, dass die Schöpfung, einschließlich der materiellen Welt, gut ist (Nr. 299). Das Zeugnis der Schrift lautet einstimmig: Die Fürsorge der Vorsehung ist konkret und unmittelbar; sie kümmert sich um alles, von den geringsten Kleinigkeiten bis zu den großen weltgeschichtlichen Ereignissen (Nr. 303).

Auch Hans Küng lässt sich in seinem Buch »Der Anfang aller Dinge« im Lob des Schöpfergottes nicht überbieten, wobei sich allerdings gleich die Frage einstellt, woher er das weiß, was er behauptet:

Gottes Geist wirkt auch nicht nur an einzelnen besonders wichtigen Punkten oder Lücken des Weltprozesses. Vielmehr wirkt er ständig als schöpferischer und vollendeter Urhalt im System von Gesetz und Zufall und so als weltimmanenter Lenker der Welt – allgegenwärtig auch im Zufall und Unfall – unter voller Respektierung der Naturgesetze, deren Ursprung er selber ist.

Und in seiner Deutung biblischer Wundergeschichten ist er sich sicher:

Sie verkünden keinen unveränderlichen weltlosen und geschichtslosen Gott, der apathisch Welt und Mensch ihrem Schicksal überlässt, sondern einen Gott, der sich in die Geschicke der Welt »einmischt«, sich für das Volk und den Einzelnen engagiert. Sie verkünden einen Gott, der Welt und Mensch nicht allein lässt, der Geschichte für den Menschen nicht zu einem dunklen, verhängnisvollen Fatum werden lässt, sondern zu einem im Glauben zu erkennenden Zusammenhang von Ereignissen.

Solche Gottesgewissheit lässt sich zwar mit Bibelzitaten und Frömmigkeitszeugnissen »belegen«, man kann als heute reflektierender Theologe dergleichen aber nicht in Anspruch nehmen, ohne die Gegenperspektive zu beachten. Einen fundamentalen Zweifel an diesem Gott, »*der sich für das Volk und den Einzelnen engagiert*«, nährt die Auschwitz-Erfahrung. Von *Seinem* Volk, das sich als »Augapfel Gottes« einmal betrachtete, konnten sechs Millionen serienmäßig ermordet werden, ohne dass sich göttliches Einschreiten – wenigstens durch menschliche Hilfe – ereignete.

Hinter den Räumen der Geschichte aber tun sich die Räume der Natur auf mit unablässigen Katastrophen, wie sie Erd- und Seebeben, Stürme und Überschwemmungen seit Menschengedenken verursachen, und denen Hunderttausende wahllos zum Opfer gefallen sind und Jahr um

---

Plötzlich ist es nicht mehr Gott, der in den Betrieb von Leben und Sterben, Kommen und Gehen, Geschehen und Geschehenlassen eingreift. In der Autonomie der natürlichen Abläufe geschieht alles kraft unabänderlicher physikalischer, chemischer, biologischer Naturgesetze. Für die ungeheure Glaubenskrise, die in der Folge Darwins ausgelöst wurde, war weniger das erste Erschrecken über die Erkenntnis, dass Affe und Mensch gemeinsame Vorfahren haben, entscheidend, als vielmehr, dass es einen handelnd eingreifenden Gott, wie wir ihn uns gemäß biblischer Überlieferung »handgreiflich« vorstellen, so nicht gibt. Ja, der allmächtige Erhabene kann nichts tun gemäß einem Vorsehungsplan, weil nichts vorgesehen ist, was sich nicht autonom aus den Gesetzen von Selektion und Anpassung ergibt ... Tatsächlich tragen all die beschwichtigenden Behauptungen, Theologie und Kirchen hätten längst ihren Frieden mit der Evolution gemacht, überhaupt nicht. Die anhaltenden Debatten samt Populärathismus auf diesem Themenfeld belegen das Gegenteil: Nach wie vor stehen Theologie, Spiritualität und Kult vor der riesigen Herausforderung, die Kluft zwischen Welterkenntnis und Gotteserkenntnis zu überwinden – nicht gegen die wissenschaftliche Welterfahrung sondern mit ihr. Darwin hat immense Tore geöffnet, durch die wir getreten sind, ohne dass in Theologie und Kirche ähnlich gewaltige Tore aufgestoßen worden wären.

Johannes Röser

Gesteinigt hänge ich am Lebensrad

Gesteinigt hänge ich am Lebensrad,
mich wohl entsinnend, dass auch Sterne sinken.
Doch wer so dürstet, möchte nichts als trinken,
und vor dem Absturz krallt sich jede Hand
Haltung erhoffend in die nächste Härte.
Gott ist kein Nachbar. Auch die Menschenfährte
ist so verwischt, daß meine Augen brennen
und nicht ergründen können, wer hier ging.
Steigt, Sterne, steigt, das Licht ist so gering,
es läßt mich kaum die Todesnot erkennen.
Mein Herz pocht trotzdem solche Morsezeichen,
wie nur die letzte Angst sie einen lehrt.
Und noch im Fallen fühl ich unversehrt:
sie werden niemals dein Gehör erreichen.

Christine Lavant

Jahr weiterhin zum Opfer fallen werden. Solche Menschenkatastrophen lassen sich nicht christlich beklagen, ohne auch als Gotteskatastrophen bedacht zu werden. In seinem letzten Lebensjahr schrieb Reinhold Schneider (1903–1958) sein Tagebuch »Winter in Wien«. Nach einem Besuch im Heeresgeschichtlichen Museum notierte er: »Von Schritt zu Schritt, auf dem Weg durch die Räume, verhüllt sich dichter und dichter Gottes Bild. Nun, am Ausgang ist es verschwunden.«

Gott bleibt für Reinhold Schneider nur im Modus des Weltschmerzes. Er gilt ihm zwar weiterhin als existent, aber nicht mehr als Hoffnung auf Erlösung und ewiges Leben. Schneider bewegt allein das »Verlangen nach Verlöschen«, die Sehnsucht nach Vergehen. Für seinen in den Schmerz der Welt eingebundenen Gott stellt sich die Frage nach dessen Gerechtigkeit nicht mehr. Religion zerfällt in Trauer und Angst: Alle immerwährenden Tragödien von Lebewesen, die sich wechselseitig den Garaus machen, der endlose, kalt gähnende Kosmos, die unaufhörlichen Katastrophen der Geschichte, der neu hinzugekommene atomare Schrecken …, dies alles lässt Schneider jede Erwartung aufgeben: »Die Vernunft zerstört den Glauben keineswegs; viel ernster zu nehmen ist die Arbeit des Schmerzes am Fels, vernichtende Erosion.« In Schneiders Todesergebenheit, die kein Verlangen darüber hinaus mehr will, ist auch die Theodizeefrage erloschen.

Solche Weltsensibilität sprengt jede Normaldogmatik. Schließlich entfalten diese Systematiken zwar »den Glauben«, aber ohne die Welt und ihre Geschichte. Es gibt keine Dogmatik, welche die Evolution des Lebens mit Konsequenzen für ihr eigenes System bedenkt. Keine, welche den wissenschaftlichen Erkenntnisgewinn aller Disziplinen aufarbeitet. Und ebenfalls keine, die in ihrer Schöpfungslehre, Anthropologie und Christologie respektiert, dass die Evolution des Lebens eine auf Zufälligkeiten beruhende Geschichte ist, die genauso gut auch anders hätte verlaufen können, mitnichten jedoch eine logisch aufgebaute Leiter des geradlinigen Fortschritts, auf der ganz oben als unvermeidlicher und krönender Abschluss der Mensch steht:

Wäre in der Kreidezeit kein Riesenmeteorit auf die Erde gestürzt, der das Aussterben der Saurier bewirkte, hätten die Säugetiere niemals die Chance gehabt, sich als Tierklasse zu entfalten und irgendwann Affen, Delphine und Menschen hervorzubringen. Für die Säugetierklasse war diese planetarische Katastrophe ein Glücksfall; für die Saurier war sie vernichtend … Wäre der Meteorit um einiges größer gewesen, dann hätte er womöglich alles Leben auf der Erde vernichtet oder die Evolution soweit zurückgeworfen, dass sie wiederum Milliarden Jahre gebraucht hätte, um höhere Lebensformen hervorzubringen. Oder es wären bei einem anderen größeren oder kleineren Meteoriten andere Gewinner aus der Katastrophe hervorgegangen … Die planetarischen Katastrophen waren einzig vom Zufall bestimmt – von den zufälligen Bahnen zufälliger Meteoriten –, und so muss man davon ausgehen, dass andere Katastrophen oder auch das Ausbleiben von Katastrophen ganz andere Gewinner der Evolution hervorgebracht hätten.

Gerhard Staguhn

Dem zitierten Beispiel lassen sich weitere »Zufälle« anfügen, – Ermöglichungen, Verhinderungen und Veränderungen in der Evolution, ausgelöst durch Prozesse der Plattentektonik und des Klimas, die in keinem Fall der »Absicht« dienten, nach Millionen von Jahren den Menschen hervorzubringen. Wollten wir diese Vorgänge weiterhin mit dem konventionellen Gottesbild beantworten, so müsste dieser Gott sehr genau gewusst haben, welche Zufälle auf das Feinste abzustimmen waren, damit das Leben zum Menschen hinführte. Dann hingegen fragt sich, warum dieser Gott, der sich nach alter Lehre »um alles kümmert, von den geringsten Kleinigkeiten bis zu den großen weltgeschichtlichen Ereignissen«, das Leben – wie zu besichtigen ist – jedem denkbaren und undenkbaren Grauen preisgibt.

Zusätzlich stellt sich im Blick auf den Kosmos die Frage, welche Dauer angesichts der vierzehn Milliarden Jahre seit dem Urknall der nicht einmal 250 000 Jahre existierende *Homo sapiens* haben wird, der inzwischen alle Voraussetzungen besitzt, Seinesgleichen auf einen Schlag auszulöschen oder die Welt und sich selbst Schritt um Schritt zu ruinieren. Angesichts dieser Fragestellungen kommen die gängigen Gottesvorstellungen an ihre Grenzen. Während Hans Küng, bei aller Wahrnehmung physikalischer und biologischer Erkenntnisse, eine apologetische Schöpfungstheologie vertritt, mustert Eugen Drewermann in seinem Werk »Glauben in Freiheit« das gesamte Spektrum heutiger Wissenschaften und zieht aus den durchdachten Resultaten Konsequenzen für das noch herrschende Gottesbild:

Es gehört zur Menschlichkeit des Menschen, Tieren Schutz und Pflege zu gewähren.

Wer im Sinne der klassischen Schöpfungstheologie von der Welt her, wie sie uns in den modernen Naturwissenschaften erscheint, nach Gründen sucht, Gott zu »beweisen«, der wird gerade angesichts der jüngsten Debatten in der Kosmologie solche Gründe nicht nur schmerzlich vermissen, er wird im Gegenteil die Schwierigkeiten, den Gottesglauben mit Argumenten der Schöpfungstheologie stützen zu wollen, inzwischen bis zum schier Unlösbaren vermehrt finden.

Nachdem selbst die Entstehung des Lebens sich mit den Mitteln heutiger Biochemie Schritt für Schritt erklären lässt, bleibt im Rahmen der herkömmlichen christlichen Dogmatik für Gott als Schöpfer eigentlich nur noch zu tun übrig, wofür auch das deistische Gottesbild ihn in Anspruch genommen hätte: er muss dafür herhalten, um die Tatsache der Welt als Ganze begreifbar zu machen. Die anthropozentrische Sicht der tradierten Theologie, es sei diese Welt »gemacht« worden, »damit« der Mensch darin Platz finden könnte, erwies sich indessen im gleichen Maße als immer unwahrscheinlicher, in dem die Dimensionen von Raum und Zeit sich in immer gigantischere Weiten öffneten; gleichwohl: die Tatsache, dass es überhaupt Welt gibt, sowie die Feinabstimmung ihrer Parameter, mithin das »Dasein« und »Sosein« der Welt, schienen immer noch eines göttlichen Urhebers zur Erklärung bedürftig.

Der Jesuit Christian Kummer wagt in seinem Buch »Der Fall Darwin« ein Plädoyer für einen christlichen »Pantheismus« im Blick auf die mystischen Vorstellungen des Ignatius von Loyola, wonach Gott in allen Dingen sei:

Wenn dieser Gott ständig ganz verschenkt ist, dann ist er auch nicht irgendwo fern im Himmel zu suchen, sondern dort, wo er sein will: in den Geschöpfen … So meine ich, dass Pantheismus, gleichgültig welcher Provenienz, eine günstige Basis für den Glauben an einen christlichen Schöpfergott ist, eine günstigere jedenfalls als alle rationalistischen dogmatischen Begriffsgebilde.

Evolution oder Schöpfung?

Die »Internationale Theologische Kommission« legte unter ihrem Präsidenten Kardinal Ratzinger 2004 folgende Erklärung vor:

[53] Die Ursprünge des Menschen sind in Christus zu finden: Denn der Mensch ist geschaffen »durch ihn und in ihm« (Kol 1,17) … Zwar ist es wahr, dass der Mensch ex nihilo erschaffen wurde, doch lässt sich auch sagen, dass er geschaffen wurde aus der Fülle (ex plenitudine) Christi selbst, der zugleich Schöpfer, Mittler und Ziel des Menschen ist …

[65] Im Herzen des göttlichen Schöpfungsaktes findet sich die göttliche Sehnsucht, in der Gemeinschaft der ungeschaffenen Personen der Heiligsten Dreifaltigkeit Raum zu schaffen für geschaffene Personen, indem sie als Söhne und Töchter in Christus angenommen werden. Mehr noch, die gemeinsame Abstammung und natürliche Einheit des Menschengeschlechts bilden die Grundlage für eine Einheit der erlösten menschlichen Personen in der Gnade unter dem Haupt des neuen Adam in der kirchlichen Gemeinschaft menschlicher Personen, die miteinander und mit dem ungeschaffenen Vater, Sohn und Heiligen Geist geeint sind.

Doch auch hier haben es die großen vereinheitlichenden Theorien geschafft, Weltentstehungsmodelle absoluter Einfachheit aufzustellen: Die Verbindung von Quantenphysik und Allgemeiner Relativitätstheorie hat die Denkmöglichkeit einer Entstehung des Universums aus einer Vakuumfluktuation angestoßen, während die Stringtheorie die Vermutung stützt, dass »unser« Universum nur eines unter anderen sein könnte. Allein diese *Spekulation*, so offen sie bleiben muss, stellt die tradierte Schöpfungstheologie vor neue Herausforderungen, wobei nicht zu vergessen ist, was Steven Weinberg in seinem Vortrag von 1977 über »Die ersten drei Minuten« sagte: »Welches Modell sich auch immer als zutreffend erweisen mag – für uns wird es nicht besonders tröstlich sein.« Noch weniger tröstlich sind die Zukunftsperspektiven, denen das Universum entgegengeht. Ob es sich nun endlos weiter ausdehnt und schließlich in einem Kältetod in fast absoluter Leere endet, oder wieder zusammenzieht und zu einer neuen Singularität führt, je unbegreiflicher es wird, umso sinnloser kann es erscheinen.

Wenn der Römische Weltkatechismus behauptet, Gott erschaffe »in Weisheit und Liebe … eine geordnete und gute Welt«, die er »erhalte und trage«, oder Hans Küng deklariert, der Mensch sei »das große Ziel des Schöpfungsprozesses«, es sind Wunschprojektionen, die unser heutiges Wissen gründlich in Frage stellt. Vom Urknall über die Entstehung der Galaxien, der Sterne, unserer Sonne und des Planetensystems haben wir nie etwas anderes kennengelernt als eine »Selbstorganisation« von Strukturen und Objekten aus chaotischen Anfangssituationen.

Wenn wir tatsächlich am Anfang der Welt eine unendliche Intelligenz voraussetzen müssten, um die Feinjustierung der Parameter der Teilchenphysik zu erklären, so sollten wir eine vergleichbare Sorge und Sorgfalt auch in allem weiteren Fortgang der Welt gegenwärtigen dürfen; dass die letzte Erwartung so bitter enttäuscht wird, scheint ein gutes Argument, die erste Erwartung gar nicht erst zu hegen. *Eugen Drewermann*

Obgleich wir unsere Frage, ob die Schöpfung »gut« sei, mit Einlassungen beantworten mussten, die jeder schlichten Zustimmung widersprechen, so müssen und können wir wenigstens im Blick auf den Anspruch, den der Mensch an sich selbst stellt und bei voranschreitender Kulturentwicklung sagen, dass kein Mensch mit einem anderen Menschen – und wohl auch nicht mit einem Tier – so umgehen darf, wie die Natur es jederzeit tut. Die Strategien der Natur eliminieren das Schwache und Kranke, aber dem Menschen kommt es um seiner eigenen Menschlichkeit willen zu, es zu schützen und zu pflegen. Richten wir diesen Selbstanspruch auf den »Schöpfergott«, dann bleibt zu beklagen:

Wenn zur Erklärung der Evolution ein absolutes Bewusstsein vorauszusetzen ist, das »immer schon« zur Verwirklichung der »Humanität« entschlossen gewesen sei, so ist klar, dass dieses Bewusstsein sich selbst an eben diesem Ziel messen lassen muss, und da es selbst als ein absolutes nicht an die Evolution gebunden ist, unterliegt es nicht erst von einem bestimmten Zeitpunkt, sondern von Anfang an den Maßstäben, die es sich selbst zum Ziel gesetzt hat. Dann aber stehen wir unvermeidbar wieder dem Theodizeeproblem gegenüber. *Eugen Drewermann*

Theodizee heißt »Rechtfertigung Gottes«. Eine Theologie, die sich diesem Anspruch stellt, hätte zu zeigen, was es rechtfertigt, dass Gott die Welt geschaffen hat, obgleich es in ihr so viel Schmerz, Leid, Angst und Not gibt. Die oft gehörte Antwort, Letzteres sei der Sünde Preis, will Iwan Karamasow in Dostojewkis Roman nicht gelten lassen. Gesetzt, Gott wäre der Schöpfer dieser Welt – und ist er es nicht, entfällt das Problem! – so müsste man sagen, dass es gar keine Rechtfertigung dafür gibt, eine Welt wie die unsere zu schaffen.

Oh, nach meinem erbärmlichen irdischen euklidischen Verstand weiß ich nur das Eine, dass gelitten wird, dass es keinen Schuldigen gibt, dass alles zusammenhängt: eines aus dem anderen, direkt und unmittelbar hervorgeht, dass alles fließt und alles sich ausgleicht – das aber ist nur der euklidische Unsinn, ich weiß es wohl, und natürlich werde ich nicht behaupten, dass man auf diese Erkenntnis das Leben gründen kann! Was habe ich denn davon, dass es keine Schuldigen gibt, dass alles zusammenhängt ... Wenn alle leiden müssen, um ewige Harmonie zu erkaufen, was haben dann die Kinder damit zu schaffen?

Den letzten Einwand greift Albert Camus achtzig Jahre später auf: Was rechtfertigt das Leiden der Kinder, wie sie wimmernd unter den Augen des Doktors Rieux an der Pest verenden? Auch das Jenseits rechtfertigt für Iwan Karamasow nicht das Böse im Diesseits. Die Welt ist zu schrecklich, als dass er sie als Eintrittsbillet zum Jenseits akzeptieren könnte. Diesen Preis ist das Jenseits nicht wert. Man müsste das Eintrittsbillet als zu teuer zurückgeben. Wenn Theologen dann sagen, Christen hätten hier »in gewisser Weise eine Antwort gefunden: Gott hat seinen eigenen Sohn nicht verschont, sondern ›hat ihn für uns dahingegeben – wie sollte er uns mit ihm nicht alles schenken?‹ Der trinitarische Glaube, die Identifikation Gottes mit Jesus als dem Christus und der aus ihm erwachsende Trost durch den Heiligen Geist, kann das Theodizee-Problem mildern ...« (Hans-Martin Barth), wenn Theologen so sprechen, bleibt dagegen zu stellen:

Wie soll das ephemere Schicksal eines Vertreters der Spezies *homo sapiens* auf dem Planeten Erde die Antwort bilden auf die strukturell in das Gewebe der Welt, in den Werdegang des Universums unabtrennbar eingeflochtene Frage von Leid und Schmerz, Trauer und Tod, Aufbau und Zerstörung? Wohl, uns (heutigen) Menschen kann das Leben und Sterben des Jesus von Nazareth zur Sinndeutung und Neubestimmung unserer »Welt« im Ganzen dienen, doch Aussagen über das Schicksal des Weltalls lassen sich daraus durchaus nicht gewinnen. Und selbst den unleidigen Anthropozentrismus der »christlichen« Dogmatik einmal beiseite gestellt, wie soll ein derart grässliches Ereignis wie die Hinrichtung Jesu im Raum der menschlichen Geschichte einen Gott zeigen, der »gütiger« wäre als jener Demiurg, der sich in der erhabenen Gleichgültigkeit und Unbeteiligtheit der Spielregeln einer universalen Lotterie mit wenigen »Gewinnern«, aber mit Hekatomben die Zeche bezahlender »Verlierer« zu erkennen gibt (oder, besser: verbirgt, noch »besser«: selbst widerlegt)?

Eugen Drewermann

Wir sind mit der Natur des Menschen, oder besser gesagt, der Menschen so ziemlich vertraut und weit entfernt, uns Illusionen über sie zu machen. Sie ist befestigt in dem Sakralwort: »Das Trachten des Menschenherzen ist böse von Jugend auf.« Sie ist mit philosophischem Zynismus ausgesprochen in dem Wort Friedrichs II. von der »verfluchten Rasse« – de cette race maudite. Mein Gott, die Menschen. Ihre Ungerechtigkeit, Bosheit, Grausamkeit, ihre durchschnittliche Dummheit und Blindheit sind hinlänglich erwiesen, ihr Egoismus ist krass, ihre Verlogenheit, Feigheit, Unsozialität bildeten unsere tägliche Erfahrung; ein eiserner Druck disziplinären Zwangs ist nötig, sie nur leidlich in Ordnung zu halten ...

Thomas Mann

Die Zivilisation, wenn sie denn gelingt, vermag die Gewalt zu »ersetzen«, die stets im seelischen und gesellschaftlichen Untergrund lauert. Zivilisationen sind Versuche, das Böse zu domestizieren, und Freud hat immer davor gewarnt, die Verlässlichkeit der Sicherungen zu überschätzen. Über die Orgie des Tötens und der Zerstörung im Ersten Weltkrieg schrieb er: »In Wirklichkeit sind sie (die Menschen) nicht so tief gesunken, wie wir fürchten, weil sie gar nicht so hoch gestiegen waren, wie wir's von ihnen glaubten.« Wir müssen mit der Wiederkehr des Bösen, mit der Entsublimatisierung des in der Zivilisation gebundenen Gewaltpotentials rechnen, und dies umso mehr, weil die imaginäre Welt der Medien uns bereits täglich in ein Universum vollkommener Enthemmung versetzt. Eröffnet eine Gesellschaft Chancen für die Freisetzung der »bösen Gelüste«, so wird man erleben, sagt Freud, dass die Menschen Taten begehen von »Grausamkeit, Tücke, Verrat und Rohheit, deren Möglichkeit man mit ihrem kulturellen Niveau für unvereinbar gehalten hätte.«

Rüdiger Safranski

Evolution oder Schöpfung?

Der Mensch muss sich darüber klar werden – und das ist ein mühsamer, vielleicht auch schmerzhafter, desillusionierender Prozess –, dass er selbst der Schöpfer der Wertmaßstäbe ist im Positiven wie im Negativen. Er selbst muss der Welt einen Sinn geben und darf diese nicht einem Gott zuschreiben und damit die Verantwortung von sich wegschieben. Da dies aber keine einfache Aufgabe ist, bilden wir uns ein, die Normen kämen von einem göttlichen Gesetzgeber und unsere einzige Aufgabe bestehe darin, sie nicht zu verletzen. So verlegen wir lieber die Weltproblematik ins Unerforschliche und Jenseitige. Das »Übel« der Welt ist dann unserer Verantwortung entzogen.

Bernd Ogan

Alle Ethik basiert darauf, dass wir als Menschen einen Raum betreten haben, der mit den naturwissenschaftlichen Erkenntnissen zwar verwoben ist, der aber von ihnen durch keinerlei Orientierung und Hilfe strukturiert wird …

So stehen wir unbedingt vor der Aufgabe, Menschsein und Religion auf dem Hintergrund unseres durch die Naturwissenschaften radikal veränderten Weltbildes noch einmal neu zu durchdenken und zu definieren …

Beginnen wir mit Immanuel Kants Frage: »Was soll ich tun?«, dann ist diese Frage nur zu stellen, wenn uns die Natur und weil uns die Natur eben nicht sagt, was wir tun sollen. Gerade indem wir heute zum Beispiel eine Fülle von Erkenntnissen über genetische Zusammenhänge gewinnen, stehen wir derzeit dem Problem gegenüber, was wir mit unserer rapide wachsenden Kenntnis wirklich anfangen sollen. Wie sollen, wie dürfen, wie können wir verantwortlicherweise in das Genom eingreifen?

Warum wir das eine tun und das andere nicht tun, ergibt sich jedenfalls nicht aus den Naturwissenschaften.

Eugen Drewermann

Drittens: *Religion ist Hermeneutik. Mit welchem Recht sprechen wir noch von »Schöpfung«, »Vorsehung« und »Theodizee«?*

Alles bisher Bedachte drängt zu der Frage, ob es überhaupt sinnvoll ist, Gott mit der Evolution von Welt und Leben zu verbinden, also von Schöpfer und Schöpfung zu sprechen. Wenn die Evolution nicht zielgerichtet ist, wenn die Entstehung des Menschen keiner »Absicht« entspringt, wenn die waltenden Naturgesetze kein Mitleid und Erbarmen kennen, wenn nicht nur im Pflanzen- und Tierreich Arten entstehen und vergehen, sondern auch menschliche Spezies auftreten und wieder untergehen; wenn der heutige Mensch angesichts weiterer Jahrmillionen neue Mutationen erfährt oder – wahrscheinlicher – sich selbst manipulativ neu erfindet, vielleicht auch den eigenen Garaus einleitet, welcher Ort kommt dann noch dem »Schöpfergott« zu, und welchen Sinn hat es, von ihm zu sprechen?

Gängige Dogmatiken, auch Schriften zum Thema »Schöpfung«, gehen durchweg vom biblischen Befund aus, berufen sich auf das dogmatische Zeugnis der Kirche(n), um dann im pauschalen Blick auf die empirischen Wissenschaften verträgliche Konvergenzen festzustellen. Man hat den Eindruck, die Autoren solcher Werke wollen ihre Kenntnis der Evolutionswissenschaften nicht vertiefen, um sich ungestört weiter an Bibel und Dogma entlanghangeln zu können. Eugen Drewermann hat allerdings mit Entschiedenheit Kosmologie, Chemie, Biologie, Neurologie, Philosophie und Literatur befragt, um die Theologie von den vagen Formeln und metaphysischen Gedankengebäuden abzulösen und mit dem Wissen und Denken der Gegenwart zu konfrontieren. Aus der Summe dieser Inspektionen zieht er folgendes Fazit:

Das Bild, das wir bisher von der Evolution des Lebens gewonnen haben, ist für die traditionelle Theologie ohne jeden Zweifel desolat. Es ist ja nicht nur, dass die großen Entwicklungsschritte sich außerhalb jeglichen »Plans« und jeglicher »Zielvorgaben« gestaltet haben, es ist vor allem die Einrichtung der Natur selbst, es ist ihre ganze »Machart«, die mit der Idee eines gütigen, weisen und fürsorglichen Gottes unvereinbar ist. Den Gott der überkommenen »Schöpfungstheologie« zur Erklärung der Lebensprozesse *braucht* es nicht zu geben – er ist absolut überflüssig, ja, seine Vorstellung bereits irrig, weil irreführend an jeder beliebigen Stelle, die sich empirisch nachprüfen lässt, und, schlimmer noch, es *darf* ihn nicht geben, da ein Gott in Bewusstsein und Freiheit so nicht handeln dürfte, wie die Natur jederzeit mit ihren Kreaturen verfährt. Allein diese beiden Feststellungen wiegen schwer und lassen sich nicht mit den üblichen Sophismen aus der Welt schaffen.

Der nach wie vor am meisten verbreitete Sophismus in Theologenmund ist das »Argument« des unerklärten Anfangs. Nachdem die gesamte Geschichte des Lebens bis hin zum Auftreten des Menschen keinerlei Spuren eines göttlichen »Eingreifens« verrät …, ja, nachdem die immanente »Logik« der Selbstorganisation des Lebens den »machtvoll eingreifend handelnden und sich wunderbar manifestierenden Gott« der abendländischen Theologie nicht nur als eine unnötige Hypothese, sondern geradewegs als eine methodisch zu (ver)meidende »Störung« im Getriebe der Welt erscheinen lässt, die, Gott sei Dank, denn auch nicht zu beobachten steht, verbleibt den Theologen in der Tat zur »Rettung« ihrer Position nur noch *das Rätsel des Ursprungs*, die Frage: woher kommt das Leben (und, kosmologisch schon gefragt: woher stammt die Materie – wie kam es zum »Urknall« und damit zur Festlegung der Naturkonstanten mit eben jener Präzision, die ein Weltall erlaubt, das, unter anderem, uns Menschen ermöglicht)?

Verzichten wir aber auf die »Arbeitshypothese Gott« zur Erklärung der Weltentstehung, dann entfallen auch die ständigen »Eingriffe« Gottes in die Geschichte, von denen die Theologie zu wissen meint, dann gibt es keine Vorsehung, deren permanente Unzuverlässigkeit der Erklärung und Entschuldigung bedürfte, und es gibt – jedenfalls in dieser Hinsicht – kein Theodizeeproblem. Auch von Gebets»erhörungen« kann dann nicht länger die Rede sein, ganz zu schweigen, dass die volksfrommen Interventionsversuche mit Gebeten um besseres Wetter oder gesegnete Ernten so weit wie möglich gegenüber der Einhaltung verantwortlichen Handelns zurücktreten. Im Rahmen der gängigen Glaubenstradition, der das kirchliche Personal durchweg untersteht, mag man aus diesen Positionen kurzschlüssig Atheismus herauslesen. Aber wenn etwas herauszulesen ist, so wäre es eine *theologia negativa*, die sich jeder Vergegenständlichung enthält und mit Dietrich Bonhoeffer sagt: »Einen Gott, den *es gibt*, gibt es nicht.« Gott gibt zur ursächlichen Erklärung des sonst Unbekannten nichts her. Er ist nicht mit dem identisch, was erforscht werden kann. Das Wort »Gott« bezeichnet keinen Begriff zur Erklärung bestimmter Vorgänge in der Welt, er hat mit Erdbeben, Überschwemmungen, Seuchen, Krankheiten, Unfällen und dem Wettergeschehen nichts zu tun. Das Wort Gott steht vielmehr für eine ganz bestimmte Art, die Welt zu verstehen. Werden aber Fragen der Welterklärung in die Symbolsprache des Mythos einbezogen, gerät die Theologie aus dem Lot und Gott und die Welt werden missverstanden. Darum ist das Wort »Gott« in den Sachbereichen der Wissenschaften systemfremd und störend. Alles Reden von Gott *deutet* das menschliche Leben: Religion ist Hermeneutik, das heißt Auslegung des menschlichen Daseins; zur rational-empirischen Erklärung der Weltwirklichkeit trägt sie nichts bei.

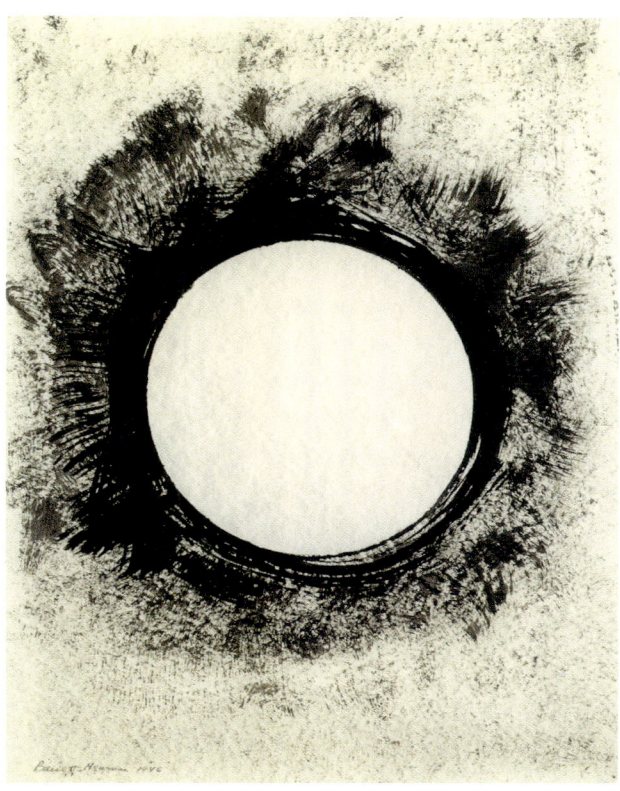

Barnett Newman (1905–1970), Ohne Titel, 1946.

Gott ist von daher in der Tat keine Kategorie des Erkennens, kein Begriff (keine »Idee«) der Vernunft, sondern »nur« ein Wort, eine Chiffre, mit deren Hilfe der Mensch sein eigenes Dasein als in sich berechtigt zu *deuten* versucht. Genauer gesagt: Das Wort Gott dient nicht dem Erfassen der Wirklichkeit, sondern der Interpretation der menschlichen Existenz im Angesicht der Wirklichkeit. Gott ist ein religiöses *Symbol*, dessen Grund nicht in der Struktur des Seins, sondern in der Grundlosigkeit des menschlichen Daseins liegt, und die alles entscheidende Frage stellt sich von daher, welch eine Wahrheit und welche eine Wirklichkeit in dem *Symbol Gott* enthalten sein kann.
Eugen Drewermann

Um an die Person des Menschen zu glauben, brauchen wir immer wieder zugleich den Glauben an die Personalität Gottes. Beides steht in direkter Korrespondenz zueinander. Ich vermute, dass eine Kultur, welche die Religion beseitigt in der Meinung, dass die Naturwissenschaften zum Selbstverständnis des Menschen ausreichten, augenblicklich auch die Personalität des Menschen aufheben wird.
Eugen Drewermann

In dem Monumentalwerk von Thomas Mann »Joseph und seine Brüder«, das Peter Sloterdijk als »das heimliche Hauptwerk der modernen Theologie« bezeichnete, wird Abraham durch das Hervordenken Gottes »gewissermaßen ... Gottes Vater« (Thomas Mann), doch was da wird, wirkt als durchdringende Lebensmacht zugleich auf Abraham zurück. »Denn ihm gab Gott die Unruhe ins Herz um seinetwillen, dass er unermüdlich arbeite an Gott, ihn hervordenke und ihm einen Namen mache, zum Wohltäter schuf er sich ihn und erwiderte dem Geschöpf, das den Schöpfer erschuf im Geiste, die Wohltat mit ungeheuren Verheißungen. Einen Bund schloss er mit ihm in wechselseitiger Förderung, dass einer immer heiliger werden sollte im andern ...« Der Münsteraner Philosoph und Theologe Klaus Müller sagt dazu: Der schwebende Wechsel der Erzählung »zwischen Finden und Erfinden« (Jan Assmann) eröffnet genau jenen Freiheitsraum, in dem allein unter den Bedingungen der Moderne Religion so etwas wie Bindekraft entfalten kann.«

Gustave Doré (1832–1883), Es werde Licht, 1866.

Gibt es Gründe, religiös zu sein, so liegen sie nicht in den objektiven Gegebenheiten der Welt. Sie unterstehen keinen wissenschaftlichen Erkenntnissen oder Beweisführungen. Da sie allein im Menschen liegen, müssen sie auch von ihm her entwickelt werden. Als Beispiel können die Zehn-Gebote dienen, die eine lange Vorgeschichte haben. Sie wurden von Menschen erarbeitet, die überzeugt waren, dass es der Wille Gottes sei, das Lebensrecht eines jeden Menschen zu sichern (→ S. 190). Was man als geboten und notwendig ansah, legte man Gott in den Mund. Nicht minder verkündeten die Propheten als »Wort Gottes«, was sie als absolut bindend verstanden. Im Grunde verfährt die Kirche auch heute so, bisweilen ohne sich zu fragen, ob der beanspruchte »Wille Gottes« frei von eigenen Interessen ist. Religion ist keine Lehre von Gott, keine Welterklärung aus göttlicher Perspektive, sondern der Versuch, sich als Mensch zu verstehen und sich vor dem Absoluten selbst zu bestimmen (→ S. 231 ff.).

Die Naturwissenschaft kann die Wirklichkeit nicht ausmessen, auch die Religionen können es nicht. Die Wissenschaften erklären den Kosmos aus Ursachen, wobei sie alle Zusammenhänge streng mathematisch erfassen. Dagegen besteht die Aufgabe der Religion darin, *die Bedeutung der Welt für den Menschen* zu beschreiben, heute jedoch nicht unabhängig von dem, was wissenschaftlich erkennbar wird. Das »Göttliche« – um mit einem Wort alter Tradition zu sprechen – artikuliert letztlich den Sinn, in dem die Welt für den Menschen inneren Zusammenhang und Bedeutung erhält. »Gott« verstehen wir nur insofern, als wir uns selbst in der von uns begriffenen Welt verstehen.

Viertens: *Gott ist nicht, was Menschen sich unter einem Schöpfer vorstellen, er ist dieser Vorstellung unähnlicher als ähnlich*

Keine empirische Wissenschaft führt also zu Gotteserkenntnis. Mit Hans-Dieter Mutschler, Professor für Natur- und Technikphilosophie, gesprochen:

In der Fluchtrichtung der modernen Physik liegt keine wie auch immer geartete Metaphysik, Mystik oder Spiritualität, sondern höchstens eine bessere Physik – entgegen allem, was uns Autoren wie Carl-Friedrich von Weizsäcker einzureden versuchten. Wir können den Kosmos auf- und abkonjugieren, vom Urknall bis zum »big crunch«, wir können Überlegungen über ein inflationäres Universum anstellen, über dunkle Materie, negative Energien, über Vakuumfluktuationen und das Verhältnis von Materie zu Antimaterie, über die Existenz von Parallelwelten, Zeitreisen und Wurmlöchern, an keiner Stelle stoßen wir auf etwas Metaphysisches ...

Wenn Gott irgendwo *nicht* sichtbar gemacht werden kann, dann in der physikalischen Weltkonstruktion. Diese ist viel zu formal und schließt in ihrer Mathematisierung finale, das heißt Sinnkategorien apriori aus.

Die empirischen Wissenschaften beschreiben eine Wirklichkeit, die auf ihre Methoden antwortet. Aber ausgespart bleibt die unbestreitbare Erfahrung, dass dieser Kosmos auch den Menschen hervorgebracht hat, in dem sich die Evolution ihrer selbst bewusst wird. Das ist nicht minder eine Dimension des Kosmos – doch wie kann sie beschrieben werden? Einige (nichtchristliche) Autoren haben angeregt, vom Menschen ausgehend, in dem sich der Kosmos selbst zu reflektieren versteht, das »Inventar der Welt« um eine geistige Komponente zu erweitern, vorab die Annahme, das Weltall habe durchgehend eine psychische oder geistige Innenseite, Qualitäten, die sich naturwissenschaftlichen Beschreibungen entziehen.

Mit dieser Setzung wird ein umstrittenes Feld betreten, das gravierende Folgen einschließt. Dann wäre das materiell-kausale Geflecht der Welt um eine andere Dimension zu ergänzen. Hans-Dieter Mutschler schließt:

Nur, wenn wir den Kosmos als einen ansehen, der imstande ist, Geist hervorzubringen, ist dieser Kosmos theologisch interpretierbar – von der Physik jedenfalls führt kein direkter Weg zur Theologie ... Heißt das nun, dass wir nicht mehr sagen können, Gott habe den Kosmos erschaffen? Es heißt nur, dass wir keine Chance haben, die Ergebnisse der physikalischen Kosmologie direkt zu »theologisieren« ... Die Verweltlichung der Welt hat den Glauben zu einem riskanten Unternehmen gemacht.

Auch von hierher wird deutlich: Gott und die Frage nach dem Sinn setzen nicht bei der Astrophysik an, sondern beim Menschen, der sich seiner singulären Situation bewusst wird. Das geschah über lange Zeiträume hin, wobei mit der Bewusstwerdung des Menschen sich auch seine religiöse Entwicklung vollzog, die sich in unterschiedlichen Kulturen unterschiedlich ausprägte. Aber ob nun »machtgeladene Wesen und Gegenstände die Anfänge der Gottesidee bezeichnen« (Nathan Söderblom) oder »Gott ein Spätling in der Religionsgeschichte« ist (Gerardus van der Leeuw), die Gottesidee bekam erst mit der Entwicklung komplexer Gesellschaftsstrukturen und der Konstitution eines Personbegriffs jene Gestalt, die schließlich zum Monotheismus führte, der Völker und Ethnien übergreift. Jedenfalls war die Gottesidee nicht immer da. Auch wenn man sie für »offenbart« hält, gehört sie doch zum Raum der Geschichte, entspringt sie dem Bedürfnis des Menschen, durch die Verehrung der Gottheit an der Deutung und Gestaltung der Welt beteiligt zu sein, die Welt erklären, verstehen und mit Sinn füllen zu können. Sie ist Produkt einer *geistigen* Evolution.

In besonderer Weise geben die Schöpfungsmythen der Völker Antwort auf die Fragen der menschlichen Existenz: Woher kommen wir? Wozu sind wir da? Wohin gehen wir? Sie beschreiben den Ort des Menschen in einer *in principio* begründeten Ordnung. Doch letztlich bestimmen die Menschen selbst in ihren Mythen, wer sie sind und wie sie sein müssen. Der damit beschrittene Weg als ein Weg zum Numinosen oder zu Gott ist zugleich der Weg des Menschen zu sich selbst. Wenn sie dabei Gott als »Schöpfer« verstehen, geht es nicht um evolutives *Wissen*. Es werden weder physikalische noch chemische noch biologische Feststellungen getroffen. Was immer die Schöpfungsmythen erzählen, sie umspielen den Urgrund, aus dem heraus der Mensch sich selbst in seiner Welt zu verstehen sucht. Die Gottheit, die sie darin benennen – und mag von ihr und ihrem Tun auch noch so konkret gesprochen werden – bleibt Symbol für einen

Barnett Newman (1905–1970), Der erste Tag, 1951/52.

Gott ist keine Ursache, er ist überhaupt keine Sache, er ist der Grund, aus dem heraus wir uns als Menschen sehen und vollziehen können.
Eugen Drewermann

Evolution oder Schöpfung?

nicht benennbaren und nicht einholbaren Grund. Wird also Gott »Schöpfer« genannt, entspricht dies mehr einer kulturell bedingten menschlichen Vorstellung, deren Verständnis dem je gegebenen Bewusstsein untersteht, als dass es reales Wissen wäre. Was ein theistisches Glaubensverständnis auch immer meint, aussagen zu können, – jede in der Rede von Gott nur mögliche *theologia negativa* hebt es gleich wieder auf: Gott ist nicht, was Menschen sich unter einem Schöpfer vorstellen, er ist dieser Vorstellung unähnlicher als ähnlich.

Fünftens: *Auch die mystische Erfahrung hilft nicht, wenn sie den Schrei der Leidenden ignoriert*

Wenn hier von Theismus, *theologia negativa* und Mystik die Rede ist, so wird damit dem folgenden Kapitel bereits vorgegriffen. Dennoch kann es nicht unterbleiben, das Verhältnis von Evolution und »Schöpfung« im Blick auf die mystischen Traditionen in Ost und West zu bedenken. Dabei müssen die Begriffe zunächst aus ihrer traditionellen Enge befreit werden, denn wenn in üblicher Weise von »Gott« gesprochen wird, setzen bereits unterschiedliche Vorstellungen oder Abwehrreaktionen ein. Der Zen spricht von »Leerheit«, der Hinduismus vom »Brahman«, Meister Eckhart sagt »Gottheit« und meint, der Unterschied zwischen Gott und Gottheit sei »größer als der zwischen Erde und Himmel«, Johannes Tauler wählt die Metapher »letzter Grund«, heute bevorzugen manche den Begriff »Erste Wirklichkeit«. Bereits Albert Einstein sah zwischen den alten östlichen Weisheitslehren und den Ergebnissen der Astrophysik Korrespondenzen. Seit den siebziger Jahren haben andere sich bemüht, hier näher nachzuschauen. Fritjof Capra versuchte 1975 als Physiker, eine Brücke zwischen der modernen Physik und den intuitiven Erkenntnisse der östlichen Mystik zu schlagen: »Die beiden Ansätze sind ganz verschieden und umfassen weit mehr als eine bestimmte Anschauung von der physikalischen Welt. Sie sind jedoch ›komplementär‹, wie wir in der Physik sagen. Keine von ihnen ist in der anderen enthalten, noch kann eine auf die andere zurückgeführt werden, aber beide sind notwendig und ergänzen sich für ein vollständiges Begreifen der Welt.«

Während die Erkenntnis der Naturwissenschaften empirisch gewonnen und bewiesen wird, schaut der Mystiker nach innen. Die naturwissenschaftliche und die mystische Erfahrung unterscheiden sich einerseits durch extreme Spezialisierung des rationalen Denkens und andererseits durch extreme Schärfung des intuitiven Sinnes. Keine dieser Erkenntnisse beweist die andere. Sie widersprechen einander jedoch nicht.

Dennoch fallen die kosmologischen Deutungen der Religionen karg aus. Zwar bietet die indische Tradition – zumal im Dickicht des Mythos – einen Schauplatz der Möglichkeiten, kann aber auch agnostisch bleiben:

> Weder Sein noch Nichtsein gab es bis jetzt. Es gab keine Luft und keinen Himmel, der hinter ihr liegt. Was wurde verborgen? Und wo? Unter wessen Schutz? ... Wer weiß dies wirklich? Wer kann es erklären? Woraus wurde es geboren, und woher kam diese Emanation? ... Er, der dies im höchsten Himmel überblickt, er allein weiß es – oder vielleicht weiß er es auch nicht? (Rigveda 10,129)

> Was heißt denn überhaupt Geschichte oder gar Geschichte Gottes mit den Menschen, wenn Jahrmilliarden im Kosmos vergingen, ohne dass sich eine Spur Leben regte, wenn »Personalität« in den unendlichen Weiten des Universums womöglich nirgendwo sonst existiert? Und was bedeutet unsere Rede von einem »personalen« Gott, den wir in Entsprechung zu menschlicher Personalität denken, angesichts der weitaus »ergiebigeren« und »umfassenderen« nicht-personalen oder über-personalen Strukturen im Kosmos?
> *Johannes Röser*

Der Buddhismus, so vielgestaltig dieser sich zeigt, spart in seiner strengen Version ebenso wie den Begriff Gott auch alle Aussagen über Schöpfung aus. Dem Buddha wird hier folgende Erfahrung zugeschrieben:

Es gibt keine Geburt, / noch gibt es Tod. / Es gibt keinen Anfang, / noch gibt es Ende. / Nichts ist gleich sich selbst, / noch ist irgendetwas voneinander verschieden. / Nichts tritt ins Dasein ein, / noch tritt etwas aus dem Dasein heraus.

Raimon Panikkar deutet diese Verse als die Schau des Kosmos »in einer einheitlichen, intuitiven Erkenntnis, welche die Verkettung aller Dinge, die Vergänglichkeit aller Dinge und die Nichtigkeit des Kosmos offenbart«: Was immer die Wissenschaften an evolutionärem Wissen zutage fördern, für den Weg zur Erleuchtung ist es irrelevant.

Wer dennoch die Begriffe Gott und Welt zusammen denken will, findet eher bei westlichen als bei östlichen Lehrern eine Antwort. Der Benediktiner und Zen-Meister Willigis Jäger variiert in unterschiedlichen Metaphern von Meer und Welle (→ S. 226), Tanz und Tänzer, eine Lösung, die alle Schwierigkeiten zu meistern scheint:

Gott lässt sich nicht von der Evolution trennen. Gott ist Kommen und Gehen. Gott ist Geborenwerden und Sterben. Er ist der Tänzer, der die Evolution tanzt. Ein Tänzer ohne Tanz macht keinen Sinn – und einen Tanz ohne Tänzer kann man ebenso wenig denken. Auf diese Weise gehören Gott und die Evolution zusammen. Das eine ist ohne das andere nicht denkbar.

Oder nehmen wir das Beispiel einer Symphonie: Der Kosmos ist eine Symphonie, und das, was wir »Gott« nennen, erklingt als diese Symphonie. Jeder Ort, jeder Augenblick, jedes Wesen ist eine ganz bestimmte Note, die je unverzichtbar für das Ganze ist, auch wenn sie im nächsten Augenblick durch eine andere Note abgelöst wird. Alle Noten machen das Ganze aus, alle Noten sind das Ganze – und das, was die Ganzheit des Ganzen ausmacht, ist Gott, der als dieses Ganze erklingt.

Gott inkarniert sich im Kosmos. Er und seine Inkarnationen sind unlösbar miteinander verbunden. Er ist nicht in seiner Inkarnation, sondern er manifestiert sich als Inkarnation. Er offenbart sich im Baum als Baum, im Tier als Tier, im Menschen als Mensch und im Engel als Engel. Es sind dies also nicht Wesen, neben denen es dann noch einen Gott gäbe, der gleichsam in sie hineinschlüpfte, sondern er ist jedes einzelne dieser Wesen – und ist es auch wieder nicht, da er sich nie in einem von diesen erschöpft, sondern immer auch alle anderen ist. Eben diese Erfahrung macht der Mystiker. Er erkennt den Kosmos als sinnvolle Manifestation Gottes, während sich manche Menschen dem Kosmos gegenüber verhalten wie Analphabeten gegenüber einem Gedicht: Sie zählen die einzelnen Zeichen und Worte, aber sie sind nicht imstande den Sinn zu verstehen, der dem ganzen Gedicht seine Gestalt gibt.

Evolution oder Schöpfung?

Shiva Nataraja. Bronze (9.–12. Jh.)

Hier wird Weltschöpfung als mitlaufender Anfang gezeigt, Untergang zugleich als Voraussetzung neuen Lebens. Wenn der Betrachter in diesem Shiva sich selbst und seine Welt wiederfindet, also im Abbild des Göttlichen ein Bild des menschlichen Wesens erkennt, kommt der tanzende Shiva zu seiner eigentlichen Wirklichkeit. Der Shiva Nataraya ist der Gott, der alles Entstehen und Vergehen als den Rhythmus eines Tanzes zu verstehen gelehrt hat. Mit seinem Tanz bestimmt er den Weltengang.

In dieser Beschreibung will der Mystiker den Kosmos »als sinnvolle Manifestation Gottes« erkennen. Aber wer oder was ist dieser Gott? Das beschriebene Gottesverständnis bleibt absolut gleichgültig gegenüber der Leidensgeschichte der Welt. Was immer geschieht, heißt Tanz der Evolution. Mit dem in die Evolution verwobenen Gott verbindet sich kein Schrei angesichts des Leids der ungerecht Leidenden, der Opfer und Besiegten der Geschichte. Eine solche Mystik ist apolitisch, ohne jedes prophetische Erbe und ohne die Reich-Gottes-Leidenschaft Jesu, die eine Leidenschaft für den Menschen ist. Zwar nimmt sie die meditative Erfahrung, wie sie in den mystischen Traditionen aller Welt bekannt ist, für sich in Anspruch aber klammert jedes Ethos aus. Kann das als »Religion« – nach Auschwitz – noch genügen? Wenn Menschen in »Gott« das suchen, woraus sie leben können, was sie menschlich macht, ist ein »Gott«, der die Evolution tanzt, zu kurz gefasst und ins falsche Bild gesetzt.

In einer Mystik, die Gott im kosmischen Reigen tanzen sieht, mit dem sich aber nicht mehr das Schicksal der Welt und die Leidensgeschichte der Menschen verbindet, verflüchtigen sich alle geschichtlichen Inhalte. Wie ungelöst auch immer die Verbindung zwischen dem östlichen und westlichen Denken, zwischen Mystik und Theodizeefrage sein mag, wenn es denn so ist, dass das Wort »Gott« der Interpretation der menschlichen Existenz im Angesicht der Wirklichkeit dient, muss es verbunden sein mit dem Willen zu sehen, was heute vor sich geht, was je vor sich ging, und darf es nicht fallen lassen, um des ethischen Anspruchs willen, der mit »Gott« grundsätzlich gegeben ist. Diese Kritik mag Johann Baptist Metz verstärken:

Jesus lehrte nicht – bei allem Respekt vor Buddha und fernöstlicher Spiritualität sei dies gesagt – eine Mystik der geschlossenen Augen, sondern eine Mystik der offenen Augen, eine Mystik der unbedingten Wahrnehmungspflicht für fremdes Leid …

Wo nämlich die vergangenen Leiden im Abgrund einer anonymen Evolution verschwinden, projizieren wir uns am Ende auch selbst als subjektlose Wesen, als Oberflächenspieler auf den Wogen dieser Evolution. Ohne dieses Eingedenken vollzieht sich, da sanft, dort dramatisch, jener Tod des Menschen und jene Stilllegung seiner Geschichte, von der hier die Rede ist. Ohne dieses Eingedenken wird die Zukunft des Menschen jedenfalls immer fraglicher. Deshalb klagt das Christentum diese Frage nach der Rettung der unwiderruflich vergangenen Leiden immer wieder in unserem öffentlichen Bewusstsein ein – zur Rettung der Lebenden und ihres Sinns für ungeteilte Gerechtigkeit und Befreiung. Etwa in der Sprache des Synodentextes »Unsere Hoffnung«: »Diese Frage … zu vergessen und zu verdrängen, ist zutiefst unhuman. Denn es bedeutet, die vergangenen Leiden zu vergessen und zu verdrängen und uns der Sinnlosigkeit dieser Leiden widerspruchslos zu ergeben. Schließlich macht auch kein Glück der Enkel das Leid der Väter wieder gut, und kein sozialer Fortschritt versöhnt die Ungerechtigkeit, die den Toten widerfahren ist. Wenn wir uns zu lange der Sinnlosigkeit des Todes und der Gleichgültigkeit gegenüber den Toten unterwerfen, werden wir am Ende auch für die Lebenden nur noch banale Versprechen parat haben. Nicht nur das Wachstum unseres wirtschaftlichen Potentials ist begrenzt, wie man uns heute einschärft; auch das Potential an Sinn scheint begrenzt und es ist,

---

Wir Christen kommen niemals mehr hinter Auschwitz zurück; über Auschwitz hinaus aber kommen wir, genau besehen, nicht mehr allein, sondern nur noch mit den Opfern von Auschwitz. Das ist in meinen Augen der Preis für die Kontinuität des Christentums jenseits von Auschwitz. Man sage nicht: Schließlich gibt es für uns Christen andere Gotteserfahrungen als die von Auschwitz. Gewiss! Aber wenn es für uns keinen Gott in Auschwitz gibt, wie soll es ihn dann für uns anderswo geben? Man sage auch nicht, eine solche Auffassung verstoße gegen den Kern der christlichen Lehre, derzufolge den Christen die Nähe Gottes in Jesus Christus unwiderruflich verbürgt ist. Es bleibt ja immerhin die Frage, für welches Christentum diese Zusage gilt. Etwa für ein antijudaistisch sich identifizierendes Christentum, das zu den historischen Wurzeln von Auschwitz gehört, oder eben für eines, das seine eigene Identität nur wissen und verkünden kann im Angesicht dieser jüdischen Leidensgeschichte?

Johann Baptist Metz

Tsunami Weihnachten 2004

Bei Tragödien wie jetzt der Flut am Indischen Ozean kollabieren die gewohnten religiösen Modelle und Redensarten ... Leider ist die Theologie in solchen Krisen der Wahrnehmung versucht, durch Moralappelle abzulenken. Sogar vor der Todeswelle retteten sich die Sonntagsprediger auf die gewohnten Floskeln von Gottes Barmherzigkeit, Allmacht oder eben auch Ohnmacht ... Eines war immer wieder zu hören, selbst aus Theologenmund: Wer wisse schon, wie Gott daraus dennoch Sinn stiftet.

Johannes Röser

Andy Warhol (1928–1987), Crosses (Twelve), 1981/82.

Die Reihung der Kreuze mag an die einfachen, gleichförmigen Kreuze auf Militärfriedhöfen erinnern. Sie schweben blau auf tiefschwarzem Grund, leicht kippend, sich hier und da berührend. Wenn auch Warhol mit diesem Siebdruck erstmals seiner Verbundenheit mit dem Christentum Ausdruck gab, bleiben seine Kreuze – unabhängig von der Biographie des Künstlers – offen für jede Kreuzerfahrung.

als gingen die Reserven zur Neige und als bestünde die Gefahr, dass den großen Worten, unter denen wir unsere eigene Geschichte betreiben – Freiheit, Emanzipation, Gerechtigkeit, Glück – am Ende nur noch ein ausgelaugter, ausgetrockneter Sinn entspricht.«

Wenn auch »Gott« nicht in den Lauf der Welt eingreift, Naturgesetze nicht aufheben und den Gang der Geschichte nicht steuern kann, wenn er weder aus Löwengruben noch Feueröfen rettet, weil er keine Hände hat, es sei denn unsere Hände – so sind es doch wir, die allem vergangenem Leid Erinnerung und Trauer bewahren können und kein Gebet missbrauchen als »den letzten und sichersten Schlupfwinkel vor der Verantwortung« (Gerhard Debus), vielmehr um darin unsere eigene Verantwortlichkeit mit letztverbindlichem Ernst aufzusuchen.

Bertolt Brecht wollte dem theistischen Gebetsverständnis als einem Versteck vor eigener Zuständigkeit sein Nein entgegenstellen und hat damit doch in seiner Geschichte von der stummen Kattrin das eigentlich jesuanische Modell beschrieben:

Evolution oder Schöpfung?

Gott hat keine Hände, nur unsere Hände, um diese Welt zu gestalten.

Gott hat keine Füße, nur unsere Füße, um Menschen auf ihren Wegen zu begleiten.

Januar 1636. Es herrscht Religionskrieg: Kaiserliche Truppen bedrohen die evangelische Stadt Halle. Nachts stoßen Kundschafter auf einen Bauernhof vor der Stadt. Halle soll im Schlaf überfallen werden. Bei den Bauerleuten befindet sich die stumme Kattrin, die niemand für gescheit hält. Die Bäuerin sagt zu Kattrin:

»Bet, armes Tier, bet! Wir können nix machen gegen das Blutvergießen. Wenn du schon nicht reden kannst, kannst doch beten. Er hört dich, wenn dich keiner hört. Ich helf dir.«

Alle knien nieder. Die Bäuerin betet: »Lass die Stadt nicht umkommen mit alle, wo drinnen sind und ahnen nix … und mach, dass der Wächter nicht schläft, sondern aufwacht, sonst ist es zu spät …«

Das geht so dahin, doch während die Bauersleute weiterbeten, hat sich Kattrin fort geschlichen und ist über eine Leiter hoch aufs Dach des Stalles geklettert. Dort beginnt sie, die Trommel zu schlagen, um die schlafende Stadt zu wecken.

Die Bäuerin: »Hör auf der Stell auf mit Schlagen, du Krüppel!«

Der Bauer: »Sie hat den Verstand verloren.«

Als er sie herunterholen will, zieht Kattrin die Leiter auf das Dach.

Die Soldaten fluchen und drohen, sie vom Dach zu schießen. Kattrin trommelt weiter. »Zum allerletzten Mal«, droht der Offizier: »Hör auf mit Schlagen!« Kattrin trommelt weinend so laut sie kann. Da schießen die Soldaten, Kattrin wird getroffen und sinkt zusammen. Aber ihre letzten Schläge werden von den Sturmglocken der Stadt abgelöst. Die Menschen sind gewarnt, und in den Aufbruch der Stadt fällt der Schlusssatz der Szene. »Sie hat's geschafft«, sagt ein Soldat, hinreichend deutlich, um an das johanneische »Es ist vollbracht!« zu erinnern.

VII. Gott

Man schätzt, dass es auf dieser Erde mehr als zwanzigtausend Sprachen gegeben hat, von denen gegenwärtig etwa noch vier- bis fünftausend Sprachen gesprochen werden. George Steiner, auf diesem Gebiet kundig, hält das »mit an Sicherheit grenzender Wahrscheinlichkeit« als zu niedrig gegriffen.

Die mythische Überlieferung der Menschheit sieht die Sache umgekehrt. Sie glaubt hinter der verwirrenden Sprachvielfalt nur eine einzige Ursprache. Nicht allein die biblische Sage vom Turmbau zu Babel erzählt so, sondern auch andere Traditionen der Alten Welt. Und wenn es hinter allen Sprachen nur eine einzige Ursprache gegeben hat, dachte man über die Zeiten hin, dann sei sie ausfindig zu machen. Herodot überliefert, bereits der Pharao Psammetich I. habe versucht, diese Ursprache zu finden. Er gab einem Hirten zwei Säuglinge und befahl, diese so aufzuziehen, dass sie niemals ein gesprochenes Wort vernehmen sollten. Er wollte herausfinden, in welcher Sprache die Kinder zu sprechen begännen. In christlicher Zeit erzählte der Franziskaner Salimbene von Parma eine ähnliche Geschichte über den Stauferkaiser Friedrich II. Nach Herodot war die Ursprache Phrygisch; der Staufer spekulierte über Hebräisch oder Chaldäisch. Selbst heute noch gibt es Sprachwissenschaftler, die mit sprachgenetischen Untersuchungen den Anfängen auf die Spur kommen wollen. Letztlich sind auch die Esperanto-Träume ein Reflex der alten Sehnsucht nach nur einer Sprache für alle.

In unserer Zeit hatte der polyglott aufgewachsene George Steiner, durch dessen Elternhaus Englisch, Französisch und Deutsch flatterten, Ungarisch in der Küche, im Hintergrund Jiddisch und Hebräisch, schon als Kind das Gefühl, dass die Geschichte von Babel eine »Verhüllung« sei und einen älteren, tieferen Sinn umkehre. Zum Lohn für die verehrungsvolle Arbeit der Menschen, einen Treppenturm an den Himmel heranzuführen, habe der Herr, weit davon entfernt seine Verehrer zu strafen, ihnen den Reichtum von Pfingsten geschenkt und das Füllhorn verschiedener Sprachen als Segen ohne Ende über die Menschen geschüttet. Sehen wir von der mythischen Anschaulichkeit einmal ab, können wir mit Wilhelm von Humboldt sagen, dass das Hervorbringen von Sprachen einer inneren Notwendigkeit des Menschen entspricht. Der Natur des Geistes entspreche es, alle Arten möglicher Erfahrung bewusst zu machen, also zur Sprache zu bringen. Damit ist jede Sprache »ein Versuch«, aus der Gesamtheit der Verstehensmöglichkeiten dieser Welt einen Aspekt zu realisieren.

Jede einzelne Sprache stellt eine eigene, vollständige Welt dar. Keine zwei Sprachen, keine zwei Mundarten oder lokalen Idiome innerhalb einer Sprache beschreiben ihre Welt gleich. Jede Sprache bewahrt Erinnerung, bezeichnet Beziehungen, benennt Empfindungen und Gefühle auf andere Weise. Oft unterscheiden sie sich in ihren Wahrnehmungen und Farben deutlich voneinander. Eine Sprache zu sprechen bedeutet, dass man einen bestimmten Welt-Schauplatz bewohnt. Das Wort »Weltanschauung« gibt diese Sicht richtig wieder. Jede Sprache enthält eine Welt-

David McDermott (geb. 1952) und Peter McGough (geb. 1958), Antlitz Gottes 1928, 1990.

Das Künstler-Duo bedient sich hier einer Zahlenmystik, die fragen lässt, ob die zufällige Ziffernfolge eines Glücksspielautomaten vorliegt. Oder soll die Eins als die häufigste Ziffer Hinweis auf Gott, Symbol der Einheit und Quelle aller übrigen Ziffern sein?

In den Religionen der Welt hat die Zahlensymbolik stets hohe Bedeutung gehabt. Die pythagoreische Bruderschaft im 6. und 5. vorchristlichen Jahrhundert wusste, dass die babylonische Überlieferung die Sternbilder mit Zahlen verknüpfte. Sie glaubten, dass die Dinge selbst Zahlen seien und die grundlegenden Gegebenheiten der Wirklichkeit. Philolaus von Kroton schrieb 500 v. Chr.: »Alles, was man erkennen kann, hat Zahl. Ohne diese kann man mit dem Gedanken nichts erfassen oder erkennen.«

Hier konzentrierte sich zum ersten Mal das Interesse an Zahlen ohne jeden Gedanken an ihren praktischen Gebrauch. Nicht minder sucht die Astrologie nach Zusammenhängen zwischen kosmischen und irdischen Vorgängen. Für die Numerologen sind Zahlen und Zahlenkombinationen von über sich hinaus weisender Bedeutung. Auch die Bibel verbindet mit den Zahlen hintergründigen Sinn.

Gewiss entstammen die Bilder dieser zwei Seiten unterschiedlichen Zeiten und Religionen, und doch verschränken sie sich mehrfach miteinander.

Der Sonnengott Re kennt zahlreiche Aspekte. Im Symbol des Skarabäus ist er die aufgehende Sonne und Schöpfergott; im Symbol der Sonnenkugel die Mittagssonne im Zenit; als widderköpfiger Atum verkörpert er die untergehende Sonne.

In der Sonnenscheibe Atons, der die Königsfamilie Echantons opfert, werden diese Aspekte zusammengefasst. Die Beziehung, die Aton zu Echnaton hat – ausgedrückt in den Strahlen der Sonnenscheibe Atons, die in menschlichen Händen auslaufen, ist der Beziehung vergleichbar, die »Gottvater« Adam zuwendet. …

anschauung, die sich von anderen abhebt. Viele Sprachen bergen darum einen Reichtum von Welten.

So gesehen ist der Babel-Mythos, im Gegensatz zur biblischen Bewertung, das Gegenteil eines Fluches. Die vielen Sprachen dieser Welt sind Geschenk und Segen und gar nicht hoch genug zu veranschlagen. Die Reichtümer der Erfahrungen, die Vielfalt des Denkens und Fühlens, die sich in Sprachen und Mundarten je anders abbilden, sind ein unerschöpflicher Besitz des menschlichen Geistes. Die einmalige Weltansicht, die sich in jeder Sprache verkörpert, bietet eine Heimat für alle, die darin ihr Haus, ihre Vertrautheit, ihre Sicherheit und Geborgenheit gefunden haben.

1. Die Masken Gottes

Verhält es sich mit den Religionen der Welt ähnlich? Verkörpern sie ebenfalls je »einen Versuch«, aus der Gesamtheit aller Verstehensmöglichkeiten dieser Welt die Weise zu realisieren, die dem jeweiligen Bewusstseinsstand und Kulturniveau entspricht? Gibt es darum seit Menschheitsbeginn unterschiedliche Sichtweisen oder gab es einmal nur eine einzige, die sich erst später aufteilte, verzweigte oder spaltete?

Die letztgenannte Vorstellung hat der Religionswissenschaftler P. Wilhelm Schmidt SVD vertreten. In seinem monumentalen Werk »Der Ursprung der Gottesidee« versuchte er auf mehr als elftausend Seiten zu belegen, dass der Glaube an einen ewigen, allwissenden und gütigen Hochgott am Anfang gestanden habe. Er schloss daraus, dass zunächst überall eine Art von Urmonotheismus existierte; später sei die Entwicklung der menschlichen Gesellschaft degeneriert und der ursprüngliche Glaube zerfallen.

Dagegen spricht die Unmöglichkeit, eine »Urreligion« zu erforschen. Kein Dokument führt hinter die Altsteinzeit zurück. Wie der prähistorische Mensch über Jahrhunderttausende hin dachte, bleibt uns dauerhaft entzogen. Mircea Eliade urteilt: »Soweit wir die älteste Vergangenheit rekonstruieren können, ist es sicherer anzunehmen, dass das religiöse Leben von Anfang an sehr komplex war und dass ›erhabene‹ Ideen zugleich mit ›niederen‹ Formen der Verehrung und des Glaubens existierten.«

»Tief ist der Brunnen der Vergangenheit«, sagt Thomas Mann zu Beginn seines Josephsromans. »Sollte man ihn unergründlich nennen?« und fügte hinzu, »dass, je tiefer man schürft, je weiter man hinab in die Unterwelt des Vergangenen dringt und tastet, die Anfangsgründe des Menschlichen, seiner Geschichte, seiner Gesittung, sich als gänzlich unerlotbar erweisen …« Bis zu den frühen Kulturen zu kommen, ist bereits ein unerhörtes Abenteuer, aber sie sind nur der Vordergrund der weit zurückreichenden Vorgeschichte des Menschen:

Dahinter liegen die Jahrhunderte, Jahrtausende, ja die Jahrhunderttausende des Urmenschen, des mächtigen Jägers und des noch älteren Wurzel- und Käfersammlers. Und es gibt eine weitere Tiefe, noch ferner und dunkler, darunter – unter dem äußersten Horizont der Menschheit. Denn wir finden den rituellen Tanz bei den Vögeln, den Fischen, den Affen und den Bienen. Es muss daher gefragt werden, ob nicht der Mensch, wie diese anderen Mitgeschöpfe, angeborene Tendenzen besitzt, auf bestimmte, von seiner Umwelt und von seinesgleichen ausgesandte Signale in strikt vorprogrammierter artgebundener Weise zu reagieren.

Das Konzept einer Naturgeschichte der Götter … muss daher alle Schichten menschlicher Erfahrung einbegreifen, die Urvölker und die Vorgeschichte ebenso wie die moderne Welt, und das nicht etwa nur summarisch und oberflächlich …, denn die Wurzeln der Kultur sind tief. Unsere Städte liegen nicht, Steinen gleich, auf der Oberfläche.

Joseph Campbell

Dass mit der Frage nach Gott der Mensch immer auch seine eigene Identität bearbeitet, Theologie zugleich Anthropologie ist, wird weithin nicht deutlich genug gesehen. Wenn geschrieben steht: »Und Gott schuf den Menschen nach seinem Bild und Gleichnis«, so hat die Geschichte der Menschheit einen weiteren Satz hinzugefügt: »Und der Mensch schafft Gott nach seinem Bild.« Der Blick auf diese Geschichte regte den Tübinger Alttestamentler Fridolin Stier (1902–1981) an, sich ein Museum der Masken Gottes vorzustellen:

»Meine Damen und Herren«, beginnt der Kustos seine Führung …, »hier rechts die Abteilung Hochreligionen, der erste Saal: antike Götter und Gottesgesichter.« Der Kustos zeigt auf den sumerischen Himmelgott Anu, auf Marduk von Babylon, den ägyptischen Sonnengott Aton, auf den olympischen Zeus, den kapitolinischen Jupiter … Eine Stimme: »Was ich da sehe, kenne ich von kunstgeschichtlichen Studienreisen …« – »Und wie kommt man dazu«, fragt ein anderer, »diese Götter-, sagen wir lieber Götzen-Fratzen als Maske Gottes zu präsentieren?« Der Kustos: »Ich sehe, Sie haben meine Erklärungen nicht verstanden, vielleicht nicht verstehen wollen. ›Kunst‹, sagen Sie – wer bestreitet das? Aber ›nur Kunst‹? Nein. Der Marduk dort stand im innersten Heiligtum seines Tempels, zog am Großen Neujahrsfest in feierlicher Prozession durch die Stadt, als Chaosbezwinger, Schöpfer der Ordnungen des Himmels und der Erde, im großen Kultlied und in Hymnen verherrlicht, überschwänglich gepriesen und flehentlich um Huld und Hilfe angerufen. Das sichtbare Götterbild tritt aus dem Hintergrund der unsichtbaren Gottheit hervor und ist im Kontext der Sprache des Glaubens zu sehen. Sehen Sie doch die Abertau-

… Zeus, dem höchsten Gott der griechischen Religionswelt, entspricht wiederum der Sonnengott, doch verbindet die Sonnensymbolik ihrerseits auch alle übrigen Gottesvorstellungen miteinander. Zwischen dem griechischen Zeus, dem römischen Jupiter und dem Gottvater Michelangelos bestehen in ihrer Darstellung keine Unterschiede. Aber das Zeusbild wurde auch – im trinitarischen Denken – beispielhaft für das spätere Christusbild als Pantokrator, wie auch die Sonnenthematik die Liturgie des Weihnachtsfestes und die Feier der Auferstehung prägt.

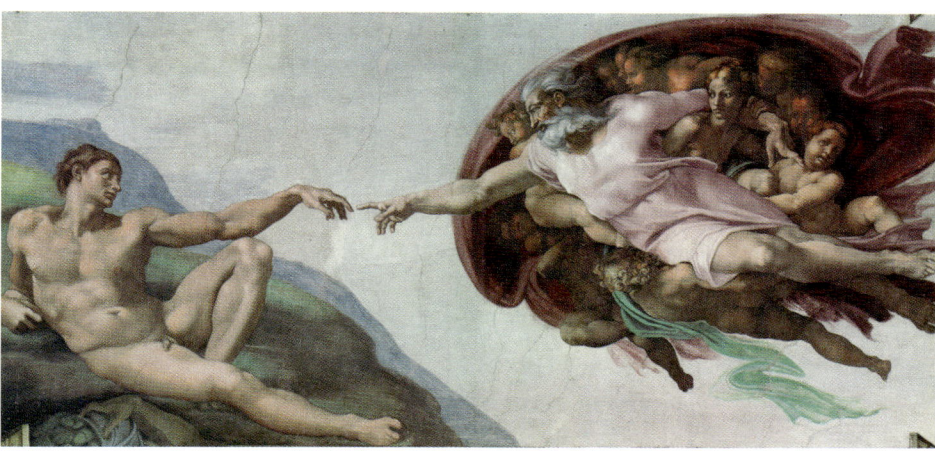

Gott

Fridolin Stier (1902–1981), Alttestamentler, Orientalist und Religionswissenschaftler in Tübingen. In den letzten zwanzig Jahren seines Lebens bewegte ihn vor allem die Herausforderung des biblischen Glaubens durch Thesen heutiger Naturwissenschaft und damit zusammenhängend die Theodizeefrage. Eine Frucht dieses engagiert geführten Dialogs ist in seinen Tagebüchern nachzulesen. »Er suchte eine direkte Verbindung zwischen dem biblisch offenbarten und dem ›naturhaften‹ Glauben, suchte weder Gott noch weniger nach Gott – er sprach aber ununterbrochen mit dem ihm in Mensch, Tier, Pflanze begegnenden Du« (Eugen Sitarz).

John Hick (geb. 1922), britischer Theologe und Religionsphilosoph, Vordenker für ein neues Verständnis des Christentums in seinem Verhältnis zu anderen Weltreligionen. H.s Denken ist unter dem Stichwort der religionspluralistischen Theologie bekannt und prägt die Debatte zum Dialog der Religionen. Er sieht in den geschichtlichen Religionen kulturspezifisch bestimmte Vorstellungen der transzendenten Wirklichkeit, die aber nicht in einem Verhältnis des logischen Widerspruchs zueinander stehen.

sende, die jahrhundertelang sich vor ihm niedergeworfen, seiner Macht und Majestät gehuldigt und um die Gnade des ›Königs der Götter‹ gebetet haben!« …

Stimme eines christlichen Theologen: »Mein Herr, wenn ich Sie recht verstehe, behaupten Sie, durch diese altheidnischen Götterbilder habe sich Gott, der wahre Gott, irgendwie – maskiert, wie Sie sagen, aber doch real – zu erkennen gegeben, es sei also Offenbarung Gottes vor und außerhalb seiner durch die Bibel bezeugten Offenbarung geschehen …«

Kustos: »Sie haben mich richtig verstanden, aber ich behaupte es nicht, ich trage auch keine Lehre vor, ich stelle Fragen, und nun stelle ich eine an Sie: Müsste es nicht gerade einem christlichen Gottesgelehrten schwer fallen, die Weite und Tiefe des Wirkens Gottes im Geist des Menschen zeitlich und örtlich einzuengen und es auf ein Damals und Dort in Israel zu fixieren?«

Was immer die Religionsgeschichte an Gottesvorstellungen aufweist, es sind symbolische Gestaltungen, in denen der Mensch auf seiner jeweiligen Kulturstufe das Verhältnis zu sich, zu anderen und zur ganzen Welt zu beschreiben versucht. Fridolin Stier berührt mit der beigefügten »Stimme eines christlichen Theologen« den Anspruch auf Ausschließlichkeit, wie er im Christentum Tradition hat. Der Bischof Cyprian von Karthago (um 200–258) hatte formuliert: *Extra ecclesiam salus non est* – »Außerhalb der Kirche gibt es kein Heil«. Dieser Satz wirkt nicht nur in der katholischen Kirche weiter. Er gilt auch im fundamentalistischen Spektrum protestantischer Kirchen. Überhaupt fällt es dem Christentum schwer, religiösen Pluralismus zu verarbeiten. Der anglikanische Theologe John Hick beschreibt die heutige Situation anschaulich:

Wir gleichen einer Gruppe von Menschen, die ein langes Tal hinunterwandern, dabei ihre eigenen Lieder singen und im Laufe der Jahrhunderte ihre eigenen Geschichten und Slogans entwickelt haben, ohne sich der Tatsache bewusst zu sein, dass jenseits des Hügels ein anderes Tal liegt, das von einer weiteren großen Gruppe von Menschen durchwandert wird, die in derselben Richtung unterwegs sind und ebenfalls ihre eigene Sprache, ihre eigenen Lieder, Geschichten und Gedanken haben, und dass es jenseits eines weiteren Hügels noch eine Gruppe gibt. Keine dieser Gruppen weiß von der Existenz der anderen. Doch eines Tages erreichen alle dieselbe Ebene, nämlich jene Ebene, die durch die weltweiten modernen Kommunikationsmittel entstanden ist. Jetzt sehen sie einander und fragen sich, was sie miteinander anfangen sollen. Man sollte annehmen, dass sich die verschiedenen Gruppen dann einfach als die Mitgefährten einer Pilgerreise begrüßen würden. Faktisch wird dies jedoch durch bestimmte Inhalte unserer jeweiligen Lieder und Geschichten erschwert; denn, sofern wir Christen sind, haben wir Jahrhunderte lang gesungen, dass es keinen anderen Namen unter den Menschen gibt, durch den sie erlöst werden können, als nur den Namen Jesu. Und sofern wir Juden sind, haben wir gesungen, dass wir Gottes einziges auserwähltes Volk sind, ein Licht zur Erleuchtung der Welt. Und sofern wir Muslime sind, haben wir gesungen, dass Mohammed (Friede sei mit ihm) das Siegel der Propheten ist, der den Menschen die letzte und endgültige Offenbarung Gottes überbracht hat. Und, sofern wir Buddhisten oder Hindus sind, haben wir wieder andere Lieder gesungen, die implizieren, dass wir im Besitz der höchsten Wahrheit sind, während die anderen nur geringere und bruchstückhafte Wahrheiten besitzen.

Mit dieser Beschreibung stehen wir zunächst fragend vor den Glaubensbekenntnissen der großen Religionen mit ihren unterschiedlichen und widersprüchlich klingenden Aussagen über Gott oder das Göttliche. Kann denn der Oberbegriff »Gott« für alle diese Religionen mit gleichem Recht in Anspruch genommen werden? Für den Jahwe des Judentums, den Abba Jesu, den Allah des Islam, für Krishna und Shiva des theistischen Hinduismus, das Brahman des advaitischen Hinduismus und das Nirvana des Theravâda-Buddhismus? Bevor es um den christlichen Gottesglauben geht, sollen in knappen Porträts die Gottesvorstellungen der benachbarten Religionen skizziert werden.

2. Der Gott der Bibel

Die traditionelle christliche Apologetik hat immer großen Wert darauf gelegt, die Unabhängigkeit der biblischen Glaubenswelt vom Alten Orient zu betonen. Es wurde hervorgehoben, dass die Bibel jeden Mythos zerbreche, und dass der Gott der Bibel im schärfsten Gegensatz zu den Göttern des Heidentums stehe. Diese Abhebung und Grenzziehung ist ungeschichtlich. Es ist das Verdienst des 19. Jahrhunderts, die vordem verschollene Welt des alten Ägypten und der Reiche Mesopotamiens wiederentdeckt und damit der Bibel ihren geschichtlichen Kontext zurückgegeben zu haben. Das stufte freilich die Bibel vom »ältesten Buch der Menschheit« zu einer verhältnismäßig jungen Erscheinung zurück, die vor rund 2500 Jahren entstand (unbeschadet älterer darin bearbeiteter Traditionen) und damit genauso weit von uns heute entfernt ist wie von den vorangegangenen altorientalischen Hochkulturen. Sie ist eingebettet in einen breiten Strom religiöser und kultureller Überlieferungen; nur wenn wir diese kennen, lässt sich auch abheben, welche neuen und eigenen Kräfte am Werk sind.

Die Entstehung des biblischen Monotheismus

Der Auftakt des Dekalogs: »Ich bin Jahwe, dein Gott … Du sollst keine anderen Götter neben mir haben« (Ex 20,2; Dtn 5,7) vermittelt den Eindruck, die biblische Religion sei von Anfang an monotheistisch gewesen. Selbst wenn Israel zunächst noch die Götter anderer Völker für existent hielt, habe in diesem Volk die ausschließliche Verehrung Jahwes gegolten (Monolatrie). Ein Jahwekult ohne das erste Gebot schien lange Zeit undenkbar. Die neuere Forschung widerspricht diesem Geschichtsbild. Es wurde in der prophetischen Jahwe-allein-Bewegung angebahnt und von der joschijanischen Reform des 6. Jahrhunderts v. Chr. entworfen (→ S. 95 ff.), um die Alleinverehrung Jahwes zu stützen. Der Monotheismus war kein Geschenk des Anfangs, sondern musste mühsam erkämpft werden, bis er sich in nachexilischer Zeit langsam durchsetzte.

Es stellt sich freilich die Frage, was den Propheten Hosea (ca. 750–722) dazu brachte, programmatisch zu formulieren: »Aber ich bin Jahwe, dein Gott von Ägypten her, / einen Gott außer mir kennst du nicht, / einen Hel-

---

Gottesbilder

Ägypten ist eine Welt voller Repräsentationen des Göttlichen, eine Welt repräsentierter Gottesnähe, die gerade darum Gottesferne voraussetzt. Die Bibel drückt das in der Begrifflichkeit von Tod und Leben aus. Die Repräsentationen sind tot im Vergleich zum lebendigen Gott. Damit der lebendige Gott inmitten seines Volkes wohnen kann, müssen die Bilder verschwinden.

Die Ägypter sehen das genau umgekehrt. Damit die Götter sich mit den Menschen zur Gemeinschaft verbinden können, müssen sie in ihr manifest werden, in Bildern, Königen und heiligen Tieren. Anders als durch Repräsentation ist ein Kontakt mit der Götterwelt nicht herzustellen. Wenn die Bilder zerstört werden, ziehen sich die Götter aus der Welt zurück.

In beiden Fällen handelt es sich um politische Theologie. Damit ist gemeint, dass Macht und Herrschaft, Ordnung und Gerechtigkeit von Gott kommen … Im Dienste dieser Unmittelbarkeit haben die Bilder zu verschwinden.

Repräsentation als politische Theologie besagt umgekehrt, dass Gott sich in der Ausübung seiner Herrschaft und Gerechtigkeit auf Erden bzw. im Rahmen der Menschenwelt repräsentieren lässt und dass mit dem Verschwinden dieser Repräsentationen und Repräsentanten auch Gottes Herrschaft und Gerechtigkeit aus der Welt verschwinden.

Jan Assmann

Aschera

Die Göttin ist seit altbabylonischer Zeit bekannt. Hier tritt sie als Partnerin des Gottes Amurru auf; in Ugarit agiert sie als Partnerin des El.

Zeitweise galt Aschera in Israel als Ehefrau Jahwes. So fanden sich in Kuntillet 'Adschrud Vorratskrüge aus dem 8. bis 7. Jahrhundert mit zwei Inschriften:

Ich habe Euch gesegnet durch JHWH und seine Aschera. Amaryo sprach zu seinem Herrn: ... Ich habe dich gesegnet durch JHWH und seine Aschera. Er möge dich segnen, und er möge dich behüten, und er möge sein mit meinem Herrn.

Auf einer Wand in Chirbet el-Kom (nahe Hebron) fand sich folgende Inschrift:

Uriyahu, der Reiche, hat dies geschrieben: Ein Gesegneter ist Uriyahu durch JHWH – aus seinen Bedrängnissen hat er ihn durch Aschera gerettet. Durch Onyahu.

In einer aramäischen Inschrift wird sie als Göttin von Teman bezeichnet. Verbindet sich damit die Bemerkung Hab 3,3: »Gott kommt von Teman her«?

Der Name Aschera kommt vierzig mal im Alten Testament vor, als Name der Göttin und als Bezeichnung für ihren Kultpfahl. Die meisten dieser Stellen beziehen sich auf Ablehnung und Verdammung ihres Kultes und stammen aus einem deuterokanonischen Kontext. Viele Alttestamentler sehen in dem weitgehenden Schweigen der früheren Texte eine Duldung oder Akzeptanz des A.-Kultes, vor allem bei den Frauen.

In Ri 6, 25 befiehlt der Engel Jahwes dem Gideon, die A. seines Vaters Joasch umzuhauen und dem lebendigen Gott einen neuen Altar zu bauen. 1 Kön 15,13 erwähnt, dass Königinmutter Maacha der A. ein Standbild errichtet hat. Auch König Manasse (2 Kön 21,7) stellte ein Kultbild der Aschera auf. 400 Propheten Ascheras aßen vom Tisch Isebels (1 Kön 18,19). König Joschija entfernt aus dem Tempel (2 Kön 23,4) alle Gegenstände, »die für den Baal, A. und das ganze Heer des Himmels angefertigt worden waren.« 2 Kön 23 beschreibt die Beseitigung des A.-Kultes.

fer außer mir gibt es nicht« (13,4)? Wenn die Ausgangsthese der neueren Forschung stimmt, dass die Religion Israels in ihren Anfängen »ebenso polytheistisch und heidnisch« gewesen ist, nicht anders als in der altorientalischen Umwelt, wäre bei Hosea plausibel zu machen, warum es in Israel abweichend zur übrigen Völkerwelt zu einer derartigen Opposition kommen konnte. Dagegen steht der Einwand, dass das Hoseabuch mehrfach überarbeitet wurde, und darum kaum festzustellen ist, was in die Zeit Hoseas zurückgeht und was eine spätere Interessenlage überarbeiten ließ. Gewiss bestand neben dem polytheistischen Gepräge des gesamten Vorderen Orients von früh auf ein israelspezifisches »Differenzpotential«, das sich in der prophetischen Subkultur schrittweise entfaltete. Im Unterschied zu den babylonischen Göttern, die alle auf eine bestimmte Stadt oder auf das Land »Sumer und Akkad« bezogen waren und darum als »Besitzer des Landes« galten, galt Jahwe primär als der »Gott Israels«, nicht territorial bezogen sondern personal. Wann immer erstmals die Exklusivität Jahwes reklamiert wurde, in der gesamten Königszeit stand diesem Anspruch ein breites Götterspektrum gegenüber, zumal der Göttinnenkult ein einzigartiges Revival erfuhr. Dreitausend weibliche Terrakottafiguren mit meist betonten Brüsten wurden in den Ausgrabungsschichten des 8. und 7. Jahrhunderts gefunden, davon alleine zweitausend in Jerusalem. Auch im Tempel ließ König Manasse ein Aschera-Kultbild aufstellen (2 Kön 21,7; 23,6f.), für das Frauen regelmäßig Kleider herstellten. Wahrscheinlich wandelte sich die populäre Aschera zum Typ der Himmelskönigin, der ebenso Männer wie Frauen ihr Vertrauen entgegenbrachten (Jer 7,16-18; 44).

Die Oppositionsgruppen, die sich gegen diese breite Front stemmten und die alleinige Jahweverehrung zu ihrem Programm machten, bildeten eine kleine Minderheit. Sie kämpften zugleich gegen den sozialen Zerfall der israelitischen Gesellschaft und gegen Überfremdung von außen. Im Rahmen dieser Kontroversen entstanden die Fremdgötterverbote, doch bedurfte es noch langer Auseinandersetzungen, bis diese von der Gesellschaft insgesamt anerkannt wurden. In dem Jahrhundert zwischen dem Ende des Nordreiches und dem Babylonischen Exil machten sich in Juda assyrische und aramäische Einflüsse geltend, die einen massiven Astralkult förderten. Der Tempel zu Jerusalem war davon nicht ausgenommen. Ez 8 beschreibt die »Gräuel«, die dort ihren Ort hatten: das im Torbereich aufgestellte Kultbild zeigte wahrscheinlich die Aschera oder Himmelskönigin, Männer der Oberschicht brachten ein Weihrauchopfer vor ägyptisch anmutenden tiergestaltigen Gottheiten, andere verehrten den Sonnengott Schamasch, dessen Rosse und Wagen vor noch nicht langer Zeit erst Joschija hatte entfernen lassen, Frauen beweinten den Tammuz, einen Gott der Fruchtbarkeit, zu dessen Riten die Heilige Hochzeit gehörte. Und natürlich bestimmten weiterhin auch Orakel und Wahrsagerei die Volksreligiosität. Die Zentralisierung des Jahwekultes, zunächst an wenigen offiziellen Heiligtümern, dann in Jerusalem alleine, wird dazu beigetragen haben, unvermindert die traditionellen Lokalheiligtümer aufzusuchen und deren Kulte zu pflegen.

Aus dem ägyptischen Exil ist bekannt, dass sich die judäische Kolonie nicht isolierte. Ehen wurden hin und her geschlossen, in Elephantine verehrte man Jahwe und Anat als Götterpaar. Jeremia, der diese Praxis kritisierte, bekam zur Antwort: »Was das Wort betrifft, das du im Namen

Dieter Franck (1909–1980), Der Mensch durchbricht die Himmel, 1969.

Das Bild wandelt den Holzstich von 1888 (→ S. 138) ab: Hier schaut ein Mensch jubelnd in einen goldenen Himmel, den das hebräische Alphabet ausfüllt – mit dessen zweiundzwanzig Buchstaben benannt und bedacht werden kann, was Himmel und Erde ausfüllt, Gott und die Welt.

Jahwes zu uns gesprochen hast, so hören wir nicht auf dich … Wir werden der Himmelskönigin Rauchopfer und Trankopfer darbringen, wie wir, unsere Väter, unsere Könige und unsere Großen in den Städten Judas und in den Straßen Jerusalems es getan haben. Damals hatten wir Brot genug; es ging uns gut, und wir litten keine Not. Seit wir aber aufgehört haben, der Himmelskönigin Rauchopfer und Trankopfer darzubringen, fehlt es uns an allem, und wir kommen durch Schwert und Hunger um« (Jer 44,16-18).

Anders in Babylon. Die dorthin Deportierten waren Angehörige der Oberschicht, die sich in der Fremde bemühten, ihre Identität zu wahren. Das führte sie zu einer Revision des bisherigen Geschichtsbildes. Die gesamte Tradition wurde überarbeitet (→ S. 103 f.), das Bilderverbot überdacht und neu formuliert. Dabei machte beim Nachdenken über das geschichtliche Handeln Jahwes die Gruppe um den anonymen Deuterojesaja den entscheidenden Schritt und deklarierte als Wort Gottes: »Ich bin Jahwe, und sonst niemand; außer mir gibt es keinen Gott. Ich habe dir den Gürtel angelegt, ohne dass du mich kanntest, damit man vom Aufgang der Sonne bis zu ihrem Untergang erkennt, dass es außer mir keinen Gott gibt« (Jes 45,5f.).

Die Durchsetzung dieser Position gelang nicht ohne weiteres. Einerseits verband sich damit die Abgrenzung der neuen Kultgemeinde von den Völkern im Lande und den Nachbarländern. Andererseits ging mit der Universalisierung Jahwes auch die Entgrenzung der Religion Israels als Nationalreligion einher. Darin liegen Herausforderungen, die bis zum Tage in den monotheistischen Religionen fortbestehen, insofern sie über ihre eigenen Grenzen hinaus die Einheit des Menschengeschlechtes und die universale Gültigkeit der Menschenrechte anzielen.

Monotheismus und Menschenrechte

Die Bibel, die sich mit dem Monotheismus als die Tora des Mose – im ersten Schritt – entwickelte, tauscht gleich zu Beginn die Volksgeschichte gegen eine universale Perspektive. Und damit wird die Weltgeschichte zum Problem der Religion.

Das Recht des Fremden

Der Glaube an einen einzigen, universalen Gott hat in Israel ein Rechtsempfinden befördert, das Fremde dem gleichen Ethos unterstellt wie die Stammes- und Volksangehörigen. Wo immer die Schuldigkeit gegen Bedürftige in bestimmten Gesetzen ausgesprochen ist – und das geschieht in der Bibel wie im Talmud sehr oft –, wird der Fremde ausdrücklich mit eingeschlossen. Er ist neben den Leviten, die Waise und die Witwe gestellt (vgl. Dtn 14,29; 16,14). »Gott liebt die Fremden und gibt ihnen Nahrung und Kleidung – auch ihr sollt die Fremden lieben, denn ihr seid Fremde in Ägypten gewesen« (Dtn 10,18). Die Sätze der Pflicht gegen Fremde fügen sich zuletzt in das Gebot zusammen: »*Du sollst den Fremdling lieben wie dich selbst*« (Lev 19,34). In diesem »wie dich selbst« äußert sich die Intimität des Anspruchs: »Er ist wie du!«

Bauarbeiter. Inwieweit sich Ägypter und Fremde mischen, ist nicht erkennbar.

Die Anerkennung des Fremden gilt auch für Menschen anderen Glaubens. Leo Baeck zitiert einen Satz, der unter Juden wie ein Bekenntniswort wurde: »Die Frommen unter den Heiden haben Anteil an der ewigen Seligkeit.« Darin wird Frömmigkeit von Religion und Konfession unabhängig gemacht. Das Menschsein wird zum Entscheidenden, es wird zum Bestimmenden für diese wie für die kommende Welt. Im Leben der Ewigkeit wird es keinen Platz des Fremdlings geben, sondern nur den Platz des Frommen. Im Glauben an Gott definiert der Mensch seine eigene Menschlichkeit.

Sklaverei und das Recht auf Freiheit

Ein Sklavenwesen, wie es uns die Kulturgeschichte der alten und neuen Zeit in einer Fülle trauriger Bilder vorführt, ist dem Gebiet des Judentums ferngeblieben. Bezeichnend sind immer die rechtlichen Begriffe, in denen irgendwo sich die Stellung der Sklaven kundtut. In der griechischen und römischen Welt, von den alten Despotenstaaten ganz zu schweigen, gilt der Sklave als Sache; er ist nicht Rechtssubjekt, lediglich Rechtsobjekt. Im *corpus iuris* gehört er in das Kapitel vom *dinglichen* Recht. Doch für das israelitische Gesetz ist der Sklave Rechtsperson, er steht seinem Herrn mit bestimmten Rechtsansprüchen gegenüber. Dieser wird nicht als Eigentümer des Sklaven angesehen, sondern nur als sein Besitzer. Er hat über ihn nicht die volle, uneingeschränkte Freiheit des Handelns, sondern bloß eine beschränkte und bedingte Verfügung. Das Prinzip der Sklaverei ist damit bereits gebrochen.

Noch sicherer stützt sich die Erhebung des Sklaven auf den Glauben an den Menschen. Der Grundsatz, dass Gott der Vater aller Menschen ist, wird ausdrücklich für ihn bestätigt: »Wenn ich das Recht meines Knechtes verachtete und meiner Magd, so sie mit mir stritten, was wollte ich tun, wenn Gott aufstände, und, wenn er mich vor Gericht forderte, was ihm antworten! Hat nicht, der mich erschuf, im Mutterleib auch ihn geschaffen, und hat uns nicht im Mutterschoße Einer bereitet!« Wo so alle Menschen vor Gott gleich sind, dort kann es auch nicht, um es wiederum mit einer griechischen Vorstellung zu benennen, »geborene Sklaven«, »Sklavenvölker« geben. Einen Knecht zu versklaven, erscheint dem Israeliten wie eine Lästerung der eigenen Vergangenheit, eine Verleugnung dessen, was Gott einst an Israel getan hat, als er es aus dem Hause der Knechtschaft, aus Ägypten herausführte.

Soziale Gerechtigkeit

Mit dem prophetischen Gottesverständnis verbindet sich von Anfang an ein soziales Programm. »Eure Brandopfer sind mir zuwider, ich habe kein Gefallen an euren Gaben; das Mahlopfer eures Mastviehs will ich nicht sehen. Hör auf mit dem Geplärr deiner Lieder! Dein Harfenspiel will ich nicht hören, sondern das Recht soll strömen wie Wasser, die Gerechtigkeit wie ein nie versiegender Bach« (Am 5,22-24).

Dieser Protest bringt eine neue Bewusstseinsdimension in die Weltgeschichte. Wo wurde dergleichen schon vorher gehört? Die Propheten Israels trugen die Forderung nach sozialer Gerechtigkeit wie niemand vor ihnen und niemand nach ihnen in der Alten Welt in den Gang der Geschichte. Sie taten es in einer Sprache, deren Kraft und Schärfe bis zum Tage nicht gelitten hat, wenngleich die Botschaft immer noch unterwegs ist, glaubwürdig umgesetzt zu werden.

Die soziale Anklage der Propheten des 8. Jahrhunderts ist in dieser oppositionellen Entschiedenheit erstmalig. Sie wurde im Namen eines Gottesglaubens erhoben, mit dem sich die Würde und Rechte des Menschen verbinden. Und sie war bewusst einseitige Parteinahme. Zwar wendet die historische Forschung ein, man solle sich hüten, hinter den kritisierten sozialen Verhältnissen nur gottlose Bösewichter und Gewalttäter am Werke zu sehen. Die Oberschicht habe sich durchaus legaler Mittel zur Durchsetzung ihrer Interessen bedient. Wenn auch Rechtsbrüche und Gewalt nicht auszuschließen seien, so seien die eigentlichen Missstände Auswirkungen von struktureller Gewalt gewesen, die sich aus den wirtschaftlichen und gesellschaftlichen Entwicklungen der Königszeit ergeben hätten. Doch solche Rechtfertigungen bewegten weder Amos noch Micha noch Jesaja. Für sie waren die ungleichen Verhältnisse ein Skandal, den sie durch Parteinahme für die sozial Schwachen beantworteten. Sie warfen der Oberschicht vor, das Wertesystem der Gesellschaft korrumpiert zu haben und über die zerbrochene Solidargemeinschaft nicht einmal Trauer zu empfinden. Und diese Kritik wurde auf Jahwe bezogen, der Israel aus Ägypten herausführte. Stand doch mit dem Unrecht, das die israelitische Gesellschaft vergiftete, zugleich die Gottesbeziehung Israels auf dem Spiel.

Das christliche Ethos steht im Erbe Israels und seiner Propheten. So wie diese das Recht der Armen und Wehrlosen einklagten und im sozialen Handeln den wahren Gottesdienst sahen, wurde auch der frühere Erzbischof von Olinda und Recife, Dom Hélder Câmara, die »Stimme der Stummen« und der »Anwalt der Armen« (→ S. 498–504).

Die Eigenart des biblischen Gottes

Der bildlose Gott und das biblische Bilderverbot

Möglicherweise trägt der Jahwekult aus sich heraus einen Keim zur Bildlosigkeit in sich. Aber bis weit in die Königszeit hinein wurde Jahwe in allgemein vertrauten Kultbildern verehrt. Den Kampf gegen diese »kanaanäische Überfremdung« (Hos 4,17; 8,4f.6; 10,5; 11,2; 13,2; 14,4.9) belegt erst das Hoseabuch – wahrscheinlich in einer späteren Überarbeitung. In der Folge wurden zunächst Götterfiguren aus Edelmetall, dann Kultgegenstände, die man wäscht, kleidet, küsst oder in Prozessionen herumträgt, verboten. Auch Symbolen wie dem der Ehernen Schlange oder Keruben gestand man im Zweiten Tempel kein Recht mehr zu. Schließlich wurde das Bilderverbot auf die häusliche Frömmigkeit ausgedehnt.

Die Auseinandersetzung mit den Gottesbildern der umgebenden Religionen hat den kritischen Kräften Israels bewusst gemacht, dass jedes Gottesbild, das Menschen herstellen, die Ansicht fördert, man könne mit diesem Gott wie mit einem Bild umgehen. In derselben Tradition steht noch Dietrich Bonhoeffers Satz: »Einen Gott, den man sich vor-stellen kann, kann man auch wieder weg-stellen.«

Zur Dauerkrise aller Gottesbilder – auch der sprachlichen – hat nicht zuletzt das aus der prophetischen Tradition genährte Reformprogramm Joschijas und dessen Weiterführung nach dem Zusammenbruch des Königtums beigetragen: »Mein Antlitz kannst du nicht sehen, denn nicht sieht mich der Mensch und lebt«, heißt es Ex 33,20. Und als Mose begehrte, Gottes unverhüllte Herrlichkeit zu sehen, sprach Jahwe:

> Hier ist Raum
> bei mir.
> Stell dich auf den Felsen:
> Wenn dann meine Herrlichkeit vorübergeht,
> setze ich dich in eine Kluft des Felsens
> und schirme meine Hand über dich
> bis ich vorüber bin.
> Hebe ich dann meine Hand weg,
> siehst du meinen Rücken,
> aber mein Antlitz kann niemand sehen. (Ex 33,21-23)

Mit dem Fehlen eines Kultbildes geht einher, dass die Bibel kein geschlossenes gedankliches Wesensbild von Gott enthält und nirgendwo den Versuch dazu macht. »Mit wem wollt ihr Gott vergleichen und welches Gleichnis ihm entgegenstellen?«, fragt der Deuterojesaja seine Landsleute angesichts der imperialen Kultur Babylons: »Seht, Imperien sind wie ein Tropfen am Eimer, wie ein Stäubchen an der Waage gelten sie. Seht, Kontinente wiegen wie ein Sandkorn …« (Jes 40,15-18). Im Tempelweihgebet wird sogar die Bedeutung der Kultstätte relativiert: »Die Himmel der Himmel fassen dich nicht, um wie viel weniger dieses Haus!« (1 Kön 8,27).

Und doch zerrinnt der biblische Glaube nicht ins Gegenstandslose. So wenig er ein Gottesbild duldet, so unmittelbar rückt er den Menschen in eine Beziehung zu dem bildlosen Gott. »Nach seinem Bilde, ihm ähnlich« ist der Mensch geschaffen (Gen 1,27). Darum wird dieser Gott überall dort

---

> Der jüdische Monotheismus preist nicht eine heilige Macht, ein Numen, das über andere numinose Mächte triumphiert, aber an ihrem verborgenen und geheimnisvollen Leben noch teilhat … Der Monotheismus bricht mit einer bestimmten Auffassung des Heiligen. Weder vereinheitlicht noch hierarchisiert er diese vielen numinosen Götter, er negiert sie. Gegenüber dem Göttlichen, das sie verkörpern, ist er schierer Atheismus.
> *Emmanuel Levinas*

proklamiert, wo der Mensch ist. Der Gott Israels will durch lebendige Menschen in der Welt sichtbar werden. Indem sie nach seinem Bild geschaffen sind, sind auch sie jedem fertigen Urteil entzogen, wie ihr Gott sich dem definitiven Zugriff verwehrt. Aus dieser Tradition dürfte es sich erklären, dass der Gottesthron im Zweiten Tempel zu Jerusalem »leer« war.

Der befreiende Gott

Welche Bearbeitungen die einzelnen Bücher der Bibel im Laufe der Geschichte Israels erfahren haben, unbeschadet der Frage, ob die jeweilige Tradition blanke Historie oder erzählerische Gestaltung ist, durch alle Traditionsschichten zieht sich ein Signal der Freiheit. Es wird als Grundmelodie im Exodus-Motiv gesetzt und wiederholt sich dann in den folgenden Zeiten. »Ich will nicht über euch herrschen, und auch mein Sohn soll nicht über euch herrschen: Jahwe soll über euch herrschen«, heißt es Ri 8,22f. Gegen die Theologie der Hoftheologen, die den davidischen König als Repräsentanten Jahwes ausgaben, setzten die Widerstandsgruppen, dass die Monarchie Jahwe faktisch aus seiner Herrscherstellung verdränge. Unter David und Salomo wird ein Gegenentwurf zum monarchischen Zentralstaat proklamiert: Nicht der König, sondern die Stämme sollen die Einheit Israels repräsentieren. Zwar wollte man die Monarchie nicht insgesamt wieder abschaffen, wohl aber deren autokratische Prägung. Unter Davids Sohn Abschalom sollten die Mitwirkungsrechte der Stämme, wie sie in der vorstaatlichen Zeit gegolten hatten, wieder zum Zuge kommen.

Marc Chagall, Wand an der Wallfahrtskirche Notre Dame de Toute Grâce, Plateau d'Assy, 1956. Widmung: »Im Namen der Freiheit aller Religionen.«

Der gescheiterte Aufstand Abschaloms fand seine noch radikalere Fortsetzung im Scheba-Aufstand, bei dem die nord- und mittelpalästinischen Stämme ihre Gefolgschaftstreue gegenüber dem davidischen Königshaus vollständig aufkündigten. Die Parole dieses Aufstands lautete:

> Wir haben keinen Anteil an David,
> und keinen Erbbesitz beim Sohn Isais.
> Ein jeder zu seinen Zelten, Israel! (2 Sam 20,1)

Dahinter dürfte eine militärische Totalverweigerung stehen, vielleicht sogar die grundsätzliche Abwendung vom Königtum. Erst die Niederschlagung dieses Aufstandes ebnete den Weg, das sakrale Königtum nach orientalischem Vorbild durchzusetzen. – Schließlich setzten die Freiheitsbewegungen des Nordens noch einmal gegen Ende der Salomoherrschaft im Jerobeam-Aufstand neu an, wobei sie sich im Resultat mit einer abgeschwächten Monarchie-Alternative zufrieden geben mussten.

In anderer Weise artikuliert sich der Ruf nach Freiheit und menschlicher Würde in den folgenden Jahrhunderten bei Amos, Micha und Jesaja.

Wie seine Vorgänger will Jesaja den Gottesdienst beglaubigt sehen im sozialen Engagement: »Sorgt für das Recht! Helft den Unterdrückten! Verschafft den Waisen Recht, tretet ein für die Witwen!« Die prophetische Kritik ist keine ausgewogene Gesellschaftsanalyse, sondern einseitige Parteinahme:

Jerusalem ist zur Hure geworden. Einst war dort das Recht in Geltung, Gerechtigkeit war hier zu Hause, jetzt aber herrschen die Mörder … Deine Fürsten sind Aufrührer und eine Bande von Dieben, alle lassen sich gerne bestechen und jagen Geschenken nach. Sie verschaffen den Waisen kein Recht, die Sache der Witwen gelangt nicht vor sie (Jes 1,21.23).

Die aus dem Gleichgewicht geratene gesellschaftliche Ordnung wird der Oberschicht als schuldhaft angelastet. Wenn die wirtschaftlich Starken einseitig profitieren, während die Schwachen ihre Lebensgrundlage verlieren, ist dies im Namen Jahwes nicht hinzunehmen. Jesajas Richtschnur für dieses Urteil heißt Recht und Gerechtigkeit; eine solidarische Gemeinschaftsordnung soll das Leben bestimmen. Indem Jesaja – Angehöriger der Oberschicht – den Schwachen und Unterdrückten seine Stimme leiht und das bestehende Unrecht als nicht hinnehmbar erklärt, setzt sich wieder einmal der alte Befreiungsimpuls durch, mit dem die Jahwereligion ihren Weg begonnen hatte und der Kriterium ihrer Intaktheit ist.

Der gebietende Gott

Der Dekalog, die »Zehn Gebote«, sind nicht vom Himmel gefallen, sondern Resultat einer längeren Entwicklung. Die Auswahl der Dekalogsätze aus einer komplexen Tradition erfolgte unter dem Einfluss des Jahweglaubens. Dies war gewiss kein einfacher und wohl auch kein unumstrittener Vorgang. Das Ausklammern sehr alter Tabugebote (etwa der Speisegesetze) und kultischer Vorschriften hat sicherlich harte Auseinandersetzungen gekostet. Die biblische Fassung der Dekaloggebote verkörpert somit den Sieg einer ganz bestimmten Glaubensrichtung, die sich am Prinzip der Gerechtigkeit und der Lebensermöglichung für andere orientiert. Dahinter traten die binnenreligiösen Regeln der eigenen Glaubenstradition zurück. Der Dekalog wurde von Menschen erarbeitet, die überzeugt waren, dass es der Wille Gottes sei, das Lebensrecht eines jeden Menschen zu sichern. Alles, wovon man überzeugt war, es sei gerecht, legte man Gott in den Mund – und musste auch so verfahren, wenn man von der abstrakten Forderung zur konkreten Anweisung gelangen wollte.

Den Text kennzeichnet die durchgehende Du-Anrede: Jahwe spricht zum Volk, aber jeder Israelit soll sich angesprochen fühlen. Das Schicksal des Volkes und das des Einzelnen wird miteinander verbunden. Der Befreier Israels aus ägyptischer Fron ist nicht nur der Gott Israels, sondern auch der persönliche Gott (»dein Gott«) eines jeden Israeliten. Der offizielle Jahweglaube verknüpft sich mit persönlicher Innerlichkeit, so dass sich

Dreimal stehen hier die Dekalogtafeln im Zentrum:

Marc Chagall (1887–1985) zeigt, wie aus dem Dunkel der Gotteswolke die beschriebenen Gesetzestafeln dem Mose überreicht werden. Mit dieser Deutung gewann der historische Prozess, ein für alle gültiges, ordnendes Ethos zu formulieren, dessen sich auch der einfachste Mensch an seinen zehn Fingern vergewissern kann, eine transzendente Gültigkeit, deren symbolische Einprägsamkeit dem Wechsel der Zeiten standhält.

In dieser Tradition steht auch Samuel Bak (geb. 1933) mit seinem Bild »Sh'ma Jisrael« von 1991. Das Sch'ma Israel ist das zentrale jüdische Glaubensbekenntnis: »Höre, Israel, der Herr ist unser Gott, der Herr ist einzig« (Dtn 6,4). Der jüdische Maler, dessen Schicksal die Shoa geprägt hat, lässt die Gesetzestafeln den Schuttberg aus zerfetzten Glaubenstraditionen, den das Auschwitz-Geschehen zurückließ, überragen, um ihre Gültigkeit zu behaupten und über jeden anderen Horizont zu rücken.

Auch die Menschenrechtserklärung der Französischen Revolution vom 26. 8. 1789 steht in dieser Tradition. Die Darstellung erinnert in ihrer Form nicht zufällig an die Tafeln des Dekalogs. Dieser muss gewissermaßen neu aufgerichtet werden. Die allegorische Figur oben links verkörpert die Revolution und das neue Frankreich; sie zerreißt die Kette der Unterdrückung. Gegenüber die Siegesgöttin, die mit ihrem Szepter auf das Gottesauge im Zenit des Bildes verweist. Damit wird hintergründig an die Situation des Exodus und die Erteilung der Gebote angeknüpft.

von nun an offizieller Kult und familiäre Frömmigkeit stärker als bisher mischen. Eine Intensivierung dieser Verinnerlichung formuliert Dtn 6,4f.: »Du sollst Jahwe, deinen Gott, lieben mit ganzem Herzen, mit ganzer Seele und mit ganzem Vermögen.« Das Gottesverhältnis des Israeliten soll sich nicht in kultischen Akten erschöpfen, sondern in persönlicher Zuneigung erfüllen.

Schon die Überschrift (20,2) lässt sich als eine Art Notenschlüssel für alles Folgende lesen: Weil ich Jahwe bin, das heißt, weil ich der bin, der dir nahe ist und der dir in den Wüsten des Lebens Todeswege ersparen will, soll es für dich ausgeschlossen sein, dich auf andere Götter einzulassen, zu morden, falsches Zeugnis zu geben, zu stehlen ... Von diesem »Notenschlüssel« her sind die zehn Weisungen Forderungen und Verheißungen zugleich.

Die exilische Überarbeitung des Dekalogs machte ihn zu einem umfassenden Reformprogramm für das neue Israel nach dem Exil. Das Sabbatgebot wurde seine theologische Mitte. Es unterstellte die gesamte Alltagswirklichkeit dem Willen Gottes, dabei erfuhren die Schwachen beson-

Gott

deren Schutz. Im Buch Deuteronomium findet das kurzgefasste Programm seine breitere Ausführung (→ S. 95 ff.).

Alles in allem zeigt sich, wie in diesem Gottesverständnis der Mensch sich selbst definiert in seinem Verhältnis zu Mitmensch und Welt. Das gilt sogar für die Schattenseite der Gottesrede, mit der sich Gewalttaten und Rache verbinden.

Gottesverständnis – jüdisch und christlich

Im Judentum verbindet sich die Gotteswahrnehmung mit der Erfahrung erlebter Geschichte wie mit dem rechten Tun: »Gott finden, das ist: Gutes tun.« Auch das Leiden kann helfen, falsche Vorstellungen zu überwinden und Gott besser zu erfassen, dies lehrte insbesondere der Untergang des Königtums und des Tempels. Dagegen weckte der Holocaust die Frage, ob die Erfahrung von Auschwitz Gott nicht endgültig ad absurdum geführt habe (→ S. 217 ff.), aber zugleich verband sich damit der Wille, Gott nicht zu lassen, um nicht nachträglich dem Irrsinn noch größeren Triumph zuzuerkennen.

Wenngleich sich Judentum und Christentum auf die Bibel und denselben Gott berufen, hebt sich das christliche Gottesverständnis durch den trinitarischen Glauben davon ab (→ S. 328 ff.). Auch hat die abendländische Theologie mit ihren rationalen Anstrengungen die Gottesfrage ungewöhnlich einseitig verfolgt. Die katholische Kirche lehrt sogar eine rationale Erkennbarkeit Gottes: »Wer sagt, der eine und wahre Gott, unser Schöpfer und Herr, könne nicht durch das, was gemacht ist, mit dem natürlichen Licht der menschlichen Vernunft sicher erkannt werden, sei ausgeschlossen.« Hinter dieser Lehre steht der ontologische Gottesbeweis des Anselm von Canterbury, der natürlich nicht als wissenschaftliche Demonstration gemeint war, sondern als Denkbahn, die zur Gewissheit der Existenz Gottes führen sollte.

Die christliche Geschichte reiht eine Fülle von Meinungen aneinander, und führt in ihrer denkerischen Reduktion bei Feuerbach, Marx und Nietzsche schließlich zur Verneinung des Gottesglaubens. Deren atheistische Kritik trug aber auch dazu bei, den Gottesglauben von vielen Trübungen und Missverständnissen zu befreien (→ S. 205 ff.).

Neben diesem rationalem Zug hat es die Theologie kaum vermocht, Metaphern und Symbole, in denen sich der Gottesglaube ausdrückt, dem platten Tatsachenverständnis zu entziehen. In der Vergangenheit vermengte sich mit dem Wort Gott weitgehend Autorität und Herrschaftsanspruch. Darum konnte die christliche Tradition am wenigsten die Verschränkung von Gottes- und Selbsterfahrung erfassen. Die leibseelische Realität des Menschen mit Gott zu verbinden, hat keinen Frömmigkeitsstil hervorgebracht. Dass auch Erotik und Sexualität etwas mit einem Gottesverständnis zu tun haben können, blieb dem Christentum fremd. Insgesamt gilt, dass sich das christliche Denken nach seiner Distanzierung vom Judentum und dem Überschritt in den griechischen Denkhorizont dem Einfluss der vorchristlichen antiken Philosophie unterwarf (→ S. 350 ff.).

Im Judentum wird der Mensch geheiligt durch das, was er tut. Wie ein Wort des Talmud sagt: Was du tust, bringt dich zu Gott nahe, und was du tust, kann dich von Gott entfernen. So könnte man epigrammatisch zusammengefasst es sagen: im Christentum ist der Platz *das Entscheidende und im Judentum der* Weg.

Im Christentum der Platz. Dort, wo die Erlösten sind, kraft der Erwählung, kraft des Sakraments, hat der Mensch seinen Platz der Erlösung.

Das Judentum lehrt, dass vor jedem Menschen der Weg ist, der Weg von Geschlecht zu Geschlecht ... der Weg liegt vor jedem. Jeder kann ihn gehen.

Leo Baeck

3. Der Gott des Islam

Neben dem Judentum und dem Christentum ist der Islam die dritte monotheistische Weltreligion. Das Christentum entstand als eine Religion der Städte in der kosmopolitischen Struktur des Römischen Reiches. Von dorther konnte es keine Basis für die Stammestraditionen der arabischen Völker werden. Das Judentum seinerseits lebte in einer exklusiven Stammesordnung, die ebenfalls keinen Transfer nahe legte. Als aber Mohammed seine Botschaft den Arabern brachte, hatte er ihren Stämmen etwas zu sagen, was sie aus ihrer Zweitrangigkeit gegenüber Städten, Staaten und Reichen befreite. Der Kulturhistoriker Oswald Spengler hat den Hellenismus und das Christentum der arabischen Länder eine Pseudomorphose genannt. Davon befreite sie Mohammed, weil er eine Botschaft für die Stämme brachte, insbesondere für das afrikanische Mittelmeergebiet des Römischen Reiches, für Syrien, Palästina und Ägypten.

Auf dem Hintergrund der Stämme kann Mohammeds Leidenschaft für Einheitsformeln verstanden werden. Gott ist trotz der Juden und Christen der eine Gott aller (auch wenn Juden und Christen etwas anderes behaupten mögen). Darum sah er sich auch als den letzten Propheten, der die noch ausstehende Erfüllung bringt.

Das arabische Wort *Allah* ist kein Eigenname. Genauso wie Muslime sagen arabische Christen Allah, wenn sie von Gott sprechen. Das islamische Grundbekenntnis heißt: »Es gibt keinen Gott außer Allah«. Man könnte auch sagen: »Niemand ist anbetungswürdig, und es gibt keinen Gegenstand der Liebe und des Verlangens außer Gott.« Im Koran heißt es:

Die Namenszüge Allahs und Mohammeds sind mit Koranversen beschriftet. Wasir Khan, Lahore (Pakistan)

Gott ist Er, außer dem es keine Gottheit gibt: der Eine, der alles weiß, was jenseits der Reichweite der Wahrnehmung eines erschaffenen Wesens ist, wie auch alles, was von den Sinnen oder dem Geist eines Geschöpfes wahrgenommen werden kann: Er, der Allergnädigste, der Gnadenspender.

Gott ist Er, außer dem es keine Gottheit gibt: der Höchste Souverän, der Heilige, der Eine, bei dem alles Heil liegt, der Gewährer des Glaubens, der Eine, der bestimmt, was wahr und falsch ist, der Allmächtige, der Eine, der Unrecht bezwingt und Recht wiederherstellt, der Eine, dem alle Größe gehört! Völlig fern ist Gott, in Seinem grenzenlosen Ruhm, von allem, dem Menschen einen Anteil an Seiner Göttlichkeit zuschreiben mögen!

Er ist Gott, der Schöpfer, der Erschaffer, der alle Formen und Erscheinungen gestaltet! Sein (allein) sind die Attribute der Vollkommenheit. Alles, was in den Himmeln und auf Erden ist, lobpreist Seinen grenzenlosen Ruhm: denn Er allein ist allmächtig, wahrhaft weise! (Sure 59,22-24)

Ausgangspunkt für jeglichen Gottesglauben ist im Islam immer die Annahme der Botschaft des Propheten und der ihm vorangegangenen Propheten. Der Islam versteht sich als abschließende Offenbarung. Mohammeds Botschaft gilt nicht als erstmalig und neu, sondern als die Wiederherstellung eines Wissens um Gott, das den späteren Generationen ebenfalls hätte verfügbar sein können, wenn sie es nicht schuldhaft missachtet und verdrängt hätten. Mohammed wird das Urteil zugeschrieben: »Die Religion ist Vernunft.« Der Glaube an Gott und die Hingabe an ihn (Islam) liegt in der Ordnung der Natur.

Die Wiederherstellung der grundlegenden Ordnung erfolgte durch die Offenbarung, die Mohammed empfing. Ibn Ishaq, der die älteste Lebensbeschreibung Mohammeds (etwa 120 Jahre nach dessen Tod) überliefert, berichtet über die Nacht, die Mohammeds Leben wendete:

Als ich schlief, so erzählte der Prophet später, trat der Engel Gabriel zu mir mit einem Tuch wie aus Brokat, worauf etwas geschrieben stand, und sprach:
»Lies!«
»Ich kann nicht lesen!«, erwiderte ich.
Da presste er das Tuch auf mich, so dass ich dachte, es wäre mein Tod. Dann ließ er mich los und sagte wieder:
»Lies!«
»Ich kann nicht lesen!«, antwortete ich.
Und wieder würgte er mich mit dem Tuch, dass ich dachte, ich müsste sterben. Und als er mich freigab, befahl er erneut:
»Lies!«
Und zum dritten Male antwortete ich: »Ich kann nicht lesen!«
Als er mich dann nochmals fast zu Tode würgte und mir wieder zu lesen befahl, fragte ich aus Angst, er könnte es nochmals tun:
»Was soll ich lesen?«
Da sprach er: »Lies im Namen deines Herrn, des Schöpfers, der den Menschen erschuf aus geronnenem Blut! Lies! Und der edelmütigste ist dein Herr, Er, der das Schreibrohr zu brauchen lehrte, der die Menschen lehrte, was sie nicht wussten« (Sure 96,1-5).
Ich wiederholte die Worte, und als ich geendet hatte, entfernte er sich von mir. Ich aber erwachte, und es war mir, als wären mir die Worte ins Herz geschrieben.
Sodann machte ich mich auf, um auf den Berg zu steigen, doch auf halber Höhe vernahm ich eine Stimme vom Himmel:
»O Mohammed, du bist der Gesandte Gottes, und ich bin Gabriel!«
Ohne einen Schritt vorwärts oder rückwärts zu tun, blieb ich stehen und blickte zu ihm. Dann begann ich, mein Gesicht von ihm abzuwenden und über den Horizont schweifen zu lassen, doch in welche Richtung ich auch blickte, immer sah ich ihn in der gleichen Weise. Den Blick auf ihn gerichtet, verharrte ich, ohne mich von der Stelle zu rühren.

Der Koran gilt als Wort für Wort von Gott dem Propheten diktiert, wobei der Engel Gabriel Mittlerdienste leistete. Nicht Mohammed spricht im Koran, sondern Gott selbst. Mohammed konnte nach islamischer Tradition weder lesen noch schreiben. Er ist ein völlig passiver Empfänger der Botschaft. Die Bedeutung des Koran entspricht darum nicht jener der Bibel. Der Koran wäre der Person Christi gleichzusetzen, wenn wir diesen als Gottes Wort verstehen. Und so, wie die »Jungfrau Maria« völlig passiv empfing, erklärt ein islamischer Autor, empfing die »Seele des Propheten« das göttliche Wort.

Mohammed auf dem Berge Hira. 16. Jh., Istanbul.

Der Prophet steht in Feuerflammen, aufrecht, bereit zu hören. Gleichzeitig erfasst ihn göttliches Feuer, ohne dass ihn die Flammen verzehren.
Eine Darstellung wie diese ist heute nicht mehr möglich. An die Stelle von Bildern trat in den letzten Jahrhunderten die Aufzählung von Mohammeds Eigenschaften, die in exquisiter Form kalligraphiert werden.

Der Muslim weiß, was Gott von ihm verlangt. Der Koran beschreibt ihm den Weg, ohne dass er abirren könnte:

Und (wisst,) dass dies der Weg ist, der gerade zu Mir führt: folgt ihm also, und folgt nicht anderen Wegen, damit sie euch nicht von Seinem Weg abweichen lassen (Sure 6,153).

Der Gehorsam gegenüber Allahs Willen ist der Heilsweg der Muslime. Er realisiert sich in der Erfüllung der grundlegenden religiösen Pflichten: Glaubensbekenntnis, rituelles Gebet, Fasten, Almosen/Sozialabgabe und Wallfahrt nach Mekka. Fehlt der Gläubige gegenüber diesen Geboten, so beteuert der Koran mehrfach: »Gott ist voller Vergebung und barmherzig« (z. B. Sure 3,31). Für schwere Sünden wie Tötungsdelikte, Eidbruch, Diskriminierung der Ehefrau, Fastenbrechen u. a. sind besondere Bußleistungen vorgesehen, welche die Sünde »bedecken«. Nicht vergeben werden der Abfall vom Glauben und vor allem die Verehrung anderer Gottheiten. Von Erlösung spricht der Islam nicht. Mohammed ist keine Mittlergestalt für den Heilsweg der Muslimen. »Die Vorstellung der Christen, dass sich Gott so tief erniedrige, dass er sich von seinen Feinden, vom gemeinen Pöbel verhöhnen, verspotten und misshandeln lasse wie ein Schwachsinniger oder wie ein Narr, und dass er schließlich den schandvollsten Tod erleidet wie ein Verbrecher zwischen zwei richtigen Verbrechern, ist eine unerhörte Schmach, die man der göttlichen Majestät antut …«

Dennoch: die meisten Aussagen der islamischen Gotteslehre stimmen mit der christlichen Gotteslehre überein. Darum sprach das Zweite Vatikanische Konzil von den Muslimen, »die sich zum Glauben Abrahams bekennen und mit uns den einen Gott anbeten« (Lumen gentium, Nr. 16). Im Koran finden sich ähnliche Erklärungen: »Und streitet nicht mit den Anhängern früherer Offenbarung anders als auf die gütigste Weise – außer es seien solche von ihnen, die auf Übeltun aus sind – und sagt: ›Wir glauben an das, was uns von droben erteilt worden ist, wie auch an das, was euch erteilt worden ist: denn unser Gott und euer Gott ist ein und derselbe, und Ihm ergeben wir (alle) uns‹« (Sure 29,46).

Die Verschränkung des biblischen Gottesbildes mit dem Menschenbild ist freilich dem Koran fremd. Lk 10,27 fasst zusammen: »Du sollst Gott, deinen Herrn, lieben von ganzem Herzen, von ganzer Seele, von allen Kräften und von ganzem Gemüte und deinen Nächsten wie dich selbst.« Und 1 Joh 4,20: »Wenn jemand sagt: ›Ich liebe Gott!‹, aber seinen Bruder hasst, ist er ein Lügner. Denn wer seinen Bruder nicht liebt, den er sieht, kann Gott nicht lieben, den er nicht sieht.« Bei Jesus führt das Verständnis Gottes als Liebe sogar zur Forderung der Feindesliebe. Wenn auch das Christentum in seiner Geschichte den jesuanischen Anfang weitgehend verlor (→ S. 263), blieb die Pointierung »Gott ist die Liebe« doch unvergessen und das Ethos der Bergpredigt der richtende Maßstab.

Anders als das Leben Jesu verlief das Leben Mohammeds in Kampf und Krieg. Dazu zwang ihn schon die harte Auseinandersetzung mit dem Mekka beherrschenden Stamm der Quraisch. Um seine Anhänger in diesem Krieg zu motivieren, erklärte er, wer dabei falle, gehe ins Paradies als Märtyrer ein, wo ihn unsagbare Wonnen erwarten.

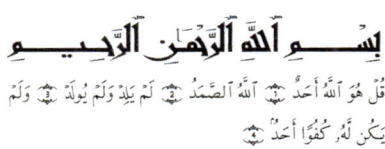

Die hundertzwölfte Sure

Im Namen Gottes,
des Allergnädigsten,
des Gnadenspenders
1 Sag: »Er ist der Eine Gott:
2 Gott der Ewige, die unverursachte Ursache all dessen, was existiert,
3 Er zeugt nicht, und Er ist auch nicht gezeugt;
4 und es gibt nichts, das mit ihm verglichen werden könnte.«

Das Wesen Gottes liegt jenseits der Reichweite menschlicher Verstandes- oder Vorstellungskraft. Darum ist jeder Versuch, Gott durch figürliche Abbildungen oder auch abstrakte Symbole »darzustellen« als blasphemische Leugnung der Wahrheit zu werten.

Jüdische Einwohner in Medina werden gefangen und in die Verbannung geschickt. Persische Miniatur aus der »Wunderbaren Geschichte von Muhammad und den vier ersten Kalifen«, 1880. Mit diesem Ereignis beginnt eine lange, verhängnisvolle Feindschaft zwischen Muslimen und Juden.

»Es gibt keinen Sieger außer Gott.« Motto der Nasriden-Könige von Granada.

Jene, die Glauben erlangt haben, kämpfen für die Sache Gottes, wohingegen jene, die darauf aus sind, die Wahrheit zu leugnen, für die Sache der Mächte des Übels kämpfen. Kämpft denn gegen jene Freunde Satans: wahrlich, Satans Tücke ist fürwahr schwach! (Sure 4,76)

Und wenn dann die heiligen Monate vorüber sind, tötet jene, die etwas anderem neben Gott Göttlichkeit zuschreiben, wo immer ihr auf sie stoßt, und nehmt sie gefangen und belagert sie und lauert ihnen an jedem vorstellbaren Ort auf. Doch wenn sie bereuen und sich an das Gebet machen und die reinigenden Abgaben entrichten, lasst sie ihres Weges ziehen: denn, siehe, Gott ist vielvergebend, ein Gnadenspender. (9,5)

Kämpft gegen sie! Gott wird sie durch eure Hände strafen und Schande über sie bringen und euch gegen sie beistehen … (9,14)

Wenn ihr nun jenen (im Krieg) begegnet, die darauf aus sind, die Wahrheit zu leugnen, schlagt ihre Nacken, bis ihr sie völlig bezwingt, und dann zieht ihre Fesseln fest; aber danach (lasst sie frei,) entweder durch einen Akt der Gnade oder gegen Auslösung … (47,4)

Natürlich müssen auch Korantexte aus ihren historischen Bedingungen verstanden werden. Dabei ist nüchtern zu sehen, dass der Islam bereits in seiner Quelle Unversöhnlichkeit gegenüber den Feinden des Glaubens lehrt, die es schwer macht, die Egalität der Menschenrechte im Denken islamischer Völker zu verwurzeln. Konvertiert ein Muslim zum Judentum oder Christentum, steht darauf die Zwangsscheidung seiner Ehe oder sogar die Freigabe zur Ermordung, in einigen muslimischen Staaten die Todesstrafe. Zudem leistet das Verständnis des Koran als unmittelbares Wort Gottes und ein verbreiteter fundamentalistischer Umgang damit islamistischen Gruppierungen Vorschub, Agitationen gegen Nicht-Muslime zu begründen, selbst wenn sich glaubensfremde Interessen damit mischen. Verfechter konsequenter Friedenspolitik bilden in der islamischen Welt noch eine Minderheit. Diese betonen, dass der Islam seiner Natur gemäß friedfertig sei. Die zulässigen Mittel zur Ausbreitung des Islam seien heute Verkündigung und finanzielle Hilfe, nur »im Notfall Krieg«, den sie als Defensiv- oder Präventivkrieg für erlaubt halten, sofern die aggressiven Absichten der Feinde offensichtlich sind. Grundsätzlich sei der Prophet Mohammed gesandt, den Menschen und Völkern Frieden zu bringen.

4. Hinduismus: Die Einheit mit dem Göttlichen

Der Hinduismus beansprucht kein geschlossenes Religionssystem. Ein Hindu-Autor sagt, es handle sich um ein Kollektiv von Religionen, mit dem Dschungel vergleichbar, »eine Enzyklopädie aller Religionen«. Das veranlasst manche Religionswissenschaftler, den Oberbegriff »Hinduismus« konsequent zu vermeiden. Es gibt auch keine für den Hinduismus prägende Person, wie Jesus für das Christentum und Mohammed für den Islam. Der Hinduismus ist ein über Jahrtausende gewachsenes Gebilde, das in seinen vielfältigen und gegensätzlichen Erscheinungen kaum zu überschauen ist.

Die Götterwelt des Hinduismus entfaltet sich millionenfach. Die meisten Hindus verehren jedoch nur eine kleine Zahl von Göttern, deren bekannteste Namen Brahma, Vishnu, Shiva, Krishna, Rama und Kali heißen. Gebildete Inder, welche die Symbolvielfalt der Götter in ihrer tieferen Einheit erkennen, zitieren den Spruch:

> Ein und derselbe Mond spiegelt sich
> In allen Wassern.
> Alle Monde im Wasser
> Sind eins in dem einen einzigen Mond.

Eine solche Glaubensform polytheistisch zu nennen, ist nicht hilfreich, denn der innerste Sinn der vielen Namen zielt auf den umfassenden Einen. Andere verehren einen bestimmten Gott, ohne die übrigen zu leugnen. Besonders die heutigen Lehrer des Hinduismus, denen westliche Bildung nicht fremd ist, betonen die Einheit in der Vielfalt:

Einst gab es einen Disput am Hof des Maharaja von Burdwan unter den Gelehrten, wer die größere Gottheit sei, Shiva oder Vishnu. Einige gaben Shiva den Vorzug, andere Vishnu. Als der Disput hitzig wurde, wandte ein weiser Pandit (Schriftgelehrter) sich zum Maharaja und sagte: »Herr, ich bin weder Shiva begegnet, noch nie habe ich Vishnu gesehen. Wie kann ich sagen, wer der größere von beiden ist?« Da hörte der Streit auf, denn keiner der Streitenden hatte jemals die Gottheiten gesehen. Also soll keiner eine Gottheit mit der anderen vergleichen. Wenn ein Mensch wirklich einen Gott gesehen hat, dann weiß er, dass alle Gottheiten Erscheinungen desselben brahman sind.

Ein anderes dieser Gleichnisse erzählt:

Zwei Menschen stritten sich heftig über die Farbe des Chamäleons. Der eine sagte: »Das Chamäleon auf diesem Palmbaum ist von einem schönen Rot!« Der andere widersprach ihm und sagte: »Du irrst, das Chamäleon ist nicht rot sondern blau.« Da keiner seine Meinung beweisen konnte, gingen sie zusammen zu einem Menschen, der unter jenem Baum lebte und lange beobachtet hatte, wie das Chamäleon seine Farbe beständig wechselt. Einer der Streitenden sagte: »Ist nicht das Chamäleon auf jenem Baum rot?« Der Mann entgegnete: »Ja, Herr.« Der andere Streitende sagte: »Was? Wie ist das möglich? Bestimmt ist es nicht rot sondern blau!« Der Mann gab demütig zur Antwort: »Ja, Herr, es ist blau.« Er

---

Wir wissen, dass es die absolute Wirklichkeit gibt, wir wissen, dass es die empirische Welt gibt, wir wissen, dass die empirische Welt im Absoluten verankert ist, doch das »Wie?« ist jenseits unseres Erkennens. …

Die Hinduphilosophie glaubt an eine Entfaltung unserer Gotteserkenntnis. Wir müssen unsere Begriffe von Gott beständig verändern, bis wir alle Begriffe überwinden und ins Herz der Wirklichkeit selbst vordringen, die unsere Gedanken wiederzugeben trachten. Der Hinduismus unterscheidet Vorstellungen von Gott nicht als richtig und falsch und nimmt nicht eine bestimmte Idee als Muster und Vorbild für die gesamte Menschheit. Vielmehr erkennt er die Tatsache an, das die Menschheit ihr Ziel Gott auf verschiedenen Stufen und verschiedenen Wegen sucht, und er empfindet mit einer jeden Stufe der Suche Sympathie.

Sarvapalli Radhakrishnan

Allgestaltige Gottheit (Vishvarupa). Chidambaram, Tamil Nadu.

Die Vielfalt der tier- und menschengesichtigen Köpfe und deren Attribute führen in weite Mythen- und Symbolzusammenhänge. Unverkennbar aber ist die Einheit, die in aller Vielfalt wahrgenommen wird.

»Die Gottheiten einiger Menschen … sind in Bildern aus Holz und Stein, aber der Weise findet seinen Gott in der Tiefe seines Selbst.«

Bedauerlicherweise gibt sich die Mehrheit der Hindu mit unbefriedigenden Gottesvorstellungen zufrieden. Die Gebildeten dulden die volkstümlichen Vorstellungen als unangemessene Zeichen und Schatten des Unfassbaren, doch die Masse des Volkes hält diese für gerechtfertigt und bestätigt. Es ist wahr, dass der denkende Hindu aus dem Wirrwarr der Götter in das Schweigen des Höchsten zu entrinnen versucht, doch die Menge steht nach wie vor da und starrt auf die Himmel. Im Namen der Duldung haben wir abergläubische Riten und Sitten sorgfältig behütet … In neuerer Zeit wurde kein einziger Versuch unternommen, ernsthaft und systematisch die geistige Ebene der Masse zu heben und die gesamte Hindubevölkerung auf eine höhere geistige Ebene zu stellen. Die Tempel, Schreine und Heiligtümer, die über das ganze Land verstreut sind, sollten nicht nur als Orte des Gebetes und Stätten des Gottesdienstes benutzt werden, sondern auch als Zentren des Lernens und Schulen des Denkens.

Sarvapalli Radhakrishnan

wusste, dass das Chamäleon ständig die Farbe wechselt, deshalb beantwortete er beide Fragen mit »Ja«.

So ist auch das Göttliche verschieden gestaltet. Der Fromme, der ihn nur in einer Gestalt sah, kennt allein diese. Nur wer ihn in vielfältiger Gestalt sah, kann sagen: »All diese Formen sind die eines Gottes, denn vielgestaltig ist Gott!«

Der indische Guru Ramakrishna folgerte aus diesen Gleichnissen:

Wie man zum Dach eines Hauses mit Hilfe einer Leiter, eines Bambusstabs, einer Treppe oder eines Stricks emporsteigen kann, so sind auch die Wege, Gott zu erreichen, verschieden. Jede Religion in der Welt zeigt einen dieser Wege. Seid Christen in der Barmherzigkeit, Muslime in der strikten Befolgung der gottesdienstlichen Verrichtungen und Hindus in eurer Mildtätigkeit gegen alle Lebewesen.

Der ehemalige indische Staatspräsident und Philosoph Sarvapalli Radhakrishnan (1888–1975) erklärt religiöse Erfahrung für unmöglich, die sich als »reine, ungeschminkte Vergegenwärtigung der Wahrheit an sich« verstehen möchte und hält sie »nur denkbar als eine Darstellung des Wahren, die bereits von den Gedanken und Voreingenommenheiten des erkennenden Geistes beeinflusst ist … Jeder religiöse Geist formuliert das Geheimnis Gottes nach seiner eigenen – persönlichen, ethnischen und historischen – Veranlagung … Als ein Anhänger Vishnus in seinem Herzen einen Groll gegen einen Anhänger Shivas trug und sich vor dem Bilde Vishnus verneigte, teilte sich das Antlitz des Bildes, und Shiva erschien auf der einen, Vishnu auf der anderen Seite, und als beide wie ein Gesicht auf den Eiferer herablächelten, erkannte dieser, dass Vishnu und Shiva eins sind.« Wichtiger als die Vielfalt und Namen der Götter ist für den Hinduismus die innere Einheit von Gott und Mensch, wie sie das göttliche *brahman* und *atman*, das Selbst eines jeden Menschen, anzeigt. Der Atem der Welt ist das *brahman*. Der Atem in jedem Lebewesen heißt *atman* (verwandt mit dem Wort Atem). *Brahman* ist die Weltseele, der Weltgeist, der All-Eine. *Atman* ist das Göttliche in der Einzelseele, das Selbst. Jedes Lebewesen trägt das Göttliche in seinem innersten Kern. Diese Einsicht wollte der Vater auch seinem Sohn Svetaketu vermitteln:

Svetaketu«, sagte der Vater, »begib dich als Veda-Schüler zu einem Lehrer. Denn, mein Lieber, in unserer Familie ist es nicht üblich, dass man, ohne den Veda gelernt zu haben, nur dem Namen nach ein Brahmane ist.« Da nahm er denn, zwölf Jahre alt, die Schülerweihe. Und nachdem er mit vierundzwanzig Jahren alle Vedas auswendig gelernt hatte, kam er nach Hause – hochmütig, aufgeblasen und sich für einen Gelehrten haltend. Da sprach zu ihm sein Vater:
»Da du nun, mein lieber Svetaketu, so hochmütig und aufgeblasen bist, dich für einen Gelehrten hältst, sage mir, hast du denn auch jene Lehre erfragt, durch welche das Ungehörte zu Gehörtem, das Ungedachte zu Gedachtem, das Unerkannte zu Erkanntem wird?«
»Ehrwürdiger, wie lautet denn diese Lehre?«
»Hole mir dort von dem Feigenbaume eine Frucht.«
»Hier ist sie, Ehrwürdiger.«
»Was siehst du darin?« – »Ich sehe hier ganz kleine Kerne.«
»Spalte einen von ihnen.« – »Er ist gespalten, Ehrwürdiger.«
»Was siehst du darin?« – »Gar nichts, Ehrwürdiger.«
Da sprach der Vater: »Die Feinheit, die du nicht wahrnimmst, aus dieser Feinheit ist der große Feigenbaum entstanden. Aus dieser Feinheit besteht das Weltall, das ist das Reale, das ist der Atman, das bist du, Svetaketu!«
»Noch weiter!«
»Hier dieses Stück Salz lege ins Wasser und komme morgen wieder zu mir.« Er tat es.
Da sprach der Vater: »Bringe mir das Salz, das du gestern Abend in das Wasser gelegt hast.«
Der Sohn tastete danach und fand es nicht, denn es war ganz vergangen.
»Koste von dem Wasser! Wie schmeckt es?« – »Salzig.«
Da sprach der Vater: »Fürwahr, so nimmst du auch das Seiende hier im Leibe nicht wahr, aber es ist dennoch darin.«

Die indische Dichterin Lallâ (14. Jh.) zog als shivaitische Asketin singend und tanzend umher und verkündete ihren Shiva-Glauben:

Ich, Lallâ, zog mit Sehnsucht aus,
Im Suchen mir Tag und Nacht verstrich,
Da fand ich den Herrn in meinem Haus,
Und der Stern der Stunde nie wieder verblich.

Herr, du bist selbst der Himmel und die Erde,
Luft, Wasser, Blume, Sandel, Nacht und Tag.
Du bist die Opfergabe auf dem Herde,
Bist Alles. Herr, wo ist, was ich dir opfern mag?

Kein ›Ich‹ ist und kein ›Du‹, kein ›Der‹ ist und kein ›Das‹,
Der Schöpfer ist allein, der selber sich vergaß.
Der Blinde hat den Sinn der Worte nicht gefunden,
Sobald er sehend wird, ist ihm die Welt entschwunden.

Durch lange Übung war ich daran gewöhnt, stundenlang in der gleichen Stellung zu sitzen, und ich saß da, atmete langsam und rhythmisch.

Mein Atem wurde so still, dass er kaum mehr wahrnehmbar war.

Während eines Augenblicks der starken Konzentration fühlte ich etwas Seltsames unten an der Wirbelsäule, gerade dort, wo ich den Boden berührte. Immer strahlender wurde das Leuchten, immer lauter das Tosen. Ich hatte das Gefühl eines Erdbebens, dann spürte ich, wie ich aus meinem Körper schlüpfte, in eine Aura von Licht gehüllt. Es ist unmöglich, dieses Erlebnis genau zu beschreiben. Ich fühlte wie der Punkt meines Bewusstseins, der ich selber war, immer größer und weiter wurde und von Wellen des Lichtes umgeben war. Ich war jetzt ohne irgendeine Empfindung in ein Meer von Licht getaucht. Ich war nicht mehr ich selbst, oder genauer: nicht mehr, wie ich mich selber kannte, in einen Körper eingeschlossen.

Als ich in meine alte Beschaffenheit zurückschlüpfte, nahm ich plötzlich wieder den Lärm der Straße wahr, fühlte ich wieder meine Arme, meine Beine und meinen Kopf und wurde wieder mein enges Selbst in Kontakt mit Körper und Umgebung.

Gopi Krishna

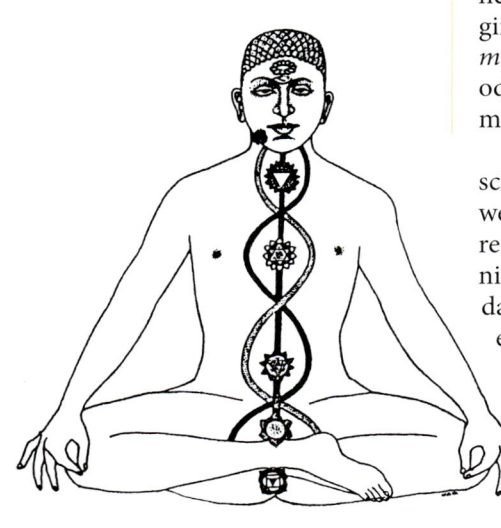

Der Vater belehrt seinen Sohn, was die »Seele« des Menschen ist. Den *atman* erkennen, bedeutet, jede Zweiheit überwinden, um die eigene Einheit mit dem *brahman* zu erfassen. Um in diese volle Erlösung zu gelangen, ist Erleuchtung notwendig, ein Überschritt ins Göttliche. Der erleuchtete Mensch erkennt sich als eins mit dem Göttlichen.

Solange ein Mensch sich selbst noch nicht als *atman* erkannt hat, als eins mit dem Göttlichen, muss die Seele von Wiedergeburt zu Wiedergeburt bis zu ihrer Erleuchtung wandern. Erst der Erleuchtete überwindet alle Zweiheit. Das Ziel ist also, sich vom Zwang der Wiedergeburten zu befreien. Wiedergeburt ist keine lockende Hoffnung, sondern drückende Wiederkehr, der man so lange nicht entgeht, als man im Bann der eigenen Unvollkommenheit bleibt. Die Summe all dessen, was Menschen tun und lassen, bestimmt ihre Wiedergeburt. Solange ihr *atman* nicht befreit ist, benötigt das Ich immer neue Leben, um das angesammelte *karma* »abzuarbeiten«.

Die aus dem *karma* sich ergebenden Folgen sind nicht als Lohn oder Strafe zu deuten, sondern Konsequenz der tatsächlichen Seelenbeschaffenheit des Menschen. Es ist kein willkürliches oder zufälliges Schicksal, das von außen auferlegt wird. Das Gesetz des *karma* macht den Menschen verantwortlich für sein eigenes Tun oder Lassen. Es besagt, dass er den Folgen seines Lebens wieder begegnen wird:

Der Tag des Gerichts ist nicht irgendwo in weiter Ferne, sondern hier und jetzt, und keiner vermag ihm zu entgehen. Es gibt kein Entrinnen vor den göttlichen Gesetzen. Sie sind uns ebenso sehr von außen auferlegt, wie sie unserem Wesen eingeprägt sind. Die Sünde ist weniger eine Herausforderung Gottes als eine Leugnung der Seele, weniger eine Verletzung des Gesetzes als ein Verrat an uns selbst. Wir tragen die Gesamtheit unserer Vergangenheit mit uns. Es ist ein unauslöschbarer Bericht, den weder die Zeit verblassen noch der Tod wegwischen kann.

Sarvapalli Radhakrishnan

Um die Befreiung von Karma und Wiedergeburt zu erlangen, hat sich im Hinduismus eine Konzentrationstechnik entwickelt, die dem Menschen helfen soll, die Einheit von *brahman* und *atman* zu finden: Yoga. Der Yogin sucht den Einklang zwischen seinem Selbst (*atman*) und Gott (*brahman*). Er weiß, dass Gott durch keine Methode, auch nicht durch Gebete oder Glauben »bewegt« werden kann; Gottes Wesen arbeitet sozusagen mit dem Selbst zusammen, das sich durch den Yoga befreien will.

Hinter den Yoga-Übungen steht eine Überzeugung, die alle hinduistischen Richtungen miteinander verbindet: Der Geist kann weder geboren werden, noch der Zerstörung anheim fallen. Damit verbunden ist die Lehre vom *karma* und der Glaube an die Seelenwanderung. Der Hindu glaubt nicht, dass vergangene Taten vergessen sind: ein Mensch ist letztlich alles das, was er in seinem Leben lebt. »Wie einer handelt, wie einer wandelt, ein solcher wird er. Wer gut handelt, der wird etwas Gutes, wer böse handelt, etwas Böses.«

Die Gesamtheit der menschlichen Handlungen, einerlei, ob aus Gedanken, Worten oder Werken, erzeugen eine Art Energie, die der Tod nicht auslöscht. Weil die Seele des Menschen als unsterblich gilt und nach jedem körperlichen Tod in den Kreislauf des Lebens neu einbezogen wird, entscheidet das Karma über das Schicksal dieser Wiedergeburt. *Samsara* (»Umherirren«) heißt dieses Gesetz der stets neuen Wiedergeburt. Wer ein böses Karma entwickelt hat, wird auf einer niedrigeren Stufe wiedergeboren; umgekehrt führt ein gutes Karma zu einer gehobenen Wiedergeburt. Doch auch das ist noch nicht Erlösung; die Seele bleibt dem Gesetz des *samsara* verhaftet und durchwandert immer neu den Kreislauf der Wiedergeburten. Erlösung hiervon gibt es nur, wenn das Selbst des Menschen, *atman*, sich als eins mit *brahman* erkennt. Und damit ist der Mensch vom Kreislauf der Wiedergeburten befreit: in der Einheit mit dem letzthin Einen. Wie ein Strom nicht verloren geht, aber restlos vom Meer aufgenommen wird, so wird die in ihrer tiefsten Natur göttliche Seele von der Gottheit aufgenommen (S. 562 ff.).

5. Buddhismus: Eine »gottlose« Religion?

Siddhartha Gautama wurde nicht als Buddha geboren, sondern erst nach langen Wegen ein Erleuchteter, ein Buddha. »Erwachen« heißt die tiefste Erfahrung und Erkenntnis, die einem Menschen erreichbar ist.

Der Buddha verstand sich als Lehrer. Mehr wollte er nicht sein, auch nicht weniger. Aber seine Lehre ist zugleich eine Nicht-Lehre. Es gibt keine Regeln, Dogmen, Festschreibungen. Der Buddha weist den »mittleren Pfad«, einen Gang zwischen Extremen. Er leitet an zu einem fortwährenden Sich-Lösen: vom Körpergefühl, vom Besitz, vom Wissen, von den Bildern und Vorstellungen des Denkens. Die Wissenschaften, Weltbilder und Philosophien werden nicht kritisiert, aber auf deren Erkenntnisse legt der Buddhismus keinen Wert. Wer »erwacht« ist, weiß, dass Wissen und Techniken zwar zu diesem und jenem Ziel führen, aber er weiß auch, dass alle Kenntnisse über diese Welt *maya* sind, täuschender Schein. Darum lehrt der Buddha, nicht daran zu haften und nach vorne hin offen zu sein.

Der Name für Buddhismus in Sanskrit ist *yana*. Gewöhnlich wird das mit »Fahrzeug« übersetzt, aber genauer heißt *yana* »Fährboot« oder »Fähre«. In einem flussreichen Land spielen Fähren eine große Rolle. Oft wurde eine Fähre nur für eine einmalige Überfahrt aus Schilf und Reisig gebaut. So verstand es auch der Buddha, als er seine Schüler fragte:

Wäre der Mensch gescheit, wenn er das Floß, weil's ihn gerettet hat, behielte? Es auf den Rücken nähme und landeinwärts trüge? – Nein, sagten die Schüler, man soll es dem Strom überlassen, der hinter einem liegt. – So ist es auch mit der Lehre, folgerte der Buddha, sie ist zum Entrinnen tauglich, nicht zum Festhalten.

Der Buddhismus ist ein Erfahrungsweg, den jeder selbst gehen muss. Es nutzt nichts, sich auf die Weisheit des Buddha zu berufen, wenn man sie nur als Wort und Formel kennt. »Wenn du unterwegs den Buddha triffst, töte den Buddha«, sagt ein Sprichwort. Keine Autorität, selbst nicht die höchste, soll ersetzen, den *eigenen* Weg zu gehen. Wer die Wahrheit beim Lehrer, in Büchern, in der Vergangenheit oder sonst wo sucht, bleibt ihr fern. Man kann sie nicht als Wissen übernehmen. Studium, Kenntnisse, Fähigkeiten, meint der Buddhismus, können klug und berühmt machen – und zugleich dem Erwachen entgegenstehen.

»Die drei Juwelen«: Buddha, Dharma, Sangha. Thangka, Tibet, 19. Jh.

Über Buddha, dem Erleuchteten, entsprießt die Lotus-Blume, Symbol der Lehre (Dharma). Lotus-Blumen wachsen aus dem Sumpf heraus, wie sich auch das Bewusstsein aus Sümpfen zu einem Bewusstsein göttlicher Klarheit entwickeln kann. Im Lotus erhebt sich die kleine Figur eines Mönchs als Symbol für den Sangha, die Mönchsgemeinschaft. Der Buddha hält eine Bettelschale in der Hand. »Der Buddha ist der große Arzt; der Dharma ist die Medizin; der Sangha ist der Krankenpfleger, der die Medizin reicht.«

Eine »Beschreibung« des Nirwana?

Die Lehre des Buddha hat Vorgänger in der indischen Tradition. Indien ist ein Land mit einem lebendigen Gedächtnis bis in die Vorzeit zurück. Dieses Gedächtnis lebt in mythischen Bildern und Symbolen, nicht in Akten und Namen. Zentrale Begriffe des Buddhismus wie *maya*, *samsara* und *karma* haben vor Buddha bereits einen langen Weg zurückgelegt. Durch Buddha bekamen sie eine weitere Ausprägung.

Da ist *samsara*, ewig kreisendes Leben: »die Welten sinken und die Welten steigen«. Durch Tod und Neugeburt tauschen die Gestalten dieser Welt ihre Erscheinung. Trotz allen Sterbens gilt dem Buddhismus das Leben als todlos; in jedem Tod wandelt es sich zu neuen Formen. Während in der abendländischen Welt die Toten im Jenseits ihre Identität nie endgültig verlieren, erzählt das Indien des *samsara* von wechselnden Kostümen für immer neue Szenen. Jeder hat schon viele Rollen durchgespielt. Und wer treibt den Kreislauf an? Ich selbst, sagt der Buddha. Ich ganz allein, weil ich immer irgendetwas tue. Dieses »Tun«, *karma*, gehört zum Lebensgang, so wie das Wasser fließt. Was wir gestern dachten, müssen wir heute tun. Was wir jüngst erlitten, zerfurcht jetzt das Gesicht. Das Tun von heute ist das Schicksal von morgen. Die Qualität unseres Tuns aber bestimmen wir stündlich neu. Indem wir zum Dunklen oder zum Hellen in uns Ja sagen, bilden wir unsere gegenwärtige Person mit allen ihren Möglichkeiten und Grenzen. So wirkt sich das Karma zu Leid und Schicksal aus. Was in diesem Leben nicht abgearbeitet wird, unerledigt bleibt, unerlöst, zwingt zur Wiedergeburt, und so treibt ein Leben das andere.

König Pasenadi von Kosala traf einst auf der Reise zwischen seinen beiden Hauptstädten mit der Nonne Khema, einer Jüngerin Buddhas, zusammen. Der König befragte sie über die heilige Lehre.
»Ist, o Ehrwürdige, der Vollendete jenseits des Todes?«
»Der Erhabene, großer König, hat nicht offenbart, dass der Vollendete jenseits des Todes ist.«
»So ist der Vollendete jenseits des Todes nicht?«
»Auch dies, großer König, hat der Erhabene nicht offenbart, dass der Vollendete jenseits des Todes nicht ist.«
»So ist, Ehrwürdige, der Vollendete jenseits des Todes und ist zugleich nicht?«
»Die Antwort ist immer dieselbe: der Vollendete hat es nicht offenbart.«
Der König ist erstaunt. »Welches ist die Ursache, o Ehrwürdige, welches ist der Grund, um dessen willen der Erhabene dies nicht offenbart hat?«
»Lass mich«, erwidert die Nonne, »dich hier selbst fragen, großer König, und wie die Sache sich dir zu verhalten scheint,

In diesem Gesetz gibt es keinen Zufall. Das heutige Dasein, der jetzige Körper ist »alte Tat«. Jeder ist beteiligt am zukünftigen »Schicksal«. Gute Taten haben eine bessere Wiedergeburt, schlechte eine mindere Wiedergeburt zur Folge. Der Buddhismus spricht aber nicht von Sünde. Die Wiedergeburt ist so wenig »Strafe«, wie eine Brandwunde »Strafe« für das Berühren eines heißen Eisens ist.

Wie aber entkommt man diesem Kreislauf des Leidens? Der Buddha lehrt, die Zuflüsse des immer neuen Karma zu verstopfen. Der Gier nach Lust, der Gier nach Werden und der Gier nach Vergehen muss der Mensch entkommen. Reglosigkeit nach innen und außen, ein sich selbst Absterben, heißt der Weg. Nur wer die volle Gelassenheit erreicht, ein völliges Ledigsein, entgeht dem Samsara. Wie eine Luftblase dem Wasser entschnellt, kann dieser Mensch hinauf in die Schwerelosigkeit, an den Ort höchster Klarheit und bewegungsloser Stille, ins *nirwana*.

Nirwana meint keinen Ort, eher einen Zustand, der sich jedoch jeder Beschreibung entzieht. Es sei ein »Verwehen«, »Verlöschen«, das Ziel der »Befreiung«. Alles, was vorher zu immer neuem Leid führte, ist an ein Ende gelangt. Wer die volle Gelassenheit erreicht hat, hat alles losgelassen, hängt nunmehr an nichts, ist frei. Nirwana ist aber kein blankes Nichts. Es übersteigt die Begriffe der Sprache und des Denkvermögens und ist letztlich unsagbar.

Der Buddha hat es abgelehnt, das Nirwana zu beschreiben. Er hat auch den Gottesbegriff ausgeklammert, wie er insgesamt über Gott schweigt. Das hat zu dem Urteil geführt, der Buddhismus sei eine atheistische Religion. Das ist er im Sinne des europäischen Atheismus mitnichten. Die Verneinung einer göttlichen Wirklichkeit hinter allen Erscheinungsformen der flüchtigen Welt wäre dem Buddhismus unmöglich. Buddha hat jedoch darauf verzichtet, von Gott zu sprechen. Stattdessen lehrt er den *dharma*, das universelle, absolute Gesetz. Wer sein Karma mit dem Dharma übereinstimmend macht, erreicht das Nirwana. Buddhas Schweigen über »Gott« bedeutet kein Leugnen. Vielleicht steht dahinter ein Wissen um die Grenze der menschlichen Sprache, die gegenüber dem Unaussprechlichen verstummen muss.

Es bleibt eine Frage der Definition, ob der Buddhismus als Weisheitslehre oder als »Religion« zu bezeichnen ist, da er letztlich jedes transzendente Wissen verneint. Auch beantwortet der Buddhismus die Frage nach der Weltentstehung nicht mit einem Schöpfergott. Die Frage nach der Herkunft der Welt bleibt ebenso unbeantwortet wie jede »Erklärung« der Transzendenz.

Siddharta Gautama, der »Buddha«, d. h. der »Erwachte«, beanspruchte keine Lehre aus göttlicher Offenbarung, sondern aus eigener meditativer Erfahrung, die ihn zur Erkenntnis der Natur des eigenen Geistes führte. Dieser Erkenntnisweg ist jedem zugänglich, der seiner Lehre und Methodik folgt. Dabei verlangt seine Lehre keine dogmatische Übernahme, vielmehr warnte er vor Autoritätsgläubigkeit anstelle eigener Erfahrungswege. Der Buddha misstraute der Möglichkeit, die Welt mit Hilfe von Begriffen und Sprache erfassen zu können und blieb skeptisch gegenüber dem geschriebenen Wort wie feststehenden Lehren, was den Buddhismus in dieser Entschiedenheit von anderen Religionen deutlich unterscheidet.

6. Die Wahrheit der Religionen

In unserer Eingangsüberlegung gingen wir mit Wilhelm von Humboldt davon aus, dass das Hervorbringen von Sprachen einer inneren Notwendigkeit des Menschen entspringe. Humboldt sah jede Sprache als einen Versuch an, aus der Gesamtheit der Verstehensmöglichkeiten dieser Welt einen Aspekt zu realisieren. Dabei bewahrt jede Sprache Erinnerungen, bezeichnet Beziehungen, benennt Empfindungen und Gefühle. In höchst unterschiedlichen Formen und Metaphern findet eine spezifische Weltanschauung ihren Ausdruck, die sich von allen anderen abhebt. Viele Sprachen bergen den Reichtum von Welten.

Es legt sich nahe, die Vielfalt und Unterschiedenheit der Religionen und Kulturen ähnlich zu verstehen. Nun wird aber oft argumentiert, die Religionen könnten nicht alle wahr sein; entweder sei eine von ihnen wahr, was die übrigen ausschließe; ebenso sei es möglich, dass keine von ihnen der Wahrheit entspreche. In solcher Rede unterstellt man Religionen einer mathematischen Denkweise bei unterschiedlichen Lösungen: Ist eine richtig, sind die anderen falsch, oder auch: alle Ergebnisse sind fehlerhaft. Auf der Ebene dieses Wahrheitsverständnisses sind Religionen nicht zu Hause.

---

so antworte mir. Was meinst du, großer König, hast du wohl einen Rechner oder einen Münzmeister oder einen Zählbeamten, der den Sand am Ganges zu zählen vermöchte, der sagen könnte: so viele Sandkörner, oder so viele Hunderte oder Tausende oder Hunderttausende von Sandkörnern sind dort?«
»Den habe ich nicht, Ehrwürdige.«
»Oder hast du einen Rechner, einen Münzmeister oder einen Zählbeamten, der das Wasser im großen Ozean zu messen vermöchte, der sagen könnte: so viele Maß Wasser, oder so viele Hunderte oder Tausende oder Hunderttausende von Maßen Wasser sind darinnen?«
»Den habe ich nicht, o Ehrwürdige.«
»Und warum nicht? Der große Ozean ist tief, unermesslich, unergründlich. So auch, großer König, wenn man das Wesen des Vollendeten nach den Prädikaten der Körperlichkeit begreifen wollte ... Der Vollendete, großer König, ist frei davon, dass sein Wesen mit den Zahlen der Körperwelt zählbar wäre; er ist tief, unermesslich, unergründlich wie der große Ozean. Dass der Vollendete jenseits des Todes ist, trifft nicht zu; dass der Vollendete jenseits des Todes nicht ist, trifft auch nicht zu; dass der Vollendete jenseits des Todes weder ist, noch nicht ist, trifft auch nicht zu.«
Pasenadi aber, der König von Kosala, nahm die Rede Khemas, der Nonne, mit Freude und Beifall an, stand von seinem Sitz auf, neigte sich in Ehrfurcht vor Khema, der Nonne, umwandelte sie und ging davon.

Das Wort Gott ist keine Gattungsbezeichnung oder Kategorie einer oder vieler Jenseits-Personen (der wahre Gott unter vielen Göttern), sondern ist der Name einer uns umfangenden und tragenden, beschenkenden und begnadenden, aber auch richtenden und infrage stellenden, immer wieder auch vernichtenden Grundwirklichkeit. Mit und in unendlich vielen Gesichtern. Würde dies allgemein bewusst, dann könnte das Wort »Gott« – entschränkt von seinen theistischen Engführungen – ein zu Freiheit und Erfahrung einladendes Nachdenklichkeitswort werden, nicht mehr die hervorragende und hochambivalente – weil auch »irgendwie« als wahr vermutete – Verschlussformel der Kirchen.

Matthias Kroeger

Gott

Religionen sind Symbolsysteme, deren Inhalte sich nur-rationaler Logik nicht unterwerfen. Symbole sind immer mehrdeutig und oft ambivalent. Das Wasser der Taufe bezeichnet sowohl Untergang und Tod als auch Auferstehung und Leben. Im Alten Orient und in der Bibel galt der Drache als gottfeindliches Wesen, in China repräsentierte er die schöpferische Himmelskraft. Seit der Sung-Zeit war der Drache ein bevorzugtes Symbol des Kaisers, der auf dem »Drachenthron« saß; noch heute ist er ein Symbol für Glück, Lebenskraft und Wohlstand. Die Unterschiede in der symbolischen Bedeutung sind nicht verrechenbar.

Weil letztlich auch das Wort »Gott« dem symbolischen Denken unterliegt, ist der verallgemeinernde Oberbegriff »Gott« für die Zentralidee der großen Weltreligionen problematisch. Das gilt insbesondere für den Unterschied zwischen den monotheistischen Religionen des Westens gegenüber den Religionen des Ostens. Judentum, Christentum und Islam haben aus ihrer gemeinsamen biblischen Wurzel eine weitgehende Übereinstimmung im Gottesverständnis, während sich die nicht-theistischen Konzepte der asiatischen Religionen deutlich davon abheben.

Der biblische Erfahrungsweg verbindet die Gotteserkenntnis mit der geschichtlichen Erfahrung Israels. Neben seiner denkerischen Ausrichtung steht auch das Christentum in diesem Erbe. Gottesliebe gibt es nicht ohne die Liebe zum bedürftigen Mitmenschen, d. h. ohne Verantwortung für diese Welt. Demgegenüber gehen die asiatischen Religionen einen mehr inneren Weg, der zur Erkenntnis des Selbst führt, nur in geringerem Maße zur sozialen Gestaltung der Welt. So vielfältig sich innerhalb der Religionen deren Spektrum auch differenziert, so wenig lassen sich die unterschiedlichen Erfahrungswege gegeneinander aufrechnen, vielmehr können sie sich wechselseitig korrigieren und ergänzen. Angesichts einer rational geprägten christlichen Theologiegeschichte sind Einflüsse aus der meditativen Praxis etwa des Zen-Buddhismus oder der hinduistischen Meditationspraxis Impulse, die der zukünftigen spirituellen

Paul Klee (1879–1940), Die Grenzen des Verstandes, 1927.

Kraft des Christentums immer wichtiger werden, während in Sachen sozialen Engagements Buddhismus wie Hinduismus vom Christentum und der westlichen Welt lernen können. Alles in allem kann es nicht darum gehen, die Vielfalt der religiösen Erfahrungen einzuebnen, sondern diese im Sinne der je eigenen Identität fruchtbar zu machen. Dieser Sicht ist nicht zu unterstellen, alle Religionen seien gleichwertig (aber der Wertmaßstab für ein solches Urteil existiert auch nicht absolut, sondern ist von Kultur und Bewusstseinshöhe mit abhängig). Angesichts einer sich anbahnenden Zweiten Achsenzeit (→ S. 30 ff.) und der Krise, in welche alle Religionen beim Überschritt in eine neue Bewusstseinskonstellation geraten, gilt, dass sie ausnahmslos einem umfassenden Reformanspruch unterliegen. In diesem Prozess müssen sie lernen, dass religiöse Wahrheit nicht nur *eine* Sprache spricht. Ihre unterschiedlichen Sprachen verstehen zu lernen und in ihrer jeweiligen Weltauslegung auf die je eigene Tradition hin fruchtbar zu machen, gehört zu den Aufgaben der Zukunft.

7. Gottesglaube und Atheismus

Gottesglaube und Atheismus waren nicht zu jeder Zeit aneinander gebunden. Solange der Mensch im Mythos lebte, gab es letztlich keinen Unterschied zwischen Göttlichem und Profanem. Der Mythos als letzte Wirklichkeit umgriff alles. Das wurde anders, als der Mensch sich als Individuum erkannte und aus dem Kollektiv löste. In diesem Prozess entwickelte sich mentales Bewusstsein und rationales Denken. Erste Fanale setzten Diagoras und Sokrates (→ S. 32 f.). Nach ihnen kritisierte am konsequentesten der Römer Lukrez (100–50 v. Chr.) die Göttermythen der Antike. In seinem großen Lehrgedicht *De natura rerum* belegte er mit vielen Beispielen, dass die Götter seiner Zeit menschlichen Vorstellungen entspringen:

> Reckte der Wahn doch vom Himmel hernieder sein Haupt
> Und entsetzte, fern aus der Höhe, mit grässlich verzerrtem Antlitz die Menschen.
> Da unterfing sich zuerst ein Grieche, die sterblichen Augen
> Mutig nach oben zu richten und Widerstand kräftig zu leisten.
> Nicht das Gerede von Göttern, nicht Blitze,
> Der Himmel mit seinem drohenden Donner auch nicht geboten ihm Einhalt,
> Sie spornten nur umso schärfer sein mutiges Trachten:
> Er wollte das feste Tor der Natur als erster unter den Sterblichen sprengen! …
> Ihrerseits liegt jetzt die Religion zu unseren Füßen, lässt sich zertreten –
> Uns aber erhebt der Sieg bis zum Himmel!

Prometheus. Tonschale, Lakonien, um 550 v. Chr.

Prometheus, der den Menschen das Feuer gebracht hatte, das Zeus ihnen verwehrte, wurde mit den unlösbaren Ketten des Hephaistos über einem schaurigen Abgrund an einen Felsen geschmiedet. Ohne Speisen und Trank und ohne Schlaf musste er dort ausharren. Jeden Tag kam ein Adler und fraß von seiner Leber, die sich erneuerte, da er ein Unsterblicher war. Vergeblich flehte er um Gnade. Sonne, Wind und Wolken machte er zu Zeugen seiner Pein. Doch Zeus blieb unerbittlich. Und so sollte seine Qual viele Jahrhunderte dauern, bis der Held Herakles ihn erlösen würde.

Trotz solch entschiedener Worte blieb ein reflektierter Atheismus in der Antike selten. Letztlich war er nur Antwort auf die naiv-sinnenhafte Gestalt der Mythen und belegte damit allenfalls, dass diese mythischen Traditionen an Überzeugungskraft verloren. Nur wenige antike Kritiker verstanden sich als konsequente Atheisten. Doch weit entfernt, diesen Titel für sich in Anspruch zu nehmen, beanspruchten sie sogar, die wahren Verfechter der Frömmigkeit zu sein.

Weil nun die anthropomorphe Götterwelt dem skeptischen Denken nicht mehr genügte, hielt etwa der griechische Philosoph und Arzt Sextus Empiricus (2. Hälfte 2. Jh. n. Chr.) einen relativen Agnostizismus für angemessener. Die Götter existieren, sagte er sinngemäß, wir aber wissen nicht, was das Wort »Gott« bedeutet und können bezüglich seiner keine Übereinstimmung erzielen:

> Da nun von den Dogmatikern die einen behaupten, der Gott sei körperlich, die anderen, er sei unkörperlich, und die einen, er habe Menschengestalt, die anderen, er habe sie nicht, und die einen, er befinde sich an einem Ort, die anderen, er tue es nicht, und von denen, die ihn an einem Ort lassen, die einen, er sei innerhalb der Welt, die anderen, er sei außerhalb – wie sollen wir da einen Begriff von Gott bekommen können, da wir weder eine anerkannte Substanz von ihm haben noch eine Gestalt noch einen Ort, an dem er sich befände?

Prometheus

Bedecke deinen Himmel, Zeus,
Mit Wolkendunst
Und übe, dem Knaben gleich,
Der Disteln köpft
An Eichen dich und Bergeshöhn;
Musst mir meine Erde
Doch lassen stehn,
Und meine Hütte, die du nicht gebaut,
Und meinen Herd,
Um dessen Glut
Du mich beneidest.

Ich kenne nichts Ärmeres
Unter der Sonn als euch, Götter!
Ihr nähret kümmerlich
Von Opfersteuern
Und Gebetshauch
Eure Majestät,
Und darbtet, wären
Nicht Kinder und Bettler
Hoffnungsvolle Toren.

Da ich ein Kind war,
Nicht wusste, wo aus noch ein,
Kehrt ich mein verirrtes Auge
Zur Sonne, als wenn drüber wär
Ein Ohr zu hören meine Klage,
Ein Herz wie meins,
Sich des Bedrängten zu erbarmen.

Wer half mir
Wider der Titanen Übermut?
Wer rettete vom Tode mich,
Von Sklaverei?
Hast du nicht alles selbst vollendet,
Heilig glühend Herz?
Und glühtest jung und gut,
Betrogen, Rettungsdank
Dem Schlafenden da droben?

Ich dich ehren? Wofür?
Hast du die Schmerzen gelindert
Je des Beladenen?
Hast du die Tränen gestillet
Je des Geängsteten?
Hat nicht mich zum Manne geschmiedet
Die allmächtige Zeit
Und das ewige Schicksal,
Meine Herrn und deine?

Wähntest du etwa,
Ich sollte das Leben hassen,
In Wüsten fliehen,
Weil nicht alle
Blütenträume reiften?

Hier sitz ich, forme Menschen
Nach meinem Bilde
Ein Geschlecht, das mir gleich sei,
Zu leiden, zu weinen,
Zu genießen und zu freuen sich,
Und dein nicht zu achten,
Wie ich!

Johann Wolfgang von Goethe

Solange sie sich aber unentscheidbar streiten, haben wir von ihnen nichts, was wir anerkanntermaßen denken können. …

Denn die Existenz Gottes ist nicht offenbar. Wenn er sich nämlich von sich aus zeigte, dann würden die Dogmatiker darin übereinstimmen, wer er ist und von welcher Art und wo.

Der christlichen Zeit, die der antiken Welt folgte, wird gewöhnlich unterstellt, sie habe nicht anders als gläubig leben können. Der nähere Blick zeigt jedoch andere Vorgänge. Allein das Interesse, *Beweise* für die Existenz Gottes zu liefern, lässt eine Mentalität vermuten, die entsprechende Fragen und Zweifel kennt. Schon bei Anselm von Canterbury mehrt sich die Freude, sich auf die Kraft des eigenen Denkens einzulassen. Abaelard meinte: »Man kann nicht glauben, was man nicht versteht, und es ist lächerlich, andere lehren zu wollen, was man weder selbst versteht noch die Zuhörer verstandesmäßig erfassen.« Sein entschiedener Gegner, Bernhard von Clairvaux, setzte dagegen: »Er ist darauf aus, die Wahrheit des Glaubens zu zerstören, denn er behauptet, die menschliche Vernunft sei imstande, Gott in all seiner Größe zu begreifen …« (→ S. 63 ff.).

Solange sich solche Auseinandersetzungen nur Theologen leisteten, konnte die Kirche sie kontrollieren, während das Volk seinen Glauben aus Wundergeschichten und Reliquienkulten nährte. Das liturgische Jahr verband sich mit naturfrommen Traditionen; Magie und christliche Feste durchdrangen sich wechselseitig. Aber gegen Ende des Mittelalters regte sich schließlich selbst im Volke eigenständiges Denken: »Sie wollen eine Erfahrung ihres Glaubens haben«, kritisierte um 1480 ein Prediger in Auxerre, »und sich mit den Worten Gottes nicht zufrieden geben. Und wenn man ihnen von Gott und seinem Paradies und seinen Urteilen spricht, so antworten sie: Ist denn einer zurückgekehrt? Wer ist vom Himmel herabgestiegen?«

Hinzu kam im 16. Jahrhundert der methodische Zweifel. Der Atheismus der Renaissance war mehr skeptische Haltung als kohärente Lehre. Die Entdeckungen im Bereich der Naturwissenschaften stellten den Glauben zunächst nur partiell, dann schließlich völlig in Frage. 1546 wurde der Pariser Drucker Étienne Dolet wegen Gottlosigkeit verbrannt, weil er den Glaubensverkündern nur noch Spott entgegensetzte:

Nichts auf der Welt kommt mir grotesker vor als der Irrsinn jener, die, als stünden sie mit den himmlischen Mächten im Bunde oder gehörten mit ihnen zu Jupiters Himmel, stets die Götter im Munde führen und uns lehren, wie wir in den Himmel kommen oder wie tief wir im Reich der Finsternis versinken. Welch törichte und unerträgliche Sippschaft!

Dennoch bezeugen solche Stimmen noch keinen wirklichen Atheismus. Sie verlachen nur eine Glaubenshaltung, die etwas zu wissen vorgibt, was niemand wissen kann, und sie entziehen sich dem kirchlichen Machtstreben, mit vermeintlichem Wissen sich das Volk untertan zu machen. Während die Aufklärung in Frankreich schließlich in einem aggressiven Antiklerikalismus mündete, blieb die Kritik in Deutschland verhaltener. Gewiss destabilisierte sie die orthodoxen Lehren, man brach auch mit den herrschenden Gottesvorstellungen und einer Reihe von christlichen Glaubenssätzen, praktizierte eine insgesamt vielschichtige Religionskritik, blieb aber letztlich auf der Schwelle zum Atheismus stehen. In Frankreich aber veröffentliche 1762 Voltaire Auszüge aus dem Testament des atheistisch gewordenen Pfarrers Jean Meslier; Denis Diderot und der Baron d'Holbach schrieben von einer materialistischen Grundlage aus gegen die Religion, um sie zu entmachten. Ihnen erschienen Gottesideen und Religionen als Irrwege des Menschengeistes und betrügerische Mittel despotischer Unterdrückung.

Ludwig Feuerbach

Den ersten unüberhörbaren Paukenschlag, mit dem das Ende des Gottesglaubens angezeigt werden sollte, setzte 1841 in Deutschland Ludwig Feuerbach (1804–1872) mit seinem Buch »Das Wesen des Christentums«, das ihn berühmt machte und zugleich von jeder akademischen Zukunft ausschloss.

Feuerbach setzt anthropologisch an, indem er erklärt, in Wirklichkeit gebe es gar keine Theologie, denn tatsächlich sei Theologie nur eine sich selbst fremd gewordene Anthropologie:

> Die Religion ist das erste und zwar indirekte Selbstbewusstsein des Menschen … Der Mensch verlegt sein Wesen zuerst außer sich, ehe er es in sich findet. Das eigene Wesen ist ihm zuerst als ein andres Wesen Gegenstand. Die Religion ist das kindliche Wesen der Menschheit; aber das Kind sieht sein Wesen, den Menschen außer sich – als Kind ist der Mensch sich als ein andrer Mensch Gegenstand. Der geschichtliche Fortgang in den Religionen besteht deswegen darin, dass das, was der frühern Religion für etwas Objektives galt, jetzt als etwas Subjektives, d. h. was als Gott angeschaut und angebetet wurde, jetzt als etwas Menschliches erkannt wird. Die frühere Religion ist der spätern Götzendienst: der Mensch hat sein eigenes Wesen angebetet. Der Mensch hat sich vergegenständlicht, aber den Gegenstand nicht als sein Wesen erkannt; die spätere Religion tut diesen Schritt; jeder Fortschritt in der Religion ist daher eine tiefere Selbsterkenntnis.

Gott ist eine Projektion des Menschen. Was immer der Mensch mit Gott verbindet, es ist die nach außen gesetzte und vergegenständlichte Menschennatur. Aber indem der Mensch sich an dieses ins Nichts projizierte Bild bindet, schneidet er sich von sich selbst ab und erschafft eine Imagination, die er für real nimmt, obwohl er in ihr nur sein eigenes Wesen übersteigert:

> Die Religion ist die Entzweiung des Menschen mit sich selbst: Er setzt sich Gott als ein ihm entgegengesetztes Wesen gegenüber. Gott ist nicht, was der Mensch ist – der Mensch nicht, was Gott ist. Gott ist das unendliche, der Mensch das endliche Wesen, Gott vollkommen, der Mensch unvollkommen, Gott ewig, der Mensch zeitlich, Gott allmächtig, der Mensch unmächtig, Gott heilig, der Mensch sündhaft. Gott und Mensch sind Extreme: Gott das schlechthin Positive, der Inbegriff aller Realitäten, der Mensch das schlechtweg Negative, der Inbegriff der Nichtigkeiten.

Ludwig Feuerbach
Bereits der 16-Jährige stellt »eine entschiedene Neigung gegen die Religion« bei sich fest, will aber dennoch die Religion »zum Ziel und Beruf« seines Lebens machen. Das Theologiestudium in Heidelberg gibt er enttäuscht auf, denn »der theologische Mischmasch von Freiheit und Abhängigkeit, Vernunft und Glaube war meiner Wahrheit, das heißt Einheit, Entschiedenheit, Unbedingtheit verlangenden Seele bis in den Tod zuwider«. Als er hinter seiner anonym herausgegebenen Schrift »Gedanken über Tod und Unsterblichkeit« erkannt wird, schreibt er an seine Schwester: »Ich stehe im Geruch, ein grässlicher Freigeist, ein Atheist, ja, noch nicht genug, der leibhaftige Antichrist zu sein«. Mit seinem Buch »Das Wesen des Christentums« aber gewinnt er Berühmtheit. Er sieht sich »als den letzten, an die äußerste Grenze des Philosophentums hinausgeschobenen Philosophen«. Er freut sich, dass ihm nicht nur die Freunde zustimmen, sondern auch Bauern, Gastwirte und Soldaten von weither zu ihm kommen oder ihm rührende Briefe schreiben. Später sehnt er sich nach seinem »alten, einfachen Leben« zurück. Doch verfällt er der Armut, muss in eine »akustische Kloake« von Straßenlärm, Kindergeschrei und Hundegebell ziehen, kann sich nur mühsam am Leben halten, erleidet Schlaganfälle, vegetiert in geistiger Dumpfheit und stirbt mit 68 Jahren. F. hatte geglaubt, mit seiner »Philosophie der Zukunft« alle Religion und Theologie überwunden zu haben. Darin hat er sich freilich getäuscht. Auch nach seinem radikal durchdachten Atheismus stellt sich die Gottesfrage weiter.

> Die Grenzen der Feuerbachschen Religionstheorie sind rasch zu erkennen: Der Einheitsbegriff der Religion wird gänzlich undifferenziert verwendet, alle Religionen werden dem Theismus subsumiert, um dadurch eine deutliche Grenze zum Atheismus zu erhalten, die in Wirklichkeit in der Religionsgeschichte nicht zu ziehen ist, und dies wiederum rührt daher, dass Modell und polemischer Gegenstand im Grunde ausschließlich das Christentum ist.
>
> *Helmut Gollwitzer*

Feuerbach betrachtete die Religion als Wunschbedürfnis des Menschen, das den Menschen sich selbst und seiner Welt entfremdet. In Gott verehrt der Mensch demnach seine eigenen Tugenden. Darum ist die Religion das Verhalten des Menschen zu sich selbst, aber wie zu einem anderen Wesen. Wenn der Mensch jedoch – welche Überraschung! – diesen Zusammenhang erfasst, seiner Selbstentfremdung also ein Ende setzt und die mythische Figur Gottes aufgibt, so ist das für Feuerbach nicht etwa Atheismus, sondern dessen genaues Gegenteil: dann kann er endlich den wahren Gott verehren, nämlich die Menschheit, die nun erstmals im Besitz ihrer wirklichen Eigenschaften ist. So dreht er die Verhältnisse um: Die Christen, die an Gott zu glauben behaupten, glauben dennoch nicht an die Güte, die Gerechtigkeit und die Liebe, d. h. an alles das nicht, was Gott definiert, und sind darum für Feuerbach die tatsächlichen Atheisten. Mit dieser toten Religion Schluss zu machen, galt Feuerbach als ein Gebot der Wahrhaftigkeit und, wenn man so will, sogar der Frömmigkeit. Außerdem hatte das Christentum das Menschenbild immer stärker gegen das Gottesbild abgewertet, es mit Sünde und Schuld belegt, so dass positiv wie kritisch denkende Menschen diese Theologie und deren Gott loswerden wollten.

Karl Marx

Gott los werden – diesen Schritt taten im Banne Feuerbachs viele, meist jüngere Zeitgenossen. Bruno Bauer und der junge Richard Wagner bekehrten sich zum Atheismus; ebenso Karl Marx und Friedrich Engels, später dann Friedrich Nietzsche und Sigmund Freud. Karl Marx (1818–1883) wollte Feuerbach, wie er sagte, »vom Kopf auf die Füße« stellen, d. h. seine Religionskritik aus den sozialen Bedingungen der Gesellschaft begründen:

Karl Marx studierte Philosophie und Geschichte in Bonn und Berlin. 1842/43 Redakteur der »Rheinischen Zeitung«, emigrierte er 1843 nach Paris, wurde dort auch ausgewiesen, ging 1845 nach Brüssel und musste 1848 Belgien ebenfalls verlassen. In Köln als Redakteur der »Neuen Rheinischen Zeitung« übernommen, wies ihn im Mai 49 die preußische Regierung erneut als Ruhestörer aus. M. zog nach London, wo er bis zu seinem Tode 1883 blieb.

In der Religion – wahrgenommen als Christentum – sah M. den »Widerschein« einer »verkehrten Welt«. Aus diesem Grunde konnte ihm ihre Aufhebung in philosophischer Kritik, wie sie Feuerbach leistete, nicht genügen. Für ihn musste sich die Kritik der Religion zur Kritik an den politischen und gesellschaftlichen Zuständen entwickeln. Die Religion ist für M. in dem Maße überflüssig, als der Mensch zum Subjekt seiner eigenen Geschichte avanciert.

> Für Deutschland ist die Kritik der Religion im Wesentlichen beendigt, und die Kritik der Religion ist die Voraussetzung aller Kritik. … Das Fundament der irreligiösen Kritik ist: Der Mensch macht die Religion, die Religion macht nicht den Menschen. Und zwar ist die Religion das Selbstbewusstsein und das Selbstgefühl des Menschen, der sich selbst entweder noch nicht erworben oder schon wieder verloren hat. Aber *der Mensch*, das ist kein abstraktes, außer der Welt hockendes Wesen. Der Mensch, das ist die Welt des Menschen, Staat, Sozietät. Dieser Staat, diese Sozietät produzieren die Religion, ein verkehrtes Weltbewusstsein, weil sie eine verkehrte Welt sind … Der Kampf gegen die Religion ist also mittelbar der Kampf gegen jene Welt, deren geistiges Aroma die Religion ist.
> Das religiöse Elend ist in einem der Ausdruck des wirklichen Elendes und in einem die Protestation gegen das wirkliche Elend. Die Religion ist der Seufzer der bedrängten Kreatur, das Gemüt einer herzlosen Welt, wie sie der Geist geistloser Zustände ist. Sie ist das Opium des Volkes.
> Die Aufhebung der Religion als des illusorischen Glücks des Volkes ist die Forderung seines wirklichen Glücks. Die Forderung, die Illusionen über seinen Zustand aufzugeben, ist die Forderung, einen Zustand aufzugeben, der der Illusionen bedarf. Die Kritik der Religion ist also im Keim die Kritik des Jammertales, dessen Heiligen die Religion ist.
> Die Kritik hat die imaginären Blumen an der Kette zerpflückt, nicht damit der Mensch die phantasielose, trostlose Kette trage, sondern damit

George Grosz (1893–1959), Sonnenfinsternis, 1926.

Am Kabinettstisch thront ein Feldmarschall, den der blutige Säbel und das Kreuz in Schwarzweißrot kennzeichnen. Er empfängt seine Weisungen von einem Vertreter der Rüstungsindustrie. Mit ihm am Tisch der Ministerrat, kopflose Befehlsempfänger des Kapitals. Der Pappesel mit Scheuklappen vertritt das Volk: blindgläubig frisst es die lügnerischen Papiere der Presse in sich hinein. Das Dollarzeichen verdunkelt die Sonne, stellt aber klar, welche Gottheit hier herrscht. Unter dem Tisch nehmen Gefangenschaft und Tod das Resultat der wahnsinnigen Sitzung vorweg.

er die Kette abwerfe und die lebendige Blume breche. Die Kritik der Religion enttäuscht den Menschen, damit er denke, handle, seine Wirklichkeit gestalte wie ein enttäuschter, zu Verstand gekommener Mensch, damit er sich um sich selbst und damit um seine wirkliche Sonne bewege. Die Religion ist nicht nur die illusorische Sonne, die sich um den Menschen bewegt, solange er sich nicht um sich selbst bewegt.

Es ist also die Aufgabe der Geschichte, nachdem das Jenseits der Wahrheit verschwunden ist, die Wahrheit des Diesseits zu etablieren. Es ist zunächst die Aufgabe der Philosophie, die im Dienst der Geschichte steht, nachdem die Heiligengestalt der menschlichen Selbstentfremdung entlarvt ist, die Selbstentfremdung in ihren unheiligen Gestalten zu entlarven. Die Kritik des Himmel verwandelt sich damit in die Kritik der Erde, die Kritik der Religion in die Kritik des Rechts, die Kritik der Theologie in die Kritik der Politik. …

Die Kritik der Religion endet mit der Lehre, dass der Mensch das höchste Wesen für den Menschen sei, also mit dem kategorischen Imperativ alle Verhältnisse umzuwerfen, in denen der Mensch ein erniedrigtes, ein geknechtetes, ein verlassenes, ein verächtliches Wesen ist.

Die Religion als Blumen an der Kette zu bezeichnen, als Gemüt einer herzlosen Welt, als Opium des Volkes, gesteht der Religion zumindest zu, einen ansonsten unerträglichen Zustand erträglicher zu machen, wenn auch durch ein Narkotikum. Während andere ihre Religionskritik mit Beschimpfungen bestritten, leistete Marx analytische Aufklärung. Er traf damit eine Religionsgestalt, die allzu lange mit den herrschenden Mächten im Verbund stand und das Ihre dazu tat, das verarmte Volk ruhig zu halten. Eine solche Religion hätte freilich die Propheten Israels – Amos, Micha, Jesaja, Jeremia – entsetzt, und auch noch Mohammed. Deren Gottesvorstellungen schlossen eine soziale Haltung ein, die der marxistischen durchaus nahe kam.

Friedrich Nietzsche

Verfolgten Marx und Engels die Liquidation der Religion, weil sie im Sinne Feuerbachs den Menschen seiner selbst entfremde und die Herstellung sozialer Gerechtigkeit behindere, so setzte Friedrich Nietzsche (1844–1900) an einem ganz anderen Punkt an. Als er die philosophische Bühne betrat, herrschte in Deutschland infolge wissenschaftlicher Fortschritte, technischer Erfolge und politischer Dominanz rundum Optimismus. Nietzsche aber kritisierte das Zeitalter als nihilistisch. Er verachtete die materiellen Errungenschaften seiner Zeit, und es war ihm schwer begreiflich, dass niemand Auge und Ohr für das eigentliche Hintergrundgeschehen haben wollte. Er erfand seine furiose Fabel vom tollen Menschen, dessen Botschaft vom Tod Gottes offensichtlich bei niemandem ankam.

Nietzsche verstand sich selbst als toll gewordenen Menschen. Ihn bestimmte das Gefühl, dass Schreckliches auf uns zukomme. Nachdem wir den Glauben an Gott zerstört haben, könne keiner mehr sagen, wo oben und wo unten ist. »Dieses ungeheure Ereignis … ist noch nicht zu den Ohren der Menschen gedrungen …« Mit solcher Sprache versuchte er, der zeitgenössischen Kultur ihre Diagnose zu stellen. Wenn er auch den Athe-

---

Religion sei das Opium des Volkes, sagte Karl Marx. Das ist richtig, aber auch Musik und Theater, Romane lesen und Fernsehen, feine Gastronomie und Fernreisen sind Opium des Volks. Kultur ist Opium, großenteils. Ohne Opium ist das Leben gar nicht zu ertragen. Marx unterstellte, die Mangelhaftigkeit des menschlichen Lebens könne durch gesellschaftliche Veränderungen beseitigt werden. Sofern und soweit das der Fall ist, ist Opium verwerflich. Das Veränderliche muss verändert werden. Für das Unveränderliche braucht man Opium.

Bisher ist die Hoffnung nicht aufgegangen, dass die Menschen ohne Religion glücklicher seien. Das Ergebnis von zwei bis drei Jahrhunderten Vernunftglauben war nicht eine aufgeklärte und vom Sanftmutöl der Toleranz glänzende Gesellschaft. Es heißt, der Schlaf der Vernunft bringe Ungeheuer hervor. Aber auch der Religionsschlaf erzeugt Delirien. »Wo keine Götter sind, walten Gespenster« (Novalis). Die Menschen brauchen Götter, schreibt Thomas Mann im Joseph-Roman, »immer ahmen sie nur die Götter nach, und wie je das Bild ist, das sie sich von ihnen machen, danach tun sie.«

Hermann Kurzke

Wer nicht in seinem eigenen Bewusstsein, in seinem eigenen Leben erfahren hat, was es heißt: »Gott ist tot«, wie soll der einem heutigen Menschen helfen können? …
Weiß man das in der Kirche, dass dies die Wirklichkeit von heute ist? … Auch die zu großem Einsatz bereiten fanden oft nicht die Tür zur Wirklichkeit des Menschen ihnen gegenüber. Sie wussten nicht, vorsichtig gesagt, dass der Gott, an den sie ihn wiesen, ihm das Gesicht nicht mehr zeigte, das sie noch sahen oder zu sehen meinten. Sie waren beim Gott der Väter um den Preis, nicht bei der Wirklichkeit zu sein.

Carl Friedrich von Weizsäcker

ismus »aus Instinkt« bejahte, war ihm doch völlig klar, dass durch den Tod Gottes das Leben des Menschen jede Bedeutung verlieren könnte.

Andererseits war ihm der Christengott als oberster Miesmacher zuwider. »Ich würde nur an einen Gott glauben, der zu tanzen verstünde«, sagt er im »Zarathustra«. Nietzsche bezichtigt das Christentum, eine Sklavenmoral gefördert und diese zur herrschenden Moral gemacht zu haben, die jedes höhere Menschentum und jede höhere Kultur und Wissenschaft behindere. Die ganze Moderne leide darunter:

Es steht niemandem frei, Christ zu werden: man wird zum Christentum nicht »bekehrt« – man muss krank genug dazu sein … Wir anderen, die wir den Mut zur Gesundheit und auch zur Verachtung haben, wie dürfen wir eine Religion verachten, die den Leib missverstehen lehrte! die den Seelen-Aberglauben nicht los werden will! die aus der unzureichenden Ernährung ein »Verdienst« macht! die in der Gesundheit eine Art Feind, Teufel, Versuchung bekämpft! die sich einredete, man könne eine »vollkommne Seele« in einem Kadaver von Leib herumtragen, und dazu nötig hatte, einen neuen Begriff der »Vollkommenheit« sich zurechtzumachen, ein bleiches, krankhaftes, idiotisch-schwärmerisches Wesen, die sogenannte »Heiligkeit«.

Das Christentum steht auch im Gegensatz zu aller geistigen Wohlgeratenheit – es kann nur kranke Vernunft als christliche Vernunft gebrauchen … Weil die Krankheit zum Wesen des Christentums gehört, muss auch der typisch-christliche Zustand, »der Glaube«, eine Krankheitsform sein, müssen alle geraden, rechtschaffenen, wissenschaftlichen Wege abgelehnt werden. Der Zweifel ist bereits eine Sünde.

Nietzsche klagt die moralische Erniedrigung an, die der Mensch durch das Christentum erfahre und sieht sie letztlich in seinem Gottesverständnis gegeben:

Wenn alles Starke, Tapfere, Herrische, Stolze aus dem Gottesbegriffe eliminiert wird, wenn er Schritt für Schritt zum Symbol eines Stabs für Müde, eines Rettungsankers für alle Ertrinkenden heruntersinkt, wenn er Arme-Leute-Gott, Sünder-Gott, Kranken-Gott *par excellence* wird, und das Prädikat »Heiland«, »Erlöser« gleichsam übrig bleibt als göttliches Prädikat überhaupt: wovon redet eine solche Verwandlung? Eine solche *Reduktion* des Göttlichen? … Sein Weltreich ist nach wie vor ein Unterwelts-Reich, ein Ghetto-Reich … nunmehr transfigurierte er sich ins immer Dünnere und Blässere, ward »Ideal«, ward »reiner Geist«, ward »absolutum«, ward »Ding an sich« … *Verfall eines Gottes:* Gott ward »Ding an sich« …

Friedrich Nietzsche
Nietzsche sah das Christentum an sich selber zerbrechen, weil es sich von seinem Beginn an vom unmittelbaren Leben abgekehrt habe und eben darin vom Grunde her nihilistisch geworden sei. Doch komme dieser Zusammenbruch aus dem Christentum selber, nämlich aus dem in ihm gezüchteten Instinkt der Wahrhaftigkeit. Daher sei jetzt der Zeitpunkt gekommen, wo »die Ehrfurcht gebietende Katastrophe einer zweitausendjährigen Zucht zur Wahrheit sich die Lüge im Glauben an Gott verbietet«.

Edvard Munch (1863–1944), Friedrich Nietzsche, 1906.

»Ich habe beschlossen, ihn monumental und dekorativ zu malen … Er steht auf seiner Veranda und schaut hinunter in ein tiefes Tal; über den Bergen steigt eine strahlende Sonne auf …«

Sigmund Freud

Nicht minder will Sigmund Freud die Augen dafür öffnen, wie Religion den Menschen psychisch krank machen und zerstören kann. In seinem Buch »Die Zukunft einer Illusion« (1927) erklärt er die Religion als eine Zwangsneurose, die vernunftgeleitetem Denken widerspreche. Die Lehren der Kirche seien in sich widersprüchlich und wissenschaftlich widerlegbar:

Sigmund Freud (1856–1939), Nervenarzt, Psychologe und Kulturphilosoph. Er entwickelte (zusammen mit seinem Wiener Kollegen Josef Breuer) ein Verfahren, Neurosen zu behandeln. Dabei schrieb er dem Triebleben und dem ins Unbewusste Verdrängten entscheidende Wirkung zu. Das von ihm aus diesem Ansatz entwickelte Verfahren, unbewusste Vorgänge ins Bewusstsein zu heben, nannte er Psychoanalyse, die er zunächst mit übersteigerter Einseitigkeit verfolgte (und in der ihm sein bedeutendster Schüler Carl Gustav Jung nicht folgte).

Die Psychoanalyse wird von vielen Anhängern als eine umfassende Theorie betrachtet, die das komplexe menschliche Erleben und Handeln erschöpfend beschreiben und erklären kann. Gleichzeitig waren die Freudschen Theorien schon seit ihrer Begründung unterschiedlichster Kritik ausgesetzt. Diese Kritik hält bis heute an, wobei zu beachten ist, dass die Psychoanalyse seit Freud in vielfältige Richtungen weiterentwickelt wurde und in ihrer aktuellen Ausrichtung nur in wenigen Punkten mit den ursprünglichen Freudschen Auffassungen übereinstimmt.

Freud nannte sich selbst einen Feind der Religion »in jeder Form und Verdünnung«. Er verstand sich philosophisch in der Tradition Ludwig Feuerbachs (dessen Thesen er als seine philosophische Grundlage ansah) und Friedrich Nietzsches (dem er zugestand, etliche Einsichten der Psychoanalyse intuitiv vorweggenommen zu haben).

F. wendete seine psychoanalytischen Grundeinsichten auch auf die Ursprünge des Monotheismus an (Der Mann Moses und die monotheistische Religion, 1939). Er hat mit seinen Theorien einen kaum

Diese (Glaubens-Vorstellungen), die sich als Lehrsätze ausgeben, sind nicht Niederschläge der Erfahrung oder Endresultate des Denkens, es sind Illusionen, Erfüllungen der ältesten, stärksten, dringendsten Wünsche der Menschheit; das Geheimnis ihrer Stärke ist die Stärke dieser Wünsche. Wir wissen schon, der erschreckende Eindruck der kindlichen Hilflosigkeit hat das Bedürfnis nach Schutz – Schutz durch Liebe – erweckt, dem der Vater abgeholfen hat, die Erkenntnis von der Fortdauer dieser Hilflosigkeit durchs ganze Leben hat das Festhalten an der Existenz eines – aber nun mächtigeren – Vaters verursacht. Durch das gütige Walten der göttlichen Vorsehung wird die Angst vor den Gefahren des Lebens beschwichtigt, die Einsetzung einer sittlichen Weltordnung versichert die Erfüllung der Gerechtigkeitsforderung, die innerhalb der menschlichen Kultur so oft unerfüllt geblieben ist, die Verlängerung der irdischen Existenz durch ein zukünftiges Leben stellt den örtlichen und zeitlichen Rahmen bei, in dem sich diese Wunscherfüllungen vollziehen sollen. Antworten auf Rätselfragen der menschlichen Wissbegierde, wie nach der Entstehung der Welt und der Beziehung zwischen Körperlichem und Seelischem, werden unter den Voraussetzungen dieses Systems entwickelt; es bedeutet eine großartige Erleichterung für die Einzelpsyche, wenn die nie ganz überwundenen Konflikte der Kinderzeit aus dem Vaterkomplex ihr abgenommen und einer von allen angenommenen Lösung zugeführt werden.

Wenn ich sage, das alles sind Illusionen, muss ich die Bedeutung des Wortes abgrenzen. Eine Illusion ist nicht dasselbe wie ein Irrtum. ... Wir heißen einen Glauben eine Illusion, wenn sich in seiner Motivierung die Wunscherfüllung vordrängt, und sehen dabei von seinem Verhältnis zur Wirklichkeit ab, ebenso wie die Illusion selbst auf ihre Beglaubigungen verzichtet.

Wenden wir uns nach dieser Orientierung wieder zu den religiösen Lehren, so dürfen wir wiederholend sagen: Sie sind sämtlich Illusionen, unbeweisbar, niemand darf gezwungen werden, sie für wahr zu halten, sie zu glauben. Einige von ihnen sind so unwahrscheinlich, so sehr im Widerspruch zu allem, was wir mühselig über die Realität der Welt erfahren haben, dass man sie – mit entsprechender Berücksichtigung der psychologischen Unterschiede – den Wahnideen vergleichen kann. Über den Realitätswert der meisten von ihnen kann man nicht urteilen. So wie sie unbeweisbar sind, sind sie auch unwiderlegbar. Man weiß noch zu wenig, um ihnen kritisch näherzurücken. Die Rätsel der Welt entschleiern sich unserer Forschung nur langsam, die Wissenschaft kann auf viele Fragen heute noch keine Antwort geben. Die wissenschaftliche Arbeit ist aber für uns der einzige Weg, der zur Kenntnis der Realität außer uns führen kann.

Freud definierte die Religion als »kollektive Zwangsneurose«, die den einzelnen vor einer individuellen Zwangsneurose bewahrt. Ihre Glaubensinhalte wertet er als Symptome, die Ersatzbildungen für die kulturell unerwünschten Triebe des Menschen bereitstellen. Obwohl die Religion insofern nützlich sei, habe sie als Illusion den Menschen ebenso viele Probleme gebracht, wie sie löste. Zwar sah Freud in der Religion ein für die Menschheitsentwicklung notwendiges Stadium und hoffte, dass die Wissenschaft dieser Illusion schrittweise das Ende bereiten würde, denn: »Die Stimme des Intellekts ist leise, aber sie ruht nicht, ehe sie sich Gehör verschafft hat.« Dennoch war er sich der Unzulänglichkeit seiner eigenen Theorie bewusst, die er als »wissenschaftlichen Mythos« bezeichnete. Schon bald nach Erscheinen seiner Religionskritik »Die Zukunft einer Illusion« schrieb er an seinen Freund Ferenczi: »Jetzt kommt es mir bereits kindisch vor; im Grunde denke ich anders. Analytisch halte ich es für schwach und als Selbstbekenntnis unpassend.«

In seiner »Geschichte des Atheismus« resümiert Georges Minois:

So endet das 19. Jahrhundert mit einem riesigen Sprung des Unglaubens nach vorn, in all seinen praktischen und theoretischen Formen … Die Philosophie, die Wissenschaft, die Geschichte, die Soziologie, die Medizin, die Psychologie, die Psychoanalyse verkünden durch ihre namhaftesten Vertreter den Tod Gottes, auch wenn man sich bewusst ist, dass sich die Beerdigung noch lange hinziehen kann. Und um deutlich zu zeigen, dass Gott tot ist, schreibt man seine Biographie, erklärt, wie eine solche Illusion entstehen konnte und wie sie verschwinden wird.

Natürlich bleiben noch viele Gläubige übrig; sie stellen sogar die Mehrheit der Europäer. Aber damals konnte man meinen, der große Rückzug habe begonnen. …Um 1900 haben viele den Eindruck, dass der Aufschwung des Atheismus nunmehr unumkehrbar ist.

Ein Jahrhundert später indes scheint der Unglaube auf der Stelle zu treten. Die Vielfalt der atheistischen – oft antagonistischen – Standpunkte hat seinen Fortschritt zweifellos verlangsamt. Aber der wahre Grund dieses Stillstands rührt daher, dass das 20. Jahrhundert, weit entfernt, den Sieg einer Gewissheit über eine andere anzuzeigen, mit dem Anstieg der Ungewissheit enden wird. Dies ist sicherlich das Hauptmerkmal unserer Epoche, die, nach dem Jahrhundert des Todes Gottes, gleichsam das Jahrhundert des Todes der Gewissheiten bleiben wird, zum Nachteil sowohl des Glaubens wie des Atheismus.

Die kurzen Einblicke in die Religionskritik zeigen einen Atheismus, der von Mal zu Mal seine Gestalt und Argumentation verändert. Das heißt, er ändert Gestalt und Argumentation mit der Ablehnung und Widerlegung der gerade gültigen Gottesvorstellung. Dabei ist er im eigentlichen Sinne an die theistischen Religionen gebunden. Angesichts nicht-theistischer Religionen verliert er seine Sprache. Sein neuzeitliches Profil hat der Atheismus in seinen Einwänden gegen die je herrschende Form des Christentums entwickelt. In dieser Funktion leistet er eine durchaus legitime Form der Religionskritik. Selbst wenn er nur als Negation auftritt, hilft er mit seiner Gegenargumentation dem Gottesglauben in gar nicht zu überschätzender Weise, denn »Atheismus ist eine Reinigungsübung von hohem Nutzen, weil er Abgötterei und andere Einbildungen austreibt« (Simone Weil).

abzuschätzenden Einfluss auf die Kultur des 20. Jahrhunderts ausgeübt. Viele der von ihm geprägten Begriffe sind im Laufe der Jahre in den allgemeinen Sprachgebrauch übernommen worden. Doch lässt sich nicht übersehen, dass Freuds Werk deutliche Prägungen seiner Kindheits- und Jugendzeit im bürgerlichen Wien des ausgehenden 19. Jahrhunderts und seiner humanistischen Bildung zeigt. Manche seiner Deutungen werden aus heutiger Sicht als Ausdruck damals vorherrschender gesellschaftlicher Urteile und Zwänge verstanden.

Die Zeiten, in denen die christliche Religion Neurosen und Traumata erzeugte, dürfen wir heute als vergangen betrachten. Die Autoritäten, die sie als Hebel im Gewissenszwang missbrauchten, gibt es nicht mehr. Umso strahlender tritt die Grundeigenschaft des christlichen Glaubens wieder hervor: Er ist nicht neurotisierend, sondern antidepressiv. Nicht mehr die Neurose ist heute die psychische Krankheit vom Dienst, sondern die Depression. Das Ich ist aus dem Feuer des antiautoritären Kampfes nicht souverän als Phönix hervorgegangen, sondern deprimiert als Aschehäufchen.

Hermann Kurzke

Der fromme Atheist

Sein Unglaube ist für ihn vor allem das Denkmal eines Verlustes. Im Kinderlied hieß es von Gott, der die »Sternlein … gezählet« habe: »Kennt auch dich und hat dich lieb.« Das hatte das Kind fest geglaubt, und der Erwachsene kann dies nicht vergessen. Der Schlusschoral aus Bachs Johannes-Passion »Ach Herr, lass dein lieb Engelein …« oder das Doppelquartett »Denn er hat seinen Engeln befohlen über dir …« aus Mendelssohns Elias vermag er nicht anzuhören, ohne mit den Tränen zu kämpfen: Was sich da einstellt, ist eine Mischung aus Trauer und Wut, dass das alles nicht wahr ist. Der Ausweg einer vollständigen Ästhetisierung solcher Werke ist ihm verschlossen, und weil er hier nicht nur seufzen kann »Wie schön!«, verzichtet er lieber darauf, sie überhaupt anzuhören.

Herbert Schnädelbach

8. Das Ende des Theismus

Der Atheismus, wie er sich von der Antike bis heute artikuliert hat, war stets durch ein theistisches Gottesverständnis provoziert und ist auch von dorther zu verstehen. Was aber bleibt, wenn wir dem Atheismus in wesentlichen Teilen seiner Kritik zustimmen, weil auch für Christen der Theismus an sein Ende kommt?

Theismus (vom griechischen θεός, *theos*, »Gott«) ist der Glaube an einen intelligenten, persönlich wirkenden Schöpfergott, der die Welt erhält und lenkend in das Weltgeschehen eingreift. Nach dieser Vorstellung ist Gott ein übermächtiges, vollkommenes und unendliches Wesen, das über allem west und außerweltlich zu denken ist. Die ihm zugeschriebenen Eigenschaften bilden den positiven Gegensatz zu den mangelhaften Fähigkeiten des Menschen: Ist der Mensch gegenüber vielen Gewalten ohnmächtig, unvollkommen und endlich, so wird Gott als allmächtig, vollkommen und ewig gedacht.

Im aktuellen wie traditionellen Schrifttum wird der theistisch gedachte Gott folgendermaßen beschrieben:

> Der Theismus stellt sich Gott als ein personales Wesen vor. Natürlich ist Gott ein absolut superlatives personales Wesen, das höchste Wesen. Vor langer Zeit schuf dieses personale Wesen die Welt als etwas von ihm Losgelöstes. So sind Gott und die Welt scharf voneinander getrennt: Gott ist ›oben im Himmel‹, ›irgendwo da draußen‹, jenseits des Universums. (Marcus Borg)

> Der theistisch gedachte Gott ist »so etwas wie eine Person ohne Körper, ewig frei, fähig, alles zu tun, alles zu wissen, vollkommen gut, der geeignete Gegenstand menschlicher Anbetung und menschlichen Gehorsams, der Schöpfer und Unterhalter des Universums« (Richard Swinburne).

Monogrammist MS und Lucas Cranach d.J., Schöpfung, 1534.

Gott ist der unendlich vollkommene Geist, der Schöpfer des Himmels und der Erde, von dem alles Gute kommt. Wir nennen Gott einen Geist, weil er Verstand und freien Willen, aber keinen Leib hat ... Wir sagen: Gott ist ewig, weil er immer gewesen ist und immer sein wird. Wir sagen: Gott ist allgegenwärtig, weil er überall zugegen ist, im Himmel, auf Erden und an allen Orten. Wir sagen: Gott ist allwissend, weil er alles weiß; er weiß das Vergangene, das Gegenwärtige und das Zukünftige, sogar unsere geheimsten Gedanken. Wir sagen: Gott ist allmächtig, weil er alles kann, was er will. »Bei Gott ist kein Ding unmöglich« (Lk 1,37). Wir sagen: Gott ist heilig, weil er das Gute liebt und das Böse verabscheut. Wir sagen: Gott ist gerecht, weil er das Gute belohnt und das Böse bestraft; »er wird einem jeden vergelten nach seinen Werken« (Röm 2,6). Wir sagen: Gott ist gütig, weil er gut ist gegen seine Geschöpfe und ihnen zahllose Wohltaten erweist. Wir sagen: Gott ist barmherzig, weil er jedem reumütigen Sünder gern verzeiht. Wir sagen: Gott ist wahrhaft, weil er immer die Wahrheit sagt; er kann nicht irren und nicht lügen. Wir sagen: Gott ist getreu, weil er hält, was er verspricht, und erfüllt, was er androht. (Katholischer Katechismus, 1925)

Das Christentum sollten den modernen Atheismus nicht nur als etwas betrachten, das es zu eliminieren gilt; dazu wäre es gar nicht imstande. Es sollte in ihm vielmehr einen Vermittler der Möglichkeit zu eigener neuer Entwicklung sehen.
Keiji Nishitani

Alle Zitate beschreiben ein Gottesbild, das vom Menschen abgeleitet ist. Auf den so gedachten Gott trifft letztlich schon die Kritik des Xenophanes von Kolophon (um 570–475 v. Chr.) zu:

Aber die Menschen meinen, Götter würden geboren, und hätten Kleidung, Stimme und Körper wie sie selbst.
Die Äthiopier malen ihre Götter schwarz und stumpfnasig, die Thraker rötlich und blauäugig.
Doch wenn Ochsen oder Löwen Hände hätten, so dass sie mit den Händen malen und Bildwerke herstellen könnten wie eben Menschen, dann würden Pferde pferdeähnlich und Ochsen ochsenähnlich die Gestalten der Götter malen und solche Körper bilden, wie sie gerade jeweils selbst die Gestalt hätten.

Ähnlich folgert der anglikanische Bischof John Shelby Spong:

Es trifft zu, dass der Gott des Thomas von Aquin wie Thomas von Aquin aussah und auch so handelte. So erschien und handelte auch der Gott Martin Luthers, Johannes Calvins und Thomas Cranmers wie jeder dieser Theologen.

In der Bibel finden sich theistische Gottesbeschreibungen, die diesen Gott sogar Dinge tun wie fordern lassen, die heute als unmoralisch gelten: Die Ägypter drangsaliert er mit einer Plage nach der anderen; lässt in jedem Haus die erstgeborenen Kinder ermorden, nur um seinem auserwählten Volk Freiheit zu schaffen. Er spaltet das Rote Meer, um die Hebräer zu retten, die Ägypter zu ertränken. Er verlangt, das in eroberten Städten alles Leben getötet wird, Männer, Frauen, Kinder, jung wie alt. Er fordert, den eigenen Gatten, Sohn oder Tochter, Vater oder Mutter zu denunzieren, wenn sie anderen Göttern dienen wollen, sie ohne Erbarmen zu steinigen … Und vieles andere mehr …
Das Gottesverständnis dieser Geschichten spiegelt die geschichtlich bedingten Anschauungen – aber auch Eigeninteressen – alter Zeiten. Es

Barnett Newman (1905–1970), Be I (Second version), 1970.

Mit seiner mystischen Abstraktion fand Newman zum eigenen Malstil. Die ihn kennzeichnenden dünnen senkrechten Farbstreifen auf monochromem Grund sind über den Rand hinaus fortsetzbar, ohne Anfang und Ende.

Newmans Forderungen an seine Kunst: 1. Ihre Sprache muss abstrakt sein. 2. Ihre Dynamik ritueller Wille. 3. Ihr Ziel Vision und Erleuchtung. Es gibt keine vermittelnden Zeichen und Symbole mehr.

Gott

Der Gott, der mir vermittelt wurde, oder die Art, in der ich diese Vermittlung rezipiert habe, war für einen tragfähigen Gottesglauben ungeeignet. Christi Befreiungs- und Erlösungsbotschaft konnte nicht gehört werden, wo ein Angstgespenst unaufhörlich mit Höllenaussichten aufwartete. Ob mein neurotisches Wesen oder der katholische Diskurs der frühen Nachkriegszeit hier ausschlaggebend war, ist für das Ergebnis eigentlich unwichtig. Ich musste allein schon aus sexuellen Gründen diesen Gott los und somit gottlos werden, denn einen anderen erkannte ich nicht. Dieser Kampf war hart und heftig, er fand fern von zu Hause Anfang meines ersten Universitätsjahres in Tübingen statt. Er hinterließ eine religiöse Einöde in mir, und ein Weg zurück erscheint mir unmöglich. Wenn ich mir die Frage stelle, ob ich religiös unbegabt oder »nicht musikalisch« veranlagt bin, ich glaube Max Weber gebraucht die Metapher, oder ob eine bestehende Anlage deformiert wurde, so neige ich eher zu letzterer Annahme. Mich reizen noch heute theologische Fragestellungen, und die Gottesfrage hat mich nie losgelassen, auch wenn es mir jetzt weniger um seine absolute theologische Existenz geht als um die soziologisch-psychologische in den Köpfen der Gläubigen.

Jacques Wirion

Tomi Ungerer, Zeichnungen zu Zvi Kolitz, Jossel Rakovers Wendung zu Gott.

belegt den theistisch gedachten Gott als ein menschliches Produkt, das zu einer dualen Weltsicht führt. Der theistisch gedachte Gott steht der Welt gegenüber; er bestimmt alles Geschehen von außen. Er wird als Erstverursacher *hinter* allem Bestehenden gesehen, aber nicht *in* allem Bestehendem. Das nicht-theistische Gottesverständnis hat dagegen alle Gottesprädikate aufgegeben. Es verbindet Gott mit »Leere«, diese Leere aber mit einem Weg der Erfahrung.

Die Ansätze zur Überwindung des Theismus finden sich bei genauem Hinsehen bereits in der Hauptlinie der Bibel: Mit dem Verbot jeglichen Gottesbildes (Ex 20,4) in einem kulturellen Umfeld, in dem Götterbilder gewissermaßen die Religion definierten, wurde der erste große Schritt aus dem theistischen Milieu getan. Ein weiterer Schritt lag in der Definition des Menschen als Gleichnis Gottes (Gen 1,27), welche die Ehre Gottes mit der Achtung vor dem Menschen verknüpft. Und wenn dem Mose auf seine Bitte, Gott sehen zu dürfen, die Antwort zuteil wird, nur den »Rücken« Gottes, nie sein Antlitz sehen zu können – »denn nicht sieht mich der Mensch und lebt« (Ex 33, 20-23) – so sind dies Schneisen, die über den üblichen Theismus der Religionsgeschichte bereits hinausführen.

Das theologische Niveau *dieser* biblischen Linie hat die spätere christliche Glaubenspraxis nicht gehalten. Der »Herrgott«, wie ihn die Gebete und Andachten des Volkes beanspruchten, wurde in alle Nöte des Lebens einbezogen, und wenn er die Pest auch nicht hinderte, aus Löwengruben und Feueröfen nicht befreite, er nährte zumindest die Hoffnung, dass sich aus den krummen Zeilen dieses Lebens einmal ein gerader Sinn ergebe.

Der erste, der – außerhalb der Mystik, die immer schon anders dachte – einen Paradigmenwechsel im Gottesverständnis anstieß, war der protestantische Theologe Paul Tillich (1886–1965). Er machte klar, dass über Gott nur in der Sprache des Symbols gesprochen werden könne:

Der Glaube kennt keine andere Sprache als die des Symbols. Auf eine solche Feststellung erwarte ich immer die Frage: Nur ein Symbol? Aber wer so fragt … weiß nichts von der Macht der Symbolsprache, die an Tiefe und Kraft die Möglichkeiten jeder nicht-symbolischen Sprache übertrifft. Man sollte niemals sagen »nur ein Symbol«, sondern vielmehr: »nichts Geringeres als ein Symbol« …

Gott ist das grundlegende Symbol für das, was uns unbedingt angeht. Wiederum würde es völlig falsch sein zu fragen: Also dann ist Gott nur ein Symbol? Denn die nächste Frage müsste dann lauten: Ein Symbol wofür? Und darauf wäre nur die Antwort möglich: Für Gott. »Gott« ist Symbol für Gott …

Hier wäre es sinnlos zu fragen, ob die eine oder andere der Gestalten, in denen sich das Unbedingte symbolisch darstellt, tatsächlich »existiert«. Wenn man unter »Existenz« etwas versteht, was irgendwo im Ganzen der Wirklichkeit auffindbar ist, dann existiert kein göttliches Wesen.

Tillich sieht in der »sogenannten Frage« nach der Existenz Gottes eine »Redewendung, die eine unmögliche Kombination von Worten ist«. Da er die traditionelle Gottessymbolik, die sich mit »Höhe« und »Himmel« verband, aus ihrer räumlichen Dimension herausnahm und gegen eine nicht mehr räumlich verstandene »Tiefe« austauschte, gab er zugleich eine Projektion Gottes ins außerirdische Jenseits auf:

Der Name dieser unendlichen Tiefe und dieses unerschöpflichen Grundes allen Seins ist Gott. Jene Tiefe ist es, die mit dem Wort Gott gemeint ist. Und wenn das Wort für Euch nicht viel Bedeutung besitzt, so übersetzt es und sprecht von der Tiefe in Eurem Leben, vom Ursprung Eures Seins, von dem, was Euch unbedingt angeht, von dem, was Ihr ohne irgendeinen Vorbehalt ernst nehmt. Wenn Ihr das tut, werdet Ihr vielleicht einiges, was Ihr über Gott gelernt habt, vergessen müssen, vielleicht sogar das Wort selbst. Denn wenn Ihr erkannt habt, dass Gott Tiefe bedeutet, so wisst Ihr viel von ihm. Ihr könnt Euch dann nicht mehr Atheisten oder Ungläubige nennen, denn Ihr könnt nicht mehr denken oder sagen: das Leben hat keine Tiefe, das Leben ist seicht, das Sein selbst ist nur Oberfläche. Nur wenn Ihr das in voller Ernsthaftigkeit sagen könnt, wäret Ihr Atheisten, sonst seid Ihr es nicht. Wer um die Tiefe weiß, weiß auch um Gott.

Einen anderen Anstoß, das theistische Gottesverständnis zu übersteigen, bot das 20. Jahrhundert mit seinen monströsen Ereignissen. Dass sechs Millionen Juden fabrikmäßig ermordet werden konnten, dazu Sinti, Roma, geistig Behinderte, Regimekritiker … alle nach Plan und ohne jede göttliche Rührung angesichts des millionenfachen Schrei aus der Tiefe, das ließ an diesem Gott irre werden und führte zu neuen Fragen. Der jüdische Philosoph Hans Jonas (1903–1993), dessen Familie auch von Auschwitz betroffen war, fragte: »Was für ein Gott konnte das geschehen lassen?« Jonas demontierte das theistische Gottesverständnis, indem er die stets gelehrten göttlichen Eigenschaften als untereinander widersprüchlich erkannte: Güte und Verstehbarkeit gehen nicht mit der Allmacht Gottes konform; Güte und Allmacht widersprechen seiner Verstehbarkeit; Allmacht und Verstehbarkeit lassen sich nicht mit absoluter Güte verbinden. Also lautet Jonas' Schlussfolgerung:

Nach Auschwitz können wir mit größerer Entschiedenheit als je zuvor behaupten, dass eine allmächtige Gottheit entweder nicht allgütig oder (in ihrem Weltregiment, worin wir allein sie erfassen können) total unverständlich wäre. Wenn aber Gott auf gewisse Weise und in gewissem Grade verstehbar sein soll (und hieran müssen wir festhalten), dann muss sein Gutsein vereinbar sein mit der Existenz des Übels, und das ist es nur, wenn er nicht all-mächtig ist … Und da wir sowieso den Begriff der Allmacht als zweifelhaft in sich selbst befanden, so ist es dieses Attribut, das weichen muss … Durch die Jahre des Auschwitz-Wütens schwieg Gott. Die Wunder, die geschahen, kamen von Menschen allein: die Taten jener einzelnen, oft unbekannten Gerechten unter den Völkern, die selbst das letzte Opfer nicht scheuten, um zu retten, zu lindern, ja, wenn es nicht anders ging, hierbei das Los Israels zu teilen … Aber Gott schwieg. Und da sage ich nun: nicht weil er nicht wollte, sondern weil er nicht konnte, griff er nicht ein.

Die Rede von der Allmacht Gottes gewann ihre Plausibilität aus den Analogien mit der Machthabern dieser Welt. Kaiser und Könige verstanden ihre Herrschaft in Teilhabe an Gottes Herrschaft. Gott galt als Herr der Geschichte, dessen Wille ebenso Naturgewalten befehligte, wie er Kriege entschied. Nun aber war »Auschwitz« für einen davon Betroffenen der un-

„איך גלויב אין דער זון, אפילו
װען זי שײנט ניט; איך גלויב
אין דער ליבע, אפילו װען איך
פיהל איהר ניט, איך גלויב אין
גאט, אפילו װען ער שװײגט".
(אן אויפשריפט אויף א װאנט
אין א קעלער אין קעלן-אם-
רהיין, װאו אײניגע אידען
האבען זיך אויסבאהאלטן אין
פארלויף פון דער גאנצער
מלחמה).

»Ich glojb in der Sunn, afile wenn sie scheint nit; ich gloib in der Liebe, afile wenn ich fihl ihr nit, ich glojb in Gott, afile wenn er schweigt.«

An Ojfschrift ojf a Want in a Keller in Köln am Rhein, wu einige Jiden hoben sich ojsbahaltn in Varlojf vun der ganzer Milchome.

»Ich glaube an die Sonne, auch wenn sie nicht scheint. Ich glaube an die Liebe, auch wenn ich sie nicht fühle. Ich glaube an Gott, auch wenn er schweigt.«

Aufschrift auf der Wand eines Kellers in Köln am Rhein, wo sich einige Juden während des Krieges versteckt gehalten haben.

umgängliche Anlass geworden, dieses naive Gottesbild zu revidieren. Die Vorstellung von einem Gott, der die Geschicke dieser Welt dirigiert, verlor endgültig ihre Überzeugungskraft. Aber ein Gott, der in die immanenten Vorgänge dieser Welt nicht beliebig eingreift, verändert das theologische Denken und längerfristig auch Gebete, Gottesdienst und Kirchengestalt. Bonhoeffers Überzeugung, von nun an leben zu müssen *etsi deus non daretur* – »als ob es Gott nicht gäbe«, ist seit 1945 zwar immerfort zitiert worden, aber noch hat die Christenheit diesen Horizont nicht eingeholt. Elie Wiesel verbindet mit dieser neuen Bewusstseinslage nur noch Klage und Frage:

Ebenso wie in der Kabbala die Rede von jenen »zerbrochenen Gefäßen« anlässlich der Schöpfung ist, müssen wir heute die Möglichkeit eines ähnlichen Bruches ins Auge fassen und zwar in einem ebenso gewaltigen Maßstab, wie es beim ersten der Fall war und der das gesamte Sein umfasst.

Ein Bruch zwischen Vergangenheit und Zukunft, zwischen Schöpfung und Schöpfer, zwischen dem Menschen und seinesgleichen, zwischen dem Menschen und seiner Sprache, zwischen den Worten und dem Sinn, den sie enthalten.

Aber, werden Sie mir sagen, was bleibt uns dann noch? Die Hoffnung trotz allem und uns zum Trotz? Vielleicht die Verzweiflung? Oder der Glaube? Es bleibt uns nur die Frage.

Die Frage steht für Elie Wiesel – wenigstens in diesem Text – jenseits von Hoffnung, Verzweiflung und Glauben. Sie mag in Agnostizismus oder blanken Nihilismus führen, sie kann aber auch die religiöse Situation neu bestimmen. In diesem Sinne sagte der jüdische Philosoph Ernst Akiba Simon (1899–1988), in der heutigen Weltlage bestehe der Hauptunterschied zwischen Gläubigen und Ungläubigen nicht so sehr darin, was sie glauben, und vielleicht nicht einmal, dass sie glauben, sondern dass sie zweifeln. »Wir Gläubigen zweifeln, und ohne diesen Zweifel können wir nicht glauben.«

Denken wir von Auschwitz in die Evolutionsgeschichte zurück, stehen wir hier wie dort vor einem mitleidlosen Geschehen, das die gesamte Naturgeschichte bestimmt. Der menschlichen Passion gehen Milliarden Jahre katastrophaler Lebensgeschichte voraus. Aber wer soll der Gott sein, an den sich solche Klage richtet? Der Gott des Amos, Micha und Jesaja wird erst in den letzten Sekunden der Weltzeituhr zum Gesprächspartner. Doch wenn Gott der Tänzer ist, der die Evolution tanzt (→ S. 175 ff.), findet dann überhaupt eine Klage Gehör?

Unter den Theologen hat nach Paul Tillich niemand das Ende des Theismus konsequenter entfaltet als Dorothee Sölle (1929–2003). Das einst »Gott« genannte höchste Wesen verlor für sie jede Selbstverständlichkeit, zumal von Jahrzehnt zu Jahrzehnt das Unvermögen deutlicher wurde, mit diesem Wort Erfahrungen im gesellschaftlichen Leben zu verbinden:

Ich gehe vom Ende des Theismus aus. Die Vorstellung eines höchsten Wesens an der Spitze der Pyramide des Seins, das alle Ordnungen ins Dasein gesetzt hat und sie erhält, ist nicht mehr denkmöglich. Gott »ist« nicht, wie der Himalaja ist, ein feststellbares, erforschbares Objekt, das zum Beispiel fotografiert werden kann. Anders gesagt, der Theismus als die selbstverständliche Annahme Gottes ist unfähig, die Erfahrungen mit

Gott, die auch heute noch gemacht werden, zu kommunizieren. Und darauf käme es doch gerade an! Die innerste Schwierigkeit einer gegenwärtigen Gottes-Sprache, von einem Gottes-Begriff ganz zu schweigen, besteht darin, dass Christen heute in einem unauflöslichen Widerspruch leben, der zwischen dem normalen Atheismus ihrer Welt einerseits besteht und den realen Erfahrungen Gottes andererseits, in die ich die Erleidungen der Abwesenheit Gottes einschließe.

Dieser Widerspruch von »atheistisch leben« und »an Gott glauben« ist aber vielleicht nicht so unerhört und denkunmöglich, wie es zunächst erscheint. Denn auch innerhalb des Theismus, also der Annahme eines höchsten, alles bedingenden und beherrschenden himmlischen Wesens, war der existentielle Glaube an Gott keineswegs selbstverständlich. Schon Luther weiß darüber zu spotten, wenn er sagt: »Du glaubst an Gott? Da tust du auch was Rechtes! Das tut der Teufel auch!« In Wirklichkeit sind Atheismus und Theismus gleich weit von einem das Leben bestimmenden, existentiellen Glauben entfernt ... Das Ende des Theismus oder den Tod des theistischen Gottes sehe ich daher als Chance an, endlich konkret, auf die Lebenspraxis bezogen von Gott zu reden.

Sölles Glaube war nach eigenen Aussagen »geprägt von dem Bewusstsein ... nach Auschwitz zu leben«. Die Lehre von der Allmacht Gottes wurde so für sie zum Gegenstand kritischen Nachdenkens. Der alte Satz: »Gott hat keine anderen Hände als unsere« bekommt im nicht-theistischen Denken einen neuen Klang.

9. Nicht-theistisch an Gott glauben: Die Mystik

Es könnte so scheinen, als vollzöge sich mit dem Ende des Theismus ein ungeheurer Bruch in der Glaubenstradition. Es ist jedoch zu erinnern, dass sich bereits in der Entwicklung des Monotheismus eine Linie entfaltete, die das Gottesverständnis jeder Vergegenständlichung entzieht (→ S. 188).

Jüdische Mystik

Schon auf dem Weg zum biblischen Monotheismus entwickelt sich eine prophetische Linie zur Verfeinerung des überlieferten Stammesgottes Jahwe. Diese Linie setzt sich im rabbinischen Judentum fort. Salomon Schlechter, der 1909 ein grundlegendes Werk über die talmudisch-rabbinische Theologie schrieb, urteilt: »Die besondere Art des altjüdischen Denkens ... ist gegen das Gewisse und Feste.« Theologie wird hier nicht als System, als *summa*, geschrieben, sondern als Erzählung. Für die Rabbinen ist Gott ein Gott der Beziehung. Darum verstehen sie jede Rede von Gott zugleich als eine Rede vom Menschen. Was von Gott gesagt wird, wird in seiner Relation zum Menschen gesagt, jedoch letztlich nie als Aussage über die Attribute Gottes.

Schon in der antiken Epoche des rabbinischen Judentums entwickelt sich eine Periode jüdischer Mystik. Ihre literarischen Überreste erstrecken sich vom ersten vorchristlichen Jahrhundert bis ins zehnte hinein. Sie schildern das »Gewand« des Ewigen: »Es ist vollständig bedeckt von

---

Wenn es einen Gott, den es gibt, nicht gibt, dann gibt es auch einen Gott, der im Guten wie im Bösen – und sei es auf Gebet hin – handelnd eingreifen könnte, gar nicht ... Die ganze Fragestellung der Theodizee muss als unzutreffend und unsinnig überwunden werden, denn einen solchen Gott »gibt es nicht«. Natürlich kann man weiterhin annehmen, dass ein Gott sei, der Gebete erhöre, sich aber in seinem Ratschluss vorbehalte, die einen Bitten zu erfüllen, die anderen nicht ...

Der so vorgestellte Gott ist gestorben, besser: Es hat ihn so nie gegeben, und die Vorstellung von ihm (und die ihm entsprechende Art von Weltsicht und Gewissheit) ist ebenfalls gestorben; diese Projektion ist zurückzuziehen. Es gibt keinen extra-mundanen eingreifenden Gott, sondern nur ein allenthalben ... innewohnendes, verborgenes und wehrloses Geheimnis, mit dem es eins zu werden gilt.

Diese berechtigte Einsicht des Non-Theismus ist ... ein wesentlicher Erkenntnisfortschritt. Denn sie bereitet der unendlich oft und quälend wiederholten Frage: »Warum lässt Gott das und das zu, erhört nicht mein Gebet – und warum das gerade mir?« ein Ende.

Matthias Kroeger

JHWH, JHWH. Kein Auge kann es anschauen, weder die Augen aus Fleisch und Blut, noch die Augen seiner Diener.« Wenn nicht einmal das Gewand Jahwes denkbar ist, um wie viel weniger ist er selbst den Sinnen fassbar. So konkret die Metaphern und Symbole auch sein mögen, – in der Lehre von den Gottesnamen, in Bildern des »Aufstiegs« zu Gott – die jüdischen Mystiker beschreiben alles, nur nicht Gott. Auch gibt es immer wieder Versuche zur Überwindung des personalen Gottesbegriffs.

Natürlich sind auch die Bilder mystischer Erfahrung ebenso wie die Glaubensvorstellungen der theistischen Religionen kulturell geprägt. Monotheisten nannten ihre Gipfelerlebnisse eine »Vision Gottes«. Plotin (205–270) sprach von der Erfahrung des Einen; Buddhisten könnten sie einen Vorgeschmack des Nirwana nennen. Stets handelt es sich um subjektive Erfahrungen, die oft erst am Ende einer langen inneren Reise gewonnen werden, aber nicht als objektive Tatsachen außerhalb des Selbst zu verstehen sind.

Frühchristliche Mystik

In der römischen Kirche tat man sich in dieser Hinsicht eher schwer. Papst Gregor der Große (540–604) sprach von der Dunkelheit in Gott: »Nur dann ist Wahrheit in dem, was wir in Bezug auf Gott wissen, wenn uns klar wird, dass wir nicht verlässlich irgendetwas über ihn wissen können«. Zwar sah Gregor die Seele um Gott kämpfen, um »über sich selbst hinaus zu gelangen, aber sie sinkt, überwältigt von Erschöpfung, in ihre eigene, vertraute Dunkelheit zurück«.

Demgegenüber bestimmte das byzantinische Christentum die Erfahrung Gottes eher durch Licht als durch Dunkelheit. Ihre Mystik beherrschte nicht Vision und Bild, sondern die Nichtsagbarkeit Gottes, wie sie Dionysius Areopagita beschreibt: Von Gott kann nur im Sinne einer *theologia negativa* gesprochen werden. Gott ist kein anderes Wesen, keine weitere Erscheinungsform des Seins, die der Welt hinzugefügt wäre. Während andere, zumal in der lateinischen Kirche, Gott ihren eigenen Gedanken unterstellten, und dann »wussten«, was Gott will, verbietet oder plant, sich also ihren eigenen »Gott« schufen, blieb Gott hier ein Mysterium, das jeder Theologie zwei Kriterien verleiht: verschwiegen und paradox in einem zu sein.

Schon der Mönch und Asket Euagrios Ponticos, ein Schüler des Gregor von Nazianz, ermahnte seine Mönche: »Wenn ihr betet, stellt euch das Göttliche nicht bildhaft vor und vermeidet es, eurem Geist dem Eindruck irgendeiner Form zu öffnen.« Er empfahl als Gebet eine Art christliches Yoga, denn »Gebet heißt sogar, das Denken abschütteln«. Anzustreben galt ihm ein Gefühl der Einheit mit allen Dingen, das Freisein von jeder Ablenkung und der Verlust des Ego, also ein Weg, wie er in nicht-theistischen Religionen bis heute gelehrt wird. Andere Hesychasten (Einsiedler; Mönche) lehrten später eine Atemtechnik, welche die Aufmerksamkeit nach innen verlegt, Gedanken dabei sanft beiseite schiebt, so dass überflutende Bilder verblassen und der Beter eins wird mit seinem Gebet. Damit waren griechische Christen auf demselben Weg wie auch die asiatischen Religionen. Sie verbanden mit dem Gebet Körper und Geist, während römische Christen wie Augustin und Gregor im Gebet die Seele vom Leib befreien wollten. Maximus Confessor (580–662), byzantinischer

---

Dionysius Areopagita (um 500). Apg 17,34 nennt einen Dionysius, den Areopagit, der sich Paulus in Athen anschloss. Um das Jahr 500 nahm ein anonym gebliebener Philosoph und Theologe diesen Namen an. Er wird deswegen heute als Pseudo-Dionysius Areopagita bezeichnet. Unter diesem Decknamen gewann er eine fast apostolische Autorität und bewahrte diese über Jahrhunderte.
D. sprach ungern von »Gott«. Schon das Wort sei fehlleitend. Es gelte zu begreifen, dass Gott kein höchstes Wesen an der Spitze einer Hierarchie aus niederen Wesen ist. »Das Göttliche befindet sich ... jenseits von Intellekt, von jeder Manifestation des Seins und von Erkenntnis.«

Euagrios Ponticos (345-399), ägyptischer Mönch, Asket und Schriftsteller. Als gegen Ende des 4. Jahrhunderts unter den Mönchen in der ägyptischen Wüste ein Glaubensstreit über die Lehren des Origenes ausbrach, verteidigte E. als Führer der gebildeten Mönche dessen Rechtgläubigkeit, – was ihn nicht davor schützte, als Anhänger des Origenes postum mehrmals verurteilt zu werden, beispielsweise im Jahr 553 auf dem Konzil von Konstantinopel.

Mönch und Schriftsteller, schrieb: »Der ganze Mensch soll Gott werden, vergöttlicht durch die Gnade des menschgewordenen Gottes, er soll ganzer Mensch werden, Leib und Seele, durch die Natur.«

Im 10. Jahrhundert verdichtete Symeon der Neue Theologe (949–1022) noch einmal die griechische Tradition der Vergöttlichung:

> O Licht, das niemand benennen kann,
> weil es gänzlich namenlos ist.
> O Licht mit vielen Namen, da es in allen Dingen wirkt …
> Wie verbindest du dich mit Gras?
> Wie erhältst du, während du unverändert bleibst,
> vollkommen unzugänglich,
> die Natur des Grases unversehrt?

Islamische Mystik

Auch im Islam entfaltete sich eine Mystik, die das theistische Gottesverständnis überschreitet. Während sich im Osten des byzantinischen Reiches unter Mohammed eine religiöse Revolution ereignet hatte, die schon bald das orientalische und afrikanische Christentum verdrängte und den eigenen Glauben von Judentum und Christentum abgrenzte, entwickelten die Sufis als Vertreter einer mystischen Richtung des Islam Übungen, die Mystikern in der ganzen Welt bekannt sind, wenn es darum geht, das alltägliche gegenständliche Denken zu übersteigen. Der erste war Abu Yazid Bistami, den sein meditativer Weg über eine personalisierte Gottesvorstellung hinausführte:

> Ich schaute auf (Allah) mit dem Auge der Wahrheit und sagte zu Ihm: »Wer ist das?« Er sagte: »Das bin weder ich noch ist es ein anderer als ich. Es gibt keinen Gott außer mir.« Dann verwandelte er mich aus meiner Identität in Seine Ichheit … Dann sprach ich mit ihm mit der Zunge seines Gesichtes und sagte: »Wie ergeht es mir mit dir?« Er sagte: »Ich bin durch Dich, es gibt keinen Gott außer Dir.«

Die Ausschaltung des eigenen Ego führt zur Erfahrung einer inneren Übereinstimmung mit der göttlichen Wirklichkeit als der Wiedervereinigung mit einem tieferen Selbst. Auch für Mansur al-Halladsch (858–922) ist Gott keine getrennte, gegenüberstehende Realität mehr, sondern wird erlebt als die tiefste zu findende Identität:

> Ich bin Er, den ich liebe; Er, den ich liebe, ist ich:
> Wir sind zwei Geister, die in einem Leibe wohnen.
> Wenn du mich siehst, siehst du Ihn,
> und wenn du Ihn siehst, siehst du uns beide.

Al-Halladschs berühmtester Ausspruch »Ich bin die Wahrheit« (Ana l-haqq) entsprang dem Gedanken der Eins-Werdung mit Gott, der Auflösung des Ichs in Gott. Das orthodoxe Denken fand solche Äußerungen jedoch schockierend, so dass Halladsch der Ketzerei bezichtigt wurde. Er wurde schließlich von der Regierung festgenommen und nach mehreren Jahren Gefängnis öffentlich gekreuzigt:

Abu Yazid al-Bistami (gest. 875), persischer Sufi, der sein Leben dem Asketentum und der Einsamkeit widmete. Der einzige Wunsch seines Lebens war es, eine unmittelbare Wahrnehmung der göttlichen Wirklichkeit zu erlangen. Er verfasste selbst kein Werk, doch wurden seine Worte von Zeitgenossen aufgeschrieben.

Mansur al-Halladsch (um 858–922), wurde vom Volk als Heiliger verehrt, von den Gelehrten als Häretiker verurteilt. Bewusst lehrte er den mystischen Weg, um die orthodoxe Theologie, die er als steril empfand, herauszufordern. Nach Jahren großer Lehrtätigkeit und Reisen durch ganz Zentralasien und Indien wurde er schließlich verhaftet, eingesperrt und in Bagdad brutal hingerichtet.

Ibn al-Arabi (1165–1240), Sufi-Mystiker und unabhängiger Denker. Geboren in Murcia, studierte er die islamischen Wissenschaften in Sevilla, wo er den Ruhm eines führenden Gelehrten gewann. 1201/02 verließ er Spanien, reiste von Tunis nach Kleinasien und ließ sich schließlich in Damaskus nieder, wo er auch starb. Für I. ist jegliche Existenz der Phänomene eine Manifestation der göttlichen Substanz. Aus diesem Grunde wurde er des Pantheismus verdächtigt. »Liebe ist der Glaube, den ich vertrete.«

Als er zur Kreuzigung gebracht wurde und das Kreuz und die Nägel sah, wandte er sich an das Volk und sprach ein Gebet, das mit den folgenden Worten endete: Diese Deine Diener haben sich versammelt, um mich zu töten, aus Eifer für Deine Religion, und um Dir näher zu kommen. Vergib ihnen, denn wenn Du ihnen enthüllt hättest, was Du mir enthüllt hast, so täten sie das nicht, was sie tun, und wenn du mir verhüllt hättest, was du ihnen verhüllt hast, so würde ich nicht mit dem heimgesucht, womit ich nun heimgesucht werde. Dir gebührt Lob für das, was Du tust, und Dir gebührt Lob für das, was Du willst.

Die Lebensgeschichte und die mehrfache Hinrichtung von al-Halladsch zeigen, wie tief die Feindschaft zwischen Orthodoxie und Mystik mit ihren je unterschiedlichen Vorstellungen von Gott und Offenbarung sein kann. Für den Mystiker ist Offenbarung eine innere Erfahrung, während sie nach konventioneller Anschauung als ein objektiver Sachverhalt der Geschichte betrachtet wird. Dem Sufismus aber gelang es in den Jahrhunderten seiner Breitenwirkung zu zeigen, dass seine Mystik die authentische Form muslimischer Spiritualität war. Während im 13. Jahrhundert die westliche Welt sich der arabischen Philosophie zuwandte und bereitwillig den aristotelischen Gott annahm (→ S. 121), entschied sich die damalige Mehrheit der islamischen Welt für den Gott der Mystiker und hielt über Jahrhunderte daran fest.

Göttlichkeit und Menschlichkeit sind im mystischen Denken zwei Aspekte des göttlichen Lebens, das den gesamten Kosmos durchwirkt. Für die christliche Theologie vollzog sich die Menschwerdung Gottes in Jesus; der Sufi Ibn al-Arabi aber wollte nicht hinnehmen, dass nur ein geschichtlicher Mensch, wie hervorragend auch immer, die Unermesslichkeit Gottes verkörpert habe. Vielmehr glaubte er, dass jeder Mensch in jeder Zeit das göttliche Mysterium in sich trage. Al-Arabis Mystik war Suche nach dem Grund des Seins in den Tiefen des Selbst. Sie überschritt die Grenzen jeder einzelnen Religion, weil sie – wie später auch Meister Eckhart – überzeugt war, dass der Wein Gottes immer schon im Keller sei, also jedem Menschen geschenkt, selbst wenn er nie zu seiner eigenen Tiefe erwache. Darum lag in diesem Verständnis bereits die Überschreitung religiöser Grenzen angelegt, weil keine Religion für sich allein die ganze Wahrheit Gottes besitze. Ibn al-Arabi gab den Rat:

Schließe dich nicht ausschließlich einem bestimmten Glauben an, um alles andere nicht glauben zu müssen, sonst wirst du viel Gutes verlieren, ja, du wirst sogar die wahre Natur der Sache verfehlen. Gott, der Allgegenwärtige und Allmächtige, lässt sich nicht auf einen einzigen Glauben begrenzen, denn er sagt: »Wohin immer du dich wendest, ist das Gesicht Allahs« (Koran 2,109). Jeder preist das, was er glaubt, sein Gott ist sein eigenes Geschöpf, und indem er ihn preist, preist er sich selbst. Folglich tadelt er die Überzeugungen anderer, was er nicht tun würde, wenn er gerecht wäre, aber seine Ablehnung beruht auf Unwissenheit.

Im 12. und 13. Jahrhundert hatte sich der Sufismus in der islamischen Öffentlichkeit weitgehend durchgesetzt. Es entstanden Sufi-Orden, die ihren

Glauben je auf eigene Weise interpretierten. Der berühmteste Sufi-Orden war jener, den Dschalal ad-Din Rumi gegründet hatte. Rumis Lehren ließen sich breit vermitteln, weckten aber auch Irritationen, wie sie bis heute dem Mystiker begegnen. Rumi riet ab vom traditionellen Religionsbetrieb mit seinen Pilgerfahrten zu heiligen Orten:

Das Kreuz und die Christen nahm ich von allen Seiten in Augenschein. Er war nicht am Kreuz. Ich ging zum Hindu-Tempel, zu der alten Pagode. An beiden Orten fand ich keine Spur von ihm. Ich ging zu den Höhen von Herat und nach Kandahar, schaute mich um. Er war nicht auf den Höhen und nicht in der Niederung. Entschlossen stieg ich zur Spitze des Kaf-Berges. Dort wohnte nur der Anqua-Vogel. Ich ging zur Kaaba und traf ihn dort nicht. Ich fragte Ibn Sina nach seinem Wesen: er war jenseits der Definitionen des Philosophen Avicenna … Ich schaute in mein eigenes Herz. An diesem Ort sah ich ihn. Er ist an keinem anderen Ort.

Deutsche Mystik

Die Christen im Westen brauchten länger, eine mystische Tradition zu entwickeln. In Meister Eckhart kam sie als sogenannte »Deutsche Mystik« zur Geltung. Nicht ohne Anstoß aus dem Geist der griechisch-arabischen Philosophie, ist diese Mystik dennoch mehr als nur gedachte Mystik. Gott, erklärte Eckhart, sei »nichts«:

Wenn er nun weder Güte noch Sein noch Wahrheit noch Eins ist, was ist er dann? Er ist gar nichts, er ist weder dies noch das.

Der Freiburger Religionsphilosoph Bernhard Welte (1906–1983) kommentiert: »Wenn alle Namen und Begriffe verschwinden, verschwindet mit ihnen alle Objektivität, das heißt alles Vor-sich-Hinstellen von etwas als etwas … Wo aber Begriffe und Namen schwinden, da schwindet folgerichtig auch damit alle Eigenschaft, das heißt alles Bestehen des Menschen auf seinem eigenen Selbst …, er verlässt und vergisst sich selbst in die namenlose Unendlichkeit hinein, er wird so dem Nichts gleich und eben dadurch Gott gleich.«

Eckhart versteht die Einheit – nicht die Vereinigung – von Gott und Mensch nicht in dem Sinne, dass die Seele eine Sache wäre und Gott eine andere und beide kämen dann zusammen. Er betont vielmehr, »wie ich schon öfters gesagt habe, dass etwas in der Seele ist, das Gott so verwandt ist, dass es eins ist und nicht vereint«. Er kann auch sagen, Gott sei der Seele näher als diese sich selber ist, und in der Folge dieses Gedankenganges kommt er zu der beschwingten Metapher vom Wein im Keller für den göttlichen Grund des Menschen:

Als ein man, hât er wîn in sînem keller und erhaete er sîn niht getrunken noch versuochet sô einweiz er niht, daz er guot ist. – Wie ein Mann, der Wein in seinem Keller hat, und er hätte davon nicht getrunken noch versucht, so weiß er nicht, dass er gut ist.

Dschalal ad-Din Rumi (1207–1273), bedeutender mystischer Dichter des Islam und Gründer des Mevlevi-Sufi-Ordens. Er stieg zum Lehrer der religiösen Wissenschaften in Konya (Anatolien) auf, verzichtete dann auf diese Karriere, um sich ausschließlich dem mystischen Weg zu widmen. »Liebe ist das Mittel gegen unseren Stolz und Eitelkeit, der Arzt all unserer Schwächen. Nur der, dessen Gewand durch Liebe zerrissen ist, wird ganz selbstlos.«

Im Gegensatz zur muslimischen Tradition gab Rumi der Musik und dem Tanz hohen Stellenwert für religiösen Ausdruck. Er begründete den kreisförmigen Tanz, der die Bewegung der Himmelskörper aufnimmt und ihm als Ausdruck kosmischer Liebe galt: die ganze Schöpfung tanzt in Freude um ihren Mittelpunkt in Gott.

Meister Eckhart (um 1260–1327), geboren in Hochheim in Thüringen, wurde er als Jugendlicher Dominikaner in Erfurt und beendete 1302 seine Studien in Paris. Nach einer Zeit als Provinzial seines Ordens in Sachsen, kehrte E. 1311 nach Paris zurück, um dort zu lehren. In den späteren Jahren wurde ihm die Betreuung und Aufsicht der süddeutschen Frauenklöster des Ordens mit Amtssitz in Straßburg übertragen.

E.s Werk besteht aus lateinischen Abhandlungen und deutschen Abschriften seiner in der Volkssprache gehaltenen Predigten. Aus diesem deutschsprachigen Werk stammen größtenteils die ihm angelasteten ketzerischen Äußerungen. Trotz seiner Verurteilung war sein Einfluss noch lange Zeit beachtlich: »Um in den Kern Gottes, wo er am größten ist, einzudringen, muss man zuerst in den Kern von sich selbst, wo er am geringsten ist, eindringen. Weil niemand Gott erkennen kann, der nicht zuerst sich selbst kennt.«

Der Wein Gottes ist also immer schon im Keller oder in der Tiefe der Seele, jenseits des alltäglichen Bewusstseins und Betriebs. Alles kommt darauf an, dass der Mensch in den Keller hinabsteigt, das heißt im Vollzug seines Lebens einholt, was in ihm selbst angelegt ist.

Mystik: personal oder transpersonal?

Nun stellt sich die Frage, wie es mit der Personalität dieses Gottesverständnisses aussieht, wenn Gott kein übernatürliches Wesen ist, das aufbricht, um die Bedrückten zu retten. Verbindet sich mit diesem Gott noch die unaufhörliche Leidensgeschichte der Welt, »um dem Schrei der Menschen ein Gedächtnis und der Zeit eine Frist zu geben«, wie es Johann Baptist Metz für das jüdisch-christliche Gottesverständnis als unerlässlich einklagt? Kann ein Gott, der »weder dies noch das ist«, als ein Du angesprochen werden? Und hat ein solcher Gott etwas mit den Zeitläufen dieser Welt zu tun? Steht der Gott der Mystiker, den man »das Eine«, die »erste Wirklichkeit« oder auch das »Nichts« nennen kann, den monströsen Erfahrungen dieser Welt – als Tänzer der Evolution« – anders gegenüber, als der Gott der Propheten Israels, der von Elend, Leid und Ungerechtigkeit der Welt keineswegs unberührt bleibt?

Hier gilt es zunächst den Sprachgebrauch der Mystiker zu reflektieren. Statt positiv von Gott zu sprechen, wählen sie den Weg der Verneinung; ihre Theologie ist eine *theologia negativa* (→ S. 171). Um sich selbst und seinen eigenen Standort zu bezeichnen, sagt Rumi:

Ich bin nicht Christ, nicht Jude, nicht Parse, nicht Muselmann. Ich bin nicht vom Osten, nicht vom Westen, nicht vom Land, nicht von der See. Ich bin nicht von der Werkstatt der Natur, nicht von den kreisenden Himmeln. Ich bin nicht von der Erde, nicht vom Wasser, nicht von Luft, nicht von Feuer. Ich bin nicht von der Gottesstadt, nicht vom Staube … Ich bin nicht von dieser Welt, nicht von der andern, nicht vom Paradies, nicht von der Hölle … Mein Ort ist das Ortlose, meine Spur das Spurlose; es ist weder Leib noch Seele, denn ich gehöre der Seele des Geliebten. Ich habe Zweiheit abgetan, ich habe geschaut, dass die zwei Welten eine sind.

Ähnlich wie Rumi von sich selbst, sprach der christliche Dionysius Areopagita von Gott:

Und er hat keine Kraft und ist keine Kraft und ist auch kein Licht. Und er lebt nicht und ist auch nicht das Leben. Und er ist auch nicht das Sein und nicht die Ewigkeit und nicht die Zeit. Und er ist nicht das Wissen und auch nicht die Wahrheit und auch nicht die Königsherrschaft und auch nicht Weisheit, und auch nicht Eins und auch nicht Einheit und auch nicht Gottheit.

Dieser Weg der Verneinung hat in der islamischen wie christlichen Welt eine lange Tradition. Dionysius bemerkte dazu: »Im Hinblick auf Göttliches sind Verneinungen wahr, Bejahungen unzureichend.« Mit dem Schon-Bekannten und darum Benennbaren gibt sich mystische Theologie nicht zufrieden. Aber das Unzureichende und das schon Erfahrene verschlingen sich und bleiben de facto doch aufeinander angewiesen. Das

---

Es wird vermutlich noch eine längere Zeit hingehen, in der das Wort »Gott« nur mit Vorsicht und in Anführungszeichen benutzt werden sollte, bis klar und allgemein bewusst wird, dass es der Name des großen Geheimnisses ist, das uns umgibt und in dem wir leben, weben (»uns bewegen«) und sind. So lange haben wir alle Zeit der Welt, im Gebrauch dieses Wortes – nicht im Entdecken und Finden, Anbeten, Verehren, Fürchten und Lieben der mit ihm eigentlich gemeinten Wirklichkeit – zurückhaltend zu sein. »Stets daran denken, nie davon reden!« Die Kirchen müssen sich die Möglichkeit, von »Gott«, vom größeren Gott, von Gott über Gott zu sprechen, erst wieder verdienen.

Wir haben hier nur von den gedanklichen und begrifflichen Umstellungen für die religiöse, die »Gottes«-Erfahrung gesprochen. Angemessenes Denken ist noch keine Erfahrung, keine Wirklichkeit und kein Leben, es öffnet lediglich für diese. Unangemessenes Denken aber verstellt die Wirklichkeit, verschließt die Erfahrung, macht sie unmöglich; es weist sie in eine falsche Richtung.

Matthias Kroeger

Mark Rothko (1903–1970), Gelb und Gold, 1956.

Nichtwissen kommt ja nicht aus Ignoranz, sondern übersteigt das Wissen und entfesselt eine sprachliche Dynamik, die sich des Paradoxons bedient und letztlich im Schweigen mündet.

In der Verschränkung mit den geschichtlichen Verhältnissen unseres Lebens wird eine radikale *theologia negativa* immer komplementär ergänzt durch eine affirmative symbolische Gottesrede, die weiterhin in personalen Bildern spricht. Wollte man beide Weisen des Sprechens gegeneinander abschotten, würde die eine wie die andere Form verarmen. So notwendig der Mystiker die Unzulänglichkeit jeder Metapher und jeden Begriffs durch ihre Verneinung klarmachen muss, so abhängig bleibt der Mensch doch in seiner Rede von den Vorstellungen, Bildern, Gleichnissen und Begriffen seiner Welt. Der protestantische Theologe Heinz Zahrnt rechtfertigt diese Form »theistischer« Rede:

Fraglos ist die Bibel ein durch und durch personales Buch – in der ganzen Religionsgeschichte gibt es kein personaleres. Der Glaube an Gott trägt in ihr dialogischen Charakter; er ist ein immerwährendes Gespräch zwischen Gott und Mensch, oft mythologisch, auch poetisch-bildhaft und vor allem anthropomorph beschrieben, stets aber geschichtlich-personal gedacht: Gott fragt den Menschen und der Mensch antwortet und fragt seinerseits wieder Gott ... – so vollzieht sich der Lebenslauf Gottes in der Bibel als eine Begegnungsgeschichte zwischen Gott und Mensch. Und dieser Begegnungscharakter ist es, der dem christlichen Gottesglauben seine dialogisch-personale Struktur verleiht ...

Wir bilden Gottes menschliche Gestalt

Unsere Weisen sprachen: »Wisse, was oberhalb von dir ist.« Das deutete der Apter so: Ezechiel sagt es: »Und auf der Gestalt des Throns eine Gestalt anzusehen wie ein Mensch darauf oberhalb.« Wie kann das von Gott gesagt werden? Steht doch geschrieben: »Wem wollt ihr mich zuähnlen und vergleichen und anbilden, dass ich ihm ähnlich wäre?« Aber es ist so, dass die Gestalt, anzusehen wie ein Mensch, von uns ist. Es ist die Gestalt, die wir mit dem Dienst unseres wahrhaften Herzens bilden. Damit schaffen wir unserem Schöpfer, dem Bild- und Gleichnislosen, ihm selber, gesegnet sei er und gesegnet sei sein Name, eine menschliche Gestalt. Wenn einer Barmherzigkeit und liebreiche Hilfe erweist, bildet er an Gottes rechter Hand. Und wenn einer den göttlichen Krieg kämpft und das Übel verdrängt, bildet er an Gottes linker Hand. Der oberhalb auf dem Throne ist, von dir ist er.«

Martin Buber

> Man kann das un- und überpersönliche Geheimnis, das Göttliche mit »Du« anreden, muss aber wissen, welchen Status ein solcher Sprachgebrauch hat, nämlich den eines Symbols, eines vorbehaltsvoll zu handhabenden Bildes vom Göttlichen, das wir uns machen.
>
> *Matthias Kroeger*

Der frühere Trappistenmönch Bernardin Schellenberger äußerte sich im Interview mit Hartmut Meesmann kritisch zu einem verbreiteten Mystikverständnis:

Manches, was heute als spiritueller Weg verkauft wird, kann ich nicht mehr als mystisch im christlichen Sinne erkennen.

Was zum Beispiel nicht mehr?

Ich glaube an die Einmaligkeit jeder Person. Diese Einmaligkeit erfährt in der Liebe das Einssein, aber nie eine Verschmelzung. Sonst wäre die Person aufgelöst. Willigis Jäger dagegen sagt: Am Ziel gibt es kein Ich und kein Du mehr, da ist nur noch Liebe. Die Person verschwindet. Da es in seiner Sicht die Einheit jetzt schon gibt, ist im Letzten alles gleich. Damit droht aber auch alles gleichgültig zu werden. Dann wird zum Beispiel das Leid nicht mehr ernst genommen.

Dann ist Gott für Sie auf jeden Fall auch Person?

Natürlich ist das eine anthropomorphe Redewendung, weil wir nur in den Kategorien unserer menschlichen Erfahrungen reden können – aber für mich sind die personalen Kategorien die höchsten Formen der Wahrnehmung. Deshalb spreche ich in diesen Kategorien von der Art, wie ich Gott wahrnehme. Über Gott »an sich« lässt sich nichts sagen.

Viele reden lieber von »dem Göttlichen«, vom »All-Einen« oder dem »großen Licht«.

Diese Bilder sind in meinen Augen von niederer Kategorie. Sie bewegen sich letztlich auf der Ebene der Physik: Schwingung, Klang, Welle, Licht. Das »Du« ist in meinen Augen eine höhere Kategorie. Ich nehme den unbekannt bleibenden Anderen lieber auf der allerhöchsten Ebene wahr: als Person mit Liebe, Herz, Sehnsucht. Es gibt sprituelle Traditionen, die alle Emotionen zum Verschwinden bringen wollen. Für mich haben sie etwas Abstrakt-Kaltes an sich. Sie wirken wie der spannungslose Wärmetod.

Dies entspricht auch der »condition humaine«, der menschlichen Grundverfasstheit. Personalität ist eine Grunderfahrung, gleichsam ein Urdatum aller menschlichen Existenz. Unser Leben vollzieht sich als eine ständige Wechselbeziehung zwischen Personen; selbst unser Umgang mit der außermenschlichen Kreatur erhält dadurch einen personalen Einschlag. Die »Person« gilt als das höchste, schützenswerte Gut; sie darf nicht manipuliert oder gar zerstört werden …

Und diese dialogisch-personale Struktur allen menschlichen Lebens soll ausgerechnet für die menschliche Beziehung des Menschen zu Gott nicht gelten? Wer Gott nicht als ein Gegenüber und Du erfährt und ihn entsprechend als »Person« anredet, stellt ihn unter das Niveau des Menschen; er macht ihn kleiner als sich selbst … Aber dies alles gilt nur, wenn der Personbegriff ein Interpretament, ein Deutewort bleibt, das uns hilft, den Glauben an Gott als einen personalen Vollzug zu beschreiben. Es ist eine »Chiffre« wie alle unsere Begriffe, mit denen wir Gott benennen. Und es verhält sich mit dieser Chiffre nicht anders als mit Chiffren sonst, sie muss aufgelöst werden …

Alles in allem und kurzum: Gott ist nicht eine Person – aber er begegnet höchstpersönlich. Darum kann man von ihm eigentlich nur im Vokativ, in der persönlichen Anredeform sprechen, wie Augustin es in seinen »Konfessionen« getan hat.

Anders als Heinz Zahrnt gibt Willigis Jäger das Personsein Gottes auf, weil es mehr Probleme bereite als löse. Er entwickelt sein Gottes- und Selbstverständnis im Bild von Meer und Welle:

Wenn wir uns die Erste Wirklichkeit als einen unendlichen Ozean vorstellen, dann sind wir so etwas wie die Wellen auf diesem Meer. Wenn nun die Welle erfährt »Ich bin das Meer«, dann sind da immer noch zwei: Welle und Meer. In der mystischen Erfahrung aber wird auch diese Dualität überstiegen. Das Ich der Welle verfließt, und an seiner statt erfährt das Meer sich als Welle. Es erfährt sich in der Einheit von beiden. Diesen Schritt vollzieht der Mystiker nicht, er widerfährt ihm. Er betrachtet die Wirklichkeit nicht mehr als sein Gegenüber, gleichsam von außen, sondern er erfährt die Wirklichkeit von innen. Im Bild gesprochen: Er erfährt: Alles ist Welle und Ozean zugleich. Alles ist Ausdrucksform dieser einen Wirklichkeit. Und da alles Ausdrucksform derselben Wirklichkeit ist, gibt es auch eine absolute Verbundenheit mit allem.

Zu überlegen bleibt, ob das Bild von Meer und Welle hinreichend stimmig ist. Wie bei jeder Metaphorik muss man sich des manchmal auch problematischen Vergleichs bewusst sein. Der heutige Kenntnisstand motiviert aber, das ich-zentrierte Denken aufzugeben:

Alleine in der Struktur unseres Gehirns und den neuronalen und biochemischen Regelkreisen unseres Körpers ist ein immenses Wissen gespeichert, das weit über unsere gegenwärtige Existenz hinausreicht. Darin haben zum Beispiel all die Eindrücke, Begegnungen und Erlebnisse unseres eigenen Lebens Spuren hinterlassen. Darin ist aber auch all jenes Erfahrungswissen verborgen, das der Homo sapiens im Laufe der Evolution angesammelt hat und das unsere instinktiven Reaktionen bestimmt.

Selbst die Geschichte des Weltalls ist implizit in uns verborgen: In der ausgefeilten Konstruktion unseres Gleichgewichtsorgans spiegelt sich die Wirkung der Schwerkraft wider, im Bau unseres optischen Wahrnehmungsapparats kommt die Natur der elektromagnetischen Strahlung zum Ausdruck, und die chemischen Elemente, aus denen wir bestehen, haben sich zum Teil vor Millionen von Jahren im Innern von weit entfernten Sternen in der Nukleosynthese gebildet. Wir sind, im wahrsten Sinne des Wortes, Sternenstaub. So gesehen zeigen sich selbst auf der plumpsten, materiellen Ebene Kontaktstellen zu einem sehr viel größeren kosmischen Sein, das uns nicht nur mit dem Universum, sondern mit allen anderen lebenden Wesen verbindet …

Alle religiösen Praktiken lassen sich als Versuche interpretieren, sich der Begrenztheit des eigenen »Ich«, des Selbstmodells, bewusst zu werden, es zu transzendieren und schließlich zugunsten einer allumfassenden Wirklichkeit aufzugeben. *Ulrich Schnabel*

Schon auf dieser empirischen Ebene wird geraten, die eigene Natur nicht als eine isolierte, abgetrennte Instanz zu verstehen. Zwar erlaubt das Ich-Modell, eigene Interessen zu verfolgen, sich von anderen abzugrenzen und primär das eigene Überleben zu sichern. Aber die wahre Natur des Menschen geht darüber hinaus. Als der Entertainer Harpe Kerkeling in einem »Zeit«-Interview gefragt wurde, was er denn nun auf seinem Weg nach Santiago de Compostela gelernt habe, sagte er: »Ich kann das nicht in einem Satz beantworten. Vor allem bin ich nicht ich. Verstehen Sie, was ich meine? Man denkt doch immer, man ist ich. Das ist so ein Aufbau, den man sich macht. Ich bin kein Bestsellerautor, auch wenn das gut klingt, und auch kein Komiker.« Und dann ein Paradoxon, wie es mystischer Tradition entspricht: »Das Ich ist eigentlich nicht wesentlich und eigentlich nicht da« (→ S. 220). Letztlich wird es darauf ankommen, das Ich aus seinem selbstzentrierten Denkkäfig zu befreien.

Nun ist es aber gerade das Weltbild der Naturwissenschaften, welches das neue – auch spirituelle – Einheitsdenken fördert, gerade auch bei Willigis Jäger. Da ist der schöpferische Prozess der Evolution Gott selbst. In der Physik verschwimmen Subjekt und Objekt.

Das ganze Universum ist, naturwissenschaftlich betrachtet, vergänglich, sterblich, nicht göttlich-ewig. Vor allem ist der Mensch in diesem kosmischen Prozess absolut einsam … Das Ich erlischt wie die Welle im Meer. Das hat für mich etwas Gnadenloses.

Heißt das, dass für Sie Religion, speziell die christliche, immer auch mit Protest, Widerstand, Auflehnung zu tun hat?

Das Christentum hat sich immer so verstanden, dass es über die Gesetze der Evolution hinausgeht. Mit der Caritas, mit der Sorge um Menschen, die behindert, also genetisch verunglückt und in den Augen vieler nicht mehr förderungswürdig sind, arbeiten wir gerade gegen die »göttlichen« Gesetze der Evolution an. Wir hintertreiben die Selektion, weil wir glauben, dass die Religion die Grausamkeiten der Evolution lindern möchte, ja gegen sie ankämpft. Religiöse Menschen setzen dafür sogar ihr Leben aufs Spiel. In der »neuen« Spiritualität ergibt man sich diesen Prozessen, man bleibt neutral. Und das halte ich für fatal.

Maurits Cornelis Escher (1898–1972), Band ohne Ende, 1956.

Mystik und Erfahrung

Ob nun personal oder transpersonal gedacht wird, mag unterschiedlichen Ausgangs- aber auch Bewusstseinsbedingungen unterstehen. Die je individuell bedingten Erfahrungswege sind nicht argumentativ gegeneinander auszuspielen.

Thomas von Aquin definierte Mystik als *cognitio dei experimentalis*, »Erkenntnis Gottes auf dem Weg der Erfahrung«. Mystik ist weder gedachtes noch abgeleitetes Glaubenswissen. Der zu eigener Erfahrung angeleitete Mensch glaubt nicht, weil andere ihn in einer Glaubenslehre unterrichtet haben, sondern weil ihm spirituelle Prozesse erschlossen wurden, die Bekenntnis und Formel übersteigen und etwas zugänglich machen, was jenseits des Sagbaren liegt. Für solche Wege der Mystik gibt es im Christentum keinen Beifall, weil sie den einzelnen Menschen religiös autark machen, zumal dann, wenn er nebenher auch die neuen historisch-kritischen Problemstände kennt, die Bibel und Dogma geschichtlich relativieren und nicht länger deckungsgleich halten. Damit verlieren für den Mystiker auch kirchliche Instanzen ihre religiöse Deutungshoheit; die eigene religiöse Erfahrung erfüllt ihn mit einer Gewissheit, der gegenüber angelerntes Glaubenswissen verblasst. So etwa artikuliert Peter Rosien seine persönliche Betroffenheit:

Er ist immer da. Gott ist in mir drin und um mich her. Es ist mir ein Rätsel, wieso ich das so oft wahrnehme. Zumeist vernehme ich ihn als leise »Hintergrundmusik«. Oft genug ist er mit voller Präsenz da, kümmert sich nicht darum, was ich gerade tue. Geschieht es im Auto, möchte ich am liebsten rechts ranfahren und anhalten. Ich sage »Du« zu dem, was mir da in der Seele begegnet. Und dieses Du erfahre ich als »gut zu mir«. Es meint mich, es liebt mich. Es liebt mich mehr, als Mutter und Vater das je gekonnt haben. Ich mag deswegen auch nicht »Vater« zu ihm sagen, und »Herr« schon gar nicht. »Du, mein Gott!« Der Rest ist oft nur Schweigen. Verstehen tue ich ohnehin nichts. Aber Resonanz ist da. Und in dieser Resonanz schwingt nichts Furchterregendes mit, sondern Ermutigung zum Vertrauen. Ich bin in diesem »Du« geborgen. Auch in den Tod hinein. Diese Geborgenheit ist Quelle des spirituellen Glücks, das mich sanft beseelt und mein Handeln bestimmt.

Kann man so etwas überhaupt mitteilen, also mit anderen teilen? Ich denke, mir selbst hat solche Gotteserfahrung auch jemand anderes mitgeteilt. Meister Eckhart jedenfalls hat mir die Augen geöffnet für meine lange verschüttete Beziehung zu Gott. Beim Lesen seiner Predigten bekam ich Klarheit darüber, wer das sein kann, Gott. Den kannte ich seit früher Jugend – aber nur von ferne. Obwohl ich seine Anwesenheit gelegentlich spürte, dann fast als Liebkosung. Aber er blieb für mich viel zu lange hinter dem anderen versteckt, hinter Christus. Fast 40 Jahre war ich alt, als ich mit Eckhart zusammen meinen Glauben endlich auf einen Nenner bringen konnte, emotional, psychologisch und begrifflich. Im Theologiestudium hatte ich das nicht hingekriegt. Ich hatte zwar mein Examen gemacht, war aber innerlich zerrissen aus der Sache herausgekommen. Ich hatte keine Weise gefunden, die Trümmer der historischen Bibelforschung zu einem bewohnbaren Gebäude zusammenzusetzen. Besonders die Christologie, also die Lehre von der Göttlichkeit Jesu, ist mir im Studi-

---

Peter Rosien erzählt, wie er in seiner Kindheit mit der Form einer christlichen Religion bekannt wurde, die nicht die Liebe, sondern Opfer und Gehorsam in den Mittelpunkt des Glaubenslebens gestellt hatte. Instinkt, ja Ekelgefühle rebellierten im Konfirmanden gegen den Ritus des Abendmahls auf: In diesem dominierte Blut, Reinwaschung von Sünde und Schuld. Aber auch das Theologiestudium verminderte nicht den inneren Konflikt. Vielmehr zertrümmerte die historische Bibelforschung die Glaubensbasis und Rosien sah sich nicht in der Lage, die Überreste zu einem bewohnbaren Glaubensgebäude zusammenzusetzen. Die Kritik am kirchlichen Dogma der Göttlichkeit Jesu und seines Opfertodes verstärkte sich noch; ihre geschichtlichen Grundlagen waren für Rosien geradezu weggefegt.

Innerlich zerrissen, kam der Theologe und gelernte Journalist in der Lebensmitte mit den Lehren des Erfurter Mystikers Meister Eckhart in Berührung. Durch dessen Predigten konnte er seinen Glauben endlich auf einen Nenner bringen – emotional, psychologisch und begrifflich. Subjektivität im Glauben war für ihn fortan kein Akt von Willkür, wie kirchliche Oberaufsicht einreden wollte, sondern Bedingung dafür, in »ozeanischer Mystik« die göttliche Liebe zu erfahren, auf die zu hundert Prozent Verlass ist. Gott sei eindeutig gut und habe nichts Zweideutiges an sich. Im Unterschied zu vielen anderen Mystikern ist Gott für Rosien ansprechbares Gegenüber. Aber so wie für diese hat

(→ S. 230)

Michael Triegel (geb. 1968), Doppeltes Selbstbildnis, 1997.

Das malerische Werk Michael Triegels bezieht in ungewöhnlicher Weise auch die eigene Person mit ein. Er malt sich als Erzengel, als Salvator, als Auferstandener oder wie hier im Doppelten Selbstbildnis in der Tradition der Pantokrator-Darstellungen – allemal Versuche, menschlich wie künstlerisch, Rechenschaft abzulegen und Klarheit über die eigene Existenz zu gewinnen.

Welchem Vorbild ist man verpflichtet? Wer beantwortet die Frage nach dem Woher und Wozu des Lebens? Wie verhält sich der segnende Christus/Triegel zum Triegel mit Drei-Tage-Bart? Ist solche Selbstsetzung blasphemisch oder nur ein Erschrecken über wenig oder nie durchdachte Beziehungen?

Schon Albrecht Dürer trat in Christusgestalt ins Selbstbildnis (→ S. 534). Jeder Mensch ist ein »Ebenbild Gottes«, ein »Deus creator«, ein »alter Christus«. Die Selbstsetzung in diesem Bild beim Künstler zu belassen, ohne zum eigenen Selbst weiterzugehen, würde das doppelte Selbstbildnis zu früh aufgeben.

um vollends zerbröselt, einschließlich der Abendmahlslehre. Pfarrer konnte ich damit nicht werden, was beim Studienantritt durchaus mein Ziel gewesen war. Predigen wäre kein Problem gewesen. Aber eine Liturgie zelebrieren, die ich in keinem Wort inhaltlich nachvollziehen könnte? Nein!

Immer schon drängte mystische Erfahrung zu einem Verständnis der Christologie, die das geschichtlich Singuläre auf eine allgemeine anthropologische Ebene hebt. Meister Eckhart: »Alles was die Heilige Schrift über Christus sagt, das bewahrheitet sich völlig an jedem guten und göttlichen Menschen.« So ist ihm die »Menschwerdung Gottes« in der Geburt Jesu Paradigma für das, was sich für andere Menschen ebenso ereignen soll. Und wie die Inkarnation sich in jedem Menschen ereignen muss, so sind auch Tod und Auferstehung Christi ein Geschehen, dass sich in jeder spirituellen Reifung wiederholt. In seiner 5. Predigt bringt Eckhart diese Überzeugung in eine äußerst kühne Grundsätzlichkeit. Er sagt, dass es Gott

sich auch für ihn der Kern des Ganzen geöffnet. Er erfährt fortan das Zentrum »aller Dinge« als Liebe, als grundgütige Basis des Seins, als Gott. Sie – und nicht Macht – hält alles zusammen. Die Widersprüche dieser Welt, das weiß der Mystiker Rosien todsicher, fallen in irgendeiner Weise zusammen. Die Gewissheit davon sei ein Geschenk Gottes. …

Zwar ist seine Prognose für die Fortexistenz der Volkskirchen nicht günstig (sie würden in ein bis zwei Generationen zur Sekte verkommen), zugleich träumt er aber, wie es besser werden könnte, wenn die Macht der Funktionäre zum Ende kommt und die Kirchenleute ihren Menschen endlich die Botschaft ausrichten, dass Gott mit seiner ganzen Gottheit im Grunde in der Seele eines jeden Menschen anwesend ist.

Rosien bringt eindrucksvoll radikale historische Kritik mit einem geschärften Sinn für Spiritualität zusammen und zeigt darin die nötige Selbstdistanz, dass er durchweg von seinem Jesus-Konstrukt und nicht von »dem« historischen Jesus spricht … Wie weit bedarf die überzeugende These, dass Mystik die heute angemessene Art zu glauben ist, überhaupt historischer Grundlagen? Sie bleibt doch auch evident, selbst wenn – um es krass zu sagen – Jesus nicht gelebt hätte. Denn das Befreiungspotenzial mancher Aussprüche, die in den Evangelien an »Jesus« haften, bliebe auch so erhalten.

Gerd Lüdemann

in all dem, was er seinem Sohn Jesus Christus je in der menschlichen Natur verlieh, eher auf mich abgesehen und mich mehr geliebt hat als ihn, und es mir eher verlieh als ihm. Wieso denn? Er gab es ihm um meinetwillen, denn mir tat es not. Darum, was immer er ihm gab, damit zielte er auf mich und gab mir's so recht wie ihm; ich nehme da nichts aus, weder Einigung noch Heiligkeit der Gottheit noch irgendetwas. Alles, was er ihm je in der menschlichen Natur gab, das ist mir nicht fremder noch ferner als ihm …

Und aus eben dieser Einsicht notiert auch Peter Rosien seine eigene Erfahrung:

Gott ist nur für mich da. Das habe ich tatsächlich einmal wörtlich so gehört. Auf dem Herbergsbett liegend, im Nachklang zu einem Stoßgebet, vernahm ich ganz deutlich eine Stimme, die sagte: »Ich bin nur für dich da, Peter.« Die Betonung lag auf dem »nur«. Ich war allein unterwegs auf einer mehrwöchigen Fastenwanderung von Hof nach Bremen.

Mir war der Satz richtig peinlich. Wie egoistisch, völlig selbstbezogen, wie Psychologen sagen würden! Später habe ich mir klargemacht: Der Satz ist eigentlich nur Ausdruck intimster Unmittelbarkeit zu Gott …

Somit also: Ich gehöre Gott, und Gott gehört mir, hundert Prozent. Dieser Gott ist buchstäblich mein Ein und Alles. Er ist mir näher, als ich es selbst oft bin. Nahe bei meiner Halsschlagader, wie es im Koran heißt. Mehr Gott geht nicht, jedenfalls von Gott aus. Und was das »nur« betrifft, so steckt dahinter das alte Wissen, dass »das Teil« oft gleichzeitig für das »Ganze« steht, pars pro toto, sagten die Römer. Anders herum ist es noch besser zu deuten: toto in parte. Das Ganze spiegelt sich im Teil. Will sagen: Die höchst individuelle Gottesbeziehung ist gleichzeitig die universalste. Denn natürlich ist Gott auch für jeden anderen Menschen da. Steckt er doch tief drin in der Seele jedes Individuums. Und niemand fällt aus seiner Liebe heraus. Auch wer nichts von ihr weiß, ihr zuwider lebt und sie nicht beantwortet. Aber das individuelle Bewusstsein, Mittelpunkt des je persönlichen Kosmos, kann Gott zunächst nicht anders wahrnehmen als den »nur für mich da«.

Mystische Erfahrung übersteigt den Grundbestand jeder Orthodoxie. Die christliche Orthodoxie gibt ein duales Weltverständnis wieder und betont die unüberbrückbare Kluft zwischen Gott und Welt. Beides sind getrennte, je für sich bestehende Wirklichkeiten, wobei die Welt sich zwar Gott verdankt, aber in Sünde gefallen ist, ein Tal der Tränen wurde, das der Erlösung bedarf. Die gesamte Christologie einschließlich der Erlösungslehre und Opfertheologie beruht auf diesem theistischen Hintergrund. Demgegenüber betonen christliche wie nichtchristliche Mystiker die Zusammengehörigkeit von Gott und Welt: Gott ist in der Welt und die Welt ist in Gott. Gleichzeitig übersteigt Gott die Welt und geht nicht in ihr auf. Es wird also kein Pantheismus, sondern eine Form des Panentheismus vertreten.

So auch Meister Eckhart, wenn er wiederholt sagt, »dass etwas in der Seele ist, das Gott so verwandt ist, dass es eins ist und nicht vereint«. Ebenso sprachen die islamischen Mystiker, etwa Bistami oder Halladsch: »Wenn du mich siehst, siehst du Ihn, und wenn du Ihn siehst, siehst du uns beide.« Auch das hinduistische Advaita-Denken, das jeden Dualismus ablehnt, räumt keinen Unterschied zwischen dem menschlichen Selbst und dem göttlichen Brahman ein, weil Brahman die Realität ist, die allen Erscheinungen zugrunde liegt. Der Buddhismus spricht nicht minder von dieser letzten Einheit, so dass sich seit einigen Jahrzehnten japanische Zen-Buddhisten intensiv Meister Eckhart zuwenden.

Der biblisch-jesuanische Weg

Diese »derzeit weit verbreitete und nachgesprochene Identitätsannahme« (Matthias Kroeger), die auch den Zeugnissen von Mystikern zugrunde liegt, provoziert allerdings einen notwendigen Einspruch: Wird hier nicht die Unterscheidung von Gott und Mensch, Schöpfer und Geschöpf einfach aufgehoben? Der biblische Glaube jedenfalls leitet sehr nüchtern dazu an, wie Matthias Kroeger zu bedenken gibt, »dass wir Menschen zeitlich und endlich, in jeder Pore kreatürlich, nicht aber ewig und in keinem Funken göttlich sind ... Das ewige Geheimnis bleibt uns immer voraus ... Auch in uns sind wir ihm *gegenüber*, umfangen und durchwirkt von ihm, aber nicht identisch mit ihm.« Zwar hält Kroeger die Mystik im berechtigten Zusammenbruch des Theismus für fundamental wichtig; er nimmt auch die in unterschiedlichen Religionen immer wieder beschriebene Einheitserfahrung (unio mystica) ernst, fragt aber, ob es »wirklich die Einheit mit dem letzten Göttlichen« ist, die hier erfahren wird. Kroeger meint, in diesem Punkt sei die Mystik zu präzisieren: wenn auch der Mensch in der mystischen Erfahrungstiefe des göttlichen Geheimnisses inne werde, so komme er doch nie zu einer wirklichen Identität mit der Gottheit.

Ein weiterer Vorbehalt gilt einer Mystik, die »das Göttliche« im meditativen Erlebnis sucht, aber darüber die Vielfalt der Alltagsrealität missachtet. Wenn es eine letzte Wirklichkeit gibt, die in allen Poren unserer Wirklichkeit als Geheimnis ungegenständlich anwesend ist, dann ist der Ort der Gotteserfahrung nicht auf die eigene Innerlichkeit zu beschränken, dann geht es vielmehr entschieden darum – der prophetischen Weisung Israels und der Lehre des Jesus von Nazaret folgend – vor jeder eigenen Erleuchtung in dem je und je »Nächsten« einen unerlässlichen und unumgehbaren Ort der »Gottes«wahrnehmung zu erkennen.

> Dann ist Mystik eine Einübung in die Sichtweise Gottes, es ist die Wahrnehmung des Kleinen, des Unerheblichen, das Hören auf das Geschrei der Kinder Gottes, die in Ägypten in der Sklaverei sind. Gott ruft die Seele auf, die eigenen Ohren und Augen wegzugeben und sich Gottes Ohren und Augen schenken zu lassen. Nur wer mit anderen Ohren hört, kann mit dem Mund Gottes reden. Gott sieht das, was sonst unsichtbar gemacht wird und keine Rolle spielt. Wer außer ihm sieht die Armen, hört ihren Schrei? Die »Sinne Gottes« in Gebrauch zu nehmen bedeutet nicht einfach eine Wendung nach innen, sondern ein Freiwerden für eine andere Lebensweise: Sieh, was Gott sieht. Hör, was Gott hört. Lache, wo Gott lacht. Weine, wo Gott weint.
>
> *Dorothee Sölle*

Hier stellt sich erneut die Frage nach einer Mystik, die sich nicht mit »Gott und der Seele« begnügt, sondern sich dem Leid der Welt zuwendet (→ S. 174 ff.). Eine auf das eigene Selbst beschränkte Mystik würde die Reich-

---

> Wir können nicht behaupten, dass, weil die Wissenschaft Gott nicht kennt, Gott nicht existiere. Der Wissenschaft gelingt es auch nicht festzustellen, ob es etwas bedeute zu sagen, dass ich verliebt bin. Alle wesentlichen Dinge, die unser Leben ausmachen, das heißt Empfindungen, Werte, Hoffnungen, sind nicht Gegenstand der Wissenschaft.
>
> Daher erschüttert mich nicht, dass Gott nicht Gegenstand der Wissenschaft ist, auch wenn es ein Grund mehr wäre, an ihn zu glauben, als ihn auszuschließen. »Nur ein Gott wird uns retten können«, sagte Heidegger. Aber welcher Gott? Der Gott der natürlichen Theologie, der fixen Gesetze, der unüberschreitbaren Grenzen? Der Richtergott, der sich erfreuen müsste, wenn ich in der Hölle sein werde, weil ich ein kleiner Sünder war? Aber glaubt Ihr dies wirklich? Wenn dies Gott sein soll, behaltet ihn. Dies ist genau der Gott, den Jesus dementieren wollte, als er sagte: »Ich nenne euch nicht mehr Knechte... vielmehr habe ich euch Freunde genannt« (Joh 15,15) – »Ihr sollt in meinem Reich mit mir an meinem Tisch essen und trinken« (Lk 22,30).
>
> *René Girard*

Gottes-Botschaft Jesu (von der im nachfolgenden Kapitel zu sprechen sein wird) inhaltlich verkürzen und ihr jeden Stachel ziehen. Erst hier findet eine christliche Mystik ihr Profil, das sie von nichtchristlichen Traditionen unterscheidet. Das macht sie unkonventionell, sozial sensibel und politisch. Man kann allerdings nicht behaupten, diese Kennzeichnungen entsprächen dem gängigen Mystikverständnis. Wenn dort von »Leerheit«, auch vom »Letzten Grund« oder »Erster Wirklichkeit« die Rede ist, also in Begriffen ohne bestimmbaren Inhalt, führt dies leicht an der aktuellen Zeit, dem konkreten Ort und den wechselnden Herausforderungen des individuellen Lebensweges vorbei. Das vermeintlich »Göttliche« bleibt dann im Diffusen. Dorothee Sölle zeigt am Gleichnis vom Barmherzigen Samariter aus Lk 10, wie sich die Frage nach den »Orten Gottes« stellt und wie es um deren Erkennbarkeit steht:

> Die Parabel vom Samariter war ohne Zweifel schockierend für die Pharisäer, weil der Herr ihnen damit sagte: Wer dein Nächster ist, wird nicht durch deine Geburt bestimmt, durch deine Lebenslage, durch die Sprache, die du sprichst, sondern durch dich selbst. Du kannst diesen anderen Menschen annehmen, der kulturell außerhalb deiner Verpflichtungen steht, der dir sprachlich fremd ist und der, ob nun durch Vorsehung oder aus reinem Zufall, derjenige ist, der irgendwo auf deinem Weg im Gras liegt. Zu ihm kannst du die höchste Form der Bezüglichkeit herstellen, die nicht durch die Schöpfung vorgegeben ist, sondern von dir geschaffen wird. Jeder Versuch, dieses »Soll« in Bezug auf eine Norm zu erklären, nimmt diesem freien Akt seine geheimnisvolle Größe.
>
> *Ivan Illich*

Der Priester und der Levit, die an dem unter die Räuber gefallenen Schwerverwundeten vorübergehen, sind fromme gottesfürchtige Leute. Sie »kennen« Gott und sein Gesetz. Sie haben Gott, wie der Wissende das Gewusste besitzt. Sie wissen, was Gott von ihnen will im Sein und im Handeln. Sie wissen auch, wo Gott zu finden ist, in der Schrift und im Kult des Tempels. Gott ist für sie vermittelt durch die vorgegebenen Institutionen. Sie haben ihren Gott – und er lässt sich nicht auf der Straße zwischen Jerusalem und Jericho finden. Was ist falsch an dieser Gotteserkenntnis? Weder die Erkenntnis der Tora noch des Tempels! Was falsch ist, ist eine Erkenntnis Gottes, die keine Nicht-Erkenntnis, keine negative Theologie zulässt. Weil die beiden Akteure wissen, dass Gott »dieses« ist, sehen sie »jenes« nicht. Insofern ist der Barmherzige Samariter die antifundamentalistische Geschichte schlechthin.

Ein Glaube, der zu genau weiß, was wahr und was falsch ist, der das je Definierte gegen das Offene setzt, hat seinen »Gott« abgegrenzt, ihn mit Erhabenheit und sonstigen großen Attributen geschmückt und findet ihn nicht mehr im Alltäglichen und Unvermuteten. Nicht selten aber steht vor einem »Gott finden« der Anspruch, den Gott der Kindheit, den des Katechismus oder der später studierten Dogmatik, den der sakrosankten Tradition los zu lassen, um für etwas ganz anderes, das quer zur eigenen Planung und Interessenlage steht, frei zu werden.

Sagt der Mystiker »Gott«, deckt er damit keine objektive Gültigkeit ab. Auch in seiner Rede ist »Gott« ein Symbol, eine Chiffre, die das eigene Dasein zu deuten versucht. Das Wort Gott dient nicht dem Erfassen der Realwelt, sondern interpretiert die menschliche Existenz – in einer Verbindlichkeit letzten Ernstes. Anders formuliert: Ehe wir nicht verstehen, welche Wirklichkeit wir *in uns selbst* als »Gott« bezeichnen, gibt es auch keine Erkenntnis, worin die Offenbarung dieses Gottes bestehen könnte.

Wie in diesem Verständnis Mystik und die Not des Lebens zusammengehen, hat die in Auschwitz ermordete holländische Jüdin Etty Hillesum (1914–1943) unter den Bedingungen ärgster Bedrohung in einer Tagebuchaufzeichnung deutlich gemacht:

12. Juli 1942. Heute Nacht geschah es zum ersten Mal, dass ich mit brennenden Augen schlaflos im Dunkeln lag und viele Bilder menschlichen Leidens an mir vorüberzogen. Ich verspreche dir etwas, Gott, nur eine

Kleinigkeit: ... Ich will dir helfen, Gott, dass du mich nicht verlässt, aber ich kann mich von vornherein für nichts verbürgen. Nur dies eine wird mir immer deutlicher: dass du uns nicht helfen kannst, sondern dass wir dir helfen müssen, und dadurch helfen wir uns letzten Endes selbst. Es ist das Einzige, auf das es ankommt: ein Stück von dir in uns selbst zu retten, Gott. Und vielleicht können wir mithelfen, dich in den gequälten Herzen der anderen Menschen auferstehen zu lassen. Ja, mein Gott, an den Umständen scheinst du nicht viel ändern zu können, sie gehören nun mal zu diesem Leben. Ich fordere keine Rechenschaft von dir, du wirst uns später zur Rechenschaft ziehen. Und mit fast jedem Herzschlag wird mir klarer, dass du uns nicht helfen kannst, sondern dass wir dir helfen müssen und deinen Wohnsitz in unserem Inneren bis zum Letzten verteidigen müssen.

Diese junge Frau schrieb ohne theologische Vorbildung und ohne Rückbindung an eine religiöse Praxis:

In mir gibt es einen ganz tiefen Brunnen. Und darin ist Gott ... Die einzige Gewissheit, wie du leben sollst und was du tun musst, kann nur aus dem Brunnen aufsteigen, der aus deiner eigenen Tiefe quillt.

Samuel Bak (geb. 1933), Study I, 1995.

Die Bilder Samuel Baks enthalten immer Fragen, die mit seiner Erfahrung des Holocaust zu tun haben – Metaphern einer Welt, die sich nicht erklären lässt. »Doch ich gab solchen Bildern Titel wie ›Ancient Industries‹, in der Hoffnung, dass niemand merken würde, was sie für mich bedeuteten. Im Jahre 1974 führte ein Vertrag mit einer New Yorker Galerie zur Trennung von der ›alten Welt‹, die mir ein Gefühl der Identität gegeben hatte, und brachte mich für ein paar Jahre nach Manhattan. Dort fanden nun jüdische Symbole direkten Eingang in meine Arbeiten. Der Davidstern, den ich als Junge im Ghetto an meiner Kleidung angenäht tragen musste; die Gesetzestafeln, die die meisten Synagogen schmückten; die ausgelöschten Schabbatkerzen. Zwei Jahrzehnte später kam die Figur des Jungen mit den erhobenen Armen aus dem Warschauer Ghetto hinzu, diese Ikone aller Holocaust-Bilder.«

Wir fühlten uns voll urchristlicher Heiterkeit und imstande, die Gemeinde zum Sauerteig zu machen, aus dem ein gottwohlgefälliges Brot gebacken würde. Es war eine Zeitspanne, in der die Gestalt Jesu mir nah und vertraut wurde. Lange war Jesus verstellt gewesen von Christus, eingeborenem Sohn, empfangen vom Heiligen Geist, geborenen aus der Jungfrau, gestorben, um die Erbschuld zu tilgen, nach seiner Auferstehung zur Rechten Gottes sitzend, richtend die Lebendigen und Toten, Bräutigam der Kirche, die er zu seinem »mystischen Leib« gemacht haben sollte. Jesus war verstellt von Christus' mythologischer Figur.

Damals, in der Küche bei den Kaplänen, wurde er für mich der Mann aus Nazareth, Bruder der Menschen, der einzige, den sie je gehabt hatten, mein Bruder. Der die Unwissenden lehrte, die Kranken heilte … Der mit allen zu Tisch saß, die von den Mächtigen verachtet werden …

Ich war überzeugt davon, dass seine Lehre, so wie er sie in der Bergpredigt verkündete, die Bedingungen für unsere Zukunft enthält, für ein zukünftiges Zusammenleben der Menschen. Wir würden entweder leben müssen, wie er es vorschlug, oder wir würden nicht mehr leben …

Vilma Sturm

Für sie war ihr Gottesbezug keine objektive Erkenntnis, sondern der Versuch, sich als Mensch selbst zu verstehen und selbst zu bestimmen.

Eine solche Mystik hilft dem Menschen – auch unter ärgsten Belastungen – die eigene Menschlichkeit zu finden und zu bewahren. Innerhalb der ihr jeweils zugehörigen Religion kennzeichnet diese Religiosität durchweg ein antiautoritärer Zug. Und natürlich gilt auch die umgekehrte Haltung: je dogmatischer ein Mensch die eigene Religion vertritt, desto ferner bleibt er einer mystischen Spiritualität. Die Fixierung auf bestimmte Lehrsätze, Rituale und Verhaltensformen verdrängt mystische Erfahrungsmöglichkeiten oder verleugnet sie. In diesem Sinne ist Fundamentalismus »nicht die Frucht jeder Religion, sondern eine Sache der Peripherie und der extreme Gegensatz zur Mystik« (Dorothee Sölle).

Und ein Letztes: Wer innerhalb einer Religion, der man nach Herkunft und Tradition zugehört, Position gewinnen will, bleibt auf das Gespräch mit denen angewiesen, die vor uns lebten und mit denen, die unsere Zeitgenossen sind – heute auch über die eigene Kultur und Religion hinaus. Dazu bemerkte Keiji Nishitani (1900–1990), der bedeutendste Philosoph Japans im 20. Jahrhundert:

Die Begegnung von Religionen ist nur dann wahr, wenn jede Religion bereit ist, auf den Anruf der Wahrheit in der anderen zu hören. Jede Religion wird von der anderen Religion in ihrem Wesen herausgefordert – herausgefordert aus den verhärteten Vorstellungen ihrer jeweiligen Tradition. Damit entfremden die Religionen sich nicht ihren Ursprüngen. Offenheit ist nicht Verrat, sondern Bewahrheitung und Bewährung des eigenen Wesens.

Rembrandt (1606–1669), Christus, um 1655.
Rogier van der Weyden (1399–1464), Jüngstes Gericht (Ausschnitt), um 1450.

VIII. Jesus von Nazaret und der Christus des Glaubens

Die christliche Theologie bewegt sich auf zwei unterschiedlichen Ebenen. Ihre offenen Vertreter verbinden die Gottesfrage durchaus mit Problemstellungen, die das heutige naturwissenschaftliche Weltbild aufdrängt. Sobald aber von Jesus als dem »Christus«, dem »Sohn Gottes«, gesprochen wird, erscheint dieser Horizont vollständig ausgeblendet. Dann agiert man im Rahmen einer Dogmatik, in der alles, was vordem zu »Gott« gefragt und gesagt wurde, nicht mehr existiert, also auch nicht stört. In der Christologie hört die Gottesfrage auf, Frage zu sein. Mit der Rede von Jesus als dem Christus erlischt die neuzeitliche Gottesproblematik. Da gibt es keinen Spinoza mehr, keinen Feuerbach, Nietzsche oder Freud, da schrumpfen die kosmischen Welten der heutigen Astrophysik erneut auf eine antike Geozentrik – oder gar nur die mediterrane Welt – zusammen; die Rede vom »Sohn Gottes« perlt leicht über die Lippen; die Probleme werden trinitarisch; bald danach gibt es sogar eine »Mutter Gottes« und ein Hofstaat von Engeln mit reich bewohntem Heiligenhimmel schließen sich an.

Dieser Rahmen wird hier nicht unbesehen übernommen. Überlieferung und Dogma können nicht vorgreifend abstecken, in welchen Grenzen nach Jesus von Nazaret und dem Christus des Glaubens gefragt werden darf und noch viel weniger, welche Resultate der Forschung akzeptabel sind. Um uns nicht von vorneherein den kontroversen Deutungen zu unterstellen, die Jesus schon bald nach seinem Tode erfuhr, und noch weniger ihren späteren dogmatischen Vereinheitlichungen, empfiehlt sich der historisch-kritische Weg. Dass dieser Weg in seinen Möglichkeiten und Ergebnissen eingeschränkt ist und manches offen lässt, ist einzuräumen, aber es ist der einzige Weg, hinter die vielen Übermalungen der Jesusgestalt zu schauen. Die über die Zeiten hin entfaltete Glaubenstradition kann nicht unbefragte Vorgabe sein, da es ja darum geht, ein belastbares, kein frei schwebendes Fundament zu erhalten.

Der Weg, den Joseph Ratzinger/Benedikt XVI. in seinem Jesusbuch verfolgt, führt hier nicht weiter. Dieser liest das Neue Testament aus der Perspektive einer voll entfalteten hellenistischen Theologie. Er vertritt eine »kanonische Exegese«, die alle Schriften des Neuen Testaments, so unterschiedlich und widersprüchlich sie nach Alter, Herkunft und Adressatenkreis auch sind, auf einen Nenner setzt, so dass ihre Divergenz aufgehoben wird, um ein aus disparaten Quellen harmonisiertes Christusbild zu gewinnen (→ S. 111 ff.). Solches Vorgehen verletzt die Regeln einer wissenschaftlichen Exegese. Bevor eine Zusammenschau gewagt werden kann, sind frühe von späteren Traditionen zu unterscheiden und ihre jeweilige Eigenart und vorhandene Differenz wahrzunehmen. Bevor die Evangelien entstanden, hat es vielfältige Materialien gegeben, auf die sich die Verfasser der Evangelien stützten. Auch wenn diese den Evangelien vorausgegangene Jesus-Tradition nicht als »kanonisch« gilt, weil das dogmatische Denken dazu nur die im »Neuen Testament« zusammengefass-

Rembrandt malte ein Bild Jesu – ohne Nimbus und sonstige Attribute der Transzendenz – zu dem erstmals ein junger Jude als Modell diente. Hätte die Christenheit diesen Jesus den Juden bewusst sehen und annehmen gelernt, statt des aller Geschichtlichkeit enthobenen Christus, wäre jüdischen Menschen unendliches Leid erspart geblieben.

ten Schriften zählt, ist die weitere Annäherung an den »historischen Jesus« doch niemals ohne die sorgfältige Analyse aller vorhandenen Quellen und sonstigen geschichtlichen Materialien möglich. Die kirchliche Theologie kennt zwar seit jeher die Neigung, an der Heterogenität der vor-neutestamentlichen wie neutestamentlichen Entwicklung vorbeizugehen, doch »zumindest seit dem gegen Ende des 20. Jahrhunderts erreichten Stand redaktionsgeschichtlicher Forschung gibt es keine Entschuldigung mehr, der eigentlich schon seit dem Ende des zweitens Jahrhunderts gestellten Aufgabe auszuweichen« (Hansjürgen Verweyen).

Ratzinger hebt aber nicht allein die Stimmenvielfalt des neutestamentlichen Kanons auf einen Nenner, sondern liest dessen Schriften von einem noch späteren Standpunkt aus: aus der Perspektive der Kirchenväter und der christologischen Konzilien und bezieht gar noch Heilige als theologische Quellen mit ein. So malt er, noch bevor die Kontur des historischen Jesus aus der Unterscheidung literarischer Gattungen und zeitgeschichtlicher Kenntnis gesucht wurde, ein Christusbild, das die Taufe Jesu auf dieselbe Ebene stellt wie deren Deutung durch die göttliche Himmelsstimme. Der geschichtliche Jesus genügt ihm nicht, er verfolgt vielmehr die Absicht, »den Jesus der Evangelien als den wirklichen Jesus, als den ›historischen Jesus‹ (im eigentliche Sinn)« darzustellen. Es verwundert nicht, dass die Fachwelt konstatiert: »Wenn sich aber exegetische Urteile über den historischen Quellenwert neutestamentlicher Schriften aus systematisch-theologischen Interessen speisen, werden grundlegende Prinzipien der historisch-kritischen Exegese außer Kraft gesetzt oder auf den Kopf gestellt« (Ulrich H. J. Körtner).

1. Die Rückfrage nach dem historischen Jesus

In einem Brief an die Korinther schreibt Paulus einen rätselhaften Satz, der oft auf den geschichtlichen Jesus bezogen wurde:

Also wollen wir von jetzt an keinen mehr dem Fleisch nach kennen. Wenn wir je den Messias dem Fleisch nach gekannt haben – jetzt kennen wir ihn nicht mehr so (2 Kor 5,16).

Diese Formulierung diente einer Richtung der protestantischen Exegese als Rechtfertigung für die Vernachlässigung des historischen Jesus zu Gunsten des Christus des Glaubens. Demnach wäre es ein Glück, dass uns die Evangelien kein historisch zuverlässiges Bild von Jesus geben, weil wir uns auf einem Irrweg befänden, wollten wir unseren Glauben von historischen Untersuchungen abhängig machen. Rudolf Bultmann war sich dieses Problems der Geschichte bewusst und hat sich in seinen Arbeiten wiederholt der Frage gestellt, inwieweit der christliche Glaube von Geschehnissen der Vergangenheit abhänge. Er vertrat die Meinung, die Erforschung des historischen Jesus habe für den Glauben keine essentielle Bedeutung. Er konzentrierte seine Theologie auf das Kreuz, deutete es als das Ende aller menschlichen Sicherheiten und folgerte, wer den historischen Jesus suche, suche Sicherheit; wer hingegen in den Fußspuren des Paulus es wage, sich auf den Gekreuzigten einzulassen, entdecke, was wirklicher Glaube sei.

Rudolf Bultmann (1884–1976), evangelischer Theologe und bedeutendster Exeget des 20. Jh.s. In seiner »Geschichte der synoptischen Tradition« (1921) verfolgte B., ähnlich wie Martin Dibelius, eine formgeschichtliche Analyse des synoptischen Materials mit dem Ziel, für die einzelnen Stücke deren »Sitz im Leben« der Urgemeinde zu bestimmen. In seinem Aufsatz »Die liberale Theologie und die jüngste theologische Bewegung« wandte sich B. 1924 von der liberalen Theologie ab. Er erkannte an, dass sie zum Verständnis geschichtlicher Zusammenhänge bei-

Als Bultmann dann seine »Theologie des Neuen Testaments« schrieb (1948), eröffnete er sein Buch mit dem knallharten Satz: »Die Verkündigung Jesu gehört zu den Voraussetzungen der Theologie des Neues Testaments und ist nicht ein Teil dieser selbst.« Er meinte, dass die Lehre Jesu für eine christliche Theologie nicht von zentraler Bedeutung sei. Schon wesentlich früher, 1911 und danach in seinen autobiographischen Reflexionen »Auf der Grenze« von 1936 hatte Paul Tillich nicht minder pointiert festgestellt: »Nicht der historische Jesus, sondern das biblische Christusbild ist das Fundament des christlichen Glaubens«. Und diese Linie fortführend betont Hans-Martin Barth in seiner »Dogmatik« vom Jahr 2002: »Nur insofern sie zu den Voraussetzungen christlichen Glaubens gehören, können Daten über den historischen Jesus in einer Dogmatik Platz finden.« Für Bultmann wie Tillich bildet die Verkündigung Jesu darum auch nicht die Mitte des Neuen Testaments, was beide folgern lässt, die Theologie dürfe sich nicht davon verleiten lassen, immer wieder neu hinter dem »historischen Jesus« herzulaufen, da er ja doch nie zu haben sei. Theologen sollten sich nicht mit der Vergangenheit beschäftigen, sondern mit der Botschaft des Paulus von der Rechtfertigung des Sünders vor Gott. Von den rund 620 Seiten der Bultmannschen »Theologie des Neuen Testaments« sind nur 34 Seiten der Lehre Jesu gewidmet, alles übrige ist paulinische Theologie.

Diese Gewichtung entspricht der kirchlichen Tradition. Der Theologie des Paulus gilt alle Aufmerksamkeit; sie überschattet die Botschaft Jesu, stuft sie ab und überformt sie. Immer noch kann man in einem aktuellen dogmatischen Lehrbuch lesen:

D er Inhalt der Botschaft Jesu wurde von den ersten Glaubenden nicht als das Entscheidende wahrgenommen. Zu nahe stand er dem alttestamentlich-jüdischen Denken, wodurch sich ja auch für das Judentum erhebliche Möglichkeiten ergeben, ihn wieder zu integrieren. Das Doppelgebot der Liebe findet sich, wenn auch auf zwei verschiedene Stellen verteilt, bekanntlich auch in der Hebräischen Bibel (Dtn 6,5; Lev 19,18).

Dementsprechend resümiert der evangelische Systematiker Hans-Martin Barth, eine Würdigung der Verkündigung Jesu sei schwieriger, »als man erwarten sollte«. Inhaltlich erscheine »seine Botschaft weithin wenig originell«, vermöge jedoch das ethische Wissen des Alten Testaments aufzunehmen und auf den Punkt zu bringen, während sie in einer christlich geprägten Umwelt »überhaupt nichts Besonderes darzustellen« scheine. Sieht man die Sache so, liegt es natürlich nahe, sich gleich an Paulus zu halten und den originären jüdischen Jesus gegen dessen paulinische Interpretation auszutauschen.

Davor warnte allerdings der evangelische Exeget Joachim Jeremias (1900–1979) entschieden: »Wir sind drauf und dran, die Verkündigung des Apostels Paulus an die Stelle der Botschaft Jesu zu setzen.« Die Diskontinuität zwischen dem Evangelium Jesu und dem Evangelium der neutestamentlichen Schriften wurde im Grunde jedoch nie als fundamentales Problem gesehen und entsprechend bearbeitet. Das mag für die Zeit vor der historisch-kritischen Exegese verständlich sein, inzwischen aber ziemt der zugänglich gemachten Geschichte eine andere Achtung. Wenn es auch

getragen und zur Kritik erzogen habe, meinte aber ihre theologische Bedeutung einschränken zu müssen. Zusammen mit den Verfechtern der dialektischen Theologie wie Karl Barth und Friedrich Gogarten hielt er den historischen Jesus als irrelevant für die Grundlegung des christlichen Glaubens. In seinem Buch »Jesus« (1926) verzichtete er darauf, Jesus als historische Existenz wahrzunehmen und beschränkte sich auf die Sichtung seiner überlieferten Worte. Jesus als historische Person sei für das Christentum nicht konstitutiv, sondern allein das durch ihn verkörperte Kerygma. Seit den 1940er Jahren konzentrierte sich B. auf die Frage, wie seine existentiale Interpretation unter den Bedingungen der Moderne verständlich und Basis des Glaubens werden könne. In seiner Schrift »Neues Testament und Mythologie« (1941) versuchte er, einen vom mythologischen Weltbild unabhängigen Kern der christlichen Verkündigung herauszuarbeiten. Die mit diesem Vortrag begonnene äußerst kontrovers geführte Debatte bestimmte zwei weitere Jahrzehnte, zumal 1952 die Evangelisch-Lutherische Kirche B.s Entmythologisierungsthese zurückgewiesen hatte.

Darüber wuchs B.s Ansehen, zumal ein großer Schülerkreis seine Exegese weiterführte. Doch verhinderte B.s Autorität lange Zeit, Aussagen über den historischen Jesus zu wagen. Erst der Bultmannschüler Ernst Käsemann (1906–1998) und in seiner Nachfolge weitere Neutestamentler stellten fest, dass der Graben zwischen historischem Jesus und ersten Christen doch weit schmaler ist als von B. angenommen.

Ratzingers Aufruf zum »gläubigen« Widerstand gegen die historische Forschung zeigt, wie sehr er mit den z. T. dürren Ergebnissen historischer Forschung unzufrieden ist. Das zeigt sich im Jesusbuch vor allem dort, wo Ratzinger/Benedikt klagt, dass der historische Jesus und der Christus des Glaubens so tief gespalten sind. Er kritisiert die historische Forschung dafür, dass sie historisch ist und keine Theologie treibt. So sehr ich für eine theologisch arbeitende Theologie eintrete, muss ich doch entschieden festhalten, dass die historische Frage in der Exegese nach historischen Regeln sich zu vollziehen hat und gerade keine Theologie treiben darf. Das ist nicht ihre Aufgabe; dazu hat sie kein Recht. Wenn Ratzinger/Benedikt das kritisiert, dann mag das nicht nur mit seinem komischen Bild von »historisch« zusammenhängen, sondern vermutlich noch viel mehr damit, dass es dem Dogmatiker Ratzinger/Benedikt bisher nicht gelungen ist, die (nicht mehr ganz taufrischen) Ergebnisse moderner Exegese zu verarbeiten. Und offenkundig hat er auch sein Problem mit dem Bekenntnis von Chalkedon. Wenn nämlich Jesus als »wahrer Gott und wahrer Mensch« geglaubt wird, dann kann es doch kein Problem sein, dass eine bestimmte Sparte der Bibelwissenschaft sich auf den Aspekt des wahren Menschen konzentriert. Für das »wahrer Gott« ist die historische Forschung nicht zuständig.

Joachim Kügler

Arcabas (Jean-Marie Pirot, geb. 1926), Emmaus, 1994. Im Hintergrund der See Gennesaret.

noch so schwer ist, den historischen Jesus unter den vielfältigen Übermalungen der Tradition zu erkunden und sein Profil nie endgültig erreichbar sein wird, gültig bleibt, dass ohne ihn der christliche Glaube in der Luft hängt. Weder die Ostererfahrungen einiger Jünger noch der Christuskult der frühen Gemeinden sind die tragfähige Basis, sondern allein das Programm Jesu in Wort und Tat. »Niemand sonst und nichts sonst!« (Joachim Jeremias) Letztlich stellt das auch Joseph Ratzinger/Benedikt XVI. nicht infrage, wenn er feststellt: »Für den biblischen Glauben ist es wesentlich, dass er sich auf wirklich historisches Geschehen bezieht«.

Will man einwenden, dass es im Neuen Testament nicht *einen* Jesus gibt, sondern viele Jesusbilder, die sich erheblich unterscheiden, oder dass der Glaube sich nicht auf »das sich täglich wandelnde Kunstprodukt historischer Technik« stützen dürfe (Paul Tillich), so gilt nicht minder, dass es auch das Neue Testament wie »die Schrift« insgesamt »nicht gibt«, wenn man damit die Vorstellung einer theologischen Einheit verbinden möchte. Hier sei auf die Problematik verwiesen, wie sie bereits der Neutestamentler Kuss formuliert (und S. 113 f. breiter belegt):

Man wird aus dem riesigen und vielschichtigen Reservoir der – nicht nur formal, sondern auch material äußerst mannigfaltigen, verschiedenwertigen und einander häufig widersprechenden, zumindest miteinander nicht versöhnbaren – Schriftaussagen, … »Passendes« aussuchen, dieses dann zum Auslegungskriterium erheben und Widerstrebendes entwerten, mit den Methoden cleverer Rechtsanwälte zur Räson bringen, schließlich auch vor plumpen Vergewaltigungen – z. B. durch Allegorese – nicht zurückschrecken, immer oder doch zumeist in durchaus frommer Absicht.

Die sogenannten »rechtgläubigen Kirchen« haben das genauso gehalten wie die von ihnen abgelehnten unzähligen sogenannten »Häresien« (diese Etiketten lassen sich freilich ohne Mühe auswechseln oder »umkleben«) – einfach, weil es gar nicht anders geht.

Umso entschiedener ist zu bedenken, dass die historischen Wissenschaften gegenüber dem dogmatischen Denken früherer Zeit heute einen höheren Stellenwert beanspruchen, den sie mit diesem Recht früher nicht geltend machen konnten. Gewiss ist der historische Jesus nicht ein für allemal zu gewinnen, und immer wird es verschiedene Ansichten auch im Spektrum historischer Forschung geben. Dennoch muss die Christenheit in jeder Generation aufs neue mit den besten historischen Methoden, die verfügbar sind, ihr Bild des historischen Jesus entwerfen und überprüfen. Wenn es nicht der geschichtliche Jesus ist, auf wen oder was soll sich dann die Kunstfigur »Christus« beziehen? Allein auf der Basis des geschichtlichen Jesus, seiner Person und seines Werkes, so scharf wie unscharf die erreichbare Kontur sein mag, kann die heutige und künftige Christenheit ihr Christentum definieren – besser gesagt: muss sie ihr Christentum neu zu definieren versuchen. Letztlich unterliegt der historische Jesus nicht beliebiger Deutung. Gewiss ist er in den Grenzen historisch-kritischer Forschung unabschließbar und bleibt insofern »unerreichbar«. Aber dieses Schicksal teilt er mit anderen historischen Größen. Damit kann der Glaube auch leben, weil ihm eine solche Unabgeschlossenheit als inneres Moment zugehört.

Wollen wir diesem historischen Jesus näher rücken, so ist vor jedem anderen Ansatz zwischen den Jesusbewegungen im palästinischen Bereich und den »Gemeinden Christi« im hellenistischen Milieu zu unterscheiden. Jede der Jesusbewegungen entfaltete ihr eigenes Jesusbild wie auch die Gemeindebildungen sich in unterschiedlichen Strukturen mit variablen Christus-Konzepten etablierten. In dieser frühen Zeit gab es noch keine zentral kontrollierte Lehre. Den Anfang der Wirkungsgeschichte Jesu kennzeichnen stark voneinander abweichende Experimente. Die Reich-Gottes-Botschaften der palästinischen Jesusbewegungen unterscheiden sich erheblich von einem paulinischen Christentum, und dieses hebt sich wiederum deutlich von einem synoptischen oder johanneischen Christentum ab. Als man im Verlauf des zweiten Jahrhunderts begann, die aus den unterschiedlichen Linien hervorgegangenen Schriften unter dem heutigen Namen »Neues Testament« zusammenzufassen, war dies zwar eine grandiose Kompromissleistung, doch erweckt sie den falschen Eindruck, es gebe eine geradlinige und einspurige Geschichte der christlichen Kirche. Umso emsiger bemühte sich die bald beginnende theologische Lehrentwicklung, die kontroverse Vielfalt dogmatisch zu bändigen und in allgemeinverbindliche Formeln zu binden – was die christologischen Streitigkeiten und Lehrentscheidungen der ersten Jahrhunderte erklärt und dazu führte, die vier Evangelien mehr und mehr zu *einem* Evangelium zu verschmelzen. Die Briefe der Apostel wurden ähnlich zusammenfassend als Zeugnisse der jungen Kirche verstanden – als habe gerade den Anfang Einheit gekennzeichnet, und das Neue Testament ließe sich gewissermaßen als eine Art Gründungsdokument des Christentums ansehen.

Die Stadt und ihr Treiben nehmen bei Jesus kaum Raum ein. Die größeren Städte Galiläas finden überhaupt keine Erwähnung. Sepphoris, Galiläas Hauptstadt, nur eine gute Stunde Fußweg von Nazaret entfernt, sieht ihn nie, ebenso wenig andere regionale Zentren wie Gabara oder Tarichäa. Die Synoptiker erwähnen nicht einmal Tiberias, die von Herodes Antipas gegründete Stadt am See, nahe am Kerngebiet des Wirkens Jesu um Kafarnaum gelegen. Kafarnaum hingegen, Jesu »eigene Stadt« (Mt 9,1) und Hauptschauplatz seiner Aktivitäten, wird im umfangreichen Geschichtswerk des Josephus nur einmal sicher erwähnt. Doch dieses Kafarnaum und die nicht viel wichtigeren Orte Betsaida und Chorazin waren die »Städte« Jesu. »In seinem Herzen war er ein echter Landmensch. Sein Zuhause war bei den einfachen Leuten des ländlichen Galiläa, und in Jerusalem muss er sich recht fremd gefühlt haben« (J. D. Crossan).

Jesus von Nazaret und der Christus des Glaubens

Exkurs: Die Leben-Jesu-Forschung

Gesegnet, dreimal gesegnet und gepriesen die liberale, ja: die »liberale Theologie« und ihre kritische Bibelwissenschaft! Darum, dass sie Jesus befreit – geradezu »bloß-gestellt«, den versandeten, verschilften Mund der Quelle freigelegt und ihn auf engen, historisch gerade noch erschürfbaren Grund und Boden gebracht hat – und siehe da: Er steht wieder auf, geht einher, erscheint, kommt, kommt!

So notierte der Tübingen Alttestamentler Fridolin Stier am 14. April 1970 in seinen »Aufzeichnungen«, doch ist zu bezweifeln, dass er mit diesem Lobruf die breite Meinung der Christenheit und ihrer Theologenschaft trifft. Denn eben dieser Theologie, die Jesus »auf engen, historisch gerade noch erschürfbaren Grund und Boden gebracht hat«, wird von unterschiedlichen Seiten vorgeworfen, dass sie einen »Wackelkontakt zur Bibel« verursacht habe und insgesamt eine Demontage des Glaubens betreibe. »Bibelauslegung kann in der Tat zum Instrument des Antichrist werden. Aus scheinbaren Ergebnissen der wissenschaftlichen Exegese sind die schlimmsten Bücher der Zerstörung der Gestalt Jesu, der Demontage des Glaubens geworden«, heißt es bei Joseph Ratzinger/Benedikt XVI. in dessen Jesusbuch. Was hier Zerstörung genannt wird, ist von Ansatz und Intention her jedoch nichts als die *Suche* nach der geschichtlichen Wahrheit. Auch wenn dessen gesicherte Resultate überlieferte theologische Deutungen korrigieren, müssen sie – wenngleich in einem mühsamen Prozess des Umdenkens – letztlich doch willkommen sein. Doch die Angst davor hat Tradition: Kaum anders als heute hatte schon 1678 der Bischof von Meaux, Bossuet, der damals die Kirche von Frankreich beherrschte, über die »Kritische Geschichte des Alten Testaments« von Richard Simon (→ S. 105 ff.) geurteilt:

Gotthold Ephraim Lessing

Hermann Samuel Reimarus

Man sandte mir zunächst ein Verzeichnis zu und dann ein Vorwort, woraus ich entnehmen konnte, dass dieses Buch eine Ansammlung von Gottlosigkeiten und ein Bollwerk der Freigeisterei darstellte. Wie immer es sich damit verhalten mag, alles darin war von Grundsätzen und Schlussfolgerungen, die für den Glauben verderblich sind.

Der Weg der Leben-Jesu-Forschung wurde von Anfang an als ein Weg vermeintlicher Zerstörung beargwöhnt und bekämpft. In Deutschland begann er 1778 mit den »Fragmenten eines Wolfenbüttelschen Ungenannten«, die Gotthold Ephraim Lessing (1729–1781) herausgab. Hinter der Anonymität dieser Schriften verbarg sich der damals schon verstorbene Hamburger Professor für orientalische Sprachen Hermann Samuel Reimarus (1694–1768). In diesen Texten, die Reimarus nicht zu veröffentlichen gewagt hatte, wurde erstmalig zwischen der Lehre Jesu und der Lehre seiner Jünger unterschieden. »Allein ich finde große Ursache, dasjenige, was die Apostel in ihren eigenen Schriften vorbringen, von dem, was Jesus in seinem Leben würklich selbst ausgesprochen und gelehrt hat, gänzlich abzusondern.«

Erste Phase: Die Suche nach dem historischen Jesus

Reimarus sah das Zentrum der Verkündigung Jesu in Mk 1,14f.: »Das Reich Gottes ist nahe – bekehrt euch!« Er verstand das »Reich Gottes« allerdings politisch im Sinne der messianischen Erwartung eines irdischen Befreiers. Lessing wollte die provokanten Gedankengänge des Reimarus publiziert sehen, »weil dem Feuer muss Luft gemacht werden, wenn es gelöscht werden soll«. Bis dahin hatten sich mit der Bibel nur fromme Auslegungen verbunden, die ohne historisches Interesse blieben.

Das nächste große Aufsehen erregte David Friedrich Strauß (1808–1874) als er – erst siebenundzwanzigjährig – »Das Leben Jesu, kritisch bearbeitet« vorlegte. Darin wollte sich Strauß weder auf eine »supranaturalistische« Deutung der Evangelien einlassen, wie er sie in der traditionellen Orthodoxie walten sah, noch mochte er sich mit einer nur rationalistischen Interpretation anfreunden. Beide Wege, fand Strauß, würden der Geschichte nicht gerecht, und so wollte er untersuchen, »ob und wie weit wir überhaupt in den Evangelien auf historischem Grund und Boden stehen«. Dabei griff er auf den Mythosbegriff zurück, den er vorwiegend literarisch bestimmte, sah darin aber den Ausdruck einer philosophischen Wahrheit. Während Reimarus unhistorische Texte noch als »Betrug« wertete, erkannte Strauß darin »die absichtslos dichtende Sage«, der er symbolische Wahrheit zugestand.

David Friedrich Strauß

Bis zu David Friedrich Strauß war die Leben-Jesu-Forschung primär am Johannesevangelium orientiert. Mit dieser Ausrichtung brach Strauß, denn er erkannte als erster, dass der Text von theologischen Vorgaben ausgeht und historisch weniger vertrauenswürdig ist als die synoptischen Evangelien. Es gelang ihm aber nicht, eine schlüssige Erklärung für das Verhältnis der Synoptiker zueinander aufzustellen. Erst die akribischen philologischen Untersuchungen von Ferdinand Christian Baur (1792–1860), Christian Hermann Weiße (1801–1866) und Heinrich Julius Holtzmann (1832–1910) sicherten das bis heute immer neu bestätigte Ergebnis: Das Matthäus- wie Lukasevangelium hängen vom Markustext ab, stützen sich aber, unabhängig voneinander, auf eine Sammlung von Jesusworten, die Spruchquelle Q. Damit war eine solide Basis für weitere Forschung geschaffen.

In den folgenden Generationen der Forschung blieb die Erwartung optimistisch bestimmt. Man hoffte durch eine kritische Rekonstruktion des historischen Jesus das kirchliche Christusdogma davon trennen zu können, um auf diesem Wege den christlichen Glauben zu erneuern. Die Entwicklung gipfelte in Adolf von Harnacks (1851–1930) »Das Wesen des Christentums« (1900), mit dem die arbeitsintensive Epoche liberaler Theologie einen repräsentativen Nenner fand. »Nicht der Sohn, sondern allein der Vater gehört in das Evangelium, wie es Jesus verkündet hat, hinein«, heißt es da. »Daraus ergibt sich von selbst die Parole: Zurück hinter den gepredigten Christus, den Gegenstand des trennenden Glaubens, zum predigenden Christus, den Ruf zur einenden Macht der Liebe unter dem einen Vater mit den vielen Brüdern. Man kann wohl nicht leugnen, dass dies eindrucksvolle und bewegende Aussagen sind, an denen nicht leichthin vorbeigegangen werden darf«, resümiert Joseph Ratzinger Harnacks Werk, dessen Tendenz er in der Flucht von Christus zu Jesus bestimmt sieht, fährt dann aber fort: »Und trotzdem – während noch Harnack sei-

Adolf von Harnack

Jesus von Nazaret und der Christus des Glaubens

ne optimistische Jesusbotschaft verkündigte, standen die Füße derer, die sein Werk zu Grabe trugen, bereits vor der Tür. Zur selben Zeit schon wurde der Nachweis erbracht, dass der bloße Jesus, von dem er sprach, ein romantischer Traum war, eine Fata Morgana des Historikers, Spiegelungen seines Durstes und seiner Sehnsucht, die sich auflöst, je mehr er auf sie zugeht.«

Zweite Phase: Das Scheitern der Leben-Jesu-Forschung

Ratzinger spielt mit dieser Wertung auf Albert Schweitzer (1875–1965) an, der wenige Jahre nach Harnacks erfolgreichem Buch eine *Geschichte der Leben-Jesu-Forschung* vorlegte. Darin konnte Schweitzer überzeugend nachweisen, dass fast alle »Leben-Jesu«-Entwürfe die ethischen Ideale ihrer Autoren spiegeln.

Schweitzer erkannte nur die Forschung von Johannes Weiß, »Die Predigt Jesu vom Reiche Gottes« (1892), als gültigen Beitrag zur historischen Erklärung der Verkündigung Jesu an. Er griff diese Arbeit auf und betonte, die jüdische Apokalyptik mit ihrer Erwartung einer überzeitlichen Endkatastrophe widerspreche jeder Vorstellung eines weltimmanenten Fortschritts. Er sah darin den gemeinsamen Rahmen der Verkündigung Jesu, der Jerusalemer Urgemeinde und des Paulus von Tarsus.

Albert Schweitzer

Schweitzers Werk gilt als weitgehende Widerlegung der liberalen Leben-Jesu-Forschung – »ein so schmerzliches und entsagungsvolles Ringen um die Wahrheit ... hatte die Welt noch nie gesehen und wird es nie mehr sehen«. Das optimistische Vertrauen in die Rekonstruierbarkeit einer »Persönlichkeit« Jesu und seiner biografischen Entwicklung erwies Schweitzer als unhaltbare Projektion sachfremder Interessen und Prämissen in die neutestamentlichen Quellen. Damit war die Frage nach einem vom biblischen und kirchlichen Christusbild abweichenden historischen Jesus wieder völlig offen.

Rudolf Bultmann (1884–1976) zog daraufhin den Schluss, dass es nicht nur unfruchtbar, sondern sogar illegitim sei, nach dem historischen Jesus zu forschen. Der aufgrund der Quellenlage unerreichbare Jesus bedeute für den Glauben nichts, sondern gefährde ihn sogar, weil sich der Glaube mit historischen Fakten unberechtigte Sicherungen zu schaffen suche.

René Magritte (1898–1967), Die Ewigkeit, 1935.

Die in diesem Museum geführte Prominenz wird zu hunderten gezählt. Das Bild gibt als Ausschnitt die Nummern 574 bis 576 wieder, links den Kopf Jesu, rechts den Kopf von Dante. Wem Jesus in der Version 574 nicht zusagt, ohne dass er gleich zu Dante weitergehen möchte, wird angeboten, nach eigener Fasson einen Jesus zu modellieren.

Eine so radikale Absage, die sich mit der Antwort begnügte, dass Jesus existiert hat, ohne aber nach Lebenskontur und Inhalt weiter zu fragen, konnte auf die Dauer nicht befriedigen. Darum brach in den 1950er Jahren die Frage nach dem historischen Jesus neu auf. Jetzt sagte man, die christologische Verkündigung verpflichte ihrerseits zur Rückfrage nach dem historischen Jesus, weil sie sich auf eine geschichtliche Person beziehe und von ihr in den Evangelien als einem realen Schicksal erzähle. So glaubte man, wenigstens ein kritisch gesichertes Minimum historisch belastbarer Jesusworte ausweisen zu können.

Mit ihrem selbstkritischen Ethos nehmen die historischen Bibelwissenschaften innerhalb der Theologie eine Sonderstellung ein, zumal die

Systematische Theologie einer christologischen Dogmatik nachgeht, die sich durch das exegetische Forschen permanent irritiert sieht. Zweifellos gab und gibt es innerhalb der historisch-kritischen Forschung Irr- und Umwege, aber keine Ergebnisse wurden und werden hier ungeprüft hingenommen. Das hat eine Arbeitsweise in die Theologie gebracht, die ihrer Tradition fremd ist und immerfort neue Unruhe auslöst. Es sind auf diesem Wege aber Grundeinsichten gewonnen worden, die sich »nach menschlichem Ermessen nicht mehr ändern werden, wie die Erkenntnis, dass die Evangelien in erster Linie Glaubenszeugnisse sind, dass ihre Verfasser keine Augenzeugen des Lebens Jesu waren, dass der historische Jesus unmöglich die johanneischen Offenbarungsreden gehalten haben kann, dass alle christologischen Hoheitstitel – außer wahrscheinlich dem des Menschensohnes – erst aus der Theologie der Gemeinde stammen und vieles andere mehr« (Wolfgang Trilling).

> Schließlich machte das Studium der großen Meister einer »historisch-kritischen« Sichtung der biblischen Überlieferungen im engeren Sinne die immer nur vorgespiegelte Einheit des »Jesus Christus« der Tradition endgültig fragwürdig.
> *Otto Kuss*

Dritte Phase: The »third quest« for the historical Jesus

Etwa seit 1980 lässt sich eine neue Phase in der Leben-Jesu-Forschung ausmachen, in der sich besonders amerikanische Exegeten zu Wort melden, deren erweiterter Forschungsansatz als »the third quest« bezeichnet wird. Das in der bisherigen Forschung theologisch begrenzte Interesse wird in dieser Phase mehrfach überschritten: Der üblichen Bevorzugung kanonischer Quellen treten nicht-kanonische Quellen unterschiedlichster Art an die Seite; die Spruchquelle Q und das Thomasevangelium gewinnen zunehmende Bedeutung. Statt Jesus vom Judentum abzugrenzen, wird er als galiläischer Jude seiner Zeit gesehen; damit erhält auch die jüdische Jesusforschung erstmals Relevanz. Die theologisch gerichtete Aufmerksamkeit erweitern soziologische und sozialgeschichtliche Interessen.

In Deutschland vertritt vor allem der Heidelberger Neutestamentler Gerd Theißen den sozialgeschichtlichen Ansatz; in den USA sind es die Neutestamentler Burton L. Mack, John Dominic Crossan und Marcus J. Borg. Hier spaltet sich die »third quest« jedoch in verschiedene Richtungen. Mack und Crossan vertreten ein nicht-eschatologisches Jesusbild, einen »jüdischen Kyniker«, der von hellenistischen Einflüssen geprägt als »Weisheitslehrer« auftritt. Auf der anderen Seite (Ed Parish Sanders; Gerd Theißen) wird Jesus weiterhin eschatologisch gedeutet als ein Jude, der die jüdische Glaubenstradition zu revitalisieren trachtete.

In der Summe heutiger Forschung ist es nicht bei Albert Schweitzers Resignation geblieben, die Leben-Jesu-Forschung sei gescheitert. Zwar haben alle Forscher dessen Gewissheit bestätigt, den historischen Jesus nicht ein für allemal greifen zu können. Auch die jüngste Forschung belegt, dass es wohl immer verschiedene Jesusdeutungen geben wird. Aber deswegen auf eine historische Forschung zu verzichten, die sich permanent wechselseitig korrigiert, käme der Bereitschaft gleich, auf historische Erkenntnis und Wahrheit im Jesusverständnis zu verzichten. Wer, wie Joseph Ratzinger, Jesus von Nazaret als »Fata Morgana des Historikers« versteht, als »Spiegelung seines Durstes und seiner Sehnsucht, die sich auflöst«, je mehr man auf sie zugeht, und damit die Resultate der Leben-Jesu-Forschung für den christlichen Glauben als Trugbilder beargwöhnt, rückt im gleichen Zug den dogmatisch beanspruchten Christus des Glaubens in die Dimension des Mythos.

Raffael (1483–1520), Verklärung Christi, um 1518/20.

Franco Zeffirelli (geb. 1923), »Jesus von Nazareth«, 1978.

2. Die Jesusbewegungen und ihre Schriften

Bevor nun Jesus in den Blick kommt, soweit wir seine historische Kontur fassen können, ist die frühe Tradition zu sichten. Schon hier treffen wir auf nicht harmonisierbare Grundkonzepte, die uns bewusst machen, warum es so schwer ist, den historischen Jesus zu finden. Die Quellen dieser heterogenen Entwicklung spiegeln die stark veränderte Lebenssituation und Sichtweise seiner Nachfolger. Darum geben die Schriften der frühen Jesusbewegungen zwar Einblick in neu etablierte Gemeindeverhältnisse, doch trägt ihr Jesusbild zugleich alle Züge dieser gewandelten Zeiten.

Schriften aus palästinischer Überlieferung

In den ersten Jahrzehnten nach Jesu Tod lassen sich im palästinischen Bereich verschiedene Gruppen von Jesus-Leuten erkennen, von denen es schriftliche Zeugnisse gibt. Diese Gruppen unterscheiden sich in mancher Hinsicht voneinander, haben jedoch auch gemeinsame Kennzeichen. Zunächst verbindet sie die Reich-Gottes-Idee und in Zusammenhang damit der Brauch, sich zu gemeinsamen Mahlzeiten zu versammeln. Aber keine dieser ersten Jesusgruppen verstand Jesus als den Christus oder sich selbst gar als christliche Kirche. Sie waren auch nicht bemüht, genaue Erinnerungen an die historische Person Jesu zu bewahren, sondern sahen sich in einer Nachfolge, in der sie experimentell ihr Selbstverständnis entwickelten. Auf diese Weise schufen sie Jesusbilder, die zugleich das spiegelten, was die jeweilige Gruppe geworden war oder werden wollte; das heißt, es gab kein Jesusbild pur, weil sich in jeder Interpretation die interpretierende Gruppe mit abbildete. Um diese Gruppen der Jesusbewegung klar zu sehen, darf man ihnen das spätere pauschal vermengte Jesusbild des Neuen Testaments nicht überstülpen und sie vor allem nicht mit jenen Gemeinden in eins setzen, die aus dem Christuskult erwuchsen.

Die Spruchquelle Q und ihr Hintergrund

Die Spruchquelle ist eine eigenständige Linie frühchristlicher Tradition. Die mit ihr verbundene Gemeinde ist im palästinisch-syrischen Grenzraum zu Hause. Sie sammelte Sprüche und kleinere Gleichnisreden Jesu. Deren »Sitz im Leben« gibt aber nicht geradewegs die Ursprungssituation wieder, sondern zeigt bereits eine Färbung durch judenchristliche Wanderprediger in Galiläa. Der Grundstock von Q dürfte während der fünfziger Jahre in Galiläa verfasst worden sein. Aber nicht nur Wanderprediger haben die Spruchquelle beeinflusst, sondern auch die Verhältnisse sesshafter Q-Leute, sowie in späterer Zeit die Situation der Gemeinden, aus denen das Matthäus- und Lukasevangelium hervorgingen. Die Sammlung besteht wahrscheinlich aus drei aufeinander folgenden Schichten: einer weisheitlichen, einer apokalyptisch geprägten, und einer, die in die vorliegende Sammlung einleiten soll.

Die Spruchquelle richtet sich an Juden; Intentionen einer Heidenmission sind nicht zu erkennen. Zentrales Thema ist die Botschaft vom Reich Gottes. Die Wanderlehrer, die dieses Konzept ins Land trugen, vertrauten glaubhaft dem radikalen Ethos Jesu. Für sie galten in seiner Nachfolge Familiendistanz, Heimatlosigkeit, Besitzkritik, Gewaltlosigkeit, die sich in Feindesliebe beweist, und egalitäre Tischgemeinschaft.

Die neuere Q-Forschung führte zu dem Ergebnis, dass die in Q gesammelten Jesustraditionen auf die Israelpredigt von Jesusjüngern zurückgehen, die in den Jahrzehnten nach Jesu Tod bis zum jüdischen Aufstand gegen Rom – also zwischen 30 und 70 – in Galiläa wirkten.

Neben der Jerusalemer Urgemeinde kam damit ein zweites, bis dahin kaum wahrgenommenes palästinisches Zentrum des Urchristentums in den Blick: das Judenchristentum in Galiläa, dem ehemaligen Wirkbereich Jesu …

Es ist die von Jesus inspirierte Reaktion auf die politische Situation Palästinas in der Zeit vor dem jüdisch-römischen Krieg, in der es durch die Ausweitung des Großgrundbesitzes und die Steuerlasten zu einer wachsenden Verelendung der unteren Bevölkerungsschichten kommt, in der Überfälle, Gewalt und

Unbeschadet ihres alten Kerns wurde die Spruchquelle wahrscheinlich erst während des Jüdisch-Römischen Krieges (66–73) in ihrer endgültigen Form zusammengestellt; ihre Endredaktion fand um das Jahr 70 statt. Unter dem Eindruck der äußerst grausamen Kriegsführung wurde die jesuanische Hervorhebung eines sorgenden, barmherzigen Vatergottes neu akzentuiert im Sinne des richtenden und strafenden Gottes.

Im deutlichen Unterschied zum paulinischen, synoptischen und johanneischen Christentum vermittelt das Q-Evangelium keine Passionsgeschichte und keine Osterverkündigung. Nicht die Person Jesu ist Thema, sondern die Reich-Gottes-Praxis Jesu, so wie sie in der palästinischen Jesusbewegung weitergelebt wurde. Was Paulus zu Zentrum und Angel des Christentums machte, nämlich die heilsvermittelnde Bedeutung des Todes und der Auferstehung Christi, war im Umfeld dieser jüdischen Jesus-Leute kein Thema. Für sie erlitt Jesus das gleiche Schicksal wie die Propheten vor ihm. Sein Tod stellte darum auch nicht seine Lehre in Frage. Erst die neuere Forschung hat die Eigenständigkeit der galiläischen Q-Tradition erkannt und so die pluralen Traditionen der frühen Jahrzehnte deutlich gemacht. »Die Eigenart und Eigenständigkeit von Q entlarvt die These von einer im ersten Jahrhundert n. Chr. allgemein anerkannten Dogmatik als anachronistisch und apologetisch« (Paul Hoffmann/Christoph Heil).

Das Thomasevangelium und dessen Gemeinde

Die Existenz eines Thomasevangeliums war lange Zeit nur aus Notizen einiger Kirchenschriftsteller bekannt. Aber 1945 fand man unter anderen Schriften im trockenen Sand von Nag Hammadi in Ägypten dessen vollständigen Text in koptischer Sprache, der auf eine griechische Urform zurückgeht und als »Evangelium nach Thomas« unterschrieben ist.

Die Schrift enthält Jesusworte, von denen einige gleichzeitig mit der Spruchsammlung Q entstanden sein könnten. Forscher datieren das Thomas-Evangeliums ungefähr in das frühe 2. Jahrhundert, aber die älteste Schicht kann aus den Jahren zwischen 40 und 70 stammen und ist vermutlich in Syrien entstanden.

Das koptische Thomasevangelium enthält 114 Jesus zugeschriebene Aussprüche (Logien): weisheitliche und apokalyptische Worte, Gesetzesworte, Ich-Worte, Gleichnisse, Dialoge und kleine Szenen, die stets in einem Jesuswort gipfeln. Alles ist ohne erkennbares Ordnungsprinzip aneinandergereiht; nur Stichworte verknüpfen manche Sprüche zu kleineren Gruppen.

Die Sammlung versteht sich als Heilsbotschaft, aber ganz vom Schicksal Jesu gelöst. Jede Bezugnahme auf sein Wirken, auf seinen Tod und die Auferstehung fehlt. Das Kreuz wird zwar einmal erwähnt, jedoch ohne Hinweis auf die stellvertretende Sühne für alle Welt. Auch Wundergeschichten fehlen, desgleichen Motive wie die Ankündigung des Jüngsten Gerichts sowie Hinweise auf Sakramente.

Zentralbegriff des Thomasevangeliums ist das »Reich des Vaters« oder des »Himmels«. Es wird denen versprochen, die sich vom Ruf Jesu erreichen lassen: den Kleinen, den Einsamen, den Einzelnen. Spuren einer Gemeinschaftsbildung lassen sich kaum erkennen. Im Gegensatz zur paulinischen Mission, die immer neue Gemeinden gründet, fehlen kirchenbegründende Intentionen völlig. Die Thomas-Leute interessierten sich ebenso wie die Q-Leute ausschließlich für die *Lehre* Jesu; darin verstanden

---

Terror an der Tagesordnung sind. In dieser Situation ziehen die Q-Prediger durch die Dörfer, um den »Söhnen des Friedens« die Botschaft der nahen Gottesherrschaft zu bringen. Sie wissen sich gesandt »wie Schafe unter Wölfe«. Sie verzichten auf die einfachste Reiseausrüstung, auf Proviantsack, Geld, sogar auf Sandalen und den Wanderstock, die Waffe des kleinen Mannes. Ähnlich wie die alttestamentlichen Propheten mit ihren Symbolhandlungen zeigen sie mit ihrer Demonstration radikaler Armut und Wehrlosigkeit, wem ihre Botschaft gilt: den Armen und Friedfertigen im Lande. Zugleich zeigen sie damit aber auch, dass Leben in radikalem Gottvertrauen möglich ist.

Paul Hoffmann

Jesus von Nazaret verkündete seine Botschaft in Aramäisch. Dabei hat er die Begriffe »Messias« und »Christus« vermutlich nicht verwendet (sie waren im Sprachgebrauch seiner Zeit zu diffus); außerdem verkündigte er nicht sich selbst, sondern Gott und sein Wirken.

Hubert Frankemölle

Im Neuen Testament wird nur an zwei Stellen darauf aufmerksam gemacht, dass Christos eine griechische Übersetzungsvokabel für Messias ist. Und in anderen frühchristlichen Schriftcorpora findet sich Messias entweder überhaupt nicht (z. B. in den Apostolischen Vätern) oder höchst selten (z. B. einmal in den Nag Hammadi-Schriften) ... Selbst bei den griechischen und lateinischen Kirchenvätern kommt der Begriff nur sporadisch vor ...

Es zeichnet sich jedoch schon hier (sc. in der Frühscholastik) ab, dass der Messiasbegriff im christlichen Sprachgebrauch vor allem in Abwehr jüdischer Auslegung der hebräischen Bibel und jüdischer Kritik an kirchlicher Christologie und deren Rückgriff auf die Schrift begegnet.

Ekkehard Stegemann

sie sich als die »wahren Jünger Jesu«. Die von ihnen gesammelten Worte sind das Evangelium. Wir finden im Thomasevangelium das Zeugnis einer Jesusbewegung, die eine eigenständige Geschichte hat, und sich mit dem Christuskult der Gemeindegründungen im hellenistischen Milieu nicht vergleichen lässt.

Weil das Thomasevangelium verschiedene Wachstums- und Bearbeitungsstadien kennt, belegt es zugleich die Entwicklung dieser Jesusbewegung. Sie begann mit einer Reich-Gottes-Botschaft, die vieles mit der frühen Phase der Q-Tradition gemeinsam hatte. Dieser Grundstock wurde in den fünfziger Jahren des 1. Jahrhunderts gelegt. In ihrer späteren Entwicklung, in der es Auseinandersetzungen darüber gab, wie eine Gemeinschaft von Jesus-Leuten aussehen sollte, begab sich die Thomas-Gemeinde in Distanz zur gesellschaftlichen Welt und entwickelte die Vorstellung von einem Königreich des Lichtes als der wahren Welt. Damit bekam die Jesus-Tradition eine esoterische Interpretation; man schrieb Jesus immer neue Gedanken zu. Schließlich setzte man über den Text: »Dies sind die geheimen Worte, die der lebendige Jesus sagte und die Didymos Judas Thomas aufschrieb.« Die nun bevorzugten Metaphern von Licht und Leben kommen nicht aus dem Auferstehungsglauben. Jesus verkörpert für die Thomas-Leute Licht und Leben, weil seine Lehren ihm diesen Status geben. Er wirkte keine Wunder, starb nicht als Erlöser am Kreuz und kommt nicht zum Jüngsten Gericht wieder; er ist bereits überall gegenwärtig, wo seine Lehre angenommen wird.

Zweifellos werden sich noch andere Gruppen im Gefolge des historischen Jesus gebildet haben. Die beiden Bewegungen, die hier geschildert wurden, erlauben einen bescheidenen Blick auf die frühe Jesusbewegung im palästinisch-syrischen Bereich. Hier setzte man fort, wozu Jesus selbst angeleitet hatte: sein Reich-Gottes-Programm unter die Menschen zu tragen. Es ist verständlich, dass man in diesem Prozess Jesus als Autorität für alle Ansichten in Anspruch nahm, die sich aus der eigenen Entwicklung ergaben. Aber weil die frühen Jesusgruppen der Vorstellung folgten, ein neues Israel zu bilden, war es ungleich schwieriger, das Jesusbild der einzelnen Gruppierungen mit den Überlieferungen Israels zu verbinden. Dies erforderte große Schriftkenntnis und Einfallsreichtum.

Schriften aus dem Christuskult

Der Christuskult tritt uns so deutlich anders entgegen, dass auf den ersten Blick seine Entwicklung aus einer Jesusbewegung nur schwer vorstellbar ist. Er unterscheidet sich von den Bewegungen im jüdischen Dorfmilieu Galiläas in doppelter Hinsicht:
– Statt der zentralen Reich-Gottes-Botschaft gewinnen Kreuzigung und Auferstehung alle Aufmerksamkeit. Die Reich-Gottes-Idee tritt in den Hintergrund. Die Deutung des Todes und der Auferstehung führt dazu, Jesus in eine göttliche Präsenz zu verwandeln.
– Diese Entwicklung tendiert zur Gestaltung eines Kultes. Hymnen, Gebete, Akklamationen und Doxologien werden geschaffen und gesprochen, wenn man sich im Namen Jesu versammelt. Man feiert die Erinnerung an Jesus und die Gegenwart seines Geistes.

Vor allem die frühen Paulusbriefe geben Auskunft über den Christuskult. Schauplatz dieses Vorgangs ist nicht mehr das bäuerliche Galiläa, sondern das städtische Leben in Antiochia, Kleinasien und Griechenland, wo jüdische Gemeinden in der Diaspora lebten, die auch viele Nichtjuden anzogen. Hier bildeten sich kleinere Kreise, in denen anfangs noch über das »Reich Gottes« gesprochen wurde. Die Erinnerung an die jesuanische Wertschätzung der Tischgemeinschaft führte dazu, sich zu gemeinsamen Mählern in den Häusern reicher Leute zu versammeln und in der Mahlgemeinschaft die Zugehörigkeit zur neuen Gemeinschaft zu erkennen. Dabei wurde bald die Teilhabe an dieser Gemeinschaft, die über das Reich Gottes redete, der Zugehörigkeit zum »Reich Gottes« gleichgesetzt. Alle, die an dieser Tischgemeinschaft teilhatten, galten unabhängig von ihrer Herkunft, gleichrangig als Brüder und Schwestern.

Als Paulus diese Gemeinschaftsbildung kennenlernte, bekämpfte er sie im Namen der jüdischen Tora. Die Einbeziehung von Nichtjuden in die Tischgemeinschaft sah er als Missachtung des Gesetzes an. Nachdem er aber diese anfängliche Ablehnung aufgegeben hatte, wurde er zum eifrigsten Verfechter des neuen Programms. Er formulierte es folgendermaßen: »Hier ist nicht Jude noch Grieche, hier ist nicht Sklave noch Freier, hier ist nicht Mann noch Frau: denn ihr seid allesamt einer in Christus Jesus« (Gal 3,28). Damit war in der Tat ein kühner Entwurf proklamiert, für den es keine Vorbilder gab und außer der Reich-Gottes-Idee keine nähere Bezeichnung.

Die in den hellenistischen Städten erfolgte Einbeziehung von Nichtjuden in die Jesusbewegung aber schuf eine Problematik, die der Rechtfertigung bedurfte, und es war zunächst unübersehbar, wie diese ausfallen könnte.

Wenn sich die Teilnehmer am gemeinsamen Mahl einer Jesusbewegung und damit dem »Reich Gottes« zugehörig sahen – inwieweit verknüpfte dieses unklare Programm mit Israel als dem »Volk Gottes«? Zwar faszinierte die religiöse und ethnische Mischung, aber wie hilfreich konnte der Begriff »Israel« sein, wenn er Nichtjuden zweitklassig machte? Falls die Vorstellung »Israel« sich aber so ausweiten ließ, dass sie Nichtjuden gleichrangig einschloss, inwieweit galten dann noch die überlieferten Normen der jüdischen Lebensordnung? Und wie weitgehend sollten sie von allen praktiziert werden? Mit welchem Recht konnte sich eine solche erweiterte Gemeinschaft noch als Israel verstehen? Und unter welche Regeln ließen sich die neuen Tischgemeinschaften stellen?

Fragen wie diese werden anfangs die Jesusbewegungen in den hellenistischen Städten beunruhigt haben. Dabei ist kaum anzunehmen, eine Lösung der komplexen Situation sei schon im ersten Ansatz gelungen. Sie gegenüber dem jüdischen Herkunftsbereich zu rechtfertigen brauchte Zeit. Als Paulus in den Prozess eingriff, lagen bereits erste Deutungsversuche vor, die zum Christuskult überführten. Ein Aspekt dieser Entwicklung ist die Verwendung des Titels Christus, die griechische Übersetzung des hebräischen Messias, von der nicht anzunehmen ist, dass er Jesus schon bald nach seinem Tod zukam.

Meschiach, »Messias«, bedeutet ursprünglich »der Gesalbte«. Abgeleitet vom altorientalischen Ritual der Salbung bezeichnet der hebräische Titel im Judentum einen von Jahwe erwählten Menschen mit besonderen Aufgaben für sein Volk Israel, später meint er den von den Propheten angekündigten Retter und Friedensbringer der Endzeit.

Wenn man der Haupttradition der Synoptiker folgt, kann sich Jesus keinesfalls als der priesterliche Messias gesehen haben, denn davon fehlt jede Spur. Ebenso wenig kann man aus den Texten, die sein prophetisches Selbstverständnis anzeigen, darauf schließen, dass er sich für den prophetischen Messias hielt …

Für einen religiösen Lehrer wie Jesus, der sich nicht an eine esoterische Minderheit, sondern an ganz Israel wandte, hätte die Verwendung messianischer Topoi nur dann Bedeutung und Nutzen gehabt, wenn er bei seinen Hörern prinzipielle Übereinstimmung erwarten konnte. Andernfalls hätte der Gebrauch messianischer Termini die Verständigung nur verhindert.

Geza Vermes

Jesus von Nazaret und der Christus des Glaubens

Die Deutung des Kreuzestodes Jesu

Der Rückgriff auf diesen biblisch-jüdischen Titel setzte Jesus in ein besonderes Verhältnis zu Gott: dass Gott in ihm seinen endgültigen Heilswillen offenbart und die prophetischen Verheißungen zu erfüllen begonnen habe. Mit der Bezeichnung Jesu als Messias/Christos aber drängte sich die Frage auf, warum er dann – bei solcher Bestimmung! – am Kreuze sterben musste. Es wurde unausweichlich, den Tod Jesu zu deuten und zwar mit besonderem Blick auf die aktuelle Gemeindesituation. Paulus bot in seinem (letzten, um das Jahr 56 geschriebenem) Brief an die Römer 3, 21-26 folgende Interpretation:

Jetzt gibt es einen anderen Weg, wie man – unabhängig vom Gesetz – für Gott als gerecht annehmbar werden kann, einen Weg, der aber ebenfalls von Gesetz und Propheten bezeugt wird. Dieser neue Weg führt über den Glauben an Jesus Christus und steht für alle offen, wenn sie nur glauben. Da gibt es keinerlei Unterschiede zwischen Juden und Nichtjuden. Denn alle sind wir Sünder, und wir haben auch nicht das kleinste Fünkchen von Gottes Lichtglanz und Herrlichkeit. Und wie werden alle gerecht? Dadurch, dass Gott gnädig etwas schenkt. Denn Jesus Christus hat die Menschen befreit. Wie und warum? Den gewaltsamen Tod hat Gott als Anlass genommen, um Jesus Christus für alle und öffentlich zum Ort der Vergebung zu machen. So hat Gott bewiesen, dass er selbst gerecht ist, indem er die Sünden, die die Menschen vorher begangen hatten, nachsichtig vergeben hat. Die Vergebung wird dem Einzelnen dadurch zuteil, dass er an Jesus als ihren Vermittler glaubt. Gott hat jetzt gezeigt, dass er selbst gerecht ist, das heißt, dass er aus reiner Barmherzigkeit Gemeinschaft mit Menschen will, und er nimmt den Menschen, der an Jesus glaubt, als gerecht an. Der Glaube macht den Menschen für Gott als gerecht annehmbar.

Dieser Deutung des Kreuzestodes gingen folgende Gedankenschritte voraus: Erstens, Gott habe gewollt, dass auch Nichtjuden zum jüdischen Volk kommen können. Zweitens, er habe dem Problem der Jesusgemeinde Beachtung geschenkt, dass die Aufnahme von Nichtjuden in die jüdische Gemeinschaft zu rechtfertigen sei. Drittens, Gott habe dies getan, indem er den Tod Jesu (auch) als Sühne für *deren* Sünden annahm; Sünde hier verstanden als ein Verhalten, das nicht in Einklang mit der Tora steht, als Missachtung der jüdischen Gesetze und Verhaltensvorschriften. Viertens, die Wirksamkeit des Todes Jesu gründe in dessen Glaubenstreue. Fünftens, jene, die nach dem Vorbild Jesu diese Glaubenstreue übernehmen, seien in Gottes Augen gerechtfertigt.

Die Hinrichtung Jesu als ein Sühnopfer zu deuten, ist dem Verständnis heutiger Menschen kaum noch zugänglich (→ S. 297–301). Für den frühen Christuskult bot sich dieses Verständnis aber an, weil im Tempel zu Jerusalem bis zum Jahre 70 ein Tieropferkult bestand. Das bot die Möglichkeit, die Hinrichtung Jesu nicht als ein Scheitern verstehen zu müssen, sondern in Analogie zum Opferkult des Tempels positiv deuten zu können. Dass sich mit dieser Interpretation zugleich ein sehr problematisches Gottesverständnis verbindet, steht freilich auf einem anderen Blatt.

Jedes Evangelium verschmilzt den Jesus der dreißiger Jahre des 1. Jahrhunderts n. Chr. mit Deutungen Jesu aus den siebziger, achtziger und neunziger Jahren des gleichen Jahrhunderts. Jedes verschmilzt fast untrennbar Geschichte und Glauben miteinander …

Das Argument, der christliche Glaube selbst sage uns, was wir über den historischen Jesus wissen müssen, erkenne ich nicht an. Der christliche Glaube sagt uns, wie der historische Jesus (Tatsache) die Manifestation Gottes ist, für uns, hier und jetzt (Deutung). An eine Tatsache kann man nicht glauben, nur an eine Deutung. Und der stärkste Glaube kann eine Deutung nicht in eine Tatsache verwandeln. Hier kommt es zu der tödlichen Täuschung, die das Herz des Christentums so oft wild und grausam hat werden lassen. Wir behaupten, dass wir Tatsachen, nicht Deutungen haben, Geschichte, nicht Mythos, dass wir die Wahrheit haben und ihr Lügen habt. Das wird so nicht länger zu machen sein, weder für uns noch für sonst jemanden. Wir müssen unsere Mythen und Gleichnisse miteinander vergleichen, um zu erkennen, wie vollmenschlich das Leben ist, das sie erzeugen, aber wir können nicht leugnen, dass jeder fest auf solch unvermeidlichen Grundlagen baut. Christen leben wie alle anderen Menschen aus den Tiefen des Mythos und des Gleichnisses, doch besteht weiterhin und jetzt mit besonderer Dringlichkeit die Aufforderung an uns, unseren eigenen Gründungsmythos ohne Scham oder Verleugnung und denjenigen anderer ohne Hass und Geringschätzung zu akzeptieren.

John Dominic Crossan

> Wir sehen, wie sich der Mythos gerade an dem Punkt entwickelt, an dem eine Jesusbewegung zum Christuskult wurde. Die Notwendigkeit einer Rechtfertigung für die Einbeziehung von Nichtjuden zog das Wagnis einer Mythenbildung nach sich, durch welche die Aufmerksamkeit vom Lehrer Jesus und seinen Lehren weg und auf seinen Tod hingelenkt wurde, als einem dramatischen Ereignis, das den Anspruch der Bewegung, Gottes Volk zu sein, begründete.
>
> *Burton L. Mack*

Zu dieser Zeit und in diesem Kontext gab es noch keine Erzählung über die Passion Jesu, wie wir sie in den späteren Evangelien finden. In seiner ersten Gestalt hatte der Christusmythos wenig mit historischer Erinnerung zu tun; er besaß freilich das Potential, zu einer Geschichte zu werden.

Jesus starb demnach einen Tod für eine noch zu verwirklichende Sache. Aus geschichtlicher Sicht unmöglich. Darum kann dieser Tod auch nicht ohne die »Sichtweise Gottes« gedeutet werden: Da es letztlich darum ging, als das »neue Israel« vor Gott gerecht zu sein, wurde es wichtig, von Jesus als dem Christus zu sprechen, um zu sagen, dass Jesus von Gott für einen göttlichen Dienst »gesalbt« worden sei. Aus dieser Zielsetzung folgt die Kennzeichnung der neuen Gemeinschaft als eine von »Sündern«, d. h. solchen, die gegen die Tora verstoßen (Röm 3, 23). Schließlich folgt die Billigung, die Gott dieser Sache Jesu zuerkannte, indem er ihn von den Toten auferweckte.

Inwieweit die Auferweckung Jesu von den Toten in der *Folge* des Christusmythos steht, wird krass unterschiedlich beurteilt. Die heutige Theologie bleibt durchweg bei ihrer Position, erst die Auferstehung habe überhaupt eine Gemeindebildung ermöglicht, beantwortet aber nicht, warum die Dokumente der Jesusbewegungen im palästinischen Bereich ohne jeden Rückbezug auf Jesu Tod und Auferstehung auskommen. Die Frage wird weiter unten neu aufzugreifen sein.

Das rituelle Mahl

Wie wir gesehen haben, sind die Anstöße zur Rechtfertigung der Nichtjuden in der Jesusgemeinschaft der hellenistischen Städte aus der Problematik der gemeinsamen Mahlzeiten entstanden. Paulus greift in seinem Bemühen, die neue Gemeinschaft zu rechtfertigen, auf einen Text zurück, den er als »Überlieferung« bezeichnet, die er selbst empfangen und seinerseits an die Korinther weitergegeben habe. Diese Überlieferung lautet:

> Jesus, der Herr, nahm in der Nacht, in der er ausgeliefert wurde, Brot, sprach das Dankgebet, brach das Brot und sagte: Das ist mein Leib für euch. Tut dies zu meinem Gedächtnis! Ebenso nahm er nach dem Mahl den Kelch und sprach: Dieser Kelch ist der Neue Bund in meinem Blut. Tut dies, sooft ihr daraus trinkt, zu meinem Gedächtnis! Denn sooft ihr von diesem Brot esst und aus dem Kelch trinkt, verkündet ihr den Tod des Herrn, bis er kommt … (1 Kor 11, 23-26)

Liest man hier nicht aus der Gewöhnung unzähliger Gottesdienste und kirchlicher Deutungen, könnte man sich über einen Jesus wundern, der ganz ruhig seine bevorstehende Opferung ankündigt. Es ist aber eher unwahrscheinlich, dass das »Letzte Abendmahl«, so wie Paulus und die

---

Mit der Inanspruchnahme der Messias-Würde ergab sich von der Geschichte Jesu her ein Dilemma. Sein für Juden – wie später auch für Heiden – anstößiger Verbrechertod am Kreuz war mit der traditionellen Vorstellung des messianischen Herrschers und Kriegshelden nicht zu vereinbaren. Es bedurfte einer theologischen Rechtfertigung, inwiefern sein Geschick Gottes Heilswillen entsprach, als solches einen Sinn hatte. So wird in der von Paulus den Korinthern überlieferten Bekenntnisformel (1 Kor 15,3–5) – im Rekurs auf »die Schriften« – Jesu Tod zum Heilstod umgedeutet: »Der Christus starb für unsere Sünden gemäß den Schriften«. Einen biblischen Ansatz bot die Gestalt des leidenden Gottesknechtes (Jes 52,13–53,12), der – selbst ohne Schuld, von allen verachtet – in seinem Leiden die »Sünden der Vielen trug« und sein Leben zum Schuldopfer gab, von Gott aber rehabilitiert wurde:

Diese wahrscheinlich in antiochenischen Kreisen konzipierten Deutungen des Todes Jesu markieren eine entscheidende Weichenstellung für die Entwicklung der Christologie: Ins Zentrum christlichen Erlösungsglaubens rückt nun der stellvertretende Tod des Christus, durch den die Sünden der Menschen getilgt werden.

Paul Hoffmann

Mahldarstellung (3. Jh.) in der Katakombe der hl. Petrus und Marcellinus in Rom.

Synoptiker es darstellen, tatsächlich stattgefunden hat (→ S. 288–295). Weder das Q-Evangelium noch das Thomasevangelium wissen etwas von einer solchen Gedächtnisfeier. Das Johannesevangelium, dem die markinische Passionserzählung bekannt war, streicht die Szene vom letzten Mahl Jesu, das seinen Tod deutet, sogar wieder und gibt dem Mahl einen völlig anderen Sinn als Paulus und die Synoptiker. Bei Johannes wird in den Kapiteln 13 bis 17 von einem Abschiedsmahl gesprochen, das aber keine symbolische Gedächtnisfeier ist. Statt des Essens steht die Fußwaschung im Mittelpunkt als ein »Beispiel«, »damit ihr tut, wie ich euch getan habe« (13,15).

Auch die älteste Kirchenordnung, *Didache* oder Zwölfapostellehre genannt, wahrscheinlich in Syrien verfasst und lange Zeit als kanonische Schrift gezählt, beschreibt ein gemeinsames und rituelles Mahl ohne jeden Rückbezug auf Paschamahl oder Jesu letztes Abendmahl und ohne Bezug zu seinem Tod. »Das Material, das mit den Evangelien vergleichbar ist, setzt diese nicht voraus. Es ist vor deren Abfassung formuliert worden. Das Auffallendste ist, das nichts hiervon als Jesuswort genannt wird« (Klaus Berger). Beschrieben wird ein richtiges Mahl, das aus Brot und Wein besteht und durch den Dank, der über Brot und Wein gesprochen wird, zur Eucharistia, d. h. Danksagung wird.

Und noch um die Mitte des 2. Jahrhunderts schildert der Apologet Justin (gest. um 164) den Gottesdienst nicht wesentlich anders. Allerdings gibt es nun einen Vorsteher, der eine Ansprache hält. Danach wird ihm Brot und ein Becher mit Wein und Wasser gebracht; darüber spricht dieser eine lange Danksagung. Wenn aber den Christen der Didache oder den Kreisen um Justin die sogenannte Einsetzungstradition bekannt war, warum beschreiben sie dann ausführlich ihre Mahlfeiern und übergehen ausgerechnet den Rückbezug auf Jesu Vermächtnis? Da ist es plausibler anzunehmen, dass die von Paulus bezeugte Tradition auch Generationen später nicht allen Gemeinden bekannt war, jedenfalls nicht als eine feierliche und verbindlich von Jesus eingesetzte Institution, oder – falls bekannt – dass nicht alle dieser Mahldeutung folgen wollten. Historisch wahrscheinlich ist die Annahme, dass Jesus die Tradition einer offenen Tischgemeinschaft hinterließ (→ S. 257 f.). Im hellenistischen Milieu schufen christliche Gruppen dann das »letzte Abendmahl« als ein Ritual, welches sich mit einem Gedächtnis verband, das sich nun auf die neue Gemeinschaft bezog und damit exklusiv wurde. Dieses Ritual haben mit zunehmender Hellenisierung schrittweise die anderen Christengemeinden übernommen.

Auch bei den Jesusbewegungen der Q-Linie und der Thomas-Linie scheint das Essen in den Häusern, in denen man willkommen war, eine große Rolle gespielt zu haben, wenngleich hier das jüdische Milieu nicht gesprengt wurde. Das ist in der Tradition Jesu verständlich. Im Zuge seiner Reich-Gottes-Verkündigung gab er seinen Jüngerinnen und Jüngern ebenso wie »Zöllnern und Sündern« Anteil an seiner Tischgemeinschaft. Mit gleicher Gewissheit ist davon auszugehen, dass auch in der Jesusbewegung, die den Christuskult schuf, die gemeinsamen Mahlzeiten zentrale Versammlungsform der gemischten Gemeinde war. Als vorläufiges Resümee halten wir fest: Die Praxis des Mahles ging dem Christuskult voraus. Die kultische Ausgestaltung und Deutung des Mahles erfolgte im zweiten Schritt, jedoch uneinheitlich und vermutlich kontrovers.

Selbstverständlich wird es ein letztes Abendmahl Jesu und seiner nächsten Vertrauen gegeben haben, nämlich eine Mahlzeit, die sich dann im Rückblick als die letzte gemeinsame erwies. Aber mehr wird vor dem Tode Jesu nicht stattgefunden haben. Dass ein letztes Abendmahl vom historischen Jesus von vorneherein als ein für alle Zeiten gültiges rituelles Muster beabsichtigt worden war, nehme ich nicht an ...

Wir müssen überlegen, ob wir glauben wollen, dass das Letzte Abendmahl, so wie die Evangelien davon berichten, tatsächlich stattgefunden hat. Hat Jesus vor seinem Tode ein neues Paschamahl eingesetzt, bei dem sein Martyrium mit der Trennung von Leib und Blut symbolisiert wurde durch das Mahl mit der Trennung von Brot und Wein?

... Was Jesus schuf und hinterließ, war die offene Tischgemeinschaft. Erst nach seinem Tode schufen gewisse christliche Gruppen das Letzte Abendmahl als ein Ritual, bei dem sein Vermächtnis der offenen Tischgemeinschaft mit einer Gedächtnisfeier für ihn verbunden wurde. Dieses Ritual wurde von anderen Christengemeinden nicht sofort, doch allmählich allgemein angenommen. Als historisches Ereignis ... ist das Letzte Abendmahl nicht anzusehen.

John Dominic Crossan

3. Jesus von Nazaret

Es mag verwundern, dass wir über den historischen Jesus erst sprechen, nachdem über die nach seinem Tod einsetzenden Jesusbewegungen und die darin erfolgten Deutungen und Mythenbildungen ihre Schilderung fanden. Aber diese Vorschaltung macht klar, welche Interpretationen sich postum über seine Person und sein Wirken schichteten und wie deutlich unterschieden die frühen Anfänge der Jesusbewegung aussahen. Zugleich wird verständlich, wie schwer es ist, die historische Kontur Jesu hinter den unterschiedlichen Aneignungen seiner Gestalt wiederzufinden.

Die Verwischung der historischen Kontur Jesu beginnt bereits früh. Schon für seine zeitgenössischen Freunde und Freundinnen ist mit selektiver Wahrnehmung zu rechnen. Die Weitergabe des Erlebten unterlag sodann dem wählenden Interesse der ersten und zweiten Generation. Das teils mündliche, teils auch schriftlich gesammelte Traditionsgut wurde im Fortgang der Jahrzehnte verdichtet und umgeformt, von Redaktoren, die wir heute Evangelisten nennen, erneut bearbeitet und je spezifischen gemeindlichen Interessen angepasst. Es überlagern sich also mehrere Schichten, die den Rückbezug auf die Ursprungssituation nicht mehr zweifelsfrei gestatten. Und nachdem sich im hellenistischen Milieu ein früher Christusmythos etabliert hatte, bauten die nachfolgenden Jahrhunderte darauf eine Dogmatik, die in Katechismen verarbeitet und in Bildern gemalt, den äußeren Kokon bilden, vor dem heute jeder Zeitgenosse von Kindertagen an steht, und den zu öffnen den meisten nicht gelingt, weil ein großes apologetisches Bemühen die je aktuellen Bruchstellen dieses Jesus-Kokons gleich wieder zu kitten versucht.

> Jesus sagte: Wenn die, die euch (ver)führen, zu euch sagen:
> Siehe, das Reich ist im Himmel, so werden euch die Vögel des Himmels zuvorkommen.
> Wenn sie zu euch sagen: Es ist im Meere, so werden die Fische euch zuvorkommen.
> Aber das Reich ist in euch, und es ist außer euch.
>
> *Thomasevangelium 3*

Kurze Lebensbeschreibung

Die Kindheitslegenden des Matthäus und Lukas nennen Betlehem als den Geburtsort Jesu. Beide Erzählungen sind miteinander unvereinbar und in ihren Details unwahrscheinlich. Die Geburt in Betlehem gehört zu diesen Unwahrscheinlichkeiten. Da der weit entfernte Ort als »Davidstadt« nach Mi 5,1 hochbedeutsam war, um Jesus als Davidssohn auszuweisen, mussten die Eltern mit der Begründung einer angeordneten Steuererhebung (Census) dorthin geschickt werden, um so »die Schrift zu erfüllen«. Nachweislich hat der Census aber gar nicht zu jener Zeit, sondern erst im Jahre 7 n. Chr. stattgefunden. Nazaret dürfte der tatsächliche Geburtsort Jesu sein, er selbst wird zurecht als »Nazarener« bezeichnet. Hier, im Hügelland von Mittelgaliläa, wurde er zwischen den Jahren 7 und 4 v. Chr. geboren.

Der Name *Jesus* ist die gräzisierte Form des aramäischen *Jeshua*, das hinwieder auf den in der Bibel geläufigen hebräischen Namen *Jehoshua*, *Josua*, zurückgeht. Auch die Eltern trugen jüdische Namen: Josef und Mirjam. Seine nachfolgenden vier Brüder heißen Jakobus, Joses, Judas und Simon; seine Schwestern werden erwähnt, aber nicht mit Zahl und Namen genannt (→ S. 337 f.). Als jüdischer Junge wurde Jesus beschnitten; wahrscheinlich lernte er in seiner Kindheit die Hebräische Bibel lesen und war vertraut mit den Lebensvorgängen der Dorfsynagoge. Seine Kenntnis der biblischen Bücher dürfte dem entsprochen haben, was jedem Juden aufgrund der Schriftlesung im Synagogengottesdienst (Tora und Propheten) und volkstümlicher Erzählungen vertraut war.

Das Markusevangelium enthält folgende Informationen zur Person Jesu:
Name: Jesus
Name des Vaters: Josef
Name der Mutter: Maria
Geburtsort: nicht erwähnt
Wohnsitz: Nazaret (Galiläa)
Familienstand: nicht erwähnt
Beruf: Zimmermann, reisender Lehrer
Todesort: Jerusalem
Todesdatum: unter Pontius Pilatus (26–36 n. Chr.)
Todesursache: Kreuzigung
Begräbnisort: Jerusalem

Jesus gehört wie Johannes der Täufer – und wie später auch Paulus – zu denen, welche ihrer Herkunft, dem überlieferten religiösen common sense, »ihrer« Großkirche und deren festgelegten Glauben widersprachen und für sich und für andere einen eigenen, neuen Weg suchten und fanden – in völligem und skandalösem Gegensatz zu dem, was frühere und spätere kirchliche Sachwalter etwa ihrer Gefolgschaft ans Herz legten: Treue zum Herkommen um jeden Preis, Gehorsam den installierten Frömmigkeits- und Dogmenverwaltern gegenüber, Verabscheuung jeder Neuerung, tabuisierende Verehrung des Überlieferten und Bewährten. Alle drei, Johannes der Täufer, Jesus von Nazaret, Paulus von Tarsus, haben ihre Entscheidung gegen das Herkommen, gegen ihre »Kirche«, gegen ein bequemeres Mitläufertum, für »ihre« Erkenntnis, für das, was sie als Gottes besonderen Auftrag empfanden, für ihre spezielle Verkündigung oder Lehre in Vollmacht – alle drei haben diese ihre Entscheidung mit Vereinsamung, mit Verfolgung und mit einem gewaltsamen Tod bezahlen müssen.

Otto Kuss

Irgendwann nach etwa dreißig Jahren brach er aus der Familie und der dörflichen Welt aus, vielleicht durch Johannes den Täufer motiviert. Das dürfte zwischen den Jahren 27 und 29 gewesen sein. Nimmt man einmal das Jahr 4 v. Chr. als Geburtsjahr an, wird er damals 33 oder 34 Jahre alt gewesen sein. Er ließ sich von Johannes taufen, blieb aber nicht lange in dessen Schülerschaft. Er kehrte nach Galiläa zurück, wenngleich nicht nach Nazaret. Ein Bruch mit der Familie scheint stattgefunden zu haben. Künftiger Lebensschwerpunkt wurde Kafarnaum am See Gennesaret.

Mit dem Abschied vom Täufer gewann er eigenes Profil: Vertrat Johannes die Gerichtsdrohung Gottes, so betonte Jesus die Zuwendung Gottes zu den Menschen. Entsprechend suchte er die Menschen dort auf, wo sie lebten. Er begegnete ihnen gerne bei Tisch, so dass er gar als »Fresser und Säufer, Freund der Zöllner und Sünder« (Lk 7,34) kritisiert wurde. Dieses Verhalten war weder Schwäche noch Fehltritt, sondern Programm, das von seinem Gottesverständnis bestimmt wurde: Ihm galt Gott als ein Gott, der sich den Menschen zuwendet, vor allem den kleinen Leuten: Armen, Kranken, Frauen, Kindern und den als Sündern Geächteten.

Jesus war Jude und blieb es bis zum Tode. Die christliche Theologie hat ihn oft in einen schroffen Gegensatz zum eigenen Volk gerückt und dabei verdrängt, dass Jesus gesetzestreu war. Er befolgte die Vorschriften der Tora und tat nichts, was ihrem Ansehen im Wege stand. »Denkt nicht, ich sei gekommen, das Gesetz und die Propheten aufzuheben. Ich bin nicht gekommen, um aufzuheben, sondern um zu erfüllen« (Mt 5,17). Dabei betrachtete Jesus das Gesetz nicht als Zwang, sondern als Lebensweisung. Er rechnete mit der Herrschaftsmacht Gottes in der Welt. Für ihn war Gott ein sich den Menschen in Güte zuwendender Vater, der das Verlorene sucht, sich freut, es zu finden, und es ohne Wenn und Aber annimmt. Dennoch stand die Welt für Jesus wie für Johannes den Täufer unter Gottes Gericht, doch vertraute er dessen Güte, ohne den Ernst der Entscheidung, in die der Mensch gestellt ist, zu verharmlosen. Letztlich unterliegt sein ethisches Programm der Frage, ob der Mensch aus der Güte Gottes leben will. Er deutete dies als Frohbotschaft für die Elenden, die Betrogenen, die Kranken und Randständigen jeglicher Herkunft. Der für ihn zentrale Begriff des »Reiches Gottes« meint, dass Gottes Güte stärker ist als jede dunkle Macht und den Menschen aus den Zwängen des Bösen befreit. Aus dieser Überzeugung mag sich auch der angstfreie Umgang Jesu mit Einschränkungen der eigenen Tradition erklären.

Im jüdischen Volk gab es damals unterschiedliche religiöse Richtungen. Die wichtigsten Gruppen, mit denen sich Jesus auseinanderzusetzen hatte, waren die Sadduzäer und die Pharisäer. Zu den Sadduzäern gehörten die Tempelpriester, die Leviten, sowie Höflinge, reiche Landbesitzer und Kaufleute, insgesamt Menschen eher konservativer Einstellung, die politisch interessiert waren und aus eigener Interessenlage durchweg römerfreundlich. Sie nahmen die Tora wörtlich, aber lehnten deren Auslegung im Rahmen einer weitergehenden mündlichen Überlieferung ab. Das brachte sie in Gegensatz zu den Pharisäern, einer Erneuerungsbewegung im jüdischen Volk. Zu ihnen zählten ebenso Handwerker und Bauern wie studierte Menschen.

Unter den Pharisäern hatte Jesus Freunde und Gesprächspartner. Ob er selbst in dieses Spektrum gehörte, das sich in unterschiedliche Schulen teilte, die sich oft wechselseitig kritisierten, wird strittig beurteilt. Die in den Evangelien beschriebene Kritik Jesu an den Pharisäern spiegelt ein Feindbild, das sich erst entwickelte, nachdem sich die späteren Jesusgemeinden von den Synagogengemeinden getrennt hatten.

Der Jesus der Evangelien – wie er im letzten Drittel des Jahrhunderts gesehen wurde – vermittelt auf den ersten Blick das Bild eines Mannes, der in besseren Kreisen verkehrt. Er besucht Synagogen, in denen er mit Autorität auftritt; er wird eingeladen von schwerreichen Zöllnern als auch gut situierten Pharisäern; fragwürdige, aber begüterte Frauen sponsern ihn, und er hat sogar Kontakt zu römischen Offizieren. Arme Leute, die im Elend sitzen, scheinen allenfalls hinter den Wundererzählungen zu stecken.

Um hier Einsicht zu gewinnen, sind die politischen und sozialen Verhältnisse zu bedenken, die den Alltag der Menschen jener Zeit bestimmten. Idyllisch war nichts. Unruhen, die sich über eine lange Spanne von 47 v. Chr. bis zum Ausbruch des Jüdisch-Römischen Kriegs im Jahre 67 n. Chr. verteilen, sind dokumentarisch bezeugt. Der große Krieg, der alles wendete, hätte – wie Historiker meinen – vielleicht vermieden werden können, sei aber ebenso gut auch schon siebzig Jahre früher möglich gewesen, etwa wenn Varus, der damals die Provinz Syrien befehligte, ähnlich ungeschickt operiert hätte wie sein späterer Nachfolger Cestius im Jahre 65 n. Chr.

In diesem Zeitraum, der die Lebenszeit Jesu übergreift, wurden die Bauern ihres Existenzminimums beraubt, mit dem sie bisher auszukommen gewöhnt waren:

Jüdische und römische Lebenswelten sind kaum miteinander vergleichbar. Die Synagoge bestimmte bis ins letzte Dorf das Leben, das ganz dem Bedenken der Heiligen Schrift unterstand. Der obige Ausschnitt aus dem Friedensaltar des Augustus, die Ara Pacis Augustae, die der Römische Senat im Jahre 13 v. Chr. in Auftrag gab, um Augustus dafür zu danken, dass er den Frieden wiederhergestellt hatte, zeigt eine aristokratische Familie (Antonia, Augustus' Nichte, mit ihren Kindern Domitius und Domitia und ihrem Ehemann Domitius Ahenobarbus), für die Reichtum und gesellschaftliche Stellung wesentlich waren.

Wie alle Bauern vor und nach ihnen, hatten stets sie nicht mehr als das zum Leben absolut Notwendige, da ihnen diejenigen, die Macht über sie hatten, mehr als dies gar nicht zugestehen wollten. Mit diesem Existenzminimum hatten sie sich begnügt unter den Persern, den Ptolemäern, den Seleukiden, und nun mussten sie es unter den Römern. Schon seit fast einem halben Jahrtausend zahlten sie dem jeweiligen fremden Imperium und dem heimischen Tempel doppelte Steuern.

John Dominic Crossan

Aber warum schmälerte sich in römischer Zeit das »normale« Existenzminimum, um schließlich in einen großen Bauernaufstand zu münden? Eine zunächst verwirrende Antwort darauf gibt der israelische Archäologe Magen Broshi, wenn er sagt, »dass Herodes mit wenigstens zwanzig von seinen Unternehmungen in Palästina Weltrekorde setzte, und dass unter ihm das Land einen beispiellosen Wohlstand erlebte«. Auch der Oxforder Orientalist Martin Goodman hält die Steuerabgaben für Römer und Tempel nicht für drückender als zu anderen Zeiten. Die damalige Wirtschaftskrise könne nicht allein durch Besteuerung verursacht worden sein: »Es gab in der judäischen Wirtschaft nicht genügend Unternehmen, die eine Kapitalanlage lohnten. Das Geld wurde entweder in Land oder in Krediten angelegt. Wurde es in Land angelegt, machte es die ehemals freien Bauern erst zu Pächtern, dann zu Tagelöhnern, wenn nicht zu Sklaven.« Noch schlimmer aber war die Wirkung des verliehenen Geldes. Um das Zinsverbot zu umgehen, wurde es zinslos verliehen, doch nur für kurze Fristen gewährt, wobei der Schuldner hohe Vertragsstrafen zahlen musste, wenn er nicht fristgerecht zurückzahlte. Auf diese Weise konnte der Gläubiger

Galiläa

Galiläa war seit der Mitte des ersten Jahrhunderts v. Chr. das unbändigste der jüdischen Gebiete. Hier nahmen die revolutionären Strömungen ihren Anfang, mit denen die Römer in Kampf gerieten. Unruheherd war vor allem die Familie des Ezechias, den Josephus als »Räuberhauptmann« bezeichnete, und dessen Aktivitäten Galiäa in der Mitte des Jahrhunderts erschütterten. Als Herodes noch Befehlshaber in Galiläa war, nahm er den Ezechias gefangen und richtete ihn standrechtlich hin. Darauf setzte dessen Sohn Judas die Rebellion fort. Beim Tod des Herodes im Jahre 4 v. Chr. brach er in die Arsenale des Königs in Sepphoris ein und »verbreitete allseitig Schrecken«. Zehn Jahre später stiftete derselbe Judas, jetzt bereits Judas der Galiläer genannt, seine Landsleute zur Revolte gegen den Census an. Man solle Rom keine Steuern zahlen und keine Fremdherrschaft dulden. Zusammen mit einem Pharisäer Zadok wurde er der Mitbegründer der Partei der Zeloten, einer sozialrevolutionären Bewegung, die auch eine Tempelreform betrieb, bei der sie einen neuen Hohenpriester wählten. Nach der Tötung des Hohenpriesters Hannan, Sohn des Hanas, übernahmen sie in Jerusalem zeitweilig die Macht.

Der letzte überlebende Nachfahre von Judas dem Galiläer, Menachem, nahm den Römern die Festung Masada ab. Im Jahr 66, zu Beginn des ersten Jüdischen Krieges gegen die Römer, versuchte er die Oberherrschaft der Rebellen für sich zu sichern, indem er im Tempel in königlichen Gewändern erschien. Er starb aber, wie die meisten seiner Anhänger, in der blutigen Fehde, die zwischen den verschiedenen revolutionären Splittergruppen herrschte.

an kurzfristigen zinslosen Darlehen sehr viel mehr verdienen als an verzinslichen. Und so resümiert Martin Goodman: »Wenn der Schuldner fristgerecht zurückzahlte, verlor der Gläubiger gar nichts und gewann einen dankbaren Freund. Überschritt der Schuldner die Frist, wurde den in der jüdischen Wüste gefundenen Dokumenten zufolge ein Bußgeld in Höhe von 20 Prozent des schuldigen Betrags fällig.« Das und einiges mehr führte zu Verhältnissen, über deren Auswirkungen in späteren Jahrzehnten Josephus informiert: Ein von ihm zur Zeit des Jüdisch-Römischen Kriegs geführtes Banditenheer und die bäuerlichen Massen in Galiläa, die ihn unterstützten, brannten darauf, Städte wie Sepphoris und Tiberias, wo Steuern festgesetzt und Schuldverschreibungen aufbewahrt wurden, in Brand zu stecken. Dabei war es Josephus größte Leistung, den Umschlag einer politischen Revolution in eine soziale verhindert zu haben.

Innerhalb dieser Landesverhältnisse traten eine Reihe von Gestalten auf, die als repräsentativ gelten können, vor allem der Bandenführer, der das Heil mit Gewalt zu begründen sucht, und der messianische Prätendent, der es von göttlicher Hilfe erwartet. Der historische Jesus sah von beiden ab. Sein Heimatort lag eine gute Stunde Wegs vom griechisch-römischen Sepphoris entfernt, doch zog es ihn nicht dorthin, sondern in die Weiler und Dörfer Untergaliläas, wo er zusammen mit seinen Jüngerinnen und Jüngern den herrschenden politischen und sozialen Verhältnissen völlig andere Lebensformen entgegensetzte.

Seine Strategie, die er ausdrücklich auch seinen Jüngern empfahl, war es, die Botschaft vom Reiche Gottes durch kostenloses Heilen und gemeinsames Essen zu verbreiten, und dieser religiöse und ökonomische Egalitarismus negierte die hierarchische und patronale Normalität der jüdischen Religion und der römischen Macht und setzte sie zugleich außer Kraft. Und damit man ihn nicht selbst nun für den neuen Makler eines neuen Gottes hielt, nahm er nirgends, weder in Nazaret noch in Kafarnaum, dauernden Aufenthalt, sondern kam und ging überall als Wanderer. Er war weder Makler noch Mittler, sondern paradoxerweise der Verkünder der Botschaft, dass es weder zwischen Gott und den Menschen noch zwischen den Menschen untereinander Makler und Mittler geben sollte ... Er verkündete mit einem Wort, das keines Vermittlers bedürftige, unmittelbar gegebene Reich Gottes.   *John Dominic Crossan*

Das öffentliche Wirken Jesu hat nicht lange gedauert. Nach Markus rund ein Jahr, nach dem Johannesevangelium zwei bis drei Jahre. Doch bieten die Evangelien keine zuverlässige Chronologie. Bei einem Besuch Jerusalems am Pessachfest – vielleicht im Jahr 30 – kam es zu einem Konflikt mit dem Tempelklerus. Dieser Konflikt wurde vermutlich durch eine prophetische Zeichenhandlung ausgelöst, die sich gegen den Tempelbetrieb richtete. Das hatte eine Festnahme Jesu zur Folge und seine Überstellung an eine römische Ordnungsmacht oder die römische Justiz. Man bezichtigte ihn störender Umtriebe, mit denen durchweg kurzer Prozess gemacht wurde. Wie viele andere, die als Unruhestifter und Aufständische galten, wurde er am Kreuze hingerichtet.

Das Programm Jesu

Wenn wir heute die schriftlich überlieferten Worte Jesu lesen, dürfen wir nie vergessen, dass sie seinen Hörern in Erinnerung blieben, vielleicht wegen eines besonders einprägsamen Bildes oder eines ungewöhnlichen Vergleichs, oder auch, weil spätere aktuelle Anlässe Erinnerung und Neuauslegung weckten. Sofern er über Stunden seine Hörer fesseln konnte, haben wir in den schriftlich überlieferten Gleichnissen nur noch die Abbreviaturen seiner ursprünglichen Erzählungen, die farbiger und detailreicher vorzustellen sind. Seine Zuhörer erinnerten vor allem die ihrem Verständnis und Vermögen besonders entgegenkommenden Worte und den Inhaltskern seiner Geschichten. In der Art, wie diese in ihrer Überlieferung dann zu Sprüchen verdichtet wurden, handelt es sich mehr um Merksätze, als dass die am Anfang stehenden Reden und Themen in ihrer ursprünglichen Entfaltung noch rekonstruierbar wären.

Wenn es nun auch kein Protokoll jesuanischer Rede gibt, ist der Rückgriff auf sein Gedankengut doch nicht unmöglich. Die Methoden der historisch-kritischen Exegese, eine Glanzleistung der protestantischen Theologie, erlauben es, die authentische Programmatik seines Glaubens unter den sich später darüber schichtenden Deutungen seiner Person wieder frei zu legen. Hier geht es primär um seine Lehre, die unter dem Stichwort »Reich Gottes« von ihm vertreten wurde.

Das »Reich Gottes« gehört zur alltäglichen Welt

Jesu Lehre vom »Reich Gottes« ist sein zentrales Programm. Auch sein praktisches Verhalten und Wirken diente diesem Programm.

Der Begriff »Reich Gottes« – die sinngleichen Wendungen »Reich der Himmel« oder »Königtum Gottes« eingeschlossen – hat eine lange Geschichte, bis in die Jüdische Bibel zurück. Dort verbindet sich mit dem »Königtum Gottes« zunächst Gottes Souveränität, nicht aber ein Gebiet, über das die Herrschaft ausgeübt wird. Solange es einen König gab, stand die göttliche Souveränität in Entsprechung zur irdischen Königsherrschaft. Als »Sohn Gottes« war der König Repräsentant Gottes auf Erden (→ S. 320). Doch dachte man sich das »Reich Gottes« über die Grenzen Israels hinaus, in der Erwartung, dass eines Tages auch die Heiden dem einen wahren Gott huldigen würden: »Ich will dir die Völker zum Erbe geben und der Welt Enden zum Eigentum ... So seid nun verständig, ihr Könige ... Dienet Jahwe mit Furcht« (Ps 2,8-11).

Seit dem Ende des Königtums 586 v. Chr. erwartete Israel einen neuen königlichen »Gesalbten« (Messias), der – so die Hoffnung in Jesu Tagen – zumal von den römischen Besatzern befreien könnte:

Siehe, o Herr, lass ihren König wiederum erstehen, den Sohn Davids ..., dass er mache rein Jerusalem von den Heiden, die es so kläglich niedertreten ... er hält die Heidenvölker unter seinem Joch, dass sie ihm dienen ... (PsSal 17,23-32).

In den Segenssprüchen von Qumran erscheint eben diese Gestalt eines siegreichen Königs. Nach einer dritten Konzeption soll das Reich Gottes aus dem irdischen Sieg himmlischer Engelscharen über die Heere Satans erstehen. Die »extremen Träumer« von Qumran (Geza Vermes) erwarte-

---

Hinter dem Programm Jesu steht seine »Neuentdeckung« Gottes. Sein Gott ist vorbehaltlos für jeden da. Dessen »unbedingte« Zuwendung zum Menschen wird zum Modell für den Umgang der Menschen miteinander. Dies ist nicht nur eine »zeit-lose« in theologischer Spekulation gewonnene »Wahrheit«, sondern Jesu konkrete Antwort auf die Herausforderungen seiner Zeit: das Elend der Armen, die Brutalität der Macht. Im Widerstreit von Hoffnung und erlebter Ohnmacht riskiert er es, sich auf diese Alternative Gottes mit seinem Leben einzulassen. Es hat ihm das Leben gekostet.

Paul Hoffmann

ten den Sieg über den Bereich der Geister durch den Erzengel Michael, während Israel die Herrschaft über »alles Fleisch« erlangen werde.

Die vierte Vorstellung vom Reich Gottes, im Exil oder unter dessen Nachwirkung entwickelt, liegt jenseits aller Gewalt: Die Heidenvölker werden, nachdem sie den Gott Israels als den einzigen Erlöser erkannt haben, nach Jerusalem ziehen, um sich ihm und seinem Volk zu unterwerfen (vgl. Jes 60,3-6).

Für Jesus waren alle diese Vorstellungen in den Kategorien von Macht und Gewalt irrelevant. Auch wenn er die traditionelle Rede vom Reich oder der Herrschaft Gottes weiter verwendet, so fällt jede Betonung von Königtum bei ihm weg. Heißt es bei Mt 18,23: »Darum gleicht das Himmelreich einem König, der mit seinen Dienern abrechnen wollte ...«, oder 22,1: »Das Himmelreich gleicht einem König, der seinem Sohn die Hochzeit ausrichtete ...«, so ist diese Bezugnahme auf einen König eher unwesentlich. Bei Lukas wird im Gleichnis vom großen Festmahl daraus einfach »ein Mensch« (14,16) oder V 21 ein »Hausherr«. Ähnlich bei Mt 20,1: »Das Himmelreich gleicht einem Hausvater, der früh am Morgen ausging, um Arbeiter für seinen Weinberg einzustellen.« Jesus münzt die ererbte Metaphorik vom Königtum in alltägliche Realität um.

Im Reich, wie er es sich vorstellt, gibt es keine Throne, keine Höflinge, keine himmlischen Chöre, keine Schlachten führenden Armeen mit Streitwagen, Schwertern, Lanzen. Stattdessen finden wir die Landschaften, Werkzeuge und Bewohner des galiläischen Landes und seines vom See geprägten Lebens vor. Das Reich ist wie ein Acker. Das Reich ist wie ein Weinberg ... Das Reich ist wie ein winziges Senfkorn, das zu einer Pflanze heranwächst ... Oder: Jesus assoziiert das Reich mit dem Fisch, dem Netz, dem Fang (Mt 13,47ff) und mit der Frau, die ihrem Mehl Sauerteig zusetzt, um Brot zu backen (Mt 13,33; Lk 13,20f.) Das Himmelreich gehört den Kindern und denen, die ihnen gleichen, den Demütigen und denen, die Vertrauen haben (Mt 18,3f; Mk 10,13ff). Es gehört den Armen, während es für Reiche schwieriger ist hineinzukommen als für ein Kamel, durch ein Nadelöhr zu gehen.

Geza Vermes

Das Reich Gottes zielt also nicht auf eine jenseitige Welt, sondern meint die alltägliche und konkrete Welt, in der sich Menschen je und je befinden. Die Geschichten, die Jesus damit verbindet, bestimmen zwar nicht die reguläre Tagesordnung des Lebens, doch bleiben sie stets im Bereich vorstellbarer Geschehnisse und möglicher Erfahrung. Die Gleichnisse Jesu setzen keine Mathematik für Fortgeschrittene voraus. Sie beginnen oft mit der Frage: »Wer unter euch ...?«, was der rabbinischen Literatur ansonsten fremd ist. Auch wird der Zuhörer nicht auf Kenntnisse hin abgefragt, sondern allein auf seine innere Präsenz hin beansprucht. Eine Reich-Gottes-Rede schreibt in die bekannte alltägliche Welt ihre göttliche Bestimmung hinein. Darum mag es nicht jedermanns Sache sein, hier zu hören und zu verstehen.

Das Reich Gottes ist schon da: »mitten unter euch«

Wer nach dem Reich Gottes ausschaut, wie man nach dem Wetter Ausschau hält, orientiert sich auf der falschen Ebene. Als Jesus gefragt wurde, wann es denn komme, antwortete er: »Das Reich Gottes kommt nicht so, dass man es an äußeren Zeichen erkennen könnte. Man kann auch nicht sagen: Seht, hier ist es!, oder: Dort ist es! Denn: Das Reich Gottes ist schon mitten unter euch« (Lk 17,20f.; Mt 12,28). *Jetzt* geschieht es, und *jetzt* wollen die Zeichen der Zeit wahrgenommen werden. Heißt es bei Mk 1,15: »Erfüllt ist die Zeit. / Herbeigekommen ist das Reich Gottes. / Kehrt um / und glaubt an das Evangelium«, so wird damit nichts anderes als die Gegenwart betont.

Während alle Apokalyptiker das Reich Gottes mit der Zukunft oder der Endzeit verbanden, wie dies auch das Schicksal der Jesusdeutung im apokalyptischen Horizont des Jüdisch-Römisches Krieges (66–73) war, betonte der historische Jesus: *Jetzt* ist Zeit der Hochzeitsfreude. Die Saat ist bereits ausgestreut. Das Gastmahl *steht schon bereit*. Der Schatz *liegt* im Acker. Der Satan *ist* gestürzt. Diese Botschaft ist sein Evangelium. Es sind keine kosmischen Wunderzeichen zu erwarten, es gilt auf andere Vorgänge zu achten. Zwar lautet die zweite Bitte des Vaterunsers: »Dein Reich komme!« und setzt damit eine Spannung zwischen erfüllter und nicht erfüllter Gegenwart, doch ist das Reich Gottes ja kein Zustand, der sich über Nacht wie Tau auf das Land legt, sondern ein Prozess, der sich entfalten will. Darum die Gleichnisreden von Saat, Wachstum und Ernte. Es beginnt klein und unscheinbar, aber strebt einer immer größeren Entfaltung zu. Gegen alle späteren Umdeutungen, die bis heute ihre Fortsetzung finden, den »Anbruch der Gottesherrschaft« mit dem Ende der Zeiten zu verbinden, ist das präsentische Verständnis Jesu festzuhalten: die Zeit der Gottesherrschaft ist das Hier und Jetzt.

Paradigma und Prüfstein: Offene Tischgemeinschaft

Für Jesus ist das Reich Gottes keine Vision, sondern Wirklichkeit, die er konkret inszeniert:

> Da ist also ein Mann, der ein Festmahl geben will (Mt 22,1-13; Lk 14,15-25; Thomasevangelium 64) und, da er erst sehr spät dazu einladen lässt, hören muss, dass an dem fraglichen Abend alle seine Freunde etwas anderes vorhaben und also, wie sie ihn bedauernd wissen lassen, seiner Einladung nicht folgen können. So ist nun das Mahl bereit und der Speisesaal leer. Der Gastgeber lässt seine Diener daher *jeden, den sie auf der Straße treffen,* an seine Tafel holen.
>
> Man vergegenwärtige sich aber nun eine auf diese Weise zusammengeholte Tischgesellschaft, wie da in wahrlich bunter Reihe Männer und Frauen, Arme und Reiche, Sklaven und Freie miteinander und durcheinander zu Tische liegen, Pharisäer zwischen Zöllnern und Sündern …
>
> Was Jesu Gleichnis vorstellt und in Aussicht stellt, ist also eine offene Mahlgemeinschaft, bei der die Tischordnung nicht im Kleinen die große Gesellschaftsordnung mit ihren vertikalen Diskriminierungen und lateralen Trennungen widerspiegelt. Die soziale Herausforderung einer solchen egalitären Tischgemeinschaft ist das eigentlich Bedrohliche dieses Gleichnisses. Es ist natürlich nur ein Gleichnis, eine Erzählung, die sehr wirksam

> Der Austausch von Speisen gehört zu den grundlegenden Formen menschlicher Interaktion. Immer ist er von einer Reihe von Verpflichtungen, zu geben, zu empfangen und zu vergelten, begleitet. Diese Transaktionen stellen das Individuum in Zusammenhänge sozialer Verpflichtungen. Der Austausch von Speisen ist ein Symbol für menschliche Interaktion: Essen ist ein Verhalten, das Gefühle und Beziehungen symbolisiert, Status und Macht vermittelt und die Grenzen der Gruppenidentität ausdrückt.
>
> *Lee Edward Klosinski*

die Erschütterung der Gesellschaftsordnung im kleinen Rahmen, eben bei Tisch, denkbar macht. Und da Jesus überdies praktizierte, was er mit diesem Gleichnis predigte, beschimpfte man ihn als Fresser und Säufer, als Freund von Sündern und Zöllnern. Denn weigerte er sich nicht, Unterschiede gelten zu lassen, wie es sich gehörte? Da an seinem Tisch auch Frauen saßen, sogar unverheiratete, hieß es, er esse mit Huren, denn mit Vorliebe klassifizierte man so alle Frauen, die nicht, wie es sich gehörte, unmittelbar männlicher Kontrolle unterlagen …

Das Reich Gottes als ein Prozess offener Tischgemeinschaft, als jedem zugängliche Mahlgemeinschaft und somit als Muster einer nicht diskriminierenden Gesellschaft negierte die Grundlagen der antiken mediterranen Gesellschaft, in der Begriffe wie Ehre und Schande absolute Geltung hatten … Wenn wir es uns, aus sicherer Entfernung heute … leisten können, Jesus als Gastgeber amüsant, exzentrisch oder bezaubernd unkonventionell zu finden, musste doch denen, die die eigene Identität nur in den Augen von Ihresgleichen zu finden wussten, die Zumutung, sich bei Tisch und im Leben mit jedem Hergelaufenen gemein zu machen und dabei von allen Unterschieden des Standes, Ranges und Geschlechts abzusehen, notwendig fast unvernünftig und absurd erscheinen. Derjenige, der ihnen dergleichen zumutete, aber stand in den Augen dieser Leute fast unvermeidlich als Asozialer und Perverser da, denn es war klar, dass wer die Schande nicht fürchtet, keine Ehre im Leibe hatte …

Der radikale Egalitarismus des Gottesreichs, von dem Jesus sprach, ist erschreckender als alles, was wir uns vorgestellt haben, und selbst, wenn wir es nie annehmen können, sollten wir doch nie versuchen, es wegzuerklären und als etwas anderes, als es ist, auszugeben.

John Dominic Crossan

Die Logik der ursprünglichen Mission Jesu forderte nicht Wohltätigkeit, sondern Tischgemeinschaft.

Die Praxis der Offenen Tischgemeinschaft, welche die Reich-Gottes-Botschaft Jesu quer zu allen geltenden Anschauungen und Sitten konkretisiert und provokativ herausstellt, wurde nach seinem Tod, wie wir gesehen haben, von der frühen Jesusbewegung weitergeführt, nunmehr über das Judentum hinaus, so dass nicht mehr der Unterschied zwischen Jude und Grieche gelten sollte. Zugleich aber wurde diese Mahlgemeinschaft exklusiv, indem sie nur noch unter Jesus-Leuten stattfand. Damit begann die Verkirchlichung des Programms Jesu. Und nachdem mit dem ausgehenden ersten Jahrhundert das hellenisierte Christentum sich vom Judentum geschieden und feindlich distanziert hatte, war man schnell wieder ganz unter Seinesgleichen – und der provokante Ansatz Jesu eingeebnet.

Armut als Bedingung der Teilhabe am Reich Gottes

Die Überlieferung des Programms Jesu hat bereits in den Evangelien eine Übersetzung in die nachgehenden Zeiten gefunden; dabei wurde die gesellschaftliche Realität der Jesus-Zeit auf die Ebene der christlichen Gemeinden übertragen. Die damit verbundenen Veränderungen haben vor allem den Aussagen Jesu über die Armut so gründlich den Stachel genommen, dass wir Mühe haben, deren ursprüngliche Radikalität noch wahrzunehmen, nämlich die Seligpreisung der Armut als Bedingung der Teilhabe am Reich Gottes.

Unter den zentralen Aussagen Jesu über die herrschenden gesellschaftlichen Verhältnisse und Überzeugungen gibt es eine, die schon bald in ihrer Provokation abgeschwächt und verharmlost wurde. Die folgenden vier Fassungen dieses Logions spiegeln diese Entwicklung:

Jesus sagt: »Selig sind die Armen. Denn euch gehört die Herrschaft Gottes.« *Thomasevangelium 54*

»Selig ihr Armen, denn euch gehört die Herrschaft Gottes.« *Redequelle Q, bei Lukas, 6,20*

»Selig die Armen dem Geiste (nach), denn ihrer ist das Reich Gottes.« *Redequelle Q bei Matthäus 5,3*

»Aus allen Menschen auf der Welt hat Gott die Armen auserwählt. Sie sind reich im Glauben, und für sie ist Gottes Königreich bestimmt, das er denen versprochen hat, die ihn lieben.« *Jakobusbrief 2,5*

In den beiden ersten Worten sind die real Armen gemeint, wobei unklar bleibt, ob Jesus »ihr Armen« oder »wir Arme« dachte. Das griechische Wort *ptóchos* zielt nicht auf bescheidene Verhältnisse, sondern auf Elend und Bettelarmut. Aber warum soll diese Gruppe »selig« gepriesen werden? Finden sich unter Bettlern doch nicht nur liebe Menschen, sondern auch Taugenichtse und Halunken. Es kann also nicht der moralische Charakter der Gebeutelten gemeint sein, sondern die soziale Ungerechtigkeit, welche die Armen zu Boden drückt. Während die Reichen an der ausbeutenden Situation immer irgendwie teilhaben, bleiben die Armen davon frei. – Mit wachsendem Abstand zur Jesuszeit wird das Logion aus seiner konkreten sozialen Beziehung gelöst und »geistlich« verallgemeinert, so dass nun selbst der Reiche »vor Gott« arm genannt werden darf. – Nach Jakobus schließlich werden die Armen mit einem Versprechen auf zukünftigen Ausgleich besänftigt.

Glaubte Jesus wirklich, dass Tagediebe und Bettler in besonderem Maße von Gott gesegnet seien, so als wären die Habenichtse durch die Bank nette Menschen, hingegen Angehörige der Oberschicht, überhaupt alle anständigen Bürger, Gott missfällig? Hatte er Illusionen über die moralisch veredelnde Wirkung der Bettelarmut? Nein, sagen wir, Illusionen machte er sich keine. Denn bei seinen Aussagen über die Armut ist nicht an persönliches Verdienst oder an persönliche Schuld gedacht, sondern an soziale, strukturelle oder systematische Ungerechtigkeit, unter der die Armen leiden und von der die Reichen profitieren, und also an die Lage, in der Jesus und seine bäuerlichen Klassengenossen sich insgesamt

Was für eine Art Lehrer war er? Der semitische Titel *rabbi* oder *rabbuni* könnte die Vorstellung erwecken, dass er als »Schriftgelehrter« angesehen wurde, die zeitgenössische Entsprechung zum späteren Amt des »Rabbi«. Kein geringerer als R. Bultmann hat eben dies kategorisch behauptet. Jesus, so sagt er, hat »in der Tat als jüdischer Rabbi gewirkt ... Er disputiert in den gleichen Formen wie jüdische Rabbinen, bedient sich der gleichen Argumentationsweise, der gleichen Formen der Rede.«
Wie so oft wurde Bultmanns Sicht aufgenommen: Sie führt jedoch ein wenig in die Irre. Der Titel »Rabbi« scheint zur Zeit Jesu noch nicht die Bedeutung erlangt zu haben, die ihm später zukam: die eines voll ausgebildeten Auslegers von Schrift und Tradition. Keiner seiner Vorgänger oder Zeitgenossen, nicht einmal Hillel, Schammai oder Gamaliel der Alte werden in Mischna und Talmud »Rabbi« genannt ...

Sollten wir aber nicht annehmen, dass er zur intellektuellen Elite gehörte, da ihn die Evangelien doch so oft in der Kontroverse und im exegetischen Streit mit Pharisäern, Sadduzäern und Schriftgelehrten zeigen? Ja, mehr noch, war er nicht ein Gelehrter, der sich durch noch größeres Wissen auszeichnete als seine Gegenüber, da er aus allen Debatten immer doch als Sieger hervorging? Vielleicht, vielleicht aber auch nicht. Denn nach allem, was wir von der galiläischen Kultur der späten zweiten Tempelperiode wissen – wir wissen zwar nicht viel, aber immerhin doch etwas – und auch nach dem Zeugnis des Neuen Testaments selbst, spricht einiges dafür, dass Jesus ein Amateur auf diesem Gebiet war ... Die Dorfschreiber, mit denen Jesus regelmäßig zusammenkam, waren Männer, die Verträge, Heiratsurkunden oder Scheidebriefe formulieren und Schulkinder unterrichten konnten. Aber sie dürfen nicht mit den Leuchten des Jerusalemer Pharisäertums verwechselt werden. Des weiteren gibt es im Neuen Testament kein Anzeichen dafür, dass

befanden. Und unter diesen Bedingungen haben seine Worte eine buchstäbliche, schreckliche und andauernde Wahrheit. Wo Unterdrückung stattfindet – und insbesondere wo dies so vermittelt, indirekt und systematisch geschieht, dass die Ungerechtigkeit unter der Maske der Normalität, ja selbst der Notwendigkeit auftreten kann –, sind unschuldig und gesegnet allein diejenigen, die das böse Funktionieren des Systems automatisch degradiert zu menschlichem Abfall und Unrat. Heutzutage müsste man also zugeben: Nur die Wohnungslosen sind unschuldig. Damit wird eine erschreckende Anklage gegen die Gesellschaft erhoben, denn, die Anklage zielt nicht auf persönlichen oder individuellen Machtmissbrauch, sondern auf die im gesellschaftlichen System strukturell gegebene Ungerechtigkeit. Und an dieser ist niemand unschuldig, dem dieses System sein Auskommen gewährt. *John Dominic Crossan*

Auch die Kinder werden des Reiches Gottes vergewissert. Die neutestamentliche Überlieferung dürfte den ursprünglichen Anlass, dem sich Jesu Stellungnahme verdankt, unterschlagen haben; wohl aber sicherte sie die überraschende Aussage, dass ausgerechnet den Kindern das Reich Gottes offen stehe.

In der alten Welt galten Kinder nicht viel. Neugeborene konnte man beliebig aussetzen oder sterben lassen. Das galt allgemein, wenngleich nicht für toragläubige Juden. In der Gemeinde könnte darüber gestritten worden sein, wie mit Kindern umzugehen sei: ob man alle Kinder anzunehmen und zu schätzen habe, oder ob sie nicht doch ein Nichts seien. Selbst die Rahmenerzählung (Mk 10,13.14a.; 16) macht dann klar, dass die Gottesherrschaft ins Reich der Hilflosen, der Ohnmächtigen und Nichtsnutze führt.

Im Reich Gottes gilt eine andere Verwandtschaft

In der orientalischen und mediterranen Welt ist die Familie eine geschlossene Welt; deren allgemein anerkannte Herrschaft, Macht und Gültigkeit stellt Jesus in Frage:

Jesus sagt: »Wer nicht seinen Vater und seine Mutter hassen kann, der kann nicht mein Jünger sein. Und wer nicht seine Brüder und Schwestern hassen und sein Kreuz nicht tragen kann wie ich, der ist meiner nicht wert.« *Thomasevangelium 55*

Jesu Mutter und seine Brüder wollten zu ihm. Sie blieben vor dem Haus stehen und schickten jemanden hinein, ihn zu rufen. Er saß drinnen im Kreise vieler Zuhörer, und man sagte ihm: »Deine Mutter und deine Geschwister sind da, sie stehen draußen und wollen zu dir.« Doch er erwiderte: »Wer ist denn das, meine Mutter und meine Geschwister?« Er blickte um sich auf die, welche um ihn herumsaßen, und sagte: »Das ist meine Mutter, das sind meine Geschwister. Denn jeder, der den Willen Gottes tut, der ist mein Bruder, meine Schwester, meine Mutter.« *Markus 3,31-35*

Als Jesus so redete, rief eine Frau aus dem Volk: »Selig ist die Frau, deren Leib dich getragen hat und an deren Brust du gesogen hast.« Jesus erwiderte: »Ja, selig sind die, die Gottes Wort hören und halten.«
Spruchquelle Q, bei Lukas 11,27f.

Ihr sollt nicht denken, ich sei ein Friedensapostel. Nein, ich bringe Ärger und Streit. Ab jetzt wird sich eine fünfköpfige Familie so zerstreiten, dass drei gegen zwei stehen und zwei gegen drei. Der Vater wird sich mit dem Sohn zerstreiten, die Mutter mit der Tochter und die Schwiegermutter mit der Schwiegertochter.«

Spruchquelle Q, bei Lukas 12,51-53 (Matthäus 10,34-36)

Die beiden ersten Aussagen bestreiten geradewegs den Exklusivanspruch der Familie und stellen ihr eine offene Gesellschaft gegenüber für alle, die dazu gehören wollen. Im dritten Zitat wird abgestritten, dass eine Frau über einen berühmten Sohn Bedeutung gewinnt. Jesus verneint dies zugunsten einer Seligkeit, die jeder gewinnen kann, ohne dass Geschlecht und Familienstand eine Rolle spielen. Die letzte Aussage schließt die Zielrichtung der familienkritischen Urteile Jesu: Es sind die Machtverhältnisse der levantinischen Familie, die den Sohn, die Tochter und Schwiegertochter der Autorität der Eltern, zumal des Vaters unterstellen. Die Familie bildet die Gesellschaft in ihren Hierarchien und Zwängen ab. Ihr gegenüber proklamiert Jesus eine offene Gesellschaft, die niemanden ausgrenzt.

Der so weit vorgestellte Jesus hat mit dem Kirchen-Jesus der meisten Gebete, Lieder und Bilder nichts gemeinsam. Sein Programm ist eher kirchensprengend, vor allem wenn man die bürgerlich-folkloristische Gemeindegestalt der westlichen Gesellschaften in den Blick nimmt. Die Wandermissionare, die Jesus zu ihrem Tun angeleitet hatte, und die nach seinem Tod in radikaler Armut durch die galiläisch-südsyrische Landschaft zogen, betrieben auch keine Gemeindegründung nach Art des Paulus in den Städten der hellenistischen Welt. Der unorganisierte Charakter ihrer Tätigkeiten ist noch erkennbar: Männer und Frauen suchten durchweg zu zweit einzelne Häuser auf und verkündeten eine Gottesherrschaft radikaler Gleichheit. Die Texte dieser Traditionsschicht sind – bei kritischem Vergleich – so weit transparent, dass sie das ursprüngliche Reden und Tun Jesu noch durchscheinen lassen. Aber sofern Jesu Programm überhaupt in heutiges Verständnis übersetzt werden kann, mutet es sehr fremd an.

> Jesus eine derartige spezielle Ausbildung genossen hätte – ganz zu schweigen von dem Faktum, dass die rabbinischen Quellen krass herausstellen, dass die Galiläer, was ihre Gelehrsamkeit betrifft, nicht gerade berühmt waren. Andererseits betonen alle drei Synoptiker, dass sich sein Stil von dem der Schriftgelehrten *unterschieden* habe. Letztere waren hauptsächlich damit befasst, alle religiöse Lehre mit der ihnen vorgegebenen Tradition in Einklang zu bringen, sie also als Teil der strikt definierten Überlieferungskette aufzufassen … Jesus hingegen lehrte mit *exousia*, mit »Vollmacht«, ohne die formale Rechtfertigung seiner Worte für notwendig zu erachten.
>
> *Geza Vermes*

> Das Gottesverhältnis Jesu ist nicht in einem System zu Hause. Es antwortet nicht auf Fragen nach Ursache und Wirkung, sondern verbindet Gott mit der Wahrheit der Menschen, die von Freundlichkeit und Liebe leben und nur in der gelebten Liebe zu sich selbst kommen. Dabei widerspricht das gesamte Programm Jesu einer Schöpfungs- oder Naturordnung, die blind ist gegenüber der Erbarmungslosigkeit, wie sie in den evolutiven Prozessen der Natur gegeben ist. Dort herrscht eine krasse Unvereinbarkeit der Natur- und Lebensgesetze mit dem Gott der Bergpredigt.

Jesus von Nazaret und der Christus des Glaubens

4. Zweierlei Evangelium

Die bis hierhin deutlich gewordene Spannung zwischen Praxis und Überlieferung der palästinischen Jesusbewegungen und den Gemeindegründungen im Bereich der hellenistischen Städte hat sich uns in zwei ganz verschiedenen inhaltlichen Akzentsetzungen gezeigt: Die palästinisch-ländlichen Jesusbewegungen setzen die Reich-Gottes-Botschaft Jesu im jüdischen Umfeld fort, ohne eigene Gemeinden zu gründen; demgegenüber erfolgen im griechisch-römischen Mittelmeerraum gezielte Gemeindebildungen, die den Schwerpunkt ihres Glaubens auf eine Deutung des Todes Jesu und die Verkündigung seiner Auferstehung setzen. Eine Folge dieser nicht zu überschätzenden Differenz ist die in den heutigen Kirchen herrschende Unklarheit im Verständnis dessen, was ihr »Evangelium« ist.

In der griechischen Welt heißt *euangelion* die »gute Botschaft« oder »Freudenbotschaft«, etwa die Nachricht über einen errungenen Sieg. Religiösen Sinn gewinnt *evangelium* im römischen Kaiserkult, etwa als Proklamation der Thronbesteigung des göttlich verehrten Kaisers. Der neutestamentliche Gebrauch des Wortes wurzelt aber nicht hier, sondern in der biblisch-jüdischen Tradition, die *euangelion* als Botschaft von der anbrechenden Heilszeit versteht. In diesem Sinne ist die Botschaft vom hier und heute anbrechenden »Reich Gottes« Jesu Evangelium. »Nichts ist sicherer in der Überlieferung von ihm, als dass seine Verkündigung ein ›Evangelium‹ war und als eine selige und freudenbringende Botschaft empfunden wurde« (Adolf von Harnack). Dieses Verständnis klingt im Auftakt der Jesusbotschaft bei Mk 1,14 noch an: »Nachdem aber Johannes [der Täufer] gefangen gesetzt war, kehrte Jesus nach Galiläa zurück und verkündete das Evangelium Gottes« (vgl. Mt 4,23; 9,35; 24,14; Lk 4,43; Apg 8,12).

Dieser ursprüngliche und eigentliche Sinn des Wortes »Evangelium« als Kennzeichnung seiner Reich-Gottes-Verkündigung verschwindet anschließend im Neuen Testament. Der Begriff erfährt eine vollständige Bedeutungsverschiebung, indem er gewissermaßen *terminus technicus* der »apostolischen Predigt« wird, die den bisherigen Inhalt gegen die Botschaft von Jesus als dem Christus, dem Gekreuzigten und Auferstandenen austauscht. Dies gilt besonders für Paulus, der das Wort immer wieder gebraucht (z. B. Röm 1,9; 15,19; 1 Kor 9,12.18; 2 Kor 2,12; Gal 1,7). Es bezeichnet hier sowohl seine Predigt als auch deren Inhalt. Wie sehr Evangelium bei ihm zum stehenden Begriff wird, geht aus dem absolutem Gebrauch des Wortes (ohne Beiwort) hervor (vgl. Röm 1,16; 11,28; 1 Kor 9,14 u.ö.). Paulus spricht auch von »seinem Evangelium« (Röm 2,16; 16,25; 2 Kor 4,3; 1 Thess 1,5; 2 Thess 2,14). Als dessen Inhalt kennt er allein Jesu Tod und Auferstehung. Die Reich-Gottes-Botschaft, das zentrale Programm Jesu, wird nicht mehr aufgegriffen. Zugleich gewinnt der Begriff Evangelium bei Paulus einen neuen Grundton. Es gilt ihm als »Gotteskraft« zum Heil für jeden, der es gläubig annimmt und fordert nun »Glaubensgehorsam« (Röm 1,5; 16,26). Der (möglicherweise auch von einem Paulus-Schüler geschriebene) Zweite Thessalonicherbrief

Rembrandt (1606–1669), Die Heimkehr des verlorenen Sohnes, (Ausschnitt), um 1669.

Der Vater sah ihn schon von weitem kommen, und er hatte Mitleid mit ihm. Er lief dem Sohn entgegen, fiel ihm um den Hals und küsste ihn (Lk 15,20).

Wo aber nur eine Gehorsamsform angemessen ist, kann kein Evangelium sein, sondern nur das Gesetz, in diesem Fall das Gesetz der althergebrachten kirchlichen Lehre, in die mit »Ich glaube« feierlich einzustimmen gar nichts anderes sein kann als ein Gehorsamsvorgang, der nur allermeist als solcher nicht mehr empfunden wird, weil er zur puren Gewohnheit geworden ist.

Herbert Koch

macht von der Annahme oder Ablehnung dieser Botschaft folgerichtig das Schicksal der Menschen beim Gericht abhängig: »Dann übt er Vergeltung an denen, die Gott nicht kennen und dem Evangelium Jesu, unseres Herrn, nicht gehorchen. Fern vom Angesicht des Herrn und von seiner Macht und Herrlichkeit müssen sie sein, mit ewigem Verderben werden sie bestraft, wenn er an jenem Tage kommt, um inmitten seiner Heiligen gefeiert und im Kreis aller derer bewundert zu werden, die den Glauben angenommen haben.« (1,8-10) War Jesu Evangelium noch uneingeschränkte Freudenbotschaft, so kommt nun ein drohender Unterton auf, der später immer stärker anschwillt.

Die Bedeutungsverschiebung in der Rede vom Evangelium hat dazu geführt, dass der Begriff unklar wurde und der Rekurs auf dieses Wort nur noch einen formalen Bezugsrahmen ohne spezifische Füllung darstellt. Wendungen wie diese sind geläufig:

- Mit ihren Lebensordnungen will die Kirche Menschen Hilfe für ein verantwortetes Leben aus dem Evangelium bieten.
- Alles Urteilen der Christen ist auf das Evangelium bezogen und er wächst aus dem Evangelium.
- Das gesellschaftliche Umfeld ist der Veränderung unterworfen. So wird in der Kirche gefragt, ob vom Evangelium her nicht mehr Impulse zur Begründung und Gestaltung von Gemeinschaft ausgehen müssten und deutlicher Einspruch erhoben werden müsste, wo Menschen oder das Gemeinwesen gefährdet sind.

Sebastian Dayg (1474/75–1553/54), Trinität, 1513–1515.

Dem Gottesbild Jesu, wie es aus seiner Parabel Lk 10,25–37 und dem Gemälde Rembrandts spricht, kontrastiert diese Trinität: Gottvater hat zürnend das Schwert erhoben, Gottsohn ergreift es, um unter Hinweis auf seinen Kreuzestod das Gericht aufzuhalten, während die Geisttaube alarmiert auf der Klinge sitzt.

Die Stereotypie derartiger Formulierungen kommt immer dann ins Spiel, wenn einem kirchlichen Anliegen besonderes Gewicht zuwachsen soll. Da es »so gut wie nie mit Inhalt gefüllt wird, eignet sich die Worthülse ›Evangelium‹ bestens dazu, wie ein Nagel benutzt zu werden, den man bei Bedarf in die Wand schlägt, um ein jeweils anderes, aber in den jeweiligen Zusammenhang passendes Bild daran aufzuhängen ... ›Das Evangelium‹ ist eben Fiktion ... Würde man es näher bestimmen ..., müsste man sich des Vokabulars einer ganz bestimmten neutestamentlichen Konzeption von Evangelium bedienen, die zugleich verschieden wäre von anderen, die ebenfalls im Neuen Testament vorhanden sind« (Herbert Koch).

Diese Wischigkeit des kirchlichen Redens resultiert aus dem verlorenem Anfang. Hinter der paulinischen Akzentuierung, nur noch den Gekreuzigten und Auferstandenen kennen zu wollen, tritt Jesu Reich-Gottes-Programmatik zurück. Paulus fragt nicht danach; er bezieht sich auf kein einziges Gleichnis Jesu, auch nicht auf jenen zentralen Kern, den wir unter dem Stichwort Bergpredigt kennen. Diese Unterschlagung setzte sich in den folgenden Jahrhunderten zumal in den offiziellen Kirchendokumenten fort: Das Apostolische Glaubensbekenntnis sowie alle weiteren Glaubensbekenntnisse greifen nur die Eckpunkte des Lebens Jesu auf, Geburt und Tod, sie unterlassen aber jeden Hinweis auf seine grundlegende Botschaft – und keiner empfindet diese Lücke als Lücke! In den Leseordnungen des Kirchenjahres fehlte die Bergpredigt über Jahrhunderte, ebenso wie die Reich-Gottes-Thematik in der Bildenden Kunst nur peripher begegnet. In der sparsamen Kritik an den Kreuzzügen war sie keine Argumentationsgrundlage. Hinter der Deutung des

Todes Jesu als Sühnetod trat die Botschaft Jesu von der Barmherzigkeit Gottes, *die bereits vollständige Erlösungsbotschaft ist*, ganz zurück.

Allerdings hat bereits zu Beginn des 20. Jahrhunderts Adolf von Harnack (1851–1930) den verlorenen Anfang wiederzugewinnen versucht. Mit seiner Berliner Vorlesung über »Das Wesen des Christentums« bezog er das zentral thematisierte Evangelium erstmals wieder auf die Reich-Gottes-Botschaft Jesu. Darin sah er die Ursprünglichkeit des Christentums gegeben. Die späteren christologischen Deutungen Jesu verstand er als ein Resultat des Zusammentreffens von Evangelium und griechischem Denken. Zwar war er als Historiker nüchtern genug, um den Gang der Geschichte nach Jesu Tod unter sich verändernden Zeiten und Bedingungen würdigen zu können – die Entstehung dogmatischer Bekenntnisse, die Entwicklung kultischer Regeln, die rechtliche Ordnung des Gemeindewesens, die Kanonisierung der Schriften – er sah aber auch, dass Orthodoxie, Traditionsbildung, Hierarchie und Kirchenstruktur sich *vor* das Evangelium Jesu geschoben haben, so dass die ursprüngliche »Religion Jesu« darunter verdeckt wurde. Für Harnack bedarf es keiner Verkündigung einer Befreiung von Sündenschuld durch Kreuz und Auferstehung Jesu. Für ihn sind Karfreitag und Ostern auch keine Überbietung des Evangeliums Jesu:

Der Zöllner im Tempel, das Weib am Gotteskasten, der verlorene Sohn sind seine [Jesu] Paradigmen; sie alle wissen nichts von einer »Christologie«, und doch hat der Zöllner die Demut gewonnen, der die Gerechtsprechung folgt. Wer daran dreht und deutet, verwundet die Schlichtheit und Größe der Predigt Jesu an einer ihrer wichtigsten Stellen … Diese Verkündigung ist einfacher, als die Kirchen es wahrhaben wollten, einfacher, aber darum auch universaler und ernster … Jesus hat den Menschen die großen Fragen nahe gebracht, Gottes Gnade und Barmherzigkeit verheißen und eine Entscheidung verlangt … Es ist keine Paradoxie und wiederum auch nicht Rationalismus, sondern der einfache Ausdruck des Tatbestands, wie er in den Evangelien vorliegt: Nicht der Sohn, sondern allein der Vater gehört in das Evangelium, wie es Jesus verkündigt hat, hinein.

Im Gleichnis vom »verlorenen Sohn« oder »barmherzigen Vater« (Lk 15,11-32) spricht Jesus mit keinem Wort von einer notwendigen Sühne, »was er doch hätte tun müssen, wenn die göttliche Vergebung nur um den Preis der Hingabe des geliebten Sohnes in den blutigen Tod zu haben gewesen wäre. Im Gleichnis erwartet der Vater den heimgekehrten Sohn mit offenen Armen. Die Voraussetzung der Versöhnung war die Einsicht des Sohnes, war sein Wille, heimzukehren – keinerlei Sühneleistung war notwendig« (Herbert Vorgrimler). Der durch Jesu Lehre und Leben erschlossene Gott hat nichts mit »Opfertod« und Satisfaktion zu tun und weiß darum nichts von Sühne und Begnadigung. Im Gleichnis vom Pharisäer und Zöllner genügt die Bitte: »Gott sei mir Sünder gnädig«, um angenommen zu werden. Kein Beichtstuhl, keine Absolution, keine Gnadenvermittlung durch Sakramente und Kirche, nichts was eine Priesterschaft exklusiv zu vermitteln hätte.

Der Gott Jesu ist ein Gott, der jeden Menschen annimmt – darum können und sollen auch die Menschen sich gegenseitig annehmen … Gott und Mensch stehen einander in einer sehr einfachen – unmittelbaren – Beziehung ohne Zwischeninstanzen gegenüber. In dieser Situation werden gesetzliche Festlegungen, kultische Vorschriften und Rituale zum Hindernis für die Ganzheit und Einfachheit der Beziehung zwischen Gott und Mensch, gerade weil sie Gott festlegen und dem Menschen die Möglichkeiten geben, sich vor Gott, vor sich selbst und vor seinem Nächsten zu verstecken …

Wenn in der christlichen Überlieferung die Gebote der Gottes- und Nächstenliebe auf das Engste miteinander verbunden werden (Mk 12,28–34), so entspricht dies der Intention Jesu. Ihre Zusammenordnung ist nicht nur als ein Nebeneinander zu verstehen, sodass wieder zwei Bereiche (hier Gottes-, dort Nächstenliebe) unterschieden werden könnten. Vielmehr ist für Jesus die Koinzidenz beider kennzeichnend.

Paul Hoffmann

5. Divergierende Deutungskonzepte

Das Evangelium des Paulus

Ein kompromissloses Urteil lautet, »dass das Evangelium des Paulus seine vollkommen eigene Schöpfung war« (Burton L. Mack). Es unterschied sich deutlich von der Reich-Gottes-Botschaft der palästinischen Jesusbewegungen und gab den Christusgemeinden der hellenistischen Städte ein verändertes Profil.

Dennoch knüpfte Paulus an Voraussetzungen an. Er hatte sich zu einer Jesusbewegung »bekehrt«, die bereits zu einer Gemeinde Christi geworden war. Im Rahmen der Pharisäerbewegung herangewachsen, drängte er anfangs Synagogengemeinden zu strengsten Strafen gegenüber Juden, die in ihrer Jesusanhängerschaft die Tora missachteten. Seine Wende vom Verfolger zum Apostel derselben Bewegung datiert in die Jahre 33 bis 35. Insgesamt viermal spricht Paulus von seiner Vision, die ihn in die Jesusbewegung führte: In 1 Kor 9,1 und 15,8 nennt er es ein »Sehen« des »Herrn«; Gal 1,12 eine »Offenbarung« Jesu des Messias und in Phil 3,8 eine »Erkenntnis« des Messias Jesus. Das Erstaunliche: Obwohl er sich in diesem Erlebnis als Apostel berufen verstand, verzichtet er auf jeden Kontakt mit den Uraposteln in Jerusalem und zieht sofort in die ostjordanische heidnische Landschaft südöstlich von Damaskus (Gal 1,17). Es wird angenommen, dass er in diesem Gebiet (des heutigen Jordanien mit den Städten Petra, Gerasa und Philadelphia, dem jetzigen Amman) wohl erfolglos missionierte. Dann erst, rund drei Jahre später, reiste Paulus nach Jerusalem, »um Kephas kennenzulernen, und blieb fünfzehn Tage bei ihm« (Gal 1,18). Anschließend ging er nach Syrien und Kilikien (heute türkisches Gebiet), wo er etwa weitere dreizehn Jahre lang blieb. »Den Gemeinden Christi in Judäa aber blieb ich persönlich unbekannt, sie hörten nur: Er, der uns einst verfolgte, verkündigt jetzt den Glauben, den er früher vernichten wollte« (Gal 1,22f.).

Die mystische Mühle, Sainte-Marie-Madeleine, Vézelay, 1125–1140.

Eine Gestalt der jüdischen Tradition – Prophet oder Schriftsteller – schüttet den Ertrag aller Arbeit in die Mühle. Paulus dreht die Mühle und fängt in einem Sack das Mehl auf. Dabei richtet sich sein Blick auf das verwandelte Getreide.

V ierzehn Jahre später ging ich wieder nach Jerusalem hinauf, zusammen mit Barnabas; ich nahm auch Titus mit. Ich ging hinauf aufgrund einer Offenbarung, legte der Gemeinde und im Besonderen den »Angesehenen« das Evangelium vor, das ich unter den Heiden verkündige; ich wollte sicher sein, dass ich nicht vergeblich laufe oder gelaufen bin. Doch nicht einmal mein Begleiter Titus, der Grieche ist, wurde gezwungen, sich beschneiden zu lassen. Denn was die falschen Brüder betrifft, jene Eindringlinge, die sich eingeschlichen hatten, um die Freiheit, die wir in Christus Jesus haben, argwöhnisch zu beobachten und uns zu Sklaven zu machen, so haben wir uns keinen Augenblick unterworfen; wir haben ihnen nicht nachgegeben, damit euch die Wahrheit des Evangeliums erhalten bleibe. Aber auch von denen, die Ansehen genießen – was sie früher waren, kümmert mich nicht, Gott schaut nicht auf die Person –, auch von den »Angesehenen« wurde mir nichts auferlegt. Im Gegenteil, sie sahen, dass mir das Evangelium für die Unbeschnittenen anvertraut ist wie dem Petrus für die Beschnittenen – denn Gott, der Petrus die Kraft zum Apostoldienst unter den Beschnittenen gegeben hat, gab sie mir

Paulus sagt, er habe sich den »Säulen« gegenüber durchgesetzt. Natürlich betont er seine Wertung. Er spricht auch nur vom Problem der Nicht-Juden. Aber ungeklärt bleibt, wie die Jerusalemer Gemeinde mit Petrus und Jakobus über das Ausklammern des Reich-Gottes-Evangeliums durch Paulus dachte. War es für sie kein entscheidendes Problem, dass Paulus die Botschaft Jesu gegen seine Jesus-Interpretation austauschte?

Der spezifische Beitrag des Paulus in dieser Arena bestand darin, dass er den Christusmythos in den Rang der Verkündigung erhob. Als die Jesus-Leute erstmals über den Christusmythos nachdachten, geschah dies nicht mit der Absicht, ihn dem Rest der Welt zu verkündigen. Er war ihr eigener Ursprungsmythos, ihre Form, zu rechtfertigen, was aus ihnen ... geworden war ...

Als er der Logik dieses Mythos verfiel, konnte Paulus der Versuchung nicht widerstehen, ihn nicht nur ... als Rechtfertigung der Aufnahme von Nichtjuden in die christliche Gemeinde Israels anzusehen, sondern auch als Auftrag, mit der Erweiterung der tatsächlichen Grenzen Israels zu beginnen, um alle Nichtjuden »heimzuholen« ... Aus Paulus jüdischer Sicht war das eine große Sache. Es scheint ihm nicht in den Sinn gekommen zu sein, dass vielleicht nicht alle Nichtjuden davon beeindruckt sein würden. Für ihn besaß der Gedanke einer Heidenmission unwiderstehliche Anziehungskraft, denn eine solche Mission löste nicht nur ein soziales Problem der Synagogengemeinden in der Diaspora, sondern machte ihre Situation zu einer historischen Gelegenheit für die Verherrlichung des Gottes Israels ... Aber der Gedanke, dass die Pointe dieses Plans eine göttliche Einladung an alle Völker sei, sich dem Hause Israel anzuschließen, war schlechthin überwältigend. Man bedenke! Nichtjuden mussten sich nicht beschneiden lassen, um mit den »Heiligen« am selben Tisch zu sitzen.
Burton L. Mack

Michael Triegel (geb. 1968), Triumphator, 1993.

Der Blick geht in einen hohen, leeren Raum, der nach hinten offen ist. Vom dritten Gurtbogen senkt sich an einem Faden ein Ei, wie es auch in »Transfiguration« zu sehen ist (→ S. 583, vgl. S. 431). Im ersten Bogenfeld schwebt der triumphierende Christus, sitzend, jedoch ohne erkennbaren Thron. In der linken Hand hält er die Siegesfahne der Auferstehung, aber mehr Papierband oder Kinderpeitsche als Fahne. In seiner Rechten ist die gewohnte Weltkugel durch eine Glaskugel ersetzt, zerbrechlich und geheimnisleer. Sie hoch zu halten, verlangt sichtbar einige Anstrengung.

Die Pose des »Triumphators« wirkt theatralisch, seine Position hoch im leeren Raum einsam, die Architektur kalt.

zum Dienst unter den Heiden – und sie erkannten die Gnade, die mir verliehen ist. Deshalb gaben Jakobus, Kephas und Johannes, die als die »Säulen« Ansehen genießen, mir und Barnabas die Hand zum Zeichen der Gemeinschaft: Wir sollten zu den Heiden gehen, sie zu den Beschnittenen. Nur sollten wir an ihre Armen denken; und das zu tun, habe ich mich eifrig bemüht (Gal 2,1-10).

Worüber wurde bei diesem Treffen verhandelt? Zunächst ging es um die Frage, ob Nichtjuden in der Jesusbewegung sich beschneiden lassen müssen. Zweitens war strittig, ob Juden – auch wenn sie in der Jesusbewegung standen – mit Nichtjuden Tischgemeinschaft pflegen dürfen. Es ist anzunehmen, dass die Jesusbewegung in Jerusalem nicht dem Typ der Gemeinde entsprach, die dem Christuskult anhing. Diese Gruppe hatte wohl eher die Vorstellung, dass Jesu Lehre vom Reich Gottes sich am besten im Kontext jüdischer Lebensformen befolgen lasse. Innerhalb der Forschung wird gemutmaßt, Paulus habe in Jerusalem erhebliche Kritik erfahren, weswegen er sich bemühte, den unangenehmen Begegnungen die bestmögliche Deutung aufzuzwingen. Darum führe er Titus ins Feld (Gal 2,3) – als ob die »Säulen« diesen überhaupt gleich der Beschneidung hätten unterwerfen können – und sagte, man sei übereingekommen, die vorhandenen Meinungsverschiedenheiten bestehen zu lassen. Petrus sollte mit dem Evangelium für die »Beschnittenen« betraut werden, Paulus hingegen mit dem Evangelium für die Unbeschnittenen (2,7), ohne dass dieses doppelte Evangelium abgeglichen wurde. Es gibt kein Dokument, das uns berichtet, was Paulus vor diesem Jerusalemer Konvent – vermutlich im Jahre 48 – lehrte. Die von Paulus erhaltenen Briefe stammen alle aus den fünfziger Jahren, geben freilich ein Nachdenken wieder, das aus der langen Phase davor resultiert, so dass man seine Theologie nicht als spontanes Resultat eines ekstatischen Erlebnisses werten darf.

Bevor es die Problematik von Juden und Nichtjuden gab, war – wie wir gesehen haben – ein Christuskult weder entstanden noch zu erwarten (→ S. 246 ff.). Er ist die griechische Antwort auf eine jüdische Problematik. Nur Nichtjuden, die ihr Verhältnis zu Israel begründet sehen wollten, waren auf die Argumentation angewiesen, dass der Messias Gottes für beide gestorben sei. Als Paulus den »anderen Weg« entdeckte, »wie man – unabhängig vom Gesetz – für Gott als gerecht annehmbar werden kann«, nämlich über den Glauben an Jesus Christus, der alle Unterschiede zwischen Juden und Nichtjuden löscht (Röm 3,26, vgl. S. 248), eröffnete ihm dies die Perspektive, die Grenzen Israels ins Unermessliche zu erweitern, und dieser Gedanke, dass alle Völker eingeladen seien, sich dem Haus Israel anzuschließen, war für Paulus schlechthin überwältigend. Fortan fielen die engen Grenzen fort, die Israel von den Völkern geschieden hatten. Nicht länger mussten sich Nichtjuden beschneiden lassen, um mit den »Heiligen« am selben Tisch zu sitzen.

Für Juden – also auch die palästinischen Jesusbewegungen – musste es »ungeheuerlich erscheinen, dass jemand durch eine Jesus-Vision bekehrt wurde und dann erklärte, durch den so mitgeteilten ›Heiligen Geist‹, den Geist des auferstandenen Jesus, seien die Grenzen zwischen Juden und Heiden gesprengt. Dass der Heilige Geist solches vermöchte und es überflüssig machte, erst Jude zu werden, war religiös und theologisch unerhört« (Klaus Berger). Diese Position rückte Paulus im frühen Christentum in eine Außenseiterrolle, und tatsächlich täuscht die Zahl und zunehmende Bedeutung seiner Briefe im späteren Neuen Testament darüber hinweg, wie umstritten er im christlichen Spektrum der eigenen Zeit blieb. Dazu kam, dass er Jesus zu dessen Lebenszeit nicht gekannt hatte. Offensichtlich hat er sich auch nie bemüht, durch intensives Nachfragen bei dessen Jüngern und den späteren »Säulen« fundierte Kenntnisse über Jesus und seine Reich-Gottes-Programmatik zu gewinnen. Umso entschiedener pochte er auf seine persönliche visionäre Christus-Erfahrung, um alleine von dorther apostolische Autorität und Geltung zu beanspruchen.

Es hat Paulus nicht an Gelegenheit gefehlt, über den geschichtlichen Jesus alles erfahren zu können, was seine Weggefährten von ihm hörten und mit ihm erlebten. Offensichtlich wollte er sich gar nicht erst in diese Abhängigkeit begeben. Deswegen sind Bezugnahmen auf die Lehre Jesu extrem mager geblieben. In 1 Thess 4,15-18 scheint er sich auf ein »Wort des Herrn« zu beziehen, dessen Inhalt jedoch schwerlich mit der ältesten Wortüberlieferung korreliert. Ansonsten bezieht er sich nur noch einmal auf Jesus mit dem Verbot der Scheidung (1 Kor 7,10f.). Daneben zitiert er die Abendmahlstradition unter der Einleitungsformel, sie »vom Herrn empfangen zu haben« (1 Kor 11,23-25), was eher eine Bezugnahme auf die Tischpraxis Jesu darstellt, wie sie in den Christusgemeinden weitergeführt wurde, als den Anspruch erhebt, hier den »historischen Jesus« zur Sprache zu bringen, der ihm insgesamt ja nicht wichtig war. Dieses höchst dürftige Ergebnis kontrastiert mit dem, was Paulus alles übergangen hat: nämlich alles, was Jesus selbst zu seinen Lebzeiten bewegte und lehrte, die Summe seiner Reich-Gottes-Botschaft in Wort und Gleichnis, in Zuwendung und offener Tischgemeinschaft. Der Neutestamentler Günther Bornkamm (1905–1990) meinte, dass Paulus dieses Erbe nicht einmal gekannt habe, so dass wir heute trotz unseres ungeheuren zeitlichen Abstandes »mehr über den geschichtlichen Jesus wissen, als Paulus von ihm wusste«.

Jesus von Nazaret und der Christus des Glaubens

> Man darf getrost die vielen vielleicht überraschend und paradox erscheinende Behauptung aussprechen, dass trotz der fast 2000 Jahre Abstand wir heute aller Wahrscheinlichkeit nach mehr über den geschichtlichen Jesus wissen, als Paulus von ihm wusste.
>
> *Günther Bornkamm*

> Letzten Endes wird es nur wenig Grund zu Widerspruch geben, wenn die These heißt: »Den verstandenen Paulus gibt es nicht, es gibt – genau genommen – immer nur den stets wieder anders ›missverstandenen‹ Paulus. Die Paulusinterpretationen der Theologie-Geschichte, der Vergangenheit und der Gegenwart, sind ohne Ausnahme immer auch eindrucksvolle Dokumente des Verfehlens, eines Verfehlens freilich, das mit den Möglichkeiten menschlichen Verstehens überhaupt identisch ist.«
>
> *Otto Kuss*

Allein diese Erkenntnis macht es evident, dass der Unterschied zwischen der Lehre Jesu und der Christologie des Paulus nicht mit dem übergreifenden Begriff »Evangelium« ausgeglichen werden kann. Das Evangelium Jesu und das, was Paulus »mein Evangelium« nennt (Röm 2,16), sind zwei verschiedene Sachen. Um das paulinische Profil konzentriert zu erfassen, empfiehlt es sich, den Brief an die Römer zu lesen. Paulus schrieb diesen Brief etwa im Jahre 56 an die Gemeinde in Rom, die er besuchen wollte. Es ist gewissermaßen ein theologischer Essay, mit dem er eine zusammenfassende Darstellung seiner Anschauungen vorlegt, die zugleich die reifste Ausformulierung seiner religiösen Gedankenwelt ist: eben *sein* Evangelium. Mit diesem Schreiben hat er die Geschichte des christlichen Denkens nachhaltig beeinflusst, von Augustinus über Luther bis zu Karl Barth, nicht minder aber auch die katholische Theologie. Alle Anstrengungen, die Paulus hier aufbietet, sind darauf gerichtet, Nichtjuden seine Botschaft verständlich zu machen. Das war keine leichte Aufgabe, denn es ging ja darum, den Gott Israels mit Juden wie Nichtjuden zu verbinden.

Das Konzept, das Paulus entwickelt, setzt bei der Sünde an, deren Macht beide Gruppen, Juden und Nichtjuden, in denselben Horizont einbezieht. Juden wie Griechen sind gleichermaßen auf die Gnade Gottes angewiesen. Die Gnade Gottes, seine »Rechtsprechung«, wird ihnen zuerkannt aufgrund des Kreuzestodes und der Auferstehung Christi:

[Das Evangelium] ist eine Kraft Gottes, die selig macht alle, die daran glauben, die Juden zuerst und ebenso die Griechen. (Röm 1,16)
Not und Bedrängnis wird jeden Menschen treffen, der das Böse tut, zuerst den Juden, aber ebenso den Griechen; Herrlichkeit, Ehre und Friede werden jedem zuteil, der das Gute tut, zuerst dem Juden, aber ebenso dem Griechen; denn Gott richtet ohne Ansehen der Person. (2,9-11)
Haben wir als Juden einen Vorzug? Gar keinen. Denn wir haben soeben bewiesen, dass alle, Juden wie Griechen, unter der Sünde sind. (3,9)
Es gibt keinen Unterschied: Alle haben gesündigt und die Herrlichkeit Gottes verloren. Ohne es verdient zu haben, werden sie gerecht, dank seiner Gnade, durch die Erlösung in Christus Jesus. (3,22-24)
Ist Gott allein der Gott der Juden? Ist er nicht auch der Gott der Heiden? (3,29)
Um den Reichtum seiner Herrlichkeit zu erweisen, hat er uns berufen, nicht allein aus den Juden, sondern auch aus den Heiden. (9,23 f.)
Es gibt hier keinen Unterschied zwischen Juden und Griechen; es ist über alle derselbe Herr, reich für alle, die ihn anrufen. (10,12)
Gott hat alle eingeschlossen in den Ungehorsam, damit er sich aller erbarme. (11,32)

Um diese Gleichsetzung theologisch begründen zu können, bedient sich Paulus einer kühnen Konstruktion: Wie schon im Galaterbrief (3,6-18) nimmt er auch hier Abraham als den Stammvater aller Glaubenden aus Juden und Heiden in Anspruch (Röm 4,1-25). Er argumentiert, dass Gott Abraham für gerecht erklärt hatte, noch bevor er von ihm die Beschneidung forderte, darum sei Abraham sowohl »ein Vater aller, die glauben, ohne beschnitten zu sein«, als auch »ein Vater der Beschnittenen, wenn sie nicht nur beschnitten sind, sondern auch gehen in den Fußstapfen des Glaubens, den unser Vater Abraham hatte, als er noch nicht beschnitten war« (4,11 f.). Paulus meinte, dass der Glaube an den Christus die einzige Bedingung sei für die Zugehörigkeit zur Gruppe derer, die gerettet werden. Negativ ausgedrückt: Die Annahme des jüdischen Gesetzes ist nicht erforderlich; man ist auch dann ein Nachkomme Abrahams, also Israel zugehörig, wenn man »in Christus« ist. Der wirkliche Gegensatz besteht demnach nicht mehr zwischen Juden und Nichtjuden, erst recht nicht zwischen Juden und »Christen«, sondern zwischen »Sündern« und jenen, deren Gerechtsprechung aus dem Glauben an den gekreuzigten und auferstandenen Christus kommt. Mit dieser Öffnung der jüdischen Religion für alle, relativierte Paulus sämtliche bestehenden ethnischen, sozialen und kulturellen Grenzen zwischen den Menschen. In ihm brach der im jüdischen Monotheismus angelegte Universalismus durch und schuf dem jungen Christentum freie Bahn in die Völkerwelt.

Mit seinem Brief an die Römer wollte sich Paulus einer ihm unbekannten Gemeinde vorstellen und empfehlen, wenngleich wohl nicht alle davon begeistert waren, dass der bekannt gewordene Unruhestifter nun auch bei ihnen auftauchte. Die Ablehnung, die Paulus zu seiner Zeit von Juden und Judenchristen erfuhr, wandelte sich später radikal, als die Kirche das Evangelium des Paulus zur bestimmenden Linie ihrer Glaubenslehre machte. Erst im 19. Jahrhundert wendete sich das Blatt mit der Parole »Jesus – nicht Paulus«. Hier war es Paul de Lagarde (1827–1891), ein Wegbereiter des Antisemitismus, der darüber klagte, dass Paulus als »ein völlig Unberufener Einfluss auf die Kirche erhielt«. Und mit noch größerem Ingrimm stellte Friedrich Nietzsche Jesus gegen Paulus:

Dieser »frohe Botschafter« starb wie er lebte, wie er lehrte – nicht um die Menschen zu erlösen, sondern um zu zeigen, wie man zu leben hat.

Nietzsche hat sehr genau wahrgenommen, dass Jesus nicht einen Glauben, sondern eine Lebensweise einforderte. Im gleichen Buch hebt Nietzsche diese Überzeugung noch entschiedener hervor:

Es ist falsch bis zum Unsinn, wenn man in einem »Glauben«, etwa im Glauben an die Erlösung durch Christus, das Abzeichen des Christen sieht: bloß die christliche *Praktik*, ein Leben so wie der, der am Kreuze starb, es *lebte*, ist christlich …

In jüngerer Zeit haben sich Vertreter des Judentums in die Debatte um Paulus eingemischt. Um nicht nacheinander Martin Buber, Hans Joachim Schoeps, Schalom ben Chorin oder Pinchas Lapide zu zitieren, ganz zu schweigen von den jüdischen Autoren in aller Welt, die sich mit Jesus befassten, soll stellvertretend Leo Baeck (1873–1956) hier zur Sprache kommen. Der frühe Baeck meinte in der Nachfolge Harnacks noch, Paulus habe mit der Synagoge »gebrochen« und den Zusammenhang mit dem jüdischen Volk durchgeschnitten. Dagegen betonte er 1952:

Man kann nicht behaupten, dass Paulus von dem echten jüdischen Glauben abgewichen sei, weil er sein Apostelamt unter den Heiden betonte. Nicht nur die Geschichte berichtet über die damalige Ausdehnung der jüdischen Mission … Das »Kommen« des Messias und das »Kommen« der Heiden sind (nach Jes 2,2-4) miteinander verbunden. Das

---

Wie Paulus mit seinen Gegnern verfuhr

Ich bin zwar ein schwacher Mensch, doch wer mir den Kampf aufzwingt, wird sich wundern. Denn meine Waffen sind nicht schwach und brüchig, sondern hier wirkt Gottes Macht. Festungen der Gegner werde ich zerstören, Gedankenpaläste schleifen, jeden Wall, den ihr gegen das wahre Christentum aufschüttet, mache ich dem Erdboden gleich, alle Freigeisterei setze ich gefangen und zwinge sie zum Gehorsam gegen Jesus, den Messias. Ich bin durchaus bereit, jeden Ungehorsam strengstens zu ahnden, damit ihr endlich alle gehorcht.«

2 Kor 10,3–6

Es bleibt genug und übergenug an seiner Gestalt und Theologie dunkel und rätselhaft. Man mag dies oder das nennen und in den Vordergrund rücken: viele seiner traditions- und zeitbedingten Vorstellungen in seiner Lehre von Gesetz und Heil; die Befremdlichkeit seiner unerfüllt gebliebenen Naherwartung; sein oft in Abgründe vordringendes theologisches Denken; seine hier und da ans Artistische, um nicht zu sagen Abstruse grenzende Schriftauslegung (auch hier ist er freilich ein Sohn seiner Zeit). Dazu die höchst unbequemen Züge seiner Menschlichkeit: die harte, jähe und unerbittliche Entschlossenheit seiner Entscheidungen; die Leidenschaft seiner Ausbrüche in seinen Briefen; die wahrscheinlich mehr als einmal ungerechte Beurteilung seiner Gegner; der Sturm seines Vorwärtsdrängens; die phantastisch anmutende Weite seiner Ziele und was dergleichen mehr ist. Größe und Grenze gerade dieses Apostels liegen wie nur je hart beieinander. Mit seinen Ecken und Kanten sprengt er Klischee und Rahmen jedes Heiligenbildes.

Günther Bornkamm

Jesus von Nazaret und der Christus des Glaubens

> Es waren, wenn man den Ausgangspunkt hoch genug nimmt, nicht die Zwölf Apostel, auch nicht Petrus, die berufenen Nachfolger Jesu. Der berufene Missionar, der das Werk Jesu wirklich fortgesetzt hat, war Paulus. Aber er war es nicht so, wie die übel verkürzte kirchliche Anschauung es auffasst. Ihr gegenüber muss man seinen Briefen und der ältesten zusammenhängenden Darstellung, der Apostelgeschichte folgen, um das Richtige wiederherzustellen. Man erkennt dann, dass er weder der erste Heidenmissionar noch der Feind des jüdischen Christentums gewesen ist, dass er aber unter allen Missionaren der Heidenmissionar und gewissermaßen der Entdecker der christlichen Religion als einer neuen Religion war.
>
> *Adolf von Harnack*

> Sind wir vielleicht für immer von Paulus geschieden und darauf angewiesen, uns an eine autoritative »Auslegung« zu halten, wenn es uns um »Sicherheit« zu tun ist? Oder soll die Fülle der paulinischen Möglichkeiten, die Differenziertheit, ja die Unvereinbarkeit der von Paulus ausgehenden »Lösungen« gerade vor einer Sicherheit bewahren, die allzu leicht das Selbstverständnis einer Zeit oder einer Kirche mit der Offenbarung Gottes zu verwechseln geneigt ist?
>
> *Otto Kuss*

ist jüdischer Glaube, und dies war der Glaube des Paulus … Paulus hat nie daran gedacht, das jüdische Volk zu verwerfen oder zu verachten. Es war sein Volk, dem er nicht untreu werden konnte, ohne seinem eigenen Glauben untreu zu werden, das er nicht aufgeben konnte, ohne Hoffnung und Liebe aufzugeben … Paulus konnte sich nicht einmal vorstellen, dass Gott sein (jüdisches) Volk verstoßen haben könnte. Das elfte Kapitel im Römerbrief ist erschütternd. Es offenbart die Aufrichtigkeit dieses Mannes, die Tiefe seines im jüdischen Volk wurzelnden Gefühls.

Auch für Micha Brumlik war Paulus (im Rückgriff auf Daniel Boyarin) »Höhe- und Endpunkt einer sich über mindestens zweihundert Jahre und über die ganze mediterrane Ökumene erstreckenden Missionstätigkeit«; ein jüdischer Eifer, der Paulus nie denken ließ, Initiator einer neuen Religion zu sein.

Diese Korrekturen am Paulusbild, so notwendig sie frühere Verzeichnungen ausgleichen, können dennoch nicht den Unterschied zwischen der Reich-Gottes-Botschaft Jesu und der Christusverkündigung des Paulus ausgleichen.

Zwar kann man – bei hinreichender Interpretation, wie sie die Kirche immer wieder unternommen hat – Entsprechungen suchen, gewissermaßen Brücken zwischen dem, was Jesus und was Paulus lehrte. Dann ließe sich vielleicht die Zuwendung Jesu zu den Randständigen, Geächteten und Hilflosen mit der paulinischen Botschaft von der Rechtfertigung des Menschen allein aus Gnade vergleichen, wenngleich das, was Jesus im Symbol der offenen Tischgemeinschaft und mit seinen Gleichnissen konkret tat, bei dem Intellektuellen Paulus nur in abstrakter Begrifflichkeit erscheint. Sagte Jesus, das Reich Gottes ist »mitten unter euch«, schrieb Paulus: »Als aber die Zeit erfüllt war, sandte Gott seinen Sohn, geboren von einer Frau und dem Gesetz unterstellt, damit er die freikaufe, die unter dem Gesetz stehen, und damit wir die Sohnschaft erlangen« (Gal 4,4 f.). Welchen Beziehungen man auch nachspürt, es bleibt zweierlei Ton und zweierlei Inhalt. Paulus verengt die Reich-Gottes-Botschaft Jesu auf den von Gott gesandten »Sohn« und ersetzt mit seiner »Christologie« das konkret gelebte Programm eines konkreten Jesus, von dem er »dem Fleische nach« nichts wissen wollte. – So stellt sich am Ende dieser Überlegungen zum Evangelium Jesu und dem Evangelium des Paulus die Frage, was davon denn letztlich das christliche Profil bestimmt. In Übereinstimmung mit der paulinisch dominierten Tradition antwortet Thomas Söding:

> Das Christentum unterscheidet sich nun einmal von allen sonstigen Formen von Religion durch das Bekenntnis zu Jesus Christus als Heilsbringer. Eben darum wurde und werden die an ihn Glaubenden Christen genannt … Das Christusbekenntnis ist das entscheidende Erkennungsmerkmal, an dem das Christentum auf dem Markt der religiösen Möglichkeiten und Unmöglichkeiten erkannt wird. Von hier aus ist die Identität von Glaube und Kirche zu bestimmen.

Diese Deutung stützt sich auf den Christusmythos (ohne ihn allerdings als Mythos zu werten), der dem geschichtlichen Jesus vorgeordnet wird. Jedoch stellen die Resultate der heute vorliegenden neutestamentlichen Exegese eine solche Dogmatik, die sich auch von zweifelsfrei vorliegenden

Fakten nicht korrigieren lässt, in wichtigen Punkten in Frage. Kann man es als kirchlich gebundener Theologe nicht wagen, die herrschende christliche Glaubengeschichte anders zu sehen als in früheren Jahrhunderten? Natürlich ist es irritierend, die Entwicklung der neutestamentlichen Schriften unter dem Aspekt ihrer Mythenbildung zu betrachten. Nichts hat die christliche Dogmatik ja mehr zurückgewiesen, als Berührungspunkte mit dem Mythos zu haben. Aber keine »Christologie« legitimiert sich stracks aus dem Jenseits. Sie ist an antike Denkmuster gebunden:

> Mit den hebräischen heiligen Schriften Israels hätten die Theologen im NT ihren christologischen Glauben nicht so formulieren können, wie sie es taten. Positiv formuliert: Das griechischsprachige Judentum, das auch von den ntl Theologen vertreten wird, hat ein anderes Gottesbild als die hebräisch orientierten jüdischen Theologen. Die Christologien des NT können nur aus dem griechischsprachigen Judentum verstanden werden.
> *Hubert Frankemölle*

Allein dieser Aspekt relativiert das Resultat. Er unterstellt die entwickelte Christologie zeitbedingten Konstellationen. Die Kirche hat damit nie ein Problem verbunden, weil ihr System dieser Christologie entspricht. Aber sie verlor darüber jedes Bewusstsein für das »Loch« im Glaubensbekenntnis, das den historischen Jesus ausblendet. Es verwundert deshalb auch nicht, dass Joseph Ratzinger/Benedikt XVI. sein Buch zwar »Jesus von Nazareth« nennt, aber trotz dieses Titels nicht den historischen Jesus sucht, sondern sich alle Mühe gibt, den Christusglauben der Kirche gemäß den Deutungen der griechischen Tradition – vom Neuen Testament bis zu den christologischen Konzilien – zu rechtfertigen. Auf die Frage, was Jesus eigentlich gebracht habe, antwortet er: »Er hat Gott gebracht«, verzichtet aber darauf, mit dieser Antwort das jesuanische Reich-Gottes-Programm konturenscharf zu verbinden. Stattdessen beansprucht er »eine verhüllte Christologie«, in welcher der konkrete, geschichtlich fassbare Jesus seinen nachgeborenen Interpreten unterliegt.

Die oben gestellte Frage nach dem kennzeichnenden christlichen Profil hat das griechisch inkulturierte Christentum mit dem Kreuz als seinem Zentralsymbol beantwortet. Die damit verbundene Botschaft verweist auf den Tod Jesu als Sühnopfer, durch welches die gefallene Menschheit mit Gott wieder versöhnt worden sei – vermittelt durch die Kirche und ihre Sakramente. Die künftige Theologie wird aber der Frage nicht mehr ausweichen können, mit welchem Recht in diesem »Opfer« das Zentrum eines Glaubens besteht, den Jesus anders lehrte: Sein Abba ist der Gott eines absoluten Vergebungswillens, der jeden Menschen annimmt, was die Menschen dazu ermutigt und verpflichtet, sich auch gegenseitig anzunehmen. Man begegnet diesem Gott nicht erst am »Jüngsten Tag« oder im »Jenseits«, auch nicht im Kult und kultisch inszenierten Ritualen, sondern in den konkreten, ja banalen Situationen des Lebens, und sei es in jenen, die unter die Banditen gefallen sind. Gott und Mensch befinden sich in einer unmittelbaren Beziehung – ohne jede Zwischeninstanz. Der Gott Jesu ist zuerst und vor allem der Barmherzige. In den Gleichnissen vom Verlorenen geht er den Menschen nach und freut sich, wenn er eine verirrte oder gestrandete Existenz findet. Von der Notwendigkeit eines Sühnetodes, der Gott erst wieder den Menschen geneigt machen muss, ist keine Rede.

> Paulus lebt im Denken eines Septuagintajuden, er liest die Schrift wie ein Schriftgelehrter, er entwickelt auch als Christusgläubiger seine Probleme aus jüdischem Lebensgefühl, und die Frage nach dem Gesetz beschäftigt ihn unaufhörlich. … Aber so jüdisch seine Ursprünge auch sein mögen und so wenig er sie verleugnet, zuletzt ist er dank den Einflüssen, denen er in der Weite der Oikumene ausgesetzt ist, und vor allem und zuerst auf Grund seiner alles verwandelnden »Christuserfahrung« der Begründer von etwas Neuem, er ist in gewissem Sinne doch nicht nur Tradent, sondern Ursprung, Prophet.
> *Otto Kuss*

Jesus von Nazaret und der Christus des Glaubens

Paulus. Prätextatuskatakombe, Rom, um 350.

Die frühe christliche Darstellung greift den Typus des griechischen Philosophen oder Intellektuellen auf.

Das Genie Paulus ... verwandelt von innen her so gut wie alles, was er von seinem jesuanischen Vorgängern übernimmt, zu dem neuen Ganzen der »paulinischen Theologie«, welche ein maßgebender Grundstock jenes Überzeugungsspektrums geworden ist, welches als »kirchliche Dogmatik« in mannigfachen Spielformen durch die Jahrhunderte gegangen ist.
Otto Kuss

Exkurs: Paulus

Er könnte höchstens zehn Jahre jünger als Jesus gewesen sein. Nach Apg 21,39 stammte er aus Tarsus, der hellenistischen Hauptstadt der Provinz Kilikien, die damals ihrer hohen Kultur wegen berühmt war. Hier wuchs er in die Großstadtatmosphäre jener Zeit hinein, so dass ihm das städtische Leben vertraut war, das ländliche hingegen fremd blieb. Entsprechend lernte er bereits als Kind die griechische Sprache, wuchs mit dem Text der griechischen Bibel auf, ohne sich als ein »Sohn von Pharisäern« (Apg 23,6) der jüdischen Welt zu entfremden: »Ich wurde am achten Tag beschnitten, bin aus dem Volk Israel, vom Stamm Benjamin, ein Hebräer von Hebräern, lebte als Pharisäer nach dem Gesetz, verfolgte voll Eifer die Kirche und war untadelig in der Gerechtigkeit, wie sie das Gesetz vorschreibt« (Phil 3,5f.). Da nach heutiger Quellenkenntnis zu damaliger Zeit keine spezifisch pharisäischen Schulen außerhalb Palästinas existierten, ist anzunehmen, dass Paulus als Heranwachsender entsprechend pharisäischer Tradition zum Torastudium nach Jerusalem kam. »In der Treue zum jüdischen Gesetz übertraf ich die meisten Altersgenossen in meinem Volk und mit dem größten Eifer setzte ich mich für die Überlieferung meiner Väter ein« (Gal 1,14). Das erlaubt die Annahme, dass sich mit seiner Entscheidung zum Pharisäismus zugleich sein Engagement für die jüdische Heidenmission nach strengsten Grundsätzen verband, also: Kein Übertritt zum Judentum ohne Beschneidung und Toratreue. Aus dieser Haltung heraus verfolgte er die jüdische Jesusgemeinde in Damaskus, die er ihrer liberalen Praxis wegen als nicht toratreu bewertete.

Die Christusvision, die Paulus zu einer veränderten Einstellung gegenüber den Jesusanhängern führt, ist keine »Bekehrung«. Er verstand sich auch nicht als Vorkämpfer einer neuen »Religion«. Zeitlebens war Paulus Jude. Sein Glaube an den Messias Jesus verblieb innerhalb des Judentums. Die kompromisslose Toragläubigkeit, die ihn anfangs zur Verfolgung der Jesussekte trieb, hat ihm auch später kein schlechtes Gewissen gemacht. Sein Frontwechsel vollzog sich innerhalb der jüdischen Missionstätigkeit, wie sie im gesamten hellenistischen Kulturbereich erfolgte, nur mit dem Unterschied, dass er das anfänglich für notwendig erachtete förmliche Konversionsverfahren – Beschneidung für Männer – nun aufgab und mit einer eigenen Theologie begründete. Ähnlich wie Philo von Alexandria (20/10 v. Chr. – 40/50 n. Chr.) nahm er unbeschnittene Proselyten in die jüdische Gemeinschaft auf, achtete aber darauf, wie sein Römerbrief belegt, dass der Sinn der fleischlichen Erwählung nicht völlig verloren ging.

Bald nach seiner Christusvision ging Paulus – Gal 1,17 zufolge – nach Arabien. Warum er gerade dorthin ging, sagt er nicht. Nach 2 Kor 11,32 f. muss er in Damaskus öffentlichen Anstoß erregt haben, weil sonst unerklärlich bleibt, warum der Statthalter des Nabatäerkönigs Aretas nach ihm fahndete. Anschließend, zwei oder drei Jahre nach seiner Christusvision, machte er einen Besuch bei Kephas (Petrus) in Jerusalem, um ihn »kennenzulernen«. Neben Petrus begegnete er sonst nur noch dem »Herrenbruder« Jakobus. Über Inhalt und Atmosphäre dieses Besuchs ist nichts bekannt, aber es ist bezeichnend, dass Paulus sich gegenüber dem Kreis der Urapostel betont auf Distanz gehalten hat. Er selbst legte Wert auf die Feststellung: »Ich habe mein Evangelium nicht von einem Menschen empfangen, bin auch nicht darüber belehrt worden« (Gal 1,12). Zeitlebens hat Paulus darauf geachtet, in keinerlei Abhängigkeit von den Weggefährten Jesu zu stehen; vermutlich hat er sich deswegen nie von diesem Jüngerkreis über Jesu Lehre unterrichten lassen. Sein Übergehen der Reich-Gottes-Verkündigung Jesu hat also auch Gründe, die mit seinem Selbstanspruch korrespondieren, auf einer Stufe mit den Aposteln der ersten Stunde zu stehen. Es wäre für Paulus ein Leichtes gewesen, über Leben und Lehre Jesu von dessen Weggefährten alles erfahren zu können, was diese wussten. Doch hätte er sie konsultiert, hätte er damit auch eine Unterlegenheit anerkannt, die mit seinem eigenen Autoritäts- und Führungsanspruch nicht übereinstimmte. Dementsprechend erklärte er, es sei nicht relevant, Jesus gekannt zu haben und verhielt sich entsprechend: In allen seinen Briefen ist von Jesus nur fünfzehnmal die Rede, von Christus hingegen 378-mal. Und nur viermal zitiert Paulus Jesus zugeschriebene Worte. – Für die Christusvision gilt, was für Visionen grundsätzlich gilt: Sie ist ein innerpsychischer Prozess, von dem Paulus sagt, dabei ins Paradies entrückt worden zu sein, »ob im Leibe oder ohne den Leib, ich weiß es nicht« (2 Kor 12,3).

Auf die zwei bis drei Jahre jenseits des Jordans (vor seinem Besuch in Jerusalem) folgten weitere sechzehn Jahre in Syrien und in seiner Heimat Kilikien, vermutlich im Umkreis von Tarsus (Gal 1,21). Während die anfängliche Arbeit ohne Erfolg blieb und schließlich abgebrochen wurde, scheint es in Kilikien zu ersten Gemeindegründungen gekommen zu sein. So blieb er in Kleinasien, bis ihn Barnabas aus Tarsus zur Mitarbeit in Antiochia, der Hauptstadt der römischen Provinz Syrien, holte (Apg 11,19-26). Hier, wo man »die Jünger zum ersten Mal *Christianoi* nannte« (Apg 11,26), entstand jene Problematik, der sich Paulus in seinem weiteren Leben fast ausschließlich widmete: ob Juden und Nichtjuden eine einzige Jesusgemeinde bilden können, was die palästinischen Juden anders beurteilten als die hellenistisch sozialisierte Judenheit.

Erst seit dieser Zeit datieren die uns überkommenen Paulusbriefe. Der erste davon wurde um das Jahr 50 an die Gemeinde von Thessalonich gerichtet. Dass Paulus in den voraufgegangenen sechzehn langen Jahren offensichtlich keine Briefe schrieb, lässt vermuten, dass er seine Theologie in dieser Zeit schrittweise entwickelt hat.

Die Christus-Gestalt, die Paulus entwirft, hat mit den traditionellen jüdischen Messias-Vorstellungen nicht viel zu tun. Der anstößige Verbrechertod Jesu war mit der Idee eines messianischen Herrschers nicht zu verbinden. So entwickelte er eine theologische Rechtfertigung, *inwiefern* Jesu Geschick Gottes Heilswillen entsprach: »Die Geschichte des irdischen Jesus wird zum Weg eines gottähnlichen Wesens in die Welt umgedeutet, den Gott aufgrund seines Gehorsams bis zum Tod am Kreuz zum Kyrios über alle Mächte erhoben hat« (Paul Hoffmann).

Vom Augenblick seiner visionären Berufung an sah Paulus sich als »Knecht Christi« und Christus als seinen »Herrn«, dessen Erfahrung ihn bis zum Lebensende erschütterte. Seine Christusvision bestimmte auch »sein Evangelium«. Seitdem zählte für ihn nur der Auferstandene, der sich ihm offenbarte und der durch seinen Kreuzestod »für unsere Sünden« starb. Die Legitimation für diese Deutung entnahm Paulus seiner Christus-Erfahrung und dem eigenen theologischen Nachdenken im Prozess seines missionarischen Engagements. Eine Begründung darüber hinaus gab er nicht.

> Leben und Lehren Jesu sind für Paulus nicht von ausschlaggebender Bedeutung, es sind vielmehr zuerst und vor allem Tod und Auferstehung, die ihn beschäftigen, die er theologisch deutet und zum Mittelpunkt allen Denkens über Jesus macht. Die Quellen, die von dem »wirklichen Jesus«, von dem »historischen Jesus« sprechen, werden vernachlässigt, sie kommen bei Paulus – bis auf verschwindende Spuren – einfach nicht vor, sie haben nicht das mindeste Gewicht für seine Theologie.
>
> *Otto Kuss*

> Bei dem Verhör des einzigen authentischen Zeugen, des Apostels Paulus, galt es allerdings von vornherein zu beachten, dass er nicht eine objektive und unparteiische Beschreibung des gegnerischen Standpunktes bietet, sondern eine leidenschaftliche Auseinandersetzung führt, für die Verkündigung seiner Gegner nur ehrlose Motive kennt und die Meinung seines theologischen Kontrahenten meist überspitzt in ihrer extremsten Gestalt und letzten Konsequenz darstellt, um sie so besser ad absurdum führen zu können. Er macht aus ihr eine Häresie.
>
> *Jost Eckert*

Jesus von Nazaret und der Christus des Glaubens

Der »Jesus« des Markusevangeliums

Die Zeit der frühen Jesusbewegungen war in Palästina eine Zeit wachsender politischer Spannungen, die schließlich in den Jüdisch-Römischen Krieg mündeten. Mit dem Ende des Zweiten Tempels wurden alle religiösen Traditionen Israels in Frage gestellt. Selbst Juden der Diaspora konnten sich kein Überleben des jüdischen Volkes ohne den Tempelstaat in Jerusalem vorstellen. Die nach diesem Zusammenbruch geschriebenen Bücher sind voller Klagen, dass Gott sein Volk nicht beschützt habe: »Vernichtet ist unser väterlich Gesetz und die geschriebenen Satzungen sind nimmer mehr« (4 Esra 4,23).

Auch für die Jesusbewegungen hatte der Krieg traumatische Folgen. Während das Überlieferungsmaterial der Vorkriegszeit keinerlei Interesse am Tempelstaat zeigt – er war gegeben und wurde nicht problematisiert –, verraten die danach entstandenen Schriften, dass auch die Jesus-Leute durch die Zerstörung Jerusalems tief getroffen und verwirrt waren. Ihre Gemeinschaft in Jerusalem löste sich wahrscheinlich auf. Vor allem aber stellte sich die Frage, wie die umstürzenden Ereignisse den Rückblick auf Jesus betrafen. Ließ sich die bisherige Erzähltradition ohne neue Deutung fortsetzen?

Nun traf der Jüdisch-Römische Krieg allerdings die palästinischen Jesusbewegungen anders als die jüdisch-hellenistischen Christus-Gemeinden. Die Jesus-Leute hatten die Verbindung zu ihren galiläischen Wurzeln und zur jüdisch-kulturellen Umwelt gewahrt, während in den städtischen Gemeinden der griechisch-römischen Welt der judenchristliche Ansatz durch den heidnischen Zulauf eine neue Ausrichtung bekam. Nach innen musste sich Paulus gegen die Kritik aus dem eigenen Lager wehren, was er mit aggressiven Attacken gegen die »falschen Brüder« tat; nach außen entstanden Spannungen mit der jüdischen Observanz und forcierten die Hellenisierung des frühen Christentums bei zunehmender Distanzierung vom Judentum.

Die Rückwirkungen dieser heidenchristlichen Entwicklung auf das Judenchristentum im palästinischen Bereich erwiesen sich für dessen Verhältnis zur jüdischen Umwelt als katastrophal. Aus den Synagogengemeinden der hellenistischen Diaspora kamen Konfliktmeldungen, die das Christentum insgesamt in jüdischen Augen diskreditierten. Und während im Lande in den weiteren Jahrzehnten das Verhältnis zur römischen Besatzungsmacht immer gespannter wurde, die Partisanentätigkeit gerade in Galiläa zunahm, hielten sich die Jesusbewegungen deutlich zurück, so dass sie auch politisch ins Zwielicht gerieten. Diese Zurückhaltung konnte im jüdischen Umfeld als stille Sympathie mit den Römern erscheinen.

Die geschilderten Verhältnisse jener Jahrzehnte beeinflussten auch die weitere Ausformung der Jesus-Überlieferung. Darum spricht aus den schriftlichen Traditionen jener Zeit bei weitem nicht der historische Jesus, sondern der von seinen Gemeinden nun für die neuen Bedürfnisse in Anspruch genommene »Jesus«.

Während die inneren Spannungen des Landes wuchsen und die Aufstandsbewegungen sich schließlich im Jüdisch-Römischen Krieg entluden, verstanden sich die palästinischen Jesus-Botschafter als Verkünder eines gütigen Gottes. Doch lassen die Texte bereits erkennen, dass ihre Mission scheiterte: Man begann, sich vom herrschenden Judentum abzu-

---

Der Römisch-Jüdische Krieg zerstörte mehr als nur eine Stadt, eine Zitadelle und einen Tempel. Er bereitete der Geschichte des Zweiten Tempels ein Ende. Juden aller Glaubensströmungen waren davon ausgegangen, der Tempelstaat entspreche Gottes Plan für Jerusalem ... Nun waren die erhabenen Traditionen Israels in Frage gestellt ... Selbst Juden in der Diaspora, wie Philo von Alexandria, konnten sich keine Fortexistenz des jüdischen Volkes in der ganzen Welt vorstellen, sollte der Tempelstaat in Jerusalem jemals zerstört werden ...

Die erste jüdische Reaktion musste darin bestehen, das Ereignis nicht als von den Römern angerichtete Katastrophe, sondern als göttliches Gericht über sie selbst zu verstehen. Was hatten sie Schlimmes getan, das eine solche Verwüstung rechtfertigte?

Markus verstand die Bedeutung dieser Frage und wagte es, die Antwort darauf zu geben. Laut Markus zerstörte Gott den Tempel, weil die Juden Christus vernichtet hatten. Diesmal wurden nicht die Bücher Mose, sondern die Propheten durchforscht, um eine Verbindung zur Vergangenheit zu finden. Markus erkannte, dass die Zerstörung des Tempels das Ende einer Ära markierte ..., doch Markus konnte nicht sagen, warum und wie die Verlagerung des Wohlgefallens Gottes von den Juden auf die Christen stattgefunden hatte. Er hatte einen Weg gefunden, die Kreuzigung, die Zerstörung des Tempels und die Warnungen der Propheten aufeinander zu beziehen. Es war ihm jedoch nicht gelungen, sich von dieser apokalyptischen Deutung der jüngsten Geschehnisse zu irgendeiner Verheißung in der Geschichte Israels zurückzuarbeiten, die Christen als ihr Eigentum hätten beanspruchen können.
Burton L. Mack

setzen und eine eigenständige Gruppe zu bilden. Einerseits sollte das Programm Jesu in der entstehenden »Gemeinde« bewahrt werden, andererseits sah man sich gezwungen, den neuen eigenen Weg zu rechtfertigen. Dies geschah mit massiver Polemik zu Lasten der Juden in den Passionserzählungen und ging später im Matthäusevangelium mit gesteigerter Abneigung gegen »die Pharisäer und Schriftgelehrten« einher.

Die Einnahme Jerusalems und die Zerstörung des Tempels beendete diese Phase. War bisher der Tempel noch das gemeinsame und einigende Band für alle Juden, »Judenchristen« eingeschlossen, so zerriss nun dieses Band und machte eine endgültige Trennung deutlich: Gewiss betrauerte auch die Jesusbewegung die Zerstörung von Stadt und Tempel, und sah doch in diesem Geschehen das Urteil Gottes über das bisherige Israel: Man glaubte, Israels Geschichte sei damit ans Ende gekommen, während man sich selbst als das wahre oder »neue« Israel in dessen Erbe verstand. Am Ende dieser Entwicklung gab es auch in Palästina nur noch Heidenchristentum.

Irgendwo in diesem Prozess, als die Krise im Sturz Jerusalems ihre Klimax überschritten hatte und die Orientierung sich bereits auf das »Heidenchristentum« hin vollzog, entstand – wahrscheinlich im südsyrischen Raum – ein völlig neuer Rückblick auf die Jesusgeschichte, der die bisher vorhandenen schriftlichen Überlieferungen ins Abseits drängte: das Markusevangelium.

Hier wird erstmals eine »Geschichte Jesu« zusammengetragen, ohne dass eine Anschauung vom wirklichen Leben Jesu dafür noch gegeben war. Im Unterschied zur Spruchquelle Q erfolgt eine Kombination von Jesusüberlieferungen mit dem Christusmythos. Fast nichts von dem, was der Text vorlegt, ist historischer Bericht, vielmehr Sicht und Sprache des Glaubens nach dem Fall Jerusalems. Das gilt für die geschilderten Ereignisse ebenso wie für die Worte Jesu. Es gilt selbst für die Zeit- und Ortsangaben. Markus predigt, indem er erzählt. Auch wenn er sagt, »wie es war«, ist es mehr »Glaubensaussage als Geschichte«, oder weniger verschleiert ausgedrückt: das Markusevangelium ist die bedeutendste Leistung frühchristlicher Mythenbildung. Doch hatte Markus (der traditionelle Name für einen unbekannten Autor) keinesfalls das Bewusstsein, Geschichte zu verfälschen. Historisches Denken im modernen Sinne, auch eine Unterscheidung zwischen authentischen und »unechten« Jesusworten, lag außerhalb antiker Denkvollzüge. Der von Markus verkündigte Jesus galt ihm fraglos als der relevante.

Erhellend ist ein Vergleich zwischen den Lehren Jesu bei Markus und in der Q-Sammlung. Markus bevorzugte die prophetischen und apokalyptischen Sprüche aus der zweiten Schicht der Logienquelle und machte deutlich, Jesu Unterweisung sei nicht für die allgemeine Öffentlichkeit, sondern allein für seine Jünger und Anhänger bestimmt gewesen. Es handelte sich um eine esoterische Lehre über das noch ausstehende »Reich Gottes«. Das ist eine ganz andere Vorstellung vom Inhalt der Lehre Jesu als jene, die man in Q oder im Thomasevangelium findet. Und selbst seine Jünger, denen ausdrücklich »das Geheimnis des Reiches Gottes« gegeben ist (Mk 4,11), sind nicht imstande, es vollkommen zu verstehen.

Burton L. Mack

Das **Markusevangelium** ist das älteste erhaltene Evangelium; es liegt Mt und Lk als Quelle zugrunde. Der unbekannte Verfasser ist ein Sammler. Er verbindet palästinische Jesustraditionen mit hellenistischen Überlieferungen (z. B. Abendmahlsworte, Lasterkatalog in Mk 7,21 f., Begriff Evangelium). Zu den von ihm aufgegriffenen Traditionsstoffen gehören:

- eine zusammenhängende Passionsgeschichte, deren Abgrenzung noch umstritten ist;
- mündliche oder schriftliche Sammlungen von Wundergeschichten;
- apokalyptische Traditionen wie Mk 13, ein wahrscheinlich bereits schriftlich fixierter Text;
- Schul- und Streitgespräche, z. B. die vermutlich auch schon vorhandene Zusammenstellung von Gleichnissen und Bildworten.

Der chronologische und geographische Aufbau wird von theologischen Interessen bestimmt und ist historisch darum wertlos. (Dasselbe gilt für die übrigen Evangelien.) Doch reichen viele der von Mk gesammelten Überlieferungsstoffe zeitlich weit zurück und sind eine wichtige Basis, um Lehre und Leben Jesu rekonstruieren zu können.

Dass niemand innerhalb der markinischen Konstruktion zu Jesu Lebzeiten dessen wahre Würde erkennt, hängt mit der Ausrichtung der Erzähllinie auf den Kreuzestod zusammen. Wenngleich sich Jesus seinen Jüngern offenbart, können diese sich bis zu ihrer eigenen Oster-Erfahrung von Unverständnis und Missverständnissen nicht befreien. Was bis dahin Jesu Geheimnis lüften konnte, unterstellt Markus einem Schweigegebot. Um den überkommenen Erzählstoff einem solch ungewöhnlichen Konzept anzupassen, musste er sehr frei damit umgehen. Das »Messiasgeheimnis« ließ sich als Schlüsselbegriff seines Evangeliums nur dadurch entfalten, dass er das gesamte Material diesem Konzept unterwarf. Die sich im Christusmythos erst mit Ostern verbindende göttliche Würde verlegte Markus in das geschichtliche Leben Jesu zurück.

In seiner Darstellung scheint die Herrlichkeit des Auferstandenen bereits von Anfang an durch und gibt ihm eine transzendente Aura. Drei Epiphanie-Szenen – zu Beginn, in der Mitte und am Ende des Evangeliums – heben sich auf diesen Hintergrund besonders ab. Am Beginn steht die »Installation« Jesu als »Messias« und »Sohn Gottes« (1,9-11). In der Mitte enthüllt die Verklärungsgeschichte das wahre Wesen Jesu: die menschliche Gestalt zeigt sich in göttliche Herrlichkeit verwandelt, und erneut weist ihn die Himmelsstimme als »Sohn Gottes« aus (9,2-10). Am Ende überbringt in der Erzählung vom leeren Grab ein Engel die Botschaft von Jesu Auferweckung (16,1-8). Zwar erschauern die Frauen vor diesem Mysterium, doch sollen sie es von nun an weitersagen. So enthüllt sich Jesu Geheimnis nur zögernd, doch während es seine Umwelt nicht versteht, ist der Leser oder Hörer des Evangeliums von Anfang an über Jesu himmlische Sendung im Bilde.

Nach seiner Taufe durch Johannes kündigt Jesus die bevorstehende Ankunft des »Reiches Gottes« an, ein Machtgefüge, das dazu bestimmt war, allen jüdischen Institutionen entgegenzutreten, sie zu zerstören und abzulösen. In der Synagoge übertrifft Jesu Vollmacht die der Schriftgelehrten. In Zusammenhang mit der Heilung des Aussätzigen durch Jesus macht Markus geltend, dass er damit vollbrachte, was die Priester nicht vermochten. Und schließlich übertrumpft er die Pharisäer ausgerechnet im Tun dessen, was am Sabbat dem Gesetz entsprach. So werden die Schriftgelehrten, Priester und Pharisäer, jene, welche die Institutionen des Judentums des 1. Jahrhunderts repräsentieren, allesamt von Jesus in den Schatten gestellt. Wer ist dieser Mensch, der die Funktionäre in allen Fähigkeiten überbietet? Hat er überhaupt das Recht, sie zu übertreffen? Hat er irgendwelche Referenzen, die es ihm erlauben, an ihre Stelle zu treten?

Bei der Verklärung erscheint Jesus in der Begleitung von Mose und Elia, den beiden episch bedeutsamen Gestalten, die den Zyklen von Wundergeschichten ihre mythische Grundlage verliehen. Doch auch hier lässt Markus, ähnlich wie beim Vergleich mit Johannes dem Täufer, ihre Aura über Jesus stehen, um sie dann aber durch eine Stimme aus dem Himmel beiseite zu wischen, die zu den Jüngern spricht: »Das ist mein lieber Sohn, den sollt ihr hören.«

Dann, als sich Jesus Jerusalem nähert, begrüßen ihn die Massen als den Messias, den Sohn Davids, und Markus lässt die Leser für einen Augenblick in dem Glauben, die Massen könnten recht haben. Die Leser

---

Jesusinterpretationen

Die Vorstellung von der Jungfrauengeburt verwendet Paulus für Jesus nicht; lapidar heißt es in Gal 4,4: »Als aber die Fülle der Zeit gekommen war, sandte Gott seinen Sohn, geworden aus einer Frau und dem Gesetz unterstellt« (vgl. auch Röm 1,3: »geworden aus dem Samen Davids« oder Phil 2,7: »in Menschengestalt geworden«). Im Übrigen kennt auch Markus die Vorstellung der Jungfrauengeburt nicht; er vertritt bei der Taufe Jesu in 1,9–11 mittels eines Zitats aus Ps 2,7 und Jes 42,1 eine Adoptions-Christologie, die wiederum der Evangelist Johannes (1,29–34) ablehnt; er ersetzt sie durch seine Überzeugung von der Inkarnation des präexistenten lógos (= Wort) in 1,1–18.

Hubert Frankemölle

Dominikos Theotokopulos (genannt El Greco, um 1540–1614), Taufe Christi (Ausschnitt), 1596/1600.

Das Evangelium beginnt mit der Proklamation: Anfang der Heilsbotschaft von Jesus: dem Christus (Gottes Sohn).

Christus ist die griechische Version des hebräischen Messiastitels. Indem dieser Titel schon hier zum Beinamen wird, gewinnt der verbreitete Name Jesus seine nähere Bestimmung. Der in Klammern stehende Titel »Sohn Gottes« fehlt in alten Handschriften; er wurde wahrscheinlich erst in späteren Abschriften angefügt, wenn auch nicht so verstanden, wie dies heutige Leser meistens tun (→ S. 320 f.)

Die eigentliche Vorstellung Jesu findet mit der Taufe statt. Was dabei die Himmelsstimme sagt, ist biblisches Zitat – Ps 2,7 und Jes 42,1 – und kann nur vor diesem Hintergrund richtig verstanden werden. Der Psalm 2 gehörte zur Liturgie der Königsweihe in Jerusalem (→ S. 320). Der Vers »Mein Sohn bist du, heute habe ich dich gezeugt«, meint als Spruch Jahwes, dass der inthronisierte König in diesem Akt seine – metaphorisch zu verstehende – Einsetzung als »Sohn Gottes« erfahre. Im zweiten Zitat wird vom »Gottesknecht« gesagt: »Das ist mein Erwählter, an dem finde ich Gefallen.« Die Himmelsstimme bezeugt also mit diesen Zitaten Jesus als den messianischen König und Knecht Gottes. Sie macht aber keine trinitarische Aussage, wenngleich diese Stelle später zur trinitarischen Gottesvorstellung beigetragen hat.

Der Eingang des Evangeliums bietet somit eine hintergründige Ankündigung dessen, wovon das ganze Buch erzählen will. Dem Leser wird von Anfang an Jesus als der Messias vorgestellt. Die Stimme aus dem Himmel hat ihm diese Sicht vermittelt, während die Menschen, die Jesus begegnen, davon noch nichts wissen können. Auf diese Weise hat Markus zum ersten Mal das innere Thema seines Evangeliums – das Messiasgeheimnis Jesu – aufgedeckt, und es ist verwunderlich, dass es bereits auf der ersten Seite geschieht, während es von denen, die im Weiteren mit Jesus bekannt werden, keiner wirklich erfährt.

erfahren jedoch bald, dass sie sich irren. Wie Jesus erklärt, als er im Tempel lehrt, ist der Messias nicht Davids Sohn, er ist Davids Herr (12,35.37)

Das Gleiche gilt für die anderen Symbole, mit denen Jesus charakterisiert wird. Sie werden allesamt lediglich als Facetten eines vollkommen neuen Bildes verwendet. Der markinische Jesus vereint die Merkmale vieler mythischer und idealer Gestalten und übt die Funktion vieler sozialer Rollen aus. Die Liste ist wahrhaft schwindelerregend: Kind der Weisheit, leidender Gerechter, Prophet, Schriftgelehrter, Gesetzgeber, Lehrer, göttlicher Mensch, Messias, Menschensohn, Sohn Gottes, auferstandener Herr, Richter im Jüngsten Gericht und König des »Reiches Gottes«. Eine solche Gestalt bedarf keiner anderen Referenzen als der Stimme der Anerkennung durch Gott, seinen Vater.

Und woher weiß der Leser um diese Anerkennung? Die Stimme wird im Verlauf der Erzählung vernehmbar. Wenn die Geschichte in sich schlüssig und gut genug ist, um den Leser zu verzaubern, werden keine Refe-

Jesus von Nazaret und der Christus des Glaubens

Die Passionsgeschichten als fiktionale Texte zu sehen, begründen amerikanische und deutsche Neutestamentler. Hans Conzelmann unterstrich bereits 1967:

Der Umfang dessen, was wir als sicheren Tatbestand feststellen können, ist minimal. Das sichere Kern-Faktum ist, dass Jesus gekreuzigt wurde. Daraus kann geschlossen werden, dass man ihn verhaftete und dass ein Gerichtsverfahren erfolgte, und zwar ein römisches. Denn die Kreuzigung ist eine römische, nicht eine jüdische Todesstrafe. Alles übrige im Ablauf der Ereignisse ist strittig.

Doch selbst ein ordentliches römisches Gerichtsverfahren, gar unter dem Vorsitz des höchsten römischen Beamten, gilt inzwischen nicht mehr als historisch sicher. Störer der öffentlichen Ordnung konnten durchaus ohne Prozess liquidiert werden.

Wolfgang Stegemann fasst die exegetische Analyse folgendermaßen zusammen:

1. Es gibt über das Lebensende Jesu nur Sekundärquellen. Die Passionserzählungen der Evangelien sind theologisch motivierte Kompositionen. Die älteste Version liegt im Markusevangelium vor und ist dann Basis auch für alle übrigen Evangelien geworden. Nach Stegemanns Urteil auch für das Johannesevangelium.

2. Die Passionserzählungen sind polemische Texte, welche jüdische Instanzen »oder dann pauschal ›die Juden‹ mit zunehmender Tendenz mit der Schuld am Tode Jesu belasten«.

3. Die Passionsgeschichten sind fiktionale Texte mit historischen Rudimenten. Es handelt sich »nicht um historische Berichte, auch nicht um im Prinzip historisch zuverlässige, ... sondern um theologisch-literarische Texte mit historischen Anteilen«. Eine Analyse muss »fundamental die Frage stellen, ob es überhaupt eine Beteiligung irgendeiner jüdischen Instanz an der Hinrichtung Jesu durch Pilatus gegeben hat ... Summa summarum: Ein Prozess Jesu vor dem Sanhedrin ist aus historischen Gründen extrem unwahrscheinlich.«

renzen mehr erforderlich sein. Es war ein genialer Einfall des Markus, gerade eine solche Geschichte zu schaffen. Letztlich war es die Darstellung des Markus, welche die wahrhaft unvergleichliche Gestalt Jesu Christi, des Sohnes Gottes, schuf, die Christen allezeit vor Augen haben.

Burton L. Mack

Die theologische Konstruktion des Markusevangeliums benutzt also ein offenkundig fiktives »Leben Jesu«, das sich von den frühen Schriften der Jesusbewegung weit entfernt hat. Diese markinische Fiktion hat nicht nur die folgenden Evangelien mitgeprägt, sondern wurde in der fortschreitenden Kirchenentwicklung als Historie verstanden und damit neben der paulinischen Tradition zur grundlegenden Matrix für die dogmatische Entfaltung der Christologie.

Markus ordnete sein Material so an, dass sich sein ganzes Evangelium als »Passionserzählung mit ausführlicher Einleitung« lesen lässt. Dabei ist alles auf die Kreuzigung Jesu ausgerichtet. Schon die Verse 3,6.19; 11,18; 12,12 verweisen im ersten Teil des Evangeliums auf das Leidensgeschehen hin; weiterhin die Leidensweissagungen 8,31f.; 9,31f.; 10,33. Über diese offenen Bezüge hinaus finden sich in allen Kapiteln des Evangeliums viele Hinweise, dass Jesus nur deshalb in Verborgenheit aufgetreten sei, um am Kreuz zu sterben. Diese Komposition bot Markus die Möglichkeit, die Jesusüberlieferungen ganz neu zu deuten, indem er die Möglichkeit fand, eine Verschwörung seitens der Schriftgelehrten und Pharisäer zu unterstellen und in diese Komplizenschaft auch die Priester, die Sadduzäer, den Hohenpriester und Herodianer, also die gesamte Repräsentanz des jüdischen Volkes einzubeziehen.

Die Zerstörung des Tempels wird ein wesentlicher Impuls gewesen sein, das in den Jahren zuvor kritisch gewordene Verhältnis zum Judentum zu überdenken und einer radikalen Neubewertung zu unterziehen. Das Feindbild, das sich inzwischen entwickelt hatte, entfaltet Markus zu einem Szenario, in dem die jüdischen Repräsentanten von Anfang an darauf lauern, Jesus umzubringen. Um diese Geschichte des Martyriums Jesu erzählen zu können, bedurfte es jedoch einer Anklage, die Markus für seine heidenchristliche Leserschaft unwidersprochen inszenieren konnte, da es keine Zeitgenossen mehr gab, die hier hätten widersprechen können:

Die Liste unwahrscheinlicher Merkmale ist ziemlich lang und umfasst Dinge wie den nächtlichen Prozess, der illegal gewesen wäre, die Grundlage für den Vorwurf der Gotteslästerung, der ausgesprochen unklar, wenn nicht vollkommen konstruiert ist, die Tatsache, dass die Zeugen nicht miteinander übereinstimmten, was eine Einstellung des Prozesses erfordert hätte, das Recht des Sanhedrin, ein Todesurteil zu fällen, über das er vermutlich damals gar nicht verfügte, die Behauptung, die Kreuzigung habe an Pessach stattgefunden, was ein krasser Verstoß gewesen wäre, Jesu Erwartung seines Todes als eines Bundesopfers, die auf eine Bacchusgottheit zutreffen mochte, nicht aber auf den historischen Jesus, die Tatsache, dass die Jünger inmitten all dieser Umstände einschliefen, die Aussage, Pilatus habe Jesus als »König der Juden« hinrichten lassen, ohne einen guten Grund für diese Einschätzung zu haben, die Darstellung, wonach die Hohenpriester (im Plural!) bei der Verspottung anwesend waren, und so weiter.

Burton L. Mack

Jeder einzelne Punkt dieser Aufzählung lässt sich näher begründen. An dieser Stelle mögen einige Erläuterungen ausreichen:
- Die Verfahrungsvorschriften für den Sanhedrin widersprechen dem geschilderten Verlauf: Versammlungsort ist die Quaderhalle im Tempelbezirk, nicht das Privathaus des Hohenpriesters; die Gerichtsverhandlungen finden nur am Tage statt, nicht nachts wie bei Markus; am Sabbat, an Festtagen und auch an den Rüsttagen sind Gerichtssitzungen ausgeschlossen; Kapitalverfahren beginnen mit der Verteidigung, nicht mit der Anklage; »Kapitalsachen beendet man an demselben Tag durch Freispruch, aber erst am folgenden Tag durch Schuldspruch« (Traktat Sanhedrin IV,1); bei einem Kapitalprozess gibt das jüngste Mitglied zuerst seine Stimme ab; ein Todesurteil erfordert 23 Richter; »wenn 22 freisprechen oder schuldig sprechen und einer enthält sich der Stimme, dann vermehrt man die Zahl der Richter« (Traktat Sanhedrin V,5).
- Die Kapitalgerichtsbarkeit des Sanhedrin zur Zeit Jesu ist umstritten. Sollte er sie besessen haben, ist nicht einsichtig, warum nach erfolgtem Todesspruch Jesus an die römische Behörde überstellt wird. Insgesamt sprechen alle genannten Punkte gegen ein Verfahren beim Sanhedrin, nicht zuletzt die Begründung des Todesurteils. Hätte es einen Kapitalprozess vor dem Sanhedrin gegeben, wäre die Exekution als Steinigung zu erwarten gewesen. Pilatus hat jedoch kein jüdisches Urteil vollstreckt, sondern aufgrund eines eigenen Prozesses Jesus kreuzigen lassen. Es ist kein anderer Fall bekannt, nach dem der Sanhedrin als eine Art Vorinstanz der Römer fungierte.
- Gegen die markinische Darstellung spricht nicht zuletzt ihr massiver Tendenzcharakter. Der gesamte Sanhedrin wird in eine unverhohlene Feindschaft zu Jesus gerückt, so dass dieser nicht die geringste Chance für einen fairen Prozess bekommt. Angesichts der Selbstachtung und Würde, in der sich die Mitglieder des Sanhedrin als Repräsentanten der Jerusalemer Bildungselite verstanden, ist es ganz unwahrscheinlich, um nicht zu sagen ausgeschlossen, dass diese Richter einen einfachen Mann vom Lande persönlich verhöhnen und anspucken. Nimmt man hinzu, wie Markus Mitglieder dieses Gremiums mit der Schuld am Tode Jesu belastet (8,31) und ihnen dann immer wieder (11,18.27; 12,12; 14,1) unterstellt, Jesus umbringen zu wollen, wird die redaktionelle Tendenz unübersehbar.
- Der Gesamtcharakter des markinischen Textes, zumal dessen Passionsgeschichte (die den folgenden Evangelien Vorlage war) lässt sich nicht für eine historische Rekonstruktion in Anspruch nehmen. Es handelt sich um eine erzählende Christologie, die im Bekenntnis Jesu zu sich selbst als Messias und endzeitlichen Menschensohn gipfelt (14,61f.). In der Komposition des Markusevangeliums verknüpft sich diese Stelle mit früheren Offenbarungen über Jesus, angefangen 1,11 bei der Taufe, über das Wissen der Dämonen (5,7) und die mannigfachen Offenbarungen, die seinen Jüngern zuteil wurden. Die jeweils verwendeten »Hoheitstitel« (Messias, Sohn Gottes, Menschensohn) entstammen nicht historischen Situationen, sondern sind Verständigungsmarken der späteren christlichen Tradition. Im Munde des Hohenpriesters sind sie anachronistisch. Da es außerdem schwer vorstellbar ist, auf welche Weise ein Verhör vor dem Sanhedrin bekannt geworden sein könnte, legt sich als Schluss nahe, dass Markus dessen Inhalt redaktionell konzipiert hat.

Die Beseitigung eines gefährlichen bäuerlichen Störers wie Jesus erforderte keine ordentliche Gerichtsverhandlung und keine besondere Abstimmung zwischen den Tempelbehörden und der römischen Verwaltung. Sie entsprach meines Erachtens den allgemeinen Prozeduren zur Aufrechterhaltung der öffentlichen Ordnung am Passahfest. Wenn jemand im Tempel Unruhe stiftete, war er als Warnung für das Volk unverzüglich zu kreuzigen, wird die auch im Fall Jesu befolgte Regel gewesen sein. ... Nach zweitausend Jahren Christentum fällt es uns schwer, uns vorzustellen, wie weniger Umstände es zu Zeiten des Kajaphas und des Pilatus bedurfte, einen gefährlichen bäuerlichen Niemand wie Jesus mit brutaler Beiläufigkeit zu beseitigen.

John Dominic Crossan

Die Passions- und Auferstehungsgeschichten sind anders, weil sie der Nährboden des christlichen Antijudaismus wurden. Und ohne diesen christlichen Antijudaismus wäre der tödliche und völkermörderische europäische Antisemitismus entweder unmöglich oder doch wenigstens nicht so erfolgreich gewesen. Was also bei diesen Passionsgeschichten in der langen Perspektive der Geschichte letztlich auf dem Spiel stand, war der jüdische Holocaust.

Burton L. Mack

Die Thesen eines jüdischen Prozesses Jesu sind zwar noch nicht vom Parkett der Forschung verschwunden, wie Raymond E. Brown beweist. Von den Quellen her und sachlich ist ein jüdischer Prozess Jesu als unhistorisch (insbesondere als halachisch unmöglich) zu verwerfen, d. h. als Retrojektion aus einer späteren Zeit zu deuten. Die letzte mögliche historische Mitschuld gewisser jüdischer Kreise sind Kollaborationsphänomene ...

Besonders berührend ist die Darstellung Crossans, wie Jesus das Schicksal all der anderen Tausenden durch die Römer gekreuzigten Juden teilt. Diese im Grund einfache, historisch redliche und menschlich so notwendige Einbindung Jesu in die Geschichte seines Volkes wird selten konsequent gedacht. Jesus teilt bei Crossan die Schmach seiner jüdischen Landsleute, sein Grab war wohl bestenfalls Kalk und schlimmstenfalls die Lefzen streunender Hunde.

Nico Rubeli-Guthauser

> Die Reich-Gottes-Bewegung Jesu innerhalb der analphabetischen Bauernklasse als lokales oder regionales Phänomen hätte innerhalb einer oder zweier Generationen aussterben können, hätte sich nicht eine schriftgelehrte Führung wenigstens aus den unteren Rängen der Schreiber- oder Gefolgsklasse gleichfalls schon früh engagiert …, und diese denke ich mir in den Tagen, Monaten und Jahren nach seiner Hinrichtung mit ernster Bibelforschung beschäftigt. … Ihnen stellen sich die Fragen: War der Tod Jesu ein Gottesurteil gegen sein Programm? …
>
> Irgendwann machte irgendjemand etwas ziemlich Außerordentliches aus den Dutzenden von Stellen des Alten Testaments, die Jesu Passion und Rechtfertigung »voraussagten«. Er verband diese Stellen zu einer zusammenhängenden Geschichte, als deren verborgenes Substrat nur der gelehrte Leser sie noch nachzuweisen vermag. Das war ein religiöser Geniestreich, denn wenn erst das Gedächtnis des analphabetischen Volkes sich die Geschichte eingeprägt hatte, konnten Lehrer und Prediger leicht von der Geschichte ihrer »Erfüllung« auf die Prophezeiungen des Alten Testaments zurückverweisen …
>
> Am Anfang war die Prophezeiung der Passion, dann folgte die Passionserzählung.
>
> *John Dominic Crossan*

Die Summe aller vorgetragenen Bedenken lässt begründet annehmen, dass es keinen Sanhedrin-Prozess gegen Jesus gegeben hat. Insgesamt spiegelt das Markusevangelium die sich vollziehende Loslösung vom Judentum. Und da das hellenistische Christentum im Römischen Reich zu Hause war, in diesem Reich auch Mission treiben und Anerkennung finden wollte, versuchte es, Schwierigkeiten mit der römischen Welt zu mindern – auf Kosten des Judentums. Von Markus bis Johannes steigert sich diese Tendenz in allen folgenden Passionserzählungen.

Verweise auf die *vierfache* Evangelienüberlieferung zugunsten der Historizität der Passionsgeschichte sind nicht akzeptabel. Alle weiteren Evangelien zeigen sich von Markus abhängig und können keine eigene Zeugenschaft beanspruchen. Wenn man aber sieht, wie die Texte einander korrigieren und eine Variantenfülle auf der Faktenebene schaffen, die sich nicht harmonisieren lässt, wird weitere Male deutlich, wie leicht geschichtliche Wahrheit der sich verändernden Interessenlage unterliegt. Das zeigt sich am deutlichsten in der zunehmenden Tendenz, die Juden zu belasten und die Römer zu entlasten. Je später ein Evangelium geschrieben wurde und je schärfer sich die Distanzierung vom Judentum ausprägte, umso unverblümter wird Pilatus von einer Schuld an der Hinrichtung Jesu freigesprochen und alle Last »den Juden« aufgeladen.

Bedenkt man jedoch, in welchem Maße sich der Prozess vor dem Hohen Rat als redaktionelles Konstrukt erweist, ist zugleich hohes Misstrauen gegenüber der Darstellung des römischen Prozesses angebracht. Dieses Misstrauen rechtfertigt zumindest die *Frage*, ob überhaupt ein Verfahren vor Pilatus stattgefunden hat. Es ist ja nicht selbstverständlich, dass eine mögliche Ordnungswidrigkeit im Tempel gleich vor der höchstrichterlichen römischen Instanz verhandelt wird.

In der Summe gilt, dass die Passionsgeschichte insgesamt nicht als erinnerte Geschichte, sondern als in Geschichte übertragene Prophezeiung zu verstehen ist. Prophezeiung nicht im Sinne einer vorausgesehenen Zukunft verstanden, sondern als die Anwendung bestehender Texte auf spätere tatsächliche oder erwünschte Ereignisse. Weil in Micha 5,1 Betlehem als Davidstadt messianische Bedeutung zugesprochen wird, schickt Lukas die Eltern Jesu auch dorthin, um so »die Schrift zu erfüllen«. Ähnlich stützen sich die Passionsgeschichten bei Markus und in den folgenden Evangelien auf Hinweise der Schrift, um das Schicksal Jesu aus prophetischer Ansage deuten zu können. Wenn auch die Tatsache des Kreuzestodes Jesu außer Zweifel steht, so sind für die Schilderung von Prozess und Hinrichtung doch nicht Augenzeugen aus der bäuerlichen Gefolgschaft in Galiläa zu denken, sondern Schriftgelehrte, die in den heiligen Schriften rechtfertigende Hinweise für das furchtbare Geschehen suchten. Bei John Dominic Crossan findet sich folgendes Resümee:

> Was den tatsächlichen Gang der Ereignisse der Passion betrifft, bin ich der Meinung, dass Jesus während des Paschafestes verhaftet wurde und dass seine nächsten Jünger sämtlich ihr Heil in der Flucht suchten. Dass es irgendwelche Beratungen zwischen Kajaphas und Pilatus über Jesus oder Verhöre des Angeklagten durch eine dieser hochgestellten Persönlichkeiten gegeben hätte, glaube ich nicht. Die Vertreter der Obrigkeit werden sich von vorneherein darin einig gewesen sein, dass im Fall irgendwelcher Unruhen während des Festes schnelles hartes

Durchgreifen gegen die Unruhestifter geboten sei und dass es jedenfalls nicht schaden könne, gleich zu Anfang ein Exempel zu statuieren und einen Störer zu kreuzigen *pour décourager les autres*. Ich glaube nicht, dass die jüdische Polizei und das römische Militär sich wegen des Verfahrens mit einem galiläischen Bauern besondere Weisungen von hoch oben holen mussten. Sie werden schon gewusst haben, was zu tun war. Höchstwahrscheinlich war Jesu Kreuzigung für die ausführenden Organe eine reine Routinesache. Die Passionsgeschichte aber, die wir in den Evangelien haben, ist in die Geschichte überführte Prophezeiung, nicht auf Geschichte zurückgeführte Erinnerung.

Der »Jesus« des Matthäusevangeliums

Das Evangelium des Matthäus ist die Arbeit eines jüdischen »Schriftgelehrten«, der ein Jünger der »Reich-Gottes-Lehre« Jesu geworden ist (vgl. Mt 13,52). Im Verlauf der achtziger Jahre tauchte seine Schrift unerwartet als ein Dokument aus dem palästinischen oder syrischen Judenchristentum auf. Obwohl das ausgewertete Material überwiegend auf der Spruchquelle und dem Markusevangelium beruht, gelang es dem Verfasser, seiner Darstellung einen anderen Charakter und den Lehren Jesu einen anderen Ton zu geben. Der in der Tradition Matthäus genannte Verfasser trat dem Markusevangelium bewusst entgegen; sein Evangelium ist ein Gegenentwurf. Ein in Rätseln sprechender Lehrer soll der matthäische Jesus jedenfalls nicht sein.

Das neue Konzept besteht darin, dass Matthäus zunächst die Spruchquelle Q in seine Erzählung aufnimmt und Jesus als einen Lehrer darstellt, der von allen, die ihn hören, auch verstanden und angenommen werden kann. Jesu Rede vom Reich Gottes wird aber deutlich aus der Gegenwart in die Zukunft verlagert, mit der sich auch das Gericht verbindet. Den nachdrücklichsten Eindruck, den der matthäische Jesus in der Öffentlichkeit macht, bewirkt er nicht durch Exorzismen, sondern durch programmatische Rede. Die »Bergpredigt« ist die kompakte Zusammenfassung dessen, was die Leser nach dem Wunsch des Matthäus von Jesu Lehre wissen und verstehen sollen.

Matthäus sieht Jesus als den wahren Erben Israels: in ihm haben sich »Gesetz und Propheten« erfüllt. Er schreibt für eine judenchristliche Gemeinde, welcher er sein Evangelium gewissermaßen als »Grundschrift« widmet. Da sich diese Gemeinde bereits vom Judentum getrennt hat, spricht nun auch »Jesus« als jemand, der im Zorn auf das offizielle Judentum zurückblickt. Dieser Jesus, der – in 5,24 offensichtlich authentisch wiedergegeben – zuallererst Versöhnung mit »dem Bruder« verlangt, bevor man zum Altar geht, wird in Kapitel 23 glatt auf den Kopf gestellt mit der ihm dort in den Mund gelegten Pauschalverurteilung der »Schriftgelehrten und Pharisäer«.

Die Bergpredigt zeigt einen Jesus, der »Gesetz und Propheten« erfüllt. Es gibt für Matthäus keinen Zweifel an der jüdischen Frömmigkeit Jesu und darum auch keinen Bruch zwischen Judentum und Jesusnachfolge. Der in den achtziger Jahren ausgetragene Streit zwischen der Jesusgemeinde und anderen jüdischen Kreisen, zumal mit den Pharisäern, ist für Matthäus ein Streit um das wahre Israel, das die matthäische Gemeinde zu

Das **Matthäusevangelium** gründet auf Mk, der Spruchquelle Q und heterogenem Sondergut (legendarischen Stoffen wie Mt 1 und 2; Spruch- und Gleichnisüberlieferungen und redaktionell gestaltetem Material).

Im Aufriss folgt Mt größtenteils Mk, abgesehen von einigen Umgruppierungen. Insgesamt finden sich fünf große »Reden« eingearbeitet, die Material aus allen drei Quellen zusammenstellen: Bergpredigt (5–7), Aussendungsrede (5,39–10,42), Parabelrede (13), Gemeinderede (18) und eschatologische Rede (23–25).

Die wahrscheinliche Entstehungszeit sind die letzten 80er, spätestens die 90er Jahre. Als Entstehungsort kommt das südliche Syrien, der Raum Antiochia, Damaskus oder die Dekapolis in Frage.

Der Verfasser wird ein schriftgelehrter Jude aus judenchristlichem Milieu gewesen sein. Seine Sprache ist von der griechischen Bibel geprägt. Die matthäische Gemeinde könnte ursprünglich von Wandermissionaren der Spruchquelle Q gegründet worden sein. Als der Verfasser anstelle des Markusevangeliums eine neue Grundschrift für seine Gemeinde verfasste, befand diese sich, »ohne es gewollt zu haben, außerhalb der Synagogen Israels. Sie hatte Feindseligkeit, ja in einzelnen Fällen Verfolgung erfahren. Sie, die sich als Kern Israels verstanden hatte, war nicht mehr Israel und musste sich neu orientieren. Dieser Neuorientierung in der Situation einer Krise diente das Matthäusevangelium in erster Linie« (Ulrich Luz). Allerdings verarbeitet Matthäus das Trauma der Trennung von der Mehrheit Israels durch schroffe Antijudaismen, unter deren Last die christliche Geschichte bis zum Tage leidet.

Jesus von Nazaret und der Christus des Glaubens

Marc Chagall (1887–1985), Kreuzigung in Gelb, 1942.

Hier zeigt Chagall Jesus als jüdischen Märtyrer, dem Gesetz untertan. Um seine Lenden den Gebetsmantel (tallit), trägt er am linkem Arm und vor der Stirn die Gebetsriemen (tefillin) mit zwei schwarzen Lederkapseln – in Erfüllung des Gebotes Dtn 6,8. Die Kapseln enthalten die Schrifttexte Ex 13,1-10. 11-16; Dtn 6,4-9 und Dtn 11,13-21. Sie erinnern an die Befreiung aus Ägypten und wollen zum Gehorsam gegenüber der Tora weisen. Auf gleicher Höhe, autoritativ und verehrt, die aufgerollte Tora.

Diesen jüdischen Jesus hat auch das Matthäusevangelium vor Augen. Die Gemeinde, für die es bestimmt war, lebte weiterhin gesetzestreu nach der Tora. Dafür war ihr Jesus der oberste Lehrer und Interpret der Tora. Von ihm her verstand sie das Liebesgebot als Mitte des Gesetzes.

Judenchristen. Die in Israel entstandene Jesusbewegung bestand anfangs nur aus Juden. Eine Heidenmission lag außerhalb aller Intentionen. Zu der in Jerusalem entstandenen Gemeinde aus einheimischen »Hebräern« kamen bald griechisch sprechende Juden aus der Diaspora. Die ersten beachteten die Tora strenger, die hellenistischen Juden gingen freier damit um, was zu ihrer Vertreibung aus Jerusalem führte (Apg 8,1-4).

In den hellenistischen Städten, in die sie gingen, fanden sie bald den Anschluss von Nichtjuden, denen sie Beschneidung und Torabefolgung erließen. Das weckte den Widerspruch strenggläubiger Juden, den vor allem Paulus beantwortete. Das sog. Apostelkonzil führte zu einem Kompromiss (Gal 2; Apg 15).

Die spätere Entwicklung führte immer mehr unter heidenchristliche Bedingungen. Der Anteil der J. geriet zur Minderheit. Das verschärfte die Entfremdung beider Richtungen, wobei die J. schließlich ins kirchengeschichtliche Abseits gerieten. Manche judenchristlichen Gruppierungen wurden in der Großkirche sogar als häretisch angesehen. Erst heute wird die theologische Bedeutung des Judenchristentums neu entdeckt, doch braucht es nach zwei Jahrtausenden Verkennung viel Zeit und Mühe, die frühe Entfremdung aufzuarbeiten.

repräsentieren beansprucht. In seiner Darstellung Jesu bestimmen den Verfasser die harten Auseinandersetzungen mit anderen Juden, die von Jesus nichts wissen wollen, keineswegs aber will er einen Bruch mit dem jüdischen Glauben. Die Tora zu erfüllen, nicht aufzulösen, ist für Matthäus Inbegriff seines Evangeliums – und in diesem Verständnis würde er sich schwerlich mit Paulus, dem gesetzesfreien Heidenmissionar, vertragen haben. Wenn diese beiden sich gekannt hätten, meint der Neutestamentler Ulrich Luz, hätten sich Paulus und Matthäus »gewiss nicht geliebt«, denn »das matthäische Prinzip der Erfüllung des Gesetzes und das paulinische Prinzip der Freiheit vom Gesetz sind nicht miteinander vereinbar«.

Der »Jesus« des Lukasevangeliums

Auch Lukas schrieb seine Jesusgeschichte auf der Grundlage des Markusevangeliums und der Spruchquelle Q; dabei löste er sich von seinen Vorlagen nicht minder radikal als Matthäus. Nun ist seit dem Wirken Jesu schon viel Zeit vergangen. Die »Apostel« sind längst tot; wenn Lukas von ihnen spricht, so übernehmen sie jetzt die Rollen, die aus seiner Sicht notwendig gespielt werden müssen, um den Übergang von Israel zur Kirche zu vollenden. Selbst auf die Zerstörung Jerusalems und des Tempels blickt er bereits mit Abstand zurück, und wenn er nun aus der Distanz irgendeiner Stadt am Mittelmeer – beispielsweise aus Ephesus – schildert, wie Maria und Josef von Nazaret nach Betlehem gegangen sind, dann liest sich das, wie alles bei Lukas, als erzählte Geschichte, ohne dass der Leser aus Unvertrautheit mit Ortskenntnissen oder jüdischen Verhältnissen damit noch Probleme verbindet.

Die stete Auseinandersetzung mit dem pharisäischen Judentum, wie sie Matthäus betreibt, ist Lukas fremd. Er lässt Jesus auch anders sprechen, nicht so programmatisch wie Matthäus, der ihn als Gesetzeslehrer schildert, während Lukas keine Neigung zeigt, Jesus in spezifische Auseinandersetzungen mit Pharisäern zu verstricken. Bei Lukas können Pharisäer durchaus als Gastgeber Jesu auftreten, das Gespräch mit ihnen mündet nicht zwingend in Kontroversen.

Lukas zeigt im Umgang mit der Spruchquelle einen Jesus, der gelassener und milder spricht als der matthäische Jesus und viel volkstümlicher und verständlicher als der markinische. Einen großen Teil von Q übertrug er in »alltagsvernünftige Moralismen« (Burton L. Mack) und verknüpfte damit seine berühmten Gleichnisse, wie das vom barmherzigen Samariter (10,29-37) oder vom verlorenen Sohn (15,11-32). Der Jesus, der hier spricht, schafft eine Atmosphäre der Freundlichkeit.

Das gesamte Evangelium bestimmt eine soziale Botschaft. Deutlich mehr als bei Markus und Matthäus überliefert Lukas Materialien, in denen es um Reichtum und Armut geht. Lukas stellt die freiwillige Armut der Jünger Jesu heraus, die alles aufgegeben haben, um Jesus nachfolgen zu können. Dabei versteht er die betonte Armut der Jünger Jesu als Kritik an den Reichen der eigenen Zeit. Lukas selbst entstammt einem eher oberschichtigen Milieu. Seine Hervorhebung frei machender Armut erlaubt keinen Rückschluss auf die Verhältnisse der Jesuszeit.

Das »Evangelium für die Armen« berührt sich mit einer betonten Zuwendung Jesu zu den Sündern. »Ich bin nicht gekommen, Gerechte zu rufen, sondern Sünder zur Buße« (5,32) lautet sein Programm. Er wendet sich den Verachteten zu, um sie zur Umkehr zu bewegen. Das wird beispielhaft gegenüber Zöllnern demonstriert. Den Armen und Verachteten stellt er als Repräsentanten der angesehenen Gesellschaft die Pharisäer gegenüber. Dabei ist er weit davon entfernt, das wirkliche Verhalten dieser Gruppierung zur Zeit Jesu zu schildern, vielmehr erfolgt eine »repräsentative« Gegenüberstellung gegensätzlicher sozialer Gruppen, die auf Seiten der paradigmatischen Zöllner um Räuber, Gesetzesübertreter, Ehebrecher und Prostituierte erweitert wird. Lukas hat in seinen Schilderungen eine Gemeinde vor Augen, die in einer Stadt des römischen Kaiserreiches als eigene Gemeinschaft lebt. Zu ihr gehören offensichtlich Angehörige der Oberschicht als auch Arme und Bettler. Vor allem den Reichen möchte er mit der Jesusbotschaft ein Bewusstsein für soziale Verantwortung und Barmherzigkeit vermitteln, was in damaligen Verhältnissen äußerst ungewöhnlich war. Am Beispiel des Oberzöllners Zachäus beschreibt er einen Maßstab, der den Reichen halben Besitzverzicht zumutet (19,1-10). Der Vermögende soll den christlichen Brüdern in der sozial zerklüfteten Gemeinde nach Kräften helfen, ihnen auf Risiko hin Geld leihen und die

Das **Lukasevangelium** benutzt neben Mk, der Spruchquelle Q ein umfangreiches Sondergut, das nahezu die Hälfte des Texte ausmacht. Die Kindheits- und Ostergeschichten rahmen den Mk-Stoff, von zwei Einschaltungen unterbrochen, die aus Q und Sondergut komponiert sind: die Feldrede Lk 6,20–8,3 und der sogenannte lukanische Reisebericht 9,51–18,14.

Das Lk bildet zusammen mit der Apostelgeschichte ein zusammenhängendes Geschichtswerk, doch ist es stets getrennt von der Apg überliefert worden. Die kirchliche Tradition hat Phlm 24, Kol 4,14 und 2 Tim 4,11 im Verfasser einen Begleiter des Paulus gesehen, eine von der Forschung heute aufgegebene Sicht.

Die hellenistische Herkunft des Verfassers erschließt sich aus dem Text; vermutlich war er Heidenchrist. Er zeigt keinerlei Neigung, sich mit den Pharisäern auseinanderzusetzen, wie dies Matthäus fortwährend tut. Er zeigt allerdings kein Verständnis für die Deutung des Todes Jesu als Sühnetod, wie überhaupt für die Heilsbedeutung seines Sterbens.

Das Evangelium schildert Jesus als Menschenfreund, der sich im Namen Gottes der Armen, Schwachen und Ausgegrenzten annimmt. Vor allem sind weite Teile des lukanischen Sondergutes von der Zuwendung zu den Armen (14,12–14; 16,19–31), den Zöllnern (18,9–14; 19,1–10) und Sündern (5,1–11; 7,36–50; 15,11–32; 23,39–43), den Frauen (7,11–17; 8,2 f.; 7,36–50; 10,38–42; 13,10–17; 23,27–31) und Samaritanern (9,52–56; 10,29–37; 17,11–19) bestimmt. Diese Auswahl ist ein bewusstes lukanisches Programm, wenn auch den Erzählungen bereits ein bearbeitetes Jesusbild zugrunde liegt.

Jean Béraud (1849–1935), Magdalena im Haus des Pharisäers, 1891.

Das Bild zeigt das Mahl bei Simon dem Pharisäer nach Lk 7,36–50, bei dem eine Frau, die im Lk-Text keinen Namen hat, zum Unwillen des Gastgebers Jesus die Füße salbt und mit den eigenen Haaren trocknet. Jesus, durch Nimbus und Kleidung herausgestellt, sitzt am Tisch einer vornehmen Pariser Männergesellschaft. Die schwarzen Anzüge der etablierten Herren, die Großzügigkeit des Salons, dessen Täfelung und die lederbezogenen Stühle sind Ausdruck des ausgehenden 19. Jahrhunderts und seines Wohlstandes. In mehreren der versammelten Personen werden bekannte Pariser Persönlichkeiten porträtiert.

In die Rolle Jesu als Verteidiger der vor ihm am Boden liegenden Frau ist der Journalist und radikale Sozialist Albert Duc-Quercy (1856–1934) geschlüpft. Die modisch gekleidete Frau, hier als Magdalena bezeichnet, wird von der Pariser Tänzerin und Edelkurtisane Liane de Pougy (1869–1950) dargestellt (die 1943 ihr Leben neu orientierte und Dominikanerin wurde).

Schulden erlassen. Lukas zielt auf innergemeindlichen Besitzausgleich, und entsprechend agiert der lukanische Jesus auf dieses Ideal hin. Was hier inszeniert wird, spiegelt folglich nicht die historische Situation Jesu, steht aber in dessen Wirkungsgeschichte – in der Einfärbung veränderter sozialer Verhältnisse und Vorstellungen.

Der »Jesus« des Johannesevangeliums

Auch diesmal gibt sich der Autor nicht namentlich zu erkennen. Um dem Evangelium Autorität zu verleihen, hat es die kirchliche Tradition dem Apostel Johannes zugeschrieben, doch kann der Verfasser kein Augenzeuge gewesen sein, denn er schreibt nicht auf, was er sah, sondern wie er die Tradition versteht. Gleich den anderen Evangelien entwirft er aus der Perspektive seines Glaubens die Vergangenheit der Geschichte Jesu. Dies dürfte gegen Ausgang des 1. Jahrhunderts oder kurz danach geschehen sein; bereits um 125 war, wie ein Papyrusfund belegt, das Evangelium in Ägypten bekannt.

Die Differenzen zu den synoptischen Evangelien sind unübersehbar. Zunächst hat das Johannesevangelium ein anderes Zeitschema: Während die Synoptiker nur von *einer* Wanderung Jesu nach Jerusalem wissen, mit der auch sein Leben abschließt, werden hier *vier* Jerusalem-Reisen erwähnt (2,13; 5,1; 7,10; 12,12), von denen drei dem Pessachfest gelten. Markus unterstellt einen etwa einwöchigen Jerusalem-Aufenthalt, Johannes geht von einem viel längeren Zeitraum aus. Dementsprechend ist auch nicht mehr Galiläa der Hauptschauplatz, sondern Jerusalem und Judäa. Über Jesu Wirken in Galiläa liegt nur eine knappe Angabe vor, doch findet sich ein langes Kapitel über einen Aufenthalt in Samaria eingefügt (4,1-42). Sogar der Todestag wird anders bestimmt. Die Tempelreinigung rückt an den Anfang der Jerusalem-Zeit. Das Abendmahl Jesu mit seinen Jüngern, über das ein »Einsetzungsbericht« fehlt, ist kein »eucharistisches«, obwohl es das letzte im Jüngerkreis ist. Als Mahl trägt es keinen besonderen Akzent; es ist nur der Anlass der Fußwaschung und der anschließenden Gespräche. Die Redekompositionen unterscheiden sich von den synoptischen durch eine deutlich andere Ausdrucksweise. Bestehen diese – wie z. B. bei der Bergpredigt – aus einer Fülle von knappen Einzelstücken, so wird hier jeweils *ein* Thema breit entfaltet und der Hauptgedanke mehrfach beleuchtet. Dafür ist eine metaphorische Denkweise und als Stilmittel das Missverstehen des Gesprächspartners kennzeichnend. Zwischen der Rede des synoptischen und des johanneischen Jesus ist keine Harmonisierung möglich.

Auch die Inhalte, deren theologische Eigenart und meditativer Charakter, heben das Johannesevangelium von den übrigen ab. In umfangreichen Dialogen entfalten sich Streitgespräche Jesu mit Gegnern als auch Schulgespräche mit Anhängern. Der Text insgesamt lässt den Leser mehr verstehen als die handelnden Figuren verstehen.

Obwohl Jesus als »wirklicher Mensch« geschildert wird, dessen Eltern und Brüder bekannt sind und dessen Hinrichtung eine ganz und gar irdische Exekution ist, erscheint seine Darstellung in hohem Maße mythisch. Statt einer Kindheitserzählung stellt der Prolog eine göttliche Prä-Existenz voran (1,1f.; 1,30). Aus seinem Sein »bei Gott« (6,46.62) ist er »von oben« gekommen und »vom Himmel herabgestiegen« (3,13.31; 6,33.38). Nur Jesus allein bringt Gottes Wahrheit, die Kunde von himmlischen Dingen, weil nur er sie »gesehen« (3,11f. 32) oder »gehört« (8,26.40) hat. Es soll deutlich werden, dass Gottes Wahrheit in dieser Welt gar nicht anders vernommen werden kann als durch die Worte und Werke Jesu. Gott redet und wirkt in ihm, und zwar in einer exklusiven Weise. Darum lebt Jesus auch in der Einheit mit Gott, seinem Vater, so dass, wer ihn kennt, auch den Vater kennt (8,19; 14,7). Durch sein Wirken hat Jesus Gott »auf Erden verherrlicht« (17,4f.). Nirgendwo sonst ist Gottes Wirken zu erfahren als in dem Menschen Jesus, so dass der Glaube an Jesus den Gottesglauben einschließt (12,44f.). Wer an Jesus glaubt, hat das ewige Leben (3,15.16.36; 5,24; 6.40 u.ö.). Die Identifikation Jesu mit Gott äußert sich auch in den Ich-bin-Worten: »Ich bin das Licht«, die »Wahrheit«, das »Leben«. Daneben kann es aber auch heißen: »Der Vater ist größer als ich« (14,28), denn er ist der »einzig wahre Gott« (17,3).

Um von solch transzendenter Wirklichkeit zu sprechen, bedient sich das Johannesevangelium nicht der Begrifflichkeit und Logik der Alltagssprache, sondern spricht in Paradoxien, in Rätsel- oder »Hüllreden«. Wie in mystischen Traditionen ist diese verrätselte und paradoxe Sprache aber kein Ausdruck unklaren Denkens, sondern bewusstes Stilmittel, um eine Wirklichkeit zu beschreiben, die sich nicht beschreiben lässt – jedenfalls nicht in begrifflich definierenden Zugriffen. Das zwingt den Leser, mit einer anderen Bewusstheit an den Text heranzutreten, als regulär üblich. Hier liegt keine objektivierende Rede vor, sondern eine ebenso paradoxe

---

Auch Alexandre Dumas d.J. (1824–1895), der Autor der »Kameliendame«, ein Roman aus der Pariser Halbwelt, ist unter den Gästen zu finden, sowie der Theologe Ernest Renan (1823–1892) als Gastgeber Simon der Pharisäer. Durch eine weiße Serviette hervorgehoben, sitzt er an der Längsseite des Tisches. Rechts neben ihm steht, mit Brille und grauem Backenbart, der Chemiker Eugène Chevreul (1786–1889), der über die Farbgesetze schrieb. So wie auch Lukas einem eher oberschichtigen Milieu entstammt und mit seiner sozialen Botschaft, die das gesamte Evangelium durchzieht, keinen Rückschluss auf die ihm nicht mehr vertrauten Verhältnisse der Jesuszeit erlaubt, überträgt Bérauds Bild die lukanische Perikope in den zeitgenössischen Hintergrund des ausgehenden 19. Jahrhunderts und erlaubt eine unendliche Fortschreibung.

Das **Johannesevangelium** zeigt sich stilistisch als ein geschlossenes Werk. Nur die Perikope von Jesus und der Ehebrecherin (7,53-8,11) trägt synoptische Merkmale und dürfte als »heimatlos« gewordenes Traditionsstück hier nachträglich untergebracht worden sein.

Daneben ist ein doppelter Buchschluss erkennbar. Anfänglich schloss das Evangelium mit Vers 20,30 f. ab. Kapitel 21 ist ein späterer Nachtrag, dessen Bearbeiter den Verfasser des Evangeliums als Jesu »Lieblingsjünger« benennen.

Eine Kenntnis der synoptischen Evangelien ist vorauszusetzen, da die von Mk geschaffene Gattung auch hier realisiert wird. Dennoch hebt sich der zeitliche und geographische Aufriss des Buches scharf von den synoptischen Evangelien ab. Den Jesus, der im Johnnesevangelium spricht, kennzeichnet eine sprachliche Stilisierung, die den historischen Jesus in eine zeitlich und interpretatorisch gänzlich neue Beleuchtung setzt:

»Jesus ist das Licht der Welt, weil er aus der Lichtwelt kommt; er ist das Brot des Himmels, weil er aus dem Himmel kommt und dahin zurückkehrt. Er ist der Sohn Gottes, weil er aus Gott kommt, zu Gott gehört; er ist das Wort, das bei Gott war und Gott war, Verbindungsglied zwischen dem geistigen Gott und der materiellen, leiblichen Schöpfung, denn alle Dinge sind durch dasselbe gemacht. Das Wort war schon das wahre Licht der Welt, aber die Welt hat es nicht erkannt. Das Wort ist Fleisch geworden und hat unter uns gewohnt, und wir haben seine Herrlichkeit gesehen, die Herrlichkeit des einzigen Sohnes vom Vater. So führt Johannes Jesus bei seinen Lesern ein (Joh 1,1–14).

Johannes setzt Jesus und Gott nicht gleich. Jesus ist nicht Gott, und Gott ist nicht Jesus. Er sagt von sich selbst nicht, dass er Gott sei, erhebt aber den Anspruch, dass er der wahre Offenbarer von Gott ist, Gott auslegen kann, weil er aus der Welt Gottes stammt« (H. M. Kuitert).

Das Johannesevangelium bietet dennoch keinen Anhalt für das »Licht vom Licht«, wie es im Jahr 325 in Nicäa verstanden wurde und zur Grundlage der Zweinaturenlehre wurde.

als auch mythische Sprache, wie sie in religiösen Zeugnissen wiederkehrt, wenn Dinge gesagt werden sollen, die nicht auf der äußeren Faktenebene zu Hause sind. Das Johannesevangelium würde also missverstanden, wenn man seine Sprache als naiv und unreflektiert ansehen wollte.

Das Johannesevangelium verfolgt keinen missionarischen Zweck. Es wurde für die interne Glaubensvertiefung einer christlichen Gemeinschaft geschrieben und spiegelt darum in seinen Kontroversen die Situation seiner ersten Leser. Diese waren überwiegend Judenchristen, die in einer jüdisch-pharisäisch geprägten Umwelt lebten. Es ist anzunehmen, dass eine lebhafte und kontrovers geführte Auseinandersetzung mit der Synagogengemeinde vorausging, die mit dem Ausschluss der johanneischen Gruppe endete (vgl. 9,1-39; besonders 9,22f.; 16,2). Wenn im Evangelium pauschal »die Juden« genannt werden, so versteht sich die johanneische Gruppe, die ja selbst jüdischer Herkunft ist, nicht mehr darunter, weil die erfolgte Trennung von jüdischer Seite gewaltsam erzwungen wurde. Inzwischen gelten ihr »die Juden« als gegnerisch und von Gott und Israel geschieden. Die johanneische Gemeinde beansprucht jedoch, Repräsentant Israels zu sein. Da »Er in sein Eigentum kam, die Seinen ihn aber nicht aufnahmen« (1,11), bilden das »wahre Israel« nunmehr jene, die den göttlichen Logos aufgenommen haben, ohne sich von den Pharisäern bzw. »den Juden« in diesem Bekenntnis zu Jesus abschrecken zu lassen (vgl. 9,22.35-38; 10,14; 11,45; 12,11.42). Allerdings rechnet das Evangelium mit Sympathisanten unter den jüdischen Mitbürgern, die sich aber »aus Furcht vor den Juden« bzw. den Pharisäern nicht offen zu Jesus bekennen (7,13; 12,42; 19,38). Daneben hatte der Verfasser wohl auch Heidenchristen vor Augen, denen das Judentum fremd war, und denen er darum aramäische Ausdrücke (1,38.41.42; 9,7) sowie jüdisches Brauchtum (2,6; 4,9; 5,2f.; 6,4; 19,17; 20,16) erklären musste. Insgesamt bestimmen jüdische Tradition und jüdisches Denken das Evangelium, wenngleich im Horizont des ausgehenden Jahrhunderts. Die Reden, die der »Jesus« dieses Evangelisten führt, haben die geschichtliche Ebene längst verlassen. Sie führen ihren Disput mit der zeitgenössischen jüdischen Umwelt von weitgehend eigenständig entwickelten Anschauungen über Jesus.

Denkbar ist, dass die »hohe Christologie« der johanneischen Gemeinde, die von der Einheit Jesu mit dem Vater spricht, als Abfall vom Monotheismus verstanden wurde und damit jene Grenze überschritten, die jüdischen Glauben von heidnischem Glauben trennte. Während die synoptischen Evangelien die Geschichte Jesu als »Erfüllung der Schrift« verstehen, setzt der Johannesprolog im göttlichen Absolutum an und begründet damit erstmals die vom Judentum unabhängige Autonomie des christlichen Glaubens. Insofern ist dieses Evangelium »ein Höhepunkt in der Entstehungsgeschichte der urchristlichen Religion. Hier organisiert sich diese neue Religion nicht nur faktisch um ihr christologisches Zentrum, sondern wird sich dessen auch bewusst« (Gerd Theißen). Dennoch verstand sich die johanneische Gemeinde nicht als abtrünnig. Sie praktizierte ihr Judentum mit großem Ernst weiter – »das Heil kommt aus den Juden« (4,21) – und glaubte sich als eigentlich gehorsam gegenüber Gottes Heilshandeln an seinem Volk.

6. Abendmahl, Tod und Auferstehung

Aus der Eigenart der vorgestellten Jesusdeutungen resultiert ein Fächer divergierender Sichtweisen, die nicht durch Addition zu einem »vollen« Jesusbild aufgefüllt werden können. Wir haben es in keinem Fall mit dem historischen Jesus zu tun, sondern mit wirkungsgeschichtlichen Brechungen, in denen sich mit dem je gemalten Jesusbild Situation und Verständnis verschiedener Gemeinden verbinden. Deren Jesusdeutungen enthalten den zwischenzeitlich entwickelten – heterogenen – Glaubensstand.

Wenn auch nahezu jeder Text der Evangelien das Jesusbild der jeweiligen Tradition spiegelt, so ist dies im Blick auf das letzte Abendmahl und den Kreuzestod Jesu in besonderer Weise der Fall. Mit beiden Komplexen heben sich die Gemeindegründungen in den hellenistischen Städten am deutlichsten von den palästinischen Jesusbewegungen ab; sie demonstrieren zugleich, wie Jesus aus den Gegebenheiten der nachfolgenden Geschichte überraschenden Deutungen unterliegt.

Odilon Redon (1840–1916), Das Herz Jesu, um 1895.

Jede Zeit hat ihre eigene Jesusdeutung. Das gilt für die nacheinander entstandenen Evangelien, es gilt für die theologische Auslegung und ebenso für die bildende Kunst. Im katholischen Frömmigkeitsleben des 19. Jahrhunderts entwickelte sich – von den Jesuiten gefördert – aus den Herz-Jesu-Visionen der frommen Nonne Margaretha-Maria Alacoque (1647–1690) ein reich ausgebautes und breit popularisiertes Andachtswesen. Redons »Herz-Jesu« entstand just zu der Zeit, als in Paris auf dem Montmartre der monumentale Tempel »Sacré Cœur« gebaut wurde.

»Versucht man, das Bild zu beschreiben«, sagt Alex Stock, »gerät man unversehens in die sprachliche Nähe zu prophetischen und mystischen Visionsberichten« und, so darf man ergänzen, zu einer Jesusgestalt, die dem Johannesevangelium am ehesten entspricht:

»Das Gesicht ist frontal dem Betrachter zugewandt, aber es nimmt keinen Blickkontakt zu ihm auf. Die Augen sind nach innen gewandt. Das Antlitz erscheint und entzieht sich zugleich. Es offenbart dem Betrachter nur seine Zuwendung zum Grund des Bildes, aus dem es hervorgeht. Unwillkürlich geht man von diesem Gesicht mit den geschlossenen Augen über zu jener Form unten, in der die Tiefe des Bildes aufbricht in der momentanen Suggestion eines großen bewimperten Auges, aus dem aber doch kein menschlicher Blick uns trifft, sondern nur eine unbestimmte große Helligkeit« (Alex Stock).

Das Abendmahl

Wie wir gesehen haben, war die offene Tischgemeinschaft das wirksamste Symbol der Reich-Gottes-Verkündigung Jesu (→ S. 257 f.). In der von ihm gepflegten Tischgemeinschaft mit »Zöllnern und Sündern«, Pharisäern und unabhängigen Frauen nahm er einerseits die Mahltradition der orientalischen Völker und zumal der biblischen Überlieferung auf, entfaltete sie in Gleichnissen als einprägsames Bild seiner Gottesbotschaft und beglaubigte sie durch seine eigene Praxis. Dieser Hintergrund ist konstitutiv für das sogenannte »letzte Abendmahl« und – wenn man von diesem spricht – nie auszublenden.

Historische Rückfragen

Warum das »sogenannte« letzte Abendmahl? Natürlich erwies sich rückblickend eine der vielen Tischgemeinschaften mit Jesus als die letzte, aber dass dieses letzte Mahl sich als »eucharistisches Vermächtnis« Jesu von den voraufgegangenen Tischgemeinschaften kategorial abhob, um ein für die Nachwelt gültiges Ritual zu werden, ist absolut unwahrscheinlich, zumal diese These eine Art »Kirchengründung« oder wenigstens Vorsorgeplanung Jesu einschlösse, was seitens der historisch-kritischen Forschung ausgeschlossen wird. Es unterliegt erheblichen Zweifeln, dass das von Paulus und den Synoptikern geschilderte »letzte Abendmahl« tatsächlich stattgefunden hat. Was diese überliefern, spiegelt die bis dahin vollzogene kultische Entwicklung. Wie oben gezeigt werden konnte, war die anfängliche Abendmahltradition sehr unterschiedlich und offenbar auch umstritten (→ S. 249 f.). Während die von Paulus bezeugte Version das Mahl auf den Tod Jesu bezieht (1 Kor 11,23-25), fehlt nicht nur diese Bezugnahme in den beiden Texten der Didache und bei Justin (→ S. 250), es wird dort nicht einmal auf das »letzte« Abendmahl als kultisches Vermächtnis Jesu angespielt.

Im Unterschied zu den Tischgemeinschaften Jesu verband sich nach seinem Tod in den Jesusbewegungen mit den gemeinsam gefeierten Mählern eine erste, aber die Tischgemeinschaft wesentlich verändernde Ritualisierung. Das kann auch nicht ausbleiben, wenn ein Mahl aus dem regulären Lebensvorgang herausfällt und zum Erinnerungsmahl wird. Dafür bot die Didache in ihrer ältesten Überlieferung folgende Gebetstexte an:

Didache (griech. »Lehre«, Betonung auf der letzten Silbe), auch *»Doctrina apostolorum«* oder »Lehre der zwölf Apostel« genannt, ist eine frühchristliche Schrift (um 100–130 n. Chr.), die von verschiedenen unbekannten Autoren wahrscheinlich in Syrien verfasst wurde. Die Titel der Schrift dürften spätere Hinzufügungen sein. Es ist die früheste bekannte Kirchenordnung der Christenheit. Lange Zeit wurde sie unter die kanonischen Schriften gezählt – erst Eusebius von Caesaraea (260/64–339/40) ordnet sie unter die apokryphen Schriften ein. Die D. wurde erst 1873 in Istanbul wiederentdeckt und hat seither große Bedeutung für die theologische Forschung erlangt.

Nach dem Sättigungsmahl sollt ihr so Dank sagen: »Wir danken dir, heiliger Vater, denn du selbst, dein heiliger Name, wohnt jetzt in unseren Herzen. Wir danken dir, weil du uns durch Jesus, der dir gehorcht, Erkenntnis, Glaube und Unsterblichkeit hast schmecken lassen. Dein ist alle Herrlichkeit für allezeit.«

Oder: »Du Herr, der du überall und am Ende herrschst, hast alles geschaffen um deinetwillen. Du hast den Menschen Speise und Trank zum Genuss gegeben, damit sie dir danken. Uns hast du überdies himmlische Speise, himmlischen Trank und ewiges Leben geschenkt durch ihn, der dir gehorcht. Vor allem danken wir dir, weil du so mächtig bist. Alle Herrlichkeit ist für allezeit dein.«

Oder: »Gedenke, Herr, deiner Kirche. Befreie sie von allem Bösen und mache sie vollkommen durch deine Liebe. Sammle sie von den vier Winden her, sie, die du heilig gemacht hast, dass sie eingehe in dein Reich,

das du für sie bereitet hast. Denn dein ist alle Macht und Herrlichkeit für allezeit.«

Und: »Es komme Gnade und es vergehe diese Welt. Hosianna, hilf doch, du Gott Davids. Wenn einer heilig ist, soll er zum Mahl hinzutreten, wenn nicht, soll er umdenken. Komm, Herr. Amen.« Die Propheten dürfen mit ihren eigenen Worten die Danksagung sprechen. (Didache 10)

Diese früheste christliche Gemeindeordnung vermittelt eine gottesdienstliche Praxis im palästinischen Bereich ohne Anspielung auf die bekannten Abendmahlstexte. Einen »Einsetzungsbericht« zur Begründung des christlichen Kults sucht man vergeblich. Dennoch handelt es sich bei der kultischen Mahlfeier, der die Gebete gelten, eindeutig um eine Eucharistiefeier, denn so beginnt der Text aus der zweiten Traditionsschicht:

Nun einige Worte über die Eucharistiefeier. So sollt ihr Dank sagen: Zuerst über den Becher: »Wir danken dir, unser Vater, für den Messias. Er ist der heilige Weinstock aus König Davids Geschlecht. In Jesus, der dir gehorcht, hast du ihn uns geoffenbart. Denn dein ist die Herrlichkeit für immer.«

Dann über das geteilte Brot: »Wir danken dir, unser Vater, für das Leben und die Erkenntnis, die du uns geoffenbart hast durch Jesus, der dir gehorcht. Dein ist die Herrlichkeit für allezeit.«

Und: »Die Körner dieses Brotes wuchsen, jedes für sich, auf den Höhen heran: Erst durch das Sammeln wurden sie ein Laib. Ebenso sammle deine Kirche aus allen Gegenden der Erde, dass sie eins werde in deinem Reich. Wir loben dich: Dein ist alle Herrlichkeit und Macht. Und Jesus bringe dieses Lob vor dich für allezeit. Nur wer auf den Namen des Herrn getauft ist, soll essen oder trinken bei unserer Danksagung. Denn darüber hat der Herr gesagt: »Gebt das Heilige nicht den Hunden«. (Didache 9)

Während die übrige Tradition mit dem Brotbrechen beginnt, steht hier der Becher am Anfang der Liturgie. Erneut bleibt das »Abendmahl« außer Acht. Der Text greift auf die Weinstockmetaphorik zurück, die in Israel Tradition hat. Trotz der bereits bestehenden Spannung zum Judentum, die in den Evangelien einem wachsenden Antijudaismus entgegentreibt, hält die Didache an ihren Wurzeln fest und betont den Weinstock Davids, der

Links: Abendmahl und Fußwaschung. Syrisches Evangelienbuch, 6. Jh.

Rechts: Prochor aus Gorodec, Abendmahl. Schule von Moskau, 1405. Verkündigungskirche im Moskauer Kreml.

Das Bild aus dem 6. Jh. zeigt die Mahlgesellschaft nach römischer Sitte um den Tisch liegend. Die moskauer Ikone schildert die Tischrunde – bei gleicher Tischmitte – in sitzender Haltung.

Es ist schlechterdings ausgeschlossen, die in den Evangelien dargestellten einschlägigen Begebenheiten als historisch so geschehen anzusehen. Das gilt, wie zu beachten ist, von allen Einzelheiten, angefangen von einem Abendmahl Jesu mit den Zwölfen, über die Vorhersage seines Verratenwerdens und die folgende Reaktion bzw. Nichtreaktion der Zwölf bis hin zum sogenannten Judaskuss. Dergleichen »geht« nur auf der Bühne von Oberammergau, nicht aber im wirklichen Leben.

Walter Simonis

in Jesus geoffenbart wurde. Allerdings wird erstmals von der Eucharistie im Sinne eucharistischer Speisen gesprochen und nicht bloß von einer Danksagung. Während es im älteren Kapitel 10 der Didache heißt: »Wenn einer heilig ist, soll er zum Mahl hinzutreten, wenn nicht, soll er umdenken« (10,6), verlangt der spätere Text als Bedingung für die Würdigkeit nur noch die Taufe. Die Kultisierung des Mahles führt von der offenen Tischgemeinschaft zu strenger Exklusivität. Die Ungetauften werden den Hunden gleichgesetzt: »Gebt das Heilige nicht den Hunden« (Mt 7,6). Diese Begründung mit einem Jesuswort aus der Bergpredigt kann verwundern wie verletzen: Im Hintergrund steht die Geschichte von der heidnischen Syrophönizierin, die auf eine anfängliche Verweigerung Jesu antwortet, selbst die Hunde dürften von den Brosamen essen, die vom Tisch ihrer Herrschaft fallen (Mk 7,24-30). Dem historischen Jesus ist die ausschließende Tradition schwerlich zu unterstellen.

Solche Dispute lassen aber ahnen, wie aufgeregt Speisefragen in religiösen Kontexten abgehandelt wurden. Wirkt hier immer noch die irritierende Unruhe wegen des gemeinsamen Essens von Judenchristen und Heidenchristen nach? Oder sind es aktuelle Ängste, dass dem eigenen Kult allzu Fernstehende sich unter die Gemeinde mischen? Zwar mag die Ritualisierung der offenen Tischgemeinschaft Jesu unter den Bedingungen der frühen Gemeindebildungen verständlich und notwendig gewesen sein, doch zugleich ging dabei das Wesentliche verloren. Jetzt sitzen nur noch die Heiligen am Tisch, und »die Hunde« mitzubedenken wird verboten.

Andererseits bleibt festzuhalten, dass die Didache Regeln und Gebete für einen Gottesdienst kennt, der wesentlich aus einem Mahl besteht,

Fritz von Uhde (1848–1911), Abendmahl, 1898.

Durch Jahrhunderte stehen zwei Darstellungstypen des Abendmahles nebeneinander: der im Orient entstandene Typ mit halbkreisförmigem Tisch, stark stilisiert, und der abendländische Typ mit variierender Tischform, meist in einem klösterlichen Refektorium. Bis zur Gegenreformation dominiert die Verratsankündigung; erst danach wird die »Einsetzung der Eucharistie« (als »erste Messe«) zum Hauptthema. Vor dem Hintergrund kultisch geprägter Abendmahlsbilder wirkte der Naturalismus Fritz von Uhdes anfangs irritierend. Die konservative Geistlichkeit mochte seine Handwerker und Bauern nicht als »Apostel« sehen. Die Kritik nannte sie Räuberbande. Dabei kommt die Alltäglichkeit der Szene dem Reich-Gottes-Verständnis Jesu als offener Tischgemeinschaft am nächsten.

und dessen Vollzug bei der Gemeinde liegt. Von einem Vorsteher ist keine Rede. Diese kultische Mahlfeier wird ausdrücklich als Eucharistie verstanden, stützt sich aber nicht auf eine Erinnerung an ein »letztes Abendmahl« und einen »Einsetzungsbericht«. In dieser palästinisch-syrischen Tradition war entweder die Abendmahlüberlieferung nicht bekannt, oder sie wurde nicht als konstitutiv angesehen, vielleicht auch bewusst übergangen, weil die eigene Praxis davon bisher nicht bestimmt worden war. Als Erklärung für dieses Fehlen einer Eucharistie als Weiterführung eines Vermächtnisses Jesu lässt sich nicht vorstellen, dass man davon wusste und dennoch keinen Gebrauch davon machte. Es lässt sich nur annehmen, dass ein solches Mahl von Jesus selbst nicht eingesetzt wurde, zumal die deutenden Worte für diese Situation anachronistisch sind. Die Tatsache, dass es bis ins zweite Jahrhundert hinein *verschiedene* Formen eucharistischer Mahlzeiten gab, macht es unwahrscheinlich, dass der historische Jesus solche »Einsetzungsworte« am Vorabend seines Todes sprach.

Ein weiteres Beispiel – diesmal für die *bewusste* Ausklammerung der Abendmahltradition – bietet die Inszenierung des Abschiedsmahles im Johannesevangelium (13,1-30). Der Verfasser dieser Evangelienschrift hat offensichtlich die vorliegende Tradition gekannt – seine Passionsdarstellung ist von Markus abhängig – und doch setzt er statt eines »Einsetzungsberichtes« an diese exponierte Stelle die Schilderung der Fußwaschung, von der wiederum kein anderer Evangelist erzählt. Bultmann nennt diese Leerstelle »das Befremdendste der johanneischen Darstellung«, weil hier fehlt, »was im synoptischen Bericht vom letzten Mahl die Hauptsache ist, die Stiftung des Herrenmahles«.

> Für die Frühzeit des Christentums ist die Trennung zwischen »Priestern« und Laien noch völlig undenkbar ... Wir alle können und sollen mit Freimut zum Thron der Gnade hinkommen (Hebr 4,16), was eine Umschreibung des Göttlichen selbst darstellt. Dabei können wir uns selbst oder Gaben hintragen, aber von deren Vernichtung oder Selbstzerstörung kann und darf dabei nicht die leiseste Rede sein. Höchstens davon, dass wir vermittels Brot und Wein, die wir vor Gottes Angesicht hinstellen, uns selbst noch einmal über deren sinnvollen schöpfungsgemäßen Gebrauch vergewissern wollen. Eine spezielle priesterliche Rolle kann daraus nicht abgeleitet werden: Denn unser Herr ist aus Juda aufgegangen, zu dessen Stamm Mose nichts bezüglich der Priester gesagt hat (Hebr 7,14).
>
> *Peter Trummer*

Georg Jung (1899–1957), Abendmahl, 1922.

Wie ein Kraftfeld erscheint das Oval des Tisches, an dessen Rand gedrückt die außer sich geratenen Apostel Zeugen einer Szene werden, die sich zwischen Jesus und Judas abspielt. Die Lichtgestalt Jesu und die aus dem Gegenlicht dunkel auftauchende Gestalt des Judas sind aufeinander bezogen. Die Diagonale verstärkt diese Anziehung. Farbe und Dynamik der Bewegung machen dieses Frühwerk zu einem wichtigen Zeugnis des österreichischen Expressionismus, doch zeigt sich einmal mehr, dass die dem Abendmahl zugrunde liegende Tischgemeinschaft nur indirekt anklingt.

Gemeindeleitung und Eucharistiefähigkeit sind nach römischem Verständnis an die apostolische Sukzession geknüpft (→ S. 350). Allein diese berechtigt und befähigt zum Vorsitz der Eucharistiefeier und zum wirkungsvollen Sprechen der Wandlungsworte. Was jedoch nicht die einzig mögliche Sicht der Dinge sein kann ... Abgesehen davon, dass die apostolische Sukzession nicht einmal für Rom völlig lückenlos zu belegen ist, sondern die frühen Bischofslisten insgesamt eher nachträgliche Rekonstruktionsversuche darstellen, ist noch ein weiteres zu bedenken ... Paulus selbst ist das eindrucksvollste Beispiel dafür, dass sich kirchliches Engagement und Kompetenz nicht in jedem Fall glatt in ein Sukzessionsmodell einordnen lassen. Er kann sich für seinen apostolischen und kirchlichen Einsatz einzig auf seine innere Christusoffenbarung berufen (Gal 1,1.11-17).

Jedenfalls ist bei Paulus eine deutliche Konkurrenz- und Konfliktsituation zu bemerken. Er kann sich gegenüber den kirchlichen Autoritäten, die er grundsätzlich anerkennt, ziemlich distanziert verhalten, ganz zu schweigen von seiner Polemik gegen irgendwelche *Überapostel* (2 Kor 11,5; 12,11), *Pseudoapostel* (2 Kor 11,13) oder *Pseudogeschwister* (2 Kor 11,26; Gal 2,4). Der letzte Ausdruck trifft mehr oder weniger auch die Jerusalemer Kirchenspitze, wenn er offensiv von jenen spricht, *die sich (für Säulen) halten* oder *meinen, etwas zu sein*. ... Und dennoch sucht Paulus das Gespräch und die Gemeinschaft mit *den Aposteln vor mir*, vor allem mit *Kephas* (Gal 1,17 f.). Er bemüht sich sogar um eine vertragliche Regelung mit der Kirche Jerusalems ..., um nicht *ins Leere* zu laufen (Gal 2,2).

Peter Trummer

Es wird ein Mahl, aber kein eucharistisches geschildert, obwohl es das letzte im Jüngerkreis ist. Es ist nur der Anlass für die Fußwaschung und die sich anschließenden Gespräche. Wenn man von Kaiser Caligula berichtet, er habe römische Senatoren bewusst gedemütigt, indem er sie zwang, ihm, dem Kaiser, die Füße zu waschen, so erscheint hier der umgekehrte Gestus bei Jesus.

Johannes versteht Jesu Existenz und zumal seinen Tod als dienendes Dasein für andere. Das sich darin ausdrückende Gottesverständnis wird mit dieser symbolischen Szene neu bestimmt. Die mit Gott – auch heute noch – verbundenen Vorstellungen von Herrschaft und Allmacht unterliegen einer Umkehrung der Werte, die – konsequent verfolgt – jeder Herrschaft von Menschen über Menschen die religiöse Legitimation entzieht.

In der angefügten Jüngerbelehrung der Verse 12-30 mit locker aneinandergereihten Einzelworten geht es um die Norm, im Namen Jesu füreinander da zu sein! Wenngleich es fiktive Reden sind, sind sie doch normativ für alles, was »christlichen« und »kirchlichen« Anspruch erhebt. Als diese Jüngerbelehrung um die erste Jahrhundertwende geschrieben wurde, verstand die kleine Gemeinde die Geltung Jesu noch so stark, dass sich Herrschaftsverhältnisse nicht ausbilden konnten. Als sich aber mit der Entwicklung zur Großkirche andere Strukturen ergaben, ging diese Einstellung verloren. Wenn heute in der Liturgie nur noch eine stilisierte Fußwaschung bleibt – hierarchisch in Anspruch genommen –, kann sie mehr verdrängen, als dass sie in ihrer Symbolgestalt Herrschaft nachhaltig in Frage stellte.

Es bleibt die Frage, warum das letzte Evangelium in seiner Darstellung des Abschiedsmahles jeden eucharistischen Bezug löscht. Wenn hier an die Stelle der Mahlgemeinschaft die »Fußwaschung« tritt, könnte darin auf den eigentlichen Sinn der Mahlgemeinschaft verwiesen sein: dass alle Eucharistiegemeinschaft nichts nützt, wenn sie sich nicht in gegenseitigem Dienst und gegenseitiger Liebe bewährt. Der Neutestamentler Gerd Theißen hält es für möglich, dass das Johannesevangelium diese Deutung bewusst über die traditionelle schiebt, wie sie in Joh 6,51 ff. vorliegt, und beide als vereinbar ansieht, aber auch, dass er mit der neuen die alte Deutung ersetzen will.

Als vorläufiges Resümee bleibt festzuhalten, dass sich die Eucharistiepraxis im frühen Christentum unterschiedlich und variabel zeigt und eine einheitliche kultische Regelung zunächst nicht gegeben war.

Der Todesbezug des Abendmahls

Die Anerkennung christlicher Gemeinschaften aus beschnittenen Juden und unbeschnittenen Heiden als gleichberechtigte Glieder ergab ein Problem, das in seiner Tragweite damals wohl kaum überschaut wurde:

Die Heidenchristen mussten sich ja von allen heidnischen Riten trennen, nur dann war an eine Gemeinschaft mit den Judenchristen zu denken. Aber die kleinen christlichen Gruppen konnten den Heidenchristen keinen Ersatz für die verlassene religiöse Zeichensprache bieten: Denn diese Heidenchristen waren als Unbeschnittene nicht zum Tempel zugelassen. Tempel und Opfer aber waren für die Antike das Zentrum der Religionsausübung. Gewiss hoffte man, dass in baldiger Zukunft der Tempel auch für Heiden zugänglich würde. Aber man erlebte auch den Widerstand gegen eine solche Öffnung. Kurz: die ersten christlichen Gruppen setzten sich mit der Abmachung des Apostelkonzils unter einen inneren Druck, eine eigene Zeichensprache zu entwickeln, die allen religiösen Bedürfnissen gerecht wurde und von allen Mitgliedern, Juden und Nichtjuden, geteilt werden konnte. Die Taufe musste nun endgültig zum Aufnahmeritus werden, der die Beschneidung ersetzte. Das Abendmahl musste endgültig zum Integrationsritus werden, der die Opfermähler der Tradition ablöste. Man musste eine eigene religiöse Zeichensprache, d. h. eine eigene Religion entwickeln.

Gerd Theißen

Natürlich war diese neue Situation den Lebensverhältnissen Jesu fremd. Seine offenen Tischgemeinschaften hoben Spannungen und Ausgrenzungen im jüdischen Milieu auf, kannten aber keine Gemeinschaft mit Nichtjuden. Mit dem Überschritt in die hellenistische Welt wurden nun die Grenzen der jüdischen Tradition verlassen. Die Deutung des Essens und Trinkens als Aufnahme des Leibes und Blutes Christi berührte jüdische Tabuvorstellungen, die ohne antiken heidnischen Einfluss, wie er vor allem in Mysterienkulten begegnet, nicht zu erklären sind. Dieser Prozess setzt mit der Mythisierung des Menschen Jesus ein:

Der Offenbarungs- und Geltungsanspruch kann bei scheiternden göttlichen und menschlichen Gestalten nur aufrecht erhalten werden, wenn sie eindeutig über alle jene Mächte erhoben werden, die sie scheitern ließen. Diese genuin monotheistische Dynamik wird im Urchristentum in der Begegnung mit heidnischer Religiosität zu einem »Überbietungssynkretismus«: Die Konkurrenz zu anderen machtvollen Gottheiten (wie zu den divinisierten Kaisern) treibt die Erhöhung Jesu über alle Mächte und Herrschaften hinaus. Vor Christus müssen sich alle Knie beugen! Die Konkurrenz zu anderen sterbenden Göttern lässt die Erniedrigung Jesu als unüberbietbare Heilsnähe zum Menschen deuten: Keine andere Gottheit ist dem Menschen so nah in seiner Vergänglichkeit, seinem Elend und seiner Schuld. In der semiotischen Welt des Urchristentums rückt somit die Gestalt Christi nicht nur ins Zentrum, sondern in die höchste Höhe und die tiefste Tiefe.

Gerd Theißen

Dieser Transformationsprozess setzte bei der Erinnerung an die offenen Tischgemeinschaften Jesu an. Es ist aber nicht ohne »eine gewisse Ironie« (Theißen), dass aus symbolischen Handlungen, die in konkreten alltäglichen Situationen ihren Ort haben, beliebig wiederholbare Riten wurden, die von auswechselbaren Inhabern einer »Rolle« vollzogen und schließlich an Ämter gebunden werden. Dabei wird der außergewöhnliche Schritt von der ursprünglichen prophetischen Symbolhandlung zum urchristlichen Sakrament durch die Verknüpfung des Mahles mit dem Tode Jesu vollzogen. Diese Beziehung zu stiften ist alles andere als nahe liegend, denn streng genommen setzt das eucharistische Abendmahl den Tod bereits voraus (so dass das »letzte Abendmahl« nicht gleich die »erste Messe« sein konnte). Darin aber erweist sich der Todesbezug als sekundär in der Abendmahltradition. Dies unterstreichen auch die Eucharistieformen ohne Todesbezug, wie sie in der Didache, bei Justin und im Johannesevangelium gegeben sind.

»Er starb für unsere Sünden …«

Die Formel, dass »Christus für uns gestorben« ist (Röm 5,6.8; ähnlich Röm 14,15) kann auch lauten, dass er »für unsre Sünden« starb (1 Kor 15,3) oder »für uns, da wir noch schwach und gottlos waren« (Röm 5,10) und 2 Kor 5,14: »Einer ist für alle gestorben«.

Zentral ist diese Deutung in der Tradition des »letzten Mahles«. Bei Mk 14,24 und Mt 26,28 heißt es »für alle«, bei Lk 22,19 f. »für uns«. Mt 26,28 ergänzt »zur Tilgung unserer Sünden«.

Dass Jesus seine (wohl nicht vorhergesehene) Passion als Stellvertretung oder gar als stellvertretende Sühne verstanden haben könnte, ist unwahrscheinlich:

1. war seine eigene Lehre von dem absoluten Vergebungswillen durch die Liebe Gottes bestimmt; der Gedanke eines stellvertretenden Sühnleidens ist seiner Lehre fremd;

2. ist der Gedanke, dass der einzelne Sünder sich vor Gott in seiner Schuld vertreten lassen könne, auch dem damaligen Judentum fremd. Zwar wird in den Gottesknecht-Liedern Jes 52,13–53,12 der Gedanke eines stellvertretenden Leidens erwähnt. Vom »Gottesknecht« heißt es 53,10, dass er »sein Leben als Sühnopfer hingab«. Doch spielt diese Stelle im Kontext der frühchristlichen Schriftbeweise keine Rolle. Sie begegnet erst in den späten Schriften des NT.

Wohl aber hat die Vorstellung eines stellvertretenden Sterbens für andere in der griechisch paganen Literatur einen originären Ort, der im 1. Jahrhundert v. Chr. ins hellenistische Judentum Eingang fand, wovon 2 Makk 7 und 4 Makk 6,27–29; 17, 21 f. zeugen.

Alle drei Bilder aus der Capella del Corporale im Dom zu Orvieto (Umbrien), 14. Jh., schildern das Blutwunder, das sich 1263 im benachbarten Bolsena ereignet haben soll: Im Augenblick der Konsekration der Hostie wurde ein Priester von Zweifel über die Wirklichkeit der Wandlung von Brot und Wein in Christi Fleisch und Blut ergriffen. Als er die Hostie brach, seien jedoch Blutstropfen hervorgetreten, die das Corporale und einen Stein im Fußboden befleckten. Wegen dieses Wunders brachte man das Corporale zur Bischofsstadt Orvieto, wo es seitdem in dem 1337 geschaffenen Reliquienschrein aufbewahrt wird. In Bolsena kann man bis heute in der Capella del Miracolo den Stein sehen, dessen leichte Rotfärbung sich diesem Vorgang verdanken soll.

Die Bilder schildern das Wunder: Auf dem ersten Bild spricht der Priester die Konsekrationsworte über die Hostie. Neben ihm ein Ministrant mit brennender Kerze, der auch auf den nächsten Bildern zu sehen ist und die Identität des Geschehens bekundet. Auf dem zweiten Bild hat der Zelebrant den Kelch in die Hände genommen. Zwischen Kelch und Oblate im Miniaturformat Christus mit dem Kreuz in der Hand. Das dritte Bild zeigt, wie der Priester die

Paulus hingegen verknüpft Abendmahl und Jesu Tod in einem Atemzug: »Dieser Kelch ist der Neue Bund in meinem Blut ... Sooft ihr von diesem Brot esst und aus dem Kelch trinkt, verkündet ihr den Tod des Herrn, bis er kommt« (1 Kor 11,25f.). Dabei berührt er mit seiner Identifikation von Wein und Blut ein jüdisches Tabu, was der Bibelwissenschaftler Herbert Haag (1915–2001) als nicht ursprünglich einschätzte:

Wer weiß, dass Blutgenuss für den Juden die grässlichste Zumutung war (und bis heute ist), wird eine solche Überlieferung nur schwer für ursprünglich halten. Im Lebensraum des Hellenismus, wo indirekter Blutgenuss – durch Essen von ungeschächtetem Fleisch – etwas Normales war, direktes Bluttrinken im sakralen Bereich vorkam und man Wein als Blutersatz gleichfalls kannte, dürfte eine solche Formulierung auch für judenchristliche Ohren wohl eher erträglich, wenn nicht überhaupt erst denkbar und (in bewusster Angleichung an das Brotwort) formulierbar gewesen sein. Die Formel »Mein Blut des Bundes« erweist sich auch dadurch als sekundär, dass sie nur im Griechischen, nicht aber im Aramäischen möglich ist. Angesichts der mehrfach widersprüchlichen Formulierungen des Becherwortes im Vergleich zum Brotwort muss die Frage erlaubt sein, ob nicht die ganze Becherüberlieferung Gemeindebildung ist.

Dagegen argumentiert Gerd Theißen, die Aufforderung Blut zu trinken, sei für Juden zweifellos ein Gräuel gewesen, doch habe schon der Judenchrist Paulus die Bechertradition weitergegeben. Norm- und Tabudurchbrechungen seien in einem rituell abgesonderten und geschützten Raum

Hostie hochhebt, mit der sich das Bild des kreuztragenden Christus verbindet. Das Blutwunder steht im Kontext der Ernstehungsgeschichte des Fronleichnamsfestes. Die Anregung dazu geht auf die Nonne Juliane von Lüttich zurück, die 1209 in Visionen auf das Fehlen eines Festes zur Verehrung des »Altarssakramentes« aufmerksam machte. 1264 schrieb Papst Urban IV. dieses Fest der ganzen Kirche vor, wobei nicht Feier und Empfang der Eucharistie im Vordergrund standen, sondern anbetende Verehrung. Offenkundig wurde diese erstmalige Festeinführung aus päpstlicher Vollmacht zunächst nicht angenommen. Auch die erneute Einschärfung durch Clemens V. auf dem Konzil von Vienne 1311/12 blieb ohne besonderen Nachhall. Dieser stellte sich erst ein, als sich mit dem Fest die rituelle Besonderheit einer Sakramentenprozession entwickelte. Zur Popularisierung des Festes war auch das Blutwunder von Bolsena willkommen.

nichts Ungewöhnliches. Es bleibt allerdings offen, was diese Tabuverletzung rituell hätte bearbeiten sollen. In jedem Fall nahm die Verknüpfung von Mahl und Tod dem Mahl seine symbolische Anschaulichkeit. Die bildhafte Analogie, die zwischen der jesuanischen Tischgemeinschaft und dem »himmlischen Mahl« besteht, wird von der neuen nur gedanklichen Verknüpfung aufgelöst. Den Verzehr von Brot und Wein und den Kreuzestod verbindet keine Zeichenhaftigkeit. Hier sollen Wort und Glaube überbrücken, was an immanenter Symbolkraft ausgefallen ist.

Gerd Theißen hält in seiner Theorie der urchristlichen Zeichensprache den Rückgriff auf den Tod Jesu für den entscheidenden Schritt, der zur Überwindung der traditionellen antiken Opfer geführt habe. Ob dies dadurch geschah, dass hier ein anderes Opfer den bisherigen Opfern entgegengestellt wurde, wie Theißen meint, oder nicht eher dadurch, dass zum ersten Mal eine Religion ohne Tempel, Altar und Opfer auskommt, wäre zu bedenken. Wenn in der paulinischen Version der Abendmahlsworte von einer Verheißung des »neuen Bundes« (1 Kor 11,25) die Rede ist, so bezieht sich diese auf Jeremia: »*Das wird der Bund sein, den ich nach diesen Tagen mit dem Haus Israel schließe – Spruch des Herrn: Ich lege mein Gesetz in sie hinein und schreibe es auf ihr Herz. Ich werde ihr Gott sein und sie werden mein Volk sein*« *(Jer 31,33)*. Diese Sicht dürfte zu den frühesten Deutungen des Abendmahls gehören, aber sie entbehrt jeder Opferthematik. Im Hebräerbrief wird der »neue Bund« sogar den rituellen Opfern bewusst entgegengesetzt (vgl. Hebr 8,7 ff.; 10,16 f.). Das Stichwort »Bund« stellte klar, dass damit nur der Gottesbund mit dem Judentum gemeint war. Erst spätere Heidenchristen, die den Kontakt zur Jüdischen Bibel verloren hatten, konnten meinen, Alleinerben des Judentums zu sein.

Jesus von Nazaret und der Christus des Glaubens

Michael Triegel (geb. 1968), Tabula Combinatoria, 1994.

Vor schwarzem Grund eine kniende und eine schwebende Figur; weder Köpfe noch Füße sind zu sehen, lediglich weiße Gewänder modellieren zwei menschliche Gestalten.

Die untere Figur kniet auf einer Schwelle. Vor der fehlenden linken Hand schwebt ein goldener Kelch und darüber eine weiße Oblate. Die Position des Kopfes wird durch einen zarten Ringnimbus und ein Blatt Papier mit geometrischen Konstruktionen angedeutet. Ebenfalls schwebend am linken Bildrand über der Schwelle der Gipsabdruck eines Fußes und davor ein Becherglas. Die Körperlichkeit beider Gegenstände betont ihr Schlagschatten. Schlagschatten werfen auch der Kelch (auf dem Gewand des Knienden) und das Gewand des Schwebenden (auf das Kreuz), ebenso die Muschel (die irritierender Weise auf das Geschlecht des Abwesenden hinweist).

Die Realität der beiden Gewandfiguren ist nicht erwiesen, man könnte sie auch als »Erscheinungen« deuten. Die den oberen Bildteil ausfüllende schwebende Figur trägt eine Art Toga, die durch ein von unten nach oben hinaufwehendes Tuch diagonal hinterfangen wird. Anstelle des Kopfes ein transparentes Blatt Papier, das die dahinter befindlichen Kleider durchscheinen lässt. Das Papier ist gefaltet und zeichnet mithin ein Kreuz. Obgleich im Schatten, wirft es seinerseits Schatten. Hätte die Gestalt Hände, trüge sie in der rechten eine weiße Lilie und in der linken eine rote Rose.

Das schwebende Gewand erinnert an den von Raffael gemalten Christus der Verklärung (→ S. 243). Hier ist es jedoch nicht der erhöhte Christus, vielmehr bringen nur surreale Effekte seine (kultische) Überhöhung in die Schwebe. Das Leben ist aus den Hüllen entfernt, und die Symbole des Lebens sind haltlos. Rechts neben der Figur fällt oder schwebt ein Balkenkreuz, in dessen Holz eine spitze Messerklinge steckt. In der mittelalterlichen Malerei sind Lilie und Schwert Attribute des Weltenrichters. Triegel ersetzt das Symbol der Strafe durch das der Liebe, was eine grundlegende Umdeutung ist. Gipsfuß und Wasserglas mögen an die Fußwaschung denken lassen, Kelch und Hostie an das Abendmahl, aber das, was alles einmal war, ist es nicht mehr – nur noch eine Tabula combinatoria mit bedeutungsschweren Versatzstücken der Tradition vor einer finsteren Tiefe, die sich der glatten Interpretation entziehen.

Die Deutung des Todes Jesu

Der bisher erörterte Todesbezug des Abendmahles bei Paulus drängt dazu, seiner Deutung des Todes Jesu nachzugehen.

Alle Evangelien stellen den Prozess Jesu und seine Hinrichtung in den Zeitrahmen des Pessachfestes. Das damit verbundene blutige Opfergeschehen im Tempel bot die Möglichkeit, seine Kreuzigung, mit der alle Hoffnungen gescheitert schienen, positiv aufzufangen. Offensichtlich überlagerte der Sühnopfergedanke das Geschehen der Festtage, so dass sich von dorther eine Deutung der Hinrichtung Jesu aufdrängte. Die Pessachtradition als auch das uralte Schlachtritual nehmen also Einfluss auf die deutende Verarbeitung des Todes Jesu. Dabei bleibt zu bedenken, dass die Verknüpfung der Hinrichtung Jesu mit einem Opfertod im Rückgriff auf allgemein religiöse Traditionen geschah, wie sie seit Jahrtausenden in der Völkerwelt stattfanden. Darin liegt nichts spezifisch Christliches, doch scheint die Prägekraft dieses Hintergrundes so stark gewesen zu sein, dass sie sich bis in die Formulierung der »Einsetzungsworte« auswirkte.

Die Deutung des Todes Jesu als ein von Gott gewolltes Sühnopfer lässt sich religionsgeschichtlich nur als Rückschritt verstehen. Schon Jahrhunderte früher hatte die Entwicklung begonnen, blutige Tieropfer zu kritisieren, nachdem Menschenopfer vorweg aufgegeben worden waren. Der erste Schritt in dieser Richtung innerhalb der griechischen Welt ist von Empedokles (ca. 485–425 v. Chr.) bezeugt, einem gebildeten Sizilianer aus Agrigent. Er beschreibt ein erhofftes »Goldenes Zeitalter«, von dem er glaubte, dass es schon einmal bei den Urmenschen existiert habe:

Bei ihnen war Ares noch kein Gott des Krieges oder des Schlachtgetümmels, und Zeus war nicht König auch Kronos nicht oder Poseidon, sondern Kypris war Königin, welche die Liebe ist. Diese suchten sie mit frommen Gaben huldvoll zu stimmen, mit gemalten (Opfer-)Tieren und wundersam duftenden Salben, durch Opfer von reiner Myrrhe und duftendem Weihrauch, und auf den Boden gossen sie Spenden aus gelbem Honig. Da wurde kein Altar mit reinem Stierblut benetzt, sondern dies galt damals bei den Menschen als die größte Befleckung, einem anderen Lebewesen das Leben zu rauben und seine edlen Glieder zu verschlingen (Fragmente 128 und 130).

Diese Kritik eines Vorsokratikers, dessen Werk nur in kleinen Fragmenten überliefert ist, ergänzen und überbieten die Propheten Israels. Bereits seit dem 8. und 7. Jahrhundert vertreten sie die Meinung, dass Gemeinschaftstreue und Gotteserkenntnis wichtiger seien als alle Tierdarbringung:

Amos: Eure Brandopfer sind mir zuwider, ich habe keinen Gefallen an euren Gaben; das Mahlopfer eures Mastviehs will ich nicht sehen … sondern das Recht soll strömen wie Wasser, die Gerechtigkeit wie ein nie versiegender Bach (Am 5,22.24).
Hosea: Schlachtopfer lieben sie, sie opfern Fleisch und essen davon; JHWH aber hat kein Gefallen an ihnen. Jetzt denkt er an ihre Schuld und straft sie für ihre Sünden: Sie müssen zurück nach Ägypten (Hos 8,13).
Jesaja: Was soll ich mit euren vielen Schlachtopfern?, spricht JHWH. Die

Sühnopfertheologie

Wir müssen uns heute entscheiden, ob wir Jesu Christi Weg und Verkündigung oder weiterhin einer Theologie folgen wollen, die das Evangelium in einem zentralen Punkt widerruft. Dass für die Mehrheit der frühchristlichen Autoren diese Deutungsmuster noch gültig gewesen sind, ist deutlich genug zu erkennen und mit dem Gesetz der Kulturkohärenz zu erklären. Aber gerade deshalb haben sie keine die Christenheit für alle Zeit bindende Gültigkeit … Für diejenigen, die darin gelebt und daran geglaubt haben, hat es auszudrücken vermocht, was sie als Erlösung verstanden haben. Aus heutiger theologischer Verantwortung, wie ich sie wahrnehme, sehe ich das zur Sühnopfertheologie gehörende religiöse System aber als durch Jesus Christus beendet an. Auch die damit verbundene Gottesvorstellung ist für mich ein abgeschlossenes Kapitel.

Die Kurzformel unseres Glaubens kann nicht mehr lauten, dass Jesus für uns gestorben ist, sondern dass er mit seinem ganzen Leben, von Anfang bis Ende, für uns gelebt hat und als Weg zu Gott lebendig ist.

Klaus-Peter Jörns

> Wer dem Sühnedenken anhängt, der muss die Frage beantworten, wer und wie der Gott sei, der die Sühne verlangt und angenommen habe. Die Antwort liegt nahe, Gott der Vater sei erst durch den blutigen Opfertod Jesu mit der schuldbeladenen Menschheit versöhnt worden. Erst durch das grausame Leiden und Sterben sei er in seinem Zorn besänftigt worden, ein Gedanke, der angesichts der Gottesverkündigung Jesu vielen Menschen als absurd erscheint.
>
> *Herbert Vorgrimler*

Jean-Léon Gerôme (1824–1904), Golgatha. Consummatum est!, um 1868.
Ein Trupp römischer Soldaten zieht nach Jerusalem zurück. Nun fallen nur noch die Schatten dreier Kreuze auf den leeren Hinrichtungsplatz. Das Bild ist ein Bruch mit der Tradition der Kreuzesdarstellung. Es folgt Lk 23,44 f. im Hinweis auf die Sonnenfinsternis unmittelbar nach Jesu Tod und vermittelt dem Betrachter die Illusion, Zeitzeuge zu sein. Damit hat Gerôme nicht nur die Kinoproduktion Hollywoods inspiriert, sondern darüber hinaus auch die bis heute verbreitete Auffassung vom Geschehen.

Widder, die ihr als Opfer verbrennt, und das Fett eurer Rinder habe ich satt; das Blut der Stiere, der Lämmer und Böcke ist mir zuwider. Wenn ihr kommt, um mein Angesicht zu schauen – wer hat von euch verlangt, dass ihr meine Vorhöfe zertrampelt? Bringt mir nicht länger sinnlose Gaben, Rauchopfer, die mir ein Gräuel sind. Neumond und Sabbat und Festversammlung – Frevel und Feste – ertrage ich nicht. Eure Neumondfeste und Feiertage sind mir in der Seele verhasst, sie sind mir zur Last geworden, ich bin es müde, sie zu ertragen. Wenn ihr eure Hände ausbreitet, verhülle ich meine Augen vor euch. Wenn ihr auch noch so viel betet, ich höre es nicht. Eure Hände sind voller Blut (Jes 1,11-15).

In der nachexilischen Zeit standen die Reinheitsgesetze und die Sonderstellung der Priester mit ihren strengen rituellen Geboten im Vordergrund. Sie meinten, damit der prophetischen Kritik entgehen zu können. Doch haben Jesus und auch die Qumran-Gemeinschaft die prophetische Linie wieder aufgegriffen:

Wenn du deine Opfergabe zum Altar bringst und dir dabei einfällt, dass dein Bruder etwas gegen dich hat, so lass deine Gabe dort vor dem Altar liegen; geh und versöhne dich zuerst mit deinem Bruder, dann komm und opfere deine Gabe (Mt 5,23 f.).

Gefragt sind Liebe und Barmherzigkeit: die Seligpreisungen Jesu fassen, worauf es ankommt, in erstaunlicher Dichte zusammen. Eine kultische Stellvertretung, wie sie sich in Tieropfern darstellt, liegt auf einer Ebene, die Jesus fremd ist. Was sich die Menschen in der Liebe schuldig bleiben,

verlangt gegenseitige Vergebung – Feindesliebe nicht ausgenommen –, lässt sich aber nicht auf Sühnopfer übertragen.

Ebenso kontrastiert das Gottesbild, wenn es Opfervorstellungen unterliegt oder diese überwindet. Dem Tieropfer gingen Menschenopfer vorauf; selbst in der Zeit der davidischen Könige war Israel davon nicht frei. König Ahas von Juda (741–725) ließ »seinen Sohn durch das Feuer gehen und ahmte so die Gräuel der Völker nach« (2 Kön 16,3); ebenso tat König Manasse (696–642) in Jerusalem (2 Kön 21,6). Zwar wurde das Kindesopfer mehrfach streng verboten (Lev 18,21; 20,2-4), aber noch König Joschija (639–609) musste die den Kindesopfern dienende Kultstätte im Hinnomtal unrein machen, »damit niemand mehr seinen Sohn oder seine Tochter für den Moloch durch das Feuer gehen ließ« (2 Kön 23,10), was auch Jeremia verurteilte (Jer 32,35). In der Erzählung von der Tochter des Richters Jiftach (Ri 11,29-40), einem »text of terror«, korrespondiert das Geschehen mit den griechischen Dramen von Aischylos und Euripides.

Opfertod Christi. Ende 14. Jh.

Im Sarkophag liegt der tote Jesus; zugleich steht der Auferstandene zu seinen Füßen und kündet dem ersten Menschenpaar, das im Rachen der Unterwelt steht, die Freudenbotschaft ihrer Erlösung. Über der Längsseite des Sarkophags thront Gottvater auf dem Regenbogen. Er präsentiert den Kruzifixus, dessen Tod ihn mit der Menschheit wieder versöhnte.

Die Tochter des Jiftach hat in der Bibel keinen Namen. Sie ist das einzige Kind eines jüdischen Heerführers, der Gott um Kriegsglück bittet. Jiftach gelobt, das Erste, was ihm bei der Heimkehr entgegenspringt, seinem Gott zum Dank für den Sieg zu opfern. Niemand zwingt ihn zu dem Versprechen. Er will Gott an sich binden, statt dem Geist Gottes, der doch »auf ihn« gekommen war, zu vertrauen. Der Vater liebt sein einziges Kind, das ihm fröhlich über die Heimkehr des Siegers entgegenspringt, und glaubt sich vor Gott verpflichtet, dieses Kind als Opfer töten zu müssen. Er sieht dies als Unglück an, findet aber kein Wort des Bedauerns für seine Tochter, sondern klagt allein über das Unglück, welches das Mädchen über ihn bringt. Die Tochter hingegen ermutigt den Jammernden noch dazu, sein Versprechen zu halten. Luther merkt resigniert an: »Man will, er habe sie nicht geopfert, aber der Text steht klar da.«

Auch Agamemnon sprach wie Jiftach: »Wo ich Mitleid fühlen darf, da fühle ich Mitleid: denn ich liebe meine Kinder, ich wäre sonst ein Rasender. Mit schwerem Herzen, o Gemahlin, führe ich das Schreckliche aus, aber ich muss. Troja wird nicht erobert, wenn ich nicht opfere!« Und Iphigenie richtet sich auf und sagt: »Ich habe beschlossen zu sterben, ich verbanne jede niedrige Regung aus meiner Brust und will es vollenden. Auf mir ruht jetzt jedes Auge des herrlichen Griechenland, die Fahrt der Flotte und der Fall Trojas. Alles dies werde ich mit meinem Tode schirmen.« Als dann der Altar errichtet war, sprach sie: »Vor der Götter Altar übergebe ich mein Leben, wenn es der Götterspruch denn so verlangt. Mutig und still will ich den Nacken dem Opferstahl bieten!«

Hintergrund solcher Opferpraktiken ist der Gedanke, dass es Verhältnisse gibt, die nur ein blutiges Opfer wenden oder sühnen kann. Das menschliche oder tierische Opfer soll die Gottheit versöhnen oder bewegen, ein Schicksal zu wenden. Offensichtlich aber kann die Gottheit ohne blutiges Opfer dazu nicht bewogen werden, ist also aus eigener Großmut nicht in der Lage, Güte zu zeigen und Ausgleich zu schaffen. Sie scheint in ein Denkschema eingebunden zu sein, nach dem bestimmte Verschuldungen des Menschen todeswürdig sind und endgültige Verstoßung verdienen, es sei denn, dass sie durch Tötung eines besonderen Opfers ausgeglichen werden.

Schmerzensmann, 14. Jh.

Jesus von Nazaret und der Christus des Glaubens

Vision des hl. Bernhard mit Nonne. Rheinland, bald nach 1400.

Der Leichnam als eine einzige Wunde. Blut tropft und fließt und sammelt sich zu Füßen Bernhards und der Nonne, die bei aller Nähe doch zeitlich getrennt bleiben: das Blut rinnt nicht über sondern unter ihrer Hand. Die Betrachtung der Passion Christi ging immer in die Vergangenheit zurück – kaum in die Wahrnehmung der je aktuell gekreuzigten Menschen.

Während die Opferpriester – die biblischen wie die heidnischen – den Menschen Versöhnung mit der Gottheit durch ein stellvertretendes Tieropfer anboten, verlangten Israels Propheten, die eigenen Beziehungen zu den Mitmenschen und zu Gott zu läutern. Darin kann sich niemand vertreten lassen: »Denn so spricht Jahwe zum Hause Israel: Suchet mich, auf dass ihr lebet, und sucht nicht Bet-El«, die Opferstätte (Am 4,4). In diesem Verständnis sucht Gott keine Satisfaktion, sondern Menschen mit wachen Herzen, die sich anderer annehmen, und darin sich selbst angenommen wissen. Wer von gottgewollten Opfern spricht, spricht zugleich von einem Gottesbild, das die prophetische Tradition Israels bereits überwunden hat.

Damit bleibt nur der Schluss, dass die kirchliche Sühnopfertheologie und die sich darauf gründende Eucharistielehre der Verkündigung Jesu widersprechen. Der Katechismus der Katholischen Kirche (Kompendium) legt aber auf die Opferdeutung der Eucharistie größten Wert:

Im Alten Bund wird die Eucharistie vor allem im jährlichen Paschamahl angekündigt, das von den Juden zum Gedenken an den hastigen, befreienden Auszug aus Ägypten jedes Jahr mit ungesäuerten Broten gefeiert wurde. Jesus kündigt die Eucharistie in seiner Lehre an und setzt sie während der Feier des Paschamahles mit seinen Aposteln beim Letzten Abendmahl ein. In Treue gegenüber dem Auftrag des Herrn: »Tut dies zu meinem Gedächtnis!« (1 Kor 11,24), hat die Kirche die Eucharistie immer gefeiert, vor allem am Sonntag, dem Tag der Auferstehung Jesu. Die Eucharistie ist *Gedächtnis* in dem Sinn, dass sie das Opfer, das Christus dem Vater am Kreuz ein für allemal für die Menschheit dargebracht hat, gegenwärtig und lebendig macht. Der Opfercharakter der Eucharistie tritt schon in den Einsetzungsworten zutage: »Das ist mein Leib, der für euch hingegeben wird … Dieser Kelch ist der Neue Bund in meinem Blut, das für euch vergossen wird« (Lk 22,19-20). Das Opfer des Kreuzes und das Opfer der Eucharistie sind *ein einziges Opfer*. Die Opfergabe und der Opfernde sind dieselben, nur die Weise des Opferns ist verschieden: blutig am Kreuz, unblutig in der Eucharistie.

In der Eucharistie wird das Opfer Christi auch zum Opfer der Glieder seines Leibes. Das Leben der Gläubigen, ihr Lobpreis, ihr Leiden, ihr Gebet und ihre Arbeit werden mit Christus vereinigt. Als Opfer wird die Eucharistie außerdem für alle lebenden und verstorbenen Gläubigen dargebracht, als Sühne für die Sünden aller Menschen und um geistliche und zeitliche Gaben von Gott zu erlangen. Auch die Kirche des Himmels ist mit dem Opfer Christi vereint.

Jan van Eyck (1390–1441), Genter Altar. Die Verehrung des Lammes, 1426.

Die Szene bezieht sich auf Offb 7,9, wo die Völkerscharen rufen: »Die Rettung kommt von unserem Gott, der auf dem Thron sitzt, und von dem Lamm!« Mittelpunkt des Genter Retabels ist das Lamm auf dem Altar, aus dessen Seite Blut in einen Kelch strömt. Auf dem Antependium steht: Ecce agnus dei, qui tollit peccata mundi, »Seht das Lamm Gottes, das hinwegnimmt die Sünden der Welt.«

Die Lamm-Symbolik ist vielschichtig: Im jüdischen Kult war das Lamm Opfertier (Ex 12); bei Jes 53,7 lässt sich das Lamm willig zur Schlachtbank führen, eine Metapher, welche die Theologie gerne aufgreift, um Jesu Tod als Opfertod zu deuten.

Nach diesem Text ist Christus Opfergabe und Opfernder in einer Person. Gemäß Röm 8,32 ist Gott der Opfernde: »Er hat seinen eigenen Sohn nicht verschont, sondern ihn für uns hingegeben.« Darin sieht Paulus den Ausdruck der grenzenlose Liebe Gottes zu uns. Gott versöhnte durch diesen Hinrichtungstod die Menschheit mit sich selbst, »indem er den Menschen ihre Verfehlungen nicht anrechnet« (2 Kor 5,19).

Da sich inzwischen alle Dogmatiker einig sind, dass Gott selbst dieses Opfer den Menschen gegeben habe, damit sie es ihm darbringen, müsste *Gott selbst* dann mit diesem Opfer wieder an den Anfang der blutigen Opfergeschichte zurückgegangen sein – bis zu den Menschenopfern sogar. Deren Begründung hätte er erneut unterschrieben haben wollen … Er hätte mit diesem Opfer dann bekundet, dass er doch durch nichts anderes versöhnt werden könne als nur so, und dass die alte Logik der Entsprechung von Vergehen und Strafe als Gottes eigene Logik unverändert gälte. Ja, durch das auf dem Sühnopfer basierende Sakrament hätte er außerdem allen Christen zur allsonntäglich einzulösenden Pflicht gemacht, durch ihren Glauben an die Sünden vergebende Wirkung dieses Sakraments ihrerseits jene Logik zu beglaubigen. Aber – mit all dem hätte Gott die Predigt seiner Propheten, die von einer aus Gottes Liebe kommenden Vergebung gesprochen haben, und vor allem die Predigt und das Lebenszeugnis seines Sohnes von Gottes *unbedingter* Liebe *widerrufen*.

Klaus-Peter Jörns

Als Ergebnis lässt sich festhalten: Keiner der neutestamentlichen Schriftsteller saß im »Abendmahlssaal« dabei, sofern es diesen gab. Paulus und alle späteren Evangelisten schöpften aus der religiösen Tradition ihres jeweiligen Umfeldes. Dabei schlugen in der Deutung der eigenen Mahlpraxis die traditionellen antiken Denkmuster über Gottesdienst und Opfer wieder durch und überschrieben die Erinnerungsspuren an den historischen Jesus. Die jesuanische Authentizität ging darüber verloren.

Die Deutung der Eucharistiefeier mit dem Sühnopferschema setzte sich umso leichter durch, als damit der jüdische und hellenistische Opferkult in der neuen Gemeinschaft ein Äquivalent bekam, ohne das sich ein fundamentaler kultischer Akt nicht denken ließ. Zugleich erlaubte der Sühnopfergedanke, die bedrückende Erfahrung der Hinrichtung Jesu positiv zu wenden. Und wer aus der Vorstellungswelt hellenistischer Mysterienreligionen kam, fand in der neuen Eucharistieinterpretation erleichterten Zugang zu einem Christentum, das sich ohne Opferkult schwer getan hätte, in der antiken Religionswelt Plausibilität zu gewinnen.

Georg Baselitz, Tanz ums Kreuz, 1983
Öl auf Leinwand, 314 x 210 cm (Privat)

Bei Baselitz ist das Ende des Kultbildes erreicht. »Man kann solche Bildkonstruktionen wieder erfinden, ohne den Inhalt der ersten Erfindung zu haben und weiter zu benutzen.« Für ihn ist die Motivumkehr der Weg zu einer neuen Bilderfindung. Dadurch werden die klassischen Bildzusammenhänge und davon gestifteten Gewohnheiten aufgehoben. »Diese Art der Malerei kalkuliert den Schock und das Ärgernis am Bild mit ein, verzichtet aber von vornherein auf eine von einem bestimmten Geschmack diktierte Rezeption« (Friedhelm Mennekes/Johannes Röhrig).

Die Auferstehung Jesu

Die Auferstehung im Zeugnis der Schrift

Auferstehung im Judentum

Das Denken der Auferstehung Jesu und die Formulierung dieses Gedankens wäre unmöglich gewesen, wenn das Judentum zur Zeit Jesu dafür nicht einen Vorstellungsrahmen geboten hätte. Die Erwartung der endzeitlichen Totenerweckung gehört in das Welt- und Geschichtsbild, das die christliche Reflexion vor allem in ihrer Anfangsphase bestimmt hat. Einen Ansatz dazu können heutige Menschen noch nachvollziehen.

Max Horkheimer (1895–1973), der Begründer der kritischen Theorie, bezeichnete die Theologie einmal als den »Ausdruck einer Sehnsucht danach, dass der Mörder nicht über das unschuldige Opfer triumphieren möge«. Für ihn war die Hoffnung über den Tod hinaus die »Sehnsucht nach vollendeter Gerechtigkeit«, die sich in der säkularen Geschichte niemals verwirklichen lasse.

Derselbe Gedanke hat – erstmalig in der Weltgeschichte – den Hiobdichter bewegt. An drei Stellen des Dialogs ließ er Hiob ein tastendes Vertrauen äußern, dass Gott, der nur noch als Feind begegnete, sich ihm nach dem Tode noch einmal zuwenden werde. Im Totenreich würde sich Gott nach ihm, seinem Geschöpf, sehnen (14,15). Ähnlich überschritt Israel im Ringen um Gottes Gerechtigkeit die Todesgrenze: der Tod könne nicht unausgeglichene Beziehungen beenden; es müsse noch einmal zu einer Zuwendung Gottes kommen, die seine Liebe und Gerechtigkeit zur Erfüllung bringe. »Doch ich, ich weiß: mein Erlöser lebt, als letzter erhebt er sich über dem Staub. Ohne meine Haut, die so zerfetzte, und ohne mein Fleisch werde ich Gott schauen« (Ijob 19,25f.).

Schon bei Hosea heißt es: »Kommt, und lasst uns umkehren zu Jahwe! Denn er hat uns zerrissen, er wird uns auch heilen; er hat uns verwundet, er wird auch verbinden. Nach zwei Tagen gibt er uns das Leben zurück, am dritten Tag richtet er uns wieder auf, und wir werden leben vor seinem Angesicht« (Hos 6,1-2).

In einer Vision Ezechiels wird ein faszinierendes prophetisches Bild entworfen: »So sprach er zu mir: Menschensohn, diese Gebeine sind das ganze Haus Israel. Jetzt sagt Israel: Ausgetrocknet sind unsere Gebeine, unsere Hoffnung ist untergegangen, wir sind verloren. Deshalb tritt als Prophet auf und sag zu ihnen: So spricht Gott, der Herr: Ich öffne eure Gräber und hole euch, mein Volk, aus euren Gräbern herauf. Ich bringe euch zurück in das Land Israel. Wenn ich eure Gräber öffne, und euch, mein Volk, aus euren Gräbern heraufhole, dann werdet ihr erkennen, dass ich der Herr bin. Ich hauche euch meinen Geist ein, dann werdet ihr lebendig …« (Ez 37,11-14a).

Die Verheißung seiner eigenen Auferstehung erhielt Daniel: »Du aber geh nun dem Ende zu! Du wirst ruhen, und am Ende der Tage wirst du auferstehen, um dein Erbteil zu empfangen« (Dan 12,13). Doch vorher soll Daniel das endzeitliche Gericht verkünden: »Von denen, die im Lande des Staubes schlafen, werden viele erwachen, die einen zum ewigen Leben, die anderen zur Schmach, zu ewiger Abscheu« (12,2).

Diese zunächst vereinzelten Stimmen vereinten sich im letzten Jahrhundert vor Jesus innerhalb des pharisäisch beeinflussten Volkes in der

---

Auferstehungsbilder

Angesichts der zahllosen Osterbilder im letzten Jahrtausend ist daran zu erinnern, das sich im Neuen Testament nirgendwo eine Beschreibung von »Auferweckung« oder »Auferstehung« findet. Der Begriff existiert, aber als bildliche Vorstellung bleibt er unbesetzt.

Die altchristliche und frühmittelalterliche Kunst verharrt bei dieser Enthaltung. Die frühe Ikonographie beschränkt sich auf symbolische Darstellungen, indem zum Beispiel Kreuz oder Christusmonogramm im Lorbeerkranz, von Wächtern bewacht, gezeigt werden. Oder das Kreuz wird in ein griechisches Rho (P) verwandelt, um zusammen mit dem als Chi (X) zu lesenden Kreuz als XP die Initialen von Christos zu bilden (Bild gegenüber). Auf den Armen dieses Kreuzes stehen die Buchstaben Alpha und Omega, der erste und letzte des griechischen Alphabets. Offb 22,13 heißt es: »Ich bin das Alpha und das Omega, der Erste und der Letzte, der Anfang und das Ende.« Unterhalb dieses Hinweises die schlafenden Grabeswächter.

Unendlich ist von dieser Position aus die Spannung zu den Auferstehungsbildern seit dem Hochmittelalter. Die dramatisierte Darstellung des Julius Schnorr von Carolsfeld setzt alle Figuren auf dieselbe Realebene: den Auferstandenen, die Wächter, die Engel und die nach Emmaus wandernden Jünger. Die Folge solch platter Historisierung ist die Unfähigkeit, die »Jenseitigkeit« des Gemeinten nicht mehr einholen zu können.

Gemeinüberzeugung einer künftigen Auferstehung, die immer mehr zur Heilsgewissheit aller gläubigen Juden mit Ausnahme der Sadduzäer wurde. Im Achtzehngebet betet der Jude: »Du bist mächtig in Ewigkeit, Herr, der die Toten lebendig macht und Treue denen hält, die im Staub schlafen …«

Diese allgemein im Judentum gereifte Glaubensgewissheit war die Vorbedingung für den christlichen Auferstehungsglauben, der weitgehend pharisäisch geprägt wurde. »Wären sie nämlich Sadduzäer gewesen«, so der jüdische Theologe Pinchas Lapide (1922–1997), »hätte Karfreitag für sie das Verlöschen all ihrer Hoffnung und den endgültigen Untergang der Sache Jesu bedeutet. Wären sie – um noch kühner zu spekulieren – Buddhisten gewesen, so hätten sie die Auferstehung als eine Strafe Gottes empfunden … Als Gnostiker hingegen hätten sie Karfreitag als Jesu Erlösung vom lästigen Leib, dem Gefängnis seiner Seele, begrüßt … Nur als pharisäisch geschulte Juden war ihre felsenfeste Auferstehungsüberzeugung der erste Schritt hin zum späteren Osterglauben …; dass ihr geliebter Meister auch im Tode nicht vom Gott Israels verlassen worden sei.«

Bild des Auferstandenen, Fragment eines frühchristlchen Sarkophags, Anfang 5. Jh.

So bunt bestückt die Szene zur Zeit Jesu aber auch war, Jesus selbst ist Einzelvorstellungen über das jenseitige Leben, über Himmel, Hölle, Engel und Dämonen nie nachgegangen. Er hat auch keine Spekulationen über das Weltende angestellt. Wo dies in den Evangelien ihm doch zugeschrieben wird (z. B. Mk 9,11-13; 13,14-27), besteht der begründete Verdacht, dass dort die Probleme und Erwartungen der späteren Gemeinde gespiegelt werden. Jesus hat auch nicht in einer allgemeinen Weise über den Tod gesprochen. Das singuläre Streitgespräch mit den Sadduzäern endet mit einem Bekenntnis zu Gott, dem »Gott nicht von Toten sondern von Lebenden« (Mk 12,18-27). Damit dürfte die Überlieferung den Kern seines Denkens wiedergegeben haben.

Die Rede von der Auferstehung Jesu steht also in der Tradition des pharisäischen Glaubens. In der frühesten Zeit erfolgte diese in formelhaften Wendungen, die vor allem in den Paulusbriefen enthalten sind. Die erzählerische Ausgestaltung dieses Ansatzes entwickelte sich erst in späterer Zeit. Selbst die Überzeugung einiger Jünger, Jesus nach seinem Tode »gesehen« zu haben, verweilt in ihrer frühesten Überlieferung in formelhaft knappen Wendungen. Die Erscheinungserzählungen – etwa die Emmausgeschichte oder jene vom »ungläubigen Thomas« – sind ihnen gegenüber späte sekundäre Gemeindebildungen.

Julius Schnorr von Carolsfeld (1794–1872), Die Auferstehung Jesu, 1860.

Die Metapher »Auferstehung«

»Augenzeugen« der Auferstehung Jesu gibt es nicht. Was in Briefen und Evangelien begegnet, ist das *Glaubens*zeugnis der frühen Gemeinde. Da dieses Zeugnis sich jedoch nur in einer geschichtlich bedingten Gestalt artikulieren kann, muss der Prozess in seiner Sprachwerdung nachvollzogen werden, um ihn verstehen zu können.

Die drei Frauen am Grab, Egbert-Codex, Reichenau, um 980.

Das Motiv der drei Frauen am leeren Grab stützt sich auf die synoptische Tradition Mk 16,1–8 par. Die älteste Darstellung dieses Motivs entstand vor 235 in Dura Europos am Euphrat: Über dem Grab leuchten zwei Sterne als Symbole der beiden Engel. Auf einem Fresko aus dem 3./4. Jh. sitzt der Engel am Grab (Katakombe von Karmoz-Alexandria). Um 400 erscheint der Bildtypus (auf einer weströmischen Elfenbeintafel) voll ausgeprägt. Aber erst im

9. Jh. entfaltet sich das Thema der Frauen am Grab immer stärker, dabei folgen alle Bilder der Komposition von Dura Europos: links sitzt der Engel, die Frauen kommen von rechts zum Grabe oder Grabgebäude und empfangen seine Botschaft. Im späteren Mittelalter können die Seiten wechseln. Entscheidend bleibt, dass die Osterbilder etwa 1200 Jahre lang darauf verzichten, den Auferstandenen selbst ins Bild zu bringen – ebenso lange, wie man jede anthropomorphe Gottesdarstellung vermied. Schließlich verbindet sich mit der Szene der Frauen am leeren Grab der (für die Frauen unsichtbare) Auferstandene. Danach verliert das Motiv an Bedeutung; es wird zur Nebenszene.

Die Überzeugung, dass Jesus von den Toten auferweckt wurde, findet im Neuen Testament keinen univoken Ausdruck, sondern formuliert sich in immer wieder anderen Wendungen, die alle metaphorischen Charakter haben. Wird dieser metaphorische Ansatz verfehlt, sind fundamentalistische Missverständnisse kaum zu vermeiden.

Es bleibt also nicht bei den Metaphern »Auferweckung« oder »Auferstehung«. Statt zu sagen, Gott habe Jesus von den Toten erweckt, kann es auch heißen, dass er »die Himmel durchschritten hat« (Hebr 4,14); dass er »aufgenommen wurde in Herrlichkeit« (1 Tim 3,16); »jetzt für uns vor Gottes Angesicht erscheint« (Hebr 9,24); »sich zur Rechten Gottes gesetzt hat« (Eph 1,20; 2,6; Hebr. 8,1; 1 Petr 3,22); oder dass »Gott ihn erhöht hat und ihm einen Namen gab, der größer ist als alle Namen« (Phil 2,10). Diese Wendungen machen deutlicher als die Rede von »Auferstehung« bewusst, dass kein der geschichtlichen Raumzeitlichkeit unterworfener Vorgang gemeint ist.

Den Metaphern »Auferweckung« und »Auferstehung« kommt außerdem eine mehrdeutige Unschärfe zu, die nur in ihrem jeweiligen Kontext geklärt werden kann. Die im Gleichnis vom reichen Mann und dem armen Lazarus begegnende Abweisung »… sie werden sich auch nicht überzeugen lassen, wenn einer von den Toten aufersteht« (Lk 16,31), benutzt den Begriff im Sinne der Rückkehr eines Toten in das irdische Leben (ähnlich 1 Kön 17,17-24; 2 Kön 4,18-37; Mk 5,42; Lk 7,11-15; Apg 9,40f.). Demgegenüber verstehen sich alle Aussagen über die Auferstehung Jesu nicht als Rückkehr eines Toten in das Leben dieser Welt. Auferstehung meint folglich auch nicht die Wiederbelebung seines Leichnams, wenngleich Lk 24,38-42 in diese Richtung denken lässt und auch einige Osterlieder und naive Denkweisen davon bestimmt sind.

In der österlichen Metaphorik des Neuen Testaments entsprechen sich die Ausdrücke »auferweckt« und »erhöht«. Die frühe Vorstellung dachte das Geschehen als eine »Auferweckung zu Gott in den Himmel«, von woher der österliche Christus »erschien«. Der Metapher »Erhöhung« gelingt es, den inneren Zusammenhang von Kreuz und Herrlichkeit in einem einzigen Wort zusammenzufassen (vgl. Joh 3,14; 8,28; 12,32.34). Die Vorstellung von einer zeitlich zur »Auferstehung« abgesetzten »Himmelfahrt« wurde erst Jahrzehnte später durch Lukas entwickelt.

Die metaphorische Natur allen Sprechens über das, was wir Auferstehung nennen, hängt mit der »Natur der Sache« selbst zusammen, insofern sie kein immanenter Vorgang der menschlichen Geschichte mehr ist. Das kommt in der Formulierung Karl Rahners zum Ausdruck: »Die Auferstehung Christi ist nicht ein anderes Ereignis *nach* Jesu Tod, sondern die ›Erscheinung‹ dessen, was *im* Tode Jesu geschehen ist.« Diese Formulierung, die das mit Auferstehung gemeinte Geschehen als transzendent begreift, kann jedem als häretisch erscheinen, der die übrigen Metaphern des frühen neutestamentlichen Osterglaubens nicht als Metaphern erkennt.

Auch die biblische Wendung von den »drei Tagen«, die Paulus aufgreift in seiner Formulierung: »Er ist am dritten Tag auferweckt worden, gemäß der Schrift« (1 Kor 15,3), versteht sich als metaphorische Rede. Diese Formulierung als eine kalendarisch abzusteckende Zeitansage begreifen, würde die breite Schrifttradition des »dritten Tages« übergehen und den Zugang zu einem theologischen Verständnis der Osterbotschaft versperren. Der Umgang mit der biblischen Ostertradition ist unausweichlich an den Weg der Sprache gebunden. Wird dieser Ansatz verfehlt, tendiert das je beanspruchte Glaubensverständnis in eine »Naivität erster Instanz« mit Affinität zum Fundamentalismus.

Körper und Leib

Die sprachliche Aufgabe setzt sich fort in der Unterscheidung von Körper und Leib, »Leib« nicht als stoffliche Größe, sondern als die lebensgeschichtliche Identität einer Person verstanden, von der sich der Körper als die nach dem Tode zerfallende Materie unterscheidet. Die antike Welt kannte die Vorstellung von der Entrückung berühmter Menschen in den Himmel: etwa die des Menelaos, Herakles und Romulus. Lukian karikiert diese Vorstellung in seiner Satire *De morte Peregrini* (35-42). In dem Liebesroman des Chariton, »Chaireas und Kallirhoe« (1. oder 2. Jh. n. Chr.), ist die Entdeckung des leeren Grabes Anlass zu der Annahme, dass die (tatsächlich von Grabräubern) geraubte Kallirhoe zu den Göttern entrückt wurde. In der alttestamentlich-jüdischen Überlieferung verbindet sich die Vorstellung der Entrückung mit Henoch, Elija, Esra, Baruch und Mose (sein Grab blieb unauffindbar). Nach antiker Vorstellung gibt es entweder das Grab eines Entrückten nicht – oder aber es ist leer.

Derzeit streiten die Exegeten immer noch über das leere Grab Jesu, doch sieht die kritische Mehrheit darin eine sekundäre Gemeindebildung: »Die Erzählung vom leeren Grab lässt sich … als Veranschaulichung der Auferweckungsbotschaft im Kontext antiker Entrückungslegenden begreifen … Das tradierte und festgehaltene Bekenntnis der Auferweckung Jesu wird in einem neuen Milieu mit Hilfe der diesem eigenen Vorstellungskategorien gesehen und zur Darstellung gebracht. Den Einfluss dieser Vorstellung auf die urchristliche Osterdarstellung bestätigt die weitere Ausgestaltung der Ostererzählungen bis hin zur lukanischen Himmelfahrtsgeschichte« (Paul Hoffmann).

Die Entstehung des Osterglaubens

Es wurde bereits gesagt, dass am Anfang die Aussagen über die Auferstehung Jesu nur als knapp geprägte Wendungen begegnen. Das älteste neutestamentliche Zeugnis findet sich bei Paulus 1 Kor 15, 3-11:

Denn vor allem habe ich euch überliefert, was auch ich empfangen habe: Christus ist für unsere Sünden gestorben, gemäß der Schrift, und ist begraben worden. Er ist am dritten Tag auferweckt worden, gemäß der Schrift, und erschien dem Kephas, dann den Zwölf. Danach erschien er mehr als fünfhundert Brüdern zugleich; die meisten von ihnen sind noch am Leben, einige sind entschlafen.

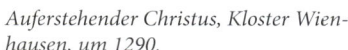

Auferstehender Christus, Kloster Wienhausen, um 1290.

Seit etwa 1200 steigt Christus aus dem Grab heraus, zuerst in liturgischen Büchern, dann in den Glasmalereien der Fenster, schließlich in Tafelmalerei und Skulptur. Dahinter steht ein Wandel in der Frömmigkeitshaltung, der immer deutlicher auf Gegenständlichkeit drängt: Im Vorzeigen von Reliquien, im Ausstellen der Hostie, in Bild und Statue. Dass die je gesuchte Anschaulichkeit selbst das Problem ist, verliert sich im Bewusstsein.

Meister Francke (1380–1430), Auferstehung, um 1424.

Hier schreitet kein Sieger mehr, aufrecht stehend, über die vordere Sarkophagwand, hier werden vielmehr Bewegung und Gestik umgedreht: Da das Gewühl der vor dem Sarkophag liegenden Wächter offenbar nicht zum Überklettern einlädt, verlässt der Auferstehende das Grab über die Rückseite, doch er hat alle Mühe, sie zu

Danach erschien er dem Jakobus, dann allen Aposteln. Als Letztem von allen erschien er auch mir, dem Unerwarteten, der »Missgeburt«. Denn ich bin der geringste von den Aposteln; ich bin nicht wert, Apostel genannt zu werden, weil ich die Kirche Gottes verfolgt habe. Doch durch Gottes Gnade bin ich, was ich bin, und sein gnädiges Handeln an mir ist nicht ohne Wirkung geblieben. Mehr als sie alle habe ich mich abgemüht – nicht ich, sondern die Gnade Gottes zusammen mit mir. Ob nun ich verkündige oder die anderen: das ist unsere Botschaft, und das ist der Glaube, den ihr angenommen habt.

übersteigen. Mit der rechten Hand stützt er sich ab, doch nimmt er mit der linken seine Siegesfahne hinzu, um die Balance zu halten. Alles lässt an eine heimliche Flucht denken. Niemand aus der schlafenden Gesellschaft soll aufwachen; es scheint sich eher um eine Entkommen zu handeln, als dass von »Auferstehung« gesprochen werden könnte.

Dazu zwei Kommentare:

Hubert Schrade: »Die Vermenschlichung des Göttlichen kann nicht weitergetrieben werden. Es ist vielleicht schon Gottlosigkeit darin, wie Francke den Sieger des Ewigen Lebens wiederzugeben wagt.«

Alex Stock: »Auferstehung erscheint als Entkommen aus dem Gefängnis dieser Welt in das Gold des Himmels.«

Die Analyse dieses Textes lässt in seinen Abweichungen vom sonstigen Sprachgebrauch des Autors und in syntaktischen Spannungen erkennen, dass Paulus nicht »frei« formuliert, sondern vorgegebene Traditionen aufnimmt. Diese festen Wendungen sind erste Kristallisationspunkte eines noch variablen Überlieferungsprozesses, der Anfang der 50er Jahre die meisten der uns geläufigen Osterzeugnisse noch gar nicht kennt.

Die in Vers 3-5 vorliegende Formel verbindet ursprünglich selbständige Traditionen. Sie ist also eine sekundäre Kombination auf einer relativ späten aber noch vorpaulinischen Traditionsstufe, die zwar das Osterverständnis jener Zeit und zumal das des Paulus erkennen lässt, jedoch keinen traditionsgeschichtlichen Rückschluss bis in die Jerusalemer »Urgemeinde« ermöglicht.

Als ältester Kern der Auferstehungsüberlieferung gilt heute die eingliedrige Aussage: »Gott hat Jesus von den Toten auferweckt« (Röm 4,24; 8,11a.b; 10,9; 1 Kor 6,14; 2 Kor 4,14; 15,15; vgl. Apg 2,32; 13,34; Kol 2,13; Eph 2,5; Gal 1,1; Kol 2,12b; vgl. Apg 13,33; 17,31; Hebr 13,20). Die Verbreitung und Beständigkeit dieser Wendung gestattet, sie als selbständige Formel zu verstehen. Gott ist darin das Subjekt der Aussage; die Formel ist eine (im engeren Sinn) theologische, keine christologische Aussage. Jesus begegnet unter seinem geschichtlichen Namen; falls christologische Würdenamen vorkommen, sind sie sekundär.

Der nie zu übersehende Hintergrund der Osterbotschaft ist der Glaube der griechischsprachigen Juden vor Paulus, wie er sich Dan 12,1-3; 2 Makk 7; 14,37-46 als auch in liturgischen Gebeten der Synagoge ausdrückte. In Röm 4,17 und 2 Kor 1,9 nimmt Paulus die zweite Lobpreisung des Achtzehngebets auf: »Gepriesen seist du, Ewiger, der die Toten lebendig macht.«

Nun verlangte aber die jüdische Prägung der Auferweckungsformel beim Überschreiten der christlichen Mission in den hellenistischen Kulturbereich eine zunehmende Absicherung. Die Entstehung der Tradition vom leeren Grab und die apologetische Ausrichtung der Erscheinungserzählungen dürften diesem missionarischen Bedürfnis entsprechen. Außerdem verschiebt sich der Sitz im Leben dieser Formel; sie wird zum Bestandteil der Taufdeutung.

Eine Vorstufe scheint mit den Taufaussagen in Röm 6,3 ff. und Kol 2,12 verbunden zu sein, die von einem Mit-Christus-begraben-Werden in der Taufe und von der Auferstehung mit ihm sprechen, vielleicht von der Analogie des Untertauchens veranlasst. Damit korrespondieren allgemeine Bekehrungsaussagen, in welchen die Bekehrung als »Lebendig-Werden« bzw. als »Lebendig-Machen« von Toten gedeutet wird.

Die viergliedrige Formel 1 Kor 15, 3-5 bezeichnet Paulus als eine von ihm übernommene Tradition; sie gehört zum Grundbestand seiner missionierenden Verkündigung. Zweimal bezieht er sich darin auf die Schriftgemäßheit seiner Botschaft. Aber als einziger neutestamentlicher Autor spricht Paulus von einer Erscheinung Jesu aufgrund eigener Erfahrung (1 Kor 9,1; 15,8-10; Gal 1,15f.). Das macht sein Zeugnis wertvoll für die historische Rückfrage. Außerdem berichtet er über weitere Erscheinungen Jesu. Seine Angaben dokumentieren im Unterschied zu den durchweg später entstandenen Erscheinungserzählungen der Evangelien den Kenntnisstand der christlichen Gemeinde Anfang der 50er Jahre. Die knappen Angaben stellen jedoch vor schwierige exegetische Probleme.

Anastasis. Chora-Kloster in Konstantinopel, 1321.

Das orthodoxe Osterbild verzichtet auf jede Historisierung und deutet das Geschehen mythisch: Der auferstandene Christus hat die Pforten der Unterwelt zertrümmert. Mit seiner Rechten ergreift er Adam, mit der Linken Eva am Handgelenk und zieht beide aus ihren Unterweltgrüften in seine Lebenssphäre – und damit zugleich die gesamte Menschheit, von den Großen des Alten Bundes bis zu den Scharen neuer Völker.

Der inhaltliche Umfang der Erscheinungsaussage ist kontrovers. Am weitesten gehen jene Exegeten, welche die Erscheinung »nicht als Sichtbarmachung, sondern als Offenbarwerden« verstehen (Rudolf Pesch). Der allgemeinbiblische Sprachgebrauch setzt jedoch in der Regel eine »tatsächliche oder als tatsächlich vorgestellte Wahrnehmbarkeit« voraus. Eine Interpretation, die das visuelle Moment ausschließt, wird darum dem alttestamentlichen und neutestamentlichen Sprachgebrauch nicht gerecht. Andererseits zeigt der Befund, dass Paulus mit der Wendung »er erschien« einen geläufigen Terminus übernahm, mit dem Erscheinungen verschiedenster Art und Herkunft bezeichnet werden konnten. Die Rede vom »Erscheinen« deckt ein breites Spektrum ab, u. a. auch Traumerscheinungen (Apg 16,9; 26,16) oder prophetische Visionen (Offb 12,1.3); sie kann sich auch auf endzeitliche Ereignisse beziehen (Hebr 9,28).

Mit 1 Kor 15,8: »Als Letztem von allen erschien er auch mir ...« greift Paulus die vorgegebene Terminologie auf, um sich selbst in die Reihe der zuvor genannten Autoritäten einzuordnen. Er beansprucht die Gleichstellung mit allen Aposteln und die Zuordnung zu ihrem Kreis; zugleich geht er von einer Identität der Erfahrungen aus. Anspielungen auf die Ostererfahrung des Paulus begegnen noch an anderen Stellen seiner Briefe. 1 Kor 9,1 fragt er: »Habe ich nicht Jesus, unseren Herrn, gesehen?« Phil 3,8.10 spricht er von einem Erkenntnisvorgang, der ihn in seiner ganzen Existenz ergriffen hat. 2 Kor 4,6 sagt er, dass Gott »in unseren Herzen aufgeleuchtet« sei, »damit wir erleuchtet werden zur Erkenntnis des göttlichen Glanzes auf dem Antlitz Christi«. Der so beschriebene Vorgang ist sicherlich nicht empirisch-verifizierbar; er spielt sich nicht in der äußeren Realität, sondern in seinem Innern ab.

Jesus von Nazaret und der Christus des Glaubens

Matthias Grünewald (1480–1528), Auferstehung als Himmelfahrt, 1515.

Wenn sich der Auferstandene in das immaterielle Licht der Gottheit entstofflicht, fallen Auferstehung und Himmelfahrt zusammen. Explosionsartige Dynamik und schwebende Ruhe verbindet Grünewald miteinander. Er überwindet den mittelalterlichen Realismus, versteht Auferstehung als Eingang in die göttliche Sphäre und holt damit das Thema zurück in ein symbolisches Verständnis.

Ähnlich spricht Paulus in Gal 1,12.15f. von seiner Ostererfahrung als einer »Enthüllung« (*apokalypsis*): »Es gefiel Gott …, seinen Sohn (in) mir zu enthüllen«. Das ist ein Begriff, der sich bei Paulus wie in der Apokalyptik auf eschatologische Sachverhalte bezieht und auch visionäre Erfahrungen – »ob in oder außerhalb des Leibes, ich weiß es nicht« (2 Kor 12,2) – bezeichnen kann. Diese von Paulus erfahrene »Enthüllung« des Sohnes lässt sich als die vorweggenommene Hoheitsstellung Jesu begreifen, die in seiner bevorstehenden Wiederkehr offenbar werden wird: Jesus ist bereits »jetzt«, *seit* bzw. *durch* seine Auferstehung in die endzeitliche Hoheitsstellung eingesetzt. Damit zeigt sich in der von Paulus gedeuteten Ostererfahrung der Ursprung der Christologie.

So liegt die Annahme nahe, dass in der österlichen Apokalypsis Jesu Einsetzung zum Menschensohn enthüllt und damit zugleich die Hoffnung auf seine Wiederkunft im Rahmen einer gesteigerten Naherwartung ausgelöst wurde. Die im äthiopischen Henochbuch geschilderte Einsetzung Henochs zum Menschensohn bietet dafür eine Analogie, die zeigt, dass zeitgenössischem Denken eine solche Vorstellung – allerdings im Rückgriff auf eine Gestalt der Urzeit – durchaus plausibel war …

Der in Israel abgelehnte Prophet Jesus wird damit zu der über Heil und Unheil entscheidenden endzeitlichen Instanz, seine Botschaft zum entscheidenden Kriterium im Weltgericht … Soweit die paulinischen Aussagen uns überhaupt einen Rückschluss auf den ursprünglichen Charakter der Ostererfahrung gestatten, wird man sie in Analogie zu den visionären Erlebnissen jüdischer Apokalyptiker begreifen dürfen … Die in den Ostervisionen zum Durchbruch kommende Einsicht, dass der von Israel verworfene Jesus zum kommenden Menschensohn und Richter eingesetzt wurde, bietet in zeitbedingten Vorstellungskategorien diese Lösung. Der durch Jesus geweckte Glaube an den Gott der Entrechteten und Verlorenen erwies sich so – auch dem Geschick Jesu gegenüber – als die stärkere Kraft. *Paul Hoffmann*

Wie viele Jahre dauerte der »Ostersonntag«?

Der gerafft skizzierte Befund der frühen neutestamentlichen Ostertradition gibt bei aller exegetischen Analyse weiterhin Rätsel auf. Was steht hinter der knappen Glaubensformel: »Gott erweckte Jesus von den Toten«, die sich erst im Gang der Jahrzehnte entfaltete und schließlich zum Legendenkranz der Erscheinungsgeschichten auswuchs? »Ist das Geschehen des Ostersonntags das Geschehen nur eines einzigen Tages oder mehrerer Jahre?«, fragt der amerikanische Bibelwissenschaftler John Dominic Crossan (geb. 1934). Und weiter: »Ist es die Geschichte aller zu einer einzigen Gemeinde in Jerusalem versammelten Christen? Oder ist es nur die Geschichte einer Gruppe unter mehreren, die jedoch den Anspruch erhob, die Gesamtheit zu sein?«

Unterschiedliche Ansätze der frühen Jesusbewegungen

Diese Fragestellung kommt in der bisherigen Exegese nicht vor. Das voranstehend erörterte frühchristliche Osterzeugnis gilt allgemein als *das* Grundereignis, das erst Verkündigung und Kirche ermöglicht habe. Es wird aber nicht näher bedacht, warum die beiden palästinischen Traditionen – Q-Evangelium und Thomasevangelium – nicht von Tod und Auferstehung Jesu sprechen, wohl aber konsequent seine Lehre vermitteln, die einschließt, dass er sich nicht selbst verkündigt hat. Dabei ist zu bedenken, dass sich bereits zu Jesu Lebzeiten dessen Gefolgschaft an der Vermittlung der Reich-Gottes-Botschaft beteiligte und die von Galiläa ausgehende Jesusbewegung nach seinem Tod darin ungebrochen blieb. Immerhin hatte Jesus selbst dazu angeleitet. Und vor allem: Das Reich-Gottes-Programm hat seine eigene Evidenz. Es war und ist nicht von Jesu Schicksal abhängig. Es galt einer Revitalisierung des Judentums und wurde durch das Schicksal Jesu nicht in Frage gestellt. Warum sollte es dann für die einmal davon Betroffenen und Überzeugten seine Gültigkeit verlieren?

Es ist ja auch nicht die gesamte Schülerschaft Jesu mit ihm in Jerusalem gewesen und kopflos von dort geflüchtet. Seine Anhängerschaft in Galiläa wird die breitere Basis seiner Gefolgschaft gewesen sein. Warum sollte sie eine Sache für verloren geben, die eine Schärfung des eigenen jüdischen Glaubens verfolgte? Darum ist auch nicht zu unterstellen, erst die »Erscheinungen des Auferstandenen« hätten den Glauben an den Gott Israels neu ermutigt sowie dessen Umsetzung in Reich-Gottes-Verkündigung und offene Tischgemeinschaft. Eine aus einem einzigen Brennpunkt entstandene Jesusbewegung widerspricht der deutlichen Unterschiedlichkeit ihrer weit auseinander liegenden historischen Ansätze, wie die Quellenlage bezeugt (→ S. 244 ff.).

Dominikos Theotokopulos (genannt El Greco, um 1540–1614), Auferstehung Christi, um 1600. Zwischen einem Fallenden und einem Aufsteigenden erstreckt sich der Bildraum voll elementarer Spannungen.

> Die Quellentexte zum vorchristlichen Paulus verweisen darauf, dass dieser ein engagierter, eifernder Verfolger der Christen war. Diese heftige Reaktion des Paulus setzt voraus, dass die Grundelemente der Predigt der Christen ihn ausgesprochen stark affiziert haben. Die Begegnung mit den Christen sowie ihrer Predigt und Praxis fand nicht allein auf einer kognitiven, sondern zugleich auf einer emotionalen und einer unbewussten Ebene statt, wie es wohl für alle sozialen und religiösen Erlebnisse gilt ...
>
> Er stürzt förmlich in Christus hinein und ist ein für allemal dem Unheilszusammenhang zwischen Tod, Gesetz und Sünde (vgl. 1 Kor 15,56) entthront ... Psychologisch dürfte es sich bei diesem Ereignis um eine Vision gehandelt haben. Dieser Sachverhalt wird in der protestantischen Bibelforschung oft abgestritten, und die Geschichte ihrer Voreingenommenheit, ja, Verständnislosigkeit gegenüber Phänomenen wie Visionen (und Auditionen) muss erst noch geschrieben werden ...
>
> Visionen sind Vorgänge im menschlichen Geist und Produkte der eigenen Vorstellungskraft, obwohl es Visionäre regelmäßig anders erzählen: Sie empfangen von außen Bilder und vernehmen von außen Laute (→ S. 442-445). So hat auch Paulus mit Sicherheit niemals daran gezweifelt, dass er Jesus damals (und auch später) wirklich gesehen hat, und die Vision wirkte auf ihn mit der vollen Kraft einer objektiven Tatsache.
>
> *Gerd Lüdemann*

> Jedenfalls mutet es absurd an, sich als Student (oder Dozent) der Theologie jahrelang pflichtweise mit Berichten von Gotteserscheinungen, Berufungserlebnissen, himmlischen Visionen und prophetischen Reden beschäftigen zu müssen, ohne dabei die geringste Ahnung zu besitzen oder zu gewinnen, was denn nun eigentlich in der lebendigen Erfahrung mit derartigen religiösen Widerfahrnissen gemeint sein könnte.
>
> *Eugen Drewermann*

– So etwa gibt das Thomasevangelium Jesus nur einen einzigen Titel: Er ist »der lebendige Jesus«, der heute, wie gestern und morgen als die Weisheit Gottes hier auf Erden handelt. Seine Boten haben mit ihrer ganzen Lebensweise, Worten wie Werken, an dieser göttlichen Weisheit Anteil. Sie sprechen nicht von Auferstehung, sondern von der andauernden Gegenwart Jesu, die ohne Auferstehung verstanden wird.

– Daneben sind jene schriftgelehrten Exegeten der Jüdischen Bibel zu sehen, welche die geschehene Kreuzigung aus der Heiligen Schrift zu erklären versuchten und deren Erkenntnisse den Passionsgeschichten der Evangelien ihre Prägung gegeben haben (→ S. 280 f.). Diese ebenso sorgfältige als auch Zeit beanspruchende Arbeit stand unter der Not, für den schimpflichen Tod Jesu eine Erklärung zu finden. Das aber hätte unterbleiben können, wenn schon gleich nach dem Karfreitag die Siegesbotschaft als göttliche Rechtfertigung erfolgt wäre. Es ist auch nicht unwahrscheinlich, dass die Schriftkundigen aus ihrer eigenen Glaubenstradition darauf vertrauten, Jesus sei bei Gott geborgen, um eines Tages triumphierend wiederzukehren.

Aus solchen Überlegungen heraus fragt John Dominic Crossan: »Wer also hat uns schließlich die Auferstehung so wichtig gemacht?« und gibt zur Antwort: »Kein anderer als Paulus.« Da der Auferstehungsglaube in den Schriften der palästinischen Tradition nicht beheimatet ist, muss er seine Wurzel im hellenistischen Judenchristentum haben, wo Auferstehungsglaube und Christuskult einander bedingen. Hier ist Paulus diesem Zeugnis begegnet. In der Apostelgeschichte verweisen drei Schilderungen von Christuserfahrungen auf seinen Erlebnismodus:

(1) Unterwegs aber, als er sich bereits Damaskus näherte, geschah es, dass ihn plötzlich ein Licht vom Himmel umstrahlte. Er stürzte zu Boden und hörte, wie eine Stimme zu ihm sagte: Saul, Saul, warum verfolgst du mich? (Apg 9,3 f.)

(2) Als ich nun unterwegs war und mich Damaskus näherte, da geschah es, dass mich um die Mittagszeit plötzlich vom Himmel her ein helles Licht umstrahlte. Ich stürzte zu Boden und hörte eine Stimme zu mir sagen: Saul, Saul, warum verfolgst du mich? (Apg 22,6 f.)

(3) Da sah ich unterwegs, König, mitten am Tag ein Licht, das mich und meine Begleiter vom Himmel her umstrahlte, heller als die Sonne. Wir alle stürzten zu Boden, und ich hörte eine Stimme auf Hebräisch zu mir sagen: Saul, Saul, warum verfolgst du mich? Es wird dir schwer fallen, gegen den Stachel auszuschlagen (Apg 26,13 f.).

Wenn auch diese lukanische Darstellung mit dem »Licht vom Himmel«, einer jenseitigen Stimme und einer Botschaft legendarische Gestaltung verrät, trifft sich ihr Kern doch mit Paulus' eigener Schilderung in seinem 2. Brief an die Korinther:

Ich kenne jemand, einen Diener Christi, der vor vierzehn Jahren bis in den dritten Himmel entrückt wurde; ich weiß allerdings nicht, ob es mit dem Leib oder ohne den Leib geschah, nur Gott weiß es. Und ich weiß, dass dieser Mensch in das Paradies entrückt wurde; ob es mit dem Leib oder ohne den Leib geschah, weiß ich nicht, nur Gott weiß es. Er hörte unsagbare Worte, die ein Mensch nicht aussprechen kann (2 Kor 12,2 f.).

Auch in seinem Brief an die Galater spricht Paulus von dieser Erfahrung:

Ich erkläre euch, Brüder: Das Evangelium, das ich verkündigt habe, stammt nicht von Menschen; ich habe es ja nicht von einem Menschen übernommen oder gelernt, sondern durch die Offenbarung Jesu Christi empfangen. Ihr habt doch gehört, wie ich früher als gesetzestreuer Jude gelebt habe, und wisst, wie maßlos ich die Kirche Gottes verfolgte und zu vernichten suchte. In der Treue zum jüdischen Gesetz übertraf ich die meisten Altersgenossen in meinem Volk und mit dem größten Eifer setzte ich mich für die Überlieferungen meiner Väter ein. Als aber Gott, der mich schon im Mutterleib auserwählt und durch seine Gnade berufen hat, mir in seiner Güte seinen Sohn offenbarte, damit ich ihn unter den Heiden verkündige, da zog ich keinen Menschen zu Rate; ich ging auch nicht sogleich nach Jerusalem hinauf zu denen, die vor mir Apostel waren, sondern zog nach Arabien und kehrte dann wieder nach Damaskus zurück. Drei Jahre später ging ich nach Jerusalem hinauf, um Kephas kennenzulernen, und blieb fünfzehn Tage bei ihm. Von den anderen Aposteln habe ich keinen gesehen, nur Jakobus, den Bruder des Herrn. Was ich euch hier schreibe – Gott weiß, dass ich nicht lüge. Danach ging ich in das Gebiet von Syrien und Kilikien. Den Gemeinden Christi in Judäa aber blieb ich persönlich unbekannt, sie hörten nur: Er, der uns einst verfolgte, verkündigt jetzt den Glauben, den er früher vernichten wollte (Gal 1,2-23).

Inhaltlich sagt Paulus nur, das ihm Gott »seinen Sohn offenbarte«. Seine eigene Beschreibung als auch jene der Apostelgeschichte lässt schließen, dass diese Erfahrung in Trance stattfand. Während der Visionär überzeugt ist, das Geschaute spiele sich außerhalb seiner selbst ab, will die heutige Tiefenpsychologie in dem innerlich Wahrgenommenen eine symbolische Gestaltung des Unbewussten erkennen (→ S. 444 f.). »Offenbarung kommt für den heutigen Menschen nicht mehr vom Himmel herab, sondern aus den Tiefen der Seele« (Willy Obrist). Paulus hatte die Bereitwilligkeit der jüdischen Jesusbewegung in den hellenistischen Städten bekämpft, sich über Ritualvorschriften hinwegzusetzen, um sich für heidnische Menschen zu öffnen; nun erkannte er das bis dahin scharf Abgelehnte als seine eigene Aufgabe. Crossan bewertet die unterschiedlichen Ansätze der Jesusnachfolge differenziert:

Allen wurde Jesus geoffenbart, aber nicht auf die gleiche Weise. Denn man denke an Jesu bäuerliche Jünger in Galiläa, die das Leben führten, in das Jesus sie geführt hatte, und dabei den Widerstand und sogar den Spott und den Hohn erfuhren, die zu erwarten er sie gelehrt hatte. Erfuhren sie seine andauernde Gegenwart in Ekstase oder nicht doch vielleicht mehr auf dem Boden der Tatsachen?

Lovis Corinth (1858–1925), Der rote Christus, 1922.

An einem Gabelkreuz hängt der geschändete Leib, gemalt in einem groben Duktus in verkrusteten Farben. Der ganze Mensch, ein blutiger Klumpen, der »rote« Christus, in dem sich die Erfahrung von Krieg, Grausamkeit, Krankheit und Leid verdichten. Wer genau hinschaut, sieht jedoch oberhalb des Hauptes »voll Blut und Wunden«, dessen Augen auf den Betrachter gerichtet sind, ein zweites Gesicht, der Sonne zugewandt. In dieser »Doppelgesichtigkeit« verbinden sich Düsternis und Licht, Tod und Überwindung des Todes.

Oder man denke an die gelehrten Exegeten, die wahrscheinlich in Jerusalem in der Heiligen Schrift Bestätigung für ihren Glauben suchten, dass der Gekreuzigte trotz des schimpflichen Todes, den man ihn hatte sterben lassen, der Erwählte Gottes war. Exegese wird nicht in Trance betrieben. Wir sollten also vielleicht Trance, Lebensweise und Exegese auseinander halten als verschiedene Möglichkeiten der Glaubensvergewisserung für verschiedene Jünger und Gruppen von Nachfolgern Jesu während der Jahre nach der Kreuzigung.

Dass Paulus nach eigenem Bekunden nicht nach Galiläa gekommen ist, während seines Besuchs bei Kephas offensichtlich auch keine Erkundung des historisches Jesus betrieben hat, mag die anfängliche Unvermischtheit und Differenz der frühen Jesusbewegungen verdeutlichen. Dabei ist allen der jüdische Glaubenshintergrund gemeinsam gewesen. Die das Q-Evangelium und das Thomasevangelium überliefernden Bewegungen vertrauten auf den lebendigen Jesus, in dessen Gegenwart sie sich wussten. Die – vielleicht in Jerusalem – tätigen Schriftgelehrten ließen sich trösten vom Propheten Hosea: »Kommt und lasst uns umkehren zum Ewigen! Denn er hat uns zerrissen, er wird uns auch heilen … Er wird uns genesen lassen nach zwei Tagen, am dritten Tag wird er uns auferstehen heißen, und wir werden leben vor seinem Angesicht« (Hos 6,1 f.). Die von Paulus bezeugte ekstatische Begegnung mit dem Auferstandenen ist deshalb als verallgemeinernde Erfahrung den christlichen Anfängen nicht zu unterstellen. Natürlich kann es weitere visionäre Erlebnisse gegeben haben, doch sind diese nicht der Generalnenner für den Anfang des christlichen Glaubenswegs.

Auf diese uneinheitliche Ausgangslage verweist auch die folgende Beobachtung:

> Selbst dem Leser, dem quellenkritische Fragen gänzlich fern liegen, wird der Bruch auffallen, der die Berichte der Evangelisten über die Passion und das Begräbnis Jesu von ihren Aussagen über die Auferstehung und die Erscheinungen des Auferstandenen trennt … Wenn man annehmen will, dass die verschiedenen Berichte Erinnerung der nämlichen Ereignisse sind, wird man es sehr seltsam finden müssen, dass, während bis zum Tode und zum Begräbnis Jesu sich alle ziemlich genau des gleichen Gangs der Dinge erinnerten …, (nun) jeder eine andere Geschichte zu erzählen hatte.
> *John Dominic Crossan*

Das lässt noch einmal zum 15. Kapitel des 1. Korintherbriefs zurückkehren, in dem Paulus im Winter des Jahres 53/54 von den Erscheinungen des Auferstandenen spricht:

> Christus ist für unsere Sünden gestorben, gemäß der Schrift, und ist begraben worden. Er ist am dritten Tag auferweckt worden, gemäß der Schrift, und erschien dem Kephas, dann den Zwölf. Danach erschien er mehr als fünfhundert Brüdern zugleich; die meisten von ihnen sind noch am Leben, einige sind entschlafen. Danach erschien er dem Jakobus, dann allen Aposteln. Als Letztem von allen erschien er auch mir, dem Unerwarteten, der »Missgeburt« (1 Kor 15,3-8).

Zur Chronologie des Paulus

Nach der Selbstauskunft des Paulus in seinem Brief an die Galater, ist er im Anschluss an seine grundlegende Offenbarung (etwa im Jahre 33) »nach Arabia« gegangen (im Jahr 34) und von dort wieder nach Damaskus zurückgekehrt (Gal 1,17). Nach Jerusalem kam er erst drei Jahre später, »um Kephas zu besuchen« (im Jahr 35), bei dem er fünfzehn Tage blieb, ohne zu anderen Aposteln Beziehungen aufzunehmen. Lediglich Jakobus, den »Bruder des Herrn«, hat er noch gesehen.

»Darauf ging ich in die Gegenden von Syrien und Kilikien … Darauf, nach vierzehn Jahren, ging ich wieder hinauf nach Jerusalem; diesmal nahm ich Barnabas und als meinen Helfer auch Titus mit« (Gal 2,1). Wahrscheinlich hielt er sich 6 Jahre in Tarsus und Kilikien auf und schloss sich um das Jahr 42 der antiochenischen Mission an. Der Apostelkonvent in Jerusalem fällt ins Jahr 48. Seinen Brief an die Römer schrieb Paulus im Jahr 56; sein Todesjahr ist unbekannt. Man vermutet, dass er im Jahr 64 unter der neronischen Verfolgung sein Leben einbüßte.

Zunächst ist hier die wiederholte Versicherung »gemäß der Schrift« zu beachten, auf der die frühesten Auferstehungsformulierungen beruhen. Sodann gilt es zu sehen, mit welchem Nachdruck Paulus sein eigenes Apostelamt betont. Die Hintergrundfolie dieses Textes besetzen Vorstellungen und Ansprüche von Rang, Autorität und Geltung. Obgleich der letzte und unerwartete, sagt Paulus, sei er doch ein Apostel, nicht weniger als die früher ausgesandten. Er gruppiert »Kephas und die Zwölf« einerseits, »Jakobus und alle Apostel« andererseits. Die fünfhundert Brüder sind die Gemeinde, die Zwölf oder die Apostel werden als Führungsgruppe herausgehoben, Kephas und Jakobus als die Oberhäupter dieser Gruppen; schließlich folgt er selbst, zwar nicht als einer der Zwölf, aber durchaus als ein *apostolos*, ein Gesandter Gottes. Obwohl ihm Lukas später diesen Rang nicht zugesteht, betont Paulus: Wir alle sind Apostel *und ich bin ihresgleichen*.

Der immer um seine Anerkennung bemühte Paulus versucht mit der Reihenfolge der Erscheinungszeugen die eigenen Autoritätsansprüche zu legitimieren, wobei die Frage offen bleibt, auf welchen Tatbestand, den Auferstandenen »gesehen« zu haben, die Formel verweist. Wenn die benutzte griechische Wendung den Sprachgebrauch der Septuaginta aufgreift, die ebenso das Erscheinen Jahwes oder seines »Engels« beschreibt, dann rücken die Ostererscheinungen in einen theologischen Deutungsrahmen, der das »visuelle« (!) Moment sowohl einschließen wie entbehrlich machen kann. Mag es nun auch in 1 Kor 15,5-8 primär um die Begründung von Autoritätsansprüchen gehen, so bleibt die Erscheinungsaussage doch bestehen, einerlei in welchem Rahmen sie zu verstehen ist.

In der Wurzel korrumpiert?
Das bisher dargestellte Spektrum theologischer Deutung der Ostertraditionen lässt sich aus der exegetischen Literatur mit vielen abweichenden Varianten erweitern. Hier sollen zwei neuere Stimmen zu Wort kommen, die zu weiterer Klärung Anlass geben.

Höchst eigenwillig versucht der Würzburger katholische Systematiker Walter Simonis (geb. 1940), den Anfang des Osterglaubens als ein Missverständnis zu deuten: In den Köpfen der Apostel habe sich die Vorstellung entwickelt, der von den Römern Gekreuzigte sei von Gott auferweckt worden, damit er nunmehr Israel wiederherstelle und von den Römern befreie. Auslösendes Moment dafür sei die Kunde der Frauen von einem »leeren Grab« gewesen, das sie für das Grab Jesu gehalten hätten, um daraufhin den nach Galiläa Geflohenen nachzueilen und ihnen dies mitzu-

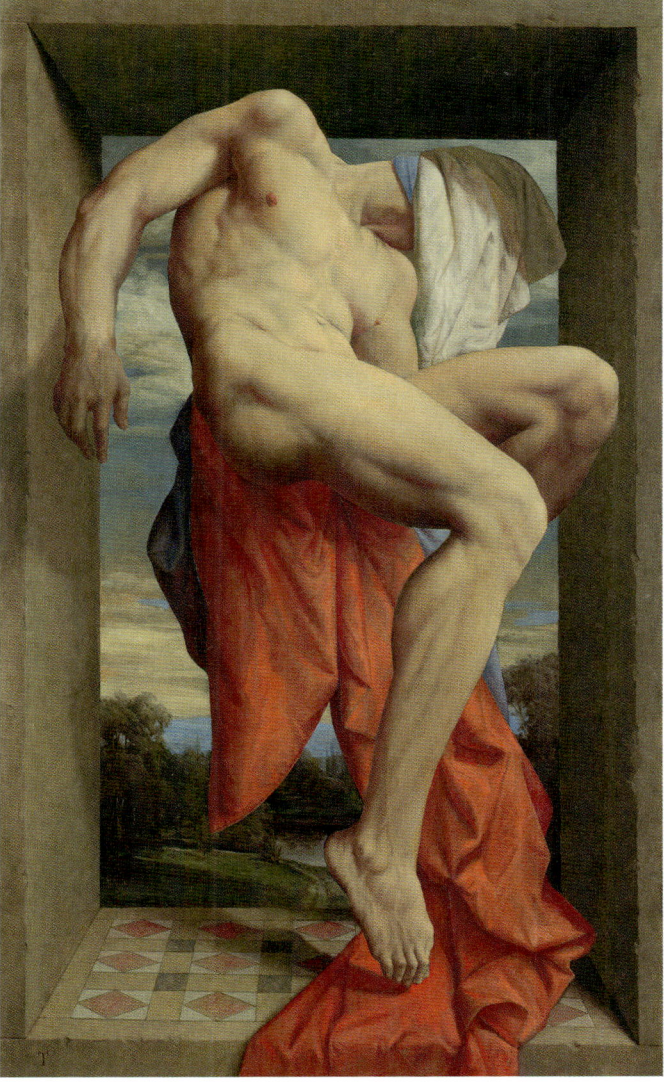

Michael Triegel (geb. 1968), Auferstehung, 2006.

Der Körper des Toten, unversehrt, beginnt sich wie schwerelos aus der Kammer zu erheben. Tücher bedecken den Kopf, so dass die Gestalt wie schlafend wirkt. Die Vorstellung von einem auferstehenden Jesus will sich kaum ergeben. Handelt es sich um ein Tor zwischen zwei Welten? Dann befände sich der schwebend Träumende in einer Durchgangsstation zwischen zwei Wirklichkeiten. (Helmut G. Schütz)

> Ein Christentum, das die historische Wahrheit nicht in den Dienst der geistigen zu stellen wagt, ist innerlich nicht gesund, auch wenn es sich stark vorkommt. Die Ehrfurcht vor der Wahrheit als solcher, die in unserem Glauben sein muss, wenn er nicht zum Kleinglauben werden soll, begreift auch die Achtung vor der historischen Wahrheit in sich.
>
> *Albert Schweitzer*

> Zu den Schmerzen meines um Wahrheit bemühten Lebens gehört, dass in der Diskussion mit Theologen es an entscheidenden Punkten aufhört; sie verstummen, sprechen einen unverständlichen Satz, reden von etwas anderem, behaupten etwas bedingungslos, reden freundlich und gut zu, ohne wirklich vergegenwärtigt zu haben, was man vorher gesagt hat, – und haben wohl am Ende kein eigenes Interesse. Denn einerseits fühlen sie sich in ihrer Wahrheit gewiss, andererseits scheint es sich für sie nicht zu lohnen um uns ihnen verstockt scheinende Menschen.
>
> *Karl Jaspers*

> Das aber wissen wir, dass das geschichtliche »Christentum« in eine schwere Krise geraten ist, aus der wir nur herauskommen können, wenn die Christen wieder ehrliche Menschen werden, alle Heuchelei und alles Überlebte in der Religion abtun und allein der Wahrheit die Ehre geben. Dann erst wird sich an ihnen das Wort des johanneischen Christus erfüllen: »Die Wahrheit wird euch frei machen.«
>
> *Wilhelm Nestle*

teilen. Diese Nachricht habe »die Apostel« wieder nach Jerusalem zurückgeführt, um hier den Messias erwarten und begrüßen zu können. Für ein bloßes »Jesus lebt« habe man nicht nach Jerusalem zurückkehren müssen, auch nicht für ein »Irgendwann«, sondern nur aus der Israel vertrauten Glaubensvorstellung, Gott werde sein Volk von aller Fremdherrschaft befreien und das Reich Israel wiederherstellen. Für die »Zwölf« habe als »Repräsentanten der Zwölf Stämme Israels« festgestanden, dass der von Gott Auferweckte in Jerusalem erscheinen würde, um dort als Messias das endgültige Reich Gottes als Reich Israels zu errichten:

Dieser erste Osterglaube der Apostel war also ein durchaus irdischer, geradezu handfester, auf das Diesseits bezogener Glaube, ein Glaube sozusagen aus Fleisch und Blut – so wie es die geschichtlichen Traditionen Israels immer schon gewesen waren. Selbstverständlich gehörte für den Glauben der Apostel auch Gott dazu. Aber auch hier so wie in der Tradition: Nicht um Gott an und für sich ging es, sondern um den Gott des Diesseits, Israels, Jesu, des vor der Tür stehenden Messias. Die Apostel freuten sich nicht auf ein Jenseits, auf den Himmel, sondern, salopp gesprochen, auf den Himmel auf Erden, auf das messianische Reich, das der *dazu* (selbstverständlich von Gott) Auferweckte errichten würde …
Kann, ja, müsste man nicht da sagen: Wenn die Dinge damals tatsächlich so lagen, wie oben dargestellt, dann ist der christliche Glaube von Anfang an hinfällig, weil in der Wurzel korrumpiert? Dadurch und deshalb nämlich, weil seine Entstehung aller historischen Wahrscheinlichkeit nach auf einem schlichten Irrtum, einem Versehen beruht …

Die Späteren (oder sagen wir einfach: wir) glauben in der Tat nicht mehr das, was die Apostel damals zuerst glaubten und sich vorstellten …
Im Bild: Der damalige Osterglaube war wie eine Rakete bzw. deren erste Stufe. Diese Stufe ist ausgebrannt und ins Meer gestürzt. Von ihr hat sich aber die Spitze getrennt, und diese fliegt nun selbständig weiter … Die Spitze heißt »ewiges Leben«, »Jenseits«. Das ist der Inhalt unseres Glaubens.

Diese steile Hypothese geht von der Anwesenheit der Frauen aus, die von Ferne die Kreuzigung Jesu verfolgten. Während Rudolf Pesch deren nachholende Salbung am Sonntagmorgen aus der Erzähllogik versteht, um damit ihren Gang zum Grabe zu begründen, wertet Simonis den Vorgang historisch und unterstellt, dass die Frauen zu *irgendeinem* leeren Grab kamen, welches sie irrtümlich für das Grab Jesu hielten.

Ungeprüft bleibt die Frage, inwieweit die Grabtradition überhaupt belastbar ist. Normalerweise ließen die Römer die Gekreuzigten zur Abschreckung am Holze hängen. Sollten sie ausnahmsweise jüdischer Sitte gefolgt sein, hätten die abkommandierten Soldaten die Leichen eher verscharrt als begraben. Angehörigen oder Freunden wurde die Leiche ohne politischen Einfluss oder Bestechung schwerlich überlassen. Schon die Bitte darum konnte gefährlich werden, weil sie eine Verbindung zum verurteilten Verbrecher aufdeckte. Um dennoch zu intervenieren, war ein Joseph von Arimathäa notwendig, der sowohl »angesehener Ratsherr« gewesen sein soll, als auch einer, der »des Reiches Gottes harrte«, mal Mitglied des Hohen Rates, mal »Jünger Jesu«. Im Johannesevangelium steigert sich die Unwahrscheinlichkeit bis zur repräsentativen Bestattung in einem neuen Felsengrab, gar inmitten eines Gartens; hier wird der Leichnam mit einer »Mischung aus Myrrhe und Aloe von etwa hundert Pfund« gesalbt: eine Bestattung erster Klasse. Viel realistischer ist der übliche Modus: ein hingerichteter Niemand – und ein Gekreuzigter ist ein Niemand – wird »entsorgt«, ein Grab gibt es nicht.

So nüchtern und profan Walter Simonis das »Osterereignis« auf einen Irrtum reduzieren möchte – auch dafür ist die Quellenlage nicht belastbar. Was immer die Legendenbildung um Kreuzigung, Grablegung und Auferstehung zusammentrug, deren einzelne Erzählungen gestatten weder ihre Addition zu einem Gesamtbild, noch erlauben sie verknüpfende Argumentationen, weil keiner der Texte für andere Texte eine historische Argumentationsbasis bietet. Als gut begründet gilt, dass der jüdisch-pharisäische Auferstehungsglaube (→ S. 302 f.) der tragende Boden für das erste Osterbekenntnis wurde: Wendungen wie »den er [Gott] von den Toten auferweckte« (1 Thess 1,10; vgl. Gal 11,1; 1 Kor 6,14; 2 Kor 4,14; Röm 4,24 f.; 8,11; 10,9) und die alten Glaubensformeln wie »dass Jesus starb und auferstand« (1 Thess 4,14; vgl. 1 Kor 15,3ff.; 1 Petr 1,3) kommen noch ganz ohne historisierende Vorstellungen aus. Die ekstatischen Ostererfahrungen, wie sie Paulus von sich bezeugt und die vielleicht auch anderen zuteil wurden, dürften sich aus dem lebendigen Gottesglauben Israels und den frühen Ansätzen des Christuskultes ergeben haben. Dabei sollte der kreativ-exegetische Anteil der schriftgelehrten Jesusjünger mit ihren Schlussfolgerungen aus der biblischen Tradition als nicht gering eingeschätzt werden. Letzten Endes erweist sich der Glaube an die Auferstehung Jesu als Ausdruck des biblisch begründeten Gottesglaubens, wie er – zum Beispiel – bei Hos 6,2 entworfen und im Blick auf Jesus konkretisiert wird: » ... am dritten Tag wird er uns auferstehen heißen, und wir werden leben vor seinem Angesicht.«

Die Botschaft des »Ostersonntag« war nicht das Resultat einer einzigen Nacht.

Die Auferstehung – Grundstein des Glaubens?

Stand am Anfang der Glaube, dass Gott Jesus von den Toten auferweckte, so weckte diese Überzeugung bald die Frage, wie man sich dies vorzustellen habe. Die jüdische Welt kannte nicht die griechische Unterscheidung von Leib und Seele und füllte deshalb die offene Formel, dass Gott Jesus auferweckte oder dass er von den Toten auferstand mit volkstümlicher Anschaulichkeit. Mochte Paulus auch subtil denken und die Auferweckung Jesu als »Einsetzung als Sohn Gottes in Macht« (Röm 1,4) oder als »Erhöhung in den Himmel« verstehen (Gal 1,1; Phil 2,9), den irdischen nicht mit dem überirdischen, den verweslichen nicht mit dem unverweslichen Leib in eins setzen (1 Kor 15,44), Auferweckung also nicht mit einem Wiederlebendigwerden des Leichnams verbinden, so wird die Mehrheit in den frühchristlichen Gemeinden dennoch handfeste Vorstellungen entwickelt haben, so dass ihr das »leere Grab« zum selbstverständlichen Ausdruck des Osterglaubens wurde.

Umso erstaunlicher ist es, dass selbst heute noch ausgewiesene Exegeten ihr Osterverständnis auf platte Historie reduzieren, wie folgender Ausschnitt aus einem Interview mit dem Göttinger Neutestamentler Gerd Lüdemann (geb. 1954) zeigt:

Hans Küng fasst die komplexe neutestamentliche Ostertradition in einen einzigen Satz zusammen, wenn er sagt:

Ich glaube nicht an die späteren legendarischen Ausgestaltungen der neutestamentlichen Auferstehungsbotschaft, wohl aber an ihren ursprünglichen Kern: Dass dieser Jesus von Nazaret nicht ins Nichts, sondern in Gott hinein gestorben ist.

Eine so formulierte Hoffnung freilich teilt das Christentum mit den meisten nichtchristlichen Religionen und Menschen.

Er hatte verstanden, dass er in den abgründigen Hintergrund seines Berufes geblickt hatte. Er war ein Angestellter einer der größten menschlichen Phantasieleistungen: der Vorstellung einer Auferstehung von den Toten. Obwohl er selbst nicht mehr daran glaubte, wie er sich allmählich eingestanden hatte, war es ihm gelungen, den Trost dieser Phantasie nicht infrage zu stellen und zu ihrem Schutz jeden Schutz einer wörtlichen Zitierung zu umgehen. Viele Menschen verhielten sich vermutlich ebenso, ohne dass ihnen das bewusst wurde. Es war ein Glaube im Ungefähren und für alle Fälle.

Dieter Wellershoff

Jesus von Nazaret und der Christus des Glaubens

Lüdemann: Das Christentum steht und fällt mit dem historischen Ursprung. Das Christentum behauptet zum Beispiel die leibliche Auferstehung, dass Jesus aus dem Grab wieder herausgekommen ist. Das aber lässt sich angesichts der Ergebnisse, die die historisch-kritische Erforschung des Neuen Testamentes erbracht hat, nicht halten.

Deutsches Allgemeines Sonntagsblatt: Aber an diesem Punkt argumentieren Sie wie die christlichen Fundamentalisten, die auch sagen, entweder ist Jesus historisch nachprüfbar leibhaftig auferstanden oder christlicher Glauben ist unmöglich.

Lüdemann: Ja, an diesem Punkt ist ein Schuss Fundamentalismus nötig. Wenn es um die Auferstehung geht, kommt das Christentum ohne den Bezug auf ein historisches Faktum nicht aus. Der christliche Glaube, dass sich Gott in der Auferstehung zu Jesus bekannt hat, stimmt nur, wenn dieser aus dem Grab herausgekommen ist. Wenn das nicht geschehen ist, dann stimmt auch nicht die Aussage, dass Gott sich zu Jesus bekannt hat.

Luca Signorelli (1440/50–1523), Die Auferstehung der Toten zum Jüngsten Gericht, 1500.

Die Körper wachsen mit all ihrer physischen Kraft direkt aus dem Boden hervor. Aus ihnen leuchtet die wiedergefundene Lebensfreude. Einige umarmen sich, andere recken sich zum Himmel empor. Sicher und fest stehen zwei mächtige Engel auf Wolken vor einem goldenen Himmel und blasen ihre Posaunen zum Jüngsten Gericht.

Lüdemann hatte in einer exegetischen Arbeit über die Auferstehung Jesu festgestellt: »Das Grab Jesu war nicht leer, sondern voll, und sein Leichnam ist nicht entwichen, sondern verwest.« Dies gilt Bibeltheologen nicht gerade als sensationelle Einsicht, doch knüpfte Lüdemann daran die Folgerung, das wortwörtlich verwehrte Verständnis der Ostertexte entziehe dem Christentum den Boden und erweise es als auf Lug und Trug gegründet.

Anders ist es mit der Frage, ob wir weiterhin Paulus zustimmen können, wenn er sagt: »Wenn Christus nicht auferweckt worden ist, dann ist unsere Verkündigung leer und euer Glaube sinnlos … Wenn wir unsere Hoffnung nur in diesem Leben auf Christus gesetzt haben, sind wir erbärmlicher daran als alle anderen Menschen« (1 Kor 15,14.19). An dieser Stelle reißt die oben erörterte Differenz zwischen dem Reich-Gottes-Evangelium Jesu und dem Evangelium des Paulus eine Kluft auf. In der gängigen Theologie gilt folgende Gewichtung:

Keine Frage, dass Paulus hier sozusagen die Substanz, den *nervus rerum* des christlichen Glaubens offen legen und beim Namen nennen will: Es geht nicht nur um Christi Auferstandensein, sondern es geht darin auch um euch selbst, um euer, um unser ewiges Leben. Und auch umgekehrt: Wenn es keine Auferstehung gibt, wenn mit dem Tode einfach alles aus ist, dann ist auch Christus nicht auferstanden, dann ist auch mit ihm alles aus, dann brauchen wir von ihm nicht mehr zu sprechen …

Auferstehung und ewiges Leben – das ist gleichsam der springende Punkt des Christseins, der Kern des Glaubens, das A und O. So sah es Paulus und so wird man es auch heute noch sehen dürfen und müssen.

Walter Simonis

Hier »das wichtigste am ganzen Glauben« festzumachen, heißt das Lebensprogramm des historischen Jesus auszugrenzen und das Loch in den überlieferten Glaubensbekenntnissen erneut zu bestätigen –, »*dann brauchen wir von ihm nicht mehr zu sprechen*«. Wenn ein Systematiker sagt, die ganze christliche Dogmatik sei letztlich »nur in dem einen Punkt enthalten: Ich glaube an Auferstehung und ewiges Leben«, dann reduziert er – zumindest im »einfachen« Glauben – das Christentum auf Vertröstung und Hoffnung über den Tod hinaus, macht es zu einer Rettungsanstalt, einer Bedienungsagentur für alle, die Lebensängste plagen, auch wenn »der Gott des Jenseits« nicht minder »der Gott des Diesseits« sein soll. Die Herausforderung, zuerst das Reich Gottes zu suchen, zuerst Sorge zu tragen, sich als Nächster erweisen zu können, die Armen, Kleinen und Schwachen wahrzunehmen, sich von der Provokation einer offenen Tischgemeinschaft bewegen zu lassen …, das alles gehört dann nur noch ins Beiprogramm, wird zur Fußnote, die man übersehen darf, denn das proprium christianum richtet sich ja auf das »ewige Leben«. Dass das Christentum zur Heilsanstalt wurde und einem Christusmythos untersteht, der das Profil Jesu überblendet, ist Ursache wie Resultat seiner gesellschaftlichen Blässe. Wie weit verwehrt dieses Christentum und der kirchlich beanspruchte Christus die Rückkehr des weiterhin unbequemen Jesus von Nazaret?

Max Beckmann (1884–1950), Auferstehung, 1909.

Nur sieben Jahre trennen zwei »Auferstehung« genannte Werke von Max Beckmann, und dennoch liegen zwischen ihnen Abgründe der Welt- und Glaubenserfahrung. Diese erste Version ist in Komposition und Stil noch stark der Tradition verpflichtet, zumal dem »Jüngsten Gericht« von Peter Paul Rubens (1577–1640). Im steilen Hochformat, das die Aufwärtsbewegung unterstreicht, steigen aus einer unten versammelten Menschenmenge zwei »Säulen« aus nackten menschlichen Leibern zum Licht im oberen Bildteil empor. Im Gegensatz zu den Bildern der Tradition fehlt jedoch Christus als Weltenrichter – Zentrum und Ziel aller Darstellungen dieses endzeitlichen Themas. Damit entzieht Beckmann dem transzendenten Thema jede konkrete Vergegenwärtigung, wie dies später Franz Marc oder – erst 1949 – Alfred Manessier ebenfalls tun. Es bleibt jedoch dabei, Auferstehung als Übergang aus dem Dunkel des Diesseits in das erlösende Licht des Jenseits zu verstehen.

Völlig anders dagegen die querformatige »Auferstehung« von 1916: Statt verklärendes Licht eine schwarze Sonne; eher ein apokalyptischer Alptraum denn eine Auferstehung. So wie jeder österliche Horizont entschwindet, setzt mit diesem zweiten Werk auch eine radikal veränderte Bildsprache in der Malerei ein (→ S. 557).

Jesus von Nazaret und der Christus des Glaubens

Exkurs: Das Alte Ägypten und die Christologie

Das apostolische Glaubensbekenntnis, insbesondere die Christologie, sprechen in Begriffen, die uns fremd geworden sind. Sie werden durchweg aus der Tradition Israels erklärt, denn als Deutungsrahmen für das Verständnis des Christentums und seiner Begrifflichkeit gelten Bibel, Judentum und Hellenismus.

Es gibt freilich Inhalte, die ihre entscheidenden Wurzeln in der ägyptischen Religion und Kultur haben – und dieser Hintergrund gilt in besonderer Weise für die Hauptthemen der Christologie. Vier zentrale Komplexe seien vorgestellt:

Ägypten und die lukanische Kindheitsgeschichte

Der Glaube an die Gottessohnschaft des Königs hat in einigen Tempeln Ägyptens zu Darstellungen geführt, die als »Vorentwürfe« für die späteren Kindheitslegenden des Lukasevangeliums gesehen werden müssen. In verschiedenen »Geburtshäusern« ägyptischer Tempel, Mammisi genannte Bauten oder Räume, finden sich Relieffolgen, die Verkündigung, Zeugung und Geburt des Königs als Gottessohn beschreiben. Der hier gezeigte Zyklus stammt aus dem Tempel der Königin Hatschepsut (1473–1458 v. Chr.) in Deir el-Bahari.

(1)

Vorspiel: Der Gott Amun ist der unsichtbare und allgegenwärtige Gott des Lebensodems. Er verkündet im Himmel seinen Plan, den Sohn (einen neuen König) zu zeugen und verbindet damit Verheißungen: Er, Amun, wird dessen Schutz sein und dem Sohn die Weltherrschaft übergeben; der Sohn wird herrschen in Fülle und Fruchtbarkeit.
Dazu die Lukas-Parallele:
Er wird groß sein und Sohn des Höchsten genannt werden. Gott, der Herr, wird ihm den Thron seines Vaters David geben. (Lk 1,32)

1. Der Gott Amun – die Federnkrone kennzeichnet ihn als Gott des Geistes – trägt in der Hand das Szepter mit dem Heilszeichen. Der ibisköpfige Götterbote Thot führt Amun zur Königin. Er berichtet, die von Amun Erwählte (die Königin) sei eine junge Frau, deren Gemahl noch nicht mannbar ist – eine Jungfrau, trefflicher als alle.
Sie war mit einem Mann verlobt, der aus dem Hause David stammte. Der Name der Jungfrau war Maria. (Lk 1,27)

(2)

2. Himmlische Vorwegnahme: Amun und die Erwählte haben auf einem Bett Platz genommen, dessen Enden mit einem Löwenkopf verziert sind. Zwei Genien heben das sitzende Paar auf eine höhere Ebene. Der Gott und die Jungfrau berühren einander leicht mit den Händen, wobei Amun das Lebenszeichen in den Atem der Frau hält und es zugleich in ihren Schoß legt.
Heiliger Geist wird über dich kommen, und die Kraft des Höchsten wird dich überschatten. Deshalb wird auch das Kind heilig und Sohn Gottes genannt werden. (Lk 1,35)

(3)

3. Nun beauftragt Amun den Schöpfergott Chnum, das göttliche Königskind zu bilden.

4. Der Schöpfergott Chnum bildet auf der Töpferscheibe aus Lehm das zu gebärende göttliche Kind und seinen Ka (Seele). Die froschköpfige Geburtsgöttin Heket spendet dem Kind das Leben.

5. Der Botengott Thot naht sich der jungen Königin im Verkündigungsgestus. Das eng anliegende Kleid der Königin betont deren Jungfräulichkeit. Thot verkündet ihr die Mutterschaft: »Zufrieden ist Amun mit deiner großen Würde.« – Dem Auftrag des Botengottes Thot entspricht bei Lk die Botschaft des Engels Gabriel:
Im sechsten Monat wurde der Engel Gabriel von Gott in eine Stadt in Galiläa zu einer Jungfrau gesandt. Der Engel trat bei ihr ein und sagte: Gegrüßet seist du, Maria, du bist voll der Gnade, der Herr ist mit dir und gebenedeit ist die Frucht deines Leibes. (Lk 1,26 ff.)

6. Die Königin, deren Schwangerschaft das Bild äußerst zart andeutet, wird von Chnum und der Geburtsgöttin Heket zur Geburt geleitet.

7. Stolz hält die Königin ihren erstgeborenen Sohn in ihren Armen. Eine Amme kniet vor ihr, das Kind zur Pflege in Empfang zu nehmen. Der Genius hinter ihr und die »unterstützenden« Gottheiten darunter sprechen dem Kind ewiges Leben zu.
Und sie gebar ihren Sohn, den Erstgeborenen. (Lk 2,7) Und plötzlich war bei dem Engel ein großes himmlisches Heer, das Gott lobte und sprach: Verherrlicht ist Gott in der Höhe und auf Erden ist Friede bei den Menschen seiner Gnade. (Lk 2,13 f.)

8. Hathor, die Göttin der Liebe, stellt Amun den neu geborenen Gottkönig vor, und Amun erkennt ihn als seinen Sohn an. Er ist »König auf dem Thron des Horus« ewiglich.
Er wird über das Haus Jakob in Ewigkeit herrschen und seine Herrschaft wird kein Ende haben. (Lk 1,33)

Die Szenenfolge von der Zeugung des Thronfolgers setzt sich in den Zyklen von Deir el-Bahari und Luxor noch weiter fort. Die ständigen Versicherungen »Ich bin dein Vater – du bist mein lieber Sohn«, die ein Grundthema der ägyptischen Gott-König-Reden bilden, haben ihren Ort in der öffentlichen Proklamation der Gottessohnschaft. In Luxor begrüßt Amun das Kind mit feierlichen Formeln der Anerkennung, die in Psalm 2,7 und Lukas 3,22 gewissermaßen ein Echo finden: »Mein geliebter Sohn, den ich eines Leibes mit mir (= mir zum Ebenbilde) gezeugt habe.« – Der Geburt folgen weitere Szenen von Beschneidung und Reinigung des Kindes, bei der das Kind mit Lebenswasser übergossen wird. In der ägyptischen Spätzeit findet sich der Bilderzyklus in fast allen Mammisi der größeren Tempel der letzten vorchristlichen Jahrhunderte.

Die neutestamentlichen Kindheitserzählungen werden für gewöhnlich auf entsprechende Motive der Jüdischen Bibel zurückgeführt, doch zeigt bereits der erste Blick, dass ägyptische Szenenfolgen der lukanischen Geschichte ungleich näher stehen, als die biblischen Erzählungen von der Geburt des Isaak, Simson oder Samuel.

Das Motiv der Jungfrauengeburt verursacht im Kontext der Zeugung des Pharao als Sohn Gottes aber keinerlei biologische Problematik. Selbst-

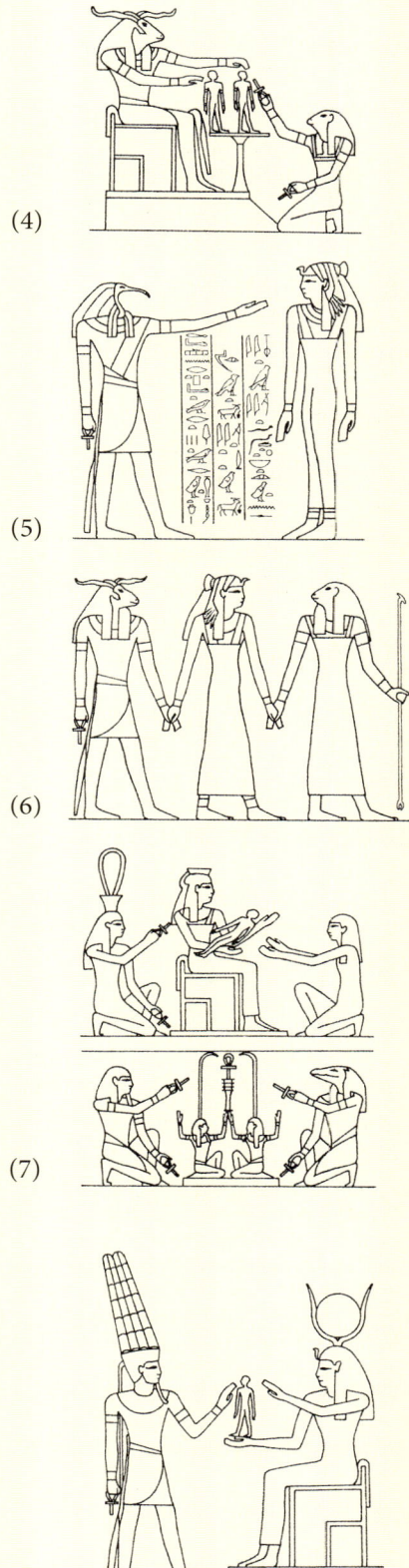

(4)

(5)

(6)

(7)

(8)

Jesus von Nazaret und der Christus des Glaubens

Die Sitzstatue des Königs Chephren (2520–2494 v. Chr.) ist die bedeutendste Skulptur des Alten Reiches. Die schützenden Schwingen des Königsgottes Horus umfangen das Haupt des Pharao. Einheit und Identität von König und Gottheit finden darin einen monumentalen Ausdruck.

Solange der spätere Pharao Kronprinz ist, solange gilt er als Sohn seines irdischen Vaters, des regierenden Königs. Erst wenn mit seiner Thronbesteigung die Erwählung durch den Himmel offenbar wird, heißt er »Gottes Sohn«, und dann erst wird seine Geburt als wunderbar berichtet ... Das heißt aber auch, dass Pharao als Kind Sohn seiner Mutter, der Königsgemahlin, ist und erst vom Augenblick seiner Inthronisation als von der »Jungfrau« geboren gilt, der Gottesgemahlin. Moralische oder irgendwie ethische Gründe, wie sie im Hellenismus mit verstiegener Phantasie konstruiert werden, sind deshalb für die Jungfrauschaft ganz und gar abwegig. Die Jungfrau ist einzig Ausdruck dafür, dass der Pharao von keinem anderen als von Gott gezeugt sein kann ... Der Stammbaum des Pharao nach seinen irdischen Vorfahren steht neben seiner Zeugung aus Gott.

Emma Brunner-Traut

verständlich hatte jeder ägyptische König benennbare natürliche Eltern, und dennoch konnte man sagen, dass der König den Geistgott Amun zum Vater hat. Hunderttausendfach begegnet der Gottessohn-Titel in den Beischriften zu den Bildern der Tempelwände und in der ägyptischen Literatur. Der früheste bekannte Beleg stammt aus der ersten Hälfte des 3. Jahrtausends v. Chr. Trotzdem wurde in Ägypten wahrscheinlich nie die volle Identität von König und Gott vertreten. Das Bild der Sohnschaft meint, dass der König im Zusammenwirken mit Gott über die Sinnhaftigkeit und Ordnung der Welt zu wachen hat.

Die biblische Deutung des davidischen Königs als Sohn Gottes verdankt sich dem ägyptischen Vorbild, unterscheidet sich aber dadurch, dass die Sohn-Gottes-Idee das ganze Volk Israel in das Königtum einbezieht; die göttliche Würde des Königs wird also gewissermaßen »demokratisiert«. Wenn jedoch Gott im Psalm 2,7 zum gerade inthronisierten König sagt: »Mein Sohn bist du, heute habe ich dich gezeugt«, so bleibt dies in der jüdischen Tradition eine Metapher, die nie zu einer Geschichte ausgestaltet wurde, wie dies in Lk 1 geschieht, wo in allen Details das ägyptische Vorbild durchscheint.

Dennoch kommt in der lukanischen Tradition etwas Neues hinzu. Denn während sich die Geburt des Gottessohnes mit jedem weiteren König wiederholt und – in späterer Zeit – eine Erneuerung der Zeit gefeiert wird, unterliegt die lukanische Darstellung einem ganz anderen Geschichtsverständnis, das ein zeitwendendes einmaliges Ereignis meint.

Gott und der »Sohn Gottes«

Die Deutung der Person Jesu als »Sohn Gottes« begann jedoch nicht erst mit der lukanischen Kindheitsgeschichte, sondern bereits Jahrzehnte früher im Römerbrief des Paulus. Dort sagt Paulus, Jesus sei »dem Geist der Heiligkeit nach eingesetzt als Sohn Gottes in Macht seit der Auferstehung von den Toten« (1,4). Dagegen rückt das Markusevangelium die Offenbarung Jesu als Sohn Gottes schon an den Anfang des öffentlichen Lebens Jesu: bei seiner Taufe im Jordan bekennt ihn eine himmlische Stimme als »geliebten Sohn« (1,9-11). Lukas schließlich verbindet diese Qualifikation mit der ägyptischen Tradition des Götterboten; er bindet die Gottessohnschaft Jesu unmittelbar – nach ägyptischem Vorbild – an seine Zeugung, die er als erwählenden Eingriff Gottes darstellt.

Seitdem steht der Sohn-Gottes-Titel im Zentrum der Christologie. Es ist der prominenteste Hoheitstitel, der Jesus »in letzter und unüberbietbarer Weise« zukommt, der bei aller Verankerung in der davidischen Königsliturgie aber »seine eigentlichen Wurzeln nicht in der Bibel, sondern in der religiösen Tradition Ägyptens« hat (Manfred Görg). Den Ort dieser ägyptischen Rede vom »Sohn Gottes« illustriert die Bildsprache dieser Geschichte in allen Tempeln und Grabanlagen eindrucksvoll.

Während der dreitausendjährigen Geschichte Ägyptens befinden sich Gott und König in einem engen Beziehungsverhältnis. Beeindruckend zeigt die bedeutendste Plastik des Alten Reiches, die Sitzstatue des Königs Chephren (2520–2494), die Einheit und Identität von König und Gottheit: Die schützenden Schwingen des Horusfalken umfangen das Haupt des Pharao. In allen folgenden Dynastien belegen zahllose Bilder das enge Verhältnis zwischen der Gottheit und dem Pharao. Die Inthronisation des Königs, bei der sich alle Verheißungen der Geburt erfüllen sollen, begann mit der Reinigung des Kronprinzen mit Lebenswasser. Dabei sagt Horus: »Ich habe dich gereinigt mit Leben und Kraft, damit deine Dauer gleich der Dauer des Re (des Sonnengottes) sei.« Die Teilhabe des Königs an der unbegrenzten Dauer kommt auch darin zum Ausdruck, dass er unter den Göttern als einer der ihren erscheint, wobei das Sitzen zur Rechten der Gottheit nicht nur literarisch, sondern auch ikonographisch häufig bezeugt ist.

Als in den ersten christlichen Jahrhunderten die Frage, wie das Verhältnis des Christus zu Gott zu bestimmen sei, immer heftiger umstritten wurde, dominierte zunächst der Versuch, die Einheit, Einzigkeit und »Alleinherrschaft« Gottes zu betonen: Entweder bestritt man, dass Christus persönlich Gott ist; dann erklärte man sein Verhältnis zu Gott so, dass in ihm göttliche Kräfte wirkten (*Dynamismus*), auch dass er durch Adoption nachträglich mit Gott verbunden sei (*Adoptianismus*). Oder man begriff Christus als eine Erscheinungsform Gottes: dieser habe sich zuerst als Vater, dann als Sohn und schließlich als Geist geoffenbart, jedoch immer als derselbe Eine. Die Patriarchen von Alexandria, Athanasius (ca. 296–373) und Kyrillos (375–444), konnten auf dem immer noch präsenten ägyptischen Hintergrund leichter als andere von einer göttlichen Triade sprechen. Diese Tradition erlaubte es, Christus »das Bild des unveränderlichen Gottes« zu nennen. Doch entstanden damit zugleich neue Probleme, denn sobald aus ägyptischen *Bildern* griechisch reflektierte *Begriffe* werden, entwickelt sich ein unendlicher und letztlich nicht lösbarer Streit der Theorien, die zwar – wie die christologischen Konzile zeigten – machtpolitisch durchsetzbar waren, doch um den Preis ihrer bildadäquaten Offenheit, die das ägyptische Denken kennzeichnet.

Der Osiris-Kult und der auferweckte Christus

Auch in Ägypten hat man wie in Israel den Tod als Dunkel, Verwesung und Schweigen erlebt; die Art und Weise aber, wie man diesem Bereich begegnete, war grundverschieden zu Israels Tradition. Die Psalmen beklagen das Totenreich als »das Land des Vergessens« (88,16): »... die im Grabe liegen, du (Gott) gedenkst ihrer nicht mehr. Sie sind von deiner Hand getrennt« (88,6). »In der Scheol, wer soll dich da preisen?« (6,6). »Was für einen Gewinn hast du, wenn ich zur Verwesung hinabsteige?« Ägypten dagegen wandte den Toten Vorsorge, Geleit und Erinnerung zu mit Großbauten, Grabstelen und einen Gedächtniskult ohne Vergleich in der Völkerwelt.

Zwar nennt die Jüdische Bibel vereinzelt die Scheol als »Unterwelt« (→ S. 545 ff.), aber ihre Aufmerksamkeit gilt alleine dem Gott der Lebenden. Der Hinabstieg in das Reich des Todes hat den alttestamentlichen Menschen kaum beschäftigt, den Weg der Verstorbenen in die andere Welt begleitete kein deutender Mythos und kein Totenkult.

Ganz anders in Ägypten. Über viertausend Jahre wurde hier der Gedanke verfolgt, das der exemplarische Mensch, der König, den Weg in die Unterwelt nimmt, um aus ihr gerechtfertigt und neu geboren aufzuerstehen. Die Pyramiden als die monumentalen Zeugnisse des ägyptischen Totenglaubens sind mit ihrem Zugang auf den Polarstern gerichtet. Der König soll hinaufsteigen können in die Sternenwelt. Auch dessen Grabkammer ist mit Sternenhieroglyphen übersät, weil man die himmlische Welt als die letzte Heimat des Königs dachte. Pyramiden- und Sargtexte

Die Nachzeichnung eines Reliefs aus Karnak zeigt einen Akt der Krönungsfeier: Die Götter Horus und Seth übergießen Amenophis III. (1403–1365) mit Wasser und bereiten ihn für sein Amt vor. Zwei Priester, die als die Reichsgötter Seth (links) und Horus (rechts) fungieren, nehmen die Weihe vor. Der König ist nicht aus sich selbst »Horus«; erst das Ritual macht ihn dazu.

Pharao Haremhab (1345–1318) sitzt »zur Rechten« des Gottes Horus. Vgl. Psalm 110,1.

Totenbuch des Schreibers Ani, um 1300 v. Chr.

Was die christliche Lehre das persönliche Gericht nennt, hat im ägyptischen Glauben seinen detaillierten Vorentwurf: Der schakalköpfige Gott Anubis wiegt das Herz des Verstorbenen (links im Bild mit Gemahlin) gegen eine Feder auf. Bleibt die Waage im Gleichgewicht, hat der Verstorbene die Weltordnung (maat) intakt gehalten. Der ibisköpfige Gott Thot protokolliert mit Schreibstift und Palette das Ergebnis des Wiegens. Hinter ihm kauert Ammit, ein Mischwesen, das vorn ein Krokodil, in der Mitte Raubkatze, hinten Nilpferd ist. Der Name des Untiers bedeutet »Fresserin«. Bei diesem Wägen des Verstorbenen wird Ammit untätig bleiben müssen, denn die Schalen der Totenwaage befinden sich im Gleichgewicht.

dokumentieren den Anspruch auf Überwindung chaotischer Mächte und jenseitiger Krisen. Dabei ist die Vorstellung vom Totengericht – in dessen Erbe auch das Christentum steht – wohl das bedeutendste Merkmal ägyptischer Religion. Der schakalköpfige Gott Anubis prüft mit seiner Waage, ob das Leben des Menschen gleichgewichtig ist mit der Maat, der Weltordnung.

Grundlegend für jede Hoffnung über den Tod hinaus aber ist der Osirismythos, ohne den alles Sprechen von »Auferstehung« im jüdisch-christlichen Raum undenkbar wäre. Wie weiter unten (→ S. 547) ausgeführt wird, hat sich der Auferstehungsglaube im Judentum erst in pharisäischer Zeit entwickelt, rund um die Zeitenwende, während in Ägypten die Menschen bereits drei Jahrtausende zuvor in dieser Dimension lebten. Nach Plutarch war Osiris' (hier in starker Raffung wiedergegeben) ein irdischer Herrscher, der sein Land gut regierte, aber den Neid seines Bruders Seth erregte, der ihn tötete und in den Nil warf. Isis, seine Gemahlin, suchte und fand schließlich Osiris' Leiche, doch Seth zerstückelte den toten Bruder und verstreute die Leichenteile über ganz Ägypten. Isis suchte alle Teile wieder zusammen und bildete daraus die erste Mumie, von der die Göttin Isis durch magische Praktiken ihren Sohn Horus empfing. Osiris wurde schließlich zum Herrscher der Unterwelt, während sein Sohn Horus zum König der Lebenden erklärt wurde.

Spätestens seit der 5. Dynastie (2494–2345) wurde der tote König mit Osiris, der lebende Herrscher mit Horus gleichgesetzt. Was aber für den König galt, wurde später auf jeden Verstorbenen übertragen, so dass man einen Toten auch als Osiris N. N. bezeichnen konnte, um ihn oder sie mit dem Gott gleichzusetzen.

Für den christlichen Osterglauben ist eine *unmittelbare* Beziehung zum ägyptischen Auferstehungsgott Osiris nicht gegeben. Aber wie wäre ein Sprechen von der Auferstehung möglich geworden, hätte die Vorstellung davon nicht zuvor im Judentum Raum gewonnen? Mit noch größerem Recht ist zu fragen, ob es die christliche Osterbotschaft gäbe, wenn nicht der Osiris-Mythos zunächst für den König, dann für jedermann vorgreifend exemplifiziert hätte, dass alle Osiris werden, das heißt an der Auferstehung teilhaben? So wie Osiris »Erster der Westlichen«, das ist der Toten, genannt wurde, wird auch Christus »der Erstgeborene der Toten« (Kol 1,18) genannt. »Die ›Auferstehung‹ des Osiris erleidet nicht dadurch einen Verlust an ›Wirklichkeit‹, dass ihr die radikale Konturierung des Bildes in der christlichen Version mit der ›Wirklichkeit‹ der ›Auferstehung‹ Jesu gefolgt ist. Beide Mal ist die umfassende Wirklichkeit des zutiefst lebenschaffenden und lebenfördernden Gottes angesprochen« (Manfred Görg).

Die ägyptische Göttertriade und die christliche Trinität

Letztlich verbindet sich die Sohn-Gottes-Idee und das jenseitige Sitzen des Königs »zur Rechten Gottes« mit dem offenen ägyptischen Gottesverständnis. Diese Tradition kennt eine Dreiheit von Gottheiten, die auch das Modell für die trinitarischen Reflexionen in der frühen Kirche hergab. Da ist zunächst Re, der Vater- und Schöpfergott, der sich selbst erschafft und keines anderen bedarf. Als zweiter Schöpfergott gilt Ptah, der die Welt durch die Gedanken seines Herzens und durch sein Wort geschaffen hat. Die ihm eigene wortschöpferische Aktivität nimmt den späteren biblischen Gott von Gen 1 vorweg, der durch sein Wort die Wirklichkeit schafft. Der dritte im Bund der Schöpfergötter ist der Geistgott Amun, meistens mit der Federkrone dargestellt, weil sich mit Luft und Wind die Sphäre zwischen Himmel und Erde verbindet. Ähnlich wie der pfingstliche Geist wird auch der Geistgott Amun »Herr und Lebensspender« genannt.

Diese drei Gottheiten bilden die sogenannte Reichstriade, die als Modell seit dem 13. Jahrhundert v. Chr. die gesamte folgende Religionsgeschichte Ägyptens beeindruckt hat. Ein Hymnus preist sie:

> Drei sind alle Götter:
> Amun, Re und Ptah,
> denen keiner gleichkommt.
> Der seinen Namen verbirgt als Amun,
> er ist Re im Angesicht,
> sein Leib ist Ptah ...
> Einzig er allein, Amun, zusammen mit Re
> (und Ptah), zu dreien verbunden.

Wer ist Amun?

Amun ist der Windgott, Gottes Lebensodem, der in allen Dingen ist und dennoch unsichtbar. Indem er die Wasser des Urbildungsstoffes bewegte, hat er die Schöpfung ins Werk gesetzt. Er ist ebenso bleibend und allgegenwärtig wie verborgen, ist Ursache des Seelisch-Geistigen in allen Lebewesen und schließlich auch der Geist im Sinne des Pneuma ... »Kein Ding ist leer, er, Amun, vielmehr ist darin der Ausdruck für seine Allgegenwart. Er verbindet sich mit Ptah und Re zur Trinität – nicht Dreiheit – von der ein Hymnus aussagt: »Alle Götter sind drei: Amun, Re und Ptah. Verborgen ist Gott als Amun, Gott ist Re vor aller Augen (als Gestalter) und Gottes Leib ist Ptah.«

Dieser Windgott, in der hellenistischen Formulierung: das pneuma theou, der himmlische Geist also ist es, der in der Jungfrau den neuen König gezeugt hat, Gottes Sohn und Gott selbst.

Emma Brunner-Traut

Abu Simbel (Zeichnung: David Roberts).
Das Sanktuar findet sich 65 Meter vom Eingang entfernt. Hier sitzen (von rechts) Re, Pharao Ramses II., Amun und Ptah beisammen. Zweimal im Jahr dringen die Strahlen der aufgehenden Sonne durch den Gang und erhellen erst Re, dann den König und dann Amun. Ptah wird nicht ins Sonnenlicht getaucht, weil er u.a. der Herrscher des Verborgenen ist.

Jenseits der zahllosen Triaden in den lokalen Götterfamilien Ägyptens lässt sich die Reichstriade bestens als oberste Vertretung eines gesamtägyptischen Götterhimmels begreifen, in welche geheimnisvolle Gemeinschaft eben der König als der erwählte Partner einbezogen wird. Teilhabe am innertrinitarischen Mysterium: eine Idee, die dem bekannten christlichen Dogma von der Allerheiligsten Dreifaltigkeit und der gnadenhaften Partizipation des Glaubenden gewiss nicht allzu fern steht. Immerhin ist die ramessidische Reichstriade bis in die Zeit der Griechen und Römer, also auch in Alexandria, als Inbegriff der göttlichen Wirklichkeit verehrt worden.

Manfred Görg

Die Zusammengehörigkeit dieser Götter ist bis in die Frühzeit der alten Kirche ein exemplarisches Modell geblieben für die Verbundenheit und Wechselwirkung der göttlichen Gestalten, welche der Schöpfung ihr Dasein und Leben geben. Zwar wird man den Sonnengott Re nicht mit Jahwe, Ptah nicht mit Christus, den Geistgott Amun nicht mit dem Pneuma des Neuen Testaments gleichsetzen dürfen. Zwischen ihnen bestehen qualitative Unterschiede und erhebliche Akzentverschiebungen. Doch lässt sich sehr wohl sagen, dass die ägyptische Reichstriade ein Modell war, das in hellenistischer Zeit auch den mediterranen Raum erreichte und dort das frühkirchliche Denken beeinflusste. Gewiss ist nicht davon auszugehen, die christlichen Theologen hätten sich bei ihren endlosen Auseinandersetzungen über die Trinitätsidee systematisch mit dem ägyptischen Modell befasst. Aber allein die alexandrinische Theologie war unentrinnbar von der ägyptischen Bilder- und Symbolwelt umgeben, auch wenn sich deren Denken bereits im griechischen Logos vollzog. Wenn Athanasius (um 296–373) die Wesensgleichheit von Vater und Sohn in der einen Gottheit betonte, stand ihm dafür ein Jahrtausende altes Bilddenken zur Verfügung. Die Beschlüsse des Konzils von Nicäa (325) wurden im Wesentlichen erst durch ihn zur Glaubensgrundlage der Kirche. Letztlich führt ein gerader Weg von den mythischen Bildern des Alten Ägypten zu den Dogmen der frühen Kirche, wie dies auch Eugen Drewermann betont:

Eines ist klar: der Glaube an die Gottessohnschaft eines Menschen selbst kann nicht den Unterschied zwischen dem Christentum und dem Pharaonenglauben der Ägypter begründen. *Auf der Ebene der Glaubenssymbolik selbst besteht vielmehr eine vollkommene Einheit* zwischen der Religion der Christen und der Religion der Alten Ägypter, ja, in *religionsgeschichtlicher* Sicht müsste man sogar von einer vollständigen Abhängigkeit des Christentums von der Religion des Alten Orient gerade in der Kernaussage der christlichen Glaubensüberlieferung sprechen, *wenn* sich nicht *religionspsychologisch* weit stärker noch an eine wirkliche Neuerweckung der entsprechenden uralten archetypischen Deutungsmuster geschichtlicher Erfahrungen denken ließe, wie sie – unabhängig voneinander! – in den Religionen der Völker *immer wieder* aufgetreten ist. Daraus folgt, dass es zunächst von Seiten des Christentums her nicht möglich ist, den Wahrheitsgehalt z. B. der altägyptischen Religion in Zweifel zu ziehen: auch sie verfügt über Erfahrungen, die jenes Ensemble von Vorstellungen über die Gottessohnschaft eines königlichen bzw. priesterlichen Menschen aus den Tiefenschichten der menschlichen Psyche ins Bewusstsein zu fördern vermochten. Man muss sogar zugeben, dass die rituelle Ausformulierung der jeweiligen symbolischen Bilder im Alten Ägypten ungleich reicher und intensiver in Szene gesetzt wurde als in der relativ ausgedünnten Begrifflichkeit der christlichen Theologie. Um den ganzen Inhalt und Beziehungsreichtum der Symbolik von Gottessohnschaft, Jungfrauengeburt, Engelverheißung u. a. kennenzulernen, ist es daher für das Selbstverständnis des christlichen Glaubens ganz unerlässlich, die entsprechenden religiösen Bilder im Alten Ägypten durchzumeditieren, da nur von dorther die Erfahrungsfelder bestimmt werden können, auf die das christliche Vokabular eigentlich hinweisen möchte.

Der Obelisk auf dem Petersplatz

Die Rede vom »Sohn Gottes« ebenso wie die Rede vom dreieinigen Gott steht also im Erbe ägyptischer Vorstellungen vom Ineinander göttlicher und menschlicher Wirklichkeit. Für diese Verwurzelung des christlichen Credo in der ägyptischen Religionswelt, die tiefer und weiter reicht, als sie hier entfaltet werden kann, gibt es kein besseres Symbol als den Obelisk im Zentrum des Petersplatzes in Rom.

Unter Kaiser Caligula wurde dieser Obelisk von Alexandria nach Rom verschifft; er fand zunächst im Circus des Kaisers Nero seine Aufstellung, bis ihn 1586 Papst Sixtus V. an seinen heutigen Standort bringen ließ, noch bevor Bernini – um den Obelisken herum – den heutigen Petersplatz entwarf. Möglicherweise haben die Päpste seitdem den mit einem Kreuz gekrönten Obelisken als Sieg des Christentums über das Heidentum verstanden. Doch mit viel größerem Recht verweist dieser Obelisk als das Kultsymbol des vorchristlichen Ägypten – nunmehr im Zentrum der katholischen Weltkirche – mit unübersehbarer Nachdrücklichkeit auf die ägyptischen Wurzeln des Christentums, die sich in fast jedem Satz des Apostolischen Glaubensbekenntnisses verbergen. Wenn die Sprache dieses Credo für den heutigen Menschen unverständlich geworden ist, so nicht zuletzt deshalb, weil die offene ägyptische Bildwelt hinter einer abstrakt-begrifflichen Dogmatik verloren ging. Um den erstarrten Formelbestand des Christentums neu zu beleben, wird es unausweichlich sein, zunächst den ägyptischen Urgrund wiederzufinden, um aus dem Erfahrungsreichtum und der Offenheit der altägyptischen Religion die notwendige Freiheit für eine Neuformulierung des Glaubens zu gewinnen.

Kirche, Inkarnation und Erlösung vom Tode zum ewigen Leben, diese Kernstücke des christlich-abendländischen Welt-, Menschen- und Gottesbildes verbinden das Abendland mit dem alten Ägypten. Diese Verbindung ist aber eine ganz andere als die mit dem Alten Testament ... Hier geht es um bewusste Erinnerung, um Tradition und kulturelles Gedächtnis. Das christliche Abendland steht auf den Schultern des Alten Testaments und der klassischen Antike, weil es sich selbst auf diese Schultern gestellt, d.h. die hebräische Bibel in seinen Kanon übernommen und die klassischen Autoren zugleich mit den heiligen Schriften getreulich kopiert und gepflegt hat. Von den Bezügen zur altägyptischen Kultur war nichts bekannt. Sie treten erst im Blick der modernen Ägyptologie ans Licht. Das heißt nicht, dass die altägyptische Kultur ganz in Vergessenheit geraten war. Im Gegenteil, sie spielt sowohl in der Bibel als auch und ganz besonders bei den klassischen Autoren und den Kirchenvätern eine ganze bedeutende Rolle und bleibt dadurch im kulturellen Gedächtnis des Abendlandes immer präsent. Aber das war ein anderes Ägypten, das Ägypten der hermetischen und hieroglyphischen Weisheit, das Ägypten des Sklavenhauses, in dem die Israeliten Frondienste leisten mussten und das Ägypten der heiligen Affen und Krokodile.

Jan Assmann

7. Wie die Jesusinterpretation weiterging

Während die Jesusbewegungen zunächst mit höchst unterschiedlichen Programmen arbeiteten, sind die Evangelien bereits Zeugnis einer Verbindung anfangs getrennter Traditionen. War dem palästinischen Judenchristentum das Abendmahl als Kultfeier fremd, wie Didache und die Beschreibung des Justin belegen (→ S. 250), setzte sich im Fortgang der Geschichte das hellenistische Christentum immer breiter durch, so dass schließlich dessen Kultpraxis auch dort übernommen wurde, wo sie Generationen zuvor noch unbekannt war oder abgelehnt wurde, zumal die politischen Vorgänge das Judenchristentum auf die Verliererliste setzten.

Ausgangspunkt der Bekenntnisbildung war das Bekenntnis zu Jesus als dem Messias, was ihm in der griechischen Welt den Titel »Christus« gab, so dass er bald »Jesus Christus« genannt wurde. Bereits für die Leser der Paulusbriefe schliff sich diese Formel zum zweiten Eigennamen ab. Zu Beginn des Römerbriefes nennt Paulus das »Evangelium Gottes« die Kunde »von seinem Sohn, der dem Fleische nach geboren ist als Nachkomme Davids, dem Geist der Heiligkeit nach aber eingesetzt als Sohn Gottes in Macht seit der Auferstehung von den Toten, das Evangelium von Jesus Christus, unserm Herrn«. Schon hier treten neben den Christus-Titel die Benennungen als »der Herr« und »Sohn Gottes«. Zu solchen Bekenntnissen der frühen Zeit traten später neue hinzu: die Geburt aus der Jungfrau Maria und dem Heiligen Geist (Mt 1,23 und Lk 1,32.35); seine Predigt im Totenreich (1 Petr 3,19) und sein Sitzen zur Rechten Gottes (1 Petr 3,22).

Bereits Paulus entwickelte eine zweigliedrige Formel, welche die Einheit von Gottesglauben und Christusglauben zum Ausdruck bringt:

Ein Gott, der Vater, aus dem Alles ist und wir zu ihm, und Ein Herr Jesus Christus, durch den Alles ist und wir durch ihn (1 Kor 8,6).

Herrschend geworden aber ist das dreigliedrige Bekenntnis zu Vater, Sohn und Geist, wie es schon die korinthische Gemeinde des Paulus kennt und mit dem Paulus seinen Zweiten Korintherbrief beendet:

Die Gnade Jesu Christi, des Herrn, die Liebe Gottes und die Gemeinschaft des Heiligen Geistes sei mit euch allen! (2 Kor 13,13)

Das Matthäusevangelium verwendet diese Formel liturgisch, wenn es sie zur Taufe »im Namen des Vaters und des Sohnes und des Heiligen Geistes« vorschreibt (Mt 28,19).

Guter Hirte, Callixtus-Katakombe, 3. Jh.
Das Motiv des »Guten Hirten« begegnet an vielen Decken und Wänden der Katakomben. Es entstammt nicht dem Christentum, sondern ist ursprünglich als Personifikation der humanitas *gedacht.*

Wie weit hat sich die Kirche vom Evangelium entfernt, die da behauptet, man könne zu Jesus Christus kein Verhältnis gewinnen, ja man versündige sich an ihm und werde hinausgestoßen, wenn man nicht allem zuvor anerkenne, dass er eine Person mit zwei Naturen und zwei Willensenergien, je einer göttlichen und einer menschlichen gewesen sei? Darf da noch das Evangelium vom kanaanäischen Weibe oder vom Hauptmann zu Kapernaum gelesen werden?

Adolf von Harnack

Das Konzil von Nicäa

Aus dieser Wurzel ist im Fortgang der Jahrhunderte die unendliche Fülle der trinitarischen Bekenntnisse erwachsen und zugleich der christologische Streit, der die Konzilien von Nicäa (325) bis Chalcedon (451) beschäftigte. Das nizäno-konstantinopolitanische Credo formuliert:

Und an den einen Herrn Jesus Christus, Gottes eingeborenen Sohn, aus dem Vater geboren vor aller Zeit: Gott von Gott, Licht vom Licht, wahrer Gott vom wahren Gott, gezeugt, nicht geschaffen, eines Wesens mit dem Vater; durch ihn ist alles geschaffen. Für uns Menschen und zu unserem Heil ist er vom Himmel gekommen, hat Fleisch angenommen durch den Heiligen Geist von der Jungfrau Maria und ist Mensch geworden. Er wurde für uns gekreuzigt unter Pontius Pilatus, hat gelitten und ist begraben worden, ist am dritten Tage auferstanden nach der Schrift und aufgefahren in den Himmel. Er sitzt zur Rechten des Vaters und wird wiederkommen in Herrlichkeit, zu richten die Lebenden und die Toten; seiner Herrschaft wird kein Ende sein.

Dieses Bekenntnis spiegelt die Auseinandersetzungen der ersten christlichen Jahrhunderte und will die Frage klären, wer denn dieser Jesus war. Das geschah in der Begrifflichkeit des damaligen griechischen Denkens, das nachzuvollziehen heutigen Menschen kaum noch möglich ist. Da begegnen die mythischen Vorstellungen »vom Himmel gekommen«, »aufgefahren in den Himmel« und »sitzt zur Rechten des Vaters«. Die Wendung von »Gottes eingeborenem [das heißt einzigem] Sohn, geboren vor aller Zeit, gezeugt, nicht geschaffen« überträgt die Sohnes-Metapher unbedenklich in das ewige Leben Gottes: Der Dogmatiker Herbert Vorgrimler fragt: »Wie kann der göttliche Vater gebären? Wie kann man diesem Vater eine Zeugung zuschreiben? ... Wie kann der göttliche Vater eine Zeugung ohne Anfang und Ende vornehmen und dabei einen Sohn hervorbringen, der auf der einen Seite als abgespalten von ihm erscheint, als Gott vom Gott, als Licht vom Lichte, als wahrer Gott vom wahren Gott, und der doch auf der anderen Seite *eines* Wesens mit dem Vater ist?«

Thronender Christus zwischen zwei Engeln. Apsismosaik, San Vitale, Ravenna, 6. Jh.

Der grundlegenden Formel von Nicäa sind dogmatische und kirchenpolitische Kontroversen vorausgegangen in einer zuvor nicht da gewesenen Weise. Da wurde formuliert und bestritten, die eine Seite proklamierte, die andere hob wieder auf, diese trennte, eine andere vereinte, man exkommunizierte, hob wieder auf, exkommunizierte erneut, belegte sich wechselseitig mit Absetzung und Fluch. Dazu kam, dass Kaiser Konstantin aus Gründen der Reichsideologie und der politischen Opportunität an der Beilegung des Konfliktes interessiert war. Er bagatellisierte den Glaubensstreit, um schließlich dessen Lösung selbst in die Hand zu nehmen. Nach seinem Sieg über den Konkurrenten Licinius wollte er sein politisches Werk durch eine »Einheitssynode« krönen, die auch alle kirchlichen Streitigkeiten ausräumen sollte. Darum hatte er im Juni 325 in den kaiserlichen Palast seiner Sommerresidenz eingeladen. Dieses erste der sogenannten Ökumenischen Konzile wie auch die weiteren der altkirchlichen Epoche sind nicht vom römischen Papst, sondern (jeweils mehr oder weniger direkt) vom Kaiser einberufen, eröffnet, beeinflusst und bestätigt worden. Bei diesen Versammlungen wurde nicht durch Stimmauszählung abgestimmt. Zunächst hörte man die Voten der verschiedenen Parteien an; man diskutierte frei unter spontanen Beifalls- und Missfallensäußerungen, bis sich durch Mehrheitsakklamation eine Position durchsetzte, die ihren Parteigängern als Willensäußerung des Heiligen Geistes galt, als unbestreitbare Wahrheit Gottes, von da an für alle Kirchen verbindlich.

Die Konzile von Ephesus und Chalcedon: Die Trinitätslehre

Die Zeitgebundenheit des Konzils von Nicäa in seiner Rede von »Person«, »Wesen« und »Natur« führt in ein begriffsgeschichtliches Dickicht, das heute geeignet ist, grobe Missverständnisse zu provozieren. Allein der Personbegriff hat sich so entscheidend gegenüber seinem antiken Verständnis verändert, dass die »drei Personen« in einem Gott nun zwangsläufig an drei Götter denken lassen.

Diese Problematik gilt auch für die auf Nicäa folgenden christologischen Konzile. Der 325 unter der Dominanz des Kaisers zustande gekommene Konsens hielt nur wenige Wochen. In den folgenden Generationen setzte sich der Streit endlos fort. Man versuchte auf immer neuen Synoden das Gottesverhältnis Christi zu bestimmen. 431 schrieb das Konzil zu Ephesus der Mutter Jesu das Prädikat »Gottesmutter«, genauer übersetzt »Gottesgebärerin« (*theotokos*) ohne jede Einschränkung zu. Vorher war diese Bezeichnung noch als eine gewisse *façon de dire* dargestellt worden, nun aber wurde jeder Angriff auf diesen Terminus, und damit auch wohl jeder Präzisierungsversuch, schlankweg mit dem Bann belegt. Das Problem, göttliche und menschliche Eigenschaften mit der Subjektseinheit Christi zum Austausch zu bringen, kündigte sich mit aller Schärfe an und wurde von Christus auf Maria übertragen. Aber der Begriff *theotokos* folgte dem Wunsch nach der Vergottung Christi wie Mariä; er setzte sich durch und trat einen Siegeszug ohnegleichen an. Heute sagt dazu der Dogmatiker Herbert Vorgrimler:

Verkündigung Marias. Die Kappl, Waldsassen, 18. Jh.

Aus dem Herzen Gottvaters geht ein Lichtstrahl über die gebeugte Maria, in dem der Heilige Geist und ein winziges Kind in ihr Ohr eingehen – so wie es der Engel gerade verkündet.

Wenn Katholiken Maria als »Gottesmutter« verehren und Juden diesen Glauben in ihre Sprache übersetzen, dann ist für sie die Gotteslästerung vollkommen: »Mutter JHWHs«. Der eine, ursprungslose Gott, Schöpfer des Himmels und der Erde, dessen Name JHWH den Juden anvertraut wurde und den sie heiligen, ER kann keine Menschenmutter haben. Eine Frau, die Gott gebären kann? So muss aber »Menschwerdung Gottes« nicht verstanden werden. Die Möglichkeit, von einer »Einwohnung Gottes« zu sprechen, weist einen anderen Weg, dem Juden mit Aufmerksamkeit begegnen.

Schließlich die große Synode von Chalcedon im Jahre 451. Es sollte ein Bekenntnis formuliert werden, das die zahlreich zerstrittenen Parteiungen vereinigen könnte. Nach großen Schwierigkeiten wurde ein Text entworfen, der mit Mühe Anerkennung fand. Er bot eine Christologie, die es in solchen Formeln in einem kirchlichen Bekenntnis bisher nicht gab:

Christus: vollkommen in seiner Menschheit, vollkommen in seiner Gottheit,
wahrer Gott und ebenso wahrer Mensch,
gleichwesentlich mit dem Vater, gleichwesentlich mit uns,
ein und derselbe in zwei Naturen,
nicht geteilt oder getrennt in zwei Personen,
unvermischt, unveränderbar und unteilbar ...
einer und derselbe, eingeborener Sohn, Gott, Logos, Herr, Jesus Christus.

Diese Definition wird als »Zweinaturenlehre« bezeichnet. Ihre Vorstellungen und Begriffe waren der griechischen Spätantike vielleicht nicht vermeidbar, zum heutigen Denken aber verhalten sie sich so disparat und missverständlich, dass sie mehr verzeichnen als vermitteln.
Die jüdische Rede von der »Einwohnung Gottes« in Jesus blieb damals dem griechischen Denken unerreichbar. So sagte man, dass er als wahrer Mensch zugleich auch substantiell wahrer Gott sei, woraus die Rede von den zwei Naturen resultierte, deren Verhältnisbestimmung bis zum Tage umstritten ist, denn der eigentlich realisierte Akzent, der die weitere Theologie und Frömmigkeitspraxis bestimmt hat, ist die Göttlichkeit Christi. Bis zum Tage singt das Kirchenvolk:

In unser armes Fleisch und Blut verkleidet sich das ewig Gut ... (EG 23,2)
Der Sohn des Vaters, Gott von Art, ein Gast in der Welt hie ward (GL 130)
Entäußert sich all seiner Gewalt, wird niedrig und gering, Und nimmt an eines Knechts Gestalt, der Schöpfer aller Ding (GL 134)
Eine Jungfrau den gebar, der ihr eigner Schöpfer war, Gott vor allen Zeiten (GL 137)
In der Menschheit arme Hülle, kleidet sich des Vaters Sohn (GL 824, Paderborner Ausgabe)
Zur Welt herab vom Himmelreich ist Gottes Sohn gekommen. Von einer Jungfrau, gnadenreich, hat Fleisch er angenommen.
Mit seiner Gottesherrlichkeit verbirgt er sich in unser Kleid ... (GL 827, Paderborner Ausgabe)
O Gottes eingeborner Sohn, als Mensch uns heut geboren;
Du stiegst herab von deinem Thron, zu retten was verloren. (GL 828, Paderborner Ausgabe)

Jean Fouquet (um 1420–um1478), Krönung der Jungfrau, 1452–1460. Aus dem Livre d'Heures d'Etienne Chevalier.

Von einem voluminösen dreisitzigen Thron aus agieren Vater, Sohn und Heiliger Geist, im Aussehen Drillinge, theologisch beurteilt ein häretisches Gremium, um die Gottesmutter als Himmelskönigin zu krönen.

Diesen Christus hat die Zweinaturenlehre in einer volksfrommen Auslegung poliert: Jungfräulich geboren ist er als Gott auf Erden eine Art verkleideter Prinz. Seine Menschheit ist nicht ganz ernst zu nehmen, nur eine »arme Hülle«, eine »Verkleidung«, ein Inkognito, denn er »verbirgt sich in unser Kleid«. Indem das Konzil von Chalcedon sagte, dass Jesus beides war, Gott und Mensch, folgte dem Dogma die Frömmigkeitspraxis: Vergoldung und Anbetung.

Jesus von Nazaret und der Christus des Glaubens

Christozentrische Weltgeschichte?

Warum mussten derart viele Prozesse des Lebens gnadenlos ins Leere laufen, in Sackgassen absterben, samt vielen Linien von Primaten-Vorfahren? Warum kam Gottes Sohn als Homo sapiens erst vor 2000 Jahren in die Welt, wo es da doch schon mindestens 100 000 Jahre den Homo sapiens sapiens gab, ausgestattet mit komplexem Gehirn und modern-kognitiver Erkenntnisfähigkeit, in der sich der weise Mensch sogar schon Offenbarungen auslegte. Angesichts der Fakten wäre es zynisch zu behaupten, der Mensch sei überhaupt erst mit dem Jahre Null unserer Zeitrechnung für das Christusereignis reif gewesen. Nicht minder arrogant gegenüber Gott wäre es zu behaupten, dass die vielen evolutiven Prozesse, die zu zahlreichen Religionen bereits in der Vorzeit führten, eigentlich nichts anderes gewesen seien als Abwege, wohingegen das wahre Christentum als einzig wahres Evolutionsziel Gottes aufstrahle!

Johannes Röser

Der beschriebene dogmatische Weg über Nicäa nach Chalcedon ist angesichts der horrenden Missverständnisse und Verstehensblockaden, die für Christologie und Trinitätslehre daraus folgen, durch eine Neuinterpretation kaum noch zu korrigieren. Um diese Christologie zu überwinden, muss wieder beim Judenchristentum angeknüpft werden. Das griechische Denken hat ja aus offenen Metaphern, die kategorial nicht definierbar sind – beispielsweise Joh 1,14: »Und das Wort ist Fleisch geworden und hat unter uns gewohnt, und wir haben seine Herrlichkeit gesehen, die Herrlichkeit des einzigen Sohnes vom Vater, voll Gnade und Wahrheit« – kategoriale Aussagen entwickelt, welche diese Metaphorik in ein »physisches« Geschehen umwandeln. Besagt Joh 1,14 ursprünglich: »Gott ist im Menschen Jesus Christus offenbar geworden«, was sich exakten begrifflichen Ordnungen entzieht, so wird auf dem Weg von Nicäa nach Chalcedon daraus: »Die göttliche Natur/Substanz und die menschliche Natur/Substanz haben sich in Jesus Christus zu einer Person vereinigt.« Folglich spricht man fortan in metaphysischen Begriffen von der »Menschwerdung Gottes«, ohne sich der unerlaubten Übergriffe, die darin liegen, bewusst zu werden; denn dass die »Natur« Gottes menschlicher Erkenntnis nicht zugänglich ist, hätte solches Spekulieren von Anfang an verbieten müssen.

Die Distanzierung vom Judentum und bald darauf auch jene vom Judenchristentum hat für die weitere Geschichte des Christentums ausgeblendet, dass es statt der hellenistischen auch eine jüdisch orientierte Überlieferung des Christentums gab, die nach Syrien führte. Dort reichte sie weit über die Zeit des Urchristentums hinaus und war nicht oder doch nur wenig hellenistisch beeinflusst. Der Regensburger Professor für Patristik und Alte Kirchengeschichte, Norbert Brox (1935–2006), beschreibt das semitisch-theologische Denken im Unterschied zum griechischen als »nicht abstrakt-begrifflich, sondern symbolisch-figurativ«. Zwar ist auch dort von der »Gottheit Christi« die Rede, doch unberührt von der vornizänischen, griechischen Diskussion. Die Göttlichkeit Jesu soll zur Sprache kommen, ohne den strengen jüdischen Monotheismus zu verlassen.

Das sieht so aus: »Der ehrwürdige Name der Gottheit wird auch gerechten Menschen beigelegt, und sie sind würdig, mit ihm genannt zu werden, und die Menschen, an denen Gott sein Wohlgefallen hat, nennt er ›meine Kinder und Freunde‹. Mose, seinen Freund und Geliebten, nennt er, da er ihn auserwählt und ihn zum Haupt und Lehrer und Priester seines Volkes macht, Gott. Denn er spricht zu ihm: Ich habe dich zu einem Gott gemacht für Pharao (Ex 7,1 f.).«

Hier »werden zu einer Christologie ganz einfach Metaphern gehäuft«, die durchaus in »Übereinstimmung mit der Wirklichkeit« sein können, sich aber jeder »Wesensaussage« enthalten. »Die Gottesbezeichnung Jesu wird hier jedenfalls an den biblisch-alttestamentlichen Beispielen als innerhalb des jüdischen Monotheismus möglich und plausibel erwiesen« (Norbert Brox). Entsprechend können wir mit Brox dafür eintreten, in dieser Christologie eine Alternative zum hellenistischen Weg zu sehen, denn »man muss es vermeiden, einen bestimmten Kulturkreis und seine Denkformen und Sprachmöglichkeiten mit der verbindlichen Identität des Christentums gleichzusetzen«.

Ähnlich wie Norbert Brox argumentiert auch der Salzburger Patristiker Dietmar W. Winkler: »Es gerät allzu leicht in Vergessenheit, dass im 4. Jahrhundert zwei sehr verschiedene Modelle des theologischen Diskurses nebeneinander existierten: das griechisch-sprachige, das sich … das analytisch-spekulative Instrumentarium ihres philosophischen Umfeldes anzueignen begann; und das syrisch-sprachige, das der terminologischen Fixierung und Definition argwöhnisch gegenüberstand.« Winkler hält das der judenchristlichen Tradition zugehörige Modell für »eine poetische Theologie, vor der die Spekulation der griechisch-lateinischen Theologie, die das Wesen der Trinität und Christi terminologisch zu erfassen versucht, geradezu ärmlich anmutet«, und meint, hier würde gezeigt, wie ein jüdisch bestimmtes Christentum hätte sein können, wenn es nicht der dominante hellenistische Einfluss an die Seite gedrängt hätte.

Auf die Dauer wird man wohl den beschriebenen Weg der christologischen Konzile revidieren müssen. Bereits 1928 schrieb der Kirchenhistoriker Karl Holl: »Die Kirchen können nicht umhin, wenn anders sie leben wollen, ihre eigenen Glaubenszeugnisse im Laufe der Jahrhunderte umzudeuten. Halten sie starr am Inhalt oder vollends an dem einmal geprägten Wortlaut fest, so verurteilen sie sich damit selbst zum Tode.«

8. Jesus der Christus

Jesus und das Judentum

Jesus war Jude und ist es immer geblieben … Jesus war voll und ganz ein Mensch seiner Zeit und seines jüdisch-palästinischen Milieus des 1. Jahrhunderts, dessen Hoffnungen und Ängste er teilte … Jesus teilt mit der Mehrheit der damaligen palästinischen Juden pharisäische Glaubenslehren: die leibliche Auferstehung; die Frömmigkeitsformen wie Wohltätigkeit, Gebet, Fasten (vgl. Mt 6,1-18) und die liturgische Gewohnheit, sich an Gott als Vater zu wenden; den Vorrang des Gebots der Gottes- und Nächstenliebe (vgl. Mk 12,28-34).

Mit diesen Sätzen vom 24. Juni 1985 will die Vatikanische Kommission für die religiösen Beziehungen zum Judentum die christliche Predigt und Katechese neu orientieren. Jesus soll als Jude wieder sichtbar werden. Über die Maßen hat die Theologie ja einen Jesus entworfen, der sich als absolutes Novum vom Judentum abhob und sogar dessen Ende bedeuten sollte. In dem einstigen Standardwerk »Geschichte Israels« (1950 ff.) von Martin Noth (1902–1968) heißt es:

Jesus selbst mit seinem Wort und Werk gehört nicht mehr zur Geschichte Israels. An ihm fand die Geschichte Israels vielmehr ihr eigentliches Ende. Wohl aber gehört zur Geschichte Israels der Vorgang der Ablehnung und Verurteilung durch die Jerusalemer Kultgemeinde. Sie hatte in ihm nicht das Ziel erkannt, auf das verborgen die Geschichte Israels hinführte …. Die Jerusalemer Kultgemeinde glaubte, wichtigere Sorgen zu haben und verschloss sich diesem Neuen. Die Geschichte Israels eilte danach schnell ihrem Ende zu.

Was meint »Offenbarung« oder die seit dem Zweiten Vaticanum beliebte dogmatische Formel von der »Selbstoffenbarung Gottes in Jesus Christus«? Geht es um eine Selbstmitteilung Gottes? Theologie ist Anthropologie; dieses von Bultmann favorisierte Axiom gilt vor allem auch für die Rede von Gott. Pointiert formuliert: Religion, Offenbarung – auch die christliche – ist Menschenwerk.

Paul Hoffmann

Es besteht kaum ein Zweifel daran, dass die »hohe Christologie« das Judentum mehr als irgendetwas anderes vom Christentum trennt … Sie ist das hartnäckigste Problem zwischen beiden Religionen. Das Judentum kann die Behauptung nicht anerkennen, dass Jesus ganz menschlich und ganz göttlich war, dass es drei Personen in Gott gibt, die gleichwohl eine Einheit bilden, und dass eine von diesen Personen, der Sohn, in einem menschlichen Wesen Fleisch geworden ist …

Nach der gängigen jüdischen Auffassung ist diese Fehlentwicklung das Ergebnis des heidnischen Einflusses auf das Christentum … Aber wiederum ist die gängige Auffassung nicht die ganze Wahrheit. Es gab etwas im Judentum, was eine hohe Christologie möglich, wenn nicht gar notwendig machte. Der Gott Israels ist nicht der »Unbewegte Beweger« des Aristoteles. Er ist zutiefst mit menschlichen Problemen beschäftigt und trägt viele menschliche Züge … Dies alles machte es nicht notwendig, dass das Christentum eine Lehre

Entschiedener ließ sich der Jude Jesus nicht verleugnen und mit allem, was er war und tat, seinem eigenen Volk absprechen. Die darin eingeschlossene Enteignung des Judentums setzte im großen Stil bereits im 2. Jahrhundert ein. Der historische Jesu wurde durch seine christologische Interpretation immer kräftiger dem Judentum entfremdet und mit der Verflüchtigung seines jüdischen Kontextes wurde auch dem Judentum jedes Recht abgesprochen, ihn weiterhin als Juden zu sehen.

Erst mit dem berühmten Jesus-Buch des jüdischen Literatur- und Religionswissenschaftlers Joseph Klausner (1874–1958) wurde dieser Bann gebrochen. Sein Großneffe Amos Oz erinnert sich:

Viele Jahre schrieb Onkel Joseph an seinem Buch über Jesus von Nazareth, ein Buch, in dem er – zum Erstaunen von Christen und Juden gleichermaßen – behauptete, Jesus sei als Jude geboren und als Jude gestorben und habe gar keine neue Religion begründen wollen. Mehr noch: Jesus erschien ihm als der jüdische Moralist par excellence. Achad Ha'am bat ihn eindringlich, dies wie auch anderes zu streichen, um einen ungeheuren Skandal in der jüdischen Welt zu vermeiden, den das Buch auch prompt auslöste – unter Juden wie unter Christen –, als es 1921 in Jerusalem erschien: Ultraorthodoxe Juden beschuldigten Klausner, die Missionare hätten ihn mit Geld bestochen, damit er »jenen Mann« lobe und preise. Und die anglikanischen Missionare in Jerusalem forderten, der Erzbischof solle den Missionar Dr. Danby, der »Jesus von Nazareth« ins Englische übersetzt hatte, seines Amtes entheben, da das Buch das Gift der Ketzerei in sich trage, denn »es präsentiert unseren Heiland als eine Art Reformrabbiner, als einen gewöhnlichen Sterblichen und vollgültigen Juden, der rein gar nichts mit der Kirche zu tun hat«.

Einmal sagte Onkel Joseph zu mir: »In deiner Schule, mein Lieber, wird man dich gewiss lehren, diesen tragischen und wunderbaren Juden zu verabscheuen, und ich hoffe nur, man bringt dir nicht auch noch bei, auszuspucken, wann immer du seinem Bildnis oder einem Kruzifix begegnest. Wenn du einmal groß bist, mein Lieber, lies bitte deinen Lehrern zum Trotz das Neue Testament, und du wirst entdecken, dass er von unserem Fleisch und Blut gewesen ist, durch und durch eine Art Zaddik. Zwar war er ein Träumer ohne jeglichen Sinn für Politisches, aber es gebührt ihm, sehr gebührt ihm ein Platz im Pantheon der Großen Israels.«

In der Tradition Klausners sind weitere jüdische Arbeiten entstanden, die Jesus in das eigene Volk zurückholen. Unter ihnen ist das Jesus-Buch David Flussers zu nennen, das ihn entschieden für die Glaubensgeschichte Israels reklamiert. Flussers Ausgangsposition lautet: »Um Jesus zu verstehen, ist die Kenntnis des zeitgenössischen Judentums unentbehrlich.« Dabei mutet er dem christlichen Theologen zu, »mit der Tatsache fertig werden (zu) müssen, dass der Gründer ihrer Religion ein gesetzestreuer Jude war, der nie vor der Notwendigkeit gestanden ist, sein Judentum der europäischen Lebensweise anzupassen.« Flusser zeigt, dass »der – wenn man so will – revolutionäre Ansatz in der Verkündigung Jesu nicht von einer Kritik am jüdischen Gesetz ausgeht, sondern von anderen Prämissen, die nicht erst Jesus schuf … Von drei Punkten kommt der Durchbruch: von dem radikalen Liebesgebot, von dem Ruf nach einer neuen Moral und von der Idee des Königreiches der Himmel.«

---

von der Inkarnation Gottes in Jesus von Nazaret hervorbrachte. Aber es öffnete die Tür für den christlichen Irrtum …

Was ist die Lösung dieses Problems? Die einfachste Lösung für Christen ist es, die hohe Christologie aufzugeben und durch eine gemilderte Christologie zu ersetzen, die Jesus als einen ganz besonderen Menschen anerkennt, durch den Gottes Geist zur Menschheit redet, der aber nicht qualitativ von seinen prophetischen Vorläufern unterschieden ist. Ich habe den Eindruck, dass vielen Christen bei der hohen Christologie nicht wohl ist. Da ich davon überzeugt bin, dass die hohe Christologie ein tragischer Irrweg in der christlichen Entwicklung war, kann ich nicht umhin, mit einer gemäßigten Christologie zu sympathisieren.

Michael Wyschogrod

Joseph Gedalja Klausner (1874–1958), jüdischer Literaturwissenschaftler, Historiker und Religionswissenschaftler. K. wanderte 1919 nach Palästina aus und erhielt an der Hebräischen Universität in Jerusalem den Lehrstuhl für Hebräische Literatur und später auch den für die Erforschung der Geschichte des Zweiten Tempels. Er hatte eine umfassende Kenntnis des Talmud und der hebräischen Literatur. International berühmt wurde er durch sein Buch *Jesus von Nazareth* (1922) und die Fortsetzung *Von Jesus zu Paulus* (1950).

Die einfache, zuverlässigste historische Tatsache, dass Jesus ein gläubiger Jude war, ist in der christlichen Kirche wenig zum Zuge gekommen. Das ist nicht verwunderlich, es liefe ja darauf hinaus, dass Jesus selbst, um den sich das Christentum dreht, einem überholtem Glauben anhing. Das hat natürlich kein Christ aussprechen können, aber zur Vermeidung dieser Schlussfolgerung musste man aus Jesus etwas anderes machen, als er war.

H. M. Kuitert

Neben Martin Buber, Schalom Ben Chorin, Pinchas Lapide oder Geza Vermes, die ihrerseits bemüht waren, Jesus den Juden mit neuen Augen zu sehen, hat der jüdische Philosoph und Theologe Will Herberg (1901–1977) im Blick auf Jesus Judentum und Christentum in einer komplementären Beziehung erkannt:

Jesus stand ... in der Linie der Propheten Israels. Wenn der Prophet ein von Gott in Beschlag genommener Mensch ist, der der Gemeinschaft, der er angehört, gegenübersteht und ihr das Wort des Herrn als Gericht und Verheißung nahe bringt, um dadurch auf sie einzuwirken, dann war Jesus von Nazareth ein Prophet in Israel und stand in der Nachfolge von Amos, Hosea, Jesaja und Jeremia. Seine Angriffe auf die Verderbnisse und Abgöttereien seiner Zeit, sein Ruf zur Umkehr, seine Verheißung göttlicher Gnade für die, »die zerschlagen und demütigen Geistes sind«, seine Verkündigung der herannahenden neuen Zeit als Gericht und Erfüllung folgt mit voller Absicht dem Muster der großen Propheten. In der Tat gibt es bei ihm aufgrund der neuen Situation etwas Neues; aber dieses Neue, dieses Sprechen aus und zur Situation der Zeit, ist genau das, was das lebendige Wort der Prophetie kennzeichnet. Jesus, der rabbinische Lehrer, gehört auch zu den Propheten Israels, und zwar mit einer eindeutigen Nähe zu den großen Propheten der Vergangenheit ...

Michael Mathias Prechtl (1926–2003), Hermann Kesten im Café, 1979.

Hier sitzen drei Juden zusammen, die sich in der Zeit nie hätten begegnen können: Der rüstige Alte mit den Gesetzestafeln ist Mose; ihm gegenüber der andere große Lehrer mit nacktem Oberkörper und tätowiertem Judenstern; der dritte am Tisch nimmt den Ehrenplatz ein, der Dichter Hermann Kesten (1900–1996). Offensichtlich war es die gemeinsame Beziehung zu Nürnberg, die den Künstler mit Hermann Kesten verband. Aber dieser Hintergrund »erklärt« das Gemälde nicht. In seiner eigentlichen Thematik wächst es über private Motive hinaus. Es ist ein Werk, in dem sich Judentum und Christentum begegnen, deutsche Geschichte und Christentumsgeschichte, jüdisches Schicksal und letztlich die nicht mögliche Verdrängung des Judeseins Jesu, die ein wesentlicher Grund ist für die Ungerührtheit, mit der die deutsche, österreichische wie europäische Welt die Juden ihrem Schicksal überließ.

Jesus von Nazaret und der Christus des Glaubens

Will Herberg (1901–1977), amerikanischer jüdischer Schriftsteller, Theologe und Philosoph. Nach einer marxistischen Frühphase gründete er die Vierteljahrsschrift »Judaism« und war Religion Editor der Zeitschrift »National Review«.

Abraham Joshua Heschel (1907–1972), jüdischer amerikanischer Philosoph. Er stammt aus einer berühmten chassidischen Familie in Polen, studierte seit 1927 in Berlin und promovierte mit einer bahnbrechenden Arbeit über »Die Prophetie«. 1935 behandelte er die Spannung zwischen emotionaler und rationaler Theologie in einer Maimonides-Biographie. 1937 berief ihn Martin Buber an das jüdische Lehrhaus in Frankfurt a. M. 1938 wurde H. von der NS-Regierung nach Polen ausgewiesen. Von dort gelang ihm 1940 über England die Flucht in die USA. Hier lehrte er an jüdischen Hochschulen und engagierte sich in den 60er Jahren politisch in der Bürgerrechts- und Protestbewegung. Eine entscheidende Rolle spielte H. im interreligiösen Dialog und bei der Vorbereitung zum Zweiten Vatikanischen Konzil.

Der Jesus, der uns als Problem gegenübertritt, ist der Jesus, den Petrus als den Christus bekennt und den das vierte Evangelium als den darstellt, der erklärt: »Ich bin der Weg …; niemand kommt zum Vater denn durch mich« (Joh 14,6). Wie kann ein Jude mit diesem Bekenntnis und diesem Anspruch umgehen? …

Durch Christus wurde Gottes Bund mit Israel – in der »Fülle der Zeit« – der ganzen Menschheit eröffnet. Als derjenige, von dem und durch den der Bund Israels für die ganze Menschheit geöffnet wurde, erscheint Christus – und zwar ganz wörtlich – im frühen christlichen Denken als Verkörperung Israels bzw. Ein-Mann-Israel (vgl. Jes 10,21). Durch die Gemeinschaft im Glauben mit ihm wird der nicht jüdische Gläubige, der gestern noch Heide war, Teil von Israel; er wird deshalb Bestandteil des Bundes und somit Erbe der Gottesverheißung an Israel. »Gehört ihr aber Christus an«, sagt Paulus, »so seid ihr ja Kinder Abrahams und nach der Verheißung Erben« (Gal 3,29) …. Solomon Grayzel, ein moderner jüdischer Autor, beschreibt den Sinn der paulinischen Worte – ich denke recht treffend – folgendermaßen: »So erweitert er den Begriff ›Jude‹. Um all die darin … einzuschließen, die ihr Leben ändern und gläubige Christen wurden.« …

Durch Christus wird Israels Heilsgeschichte zur Heilsgeschichte der zu Christen bekehrten Heiden, die damit faktisch Israeliten werden. »Durch Jesus Christus«, formuliert H. Richard Niebuhr, »erkennen Christen, woher sie auch stammen, die Hebräer als ihre Väter an … Alles, was diesem fremdartigen, wandernden Gottesvolk geschah, wird Teil ihrer eigenen Vergangenheit.«

Christlicher Glaube definiert und bringt also einen neuen Bund hervor, der jedoch nicht in dem Sinne neu ist, dass er den alten ersetzt, sondern, dass er den alten erweitert und ausdehnt, so wie wir etwa von der Neuen Welt Seite an Seite mit der Alten Welt sprechen. Denn mit dem Heraufziehen des Christentums sind weder Erwählung und Berufung Israels aufgehoben noch löst die Kirche das Volk des »alten Bundes« ab. … Judentum und Christentum repräsentieren also *einen* Glauben, der in *zwei* Religionen zum Ausdruck kommt: Das Judentum ist nach innen, den Juden zugewandt, das Christentum ist nach außen, den Heiden zugewandt, die durch es zu Gott gebracht werden und am Bund Israels teilhaben und somit aufhören, Heiden im eigentlichen Sinn des Wortes zu sein. Das ist die Einheit von Judentum und Christentum, und das ist der Grund, warum ein Jude Jesus in seiner Einzigartigkeit als den Weg zum Vater wahrnehmen und anerkennen kann. …

In Jesus – und zwar nicht nur in Jesus, dem Lehrer der Moral, oder in Jesus, der prophetischen Stimme, sondern auch in dem Jesus, den Christen als den Christus bekennen – finden Jude und Christ ihre Einheit … und ihre Differenz.

Jesus und das Christentum

Mit dieser Beschreibung Will Herbergs ist auch das Verhältnis Jesu zum Christentum benannt. Zu beachten ist, dass der Jude Jesus bis zu seinem Tod als Jude dachte und lebte. Erst nach seinem Tod entwickelte sich in seiner Gefolgschaft – Schritt für Schritt – das Christentum, und zwar in durchaus unterschiedlichen Ansätzen.

Die Anfänge dieses Prozesses vollzogen sich schon bald in einer kritischen und dann zunehmend aggressiven Auseinandersetzung mit dem Judentum (→ S. 274 f.). Wenngleich Paulus noch deutlich die jüdische Wurzel und damit eine bleibende Verbindung und Verpflichtung vor Augen hatte – »Nicht du trägst die Wurzel, sondern die Wurzel trägt dich!« – unterstand die weitere Entwicklung einer zunehmenden Anpassung an den Geist der hellenistischen Welt. Der jüdische Theologe und Philosoph Abraham Joshua Heschel (1907–1972) wertet diese Entwicklung so:

Das Ergebnis war eine bewusste oder unbewusste Entjudaisierung des Christentums, die das Denken der Kirche und ihr inneres Leben ebenso beeinflusste wie ihr Verhältnis zur gegenwärtigen und vergangenen Realität Israel ... Das theologische Denken formte seine Begriffe in Antithese zum Judentum. Gegensatz und Widerspruch bestimmten die Blickrichtung und nicht Anerkennung der Wurzeln, Verbundenheit und das Gefühl der Verpflichtung. Das Judentum wurde zur Religion des Gesetzes, das Christentum zur Religion der Gnade; Judentum lehre einen Gott des Zornes, das Christentum den Gott der Liebe.

Mit Heschel glauben viele jüdische Theologen, die sich um das Verhältnis zum Christentum sorgen, dass sich das Christentum nur dann selbst richtig versteht, wenn es sein Verhältnis zum Judentum in Revision seiner bisherigen Geschichte neu bestimmt:

Jack Jewell, Don't worry, be happy – Auferstandener Christus am Meer, 1990.

Immer wieder findet sich in der christlichen Literatur die Frage, ob Jesus gelacht habe. Man wundert sich, dass die Evangelien darüber nie sprechen. Wie sollten sie auch, denn keiner der Evangelisten hat Jesus gekannt, hat zuhören können, als er sprach und die Menschen fesselte. Aber es gibt viele Gründe, sich einen lachenden Jesus vorzustellen: Einer, der erzählen kann, also Situationen stiften, die den Zuhörer in Bann nehmen; der Auge und Ohr für den Alltag der Menschen hat; der sich mit Reichen und Armen, Frauen und Männern, Hochwürdigen und Unwürdigen an einen Tisch setzt, mit ihnen isst und trinkt und die ungleiche Tischgemeinschaft sogar zum zentralen Symbol seiner Botschaft macht – ein solcher Mensch, der sich von Menschen berühren lässt und seinerseits zutiefst anrührt ..., der hat auch mit ihnen gelacht und geweint. Aber dieses Lachen ist dem Plakat-Künstler wohl nicht zugänglich.

Zur Erneuerung des Christentums gehört es, sich dem Judentum zu stellen, aus dem es hervorgegangen ist. Von ihrer Quelle getrennt, ist die Christenheit leicht Ideen ausgesetzt, die ihrem Geist fremd sind. Die Hauptherausforderung für die Kirche ist zu entscheiden, ob die Christenheit den jüdischen Weg überwinden und beseitigen oder ihn fortführen soll, indem sie den Gott Abrahams und Seinen Willen zu den Völkern bringt ...

Die Stellung und das Gewicht der Hebräischen Bibel sind deshalb so bedeutend, weil alle folgenden Ausprägungen und Lehrsätze, sei es im Judentum oder im Christentum, ihre Wahrheit aus ihr ableiten. Wenn sie nicht dauernd von ihr beurteilt und geläutert werden, neigen sie dazu, die lebendige Beziehung Gottes zur Welt zu verdunkeln und zu entstellen.

Im Denken unserer Zeit kommt die Bibel nicht vor. Sie wird zwar zur Erbauung zitiert, einer Predigt scheinbar zugrunde gelegt. Aber sie ist keine lebendige Kraft, die unser Leben prüft. Die Bibel wird als Quelle des Dogmas respektiert, nicht aber als lebendige Geschichte. Man liest die Psalmen, nicht die Propheten. Sie werden als Vorläufer verehrt, aber nicht als Wegweiser und Lehrer ...

Eine wichtige Wurzel des gegenwärtigen Nihilismus ist der uralte Widerstand gegen die hebräische Welt- und Menschensicht. Die Hebräische Bibel hat eine Illusion zerstört, die Illusion, man könne in der Welt als unbeteiligter, unschuldiger Zuschauer existieren. Gläubig sein erschöpft sich nicht in geistlichem Konsum. Die Bibel hat die alte Tradition zerstört, in der sich die Beziehung zu den Göttern mit Leichtigkeit ergab, in der sich die Götter unseren Vorstellungen und Maßstäben anpassten, eine Tradition, in der Religion vor allem eine *Garantie* war.

Jesus von Nazaret und der Christus des Glaubens

> Ohne Bindung an die Hebräische Bibel fing man an, sich nur an eine Seite der Bedeutung Gottes zu halten, vorzugsweise an Sein Versprechen als Erlöser ... Wenn Sie mir diese Bemerkung gestatten, möchte ich sagen, dass es für einen Juden schwer zu verstehen ist, wenn Christen Jesus als den Herrn verehren und dieses Herrsein an die Stelle der Herrschaft Gottes, des Schöpfers, tritt. Es ist für einen Juden schwer zu verstehen, wenn Theologie auf Christologie reduziert wird ...
>
> *Abraham Joshua Heschel*

Mit dieser letzten Bemerkung drängt sich noch einmal das bisher ungelöste Problem »Jesus und Paulus« auf. Einerseits steht am Anfang der Befund, dass Paulus die originäre Lehre Jesu schlechterdings übergeht. Seinen Schriften ist nicht zu entnehmen, wie weit er dessen Reich-Gottes-Programm überhaupt gekannt hat und ob er dem für seine theologische Überzeugung Relevanz einräumte. Da ihm die Begegnung mit authentischen Zeugen des Lebens und Wirkens Jesu jede Information ermöglicht hätte, liegt die Vermutung nahe, dass Paulus zu Gunsten seines eigenen Entwurfs bewusst darauf verzichtete.

Die weitergegangene Geschichte führt allerdings zu einem anderen Urteil. Augen- und Ohrenzeugen des Lebens Jesu wären wahrscheinlich niemals in der Lage gewesen, die Lehre Jesu in eine nichtjüdische Kultur zu übersetzen, auch wenn das Judentum, dem sie angehörten, schon lange hellenistisch beeinflusst war. Dazu brauchte es einen Visionär, den die Einbindungen in die bäuerlich-galiläische Welt nicht behinderten, das »Jesus-Geschehen« in einen gänzlich neuen Horizont zu übersetzen. Doch was war für Paulus dieses »Jesus-Geschehen« und worin bestand es? Wie weitgehend nimmt seine Christologie am Selbstverständnis und Programm Jesu ihr Maß? Nimmt sie überhaupt Maß? Der Neutestamentler Otto Kuss meint:

> Paulus weiß, dass Gott sich gerade der Sünder annimmt, ja dass eben dort, wo die Sünde sich gemehrt hat, die Gnade überströmend geworden ist ... Dass Gott es zuerst und zuletzt mit den Menschen »gut meint«, das ist es – auf eine beinahe schon unzulässig vereinfachte Formel gebracht –, was Jesus und Paulus gemeinsam haben.

Paul Hoffmann, Schüler von Otto Kuss, findet eine konkretere Gemeinsamkeit zwischen Jesus und Paulus:

> Nicht die Abrahamskindschaft oder der Mosebund ist für Jesu Heilszusage ausschlaggebend, sondern allein die Tatsache, dass der Mensch Gottes Geschöpf ist. Damit ist letztlich jedem Erwählungsglauben der Abschied gegeben: Gottes Basileia-Handeln gilt allen ohne Vorbehalt. Jesu Offenheit für die Heiden wird von daher verständlich, auch wenn sie bei ihm, falls die Geschichte von der Syrophönizierin historische Erinnerung bewahrt hat, einen Lernprozess voraussetzte (Mk 7,24-30). Der Weg der Jesusbewegung über die Grenzen des Judentums hinaus in die Völkerwelt erscheint in dieser Perspektive als konsequente Fortsetzung seines Ansatzes. Daraus ergeben sich entscheidende Folgerungen auch für das Selbstverständnis der christlichen Kirchen und ihre Praxis.

Wie hat sich dieses Evangelium in der Kirche behauptet?

Dieses offizielle Kirchentum mit seinen Priestern und seinem Kultus, mit all den Gefäßen, Kleidern, Heiligen, Bildern und Amuletten, mit seiner Fastenordnung und seinen Festen hat mit der Religion Christi gar nichts zu tun. Das alles ist antike Religion, angeknüpft an einige Begriffe des Evangeliums, oder besser, das ist antike Religion, welche das Evangelium aufgesogen hat. Die religiösen Stimmen, die hier erzeugt werden, oder die dieser Art von Religion entgegenkommen, sind unterchristliche, sofern sie überhaupt noch religiös genannt werden können.

Aber auch der Traditionalismus und die »Orthodoxie« haben mit dem Evangelium wenig gemein; auch sie sind nicht von ihm her gewonnen oder von ihm abzuleiten. Korrekte Lehre, Pietät, Gehorsam, Schauer der Ehrfurcht können wertvolle und erhebende Güter sein; sie vermögen den Einzelnen zu binden und zu zügeln, zumal wenn sie ihn in die Gemeinschaft eines festen Kreises hineinziehen; aber mit dem Evangelium haben sie solange nichts zu tun, als der Einzelne nicht dort gefasst wird, wo seine Freiheit liegt.

(Doch) ... hat die Kirche, indem sie das Evangelium nicht unterdrückt hat, sondern, wenn auch in kümmerlichem Maße, zugänglich erhält, das Korrektiv immer noch in ihrer Mitte. Dieses Evangelium übt seine Wirkung in und neben der Kirche bei Einzelnen aus ... Somit ist das Evangelium auf diesem Boden nicht völlig untergegangen.

Adolf von Harnack

Dennoch meint Otto Kuss, es sei kaum »aus der Verlegenheit« herauszukommen, dass Paulus die originäre Botschaft Jesu ignorierte. Sage man aber, dass er den »Geist Jesu« begriffen habe, um ihn für eine neue Situation neu zu formulieren, so verweise das bereits auf die Gesamtheit des neutestamentlichen Kanons, deren zusammengeraffte Summe ohne eine vorweg zu leistende Glaubenszustimmung nicht zu haben sei (→ S. 111 ff.).

Für die gegenwärtige Zeit gilt, dass der theologische Disput noch nicht reif ist, das Problem »Jesus und Paulus« zu lösen. Die Einreden, welche in jüngster Zeit gegen die paulinische Deutung des Kreuzestodes Jesu vorgetragen werden (→ S. 297 ff.), entwerten massiv *diesen* fundamentalen Aspekt seiner Christologie. Erst der Fortgang der theologischen Reflexion wird zeigen, was sich davon weiterhin als tragend erweist und ob die Christenheit sich dem jüdischen Jesus wieder bewusster zuwenden wird.

Abraham Heschel meinte, »die Bibel« werde in den christlichen Kirchen als Quelle des Dogmas respektiert, doch hätte er ergänzen können: leider nicht als Korrektur des Dogmas. Vom Geist der Jüdischen Bibel getrennt, hat sich eine Christologie entwickelt, die – griechischem Denken folgend – den biblischen Maßstab für angemessene Gottesrede aufgab. Gerade an der katholischen Tradition und ihren Katechismen lässt sich bis zum Tag eine Dogmatik studieren, die gegen jede noch so gesicherte bibeltheologische Erkenntnis immun ist.

So stört es nicht, dass bei Mk 6,3 von den Geschwistern Jesu die Rede ist und seine Brüder namentlich genannt werden; dass Mk 3,31ff. und Joh 2,12 »die Mutter und die Brüder« im engen Zusammenhang nennen (vgl. auch Joh 7,5); dass von diesen Brüdern Jakobus in der frühesten Jerusalemer Gemeinde durchgehend als »Herrenbruder« bezeichnet wird (Gal 1,19; 2,9.12; Apg 12,17; 15,13; 21,18; 1 Kor 15,7; Jak 11,1; Jud 1); dass auch der jüdische Geschichtsschreiber Josephus von dem »Bruder Jesu, der Christus genannt wurde« spricht (Ant 20,9,1). Diese Formulierung »weist Jakobus noch deutlicher als Bruder Jesu aus, als Paulus es tut« (Steve Mason). Hinzu kommt, dass auch die aus einer Planungsgruppe der deutschen katholischen Bischöfe hervorgegangene »Einheitsübersetzung« der Bibel Jakobus in ihren Einleitungen mit Selbstverständlichkeit als »Bruder des Herrn« bezeichnet – doch das alles berührt nicht die Mariendogmen, nach denen Maria nur Jesus als einzigen Sohn hatte, der keinen irdischen Vater besaß, und dessen wunderbare Geburt ihre Jungfräulichkeit nicht aufhob. Wie schon Augustinus formulierte: Maria »ist Jungfrau geblieben, als sie ihren Sohn empfing, Jungfrau, als sie ihn gebar, Jungfrau, als sie ihn trug, Jungfrau, als sie ihn an ihrer Brust nährte. Allzeit Jungfrau« (Serm. 186,1), so lehrt auch heute der »Katechismus der Katholischen Kirche«:

Arnulf Rainer (geb. 1929), Christus, blau verschmiert, 1980.

Das Bild Christi ist durch zahllose Übermalungen der aufeinander folgenden Zeiten verstellt und vielen nicht mehr verständlich. Der Künstler, der seinerseits vorgegebene Christusbilder übermalt, sagt dazu: »Mit meinen Übermalungen will ich den Bildern das zurückgeben, was sie verloren haben ... Aus der Lösung ein Rätsel zu machen, das im Hintergrund die Worte Heimat, daheim sein bei Gott buchstabiert.«

Jesus von Nazaret und der Christus des Glaubens

Ein vertieftes Verständnis ihres Glaubens an die jungfräuliche Mutterschaft Marias führte die Kirche zum Bekenntnis, dass Maria stets wirklich Jungfrau geblieben ist [Vgl. DS 427], auch bei der Geburt des menschgewordenen Gottessohnes [Vgl. DS 291; 294; 442; 503; 571; 1880]. Durch seine Geburt hat ihr Sohn »ihre jungfräuliche Unversehrtheit nicht gemindert, sondern geheiligt« (LG 57). Die Liturgie der Kirche preist Maria als die »allzeit Jungfräuliche«. Man wendet manchmal dagegen ein, in der Schrift sei von Brüdern und Schwestern Jesu die Rede. Die Kirche hat diese Stellen immer in dem Sinn verstanden, dass sie nicht weitere Kinder der Jungfrau Maria betreffen. In der Tat sind Jakobus und Josef, die als »Brüder Jesu« bezeichnet werden (Mt 13,55), die Söhne einer Maria, welche Jüngerin Jesu war [Vgl. Mt 27,56] und bezeichnenderweise »die andere Maria« genannt wird (Mt 28,1). Gemäß einer bekannten Ausdrucksweise des Alten Testamentes [Vgl. z. B. Gen 13,8; 14,16; 29,15] handelt es sich dabei um nahe Verwandte Jesu. [Nr. 499; 500]

> Wir gebrauchen das Wort »Christus«, weil es für ein Lernen, das nicht historisch, sondern praktisch interessiert ist, nicht genügen kann, auf den historischen Jesus zu blicken. Gerade wer aus seinem Leben und aus seinen Worten gelernt hat, dem wird es nicht genügen, dabei zu verharren und die weitergehende Geschichte Jesu zu ignorieren. Seit 2000 Jahren steht dieser Jesus von Nazaret auf! Er verwandelt das Bewusstsein der Menschen, die ihm sein Versprechen glauben. Seit ihm und in ihm ist die Hoffnung der Menschen gewachsen, und es gibt mehr Grund, Mut zu haben. In seinem Namen ist das Gesicht der Erde verändert worden. Sprechen wir von Christus, so nehmen wir das, was Franziskus oder Martin Luther King von Jesus gelernt haben, in unsere Beziehung mit auf; wir übernehmen die Schätze, die Menschen in der Begegnung mit Jesus gesammelt haben. Es ist der verstandene, der konkret entfaltete, der vorangehende, weiterwirkende Christus, von dem wir lernen können. Dieser Weg Christi bis zu uns hin ist nicht umsonst gewesen.
>
> *Dorothee Sölle*

Mit einer solch abwehrenden »Exegese« ist das Dogma ein für alle Mal gerettet, die katholische Frömmigkeitsgeschichte mit ihren zahllosen Marienwallfahrtsorten macht es zur nicht mehr hinterfragbaren Selbstverständlichkeit, die »Erscheinungen« in Lourdes oder Fatima stabilisieren diesen Glauben, Bildbenennungen der Kunstgeschichte wie »Muttergottes« oder »Immaculata« transportieren die mythischen Chiffren in die allgemeine Öffentlichkeit (→ S. 431 ff.).

Die Mariologie ist freilich nur ein Ableger der Christologie, an der – wie bereits Abraham Heschel ausführte – das verlorene Verhältnis zu Jesus dem Juden und dem Judentum besonders problematisch zur Sprache kommt. Das Konzil von Chalcedon lehrte Christus als »der Gottheit nach dem Vater wesensgleich und der Menschheit nach uns wesensgleich … wobei nirgends wegen der Einung der Unterschied der Naturen aufgehoben ist, vielmehr die Eigentümlichkeit jeder der beiden Naturen gewahrt bleibt und sich in einer einzigen Person und einer einzigen Hypostase vereinigt« (DS 301-302; vgl. S. 328 ff.).

Wenn aber in eine Christologie der authentische Glaube Jesu nicht eingeht, ist es eine Christologie ohne Jesus selbst. Der Gott Jesu war der Gott der Tora und der Propheten. Die Zweinaturenlehre von Chalcedon, die besagt, dass Jesus unvermischt, unverändert, ungetrennt und unteilbar die göttliche und menschliche Natur in seiner Person vereinte, ist das Produkt einer Entwicklung, die sich ihrer jüdischen Begleitung begeben hat und »Jesus den Juden« als theologierelevanten Maßstab nicht mehr kennt. »Wie kann ein Christ es wagen«, fragt Abraham Heschel, »seine eigenen Vorstellungen von Gott an die Stelle von Jesu Gottesverständnis zu setzen und sich immer noch Christ nennen?«

Im Grundsatz müssen sich der christliche und der jüdische Gottesglaube nicht unterscheiden. Will man die einmalige Bedeutung Jesu zur Sprache bringen, so ließe sich statt der griechischen Zweinaturenlehre angemessener in jüdischer Tradition von der »Einwohnung« Gottes in Jesus sprechen (→ S. 328) und seine Verkündigung als die Eröffnung des Weges Israels zu Gott für die nichtjüdische Menschheit verstehen.

Schon in ihrem Ansatz ist für die christliche Dogmatik zu bedenken, dass es Tora und Propheten waren, die Jesus in seiner Verkündigung zur Sprache brachte. Diese Relation ist nicht auf den Kopf zu stellen, wie es die

Unbekannter Künstler, Ich suche dein Gesicht, 1989.

Einer ungezählten Menschenmenge ist das Gesicht Jesu eingeschrieben – eine Botschaft aus Wort und Tat, die aus ihrem Gottesvertrauen die Menschlichkeit des Menschen entfaltet.

Diese Botschaft hat jüdische Wurzeln, doch überschreitet sie alle Grenzen: Sie ist keine Lehre, die inhaltlich zu glauben wäre, sondern eine Lebensweise, die ihre Evidenz in sich selber trägt und sich an keine der üblichen Abgrenzungen bindet. Christen wie Atheisten, Gläubige und Nichtgläubige kann das Programm Jesu verbinden. Es übergreift Religionen, Kirchen, Konfessionen und Völker, denn es meint nicht wahre Sätze, sondern gelebte Wahrheit: »Alles was ihr wollt, dass euch die Menschen tun, das tut auch ihr ihnen« (Mt 7,12). Oder: »Liebe deinen Nächsten wie dich selbst« (Lev 19,18; Lk 10,27).

Der durch Jesus ausgestreute Samen hat sich im Gang der Zeiten entfaltet und trägt Früchte auch dort, wo man seinen Namen nicht kennt oder anerkennt. Inzwischen ist das Denken Jesu in das Denken der Menschheit eingegangen, weit über die Kirchen hinaus und manchmal gegen sie. So findet sich heute in unterschiedlichen Formen der Säkularisierung das »Gesicht Jesu« in den Ordnungen der Welt: Wo immer jenen die Aufmerksamkeit zugewendet wird, die ohnmächtig und ohne Stimme sind. Dafür stehen zahllose Organisationen und private Hilfsprogramme bereit – vom Roten Kreuz über Institutionen des Katastrophenschutzes bis zu Welthungerhilfe, Entwicklungsorganisationen, Greenpeace und Amnesty international. Was dort geleistet wird, beglaubigt die Hoffnung Jesu auf den stets breiter wachsenden Senfbaum. Es steht in einem prophetischen Erbe, das den Ort Gottes in dieser Welt bei denen wahrnimmt, die unter die Räuber gefallen sind …

kirchliche Tradition und selbst noch Karl Rahner (1904–1984) bedenkenlos taten:

Nun aber hat die Synagoge gar nicht dieselbe Vollmacht, unfehlbar von der Inspiriertheit der Schrift zu zeugen wie die Kirche. Es gab (auch vor dem Tod Christi) kein unfehlbares Lehr*amt* im Alten Testament in dem Sinne, dass es eine *dauernde* Institution gegeben hätte, der als solcher diese Inerranz [Irrtumslosigkeit] zugekommen wäre. Es gab immer wieder Propheten. Aber es gab keine unfehlbare Kirche. Das »Ende der Zeiten«, die letzte, unüberwindliche Heilstat Gottes, war ja noch nicht geschehen. Die Synagoge konnte von Gott abfallen. Sie konnte also das Nein zu Gott und seinem Christus zur amtlichen »Wahrheit« ihrer selbst machen und sich so als Gottes Stiftung für die Zukunft aufheben.

Jesus von Nazaret und der Christus des Glaubens

Ganz ähnlich hat ein amerikanischer Bischof des 17. Jahrhunderts die Fakten umgedreht, als er meinte: »Man kann die göttliche Vorsehung an der Tatsache erkennen, dass, wo immer eine Stadt ist, die Vorsehung für einen Fluss gesorgt hat …« Diese eigenartige Selbstbezogenheit im Umgang mit fremder wie eigener Glaubensüberlieferung verdankt sich letztlich einem Wahrheitsverständnis, das dem Judentum fremd ist, der Kirche aber aus ihrer spezifischen Inanspruchnahme des griechischen Logos zuwuchs. Im Judentum gilt:

Bevor wir das Wort »Gott« aussprechen, müssen wir jedes Mal unseren Geist aus dem Gefängnis der Plattitüden und Etiketten befreien, müssen wir ein ehrliches Gefühl haben allein schon für das Geheimnis, lebendig sein zu dürfen und der Welt gegenüber zu stehen …

Ob Dogmen angemessen sind, hängt davon ab, ob sie verbindliche Formeln sein wollen oder lediglich Hinweise. Im ersten Fall täuschen und versagen sie, im zweiten sind sie Hinweis und Erleuchtung. Angemessene Dogmen sehen ihr Thema aus großer Entfernung, sie weisen auf das Geheimnis Gottes hin, aber sie beschreiben es nicht. Was sie tun können, ist, den Weg des Denkens anzuzeigen, nicht aber das Ende des Denkens. Wenn Dogmen nicht bescheidene Wegweiser sind, dann sind sie Hindernisse. Sie dürfen nur andeuten, nicht aber informieren und beschreiben. Buchstäblich genommen werden sie entweder platt, eng und schal, oder sie sind bauchrednerische Mythen.

Ehrlicherweise muss man zugeben, dass Wahrheit, Sinn und Freude in dem zu finden sind, was sich nicht in Worte fassen und endgültig formulieren lässt. Der Gerechte lebt durch seinen Glauben, nicht durch sein Bekenntnis. Und Glaube bedeutet nicht Bindung an eine verbale Formulierung – im Gegenteil, er bedeutet zugleich das tiefe Bewusstsein für die Unangemessenheit von Worten, Begriffen und Taten. Wenn wir nicht erkennen, dass Dogmen Versuche sind und nicht etwas Endgültiges, dass sie Annäherungen sind und nicht Definitionen, Hinweise und nicht Beschreibungen, wenn wir nicht lernen, den Augenblick der Erkenntnis zu teilen, von dem sie zeugen wollen – dann sind wir der Buchstabengläubigkeit schuldig und der Täuschung, als ob wir wüssten, was man doch nicht in Worte fassen kann: Wir werden zu Anbetern des Götzen Verstand. Die unaufgebbare Funktion der Dogmen ist, dass sie es möglich machen, uns über sie zu erheben.

Der Weg zu dieser gelassenen Offenheit, wie sie hier Abraham Heschel beschreibt, ist für das Christentum in seinen verschiedenen Facetten noch unüberschaubar lang. Er lässt sich nur gehen, wenn der tiefe Fundamentalismus, der letztlich hinter der christlichen Dogmatik steht, aufgebrochen werden kann. Der Ansatz für diesen Aufbruch ist die Bereitschaft, Jesus den Juden wieder zu entdecken, ihn zum Maßstab der Christologie zu machen und die neunzehnhundertjährige Beziehungslosigkeit zum Judentum zu beenden, um in einem lebendigen Diskurs den griechisch inkulturierten Glauben aus der biblischen Tradition neu zu formulieren.

Der unendliche Mehltau, den all jenes dogmatisch Richtige schon auf jede Frage streut, könnte sich verlieren. Daher bleibt abzuwarten, ob die so freigelegte Gestalt Jesu im Kräfte-, Beziehungs- und Fragefeld der gegenwärtigen religiösen Situation nicht eine ganz neue Wertigkeit gewinnt. Vielleicht hat sich ja wirklich bisher nur ein begrenzter Teil seiner möglichen Bedeutung unter den Bedingungen der altkirchlichen und altprotestantischen Übermalung entfalten können.

Matthias Kroeger

IX. Die Kirche

1. Die Anfänge in Galiläa

Es ist ein historisches und zugleich theologisches Problem, seit wann von »Kirche« gesprochen werden kann. Das Problem hat Alfred Loisy bereits 1902 griffig formuliert: »*Jesus annonçait le royaume, et c'est l'eglise qui est venue.*« Da Loisy später als »Modernist« der Exkommunikation verfiel, wird der isolierte Satz meistens als kritische Bemerkung verstanden, dass zwischen Jesus und Kirche ein breiter oder gar trennender Graben zu sehen sei, doch verfolgte Loisy das umgekehrte Ziel, nämlich einen inneren Zusammenhang zwischen Jesu Botschaft und der Kirche zu behaupten. Bei ihm heißt es:

Jesus verkündete das Reich Gottes, und gekommen ist die Kirche. Sie kam und erweiterte die Form des Evangeliums, die unmöglich erhalten werden konnte, wie sie war, seitdem Jesu Aufgabe mit dem Leiden abgeschlossen war. Wenn man das Prinzip aufstellt, dass alles nur in seinem ursprünglichen Zustand Existenzberechtigung hat, so gibt es keine Einrichtung auf der Erde und in der menschlichen Geschichte, deren Legitimität und Wert nicht bestritten werden könnten. Ein solches Prinzip läuft dem Gesetz des Lebens zuwider, welche eine Bewegung und ein beständiges Streben nach Anpassung an ewig wechselnde und neue Bedingungen ist. Das Christentum hat sich diesem Gesetz nicht entzogen, und es darf nicht getadelt werden, weil es sich ihm gefügt hat. Es konnte nicht anders handeln.

Loisy meinte, der katholischen Kirche »die ganze Entwicklung ihrer Verfassung vorzuwerfen, das hieße ihr vorwerfen, gelebt zu haben«. Er versuchte, den geschichtlichen Wandel alles Lebendigen mit dem normativem Anspruch der Dogmatik zu verbinden. Für ihn schloss »die Idee des Reiches Gottes den Keim der Kirche und die ewige Hoffnung der Menschheit ein«, obwohl er sich bereits darüber klar war, dass es eine formelle Einsetzung der Kirche durch Jesus nicht gab.

Die christlichen Kirchen sind im Glauben davon überzeugt, Kirche Jesu Christi zu sein. Aber ist damit auch schon die historische Frage geklärt, in welcher Weise sich die Kirchenbildung vollzogen hat? Die naive Rede von einer »Stiftung« der Kirche durch Jesus hat selbst das Zweite Vaticanum aufgegeben, wenn es formuliert: »Das Mysterium der heiligen Kirche manifestiert sich in ihrer *Grundlegung*. Der Herr Jesus machte nämlich ihren Anfang, indem er die frohe Botschaft von der Ankunft des Gottesherrschaft predigte« (Lumen gentium, 1,5). Damit wird in der Reich-Gottes-Botschaft Jesu die Grundlegung der Kirche gesehen (→ S. 255 ff.), wenngleich die Kirche natürlich nicht mit dem »Reich Gottes« zu verwechseln ist.

Nirgends ist der historische Meister im Kreise seiner ersten Jünger Gegenstand der Anbetung und des Kultus. Wie verschieden auch die Lebensmitte der Jüngergemeinschaften in den verschiedenen Stifterreligionen ist, ein angebeteter Kultheros ist der lebende historische Meister nie, und nirgends hat er einen entsprechenden Anspruch erhoben, auch nicht für die Zeit nach seinem Tode. Tatsächlich aber ist keiner der großen Meister dem Schicksal entgangen, von der späteren Gemeinde vergottet und zum Kultobjekt gemacht worden zu sein. Konfuzius hat bereits 267 n. Chr. einen Tempel erhalten und thront vielfach mit Laotse und Buddha auf prunkvollen Altären. 1906 wurde Konfuzius den Gottheiten des Himmels und der Erde gleichgestellt. Buddha selbst, dem nichts ferner lag als göttliche Verehrung für sich zu beanspruchen, wurde im Mahâyâna-Buddhismus eine Kultgottheit neben vielen anderen Buddhagestalten … Auch Jesus wurde schon bei Paulus der »Kyrios«, der übergeschichtliche erhöhte Herr einer Kultgemeinde.

Gustav Mensching

Weder ein monarchisches Leitungsamt und dessen »priesterliche« Deutung noch die Aufgipfelung beider im römischen Papstamt lassen sich auf den »Stiftungswillen Jesu« oder – allgemeiner gefasst – auf das Zeugnis des Neuen Testament zurückführen. Insofern ist diese Verfassungsform der römischen Kirche weder göttlichen Rechts noch unabänderlich, sie ist vielmehr das Produkt einer höchst komplexen geschichtlichen Entwicklung, die von soziokulturellen Prämissen – etwa dem Patriarchalismus und Androzentrismus der antiken Gesellschaft – und bestimmten historischen Konstellationen abhängig war.

Paul Hoffmann

Die spätere Jesusbewegung hat ihre Wurzeln in der Gefolgschaft, die Jesus in der knappen Zeit seines öffentlichen Wirkens in Galiläa fand. Wir finden folgende Überlieferungen:

Und wenn ihr in ein Land geht und von Ort zu Ort wandert, dann esst, wenn sie euch aufnehmen, was sie euch vorsetzen! Heilt die Kranken, die unter ihnen sind. (Thomasevangelium 14,4)

Danach suchte der Herr zweiundsiebzig andere aus und sandte sie zu zweit voraus in alle Städte und Ortschaften, in die er selbst gehen wollte. Er sagte zu ihnen: Die Ernte ist groß, aber es gibt nur wenig Arbeiter. Bittet also den Herrn der Ernte, Arbeiter für seine Ernte auszusenden. Nehmt keinen Geldbeutel mit, keine Vorratstasche und keine Schuhe! Grüßt niemand unterwegs! Wenn ihr in ein Haus kommt, so sagt als Erstes: Friede diesem Haus! Und wenn dort ein Mann des Friedens wohnt, wird der Friede, den ihr ihm wünscht, auf ihm ruhen; andernfalls wird er zu euch zurückkehren. Bleibt in diesem Haus, esst und trinkt, was man euch anbietet; denn wer arbeitet, hat auch ein Recht auf seinen Lohn. Zieht nicht von einem Haus in ein anderes! Wenn ihr in eine Stadt kommt und man euch aufnimmt, so esst, was man euch vorsetzt. Heilt die Kranken, die dort sind, und sagt den Leuten: Das Reich Gottes ist euch nahe. Wenn ihr aber in eine Stadt kommt, in der man euch nicht aufnimmt, dann stellt euch auf die Straße und ruft: Selbst den Staub eurer Stadt, der an unseren Füßen

klebt, lassen wir euch zurück; doch sollt ihr wissen: Das Reich Gottes ist nahe. (Spruchquelle Q: Lk 10,1-2.4-11 = Mt 10,7.10 b.12-14)

Die bei Mk 6,7-13 vorliegende Fassung hat Lukas in 9,1-6 übernommen, so dass es hier zwei Fassungen der »Aussendungsrede« gibt. Bei Matthäus sind beide Quellen zu einer einzigen zusammengefasst. Die genannten Texte erlauben den deutlichsten Blick in das Zentrum der Jesusbewegung. Man muss sich jedoch hüten, in dieses Material bereits das paulinische Missionskonzept hineinzulesen oder gar die noch späteren christlichen Evangelisationsvorstellungen. Bei Mk 6,7 und, ihm unmittelbar folgend, bei Mt 10,1 und Lk 9,1 (indirekt aus dieser Quelle auch Lk 22,35) sind »die Zwölf« die Sendboten, doch gehen diese Zeugnisse alle auf den Markustext zurück. Die Festlegung der Zwölf bei Markus oder die Zweiundsiebzig bei Lukas zwingt aber nicht zu der Annahme, Jesus habe seine Sendung mit diesen Zahlen verknüpft. Es muss nicht einmal eine besondere oder einmalige Aussendung von Sendboten gegeben haben. Wahrscheinlicher ist, dass Jesus die »Mission« von allen, die an der Jesusbewegung teilnehmen wollten, erwartet hat. Dabei ist im Bereich Untergaliläas an keine großen Reichweiten zu denken. Man ist dort »nie weiter als einen Tagesmarsch von den entlegensten Orten des Landes entfernt« (Andrew Overman).

Nun werden bei Mk 6,7 die Zwölf je zu zweit ausgesandt, was Mt 10,1 und Lk 9,1 nicht wiederholen. Welcher Sinn kann sich damit verbunden haben? Kurz bevor Paulus in 1 Kor 9,14 der Aussendung Jesu gedenkt, fragt er in 9,4: »Haben wir nicht das Recht, eine gläubige Frau (*adelphen gynaika*) mitzunehmen, wie die übrigen Apostel und die Brüder des Herrn und wie Kephas?« Wörtlich übersetzt ist die *adelphe gyne* »Schwesterfrau«. Dachte Paulus an Ehefrauen? John Dominic Crossan bietet dazu eine kühne Überlegung an:

M eines Erachtens ist der Ausdruck genau so zu verstehen, wie er im griechischen Text steht: Diese Schwesterfrau war eine weibliche Sendbotin, die mit einem männlichen reiste, so dass sie in den Augen der Welt als dessen Ehefrau gelten konnte. Auf diese Weise konnte am ehesten in einer Welt männlicher Macht und Gewalttätigkeit den reisenden Missionarinnen sozialer Schutz garantiert werden. War also nicht vielleicht das der ursprüngliche Zweck der paarweisen Aussendung, nämlich die Aussendung von Missionarinnen zu ermöglichen? Mir ist wohl bewusst, wie verwegen diese Vermutung ist. Aber ich meine, sie muss aus zwei Gründen gewagt werden. Erstens, weil der Ausdruck des Paulus einer besseren Erklärung bedarf als nur die Vermutung, er habe damit den Charakter einer christlichen Ehefrau bezeichnen wollen. Und zweitens, weil die offene Kommensalität [= egalitäre Tischgemeinschaft], die Jesus lehrte, notwendig auch die Frauen einbeziehen musste. Wie aber konnten Missionarinnen in der bäuerlichen Gesellschaft Galiläas wirken? Ich glaube nicht, dass Frauen allein in die Häuser hätten gehen können, und meine, dass ihnen dazu eine solche »Schwesterfrau«-Beziehung zu einem Glaubensgenossen nicht nur die beste, sondern auch die einzige Möglichkeit bot.

Nach den zitierten Evangelientexten waren die ins Land geschickten Sendboten angewiesen, sich nicht von Almosen zu ernähren, sondern die

Römische Provinzialmünzen mit der Aufschrift JUDAEA CAPTA verwiesen unter dem römischen Kaiser Vespasian und seinen Nachfolgern Titus und Domitian auf die Niederwerfung des jüdischen Aufstands. Sie zeigen einen römischen Legionär, eine Palme und eine trauernde Witwe. Die Palme steht für Judaea, die trauernde Witwe war bereits 650 Jahre früher Symbol für das zerstörte Jerusalem, das die Babylonier erobert hatten.

Mit der Zerstörung des Tempels endeten für das Judentum Priestertum und Opfergottesdienste. Von da an war die Synagoge das einende Band für die landesverwiesene und sich in alle Welt zerstreuende Judenheit. Aber auch für die Christen brachte das Ende des Tempels eine Wende. Viele Judenchristen verließen bereits während des Krieges die Stadt. Den in Trümmern liegenden Tempel werden sie wie alle anderen Juden betrauert haben.

Andererseits sahen sie in der eingetretenen Katastrophe das Urteil Gottes über ein Israel, das den in Jesus gekommenen Messias nicht angenommen hatte. Diese Sicht übernahmen insbesondere die Heidenchristen und entwickelten daraus die Überzeugung, Gott habe Israel verworfen und die Kirche als das neue Gottesvolk erwählt. Die nach dem Jahr 70 entstandenen Evangelien spiegeln diese Interpretation deutlich und verschärfen nun eine zunehmend ablehnende Haltung gegenüber dem Judentum. Im Fortgang der Geschichte wirkte sich diese Einstellung grauenhaft aus.

Tischgemeinschaft mit ihren Gastgebern zu suchen. Sie nahmen keine Tasche mit, weil sie sich nichts erbetteln sollten. Sie bringen den Menschen, in deren Haus sie treten, eine Botschaft und empfangen dafür einen Platz am Tisch des Hauses:

Hier haben wir meines Erachtens das Wesentliche der ursprünglichen Jesus-Bewegung, die ein egalitäres Teilen aller geistlichen und materiellen Ressourcen zum Prinzip hatte. Ich lege auf diese Beobachtung den größten möglichen Nachdruck und bin überzeugt, dass die Materialität und Spiritualität, das Faktische und das Symbolische dieser Tischgemeinschaft untrennbar miteinander verbunden sind. Die Mission der Jünger Jesu wies diese nicht auf die großen Handelswege, auf denen später Paulus von einer Großstadt zur anderen reiste. Und doch mutet sie ihnen die weiteste Reise zu, die man in der griechisch-römischen Welt machen konnte und vielleicht in der Welt überhaupt machen kann, diejenige über die Schwelle des Hauses eines fremden Landmanns.

John Dominic Crossan

Eine Verschiebung dieser jesuanischen Bestimmung findet bei Paulus statt. In 1 Kor 9,1-18 weigert er sich, auf Kosten der Gemeinden, denen er diente, zu leben, vielmehr will er sein Brot mit eigener Hände Arbeit verdienen, obwohl er 9,14 einräumt, der Herr habe »denen, die das Evangelium verkünden, geboten, vom Evangelium zu leben«.

Eine weitere Verschiebung belegt die Didache (→ S. 288), die früheste »Kirchenordnung«, die ortsansässige Gemeindeleiter Wanderlehrern vorzieht. Diesen soll höchstens für zwei Tage Gastfreundschaft zuteil werden; bei ihrer Abreise soll man ihnen nur Brot als Wegzehrung mitgeben. Den sesshaften Gemeindedienern hingegen, die den Dienst des Propheten und Lehrers leisten, gebührt großzügiges Entgegenkommen:

Jeder wahre Prophet, der sich bei euch niederlassen will, verdient es, dass ihm die Gemeinde Unterhalt gewährt. Das gilt auch für einen wahren Lehrer. Den Unterhalt für die Propheten sollt ihr so zur Verfügung stellen: Sie sollen jeweils das erste Produkt von Kelter und Tenne oder die Erstgeburt von Rindern und Schafen erhalten. Denn sie erfüllen jetzt die Funktion, die nach dem jüdischen Gesetz die Hohenpriester innehaben. (13,1-3)

An die Stelle der eher missliebigen Wanderprediger sind inzwischen sesshafte Propheten und Lehrer getreten. Damit gehört die Zeit, in der schon beim Anklopfen der Wandercharismatiker »das Himmelreich gekommen war«, der Vergangenheit an. 1 Tim 5,17 f. heißt es: »Älteste, die das Amt des Vorstehers gut versehen, verdienen doppelte Anerkennung, besonders solche, die sich mit ganzer Kraft dem Wort und der Lehre widmen. Denn die Schrift sagt: Du sollst dem dreschenden Ochsen keinen Maulkorb anlegen, und: Wer arbeitet, hat auch ein Recht auf seinen Lohn.« Dass die veränderten Zeitverhältnisse diese Entwicklung notwendig machten, ist kaum zu bezweifeln. Der Mahnung, den Gemeindeleitern Unterhalt und Lohn nicht vorzuenthalten, wird es an Berechtigung nicht gefehlt haben, aber daneben ist wahrzunehmen, dass die Offene Tischgemeinschaft der Jesuszeit ein Phänomen anderer Natur ist als die nun angemahnte Unterstützung.

Die Differenz zwischen Reich Gottes und Kirche ist festzuhalten. Kirche ist mit dem Reich nicht identisch, sondern steht im Dienst jenes weltumspannenden Befreiungshandelns, das Jesus von Nazaret in seiner Botschaft von der anbrechenden Gottesherrschaft angekündigt und in seinem Tun zu realisieren versucht hat. Daher lassen sich weder die Gesamtkirche noch die Ortsgemeinde als geschlossene, sondern nur als offene Systeme begreifen. Sie müssen ihre eigenen Grenzen stets überschreiten – auf die Welt hin, in der Gottes Herrschaft als Herrschaft der Güte und des Friedens, der Gerechtigkeit und Freiheit sich durchsetzen will, mag dies auch nur anfanghaft und fragmentarisch gelingen. Insofern ist die Kirche im Einsatz für die, denen ein menschenwürdiges Leben vorenthalten wird, und zur Solidarität mit allen verpflichtet, die sich für die Befreiung und Würde des Menschen einsetzen.

Paul Hoffmann

2. Das Gemälde

In den ersten Jahrzehnten, die auf Jesus folgten, lässt sich von Kirche im Sinn einer einheitlichen und überschaubaren Größe noch nicht sprechen. Die großen Unterschiede zwischen der palästinischen Jesusbewegung, die anfangs eine Gruppenbildung innerhalb des Judentums war (→ S. 244 f.) und den Gemeindebildungen in den griechischen Städten (→ S. 246 f.) haben wir bereits kennengelernt. Die Jesusanhänger im jüdischen Umfeld waren, wenngleich eine neue Richtung, so doch weder Sensation noch Skandal. Sie lebten wie Jesus weiterhin in der jüdischen Toraordnung. Sie hatten wohl auch selbst keine andere Meinung von sich, als Juden zu sein, wenngleich sie sich schon früh (aber wie früh?) durch die Taufe als Aufnahmeritus in ihre Gemeinschaft in bedingter Eigenständigkeit etablierten. Sie begriffen sich über Jahrzehnte als Ereignis innerhalb von Israel mit der Tendenz, *ganz Israel* zu repräsentieren.

Schaut man neben dieser palästinischen Entwicklung auf die hellenistischen Gemeinden, wird deutlich, dass das »Urchristentum« nach Grundpositionen und Praxis kein einheitliches Phänomen war. In den großen Städten wurde das Judentum bald überfremdet. Schon in Jerusalem vollzog sich eine Teilung in Hebräer und Griechen, die bald zu Spannungen und dann zur Überschreitung der Synagogendisziplin seitens der griechischsprachigen Gemeinde führte, so dass die »Hellenisten« Jerusalem verlassen mussten, während die »Hebräer« in der Stadt blieben (→ S. 282). Das zeigt, wie stark sich die beiden Richtungen der »Urgemeinde« voneinander unterschieden haben. Die »Griechen« wurden exkommuniziert, die »Hebräer« aber boten den jüdischen Instanzen keinen Anlass zur Ausgliederung.

Die Teilung der Jesusbewegung zerfällt also einerseits in eine ländlich-palästinische Richtung und eine im städtischen Milieu der jüdischen Diaspora. Diese Spannung verschärft sich durch die Propagierung eines Christuskultes ohne jüdische Gesetzesbindung, während jüdische Jesusanhänger an die jüdische Gesetzespraxis gebunden bleiben. Damit werden verschiedene Wege des Evangeliums beschritten, von denen jedoch allein der hellenistische Weg weiterführte, weil mit dem Jüdisch-Römischen Krieg letztlich auch das Schicksal des palästinischen Judenchristentums entschieden wurde, so dass es in der Folgezeit schließlich im hellenistischen Christentum aufging.

Ganz anders schildert Lukas in seiner Apostelgeschichte das Entstehen der Kirche als ein übernatürlich inszeniertes Ereignis. Schon zum Ausklang seines Evangeliums hatte er »Jesus« ankündigen lassen, den Jüngern »die Verheißungen meines Vaters« zu senden; solange sollten sie in der Stadt bleiben, bis sie begabt würden »mit Kraft aus der Höhe«. Diese Ankündigung erfüllt sich in einem dramatischen Schauspiel:

Als der Pfingsttag gekommen war, befanden sich alle am gleichen Ort. Da kam plötzlich vom Himmel her ein Brausen, wie wenn ein heftiger Sturm daherfährt, und erfüllte das ganze Haus, in dem sie waren. Und es erschienen ihnen Zungen wie von Feuer, die sich verteilten; auf jeden von ihnen ließ sich eine nieder. Alle wurden mit dem Heiligen Geist erfüllt und begannen, in fremden Sprachen zu reden, wie es der Geist ihnen eingab (Apg 2,1-4).

Die Apostelgeschichte

Die Geschichte der Apostel ist die Geschichte der Ausbreitung der christlichen Religion durch das ganze Römische Reich von Jerusalem bis nach Rom. Sie beinhaltet zugleich die Geschichte des Kampfes, mit dem sich die christliche Religion ihren jüdischen Ursprüngen ... entwand. Lukas wollte, dass das Christentum als für die römische Ordnung gute und somit der Unterstützung Roms würdige Religion anerkannt wurde ... Gemäß der Darstellung der Apostelgeschichte waren die Apostel Apologeten einer bürgerlichen Religion!

Der Verfasser wollte weder ein paulinisches *kerygma* ... noch sonst irgendeine der zahlreichen anderen Deutungen des Evangeliums. Seine zentristischen Neigungen veranlassten ihn, all diese Mythologien im Interesse einer einzigen Ausdrucksform, einer Art Evangelium des gemeinsamen Nenners, zu verwässern.

Die entscheidende Frage stellte sich von selbst: Was ist mit der jüdischen Geschichte, den jüdischen Schriften, dem jüdischen Gott, dem Judentum des Zweiten Tempels, mit Jesus und seinen jüdischen Jüngern, die das hellenistische Christentum hervorgebracht hatten? ... Er musste erklären, was das

Christentum nun, da es eine griechisch-römische Religion geworden war, noch mit dem Jüdischen dieser Geschichte gemein hatte. Lukas war, soweit ich sagen kann, der erste, der diese Frage stellte. Sie gab der sensiblen Thematik der jüdisch-christlichen Identität eine Wende – weg von der ständigen Betonung der Unterschiede, hin zum Interesse an der historischen Frage nach den Gemeinsamkeiten … Es war genau dieses jüdische Interesse an Rechtschaffenheit und sozialer Gerechtigkeit, das Nichtjuden überhaupt den jüdisch-christlichen Gott nahebrachte. Keiner der griechischen Götter, so viel ist sicher, hätte ein solches Interesse an sozialer oder persönlicher Gerechtigkeit an den Tag gelegt. … Wenn man Jesus und die Apostel in eine Linie mit den Propheten brachte, konnte – als das einzige, wichtigste Prinzip der Kontinuität zwischen der Zeit vor und nach Jesus – eine überaus ruhmreiche, zusammenhängende Reihe von prophetischen Lehrern zutage treten … Mit Jesus weitete sich Gottes Wunsch nach einem gerechten Volk auch auf die Völker aus.

Im Zuge dieser Verlagerung des Interesses von Jesus auf die Apostel wurde die Darstellung der Evangelien auf ein Glaubensbekenntnis reduziert, und die Wiederholung dieses Credos wurde zum Zeichen der apostolischen Autorität. Die apostolische Autorität stützte eine konkrete und gesellschaftliche Institution, die Kirche, und diese hatte nunmehr ihren Mythos fertiggestellt. Sie hatte ihre Stiftergestalt, ihren göttlichen Herrn, ihre Apostel, ihre eigenen Beamten und Führer, ihre Rituale, ihr Ensemble an Praktiken und ihren Bestand an Lehrern. Die von Lukas vollzogene Reduktion des »Glaubens« an Christus Jesus auf eine Bekenntnisreligion mit dem Ziel der Einschärfung der Selbstbeherrschung passt gut zu anderen Bezugnahmen auf die »Wahrheit«, das »Wort«, das »Evangelium«, die »Tradition« oder den »Glauben« im 2. Jahrhundert. All diese Kurzformeln bezogen sich auf den Christusmythos und verstanden ihn als ein großes System parochialer Lehren. Im Zuge dieser Veränderung wurden die früheren Jesusmythen des 1. Jahrhunderts ihrer Komplexität und mythischen Kraft beraubt und entwickelten sich zu formelhaften Glaubensaussagen, die die Annahme des christlichen Weges anzeigten.

Burton L. Mack

Mit Glossolalie und Sprachenwunder erlebt die »Urgemeinde« den Geistempfang und damit ihre Geburtsstunde vor einer bunten Kulisse von Völkerschaften zwischen West und Ost, und so groß war die Wucht des Geschehens, dass gleich an diesem Tage dreitausend Menschen sich taufen ließen:

Alle aber hielten an der Lehre der Apostel fest und an der Gemeinschaft, am Brechen des Brotes und an den Gebeten. Alle wurden von Furcht ergriffen; denn durch die Apostel geschahen viele Wunder und Zeichen. Und alle, die gläubig geworden waren, bildeten eine Gemeinschaft und hatten alles gemeinsam (Apg 2,42-44).

Historisch ist hier nicht viel in Anspruch zu nehmen, aber Lukas, dem die Legende schon immer Maltalent zuschreibt, weswegen er authentische Bilder von Maria hinterlassen habe, entwirft ein enthusiastisches Gemälde der Geburtsstunde der Kirche. Auch im Fortgang seiner Geschichtsschreibung malt er in frohen Farben:

Die Gemeinde der Gläubigen war ein Herz und eine Seele. Keiner nannte etwas von dem, was er hatte, sein Eigentum, sondern sie hatten alles gemeinsam. Mit großer Kraft legten die Apostel Zeugnis ab von der Auferstehung Jesu, des Herrn, und reiche Gnade ruhte auf ihnen allen. Es gab auch keinen unter ihnen, der Not litt. Denn alle, die Grundstücke oder Häuser besaßen, verkauften ihren Besitz, brachten den Erlös und legten ihn den Aposteln zu Füßen. Jedem wurde davon so viel zugeteilt, wie er nötig hatte (Apg 4,32-35).

Unsere voraufgehende Darstellung der Jesusbewegung konnte bereits deutlich machen, wie heterogen die Situation der frühen Gemeinden war, wie groß die Unterschiede im palästinischen und hellenistischen Bereich, die Differenzen zwischen paulinischem, synoptischem und johanneischem Christentum. Das war vor allem so, weil gerade in den Anfängen die Jesustradition auf krass unterschiedliche Situationen hin aktualisiert wurde, so dass sich von dorther divergierende Vorstellungen, Sprechweisen und »Theologien« ergaben.

Die unkritische Lektüre der »Apostelgeschichte« und deren irreführender Name haben seit jeher das allgemeine Verständnis der kirchlichen Anfänge bestimmt. Die idealisierte Zeichnung der Urkirche, wie sie Lukas als einmütige und geschlossene Größe entwirft, hat ein naives Verständnis von der Frühzeit gefördert, etwa folgender Art: Es sei Jesu »Plan« gewesen, die Kirche zu gründen; dazu habe er die Zwölf ordiniert und so die Kirche als Institution eingerichtet. Die Apostel hätten missionierend und taufend das Werk Jesu fortgesetzt und ihre Botschaft im Neuen Testament als Heilige Schrift kodifiziert. Alle späteren Entwicklungen gründeten auf diesem Fundament, von dem die Kirche in ihrer apostolischen Tradition nie abgewichen sei.

Tatsächlich waren die Anfänge viel komplizierter, zudem kontrovers und keineswegs »ein Herz und eine Seele«. Als die Apostelgeschichte gegen Ende des 1. Jahrhunderts oder Anfang des 2. Jahrhunderts geschrieben wurde, um damit – ähnlich wie die Evangelien – primär Intentionen der eigenen Zeit zu verfolgen, lagen die Verhältnisse und Ereignisse, die

Pfingsten. Rabula-Codex, Syrien, 586.

Konflikte und kontroversen Anschauungen, wie sie sich in den Paulusbriefen spiegeln, schon weit zurück. Unter den neuen, ganz anders gewordenen Problemen waren sie »weithin überholt, erledigt und vergessen, vieles nur noch ungenau in Erinnerung, manches in der Überlieferung unterdrückt und das Verständnis der Heilsbotschaft, des christlichen Glaubens, der Kirche und ihres Verhältnisses zur Welt in vielerlei Hinsicht durch neue Fragen, Anschauungen und Aufgaben überwachsen« (Günther Bornkamm). Zwar verstand sich der Verfasser der Apostelgeschichte als »Historiker«, aber natürlich im Sinne des antiken Geschichtsverständnisses, von dem sich der heutige historische Sinn deutlich unterscheidet. Dass er die Paulusbriefe entweder nicht kannte oder aber völlig ignorierte, ist erstaunlich, da sein Buch ja sonst zentral dem Wirken des Paulus zugewandt ist. Die bloße Exaktheit historischer Fakten war dem Verfasser außerdem kein Anliegen, wenngleich die Verschiedenheit und Vielschichtigkeit seines Buches es nicht gestatten, pauschal über den Geschichtswert des Erzählten zu urteilen. In all seinen Arrangements erweist sich Lukas als »Historiker« seiner Zeit »und kann darum, so paradox es klingt, gerade hier am wenigsten als authentischer Zeuge, vielmehr nur als sekundärer Berichterstatter gelten« (Bornkamm).

Ob der historische Jesus von Nazaret aus einer größeren Anhängerschaft, die Frauen einbezog (Lk 8,1-3), tatsächlich einen engeren Kreis von zwölf Aposteln ausgewählt hat, etwa als Symbol des endzeitlichen Israel in wiedererstandenen zwölf Stämmen (Mt 19,28), ist dem Zweifel kaum zu entziehen. Deutlich ist, dass Lukas die »Einsetzung in das Apostelamt«

Lehrentwicklung

Die frühchristliche Welt hat sich keineswegs, wie es spätere Historiker darstellten, in ununterbrochener Kontinuität des einen wahren Glaubens entwickelt. Die traditionelle Geschichte des Christentums wurde fast ausschließlich aus der Perspektive der Sieger geschrieben, derjenigen, die erstaunlich erfolgreich andere Stimmen zum Schweigen brachten oder verzerrten, deren Schriften vernichteten und die Vertreter anderer Standpunkte als gefährliche, verstockte »Häretiker« unterdrückten. Sie stellten das entstehende Christentum nicht als eine Glaubensgemeinschaft wechselvoller und intensiver Auseinandersetzungen und überraschender Neuerungen dar, sondern zeichneten ein Bild von Jesus, der sein simples Evangelium »den Zwölfen« verkündete, die dann ihrerseits die exakte Botschaft weitergaben. In den vergangenen hundertfünfzig Jahren haben wir Zugang zu mehr als vierzig Evangelien, Briefen und anderen frühchristlichen Texten gewonnen, die uns deutlich machen, dass die Frühzeit des Christentums durchaus turbulent war – geprägt von intensiver Reflexion, vom Experimentieren und vom Disput selbst über fundamentale Fragen.

Elaine Pagels/Karen L. King

Die Kirche

»Die Zwölf«

Zum Zweifel an der Zahl zwölf der ersten Jünger und Apostel Jesu bewegt mich ... die Tatsache, dass ganze Gruppen innerhalb der frühen Kirche keine Kenntnis von dieser höchst bedeutenden und symbolischen Einsetzung oder Berufung von zwölf Jüngern gehabt zu haben scheinen.

Paulus erwähnt zwar in 1. Korinther 15,5 »die Zwölf«, unterscheidet diese aber dann 15,7 offenbar von »allen Aposteln«. Und in keinem seiner Briefe werden die Zwölf als irgendwie ausgezeichnete Autorität angeführt. Das Thomasevangelium und das Q-Evangelium erwähnen die Zwölf überhaupt nicht. Die sogenannte Didache, die älteste erhaltene Kirchenordnung, deren älteste Teile vielleicht schon zwischen 50 und 70 n. Chr. formuliert worden sind, erwähnt »Apostel« nur als Wanderprediger, die für eine bestimmte Zeit zu beherbergen Pflicht der Gemeinde ist ... Auch im Ersten Brief des Klemens, den der Sekretär der römischen Kirche nicht lange nach der domitianischen Verfolgung der Jahre 96 bis 97 an die Kirche in Korinth richtete, findet man die Zwölf nicht erwähnt; und ebenso wenig in den Briefen, mit denen sich um 110 Ignatius, Bischof von Antiochien ... an die Christengemeinden verschiedener Städte des Römischen Reiches wandte.

Wenn die Institution der zwölf Apostel mit der in ihr implizierten mächtigen Symbolik schon zu Lebzeiten Jesu von diesem selbst geschaffen worden wäre, wäre sie zweifellos allgemeiner bekannt gewesen ... Ich schließe deshalb daraus, dass die Identifikation der Gesandten Jesu mit den Zwölf bei Markus 6,7 dem Evangelisten, nicht aber dem historischen Jesus zuzuschreiben ist.

John Dominic Crossan

---

konsequent in das Leben Jesu zurückdatiert und dabei den ansonsten offeneren Begriff »Apostel« auf die Zwölf beschränkt (Lk 6,13).

So gewiss die Apostel »früher« als die Kirche sind, sind »die zwölf Apostel« – unter welcher Chiffre der Apostolat für die christliche Kirche kanonisch wurde – »später« als die Kirche, nämlich ganz und gar ein Produkt kirchlicher Reflexion. Damit erweist sich die Zwölfapostelidee als ein sehr bedeutsames Symptom jenes tief greifenden Umwandlungsprozesses, den man unter dem Schlagwort der Entwicklung der Urkirche zum Frühkatholizismus zusammenfassen kann.

Günter Klein

Apostel ist für Lukas, wer von der Taufe Jesu bis zu seiner »Himmelfahrt« dabei war und Jesu Taten und Worte, insbesondere aber seine Auferstehung bezeugen kann. Wenn dieser Kreis zu Jesu Lebenszeit aus zwölf Zeugen wirklich bestanden haben sollte, so hat er doch nicht lange überdauert: Paulus beschränkte sich bei seinem ersten Jerusalembesuch darauf (um 35), Petrus kennenzulernen, doch schon im Jahre 48 hatte er es bei seinen Verhandlungen mit den »Säulen« der Jerusalemer Gemeinde nur noch mit einem Dreier-Gremium zu tun, nämlich mit Jesu leiblichem Bruder Jakobus, sowie Petrus und Johannes. Diese kleine Gruppe bildete etwa 18 Jahre nach Jesu Tod den Kern der Jerusalemer Gemeinde, wobei verwundert, dass nunmehr ein Familienangehöriger in das Leitungsteam der Gemeinde eingetreten war, obwohl doch zu Jesu Lebzeiten die Bindungen an die eigene Familie eher getrübt erscheinen.

»Die Zwölf«, die Lukas in seinem Pfingstgemälde als Zeugen beansprucht, welche die »richtige« Überlieferung der Taten und Worte Jesu verbürgen, waren dennoch weder Gemeindegründer noch Gemeindeleiter, was auch immer spätere Ansichten und Legenden dem ein oder anderen zuschreiben. Über Gemeindegründungen schweigt die Theologie des späten 1. und des 2. Jahrhunderts. Will man Autoritätsansprüche geltend machen, beruft man sich darauf, dass Apostel *in* einer Gemeinde gewirkt haben, ohne zu beanspruchen, von diesem Apostel auch gegründet worden zu sein. Das gilt für Ephesus, wo Johannes lebte, oder für Rom, wo nach 1 Clem 5 Petrus und Paulus gestorben sind, ohne dass gesagt würde, sie seien Gründer der römischen Gemeinde gewesen.

Gemeindegründungen haben – wie wir sahen – zunächst nur das in Städten Fuß fassende hellenistische Christentum gekennzeichnet, während die palästinischen Jesusbewegungen im Rahmen des bestehenden Judentums blieben und dort zwar Gruppenbildungen betrieben, die sich aber zunächst nicht von den bestehenden Synagogengemeinden trennten (→ S. 244 ff.).

Was tatsächlich wurde, war nirgends zwingend vorentworfen. Hypothetisch sind auch andere Entwicklungen denkbar. Was aber geworden ist und sich im Laufe der Kirchengeschichte vielfach wieder geändert hat, kann folglich nicht als »göttliche Einsetzung« mythischer Art beschrieben und bis auf Jesus oder die Apostel zurückdatiert werden. Zwar war es die Kirche selbst, die das Gewordene auf Einsetzung durch Jesus und die Apostel zurückgeführt hat, doch tat sie dies, wie man heute wissen kann, nicht aufgrund historischer Erinnerung, sondern unter dem Einfluss theologischer Leitideen, wonach die Apostel die Kirche in der später bekannten Gestalt »hinterlassen« haben. Die altkirchliche Ordnung mit Verfassung und Ämtern stand nicht am Anfang, sondern war das Ergebnis einer Entwicklung ... Aber im Christentum steht das Verhältnis von Amt und Evangelium unter den Kriterien von Dienst und Kreuz, unter Ausschluss von Herrschaft (Mk 10,42-45; 2 Kor 1,24), nicht von Autorität. Und da gilt freilich, dass nicht alle gewordenen Strukturen vor der urchristlichen Maxime standhalten, wonach Amt und Verfassung der Kirche Diakoniecharakter haben müssen, um sich auf Jesus beziehen zu können.

Norbert Brox

Die »theologischen Leitideen«, die sich nicht historischer Erinnerung, wohl aber späterer Interessenlage verdanken, sind am wirksamsten von Irenäus von Lyon (um 140 – um 200) entworfen worden.

Zunächst waren die entstehenden Gemeinden nur auf sich selbst angewiesen. Es gab keine übergreifende Struktur. Erst später kam es zu Schwerpunktbildungen, aus denen Unter- und Überordnungen entstanden. Die Gemeinden waren nicht einheitlich organisiert, der Kanon ihrer neutestamentlichen Schriften wich voneinander ab, und nicht einmal die Bekenntnisformeln stimmten überein. In entsprechender Vielfalt entwickelten sich die Theologien, jeweils beeinflusst von den kulturellen und sozialen Bedingungen der Regionen. Entsprechende Unterschiede gab es auch in den Liturgien der Gemeinden. Man sah in dieser Vielfalt keinen Mangel, der die christliche Zusammengehörigkeit und Einheit aufgehoben hätte. Auch gab es in den Gemeinden keine einheitliche Ämterbezeichnung und Ämterregelung. Offensichtlich wurden die Gemeinden zunächst von einem Kollegium geleitet, das sich aus Männern und Frauen zusammensetzte. In den palästinischen Gemeinden hießen die Mitglieder dieses Gremiums *Presbyter* (»Älteste«) genannt (Apg 11,30; 15; 21,18 u.ö.), was für Judenchristen nahe lag, da es jüdischer Tradition entsprach. Anders ging es in den hellenistischen Gemeinden zu, die Paulus gründete. Paulus improvisierte unter verschiedenen Bezeichnungen: einerseits sprach er nur von *Mitarbeitern* (1 Kor 16,16), er kannte aber auch *Vorsteher* (1 Thess 5,12; Röm 12,8) und hob daneben die gänzlich andere Gruppe der *Apostel, Propheten und Lehrer* (1 Kor 12,28; vgl. S. 344) ab. Er sprach von den Aufgaben und Funktionen in der Gemeinde als *Dienst (diakonia)*, hatte aber noch keinen übergreifenden Amtsbegriff. Lediglich einmal (Phil 1,1) nennt Paulus die Vorsteher und Helfer *Aufseher*, griechisch: *episkopoi*. Bischof kommt von *episkopos* und bezeichnet in seiner Grundbedeutung einen »Aufseher«. Das Verständnis des späteren Bischofsamtes ist damit noch nicht verbunden. Zur Zeit des Paulus gab es noch keine gemeindlichen Leitungs*strukturen*.

Aus den palästinischen und der hellenistischen Traditionen resultierten schließlich zwei unterschiedliche Gemeindeordnungen: die jüdischem Verständnis entspringende *Presbyter-Verfassung*, sowie die »*Bischofs*«-*Verfassung*, die sich in den hellenistischen Gemeinden durchsetzte, wobei zu beachten ist, dass beide kollegial geprägt waren: hier besorgten Presbyter, dort Aufseher (*episkopoi*) die Leitungsaufgaben.

Um die Wende zum 2. Jahrhundert sahen sich die Gemeinden genötigt, ihrer Organisation mehr Aufmerksamkeit und Gewicht beizumessen. Sie stellten auf Institutionalisierung und Dauer ab. Es entstanden zunächst Mischformen zwischen Presbyter- und Bischofsverfassung. Das

---

Wenn die Kirche in der Tat unsere Kirche ist, wenn die Kirche nur wir sind, wenn ihre Strukturen nicht die von Christus gewollten sind, dann versteht man auch nicht mehr die Existenz einer vom Herrn selbst eingesetzten Hierarchie als Dienst an den Gläubigen. Man lehnt die Vorstellung einer von Gott gewollten Autorität ab, einer Autorität also, die ihre Legitimierung in Gott hat und nicht – wie es in den politischen Strukturen geschieht – im Konsens der Mehrheit der Mitglieder einer Organisation. Aber die Kirche Christi ist keine Partei, keine Vereinigung, kein Club; ihre tiefe und unaufhebbare Struktur ist nicht demokratisch, sondern sakramental, folglich hierarchisch; denn die auf der apostolischen Sukzession gegründete Hierarchie ist unabdingbare Bedingung, um zur Kraft, zur Wirklichkeit des Sakramentes zu gelangen. Die Autorität hier gründet sich nicht auf Mehrheitsvoten; sie gründet sich auf die Autorität Christi selbst.

Joseph Ratzinger

Der Weg der charismatischen Jesusbewegung zur Großkirche folgte soziologischen Gesetzmäßigkeiten ... Keine der entstandenen Formen kann den Anspruch erheben, die einzig Richtige und für immer Gültige zu sein. Die Ausbildung einer hierarchischen Kirchenstruktur im zweiten Jahrhundert, die im Monepiskopat und schließlich in der Primitialgewalt des Bischofs von Rom die abendländische Kirchenentwicklung bestimmte, war nicht zuletzt bedingt durch den Patriarchalismus der antiken Gesellschaft und die monarchischen Herrschafts- und Verwaltungsstrukturen des römischen Imperiums. So darf im Rückblick auf das urchristliche Erbe gefragt werden, ob die damalige weithin unkritische Übernahme traditionell-patriarchaler Herrschaftsformen und deren spätere autoritär-bürokratische Ausprägung in der römischen Kirche eine bleibende Verbindlichkeit beanspruchen kann. Den Vorgaben des Paulus in 1 Kor 12 und Röm 12 oder des Matthäus in 23,8–11 hätten demokratisch-brüderschaftliche Verfassungsformen eher entsprochen.

Paul Hoffmann

Die Kirche

Sukzession

Die Kurzfassung des Katechismus der Katholischen Kirche von 2005 konkretisiert:

Jesus, der vom Vater gesandte, rief zwölf von seinen Jüngern zu sich und setzte sie als seine Apostel ein. Er machte sie zu den erwählten Zeugen seiner Auferstehung und zu den Fundamenten seiner Kirche. Er gab ihnen den Auftrag, seine Sendung fortzusetzen, indem er sagte: »Wie mich der Vater gesandt hat, so sende ich euch« (Joh 20,21). Er versprach ihnen, bis zum Ende der Welt bei ihnen zu sein.

Diese Linie von den Aposteln bis heute nennt die katholische Kirche »apostolische Sukzession«:

Die apostolische Sukzession ist die Übertragung der Sendung und der Vollmacht der Apostel auf ihre Nachfolger, die Bischöfe, durch das Sakrament der Weihe. Dank dieser Übertragung bleibt die Kirche in einer Glaubens- und Lebensgemeinschaft mit ihrem Ursprung, während sie die Jahrhunderte hindurch ihr ganzes Apostolat darauf ausrichtet, das Reich Christi auf der Erde zu verbreiten.

Eine Kirche, die unfehlbare Lehren proklamiert, ist eben auch mit unwiderruflichen Irrtümern belastet.

Für das katholische Bekenntnis gibt es ohne apostolische Sukzession kein authentisches Priestertum, folglich kann es keine im eigentlichen Sinn sakramentale Eucharistie geben. Wir glauben, dass es vom Begründer des Christentums selbst so gewollt ist.

Joseph Ratzinger

Die weitere Frage, ob über Simon-Petrus hinaus an ein bleibendes Amt gedacht ist, dürfte, rein historisch gestellt, negativ zu beantworten sein … Wenn wir weiter fragen, ob sich die Urkirche nach dem Tod des Petrus bewusst war, dass seine Vollmacht auf den jetzigen Bischof von Rom übergegangen ist … , dann muss diese Frage, so gestellt, sicher verneint werden …

Hätte man einen Christen um 100, 200 oder auch 300 gefragt, ob der Bischof von Rom Oberhaupt aller Christen ist, ob es einen obersten Bischof gibt, der über den anderen Bischöfen steht und in Fragen, die die ganze Kirche berühren, das letzte Wort hat, dann hätte er sicher mit Nein geantwortet.

Klaus Schatz SJ

Vorsteheramt bekam sakralen Charakter und galt bald als Garant der Lehre; die Einführung in dieses Amt erfolgt seitdem durch Ordination. Es entfaltete sich zum bedeutendsten Kirchenamt und nahm schließlich im *monarchischen Bischof* jene Gestalt an, die bis heute die Kirchenverfassung prägt. Seitdem wurden die Gemeinden nicht mehr kollegial geleitet: nun hatte jede Gemeinde nur noch einen einzigen Bischof als ihren Vorsteher.

Aus der Eigenständigkeit der Gemeinden entstand auch Uneinigkeit und Streit. Lebte man in dieser Pluralität grundsätzlich als Communio, so erfolgte im 2. Jahrhundert Distanzierung durch Exkommunikation. In der bestehenden offenen Struktur konnte jeder, der in der Communio stand, diese auch aufkündigen: eine Gemeinde der anderen, ein Bischof einem anderen Bischof, einem Presbyter, einem Laien, aber nicht minder konnten die Laien und die Gemeinde dem Bischof absagen. Das mischte sich oft mit menschlichen Interessen und Engen und führte zu mancherlei Missbrauch. So kommt es, dass im 2. Jahrhundert die Zuständigkeiten weiter institutionalisiert wurden. Um Wahrheit von Häresie trennen zu können, entwarf der gallische Bischof Irenäus von Lyon um 185 das Prinzip, die Wahrheit ausschließlich den Bischöfen als den Lehrern der Kirche vorzubehalten und begründete dies mit der Übernahme und Bewahrung der Lehre in der Nachfolge der Apostel:

Die von den Aposteln in der ganzen Welt kundgemachte Tradition lässt sich von jedermann, dem es um die Erkenntnis der Wahrheit zu tun ist, in jeder Kirche antreffen; und wir sind in der Lage, die von den Aposteln in den Kirchen eingesetzten Bischöfe wie auch ihre Nachfolger bis zum heutigen Tag aufzuzählen … Aus diesem Grund muss man auch den Presbytern in der Kirche gehorchen, die, wie wir gezeigt haben, die Nachfolger der Apostel sind und zugleich mit der Nachfolge im Bischofsamt auch die gewisse Gabe der Wahrheit nach dem Wohlgefallen des Vaters empfangen haben; die andern hingegen, die sich von der ursprünglichen Nachfolge absondern und irgendwo zusammenkommen, muss man für verdächtig halten; es sind dies entweder Häretiker, Leute mit verkehrter Ansicht, oder Schismatiker voll Aufgeblasenheit und Selbstgefälligkeit oder endlich Heuchler, denen es hierbei nur um Geld und eitlen Ruhm geht …

Irenäus projizierte das sich erst in seinem Jahrhundert gebildete monarchische Bischofsamt in die Anfänge zurück. Er folgerte eine lückenlose Aufeinanderfolge (Sukzession) vom ersten Inhaber eines Bischofsstuhles – den ein Apostel oder »Apostelschüler« direkt eingesetzt haben soll – bis zum derzeitigen Amtsinhaber. »Diese Konstruktion historischer Kontinuität garantierte jetzt die Rechtgläubigkeit mit Hilfe des Amtes« (Norbert Brox).

3. Die Hellenisierung des Christentums

Die Ausweisung der liberalen jüdischen »Hellenisten« aus der Jerusalemer Gemeinde hatte diese in die jüdische Diaspora und besonders nach Antiochia geführt. Hier erfuhr nicht nur das Verhältnis zum gesetzestreuen Judentum eine erhebliche Veränderung, auch das Gottesbild, das Verständnis von Taufe und Mahlpraxis, die Deutung Jesu als Messias und die Geistvorstellung unterlagen gravierenden Umformungen. Jüdische bzw. biblische Denkformen wurden gegen Denk- und Vorstellungsmuster ausgetauscht, die den religiösen Anschauungen der griechisch sozialisierten Heiden(-christen) besser entsprachen und eher zugänglich waren. Dieses erste, entscheidende Übersetzungsereignis aus dem biblisch-jüdischen Raum in die hellenistische Kultur hat Auswirkungen bis in die Gegenwart, denn das heutige Christentum ist bis zum Tag ein griechisch inkulturiertes Christentum. Mit dieser Einsicht verbinden sich Fragen, die kontrovers beantwortet werden.

Zunächst ist einzuräumen, dass die hellenistische Kultur bereits Jahrhunderte früher das Judentum erreicht hatte. Mit dem Feldzug Alexanders nach Persien (331–330 v. Chr.) kam der Alte Orient unter den Einfluss griechischer Politik und Kultur, die sich im Laufe der Zeit zu einer internationalen Einheitskultur entwickelte. Die hellenistische Zivilisation bestimmte immer mehr das öffentliche Leben. Das zeigte sich im Vordringen der griechischen Sprache, in der Übernahme griechischer Namen, dann auch in griechischen Bräuchen und Lebensformen, was anfangs die jüdische Identität nicht grundsätzlich in Frage stellte. Aber während die einen streng an jüdischer Lebensweise festhielten und bewusst der eigenen Tradition folgten, gaben andere ihren (oft wirtschaftlichen) Interessen den Vorzug, indem sie eine Integration des Judentums in die hellenistische Welt betrieben. Viele Juden, ob sie wollten oder nicht, standen im täglichen Kontakt mit heidnischen Gesellschaften. Schließlich lebten auch immer mehr Juden in den Ländern der hellenistischen Welt. Griechisch wurde ihre Muttersprache, so dass sich schließlich im 3. bis 2. Jahrhundert v. Chr. die Notwendigkeit ergab, die Hebräische Bibel ins Griechische zu übersetzen. Diese zunächst für die alexandrinische Diaspora geschaffene Übersetzung bedeutete in mancherlei Hinsicht eine hellenistische Interpretation der Jüdischen Bibel. Für die Schriftsteller des Neuen Testaments war es eine gar nicht zu überschätzende Hilfe, denn sie schöpften daraus ihr gedankliches und sprachliches Material. Damit wurden erste Wege geebnet, die den Überstieg der Jesusbewegung in den griechischen Kulturraum außerordentlich erleichterten.

Was sich seit dem Ausschluss der griechischsprachigen Jesusanhänger aus der Jerusalemer Gemeinde bis zum Konzil von Chalcedon ereignete, ist dennoch ein Hellenisierungsprozess des Christentums, der keineswegs geradlinig die voraufgegangene Hellenisierung des Judentums fortsetzt. Die nun stattfindende Inkulturation des neuen Glaubens führt in einen ganz anders fundierten Sprach- und Kulturraum, in dem die jüdische Begleitung alsbald zurückblieb und eine kritische Rückkoppelung nicht mehr erwünscht war (→ S. 335). Zwar kann man darin einen notwendigen Vorgang sehen, der sich bei späteren Übersetzungen in andere Geschichtsräume wiederholte: etwa als keltische, germanische, lateinamerikanische, chinesische, afrikanische … Inkulturation. Es bleibt aber zu bedenken, dass diese späteren Übertragungen die primäre Hellenisierung des Christentums übernommen haben. Die Kirche(n) sehen darin auch eine theologische Notwendigkeit, weil »die übereinstimmende Lehre der Väterzeit als unfehlbare Norm der Glaubenslehre« gilt (Altaner-Stuiber). Insbesondere hat Joseph Ratzinger sowohl in seinen frühen Werken als auch in seiner Regensburger Vorlesung von 2006 die Position vertreten,

---

Im Imperium Romanum des 1. Jahrhunderts n. Chr. existierte eine gut ausgebaute kommunikative Infrastruktur, die wesentlich durch die Sprachsituation ermöglicht wurde. Vornehmlich Inschriftenfunde zeigen, dass sich im Palästina des 1. Jahrhunderts n. Chr. zwei linguae francae überlappten. Neben Aramäisch war das Koine-Griechisch weit verbreitet, bis in die einfachsten Volksschichten hinab wurde Griechisch gesprochen. Eine vergleichbare Sprachsituation findet sich in Syrien, auch hier dominierten Aramäisch und Griechisch … Daneben hielten sich lediglich lokale Dialekte (vgl. z. B. Apg 2,5-11; 14,11). Die sprachliche Situation in Griechenland war eindeutig, demgegenüber lässt sich die Lage in Italien und Rom nur schwer beurteilen. Die gebildeten Römer beherrschten Griechisch ebenso wie die ungeheure Zahl von Sklaven, die aus dem Osten des Reiches nach Rom gebracht wurden. Deshalb kann in einem eingeschränkten Sinn auch für Rom mit einer Zweisprachigkeit gerechnet werden. Paulus konnte also in »seiner« Welt mit einer Sprache auskommen und mit ihr alle gesellschaftlichen Schichten erreichen. Auch die Sprache der Diaspora-Juden des Mittelmeerraumes war Griechisch. Neben Paulus und anderen neutestamentlichen Autoren ist hier besonders Philo zu nennen, der Griechisch als »unsere Sprache« bezeichnet.

Udo Schnelle

Helios-Darstellung vom Athena-Tempel in Troja, nach 300 v. Chr.

Helios, der griechische Sonnengott, besteigt jeden Tag seinen von Pferden oder Stieren gezogenen Sonnenwagen, um vom östlichen Palast nach Westen zu fahren. Dann kehrt er mit einem von Hephaistos, dem Gott der Schmiedekunst, gebauten Schiff über den die Erde umfließenden Ozean in seinen Palast zurück.

Zwar spricht Homer bereits von Helios, doch wurde dieser von den Griechen kaum kultisch verehrt, da er kein olympischer Gott war, sondern zu den Titanen zählte. Laut Platon wurde Helios gemeinsam mit Apollon verehrt, mit dem er im 5. Jh. v. Chr. gleichgesetzt wurde.

Ohne Zweifel steht Paulus auf jüdischem Fundament; die »Schrift« der Juden und das pharisäische und apokalyptische Judentum seiner Zeit sind die Grundelemente, aus denen er seine Anschauungen entwickelt. Aber er liest die jüdische heilige Schrift in der griechischen Übersetzung und nimmt damit bereits an dem innerhalb des Judentums selbst vor sich gehenden Prozess der Hellenisierung teil; er lebt nicht in Jerusalem, sondern in der hellenistischen Oikumene, und er ist also unaufhörlich den Einflüssen eines anderen Lebensgefühls ausgesetzt. Die Probleme, die ihm gestellt sind, gehen an vielen Stellen über genuin jüdisches Denken hinaus, und vor allem in der Christologie und der Sakramentenauffassung werden ihm hier offenbar aus außerjüdischem Bereich Hilfen geboten, die er nicht verschmäht.

Eine konsequente Festlegung des Apostels auf »jüdisch« oder »hellenistisch« wird der Lage kaum gerecht. Er ist gewiss zuerst und vor allem Jude – nichts ist deutlicher –, aber er ist auch ein weitgereister und geöffneter Mensch seiner Zeit, die an vielen Stellen nicht nur im Politischen, sondern auch im Geistigen Grenzen niederlegt ... Man wird kaum ohne Gewaltsamkeiten leugnen können, dass er in hohem Maße in dem geistigen Klima der hellenistischen Oikumene atmet.

Otto Kuss

»dass es im tiefsten kein Zufall war, dass die christliche Botschaft bei ihrer Gestaltwerdung zuerst in die griechische Welt eintrat und sich hier mit der Frage nach dem Verstehen, nach der Wahrheit verschmolzen hat«. In dieser Formulierung verbindet er den Übertritt in die griechische Kultur zugleich mit der Gestaltwerdung der christlichen Wahrheit: Das Christentum habe seine volle Identität erst erreicht, nachdem sich das jüdische, also auch jesuanische Erbe mit den philosophischen Traditionen des Griechentums verschwisterte und läutern ließ, so dass es letztlich erst hier seine für die Wahrheit tragfähige Gestalt gewann. In der Regensburger Vorlesung von 2006 führte Benedikt XVI. aus:

Ist es nur griechisch, zu glauben, dass vernunftwidrig zu handeln dem Wesen Gottes zuwider ist, oder gilt dies immer und in sich selbst? Ich denke, dass an dieser Stelle der tiefe Einklang zwischen dem, was im besten Sinne griechisch ist, und dem auf der Bibel gründendem Gottesglauben sichtbar wird. Den ersten Vers der Genesis, den ersten Vers der Heiligen Schrift überhaupt abwandelnd, hat Johannes den Prolog seines Evangeliums mit dem Wort eröffnet: Im Anfang war der Logos .... Logos ist Vernunft und Wort zugleich – eine Vernunft, die schöpferisch ist und sich mitteilen kann, aber eben als Vernunft. Johannes hat uns damit das abschließende Wort des biblischen Gottesbegriffs geschenkt, in dem alle die mühsamen und verschlungenen Wege des biblischen Glaubens an ihr Ziel kommen und ihre Synthese finden. Im Anfang war der Logos, und der Logos ist Gott, so sagt uns der Evangelist. Das Zusammentreffen der biblischen Botschaft und des griechischen Denkens war kein Zufall.

Christus als Helios. Gewölbemosaik der kleinen Grabkammer »M« der Julier in der Nekropole unter St. Peter, Rom, Anfang 3. Jh.

Der griechische Helios wurde im Römischen Reich ein bedeutender Gott, als im 3. Jh. n. Chr. der Kult des Reichsgottes Sol begründet wurde. Der alte römische Sonnengott war ein Gott der Landwirtschaft, aber nicht weiter bedeutend. Mit Verbreitung der orientalischen Religionen im Reich kamen auch die Kulte der Sonnengötter in den Westen. Als Mithras erreichte der iranische Sonnengott eine beträchtliche Verehrung bis zum Mittelmeer. Besonders die Soldatenkaiser sorgten dafür, dass er als Sol invictus, die unbesiegbare Sonne, zum Reichsgott der römischen Kaiser wurde. Kaiser Aurelian (214–275) versuchte mit der Verehrung des Sol invictus einen einheitlichen Kult für das gesamte Reich einzuführen. Der Sonnentempel auf dem römischen Marsfeld wurde am 25. Dezember geweiht. Im christlichen Denken ersetzte schon bald Christus die Stelle des Sonnengottes.

Wenn aber die »Wahrheit« des christlichen Glaubens sich erst im Zusammentreffen von biblischer Botschaft und griechischem Denken herauskristallisiert haben soll, so steht dieser keineswegs unwidersprochenen Ansicht vor allem die bisher nicht ernst genommene Gegenperspektive des Judentums gegenüber, wie sie – beispielsweise – Abraham Joshua Heschel (1907–1972) darlegt:

Die christliche Botschaft, die in ihren Ursprüngen Bestätigung und Höhepunkt des Judentums sein sollte, wurde sehr bald in Ablehnung und Verleugnung des Judentums verkehrt; die Überzeugung und Lehre setzte sich durch, dass der jüdische Glaube überholt sei und abgeschafft werden müsse. Der neue Bund wurde nicht als neue Phase der Offenbarung gesehen, sondern als Aufhebung und Ersatz des alten; das theologische Denken formte seine Begriffe in Antithese zum Judentum. Gegensatz und Widerspruch bestimmten die Blickrichtung und nicht Anerkennung der Wurzeln und Verbundenheit …

Die Kirche wollte ihr Selbstverständnis nicht von der ungeheuren Verpflichtung dem Judentum gegenüber gewinnen, sondern aus dem Gegensatz zum Judentum. Mit dem Aufkommen des Christentums und seiner Ausbreitung in der griechisch-römischen Welt bemächtigten sich die Heidenchristen der Bewegung und leiteten einen kontinuierlichen Prozess der Anpassung an den Geist eben jener Welt ein. Das Ergebnis war eine bewusste oder unbewusste Entjudaisierung des Christentums, die das Denken der Kirche und ihr inneres Leben ebenso beeinflusste wie ihr Verhältnis zur gegenwärtigen und vergangenen Realität Israel, das

Gott und die ganze Welt begreift Ratzinger mit hellenistischen Augen. Darüber mag man streiten und je nach Thema mag man konkrete Argumente zur Debatte stellen. Darf ich mich aber in der Konkurrenzsituation des Christen dem Judentum über den Hellenismus nähern? Darf ich dem Judentum ein Bild von seiner Bibel aufdrängen, das durch den Mahlstrom einer griechisch-christlichen Erfolgsgeschichte gejagt wurde und fein säuberlich die geistigen von den historischen Wahrheiten trennt? Hier liegt die entscheidende Grenze von Ratzingers Ansatz. Er verharmlost die Unterschiede zwischen biblischer und hellenistischer Mentalität. Er überzieht die biblische Botschaft mit einem ihr fremden Schema. Er versperrt sich selbst den Zugang zu den Quellen des jüdischen Glaubens. So wird er zum Opfer seiner vermeintlichen Treue zum katholischen Glauben.

Hermann Häring

Die Kirche

Vater und Mutter zugleich für die Christenheit ihrem eigentlichen Wesen nach ist … Der neue Bund wurde nicht als neue Phase der Offenbarung gesehen, sondern als Aufhebung und Ersatz des alten; das theologische Denken formte seine Begriffe in Antithese zum Judentum.

Das Neue Testament beginnt mit den Worten: »Das Buch von der Abstammung Jesu Christi, des Sohnes Davids, des Sohnes Abrahams« (Mt 1,1; vgl. 1 Kor 10,1-3; 1 Petr 1,10ff.) Aber die gewaltige Faszination, die die Welt des Hellenismus ausübte, hat viele veranlasst, in der Welt, die von Hellas abstammt, nach den Ursprüngen der christlichen Botschaft zu suchen. Wie seltsam, dass Gott die Krippe Jesu nicht in Delphi oder zumindest in Athen stehen ließ!

Wiegt man die Argumentation beider Sichtweisen gegeneinander ab, also die gewissermaßen Offenbarungsqualität gewinnende Wertschätzung des Hellenismus gegenüber der bewussten Abwertung des Judentums durch das griechisch denkende Christentum, dann legt Joseph Ratzinger/Benedikt XVI. zu wenig auf die Waage. Hier erfährt der sowieso schon vergessene Anfang (→ S. 262 ff.) seine zusätzliche Abwertung. Wenn es so ist, dass das Christentum gewissermaßen erst in der Verbindung mit dem griechischen Logos sein Wesen erhielt, so bleibt nur zu folgern, vor seiner Hellenisierung habe volles Christentum noch nicht existiert. Ratzinger versteht das Christentum als *vera religio*, dadurch dass es den Schritt über den jüdischen Partikularismus hinaus tat und unter dem Einfluss der griechischen Philosophie als einzige der existierenden Religionen ausdrücklich die Wahrheitsfrage stellte:

Hans-Joachim Schoeps fragt in seiner »Geschichte des Judenchristentums« (1949) ob dieses die Fortschritte der Kirche auf dem Boden der heidnischen Diaspora, die sog. Hellenisierung des Christentums, nicht mit Recht als Entfremdung von ihren palästinischen Ursprüngen angesehen habe? »Waren sie am Ende doch die wahren Erben, auch wenn sie untergingen?«

Nun erst war der religiöse Monotheismus des Judentums universal geworden und damit die Einheit von Denken und Glauben, die *religio vera* (wahre Religion), allen zugänglich. Gerade ein Philosoph, Justin der Märtyrer nämlich (gestorben 167), kann als symptomatische Figur für diesen Zugang zum Christentum als einer *vera philosophia* (wahren Philosophie) gelten. Mit seiner Christwerdung hatte er seiner eigenen Überzeugung nach die Philosophie nicht abgelegt, sondern war erst ganz Philosoph geworden. Die Überzeugung, dass das Christentum Philosophie sei, die vollkommene, das heißt zur Wahrheit durchgestoßene Philosophie, blieb noch weit über die Väterzeit hinaus in Geltung.

Mit dieser Überzeugung, die Joseph Ratzinger auch als Papst vertritt, hält er daran fest, dass erst hier, in der Entwicklung von Lehre und Theologie der hellenistischen Zeit, die Wahrheit des christlichen Glaubens voll ins Licht trat. Und darum bleibt diese Lehre der Alten Kirche normgebend und für alle späteren Zeiten unabänderlich:

Der These, dass das kritisch gereinigte griechische Erbe wesentlich zum christlichen Glauben gehört, steht die Forderung nach der Enthellenisierung des Christentums entgegen, die seit Beginn der Neuzeit wachsend das theologische Ringen beherrscht. … Angesichts der Begegnung mit der Vielheit der Kulturen sagt man heute gern, die Synthese mit dem Griechentum, die sich in der Alten Kirche vollzogen habe, sei eine erste Inkulturation des Christlichen gewesen, auf die man die anderen Kulturen nicht festlegen dürfe. Ihr Recht müsse es sein, hinter diese Inkulturation zurückzugehen auf die einfache Botschaft des Neuen Testaments, um sie in ihren Räumen jeweils neu zu inkulturieren. Diese These ist nicht einfach falsch, aber doch vergröbert und ungenau. Denn das Neue Testament ist griechisch geschrieben und trägt in sich selber die Berührung mit dem griechischen Geist, die in der vorangegangenen Entwicklung des Alten Testaments gereift war. Gewiss gibt es Schichten im Werdeprozess der Alten Kirche, die nicht in alle Kulturen eingehen müssen. Aber die Grundentscheidungen, die eben den Zusammenhang des Glaubens mit dem Suchen der menschlichen Vernunft betreffen, die gehören zu diesem Glauben selbst und sind seine ihm gemäße Entfaltung.

Die Übertragung der Jüdischen Bibel ins Griechische und das griechische Neue Testament begründen allerdings noch nicht die Hellenisierung des Christentums. Eher stellt sich die Frage, welchen Stellenwert die Bibel im Prozess der Hellenisierung behält. Zwar wird nie bestritten, dass sie erste Instanz des Glaubens ist, doch heißt es gleich hinterher, dass sie der Auslegung bedarf, kirchlich gesprochen: der Tradition, also jener Interpretation, die sie unter den Bedingungen griechischen Denkens gefunden hat. Ankerpunkte für diese Ausprägung des Christentums sind die vier großen Konzile der ersten fünf Jahrhunderte (→ S. 327 ff.). »Deren Legitimität und normative Rolle für die Gesamtkirche aller Zeiten ist für Ratzingers Theorie von Metaphysik und griechischer Kultur so grundsätzlich begründet, dass über einzelne Punkte nicht mehr zu diskutieren ist … Mit anderen Kulturen und Religionen, mit anderen Konzeptionen von Wahrheit und Verstehen ist ein wirklicher Dialog nicht mehr möglich« (Hermann Häring).

4. Das kirchliche Amt

Die berühmte Formel von Alfred Loisy: »Jesus verkündete das Reich Gottes, und gekommen ist die Kirche« hatte, wie zu Beginn dieses Kapitels ausgeführt wurde, Loisy mit der Erklärung fortgesetzt: »Wenn man das Prinzip aufstellt, dass alles nur in seinem ursprünglichen Zustand Existenzberechtigung hat, so gibt es keine Einrichtung auf der Erde und in der menschlichen Geschichte, deren Legitimität und Wert nicht bestritten werden könnte.« Dennoch ist nicht alles, was sich später entwickelt, aus seiner faktischen Existenz zu rechtfertigen. Im Blick auf die Kirche bleibt stets zu fragen, inwieweit das Gewordene seine Legitimation im Evangelium findet.

Natürlich kommt keine Kirche ohne konkrete Verfasstheit aus; dabei ist jede ist bestrebt, ihr Selbstverständnis auf die Anfänge zurückzuführen. Das am meisten geschlossene Modell in dieser Hinsicht vertritt die römisch-katholische Theologie. Die Dogmatische Konstitution über die Kirche des Zweiten Vatikanischen Konzils erklärt:

Um Gottes Volk zu weiden und immerfort zu mehren, hat Christus, der Herr, in seiner Kirche verschiedene Dienstämter eingesetzt, die auf das Wohl des ganzen Leibes ausgerichtet sind. … Diese Heilige Synode … lehrt und erklärt feierlich [mit dem Ersten Vatikanischen Konzil], dass der ewige Hirt Jesus Christus die heilige Kirche gebaut hat, indem er die

---

Das Neue Testament kennt keinen Kultpriester im Sinne des Opferers und Mittlers zwischen Gott und den Menschen als Gemeindeamt …

Dieser Befund beinhaltet einen kritischen Vorbehalt gegen jeden Versuch, den christlichen Presbyter/Pfarrer als Kultpriester in diesem spezifischen Sinn zu begreifen. Der Vorbehalt richtet sich gegen neuere Versuche, in einer Art säkularisiertem Priesterverständnis dem Presbyter die Rolle des Heilers, Arztes oder Gurus zuzuweisen. Werden alle Getauften als Glaubenssubjekte ernst genommen, dann kann sich der Presbyter nur als Partner in einer gemeinsamen Glaubensgeschichte begreifen, in der auch er zunächst einmal mit seinem Glauben und Unglauben steht. Oft wird er mehr zuhören und lernen, selbst häufiger Ermutigung empfangen, als belehrend und ermutigend zu wirken.

Paul Hoffmann

Erst langsam versteht man, wie heidnisch das Papsttum seinem Wesen nach ist. Auf den Trümmern einer so gewaltigen Gestaltung, wie es das römische Imperium war, kann man nicht ungestraft bauen: wie man sich auch drehen und wenden mag: man wiederholt; und mit dem alten Stil beschwört man auch den alten Gehalt.

Reinhold Schneider

Apostel sandte, wie er selbst gesandt war vom Vater (vgl. Joh 20,21). Er wollte, dass deren Nachfolger, das heißt die Bischöfe, in seiner Kirche bis zur Vollendung der Weltzeit Hirten sein sollten. Damit aber der Episkopat selbst einer und ungeteilt sei, hat er den heiligen Petrus an die Spitze der übrigen Apostel gestellt und in ihm ein immerwährendes und sichtbares Prinzip und Fundament der Glaubenseinheit und der Gemeinschaft eingesetzt. ...

Der Herr Jesus rief, nachdem er sich betend an den Vater gewandt hatte, die zu sich, die er selbst wollte, und bestimmte zwölf, dass sie mit ihm seien und er sie sende, das Reich Gottes zu verkünden (vgl. Mk 3,13-19; Mt 10,1-42). Diese Apostel setzte er nach Art eines Kollegiums oder eines festen Kreises ein, an dessen Spitze er den aus ihrer Mitte erwählten Petrus stellte (vgl. Joh 21,15-17). Er sandte sie zuerst zu den Kindern Israels und dann zu allen Völkern (vgl. Röm 1,16), damit sie in Teilhabe an seiner Gewalt alle Völker zu seinen Jüngern machten und sie heiligten und leiteten (vgl. Mt 28,16-20; Mk 16,15; Lk 24,45-48; Joh 20,21-23). So sollten sie die Kirche ausbreiten und unter der Leitung des Herrn durch ihren Dienst weiden alle Tage bis zum Ende der Welt (vgl. Mt 28,20). ...

Aus diesem Grunde trugen die Apostel in dieser hierarchisch geordneten Gesellschaft für die Bestellung von Nachfolgern Sorge. Sie hatten nämlich nicht bloß verschiedene Helfer im Dienstamt, sondern übertrugen, damit die ihnen anvertraute Sendung nach ihrem Tod weitergehe, gleichsam nach Art eines Testamentes ihren unmittelbaren Mitarbeitern die Aufgabe, das von ihnen begonnene Werk zu vollenden und zu kräftigen. ... Deshalb bestellten sie solche Männer und gaben dann Anordnung, dass nach ihrem Hingang andere bewährte Männer ihr Dienstamt übernähmen.

Unter den verschiedenen Dienstämtern, die so von den ersten Zeiten her in der Kirche ausgeübt werden, nimmt nach dem Zeugnis der Überlieferung das Amt derer einen hervorragenden Platz ein, die zum Bischofsamt bestellt sind und kraft der auf den Ursprung zurückreichenden Nachfolge Ableger apostolischer Pflanzung besitzen. So wird nach dem Zeugnis des heiligen Irenäus durch die von den Aposteln eingesetzten Bischöfe und deren Nachfolger bis zu uns hin die apostolische Überlieferung in der ganzen Welt kundgemacht und bewahrt.

Die Bischöfe haben also das Dienstamt in der Gemeinschaft zusammen mit ihren Helfern, den Priestern und den Diakonen, übernommen. An Gottes Stelle stehen sie der Herde vor, deren Hirten sie sind, als Lehrer in der Unterweisung, als Priester im heiligen Kult, als Diener in der Leitung.

Lumen gentium, 18 ff.

Derartigen Texten liegt es fern, die herangezogenen Bibelstellen auf die Tragfähigkeit dessen, was sie belegen sollen, zu überprüfen. Erst recht liegt ihnen fern, entgegenstehende exegetische und historische Einsichten zur Kenntnis zu nehmen, ganz davon zu schweigen, ihrem Gewicht möglicherweise auch Geltung zukommen zu lassen. Sie ignorieren, dass sich das Denken Jesu auf das eigene Volk und die eigene Zeit beschränkt hat und keinerlei »Kirche« in den Blick nahm. Von daher sind sämtliche ihm unterstellten Intentionen, die Zukunft zu bestellen, anachronistisch zu nennen. Was die alte Kirche tat, war eine Selbstdefinition in interessenbedingter Rückschau. Diese Retrospektive gilt bis zum Tag. Sie leistet eine dogmatische Selbstklimatisierung, die sich durch keine von außen kommende Einsprache irritiert zeigt. Am wenigsten werden heutige Ergebnisse der Bibelwissenschaften aufgenommen, und seien sie noch so gesichert.

Wie also hat »Christus, der Herr, in seiner Kirche verschiedene Dienstämter eingesetzt«? Zunächst bleibt festzustellen, dass Jesus nach dem übereinstimmenden Zeugnis der Evangelien den priesterlichen Traditionen Israels keine Bedeutung zuspricht:

Weder entstammte er priesterlichem Geschlecht, noch wirkte er als »Priester« oder erwartete er eine priesterliche Heilsgestalt in der Endzeit (wie z. B. die Qumran-Gemeinde). Die Tempelreinigung ist in ihrem historischen Kern als prophetische Symbolhandlung Jesu zu verstehen, die ihn im traditionellen Gegensatz des Propheten zum Tempel zeigt. Zusammen mit der Androhung der Tempelzerstörung (Mk 13,2, vgl. 14,58; Lk 13,34) war sie wahrscheinlich für die führenden Priesterkreise Anlass, Jesus den Prozess zu machen und seinen Tod herbeizuführen; denn sie bedeutete einen Angriff auf das durch den Hohenpriester repräsentierte und durch die römische Staatsmacht garantierte hierokratische System Israels. *Paul Hoffmann*

Volker Stelzmann (geb. 1940), Die Berufenen: Petrus, Johann, Thomas, 1988.

Die Apostelbilder von Volker Stelzmann stiften an, das Heiligenklischee aufzugeben und lebensnahe Vorstellungen mit den vertrauten Namen zu verbinden. Es geht nicht um Historie, sondern um eigene Betroffenheit und Reflexion.

Schon in seinem Gleichnis vom barmherzigen Samariter lässt Jesus Distanz zum Tempelpriestertum erkennen: Knapp und spitz werden Priester und Levit kritisiert: »Sah ihn und ging vorbei« heißt es Lk 10,31f. zweimal. Sie ignorieren den Hilflosen, und obwohl sie nicht auf dem Weg zum Tempeldienst sind – sie gehen zurück von Jerusalem nach Jericho – gehen sie vorbei. Letztlich war es wohl auch der Tempel und sein Personal, an dem Jesus scheiterte.

Für den hellenistischen Flügel der Jerusalemer Jesusbewegung ist eine Distanzierung vom Tempel bereits kennzeichnend (→ S. 345). Damit verbindet sich bald ein Bruch mit der herrschenden Religionssicht, die Tempel, Priester und Opferdienst als grundlegend ansah. Noch bis ins 3. Jahrhundert trifft die Kirche der Vorwurf, »atheistisch« zu sein, d. h. keinen Tempel, kein Priestertum, keinen Altar und keinen Opferdienst zu haben.

Die Kirche

»Olim non erat sic« – Es ist gar nicht so gewesen!

Johann Nicolaus von Hontheim (1701–1790), einst Weihbischof von Trier, hat an vielen Stellen seines Hauptwerkes über den Status der Kirche (1763) geschrieben: Olim non erat sic! – So ist es gar nicht gewesen! und zugleich die Folgerung gezogen: Weil es mit Macht und Ämtern in der Kirche nicht immer so war wie heute, muss es auch nicht so bleiben.

Bezeichnend ist allerdings, wie unbekümmert die katholische Amtskirche mit der geschichtlichen Wahrheit umgeht: Missliebige Fakten werden ignoriert, geleugnet oder umgedeutet. Unwahrhaftigkeit im System! Rudolf Lill, ehedem Professor der Geschichte mit Schwerpunkt italienische Geschichte und der Geschichte des Papsttums, moniert:

Canon 330 des Kirchlichen Gesetzbuches CIC von 1983 sagt, dass nach der Weisung des Herrn der hl. Petrus und die übrigen Apostel ein Kollegium bildeten und dass daher der Papst und die Bischöfe in gleicher Weise verbunden sind. Can. 331 behauptet, dass der Papst als Nachfolger Petri auch »Haupt des Bischofskollegiums« ist; zusammen mit Can. 332 umschreibt er die angeblich auf Petrus zurückgehende »höchste, volle, unmittelbare und universale Gewalt« des Papstes; und Can. 333 § 2 lässt ihn alleine entscheiden, ob er sein Amt »persönlich oder im kollegialen Verband« ausübt.

Diese Aussagen, zu denen keine Quellen zitiert werden, setzen sich über die komplizierte und kontrovers diskutierte Frühgeschichte der Ämter und Strukturen in der christlichen Kirche hinweg, z. B. über die nur langsam erfolgte Herausbildung des monarchischen Episkopats und die Probleme der apostolischen Sukzession, auch über das gut bezeugte eigenständige Handeln und die gesamtkirchliche Verantwortung von Aposteln und von (zunächst wohl kollegialen) Gemeindevorständen, dann von Bischöfen. Also widersprechen sie … historischer Vernunft. Und dasselbe tut das jährlich in der Vatikanstadt erscheinende Päpstliche Jahrbuch (Annuario Pontificio), in dem es am Anfang seiner Papstliste über Petrus aussagt: »Fürst der Apostel, welcher von Jesus Christus die höchste päpstliche Gewalt zur Weitergabe an seine Nachfolger erhielt; er residierte zunächst in Antiochi-

Dennoch werden schrittweise die kultischen Begriffe der Umwelt auf das junge Christentum übertragen, allerdings in dem Bewusstsein, dass sich nur noch in einem übertragenen Sinn davon sprechen lässt. So ermahnt Paulus die römische Gemeinde, »ihre Leiber als ein lebendiges, heiliges, wohlgefälliges Opfer« darzubringen; dies sei ihr »vernünftiger Gottesdienst« (Röm 12,1). Damit betont er die alltägliche Umwelt als Bereich des neuen Gottesdienstes, was eine antikultische Tendenz einschließt.

Christlich kann daher nicht anders als »metaphorisch« von Priester und Kult, von Opfer und Altar gesprochen werden. … Die kraft der Mittlerschaft Jesu allen erschlossene Gottunmittelbarkeit führt jede Form menschlich-priesterlicher Mittlerschaft ad absurdum. Dort, wo die Rede von einem Weihepriestertum einen solchen Anspruch impliziert, steht sie im Widerspruch zum Neuen Testament.
Paul Hoffmann

Demnach ist von den Startbedingungen des Christentums her zu sagen, dass Jesus weder ein priesterliches Amt »eingesetzt« hat noch in solchen Kategorien jemals dachte. Auch wissen die frühesten Schriften des palästinischen Raumes nichts von einem »letzten Abendmahl« und sogenannten »Einsetzungsworten« (→ S. 288 ff.). Ein christliches Priestertum findet im Leben und Denken Jesu keinen Rückbezug.

Die frühchristlichen Gemeindeformen und ihre Dienste

Die Entwicklung der frühen christlichen Gemeindeformen folgt keinem vorweg durchdachten Konzept, sondern geschieht unter dem Zwang der Verhältnisse gewissermaßen »von selbst«. So wie die palästinische Jesusbewegung (→ S. 244 f.) zunächst von charismatischen Wanderpredigern bestimmt wird, wird auch die Mission in den hellenistischen Städten von charismatischen Begabungen (Aposteln, Propheten, Wanderlehrern, Lehrern) getrieben. Deren Autorität ist nicht amtlich-institutionell, sondern in einer je persönlichen »geistlichen« Vollmacht begründet. Einen spezifischen Typ des Wandercharismatikers repräsentiert Paulus als Gemeindeorganisator. Seine Arbeit zielt auf eine dauerhafte Vergemeinschaftung in Ortsgemeinden und eine überregionale Verbindung aller Gemeinden miteinander. Die von ihm bevorzugte Gemeindegründung in Großstädten hatte Einfluss auf die weitere Entwicklung; die hier gegebene größere Zahl von Gemeindemitgliedern förderte ein intensiveres Gemeinschaftsleben, und damit mehr Ordnungsstrukturen und eine Differenzierung der Funktionen. Basis dieser Gemeindegründungen waren Hausgemeinden als erste Zentren des gemeindlichen Lebens. Damit kam dem je einladenden Hausherrn wie von selbst eine organisatorische Funktion und auf die Dauer auch Autorität zu. Da das antike Hauswesen patriarchal strukturiert war, entwickelten sich aus diesem Ansatz auch Dispositionen für die späteren Herrschaftsformen.

Schon Paulus war bemüht, die Leitungsautoritäten in seinen Gemeinden zu stützen, er verwendete für sie aber noch keine festen Titulaturen. Das sich erst später entwickelnde »Amt« ergibt sich von der Gemeindebasis her. Autorität wird noch nicht institutionell, sondern durch persönliches Engagement begründet. Das »Herrenmahl« erscheint als Angelegenheit der ganzen Gemeinde. 1 Kor 10,16 spricht vom Becher, den *wir* segnen, und vom Brot, das *wir* brechen. Träger dieses Tuns ist das »Wir« der Gemeinde. Wer das Segensgebet je gesprochen hat, ist offen. Im Normalfall wird es der Gastgeber oder die Gastgeberin gewesen sein. Es kann auch einem durchreisenden Lehrer oder Prophet oder einem hervorragenden Mitglied der Gemeinde übertragen worden sein. Selbst heute noch *bittet* das sogenannte Eucharistische Hochgebet Gott um die Wandlung von Brot und Wein durch den Heiligen Geist. Das lässt fragen, wieso diese Bitte im Namen der Gemeinde nicht auch Menschen aussprechen können, die nicht »priesterlich geweiht« sind, nicht zölibatär leben und keine Männer sind.

Die Übergangszeit der zweiten und dritten Generation stand vor der Aufgabe, sich in der Gesellschaft dauerhaft einzurichten und als eigene Gruppierung zu konsolidieren. Das führte zu einer »Anpassung« des Charismas an das zeitgenössische Milieu und dessen Ordnungsmuster. Zwar gab es auch jetzt noch keine einheitliche Ämterordnung und Ämterbezeichnung. Es scheint die Regel gewesen zu sein, dass die Gemeinden zunächst nicht von einer einzelnen Person, sondern von einem Kollegium geleitet wurden, das sich aus Männern und Frauen zusammensetzte. Für Judenchristen lag es nahe, wie oben bereits ausgeführt, die Mitglieder dieses Kollegiums *Presbyter*, »Älteste« zu nennen, da dies alttestamentlich-jüdischer Tradition entspricht. Wenn Lukas – dessen Geschichtsdarstellung in der Apostelgeschichte zwischen theologischer Konstruktion und historischer Realität kaum unterscheiden lässt – die Absicht verfolgt, die presbyteriale Verfassung seiner Gemeinden an die apostolische Zeit zurückzubinden, um eine Kontinuität in der Abfolge von Apostel und Presbyter herzustellen, widerlegt Paulus diese Linie: In Apg 15,2.6.23 und 16,4 lässt Lukas die Zwölf als »Apostel und Älteste« bereits eine autoritative Instanz für die Gesamtkirche bilden. Dem widerspricht Paulus in Gal 2 entschieden (→ S. 265 f.). Träger der Kontinuität ist bei Lukas aber »nicht die amtliche Institution selbst oder eine Amtssukzession, sondern der ›Heilige Geist‹, der situationsbezogen in die Geschichte eingreift und den Heilsplan Gottes durchführt. In diesem Sinn weiß der lukanische Paulus die Presbyter vom Heiligen Geist eingesetzt (20,28)« (Paul Hoffmann). Das Amt versteht sich als integrierender Bestandteil der Gemeinde. Die Presbyter stehen nicht über der Gemeinde, sondern sind *in ihr* eingesetzt.

Die sich entwickelnden presbyterialen Strukturen bedeuteten einen großen Schritt im Institutionalisierungsprozess der Gemeinden. Die ursprünglich im persönlichen Charisma begründete Autorität gewinnt nun Anteil an einer patriarchalischen Herrschaftsform. Es entstehen Presbyterkollegien als gemeindliche Führungsgremien.

Im Folgenden allerdings spielt uns die Wortgebung einen Streich, der verhängnisvolle Folgen hat: »Unser Wort ›Priester‹ kommt nämlich von dem griechischen Wort *presbyteros*, »Ältester«. Wenn im Neuen Testament von *Presbytern* die Rede ist, sind damit eben nicht Priester gemeint, sondern Mitglieder des Ältestenrates, der sich sehr unterschiedlich zusammensetzen konnte. Keine einzige frühchristliche Gemeinde bezeichnete ihre Amtsträger mit dem heidnischen Wort für Priester, griechisch *hiereus*, lateinisch *sacerdos*. Der Rückgriff auf das »Priestertum« im Sinne der damaligen Religionen erfolgte erst viel später.

---

en, danach, wie der Chronograph des Jahres 354 (!) berichtet, 25 Jahre lang in Rom, wo er im Jahre 64 oder 67 der normalen Zeitrechnung das Martyrium erlitt.«

Es werden also Fakten behauptet, die nicht beweisbar sind; und es wird eine Kirchenstruktur als ursprünglich vorgetäuscht, die erst das Ergebnis einer langen, teils späten Geschichte ist. Und dementsprechend sagte Benedikt XVI. schon in ersten Predigten (Mai/Juni 2005) über den Primat,

1) dass die Macht dem Petrus und dessen Nachfolgern von Christus übertragen sei und

2) dass seit dem (römischen) Martyrium der Apostel Petrus und Paulus Rom zentraler Bezugspunkt »für die Einheit der Lehre und der Pastoral« gewesen sei.

Das alles ist so nicht wahr! Einen »Bischof« hat es in Rom wohl erst um die Mitte des 2. Jahrhunderts gegeben. Und wenn seine Nachfolger mit der Zeit mehr Autorität beanspruchten als andere Bischöfe … so deshalb, weil sie in der Reichshauptstadt saßen.

Rudolf Lill

Die Kirche

> Der Vorstellung, dass die Einheit der Kirchen sich allein in der Unterwerfung aller unter die römische Primitialgewalt realisieren lasse, ist endgültig der Abschied zu geben. Schon das Jerusalemer Apostoltreffen (Gal 2) hat hier andere Wege gewiesen. Die Einheit wurde hier gerade in der gegenseitigen Anerkennung unterschiedlicher Weisen christlicher Glaubensverwirklichung gefunden.
>
> *Paul Hoffmann*

> Die Jerusalemer Autoritäten erkannten an, dass Gott mir offenbar eine besondere Gnadengabe geschenkt hat. Jakobus, Petrus und Johannes, die drei sogenannten Säulen der Gemeinde, reichten Barnabas und mir zum Zeichen der Gemeinschaft die Hand. Damit war vereinbart, dass wir zu den Heiden, sie aber zu den Beschnittenen gehen würden. Allerdings sollten wir uns besonders um die Armen kümmern, was ich dann auch sogleich in die Wege geleitet habe.
>
> Nicht so harmonisch verlief die Begegnung mit Petrus in Antiochien. Er betrug sich so unmöglich, dass ich mich offen gegen ihn stellen musste. Zuerst hielt er bedenkenlos Mahlgemeinschaft mit Heidenchristen, bis einige Leute aus dem Kreis des Herrenbruders Jakobus kamen. Daraufhin zog er sich – offensichtlich aus Furcht vor den nichtchristlichen Juden – von den gemeinsamen Mahlzeiten zurück.
>
> Auch die anderen Juden taten dies, und zwar wohl alle gegen ihre Überzeugung und wider bessere Einsicht. Ich musste also feststellen, dass sie von der verlässlichen Botschaft des Evangeliums ganz erheblich abgewichen waren. Daher sagte ich in aller Öffentlichkeit zu Petrus: »Du hast doch als Judenchrist offen mit Heidenchristen gegessen, hast also nicht nach jüdischen Regeln, sondern sozusagen heidnisch gelebt. Da kannst du doch nun nicht von den Heidenchristen verlangen, dass sie dir zuliebe jüdisch leben und nach jüdischen Regeln essen ...«
>
> *Gal 2,9-14*

Auf dem Weg zum Monepiskopat

Neben der jüdisch tradierten Presbyter-Struktur entwickelt sich als Variante das Amt des *Episkopus*. Wie der Name andeutet, verknüpft sich damit eine Ordnungsvorstellung, die mit den Presbyterkollegien verbunden sein kann, aber (vielleicht) auch als eigene Struktur in den hellenistischen Gemeinden vorgefunden wird. Während die Presbyter von der jüdischen Tradition her eine mehr allgemeine Gemeindevertretung praktizieren, nehmen die Episkopen zunächst vor allem kultische und/oder auch caritative Aufgaben wahr. Sie treten mit der Zeit als spezifische Funktionsträger der Gemeinden hervor, gewinnen weitere Kompetenzen, bis ihnen schließlich die gesamtgemeindliche Leitungskompetenz zuwächst.

Soweit die Quellenlage ein Urteil zulässt, gewinnen zunächst in Kleinasien einzelne Episkopen innerhalb der Presbyterkollegien eine führende Stellung. Als ein den Presbytern und Diakonen übergeordneter Gemeindeleiter tritt mit vollem Einsatz seiner Person als Erster Ignatius von Antiochien (gest. zwischen 110–117) in Erscheinung. Mit ihm sind jedoch noch lange nicht die realen Verhältnisse dieser Zeit bezeichnet. Es handelt sich zunächst um vereinzelte Entwürfe, die bis zur Durchsetzung einer episkopalen Gemeindeverfassung noch das volle 2. Jahrhundert in Anspruch nehmen.

Zu Beginn dieses 2. Jahrhunderts setzt sich die Patriarchalisierung der Gemeinden im Rahmen der antiken Hausordnung immer mehr durch, da der wohlhabende griechisch-römische Hausherr und Vater nun zum Modell wird. Dieser anticharismatische Trend beschränkt vor allem die freie Tätigkeit der Frauen. Von jetzt an sollen sie »in Ruhe lernen, in aller Unterordnung«. Zu lehren wird der Frau »nicht mehr gestattet. Auch nicht, sich über den Mann zu erheben – sie hat sich ruhig zu verhalten« (1 Tim 2,11 f.). Mit dem Ausschluss aus aller führenden Verantwortung verbindet sich eine massive theologische Diffamierung: »denn zuerst wurde Adam erschaffen, danach erst Eva« (2,8). Wann immer fortan Frauen zurückgesetzt werden sollten, musste dieses frauenfeindliche Pseudoargument dafür herhalten.

Die Polemik der sogenannten »Kirchenväter« und »Kirchenordnungen« gegen das kirchliche Amt von Frauen zeigt an, dass dieses in der nachapostolischen Zeit stark umstritten war. Sie beweist, dass die progressive Patriarchalisierung des kirchlichen Amtes nicht unangefochten war, sondern sich mit älteren urchristlichen Traditionen auseinanderzusetzen hatte, die den Führungsanspruch von Frauen anerkannten. ...

Die progressive Verketzerung von Frauen in der nachapostolischen Zeit hat die theologische Diffamierung von Frauen zur Folge. Die Angriffe Tertullians (um 160 – um 220) machen deutlich, wie prominent Frauen noch am Ende des 2. Jahrhunderts kirchliche Leitungsfunktionen ausübten. Er entrüstet sich über die freche Anmaßung von Frauen, die zu lehren, zu disputieren, Beschwörungen vorzunehmen, Heilungen zu versprechen und sogar zu taufen wagen. Gegen sie betont er, dass es Frauen weder erlaubt ist, in der kirchlichen Versammlung zu reden, zu lehren, zu segnen, »noch Opfer darzubringen, noch irgendeine männliche Funktion, noch sonst eine Art von priesterlicher Funktion« zu beanspruchen (De praescriptione 4,5; De baptismo 17,4). Er begründet aber diesen Ausschluss von Frauen von allen kirchlichen Leitungsfunktionen mit einer Theologie, die von tiefer Verachtung und Furcht gegenüber Frauen geprägt ist. Er wirft der Frau nicht nur die Verführung des Mannes, sondern auch die der Engel vor. Für ihn ist die Frau das Einfallstor aller Sünde und des Teufels. Für Hieronymus schließlich sind Frauen nicht nur der Anlass zur Sünde, sondern auch der Ursprung aller Häresie.

Elisabeth Schüssler-Fiorenza

Warum sich gegen Ausgang des 2. Jahrhunderts aus den Presbyterkollegien heraus oder gar neben ihnen das anfangs kollegial eingebundene Aufsichtsamt zum Monepiskopat entwickelte, ist nicht eindeutig zu klären. Zweifellos werden die üblichen Mechanismen daran beteiligt sein: das Durchsetzungsvermögen starker Persönlichkeiten, eine Aufgabenteilung mit der Tendenz, sich durch die am besten dafür geeignete Person nach außen vertreten zu lassen, hier und da auch das Gewicht jener, die noch als Apostelschüler bzw. Schüler von Apostelschülern in Ansehen standen.

Die Untersuchungen von Mario Ziegler über »Die Vorsteher der stadtrömischen Christengemeinde in den ersten beiden Jahrhunderten« (2007) erweist, dass es sich zunächst nicht um Bischöfe im späteren Sinn des Monepiskopats handelt. Man kann »bis um die Mitte des 2. Jahrhunderts eine kollegiale Leitung für die Hauptstadt nachweisen«. Wahrscheinlich handelt es sich um Leiter von Hausgemeinschaften, die erst »nach und nach Kontakt untereinander« aufnahmen. Daraus entwickelte sich mit der Zeit eine Art Gremium, das die Belange der Christen in der ganzen Stadt regelte. So bildeten sich zunächst informelle Strukturen, aus denen schließlich formelle Ämter hervorgingen.

Etwa seit Beginn des 3. Jahrhunderts gibt es nur noch ein Zentrum: den *Episkopus*, der nun nicht mehr als »Aufseher«, sondern als Bischof anzusprechen ist. Er fühlt sich als Hirt, er kontrolliert die Lehre und die Taufzulassung und er ist zuständig für das Gemeindevermögen. Nur wer auf seiner Seite steht, gehört zur Gemeinde. Natürlich ist er jetzt hauptamtlich tätig, muss also auch aus der Gemeindekasse versorgt werden. Das führt dazu, möglichst einen Bischof zu gewinnen, der sich selbst versorgen kann und der vielleicht gar noch einen Teil seines Vermögens in die Gemeinde einbringt.

Die Entwicklung des Monepiskopats und in der theologischen Entwicklung die zunehmende Vergöttlichung Christi verstärken sich wesentlich infolge des Schwunds judenchristlicher Gemeinden und einer entsprechenden Zurückdrängung des jüdischen Erbes. Damit verschwinden letzte Brücken zur rabbinischen Synagoge und zugleich jede Rückbindung an ein Judentum, das als Maßstab und Korrektiv der weiteren Glaubensentwicklung unentbehrlich gewesen wäre, aber nun bis zum Ende des 20. Jahrhunderts in dieser Funktion ausfällt.

Allen, die sich fortan dem Christentum zuwenden, sind alttestamentlich-jüdischen Vorstellungen und Traditionen so fremd, dass sie viele christliche Riten und Glaubensformeln nicht mehr aus ihrer jüdischen Genese, sondern von einem hellenistischen Hintergrund her sehen. Das fördert die Überformung des bisherigen Amtsverständnisses mit Kategorien der antiken Religionswelt und führt zu einer Sacerdotalisierung, die der bisherigen Entwicklung unbekannt war.

Kaiser Konstans II. überreicht dem Erzbischof von Ravenna eine Privilegienurkunde. Sant' Apollinare in Classe, Ravenna, 9. Jh.

Die Kirche

Die Sacerdotalisierung des Klerus

Es ist Cyprian (200/210–258), der Bischof von Karthago – jüdischen Traditionen bereits entfremdet –, der erstmals den Priester als *sacerdos* bezeichnet und mit dem Levitentum des Alten Testaments vergleicht. Im gleichen Atemzug bezeichnet er das Darbringen der eucharistischen Gaben als *sacrificium* (Opfer). Damit erfolgte eine neue Weichenstellung, die sich aber erst mit der Konstantinischen Wende real auswirkt. Als der Gemeindeklerus den heidnischen Priesterschaften gleichgestellt wurde und ebenso wie diese Steuerfreiheit erhielt, um schließlich exklusiv privilegiert zu werden, vollzog sich die Sacerdotalisierung des Klerus nach Maßgabe einer bis dahin unpassenden Vorstellung. Nun gewann der Gedanke des Opfers und der Opferdarbringung, wie er im heidnischen Raum herrschte, im Kirchenraum Geltung. Diese Begriffsverschiebung unterstützten Rückgriffe auf den alttestamentlichen Levitenstatus, indem jetzt dem Klerus z. B. für bestimmte Dienstzeiten eheliche Enthaltsamkeit (nicht Ehelosigkeit) abverlangt wurde. Zugleich drang der Gedanke der Ehelosigkeit auch über das Asketentum vor.

Messelesender Priester. Stundenbuch des Herzogs von Berry, 15. Jh.

Damit war die erste Wegstrecke zum kultischen Priesterverständnis zurückgelegt. Die hinzukommende Deutung der Liturgie als Nachahmung der himmlischen Liturgie und der Hierarchie als Abbild der himmlischen Hierarchie verschob den anfänglich jüdisch geprägten Wortgottesdienst mit der frühchristlichen Danksagung (*eucharistia*) vollends in einen spätantiken Kult – eine Brechung, die vielleicht erst heute in aller Deutlichkeit bewusst wird.

In ihrem Selbstverständnis zeigt sich die spätantike Kirche nun als Bischofskirche. Diese Entwicklung wird massiv unterstützt durch die Einbeziehung der Bischöfe in die Verwaltung des Reiches über die Schiedsgerichtbarkeit (*audientia episcopalis*), wodurch sich das Bischofsamt deutlich vom Presbyterkollegium abhob. Das förderte eine Angleichung an den staatlichen Beamtenaufbau und zugleich die hierarchische Ausrichtung der Ämter in den Ortsgemeinden. In die bischöfliche Liturgie wird immer mehr profanes Zeremoniell übernommen, was das hierarchische Amtsverständnis hervorhebt und der liturgischen Handlung deutlich mehr kultisches Gewicht gibt. Die Verbindung der germanischen Völker mit dieser spätantiken Kultreligion schafft die Basis für die weitere Sacerdotalisierung der Kirche.

Das Priesterbild des Mittelalters

Dennoch hat sich die spätantike Kirche noch nicht völlig sacerdotal verstanden. Dies verhinderte das verbliebene jüdische Erbe: einerseits der Rang des »Wortes« im Gottesdienst, also die Auslegung der Schrift (im Gegensatz zum heidnischen Kult), sowie die Bedeutung der Gemeinde. Aber beides wandelte sich mit dem Eintritt in den fränkischen Geschichtsraum. Das sich hier entwickelnde Eigenkirchenwesen verstand sich vom festgemauerten Altar her (und dem zum Altar gehörenden Besitz). Der Pfründepriester erhielt seine Ordination, »nachdem er das Messesagen bei einem Pfarrer oder in einem Kloster gelernt hat« (Ernst Ludwig Grasmück). Seine Ausbildung war minimal. Zu seinem Auftrag gehörten alle Arten von Segnung: für Mensch, Tier, Feld und Haus, inklusive magischer Einschlüsse. Er »kommuniziert« als Einziger: Priester und Laien bilden hinfort ein kultisches Gegenüber. Die Gemeinde nimmt nur noch hörend teil. Das heilige Opfer wird »für sie« dargebracht.

Auf der anderen Seite führte die Entfaltung eines Mönchtums, dem fast die gesamte Bildung und Verwaltung von Gesellschaft und Staat überantwortet ist, zu einem sacerdotal dominierten Staat. Die Leiter der Bischofskirchen und Abteien wurden die Stützen der Herrscher … Jenseits dieser kulturellen Einheit von Religion und Gesellschaft bot sich keine reale Position mehr.

Die Einheit von *imperium* und *sacerdotium* zerbrach im Investiturstreit; aus dem bisherigen Miteinander wurde immer mehr ein Gegeneinander. Die Intention Gregors VII., die Priester nach dem asketischen Ideal der Mönche zu prägen, veränderte das Priesterbild. Wie die Mönche sollten sich nun auch die Priester des Geldes, der Frauen und der Waffen enthalten. Damit kam die Zölibatsfrage in ein neues Stadium. Priester gelten seitdem »für Gott ausgesondert« und »für die Menschen bestellt«.

Das sacerdotale Priesterverständnis des Mittelalters wird ganz vom »Messopfer« her konzipiert. Allein die apostolische Sukzession (→ S. 349 f.) schafft den Priester und dessen Fähigkeit, Brot und Wein durch die »Einsetzungsworte« zu verwandeln. Diese dogmatische Bestimmung findet zugleich eine kirchenrechtliche Ausprägung.

Petrus überreicht Karl dem Großen die Lanze und Papst Leo III. die Stola als Zeichen weltlicher und geistlicher Macht, um 799.

Eine Kirche ohne Priester? Die reformatorische Kritik

Eine Abkehr von dieser Entwicklung brachte die Reformation. Im Blick auf das allein verbindliche Zeugnis der Schrift betont Luther, dass nur Christus im vollen Sinn Priester genannt werden kann. Sein Sühnopfer hebt jeden anderen Opferdienst auf, so dass »Messhalten als ein Opfer und gescherte, beschorene Priester, wie jetzt der Brauch ist, nichts anderes ist, den Christum lästern und verleugnen, aufheben und wegnehmen sein Priestertum und alle seine Gesetze«. Luther betont das allgemeine Priestertum der Getauften. Es ist »ein geistlich Priestertum, allen Christen gemein, dadurch wir alle mit Christo Priester sind«. An die Stelle des Sakramentes der Priesterweihe setzt er mit aller Konsequenz die Taufe: »Denn was aus der Taufe gekrochen ist, das mag sich rühmen, dass es schon zum Priester, Bischof und Papst geweiht sei.« Die Taufe versetzt alle Christen in den geistlichen Stand. Das Treiben des »erdichteten« und selbst ernannten Priesterstandes vergleicht er mit einem Kinderspiel. Somit will er keinerlei geistliche Differenz zwischen Priester und Laie mehr akzeptieren.

Die Kirche

Dennoch gibt es für Luther praktische Gründe, die nach Ämtern in der Kirche verlangen:

Wenn wir wohl alle Priester sind, so können und sollen wir doch darum nicht alle predigen oder lehren und regieren. Doch muss man aus dem ganzen Haufen einige aussondern und wählen, denen solch ein Amt befohlen werde. Und wer es innehat, der ist nun nicht um des Amtes willen ein Priester (wie es die andern alle sind), sondern ein Diener aller andern. … Siehe, also muss man das Predigtamt oder Dienstamt von dem allgemeinen Priesterstande aller getauften Christen unterscheiden. Denn solch ein Amt ist nichts mehr als ein öffentlicher Dienst, der einem etwa von der ganzen Gemeinde befohlen wird, in der alle zugleich Priester sind.

Luther begründet das Amt mit der Funktion, deretwillen es da ist. Die Funktionsträger sollen daher »nicht Priester genannt werden, sondern Diener, Diakone, Bischöfe, Haushalter, Älteste«. Natürlich muss eine Gemeinde – ebenso wie ein anderes Gemeinwesen – »regiert« werden. Sie muss in ein Amt delegieren und »niemand soll sich vermessen, diese [Fähigkeit] öffentlich zu üben, außer dem, der durch die Gemeinde dazu erwählt ist«. Die Delegation durch die Gemeinde versteht Luther freilich nicht als demokratische Beauftragung, sondern als einen Akt des Gehorsams Gott gegenüber.

Calvinistischer Taufgottesdienst, um 1564. Der Raum ist ganz auf Verkündigung und Hören des Wortes ausgerichtet. Im Zentrum steht nicht der Altar sondern die Kanzel. Es gibt weder Blumen noch Kerzen noch Orgel. Die Fenster zeigen Wappen; Bilder oder gar Heiligenfiguren fehlen. Der Taufgottesdienst hat noch nicht begonnen. Es kommen immer noch Teilnehmer. Dennoch hat der Pfarrer seinen Platz auf der Kanzel bereits eingenommen. Die Taufpaten mit dem Säugling stehen hinter der linken Bank. Ungewöhnlich angesichts des sonstigen christlichen Brauchs ist die Kopfbedeckung der Männer; nur einige Kinder sitzen in den vorderen Reihen ohne Mützen oder Hüte. Die eher lässige Sitzhaltung der Männer auf der Wandbank neben dem rechten Eingang zeigt, dass der reformierte Gottesdienst sich den synagogalen Ursprüngen wieder angenähert hat. Sogar ein Hund stört nicht.

Wenn [der Amtsinhaber dann aber] nicht mehr predigen oder dienen kann oder will, so tritt er wieder in den allgemeinen Haufen zurück, befiehlt sein Amt einem anderen und ist nichts anderes als ein jeglicher gemeine Christ.

Ein »unauslöschliches Merkmal« (*character indelebilis*), das nach katholischer Lehre die Weihe dem Empfänger einprägt und ihn in besonderer Weise mit Christus verbindet, so dass er seine »priesterliche Vollmacht« nie mehr verlieren kann, ist Luthers Denken fremd: »Ich sehe nicht, wie der nicht wieder ein Laie werden könne, der einmal Priester geworden ist, weil er von den Laien nur durch den Dienst unterschieden ist.« Dem Amt wird damit jeder sakramentale Charakter genommen, zumal sich dieser nicht biblisch begründen lässt.

Das Priesterbild der Neuzeit

Die nachreformatorische katholische Kirche hält an den bisherigen dogmatischen Vorgaben für das Priestertum fest. Ihr Grundverständnis bleibt vom »Messopfer« her konzipiert. Die gültige Weihe spendet allein der in ununterbrochener Sukzession stehende Bischof und vermittelt die Vollmacht, die eucharistischen Gaben durch das »Einsetzungswort des Stifters«

zu verwandeln. Anders als im Mittelalter wird aber jetzt – bedingt durch die neuzeitliche Freisetzung des Individuums – die Seelenführung der Gläubigen zur Aufgabe. Die Beichte als deren bevorzugtes Instrument unterstellt die Katholiken nun einem andauernd schlechten Gewissen und Sündenbewusstsein, die Priester inbegriffen. So sieht sich jeder, um nicht unwürdig und schuldhaft zu kommunizieren, auf den Beichtiger verwiesen. Dieses Konzept skrupulöser Gängelei und Angst verändert die Kirche endgültig zur Priesterkirche. Zugleich entsteht eine neue Form der Abhängigkeit vom Priester – bis ins 20. Jahrhundert hinein, in dem jedoch in den 60er Jahren die Beichte nahezu abrupt ihren Rückhalt im Volk verliert.

Ein Gegengewicht schaffen im 17. Jahrhundert die Musik und das geistliche Lied, die eine Vermittlung des Glaubens ermöglichen ohne das katechismusförmige Traktieren des geistlichen Standes. In den barocken Kirchen kommt eine Festlichkeit hinzu, die alle Sinne anspricht. In der Zeit der Aufklärung lockert sich auch das starre schultheologische Denken. Es gibt Bemühungen, irrationale Auswüchse zu beschneiden und die Glaubensvermittlung mit mehr Bildungsanspruch zu verbinden, doch können diese Bemühungen überkommene Vorstellungen und Praktiken nicht wirklich ablösen.

Im 19. Jahrhundert entwickelt sich unter den sozialen Nöten der Industrialisierung gerade im städtischen aber auch ländlichen Klerus ein Engagement, dass zum Aufblühen kirchlicher Caritas sowie des kirchlichen Vereinswesens führt, keineswegs aber das priesterliche Standes- und Autoritätsbewusstsein mindert. Im Gegenteil, in gewisser Weise verschärfte sich das Profil der Pfarrherren. »Die höchste Glorie eines sauerländischen Hauses (und nicht nur hier) war es, wenn aus ihm ein ›Heersohn‹, ein ›Heerohm‹, ein ›Heer-Vedder‹, d. i. ein geistlicher Sohn, Oheim, Vetter hervorgegangen ist« (Friedrich Wilhelm Grimme, 1866). Die Mütter weinten Freudentränen, wenn sie für den Jungen packen durften, der auszog, um »auf Herr« zu studieren.

Ressentiments gegenüber den geistigen Entwicklungen seit der Aufklärung, ultramontane Tendenzen und die restaurative Politik Roms verbanden den Weltklerus zunehmend stärker mit der Papstkirche, was den zentralistischen und bürokratischen Bestrebungen der römischen Kurie sehr entgegenkam. Eine noch einmal gesteigerte Ausrichtung brachte in Deutschland der Kulturkampf, in Frankreich die antiklerikale und laizistische Welle.

Jeanne-Marie Vianney, der Pfarrer von Ars

Begabt war er nicht, zur Priesterweihe wurde er nur zugelassen, weil er immerhin »fromm sei, den Rosenkranz beten könne und die Gottesmutter verehre«. Aber er war – stets besorgt, dass die Menschen ihres Heils verlustig gehen und der Hölle nicht entkommen – ein überaus eifriger Beichtvater und Seelsorger, den des Nachts satanische Kräfte, Poltergeister und Visionen quälten. »O, wie groß ist doch das Priestertum!«, sagte er, »man wird es erst im Himmel richtig verstehen…« Ob heutigen Seelsorgern der Pfarrer von Ars im eigenen Glaubens- und Selbstverständnis noch Orientierung sein kann, verdient Zweifel.

Die Priesterkirche und ihre Bürokratisierung

»Kirche ist Priesterkirche«, sagt Gustav Mensching in seiner »Soziologie der Religion« und verschärft: »Im eigentlichen Sinne gehören zur katholischen Kirche nur die Kleriker. Die Laien gehören nur passiv zur Kirche.« Dem Priestertum stellt er das prophetische Element gegenüber, welches die Priester »kritisieren und bekämpfen«, als »Abweichungen in der Verkündigung von den traditionellen Lehren« und als »Störung der Einheit der Sakralinstitution. Propheten fehlt es in den Augen der Priester an der nötigen Legitimation der von ihnen beanspruchten Vollmacht. Wie denn die Priester jede Durchbrechung der Tradition nicht nur in der Lehre, sondern auch in Kultus und Lebensgewohnheit durch die Propheten bekämpfen. Priester sind stets konservative Religionsbeamte.«

Die Kirche

Die Krise des Priesterstandes

Auch wenn es so oft wiederholt worden ist, dass es langweilig klingt: Der Zölibat ist die häufigste Ursache der Krise. »Oft kommen Menschen, die unreif ihre Entscheidung fällen«, sagt P. Wunibald Müller, Leiter des Recollectiohauses in Münsterschwarzach. Manchmal entdecken Priester ihre Homosexualität erst im Seminar oder nach der Weihe und versuchen sie zu verdrängen. Andere sind in ihrer Jugend sexuell missbraucht worden und flüchten vor ihrer eigenen, sie bedrängenden Sexualität ins Keuschheitsgelübde. Meist ist die Sache jedoch wesentlich einfacher: Auch die Priesterweihe macht den Menschen nicht zum sexuellen Neutrum. Auch Priester verlieben sich, und oft gerade jene, die nicht abgehobene Pfarrherrn sein wollen. Der amerikanische Psychologe Richard Sipe vermutet in seiner Untersuchung über Sexualität und Zölibat, dass mindestens jeder zweite Priester nach seinem Keuschheitsgelübde eine Sexualpartnerin, einen Sexualpartner hat …

Der bisher verfolgte Weg führt aus einer ursprünglich antipriesterlichen innerjüdischen Prophetenbewegung über erste Gemeindebildungen, dann patriarchale Strukturentwicklungen und mit dem Monepiskopat zu einer Verkirchlichung, in der sich bereits die Dispositionen einer »Priesterorientierung« entfalten. In der katholischen Dogmatik von Ludwig Ott (1954) werden die folgenden Sätze allesamt als *de fide*, das heißt als Dogmen festgeschrieben:

Die Kirche wurde von dem Gottmenschen Jesus Christus gegründet. Christus hat seiner Kirche eine hierarchische Verfassung gegeben. Die den Aposteln verliehenen hierarchischen Gewalten sind auf die Bischöfe übergegangen. Christus hat den Apostel Petrus zum ersten aller Apostel und zum sichtbaren Haupt der ganzen Kirche bestellt, indem er ihm unmittelbar und persönlich den Jurisdiktionsprimat verlieh. Nach der Anordnung Christi soll Petrus im Primat über die gesamte Kirche für alle Zeiten Nachfolger haben. Die Nachfolger des Petrus im Primat sind die römischen Bischöfe. Der Papst besitzt die volle und oberste Jurisdiktionsgewalt über die gesamte Kirche nicht bloß in Sachen des Glaubens und der Sitten, sondern auch in der Kirchenzucht und der Regierung der Kirche. Der Papst ist, wenn er ex cathedra spricht, unfehlbar. Die Bischöfe besitzen kraft göttlichen Rechtes eine ordentliche Regierungsgewalt über ihre Diözesen.

Alle diese Aussagen sind als Dogma qualifiziert, welchem seit dem Ersten Vaticanum der Entwicklungsgedanke entzogen wurde, weil die Unwandelbarkeit des Dogmas »in dem göttlichen Ursprung der darin ausgesprochenen Wahrheit« liege, die »unveränderlich wie Gott selbst ist« (Ludwig Ott).

Als die Aufklärung, die Französische Revolution, die große Säkularisation, die fortschreitende Trennung von Kirche und Staat, die staatliche Gesetzgebung und liberales Denken den kirchlichen Einfluss immer mehr zurückschnitten, reagierte die Kirche darauf mit Klagen, die sich nur an Symptomen orientierten. Dass es ihr dennoch gelang, ihre institutionelle Identität als »Priesterkirche« zu wahren, hat zunächst mit der Sicherung des eigenen Jurisdiktionsanspruchs zu tun, wie ihn das Erste Vaticanum theologisch begründete und zugleich für ihre Autoritätsausübung legitimierte:

Wir lehren und erklären demnach: Die römische Kirche besitzt nach der Anordnung des Herrn den Vorrang der ordentlichen Gewalt über alle anderen Kirchen. Diese Gewalt der Rechtsbefugnis des römischen Bischofs, die wirklich bischöflichen Charakter hat, ist unmittelbar. Ihr gegenüber sind Hirten und Gläubige jeglichen Ritus und Rangs, einzeln sowohl wie in ihrer Gesamtheit, zur Pflicht hierarchischer Unterordnung und wahren Gehorsams gehalten, nicht allein in Sachen des Glaubens und der Sitten, sondern auch der Ordnung und Regierung der über den ganzen Erdkreis verbreiteten Kirche. Durch die Bewahrung dieser Einheit mit dem römischen Bischof in der Gemeinschaft und im Bekenntnis desselben Glaubens ist so die Kirche Christi eine Herde unter einem obersten Hirten. Dies ist die Lehre der katholischen Wahrheit,

Jules Stauber

von der niemand abweichen kann, ohne Schaden zu leiden an seinem Glauben und an seinem Heil.

Die so unterstrichene Universalkompetenz des Papstes forcierte die Disziplinierung der Diözesankader und steigerte zugleich die Autorität des jeweiligen Diözesanbischofs. Die Kirchenleitung machte aus der Not ihrer neuzeitlichen Situation eine Tugend, indem sie vertikal eine feste Amtshierarchie ausbaute mit zentralisierter Entscheidungsbefugnis, deren Mitglieder einer »strengen und einheitlichen Amtsdisziplin und Kontrolle« (Max Weber) unterliegen. Der Soziologe Michael N. Ebertz analysiert die innerkirchlichen Folgen so:

Jules Stauber

Es war die Flucht in das moderne Gehäuse der Bürokratie, in eines der »am schwersten zu zertrümmernden sozialen Gebilde« (Max Weber), worin eine der erfolgreichen Strategien zur Fortbestandssicherung der römisch-katholischen »Priesterkirche« bestand.

Dass diese Kirche sich im 19. Jahrhundert in einem differenzierten und lebendigen Vereinswesen auf Laienebene organisierte, mag zwar so aussehen, als lägen hier Ansätze vor, die über eine Einwegkommunikation hinausgehen, doch wurden diese kirchlichen Vereine »unter hohem Einsatz des Episkopats und der Diözesanpriester von diesen initiiert, konstruiert, subventioniert und kontrolliert, was sich nicht nur am Kolpingverband mit seiner starken Position des ›Präses‹ belegen lässt« (Ebertz), sondern auch an Eingriffen in die Vereinsarbeit, sobald diese als störend empfunden wird, wie dies der Bund der Deutschen Katholischen Jugend mehrfach erfuhr oder die Katholische Deutsche Studenten-Einigung, der 1971 die finanzielle Unterstützung und 1973 der pastorale Auftrag entzogen wurde, was seiner faktischen Auflösung gleichkam.

Eine andere Frage ist es, ob und inwieweit das bürokratische Rückgrat der römisch-katholischen Priesterkirche dem Evangelium noch überzeugend Ausdruck geben kann. Darauf lässt sich keine pauschale Antwort geben, denn zweifellos wird in dieser Kirche in zahllosen Bereichen und Funktionen die Botschaft Jesu konkret gelebt: immer wenn sich Menschen Hilfloser und Pflegebedürftiger annehmen, die ihnen fremd sind, die ihnen der reine Zufall an den Weg stellt und die sie doch aus Freiheit zu ihren Nächsten machen. Dieser eigentliche Erweis lebendiger Christlichkeit schließt ein, dass politisches und soziales Engagement auch der Organisation und Verwaltung bedürfen, was die partiellen Vorzüge von Bürokratie nicht missachten lässt, ohne ihre systemimmanenten Folgen zu verharmlosen.

Die Unangemessenheit bürokratischer Organisationsformen der Priesterkirche, ihr zentralistischer Kontrollapparat, der alles dem gleichen Reglement unterwirft, die Rückstufung der Bischöfe zu Abteilungsleitern bei Höherstufung ihrer klerikalen Würde, die Unterwerfung des sakramentalen Lebens unter juristische Kategorien, die Zulassung wie Ausschluss regeln …, das alles gehört zu einem Problembereich, der dogmatisch wie rechtlich festgeschrieben wurde und die Kirche in ein Prokrustesbett legt, aus dem sie sich nicht zu erheben vermag, ohne ihre selbst verfügten Bindungen »göttlichen Rechts« zu bestreiten.

Ein weiteres Problem des Priesterstandes ist in den vergangenen Jahren verstärkt in den Blick der Öffentlichkeit gekommen: Ein wachsender Anteil der Priester ist homosexuell. Für heterosexuelle Männer wird es offenbar zunehmend unattraktiv, Kleriker zu werden, eine Reihe homosexueller Männer sucht dagegen, ob bewusst oder unbewusst, die brüderliche Gemeinschaft, das Männerbündische des Priesterstandes. Viele Schwule sind auch religiös besonders sensibel und spirituell begabt, sagt Titus Neufeld, der Sprecher der Arbeitsgemeinschaft schwuler Priester, der einst Franziskaner war … Wie viele Priester homosexuell sind, ist schwer zu sagen; es sind bis zu 20 Prozent, meint der Augsburger Theologe Hanspeter Heinz. Noch höher dürfte der Anteil in den Priesterseminaren liegen; aus den Vereinigten Staaten kommt die Nachricht, dass dort in einigen Seminaren jeder zweite Kandidat schwul ist …

Es gibt auch unter Deutschlands Priestern und Seminaristen »rosa Netzwerke« von Schwulen, die sich kennen, voneinander wissen, miteinander ins Bett gehen, sich gegenseitig bei der Geheimhaltung helfen, Karrieren über Liebesbeziehungen beschleunigen oder bremsen – und dies alles bis in die engeren Zirkel von Bistumsleitungen hinein. Auch hier bedingt die Geheimhaltungs- und Verschweigekultur Abhängigkeitsverhältnisse; die Verlogenheit im täglichen Leben ist oft groß, gerade weil die katholische Kirche praktizierte Homosexualität als Sünde betrachtet.

Matthias Drobinski

Die Kirche

Entscheidend für ein christliches Amtsverständnis scheint mir zu sein, dass die einzelnen Funktionsträger für sich nicht Ausschließlichkeit beanspruchen oder in einem Amt sämtliche für die Gemeinschaft entscheidenden Funktionen monopolisiert werden. Die Folge davon wäre, dass andere Charismen ins Abseits geraten, vor allem jene, die unter der Herausforderung der Situation neu entstehen. Auch das kirchliche Leitungsamt bleibt auf die pneumatischen Begabungen aller angewiesen; insofern ist es der Gemeindebasis eingebunden und darf sich nicht über die Gemeinde stellen. Mt 23,8–11: »Ihr alle seid Brüder – ihr sollt keinen Vater auf Erden nennen – einer ist euer Vater – einer euer Lehrer«, verbietet ein autoritäres Verständnis des kirchlichen Amtes in Übereinstimmung mit Jesu Forderung des radikalen Herrschaftsverzichts. Von daher ist eine hierarchische Kirchenstruktur grundsätzlich in Frage gestellt.

Paul Hoffmann

Jupp Wolter
Haus der Geschichte, Bonn

Das Ende der Priesterkirche?

Eine Entbindung aus dieser herrscherlichen Lähmung zeichnet sich in jüngster Zeit dennoch ab, insofern die Priesterkirche an sich selbst leidet, weil ihr der Nachwuchs ausbleibt. Die Zahlen der Welt- und Ordenspriester befinden sich in den letzten Jahrzehnten in stetem Rückgang. Diese Entwicklung wird dramatisch, wenn die noch starken Jahrgänge den aktiven Dienst verlassen haben. Das Sekretariat der Deutschen Bischofskonferenz kommentierte: »Die auf absehbare Zeit geringen Nachwuchszahlen genügen längst nicht, um solche Lücken zu schließen. Gegenüber der bisherigen Seelsorgestruktur und im Blick auf die Pfarreienlandschaft hat diese Entwicklung gravierende Veränderungen zur Folge. Auf die Zukunft hin rücken damit die anderen Mitarbeiter(innen)gruppen stärker ins Blickfeld.«

Soziologisch ist also klar, wohin die Reise geht. Die Klerikerkirche bewegt sich in Europa ihrem Ende entgegen. Es lässt sich nur darüber streiten, ob dieses Ende erst erreicht ist, wenn sich der schrumpfende Klerus nur noch selbst verwaltet und die Klerikerkirche in einem Kollaps endet, oder bereits in einer Zwischenstufe, wenn in den derzeit entstehenden neuen »Seelsorgeeinheiten« nur noch die Hauptpfarreien besetzt werden können.

Derzeit versucht man, durch Zusammenlegung von Gemeinden den Priestermangel administrativ »aufzufangen«. Die Größe des Seelsorgeraumes wird der je verfügbaren Priesterzahl angepasst: ein »Versorgungskonzept« – unbeirrt auf dem Hintergrund des traditionellen priesterzentrierten Kirchenbildes. Der Pfarrer hört auf, Seelsorger der Gläubigen in den Gemeinden zu sein, die der wachsende Seelsorgebezirk umfasst. Er ist nun Manager eines pastoralen Megaraumes und darin vor allem für ehren- und hauptamtliches Personal verantwortlich. »Aus personbezogenem Seelsorgetreiben wird organisationsbezogene Pastoralbetriebsamkeit« (Paul M. Zulehner). Mit diesen ausgreifenden Raumstrukturen entfernt sich die Kirche vom alltäglichen Leben der Menschen, zumal eine nachgehende Seelsorge, die aus der Nähe zu den Menschen gedeiht, seitens der Priesterschaft nicht mehr möglich ist. Für kranke, alte und der Zuwendung bedürftige Menschen wird der Klerus ausfallen. Aber Seelsorge verlangt die Begleitung in gesunden und kranken Tagen, das Gespräch mit Kindern und Heranwachsenden, mit glücklichen und unglücklichen Menschen. Mit dem Ende dieser Begleitung hört die Priesterschaft auf, im Lande verwurzelt zu sein. Der Rückzug der Kirche aus der Fläche forciert – zusätzlich zum Auslaufmodell »Volkskirche« – den aus anderen Problemkreisen gespeisten Verfallsprozess der Gemeinden, und dies um so mehr und heftiger, als die bisherige Abhängigkeit vom Priester keine eigenständige Laienkompetenz und Verantwortung entstehen ließ und vom Kirchenrecht auch nicht eingeräumt wird.

Will man die heutige Krise nicht als Erschöpfung und Abbruch hinnehmen, sondern als Chance zu einem neuen Aufbruch werten, liegen im derzeitigen Mangel zugleich die Voraussetzungen für eine vitalere Zukunft, die nicht in einer Kirche sakramentaler Versorgung besteht, sondern in Gemeinden, die das Schema Priester-Laie hinter sich lassen und sich in breiterer Verantwortlichkeit auf den Weg nach vorne machen.

Die Wahl besteht zwischen zwei Optionen: Die erste bedenkt die Ursachen für den ausbleibenden Priesternachwuchs, zumal den Ausfall begabter und kreativer Menschen und modifiziert das Konzept der bisherigen Priesterkirche. Das könnte zur Aufhebung der allgemeinen Zölibatspflicht – ohne damit den Zölibat gleich abschaffen zu müssen – und darüber hinaus auch zur Ordination von Männern führen, die anderen Berufen nachgehen, die aber von ihrem geistigen und spirituellen Format her fähig und bereit sind, die örtliche Gemeinde zu entwickeln. Dem Weg zum Frauenpriestertum hat sich die Kirche im Pontifikat Johannes Pauls II. vorerst selbst verschlossen. Ihr Argument, Jesus habe nur Männer berufen, sticht allerdings nicht. Auf der selben Ebene lässt sich auch sagen, Jesus habe nur Juden berufen, und darum kämen nur Juden als Priester in Frage – einmal davon abgesehen, dass Jesus überhaupt keine »Priester« berufen hat.

Will man bei der allgemeinen Ansicht bleiben, Kirche sei nur da, wo Eucharistie gefeiert werde, so dass man allen Gläubigen den (natürlich illusorischen) sonntäglichen Aufbruch in wechselnde Messkirchen verordnen möchte, lässt sich leicht voraussagen, dass damit der Weg zur Kirchenferne forciert wird. Eine Konzentration der Amtskirche auf die geweihten Amtsträger ist nicht zukunftsträchtig. Darum sei ein zweiter Weg vorgestellt.

Im französischen Bistum Poitiers wird auf das Potential der Laien gesetzt, auf ihre Ideen und Möglichkeiten, miteinander Kirche entwickeln zu können. *Nicht* der Priestermangel liefert die Begründung für den neuen Weg, sondern der Wille, Gemeinden auf der Grundlage der Initiationssakramente, Taufe und Firmung, zu bauen. Das ist die Grundentscheidung.

Der Bischof von Poitiers, Albert Rouet, sieht die Ausgangsposition so: »Hier wie überall haben Menschen ihre Kräfte verbraucht, um Priestern zu helfen und zu Diensten zu sein. Ihre ausdauernde und treue Beharrlichkeit hat niemandem Mut gemacht, deren Aufgabe zu übernehmen. Einen solchen Dienst mag man bewundern, aber er bringt keine Freiheit in der Kirche hervor.« Er fragt: »Warum sollte es bei einer kirchlichen Funktionsweise bleiben, die unmöglich aufrechtzuerhalten ist? Trotz aller Mahnungen und Notfallmaßnahmen gelangt das Modell Pfarrei an die Grenzen seiner Möglichkeiten. Wenn man befürchtet, dass die Laien nicht zum pastoralen Handeln fähig sind, warum firmt man sie dann? Sollten sie Unmündige in der Kirche bleiben?«

Das Modell Pfarrgemeinde wird hier aufgegeben, d.h. die Gemeinde definiert sich nicht mehr vom Pfarrer her. Der Bischof beruft sich auch nicht auf den Kanon 517 § 2 des kirchlichen Gesetzbuches, nach dem Laien an der Verantwortung für die Pastoral beteiligt werden können. »Diese Erlaubnis führt in eine Sackgasse ... Um die Strukturen von gestern beizubehalten, ist man zu allen Tricks bereit.«

Bischof Severus mit Frau und Tochter. Erfurt, St. Severi-Kirche, Deckplatte des Sarkophags, 1365.

Die Kirche

Gegen die Zerstörung der ortsnahen Gemeinde zugunsten von »Pastoralplänen«, die nichts anders als Priestermangel-Anpassungspläne sind, protestieren im ganzen Land engagierte Gläubige. Im Erzbistum Freiburg fordern sie zum Beispiel, »dass jede Gemeinde einen eigenen Gemeindeleiter erhält«, sei es einer der hauptamtlichen Laien, ein Diakon oder aber ein bewährter Mann, eine bewährte Frau und setzen sich ... für die Weihe von verheirateten Männern zu Priestern ein. Dabei können sie sich sogar auf Joseph Ratzinger berufen, der in seinem 1970 veröffentlichten Buch »Glaube und Zukunft« die Überzeugung äußerte, die Kirche werde »künftig gewiss neue Formen des Amtes kennen und bewährte Christen, die im Beruf stehen, zu Priestern weihen«.

Peter Bürger

Im Poitou sind für eine *örtliche Gemeinde* fünf Verantwortliche Bedingung. Diese leitende Equipe wird für drei Jahre gewählt, aber niemand darf länger als sechs Jahre im Amt bleiben. »Wenn man einen Posten zu sehr personalisiert, verwehrt man Leuten mit anderem Profil den Zugang.« Zur Aufgabe der Equipe gehört die Verantwortung für den (überwiegend priesterlosen) Gottesdienst, die Sorge für Alte, Kranke und Hilfsbedürftige; die Katechese für Kinder, Jugendliche und Erwachsene; alles, was eine lebendige Gemeinde konstituiert ..., bis zur Gestaltung von Begräbnisfeiern. Keineswegs sollen jedoch die fünf Verantwortlichen das alles selbst tun; sie können andere Menschen, die dazu geeignet sind, dafür suchen. Die örtliche Gemeinde ist auch nicht an die Umschreibung der bisherigen Pfarrgemeinden gebunden. Sie kann kleiner wie größer sein. »Die neuen Gemeinden werden nicht gebildet, um fehlende Priester zu ersetzen, sondern um alle in die Verantwortung einzubinden. ... Der Priester steht nicht mehr im Zentrum dessen was möglich ist, sondern der Gemeinde gegenüber als derjenige, der bestärkt (zuweilen auch tröstet) und unterstützt, der Grundlagen schafft und bei der Unterscheidung der Geister hilft, der ruft oder auch begleitet.«

In zwölf Jahren pastoraler Arbeit sind im Erzbistum Poitiers mehr als dreihundert örtliche Gemeinden neu entstanden. »Das Empfinden von Schwäche und Schwund, das bis dahin geherrscht hat, nimmt ab. Spürbar lebt die Hoffnung auf. Die Menschen wandeln sich durch die Ausübung ihrer Aufgaben.«

Der hier gegangene Weg verlangt nicht nach *viri probati*, weder nach Diakonen noch studierten Laientheologen, die den Pfarrer ersetzen sollen. Das Experiment Poitiers regt an, das bisherige Denkgleis zu verlassen, um für neue Vorstellungen und kühne Lösungen offen zu werden.

»Daher muss man zulassen«, erklärt Erzbischof Rouet, »dass die Festlegung des Gebiets einer Gemeinde nicht einfach auf dem Verwaltungsweg erfolgt, sondern sich aus der Geschichte einer betroffenen Bevölkerung ergibt, die gerufen ist, sich durch eigene Gremien an der Festlegung zu beteiligen ... Worauf es grundlegend ankommt, ist der Übergang vom Helfen zur Übernahme von Verantwortung.« Das bedeutet zugleich: Bischof und Pfarrer verzichten darauf, kraft Amtes zu bestimmen, wo es lang geht.

Sigg

A. Paul Weber (1893–1980), Die Kathedrale, 1941.

Wären Fotos der Realität näher als die Kunst, stünde es gut um die Kirchen in Deutschland und Westeuropa. Sie sind baulich gesichert und meist glänzend restauriert. Dennoch dürfte A. Paul Webers Radierung der Wirklichkeit näher kommen: Vieles ist Fassade und nicht von ursprünglichem Leben erfüllt.

Wenn der Priester für die örtlichen Gemeinden nur noch bedingt verfügbar ist, kommt es auch zu Entscheidungen, die den stets als unverzichtbar gesetzten deutschen Ausgangsbedingungen entgegenstehen: In jeder örtlichen Gemeinde wird jeden Sonntag Gottesdienst gefeiert. Die Dorfkirche bleibt nicht geschlossen mit dem Hinweis, die nächste Heilige Messe finde zehn Kilometer entfernt statt. Die Kirchengemeinde realisiert sich vor Ort. »Wir haben in der Basisequipe [dem örtlichen Gemeindeteam] lange diskutiert und kamen zu dem Ergebnis, dass wir mit unseren sonntäglichen Versammlungen zum Gebet ein sichtbares Zeichen für unsere Gemeinden darstellten … Manche wären sicher lieber zur Eucharistiefeier in den Nachbarort gefahren. Wir hatten uns aber tatsächlich dazu entschlossen, am Ort zu bleiben, in unserer Gemeinde, in unserer Kirche, ob zu einer Eucharistiefeier oder zu einem Wortgottesdienst.«

Bei solchen Entscheidungen bleibt es nicht aus, dass die alte Furcht vor Demokratie in der Kirche wieder aufkommt. »Sagen wir es in aller Klarheit, hier geht es um Macht«, sagt Erzbischof Rouet. Diese Position will er dem Pfarrer nicht weiterhin zuschreiben.

Die Kirche

Priestertum ohne Priesteramt. Die protestantische Situation

Eigentlich wäre es Sache der reformatorischen Kirchen gewesen, ein Gemeindemodell zu entwickeln, wie es im Bistum Poitiers entstand. Doch leider blieb es bis heute bei einer Pastorenkirche. Das Verständnis Luthers, es gebe keine geistliche Differenz zwischen Priestern und Laien (→ S. 363 f.), könnte zwar vermuten lassen, im reformatorischen Spektrum diese Situation bereits vorzufinden. Doch der Befund widerspricht dieser Erwartung:

Der protestantische Pfarrer ist eine merkwürdige Zwitterfigur. Der Ausbildung und Amtstracht nach tritt er auf als Gelehrter. Durch die Art seiner Dienstleistungen gehört er in die Reihe der Priester. In seinem theologischen Selbstverständnis möchte er am liebsten als Prophet agieren. Und die meiste Zeit verbringt er wahrscheinlich damit, die Rollen des kirchlichen Verwaltungsbeamten und des gemeindlichen Freizeitanimateurs zu spielen.
Manfred Josuttis

In diesem widersprüchlichen Bild, aus dem kein Pfarrer ohne weiteres herausspringen kann, lässt sich die reformatorische Bestimmung des Amtes nicht wiederfinden. Tatsächlich sind in der Vergangenheit je nach Zeitumständen immer wieder andere Momente im evangelischen Amtsverständnis dominant geworden – ohne Reflexion einer theologischen Legitimation:

Der protestantische Pfarrer war geprägt vom bürgerlichen Persönlichkeitsideal, ausgestattet mit vor allem historischen und philologischen Kenntnissen, er lebte in gesicherter, sogar privilegierter sozialer Stellung in der oberen Hälfte der Beamtenhierarchie, patriotisch-konservativ … Nach dem Zerbrechen des abendländisch-idealistisch-christlichen Geistes in der Katastrophe des Ersten Weltkriegs verlor der Pfarrer auch weithin die Rolle als Bildungskatalysator für das gebildete Bürgertum. Sofern er sich nicht auf die theologischen Bestimmungen seines Dienstes besonnen hat, bleibt ihm in der inzwischen auch institutionell veränderten Situation zunehmend nur noch die dann auch bald ideologisch aufgewertete Rolle eines religiösen Dienstleistungsagenten mit hohem Verwaltungsanteil. … Statt im Gefälle der reformatorischen Kritik am Priesteramt eine Entmythologisierung des Pfarrers anzustreben, kompensieren viele evangelische Pfarrer – besonders in einer Diasporasituation gegenüber der katholischen Kirche – ihre durchaus benannten, aber nicht theologisch kritisch aufgearbeiteten kirchlichen Minderwertigkeitskomplexe in einem zwanghaft pfäffischen Habitus … Den reformatorischen Kirchen scheint selbst nicht mehr präsent zu sein, dass die Substanz der reformatorischen Kritik in der Kritik an der Kirche als sakramentaler Heilsvermittlerin lag. Längst liebäugeln sie öffentlich mit Amtswürden und Hierarchie, dem Kreuz auf der Brust und strenger würdiger Demutsgestik, ja, mit missverständlichem »Geheimnis«-Vokabular und Amtskragen …

Die Zeiten haben sich geändert: heute werden die verhinderten protestantischen Priester vor allem der Ersten Welt von einer biblisch orientierten katholischen Theologie des Volkes in Lateinamerika beschämt. Möglicherweise hängt das damit zusammen, dass wir unsere christliche Existenz so sehr von allen realen Nöten, eben auch von der Not, es wirk-

---

Hat die jesuanische Idee einer geschwisterlichen Gemeinschaft überhaupt eine Chance im volkskirchlich geprägten Milieu? Geht die Entwicklung nicht dahin, dass die Mehrzahl der Gerade-noch-Mitglieder zwar die religiösen Stabilisierungsfunktionen der Kleruskirche an Lebenswendepunkten und in Krisensituationen in Anspruch nimmt und dafür den großkirchlichen Apparat zu finanzieren und so zu stabilisieren noch bereit ist, sich aber der bewussten Glaubensentscheidung und persönlichen Bindung an eine solche Gemeinschaft verweigert? Können daher die kirchlichen Machtträger nicht mit größter Gelassenheit die prophetischen Aufbrüche ignorieren, im Wissen darum, dass der Apparat – zudem in seiner »staatstragenden« Rolle zurzeit noch honoriert – überdauert, weil die »breite Masse«, wenn überhaupt, nur an der kirchlichen Trostfunktion interessiert ist? Wird die Nachfolge Jesu eine Sache von Außenseitern?

Andererseits verlangen die globalen Probleme der Weltpolitik von den Kirchen die Rückbesinnung auf ihr jesuanisches Erbe. Nur so können sie Glaubwürdigkeit gewinnen und hoffen, im Streit um die Zukunft der menschlichen Gesellschaft gehört zu werden … Der Trend zur Entfremdung, Vereinzelung und Vereinsamung, der die gesellschaftliche Entwicklung bestimmt, ist für die Kirchen zugleich Herausforderung und Chance. »Die christliche Gemeinde, wenn es sie gäbe« (H. R. Schlette), könnte zu einem Ort werden, der Menschen die Möglichkeit gibt, in Freiheit und gegenseitigem Respekt miteinander umzugehen und in Solidarität zueinanderzustehen.
Paul Hoffmann

lich mit Gott zu tun haben wollen, bereinigt haben, dass wir auch nicht mehr erwartungsvoll in die Bibel zu schauen verstehen. Und so notlos und erwartungsarm, wie wir hineinsehen, so freudlos und verheißungsarm ist, was aus uns herauskommt. Das ändert sich aber auch nicht dadurch, dass wir uns auf einen möglichst festen, leicht erhobenen Amtsboden begeben, denn die Schrift wird nicht durch das Amt ausgelegt, sondern durch den Geist, in dem sie auch geschrieben wurde. Um diesen Geist muss die Kirche täglich neu bitten; das ist – zumindest aus protestantischer Sicht – die Aufgabe der Kirche in der Welt und für die Welt.

Michael Weinrich

Ein Impulspapier der EKD von 2006, »Kirche der Freiheit«, nennt als zentrale Kompetenz, um den »Schlüsselberuf der evangelischen Kirche« aus seiner »geistlichen und mentalen Orientierungskrise« zu führen, »theologische Urteilsfähigkeit und geistliche Präsenz«. Doch gibt es erhebliche Spannungen innerhalb der Kompetenzbeschreibung des Berufs. Einerseits soll der Pfarrer im Sinne der traditionellen »Betreuungskirche« die Gemeinde »versorgen«. Andererseits soll sich eine Beteiligungskirche entwickeln, die ihr Glaubensleben mehr oder weniger selbst organisiert. So etwa entwirft das genannte Impulspapier der EKD die Vision, dass im Jahr 2030 zwei Drittel aller Predigten in deutschen evangelischen Gemeinden nicht von Pfarrern, sondern von Lektoren und Prädikanten gehalten werden. Nichtlutherische Mitgliedskirchen diskutieren, ob diese auch das Abendmahl leiten dürfen – was angesichts des flämischen Dominikaners Edward Schillebeeckx (1914–2009), der schon viel früher der Ansicht war, katholische Kirchengemeinden hätten das Recht, Laien mit der Leitung der Eucharistiefeier zu beauftragen (vgl. S. 420), eine für die evangelische »Kirche der Freiheit« eher ängstliche Fragestellung ist.

»Können das, was Pfarrerinnen können, denn alle?«, fragt die Bochumer Theologin Isolde Karle im »Deutschen Pfarrerblatt«. Dahinter stehen ungeklärte Problembestände: Trotz Luthers Wiederentdeckung des allgemeinen Priestertums der Gläubigen irritiert sein berühmter Satz: »Alle Christen sind Priester, aber nicht alle Pfarrer.« Man hält an der Ordination des Pfarrers fest, doch soll damit keine ontologische Heraushebung des Amtsträgers durch den Weiheordo erfolgen. Doch liest man daneben in einer Publikation der Rheinischen Kirchenleitung (2009) von einer »göttlichen Stiftung des Amtes«, die in der katholischen Kirche überbewertet, in der evangelischen Kirche aber unterbewertet werde. Der göttlich-sakramentale Stiftungscharakter des Amtes soll demnach nicht »unevangelisch« sein.

Was die Pfarrerschaft selbst angeht, so steht sie mal der Gemeinde *gegenüber*, mal hat sie ihren Ort *in* der Gemeinde. In einigen reformierten Schweizer Kantonalkirchen ist das Pfarramt dem Presbyterium untergeordnet. Das Presbyterium beauftragt sie mit Verkündigung, Sakramentenverwaltung, Seelsorge und Unterricht. In der unierten Evangelischen Kirche im Rheinland sind Pfarrerinnen und Pfarrer »geborene Mitglieder des Presbyteriums mit einer Stimme ohne Vetorecht … In den Bereichen Verkündigung und Seelsorge allerdings arbeiten sie selbständig und stehen dem Presbyterium und der Gemeinde *zugleich auch* gegenüber.«

Zu dieser theologischen Problematik kommen Widersprüchlichkeiten im Berufsverständnis. Die hohe Übereinstimmung von Berufs- und

Das evangelische Pfarrhaus

Es sei vom Aussterben bedroht, meinte der Politikwissenschaftler Martin Greifenhagen bereits in den 1980er Jahren. Das Pfarrhaus, wie man es bis dahin antraf und vereinzelt auch noch heute trifft, war ein offenes Haus, Kern der Kerngemeinde. Was der Pfarrer nicht schaffte, übernahmen die »Frau Pastor«. Zugleich war es ein Ort hoher Kultur. Die Predigtkultur des Protestantismus wurde hier entwickelt – nicht nur durch theologische Werke, sondern nicht minder durch schöngeistige Literatur. Heinz Schlaffer nennt in seiner »Kurzen Geschichte der deutschen Literatur« zwischen 1730 und 1800 lauter Pfarrerssöhne als deutsche Dichter: Bodmer, Gottsched, Gellert, Lessing, Wieland, Schubart, Claudius, Lichtenberg, Bürger, Hölty, Lenz, Jean Paul, August Wilhelm und Friedrich Schlegel. Aber auch Klopstock, Goethe, Schiller, Hölderlin entstammten Schulen, die evangelischer Aufsicht unterstanden. Nach Untersuchungen des Kirchenrechtlers Johann Friedrich von Schulte (1827–1914) stammten Mitte des 19. Jahrhunderts von 1600 prominenten Deutschen 861 aus einem evangelischen Pfarrhaus. Der Protestantismus ist die Konfession des Wortes, der Bibellektüre, des Bemühens um angemessene Sprache. Neben der Literatur war die Musik prägend für das Pfarrhaus – bis weit ins 20. Jahrhundert hinein.

»Wenn irgendwo, dann findet die Idee der bürgerlichen Familie im Pfarrhaus ihre exemplarische Verwirklichung. Für die Pfarrfamilie ist das Pfarrhaus die Sinnwelt, aus der sich ihr das Leben erschließt; für die Kinder ist es der Maßstab, an dem sie ihre späteren Erfahrungen messen. Kein Pfarrerskind verlässt das Haus, ohne symbolisch immer wieder dorthin zurückzukehren« (Wolfgang Steck).

Seit den 1970er und 80er Jahren verändert sich das Leben im Pfarrhaus: Die Landeskirchen erlauben der Pfarrfrau eigene Berufstätigkeit. Zugleich ziehen die ersten Pastorinnen ins Pfarrhaus ein. Und mit ihnen ihre Männer aus anderen Berufen. Die gesellschaftlichen Veränderung lassen auch in Pfarrersehen die Scheidungszahlen ansteigen. Heute haben sie den allgemeinen Durchschnitt erreicht. Das alte evangelische Pfarrhaus droht langsam zu verschwinden. Die jüngeren Pfarrer möchten gern Arbeit und Privatleben stärker trennen und im Pfarrhaus nicht permanent im Dienste der Kirche stehen. Fulbert Steffensky: »Es gibt das Haus kaum noch; es gibt die Pfarrfrau in diesem Sinn nicht mehr, Pfarrerskinder sind nicht mehr unterscheidbar von den Kindern des Schmiedes, und es gibt auch die alten Gewohnheiten immer weniger, der Pfarrer ist ein viel beschäftigter Mensch, atemloser Mensch.«

Johann Jakob Bachofen (1815–1887), Rechtshistoriker und Altertumsforscher, schloss aus Mythen des klassischen Altertums und der Randkulturen des Alten Orients, dass einst bei allen Gesellschaften eine mutterrechtliche Ordnung geherrscht habe, aus der sich erst langsam das Patriarchat entwickelte. Für B. ging demnach das Matriarchat als eine allgemeine Kulturstufe der Menschheit dem Patriarchat vorauf. Die Beweisführung für seine These wird von der heutigen Ethnologie nicht als stichhaltig bewertet, doch hatte B.s Buch Ende des 19. Jh.s eine so große Wirkung, weil es die noch junge Frauenbewegung inspirierte, die Herrschaft der Männer zu relativieren. Insgesamt hat B. viele Anregungen gegeben und einen Mythos belebt, den feministische Gruppierungen immer noch in die Zukunft projizieren.

Privatleben bewerten viele als Zumutung und Überforderung. Sie wollen von ihren Gemeinden nicht auf Schritt und Tritt an Bergpredigt und Zehn Geboten gemessen werden. Der Rat der EKD wünscht sich eine Pfarrerschaft, die »person- und gemeindeübergreifend wieder erkennbar und verlässlich« ist, »damit die Adressaten pastoralen Handelns erkennen, dass sie es nicht etwa nur mit einer individuellen und charismatischen Person zu tun haben, sondern ihre Erfahrung mit dem Pastor der Kirche im Ganzen, der ›Marke evangelisch‹, zurechnen.« Diese Erwartung ordnet den Pfarrer der corporate identity einer Großorganisation unter, meint Isolde Karle. Sie sieht mit dieser Farblosigkeit das Ende des Pfarrberufs als Profession verbunden, da es doch darum gehe, das Individuelle, Einmalige, Autonome und Widerständige zu fördern. Die evangelische Kirche lebe von den vielen sich selbst verwaltenden Gemeinden, also von unten und nicht vom Kopf einer Dienstleistungsagentur.

5. Die Kirche und die Frauen

Um die Stellung der Frau in Bibel und Christentum erfassen zu können, ist es notwendig, in die Geschichte Israels zurückzugehen und darüber hinaus in die Geschichte der Menschheit, soweit sie erreichbar ist. Bereits 1861 hat Johann Jakob Bachofen in seinem einflussreichen Werk »Das Mutterrecht« den Versuch unternommen, die vor- und frühgeschichtliche Phase der Menschheitsgeschichte aus ihrer Symbol- und Mythenwelt intuitiv zu erschließen. Bachofen nahm an, die patriarchale Gesellschaft sei nicht primär, habe vielmehr eine frühere matriarchale Zeit abgelöst. Er beschrieb die mutterrechtliche Epoche als Zeit wirtschaftlicher, sozialer und politischer Vorrangstellung der Frau bei entsprechender Unterordnung des Mannes.

Bachofens Buch hat eine Fülle neuerer Fortschreibungen gefunden. Darunter befinden sich in der jüngeren feministischen Literatur gewagte Spekulationen, welche die Menschheitsgeschichte mit einem Geschichtsbild eröffnen, das Frauen schufen und das erneut zu gewinnen sei, um sich von den herrschenden männlichen Definitionen der Geschichte befreien zu können. Unbedacht bleibt dabei, dass die frühgeschichtlichen archäologischen Befunde nur stumme Zeugnisse hergeben, die kaum mit Folgerungen befrachtet werden können, wie sie viele feministische Autorinnen bevorzugen. Aus der Sicht der Archäologie haben drei junge Frauen diese Problematik kritisch untersucht und geben zu bedenken:

Wer an die matriarchale Theorie und an das mit ihr verbundene Geschichtsbild glaubt, wird in archäologischen Zeugnissen aus dem postulierten weiblichen Zeitalter unschwer die matriarchale Welt wiedererkennen. Diese Haltung scheint in der Matriarchatsforschung vorzuherrschen … Unser Anliegen ist es, der in zahlreichen Variationen auftretenden Aussage, dass das Matriarchat eine historische Tatsache und wissenschaftlich bewiesen sei, ein klares ›Nein!‹ entgegenzusetzen …

Dass wir mit archäologischen Funden nur an der Oberfläche, d. h. am Alltagsleben, kratzen und nicht in die Gedankenwelt der Menschen eindringen können, ist eine Grenzerfahrung, die schwer zu akzeptieren ist … Manchmal sind die Zeugnisse vergangener Zeiten sogar so fremd, dass

wir sie mit nichts aus unserer Erfahrungswelt assoziieren können. In solchen Fällen sind Deutungsversuche reine Spekulation.
Brigitte Röder/Juliane Hummel/Brigitta Kunz

Auch Gerda Lerner, die wohl bedeutendste Historikerin für die Entwicklung des feministischen Bewusstseins, stützt dieses Urteil. Für sie »beschränken sich die vorgelegten Beweise für diese Position auf eine Kombination aus Archäologie, Mythos, Religion und Funde von zweifelhafter Bedeutung, die durch Spekulationen in einen Zusammenhang gebracht wurden ... Die Ergebnisse der anthropologischen Forschungen haben die These von der Universalität des vorgeschichtlichen Matriarchats offenbar eindeutig widerlegt.«

Während des Übergangs zum Ackerbau, der Sesshaftigkeit und größere Ansiedlungen mit sich brachte, wurden die relativ egalitären früheren Gesellschaften von höher strukturierten Gesellschaften abgelöst. In diesen Gesellschaften gab es Privateigentum als auch den Austausch von Frauen als Folge von Inzesttabu und Exogamie (Heirat außerhalb des Stammes).

Die komplexer strukturierten Gesellschaften entwickelten eine Arbeitsteilung, die nicht mehr nur auf biologischen Unterschieden begründet war, sondern ebenso auf einer hierarchischen Herrschaftsordnung und auf der Macht von einigen Männern über andere Männer und alle Frauen. Eine Reihe von Wissenschaftlern ist der Auffassung, dass diese Veränderung zusammenfällt mit der Entstehung von archaischen Staaten.
Gerda Lerner

Lilit, geflügelte sumerische Göttin mit gehörnten Tieren zu ihren Füßen, um 2000 v. Chr.

Talmudischer Überlieferung nach soll Lilit Adams erste Frau gewesen sein, die ihm nach einem Streit für immer davon flog und seitdem als nächtlicher Dämon den Menschen zu schaden sucht. Bei Jes 34,14 heißt es, Lilit hause zusammen mit Bocksgeistern im zerstörten Edom.

Ein Blick in die altmesopotamischen Kulturen zeigt, wie die Entwicklung des Patriarchats mit der Absicherung der Macht verbunden war. Sie erfolgte mit der Einsetzung von Familienmitgliedern in nachgeordnete Machtpositionen – in der Frühzeit oft Ehefrauen, Konkubinen und Töchter, die eine Stellvertreterrolle übernahmen, wie sie die Geschichte dieser Reiche immer wieder kennt. Die »Frau als Stellvertreterin« bezeichnet die höchste Funktion, die es für Frauen der Oberschicht damals gab, doch galt ihre Macht ausschließlich vom Manne her. In sexueller Hinsicht blieben solche Frauen ihren Männern unterworfen. Wenn sie das Gefallen des Königs verloren, konnten sie auch ihre Macht verlieren. So lernten Frauen, sich vom Manne als abhängig zu begreifen. Bedenkt man, dass es in dieser frühen Zeit nicht einmal einen geschriebenen Gesetzeskodex gab, lässt sich andeutungsweise einschätzen, wie tief verwurzelt die patriarchalen Definitionen der Geschlechtsrollen der westlichen Kultur sind. Das Grundmuster von patriarchalen Beziehungen zwischen den Geschlechtern bestand bereits, noch bevor ökonomische und politische Entwicklungen den Staat hervorbrachten. »Der endgültige Übergang zu einer neuen gesellschaftlichen Organisation war die Institutionalisierung der Sklaverei« (Gerda Lerner).

Gerda Lerner sieht die Entstehung der Sklaverei von der Unterordnung der Frauen abhängig, die der Sklaverei historisch voraufging. Als Aristoteles (384–322) sein Buch »Politika« schrieb, war die ethische Begründung der Sklaverei noch umstritten. Er räumt ein, dass es unterschiedliche Meinungen darüber gebe, ob bei einem ungerechten Krieg die Versklavung der Gefangenen gerechtfertigt sei. Dagegen gibt es für ihn

Die Göttin Maat. Ägypten, 21.-22. Dynastie, 1070-715 v. Chr.

Die Göttin Maat (→ S. 322) verkörperte in der altägyptischen Welt Lebensklugheit, Weisheit, Gerechtigkeit, Harmonie und Sinnhaftigkeit der Welt. Nachdem der Aschera-Kult (→ S. 184) eliminiert worden war, übernahm in nachexilischer Zeit in Israel die Weisheit zum Teil deren Rolle. In der jüdischen wie christlichen Tradition lebt sie als personifizierte »Weisheit«, (griech. Sophia) weiter.

Die auf dem Kopf getragene Feder – Symbol der Maat – wird beim Totengericht auf die andere Seite der Waage gelegt. Nur wenn der Verstorbene mit ihr im Gleichgewicht ist, hat er bestanden.

keine Meinungsverschiedenheiten im Blick auf die Minderwertigkeit der Frau. Deren Unterordnung gilt als fraglose Selbstverständlichkeit. Er betrachtete Frauen als Wesen, denen »die Wirkkraft der Seele fehlt«, und die darum unter dem voll entwickelten Menschen stehe. Das »Weibchen« definierte er als »ein verkrüppeltes Männchen«.

Bezeichnender als diese Herabminderung der Frau ist die Tatsache, dass seine Theorie über zweitausend Jahre kaum hinterfragt, aber unablässig wiederholt wurde. Sie erhielt ihre Verstärkung durch die frauenfeindlichen Äußerungen von Kirchenvätern und die im Christentum fortgesetzte Belastung Evas – und damit aller Frauen – mit der eigentlichen Schuld am Sündenfall.

Die Frau in der Jüdischen Bibel

Entgegen der Lesart, dass bereits Abraham und Sara und ihre frühen Nachkommen Verehrer Jahwes gewesen seien, war die gesamte Zeit bis zum Ende des Königtums 587 von einem kanaanäischen Polytheismus geprägt (→ S. 95 ff., 183 ff.). Neben männlichen Gottheiten wurde vor allem die Göttin Aschera verehrt, deren Kult über Kanaan hinaus im mesopotamischen Raum unter verschiedenen Namen verbreitet war. Unbeschadet der Verehrung Jahwes als »Staatsgott« stand sie »an seiner Seite«, so dass Wendungen begegnen wie: »Ich segne euch durch Jahwe von Samaria und durch seine Aschera« oder: »Ich segne dich durch Jahwe von Teman und

Ascherafiguren aus Judäa, um 700 v. Chr. Zum Aschera-Kult → S. 184

durch seine Aschera« oder: »Gesegnet sei Urija durch Jahwe, denn von Feinden hat er ihn durch seine Aschera gerettet« – Inschriften aus dem 9. Jahrhundert von *Kuntillet 'Ajrud*, einer Karawanenstation im nördlichen Sinai.

Der archäologische Befund belegt Säulenfigürchen der Aschera, die offenbar das religiöse Zentralobjekt des Hauses waren, sozusagen die Hausikone, in jedem Haus stets nur einmal vertreten. Doch hatte der Aschera-Kult nicht zu allen Zeiten gleiche Intensität. Erst in der zweiten Hälfte des 8. Jahrhunderts und im 7. Jahrhundert gewann die Verehrung der Göttin eine sprunghaft größere Popularität, worauf die enorme Zunahme der Figurenfunde verweist. Für eine Außenseitergruppe, die für eine Jahwe-allein-Verehrung kämpfte, war dieser Kult nicht tolerierbar. So setzte – in einer prophetischen Linie seit Hosea – im Namen Jahwes eine entschiedene Abwehr ein. Das Quellenmaterial lässt nicht erkennen, ob israelitische Frauen vor dem Deuteronomium (→ S. 95 ff.) in nicht-jahwistischen Kulten wichtige Aufgaben ausgeübt haben bzw. wie sie überhaupt daran teilnahmen.

Grundsätzlich stellt sich die Frage, welche Elemente des Weiblich-Göttlichen in den Jahwekult als integrierbar und welche als nicht integrierbar galten. Beispielsweise sind Metaphern, die Jahwe mütterliche Züge zuschreiben, beibehalten worden; auch die weibliche Interpretation der göttlichen Gestalt der Weisheit hat in der Glaubensgeschichte Israels eine unbestritten positive Bedeutung gewonnen.

Es wäre jedoch ein Kurzschluss, zu unterstellen, ein lebendiger Göttinnenkult verweise auf eine starke Position der Frau in der gleichen Kultur. So wenig die Marienverehrung einen Rückschluss auf die Rechte und Ämter der Frau in der katholischen Kirche einräumt oder der Kult der weiblichen Gottheiten in Indien eine besondere Anerkennung der Frau in der indischen Gesellschaft repräsentiert, sowenig ist für Israel ein frauenfreundliches Milieu zu unterstellen. Einerseits wurde der Göttinnenkult ebenso von Männern wie von Frauen getragen, andererseits können weibliche Gottheiten auch aggressive und lebensfeindliche, immer jedenfalls ambivalente Aspekte verkörpern.

Jesus und die Frauen

Die feministische Geschichtsschreibung fordert, dass das Geschlecht als soziale Kategorie ebenso im Vordergrund historischer Beachtung stehen muss, wie dies beispielsweise auch für Klassenunterschiede gegolten hat. Weil aber die meisten Geschichtsquellen, nicht zuletzt das Neue Testament, eine androzentrische Betrachtungsweise und Sprache haben, ist es bisher noch nicht gelungen, ein Geschichtsverständnis zu stiften, dass die einseitige Perspektive des herrschenden Männerbewusstseins überwindet.

Christofano Allori (1577–1621), Judit mit dem Haupt des Holofernes, um 1610.

Das Buch Judit hebt drei Eigenschaften seiner Heldin hervor: Sie ist schön und unterstreicht ihre Schönheit durch Schmuck und Kleidung; sie ist klug, berät sich mit den Ratsleuten ihrer Stadt und beeindruckt Fremde; sie ist torafromm, dient Gott Tag und Nacht und beachtet die Gesetzesvorschriften.

Judits Sieg über den Feind mit einem erlogenen Orakel gilt als Kriegslist und stört den antiken Leser nicht. Hier erscheint ein Frauenbild, das auch den Männern Respekt abnötigt. Dass »keine Furcht in Israel herrschte, solange Judit lebte«, ist ein Ruhmestitel, der keiner anderen Frau in der biblischen Tradition zuerkannt wird.

Die Kirche

Stundenbuch des Herzogs von Berry, 15. Jh.

Stundenbücher kamen im 13. Jahrhundert als Gebet- und Andachtsbücher für den lesekundigen Adel auf. Als Gegenstück zum römischen Brevier waren sie für Laien bestimmt. Zu den berühmtesten und künstlerisch wertvollsten zählt das Stundenbuch (»Les très riches heures«) des Herzogs von Berry, das schon bei den Zeitgenossen als ein non plus ultra bibliophiler Kostbarkeit galt.
Die hier aufgeschlagene Seite zeigt Jesus und die Syrophönizierin (Mk 7,24-30; Mt 15,21-28), eine seltene Darstellung (mit einem wirklichkeitsgetreuen mittelalterlichen Frankreich im Hintergrund). »Schick sie fort«, sagen Jesu Jünger zu ihm, »denn sie schreit hinter uns her!« Die Frau aber ließ nicht locker und Jesus wandte sich ihr zu – wie das Bild sehr deutlich macht.

Es gibt nicht wenige Exegeten, die den Umgang Jesu mit Frauen für revolutionär halten. Sie verweisen darauf, dass er mit Frauen in der Öffentlichkeit gesprochen habe – gar noch mit einer Samariterin – obwohl die rabbinische Literatur dies missbilligte; dass er Frauen in den engsten Jüngerkreis einbezog; dass er sich gegen die Auswirkungen des Menstruationstabus gewendet habe und als Rabbi auch Frauen unterwies und so deren intellektuelle Fähigkeiten würdigte u. a. m. Man betont, dass sexistische Äußerungen von Jesus nicht bekannt sind und unterstreicht summa summarum, wie sich Jesus darin von seiner jüdischen Umgebung abhebe.

Autoren wie Autorinnen, die in dieser Linie Jesus gerne als den »ganz anderen« kennzeichnen, unterliegen damit zugleich einer antijudaistischen Tendenz: So sehr er diesen Theologen als Jude gilt, ist er andererseits für sie kein Jude in dem Sinne, dass sie sein Verhalten als eine Möglichkeit des zeitgenössischen Judentums sähen. »Wenn wir jedoch anerkennen, dass die Jesusbewegung eine Bewegung innerhalb des Judentums war, stellt das Verhalten Jesu gegenüber Frauen, wie auch immer es gewesen sein mag, nicht einen Sieg über das Judentum dar, sondern eine Möglichkeit innerhalb des frühen Judentums – ein Judentum, das in Wirklichkeit so mannigfaltig und pluralistisch war, dass es unmöglich ist, in irgendeiner Hinsicht eine normative Position dieses Judentums anzugeben« (Judith Plaskow). Es dürfte nicht den wirklichen Verhältnissen und Vorgängen innerhalb der Jesusbewegung entsprechen, wenn viel von seinen Jüngern erzählt wird, aber nur wenig von den Frauen in diesem Kreis durchscheint. Hier zeigt sich die androzentrische Perspektive der Evangelien. Lk 8,2 f. berichtet von den galiläischen Frauen, die als Jesu Jüngerinnen mit ihm durchs Land zogen: Maria Magdalena, Johanna, Susanna, die Frau eines Herodes-Beamten, »und viele andere«. Man wird diese Notiz im Kontext zu 9,2 und 10,9 lesen müssen: dass die genannten Frauen – und eben »viele andere« – zusammen mit den »Zwölf« das Reich Gottes verkündeten und den Auftrag übernahmen, Kranke zu heilen.

Dass ebenso wie Jünger auch Jüngerinnen zur regulären Gefolgschaft Jesu gehörten, wird vom herrschenden Bewusstsein durchweg verdrängt. Und dass zur Begleitung Jesu nur Männer »zugelassen« gewesen seien, dürfte selbst Frauen über die Zeiten hin »selbstverständlich« erschienen sein. Darstellungen der bildenden Kunst haben eine andere Vorstellung nie eingeräumt. Eine solche Verbannung der Frauen galt im Judentum und im frühen Christentum allerdings nicht als ausnahmslose Regel. Im Gegensatz zu den männlichen Wunschäußerungen 1 Tim 5,13 treten einzelne Frauen wie Frauengruppen durchaus in der Öffentlichkeit von Versammlungen auf, auch auf Straßen, Märkten und auf Reisen. Wir können darum annehmen, dass die Lk 8,2 genannte Frauengruppe aus der Gefolgschaft Jesu eine solidarische Gemeinschaft pflegte und ihre eigenen Interessen wohl auch geltend machte. »Die Frauengruppe aus Galiläa und ähnliche Frauengemeinschaften sind der historische Hintergrund dafür, dass in der Jesustradition so ungewöhnliche Frauengeschichten erzählt werden: von widerständigen Frauen wie der Blutflüssigen, der Syrophönizierin oder den Prostituierten, die sowohl in der Täuferbewegung (Mt 21,32) als auch in der Jesusbewegung (so wird Mt 21,31 und Lk 7,36-50 verstanden werden müssen) anzutreffen sind« (Luise Schottroff).

Von der »Frauenkirche« zum Patriarchat

Der Weg, der von der Jesus-Nachfolge über erste juden- und heidenchristliche Gemeinden zu straffer organisierten Verhältnissen führt, wird in der neutestamentlichen Wissenschaft durchweg als Entwicklung zum »Frühkatholizismus« benannt. In dieser Perspektive bleibt die Veränderung der Frauensituation außer Acht.
Erst die feministische Diskussion hat die frauenunterdrückerische Tendenz der frühchristlichen Veränderung bewusst gemacht. Die Weichenstellung dazu sehen viele bereits bei Paulus gegeben. Die Evangelien setzen die Entwicklung – in unterschiedlicher Weise – fort. Der Vorgang lässt sich insgesamt als einen Patriarchalisierungsprozess verstehen. Luise Schottroff meint, die Kämpfe von Frauen und Männern um die Befreiung von Frauenunterdrückung als auch von anderen Formen sozialer Unterdrückung hätten ebenso die Anfänge der Jesusbewegung bestimmt; in den Köpfen seiner ersten Jünger sei die Herrschaft des Patriarchats durchaus präsent gewesen (siehe Mk 10,35-45 parr).

Frauen beim eucharistischen Mahl. Priszilla-Katakombe, Rom, um 240.

Erst in jüngster Zeit hat die feministische Exegese zur Wiederentdeckung der Frauen in Ämtern der frühen Kirche geführt. Als Gemeindeleiterinnen sind anzusprechen Phöbe (Röm 16,1-2), Nympha in Laodicea (Kol 4,15) und wohl auch Lydia in Philippi (Apg 16,14.40). Junia wird als Apostel bezeichnet (Röm 16,7), Priska und ihr Mann Aquila arbeiten auf der Basis einer Hausgemeinde missionarisch (Röm 16,3-5; Apg 18,18 f.); Adolf von Harnack legte 1900 die Hypothese vor, der Hebräerbrief müsse von einer Frau geschrieben worden sein und dafür käme keine andere als Priska in Frage. Die Mitarbeiterinnen des Paulus, Evodia und Syntyche, die mit ihm »für das Evangelium gekämpft« haben, aber in Streit gerieten, werden zur Eintracht ermahnt (Phil 4,2 f.). Als Prophetinnen nennt Lukas die vier Töchter des Philippus (Apg 21,9). Da in der frühen Phase des Christentums charismatische Ämter (Propheten, Lehrer) den Vorrang vor örtlichen Ämtern hatten, war es üblich, dass diese Charismatiker, wenn sie in einer Gemeinde zu Gast waren, den Vorsitz einer Eucharistiefeier übernahmen. Es ist wahrscheinlich, dass auch Frauen diese Aufgabe zufiel. Deren egalitäre Behandlung kommt in Gal 3,28 zum Ausdruck: »Es gibt nicht mehr Juden und Griechen, nicht Sklaven und Freie, nicht Mann und Frau; denn ihr alle seid einer in Christus Jesus.« Das sich darin ausdrückende Selbstverständnis durchdrang auch den privaten Bereich, denn im Gegensatz zum öffentlichen Kult in der griechischen und römischen Gesellschaft

> Ich sehe in den Kirchen nichts als Apparate, die wahrscheinlich ihre Gründe haben anzunehmen, dass Frauen nicht Priester werden können …
>
> Zur Zeit Jesu waren Frauen nicht Rechtsanwälte oder Ingenieure und auch die Apostel nicht Polen oder Deutsche, doch waren sie verheiratet, Fischer und Steuereinnehmer, während der Papst weder verheiratet ist noch je Fischer war.
>
> *Gianni Vattimo*

Candace Carter (geb. 1991), Frauenaltar, 1991/92.

Den Mittelpunkt bildet die Darstellung von dreizehn zum Abendmahl versammelten Frauen. Eine vergewaltigte Ermordete in der Predella ruft das Schicksal der in Kriegsgebieten geschändeten Frauen in Erinnerung.

Das dreiteilige Altarbild wurde für den Andachtsraum eines Bildungshauses geschaffen. Die Künstlerin sagt dazu: »Mir geht es darum, die religiöse, erotische und kultische Identität der Frau darzustellen. Ich suche eine bildhafte Umsetzung von Alltag und Transzendenz, Gewalt und Trost, Verlust und Gewinn, Einzelschicksal und historischer Dimension. Bei diesem Werk verbinde ich die vertraute Form des Klappaltars mit irritierendem Inhalt. Auf der Vorderseite wird das Spannungsfeld zwischen Freude (= rot) und Leid (= schwarz), durch die fröhliche Mahlgemeinschaft oben und die vergewaltigte Ermordete auf der Predella unten angesprochen.«

fielen in der frühchristlichen Hausgemeinde Kult und privates Leben nicht auseinander, was – wie bereits dargelegt – das Christentum für Frauen attraktiv machte.

Die zunehmende Patriarchalisierung geht einher mit der Verdrängung von Frauen aus dem Amt. Sagt Paulus Gal 3,28: »Es gibt nicht mehr … Mann und Frau …«, so finden wir 1 Kor 11,2-16 Anweisungen zum Verhalten der Frau im Gottesdienst, die aus einem Unterordnungsdenken begründet werden: »Ihr sollt wissen, dass Christus das Haupt des Mannes ist, der Mann das Haupt der Frau … Wenn eine Frau kein Kopftuch trägt, soll sie sich doch gleich die Haare abschneiden lassen … Der Mann darf sein Haupt nicht verhüllen, weil er Abbild und Abglanz Gottes ist; die Frau aber ist der Abglanz des Mannes …« Da bleiben, wie so oft bei Paulus, seine pointierten Ansichten untereinander unverbunden und auf ihre Verträglichkeit hin nicht durchdacht.

Die Ambivalenz, welche die Paulusbriefe in ihren Urteilen über Frauen kennzeichnet, findet in den Briefen seiner Schüler eine konservative Auflösung. Die Gleichheit von Mann und Frau, die Paulus in Gal 3,28 herausstellt, wird in der Aufnahme dieser Stelle in Kol 3,11 bereits getilgt. An die Stelle der revolutionären Gemeindepraxis tritt eine spiritualisierte Gleichheit aller in Christus, die für das alltägliche Zusammenleben weiterhin die patriarchale Hausordnung propagiert (Kol 3,18f.). Die Haustafeln bestimmen eine Hierarchie, die – je abgestuft – Frau, Kinder und Sklaven dem Mann als Hausherrn unterordnen. Galt das Christentum in seinen ersten Ansätzen als emanzipierende Frauen- und Sklavenreligion, so sollte mit der nun einsetzenden Propagierung der konservativen Haustafeln die egalitäre Lebensordnung wieder zurückgedrängt werden. Bedenkt man, dass sich bereits bei Aristoteles eine Gleichsetzung von Haus- und Staatsordnung findet, ist die dazu geschaffene Parallele im Epheserbrief logisch, der die Sozialordnung zum kirchlichen Modell erhebt: »Wie die Kirche sich Christus unterordnet, sollen sich die Frauen in allem den Männern unterordnen …« (5,24). Verbunden damit ist die Wiederherstellung eines konservativen Frauenbildes und der zugehörigen Tugenden: Die Frauen werden angehalten, besonnen zu sein, ehrbar, häuslich, gütig und ihren Männern gehorsam, »damit das Wort Gottes nicht in Verruf kommt« (Tit 2,5). Nachdem die Frau sich (im Paradies) verführen ließ und das Gebot übertrat, kann sie »dadurch gerettet werden, dass sie Kinder zur Welt bringt«. Und vor allem wird ihr nun ihre religiöse Kompetenz abgesprochen: in der Gemeinde soll sie schweigen und sich »in aller Unterordnung [unter männliche Autorität] belehren lassen. Dass eine Frau lehrt, erlaube ich nicht, auch nicht, dass sie über ihren Mann herrscht; sie soll sich still verhalten« (1 Tim 2,11f.).

Die Verfasser dieser nachpaulinischen Schriften hatten noch Frauen vor Augen hatten, die verantwortlich und engagiert im Gemeindeleben standen. Ihre Polemik demonstriert, wie mit dem Hineinwachsen des Christentums in die Gesellschaft die in der antiken Welt herrschenden androzentrischen Denkweisen und Lebensformen nun Einfluss gewinnen. Von jetzt an wird diese Frauenfeindlichkeit immer kämpferischer. Sie ist darauf gerichtet, eine Gleichstellung der Geschlechter zu verhindern und Frauen aus allen öffentlichen Ämtern zu verdrängen. Was die Pastoralbriefe um die erste Jahrhundertwende propagieren, ist also noch nicht Realität geworden. Erst im vierten Jahrhundert kommt die Herausdrängung der Frauen aus kirchlichen Ämtern zu einem Abschluss. Dabei geht die Ablehnung der theologischen Autorität von Frauen und einer vom Mann unabhängigen Lebensweise einher mit einem Frauenbild, das auf die Rolle als Ehefrau und Mutter fixiert, um diese »Idealvorstellung« zugleich mit moralischen und sexualfeindlichen Argumenten zu unterbauen.

Erbsünde und Sexualität

Solche Tendenzen in der Zeit der frühen Kirchenentwicklung fanden bald ihren drastischen theologischen Ausdruck beim Kirchenvater Tertullian (160–225), der die Frau in ihrem Prototyp Eva so charakterisierte:

Du bist das Tor für den Teufel. Du bist diejenige, die als Erste jenen verbotenen Baum entsiegelt hat und als Erste das göttliche Gesetz verlassen hat … Wegen der Folgen dieses Verrats, der den Tod in die Welt gebracht hat, musste selbst Christus sterben.

In der Folgezeit setzte sich diese Linie weiter fort. Ambrosius (339–397), Bischof von Mailand, urteilte, Eva trüge mehr Schuld am Sündenfall als Adam, da sie, gleich nachdem sie vom Baum gegessen, ihre Sünde erkannt und dennoch Adam mit in die Schuld hineingezogen habe. »Sie sündigte deshalb mit Bedacht.«

Im folgenden 5. Jahrhundert lehrte der wirkungsgeschichtlich mächtige Augustinus (354–430), Bischof von Hippo, zusammen mit ihrem Mann sei die Frau das Bild Gottes; keineswegs aber für sich alleine:

Ich sprach schon davon …, dass die Frau zusammen mit ihrem Manne Bild Gottes ist …, wenn aber die Zuteilung der Hilfeleistung stattfindet, die allein Sache der Frau ist, dann ist sie nicht Bild Gottes. Was aber den

Sündenfall. Kloster Wienhausen, Nonnenchor, 1335.

Warum stellt die biblische Erzählung Eva in das Zentrum der Versuchungsgeschichte? Urs Winter belegt in seinen Studien zum weiblichen Gottesbild im Alten Israel, dass der Erzähler hier keine andere Wahl hatte. Er ist einer altorientalischen Bildtradition verhaftet, bei der immer der Baum mit einer Frau verbunden war, darum musste der Erzähler Frau und Baum einander zuordnen, solange er seiner Tradition und deren Formzwängen unterlag. Im Rahmen dieser Tradition hat darum aber auch niemand die Erzählung so verstanden, als träfe die größere Schuld die Frau. Die Propheten Israels greifen die Geschichte kein einziges Mal auf, um auf die Frau und ihre angebliche Verführbarkeit anzuspielen. Diese Wendung setzt erst spät, etwa zweihundert Jahre v. Chr. ein. Die Kultur wurde seitdem hellenistisch geprägt. Darum bemühte man sich, die alten hebräischen Texte in das veränderte Milieu zu übersetzen. Diese Intention betraf insbesondere die biblischen Frauengestalten, die nun aus der Tendenz der Zeit sowohl eine Erotisierung als auch eine Dämonisierung erfuhr, denn es gab die Neigung, die Gefährlichkeit von Eros und Schönheit zu thematisieren, und zumal den Mann davor zu warnen. Dadurch verquickte sich biblisches Denken mit griechischer Popularphilosophie, identifizierte man die sexuelle Begierde mit der Frau schlechthin und erklärte sie zum Eingangstor für das Böse in der Welt.

Die Kirche

Max Klinger (1857–1920), Eva, 1880.
Klinger hat die emanzipatorische Deutung des Sündenfalls in eine bildhafte Form gebracht und entlastet Eva von den Beschuldigungen der Tradition: Eva sitzt sinnend am Teich. Adam schläft im Hintergrund unter einem Baum. Ihrem Nachdenken entspringt die Kraft, der Eindimensionalität des paradiesischen Daseins zu entkommen.

Mann allein betrifft, so ist er Bild Gottes, so vollkommen und so vollständig, wie mit der zur Einheit mit ihm vereinten Frau.

Die »Zuteilung der Hilfeleistung« meint die Frau als Sexualpartnerin; das soll »allein Sache der Frau« sein, und darin »ist sie nicht Bild Gottes« – eine groteske Aufteilung, die freilich zusammen mit Augustins Erbsündenlehre und seiner insgesamt unfreien Einstellung zur Frau problematische Fernwirkungen über das folgende anderthalb Jahrtausend der Christentumsgeschichte und letztlich bis zum heutigen Tage haben sollte.

Die Erbsündenlehre trug wesentlich zur Geringschätzung menschlicher Sexualität bei. In ihr wirkten in modifizierter Form Momente der manichäischen Periode Augustins fort. In seiner späten Zeit, etwa seit 405, gestand er Adam, im Gegensatz zu früheren Anschauungen, im Paradiese eine wirkliche Ehe zu. Aber sexuelle Lust hätte ihm dabei fremd sein sollen, denn derartige körperliche Empfindungen hatten für Augustin etwas Empörendes. Sexuelle Lust bewies für ihn die Erbsünde. Augustin nannte sie Begierde, Konkupiszenz. Sie bedeutete ihm den Verlust der ursprünglichen Gnade und dadurch die Freisetzung bestialischer Regungen, deren er sich schämen müsse.

Deshalb ist alles, was aus dem Beischlaf geboren wird, »Sündenfleisch«. Durch die Konkupiszenz hat alles, was so geboren wird, teil an der Ursünde. Deshalb wollte Christus nicht so geboren werden, sondern zog die Jungfrauengeburt vor; nur so konnte er sündenlos zur Welt kommen …

Nach dieser vom späten Augustin inspirierten Ehelehre musste der in sich stets sündhafte Beischlaf jeweils »entschuldigt« werden, und zwar dadurch, dass die Handelnden dabei nicht die Lust intendierten, sondern den »Zweck« der Ehe. Der »Zweck« der Ehe ist die Fortpflanzung und die Pflichtleistung gegenüber dem Partner. Diese Konstruktion galt in abgeschwächter Form in der kirchlichen Ehelehre bis ins hohe 20. Jahrhundert.
Kurt Flasch

Es verwundert nicht, dass gerade Peter Abaelard (1079–1142) die lustfeindliche Position Augustins aufkündigte, hatte er doch selbst die Liebe mit Heloïse erfahren, deren literarischer Widerschein bis heute fasziniert. Abaelard lehrte, auch im Paradies müsse die Ehe mit Lust verbunden gewesen sein. Darin folgten ihm auch Albert und Thomas von Aquin, ohne freilich das Konstrukt eines »Ehezwecks« aufzugeben. Sie bestätigten den alternden Augustin, der geschrieben hatte: »Ich wüsste nicht, wozu die Frau dem Mann als Hilfe gegeben worden wäre, wenn nicht zum Kinderkriegen.« (→ S. 462 f.)

Darüber hinaus strickte Thomas von Aquin (1225–1274) das von Aristoteles begonnene, von den Kirchenvätern aufgenommene Muster weiter fort. Er sah »beim Mann … von Natur aus die Unterscheidungskraft des Verstandes (überwiegen)«, da dieser bei der Schöpfung mit größerer Geisteskraft und vernunftbegabter Seele ausgestattet worden sei, während die Frau primär geschaffen wurde »als Gehilfin des Mannes beim Werke der

Zeugung«. Das mittelalterliche Patriarchat war sich einig, dass Frauen erstens geringwertiger als Männer seien und zu einem niedrigeren Zweck erschaffen; zweitens dass sie auf Grund ihrer Natur für sexuelle Versuchungen anfälliger und insgesamt der Sünde mehr zugeneigt seien. Ein mittelalterlicher irischer Dichter fasste dieses Urteil zusammen, indem er Eva die Worte in den Mund legte:

Ich bin Eva, die Frau des edlen Adam; ich war es, die Jesus in der Vergangenheit verletzt und beleidigt hat; ich bin es, die ihre Kinder des Himmels beraubt hat; ich bin es, die gerechterweise hätte gekreuzigt werden sollen ... Ich bin es, die den Apfel pflückte ..., es gäbe keine Hölle, es gäbe nicht Kummer und Leid, es gäbe keinen Schrecken, wenn ich nicht wäre.

Immer wieder kreiste das Denken um die biblische Schöpfungs- und Sündenfall-Erzählung. Darum setzen hier auch überwiegend die Korrekturversuche kritischer Frauen an. Die erste Neuinterpretation unternahm *Hildegard von Bingen*, indem sie das Verhältnis von Mann und Frau von der Liebe her verstanden wissen wollte: »Und Gott gab der Liebe des Mannes Gestalt, und so ist die Frau die Liebe des Mannes.« Keine Verdammung der Sexualität, wie sonst üblich, sondern eine Ausrichtung auf die Gleichheit von Mann und Frau, deren sexuelle Verbindung Hildegard in ihren heilkundlichen Schriften als Vereinigung zweier gleich wichtiger Kräfte beschreibt.

Max Klinger (1857–1920), Adam, 1880.

Adam und Eva verlassen das Paradies, von Klinger verstanden als »Befreiung aus dem Paradies der Zwänge und Verbote«. Auf die Lendenschürze haben sie verzichtet, sie sind nackt. Ihr Exodus aus dem Garten gibt nicht Scham, Reue oder Furcht zu erkennen, sondern den Entschluss, eine gemeinsame Zukunft zu wagen.

Benachteiligung der Frauen im Bildungswesen

Das Christentum trat, wie wir gesehen haben, mit hohem und verantwortlichem Frauenengagement in die Geschichte ein. Frauen waren an der Bildung der frühesten Gemeinden und deren Leitung wesentlich beteiligt, doch die Ausbildung der Kirchenhierarchie und deren Wandlung zu einem Staatskirchentum nach der Konstantinischen Wende hatte diese Linie gebrochen und dem Patriarchat auch innerhalb der weiteren Kirchengeschichte absolute Dominanz gesichert.

Im frühen Mittelalter war formale Bildung nur noch in Klöstern zu erwerben. Seit dem 7. Jahrhundert erlebten die damals in der westlichen Welt entstehenden Klöster einen ungewöhnlichen Zustrom von Frauen, insbesondere infolge der Christianisierung der Franken und Angelsachsen. Viele Klöster entstanden zunächst als Doppelklöster. Die Mönche leisteten körperliche Arbeit für die meist adligen Nonnen, waren zugleich ihre Spirituale und sicherten die gottesdienstliche Versorgung, da ja Frauen keine eigene priesterliche Kompetenz zukam. Diese Doppelklöster wurden meist gemeinsam von einem Abt und einer Äbtissin geleitet und erlaubten dadurch tüchtigen Frauen, hohe Führungsqualitäten zu entwickeln.

Diese Linie setzte sich in den nächsten Jahrhunderten fort. Frauen aus Königshäusern und Adelsgeschlechtern gründeten Klöster, in denen die Töchter des Adels – bisweilen auch einige arme Mädchen – Unterricht im Lesen, Schreiben, Rechnen, in Religion, Latein und Musik erhielten. Dazu kam eine hauswirtschaftliche Bildung, die sich bis zu kunstvollen

Die Kirche

Eine gelehrte Nonne in ihrer Zelle. Deutscher Holzschnitt, 16. Jh.

Handarbeiten hin verfeinerte. Auch das Transkribieren und Illuminieren von Manuskripten zählte zum klösterlichen Arbeitsbereich.

Man kann darüber streiten, ob vor Entstehung der Universitäten die formale Bildung von Frauen benachteiligt war. Die meisten Menschen beiderlei Geschlechts waren sowieso Analphabeten. Bildung war für Männer wie für Frauen ein Privileg ihres Standes. Der entscheidende Unterschied jedoch: die Kirche förderte arme Jungen, die sie für geeignet hielt, Priester zu werden, und ließ sie studieren. Mädchen hingegen fanden Zugang zum Kloster nur, wenn ihre Familie ihnen eine Mitgift übereignen konnte.

Das sich im Hochmittelalter differenzierende Bildungswesen durch städtische Laienschulen und die Gründung von Universitäten vergrößerte die Klassenunterschiede zwischen den Männern, verstärkte aber auch die geschlechtsspezifischen Unterschiede, insofern Mädchen kaum noch Zugang zu Laienschulen bekamen und aus den Universitäten erst recht ausgeschlossen blieben. Sie hatten letztlich bis zum 17. Jahrhundert nur dann eine Bildungschance, wenn sie von hoher Geburt waren oder die Tochter einer Familie ohne Sohn oder die Tochter eines Vaters, der die Bildungsfähigkeit von Frauen vorurteilslos sah, wie dies für das Verhältnis von Thomas Morus zu seiner Tochter Margaret bekannt ist.

Welche Namen berühmter Frauen man aber auch nennen mag, ihr Ruhm steht in Relation zu ihrer Seltenheit. Weit über das Mittelalter hinaus gab es nur wenige gebildete Frauen. Man zählt etwa 30 sorgfältig ausgebildete Nonnen bis zum Jahre 1400. Auch die hervorragenden unter ihnen wie Hildegard von Bingen und Mechtild von Magdeburg waren nicht in der Lage, lateinisch zu schreiben. Für die Zeit zwischen 1350 und 1550, der großartigsten Epoche humanistischer Bildung in Italien, hat Margaret King nicht mehr als 35 Namen gebildeter Frauen aufgespürt. Roland Bainton konnte in seinem dreibändigen Werk über Frauen in der Reformationszeit den von Margaret King genannten Namen allenfalls zehn weitere hinzufügen. Insgesamt waren diese Frauen durchweg Nonnen, daneben unverheiratete oder verwitwete Frauen. Für viele begabte Mädchen brach die geistige Entwicklung ab, wenn sie in eine frühe Ehe gezwungen wurden. Mit häufigen Schwangerschaften und alltäglicher Hausarbeit konnte der Ehestand ihrer intellektuellen Förderung nur noch im Weg stehen. Es gab keine gesellschaftliche Rolle, die es einer Frau erlaubt hätte, aus ihren alltäglichen Bedingungen heraus geistigen Interessen nachzugehen. Sexuelles Leben und Mutterschaft mit intellektuellem Leben zu vereinbaren, ist in der westlichen Welt erst zu Beginn des 20. Jahrhunderts erstritten worden. Für die meisten Frauen in den Entwicklungsländern gibt es diese Möglichkeit bis heute nicht.

Welchen Verlust solche Nichtinanspruchnahme von Begabungen in der Hälfte der Bevölkerung für die Gesellschaft bedeutet, kann überhaupt nicht abgeschätzt werden. Dass es keine weiblichen Leonardos oder Mozarts, keine Newtons, Kants und Einsteins gibt, ist nicht aus der Natur der Geschlechter zu erklären, sondern aus den gesellschaftlichen Umständen, denen die Frauen unterworfen waren. Es hat geniale Frauen gegeben, wie dies Virginia Woolfs Metapher von Shakespeares Schwester nahe legt, die bei gleicher Begabung bei weitem nicht das hätte vollbringen können, was ihrem Bruder William möglich war.

Definitionszwänge und Selbstautorisierung

Sind die Ausbildungsmöglichkeiten und gesellschaftlichen Chancen den Frauen schon nicht verfügbar gewesen, so war die Frauenfeindlichkeit der Symbol- und Begriffssysteme sowie die daran hängenden Interpretationsmuster, welche die sozialen Rollen der Männer und Frauen prägten, noch folgenreicher. Wenn die religiöse Symbolwelt, zumal das Gottesbild, ausschließlich männlichen Maßstäben unterliegt, liegen die Konsequenzen für die Bewertung der Geschlechterrollen auf der Hand. Die Vorstellungen von der gottgegebenen Minderwertigkeit der Frau, wie sie Kirchenväter und Theologen aus der Antike bereitwillig übernahmen, bekamen verstärkte Gültigkeit, als sich die Hierarchie als exklusive Männerherrschaft etablierte und diese Struktur noch dogmatisch unterbaute. Die mit der biblischen Sündenfallgeschichte zusätzlich untermauerte Überzeugung, Frauen seien von Natur aus intellektuell und moralisch schwächer und ihren Emotionen und sexuellen Versuchungen stärker ausgeliefert als der Mann, hatten – vom Glauben gestützt, von frommen Männern gelehrt – auch für außergewöhnlich begabte Frauen eine solche Überzeugungskraft, dass es sogar Selbständigdenkenden kaum gelang, die Gültigkeit ihres Denkens gegen das herrschende Klischee zu richten.

Die im 5. Jahrhundert geschriebenen »Bekenntnisse« des heiligen Augustinus werden allgemein als die erste Autobiographie betrachtet, durch die zugleich ein eigenständiges Selbst konstruiert wurde. Aber dieses Selbst war männlich; bereits seine Definition schloss aus, dass eine Frau sich damit identifizieren konnte. Es lässt sich darüber diskutieren, wann es der ersten Autobiographie einer Frau gelungen ist, auf ähnliche Weise ein authentisches Selbst zu schaffen und darzustellen … Die Suche nach einem authentischen Selbst musste sich bei Frauen anders vollziehen als bei Männern, denn bei Männern wurden Glaubwürdigkeit und Eigenständigkeit vorausgesetzt, während sie Frauen abgesprochen wurden. So war jede Frau, die sich Autorität zugestand, eine selbstdefinierte Abweichung, die sich in ihren Schriften mit dieser Tatsache auseinanderzusetzen hatte, bevor ihre Leserschaft sich ihren Worten und ihrem Denken zuwenden konnte.

Gerda Lerner

Bezeichnend für diese minderwertige Selbsteinschätzung mag sein, dass Roswitha von Gandersheim (10. Jh.) ihre Schriften auf der Tenne des Klosters versteckte, obwohl Kultur und Bildung hier doch zu Hause waren, wie noch im 19. Jahrhundert Harriet Beecher-Stowe ihr Manuskript zu »Onkel Toms Hütte« im Nähkästchen verbarg aus Angst, die eigene Familie und Freunde könnten ihr Bemühen, Schriftstellerin zu werden, missbilligen. Roswitha versuchte ihr Selbstvertrauen damit zu rechtfertigen, dass sie versicherte, ihre literarische Begabung entspringe der Gnade Gottes, »durch dessen Güte ich allein bin, was ich bin …, doch fürchte ich, größer zu scheinen, als ich es bin«. Damit deutet sich ein Grundkonflikt an, der die Geistesgeschichte der Frauen auch weiterhin bestimmen wird: ihre Begabung ist gegeben – gottgegeben sagt Roswitha – aber die gesellschaftliche Definition der weiblichen Rolle schließt das Vorhandensein und Recht einer solchen Begabung einfach aus.

Giovanni di Paolo (um 1403–1482), Katharina von Siena.

Katharina war das 23. Kind einer Gerberfamilie. Ihre Vita berichtet, sie sei schon als kleines Mädchen von Visionen und Trancezuständen heimgesucht oder erleuchtet worden, je nachdem, von welcher Warte man solche Erlebnisse bewerten will. Sie verweigerte sich dem Wunsch ihrer Mutter, einer Heirat zuzustimmen und trat in ein Kloster ein. Dort begann sie, sich eine Männerrolle anzueignen, indem sie vor großem Publikum in der Öffentlichkeit auftrat und predigte. Sie bestand 1374 ein Inquisitionsverhör und erhielt sogar Predigterlaubnis. 1375 drängte sie den Papst von Avignon nach Rom zurückzukehren. Ihr Ruf verbreitete sich in ganz Europa und Menschen aus allen Ländern fragten sie um Rat – darunter selbst der Papst, den sie ihrerseits nicht schonte, sondern auch prophetisch zurechtwies.

Hildegard von Bingen (um 1098–1179). Ihre Werke befassen sich mit Religion, Medizin, Musik, Ethik und Kosmologie. Ein umfangreicher Briefwechsel mit harschen Ermahnungen gegenüber hochgestellten Zeitgenossen und Berichte über weite Reisen mit öffentlicher Predigttätigkeit sind für eine Frau in der mittelalterlichen Gesellschaft ungewöhnlich und nur möglich, weil ihr prophetisches Selbstverständnis von ihrer Umwelt geteilt wurde.

Hildegard von Bingen, die zweihundert Jahre später lebte als Roswitha und sich ihrer Fähigkeiten auch sicherer war als diese, wurde ihrerseits postum mehrfach in Frage gestellt. Die Authentizität ihrer medizinischen Schriften zweifelten Historiker ebenso an, wie man auch immer wieder argwöhnte, die Briefe der Äbtissin Heloïse an den früheren Geliebten Abaelard seien nicht von Heloïse, sondern von Abaelard verfasst worden. Mehr als anderen gelang es Hildegard von Bingen, eine völlig neue Frauenrolle zu schaffen, ohne die patriarchalen Grenzen, innerhalb derer sie sich bewegte, schmerzhaft zu verletzen. Sie bezog ihr erstaunliches Selbstbewusstsein aus der Nötigung ihrer Visionen, die man ihr glaubte, und die ihr während des Konzils zu Trier durch Papst Eugen III. im Beisein Bernhards von Clairvaux bestätigt wurden, was ihr ungewöhnliche Autorität als Mystikerin verlieh und sie zu einer Person des öffentlichen Lebens machte, deren Rat von Menschen aller sozialen Schichten gesucht wurde und deren Einfluss in Europa spürbar wurde. In einer singulären Weise gelang es ihr, »das größte Hindernis zu überwinden, mit dem sich alle denkenden Frauen konfrontiert sahen und sehen: die kaum zu bewältigende Aufgabe, beweisen zu müssen, dass sie berechtigt und fähig sind, überhaupt zu denken – im Gegensatz zur traditionellen Rollenerwartung, die sie erfüllen sollen« (Gerda Lerner).

Der Beitrag der Mystikerinnen

Die denkerische Tradition des Abendlandes steht in der Linie des griechischen Logos. Die mittelalterliche Scholastik entfaltete die antiken Ansätze und patristischen Vorgaben in eine begriffliche Systematik, in der sich die Kraft des rationalen Denkens erwies. Das schlussfolgernde Denken erfolgte in einer Begrifflichkeit, die nahezu ausschließlich der klerikalen Elite vorbehalten war, und damit die Frauen insgesamt ausklammerte. Die männliche Gelehrtenschaft bewies sich mit ihrer Wissenschaft, dass diese ihrer eigenen Rationalität vorbehalten war. Kam noch hinzu, dass die Inhalte der Lehre in wichtigen Kernbereichen frauenfeindlich akzentuiert waren und den Frauen ein zusätzliches Sünden- und Unterwerfungsbewusstsein vermittelten, so waren alle Bedingungen gegeben, sie an der »kurzen Leine« führen zu können.

So verwundert es nicht, dass sich Menschen, denen diese Denktradition zu einseitig erschien, auf eine alternative Möglichkeit religiöser Sprache und Erfahrung besannen. Die Mystik zeigte ihnen einen Weg, sich aus einer intuitiven Frömmigkeit über den göttlichen Bereich zu verständigen, um das Mysterium aus der Tiefe der eigenen Seele zu erfassen. Gerade Frauen gingen diesen Weg, weil er die Abgespaltenheit des nur kopflastigen Begreifens vermied. Natürlich waren auch Männer an dieser anderen Art, Theologie zu treiben, beteiligt, zumal die sensiblen unter ihnen sehr wohl die Entfremdung erkannten, welche die Scholastik bewirkte. Der bedeutendste unter ihnen, Meister Eckhart, erwies sich aber nicht von ungefähr als der den Frauen am meisten zugewandte Lehrer. Ein großer Teil seiner Predigten, meint Josef Quint, sei »in den vielen Frauenklöstern des oberen Rheintals als den eigentlichen Pflanzstädten und Zentren des mystischen Geistes und Lebens gehalten und erstmalig nach dem gesprochenen Wort in Nachschriften seiner Hörerinnen mehr oder weniger verständnisvoll oder unzulänglich und fehlerhaft aufgezeichnet worden«.

Die Sprache, die nunmehr gehört werden konnte, bewegte sich auf einer völlig anderen Ebene als die der scholastischen Traktate:

In der Einheit, in die ich aufgenommen und verklärt war, da verstand ich dies Wesen und erkannte es klarer, als man eine noch so erkennbare Sache auf Erden mit der Sprache, mit der Vernunft und mit dem Gesichte erkennen und erklären kann. Aber es erscheint wunderbar – ich weiß wohl, dass es dich nicht wundert, denn die Erde kann himmlische Denkkraft nicht begreifen. Für alles, was es auf Erden gibt, kann man Gedanken und Deutsch (dietsch) genug finden; aber hierfür weiß ich kein Deutsch und keinen Gedanken, trotzdem ich mich auf des Denkens verborgensten Sinn verstehe, wie nur ein Mensch es verstehen mag.

So sprach Hadewijch von Brabant (gest. um 1260) und ganz ähnlich sagte es Mechtild von Magdeburg (um 1210–1283?) in der Beschreibung einer ihrer Visionen: »Nun gebricht mir mein Deutsch, Latein aber kann ich nicht.« Was Mystikerinnen wie Mystiker in ihrer Entrückung lernen, sind keine Formeln und Ableitungen aus der Schultheologie, sondern Träume, Visionen, Halluzinationen und Erlebnisse aus Ekstasen, die sich wie bei Hildegard von Bingen und der Juliane von Norwich bei vollem Bewusstsein ereignen konnten, bei anderen einer Entrückung entstammen, die nicht ohne strenge Askese, Leiden und Entsagung zuteil wurde. Was die dominierende Denktradition den Frauen als geistige Schwäche vorwarf, verwandelten diese in ihrer Mystik in Stärke und Überlegenheit.

Der Weg der Mystikerinnen erweiterte sich Anfang des 13. Jahrhunderts in der Beginenbewegung, die in den Niederlanden, im Rheinland, der Schweiz und Nordfrankreich den Frauen eine neue Existenzform und zugleich einen Freiraum religiöser Erfahrung eröffnete. Innerhalb des Beginentums fand die mystische Frömmigkeit bereitwillige Aufnahme als eine Religiosität, die Frauen mehr als andere Formen entsprach. Einige Beginen wurden berühmte Mystikerinnen. Da die Mystik als ein Weg eigenständiger religiöser Erfahrung dem kirchlichen Christentum immer suspekt war, verwundert es nicht, dass die Beginen zeitweilig massiv der Ketzerei und Hexerei beschuldigt wurden und viele von ihnen der Inquisition zum Opfer fielen. Frau zu sein und außerdem noch eine Erkenntnis Gottes auf dem Weg eigener Erfahrung zu suchen, konnte mitunter die Verstehens- und Toleranzgrenze überschreiten.

Inhaltlich dürfen wir nicht übersehen, dass die Mystikerinnen gegenüber der dominierenden Schultheologie neue Akzente setzten. Ihr beachtlichster Beitrag ist die Entwicklung eines weiblichen Gottesbegriffs und einer damit korrespondierenden Symbolik. Wir sahen bereits bei Hildegard von Bingen eine Neubestimmung des Göttlichen angebahnt, die sich in den fraulichen Gestalten ihrer Visionen zeigen und vor allem in der androgynen Erscheinung des christuslichen neuen Menschen. Am weitesten geht diese Neubestimmung bei Juliana von Norwich (1342 – nach 1416), einer englischen Mystikerin und Klausnerin. Auch sie macht mit einem androgynen Gott bekannt:

Ebenso wahrhaft wie Gott unser Vater ist, so wahrhaft ist Gott auch unsere Mutter; das bezeugt Er in allem und besonders in jenen süßen Worten: »Ich bin es«. Das bedeutet: Ich bin es – die Macht und Güte der

---

Aufgrund ihrer tiefverwurzelten Frauenfeindlichkeit verschloss sich die Amtskirche dem Bedürfnis der Frauen nach offeneren Formen des Gottesdienstes und des Zusammenschlusses. Vom 13. bis zum Ende des 17. Jahrhunderts gingen Frauen trotzdem mehr und mehr ihren eigenen Weg. Sie fanden Freiräume und Nischen der Autonomie, so beschränkt diese auch sein mochten. Sie erprobten neue Formen des Zusammenschlusses mit dem Ziel, ein frommes Leben außerhalb der etablierten Klosterordnung führen zu können. Damit schufen sie für Frauen neue Chancen, dieselbe Freiheit des spirituellen Selbstausdrucks in einem Gemeinschaftsleben zu genießen, wie die Männer sie bereits für sich in Anspruch genommen hatten. Und auch diese Chancen wurden ihnen oft wieder genommen, kaum dass sie sich boten.

Margaret L. King

Auch in den ketzerischen Sekten des Hochmittelalters fand die religiöse Suche der Frauen zeitweilig eine Heimat:

Frauen schlossen sich in großer Zahl diesen Sekten an, waren aktiv im organisatorischen Bereich, bemühten sich um neue Anhänger und Anhängerinnen und gehörten zu den Verfolgten und Gemarterten. Das entsprach einem Entwicklungsschema, das aus der Geschichte des frühen Christentums bekannt ist: Solange Bewegungen klein und wenig strukturiert sind und verfolgt werden, sind Frauen als Mitglieder willkommen, haben sie Zugang zu den Führungspositionen in der Organisation und teilen sie die Macht mit Männern. Sobald die Bewegung erfolgreich wird, verfestigen sich die Strukturen, bilden sich Hierarchien heraus und wächst die Dominanz von Männern. Frauen werden dann auf Hilfsfunktionen verwiesen und treten nach außen hin nicht mehr in Erscheinung. Das lässt sich am Beispiel der Katharer verdeutlichen.

Gerda Lerner

Die Kirche

Vaterschaft. Ich bin es – die Weisheit und Freundlichkeit der Mutterschaft. Ich bin es – das Licht und die Gnade, die ganz und gar segensreiche Liebe ist.

Gewiss haben auch andere Theologen gelegentlich Gott mit mütterlicher Metaphorik verbunden, doch Juliana stellt diese Metapher in den Mittelpunkt ihrer Theologie. Später begegnet die Idee vom androgynen Gott wieder bei dem Mystiker Jakob Böhme (1575–1624), um danach für Jahrhunderte erneut zu versinken.

Für das Aufkommen der Mystik und die Blüte der Mystik vom 12. bis 14. Jahrhundert lassen sich viele Faktoren anführen. In den Generationen vorweg hatte sich die Frömmigkeit auf eine materielle Dimension hin entwickelt. Die dominante Verehrung der Heiligenreliquien gab der Religiosität eine sehr vordergründige Note. Die Kontakte des Klerus mit dem breiten Volk konzentrierten sich auf Messe, Taufe, Beerdigung und den Empfang des Zehnten. Die seit Mitte des 12. Jahrhunderts erfolgende Aufwertung des Klerus, durch dessen Weihe- und Konsekrationsgewalt wesentlich gestützt, wertete zugleich die Rolle der Frauen ab, da ihr Geschlecht sie ungeeignet sein ließ, die göttliche Welt zu vermitteln. Auch war das Volk geneigter, Mönchen und Priestern Aufmerksamkeit entgegenzubringen als frommen Frauen. Selbst die Wirksamkeit der bedeutendsten Mystikerinnen blieb an die Anerkennung gebunden, welche diese Frauen bei männlichen Autoritäten fanden. So hatte Hildegard von Bingen trotz ihrer Konflikte mit kirchlichen Amtsträgern bereits früh die Gunst Bernhards von Clairvaux und des Papstes, was ihr im öffentlichen Leben besondere Geltung verschaffte. Klara fand den Beistand des Franz von Assisi, Katharina von Siena die Unterstützung des Raimund von Capua, der später General des Dominikanerordens war. Bei aller Bedeutung, die dem Lebenswerk dieser Frauen zukommt, vielleicht wäre es nie über ihren Tod hinaus fruchtbar geworden, hätten sie nicht einen für ihre Mission sensiblen Mann des öffentlichen Lebens als Stütze gefunden.

Frühe feministische Bibelkritik

Als erste Frau, die sich ohne Einschränkung als selbstbewusste Feministin beschreiben lässt, ist Christine de Pisan vorzustellen. Wie schon Hildegard von Bingen setzte auch sie bei der Schöpfungserzählung an, um die Gleichheit von Mann und Frau zu betonen:

Christine de Pisan (1365–1429/30) schrieb Lyrik, Traktate, Sinnsprüche und geistliche Gedichte, verfasste politische, geschichtliche, philosophische und religiöse Schriften. Der zu ihrer Zeit weitverbreitete »Roman de la Rose« von Jean de Meung, Professor an der Pariser Universität, der besonders in gebildeten Kreisen gelesen wurde, empörte sie in seiner frauenfeindlichen Tendenz zutiefst, so dass sie eine »Epistel an den Gott der Liebe« 1399 dagegen setzte, mit der sie sich die zahlreichen Freunde de Meungs zu Feinden machte, aber auch vereinzelt Unterstützung fand und zugleich die bekannteste Autorin ihrer Zeit wurde. Zwei Jahre später setzte sie ihre spitze Polemik gegen den Rosenroman mit der »Erzählung von der Rose« (Le Dit de la Rose) fort.

Ich weiß nicht, ob du es begreifst: Sie wurde nach dem Bilde Gottes geschaffen. Oh! Welcher Mund wagt es, etwas zu verunglimpfen, das eine so edle Prägung verrät? ... (Die Seele) schuf Gott und versah den weiblichen Körper mit einer so guten, edlen und in jeder Hinsicht gleichwertigen Seele wie den männlichen ... Handelte es sich um einen schlechten Stoff? Keineswegs, vielmehr aus dem edelsten Material, das jemals erschaffen wurde: Gott schuf sie aus dem Körper des Mannes.

Sollte der Mann, wie andere kommentierten, wegen seiner früheren Erschaffung edler sein, so argumentiert Christine de Pisan, dann übertrifft ihn Eva, weil sie nicht aus Erde, sondern aus einem edleren Stoff gemacht worden ist. Selbst im Blick auf die Sündenfallerzählung verliert sie nicht ihre Selbstsicherheit:

Und wenn jemand vorbringt, er sei wegen der Frau, wegen Eva, aus dem Paradies vertrieben worden, so sage ich, dass er dank der Jungfrau Maria eine weit höhere Stufe erreicht hat als den Zustand, den er durch Eva verlor, und zwar indem sich die Menschheit mit der Gottheit verbunden hat; dies wäre ohne Evas Missetat nie eingetroffen. Vielmehr sollte man Mann und Frau wegen ihres Fehltritts loben, aus dem eine solche Ehre erwachsen ist.

Sie gründete ein Minnegericht, mit dem sie militant die Rechte und das Ansehen der Frauen verteidigte. In ihrem letzten Werk, die noch mit 67 Jahren im Kloster geschriebene Versdichtung über Jeanne d'Arc, preist sie die Rettung Frankreichs durch eine Frau, in der sie alle ihre Ideale verkörpert sah, doch scheint ihr die Enttäuschung über die grausame Hinrichtung ihrer Heldin erspart geblieben zu sein, da sie vorher starb.

Unorthodoxe Bibelinterpretationen mochten hingehen, wenn die gesellschaftliche Stellung der Interpretin gesichert war. Gefährlich wurden sie für solche, die nur geringen oder gar keinen Schutz fanden, dann konnten Abweichungen zur Anklage wegen Häresie und Hexenzauber führen. Diese Erfahrung musste in England Anne Askew machen, Tochter eines Höflings Heinrichs VIII. Ihr Mann, der sie aus dem Hause gewiesen hatte, beschuldigte sie der Mitgliedschaft bei den Reformierten, also eine Ketzerin zu sein. Die von Ann verlangte Scheidung wurde ihr verweigert; so lebte sie schutzlos in London im Umkreis des Hofes. Als sie unter offizieller Anklage stand, schrieb sie den Verlauf ihres Verhörs nieder und überlieferte damit, welche Fähigkeit sie hatte, die Heilige Schrift zu interpretieren, welcher Witz ihr dabei half und mit welchem Beharren auf ihrem Recht sie vor den Richtern stand. Als der Bischof die Meinung des Apostels Paulus gegen Anne Askew in Anspruch nahm,

Antwortete ich ihm, dass ich die Meinung des Paulus ebenso gut kenne wie er, in diesem Falle 1 Korinther 14, dass es der Frau in der Gemeinde nicht erlaubt sei, wie eine Lehrende zu sprechen. Und dann fragte ich ihn, wie viele Frauen er denn gesehen hätte, die auf die Kanzel gestiegen wären und gepredigt hätten. Er sagte, er hätte noch keine gesehen. Dann sagte ich, er solle keinen Fehler an den armen Frauen finden, außer sie hätten gegen das Gesetz verstoßen.

Doch ihre Beschlagenheit nutzte ihr nichts. Sie wurde gefoltert, die Namen des Adels zu nennen, die ebenso dächten wie sie, aber sie schwieg trotzdem und schrie nicht, »bis ich fast tot war«. 1564 wurde sie als Ketzerin auf dem Scheiterhaufen verbrannt.

Eine Generation später kam es wiederum in England zu einer ähnlichen öffentlichen Debatte über Frauen, wie die zuvor durch Christine de Pisan ausgetragenen *Querelle des femmes*. Den Anstoß gab ein antifeministisches Buch, das alles zusammenfasste, was in der patristischen und mittelalterlichen Literatur gegen Frauen gesagt worden war. In England antwortete darauf eine *Jane Anger*. Sie wiederholte die ältere Interpretation der Schöpfungsgeschichte, gab ihr aber einen eigenen Akzent. Zunächst

fort. Ihre Gegenthesen zur Verunglimpfung der Frauen im Rosenroman entfachten den ersten Literaturstreit überhaupt, der sich bis zur Aufklärung dahinziehen und als *Querelle des Femmes* berühmt werden sollte.

So sehr die Intellektuellen mit pauschalen Abwertungen der Frauen daher kamen, und dafür keine Argumente, sondern nur Autoritätsbelege hatten, war dies für Christine de Pisan, die nicht Opfer sondern Herrin ihrer Umstände sein wollte, Anlass für ihr bedeutendstes Werk. Um die Jahreswende 1404/05 schrieb sie »Das Buch von der Stadt der Frauen«, in dem sie das allseits herrschenden Frauenbild, wie es in der von Männern dominierten Gesellschaft herrscht(e), einer kritischen Prüfung unterzog.

Die Kirche

verwies sie auf die Erschaffung des Mannes »aus Dreck und klebrigem Lehm«, um von hier auf die Erschaffung der Frau überzuleiten:

Unsere Körper sind fruchtbar, weshalb die Welt zunimmt, und unsere Fürsorge ist wunderbar, wodurch der Mann erhalten wird. Aus der Frau kam die Errettung des Mannes.

Jane Anger ergänzte ihre frische Argumentation mit praktischem Blick für alles, was Frauen taten und tun: Sie würden die Männer verwöhnen und bei Laune halten, ihnen Nahrung und Pflege bieten, damit sie sauber und gesund sind: »Ohne unsere Fürsorge lägen sie in ihren Betten wie Hunde auf der Streu und gingen herum wie eklige Makrelen, die in der Sommerhitze schwimmen.« Dies alles stützte sie mit dem Beispiel tüchtiger Frauen aus dem Altertum und der Bibel. Dennoch: die antifeministische Literatur wurde breiter gelesen und besser verkauft als die feministische Gegenwehr.

Der pamphletistische Schlagabtausch zum Thema Frauen zog sich bis ins späte 17. Jahrhundert hin. Eine wichtige Rolle für die Entwicklung des feministischen Bewusstseins spielten Frauen in den Quäkergemeinden. 1666 erschien das theologische Hauptwerk *Margaret Fells* über Predigten zu Bibeltexten, in dem sie alle Stellen, die sich auf Frauen beziehen, zusammenstellte und ihnen eine feministische Interpretation gab. In der Kritik der paulinischen Texte ging sie dabei weiter als alle ihre Vorgängerinnen. Sie hielt für richtig, die Aufforderung 1 Kor 14,34f. aus dem historischen Zusammenhang zu verstehen. Paulus habe nur ein Durcheinander bei den damaligen Zusammenkünften vermeiden wollen, doch alle, die den Geist Gottes empfangen hätten, müssten sprechen um ihrer Sache willen.

Die Autorisierung von Frauen zu Prophetie und Lehre vertritt um einige Grade konsequenter *Mary Astell* (1666–1731). Als erste Frau trug sie das Argument vor, wegen ihrer geringeren Bildungschancen hätten Frauen das Recht der Interpretation bisher nicht wahrnehmen können:

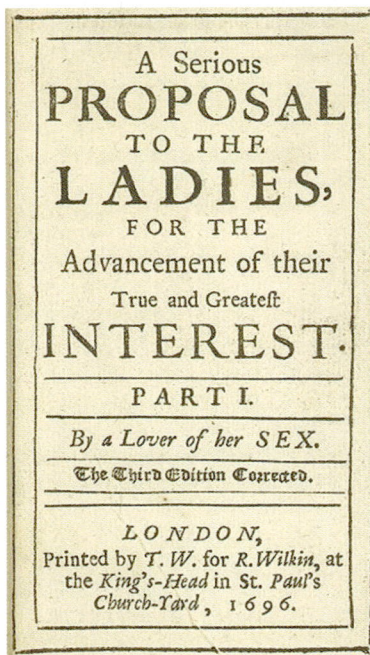

»Ein seriöser Vorschlag für Frauen zur Förderung ihrer wahren und größten Interessen. Teil I von einem Liebhaber ihres Geschlechts.«

Die Heilige Schrift ist nicht immer auf der Seite derer, die sie für sich in Anspruch nehmen und sich mit ihr brüsten und denen es wegen ihrer Geschicklichkeit im Umgang mit der Sprache und unter Anwendung scholastischer Winkelzüge gelingt, sie nach eigenem Gutdünken ihres ursprünglichen Sinnes zu berauben ... Weil Frauen, denen ohne eigene Schuld die Kenntnis des Originals der Schriften vorenthalten wird, die erforderlichen Sprachkenntnisse und andere Voraussetzungen einer kritischen Deutung der Heiligen Schrift fehlen, wissen sie nur das, was Männer in ihre Übersetzungen aufnehmen.

Die erste Amerikanerin, die mit grundsätzlicher Konsequenz die vorliegenden Bibelübersetzungen und -auslegungen als patriarchal verzerrt anging, war Sarah Grimké (1792–1873), die schon früh gegen die Sklaverei und die Unterordnung von Frauen opponierte. Es ging ihr um das Recht, mit eigenem Verstand die Bibel lesen zu dürfen und sagen zu können, was sie dabei entdeckte:

Mein Geist ist völlig frei von der abergläubischen Ehrerbietung, die der englischen Fassung der Bibel entgegengebracht wird. Die Übersetzer der von König James herausgegebenen Bibelversion waren ganz gewiss nicht erleuchtet. Ich nehme deshalb für mich in Anspruch, vom Original auszugehen, das ich für erleuchtet halte, und außerdem beanspruche ich, selbst zu beurteilen, was die Bedeutung dessen ist, was die inspirierten Autoren niedergeschrieben haben.

Das ist ein neuer Ton, der das geschlechtsspezifische Bibelverständnis als historisch bedingt betrachtet. Sie beklagte, dass Männer jetzt schon »fast 6000 Jahre lang« ihre »Herrschaftsmacht« über Frauen ausübten und schließt an:

Ich bitte nicht um Gefälligkeiten für mein Geschlecht. Alles, was ich von unseren Brüdern verlange, ist, dass sie ihre Füße von unseren Nacken nehmen und uns erlauben, aufrecht zu stehen auf dem Platz, den wir nach Gottes Schöpfungsordnung einnehmen sollen … Die gesamte Geschichte zeigt, dass der Mann die Frau seinem Willen unterworfen hat, sie benutzt hat, damit sie seine Selbstsucht befriedige, seinen sinnlichen Freuden zu Diensten sei, seinem Wohlergehen diene. Doch niemals war es ihm ein Anliegen, ihr zu dem Rang zu verhelfen, den sie nach dem Plan des Schöpfers einnehmen sollte. Er hat alles getan, was er konnte, um ihren Geist zu verderben und zu versklaven; und nun sieht er triumphierend auf die Ruinen, die sein Werk sind, und sagt, das derart tief verletzte Wesen sei minderwertiger als er.

Sarah Grimké fragte auch, warum es Frauen untersagt sein sollte, zu predigen und zu lehren, da sie ja doch andererseits für den Betrieb der Sonntagsschulen beansprucht würden. Ob das denn etwa nicht das paulinische Verbot durchbräche? Sie wusste auch die Antwort:

Einfach, weil wir in einem Fall ihren Vorstellungen und ihren Interessen dienen und in einem Verhältnis der Unterordnung ihnen gegenüber handeln, während wir im anderen Fall ihre Interessen berühren und den Anspruch erheben, mit ihnen auf einer Ebene zu stehen … beim Verkünden des Wortes Gottes.

Nach diesem erreichten Bewusstseinsstand blieb nur noch der Schritt über die Grenzen des christlichen Rahmens hinaus, um von außen kritisch, skeptisch und auch agnostisch die Bibel zu befragen. Dies geschah im Gegensatz zur bisherigen Geschichte, in der alle erwähnten Frauen die Bibel als Quelle der Offenbarung und als Buch der Kirche sahen, aus einer Position aufgeklärter Distanz mit der von *Matilda Joslyn Gage* und *Elizabeth Cady Stanton* herausgegebenen »The Women's Bible«, die 1895 in New York erschien. Diese Frauenbibel ist kein im strengen Sinn wissenschaftliches Buch, sondern fasst die bis dahin erarbeitete Bibelkritik zusammen. Ihr Aufbau ist an der biblischen Bücherfolge orientiert, doch wird nur eine Textauswahl geboten, in denen es um die Rechtsungleichheit der Frauen geht, oder – andersherum – die auf eine positive Wahrnehmung von Frauen hinweisen. Die in ihrer Geschichte des feministischen Bewusstseins sehr ausgewogen urteilende Historikerin Gerda Lerner charakterisiert *The Women's Bibel* folgendermaßen: »Sie ist in einem respektlosen Ton geschrieben und ermutigt die Leserin, mit ihrem gesunden Men-

Elizabeth Cady Stanton (1815–1902), amerikanische Bürger- und Frauenrechtlerin. Sie schrieb viele Dokumente und Reden der Frauenrechtsbewegung und war zusammen mit ihrer Freundin Lucretia Mott die Urheberin der 1848er *Women's Rights Convention*, dem zentralen und wegweisenden Dokument der ersten Welle der Frauenbewegung. In ihrer *Declaration of Sentiments* erklärte sie die Männer und Frauen für gleichberechtigt (»equal«) und forderte das Stimmrecht für Frauen.

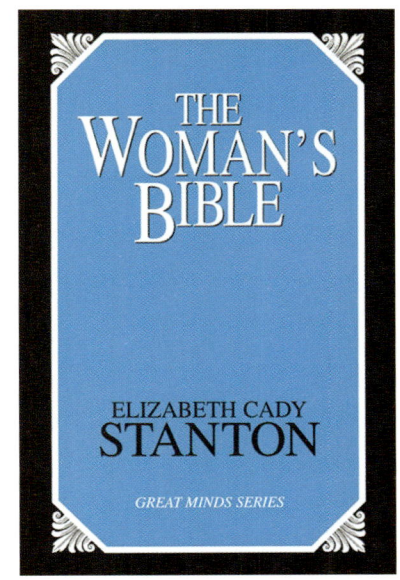

schenverstand über die Bibelabschnitte nachzudenken, die ihr bisher als heilig gepriesen worden sind. Die Respektlosigkeit ist es, die sie von den früheren Versuchen der gleichen Art unterscheidet …«

Im Rückblick auf tausend Jahre weibliche Abwehr theologischer Missachtung zeigt sich, wie sehr die Frauen gezwungen waren, die gängigen Interpretationen immer wieder neu abzuwehren, ohne zu wissen, wie oft andere Frauen dasselbe schon vor ihnen geleistet haben. Letztlich wiederholt sich dieser Prozess bis zur heutigen feministischen Bibelkritik. Gerda Lerner zitiert Isaac Newtons Aphorismus: »Wenn ich weiter gesehen habe, so deshalb, weil ich auf den Schultern von Riesen stand.« Den Frauen wurde das Wissen um ihre eigene Geschichte vorenthalten, »und so musste jede Frau argumentieren, als hätte keine vor ihr je gedacht und geschrieben. Frauen mussten ihre Energie dafür verwenden, das Rad wieder und wieder, Generation nach Generation, neu zu erfinden … Doch sie haben nie aufgegeben« (Gerda Lerner).

Die Selbstverständlichkeiten des Patriarchats

Die Herabminderung der Frau ist über zweitausend Jahre kaum hinterfragt, aber unablässig wiederholt worden. Im Christentum ist sie ein Erbe der vorausliegenden Kulturen, aber sie erhielt nach anderen Weichenstellungen der Frühzeit ihre Verstärkung durch die frauenfeindlichen Äußerungen von Kirchenvätern und die fortgesetzte Belastung Evas – und somit aller Frauen – mit der eigentlichen Schuld am Sündenfall.

Ein Vorgang aus der Gründungsgeschichte der USA fasst diese Tradition wie in einem Brennspiegel zusammen. Die Unabhängigkeitserklärung der Vereinigten Staaten hatte festgestellt:

Folgende Wahrheiten erachten wir als selbstverständlich: dass alle Menschen gleich geschaffen sind; dass sie von ihrem Schöpfer mit gewissen unveräußerlichen Rechten ausgestattet sind; dass dazu Leben, Freiheit und Streben nach Glück gehören.

Angesichts der damals noch herrschenden Sklavenhaltung erwiesen sich diese Grundsätze als äußerst unbequem, da gleichzeitig über das künftige Wahlrecht gestritten wurde. Die Nordstaaten, in denen die Sklaverei nicht verbreitet war, argumentierten, Sklaven hätten als Eigentum zu gelten und deshalb besäßen sie kein Stimmrecht. Die Südstaaten hingegen, welche die Sklaven tatsächlich als Besitzstand betrachteten, wollten die Sklaven der vorhandenen Bevölkerung zugezählt wissen, als wären sie wirkliche Bürger des Landes, doch sollte ihr Wahlrecht von den Männern, denen sie gehörten, ausgeübt werden. Diese Regelung hätten den Südstaaten im Repräsentantenhaus die Mehrheit verschafft. Die Ironie des Streits bestand aber darin, dass die Befürworter der Sklaverei sich auf die Menschenrechte der Sklaven beriefen, während die Gegner der Sklaverei die Sklaven als sachliches Eigentum behandelt wissen wollten. So regierten die eigenen Interessen die Definition der Sklaven. Der erzielte Kompromiss war verquält genug, de facto besagte er, dass der Schwarze, obwohl bewegliches Eigentum, doch ein Mensch ist. Damit wurde wenigstens der Keim zur späteren, mühsam durchgesetzten bürgerlichen Gleichberechtigung der Schwarzen anerkannt.

Der junge Mann und seine Gefährtin landeten kurz danach auf der Bank einer kleinen, selbstverständlich unbeleuchteten Parkanlage, wo sie sich ohne weitere Umstände und Worte umarmten, verküssten, sich dem heftig aufwallenden Rausch ihrer Sinne und Begierden hingaben …

Danach, auf dem Heimweg durch dunkle Straßenzüge, dämmerte in ihm die ebenfalls spontane Ahnung, dass das Geheimnis der Welt, herkömmlicherweise Gott genannt, über alles patriarchal-theologische Denken hinaus und trotz der Kriegsbarbarei ebenso weiblich wie männlich und jedenfalls zutiefst beziehungsfreudig sein müsse. In den folgenden Tagen, Nächten gab er sich vielerlei Phantasien und Spekulationen hin über die Weiblichkeit in Gott. Unausgegoren, unreif alles, so dass er keine klaren Gedanken zu formulieren vermochte. Dennoch leuchtete fortan in ihm, was er nicht mitzuteilen wusste.

Kurt Marti

Ganz anders verlief die Entwicklung in der Frauenfrage. Während über das Recht des schwarzen Sklaven, wählen zu dürfen, immerhin gestritten wurde, stellte sich diese Frage nicht einmal von Ferne für das Wahlrecht der Frauen. Es galt als fraglos, dass diese nicht die gleichen Bürgerrechte wie Männer haben. Nicht einmal einen Rechtfertigungsanlass gab es, zu erklären, warum Frauen nicht mitzuzählen seien, wenn es darum ging, »die Gesamtzahl der freien Personen« im Staat zu ermitteln, um die Zahl der Abgeordneten zu bestimmen.

Die Grenze des Bewusstseins der damaligen Gesellschaft beschreibt ein Briefwechsel zwischen John Adams, zweiter Präsident der Vereinigten Staaten (1797–1801) und seiner Frau Abigail – ein einträchtig zusammenarbeitendes Ehepaar, zumal während der Präsidentschaftsjahre, als Abigail einen Teil der Korrespondenz für ihren Mann erledigte. 1776 hatte sie ihren Gatten gedrängt, bei der Gesetzgebung für die neue Republik »die Damen nicht zu vergessen«. Sie wollte insbesondere gesetzlichen Schutz für Frauen, welche vor den »von Natur aus tyrannischen« Neigungen ihrer Männer beschützt werden müssten. John Adams antwortete: »Was Deinen ungewöhnlichen Gesetzesentwurf angeht, so kann ich nur lachen …« Er zeigte sich erstaunt, dass neben Indianern und Negern noch »ein anderer Stamm, zahlreicher und mächtiger als die anderen, nun auch zu den Unzufriedenen gehören sollte«, und er trivialisierte die Unzufriedenheit seiner Frau mit dem Hinweis, in Wahrheit seien doch die Männer »die Untergebenen. Nur dem Namen nach sind wir die Herren.« Im Blick auf die von seiner Frau vorgeschlagenen gesetzlichen Bestimmungen, exzessiven Übergriffen von Männern gegenüber Frauen zu wehren, bemerkte er: »Du kannst Dich darauf verlassen, dass es uns nicht einfällt, unsere maskuline Ordnung abzuschaffen.« Das über Jahrtausende herrschende Patriarchat, nachdem es Grundlage der Familie, der Gesellschaft und des Staates geworden war und längst zur Definition der sozialen Ordnung diente, erschien als naturgegeben und unveränderbar. Es in Frage zu stellen, war lachhaft und selbst als Gedanke bereits bedrohlich.

Ihre Definitionsmacht erlaubte den Männern, bestimmen zu können, was ein Gegenstand der Politik ist und was nicht. Die Frauen waren über Jahrtausende hin so konditioniert, dass sie die patriarchale Definition ihrer Rolle akzeptierten, und es fand sich für sie kein archimedischer Punkt, von dem aus diese Selbstverständlichkeit hätte in Frage gestellt oder gar widerlegt werden können. Hinzu kam, dass die geschlechtsspezifische Arbeitsteilung die Frauen auf Dienste für das tägliche Leben verpflichtete, die ihnen keine Möglichkeit ließen, sich geistig zu bilden, um intellektuell den Männern auf gleichem Niveau begegnen zu können.

> Die Kirche ist noch viel zu sehr klerikalisiert, als das echter Lebensraum für Frauen im Priesteramt garantiert werden könnte. Zudem ist die Ablehnung der Frauenordination in den Orthodoxen Kirchen noch fast allgemein, und zwar sehr nachdrücklich … Dies muss durchaus ernst genommen werden … Unterdessen bringen die aus der Reformation hervorgegangenen Kirchen und die anglikanische Kirchengemeinschaft ihre Erfahrungen ein, die nach dem Urteil vieler sehr positiv sind und noch positiver werden könnten.

> Folgende Schritte können und müssen eingeleitet werden: Die Laien insgesamt und dabei ganz besonders die Frauen sollen in den Entscheidungsgremien voll und ganz mitsprechen und mitentscheiden, da doch fast alle Entscheidungen ebenso sehr die Frauen wie die Männer betreffen. Es geht also um eine vordringliche Entklerikalisierung … Es lässt sich doch nicht leugnen, dass die zölibatäre Männerkirche seit Gregor von Nyssa über Augustinus und Thomas bis zur Enzyklika »Casti conubii« und bis heute nur ausgesuchte Ja-Sagerinnen gehört hat, und selbst diese nur sehr selten.
>
> *Bernhard Häring*

Die Kirche

Ähnlich wie US-Präsident John Adams um 1800 dürften mehr als zweihundert Jahre später die meisten »Kirchenfürsten« immer noch denken – nur dass sie keine Frauen haben, die ohne Scheu vor dem hierarchischen Amt und unbekümmert in der Wortwahl mit ihnen sprechen. Diese unnatürliche Isolation bezahlen sie mit einem massiven Wirklichkeitsverlust, ohne ihn wahrzunehmen, da sie wähnen, doch immer im Zentrum des Geschehens zu stehen. Hätten sie Gesprächspartner, die ihrer Denkweise in den Weg träten, wären immer noch die gleichen Abwehrmechanismen zu erwarten: Wieso können Frauen je Zutritt zum Klerus haben, wo sich dieser doch göttlicher Ordnung verdankt, die aufzubrechen die Kirche nicht befugt ist! Eine solche Dogmatik, deren anfechtbare Begründung für kritische Theologen zum Common Sense geworden ist, bietet die beste Garantie dafür, nicht reformierbar zu sein. Und um dieser Sicherheit willen pflegt das kirchliche Patriarchat eine solche Dogmatik ja wohl auch – unbewusst wie bewusst – bis zum Kollaps des Systems.

Frauenordination als Maßstab

Die Entwicklung der Frauenrechte und die Beteiligung von Frauen im öffentlichen Leben, hat in den christlichen Kirchen der westlichen Welt nicht im gleichen Maße Schritt gehalten. Das deutlichste Kriterium für einen entsprechenden Bewusstseinsstand dürfte die Frage nach der Frauenordination sein. Für die römisch-katholische Kirche hat Papst Johannes Paul II. dazu am 22. Mai 1994 »endgültig« Stellung genommen:

> Obwohl die Lehre über die nur Männern vorbehaltene Priesterweihe sowohl von der beständigen und umfassenden Überlieferung der Kirche bewahrt als auch vom Lehramt in den Dokumenten der jüngeren Vergangenheit mit Beständigkeit gelehrt worden ist, hält man sie in unserer Zeit dennoch verschiedenenorts für diskutierbar, oder man schreibt der Entscheidung der Kirche, Frauen nicht zu dieser Weihe zuzulassen, lediglich eine disziplinäre Bedeutung zu. Damit also jeder Zweifel bezüglich der bedeutenden Angelegenheit, die die göttliche Verfassung der Kirche selbst betrifft, beseitigt wird, erkläre ich kraft meines Amtes, die Brüder zu stärken (vgl. Lk 22,32), dass die Kirche keinerlei Vollmacht hat, Frauen die Priesterweihe zu spenden, und dass sich alle Gläubigen der Kirche endgültig an diese Entscheidung zu halten haben. (Sacerdotalis Ordinatio)

Sein Hauptargument ist, dass Christus nur Männer zu den zwölf Aposteln (→ S. 369) erwählte, was eine verbindliche Tradition begründet habe, welche zu ändern die Kirche nicht befugt sei. Gewiss galt die Frau zur Zeit Jesu als kultisch unrein (vgl. Lev 12), was manche Rabbinen davon abhielt, Frauen als Schülerinnen anzunehmen. Doch diese Berührungsängste hatte Jesus nicht, was auch die katholische Kirche anstoßen könnte, hier umzudenken. Doch erklärte Johannes Paul II. im November 1995 seine Position sogar zur »unfehlbaren Lehre«. Dazu notierte Elisabeth Gössmann in ihrer Autobiographie »Geburtsfehler: Weiblich«:

> Als die entsprechende Meldung in den Fernsehnachrichten zu hören war, vermuteten nicht nur ich, sondern viele, mit denen ich gleich

Maria als Priesterin im Kirchenschiff der Kathedrale von Amiens, 1437.

> Viele Frauen üben in vielen Kirchenprovinzen, nicht nur in Missionsgebieten, eine Fülle von Tätigkeiten aus, die an sich dem Diakonenamt zukommen. Der Ausschluss dieser Frauen von der Weihe bedeutet eine theologisch und pastoral nicht zu rechtfertigende Trennung von Funktion und sakramental vermittelter Heilsvollmacht. Ein weiterer Grund liegt darin, dass die Stellung der Frau in Kirche und Gesellschaft es heute unverantwortlich erscheinen lässt, sie von theologisch möglichen und pastoral wünschenswerten amtlichen Funktionen der Kirche auszuschließen. Schließlich lässt die Hineinnahme der Frau in den sakramentalen Diakonat in vielfacher Hinsicht eine Bereicherung erwarten, und zwar für das Amt insgesamt und für die in Gang befindliche Entfaltung des Diakonats im Besonderen.
>
> *Gemeinsame Synode der Bistümer in der Bundesrepublik Deutschland 1971–1975*

darauf sprach, einen möglicherweise fehlerhaften Gebrauch von katholischer Terminologie, wie er ja gelegentlich in den Medien vorkommt, – so undenkbar schien uns der Inhalt. Es gab aber keinen Zweifel mehr, als am 20. November 1995 die Süddeutsche Zeitung aus dem zwei Tage zuvor von Kardinal Ratzinger veröffentlichten, vom Papst gebilligten Dokument der Glaubenskongregation zitierte, das Nein zur Priesterweihe für Frauen gehöre »zum Grundbestand des Glaubens« und sei deshalb »unumkehrbar« und »unfehlbar«.

Eine solche Interpretation des Dogmas von 1870 erschien den meisten der Theologiebetreibenden … als theologisch unmöglich … Vor allem das Argument der 12 männlichen Apostel, das angeblich aus der Tradition stammt und aus dem in den vatikanischen Papieren der bewusste Ausschluss von Frauen durch Jesus selbst gefolgert und als ein Faktum gewertet wird, an dem die Kirche nicht befugt sei, etwas zu verändern, scheint nicht nur den Ergebnissen der Exegese, sondern auch den Aussagen der christlichen Tradition zu widersprechen …

Elisabeth Gössmann belegt aus ihren einschlägigen Arbeiten näherhin »einen unehrlichen Umgang mit der Tradition«. Zwar kann man manchen traditionellen Einwand gegen eine Frauenordination erheben, aber heute noch relevante theologische Gründe lassen sich nicht belegen. »Die exklusiv männliche Konstitution des Zwölferkollegiums Jesu«, sagt Hans Küng, »muss aus der damaligen soziokulturellen Situation heraus verstanden werden«, wobei freilich zu fragen ist, ob dieses männliche Zwölferkollegium wirklich von Jesus konstituiert wurde und nicht erst von der später einsetzenden Tradition (→ S. 347 ff.). Die im Verlauf der Christentumsgeschichte vorgetragenen Gründe für den Ausschluss der Frau belegen letztlich nur eine theologische Diffamierung der Frau, auch wenn diese verneint wird. Auf Jesus lässt sich eine Argumentation am wenigsten stützen. In den zeitnahen Jesusbewegungen waren mehr als in allen folgenden Zeiten Frauen in verantwortlichen Stellungen tätig. Die spätere, weithin Frauen verachtende Geschichte verlangt heute entschiedene Korrekturen. Dem künftigen Menschheitsbewusstsein dürfte nur die Öffnung aller kirchlichen Aufgaben und Ämter für Frauen gerecht werden. Deren heute gewonnene Stellung in Wirtschaft, Wissenschaft, Kultur, Staat und Gesellschaft erlaubt keinen anderen Weg, es sei denn, man wolle der Kirchenmitgliedschaft emanzipiert denkender und selbstbewusst lebender Frauen jede Möglichkeit nehmen.

Doch ginge es in dieser Frage allein um römisch-katholische Blockaden, könnte man die Überwindung des vieltausendjährigen Patriarchats immerhin auf einem guten Weg sehen. Tatsächlich haben aber bisher – abgesehen von den altkatholischen Kirchen und der Christengemeinschaft – nur Religionsgemeinschaften der reformatorischen Tradition, und auch von diesen keineswegs alle, eine Frauenordination zugelassen. Dies fällt ihnen insofern leichter, da es hier kein Priestertum als Weiheamt gibt und damit eine grundsätzliche Unterscheidung zwischen Laien und Priestern entfällt. Weil zudem für Amtshandlungen keine »göttlich gegebene« Ordnung geltend gemacht wird, geht es letztlich »nur« darum, geschichtlich bedingte Satzungen aufzugeben. Immerhin sind Vorurteile zu überwinden, die in Kirche und Gesellschaft gegen die volle Gleichberechtigung und Gleichbehandlung von Frauen und Männern seit jeher dominieren.

Bei jeder der Hunderte von Schriften zu diesem Thema, die mir aus den verschiedenen Jahrhunderten und Ländern nach langer Suche auf den Schreibtisch kam, erneuerte sich der Schock darüber, welch negative Aussagen in der christlichen Tradition über das weibliche Geschlecht möglich waren, und zwar auch von sonst verdienstvollen und schätzenswerten Theologen, nicht etwa nur von Inquisitoren.

Mir wurde bald klar, dass die mir immer wieder gestellte Frage: »Gab es diese Päpstin oder nicht?« eigentlich nebensächlich ist gegenüber dem Eigenleben, dass die Rezeptionsgeschichte dieser Gestalt führt. An ihr wurde bis in die jüngste Zeit eine Frauenschmähung vollzogen, für die sich zu entschuldigen, beide Konfessionen Anlass hätten.

Die Frage, um die es durch die Jahrhunderte in den Schriften zur Päpstin geht, ist die nach dem weiblichen Kirchenamt. Nur eine geringe Zahl männlicher Stimmen, die zur frauenfreundlichen Seite der *Querelle des Femmes* gehören, konnte ich finden, denen das urchristliche Diakonissenamt eine positive Antwort ermöglichte. Ansonsten bezog sich die Diskussion über die in Chroniken vorgefundene Päpstin im späteren Mittelalter größtenteils auf die Mängel der weiblichen Natur, intellektuelle Minderbegabung und moralische Unzuverlässigkeit. Frauen wurden wie Hermaphroditen, Monster und Verrückte als unfähig bezeichnet, gültig die Priesterweihe zu empfangen.

Elisabeth Gössmann

Katharine Jefferts (geb. 1954) ist Presiding Bishop der Episcopal Church in den USA. Sie ist die erste Frau, die als Primas in der Anglikanischen Kirchengemeinschaft dient. 2001 wurde sie für das Amt der Bischöfin von Nevada gewählt und geweiht.

Die Anglikanische Kirche ist eine weltweite christliche Kirchengemeinschaft, die evangelische und katholische Glaubenselemente vereinigt, wobei die katholische Tradition in der Liturgie und im Sakramentsverständnis (insbesondere dem Amtsverständnis) vorherrscht, die evangelische Tradition in der Theologie. Die Anglikanischen Landeskirchen sehen sich in der Tradition der englischen Reformation, erkennen darin aber keinen Bruch mit der vorreformatorischen Kirche.

Weltweit sind jene Kirchen, welche keine Frauenordination anerkennen, in der deutlichen Mehrheit; nach Mitgliederzahlen gerechnet ca. 85 Prozent. Nach Kontinenten betrachtet ist in den Kirchen der westlichen Welt die Frauenordination, also in Europa, Anglo-Amerika und Australien-Ozeanien, am häufigsten anzutreffen, wesentlich seltener hingegen in Afrika, Asien und Lateinamerika.

Noch ist nicht zu übersehen, zu welchen Spannungen diese Thematik – vor allem, wenn sie das Bischofsamt einbezieht – weiterhin führt. Hier erleben die anglikanischen Kirchen heftige Auseinandersetzungen. Dort werden, von einigen Ausnahmen abgesehen, Frauen zum Priesteramt zugelassen: in den USA seit 1976, in Neuseeland seit 1977 und in England seit 1994. Die ersten Bischöfinnen wurden 1989 und 1990 geweiht. 2005 hat die Generalsynode der Church of England prinzipiell die Einführung der Frauenordination bei Bischöfen als »theologisch gerechtfertigt« befürwortet. Eine bedeutende Minderheit sträubt sich dagegen. Nach erfolgten kirchenrechtlichen Änderungen könnte es eine erste Bischöfin in der Kirche von England frühestens 2012 geben. Konservativere anglikanische Kirchen weihen nach wie vor nur Männer.

Ausblick

Ein abschließender Blick nach vorne zwingt noch einmal, an die Anfänge der heutigen Universalreligionen zu erinnern, die alle dem Patriarchat entstammen. Diese Prägung lässt sich geschichtlich verstehen, führt jedoch zunehmend in die Krise. Längst ist der Rückzug der gebildeten jungen Frauen aus dem kirchlichen Leben offenkundig. Diesen Vorgang seitens der Kirchen nach gewohnten androzentrischen Maßstäben zu bewerten, wird sich katastrophal auswirken. Wie umfassend die defizitäre Bilanz ist, bringt erst die Zukunft an den Tag.

Aber heute lässt sich sagen: In der zweitausendjährigen Geschichte des Christentums hat ausschließlich die männliche Hälfte der Christen den eigenen Glauben reflektieren, formulieren und lehren dürfen. Frauen blieben ausgeklammert. Sie haben nie eine theologische Schule bilden können, während im männlichen Klerus jede Generation auf den Schultern der voraufgegangenen stehen konnte.

Die Folgen dieser Einseitigkeit sind zu besichtigen: Da ist die traditionelle theologische Sprache, die in ihrer diskursiven Begriffslastigkeit – ein typisch männliches Phänomen – inzwischen zu einem System erstarrte, von dem keine kulturstiftenden und belebenden Impulse mehr ausgehen. Das gängige Gottesbild zeigt sich so patriarchalisch und einseitig maskulin fixiert, dass es zahllose Einzelschicksale mehr belastet als befreit hat. Die Kirchenhierarchie verlor ihre Fähigkeit zum Hinhören und zu kommunikativen Prozessen. Sie sieht sich in der Mitte großer Volksmengen, von der aus man aber nicht mehr wahrnimmt, in welchem Ausmaße die Ränder abbrechen. Auch die Spiritualität hat in ihrer dogmatischen Prägung erhebliche Verengungen erfahren.

Zu beachten ist aber auch dies: Der heutige Kulturbereich wird überproportional von Frauen getragen. Literatur, zumal Belletristik, lesen größtenteils Frauen; in Ausstellungen, Vorträgen, Konzerten sind mehrheitlich Frauen anzutreffen; in unseren Schulen haben Mädchen sowohl an Fleiß als auch an Interesse die Jungen überholt; sie haben die besseren

Noten. Die kirchlichen Bildungshäuser hätten ohne Frauen längst Konkurs angemeldet. Die Zahl der Männer, die ihr eigenes Geschlecht als das schwache ansieht und ihren Frauen den Löwenanteil am eigenen Lebenserfolg zuspricht, hat rasant zugenommen. Aber an der kirchlichen Wahrnehmung und zumal am kirchlichen Problembewusstsein gehen diese Entwicklungen vorbei. Das kann nicht gut enden.

> Die katholische Kirche, das ist eine sterbende Großorganisation, die dabei ist, sich selbst zu demontieren … Aber das passiert, wenn man von Anfang an auf 50 Prozent potenzieller Führungskräfte verzichtet. Männer reiten den Laden runter, während Frauen ihn retten könnten.
> *Jürgen Becker*

6. Kirche und Mission

Der Titel der Zeitschrift »The Missionary News« von 1866 zeigt die Anbetung (des christlichen) Gottes durch alle Völker der Erde.

Das Christentum ist eine missionarische Religion. Das gilt unumstritten. Mission gehört zum Christentum wie das Brennen zum Feuer, sagte Emil Brunner. »Als Stadt auf dem Berge« betont Theo Sundermeier, »*ist* die Kirche missionarisch« zumal sie es auch durch »Stiftung und Auftrag« sei. Aber bei dieser vermeintlichen Selbstverständlichkeit setzt bereits das Problem ein.

Dass die Kirche keine »Stiftung« Jesu ist, darf als geklärt gelten. Dass sie sich selbst mit den Metaphern der Bergpredigt, »Stadt auf dem Berge« und »Licht der Welt« schmücken darf, ist zu verneinen. Jesus nennt nach Mt 7,12 als »Summe« seiner Lehre und der ganzen biblischen Überlieferung die »Goldene Regel«: »Alles nun, was ihr wollt, dass es euch die Menschen tun, das sollt auch ihr ihnen tun; denn darin besteht das Gesetz und die Propheten«. An anderer Stelle fasst er sein Glaubenverständnis so zusammen: »Du sollst den Herrn, deinen Gott, lieben mit ganzem Herzen, mit ganzer Seele und mit allen deinen Gedanken. Das ist das wichtigste und erste Gebot. Ebenso wichtig ist das zweite: Du sollst deinen Nächsten lieben wie dich selbst. An diesen beiden Geboten hängt das ganze Gesetz samt den Propheten« (Mt 22, 37-40).

Schaut man sich die Lehre Jesu näher an, so gilt die größte Allgemeinheit: es geht um *Menschen*. Von Juden oder Nichtjuden ist kaum die Rede. Der Goldenen Regel vorauf fragt Jesus (wörtlich übersetzt): »Oder wer von euch ist ein Mensch, den sein Sohn bitten wird um Brot – wird er etwa einen Stein übergeben ihm?« (Mt 7,9). In allen seinen Gleichnissen handeln Menschen ununterschieden: Ein *Mensch* sät Samen auf seinen Acker, sät ein Senfkorn aus, findet einen Schatz im Acker, sucht ein verlorenes Schaf, bereitet ein großes Mahl …; ein *Mann* lädt zum Gastmahl, hatte zwei Söhne, war reich, hatte einen Verwalter …; eine *Frau* mengt Sauerteig in drei Saton Mehl, sucht ihre Drachme, eine *Witwe* kam zu einem Richter … und so weiter. Und wenn es benennbar Juden sind wie Pharisäer und Zöllner, die zum Tempel gehen, so gelten sie doch als »zwei Menschen«.

Für den Erzähler und Weisheitslehrer Jesus ist Gott eingeschrieben in die Alltäglichkeit des menschlichen Lebens. »Er lässt seine Sonne aufgehen über die Bösen und über die Guten und lässt regnen über Gerechte und Ungerechte« (Mt 5,45). Überall gibt es Menschen, die der »Summe« aller Gebote folgen und aufrechte Mitmenschlichkeit leben, und solche, die sich diesem Anspruch verweigern. Auch wenn Jesus Jude war und zum eigenen Volk sprach, beansprucht er doch in allem ein menschliches Ethos, das sich bei Juden, Samaritern und »Heiden« findet. Wenn Luther meinte: »Die Welt kann nicht nach dem Evangelium (= Bergpredigt) regiert werden«, der Hindu Gandhi aber sagte: »Ich kann die Einschränkungen nicht gutheißen, die der Bergpredigt gegenüber geltend gemacht werden«, erweist sich Gandhi als der eigentliche Jünger.

Die spezifische Botschaft Jesu trennt keine Religion von einer anderen. Sie kann in jeder Religion angenommen und gelebt werden. Solange die Reich-Gottes-Botschaft Jesu im Glaubensbekenntnis der Kirchen keinen Stellenwert gewinnt, überdeckt das kirchliche Dogma die Allgemeingültigkeit der jesuanischen Botschaft.

Diese Einsicht wird vor der Tür gehalten, wenn Rudolf Bultmann sagt: »Die Verkündigung Jesu gehört zu den Voraussetzungen der Theologie des Neues Testaments und ist nicht ein Teil dieser selbst« (→ S. 237). Demnach begründen erst Paulus und die Christologie das Christentum, und es wäre folgerichtig, die Reich-Gottes-Programmatik Jesu für die Kirche als nicht-konstitutiv anzusehen. Sind zur Begründung der christlichen Mission aber wirklich der erlösende Sühnetod Christi und die Kirche als vermittelnde Heilsanstalt in Anspruch zu nehmen? (→ S. 262 ff.)

Mission als Rettung der Seelen

Die Deutung der Hinrichtung Jesu – analog zum antiken Opferverständnis – als Sühnetod, um die gefallene Menschheit wieder mit Gott zu versöhnen, führte mit logischem Zwang dazu, diese rettende Botschaft möglichst vielen zu vermitteln, bevor das Ende der Zeit erreicht werde. Darum geschah im Anfang alle Mission »mit Blick aufs Ende« (W. Freitag) und war Verkündigung an Nichtchristen als geistlicher Rettungsdienst. Bei Karl Rahner heißt es:

Für Paulus waren Menschen, die nicht zur Taufe kamen, verloren. Zwar hat Paulus darüber kein Dogma aufgestellt. Doch in der Praxis war dies für ihn eine Selbstverständlichkeit. Aus dieser Perspektive heraus hat Pau-

---

Der universale Horizont

Auch wenn Jesus sich mit seiner Botschaft aufgrund der historischen Konditionierung seines Wirkens zunächst an seine jüdischen Landsleute in Galiläa wendet, so ist ihm doch jede Form von Chauvinismus fremd: Weder praktiziert er die Zwangsbeschneidung, wie es jüdische »Eiferer« taten, um Jahwes Land rein zu halten, noch gründet er wie die Pharisäer sich von den übrigen absondernde Gemeinschaften oder eine heilige Gemeinde wie die Essener. Im Israeliten spricht er vielmehr den Menschen – konkret: den Armen, den Kranken, den Diffamierten, den Sünder – als das von Gott geliebte Geschöpf an. Das aber bedeutet, dass Israels privilegierte Stellung als auserwähltes Volk, die ja bereits der Täufer radikal in Frage stellte, ihre Heilsrelevanz verliert.

Paul Hoffmann

lus missioniert. Bis ins späte Mittelalter hinein, und noch länger, bezogen die Christen von daher weithin ihren missionarischen Impuls.

Ähnlich beurteilte Rahner die Überzeugung des Francisco de Xavier (1506–1552):

Gehe ich zu den Japanern, lehre und predige ich ihnen Christus, dann sind sie für den Himmel gerettet. Bleibe ich in Europa, dann gehen sie verloren – so wie ihre Vorfahren verloren sind, da sie nie von Christus gehört und ohne Taufe gestorben sind. Ein Mensch, der von einer solchen Überzeugung durchdrungen ist, muss sich natürlich von einem äußerst starken missionarischen Impuls getrieben fühlen. Er wird versuchen, einen Ungläubigen mit allen Mitteln des Wortes, des Gebetes und Opfers zu bekehren.

Es ist bezeichnend, wie unreflektiert die Japaner hier einfach »Ungläubige« heißen. Dahinter steht eine Tradition, die zwar anderen Völkern zubilligt, »Religion« zu haben, wenngleich es allemal nur »falsche«, »widergöttliche« und »dämonisch verzerrte« Religionen sein können. Einerlei ob Islam, Hinduismus, Buddhismus, Shintoismus oder Stammesreligionen …, allen steht das Christentum mit dem alleinigen Anspruch göttlicher Wahrheit gegenüber. Diese Sicht hatte bis zur Aufklärung im 18. Jahrhundert Geltung und lebte auf naiver Ebene bis ins 20. Jahrhundert fort.

Auf katholischer Seite gestand erst das Zweite Vaticanum in *Lumen gentium*, außerhalb der Kirche seien »Elemente der Heiligung und der Wahrheit zu finden«, die allerdings »als der Kirche eigene Gaben auf die katholische Einheit drängen«. Entsprechend erklärte das Konzil in seiner Religionserklärung *Dignitatis humanae*:

Missionsgeschichte

Bevor Coca Cola und die Bibel auf einer kleinen Insel in Südostasien an den Strand gespült wurden, pflegten die Xantu auf den richtigen Augenblick zu warten, um den Hai zu jagen, auf dem Gehäuse einer Meeresschnecke zu blasen, sobald einer getötet worden war, die Trommeln zu schlagen, um das Volk zum Fest zusammenzurufen, und Geschichten über ihren jahrhundertealten Vertrag mit dem »großen Hai« zu erzählen, nicht mehr zu töten, als sie für ihre Ernährung brauchten.

Nach dem Eindringen der westlichen christlichen Kultur jagten sie Haie für Geld, gaben es in der Kantine aus, lernten, mit der Bibel auf die Kanzel zu schlagen, und warnten die Frauen und Kinder, die dort in den Reihen der Kapelle saßen, sie würden, wenn sie nicht an Jesus als ihren Heiland glaubten, in die Hölle kommen und dem ewigen Feuer verfallen.

Ich habe versucht, mir die geistigen Purzelbäume vorzustellen, die sie schlugen, als sie erstmals dem christlichen Europa begegneten. Ich habe über die Ungläubigkeit meiner eigenen schwedischen Vorfahren nachgedacht, als sie – in ihrem Fall durch das Schwert – bekehrt wurden. Was haben sie ihrer Meinung nach gedacht, als sie erstmals etwas über Adam, Abraham und Christus erfuhren und dann entdeckten, dass ihre eigenen Vorfahren, Helden und Götter nunmehr als Halbgötter und Waldgeister im Schatten weilen mussten? Ich habe über die Kühnheit der christlichen amerikanischen Indianer gestaunt, die versuchten, etwas von ihren eigenen kulturellen Überlieferungen wiederzugewinnen, obwohl sie wussten, dass diese Traditionen von jenen, die ihnen das Evangelium gebracht hatten, systematisch zerstört worden waren. Vielleicht war ich deshalb so ernüchtert, als ich den Häuptling der Xantus sagen hörte, er habe, als die christlichen Missionare erstmals kamen, nicht gewusst, weshalb sie seine Geschichten und seine Kultur zerstören wollten, und nun, da sie sie zerstört hätten, kenne er den Grund noch immer nicht.

Burton L. Mack

Ignatius von Loyola (1491–1556) gibt Franz Xaver (1506–1552) den Auftrag, Asien zu missionieren.

In Scharen empfangen die zum christlichen Glauben bekehrten Inder an der Malabarküste die Taufe.

Matteo Ricci (1552–1610), Begründer der inkulturierenden Mission. Bis zu seiner Entsendung nach Macao 1582 waren alle missionarischen Versuche, sich in China festzusetzen, gescheitert. Nach mehreren Gemeindegründungen gelang R. 1601 der Weg nach Peking. Er bekam Aufenthaltsrecht und gewann von Jahr zu Jahr wachsendes Ansehen. Dank seiner Sprachbegabung beherrschte er schließlich nicht allein die chinesische Sprache und Schrift, sondern auch die klassische konfuzianische Literatur. R. ordnete seine Missionierungsabsichten dem menschlichen Takt, der Wahrnehmung und Achtung des Fremden und einem notwendig zu erwerbendem Vertrauen unter.

Die einzig wahre Religion ist … verwirklicht in der katholischen, apostolischen Kirche, die von Jesus dem Herrn den Auftrag erhalten hat, sie unter allen Menschen zu verbreiten … Alle Menschen sind ihrerseits verpflichtet, die Wahrheit, besonders in dem, was Gott und seine Kirche angeht, zu suchen und die anerkannte Wahrheit aufzunehmen und zu bewahren. (Artikel 1)

Papst Paul VI. bekräftigte in einem Apostolischen Schreiben *Evangelii nuntiandi* vom 8. Dezember 1975, dass nichtchristliche Religionen »viele Samenkörner des Wortes Gottes« bergen, die eine echte »Vorbereitung auf das Evangelium« seien, doch erst die christliche Religion stelle »tatsächlich eine echte und lebendige Verbindung mit Gott her, was den übrigen Religionen nicht gelingt, auch wenn sie sozusagen ihre Arme zum Himmel ausstrecken« (Nr. 53).

Solche Absolutsetzung des eigenen Glaubens relativiert jede Anerkennung fremder Religionen, unbeschadet der Zugeständnisse, in ihnen »Elemente der Wahrheit« erkennen zu können, oder auch, nichts abzulehnen, »was in diesen Religionen wahr und heilig ist«.

Auf evangelischer Seite geht die Beurteilung nichtchristlicher Religionen weit auseinander. Evangelikale halten sie weiterhin für dämonisches Machwerk, das zur Verdammnis führe. Ebenso bescheinigte der frühe Karl Barth den nichtchristlichen Religionen, eigenmächtige Versuche des Menschen zu sein, die an die Stelle der göttlichen Offenbarung, wie sie im Christentum ergangen sei, lediglich »menschliches Gemächte« schöben. Ansonsten besteht im Spektrum der reformatorischen Kirchen heute ein »gewisser Konsens«, dass es »die Möglichkeit des Heils in den Religionen« gibt. Der Missionswissenschaftler Theo Sundermeier pointiert: »Wer das leugnet, verengt den umfassenden Heilswillen Gottes, leugnet das Evangelium Jesu.«

Im geschichtlichen Rückblick kann man die Missionsstrategien der Kirchen in drei Modellen unterbringen. Das erste Modell lässt sich nach Jer 1,10 beschreiben: Es gelte, das Alte »auszureißen, zu zerstören, zu verderben«, um danach erst das Neue aufzubauen und einzupflanzen. Also zerstörte man antike Tempel, keltische und germanische Opferstätten, enthauptete Götterbilder und fällte die Donareichen. Das zweite Modell empfahl Papst Gregor der Große. Es rät zu einer selektiven Annahme des heidnischen Erbes: »Die Heiligtümer der Götzen sollen keineswegs zerstört werden, wohl aber die Götzenbilder …, denn wenn diese Heiligtümer gut gebaut sind, ist es notwendig, sie vom Dämonenkult zum Dienst des wahren Gottes umzuwandeln, damit das Volk … mit mehr Zutrauen an den gewohnten Orten zusammenkommt.« Das dritte Modell versteht sich inkarnatorisch: Das Christentum nimmt Gestalt und Farbe der jeweiligen Umgebung an; das Vorhandene wird »getauft«. Die Jesuitenmission in China unter Matteo Ricci und Adam Schall war bahnbrechend dafür. In der heutigen Missionstheologie wird diese Form der »Inkulturation« am stärksten befürwortet.

Matteo Ricci. Kupferstich, um 1602.

Die Religionen als Gesprächspartner

Erst im 20. Jahrhundert begann man, zwischen den Religionen zu differenzieren, ihr Eigenprofil zu studieren und sich auch selbst von ihnen befragen zu lassen. Es wuchs in den Kirchen die Bereitschaft, das Verständnis des eigenen Glaubens im Spiegel des anderen zu sehen und sich – bedingt – auch in Frage stellen zu lassen. Aus diesem Ansatz entwickelte sich eine »Theologie der Religionen«, für die Horst Bürkle, Michael von Brück und Ulrich Schoen unterschiedliche Konzepte entwickelt haben. Bei ihnen stellen andere Religionen der christlichen Theologie ihre Fragen.

Der Hinduismus etwa befragt die Theologie nach der Wahrheit des Mythos, zumal die oft blinde Abweisung des Mythos jeden Zugang zu den berechtigten Ansprüchen des Hinduismus versperrt hat. Das blockierte ein wechselseitiges Verständnis und machte das Christentum auch für die eigene Glaubensstruktur blind. Der moderne Buddhismus erwartet Auskunft über das Toleranzdenken des Christentums, während afrikanische Stammesreligionen aus gelebtem Gemeinschaftssinn die zerstrittene Christenheit ob ihres Glaubens, Glieder am »Leibe Christi« zu sein, in Frage stellen. In einem solchen Religionsdialog kommt der christliche Absolutheitsanspruch schnell an Grenzen. Die abendländisch-dogmatischen Denktraditionen erweisen sich als zu eng und nicht kommunizierbar. Die jeweils gegenüberstehende Religion erschließt ihren eigenen Reichtum, der nicht minder überzeugen kann wie die ihm zugehörige Kultur. Dass die Menschheit ohne diese Religionen extrem verarmen würde, ist ernsthaft nicht mehr zu diskutieren. Aber auch das Christentum würde verkümmern, weil ein Fortfall der Religionsvielfalt ähnlich zu bewerten wäre, wie das Verschwinden der biologischen Artenvielfalt innerhalb eines Ökosystems. Jeder Ausfall gefährdet auch zukünftige Lebensmöglichkeiten.

Sollte das katholische Missionsverständnis immer noch davon bestimmt sein, alle Völker in einer einzigen Kirche sammeln zu wollen, zumal in einer dogmatisch straff kontrollierten Kirche – und ließe sich dieses Ziel realisieren, hätte diese monokulturelle Einebnung der Religionswelt eine geistige Versteppung zur Folge, vergleichbar dem Verschwinden aller Sprachen zu Gunsten einer einzigen *lingua franca*. Auch wenn ein Prozess wechselseitigen Gebens und Nehmens zwischen den Religionen bisher eher am Anfang steht, ist für die Zukunft einer global vernetzten Welt von solchem Austausch viel Segen zu erwarten. Beispiele dafür bieten die biographischen Skizzen über Hugo Enomiya Lassalle, Henri Le Saux und Bede Griffiths (→ S. 488 ff.), die deutlich machen, wie sehr gerade die asiatischen Religionen in wesentlichen spirituellen Bereichen dem Christentum voraus sind, und Möglichkeiten anbieten, in der ernsthaften Begegnung miteinander zu einer tieferen Bewusstwerdung der eigenen Identität zu gelangen.

In der Kapelle des Ashrams, in dem der Benediktiner Bede Griffiths wirkte (→ S. 493), verbindet die Tabernakelgestaltung den Davidstern mit dem Gekreuzigten. Darüber ist das OM-Symbol zu sehen. Es gilt der Ganzheit des Seins und der darin waltenden Gegenwart des Göttlichen.

Das Evangelium Jesu als Ansatz für eine Theologie der Mission

Wo stehen wir nun? Gemäß unserem Ansatz, dass die Rückkehr zum »Verlorenem Anfang« (→ S. 263) für die künftige Gestalt des Christentums unverzichtbar ist, wäre zunächst zu fragen, inwieweit der historische Jesus und sein Reich-Gottes-Programm eine Missionstheologie legitimieren.

Unter den heutigen Missionswissenschaftlern hat Theo Sundermeier hier angesetzt, und zwar bei der Offenen Tischgemeinschaft, die Jesus praktizierte (→ S. 257 f.). Sie zeige einen Jesus, der nicht allein *für* die Menschen, sondern vor allem *mit* den Menschen lebte. Er habe dabei soziale und moralische Grenzen überschritten, und zwar aus einem Gottesverständnis, das die Rechte der Armen und Hilflosen geltend macht: »Es geht in der Mission in der Tat um die Wiedergewinnung der Menschlichkeit des Menschen, um Neugewinnung seines entfremdeten Lebens.«

Doch bleibt Sundermeier hier nicht stehen: »Wer nur eine Missionsbegründung sucht und nur eine anerkennen will, verfehlt den Reichtum biblischer Missionstheologie.« Das Matthäusevangelium versteht er als »ein Kompendium der Lehre Jesu«, von dem und mit dem die Jünger lernen und lehren können. Das lukanische Werk sei als »eine Geschichte der urchristlichen Kirche und Mission konzipiert«, als »groß angelegte Beispielerzählung für Missionare«, doch sei »die missionarische Kirche bei Lukas die kleine Herde der Armen, der sozial Schwachen, derer, die verkaufen, was sie haben«. Die johanneische Gemeinde leide bereits unter dem Problem der Kirchenspaltung, darum binde der johanneische Jesus Mission und Einheit zusammen, weil »zum Wesen der Kirche« gehörig. »Eine gespaltene Kirche kann nicht überzeugen.«

Erheblich unterscheidet sich davon die Missionsbegründung bei Paulus. Weil er die entfremdete Welt »durch den Sühnetod Jesu mit Gott versöhnt« findet (2 Kor 5,19 f.) und dies als »ein objektives, umfassendes Geschehen« ansieht, müssen »alle Heiden zum Gehorsam des Glaubens« geführt werden (Röm 1,5). Dass damit der Inhalt des Evangeliums Jesu nicht erweitert sondern ausgetauscht wird, bleibt bei Sundermeier unbeachtet. Unmissverständlich ist jedoch seine Kritik am Epheserbrief, soweit er mit Kapitel 1 zur Missionsbegründung herangezogen wird:

> Weil Christus der Herr über alle Mächte und Herrschaften ist, muss seine Herrschaft angesagt werden. Die Mission führt die Menschen in den Herrschaftsbereich Christi, der durch die Kirche repräsentiert wird. Die Gefahr, dass damit die Mission zum Ausbreitungsinstrument einer sich herrscherlich gebenden und Gehorsam fordernden Kirche wird, ist groß. Ihr sind im Laufe der Kirchengeschichte Kirche und Mission oft erlegen. Damit wird aber die paulinische Missionstheologie ebenso verraten wie die der Evangelien.

Wie oben ausgeführt, verwischt die Rede vom »Evangelium« gewöhnlich, dass das Evangelium Jesu und das Evangelium des Paulus unterschiedliche Inhalte haben (→ S. 262 ff.). Die Kirche hat überwiegend mit der paulinischen Denkweise gearbeitet, aller Welt sei kundzutun, dass allein durch den Sühnetod Jesu das Heil gewonnen werde, weswegen allein der Glaube an den Heiland und Retter vor ewiger Verwerfung bewahre – wobei

Mission in Papua-Neuguinea um 1960. Einerlei, ob es sich um Afrika, Asien, Lateinamerika oder auch Papua-Neuguinea handelt, die christliche Mission hat überall Kirchen nach europäischem Modell gebaut. Ebenso war (und ist) deren Ausstattung europäisch, ganz zu schweigen von der Liturgie, die in katholischen Kirchen dem Rituale Romanum folgt. Dass hierbei nicht einmal die künstlerisch starken Lösungen Europas exportiert wurden, sondern oft genug eher die schwachen Leistungen und deren Entgleiten in den Kitsch, gibt dem Vorgang eine zusätzliche Problematik.

Paulus diese Verkündigung sogar mit »Glaubensgehorsam« beantwortet sehen wollte. Lassen wir die Fixierung des Erlösungsglaubens auf das allein heilbringende »Kreuzesopfer« zurücktreten, weil das Gottesverhältnis Jesu mit Blutopfern nicht zu verbinden ist, schwindet auch das in der christlichen Missionsgeschichte dominierende Motiv:

Bleibe ich in Europa, dann gehen sie verloren – so wie ihre Vorfahren verloren sind, da sie nie von Christus gehört und ohne Taufe gestorben sind.

Das Evangelium Jesu erzählt von einem Gott, bei dem Menschen jedweder Art Wohlwollen und Annahme erfahren: der nach einem Lotterleben heimkehrende Sohn, der Zöllner, der seine Vergehen bekennt, oder Frauen, die als »Sünderinnen« verschrien sind. Sie alle waren Tischgenossen Jesu.

Gewiss verstand Jesus diese demonstrativen Mahlgemeinschaften als Ausdruck seines Gottesglaubens, den seine Jüngerinnen und Jünger weitertragen sollten. Doch greift die sogenannte Aussendung der Jünger bei Mk und Lk wohl nur auf einen jesuanischen *Ansatz* zurück, der während seines kurzen Wirkens kaum wirklich entfaltet wurde. Anlaufstellen dafür waren die Häuser der Bauern auf dem Lande. Nach seinem Tod dürfte schon die frühe Q-Gemeinde das Scheitern dieser Mission erlebt haben, so dass sie ihre Botschaft auf Kafarnaum, Betsaida und Chorazin ausdehnte, wie der Wechsel von »Haus« zu »Stadt« bei Lk 10,5-7 und 8-11 ahnen lässt. Doch wenn auch diese Botschaft im engen galiläischen Raum Juden galt, war sie nicht auf diese begrenzt. In ihrer Formulierung konnte sich jeder Mensch betroffen sehen.

Das Reich Gottes war für Jesus kein göttliches Monopol, das ausschließlich an seine eigene Person gebunden gewesen wäre. Jeder konnte es vielmehr am eigenen Leibe erfahren, in der Gemeinschaft des Heilens und Essens, des gleichen Teilens der jedem gleich zugänglichen spirituellen und physischen Ressourcen, wenn er keine hierarchischen oder sonst wie begründeten Unterschiede zwischen sich und den anderen Teilen an dieser Gemeinschaft gelten ließ. Man nahm das Reich Gottes als Lebensweise an, und jeder, der es angenommen hatte, konnte es anderen bringen. Es bestand nicht nur in Worten, auch nicht in Taten allein, sondern in beiden – es war eine Lebensweise.

John Dominic Crossan

Es ging also nicht darum, eine Lehre anzunehmen, sondern einen Lebensmodus mit anderen zu teilen. Dies in Wort und Tat zu vermitteln, zielte grundlegend auf *menschliches, nicht konfessionelles* Verhalten. Was freilich in Jesu offenen Tischgemeinschaften spontan war, erfuhr bald nach seinem Tod eine Kultisierung, die erhebliche Veränderung zur Folge hatte. In der heutigen konfessionellen Exklusivität wie der Praxis des gottesdienstlichen »Kommunionempfangs« ist das Vermächtnis Jesu kaum wiederzuerkennen. Jenseits der kultischen Stilisierung aber, zumal jenseits der herrschaftlichen Repräsentanz von Hochämtern und Pontifikalmessen, erfährt das Evangelium Jesu unter wenig beachteten Bedingungen seine Fortsetzung, immer wenn Menschen das eigene Leben mit anderen teilen, zumal mit Hilflosen und gesellschaftlich Missachteten.

Charles de Foucauld (1858–1916), französischer Forscher, Offizier, Mönch und Eremit.

Als sein Freund, der Häuptling der Tuareg-Nomaden, Moussa Ag Amastan, nach Frankreich eingeladen wurde, besuchte er auch die Foucauldschen Familienschlösser. Erschüttert kam er zurück: »Ich habe diese Häuser gesehen und diese Gärten. Und du? Du lebst unter uns wie der letzte der Armen. Warum tust du das?«

Nie hatte Charles zu Moussa ein Wort über Jesus gesprochen. Allein unter den muslimischen Nomaden in der Sahara entwickelte er das revolutionäre Konzept eines christlichen Mönchsordens mitten in der Welt. Er nannte den von jeder römischen Vorstellung abweichenden Orden die »Kleinen Brüder Jesu«.

Sie leben heute als Lumpensammler in Santiago de Chile. Als Fischer in der Bretagne. Als Müllarbeiter in Frankfurt. Als Büroboten in New York. Als Pygmäen unter Pygmäen in Kamerun. Als Hafenarbeiter in Hamburg. Als Zigeuner in der Lombardei. Als Landarbeiter in den Reisfeldern um Hanoi. Als Nomaden in der Sahelzone.

Solidarität mit den Arbeitern und mit den Randgruppen, ein Leben zu dritt oder viert in Mietwohnungen, dazu Schulung in der Meditation: Das ist der Orden der »Kleinen Brüder« heute. F.s Wunsch nach wenigstens einem Gefährten, der sein Werk fortsetzen könnte, blieb zu seinen Lebzeiten unerfüllt. Erst 17 Jahre nach seinem Tod, 1933, entstand in Algerien die erste Gemeinschaft nach seinem Vorbild. 1939 schloss sich eine Gemeinschaft der »Kleinen Schwestern« an.

Die Kirche

Diese Lebensweise hat mit einer *Propaganda fidei* nichts zu tun. Die Mission, zu der Jesus sendet, findet ihr Fundament in der Evidenz eines Lebens, das mit kreativer Bereitschaft den »Nächsten« erkennt. Ein solches Leben macht zum »Licht der Welt« und zur »Stadt auf dem Berge«. Auch wenn diese Existenzform nicht im Zentrum des Glaubensbewusstseins steht, ist sie doch in allen Jahrhunderten des Christentums gelebt worden. Sie war immer mehr dem Alltag zugehörig als dem Feiertag, mehr bei unbekannten und bescheidenen Menschen anzutreffen als bei Amtsträgern. Sie lässt sich tausendfach erfahren, ohne dass sie sich selbst als »christlich« verstehen muss.

Wir können diese Lebensweise in deutschen Großstadtmilieus aufzeigen, in dem die etablierte Kirche nicht mehr zu Hause ist. Die Journalistin Vilma Sturm berichtet aus der Praxis linker Christen nach 1968 im Kölner Raum:

Andy Warhol (1928–1987), Girl, um 1958–1961.

Beispiel 1: Mechtild Höflich und die streunenden Jugendlichen
Am meisten litten wir darunter, dass es uns nicht gelang …, die Anstöße, die wir in den Gottesdiensten gaben, in die Praxis umzusetzen, nicht nur »Verkünder«, sondern auch »Täter« des Wortes zu sein – das heißt, die Situation der Obdachlosen, der Strafgefangenen, der Schüler, Lehrlinge, Heimzöglinge, Drogensüchtigen zu verändern.

Den mühevollsten dieser Versuche unternahm Mechtild Höflich, Mutter von acht Kindern und vielbeschäftigte Dozentin im Bereich der Erwachsenenbildung. Sie nahm sich der Heimzöglinge an, die in jenem Sommer scharenweise den Heimen der Umgebung entliefen, etwa tausend streunende Jugendliche hielten sich täglich in Köln auf, wohnten in Kommunen und Kollektiven, bei Künstlern und Studenten, nächtigten in Parks und auf Bauplätzen … Mechtild Höflich machte Wohnungen ausfindig und veranlasste das Jugendamt, sie zu mieten. Sie besorgte Möbel und gewann Studenten und Sozialarbeiter dafür, sich um die Zöglinge zu kümmern … Ganz gewiss hat hier das »Politische Nachtgebet« einen starken Anstoß gegeben, vor allem zur Bewusstseinsveränderung beigetragen. Die Bemühung, Heimplätze abzubauen, Erzieherfamilien zu finden und Wohngemeinschaften einzurichten, ist in Gang gekommen.

Beispiel 2: Wilma Knips und die jugendlichen Strafentlassenen
Sehr vermögend als Erbin einer Maschinenfabrik, bewohnte sie ein altes Haus – zusammen mit zwei Rentnerinnen, einem Arbeiter, der eine beschützende Werkstatt besuchte, und einer Studentin. Elegant gekleidet und höchst komfortabel eingerichtet, durchaus eine Dame der Gesellschaft der Erscheinung nach, war sie … die Zuflucht in Person für jugendliche Strafentlassene vor allem, für die sie sich um Einkleidung, Unterbringung und Arbeitsbeschaffung bemühte. Sie knüpfte Kontakte mit den Inhaftierten, schickte Bücher, Schreibpapier, einmal sogar eine Gitarre ins Gefängnis, besorgte psychiatrische Gutachten, vermittelte eine Gruppentherapie, drang bis zu Richtern und Staatsanwälten vor, um für die Schützlinge einen »Kompromiss« im Strafverfahren herauszuschlagen. Nach den Angaben eines einzigen Aktenordners hielt die »Zuflucht« Verbindung zum Landschaftsverband, zum Jugendamt, zu Ärzten, zu Bewährungshelfern, zu einem Erziehungsheim, zu einem Heilpädagogischen Heim, zum Krankenhaus, zur Versicherung, zur Polizei, zu Rechtsanwälten; man ver-

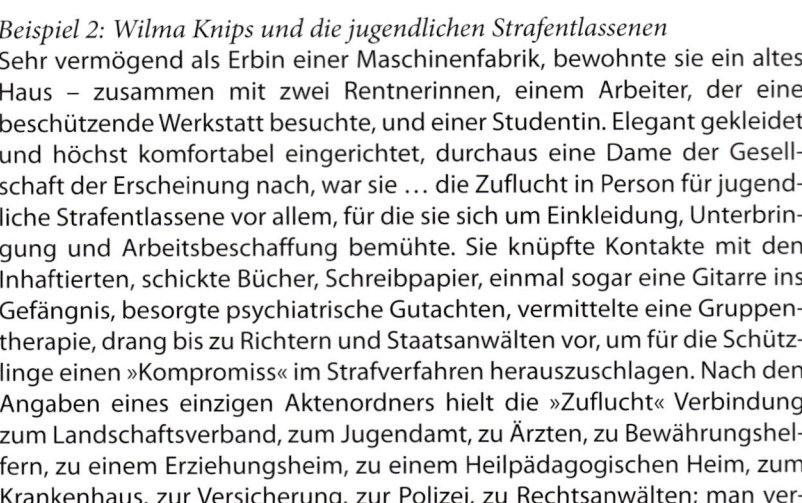

Andy Warhol (1928–1987), Boy, um 1960–1961.

mittelte eine Kur, beschwichtigte den Besitzer eines demolierten Autos und ging für die Bezahlung einer Reparatur eine Art Bürgschaft ein, schickte Geld für eine Zahnbürste in die Anstalt, löste ein Mietverhältnis und stellte Möbel im Keller der Blumenstraße unter, gewährte ein Darlehen, half über einen Selbstmordversuch hinweg und vertrat einen unehelichen minderjährigen Vater beim Jugendamt. Wohin mit dem Sexualmörder, der, aus der Heil- und Pflegeanstalt entlassen, kurz vor Weihnachten in der Blumenstraße klingelt? Nicht selten blieb Wilma Knips nichts anderes übrig, als einen solchen Mann in ihr Haus aufzunehmen. Lange Zeit hatte sie das Dachgeschoss an einen Referendar vermietet mit der Auflage, die Wohnung mit einem jugendlichen Haftentlassenen zu teilen. Auf diese Weise fing sie an auszuprobieren, was ihr als einzige Möglichkeit einer Resozialisierung vorschwebte: die Wohngemeinschaft. Drei, vier Haftentlassene mit einem Sozialarbeiter, das schien praktikabel, dem Freiheitsdrang der seelisch labilen jungen Leute sowohl wie der Notwendigkeit, sie partnerschaftlich zu betreuen, angemessen. Wilma Knips stiftete ihr Vermögen dem »Erlenhof«, einem Heim für straffällig gewordene Jugendliche.

Beispiel 3: Bruder Lukas und die Obdachlosen
Ich lernte in einigen Sprechstunden …, dass Obdachlose nicht Asoziale sind, dass sie vielmehr in den meisten Fällen unverschuldet wohnungslos wurden. Ihre Geschichten waren nicht selten Leidensdramen tragischen Ausmaßes. Das erschreckendste Erlebnis war ein Besuch in der Siedlung Höherweg in Düsseldorf, einem Platz am Bahndamm, voll von ausgedienten Omnibussen, Eisenbahnwaggons, Lastwagen-Anhängern, aufgebockt auf Kisten und Bottichen, durch windschiefe Ausbauten aus Latten und Pappe hier und da zu einer Art Anwesen vergrößert. Es gab eine Behausung für drei Personen in einem Karton, in dem eine Musiktruhe oder ein Kühlschrank verpackt gewesen sein mochte. Viele Unterkünfte waren ohne Fenster, möbliert mit ungemachten, verwühlten Betten, mit Herd, Kommode, Tisch, Stühlen und Kinderwagen – lauter Lumpen und Gerümpel, einem Wust von schmutzigen, hässlichen Sachen, die andere in den Müll geworfen hätten. Ähnlich sah es aus an den Stadträndern von Krefeld, Duisburg, Bonn, Mönchengladbach und Köln. Die Ämter unternahmen nichts dagegen – sie kassierten Standgeld, ignorierten den hygienischen Skandal sowie die Tatsache, dass hier Kriminalität ausgebrütet wurde.

Aber dann fingen einige Leute an, sich einzumischen. Im Umkreis von Köln gewahren wir einen Kunsthändler und einen Juden aus London; einen Inder und einen Benediktinerbruder, den Republikanischen Club und eine ökumenische Hausgemeinschaft; dazu zahlreiche Studenten, Musiker, Maler, Schauspieler …

Die Obdachlosen brachten es zu einer eigenen Zeitung, veranstalteten »Go-ins« beim Sozialamt, sperrten Straßen und erklärten sie zu Spielstraßen, verhinderten Räumungen, besetzten leer stehende Wohnungen. Die »Obdachlosenzeitung« kämpfte als militantes linkes Blatt für einen »Einweisungsstopp« in Notunterkünften …, beschimpfte städtische Behörden, auch die Kirchen, weil diese durch reine Betreuungsarbeit in Abhängigkeit hielten, anstatt in solidarischer Aktion Veränderungen herbeizuführen.

Hélder Pessoa Câmara (1909–1999), Erzbischof von Olinda und Recife. Er gründete die ersten kirchlichen Basisgemeinden in Brasilien und gehörte zu den aktivsten Vertretern der Befreiungstheologie, die seitens der römischen Kirchenleitung schmählich verraten und aus dem Episkopat verdrängt wurde.

Paulo Evaristo Arns (geb. 1921), emeritierter Erzbischof von São Paulo. Zu Beginn seiner Amtszeit als Erzbischof von São Paulo verkaufte er das Bischofspalais und benutzte den Verkaufserlös zum Aufbau einer Sozialstation in den Favelas. Als Gegner der Militärdiktatur wurde er einer der populärsten Kirchenmänner Brasiliens. Ende der 1970er Jahre leitete er das Untersuchungsprojekt »Nie wieder Folter«. Er zeigte Menschenrechtsverletzungen nicht nur an, er setzte sich rückhaltlos für die Befreiung politischer Häftlinge ein, trotz der »Todeskommandos« der jeweiligen Machthaber, die ihn bedrohten.

Einer aus der Kirche tat in der Stille das, was die hitzköpfigen Apo-Leute verlangten: Bruder Lukas aus der Abtei Maria Laach. Er hatte dort gebetet und gemalt, ehe ihn der Ruf traf, sich der Kölner Obdachlosen anzunehmen. Er fing damit an bei zwei Häusern nahe der Autobahn, wo sechzig Familien mit dreihundertvierzig Kindern und Jugendlichen lebten, half mit, aus diesem Konglomerat eine Art Gemeinwesen mit Normalwohnungen zu schaffen. Dann baute er, zusammen mit Jugendlichen aus Übergangshäusern, ein Freizeitzentrum auf.

Man räumte ihm das Erdgeschoss eines Hauses, später auch die Keller dafür ein. Ich erlebte »Luckys Haus« an einem Tag der Offenen Tür, als Stadtverwaltung, Vertreter der Pfarrgemeinden und Presse eingeladen waren. Es war mit der überschäumenden Phantasie von jungen Leuten ausgestattet, die Spaß haben an dem, was sie tun. Es war auch ein Angebot an die Nachbarschaft, es wurde angenommen. Früher standen diese jungen Leute auf den Straßen herum und trafen sich in Hausfluren. Sie knackten Autos und belästigten Passanten, trugen ihre eigenen Streiteren mit Fäusten aus. Heute sind sie Väter und Mütter, wenn auch vielleicht immer noch »sozial Schwache«, ohne einen anderen Boden unter den Füßen als die Erfahrung von Zuwendung und Freundschaft, die Lukas ihnen gegeben hat. Wird er sie tragen?

Hier wird berichtet aus dem eigenen Land, das sich längst als nachchristlich verstehen lässt. Übertragungen in andere Kontinente liegen nahe. Der Bischof von Recife, Dom Hélder Câmara (→ S. 498 ff.) hat gezeigt, wie sehr sich eine Theologie der Befreiung mit ihrer Option für die Armen, in der Spur Jesu bewegt, aber auch, welches Fanal darin Christen wie Nichtchristen erkennen. Kaum hat es in der neueren Kirchengeschichte einen überzeugenderen missionarischen Aufbruch gegeben als die Rückbesinnung auf das Erbe der Propheten Israels und das Evangelium Jesu, wie es in der Theologie der Befreiung zum Durchbruch kam:

Es begann mit einigen Theologen und Laien, die »révision de vie« machten und zur Einsicht kamen, dass diese festgefahrene Situation nicht gottgewollt sein könne: eine privilegierte Minderheit, welche die soziale Ungerechtigkeit der Unterdrückung und Ausbeutung mit allen Mitteln der staatlichen Gewalt aufrechterhalte; eine Kirche, die sich nur um die übernatürlichen Glaubenswahrheiten kümmere und die Armen lehre, über alles Gott und das ewige Seelenheil zu erwarten; eine Masse des Volkes, die durch die lange faktische Unterjochung derart entmannt und entmenschlicht worden war, dass sie sich mit ihrer Lage einfach abfand. So etwas spreche Hohn der evangelischen Lehre, dass alle Menschen Brüder und in der Eucharistie mit Christus und unter sich eine Gemeinschaft seien. Tatsächlich sah man nur die reichen Bedrücker mit ihren schönen Roben im Gottesdienst, während die Armen sich schämten, in ihren zerlumpten Kleidern zur Kirche zu kommen.

Diese Theologen bekamen dann Kenntnis von der wirtschaftlichen Dependenztheorie, wonach die Armut der Masse nicht einfach eine gegebene Situation sei, die man mit Almosen etwas lindern könne, sondern ein Nebenprodukt des wirtschaftlichen Systems selbst. Man müsse sich deshalb auch als Theologe um die nationalen und internationalen Wirtschaftsfragen kümmern und dann auch das Volk einer religiös-wirtschaft-

lichen Bewusstseinsbildung unterziehen, damit es die Zusammenhänge einsehe und selber allmählich seine Lage und das System verändere.
Walbert Bühlmann

Die lateinamerikanische Bischofsversammlung von Medellin übernahm 1968 diese Linie, nicht zuletzt unter dem engagierten Einfluss von Hélder Câmara. Ihn unterstützten weitere Amtsträger wie Paulo Evaristo Arns, Erzbischof von São Paulo, Óscar Romero, Erzbischof von El Salvador, Samuel Ruiz García, Bischof von San Cristóbal de las Casas, Pedro Casaldáliga, Bischof von São Félix do Araguaia. Die Theologen Gustavo Gutiérrez, Leonardo und Clodovis Boff, Hugo Assmann, Jon Sobrino u. a. gaben der Befreiungstheologie eine konkrete, weltweit verständliche und beachtete Sprache. Sie konkretisierten die »Option für die Armen« in einer Sozialordnung, die den Wertvorstellungen des Evangeliums besser entsprechen sollte als die herrschende Ungerechtigkeit.

Der Aufbruch, kaum war er auf die Beine gekommen, fand er seine lehramtliche Ablehnung. In Deutschland empfahl der Kölner Kardinal Joseph Höffner statt Befreiungstheologie einen Rückbezug auf die katholische Soziallehre. Joseph Ratzinger, seit jeher Feind einer politischen Theologie, kritisierte, hier werde das eigentliche Ziel der Kirche verfehlt, die Menschen vom Vertrauen zur Wahrheit Jesu Christi zu überzeugen. Nachdem er Präfekt der römischen Glaubenskongregation geworden war, belegte er den prominentesten Denker, Leonardo Boff, mit Redeverbot und Entzug der Lehrerlaubnis. Papst Johannes Paul II. verstärkte diese Linie durch Versetzung von Priestern, die der Befreiungstheologie anhingen, und durch Bischofsernennungen, die einen Gegenkurs versprachen. Der Befreiungstheologie wurde nun vorgeworfen, sie sei ein christlich getarnter Marxismus und strebe ein sozialistisches Gesellschaftsmodell an, das mit der Schöpfungsordnung nicht vereinbar sei. Die Befreiungstheologen verstünden, so Ratzinger, Jesus nicht als Christus, sondern nur als »die Verkörperung aller Leidenden und Unterdrückten«. Nach dem Urteil des Ratzinger-Biographen John L. Allen hat es »in großem Maße Joseph Ratzinger zu verantworten«, dass der lateinamerikanische Katholizismus in den neunziger Jahren seine Wirkung einbüßte.

Hier wird deutlich, was es heißt, die gelebte Reich-Gottes-Botschaft, also eine *Lebensweise*, gegen eine *Lehre* zu stellen, mit der sich die Entwicklung einer hierarchischen Institution und ihrer Ämter verbindet. Gegen die Position des Befreiungstheologen Jon Sobrino, der konkrete Ort für die Christologie sei die »Kirche der Armen«, wendet die römische Glaubenskongregation ein, in dieser Vorstellung komme die Göttlichkeit Jesu Christi, die Menschwerdung des Gottessohnes, das göttliche Selbstbewusstsein Jesu und die Heilsbedeutung seines Todes zu kurz. Das hat seine Logik, denn solche Inhalte sind systemstützend. Ohne *diese* Christologie fiele der herrscherlich-monarchische Stellvertreter-Status der Kirche dahin. Was bliebe ihr noch, wäre sie lediglich auf den armen Jesus von Nazaret und seine Reich-Gottes-Botschaft verwiesen?

Im Jahr 1981 sprach in Neu Delhi eine Ökumenische Vereinigung von Theologen mit Leidenschaft vom »Aufstand der Dritten Welt als Herausforderung an die Theologie«. Walbert Bühlmann fasste ihre Überzeugung zusammen:

Óscar Arnulfo Romero (1917–1980), Erzbischof von El Salvador. Er trat für soziale Gerechtigkeit und politische Reformen ein und stellte sich damit in Opposition zur damaligen Militärdiktatur in seinem Land. Er wurde von einem durch einheimische Militärs mit dem Mord beauftragten Soldaten erschossen. Sein Tod löste einen Bürgerkrieg aus, der während 12 Jahren mehr als 75 000 Menschenleben forderte, davon 70 000 Zivilisten.

Der Gekreuzigte, wie er auf drei Kontinenten dargestellt wurde.

Eine afrikanische Sicht. Übergroß sind die segnend und beschützend erhobenen Arme Christi, ein Karfreitags- und Osterbild zugleich.

Ganz anders die lateinamerikanische Darstellung Jesu am Kreuz: ein politischer Mensch, der Erste der Gefolterten und Bruder aller, die grausam leiden müssen.

Wenn Theologie nicht ein Luxusartikel für eine Clique von gut bezahlten Professoren werden wolle, müsse man angesichts der grauenhaften Welt der Armut deren Ursachen aufdecken und sie in der Kraft des Wortes Gottes mit allen legitimen Mitteln beseitigen. Glaube an Gott und an die Auferstehung Jesu Christi heiße, an Liebe, an Gerechtigkeit, an Frieden, an die Möglichkeit der Verwandlung der Welt glauben.

Es lässt sich keine im Evangelium Jesu gegründete Missionstheologie entwickeln, ohne die Propheten Israels und die Reich-Gottes-Botschaft Jesu in ihren Ansatz aufzunehmen.

Dezentralisation und Pluriformität

Die heutige ökumenische Literatur versteht die Begriffe »Mission«, »Evangelisation« und »Zeugnis« als austauschbar. Die einmal damit verbundenen Modelle sind geschichtlich bedingt und weitgehend überholt. Die ehemaligen Zielsetzungen, Menschen zu »bekehren«, ihre »Seelen zu retten« und – nicht zuletzt – die je eigene Kirche durch Mission größer und einflussreicher zu machen, haben ihre Legitimation verloren. Auch verliert die Bindung an Missionsgesellschaften und Orden an Bedeutung. Wenn diese gehen oder dem Nachwuchsmangel erliegen, hinterlassen sie kein Vakuum, sondern mehr oder weniger entwickelte Ortskirchen.

Seit dem Buch von H. Godin und Y. Daniel, »La France pays de Mission« (Lyon 1943), das zu seiner Zeit Aufsehen und sogar Empörung auslöste, ist auch Europa als Missionsland erkannt. Gegenüber dem nachchristlichen Milieu der westlichen Welt, sind die übrigen Kontinente in ihrer Begegnung mit dem Christentum kolonial belastet, aber nicht genauso dem Druck durch die europäische Aufklärung und ein religionskritisches Denken ausgesetzt wie Europa. Inzwischen haben diese Kontinente ein Selbstbewusstsein entwickelt, das sich nicht länger ein Christentum europäischer Fasson aufdrücken lassen will:

Jean-Marc Elá: Wir fühlen uns noch in der vollständigen Abhängigkeit von der westlichen Kirche, als ein Unterprodukt des christlichen Westens. Die Jungen Kirchen sind infolgedessen mit den Symptomen einer vorzeitigen Alterung geboren. Die Kirche als Struktur der Christenheit muss zerstört werden, um wieder eine Kreativität zu finden, die auf den Schock des Evangeliums im afrikanischen Milieu Antwort gibt.

P. Engelbert Mveng: Wir müssen endlich von der Unterwerfung zur Nachfolge schreiten.

Meinrad Pierre Hebga: Was wir als Mindestforderung verlangen, ist ein langes Moratorium, wo man uns unter uns und mit Gott allein lässt, damit der Geist auch uns heimsuchen kann, ohne dafür die Erlaubnis einer außenstehenden Autorität erbitten zu müssen; damit sein Licht zu uns durchdringen kann, ohne vorerst durch das Prisma einer fremden Kultur gebrochen zu werden.

Emmanuel A. Ayandele: Es besteht im Bereich der Lehre, der Kultur, der Kirche noch weiterhin das koloniale oder neokoloniale Image, das nicht ausgelöscht wird, solange die Kirchen in Afrika nach London oder Rom oder New York oder Richmond schauen, statt durch Afrika hindurch zum Himmel blicken.

Die Zitate zeigen, dass es mit traditionellem Denken und fortbestehendem zentralistischen Anspruch auf Dauer kein Weiterkommen geben wird. Das nur bewahrende Denken und abwehrende Handeln lässt das Christentum in einer Vergangenheit zurück, aus der es bald kein Entrinnen mehr gibt. Bei aller Respektierung kirchlicher Normen sind im heutigen Traditionsumbruch dringlich neue Lebensentwürfe des Christentums zu erwarten. Dabei sollte es hinreichend eigenwillige Ausprägungen des Christentums im Rahmen der unterschiedlichen Geschichtsräume und Kulturen geben. Für Afrika und Indien sei dies hier angedeutet.

Afrikanisches Christentum

Anfang der sechziger Jahre, als das Programm der lateinamerikanischen Theologie der Befreiung noch nicht vorlag, entwarf Jean-Marc Elá im geistigen Kontakt mit dem antikolonialistischen Befreiungsphilosophen Franz Fanon (»Die Verdammten dieser Erde«) eine afrikanische Befreiungstheologie. Während alle Befreiungstheologien außerhalb Afrikas von einem Grundgegensatz ausgehen, den sie in ihrer Gesellschaft und auch innerhalb der Kirche finden – dem Gegensatz zwischen den Klassen, zwischen Ausbeutern und Ausgebeuteten, Unterdrückern und Unterdrückten, sowie zwischen den Geschlechtern – heißt Afrikas Schlüssel zum theologischen Verstehen von Politik, Gesellschaft, Kirche und Ethos *nicht Gegensatz sondern Gemeinschaft*. Man will von der Familie, der Verwandtschaft, von der Schicksal- und Überlebensgemeinschaft des Dorfes ausgehen. Die Ahnen sollen in diesem Denken ihren Platz behalten. Die Theologie will schöpfungsorientiert und holistisch sein, also Irdisches und Transzendentes umschließen.

In der Konsequenz dieses Denkens fordern die afrikanischen Vertreter dieser Theologie von der Kirche Umkehr und Reform: weg von weisungsgebundenen, postkolonialen Strukturen und einer hierarchiebetonten Heilsanstalt und hin zu einer »Palaver-Kirche«: Das Palaver versteht der Afrikaner als das genaue Gegenteil von Durcheinander oder gar Anarchie, denn Palaver bedeutet Respekt vor Tradition und Person, vor den Ahnen, vor den älteren Mitgliedern einer Gemeinde und auch die Bereitschaft, den Fremden zuzuhören. Eine Kirche, so sagt man, die sich zum Palaver bekehre, entdecke auch wieder ihre Geschwisterlichkeit. Die Verantwortlichkeit aller Christinnen und Christen für Kirche und Welt würde da zum Grundvollzug im kirchlichen Leben. So heißt es denn auch:

Wir afrikanischen Christinnen und Christen wünschen uns einen Papst, der nicht zuvörderst kontrolliert und kommandiert und sich mit einer ängstlichen, oftmals eisig-verrechtlichten Behörde umgibt, sondern einen Heiligen Vater, der im Vollsinn des Wortes »Älterer Bruder« ist. Bei Streitfällen etwa nimmt der Ältere Bruder seine Verpflichtung wahr und geht, gemeinsam mit anderen Geschwistern, zu demjenigen, bei dem der Streit entstand. Er ordnet nicht an, sondern er teilt Zeit, hört zu, berät dann – und am Ende wird mit Hilfe des Heiligen Geistes, der uns zugesagt ist, und mit Hilfe der tausendfältigen menschlichen und christlichen Weisheit eine gemeinschaftliche Lösung gefunden. Danach geht das Miteinander, der gemeinsame Weg weiter. *Benezet Bujo*

Eine indonesische Interpretation. Die Sonne verfinstert sich, die Erde explodiert in zuckenden Formen, der Gekreuzigte schaut der Morgendämmerung entgegen und erhebt sich bereits in einer österlichen Gestik.

Jean-Marc Elá (1936–2008), gilt als »Vater der afrikanischen Befreiungstheologie« . In Kamerun geboren, studierte er Theologie in Strasbourg und Soziologie in Paris. Lange Jahre lebte er unter einfachsten Bedingungen bei den Kirdi im Norden Kameruns. Dort schrieb er seine ersten Entwürfe einer Theologie, die das Christentum im Dialog mit der afrikanischen Kultur am eigenen Anspruch misst, eine befreiende Botschaft zu sein. Darin gelang es ihm, die kulturelle als auch die politische Dimension jeder Evangelisierung zu reflektieren. Nicht zuletzt deshalb musste er nach Morddrohungen 1995 Kamerun verlassen und ins Exil nach Kanada auswandern. 1999 erhielt er die Ehrendoktorwürde der Universität von Leuven. Sein grundlegendes Werk »Ma foi d'africain« (deutsch: »Mein Glaube als Afrikaner. Das Evangelium in schwarzafrikanischer Lebenswirklichkeit«) beschreibt seine »Theologie unter dem Baum« – d. h. dem Ort, wo sich die afrikanische Gemeinschaft versammelt. 2003 erschien sein Werk »Gott befreit. Neue Wege afrikanischer Theologie«.

Sonntagsmesse in Harare, Simbabwe.

Gottesdienst in Kongor, Sudan.

Mit diesem Programm einer Kirche des Miteinanders, die sich weigert, sich in interne Lager spalten zu lassen, etwa in Parteigänger des römischen Zentralismus und Verfechter einer Befreiungstheologie, verbindet sich ein Bemühen um die Inkulturation des christlichen Glaubens in afrikanische Lebensart. Hier sieht man sich starken Bremsbemühungen des Vatikans ausgesetzt, doch setzte Erzbischof Bonifatius Haushiku von Namibia auf der Afrikasynode in Rom öffentlich dagegen: »Unser Weg, den Glauben zu leben, ist unser *Recht*. Die Inkulturation des Glaubens in unsere Lebenswelt ist *keine* Gnade, um die wir bitten müssten, kein Geschenk von außen, vom Vatikan.«

Indisches Christentum

Während der britischen Kolonialherrschaft in Indien reichte die Wirkung der christlichen Missionen über das kirchliche Milieu hinaus. Von den Schulen, Hospitälern und anderen sozialen Einrichtungen gingen viele Impulse auf Teile der indischen Gesellschaft über. Dass bedeutende Wortführer indischer Reform- und Nationalbewegungen Schüler christlicher Bildungseinrichtungen waren, ist kein Zufall. Hervorzuheben ist der christliche Einfluss auf die Vertreter des Reformhinduismus. Repräsentant einer selektiven Rezeption des Evangeliums ist Ram Mohun Roy (1772–1833), einer der führenden Vertreter des kulturellen Lebens in Bengalen. Zeit seines Lebens Hindu, nannte er Jesus doch den »vollkommenen Lehrer«, mit dessen Ethik er den scharf kritisierten populären Hinduismus zu reformieren suchte. Er beurteilte in einer Schrift »die Lehren Christi den Prinzipien der Moral und dem Gebrauch der Vernunft für sehr viel angemessener als alle übrigen (Religionen), die ich kennengelernt habe«, lehnte es aber ab, Christ zu werden. In dieser Linie lässt sich auch Mahatma Gandhi sehen, der sich ebenfalls von der Lehre Jesu angezogen fühlte, zumal von der Bergpredigt, »die mir Jesus lieb gemacht hat« und die ihn »für Gerechtigkeit und die Bedeutung des passiven Widerstands sensibilisierte«. Gandhis Bemerkung: »Die Lehre der Bergpredigt ist für uns alle«, bestreitet dem Christentum einen Monopolanspruch auf Jesus. Der Einfluss

> Im Grunde ist es viel wichtiger, dass der Hinduismus christlicher wird, als dass wir einige Hindus zu Christen machen!
>
> *Walbert Bühlmann*

Gandhis auf das moderne Indien und zumal auf die Rechtsstellung der Kastenlosen dürfte in seiner Bedeutung nur langfristig zu würdigen sein, lässt aber erkennen, dass der christliche Einfluss über die Religionsgrenzen hinausgeht.

Andererseits entstanden in Indien früher als in anderen Ländern Bewegungen, die ein von europäischen Steuerungen unabhängiges christliches Indien erstreben. »Wir haben das Christentum angenommen, aber nicht unsere Nationalität aufgegeben«, hieß es bereits gegen Ende des 19. Jahrhunderts. Dauerhafter Erfolg war diesen Vorstößen zu einer spezifisch indischen Kirche zunächst nicht beschieden, zumal sich das indische Christentum in eine Vielzahl unterschiedlicher, meist konkurrierender Konfessionen zersplitterte. Das tat der Glaubwürdigkeit des Christentums Abbruch und erschien auch als sichtbarer Beweis für dessen »ausländischen« Charakter. Andererseits war es ein Impuls für frühe Anfänge ökumenischer Kooperation auf dem Subkontinent.

Verbunden mit diesen Bestrebungen war das Bemühen um die kulturelle Authentizität der christlichen Kirchen in Indien. Unter dem Stichwort »Indigenisierung« suchte man seit Beginn des 20. Jahrhunderts nach Ausdrucksformen des christlichen Glaubens, die nicht aus Europa oder Amerika kamen, sondern der indischen Kultur entsprechen, etwa im Bereich der Liturgie oder des Kirchenbaus. Kirchenbauten in der Gestalt von Hindutempeln haben in diesem Bemühen ebenso begeisterte Zustimmung als auch empörten Widerspruch gefunden. Mit welchem Selbstbewusstsein römischen Zensurierungen entgegengetreten wird, zeigt die Äußerung von Sebastian Kappen, einem asiatischen Theologen, der kurzerhand erklärte, er lasse sich nur von jemandem zensurieren, der den Hinduismus von innen kenne und der, wie er, unter den Armen lebe.

Seit 1920 gibt es in Indien und Ceylon die ersten Ansätze zur Bildung christlicher Ashrams, die einerseits der indischen Tradition entsprechen, andererseits auch die Preisgabe eines gemeindlich organisierten Christentums erkennen lassen. Wie sehr in diesen Ashrams die Verbindung von hinduistischer und christlicher Religiosität gelebt und formuliert wird, kann das Lebenszeugnis von Henri Le Saux (→ S. 492 ff.) und Bede Griffiths (→ S. 493) zeigen, in deren Ashram der Dialog der Religionen gesucht, und eine Brücke zwischen Christentum und Hinduismus geschlagen wurde.

Wilhelm Massaia (1809–1889), Kapuziner, der erste Apostolische Vikar der Galla in Äthiopien, später Kardinal, musste in seiner Situation eigene Entscheidungen z. B. über die Heranbildung eines einheimischen Klerus oder die Gestalt eines vereinfachten Katechismus treffen. Er hielt Rom darüber auf dem Laufenden, wurde aber mehrfach desavouiert und in seinen Entscheidungen verurteilt. Da ließ er hören:

Schon zum vierten Mal fasst Rom Beschlüsse ohne mich. Mit einer solchen Institution kann ich unmöglich in Frieden leben. Ich lege meine Demission vor. Ich will die heilige Sache nicht prostituieren, weder aus Ehrfurcht noch aus Furcht … In Sachen des Glaubens gehorche ich Rom, aber in Sachen Pastoral bin ich Bischof, ich setzte mich aufs Pferd und leite die Schlacht. Wenn der König eine Schlacht von seinem Palast aus leiten wollte, wäre sie im Voraus verloren …

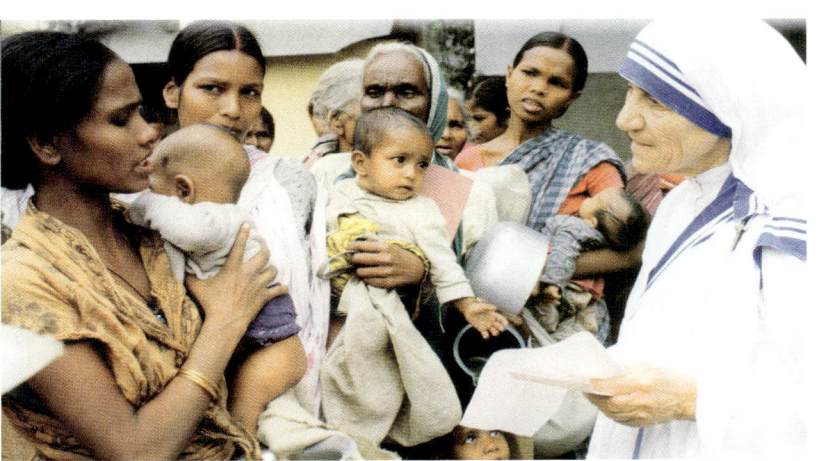

Die Arbeit von Mutter Teresa (1910–1997) in Indien wird fortgesetzt durch den von ihr gegründeten Orden der »Missionarinnen der Nächstenliebe«.

Die Kirche

Der Weg der Religionen

Die Begegnung christlicher und nichtchristlicher Religionen hat dazu geführt, die Rede von den »Heiden« als unpassend zu empfinden. »Heidentum« ist ursprünglich ein polemischer Begriff zur Abwertung religiöser Gegner, die außerhalb der eigenen religiösen Tradition stehen. Zeitweise wurden als Heiden alle anderen außerhalb des Christentums benannt. Damit verband sich die Vorstellung, dass die Heiden »falsche Götter« verehren. Wenn man von diesem Ansatz ausgeht, lässt sich behaupten, dass es heute kaum noch Heiden gibt. Kein liberaler Kritiker, sondern der Missionstheologe und ehemalige Generalsekretär des Kapuzinerordens mit Sitz in Rom, Walbert Bühlmann (1916–2007), vertrat diese Position:

Wenn Religion das ist, was sie zu sein beansprucht, nämlich der Weg der Menschen zu ihrem letzten Ziel, so scheint es, dass all den vielen Religionen *eine* Religion zugrunde liegt, die transzendentale Religion, die sich in den vielen Religionen konkretisiert. Jeder erkennt und achtet zunächst den Wert *seiner* Religion und sucht, gut (was nicht gleich ist wie fanatisch) nach ihr zu leben. Allmählich aber (und heute sind wir so weit) erkennt er auch die andern Religionen und freut sich an der Begegnung, am religiösen Gespräch mit deren Vertretern. Er entdeckt in den andern immer neu den religiösen Menschen.

Bühlmann meinte, das Christentum könne nicht von außen und a priori Absolutheit beanspruchen. Es solle nicht mehr bloß lehren und geben, sondern auch bereit sein zu lernen und anzunehmen:

Wir können nicht mehr ein Lehrsystem aufstellen und erwarten, dass jemand die gesamte bisherige religiöse Erfahrung dafür in Anzahlung gibt. Wir können nicht mehr mit einer Institution und ihren geschichtlichen Formen und Missformen als dem Entweder-Oder auftreten, sondern nur mit der Botschaft – die freilich allmählich nach der Institution, d. h. nach der Gemeinschaft der Gleichgesinnten ruft. Christus wie Buddha und Mohammed wollten nicht eine neue Religion gründen, sondern die bestehende Religion ernst nehmen und reformieren. Das Evangelium Christi … forderte nicht den Bruch mit der Synagoge. Er kam nicht, um die bisherige Religion aufzuheben, sondern sie zu erfüllen (Mt 5,17). Diese gleiche Großzügigkeit müssen wir heute an den Tag legen. Soll das Christentum die Fülle, die am Ende der Zeit kommt, voraus darstellen, so kann es nicht bloß *eine* Religion befruchten, noch weniger eine Spiritualität gegen die andere ausspielen. Es muss vielmehr die Entschleierung des Mysteriums sein, das in allen Weltreligionen verborgen ist.

Dann wird es einer christlichen Mission nicht schwer fallen, aus der Achtung der je anderen Religion das Ihre zu tun, dass der Hindu ein besserer Hindu, der Buddhist ein besserer Buddhist und der Muslim ein besserer Muslim werden kann. In diesem Prozess, dem anderen »die Füße zu waschen«, wird geschehen, was geschehen muss und worin sich christliche Sendung erfüllt.

Die beste Kur wäre offenbar, wenn ein Papst einmal den Mut hätte, die Hälfte der Kurienangestellten für drei Jahre in die Seelsorge zu schicken, wo sie sich in Kontakt mit den Realitäten des Lebens, mit dem Denken des Volkes Gottes und mit dem pastoralen Handeln guter Priester eine neue Haltung aneignen könnten, und so nachher die zweite Hälfte, um sich am Schluss die noch nötigen Leute für die inzwischen stark dezentralisierte und damit reduzierte Kurie auszuwählen.
Walbert Bühlmann

Petrus und Paulus, Relief, 4.–5. Jh.

7. Die Ökumene

Im Gegensatz zu der interessegeleiteten Bemerkung des Lukas, die christlichen Anfänge hätten »verharrt in der Lehre der Apostel und in der Gemeinschaft« (Apg 2,42), war die Ausgangssituation durch eine Zweiteilung von Judenchristen und Heidenchristen bestimmt, die nach dem Fall Jerusalems zwar zugunsten der »Hellenisten« ungleichgewichtig ausfiel, aber nicht aufgehoben wurde. Bis ins 3. Jahrhundert existierten im Vorderen Orient starke christliche Gruppen, die ihr Christentum »sehr jüdisch praktizierten«, während sie Paulus, da er das Gesetz »abschaffen« wollte, »hassten und verwarfen« (Norbert Brox).

Das Neue Testament und die Vielfalt der Konfessionen

Was aus dieser gespaltenen Ursituation hervorging, ist ein Geflecht unterschiedlicher Richtungen, die sich im 2. Jahrhundert in der Heterogenität des Neuen Testaments dokumentieren. Weder lässt sich dessen Jesusüberlieferung auf einen einzigen Nenner bringen, noch bilden die nachgehenden Interpretationen seiner Person und seiner Botschaft ein übereinstimmendes Konzept (→ S. 262 ff.). Zusätzlich gilt, dass nur die Stimmen jener erhalten blieben, die schreiben konnten und deren Texte die spätere Kirche aus ihrem Verständnis zu bewahren gewillt war, während die vielleicht größere Menge, zumal gnostische Schriften, vernichtet wurde. Das heißt aber, im Kanon des Neuen Testaments sind nur Teilstücke der urchristlichen Lehren erhalten geblieben; das christliche Spektrum war größer, als die nachfolgende Tradition akzeptieren mochte. Aus dieser Erkenntnis folgerte der Neutestamentler Ernst Käsemann:

> Der neutestamentliche Kanon begründet als solcher nicht die Einheit der Kirche. Er begründet als solcher, d. h. in seiner dem Historiker zugänglichen Vorfindlichkeit die Vielzahl der Konfessionen. Die Variabilität des Kerygmas im NT ist Ausdruck des Tatbestandes, dass bereits in der Urchristenheit eine Fülle verschiedener Konfessionen nebeneinander vorhanden war, aufeinander folgte, sich miteinander verband und gegeneinander abgrenzte. Dass die gegenwärtigen Konfessionen sich sämtlich auf den neutestamentlichen Kanon berufen, ist von da aus durchaus begreiflich …
>
> Ist der Kanon als solcher und im Ganzen verbindlich, mögen die verschiedenen Konfessionen größere oder kleinere Partien, bekanntere und unbekanntere Autoren des NT mit mehr oder weniger historischem Recht für sich in Anspruch nehmen. Ihr Rechtsanspruch ist grundsätzlich unbestreitbar und im Einzelnen beweisbar, die Einheit der Kirche umgekehrt von solchem Ausgangspunkt her grundsätzlich unbeweisbar und jeder konfessionelle Absolutheitsanspruch bestreitbar.

Nun muss man sich mit dieser Widersprüchlichkeit nicht abfinden, kann zwischen Buchstaben und Geist unterscheiden und die »Einheit« der Kirche durchaus bei divergierenden Texten suchen, denn »wenn die frühe Kirche keines der versammelten Dokumente ausgeschlossen hat, dann hat sie genau diese Widersprüche innerhalb der christlichen Gemeinde akzeptiert. Die Breite der kanonischen Themen und Positionen bedeutet also

Ökumene

Beide Seiten tragen ein auch nicht im Geringsten reduzierbares Risiko; keine ist, was »die Sache selbst« angeht, im Vorteil: Sicherheit im strengen Sinne gibt es nirgends, »nur« Glauben«, »Glaubensformen«, so zahlreich wie der Sand am Meer, und so unterschiedlich wie die Pflanzen in einem botanischen Bestimmungsbuch.

Das vierte Evangelium lässt seinen Jesus darum beten, »dass alle eins seien« – aber es bleibt völlig offen, was damit gemeint sein könnte. Sicher ist zunächst, dass hier nicht der »historische Jesus« spricht, sondern der Glaube eines unbekannten gnostisierenden Gemeindeführers, der natürlich den Sieg seiner »Theologie« wünscht, aber jedenfalls nicht eine juristisch verwaltete Weltkirche vor Augen haben kann. Es ist immer wieder nützlich, darauf hinzuweisen, dass die »Einheit des Neuen Testaments« nicht im Geringsten ein Anliegen des Neuen Testaments selber ist: kein »Autor« der mannigfachen Schriften des Neuen Testaments kennt das Neue Testament.

Das »kanonische« Neue Testament fügt den zahlreichen theologischen Einzelentwürfen – etwa Logienquelle, Markus, Matthäus, Lukas, Paulus, Johannes, Hebräerbrief, Apokalypse und was immer man hier nennen mag – vielmehr die Gesamtheit der zuvor und ursprünglich isoliert existierenden spekulativen Bemühungen als etwas »Neues« hinzu und eröffnet zugleich einen Prozess der »Auslegung«, welcher angesichts der Schwierigkeiten beim Verständnis der einzelnen Schriften, für sich genommen, und vor allem bei den zahlreichen Möglichkeiten der Kombination der verschiedenartigen Dokumente miteinander kaum jemals ein Ende finden wird, das so etwas wie dogmatische Einheit erwarten lassen könnte.

Es kommt hinzu, dass nicht nur das Neue Testament oder – mit der umgedeuteten und auch deswegen äußerst diffizile neue Probleme aufwerfenden Schrift der Juden zusammen – »die Bibel« zu verstehen, auszulegen ist, sondern auch die differierenden Exegesen, die sich in zwei Jahrtausenden aufgehäuft haben und zuweilen autoritativ neben und vor den Schrifttext treten.

Otto Kuss

Samuel Bak (geb. 1933), Die vier Evangelisten, undatiert.

Zu den Evangelisten zählen die monumentalen Gestalten, wie sie Albrecht Dürer 1526 malte, gemeinhin nicht allesamt. Es handelt sich (links) um Johannes und Petrus, (rechts) um Markus und Paulus. Dürer wollte damit Männer vorstellen, auf die sich die Kirche stützt und die in verwirrender Zeit Orientierung und Halt geben sollen.

Diese Männer stellt Samuel Bak in die Türöffnungen einer Ruine. Von Dürers Ungebrochenheit ist nicht viel übrig geblieben. Die Gestalten von Petrus und Johannes, dessen Kopf geflickt ist, werden von Schrauben und Latten, am Türsturz und Mauerwerk befestigt, gehalten. Von Markus ist nur ein Gesichtsfragment erhalten, ebenfalls an eine Latte geheftet. Die Figur des Paulus zerfällt von unten her. Keiner der vier »Säulen« hat noch Halt auf eigenen Füßen.

Warnung vor der Versuchung, die christliche Wahrheit auf eigensinnige Formeln zu reduzieren, und Warnung davor, die Vielfalt der kirchlichen Wirklichkeit von heute im Namen der Schrift einzugrenzen« (Hermann Häring). Als Basis einer geschlossenen Lehre oder einheitlichen Theologie ist die Bibel unbrauchbar (→ S. 111 ff.). Allenfalls zwingt sie dazu, miteinander im Gespräch zu bleiben, ohne dass die Beteiligten im gleichen Verständnis und in der gleichen Sprache übereinstimmen müssen.

Schismatogene Ansätze im Christentum

Ob die ökumenische Theologie, wie sie durchweg wahrnehmbar wird, in ihrem Bemühen grundsätzlich genug ansetzt, ist einer Überlegung wert. Noch bevor Glaubens- und Kirchenverständnisse in deren Differenz und Vermittelbarkeit erarbeitet und ins Gespräch miteinander gebracht werden, könnte es wichtiger sein zu fragen, welche schismatogenen Dispositionen überhaupt in einer Religion stecken, und worin sich die Religionen darin voneinander unterscheiden.

Tatsächlich tragen alle Universalreligionen Dispositionen zu Spaltungen und Richtungskämpfen schon in sich, wenn auch in einer je unterschiedlichen Weise. Die Tendenz zu Schismenbildung, Ketzertum und Sektenwesen kommt nicht primär von außen, sondern ist an die Struktur einer Religion gebunden, an ihr Wahrheitsverständnis, ihre dogmatischen und ethischen Programme, an ihr Verhältnis zur kulturellen und politischen Umwelt, an die Relation von Anspruch und Wirklichkeit. Je komplexer eine Religion sich entfaltet und je dogmatischer ihre Theologie ist, umso mehr enthält sie spaltende Tendenzen. Kommt dann noch »die Radikalität eines ganz bestimmten Wahrheitsethos« hinzu, »die die Voraussetzung eines ganz bestimmten Verständnisses von Häresie ist«, und müssen wir dies gar noch als christliches Proprium verstehen, wie Karl Rahner meinte, so dass es »das eigentliche Wesen der Häresie doch nur hier« gibt, dann ist damit ein fundamentales Theorie-Element gefunden, welches die Spaltungen im Christentum in einem tieferen Sinn verstehen lässt, aber auch die Möglichkeit einschließt, sie in der erkannten »Radikalität eines ganz bestimmten Wahrheitsethos« vielleicht einmal zu überwinden.

Im Bereich der griechisch-römischen Religions- und Geistesgeschichte hat es den frühchristlichen Begriff der Häresie als Verstoß gegen eine religiös verbindliche Lehre nicht gegeben. Dementsprechend fehlte auch die Idee einer orthodoxen Wahrheit im Sinne einer im Christentum bestehenden universalen Verbindlichkeit. Geschlossene Lehrsysteme fanden sich allenfalls in untypischen Gruppen. Insgesamt war religiöser Glaube weder normativ noch konfessorisch, also prinzipiell undogmatisch und darum von weitgehender Toleranz geprägt. Für das philosophische Denken galt der Zwang des besseren Arguments, was Schulstreitigkeiten nicht ausschloss, bei polemischen Kontroversen doch umso mehr den Rekurs auf die argumentative Vernunft nahe legte.

Das Christentum hob sich von seiner kulturellen Umgebung von Anfang an durch die Herkunft seiner Wahrheit aus Offenbarung ab. Daraus resultiert »die autoritätsbezogene Art und Weise ihrer Begründung, Bewahrung und Präsentierung bzw. die Härte der Sanktionen für alle Verstöße gegen die solchermaßen unbezweifelbare Wahrheit« (Norbert Brox). Obwohl es sich auf dieselbe Offenbarungstradition gründet wie das Judentum auch, wurden sich beide Überlieferungen in ihrem Verhältnis zur Wahrheit unvergleichbar fremd. Das Judentum kennt weder Dogmen noch explizite Bekenntnisse noch eine autoritative Lehrinstanz, welche die Glaubensartikulation überwacht. Kennzeichnend ist allein die Unterscheidung zwischen Glaube und Gottlosigkeit (→ S. 117 ff.). Im Gegensatz hierzu definierte sich das Christentum von frühauf als feststehende Lehre (Röm 6,17; 16,17; Phil 4,9), aus deren fortschreitender Entfaltung sich ständige Polarisierungen und zunehmende Konflikte ergaben. So finden sich die ersten Ansätze zur Ketzerproblematik bereits im Neuen Testament.

Während Rahner nicht fragt, *warum* es »die Radikalität eines ganz bestimmten Wahrheitsethos« nur hier gibt, könnte der Blick auf die heterogenen christlichen Anfänge die Sache erklärbar machen. Einerseits unterschieden sich die Anfänge im ländlichen palästinisch-syrischen Bereich und im Raum der griechischen Städte. Auch entfalteten sich schon früh gnostische – individualistische – Tendenzen, wie dies die Überlieferungsschichten des Thomasevangeliums belegen. Während das Programm Jesu keinen dogmatischen Anspruch kannte, sondern einen neuen Lebensmodus entwarf, konnten die aus der Offenbarungswelt und eigenartigen Schriftexegesen des Paulus abgeleiteten Interpretationen nur durch Lehrdisziplin, »Glaubensgehorsam« genannt, gesichert werden, um aller diver-

---

Seit dem Urchristentum gab es durch alle Jahrhunderte einen meist kompromisslosen Streit, in welchem sich Christen gegenseitig den rechten Glauben bestritten. Die Lehre hat als verbindliche Doktrin von Beginn an eine sich steigernde Rolle gespielt. Durch das historische Phänomen von Abweichungen (Häresie) verstärkte sich die Fixierung auf die »rechte Lehre« in der Form von Dogma und Glaubensformel ständig. Selbst das altkirchliche Heiligkeitsideal, also das christliche Ethos, wurde doktrinalisiert, indem christliche Heiligkeit und kirchliche Tugend wesentlich in der Rechtgläubigkeit gesehen wurden. Aus dieser starken Fixierung des Christentums auf die Doktrin ist die Leidenschaftlichkeit zu verstehen, mit der die dogmatischen Streitigkeiten vor allem seit dem 2. Jahrhundert geführt wurden. Die vernichtende Polemik, die unerhört scharfen Aggressionen, die Verweigerung von Einigung und Versöhnung, die rücksichtslosen Mittel im Umgang mit dem »Gegner« zeigen, wie einseitig nun das Wesen des Christentums im Dogma gesehen wurde, zu dessen Gunsten andere christliche Postulate missachtet wurden … Die antike Gesellschaft hatte wegen ihres sehr anderen, undogmatischen Religionsverständnisses solche Glaubensstreitigkeiten vorher nicht gekannt. Erst das Christentum hat sie durch sein zentrales Interesse an der Glaubensformel verursacht.

Norbert Brox

> Es gibt heute zu Auschwitz viele Schuld- und Verantwortungsbekenntnisse im Christentum; sie reichen aber, wenn ich recht sehe, selten bis an die theologischen Wurzeln der christlichen Identität. Was in dieser Shoah geschah, fordert nämlich nicht nur eine Revision des historischen Verhältnisses zwischen Christen und Juden oder die Entwicklung einer christlichen Theologie des Judentums mit der Anerkennung Israels in seiner wurzelhaften Bedeutung für das Christentum, sondern die konkrete Einsicht in die glaubensgeschichtliche Abhängigkeit von den Juden, weil sich Christen in ihrer Identität nicht mehr ohne sie oder gar gegen sie verstehen und definieren dürfen. Daran wäre schließlich der Ernst einer christlichen Ökumene zu messen.
>
> *Johann Baptist Metz*

gierenden Strömungen Herr zu werden. Das aber züchtet eine Hydra, die jede besiegte Häresie mit zwei und mehr neuen Varianten beantwortet.

Solange die Jesusbewegungen und ihre räumlichen Verzweigungen nicht überschaubar waren, natürlich auch noch kein christlicher Zentralismus existierte, hatten Varianten keinen dominanten Stellenwert, doch ihre Spur durchzieht bereits die letzten Jahrzehnte der neutestamentlichen Schriften und artikuliert sich in zunehmender Emotionalität. So wünschte Paulus einerseits, einen fehlenden Mitbruder »im Geist der Sanftmut wieder auf den rechten Weg zu bringen« (Gal 6,1), und andererseits forderte er dazu auf, den Übeltäter fortzuschaffen (1 Kor 5,13). Und schon an den Rändern der apostolischen Zeit melden sich Parolen, einen ketzerischen Menschen, einerlei, ob er ethische oder doktrinäre Probleme stellt, zu meiden, ihn nicht einmal zu grüßen, oder ihn aus der Gemeinde auszustoßen (→ S. 92 f.).

Nachdem die Abgrenzung vom Judentum im ersten Jahrhundert vollzogen worden war, entstanden in der Folgezeit unterschiedliche Denk- und Handlungsmuster, um der im Ansatz vorhandenen Pluralität theologischer Anschauungen Herr zu werden. Seit der Wende zum 2. Jahrhundert ist das Christentum »intensiv und nahezu ununterbrochen mit dem Problem der Häresie als abweichender heilloser Irrlehre befasst gewesen. Doktrinäre Konflikte waren so langwierig bzw. folgten in derartiger Dichte aufeinander, dass ein Dauerklima der Abwehrhaltung entstand. Polemik und Häresiologie wurden zu Attitüden und charakteristischen Hauptthemen der christlichen Theologie, und diese ist ihrerseits darüber in beträchtlichem Umfang Kontroverstheologie geworden« (Norbert Brox).

Der möglicherweise zweite Leiter der christlichen Gemeinde von Antiochia, Ignatius, der bald nach dem Jahr 110 den Märtyrertod erlitt, suchte, ohne den Inhalt zu erörtern, im formalen Prinzip der Einheit mit dem Bischofsamt einen Schlüssel zur Häresiebewältigung. Hier wird schon nicht mehr diskutiert, sondern verwaltet. Irenäus von Lyon (um 140 – um 200), »der erste Ketzerbekämpfer«, eröffnete dann mit seinem Werk »Gegen die Häresien« die polemische Ära der Kirchengeschichte: »Nicht nur aufzeigen, sondern von allen Seiten verwunden wollen wir die Bestie«, sagt er in der Absicht, einen Damm gegen die gnostische Flut seiner Zeit zu errichten. Walter Nigg zählt ihn zu den Entweder-Oder-Theologen, die alles auf einen Gegensatz zutreiben und denen jedes Sowohl-als-auch fremd ist. Darum gehört zu Irenäus' Repertoire, seine Gegner herabzusetzen, sie lächerlich zu machen und auch in sittlicher Hinsicht zu diskreditieren. Dennoch schließt er sie in seine Fürbitte ein und nimmt in Anspruch, sie »mit größerem Nutzen zu lieben, als sie sich selbst zu lieben glauben«. Wer außerhalb der Kirche steht, befindet sich nach Irenäus auch außerhalb der Wahrheit (→ S. 350). Mit dieser Sicht wird Irenäus zum ersten Traditions- und Autoritätstheologen, dessen Wirkungsgeschichte bis in die katholische Gegenwart reicht. Die Stärke und Effizienz seiner Maßstäbe gehen freilich ausschließlich von traditionell kirchlichen Aspekten aus, ohne die Gegenperspektive zu erfragen: »Angesichts solcher Beweise darf man nicht lange bei anderen nach der Wahrheit suchen. Ohne Mühe kann man sie von der Kirche in Empfang nehmen. In sie haben die Apostel wie in eine reiche Schatzkammer auf das Vollständigste hineingetragen, was zur Wahrheit gehört, so dass jeder, der will, aus ihr den Trunk des Lebens schöpfen kann. Sie ist der Eingang zum Leben; alle übrigen sind ›Räuber und Diebe‹ (Joh 10,1). Diese muss man deshalb meiden, alles aber, was zur Kirche gehört, auf das Innigste lieben.« Die historische Forschung meint, Irenäus habe seine Gegner kaum aus eigener Anschauung gekannt, sondern durch eine getrübte Brille betrachtet. »Hat Irenäus die Häretiker verstanden?«, fragt Walter Nigg. »Trifft seine Anschauung vom Wesen der Häresie als Blasphemie zu? Ist er ihren Bemühungen gerecht geworden? Auf alle diese Fragen muss mit Nein geantwortet werden.« Es komme ihm gar nicht in den Sinn, dass die gnostischen Entwürfe noch etwas anderes bedeuten könnten als das, was er darunter versteht; nie ziehe er in Erwägung, dass man über metaphysische Fragen in verschiedener Weise denken könne. Irenäus Verständnis für die Gnosis, wie von Clemens von Alexandrien und Origenes entwickelt, blieb deswegen stets von apologetischer Abwehr bestimmt. In dieser Struktur seines Denkens und Argumentierens, die dem Andersdenkenden nicht nachgehen kann und in seinem (eventuell partiellen) Recht nicht zu integrieren weiß, aber hat Irenäus Schlüsselfunktion für die Kirchengeschichte gewonnen.

Je direkter und autoritärer nach der Konstantinischen Wende die Großkirche die theologische Sprachregelung bestimmte, das Dogma reichskirchlich durchsetzte, die Heilsvermittlung dem juristisch gehandhabten und taktisch vergebenen Amt vorbehielt, umso vielförmiger wurde die Opposition »im Namen des Heiligen Geistes und der menschlichen Freiheit«. Paulicianer, Bogomilen, Katharer, Waldenser, Wicklifiten, Hussiten …, Begarden, Beginen, radikale Franziskaner … alle suchten eine Alternative zum gewaltsam behaupteten Glauben, wobei die Verschränkung theologischer Probleme mit sozialen, wirtschaftlichen und politischen Verhältnissen nie fehlte. Die anfänglich meist noch dialogische Alternative wurde jedoch immer bald in den Untergrund gedrängt und entwickelte sich dort zu dynamischen Gegenkirchen, denen die Hierarchie nur mit äußerster Anstrengung und um den Preis massenhaft geopferter Menschenleben widerstehen konnte. Um die weitgehend brüchige und oft auch nur fiktive Einheit zu bewahren, sind selbst Genocide – wie jener an den Albigensern – nicht unterblieben.

Ebenfalls haben sich als schismatogene Faktoren in der Kirchengeschichte Kommunikationsstörungen erwiesen – wie exemplarisch die Kirchenspaltung von 1054 zeigt – sowie kulturelle Differenzen, die sich in Milieu, Mentalität, Lebensform und Sitte ausprägen und einmal vollzogene Spaltungen massiver fixieren können, als theologische Kontroversen es möglicherweise tun. Für den Fortbestand der byzantinischen und der reformatorischen Kirchentrennungen in der Gegenwart ist dieser Befund von größter Relevanz.

Schließlich tragen psychogene Faktoren zur Schismenbildung bei. Grundsätzlich wäre die Frage lohnend, inwieweit das unbewusst arbeitende Seelenleben auch der streng Orthodoxen schon die Spannung zwischen Dissoziation und Integration in sich trägt. Anthropologisch steht fest, dass Strenggläubigkeit »Ketzerei« produziert, demnach Kirchentum und Ketzerei einander bedingen. Den Ketzern als faktischen Spaltern sollte Achtung trotzdem nicht vorenthalten bleiben, muss sich die Christenheit doch ihrerseits als eine Abspaltung vom Judentum verstehen, die gerade in ihrer Anfangssituation dem strengen Judentum als abtrünnig galt. Auch sollten die Pfunde des christlichen Glaubens nicht »vergraben« werden, sind sie doch grundsätzlich dem Wagnis der Freiheit auszusetzen. Häre-

---

Wir sind nicht alles, wir sind endlich als Christen, als Jüdinnen, als Muslime und als Buddhistinnen. Wir sind nicht alles, aber wir sind lebendiger Teil von allem, und wir sind wahrheitsfähig. Ökumene heißt nicht die geglückte Selbstliquidation in ein Allgemeines. Wir sollen nicht in ein blasses Allgemeines von Gesinnung, Lebensauffassung und Expression verschwimmen. Der Dialog soll jedem zu seiner geläuterten Eigentümlichkeit verhelfen. Ökumene heißt nicht nur, dass ich geduldet bin mit meiner Wahrheit, sondern dass ich nicht im Stich gelassen werde von der Wahrheit der anderen. Ich bin Fragment, ich weiß etwas, aber ich weiß nicht alles. So brauche ich die Korrektur und die Ergänzung durch die Wahrheit der anderen. Dialogische Ökumene, wenn sie nicht verzweifelt und wahrheitsdefätistisch ist, sucht den anderen auf, sie lernt und lehrt. Die Wahrheit entsteht und kommt voran im Gespräch der Geschwister. Sich selber sowohl für wahrheitsfähig als auch für irrtumsfähig zu halten; die anderen sowohl für wahrheitsfähig als auch für irrtumsfähig zu halten, das ist eine Eigenart dialogischer Ökumene.

Fulbert Steffensky

sien müssen sein. Wo es sie nicht mehr geben kann, schafft eine Diktatur der Einheit leblosen Glanz und verwandelt Gemeinden und Kirchenprovinzen in die vielen »großen Friedhöfe unter dem Mond« (Bernanos), wie die Weltgeschichte sie kennt und wieder und wieder neu schafft.

Von solcher Pointierung mag sich – oberflächlich betrachtet – das ökumenische Streben unserer Tage verletzt fühlen, nichtsdestoweniger ist aller unbedachte Einheitsenthusiasmus der Kritik zu unterziehen. Zunächst sollte zu klären sein, welcher Art die berufene Einheit ist. Läuft sie auf Angleichung, Einebnung, Systemkontrolle über individuelle und gruppenspezifische Regungen hinaus, wie sie Kirchenleitungen oft gelegen sind, muss solcher Einheit der Ruf nach Freiheit deutlich vorgeordnet werden. »Dann aber hätte sich die seit den Tagen des Neuen Testaments unablässig die Kirchengeschichte durchtönende Ketzerschelte ebenso wie überlautes Einheitslob zu fragen, ob in den menschlich-allzumenschlichen Einheitssehnsüchten nicht der Wertmaßstab des Christlichen an entscheidender Stelle durchbrochen wird; ob also christliche Einheit vor Wahrheit und Sicherheit vor Freiheit stehen darf« (Josef Nolte).

Die Erkenntnis, dass das Christentum sich seinerseits einer Häresie im Verhältnis zum Judentum verdankt, lässt es geboten sein, die Problemstellung um die Hebräische Bibel zu erweitern. Diese wurde ja im vollen Umfang christlich usurpiert, etwa in dem man die Verheißungen an Israel kirchlich unterwanderte. »Israel« blieb nicht Israel, sondern wurde zur Metapher für »Kirche«. Das theologische Denken bildete seine Begriffe in Antithese zum Judentum. Der »neue Bund« galt nicht als neue Phase der Offenbarung, sondern als Aufhebung und Ersatz des »alten«. Entsprechend wollte die Kirche »ihr Selbstverständnis nicht von der ungeheuren Verpflichtung dem Judentum gegenüber gewinnen«, wie der bereits zitierte jüdische Theologe Abraham Heschel pointierte, »sondern aus dem Gegensatz zum Judentum« mit dem Resultat einer bewussten wie unbewussten Entjudaisierung des Christentums.

Die Vorstufen des christlichen Glaubens, die hier benannt sind, sind bereits durch die Abwertung der jüdischen Wurzel belastet. Die darin angelegte Distanzierung vom Judentum führte in allen christlichen Jahrhunderten auch zu Judenverfolgungen. Erst seit Auschwitz setzt eine Besinnung und Umkehr ein. Aber in die ökumenische Diskussion ist die Problemstellung des Anfangs noch nicht eingegangen. Sie berührt viele andere Konflikte, u. a. das römisch-katholische Wahrheitsverständnis und die Offenheit für Lehrveränderungen.

Die Ökumenische Bewegung

Die Uneinigkeit des Anfangs ist in der christlichen Welt nicht aufhebbar. Aber die Zerrissenheit der Kirche hat vor allem seit dem 19. und 20. Jahrhundert dazu geführt, gegen alle Trennung nach Verständnis und Einheit zu streben. Dafür werden Stellen aus dem Neuen Testament geltend gemacht, etwa Joh 17,20–21: »Ich bitte aber nicht allein für sie, sondern auch für die, die durch ihr Wort an mich glauben werden, damit sie alle eins seien …« Oder das paulinische Verständnis der Kirche als Leib Christi (1 Kor 12,12f.28) und die Ermahnung zur Einheit in Eph 4,3–6: »Bemüht euch, die Einheit des Geistes zu bewahren durch den Frieden, der euch zusammenhält. *Ein* Leib und *ein* Geist, wie euch durch eure Berufung auch eine

---

Die Anerkennung von Pluralität

Die Grundgefahr religiöser Systeme ist, dass sie sich selber nicht endlich denken können. Sie sind immer in der Gefahr, sich Gottesprädikate zuzulegen: Sie sind die allein Seligmachenden, außerhalb von ihnen gibt es kein Heil, sie sind die Wahren, und außerhalb von ihnen ist nur Lüge und Abfall. Ihre Gefahr ist, die Welt zu säubern von den Andersheiten. Der Verlust der Endlichkeit ist der Verlust der Geschwisterlichkeit. Nur endliche Wesen sind geschwisterliche Wesen. Sich für einzigartig zu halten, heißt immer, bereit sein zum Eliminieren. Die Anerkennung von Pluralität ist die Grundbedingung menschlicher Existenz, so ungefähr hat es Hannah Arendt formuliert. Ich wünsche mir eine Kirche und religiösen Gruppen von radikaler Deutlichkeit, die ihre eigenen Traditionen, Geschichten und Lieder kennen und nicht verschweigen. Ich wünsche mir religiöse Gruppen mit Konturen. Zugleich wünsche ich mir eine Kirche, die Gott unendlich sein lässt und auf ihre eigene Unendlichkeit verzichtet. Erst sie ist fähig zum Zwiegespräch.

Fulbert Steffensky

Unbekannter Künstler, *Der Friede mahnt die Kirchen zur Toleranz*, Holland, um 1600–1625.

Der Papst, Luther und Calvin sitzen gemeinsam am Tisch. Da kommt Pax, der personalisierte Friede, herein und fordert alle auf, einvernehmlich miteinander zu leben.

gemeinsame Hoffnung gegeben ist; *ein* Herr, *ein* Glaube, *eine* Taufe, *ein* Gott und Vater aller, der über allem und durch alles und in allem ist.« Weiter beruft sich die ökumenische Bewegung auf die altkirchlichen Bekenntnisse, die – so könnte man sagen – im Kampf um die Einheit zustande kamen, jedoch um den Preis an den Rand gedrängter und exkommunizierter Gegenstimmen.

Eine Motivation, diese neutestamentlichen Stimmen aufzunehmen, brachte der Missionseifer des 19. Jahrhunderts. Die vielen Gesellschaften, die in alle Welt zogen, erlebten es als beschämend und abträglich, sich wechselseitig Konkurrenz zu machen. Wie soll man andere für den Glauben gewinnen, wenn man sich untereinander den Glauben abspricht? Die Weltmissionskonferenz von Edinburgh (1910) gilt als Ausgangspunkt der ökumenischen Bewegung, obwohl die römisch-katholische Kirche und die orthodoxen Kirchen nicht beteiligt waren. Freilich bestimmte die Konferenz noch das kolonialistische Konzept der »Heidenmission« und eine Ausbreitung der Werte des westlichen Zivilisation.

Jedoch ergaben sich aus dieser Zielsetzung Fragen nach dem eigenen Glaubens- und Selbstverständnis. In Lausanne fand 1927 die erste Weltkonferenz für Glauben und Kirchenverfassung statt, weitere folgten 1937 in Edinburgh, 1952 in Lund, 1963 in Montreal und 1993 in Santiago de Compostela. In diesen Weltkonferenzen, in der Arbeit der ständigen Kommission für Glauben und Kirchenverfassung, in unzähligen Tagungen und Studienprojekten wurden die Glaubenslehren der Kirchen miteinander verglichen, um einen gemeinsamen Nenner zu finden. Wichtige Themen waren unter anderem das Verhältnis von Schrift und Tradition, das Verständnis von Taufe, Eucharistie und kirchlichem Amt und die Interpretation des Apostolischen Glaubensbekenntnisses.

Der Dialog über die gemeinsame Glaubensbasis führte zu dem Wunsch, im Alltag mehr zusammenzuarbeiten, selbst dann, wenn über Einzelheiten des Glaubens und der Kirchenverfassung noch nicht genügend Einigkeit erzielt ist, um an eine Wiedervereinigung der Kirchen zu

Die Front zwischen evangelisch und katholisch wird mehr und mehr eine Scheinfront, aufrechterhalten durch konservative theologische Erklärungen. Die wirklichen Fronten aber gehen längst quer durch die Konfessionen. Die Einheitlichkeit in der Glaubensformulierung und in den Glaubenstraditionen bedeutet noch nicht die Einheit der Kirche und des Glaubens, so wie die Trennung in der Glaubensformulierung und in der Frömmigkeitstradition noch nicht die Trennung im Glauben bedeutet. Das wissen die Leute allmählich. Es gibt aber Wahrheiten, die das Lehramt offensichtlich zuletzt erreichen.

Fulbert Steffensky

Die Kirche

denken. Daraus entstand die Bewegung »Life and Work«. Treibende Kraft war der schwedische Theologe und lutherische Erzbischof Nathan Söderblom, dem 1930 der Friedensnobelpreis zugesprochen wurde.

Ernüchterung brachte allerdings die Einsicht, dass theologische Konsenspapiere weniger praktische Konsequenzen haben, als man erhoffte. Viele Ökumeniker rücken seitdem die praktische Zusammenarbeit der Kirchen ins Zentrum, nicht zuletzt aus der Überzeugung, dass gemeinsames Auftreten in gesellschaftlichen und politischen Fragen den Kirchen mehr Gewicht und Glaubwürdigkeit verleiht. Insgesamt verharren die Kirchenführer jedoch bei der eigenen konfessionellen Identität. Für das Kirchenvolk ist allerdings eine traditionsgegebene Lebensbegleitung (Konfirmation, Eheschließung, Gemeinderealität) wichtiger als die Orthodoxie der Lehre.

Unter den zahlreichen Organisationen der modernen ökumenischen Bewegung gibt es seit 1948 den in Amsterdam gegründeten Ökumenischen Rat der Kirchen (ÖRK), die umfassendste und repräsentativste dieser Institutionen.

Die Mitgliedschaft des ÖRK umfasst mehr als 560 Millionen Christen in 349 Kirchen, Denominationen und kirchlichen Gemeinschaften aus über 110 Ländern: zu ihnen zählen die Mehrzahl der orthodoxen Kirchen, zahlreiche anglikanische, baptistische, lutherische, methodistische und reformierte Kirchen, sowie viele vereinigte und unabhängige Kirchen. Während die meisten ÖRK-Gründungsmitglieder europäische und nordamerikanische Kirchen waren, setzt sich die heutige Mitgliedschaft vorwiegend aus Kirchen in Afrika, Asien, der Karibik, Lateinamerika, dem Nahen und Mittleren Osten sowie dem pazifischen Raum zusammen.

Die römisch-katholische Kirche zählt nicht zu diesem Verbund und hat auch noch nie einen Aufnahmeantrag gestellt. Ihr Wahrheitsverständnis will nur eine Kirche Jesu Christi gelten lassen, in der sich Christus und Kirche zueinander verhalten wie Haupt und Leib. Sie verweigert darum ihre Mitgliedschaft im Ökumenischen Rat der Kirchen, wenngleich sie auf nationaler und internationaler Ebene eine Vielzahl von Dialogen mit unterschiedlichen christlichen Kirchen und auch mit dem ÖRK führt.

Das Zweite Vatikanische Konzil relativierte diese Position jedoch, indem es die Existenz von »Kirchen oder kirchlichen Gemeinschaften« (*Ecclesiae vel communitates ecclesiasticae*) anerkannte. Es zitierte dazu die Basisformel des Weltkirchenrates:

Auch unter unseren getrennten Brüdern ist unter der Einwirkung der Gnade des Heiligen Geistes eine sich von Tag zu Tag ausbreitende Bewegung zur Wiederherstellung der Einheit aller Christen entstanden. Diese Einheitsbewegung, die Ökumenische Bewegung genannt wird, wird von Menschen getragen, die den dreieinigen Gott anrufen und Jesus als Herrn und Erlöser bekennen, und zwar nicht nur als einzelne, jeder für sich, sondern auch als Gemeinschaften, in denen sie die frohe Botschaft vernommen haben und die sie ihre Kirche und Gottes Kirche nennen.

Diese neue, sehr vage Formulierung wurde gewählt, um Raum für künftige theologische Gespräche offen zu halten. Die damit geweckte Hoffnung

---

Gerade das, was im Zweiten Vaticanum »neu« gegenüber dem nachtridentinischen Kirchenverständnis und der entsprechenden Ekklesiologie war, hat in den 70er und vor allem in den 80er Jahren vonseiten der Amtskirche keine konsequenten institutionellen Strukturen erhalten. Im Gegenteil, einige kirchliche Strukturen, wie sie der neue Codex vorschreibt, sind gerade den tiefsten Intentionen des Zweiten Vatikanischen Konzils fremd.

Und mag man nun, soziologisch gesprochen, institutionell oder anti-institutionell gesinnt sein, es ist eine unleugbare Tatsache, dass in einer Weltkirche von dem Moment an, da die evangelische Freiheit und evangelische Werte nicht mehr durch institutionelle Strukturen geschützt und gestützt werden, vor allem die sogenannten einfachen Gläubigen nichts sind, mundtot, und mit ihnen ebenso die Pfarrer und die Theologen. Es war die Kirchenversammlung selbst, die auf großartige Weise, nach reichlichen Zugeständnissen an eine kirchenpolitisch mächtige, aber theologisch einseitige Minderheit (die auf das Tridentinum und das Erste Vaticanum fixiert war), ihren Gläubigen und ausdrücklich auch den Theologen unter ihnen christliche Freiheit innerhalb des offenen Raumes des verbindlichen Evangeliums Jesu Christi zusagte. Und wenn diese Freiheit später nicht kirchenrechtlich geschützt wird, dann wird diese Zusage zu einer nichtssagenden Geste, ohne evangelische Wirksamkeit in unserer Geschichte. Dann wird der Atem des Konzils abgeschnürt und sein Geist, der heilige Geist, ausgelöscht. Dann haben aus verschiedenen (oft kirchenpolitischen) Interessen kirchliche Hierarchen eine unkontrollierte Macht über unmündig gemachte Menschen Gottes, »Gottes Volk auf dem Weg«.

Nijmegen, am Fest des Hl. Dominikus, dem 8. August 1989, Edward Schillebeeckx

wurde jedoch jäh enttäuscht, als die Glaubenskongregation unter Leitung von Kardinal Ratzinger am 6. August 2000 die Erklärung »Dominus Jesus – Über die Einzigkeit und die Heilsuniversalität Jesu Christi und der Kirche« vorlegte:

Wie das Haupt und die Glieder eines lebendigen Leibes zwar nicht identisch sind, aber auch nicht getrennt werden können, dürfen Christus und die Kirche nicht miteinander verwechselt, aber auch nicht voneinander getrennt werden. Sie bilden zusammen den einzigen »ganzen Christus«. Diese Untrennbarkeit kommt im Neuen Testament auch durch die Analogie der Kirche als der *Braut* Christi zum Ausdruck (vgl. 2 Kor 11,2; Eph 5,25–29; Offb 21,2.9).

Deshalb muss in Verbindung mit der Einzigkeit und der Universalität der Heilsmittlerschaft Jesu Christi die Einzigkeit der von ihm gestifteten Kirche als Wahrheit des katholischen Glaubens *fest geglaubt* werden. Wie es nur einen einzigen Christus gibt, so gibt es nur einen einzigen Leib Christi, eine einzige Braut Christi: »die eine alleinige katholische und apostolische Kirche«. Die Verheißungen des Herrn, seine Kirche nie zu verlassen (vgl. Mt 16,18; 28,20) und sie mit seinem Geist zu führen (vgl. Joh 16,13), beinhalten darüber hinaus nach katholischem Glauben, dass die

Samuel Bak (geb. 1933), Flight from Berlin, 1990/91.

Hier sind nur Ruinen übrig geblieben. Stumpf sitzen die Menschen in ihrem »Vogel« aus Sperrholz. Glauben sie wirklich in diesem zusammengezimmerten Gerät, das allenfalls Fliegen andeutet, dem Unheil entkommen zu können? In einer so kaputten Welt erstaunt nur die kleine Pflanze, die im Eimer überlebt.

Eine Bildsprache, die unmittelbar auch Christen und ihre Gemeinschaften zur Stellungnahme auffordert.

Die Kirche

Im Nachhinein kann das heutige Glaubensbewusstsein kaum mehr nachvollziehen, warum es über dies oder das zum Bruch kam. Wie sollen wir mit historischen Kontroversen umgehen, die einmal Bedeutung hatten, für uns jedoch im Horizont einer weiterentwickelten, modernen Theologie und Welterfahrung wie umfassender Entmythologisierung obsolet geworden sind? Einfach vergessen? Einfach sagen: Das war einmal, es geht uns nichts mehr an?

Wie zum Beispiel ist die Eucharistie, das Abendmahl zu verstehen, wie das geistliche Amt, wie der Petrusdienst, wie die Heilige Schrift in historisch-kritischer Auslegung, wie das Sakramentale? Längst gibt es derart viele Deutungsmodelle innerhalb einer Konfession, dass die alten konfessionalistischen Profile nur mehr wenig aussagen. Am Ende schrumpft alle Differenzierungslust auf kulturelle oder historische Zufälle, Vorlieben, Gewohnheiten zusammen, die man halt nur ungern aufgibt. In den auf- und abschwellenden Dissonanzen findet sich inzwischen erheblich weniger Theologie, als viele vermuten und andere es gern hätten. Wie viel Theologie blockiert wirklich noch die Einheit der Christen?

Interessanterweise haben die großen Annäherungsbemühungen über theologisch-historische Text- und Deutungsarbeit viele Kontroversen von einst entschärft, dass die in den Kommissionen beteiligten Protagonisten längst substantielle Übereinstimmung sehen, wo amtliche Instanzen samt Volk das regelmäßig weiter bestreiten …

Manchmal hat man den Eindruck, es braucht tatsächlich nur mehr ökumenischen Mut oder mehr kirchliche Verelendung, damit das Wissen der Wissenden endlich auch die Unwissenden oder Nichtwissen-Wollenden erreicht.

Editorial der Zeitschrift »Christ in der Gegenwart« vom 11. April 2010

Einzigkeit und die Einheit der Kirche sowie alles, was zu ihrer Integrität gehört, niemals zerstört werden.

Die Gläubigen sind *angehalten zu bekennen*, dass es eine geschichtliche, in der apostolischen Sukzession verwurzelte Kontinuität zwischen der von Christus gestifteten und der katholischen Kirche gibt: »Dies ist die einzige Kirche Christi … Sie zu weiden, hat unser Erlöser nach seiner Auferstehung dem Petrus übertragen (vgl. Joh 21,17), ihm und den übrigen Aposteln hat er ihre Ausbreitung und Leitung anvertraut (vgl. Mt 28,18 ff.), für immer hat er sie als ›die Säule und das Fundament der Wahrheit‹ (1 Tim 3,15) errichtet. Diese Kirche, in dieser Welt als Gesellschaft verfasst und geordnet, ist verwirklicht [subsistit in] in der katholischen Kirche, die vom Nachfolger Petri und von den Bischöfen in Gemeinschaft mit ihm geleitet wird«. Mit dem Ausdruck »*subsistit in*« wollte das Zweite Vatikanische Konzil zwei Lehrsätze miteinander in Einklang bringen: auf der einen Seite, dass die Kirche Christi trotz der Spaltungen der Christen voll nur in der katholischen Kirche weiter besteht, und auf der anderen Seite, »dass außerhalb ihres sichtbaren Gefüges vielfältige Elemente der Heiligung und der Wahrheit zu finden sind«, nämlich in den Kirchen und kirchlichen Gemeinschaften, die nicht in voller Gemeinschaft mit der katholischen Kirche stehen. Bezüglich dieser Kirchen und kirchlichen Gemeinschaften ist festzuhalten, dass »deren Wirksamkeit sich von der der katholischen Kirche anvertrauten Fülle der Gnade und Wahrheit herleitet«.

Es gibt also eine einzige Kirche Christi, die in der katholischen Kirche subsistiert und vom Nachfolger Petri und von den Bischöfen in Gemeinschaft mit ihm geleitet wird. Die Kirchen, die zwar nicht in vollkommener Gemeinschaft mit der katholischen Kirche stehen, aber durch engste Bande, wie die apostolische Sukzession und die gültige Eucharistie, mit ihr verbunden bleiben, sind echte Teilkirchen. Deshalb ist die Kirche Christi auch in diesen Kirchen gegenwärtig und wirksam, obwohl ihnen die volle Gemeinschaft mit der katholischen Kirche fehlt, insofern sie die katholische Lehre vom Primat nicht annehmen, den der Bischof von Rom nach Gottes Willen objektiv innehat und über die ganze Kirche ausübt.

Die kirchlichen Gemeinschaften hingegen, die den gültigen Episkopat und die ursprüngliche und vollständige Wirklichkeit des eucharistischen Mysteriums nicht bewahrt haben, sind nicht Kirchen im eigentlichen Sinn; die in diesen Gemeinschaften Getauften sind aber durch die Taufe Christus eingegliedert und stehen deshalb in einer gewissen, wenn auch nicht vollkommenen Gemeinschaft mit der Kirche. Die Taufe zielt nämlich hin auf die volle Entfaltung des Lebens in Christus durch das vollständige Bekenntnis des Glaubens, die Eucharistie und die volle Gemeinschaft in der Kirche.

»Daher dürfen die Christgläubigen sich nicht vorstellen, die Kirche Christi sei nichts anderes als eine gewisse Summe von Kirchen und kirchlichen Gemeinschaften – zwar getrennt, aber noch irgendwie eine; und es steht ihnen keineswegs frei anzunehmen, die Kirche Christi bestehe heute in Wahrheit nirgendwo mehr, sondern sei nur als ein Ziel zu betrachten, das alle Kirchen und Gemeinschaften suchen müssen«. In Wirklichkeit »existieren die Elemente dieser bereits gegebenen Kirche in ihrer ganzen Fülle in der katholischen Kirche und noch nicht in dieser Fülle in den anderen Gemeinschaften«. …

Das Konzil erklärte, dass die eine, heilige, katholische und apostolische Kirche Jesu Christi, wie sie im Glaubensbekenntnis bekannt wird, in der katholischen Kirche »verwirklicht« ist *(Lumen Gentium, 8)*. Mit diesem Satz wollte das Konzil klar und deutlich die katholische Überzeugung zum Ausdruck bringen, dass die Fülle der Heilsmittel, mit der Christus seine Kirche ausstatten wollte, allein in der katholischen Kirche zu finden sei. Gleichzeitig, und um nicht einfach die katholische Kirche mit der Kirche Christi gleichzusetzen, wünschte das Konzil, die ekklesiale Natur und Qualität anderer christlicher Gemeinschaften anzuerkennen, derer sich der Heilige Geist als Mittel zum Heil bedient. (Nr. 16 f.)

Die Reaktionen auf dieses Dokument in der Ökumene zeigten durchgehend Enttäuschung an, die katholische Szenerie inbegriffen. Die intensivste Auseinandersetzung leistete der Nijmegener Dogmatiker Hermann Häring in einer Untersuchung über »Theologie und Ideologie bei Joseph Ratzinger«. Dabei kam er zu dem Urteil:

Ratzinger hat gegen den Geist der späteren ökumenischen Geschichte in unverantwortlicher Weise verstoßen … Er ist auch hier nicht imstande, neue Inhalte zu entwickeln, die den Rahmen altkirchlichen Denkens überschreiten. »Lehramt« und verbindliche Texte verkommen zum reinen Buchstaben … So bleibt es eben beim Alten: Es gebe halt nur eine »Kirche Christi« … Dies ist, wie gesagt, nicht neu, fällt aber hinter alle Differenzierungen zurück, die – aus biblischen, theologiegeschichtlichen wie systematischen Gründen – in den vergangenen 35 Jahren entwickelt wurden.

Natürlich verbindet sich mit dem hier vorliegenden Kirchenbegriff das katholische Priesterverständnis. Als »geweiht« und darum bevollmächtigt, die Eucharistie zu feiern, sind allein jene getauften Männer, denen ein geweihter Bischof der Kirche die Hände aufgelegt hat. Dass die unterstellte »apostolische Sukzession« eine historische Fiktion ist, wird ebenso ignoriert wie der Umstand, dass der historische Jesus nach längst erhärteter Erkenntnis nie die Vorstellung, geschweige denn Absicht hatte, eine »Kirche« zu gründen. Der Einsicht in diese Resultate historisch-kritischer Forschung verweigern sich die meisten Kirchen immer noch. Darin reichen sich katholische Kirche, die gesamte Orthodoxie und viele weitere Kirchen und Gemeinschaften des reformatorischen Spektrums die Hände. Die Ökumene kommt erst wirklich weiter, wenn die Herausforderungen, die sich aus dem unbestrittenen Befund der biblischen Exegese ergeben, offen und ehrlich angenommen werden. Leider versperren die sakrosankten Bekenntnisse der Vergangenheit auch weiterhin die offenen Wege in die Zukunft. Jedenfalls gilt für alle christlichen Glaubensansprüche, dass sie kein Dogma gegen erwiesene historische Wirklichkeit ertrotzen können.

Ökumene – oben und unten

Der ökumenische Aufbruch, den das Zweite Vatikanische Konzil nicht nur in der katholischen Kirche bewirkte, hat sich heute verflüchtigt. Die Engagierten sind frustriert, weil ihnen ein restaurativer Kirchenkurs die geweckten Hoffnungen genommen hat. Schritt für Schritt verfolgte die Kirchenleitung seit dem Zweiten Vatikanischen Konzil eine Linie der

---

Christus ist die einzige Straße zur Erlösung, und allein die Kirche verfügt über das Zulassungsrecht. Niemand kann die Straße befahren, ohne die Mautstelle passiert zu haben.

Noch einmal anders: Christus ist das Telefon, aber nur die Kirche ist die Telefongesellschaft. Alle Telefonate im Nah- und Fernbereich kann nur sie vermitteln …

Mit solchen Thesen hat sich der schüchterne Kardinal Ratzinger als Exterminator jeder zukünftigen Ökumene erwiesen.

Leonardo Boff

Der kirchliche Reformprozess kann sich nicht mit kosmetischen Operationen begnügen. Will auch die römische Kirche ihrem Rekurs auf Jesus von Nazaret gerecht werden, sind einschneidende Reformen nötig: eine konsequente Dezentralisierung und Entmonopolisierung der Kirchenleitung (Subsidiaritätsprinzip), Aufbau der Kirche von unten nach oben, synodale Verfassungsstrukturen, die Trennung von Legislative und Exekutive, die Wahl (auf Zeit?) aller, die in der Ortsgemeinde bzw. in den übergemeindlichen kirchlichen Ämtern Verantwortung übernehmen, unabhängige Schlichtungsstellen, die in Konflikten vermitteln, usw.

Wie in der Urkirche müssten Frauen und Männer in gleicher Verantwortung das kirchliche Leben gestalten können, mit der Konsequenz, dass auch Frauen zu kirchlichen Leitungs- und Lehrämtern sowie zum Presbyteramt zugelassen werden. Ebenso ist die volle Akzeptanz der Laientheologinnen und -theologen auf allen Ebenen und in allen Bereichen kirchlicher Arbeit zu fordern.

Der moderne Mensch, der für sich zu Recht die Freiheit von obrigkeitlichem Reglement und die Anerkennung seiner Mündigkeit in Anspruch nimmt, wird sich für ein Engagement in der Kirche, gleichgültig welcher Art, nur gewinnen lassen, wenn er in ihr auch seine Freiheit und Würde respektiert erfährt.

Paul Hoffmann

Über die trennende Mauer hinweg – vom evangelischen Friedhof zum katholischen hin – recken sich zwei Arme, um einander die Hand zu geben. Fragen: Wer hat die Mauer gebaut? Steht sie noch immer? Waren die Erbauer damit einverstanden, dass sich über den Mauerkranz hinweg zwei Pfeiler recken, um doch einander berühren und grüßen zu können? Darf weiterhin der »Dominus Jesus« für solche Mauern in Anspruch genommen werden?

Einschränkungen, von der einseitigen Auslegung des Ökumenismusdekrets bis zum Dokument *Dominus Jesus*. Zwar produzierte die Ökumene auf ihren Kommissionsebenen zahlreiche gute Texte, erreichte aber auch eine Grenze, diese Texte realisieren zu können. Demgegenüber findet die Bereitschaft aufeinander zuzugehen, gemeinsame Gottesdienste zu feiern, auch und gerade Tischgemeinschaft als Ausdruck der Verbundenheit zu bejahen, auf der Ebene der Gemeinden kaum Vorbehalte. Die dagegen geltend gemachten dogmatischen Einwände werden im Bewusstsein der Gemeinden keineswegs so trennend bewertet, wie es die katholische Hierarchie tut, zumal der exegetische Befund dem Dogma widerspricht. Umso mehr hinterließ die rigide Bestrafung jener Priester, die es wagten, auf einem ökumenischen Kirchentag evangelische Christen in die Feier der Eucharistie einzubeziehen, ein Klima der Einschüchterung und Enttäuschung. Was von »oben« im Rückgriff auf Amtsverständnis und Kirchenbegriff als »notwendig trennend« dekretiert wird, findet an der Basis eine andere Wertung. Immerhin ist so viel klar: das Denken der römischen Kirchenleitung und das Denken des breiten Kirchenvolks stimmen nicht überein.

Im Grunde tut die Kirchenhierarchie alles, zustimmendes Gehör zu erschweren. Bereits die Sprache der römischen Verlautbarungen schafft Distanz, Widerspruch, Ablehnung. In dem Dokument *Dominus Jesus* begegnen genügend Wendungen, die heutige Menschen vor der Tür halten: »Es muss … fest geglaubt werden« heißt es immer wieder, aber seit wann lässt sich Glauben verordnen? »Die Christgläubigen dürfen sich nicht vorstellen …« Nichtsdestoweniger haben die Christgläubigen eigene Vorstellungen. Die ständig benutzte Rede von »den Gläubigen« sollte nicht übersehen lassen, dass die darin unterstellte Einmütigkeit in der Glaubenszustimmung nicht gegeben ist. Im binnenkirchlichen Bewusstsein ist es offensichtlich unmöglich wahrzunehmen, dass heutige Religiosität dabei ist, sich von der Übernahme konfessioneller Sprachregelungen und zumal vereinnahmender Wendungen zu verabschieden.

Der Traditionsabbruch, der gegenwärtig vor Augen steht, ist aber nur die eine Seite der Entwicklung. Während man bisher von »Säkularisierung« sprach und sich unter Religion ein sich selbst säkularisierendes Auslaufmodell vorstellte, wird inzwischen deutlich, dass es nicht auf ein Ende von Religion, sondern auf einen Gestaltwandel von Religion zugeht. Noch ist die Endgestalt dieser Vorgänge nicht absehbar. Sie unterliegen allerdings keinem anonymen Schicksal, sondern sind wesentlich davon abhängig, wie die Christenheit sich zu den erkennbaren Zeichen der Zeit verhält.

In den aktuellen Entwicklungsgang mischen sich unterschiedliche Trends: Vorab tendiert heutige Religiosität zu subjektiver Interpretation, wie der Esoterikboom erkennen lässt. Die allgemeine Individualisierung verändert auch den dogmatischen Status einer Religion. Zweitens: eine Glaubenszustimmung fällt umso geringer aus, je enger die Glaubensformulierung in traditionell kirchliche Sprachregelungen verpackt ist.

Beispielsweise wirkt der zitierte Text aus *Dominus Jesus* für den durchschnittlichen Leser unmittelbar kontraproduktiv. Dies trifft auch auf den sprachlichen Zuschnitt des »Weltkatechismus« zu. Das traditionelle kirchliche Reden findet zunehmend weniger Hörer. Begriffe und Sprachduktus sind verschlissen (→ S. 54 ff.); sie versperren jeden Zugang. Zum dritten steht dem fehlenden Interesse an kirchlichen Glaubensdarstellungen eine bemerkenswerte Offenheit für nichtchristliche Religionen gegenüber. Dies gilt besonders für die asiatischen Religionen. Es entwickelt sich ein neuer Sinn für Religion, der frei auswählt, ohne einen konfessionellen Anspruch zu bejahen.

Unter diesen Veränderungen verlieren die kirchlichen Ämter an Definitions- und Wertungskompetenz. Ihr Einfluss auf die Gesellschaft nimmt ab. Der dogmatische Faktor, über Jahrhunderte von zentraler Relevanz, verblasst im Bewusstsein der Kirchenmitglieder; die christlichen Feste verlieren an Sinngehalt. Schrumpfende Mitgliedszahlen reduzieren auch die kirchliche Geltung in der Öffentlichkeit. Ein »Megatrend« (Paul Michael Zulehner) kirchlicher Entfremdung kennzeichnet vor allem die junge Generation. Die emanzipierten Frauen bestimmt das Gefühl, die Kultur in der Kirche sei ihnen nicht angemessen. Kommt dann noch der ausbleibende Nachwuchs des katholischen Klerus hinzu, der zu überdimensionierten »Pastoralverbänden« führt, die in bestimmten Bistümern heute schon sechzig und mehr Pfarrgemeinden übergreifen und insgesamt einen Schwund transzendenter Orientierung verstärken, lässt sich ein Bedeutungsverlust von Kirche und Glauben feststellen, wie er wohl seit der Konstantinischen Wende nicht erlebt wurde.

Diese Entwicklung befördert auch ein steigendes Bedürfnis nach Sicherheit. Das fundamentalistische Lager wächst und macht bestimmten kirchlichen Amtsstrukturen Druck, die unveränderte Tradition zu wahren. Das gewohnte autoritäre Interpretationssystem der katholischen Kirche, »das faktisch die Idyllen der vormodernen Gesellschaft repräsentiert und das nicht nachlässt, seine eigene Schwäche zum Wesenskern zu erklären« (Hermann Häring), gerät in seiner Spannung zwischen vorwärts drängenden aktiven Gemeindekernen und blockierenden Traditionalisten in schwere Krisen, wie dies die Vorgänge um die Pius-Bruderschaft deutlich gemacht haben.

Der christliche Fundamentalismus

Wenig beachtet in der ökumenischen Bewegung sind die fundamentalistischen Störungen, wie sie sowohl in den reformatorischen Bekenntnissen als auch in Orthodoxie und römischer Kirche sich zunehmend entwickeln. Die heutige wissenschaftliche Aufklärung und Denkweise schafft zweifellos Unsicherheit und schürt Ängste. Ablehnung, Aggression und Frontenbildung sind die Folge, wie sich an der religiösen Situation der USA am besten zeigen lässt. Dort spaltet ein tiefer Graben die Gesellschaft in zwei ungefähr gleich große, aber einander feindlich gesinnte Lager.

Besonders fremd stehen sich die bekämpfenden Lager der »Evolutionisten« und der »Kreationisten« gegenüber. Die Kreationisten wollen die biblische Schöpfungserzählung wortwörtlich verstehen. Sie erklären die Entstehung des Universums und des Lebens durch unmittelbare Eingriffe eines Schöpfergottes. Diese Position entstand aus Opposition gegen die

---

Ich persönlich kenne keinen Kontroverspunkt zumindest zwischen lutherischen, aber auch zwischen reformatorischen und katholischen Christen, in dem es nicht möglich wäre, die unterschiedlichen Ausdrucksweisen ineinander zu dolmetschen.
Peter Knauer

Fundamentalismus ist der selbstverschuldete Ausgang aus den Zumutungen des Selberdenkens, der Eigenverantwortung, der Begründungspflicht, der Unsicherheit und der Offenheit aller Geltungsansprüche, Herrschaftslegitimationen und Lebensformen, denen Denken und Leben durch Aufklärung und Moderne unumkehrbar ausgesetzt sind, in die Sicherheit und Geschlossenheit selbstsakroner absoluter Fundamente. Vor ihnen soll dann wieder alles Fragen haltmachen, damit sie absoluten Halt geben können ... Wer sich nicht auf ihren Boden stellt, soll keine Rücksicht mehr verdienen für seine Argumente, Zweifel, Interessen und Rechte.
Thomas Meyer

Ich nehme eine beliebige deutsche Wochenzeitung in die Hand und entdecke darin immer wieder ähnliche Artikel wie »Mit der Bibel gegen Darwin« und mit dem Untertitel: »Für manche Christen ist die Evolutionstheorie unvereinbar mit der Heiligen Schrift. Ihre Lehre findet in Deutschland zunehmende Resonanz«. Und es wird mir gleich zu Beginn der Lektüre bestätigt, was ich vermutete: »Der Darwinismus ist bis auf weiteres ein völliges Fiasko.« Derlei Fundamentalkritik wird unablässig von einer religiösen Subkultur verbreitet, die sich der uralten Konkurrentin der Abstammungslehre verschrieben hat: der biblischen Schöpfungsgeschichte. Eine ganze Bewegung protestantischer Christen, die sich selbst Kreationisten oder Schöpfungswissenschaftler nennen, lässt sich durch nichts davon abbringen, die Heilige Schrift naturwissenschaftlich zu deuten. Es sind vor allem amerikanische, aber zunehmend auch einige deutsche Gläubige, die mit der bibeltreuen Naturkunde ihre Lesart der Menschheitsgeschichte bewahren möchten.

Klaus Kienzler

frühen Ideen der neuzeitlichen Naturforschung; sie wird kämpferisch von evangelikalen und fundamentalistischen Richtungen vertreten. Evangelikale Gruppen verlangen, dass der Kreationismus an den Schulen gleichberechtigt neben der Evolutionstheorie unterrichtet wird. Im US-Bundesstaat Kansas wurde diese Forderung zur Pflicht. Die militanteste Organisation an dieser Front hat die Zerstörung der etablierten Wissenschaft zum Ziel, die sie als »Quelle des Materialismus« ansieht. Auch im Islam und vereinzelt in kleinen Teilen des Judentums gewinnt der Kreationismus an Bedeutung, während er in der katholischen Welt weniger stört, nachdem Rom keinen grundlegenden Einwand gegen die Evolutionstheorie erhebt.

In allen großen Religionen ist heute mit einem Fundamentalismus zu rechnen, der bisweilen erschreckende Ausmaße bis hin zu terroristischen Anschlägen annimmt. Zwar ist dafür nur eine kleine Minderheit verantwortlich, aber selbst die gesetzestreuen und friedlichen Fundamentalisten irritieren, weil sie Erkenntnisse der Physik und Biologie bestreiten, Ergebnisse historisch-kritischer Forschung für ihr Glaubensverständnis rigoros verdrängen, Pluralismus, Demokratie, religiöse Toleranz und Meinungsfreiheit ablehnen. Sie produzieren Trotzparolen wie »Kein anderes Evangelium« und organisieren sich in einer Fülle durchaus kämpferischer Bünde. Erstaunlich ist auch, dass der bisher eher aufgeschlossene Vorstand der 16 Millionen Mitglieder zählenden Southern Baptist Convention beschlossen hat, dass sich die Frauen in Zukunft ihren Männern »huldvoll zu unterwerfen haben«. In Nord- und Südamerika haben einige dieser Gruppen ebenso wie traditionalistische katholische Kreise engen Kontakt mit Diktaturen in Südamerika unterhalten und diese unterstützt.

Auch in Deutschland gibt es evangelikale Gruppierungen, die den Kreationismus propagieren und rückwärtsgewandt denken. Hauptsächlich in der Evangelisationsbewegung und in den Pfingstgemeinden finden sich Vertreter dieses Spektrums. Für katholischen Fundamentalismus ist die Piusbruderschaft des Erzbischofs Marcel Lefebvre (1905–1991) exemplarisch, wobei die päpstliche Geduld und werbende Nachsicht für diese Traditionalisten in krassem Gegensatz zu der Haltung steht, mit welcher die Kirchenleitung beispielsweise die Befreiungstheologen oder kirchenkritische Bewegungen bekämpft. Hinzu kommt ein breites Spektrum rechtslastig-konservativer Gruppierungen, etwa das Opus Dei, die Una-Voce-Bewegung, das Engelwerk (Opus Angelorum), die Neokatechumenale Bewegung, Legionäre Christi, Regnum Christi, Totus-Tuus-Bewegung, das Forum deutscher Katholiken oder die Petrusbruderschaft, eine »Gemeinschaft päpstlichen Rechts«. Ins Spektrum gehören auch Gruppierungen wie der »Arbeitskreis Theologie und Katechese«, Kreise um das römisch ausgerichtete Online-Magazin *kath.net*, das extreme Online-Magazin *kreuz.net*, das die Deutsche Bischofskonferenz »unsäglich und unerträglich« nannte, *Radio Maria* und die damit verbundenen zahlreichen Gruppen sowie Zeitschriften wie »Der Fels« oder »Theologisches«. Für all diese traditionalistischen Gruppierungen ist die Absolutsetzung bestimmter Teile der kirchlichen Lehre kennzeichnend bei gänzlich ungeschichtlicher Sicht von Bibel und Dogma.

Dennoch halten es einige Theologen für verfehlt, von einem »katholischen Fundamentalismus« zu sprechen. Einige Dogmatiker beurteilen dies als *contradictio in adiecto*, ebenso unmöglich wie ein quadratischer Kreis. Ob aber diese Position nicht bereits katholischen Fundamentalismus berührt? Kann man etwa den aus dem Zentrum der Kirche betriebenen Antimodernismus des 19. und beginnenden 20. Jahrhunderts – den *Syllabus* Pius' IX., die weltfremde Enzyklika *Pascendi* Pius' X., die Ablehnung der historisch-kritischen Exegese und den Integralismus, der zur Bildung eines abgeschotteten Milieus führte – außerhalb eines fundamentalistischen Spektrums ansiedeln? Was damals in Rom aus dem sogenannten Modernismus gemacht wurde, war eine Chimäre, ein Feindbild, gegen das man mit einem Spitzel- und Denunziantensystem unglaublichen Ausmaßes anzukämpfen versuchte. Und verkörpert die von Papst Benedikt XVI. so umworbene Piusbruderschaft mit ihrer Verbissenheit in die tridentinische Ordnung etwas anderes als Verbohrtheit?

Dieses Spektrum zeigt neben seiner dogmatistischen Verranntheit politischen Rechtsdrall und moralischen Rigorismus. Als 1993 die drei Oberrheinischen Bischöfe von Freiburg, Mainz und Rottenburg-Stuttgart sich versöhnende Gedanken machten, wie man Menschen aus zerbrochenen Ehen, Geschiedenen und wiederverheirateten Geschiedenen helfen könne, antwortete die »Kongregation für die Glaubenslehre« unter Kardinal Ratzinger: »Es kommt dem universalen Lehramt der Kirche zu, in Treue zur heiligen Schrift und zur Tradition das Glaubensgut zu verkünden und authentisch auszulegen« und lehnte die Vermittlung ab. Aber in dieser Berufung auf die heilige Schrift stützte man sich lediglich auf Mk 10,11f. (in einer Fußnote!). »Mit anderen Worten: Rom lässt sich von vorneherein gar nicht auf eine Diskussion über eines der dunkelsten Worte des Neuen Testaments ein, das allein in den Evangelien in vierfach verschiedenen Fassungen überliefert ist und in der Geschichte der neutesta-

In Wigratzbad im Landkreis Lindau hat die Priesterbruderschaft Sankt Petrus ihr Zentrum, eine »katholische Gesellschaft apostolischen Lebens unter päpstlichem Recht«. Sie wurde 1988 gegründet, als Reaktion auf die vom Heiligen Stuhl nicht approbierten Bischofsweihen von Erzbischof Marcel Lefebvre. Die Wahl des Namens soll die besondere Verbundenheit mit dem Papst betonen. Ähnlich wie die Piusbruderschaft vertritt die Priesterbruderschaft St. Petrus einen konservativen, aber römisch sanktionierten Standpunkt. Das Zweite Vatikanische Konzil wird anerkannt, die Liturgiereform in ihrer Fassung von 1970 akzeptiert, die von Lefebvre am Konzil geübt Kritik soweit abgeschwächt, dass keinerlei Konfrontation mit Rom entsteht. Ein wichtiges Anliegen der Bruderschaft bleibt die sogenannte Tridentinische Messe in lateinischer Sprache nach der Messordnung von 1962.

Im Jahr 2000 kam es zu einem Richtungsstreit, woraufhin der Generalobere nicht gewählt, sondern von Rom ernannt wurde. Gleichzeitig wurde bestimmt, dass es keinem Mitglied der Bruderschaft untersagt werden dürfe, die Messe in der »neuen« Form zu zelebrieren, was ein Streitpunkt war.

mentlichen Bibelwissenschaften eine kleine Bibliothek an Forschungsarbeiten ausmacht« (Klaus Kienzler). Wenn aber ein Bibelvers ohne Rücksicht auf den Zusammenhang, seine Auslegungsgeschichte und Umstrittenheit als eine für alle Zeit gültige Glaubenswahrheit beansprucht wird, und, noch schlimmer, daraus eines der drückendsten *Gesetze* des Kirchenrechts gemacht wird, so ist das ein Musterbeispiel für Fundamentalismus. Nicht minder ist es Fundamentalismus, wenn der sogenannte Weltkatechismus eine Glaubensdarlegung verfolgt, die exegetische Bibelerkenntnisse, die – bei aufrichtiger Gesinnung – zu Korrektur bisheriger Positionen auffordern, rundweg übergeht.

Es ist nicht anzunehmen, dass der Fundamentalismus in Zukunft abnehmen wird. Er ist aus sich heraus eine moderne Erscheinung, seitdem sich die heutigen Gesellschaften als säkular verstehen. Säkular heißt: pluralistisch und demokratisch organisiert auf der Basis wissenschaftlicher und technischer Zivilisation. Fundamentalisten sehen sich davon bedroht. Sie suchen ihre Religion als Fluchtburg, als Festung vermeintlich sicherer Gewissheiten und geschützter Lebenspraxis. Fundamentalismus weckt die Vielgestalt von Sinnantworten und die davon ausgehende stets quälende Verunsicherung der eigenen Überzeugungen. Alle fundamentalistischen Theologien wurzeln in tiefer Furcht:

> Jede Religion – ob es nun der Islam, das Judentum oder das Christentum ist – kennt ein Segment religiöser Gruppen, in denen das Bedürfnis nach absoluter Gewissheit über das Leben, die Wirklichkeit, über Gott und die Zukunft besonders stark anzutreffen ist. Diese Gruppen kennzeichnet ein Glauben des »alles oder nichts«. Ihre Einstellung ist: Wir haben recht und alle anderen haben unrecht. Wir können nicht einmal die Möglichkeit erkennen, dass wir auch nur teilweise unrecht haben können. Und ebenso können wir nicht einmal die Möglichkeit erkennen, dass andere auch nur teilweise recht haben können. Mit diesem Phänomen haben wir es vor allem im amerikanischen Protestantismus zu tun – man kann es aber auch bei vielen Katholiken feststellen. Bei Katholiken spricht man in dem Zusammenhang zwar normalerweise nicht von Fundamentalismus, aber die Mentalität ist in Grunde dieselbe: Der protestantische Fundamentalismus steht auf dem Standpunkt: Die Bibel sagt es mir so. Der katholische Fundamentalismus geht davon aus: Der Papst sagt es mir so.
> *Richard McBrian*

> Ratzinger sollte mehr an den Geist glauben als an Traditionen und Doktrinen. Während seiner Zeit als Leiter der Glaubenskongregation hat er mehr als hundert Theologen verurteilt.
> *Leonardo Boff*

Das Bedürfnis, Doktrinen aufzustellen, Barrieren zu errichten, Grenzen zu ziehen und die Gläubigen in einer uneinnehmbaren Enklave abzuschotten, in der das Gesetz strengstens eingehalten wird, entspringt der panischen Vernichtungsangst, die alle Fundamentalisten früher oder später zu der Überzeugung geführt hat, die Säkularisten seien im Begriff, sie auszurotten. Die moderne Welt, die einem Liberalen so interessant erscheint, wirkt auf den Fundamentalisten gottlos, sinnentleert, ja satanisch ... Solche Ängste lassen sich weder durch rationale Argumentation noch durch Zwangsmaßnahmen beseitigen.
Karen Armstrong

Zwar stand am Anfang des heutigen Fundamentalismus der Versuch, zu den Grundlagen zurückzukehren. Doch wollte man das Fundament der christlichen Tradition in der wörtlichen Auslegung der Bibel und im ebenso wortwörtlichen Verständnis zentraler Glaubenssätze sehen können. Darum ist ein solcher Fundamentalismus auch niemals mit jenem Ernst zu verwechseln, der nach den authentischen Anfängen und Grundlegungen des Christentums zurückfragt. In diesem Buch gehört dazu die Frage nach dem »Verlorenen Anfang«. Aber gerade die Suche nach der Ausgangssituation der Christentumsgeschichte und das Bemühen, der Reich-Gottes-Programmatik Jesu mehr Normativität zuzusprechen als allen späteren Deutungen und Erweiterungen, dürfte dem christlichen Fundamentalismus, so unterschiedlich er sich in den protestantischen Kirchen und der katholischen Tradition akzentuiert, am schwersten fallen, sei es, dass er den neutestamentlichen Kanon ungeschichtlich interpretiert, sei es, dass er Lehrentscheidungen späterer Jahrhunderte dem historischen Jesus überstülpt. Diesen Strömungen im christlichen Spektrum angemessen zu begegnen, könnte der Ökumene mehr nutzen als manche Denkschrift. Nur wenn im Zentrum der großen Kirchen, die sich selbst theologisch reflektieren, aus Angst und Abwehr errichtete dogmatistische Blockaden abgebaut werden, lassen sich die bestehenden Kirchengrenzen überwinden.

X. Glaube – Volksglaube – Unglaube – Aberglaube

Wer Glaube, Volksglaube, Unglaube und Aberglaube in eine Beziehung zueinander rückt, gerät in ein Dickicht unentwirrbarer Definitionen und Erklärungsversuche. Jede dieser Positionen lässt sich aus der Sicht der anderen beschreiben, dabei sind Wertungen möglich, die ständig bipolare Gegensätze schaffen: archaisches und aufgeklärtes Denken, volksfromme Gläubigkeit und ungebildete Naivität, offizielle und populare Religion.

Der »Glaube« existiert nie an sich. Er wird von der Kirche und ihren Theologen durchdacht und definiert, aber kaum von den »Gläubigen« in dieser Form auch verstanden und angenommen. Der Mehrzahl aller Christen ist der Glaube in seiner systematischen Ganzheit und geschichtlichen Entwicklung unbekannt. Die Kirche erwartet auch nichts anderes. Ihr genügen bei den »Gläubigen« jene Kenntnisse, die sich mit der Feier des Kirchenjahres aus einem grundlegenden Konsens ergeben. Heute beunruhigt freilich das Problem, dass der Glaubensbestand seine Formulierung zu Zeiten gewonnen hat, deren Verstehensbedingungen nicht mehr existieren. Das verunsichert und vermindert die Zustimmung zu diesem Glauben. Am »Apostolischen Glaubensbekenntnis« lässt sich die krasse Spannung zwischen Sprachform und Zustimmung deutlich machen.

Als im Jahr 390 in Mailand eine Bischofsversammlung tagte, erarbeitete diese einen Erkennungstext, durch den Christen ihre Zusammengehörigkeit und Einheit ausdrücken konnten. Mehrere Generationen später, im 6. Jahrhundert, führte eine Legende diesen Bekenntnistext auf das Pfingstgeschehen im Apostelkreis zurück:

Da sandte ihnen der Herr den verheißenen heiligen Geist. Alle wurden wie von glühendem Feuer entflammt; und mit der Wissenschaft aller Sprachen erfüllt, verfassten sie das Glaubensbekenntnis. Petrus sagte: Ich glaube an Gott, den Vater, den Allmächtigen … Andreas sprach: Und an Jesus Christus, seinen Sohn … Matthias sagte: Und an das ewige Leben. So durch den heiligen Geist wie Gold durch das Feuer geprüft, zogen die Apostel, die sich bisher für unwürdig gehalten hatten, mutig aus, um aller Kreatur das Evangelium zu verkünden, wie der Herr es ihnen geboten hatte.

Hier formuliert sich die Überzeugung, dieses Credo verkünde das Evangelium und reiche auf die apostolischen Fundamente zurück. Es wird jedoch ein Glaubensverständnis auf den Weg gebracht, das den geschichtlichen Jesus von Nazaret nur mit den Eckdaten seines Lebens erwähnt, seinen Lebensprogramm aber übergeht. Die späteren, erheblich erweiterten Glaubensbekenntnisse halten es ebenso.

Die Existenz dieser Leerstelle hat dem Christentum aller Konfessionen bis heute Bewusstseinstrübungen eingetragen. Deren Aufarbeitung, geschähe sie gründlich und umfassend in bewusstem Rückgang zu Jesus dem Juden, ließe den Verlorenen Anfang wieder gewinnen und wohl auch den jesuanischen Impetus für die heutige Welt neu aktivieren.

Wenn ich versuche, nicht-kirchlichen Menschen zu erklären, warum ich »noch«, wie es dann meistens heißt, Christin bin, dann beginne ich nachzudenken über drei Phasen meiner eigenen religiösen Entwicklung.

Die erste Phase durchleben die meisten von uns während ihrer Kindheit, wenn sie im Sinne der religiösen Normen und Sitten, Glaubensinhalte und Praktiken ihrer Vorfahren erzogen werden. Das religiöse Empfinden unserer Vorfahren erwuchs im kulturellen Klima der Kleinstadt und des Dorfes, in dem die Kirche im Zentrum des sozialen und geistigen Lebens stand. Mythen und Überlieferungen, Werte und ethische Normen waren verwurzelt und zentriert in Traditionen, die man einfach übernahm. Ich nenne diese religiöse Phase die des Dorfes. Auch heute gibt es noch Menschen, die ihr ganzes Leben »im Dorf« zubringen. Aber die große Mehrheit ist ausgewandert in die Großstadt, wenn nicht in Wirklichkeit, dann doch vom Gefühl her: Sie hat aufgehört zu beten und zur Kirche zu gehen.

In dieser zweiten Phase gerät die Religion, die langsam aber sicher alle Macht über die Leute verliert, entweder in Vergessenheit oder in den Brennpunkt bewusster Kritik, in der Menschen sich fragen, wie sie sich von einer Religion befreien können, die ihnen übergestülpt wurde.

Aber mit diesem Auszug, dieser Verstädterung … ist die Geschichte der Religion nicht beendet. Die Widersprüche des Lebens in der Stadt, die Heimatlosigkeit, die Auflösung von lebensnotwendigen Riten und Gebräuchen macht viele unsicher und schickt sie auf Suche nach *religio*, Rückbindung, nach unverletztem

Ursprung. Wohin sollen sie sich wenden? … Nach der religiösen Geborgenheit im Dorf, nach dem religionsfreien Auszug in die kalte Stadt entscheiden sich Menschen bewusst für neue Formen der Religion. Heute sind sie noch in der Minderheit, doch die Zahl derer, die fromm sind, aber nicht im Sinne des alten Dorfes, wird wachsen …

Religion lässt sich heute nicht mehr ererben, das ist ein Ergebnis der Aufklärung und dieses Menschheitsumzuges in die Stadt. Damit hängt ein zweites Element zusammen: Die Entscheidung für eine religiöse Überzeugung erfolgt kritisch, nicht naiv. Nicht alles wird rezipiert, wir verhalten uns selektiv, auswählend. Schon Lessing hat das verstanden, als er fragte: »Soll ich denn die Arznei mit der Schachtel fressen?« Muss ich jedes Wort der Bibel glauben und befolgen? Die Antwort darauf ist ein klares Nein.

Dorothee Sölle

Inzwischen haben allerdings die Zeitläufe das Vokabular des Apostolischen Glaubensbekenntnisses mit Patina überzogen und dem regulären Verständigungsrahmen unserer Zeit enthoben. Der Text enthält nun für Zeitgenossen Satz für Satz, Begriff für Begriff Fußangeln und Stolperdrähte. Die mit ihm verbundene Standarddogmatik erfährt dasselbe Schicksal. Was die mit spätantiken griechischen Denkmitteln erarbeiteten christologischen Titel (*Kyrios*, *Sohn Gottes*, *Menschensohn* und begriffliche Unterscheidungen wie *Wesen*, *Natur* und *Person*) einmal meinten, aber auch was Kennmarken wie »Opfer«, »Erlösung«, »Auferstehung«, »Himmelfahrt«, »Jüngster Tag«, »Wiederkunft«, »Gericht« … besagen, ist im traditionellen Vokabular nicht mehr zu vermitteln. Das Verfallsdatum der Glaubensbegriffe wurde nicht nur erreicht, es ist bereits überschritten – doch entzieht sich dieser Vorgang tragischerweise dem innerkirchlichen Bewusstsein.

Hinter dieser Sprachsklerose scheint eine religiöse und kulturelle Erschöpfung größten Ausmaßes zu stehen. »Was einmal ›oben‹ war«, heißt es bei Arnold Angenendt, »kann später, geradezu in unveränderter Qualität, zum ›unten‹ werden. Oder: die Eliten von früher können in einem späteren Stadium, wenn sie sich der Weiterentwicklung versagt haben, untenan stehen.« Alle Dogmatisierung sichert nichts; gerade die Flucht in Unveränderbarkeit überholt einen Glauben am sichersten.

Zwar mag sich in konfessionellen Traditionslandschaften die *façon de dire* länger halten, aber auch hier läuft die Zeit ab. Soweit die ältere Generation noch eine – auch emotional bewegende – kirchliche Sozialisation erfahren hat, setzt sie sich vielleicht mit dem ihr vermittelten Glaubensverständnis noch ernsthaft auseinander. Doch die folgenden Generationen reiben sich nicht mehr an Glaubensansprüchen, sie kämpfen nicht mehr damit, widerlegen das Dogma nicht, fragen nicht mehr nach, schauen einfach nicht mehr hin. Der kirchliche Glaube berührt nicht mehr existentiell. Sein Grundwasserspiegel ist tief abgesenkt. Darüber vertrocknet und verdunstet, was ehedem als belebend und kulturstiftend erfahren wurde.

Gewiss prägen den europäischen Alltag weiterhin zahllose christliche Spuren. Die Woche gliedert sich in Sonntag und Werktage, der Jahreskalender erinnert im Ablauf der Zeiten an die christlichen »Heilsereignisse«, deren Inhalte freilich abhanden gekommen sind. Eine wachsende Mehrheit kann nicht mehr erläutern, was denn an den Festtagen gefeiert wird. Die Kirchtürme im Bild von Stadt und Dorf, die Prägung der Landschaft in katholischen Gegenden durch Kapellen, Bildstöcke und Wegkreuze, das regional variierende Brauchtum, die bildende Kunst und die Musik der Jahrhunderte, kurz, ein kulturelles Gepräge, welches das biblische Geschehen weiterhin präsentiert …, dies alles zeigt unseren Geschichtsraum als christlich imprägniert, und doch sind weithin nur noch die Namen geblieben, die zugehörigen Geschichten werden kaum noch erinnert.

Was also wird geglaubt? Und wie wird damit gelebt? Besser gefragt: Was kann überhaupt noch geglaubt werden? Den »Schöpfer Himmels und der Erden« hat das Wissen um die Evolution mit vielen Fragezeichen versehen, aber noch sind die Fragezeichen, das heißt die seitens der modernen Kosmologie vorgelegten Problemstände nicht wirklich zur Kenntnis genommen worden. Allmählich aber wächst die Ahnung, dass ein Christus, welcher »der Erstgeborene der ganzen Schöpfung« sein soll, »in dem alles geschaffen wurde im Himmel und auf Erden, das Sichtbare und das Unsichtbare ..., der vor aller Schöpfung ist und in dem alles Bestand hat ...« (Kol 1,15-17), dass ein solcher Christus dem geozentrischen Weltbild zugehört und mit der Überholung dieses antiken Modells seine Plausibilität verloren hat. Geblieben ist ein Mythos, mit Rudolf Augstein zu sprechen, eine »Kunstfigur«.

Der »Glaube«, je nachdem von welcher Seite man ihn sieht, verliert seine Eindeutigkeit. Im Grunde ist dies keine moderne Erfahrung. Schon immer gab es Glaubenssätze, die ihre Relevanz einbüßten und gewissermaßen in den Archiven der Dogmengeschichte verloren gingen (→ S. 553 ff.). Im Übrigen gilt eine Bemerkung Nietzsches: »Man warte nur bis auf die Enkel und Enkelskinder, wenn man Zeit hat zu warten, – sie bringen das Innere ihrer Großväter an die Sonne, jenes Innere, von dem die Großväter selbst noch nichts wussten.«

1. Volksglaube – am Beispiel der Marienverehrung

Der kirchenamtliche Glaube konnte zu keiner Zeit gegenüber volkstümlichen Anschauungen abgegrenzt werden. Wenn das Konzil von Nicäa 325 erklärte, Jesus der Christus sei »Gott von Gott, Licht vom Lichte, wahrer Gott vom wahren Gott, gezeugt, nicht geschaffen, eines Wesens mit dem Vater, durch den alles geworden ist, was im Himmel und auf Erden ist ...«, so war darin, gewissermaßen als Nebenresultat, Marias »Gottesmutterschaft«, wie sie das Konzil zu Ephesus 431 proklamierte, mit angelegt:

Der, den sie durch den Heiligen Geist als Menschen empfangen hat und der dem Fleische nach wirklich ihr Sohn geworden ist, ist ja kein anderer als der ewige Sohn des Vaters, die zweite Person der heiligsten Dreifaltigkeit. Die Kirche bekennt, dass Maria wirklich Mutter Gottes (Theotokos, Gottesgebärerin) ist. (Katechismus der Katholischen Kirche, Nr. 495)

Damit wurde eine Entwicklung initiiert, in der Kirchendogmatik und Volksglaube ein unauflösliches Amalgam eingehen. Als Beispiel mag das Fest der »Entschlafung Marias« dienen, das die katholische Kirche als »Mariä Himmelfahrt« feiert. Texte, die von wunderbaren Vorgängen berichten, meint der Historiker Klaus Schreiner, seien »nie absichts- und interesselos«. So entstand im 5. Jahrhundert, wohl aus einem Verlangen »nach biographischer Vollständigkeit«, die Abhandlung *De transitu beatae Mariae virginis*, ein fiktives Sterbeprotokoll unbekannter Herkunft, das über Tod und Himmelfahrt der göttlichen Jungfrau berichtet. Es wurde im 6. Jahrhundert zwar als theologisch verdächtig und deshalb als zu verwerfen bezeichnet, aber die Erzählung selbst vermochte jedes fromme Gemüt anzusprechen. Sie erzählt, drei Tage vor ihrem Tod habe ein Engel Maria das Ereignis angekündigt, woraufhin sie ihre Verwandten und Bekannten zu sich rief. Gekommen seien aber auch, ohne benachrichtigt gewesen zu sein, alle Apostel. Wolken hätten sie durch die Lüfte schweben lassen und vor Marias Haustür abgesetzt. Sie hätten bei ihr verharrt, betend und Psalmen singend. Dann sei Christus zur angekündigten Stunde erschienen, von Engeln begleitet, um Marias Seele in seine Hände zu nehmen und in den Himmel zu bringen.

Piero della Francesca (um 1420–1492), Madonna dell' Uovo, 1472/1474.

Das von der Muschelspitze der Apsis herabhängende Ei hat eine mythische Vorgeschichte: Im antiken Sparta hing das Ei der Leda von der Decke eines Tempels herab. Als Gemahlin des spartanischen Königs Tyndareos hatte Leda das Gefallen des Zeus gefunden, der sie in Gestalt eines Schwans schwängerte.
Mit der Ankündigung, Maria solle einen Sohn gebären, der »Sohn des Höchsten« genannt werde, verband sich die Erklärung »Der Heilige Geist wird über dich kommen ...« Das Ei mag hier solch ungewöhnliche Mutterschaft symbolisieren.

André Beauneveu (um 1330–1403/13), Marientod.

Die untere Bildhälfte schildert den Tod Marias im Kreis der Apostel. Darüber kommt Christus der auffahrenden Maria entgegen und empfängt ihre Seele. Im oberen Teil wird Maria von der Trinität gekrönt.

Im Mittelalter wurde dieser anonyme Text als Auskunft über Marias Heilsbedeutung gelesen, aber niemand war sich seines jüdischen Hintergrunds bewusst. In der jüdischen Tradition ist es nämlich der Erzengel Michael, der Abraham über seinen bevorstehenden Tod unterrichtet.

Der spätantike Anonymus, der aus dem *Hinübergang Marias* eine erzähl- und erlebbare Geschichte machte, entsprach einem offenkundigen liturgischen Bedürfnis. Seit dem 5. Jahrhundert wurde am 15. August in Jerusalem das Fest der Koimesis, der »Entschlafung Marias«, begangen. Gefeiert wurde das Gedächtnis an die Entschlafung (*dormitio*) und Bestattung (*depositio*) Marias in der Marienkirche im Kedron-Tal, die über dem (vermeintlichen oder tatsächlichen) Mariengrab erbaut worden war und seit der Mitte des 5. Jahrhunderts urkundlich bezeugt ist. Berichteten Pilger des 7. und 8. Jahrhunderts von ihrem Besuch in der Kirche der hl. Maria im Tal Josaphat, vergaßen sie nie, das leere Grab zu erwähnen, in dem Maria bis zu ihrer Himmelfahrt gelegen haben soll … *Klaus Schreiner*

Pilger ebendieser Zeit bewahrten aber auch einen Schuss Skepsis, etwa der Abt Adamnamus von Iona (679–704) oder der irische Wandermönch Willibald, der spätere Bischof von Eichstätt, der zwischen 724 und 726 in Jerusalem war und über das Mariengrab bemerkte, darin sei Maria nicht wirklich bestattet worden; es diene nur als Gedächtnismal und wolle allein als solches an Maria erinnern. Bei dieser Skepsis blieb es jedoch nicht.

Zweifelnde Zurückhaltung wurde im späten Mittelalter abgelöst und verdrängt durch visionär beglaubigte Gewissheit. Als sich Birgitta von Schweden (gest. 1373) in ihren beiden letzten Lebensjahren in Jerusalem aufhielt und das Grab Marias besuchte, sei ihr, wie sie in einer ihrer Visionen berichtet, die göttliche Jungfrau in strahlendem Lichterglanz erschienen und habe gesagt: Fünfzehn Tage lang habe sie in diesem Grab gelegen; danach sei sie mit grenzlosem Jubel in den Himmel aufgenommen worden. Eine übernatürliche Vision wurde zum Unterpfand historischer Richtigkeit. Wer der großen Visionärin Glauben schenkte, brauchte sich durch Zweifel an der Echtheit des Mariengrabes nicht mehr beunruhigen zu lassen. *Klaus Schreiner*

Als auf dieser schwankenden Grundlage Papst Pius XII. am 1. November 1950 die »leibliche Aufnahme Mariens in den Himmel« als Dogma verkündete, erklärte der damalige Münchner Fundamentaltheologe Gottlieb Söhngen (1892–1971) in den Vorlesungen der nachfolgenden Jahre diesen Vorgang zum »schwärzesten Tag meines Lebens«. Söhngens Münchner Kollege Michael Schmaus (1897–1993) aber zeigte, wie solche Traditionen des Volksglaubens als Dogmen legitimiert werden. Dass es sich um einen »Glaubenssatz« handle, für den, »wie für jeden anderen«, die Schrift die Grundlage sei, stellte er nicht infrage, denn:

Diese bietet zwar kein ausdrückliches, wohl aber ein implizites Zeugnis. Der implizite Charakter ist ähnlich wie beim Dogma von der Unbefleckten Empfängnis besonders intensiv, so dass die wissenschaftliche Exegese den Glaubenssatz mit ihren eigenen Mitteln allein nicht mit Sicherheit zu erkennen vermag. Nur die Auslegung durch die Kirche kann volle Gewissheit schaffen. Dies ist nicht überraschend. Denn der Kirche ist das schriftlich fixierte Christuszeugnis anvertraut. Wenn sie es auslegt, legt es im Grunde der in der Kirche wirkende Hl. Geist, der Inspirator der Schrift, aus, so dass die Auslegung durch die Kirche Selbstauslegung des Hl. Geistes ist ...

Schmaus weiß, dass Marias Tod »den Charakter einer Selbstverzehrung in der Glut der von Gott entzündeten Liebe« hatte, und dass mit ihrer Aufnahme in den Himmel »nur zeitlich vorverlegt wurde, was allen übrigen am Ende der Geschichte zuteil wird«. Im Anschluss an ältere Theologen fragt er, ob für die leibliche Auferstehung am Ende der Welt »die Seele sich die Materie zu ihrem Verklärungsleib nehmen könne, woher immer«. Darüber habe die Kirche nicht geurteilt, aber auf keinen Fall könne »die Feststellung eines Mariengrabes das Dogma gefährden.«

Antike Vorläufer

Vor dem Konzil von Ephesus gab es in der Christenheit weder eine belegbare Marienverehrung noch gab es Marienkirchen. Auf den ersten Blick könnte es scheinen, als sei die Mariologie ein dogmatisches Nebenprodukt der Christologie, zumal es in Ephesus weniger um ihre eigene Stellung als um die Göttlichkeit ihres Sohnes ging. In Wirklichkeit aber dürfte die Rede von der »Gottesmutter« ein Bedürfnis freigelegt haben, das unendliche Zeiten früher bereits in der Verehrung der göttlichen Mutter und Himmelskönigin ihren Ausdruck fand. Die babylonisch-assyrische Ischtar hieß »Königin des Himmels und der Sterne«. In Jerusalem ist der Kult der Göttin Aschera vom 10. bis 7. Jahrhundert durchgehend belegt (→ S. 184). Während der Reform des Königs Joschija wurde ihr Kult abgeschafft, lebte aber nach dessen Scheitern in der Verehrung der Himmelskönigin Astarte gleich wieder auf (Jer 7,18; 44,17-19). Man sagt auch, die in Ephesus in den Rang einer Gottesgebärerin erhobene Maria habe die dort verehrte Göttin Artemis abgelöst. Gewiss aber ist das Bild der stillenden Isis fast unmerklich von der stillenden Maria weitergeführt worden.

Isis und Hathor als Personifikationen der Gottesmutterschaft vereinen in sich alle Aspekte, die man in der Tradition Ägyptens über die Würde der Gottesmutter zu benennen wusste. Die Vielzahl der einschlägigen Darstellungen in der griechisch-römischen Zeit manifestiert uns die Dichte des Volksglaubens und das Bestreben der Verehrer der Muttergottheit, ebenfalls in ihrem Schutz geborgen zu sein. Die Grundlagen zu einer »Marienfrömmigkeit« sind mit den öffentlichen und privaten Kulten der Gottesmutter in Ägypten gelegt worden. Die sogenannten Isisgemeinschaften verstanden sich in exklusiver Zugehörigkeit zum Mysterium der Isis als Inbegriff des Werdens aus Gott. Das Gotteskind ... trägt die Insignien des Herrschers, wie dies bei der Darstellung des Jesuskindes als Weltenherrscher und König aller Räume und Zeiten in vergleichbarer Weise der Fall ist.

Manfred Görg

Ob neue Religionen sich durchsetzen und vor allem im Volk Resonanz finden, hängt wesentlich davon ab, ob sie Funktionen der alten Religion ersetzen können. In die Marienbildnisse der Kirche sind Mythen und Träu-

Die stillende Gottesmutter Isis. Ägypten, ptolemäische Zeit, 306–30 v. Chr.

Glaube – Volksglaube – Unglaube – Aberglaube

Göttin Tanit, mit Kind und segnend erhobener Hand. Phönizien, persische Zeit, 5. Jh. v. Chr.

Unter dem Namen Tanit wurde die große Astarte von Tyrus im westlichen Mittelmeer verehrt. Man nannte sie auch »Klagefrau«, weil sie wohl eine ähnliche Rolle Baal gegenüber gespielt hat, wie Isis gegenüber Osiris.

Stillende Isis auf einem prunkvollen Thron. Ägypten, römische Zeit, 2. Jh. n. Chr.

Über die koptische Kunst in Ägypten wurde der Typus der altägyptischen stillenden Isis dem Westen und Byzanz bekannt und wandelte sich dort zur Maria lactans, der stillenden Gottesmutter.

Thronende Frau mit Kind an der Brust. Palästina, frühbyzantinische Zeit, 4–5. Jh. n. Chr.

Bei dieser Gestalt ist nicht klar, ob sie noch eine lokale Variante der stillenden Isis ist, oder bereits als deren christliche Nachfolgerin verehrt wurde.

me, Sehnsüchte und Bedürfnisse eingeflossen, die Menschen als psychische Grundausstattung in sich trugen. Was immer der Marienkult an Vorstellungen birgt, die Leben und Tod umgreifen, eine Mutter, die ihren schützenden Mantel über Städte und Länder breitet, ist von der neutestamentlichen Mutter Jesu nicht ableitbar. Hier meldet sich das Verlangen nach erlöstem und behütetem Menschsein. »Die Zuschreibungen, die sich in solchem Verlangen artikulieren, verweisen auf strukturelle Ähnlichkeiten zwischen Maria und den Muttergottheiten der antiken Welt« (Klaus Schreiner).

Die archetypische Struktur der Marienfrömmigkeit prägt hintergründig auch viele Orte und Formen ihrer Verehrung, die in vorchristlichen Kulten mit weiblichen Gottheiten verbunden waren: Auffallend sind Bezüge zu Bäumen, Pflanzen und Früchten (Nuestra Senora de los Huertos; del Manzano; de la Encina …); eine Vorliebe für Hirten (die Mare de Déu de Lluc, Patronin von Mallorca, wurde von einem Schäfer oder Einsiedler gefunden; die Madonna vom Montserrat von drei Hirten entdeckt, Hirtenkinder begegnen immer wieder … in La Salette, Lourdes, Fatima …); die Madonna bevorzugt Höhlen und Grotten (Nájera; Lourdes), hat eine enge Verbindung zum lebenspendenden Wasser (Toledo; Chartres, Lourdes; viele sonstige Wallfahrtskapellen und Kirchen mit »Heilwasser«).

Auch andere Attribute haben antike Vorläufer. So das Mondsichel-Attribut, der Beiname *stella maris*, der Madonnentyp, der einen Apfel in der Hand hält, nicht zuletzt die »Jungfrauengeburt«. Dieses Motiv reicht hinter die christliche Zeit bis ins 3. Jahrtausend v. Chr. zurück (→ S. 318–320). Es hat zunächst nichts mit einer Abwertung des Sexuellen zu tun, sondern ist eine mythische Ausdrucksform, die in ihrer christlichen Weiterführung allerdings nicht »im Bilde« blieb und eine ethische Minderstellung der Sexualität förderte. Die Jungfrauschaft aus leibfeindlichen Tendenzen wurde der realen Mutterschaft und einem nichtjungfräulichen Dasein ethisch übergeordnet.

Die Große Mutter des Mittelalters

Marias Jungfräulichkeit und Evas Schwäche konnten über die Jahrhunderte hin benutzt werden, um aus Frauen, die in ehelicher Gemeinschaft lebten, ein verführbares und verführerisches Geschlecht zu machen. »Tatsache ist aber auch, dass Marienbilder … die Vorstellung einer selbstbewussten Frau vermitteln, die vorbildhaft glaubte, mit prophetischer und apostolischer Kompetenz lehrte, wirksam half, fürsorglich und warmherzig pflegte …« (Klaus Schreiner). Um allen eng geführten Perspektiven entgegenzutreten, die mit der Marienverehrung nur noch die Tendenz verknüpfen, »wie die Lust zum Teufel ging«, sei aus der materialreichen Geschichte der Marienverehrung von Klaus Schreiner zitiert:

Wallfahrerinnen erfuhren Maria als helfende Freundin, nicht als verlängerten Arm einer disziplinierenden Kirche. Frauen suchen nicht deshalb bei Maria Zuflucht, um sich von der Hoheit der Himmelskönigin entmutigen und erniedrigen zu lassen. Vor Marienbildern fanden Frauen eine Sprache für ihre ureigensten Belange und damit auch eine Deutung für ihre Sorgen und Ängste. Affektive Beziehungen, die Frauen zu Maria ausbildeten, beruhten auf der Überzeugung, dass sich Maria voller Verständnis und bar jeden Argwohns der Sorgen aller Menschen mit gleich großer Güte widmen wird.

Marias Körper, den Gott zum Ort und Träger seiner Menschwerdung gemacht hatte, zählte zu den zentralen Gehalten der Frömmigkeit mystisch begabter Frauen. In ihren Schriften machten sie aus weiblichen Geschlechtsmerkmalen theologische Metaphern …

Mittelalterliche Frauen erlebten und erfuhren Maria nicht als unerreichbaren Übermenschen, sondern als Frau, der Gefährdungen und Leiden des weiblichen Geschlechts widerfahren waren: Schwangerschaft, Entbindung, Armut, Ausgegrenztsein, Flüchtlingselend, der Verlust des eigenen Sohnes. Wunder- und Wallfahrtsberichte geben Kunde von Frauen, die um Fruchtbarkeit zu Maria beteten, von Männern, die Maria zutrauten, dass sie ihnen bei der Zeugung von Nachkommen behilflich sein könne. Den Eindruck einer völlig entsexualisierten Asketin, die die geschlechtlichen Probleme ihrer Verehrerinnen und Verehrer gleichgültig waren, macht eine solche Maria nicht. Maria, durch Votivgaben bedrängt und beschworen, half den Gebärenden; sie schützte Neugeborene gegen die Macht der Dämonen; sie leistete Beistand in der Stunde des Todes. Im Himmel betätigte sie sich als Anwältin ihrer Liebhaber und Verehrer. Dem männlichen Vatergott zeigte sie ihre Brüste, damit er Gnade vor Recht ergehen lasse. Ihre mütterliche Macht gebrauchte sie im Interesse der Menschen. Für geglücktes Leben und gutes Sterben war sie gleichermaßen zuständig.

Marienverehrung im Mittelalter verlangte nach Bildern, die gefielen und dazu einluden, sich in dem Dargestellten wiederzuerkennen. Als von Gott begnadete Frau musste Maria schön sein. Schönheit war ein Merkmal des Heiligen. Ohne einen Hauch von Erotik war Maria als schöne Frau nicht darstellbar. Die Verbildlichung des Sakralen brachte Momente des Menschlichen ins Spiel, die – dogmatisch betrachtet – nicht gestattet waren. Erst in der Reformation wurde von neugläubigen Kritikern der Vorwurf erhoben, schöne Marienbilder … seien der Andacht abträglich.

Friedrich Schramm (um 1450–1515), Schutzmantelmadonna. Ravensburg, um 1480.

Maria bei Hermann Hesse
In dessen »Madonnenfest im Tessin« treten Maria, Venus und Krischna als göttliche Gestalten von hoher Verehrungswürdigkeit zusammen auf:

Die goldene Madonna [in der Wallfahrtskirche auf dem Monte Arbostora] wäre so recht ein Heiligtum für Menschen von meiner Art, und es ist eigentlich schade, dass ich gar nicht Katholik bin und gar nicht richtig zu ihr beten kann. Was ich indessen dem heiligen Antonius und dem heiligen Ignatius nicht zutraue, das traue ich doch der Madonna zu: dass sie auch uns Heiden verstehe und gelten lasse. Ich erlaube mir mit der Madonna einen eigenen Kult und eine eigene Mythologie, sie ist im Tempel meiner Frömmigkeit neben der Venus und neben Krischna aufgestellt, aber als Symbol der Seele, als Gleichnis für den lebendigen, erlösenden Lichtschein, der zwischen den Polen der Welt, zwischen Natur und Geist, hin und wider schwebt und das Licht der Liebe entzündet, ist die Muttergottes mir die heiligste Gestalt aller Religionen, und zu manchen Stunden glaube ich sie nicht weniger richtig und mit nicht kleinerer Hingabe zu verehren als irgendein frommer Wallfahrer vom orthodoxen Glauben.

Ich fliehe vor den frommen Bildern
sprach die Mutter Gottes
vor den Damen, die wie
Schaufensterpuppen
zu meinen Porträts Modell sitzen
vor der kanonisierten Kosmetik
Kinder sollen meine Schönheit malen
unbewusst mit wunderbarer
Hässlichkeit
mit eiligen Farbstiften
Brauen, die vor
Ergriffenheit
unsymmetrisch geraten
einen Mund von Ohr zu Ohr
und fieberrote Backen
und kugelrunde Tränen gleich einer
altmodischen Brille
mit einer Hand gemalt
voller erstmaliger Verwunderung.

Jan Twardowsky

Als »Große Mutter« erscheint Maria aber nicht von Anfang an. Ihre bei aller Ehrfurcht zutrauliche oder gar familiäre Nähe ist der Spätantike und dem frühen Mittelalter noch fremd, zumal Kult und Frömmigkeit jener Epochen mehr von oben bestimmt sind als dem Volk entwachsen. Die byzantinischen und romanischen Darstellungen zeigen Maria als Königin, kostbar bekleidet, im Gestus reserviert, sogar abweisend. Alles Subjektive und Emotionale fehlt. Autoritärer und repräsentativer Geist zelebrieren eine Hoheit, die nicht dem Volke entstammt, sondern diesem in Überhöhung der cäsaropapistischen Hofhaltung entgegentritt.

Erst mit der städtisch-bürgerlichen Laienkultur der Gotik entstehen jene Madonnenbilder, die zum Gemüthaftesten gehören, was die Kunstgeschichte kennt. Szenen des Marienlebens gestatten dem Betrachter vielfältige Identifikationen. Schutzmantelbilder und -lieder zeigen der Christenheit die gemeinsame Mutter. Überreich werden im späteren Mittelalter die Marienklagen. Sie beweinen den blutigen Tod ihres Sohnes am Kreuze. Gleichzeitig vermehren sich die Bildwerke, die Jesu Leiden und Sterben schildern. Maria leidet mit in dieser Passion. Sie steht unter dem Kreuze des sterbenden Sohnes, in ihren Schoß wird sein Leichnam gelegt; zusammen mit Freunden trägt sie ihn zu Grabe. In all dem wird nicht allein der Kreuzweg der heiligen Personen memoriert, sondern in ihrer Passion findet zugleich das unfassbar große Leid jener Jahrhunderte seinen Ausdruck, die – zumal unter der Geißel verheerender Pestseuchen – den Tod millionenfach kannten.

In Zeiten, da Eltern vier von fünf Kindern wieder ins Grab legen mussten, die Pest ein Drittel der Bevölkerung Europas dahinraffte, Leidensthemen und Totentänze das Kunstschaffen bestimmten, waren die »Schmerzhafte Mutter« – und mit ihr der gequälte, leidende und sterbende Sohn – jene Identifikationsfiguren, in deren Schicksal das eigene bittere Leben Möglichkeiten demütiger Annahme fand.

Unter pastoraler Regie

Wie alle vitalen Bedürfnisse und Emotionen konnte die volksfromme Marienverehrung aber auch als Medium benutzt werden, das »christliche Volk« einer pastoralen Regie zu unterwerfen und die Frömmigkeit so zu domestizieren, dass sie jene Fügsamkeit gewann, die der nachreformatorischen Kirche zunehmend unentbehrlicher wurde, um ihr Hirtenamt auszuüben.

Zunächst war es der Jesuitenorden, der die Marienverehrung als ein Führungs- und Disziplinierungsmittel der Volksseelsorge methodisch nutzte. Insbesondere sollten »Marianische Sodalitäten«, bereits im 16. Jahrhundert in Italien gegründet und seit 1612 auch in Deutschland zur Pflege eines kirchlich-katholischen Lebenswandels verbreitet, die Jugend der Kirche erhalten helfen.

Ebenfalls entstanden im 16. und 17. Jahrhundert unter dem Namen der Allerseligsten Jungfrau zahlreiche neue Ordensgenossenschaften. Gegen Ende des 18. Jahrhunderts wurden die Maiandachten als kirchliches Gegenstück zu den Frühlingsfeiern der Französischen Revolution propagiert, die den Frühlingsmonat ausschließlich Maria weihten. Dominikaner und Jesuiten förderten immer neue marianische Andachtsübungen. Parallel dazu verlief eine üppige Entwicklung der offiziellen Mariologie über die Stationen 1854 (Pius IX. proklamierte das Immaculata-Dogma) und 1950 (Pius XII. verkündete die leibliche Aufnahme Marias in den Himmel), was innerkirchlich als dogmatische Übersteuerung der Amtstheologie kritisiert wurde.

So viel geistliche Spielleitung kam nicht von ungefähr; sie resultierte wesentlich aus dem Funktionsverlust der verfassten Kirche seit Beginn der Neuzeit und verschärfte sich durch die soziale Problematik des 19. Jahrhunderts. Immer entschiedener wurde die Religion jetzt als Disziplinierungsmittel für die unteren Volksklassen verwendet. Die Heiligen erfuhren eine bewusste Interpretation als (kleinbürgerliche) Vorbilder: Der heilige Josef wurde zum schweigsam-fleißigen Handwerksmann und Patron der Arbeiter stilisiert. Die Heilige Familie – als Idylle friedlicher Privatheit – begleitete den Strukturwandel vom »ganzen Haus« zur Kleinfamilie. Doch das breiteste Spektrum für seelsorgerliche Instrumentalisierung bot weiterhin die Marienverehrung. Zusammen mit anderen Heiligen – Aloisius von Gonzaga, Josef als Pflegevater, schließlich auch Maria Goretti – diente die Heilige Jungfrau der Keuschheitserziehung als leuchtendes Vorbild; selbst die Sexualaufklärung der Kinder wurde im 20. Jahrhundert noch mit Hilfe des Ave Maria und der Marienfeste buchstabiert. Dominant schließlich war Maria als »Magd des Herrn« ein Imitabile der Mädchenerziehung, vor allem in der klösterlichen Aszese. Eine repressive Ancilla-Theologie diente als Unterwerfungs- und Disziplinierungsmittel für idealistisch-fromme Menschen.

So zeigt sich hinter der göttlichen Muttergestalt, die auch weiterhin dem leidenden Volk Trost und Geborgenheit schenkt, in den letzten Jahrhunderten eine pastorale Regie, die bewusst wie unbewusst waltet. Innere Bedürfnisse und Impulse werden Instrumente der Beherrschung und fromme Bräuche und Verehrungstraditionen Steuerungsmechanismen. Frömmigkeit leistet zunehmend das, was sie im Sinne der Obrigkeiten stets leisten soll: Sie macht das Volk »geneigt« und erhält es in dieser Geneigtheit; erzieht zu Gehorsam vor den Gesetzen, zu Mäßigkeit im Privatleben, Fleiß bei der Arbeit und einer stets manierlichen Bescheidenheit.

Die Marienverehrung dieser pastoralen Praxis steht in deutlichem Gegensatz zur Marienfrömmigkeit des Mittelalters. Zu jener Zeit suchten nicht nur Könige und Kleriker, Kommunen, Konquistadoren und Feldherren Schutz unter ihrem Mantel, sondern auch kleine Leute, Bettler und Tagediebe, Gaukler und Randständige aller Art, Räuber und Totschläger. Was bei den kirchlichen und staatlichen Instanzen keinen Schutz mehr fand, sich vor dem göttlichen Richter fürchtete, vertraute dem Verständnis, der verzeihenden Kraft und Liebe der Mutter. Wie Maria die Strafmaßnahmen der Kirche unterlief, schildert der Zisterzienser Caesarius von Heisterbach (um 1180–1240):

Die Nonne Beatrix, Küsterin in ihrem Konvent, liebte einen Kleriker. Ehe sie mit diesem das Kloster verließ, übergab sie der Jungfrau Maria die Schlüssel von Kirche und Kloster. Nach Jahren empfand sie jedoch Reue, ihrem Beruf untreu geworden zu sein und kehrte in ihr Kloster zurück. Dort fand sie zu ihrer Überraschung, dass ihre lange Abwesenheit von den Mitschwestern gar nicht bemerkt worden war. Maria hatte nämlich in den vielen Jahren, die sie mit dem Liebhaber verbrachte, das verwaiste klösterliche Amt versehen. Nun erhielt sie von Maria, ihrer Doppelgänge-

Maria bei Günter Grass

Einen ungezwungenen, naiven Zugang zu Maria hat in der Gegenwart kein bedeutender Literat mehr gefunden. Viele bearbeiten ihre eigenen Kindheitserfahrungen, wie etwa Günter Grass, der in seinen zynisch-satirischen Formulierungen zeigt, wie schmerzhaft solche Klärungsvorgänge sein können:

Früher konnte ich nicht auf die Straßenbahn warten, ohne gleichzeitig der Jungfrau Maria zu gedenken. Ich nannte sie liebreiche, selige, gebenedeite Jungfrau der Jungfrauen, Mutter der Barmherzigkeit, Du Seliggepriesene, Du aller Verehrung Würdige, die Du geboren hast den, süße Mutter, glorreiche Jungfrau, lass mich verkosten die Süßigkeit des Namens Jesu, wie Du sie in Deinem mütterlichen Herzen verkostet hast, wahrhaft würdig und recht ist es, gebührend und heilsam ist es, Königin, gebenedeite. Dieses Wörtchen »gebenedeit« hatte mich zeitweise, vor allen Dingen, als Mama und ich die Herz-Jesu-Kirche jeden Sonnabend besuchten, so versüßt und vergiftet, dass ich dem Satan dankte, weil er in mir die Taufe überstanden hatte und mir ein Gegengift lieferte, das mich zwar lästernd, aber doch aufrecht über die Fliesen der Herz-Jesu-Kirche schreiten ließ.

Glaube – Volksglaube – Unglaube – Aberglaube

rin, die Schlüssel zurück. Die in ihr Professkloster zurückgekehrte Beatrix führte ihre alten Amtsgeschäfte so weiter, als ob es das Intermezzo mit dem Kleriker gar nicht gegeben hätte.

Viel erzählt wurde auch die Wundergeschichte, die Jakob de Voragine (1228/30–1298) in seine *legenda aurea* aufnahm:

Es war ein Dieb, der gar viel raubte, doch hielt er Marien sehr in Ehren und sprach oft ihren Gruß. Einst, da er etwas stahl, ward er ergriffen und zum Strang verurteilt. Da er nun gehangen ward, war alsbald die heilige Jungfrau da und hielt ihn mit ihren Händen, als ihm schien, drei Tage am Galgen, dass ihm kein Leid geschah. Die ihn gehangen hatten, gingen von ungefähr vorüber, und da sie sahen, dass er noch lebte und war fröhlichen Angesichts, meinten sie, er wäre nicht recht mit dem Strick erwürgt, und wollten ihn mit dem Schwert umbringen; aber Maria hielt die Schwerter mit ihrer Hand fest, dass sie ihm nichts schaden konnten. Da sagte er ihnen, wie ihn Maria hatte behütet; da verwunderten sie sich sehr, nahmen ihn von dem Galgen und ließen ihn in Marien Namen ledig. Da ging der Dieb in ein Kloster und diente der Mutter Gottes, so lange er lebte.

Bevor die Marienverehrung ihre kleinbürgerliche Verengung durch zu viel pastorale Intention fand, gab es – gemäß Klaus Schreiner – eine Maria, »die sinnlicher, heiterer, wirklichkeitsnäher, widerborstiger, unangepasster und unkonventioneller war als die Madonna von Fatima, von Lourdes oder Syrakus oder die Madonnen der Nazarener aus dem 19. Jahrhundert«. Der Tübinger Ästhetik-Professor Friederich Theodor Fischer schimpfte sogar, als er die Maria in Overbecks Frankfurter Gemälde »Der Triumph der Religion in den Künsten« (1832–1840) sah voll Zorn und Ironie:

Eure Madonnen sind nicht die Madonnen der alten Kirche; sie haben in den Stunden der [pietistischen] Andacht gelesen, sie sind in einer Pension, in einer Töchterschule aufgewachsen, ein Jährchen wenigstens, ja sie trinken Tee, wenig, aber etwas. Diese hier hält ja gar eine Schreibfeder in der Hand; gebt acht, sie nimmt ein Blatt aus einem Album mit Rokoko-Arabesken am Rande und schreibt etwas von Jean Paul darauf – nein, schönes Mädchen, ich glaube es nicht, dass dies Kind Ihr Kind ist, Sie sind zu sittlich, auch hat der Heilige Geist einen anderen Geschmack, etwas derber; einen Zimmermann hätten Sie schwerlich geheiratet; vielmehr ein Ideal von einem sittlichen, höchst musterhaften jungen Mann, angestellt etwa beim Kirchen- und Schulwesen, irgendeinen Oberhofprediger, der Glockentöne geschrieben hat – den würd ich Ihnen empfehlen.

Das gebrochene Verhältnis der Gegenwart

Was Maria an Bravheit und Vorbildlichkeit gewann, verlor sie an gesellschaftlicher und politischer Bedeutung. Wenn man sagt, im 19. Jahrhundert habe die marianische Frömmigkeit ihren Höhepunkt erlebt und dabei auf 1854, das Jahr der Verkündigung des Dogmas von der Unbefleckten Empfängnis und auf die wundertätigen Erscheinungen 1858 in Lour-

Friedrich Overbeck (1789–1869), Der Triumph der Religion in den Künsten (Ausschnitt), 1832–1840.

In offensichtlicher Affinität zu Raffaels »La Disputa del Sacramento« (1509) schuf Overbeck das vom Städelschen Kunstinstitut in Frankfurt in Auftrag gegebene Werk. Die figurenreiche Komposition stellt historische Persönlichkeiten, die nach Overbecks Auffassung Gott in der Kunst gedient haben, in einer idealisierten »sacra conversatione« zusammen, ersetzt aber den zentralen Christus durch Maria mit dem Jesuskind.

des verweist, so sind dies »Höhepunkte«, die der nachreformatorischen Entwicklung zugehören. Bei näherem Zusehen zeigt sich, dass – abseits des kirchlichen Milieus, in dem das 19. Jahrhundert fortdauert – Kunst und Literatur ihre Arbeit weitgehend als kritisches Korrektiv zu den vorherrschenden Mariendarstellungen wahrnehmen. Max Ernst malt Maria, wie sie das Jesuskind züchtigt. Michael Triegel lässt sie vom Himmel stürzen oder gibt einer altmeisterlich gemalten Mariengestalt ein Gesicht, das die kleine Tochter (→ S. 78 f.) gekritzelt hat. Auch die Sprache der Dichter nimmt verfremdende Ausdrucksformen an, von denen manche sogar anstößig werden. Man will provozieren und Distanz zum ästhetisierenden Marienkult schaffen.

Im Jahre 1983 machte sich der niederländische Dichter Cees Nooteboom auf den Weg nach Guadalupe, in den Bergen des spanischen Estremadura. Dort betrachtete er die schwarze Madonna in der goldenen Grotte – »die Große Mutter, von Kopf bis Fuß beschuht, bekleidet, behängt, voll von Diamanten, Perlen, Gold, alle Blicke auf sich ziehend, elektrisch angestrahlt, zwischen zwei korinthischen Säulen sitzend«.

Hier erinnerte sich der Schriftsteller: Lange vor ihm war auch Christoph Kolumbus da. In einem Seesturm befahl er, dass durch Losentscheid eine Wallfahrt nach Santa Maria de Guadalupe festgesetzt werde, wobei der Pilger eine fünf Pfund schwere Wachskerze tragen solle … Das Los traf ihn, den Kapitän, »und so sah ich mich als verpflichtet an, das Gelübde zu erfüllen und die Wallfahrt anzutreten«.

Auch Hernándo Cortéz, der berüchtigte Liquidator der aztekischen Kultur, betete in Guadalupe neun Tage lang. Don Juan d'Austria schenkte der Madonna von Guadalupe die Decklaterne des türkischen Flaggschiffes, das er mit der übrigen Flotte 1517 bei Lepanto besiegt hatte.

Die Begegnung von Cees Nooteboom mit der Madonna von Guadalupe war jedoch anderer Art. Immer noch war sie für ihn »der ›Meerstern‹ aus den Litaneien meiner Jugend«, jedoch nun »auch die Nachfolgerin von Isis und Astarte, der ›aus dem Meeresschaum geborenen Aphrodite‹«. Nooteboom bekennt, mit der Jungfrau Maria »eine richtige Vergangenheit« zu haben, die im Laufe seines Lebens mehrfache Brechungen erfuhr, sein derzeitiges Verhältnis sei jedoch ein anderes: »Unsere Wege haben sich inzwischen getrennt, doch sie gehört zu meinem Erbe, und in den Ländern, die ich gern besuche, tritt sie in den eigenartigsten Manifestationen auf, wir begegnen uns also regelmäßig. Gestern erst, bei meinem Abschied von der Küste.«

Das Zeitalter der Marienerscheinungen

Ganz andere Marien, als die bisher betrachteten, begegnen vermehrt seit dem frühen 19. Jahrhundert. Im Mittelalter standen im Zentrum des Marienkults Statuen und berühmte Bilder, die etwa vom Evangelisten Lukas stammen sollen, sowie Orte, die eine Marienreliquie auszeichnet. Damals war der Reliquienhandel hoch im Schwange. Selbst mit Jesus verbanden sich jede Menge Verehrungsobjekte, unter denen die Windeln, seine Sandalen, der Rock bis zu den Nägeln der Kreuzigung und dem Kreuzesholz, sowie die Heilig-Blut-Reliquien noch als seriös erscheinen konnten, verglichen mit dem weiteren Angebot wie Milchzähne, Barthaare, Fingernägel, Nabelschnüre und sogar Vorhäute. Für Maria beschränkte sich das

Guadalupe in der Extremadura ist einer der wichtigsten Wallfahrtsorte Spaniens. Das Madonnenbild im Monasterio de Nuestra Señora, gilt als »Königin des Spaniertums« in aller Welt. Ihr zu Ehren nannte Columbus eine Insel Guadalupe. Flüsse, Berge, Städte in der Neuen Welt tragen den Namen dieses Dorfes. Kamen die Entdecker und Eroberer von ihren Fahrten zurück, wallfahrteten sie nach Guadalupe, dankten der Madonna und spendeten von ihren erworbenen Schätzen. Daher der große Reichtum des Klosters zur damaligen Zeit, so dass es hieß: »Lieber Mönch in Guadalupe als Fürst oder Herzog«.

Die Madonna von Guadalupe (Mexiko). Fresko von Antonio Garcia, 1946/47.

Das von den Niederlanden aus propagierte Bild der »Mutter und Frau aller Völker« (2. Hälfte 20. Jh.), nennt im Text Maria zwar »Fürsprecherin«, setzt die Frau aber, »die einst Maria war«, wie eine Göttin in Szene: Sie hat sich das Kreuz angeeignet und lässt von da ihre Gnade allen Völkern der Welt zukommen.

Angebot überwiegend auf sekundäre Reliquien: Tuniken, etwa in Chartres, Konstantinopel und Aachen; eine Reihe von Gürteln; in Konstantinopel auch ihr Leichentuch und an weiteren neunundsechzig Orten einige Tropfen Milch, mit denen sie Jesus gestillt hatte – was den Reformator Jean Calvin zu der respektlosen Bemerkung veranlasste, die Jungfrau Maria hätte eine solche Menge Milch wohl nur produzieren können, wenn sie ihr gesamtes Leben hindurch Amme gewesen wäre.

Das Wallfahrtswesen, das dieser Reliquienkult in Schwung brachte, bewegt sich freilich in bemessenen Rahmen, setzt man dagegen, was die bis dahin unbekannten Marienerscheinungen der jüngsten Epoche auszulösen vermögen. Dass Maria Menschen erscheint und Botschaften hat, datiert erst seit 1830. Zwar gab es auch im Mittelalter fromme Legenden über Erscheinungen der Jungfrau Maria, doch wurden sie ersonnen, um einen bestehenden Verehrungsbrauch zu legitimieren; sie lassen sich mit Marienerscheinungen der Moderne nicht vergleichen. Außer Acht kann auch das italienische Loreto bei Ancona bleiben. Dorthin brachten Engel am 7. September 1295 das Haus der Jungfrau aus Nazaret, in dem sie die Botschaft Gabriels empfing. Es wird in Loreto immer noch als *Casa Santa* verehrt (wenn es auch in Nazaret bis heute bei einer Höhle blieb, in der sich die »Verkündigung« ereignet habe). Die einzige Ausnahme – noch vor dem Boom der »klassischen« Marienerscheinungen – ist *Nuestra Señora de Guadalupe* in Mexiko. Hier erschien eine dunkelhäutige Maria viermal einem Indio, als Juan Diego getauft, zwischen dem 9. und 12. Dezember 1531 in der Gestalt einer Einheimischen. Sie äußerte den gleichen Wunsch wie auch bei späteren Erscheinungen: man solle ihr ebendort eine Kapelle errichten. Heute schätzt man den Strom der Pilger aus aller Welt auf zwanzig Millionen pro Jahr. Damit wäre Guadalupe nicht nur der größte Marienwallfahrtsort, sondern der größte Wallfahrtsort überhaupt, noch vor Rom und Jerusalem. Kritiker weisen darauf hin, der Hügel, auf dem die Wallfahrtsbasilika von Guadalupe steht, sei vordem der aztekischen Muttergöttin Tonantzin geweiht gewesen. Andere meinen, Juan Diego habe gar nicht die Jungfrau Maria, sondern die aztekische Erdgöttin Coatlicue gemeint, die Mutter des Sonnengottes Huitzlilopochtli. Die Spanier, unfähig mit dem Namen Coatlicue etwas anzufangen, hätten daraus Guadalupe gemacht.

Die Epoche der Marienerscheinungen begann in der Nacht vom 18. auf den 19. Juli 1830 im Kloster der *Filles de la Charité* des Vincent de Paul in der Rue du Bac in Paris. Die damals 23-jährige Novizin *Catherine Labouré* (1806–1875), eine Bauerntochter, fühlte sich von einer Kinderstimme geweckt und aufgefordert, in die Klosterkapelle zu gehen. Dort sah sie Maria innerhalb eines ovalen Rahmens auf der Erdkugel stehend. Die Erscheinung sei von den Worten umgeben gewesen: *Marie, conçue sans péché …*, »Maria, ohne Sünde empfangen, bitte für uns, die wir unsere Zuflucht zu dir nehmen«. Maria habe ihr aufgetragen, Medaillen mit diesen Bildern zu prägen und gesagt: »Alle, die sie tragen, werden große Gnaden empfangen«. Da in jener Zeit die Doktrin von der »Unbefleckten Empfängnis Mariä« heftig diskutiert wurde, hatte die Kirchenobrigkeit eine himmlische Bestätigung dafür, dass die Lehre von der *immaculata conceptio* richtig und himmlisch gewollt sei. Der Erzbischof von Paris erlaubte die Prägung der Medaille bereits zwei Jahre später. Doch im Gegensatz zu allen nachfolgenden »Seherinnen« erfuhr die Öffentlichkeit zu ihren Lebzeiten nicht Catherines Namen. Die Rue de Bac, wo heute ihre unverweste Leiche liegt, entwickelte sich auch nicht zu einem Wallfahrtsziel.

Sechzehn Jahre später, am 19. September 1846, sollte sich die Jungfrau Maria erneut manifestieren, diesmal weinend auf einer Wiese in den Bergen über Grenoble. Hier waren es zwei Hirtenkinder, *Maximin Giraud* (11) und *Mélanie Calvat* (14), welche erfuhren, dass die Menschen in Sünde lebten, die Kleriker (»Kloaken der Unreinigkeit«) ein schlechtes Beispiel gäben, die Kirchenoberen – Papst Pius IX. ausdrücklich ausgenommen – nur an weltlichen Reichtum dächten. Die weinende Gottesmutter gab den Kindern eine Botschaft mit drohenden Untertönen. Sie sprach von Gotteslästerung, Sonntagsentheilgung, Missachtung der Kirchengebote und des Gebetes. Die Kinder erhielten die Anweisung, Strafandrohungen für die sündige Menschheit kundzutun. Jedes der Kinder soll dann noch je ein »Geheimnis« empfangen haben (eine neue Linie, die in Fatima kulminiert). Diese Texte wurden von den Kindern schriftlich niedergelegt und in zwei versiegelten Briefen Papst Pius IX. am 18. Juli 1851 übergeben. Doch als Mélanie Calvat ihren Text 1871 veröffentlichen ließ, konnte Rom den als »Große Botschaft von La Salette« bezeichneten, ins Tagespolitische tendierenden Aussagen keine Glaubwürdigkeit zuerkennen und setzte sie damals auf den Index. Auch ein weiteres Buch von Mélanie wurde indiziert. Lange zuvor hatte der Theologe Ernest Renan der Kirche vorgeworfen, La Salette nur anerkannt zu haben, weil sie sich davon einen Gewinn für die Volksfrömmigkeit versprochen hätte.

Die berühmteste Marienerscheinung des 19. Jahrhunderts widerfuhr erneut einem Hirtenmädchen, der vierzehnjährigen *Bernadette Soubirous* (1844–1879). Am 11. Februar 1858 gegen elf Uhr gingen Bernadette, ihre Schwester Antoinette und ihre Freundin Jeanne Abadie zur nahen Grotte Massabielle, um jenseits des Flusses Gave de Pau Holz zu sammeln. Dort erschien Bernadette oberhalb der Grotte in einer kleinen Nische das erste Mal eine weiß gekleidete Frau. »Ich hörte ein Geräusch ähnlich einem Windstoß, ich erhob die Augen zur Grotte und sah eine weißgekleidete Dame, welche ein weißes Kleid, einen blauen Schleier und auf jedem Fuß eine gelbe Rose trug.« Es folgen bis zum 16. Juli noch siebzehn weitere Erscheinungen. Inhaltlich geht es wesentlich darum, für die Bekehrung der Sünder Bußübungen zu vollbringen. Bei ihrer sechsten Erscheinung beginnt die Jungfrau bitterlich zu weinen. Auch beim achten Mal weint sie und fordert erneut mit »Pénitence, pénitence, pénitence« zur Buße auf. Bernadette konnte zu diesem Zeitpunkt nicht lesen und schreiben; sie kannte nicht einmal den Katechismus. Hätte die Jungfrau eine Unwissendere gefunden, glaubt sie, so wäre sie dieser erschienen. Vielleicht erklärt ihre Unwissenheit auch, dass die Botschaft von Lourdes eher simpel wirkt. Kirchliche Autoritäten haben Bernadette gedrängt, mehr von dem zu erzählen, was die Jungfrau ihr sagte. Sie ist dieser Aufforderung nie nachgekommen.

Vor der Marienerscheinung von Fatima 1917 erschien die Jungfrau im Jahr 1871 weiteren Kindern, dem zwölfjährigen Eugène Barbedette und seinem zwei Jahre jüngerem Bruder Joseph, erneut Bauernkinder aus Pontmain in Frankreich. – Im August 1879 waren es mindestens fünfzehn Dorfbewohner unterschiedlichen Alters und Geschlechts, die in Knock, Grafschaft Mayo in Irland, die Jungfrau Maria in Begleitung ihres Mannes Josef und des Evangelisten Johannes am Südgipfel ihrer Pfarrkirche sahen.

»Aquerò« – »Etwas«

Nach ihrer 6. Vision am 21. Februar 1858 wird Bernadette von dem Polizeikommissar Jacomet verhört:

Siehst du dort [in Massabielle] etwas Schönes?
Ja, mein Herr.
Und, Bernadette, so siehst du also die Heilige Jungfrau?
Ich behaupte nicht, die Heilige Jungfrau gesehen zu haben.
Ach so! Dann hast du also gar nichts gesehen!
Doch, etwas habe ich gesehen!
Nun, was hast du denn gesehen?
Etwas Weißes.
Etwas oder jemanden?
Dieses etwas (»aquerò«) hat die Gestalt eines kleinen Fräuleins (»damisèle«).
Du sagst »etwas« … und dieses hat dir nicht gesagt: »Ich bin die Heilige Jungfrau«?
Dieses etwas (»aquerò«) hat mir das nicht gesagt.

Bernadette sprach nur patois, Lourder »Platt«, kein Französisch; aquerò ist frz. celá, quelque chose, »das da«, »etwas«. Patrick Dondelinger, der die wohl gründlichste Analyse der Visionen der Bernadette Soubirous im Geflecht psychischer, sozialer und historischer Bedingungen geschrieben hat, meint, dass solche Erscheinungen zurück bis in die heidnische Vorzeit verfolgt werden können:

Dass wundersame Erscheinungen von weißen Liebfräulein, vorzugsweise in abgeschiedener Wildnis, bei Wasser, Felsböden und Grünsträuchern, ein fester Bestandteil der vorchristlichen europäischen Folklore im Allgemeinen und der der Pyrenäen im Besonderen sind, wurde nicht erst durch heutige Anthropologen enthüllt, sondern war auch Bernadettes Zeitgenossen voll bewusst. Sehr trefflich bringt dies Schuldirektor Clarens [in seiner noch während der Erscheinungen verfassten Denkschrift an den Präfekten Massy] zum Ausdruck: »Unsere Ahnen hätten nicht gefehlt auszurufen, dass die Fee Melusina aus Britannien, oder Banshee aus Irland, oder Ortoli aus Korsika, oder Urgela, oder die weiße Dame, usw., diese Gegend verlassen hätte, um eine bevorzugte Höhle am Fuße unserer Berge zu bewohnen.«

Da es in den Legenden der Pyrenäenwelt nur so von Elfen, Feen und anderen weißen Frauen wimmelt … und da zu-

Glaube – Volksglaube – Unglaube – Aberglaube

dem Bernadette sich bis zur 16. Erscheinung standhaft wehrte, ihr geschautes Etwas mit der Heiligen Jungfrau Maria zu identifizieren, hätte es auf den ersten Blick nahe gelegen, in dem kleinen weißen Fräulein, welches Bernadette gesehen zu haben vorgab, ein Wesen der pyrenäischen Geisterwelt zu sehen. Denn: »Indem sie die Erscheinung zu-

erst uo pétito damizéla [»ein kleines Fräulein« in der Mundart der Gegend] nannte, wählte Bernadette den gebräuchlichen Ausdruck zur Beschreibung der Feen, der kleinen Frauen des Waldes.« (Ruth Harris)

Was sah Bernadette nun genau? Auf diese Frage pflegte die Seherin in der Zeit ihrer Visionen immer die gleiche Antwort zu geben: *aquerò*: »das da«, eine Bezeichnung, die in ihrer dinghaften Unpersönlichkeit auch heute noch viele Menschen schockiert. Doch in der Tat: Zuerst sah Bernadette ein Licht, und in diesem Licht etwas Weißes, welches nach und nach, in den ersten Berichten der Seherin auf die ständigen Fragen ihrer Zeitgenossen hin, das Antlitz eines kleinen Mädels annimmt, mit den bekannten Attributen: Rosenkranz, blauer Gürtel, Rosen auf den Füßen usw.

Sind zwar die Erscheinungen von kleinen weißen Liebfräuleins ein typisches Motiv volkstümlicher Vorstellungen, so ist dennoch bemerkenswert, dass in ihren Zügen dieses schöne kleine Fräulein offenbar als *alter ego* der Bernadette fungiert. Genauer gesagt: als idealisiertes, den Wünschen der Seherin gemäßes *alter ego*, wie die Projektion eines idealisierten Ichs.

Patrick Dondelinger

Trotz strömenden Regens haben die Zeugen die Erscheinung zwei Stunden lang beobachtet, wobei weder der Giebel selbst noch die Stelle auf dem Boden, über der die Erscheinung stattfand, nass geworden seien.

Neben Lourdes ist Fatima in Portugal der bekannteste Marienwallfahrtsort. Hier erschien die Jungfrau noch während des Ersten Weltkriegs am 13. Mai 1917 drei Kindern: Lucia dos Santos (10), ihrem Vetter Francisco Marto (9) und dessen Schwester Jacinta (7). Erscheinungsort war ein Talkessel; dort sahen die Kinder über einer kleinen Eiche eine leuchtende Gestalt schweben, die sie später als »schöne Dame« beschrieben. Die Kinder wurden aufgefordert, jeweils am 13. eines Monats wieder herzukommen. Die letzte Erscheinung erfolgte am 13. Oktober 1917, begleitet von einem vorweg angekündigten großen Wunder, das Tausende von Besuchern als rotierende Sonne miterlebten. In allen Jahrzehnten danach aber drehte sich die Spekulation um »drei Geheimnisse«, die den Kindern übermittelt wurden: Das erste Geheimnis war eine Höllenvision. Das zweite versprach, wenn man die Bitten der Jungfrau erfülle, werde sich Russland bekehren und eine Zeit des Friedens beginnen.

Das dritte Geheimnis von Fatima musste die Seherin Lucia (1907–2005), seit 1928 Ordensfrau, auf Wunsch der Kirchenobrigkeit 1944 schriftlich festhalten. Für 1960 war eine Veröffentlichung vorgesehen, jedoch ließ der Vatikan verlauten, die Kirche anerkenne zwar die Echtheit der Erscheinungen von Fatima, für die Worte, welche die Kinder von der Jungfrau gehört haben wollen, ließe sich aber keine Garantie übernehmen und deshalb sehe man von ihrer Veröffentlichung ab. Erst im Frühjahr 2000, im Anschluss an die Seligsprechung von Jacinta und Francisco Marto durch Papst Johannes Paul II., wurden alle Spekulationen aufgehoben: Das dritte Geheimnis von Fatima sei nichts anderes als die Ankündigung des Attentats, das 1981 auf den Papst verübt worden sei. Indes spricht Lucias Text von einem weißgekleideten Mann, von dem sie annimmt, dass es der Papst sein könnte, der durch eine offensichtlich zerstörte Stadt schwankt und auf einem Hügel erschossen wird, zusammen mit Bischöfen, Priestern und vielen anderen Menschen. Über dieser Szene von Blut und Zerstörung schweben die Jungfrau Maria und ein Engel mit einem Schwert. Die Meister der Traumdeutung im gleichen Jahrhundert hätten sich geweigert, diese Szene mit einem konkreten historischen Vorgang gleichzusetzen – und Visionen unterliegen keiner anderen Hermeneutik.

Visionen – aus der Tiefe der Seele?

Wir brechen hier die Schilderung der Marienerscheinungen ab, um über das Phänomen selbst nachzudenken. Bei Karl Rahner findet sich in seinem Traktat über Visionen und Prophezeiungen die Notiz: »In Westeuropa wurden von der Kirche zwischen 1930 und 1950 dreißig Reihen von Muttergotteserscheinungen mit insgesamt etwa 300 Einzelerscheinungen vor kindlichen Seherinnen und Sehern untersucht.« In diesen Zeitraum fallen u. a. die Erscheinungen von Beauraing 1932/33, Banneux 1933, Kérizinen

1938/65, Bonate 1944, La Codosera 1945, Amsterdam 1945/59, Tre Fontane 1947, Monticiari 1947, L'Ile Bouchard 1947. Aktuelle Marienerscheinungen verbinden sich mit weiteren Orten in Deutschland und Spanien, sowie mit Medjugorje in Bosnien-Herzegowina.

Gegenüber: Im Marienwallfahrtsort Fatima werden Wachsvotive als Brandopfer dargebracht.

Wollte man die Zahlen der Pilger addieren, die im Jahr die Orte aufsuchen, mit denen sich Marienerscheinungen verbinden, ergäbe sich eine riesige Millionenzahl – Hinweis auf eine Religiosität, in der sich katholische Orthodoxie mit einem vielschichtigen Volksglauben verbindet und mischt.

Eine Typologie, die für einen Querschnitt der Erscheinungen gilt, könnte so aussehen:

– Die Erscheinungen suchen eine besondere Nähe zu stillen Naturnischen, Grotten oder Höhlen.
– Es besteht eine bevorzugte Beziehung zu Bäumen und Pflanzen, sowie zum Wasser.
– Am häufigsten erscheint Maria analphabetischen Hirtenkindern, eher Mädchen als Jungen, Männer bleiben überwiegend ausgeschlossen.
– Viele der Seherinnen und Seher sind von schwacher Gesundheit oder weisen irgendwelche Schwächen oder Gebrechen auf.
– Maria begegnet als himmlische Frau. Sie als Göttin anzusprechen, verwehrt nur das Dogma, jedoch vertritt sie das Göttliche in weiblicher Gestalt. Der mittelalterliche Marientyp, der ohne das Kind in ihren Armen nicht denkbar ist, fehlt vollständig.
– Jede Erscheinung verkörpert bei aller Übereinstimmung im Typ der »himmlischen Jungfrau« Individualität, die sich vor allem in der Kleidung ausdrückt. Die bildliche Darstellung der Visionen unterliegt in irritierender Weise dem Kitsch ihrer Zeit.
– Die Erscheinungen von Paris 1830, Lourdes 1858 und Fatima 1917 sind mit der kirchlichen Doktrin von der »Unbefleckten Empfängnis« verknüpft. Sie zeigen sich vom bewussten oder unbewussten Vorwissen ihrer Empfänger und/oder ihrer zeitgenössischen deutenden Verehrer abhängig.
– Die Botschaft hat theologisch kaum Inhalt, sie erinnert an damalige Volksmissionen und Predigten und betont (Rosenkranz-)Gebet und Buße.
– (Heilungs-)Wunder bekräftigen die Glaubwürdigkeit der Erscheinung.

Eine Gruppe italienischer Pilger wartet in Medjugorje (Kroatien) auf eine Marienerscheinung. Die während der Wartezeit studierte Zeitschrift berichtet von früheren Erscheinungen und Wundern.

Geomantie

Das Wort Geomantie ist zusammengesetzt aus *geo*, »Erde«, und *mantie*, vom griechischen *manteia*, was vorsehen, erraten, erfühlen, eine versteckte Unwissenheit an den Tag bringen bedeutet. Die Geomantie ... beschäftigt sich mit dem Wissen um die kosmo-tellurischen Einflüsse des Erdballs.

Im alten China war die Geomantie Teil der Lehre der Natur- und Humanwissenschaften. Der Städtebau folgte den Linien des Feng-Shui, das heißt, die Häuser und Straßenanlagen waren immer in Nordsüd- und Ostwestrichtung orientiert ... Er muss auch mit den Linien der Umgebung, den Hügeln oder Bergen, in guter Resonanz stehen ...

Für die keltischen Kultplätze spielten ausgesuchte und verehrte Bäume eine bedeutende Rolle ... Auch nach der Eroberung durch die Römer sind die keltischen Kultstätten weiterhin am selben Ort geblieben. Die Monumente und Langsteine, die von den Kelten verehrt wurden, sind zu christlichen Symbolen umgewandelt worden – damit zeugt der Standort von einer örtlichen Kraft, die auch von anderen Glaubensvorstellungen weiterhin durch die Jahrhunderte getragen wird.

Blanche Merz

Zwischen den mittelalterlichen Wallfahrtsorten und ihren wundertätigen Bildnissen und den Marienerscheinungen seit 1830 besteht ein großer Zeitenabstand, der nicht leicht erklärt werden kann. Ist es die Verunsicherung der Gläubigen, die seit der Aufklärung immer mehr zunahm, so dass hier unbewusst eine Antwort gefunden wird? So etwa meinte Karl Rahner:

In aufgeregten Zeiten werden die Gemüter der Menschen nicht bloß von den Ereignissen selbst bewegt, sie schauen auch aus nach einer Deutung dieser gegenwärtigen Ereignisse und nach einer Verheißung für die Zukunft. Und wenn es gläubige Menschen sind, wissen sie, dass die Deutung der Gegenwart und die Verheißung der Zukunft letztlich nur bei Gott zu finden sind. Dann hoffen sie, dass dieses deutende und verheißende Wort Gottes ihnen möglichst deutlich und eindeutig zuteil

Glaube – Volksglaube – Unglaube – Aberglaube

Antoine Wierix (um 1552–1624),
Imaginaria visio, um 1600.

Somit kann festgehalten werden, dass in Bernadettes spontaner Vision der Ausweg aus einem psychischen Konflikt gesucht wird, und zwar durch halluzinatorische Aneignung und Verschmelzung von verschiedenen Liebfrauenfiguren, die durch Überlieferung und Ikonographie vorgegeben waren. Dass aus dem weißen Etwas ihrer anfänglichen Vision bald ein kleines Fräulein wurde, mag auch daran gelegen haben, dass im damaligen Empfinden allgemein, und nicht nur bei Kindern, man sich … keine abstrakten, unpersönlichen Wirkkräfte vorstellen konnte …, weshalb das von der Seherin geschaute weiße Etwas nicht lange antlitzlos bleiben konnte.

Vom religionsanthropologischen Standpunkt her ist es alles andere als gleichgültig, ob dieses weiße Fräulein der Vision als Quellenfee oder als Muttergottes gedeutet wird. Durch die Deutung als Muttergottes erfährt die Erscheinung eine Wesenswandlung … im Sinne einer unendlichen Erweiterung des Sinnzusammenhangs.

Die nach ihrer ersten spontanen Schauung auftretenden Visionen, als Bernadette zur Grotte ging, um willentlich Etwas (»*aquerò*«) zu sehen, gehören

werde. Sie schauen nach Menschen aus, die den Anspruch machen, dieses besondere Wort des Himmels vernommen zu haben, und sind gerne bereit, diesen zu glauben.

Gehen wir nun davon aus, bei einigen Marienerscheinungen habe es sich um »echte« Visionen und Auditionen gehandelt, so haben die Empfänger solch einer himmlischen Erscheinung doch nicht alle das Gleiche gesehen. In Lourdes oder Fatima zeigte sich, dass die unterschiedlichen Personen oder Personengruppen, die etwas sahen, keineswegs alle dasselbe wahrnahmen. Während Lucia verschiedene Marienbilder sah – die Schmerzensmutter, die Rosenkranzkönigin, die Jungfrau sowie den segnenden Heiland – erblickten Francisco und Jacinta die Heilige Familie. Die später anwesende Menge der Erwachsenen sah nichts oder etwas anderes. In seinem Bericht schildert Dr. Formigão, Professor am Priesterseminar von Santarém, der am 13. September dabei war, einige Personen hätten behauptet, »den Ton der Antworten (Marias) gehört zu haben«. Die Zuschauer versicherten auch, bei jeder der sechs Erscheinungen irgendein Himmelsphänomen gesehen zu haben: das Erblassen der Sonne, ein leuchtendes Ei, eine weiße Wolke, einen leuchtenden Ballon. Wieder eine andere Gruppe will einen Blütenregen gesehen haben. Nach dieser Aufzählung fährt Dr. Formigão fort: »Der Wahrheit verpflichtet, will ich nicht schließen, ohne zu bemerken, dass meine Eindrücke dessen, was an diesem Tage in Fatima geschah, nicht begeisternd (*animadores*) waren.«

Die Visionen, um die es hier geht, lassen sich als imaginative oder »einbildliche« beschreiben, was ihre »Echtheit« nicht gleich infrage stellt. Wie ist eine solche »einbildliche« Vision zu denken? Karl Rahner reflektiert folgendermaßen:

A priori lässt sich schon gleich ein Doppeltes sagen: einerseits muss aus der Natur der Sache heraus eine solche Vision sich weitgehend nach den psychischen Gesetzen richten, die aus der inneren Struktur der seelischen Fähigkeiten derer erfließen, die diese Vision haben, andererseits muss die Vision, soll sie als »echte« gelten können, von Gott verursacht sein … Aber zunächst ist zu bedenken: aus den verschiedensten Gründen … ist eine Aufhebung natürlicher Gesetze nicht zu präsumieren, sondern zu beweisen …

Wenn, und das muss mit hoher Wahrscheinlichkeit angenommen werden, es wahr ist, dass »echte«, d. h. gottgewirkte Visionen denselben psychischen Mechanismus benutzen wie Halluzinationen oder sonstige eidetische Phänomene, mehr noch, »echte« Visionen fast nur bei jenen (heiligen) Menschen vorkommen, die dafür eine besondere Veranlagung aufweisen, so ist die Annahme berechtigt, das »echte« Visionen einen Habitus erzeugen bzw. einen vorhandenen Hang so fördern können, dass dieser den psychischen Mechanismus manchmal auch ohne gottgewirkten Anstoß in Bewegung setzt. So erklärt man ja die Selbsttäuschungen anerkannter Heiliger.

Von Jeanne d'Arc, der Jungfrau von Orleans, ist bekannt, dass sie die Stimmen der heiligen Katharina und der heiligen Margareta hörte, offensichtlich mit einer Vision verbunden, denn sie sagte: »Ihre Häupter waren gekrönt mit schönen, reichen und kostbaren Kronen.« Dass sie aber gerade *diese* Heiligen hörte und sah, dürfte von der Bildwelt ihrer Kindheit gespeist gewesen sein, denn die Figuren beider Heiligen standen auf dem Altar ihrer Heimatkirche in Domrémy. Auch für visionäre Vorgänge gilt der scholastische Grundsatz: *Quidquid recipitur in modo recipientis recipitur,* »Was immer wahrgenommen wird, wird unter den Verstehensbedingungen des Wahrnehmenden wahrgenommen.« Das gesehene Bild der Marienerscheinungen ist also nie objektiv vorgegeben, sondern ein Bild, das den Bedingungen einer Zeit und ihrer Umstände entspricht. Anders gesagt: Die Erscheinung kommt nicht stracks vom »Himmel« sondern aus den Tiefen der Seele. Was aus diesen Tiefen des Unbewussten heraus möglich ist, übersteigt alles, was Menschen vor Freud und Jung je selbstkritisch reflektieren und verstehen konnten. C. G. Jung sagte von einer eigenen Vision, die er im Verlauf einer Krankheit hatte: »Ich hätte nie gedacht, dass man so etwas erleben könnte, dass eine immerwährende Seligkeit überhaupt möglich sei. Die Visionen und Erlebnisse waren vollkommen real; nichts war anempfunden, sondern alles war von letzter Objektivität.«

Nun mag sich der Theologe ja vielleicht damit abfinden, dass alles, was bei Marienvisionen gesehen und gehört wird, nicht vom Himmel, sondern aus den Tiefen der menschlichen Seele kommt, sofern er einschränkt, dass es sich um sogenannte Privatoffenbarungen handelt, zumal anerkannte Mystiker einräumten, »es schade gar nichts, wenn auch eine echte Vision abgelehnt werde« (Karl Rahner). Wie aber, wenn die Erklärung aus den Tiefen der Seele auch für das christliche Offenbarungsverständnis gilt? Gerät dann nicht der gesamte Glaubensbestand ins Wanken?

Gott und die Wirklichkeit in uns selbst

In jüngerer Zeit wurde Offenbarung als »Schlüsselbegriff gegenwärtiger Theologie« bezeichnet. Wenn die Offenbarungsinhalte aber ihren vorbewussten Ort in der menschlichen Seele haben, und wenn dies nicht allein für »Privatoffenbarungen« gilt, sondern auch für jede sonstige Offenbarung, die der christliche Glaube als »übernatürlich« für sich in Anspruch nimmt, welche Relativierung erfährt dann dieser Begriff?

In jedem Fall lässt sich die Rede von Offenbarung nicht von der Gottesrede ablösen. Feuerbach und Freud sind also ebenso mit zu bedenken, wie die Fragen, die sich aus den aktuellen Evolutionswissenschaften für das Gottesverständnis ergeben. Der biblische Horizont, in dem man sich auf Offenbarungsereignisse verständigt hat, reicht hier nicht aus, findet sich vielmehr seinerseits problematisiert. Auch die Bewusstseinsgeschichte des Menschen, die Bibel und christlichen Glauben neu beleuchtet, ist einzubeziehen. Danach lässt sich der von Eugen Drewermann benannte Maßstab noch einmal geltend machen:

Ehe wir nicht verstehen, welche Wirklichkeit *in uns selbst* wir als »Gott« bezeichnen, werden wir nicht herausfinden können, worin die Offenbarung dieses Gottes bestehen könnte; und erst hernach können wir fragen, wie und ob überhaupt ein Gott ist, der diese Welt trägt und erträgt.

Der Christ wird aber auch beachten, dass sich mit seiner Rede von Gott das Evangelium des Jesus von Nazaret verbindet. Sagten wir vorweg, das Wort Gott sei eine Chiffre, mit deren Hilfe der Mensch sein eigenes Da-

eindeutig der Gruppe von selbstinduzierten und kognitiv komplexen Auditionen und Visionen an. »Dass solche Erlebnisse steuerbar und selbstinduziert sind, lässt die Tatsache vermuten, dass sie oft genauestens den persönlichen Orientierungsbedürfnissen oder den Erfordernissen einer Gesellschaft entsprechen« (Bernhard Grom).

Mit dem Wieder-Holen der Visionen muss sich nun aber logischerweise auch ihr Inhalt weiterentwickeln, wenn er mit den Veränderungen der Wirklichkeit der Seherin in Einklang bleiben will …. Die Inhalte der Visionen müssen zudem auch noch sozial vermittelbar und teilbar sein. So ist denn auch die individuelle persönliche Signifikanz von Bernadettes Schauungen nie von derjenigen der ganzen Gesellschaft zu trennen …

Durch ihre Deutung als Muttergottes wird Bernadettes Vision eine Katholizität im allumfassenden Sinn gegeben … zur Offenbarung von etwas, was von jedermann und überall geglaubt worden ist.

Patrick Dondelinger

Geheimnisse

Nichts ist wichtigtuerischer, als über ein geheimes Wissen zu verfügen – wobei auch wiederum nichts fremdbestimmter und gruppenabhängiger ist als das Prestige von Geheimnissen. So ist es nicht verwunderlich, dass sich Seherkinder wie Mélanie von La Salette oder Lucia von Fatima mit Genuss durch solche Geheimnisse bis zum Papst hinauf wichtig zu machen versuchen, um dann durch stückweise Preisgabe dieser ominösen Geheimnisse ganze Verehrerscharen in Atem zu halten.

Patrick Dondelinger

An den Demonstrationen gegen die atomare Wiederaufbereitungsanlage Wackersdorf (WAA) 1986 nahmen erstmals über 100 000 Menschen teil. Es kam dabei zum bundesweit ersten Einsatz von CS-Gas gegen Demonstranten. Nach der Reaktorkatastrophe von Tschernobyl vom 26. April 1986 verstärkte sich der Protest gegen die WAA, deren Baugelände durch einen 8 Millionen Euro teuren Bauzaun gesichert wurde. Es gab massenhafte Verletzungen auf beiden Seiten. Mit Blendschockgranaten und Gummischrotgeschossen wurden der Polizei im Sommer 1986 von der Staatsregierung neue Einsatzmittel an die Hand gegeben. Angesichts der

sein als in sich berechtigt zu deuten versuche, es diene nicht dem Erfassen der Wirklichkeit, sondern der Interpretation der menschlichen Existenz, es sei ein Symbol, das nicht in der Struktur des Seins, sondern in der Grundlosigkeit des menschlichen Daseins angelegt sei ..., so darf hier ergänzt werden, dass sich mit der geschichtlichen Erfahrung Jesu, gespeist aus der prophetischen Tradition Israels, das für Christen relevante Gottesverständnis darstellt. Das aber heißt:

Im Zentrum der christlichen Wahrheitssuche steht kein Lehrgebäude, sondern die Lebenspraxis einer Person. Nicht wer einen Glaubenssatz memoriert, ein Glaubensbekenntnis nachspricht, sondern »wer die Wahrheit tut, kommt zum Licht« (Joh 3,12). Eine solche Aussage unterminiert zwar metaphysische Denkgebäude, nicht aber die Vitalität christlicher Wahrheit.

Hermann Häring

Diese Sicht leitet an, die Welt von Gott her anzunehmen – so wenig das Mysterium Gott auszuloten ist – und die Welt auf ihn auszurichten. Das gilt auch und gerade angesichts der fundamentalen Erfahrung, der Eigengesetzlichkeit der Naturwelt ausgeliefert zu sein und keine effiziente Berufungsinstanz in der Ohnmacht unserer geschichtlichen Wirklichkeiten zu haben, so dass ein moderner Mensch – wie die achtundzwanzigjährige holländische Jüdin Etty Hillesum im Blick auf den vernichtenden Zugriff der Nazis – dennoch sagen kann: »Mit fast jedem Herzschlag wird mir klarer, dass du uns nicht helfen kannst, sondern dass wir dir helfen müssen und deinen Wohnsitz in unserem Inneren bis zum Letzten verteidigen müssen.«

2. Volksglaube – am Beispiel des Wunderglaubens

Wir können mit dem Volksglauben – nicht minder bedeutsam – auch die Frage nach dem Wunder verbinden. Was als Wunder zu sehen ist, unterlag im Auf und Ab der Geschichte verschiedenen Wandlungen. Theologen haben zwischen Mirakel und Wunder unterschieden. Die Lust am Mirakel schrieben sie gerne breiten Volksschichten zu, zumal wenn Leichtgläubigkeit und Betrügereien im Spiele waren. Schon der geistreiche und witzige Wanderlehrer Lukian (um 120–180 n. Chr.) goss seinen oft boshaften Spott über alles aus, was ihm windig, albern und töricht erschien, wobei die Welt der Religionen bis zum Tage Aufklärern und Skeptikern immer wieder Anlass bietet, eine falsche Wundergläubigkeit als Produkt unkontrollierter Wünsche zu entlarven. Im Gegensatz zum Mirakel sollte das Wunder göttlichem Eingreifen vorbehalten bleiben; wenn Wunder dann jedoch vor und außerhalb des Christentums begegneten, war man geneigt, sie dämonischen Mächten anzulasten.

Wucht und Dauer der Demonstrationen, der Verletzungen und Strafen, die hingenommen wurden, mutet die Votivtafel in Altötting empörend naiv an.

Gewiss irritiert es, dass sich nicht nur an christlichen Wallfahrtsorten, sondern auch in »heidnischen« Kulturen und Religionen Wunder ereignen; die antike Welt kannte viele »Lourdes«. Hinduismus und Buddhismus kennen ebenfalls Wundertäter und wunderbare Heilungen bis zum Tage. Die Ethnomedizin kann »Wunderheilungen« belegen, die sich bei magisch denkenden Völkern ereignen. Das Christentum tat solch heidnische Wunder gerne als Zauberei, Magie oder Täuschung ab.

Unter den griechischen Wallfahrtsorten, zu denen kranke Menschen Heilung suchend pilgerten, hatte Epidauros hervorragenden Rang. Der Kult des hier verehrten Gottes *Asklepios*, geliebt als göttlicher Arzt, *Soter* (Retter, Erlöser) und *Philantropótatos* (höchster Menschenfreund), hat sich von hier schnell auf Griechenland ausgedehnt und über die ganze römische Welt verbreitet. Er überdauerte selbst in christlicher Zeit noch um einige hundert Jahre. Nach 485 n. Chr. wird berichtet, dass bis dahin »das Heiligtum des Retters uneinnehmbar geblieben« sei.

Dionysos und Asklepios standen dem Volk näher als die hohen olympischen Götter. Darum wurde Asklepios Schutzgott der Heilkunde. Im Symbol der Apotheken und Ärzte, dem Äsculapstab, wird er bis heute erinnert.

Ähnlich wie die antike Welt Votivgaben als Dank für erfahrene Heilung kannte, zeugen in Altötting, Einsiedeln und Kevelaer, an bekannten wie unbekannten Wallfahrtsorten, hinterlassene Krücken und Prothesen und eine Flut naiv gemalter Ex-voto-Bilder von wundersamen Errettungen. In allen Kulturen und Religionen bestimmen solche Formen der Volksfrömmigkeit den Alltag.

Mit einem Wunder legitimiert der Himmel jede Heiligsprechung

Aber das Wunder hat darüber hinaus einen theologischen Stellenwert. Für die katholische Kirche ist es ein gefordertes Indiz, gewissermaßen die Zustimmung des Himmels zu einer Heiligsprechung. Um nicht vergangene Jahrhunderte zu bemühen, mag ein just zurückliegendes Ereignis zeigen, wie sich hier Volksglaube und Kirchenhierarchie wechselseitig stützen: Am 11. Mai 2007 sprach Papst Benedikt XVI. den Franziskanermönch

Votivtafeln sind Dankesgaben, meistens eine naiv gemalte Darstellung des Gebetswunsches, der sich erfüllt hat. Die heutigen Wallfahrtsorte stehen damit in einer alten Tradition.

Unten: Dem göttlichen Arzt Asklepios wurde ein Bein mit starken Krampfadern zur Heilung anvertraut. Auch die Terrakottagliedmaßen sind anschauliche Dankesgaben.

Links: Nicht nur in Lourdes bezeugen Krücken, dass Menschen mit Gehbehinderungen Linderung oder Heilung erfuhren. Das Bild daneben berichtet, im Jahre 1765 sei Joseph Weidacher von einem Beinleiden geheilt worden. Diese Heilung wird der Fürbitte des Antonius von Padua zugeschrieben, der neben dem Bein zu sehen ist.

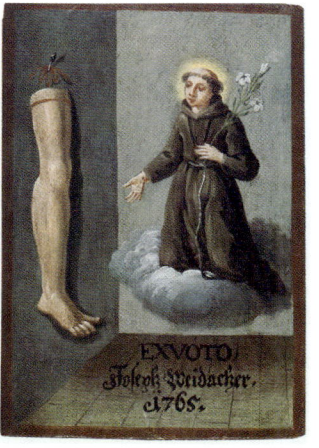

Glaube – Volksglaube – Unglaube – Aberglaube

Antonio Galvao (1739–1822) heilig, den ersten Brasilianer überhaupt. Von ihm wird überliefert, er habe die göttliche Eingebung gehabt, auf einen Papierstreifen für einen jungen Mann, der an Nierensteinen litt, ein lateinisches Stoßgebet zu schreiben: »Nach deiner Geburt, o Jungfrau, bliebst du unbefleckt; Heilige Gottesmutter, bitte für uns.«

Dieses Papier faltete der Mönch zu einer Pille zusammen und gab sie seinem Patienten – der Jüngling war kurz darauf gesund. Seitdem, sagt man, haben diese Wunderpillen über 5000 Menschen geholfen: Kranke wurden geheilt, kinderlosen Ehepaaren wurde der erhoffte Nachwuchs beschert.

Der Glaube an die Wunderwirkung der Papierkügelchen hat seit der Seligsprechung (1998) nochmals zugenommen. So konnten die Pillen sogar 2006 noch sechs Fälle von Depression heilen, sieben Frauen ihren lang gehegten Kinderwunsch erfüllen und 27 Menschen einen Job verschaffen.

Die Nonnen in dem von Friar Galvao gegründeten Luz-Kloster in São Paulo verteilen das papierne Wunder an die Gläubigen, die zu Tausenden an das Grab des Franziskanermönchs pilgern. Für die Heiligsprechung zertifizierte der Vatikan zwei vollbrachte Wunder. Beide konnten, so das offizielle Zeugnis des Vatikans, nur durch die Wunderkügelchen des Galvao wieder Kinder bekommen. Eine davon ist die 37-jährige Sandra Grossi de Almeida. Sie litt an einer Gebärmutter-Verformung, wegen der sie eigentlich keine Kinder zur Welt bringen konnte. Doch im Jahre 1999, nachdem sie die Pillen genommen hatte, brachte sie einen Sohn zur Welt.

Zehn Jahre zuvor fiel die damals vierjährige Daniela Christina da Silva ins Koma und erlitt einen Herzanfall. Ihre Hepatitis-A-Infektion hatte zu schweren Leber- und Nierenstörungen geführt. »Die Ärzte sagten mir, ich solle beten, weil nur ein Wunder sie retten könne«, erinnerte sich jüngst ihre Mutter Jacyra. Man gab ihr die Pillen von Bruder Galvao zu schlucken. Ein paar Tage später wurde eine geheilte Daniela aus dem Krankenhaus entlassen. Roberto Focaccccia, ein Experte für Infektionskrankheiten in dem Krankenhaus, in dem Daniela behandelt wurde, sagt allerdings: »Statistiken zeigen, dass im Durchschnitt 50 Prozent dieser Patienten sterben und die andere Hälfte sich komplett erholt.«

Auch in der Kirche gibt es Kritiker. Kurz nach der Seligsprechung Galvaos 1998 untersagte der damalige Erzbischof Aloisio Lorscheider den Nonnen, die »kleinen Stückchen Papier, die den Aberglauben unterstützen« weiter herzustellen. Doch sein Verbot wurde missachtet, die Beliebtheit der Wunderkügelchen steigerte sich noch. »Wenn ich heute Erzbischof wäre«, sagt er [nachdem er 2004 in den Ruhestand trat], »würde ich diese Pillen wieder verbieten, weil sie nur dazu da sind, Menschen für dumm zu verkaufen. Aber wie 1998 glaube ich nicht, dass irgendetwas, was ich sagen würde, die Produktion stoppen könnte.« Auch berichteten Zeitzeugen, der Mönch habe bei der Verkündigung von Gottes Wort zu schweben begonnen. Außerdem habe er die Fähigkeit besessen, an zwei Orten gleichzeitig zu sein.

Normalerweise wird der Kirche zugestanden, sehr vorsichtig in der Anerkennung von Wundern zu sein. Umso mehr verbindet sie damit die Überzeugung, dass es gottgewirkte Wunder gibt, die Gottes Eingreifen in die

---

Meister von San Sebastian, Wallfahrer am Grab eines Heiligen in Italien, 16. Jh.

In Japan lebte ich sechs Jahre neben einer Kanon-Wallfahrtsstätte. Die Kanon ist eine Gestalt der Barmherzigkeit, zu der man in Nöten betet, Kerzen und Weihrauchstäbchen entzündet und Gaben hinterlässt. Ich habe kaum einen Unterschied zu einer Marienwallfahrtsstätte erkennen können. Und die Menschen gingen dort genauso getröstet von dannen wie in Europa nach dem Besuch einer Wallfahrtsstätte.

Willigis Jäger

Geschichte und das Lebensschicksal einzelner Menschen belegen. Auch die in den Evangelien bezeugten Wunder Jesu lassen »seine Gottheit ... wie durch ein leuchtendes Transparent« hervorscheinen (Bernhard Bartmann). Und seine Jünger konnten Wunder vollbringen, weil ihnen »vom Vater« gewährt wurde, was sie im Namen Jesu erbaten.

Die Anfänge des Heiligenkults setzten seit alters immer ein, wenn am Grabe eines verehrten Menschen Wunder geschahen. Sobald nämlich Wunder den Erweis erbrachten, dass der Verstorbene von Gott selbst als Heiliger bestätigt worden war, hob man – zunächst im gallikanischen Liturgiebereich – seine Gebeine aus dem Grab und setzte sie in unmittelbarer Altarnähe neu bei. Die alte Regel »wie im Himmel so auf Erden« erforderte, der Seele im Himmel auch einen entsprechenden Ort auf Erden zu schaffen. Im 12. Jahrhundert gab es keine Heiligen mehr, die nicht in einem Schrein zur Ehre der Altäre erhoben worden wären. Das Verfahren änderte sich, als die Päpste sich ein juristisches Procedere vorbehielten, das Lebensführung und Wunder anhand von Zeugen und Dokumenten überprüft. Erst danach dürfen die Verehrten in den Kanon der Heiligen eingeschrieben werden: sie sind dann »kanonisiert«.

Wer nun aber glauben würde, dass parallel zur aufgehäuften und zahlenmäßig gesteigerten Frömmigkeit des Spätmittelalters eine Welle von Kanonisationen eingesetzt hätte, muss sich getäuscht sehen. Die Gesamtzahl der im Mittelalter Heiliggesprochenen wird mit 79 angegeben, bei deutlich abnehmender Tendenz: Von 1198–1304 sind päpstlicherseits 49 Prozesse geführt worden, von denen knapp die Hälfte, nämlich 24, mit einer Kanonisation endeten; zwischen 1305 und 1378 waren es zwölf Prozesse mit sechs Kanonisationen und von 1379–1431 zehn mit fünf. Der Grund für den Rückgang lag in der Reserve der Kurie gegenüber plötzlich aufflammenden Lokalkulten, in dem zunehmend präzisierten Verfahren und in den Prozesskosten. Die vom Volk getragene Heiligenverehrung aber expandierte ...
Arnold Angenendt

Einen einmaligen Rekord erreichte Papst Johannes Paul II. mit 1.338 Selig- und 482 Heiligsprechungen in seiner Amtszeit. Die Zahl aller in den letzten 400 Jahren davor heiliggesprochenen Personen ist nur etwa halb so hoch. Zu untersuchen wäre, welche Auswahl Johannes Paul II. getroffen hat und welche Steuerungsintentionen sich damit verbinden. Jan Huizinga bemerkt in seinem Buch »Herbst des Mittelalters«: »Man wird nicht heilig wegen seiner kirchlich-sozialen Verdienste, mögen diese auch noch so groß sein, man wird es wegen seiner wunderbaren Frömmigkeit. Die großen Energeten erlangen nur dann den Ruf der Heiligkeit, wenn ihre Taten in den Glanz eines übernatürlichen Lebens getaucht sind, nicht also Nikolaus von Cues, wohl aber sein Mitarbeiter Dionysius der Kartäuser.« Das für Heiligsprechungen in der katholischen Kirche geforderte Wunder findet, soweit zu sehen ist, im eigenen Glaubensbereich keine grundsätzlich-theologische Infragestellung. Hingegen hat der Protestantismus seit der Reformation die Heiligenverehrung hinter sich gelassen. Seitdem be-

Pater Pio (1887–1968), italienischer Kapuziner, bei dem sich seit 1918 die Wundmale Christi gezeigt haben sollen und dem die Gabe des Heilens und der Zukunftsvoraussage zugeschrieben wird. Papst Johannes Paul II. hat ihn 1999 selig- und 2002 heiliggesprochen. Er ist einer der populärsten Heiligen Italiens. Seine Stigmatisation war bereits zu Lebzeiten umstritten und ist es bis heute geblieben. Die Kommerzialisierung seiner Verehrung findet auch kirchliche Kritik.

stimmen auch nicht mehr Erscheinungen, Wunder und Wallfahrten dessen Frömmigkeit, was seiner Volkstümlichkeit erhebliche Einbuße, seiner Theologie größere Glaubwürdigkeit verschafft. Katholizismus und östliche Orthodoxie sind die einzigen Religionen, bei denen Wunder eine deutlich hervorgehobene Rolle spielen und gewissermaßen als direkten göttlichen Eingriff in die Geschichte gewertet werden. Für Buddhisten gelten Wunder als Begleiterscheinungen fortgeschrittener Spiritualität, wobei die Fähigkeit, Wunder zu wirken, auch negativ bewertet werden kann.

Auch Unheilige wirken Wunder

Doch auch im christlichen Kontext kann sich Wundertätigkeit fern jeden Verdachts auf Heiligkeit ereignen. Der russische Wanderprediger Rasputin führte kein tugendhaftes Leben; er war ein maßloser Weiberheld und in seinen späteren Lebensjahren dem Alkohol verfallen. Für seine Feinde, die keine Mühe scheuen, ihn zu verteufeln, galt Rasputin als Inbegriff des Bösen, als Dämon, den es zu vernichten galt, was schließlich auch zu seiner Ermordung führte. Aber er war ein Wunderheiler, dem der Zarewitsch mehrfach sein Überleben verdankte – jedenfalls sah es die Zarenfamilie so. Rasputins Tochter Maria berichtet:

Grigori Jefimowitsch Rasputin (1869–1916), Wanderprediger und Geistheiler, bereits zu seinen Lebzeiten ebenso verehrt wie verachtet. Vielen galt er als Inbegriff des Bösen, als Dämon, den es zu vernichten galt. Nach seiner Ermordung schrieb seine älteste Tochter Maria:
Man hat Rasputin alle möglichen Beinamen zugelegt. Man schalt ihn einen »Pferdedieb«, den »Sohn eines Zuchthäuslers«, einen »Trunkenbold«, »dreckigen Muschik«, »Verräter«, »Spion«, »Mädchenschänder«, »Hypnotiseur«, einen »tollen Mönch« und einen »heiligen Teufel«. In Wirklichkeit war er nichts als ein Prügelknabe für andere, das wäre der einzige passende Spitzname gewesen.

Rasputin sagte, er werde jetzt versuchen, den schwierigsten, geheimnisvollsten aller Riten durchzuführen … Rasputin kniete vor der Ikone der Gottesmutter Maria und verfiel danach in eine Art Schwächezustand. Dann begann er sein Gebet: »… Heile deinen Sohn Alexej, wenn es dein Wille ist. Verleih ihm meine Kraft, Gott, auf dass sie seiner Genesung diene …« – Vater sah so sonderbar aus – so krank, dass mich Furcht ergriff … Schließlich versagte ihm die Stimme und er musste einhalten. Sein Gesicht, das weiß war wie ein Laken, war von Anstrengung entstellt, sein Atem ging stoßweise. Der Schweiß rann ihm von der Stirn über die Wangen. Seine gläsernen Augen blickten leer. Er stürzte rücklings auf den Boden, das linke Bein angezogen. Es schien, als wehrte er sich gegen einen Todeskampf. Ich glaubte, dass er sterben würde, zwang mich aber, den Raum zu verlassen. Dann brachte ich meinem Vater Tee. Er war noch immer bewusstlos. Ich kniete an seiner Seite nieder und betete.

Nach einer Ewigkeit schlug er die Augen auf und lächelte. Gierig trank er den erkalteten Tee. Nach wenigen Augenblicken war er wieder ganz zu sich gekommen. Er weigerte sich jedoch, über das Vorgefallene zu sprechen und sagte nur: »Gott hat die Genesung gewährt.«

Rasputin telegrafierte an die Zarin: »Habe keine Angst. Gott hat deine Tränen gesehen und deine Gebete erhört. Dein Sohn wird leben. Die Ärzte sollen ihn nicht weiter quälen.« Seine ungewöhnlichen Fähigkeiten hat er in seiner Jugend wohl bei den Burjaten, den Jakuten und Kirgisen gelernt, schamanistisches Können, das er christlich interpretierte.

Während jedoch das christliche Wallfahrts- und Wunderwesen eher apolitisch erscheint und kaum pazifistische Tendenzen kennt, sticht diese Gestalt der Ausschweifungen und der Anmaßung deutlich davon ab. Denn was normalerweise nicht die größte Sorge der Heiligen ist, bewegte Rasputin leidenschaftlich im Blick auf Russlands Beitritt zum Ersten Weltkrieg. Er schrieb an Zar Nikolaus II. im August 1914:

Mein Freund, ich wiederhole dir abermals: Eine furchtbare Gefahr bedroht Russland. Eine Katastrophe, ein Leid ohne Ende. Es ist Nacht. Kein Stern mehr am Himmel. Ein Ozean von Tränen! Ein Ozean von Blut! Was kann ich noch sagen? Ich finde keine Worte. Ein Schrecken ohne Ende. Ich weiß, dass sie alle den Krieg von dir fordern, auch die Treuesten. Sie machen sich nicht klar, dass sie dem Abgrund entgegenrasen.

Du bist der Zar, der Vater unseres Volkes. Lass nicht den Wahnsinn triumphieren. Lass die toll Gewordenen nicht in den Abgrund stürzen und uns mitreißen. Vielleicht werden wir Deutschland erobern. Aber was soll aus Russland werden? Wenn ich nachdenke, weiß ich, dass unser Vaterland nie ein Martyrium gelitten hat wie das, was uns erwartet. Russland wird im eigenen Blut ertrinken. Unendliche Leiden und Trauer. Grigori.

Blutweinende Madonna.

Die weinenden Madonnen

Außer Heilungswundern werden auch andere Wunder berichtet. Die rotierende Sonne von Fatima, das Blutwunder des hl. Januarius in Neapel, die Stigmata unterschiedlicher Personen (Franz von Assisi, Veronica Giuliani, Anna Katherina Emmerick, Therese Neumann, Pater Pio, Marthe Robin, und seit 2004 die Anthroposophin Judith von Halle, geb. 1972). Seitdem die Madonna in La Salette weinend gesehen wurde, erscheint dieser Ausdruck immer öfter und gewinnt in jüngster Zeit weltweit fast inflationäre Züge, wozu die Kirche selbst unter Papst Johannes Paul II. wesentlich beigetragen hat. 1994 wurde von ihm in Syrakus/Sizilien das *Santuario della Madonna delle Lacrime* mit Platz für 11 000 Menschen eingeweiht, unter Teilnahme eines riesigen Aufgebots von Kardinälen, Erzbischöfen und Bischöfen. Angesichts des Leids einer todkranken Frau floss hier im August 1953 einige Tage lang Flüssigkeit aus den Augen einer gipsernen Madonna; eine chemische Analyse ergab, wie es heißt, die Übereinstimmung mit menschlicher Tränenflüssigkeit.

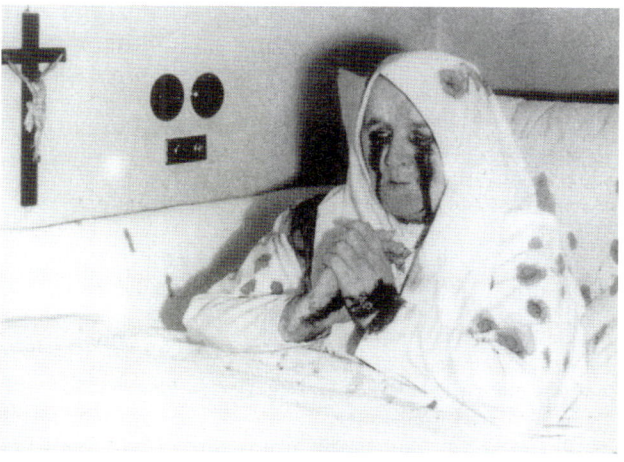

Therese Neumann (1898–1962) während einer sogenannten Leidensekstase (um 1950). An ihrem Körper zeigten sich die Wundmale Christi und das »Blutweinen«. Diese vorwiegend an Freitagen und in der Passionszeit auftretenden Phänomene zogen viele Schaulustige nach Konnersreuth. Es gelang jedoch nie, den Beginn der Stigmatisation zu beobachten. Zeitlebens lehnte sie eine Untersuchung ab. Ein nüchternes Urteil lautet, Therese Neumann habe sich in eine Situation hineinmanövriert, in der sich ihre Frömmigkeit mit den Erwartungen von außen vermischte, was sie schließlich zu einer Simulantin werden ließ.

Inzwischen gibt es immer mehr weinende Statuen und Bilder: Rund um die Welt geht das Weinen der »Rosa Mystica«, die eine einfache Frau, Pierina Gilli, in Fontanelle di Montichiari (Italien) gesehen haben will. Weitere Vorfälle, allein in Italien, werden berichtet aus Potenza, Nocere Inferiore, Subiaco, San Chirico, Acerra, Civitavecchia, Bergamo und Laziso. In Brancaleone/Süditalien weinte Pater Pio Blut.

Einen Höhepunkt bieten die Blut weinenden Jesus- und Marienbilder, die Pater Pietro Maria Chiriatti in Alberobello/Apulien im Mai 2003 und 2004 erlebte. Er ließ deren Blut durch die Universität Bologna untersuchen. Man habe menschliches Blut der Blutgruppe AB diagnostizierte, wobei die »Blutstränen des Bildes der Jungfrau und das Blut auf dem Antlitz Jesu« identisch gewesen seien. Gleichzeitig sei dieses Blut aber so selten, »dass man es als fast einzigartig« nennen müsse. Die statistische Wahrscheinlichkeit, »eine Typologie von analogem Blut im Verlauf der Jahrtausende zu finden« betrage »eins zu zweihundert Milliarden«. Das beweise,

Glaube – Volksglaube – Unglaube – Aberglaube

Stigmatisation

Interessant ist, dass die Wunden bei Stigmatisierten generell so auftreten, wie diese im jeweiligen Kulturkreis bekannt sind. Zeigt ein Kulturkreis also Stigmata am Handrücken, dann haben die betroffenen Personen Wunden am Handrücken. Werden hingegen Wunden an den Gelenken dargestellt, treten sie dort auf. Es scheint also einen Zusammenhang mit der Darstellung zu geben. Dies lässt vermuten, dass eine Stigmatisation im Regelfall durch die psychischen Kräfte der Person selbst hervorgerufen wird und sich entsprechend ihrer Vorstellung manifestiert.

Und da bedachte er, während der Zug ratternd durch Zeit und Raum fuhr, das Geheimnis des Wunders, und wie unsinnig es von den Menschen war, dem Schöpfer die Macht abzusprechen, mit seiner Schöpfung nach seinem Willen zu verfahren. Denn es war offensichtlich, dass der, der die Gezeiten hatte werden lassen, auch imstande war, sie nicht werden zu lassen …, und es war nicht minder sicher, dass er, der die Sonne geheißen hatte, ihre Bahn zu ziehen, ihr auch gebieten konnte, still zu stehen. Ja, noch mehr: war das Wunder einer Ordnung nicht wunderbarer als eine Unterbrechung dieser Ordnung? Und wenn man in der Früh aufwachte und der Rock noch über derselben Stuhllehne hing, war das nicht wunderbarer, als wenn Gott bewirkt hätte, dass während der Nacht dieser Rock auf eine Vogelscheuche in Russland übertragen wurde? Wunderbarer und gütiger. »Alles«, wie der heilige Thomas von Aquin betont hat, »alles geht in Geheimnis aus.«
Bruce Marshall

»dass es einer einzigen Person gehört hat und niemand anderem in der ganzen Menschheitsgeschichte«. Mit diesen Resultaten gebe es nun zum ersten Mal »die DNA von Jesus, dem in einem Leib inkarnierten Gott«.

Allerdings: Statuen, die Tränen, Blut oder Öl weinen (und sich teilweise sogar bewegen) werden aus der ganzen Welt bezeugt, nicht nur im christlichen, sondern auch im hinduistischen und buddhistischen Raum. Im Jokhang-Tempel zu Lhasa weint die Figur des Buddha Shakyamuni. In Hyderabad sind im Durga-Tempel die Augen der steinernen Göttin feucht geworden. Im englischen Wolverhampton tritt im Tempel der Hindu-Göttin Mata Ambe aus dem Punkt zwischen den Augenbrauen ihres Bildnisses Blut aus … Aus Kambodscha wird berichtet, habe ein Bauer seine zwei Bullen dem Schlachter entzogen, weil ihm träumte, sie verkörperten namhafte Figuren einer alten Legende. Bei ihrer Rückkehr aus dem Schlachthaus leckte eines der Tiere einen lahmen Mann, der daraufhin aufstand und laufen konnte. Seitdem pilgern die Kranken scharenweise in die Kleinstadt Bat Treng, wo Blinde wieder sehen können, nachdem sie von der Zunge der Bullen geleckt worden waren, und die Lahmen wieder gehen können.

In fast all diesen geglaubten Begebenheiten verschränken sich offizieller Glaube mit populären Vorstellungen, ohne dass die Schnittmengen eindeutig zu bestimmen wären. Da den jeweiligen Berichten kaum nachzugehen ist, in vielen Fällen sich auch unbewusste Imaginationen und Wunschträume mit handfesten Interessen unauflöslich vermengen – auch die Anerkennung der Marienerscheinungen von Paris 1830 und La Salette 1846 vermischte sich mit den Dogmatisierungsinteressen des Papsttums – ist das Gesamtphänomen kaum zu klären. Andererseits kann nicht behauptet werden, es handele sich durchgehend um Täuschung. Es gibt weltweit und seit jeher zahllose unerklärbare Vorgänge, die von Gläubigen als »echte« Wunder gesehen werden, während sie den rational denkenden Skeptikern nichts als Aberglaube sind. Die katholische Kirche unterscheidet zwischen parapsychologischen Ereignissen und Wundern, wobei nur »echte« Wunder als von Gott gewirkt gelten. Alles, was wir oben zu Visionen gesagt haben, gilt auch hier. Karl Rahners Nüchternheit darf erneut in Anspruch genommen werden, aber im Gegensatz zu ihm, der »echte« Visionen ebenso wenig ausschließt wie »echte« Wunder, bleibt die grundsätzliche Frage, ob solche Unterscheidungen richtig sind. Greift »Gott« durch Wunder korrigierend in den Lauf der Geschichte ein? »Kann« er das überhaupt? Sind hier die Bedenken gegenüber Gottes Allmacht, wie sie seit Auschwitz erhoben werden, gegenstandslos?

Beleidigt das Wunder den guten Geschmack?

Diese Fragen resultieren aus dem Denken der Neuzeit und den Erfahrungen der Geschichte. Seit der Zeit der Aufklärung treten Volksglaube und das Weltbild der Gebildeten immer weiter auseinander. Nach Auschwitz jedoch ist es weniger eine Frage der Bildung als der existentiellen Betroffenheit gläubiger Juden und Christen, das Verhältnis von Gott und Welt völlig neu zu bestimmen zu müssen.

Altertum und Mittelalter haben das Göttliche in vielen Erscheinungen dieser Welt als wirkend erlebt. Die Außerordentlichkeit eines Ereignisses war kein Kriterium für Wunder. Solange Gottes Offenbarung in christlicher Zeit die unbezweifelte Basis war, auf der man sich verstand, konnte sie sich entsprechend »natürlich« in Wundern, Visionen und Erscheinungen darstellen. Dergleichen abzulehnen, hätte bedeutet, gegen die Vernunft selbst anzugehen. Aberglaube galt als unvernünftige religiöse Praxis, ein Handeln gegen die vom Glauben erhellte Vernunft.

Das änderte sich, als die Vernunft naturwissenschaftlich beweisbares Denken für sich in Anspruch nahm. Argumentierte bisher das christliche Selbstverständnis mit dem Dogma, so setzte nun das aufklärerische Selbstverständnis auf die Vernunft. Seitdem »beleidigt ein Wunder den guten Geschmack« (Rebekka Habermas) und rückt in den Bereich des Aberglaubens. Mit Dieter Harmening gesprochen: »Wurde bis dahin der Aberglaube als eine Entwürdigung der Religion betrachtet, so wird er nun als eine Entwürdigung der Vernunft aufgefasst.« Damit aber entrückt die bisherige Heiligenverehrung, der Wunderkult und die Legende dem Verständnis des aufgeklärten Menschen. Das Mittelalter sinkt ab zum »finsteren« Mittelalter.

Geht man mit heutigem naturwissenschaftlichen Denken an alte Wundergeschichten heran, sind Missverständnisse vorprogrammiert: einerseits fehlt solchen Wunderberichten jedes aktuelle Problembewusstsein; andererseits sind zumal die mittelalterlichen Legenden in ihrer Mischung von faktischer und symbolischer Ebene dem heutigen Weltverständnis schwer zugänglich, zumal wenn sie von Wundern erzählen. Aber wollte man die Wunder in Legenden wie jener von St. Martin, der seinen Mantel teilt, von Nikolaus, der Armut mindert, von Christophorus, in dessen Geschichte sich das Evangelium Jesu symbolisch verdichtet, oder in der Legende von Georgs Drachenkampf, in der das Motiv des Bösen und dessen Überwindung vom Gilgamesch-Epos bis heute fortwirkt …, wollte man die in solchen Traditionen enthaltenen »Wunder« abschreiben, würde dies letztlich darauf hinauslaufen, die überlieferte Welt in gängiges »Flachland« einzuebnen.

Sehen wir von der symbolischen Ebene ab und fragen nach der faktischen Möglichkeit von Wundern, so stellt sich die Frage, ob der in den letzten Jahrhunderten gültig gewordene Wissenschaftsbegriff ausreicht, um der »Wirklichkeit« gerecht zu werden. Selbst im Rahmen der Naturwissenschaften bleibt im Alltagsbereich immer noch genug verborgen und vorschnell dem Aberglauben überstellt. Nehmen wir als Beispiel die Wünschelrute, ein Phänomen, das mit herkömmlichen Mitteln nicht zu erklären ist. »In den Naturwissenschaften besteht heute ein weitgehender Konsens, dass die angenommenen physikalischen Wirkungszusammenhänge nicht existieren. Das Ausschlagen der Wünschelrute oder vergleichbarer Pendelinstrumente wird stattdessen neuropsychologisch als Ergebnis eines ideomotorischen Prozesses erklärt (Carpenter-Effekt), bei dem die Vorstellung von einer bestimmten Bewegung unbewusste Bewegungsimpulse in denjenigen Muskeln auslöst, die zur Ausführung der Bewegung erforderlich sind.« Wenn das richtig ist, was bedeutet es dann für den Menschen, für seine Sensibilität, seine ihm selbst verborgenen unbewussten Fähigkeiten? Wie erklären sich die auf diesem Weg erzielten Resultate? Wie können sich solche Fähigkeiten auf anderen Gebieten auswirken? Das bisher zwischen Theologen und Parapsychologen geführte Gespräch hat gezeigt, dass es neben der offenkundigen eine dem heutigen Kenntnisstand immer noch verborgene Wirklichkeit gibt. »Übernatürliche« Er-

---

Benjamin Franklin hatte beobachtet, dass man durch Reibung elektrische Funken erzeugen kann, die blitzartig in den Erdboden fahren, und er vermutete, dass es sich bei den Blitzen um Entladung gewaltiger Mengen elektrischer Energie handeln könnte. Experimente, die er daraufhin anstellte, bestätigten seine Vermutung. Er konstruierte einen Drachen mit Metallspitze, an dem neben der Schnur ein dünner Draht herlief, der kurz über dem Erdboden endete, und ließ ihn in Gewitterwolken aufsteigen. Das Gerät zog die Blitze auf sich und leitete sie zum Erdboden ab. Das Experiment bewies: Gewitter sind elektrische Entladungen der Atmosphäre. Zugleich legte es ihm die Folgerung nahe, dass man Gebäude vor Blitzschlag schützen könnte, wenn man auf ihrer Spitze einen ebensolchen metallischen Leiter anbrächte. Damit war der Blitzableiter erfunden …

Die weltanschaulichen Folgen waren einschneidend. Die Atmosphäre wurde entdämonisiert, und menschliche Ohnmacht wurde aufgehoben. Viele Christen sahen hier freilich einen frevelhaften Eingriff in den Machtbereich Gottes, und viele Pfarrer weigerten sich, auf ihren Kirchen eine solche »Ketzerspitze« – wie der Volksmund den Blitzableiter nannte – anbringen zu lassen.
Ernst und Marie-Luise Keller

»Gedanken und Konzeptionen sind immer Lügen. Geburt und Tod sind nicht mehr als Gedanken.«

»Das verstehe ich nicht.«

»Selbstverständlich nicht. Wenn du zu verstehen versuchst, benutzt du automatisch deinen Verstand. Du benötigst jedoch das entgegengesetzte Instrument, einen Nichtverstand, ein nützliches Werkzeug, das in der Stille heranwächst.«
Janwillem van de Wetering

scheinungen müssen keineswegs übernatürlich sein, Visionen, so ist zunächst zu unterstellen, haben primär eine Disposition im Menschen selbst. Und »ein Wunder geschieht nicht im Widerspruch zur Natur, sondern zu dem, was wir von der Natur wissen«, wie Augustinus bereits vermutete. Das ist ein Nenner, auf dem sich jede weitere Erörterung konstruktiv ansiedeln lässt.

Die Vermessung des Glaubens

Wunderheilungen, so überraschend und gegen jede sonstige Erfahrung sie stattfinden, sind also nicht gleich als Durchbrechung der Naturordnung zu deuten, vielmehr können sie unser Wissen vom Menschen und seinen unbewussten Potentialen erweitern. Dafür gibt es ein breites Erfahrungsfeld. In seinem Buch »Die Vermessung des Glaubens« beschreibt Ulrich Schnabel, wie sich Mediziner, Neuropsychologen und Verhaltensforscher aus aller Welt mit der irritierenden Tatsache befassen, dass oft schon der bloße Glaube an eine hilfreiche Therapie oder ein Medikament ausreicht, um bei Patienten dramatische Besserungen hervorzurufen:

> Es gibt von Bob Dylan, den ich sehr verehre, eine grundsätzliche Aussage zum Thema Glauben: »Wer nicht an Wunder und an Gott glaubt, hat seine Augen nicht aufgetan.« Und das stimmt. Die Welt, wie sie um uns ist, ist einfach ein Wunder. Insofern habe ich meine frühere atheistische Position revidiert.
>
> *Allan Posener*

Da wären neben der Erwartungshaltung des Patienten auch das Verhalten des Arztes oder Therapeuten und schließlich der gesamte Bedeutungsrahmen, in dem eine Behandlung sich abspielt. Wer voller Hoffnungen zum Doktor eilt und glaubt, dass ihm dort geholfen werde, fühlt sich oft schon durch diese Erwartung besser. Die Aussicht auf eine Linderung der Beschwerden unterbricht den Strom negativer Gedanken, die um das Leiden kreisen und es damit oft noch nähren. Und wenn der Arzt dem Patienten Vertrauen einflößt und ihm den Glauben an eine Heilung wiedergibt, führt das nicht nur zu einer Entspannung, sondern kann Selbstheilungskräfte in Gang setzen. Diese lassen sich zusätzlich aktivieren, wenn der Patient das Gefühl hat, in ein bedeutungsvolles Ritual eingebunden zu sein, das möglicherweise auch Angehörige oder Freunde einschließt und damit die soziale Dimension seines Lebens berührt.

Alle diese Wirkungen zusammengenommen werden in der heutigen Placeboforschung untersucht. Inzwischen ist erwiesen: Ob und wie Pharmaka wirken, hängt in entscheidendem Maße von der Einstellung oder Wahrnehmung des Patienten ab. Fehlt der Glaube (im Sinne unbedingten Vertrauens), kann selbst die beste Medizin ihre Wirkung verlieren. Umgekehrt gilt aber auch: Ist die Erwartung groß genug, kann selbst ein Gift zum Heilmittel werden. »Für Placeboforscher ist daher der biblische Hinweis auf die Berge versetzende Kraft des Glaubens kein frommer Wunsch, sondern ein medizinischer Effekt, der eine rational erklärbare biologische Grundlage hat.« Auch die Heilungen, die innerhalb eines religiösen Geschehens als Wunder gelten, sind davon nicht ausgenommen, etwa die Heilung des Jean Pierre Bély, der an multipler Sklerose litt und 1987 im Rollstuhl nach Lourdes kam:

Seine Krankheit, die mit schweren Lähmungen einhergeht, gilt ab einem bestimmten Stadium als unheilbar, und dieses Stadium hatte Bély definitiv erreicht. Er war teilweise gelähmt und bettlägerig, konnte seinen Alltag ohne fremde Hilfe nicht mehr bewältigen und war wenige

Monate zuvor als hundertprozentiger Invalide anerkannt worden. In Lourdes angekommen, verschlechterte sich sein Zustand sogar noch, und seine Begleiter fürchteten, er könne die Reise nicht überleben. Doch als er am letzten Tag seiner Pilgerreise zur Grotte gefahren wurde und dort die Krankensalbung erhielt, fühlte er nach eigenen Worten plötzlich »außergewöhnlichen Frieden, tiefe Freude und innere Ausgeglichenheit«.

In der folgenden Nacht hatte er plötzlich das unwiderstehliche Verlangen aufzustehen und bat die Nachtschwester, ihm zu helfen. »Und ich bin zum ersten Mal gegangen. Ich machte meine ersten Schritte nachts, wie ein Baby, das Laufen lernt.« Bély ließ seinen Rollstuhl stehen, kehrte nach Hause zurück und suchte dort seinen Hausarzt auf, der fast in Ohnmacht fiel. Und der Briefträger erklärte gegenüber der örtlichen Zeitung: »Jetzt sehe ich mich gezwungen, an den lieben Gott zu glauben.« 1999, zwölf Jahre nach dieser wundersamen Genesung, wurde Bély vom medizinischen Büro zu Lourdes offiziell als Geheilter anerkannt – als 67. Und vorerst letztes Beispiel eines echten Wunders.

Ulrich Schnabel meint, dass die religiösen Erwartungen und das gesamte Ritual, dass sich mit einer Wallfahrt verbindet, Bilder bereitstellen, die als mächtige Werkzeuge für eine innere Transformation wirken können. Wer sich in einem solchen Rahmen aufgehoben wisse, könne auch wie Jean Pierre Bély beten: »Du kennst mich, du verstehst es, mir das Beste zu geben.« Damit mache er sich von allen negativen Gefühlen wie möglichen Enttäuschungen frei und baue ein tiefes Vertrauen auf. Schnabel fragt aber auch:

Sind religiöse Vorstellungen – etwa die eines hilfreichen, heilenden Gottes – damit nichts anderes als gigantische Placebos? Diese Frage zu stellen, heißt folgende Antwort zu provozieren: Selbst wenn es so wäre, dürften sich Gläubige unter keinen Umständen diesen Gedanken gestatten. Denn Vertrauen kann man schließlich nur zu einem Gott aufbauen, der als real existierend erscheint. Ihn sich als Placebo vorzustellen, würde seine Wirkung mit einem Schlag zunichte machen. Zugleich würde damit vielen Menschen eine Kraft genommen, die sie als segensreich empfinden. Wer das tut, muss wissen, was er an die Stelle dieser Hoffnung setzt.

Wer diese Hoffnung nicht mehr stützt, möchte sich vielleicht tröstenden Illusionen nicht mehr unterwerfen, sondern aufrecht erkennen, wie die Welt wirklich beschaffen ist. Die volkstümliche Religion mag vielen ein bergender Schoß sein, aber stimmt ihre Glaubenswelt mit dem Wissen der Zeit und ihrem historisch-kritischem Bewusstsein noch überein? Ist es eine Welt, die sich dem, was gewusst und reflektiert werden kann, ehrlich stellt? Auch Kopernikus, Darwin oder Freud haben der Menschheit verletzende Einsichten zugemutet, gegen die sich der Glaube lange gewehrt hat, aber sie haben zugleich dazu genötigt, erwachsen und verantwortlich für das eigene Leben zu werden.

Nun soll aber keineswegs behauptet werden, mit dem Placeboeffekt ließen sich wundersame Heilungen schlechthin erklären, zumal unter diesem recht schwammigen Begriff unterschiedliche psychosoziale Wirkungen zusammengefasst werden. Auch ist der Placeboeffekt vor allem bei

---

Der Erste, der sich an das heikle Thema Religion empirisch heranwagte, war im 19. Jahrhundert der britische Naturforscher Sir Francis Galton … Angesichts seiner extremen Vielseitigkeit wundert es nicht, dass der 1822 geborene Wissenschaftler sich irgendwann auch der Religion zuwandte und auf die Idee verfiel, den Einfluss und Nutzen eines frommen Lebenswandels zu untersuchen.

Als Erstes unterwarf Galton die Wirkung von Fürbittgebeten einer statistischen Analyse. Profitiert zum Beispiel der jeweils amtierende König von den öffentlichen Gebeten für sein Wohl? … Ergebnis: Die Royals lebten nicht etwa besonders lange, sondern sogar kürzer als die Normalsterblichen. Die Gebete schienen also nicht die erhoffte Wirkung zu haben. Doch vielleicht war dieser Vergleich ungerecht; vielleicht war das königliche Leben so voller Risiken, dass sie ohne Gebete womöglich noch früher gestorben wären? Daher untersuchte Galton als Nächstes die Lebenserwartung von Neugeborenen. Doch auch die Kinder frommer Christen überlebten nicht öfter als die Babys von weniger gottesfürchtigen Eltern, wies der Statistiker nach. Ein ähnliches Ergebnis lieferte seine Betrachtung der Häuser und Diener Gottes: Kirchen wurden – Daltons Daten zufolge – genauso oft von Feuer, Blitz, Erdbeben oder Lawinen zerstört wie normale Gebäude. Und die meisten Missionare starben, kurz nachdem sie ihr Missionsgebiet in fernen Ländern erreicht hatten …

Als sein Essay über die »statistischen Untersuchungen der Effizienz von Gebeten« schließlich 1872 erschien, rief er einen Sturm der Entrüstung hervor.

Ulrich Schnabel

Nur sehr wenige Historiker würden zögern, auf die folgende Geschichte die Kategorie »Legende« anzuwenden: Ein Heiliger, der als Martyrer enthauptet wurde, ging nach seiner Enthauptung mit dem Kopf unterm Arm einige hundert Meter bis zur Kathedrale, trat in das Allerheiligste ein und sang dort das Te Deum.

Diese Geschichte ist »unmöglich« … Andererseits mag ein Historiker mit Recht weniger skeptisch sein, wenn es darum geht, den Bericht über eine wunderbare Heilung zu beurteilen; nicht weil er an Wunder glaubte, sondern weil die psychosomatische Medizin noch in den Kinderschuhen steckt und daher noch keine absolut zwingenden Kriterien entwickelt hat.

Der verschiedene Grad an Sicherheit, den unsere Kriterien in diesen Fällen haben, macht erklärlich, warum einige sogenannte Wunder schwerer zu glauben sind als andere. Warum ist es zum Beispiel für das moderne Bewusstsein schwieriger anzunehmen, dass Jesus den Sturm besänftigen oder auf dem Wasser wandeln konnte, als dass er Kranke heilte? Die Antwort liegt offenbar in der Tatsache, dass wir über die Ursachen des Wetters gut genug Bescheid wissen, um es für äußerst unwahrscheinlich zu halten, dass es durch einen Befehl geändert werden könnte … Andererseits wissen wir, dass Krankheiten oft im Zusammenhang mit dem Bewusstsein stehen, und wir kennen Geschichten von ungewöhnlichen Heilungen sogar in der Gegenwart. Wir machen allerdings einen gewissen Unterschied zwischen der Heilung eines Knochenbruchs oder der Heilung einer hysterischen Blindheit, halten uns jedoch nicht für berechtigt, ein Heilungswunder von vornherein auszuschließen. Nicht alle unsere Kriterien befinden sich auf derselben Ebene. Ein Teil unseres Wissens ist im Wesentlichen gesicherter Bestand; ein großer Teil ist weniger gesichert und noch dem Wandel unterworfen.

A. van Harvey

Krankheiten wirksam, die eine starke psychische oder psychosomatische Komponente haben. Insgesamt aber schöpft die »Glaubensmedizin« bei weitem nicht aus, was nach wie vor zu den bestimmenden Geheimnissen der Wirklichkeit gehört.

Auch die folgenden Phänomene sind im Rahmen der exakten Wissenschaften bislang unerklärlich:
– Die vielfältig belegte Erfahrung, dass der Mensch Vorgänge während eigener Ohnmacht – an der Unfallstelle, auf dem Operationstisch, im Krankenbett – so genau miterlebt, dass er hinterher darüber Auskunft geben kann.
– Menschen, die Texte oder gar Gedichte in ihnen völlig unbekannten Sprachen schreiben. So der indische Yogi Gopi Krishna (1903–1984), der in Kaschmir, Urdu, Punjabi und Englisch schreiben konnte, nach bestimmten Meditationserfahrungen aber auch in ihm ganz fremden Sprachen, nämlich in Deutsch, Französisch, Italienisch sowie in Sanskrit. Darüber reflektierte der mit Gopi Krishna bekannte Carl Friedrich von Weizsäcker: »Wie ist dieser poetische Vorgang möglich, und wozu ist er gut? Ich weiß es nicht. Verehrung dem Unbegriffenen.«
– Der Bereich außersinnlicher Wahrnehmung wie Telepathie oder »Hellsehen«. Er ist nirgendwo vermessen, doch sicherlich nicht im »Übernatürlichen«, sondern im Vermögen des Menschen anzusiedeln. Seit 120 Jahren erforscht die Parapsychologie die hypothetischen Erscheinungsformen der Präkognition. Ein reproduzierbarer Nachweis der Existenz dieser Phänomene existiert nicht. Experimente der Universitäten Stanford und Princeton lassen aber schließen, dass die Zeit für den menschlichen Geist theoretisch »durchlässig« ist. Eine Theorie hierzu müsse über Faktizität und Möglichkeit »ähnlich hinausgehen, wie die Quantentheorie über die Grundbegriffe der klassischen Physik«, meint Carl Friedrich von Weizsäcker in seinem Buch »Aufbau der Physik«.
– Die Ethnomedizin, die Kenntnisse und Praktiken unterschiedlicher Kulturen zur Sprache bringt. Oft widersprechen sie allen Regeln der westlichen Schulmedizin, wenn es um Hexerei, Magie, Alchemie, Mantik … geht, und können dennoch Resultate zeitigen, die den schulmedizinischen Rahmen übersteigen. Deutlich wird dabei, dass der kranke Mensch unendlich viel mehr ist als das, was die medizinische Wissenschaft über ihn lehrt: ein Wesen, das sich nicht aus sich selbst erklärt, weil es eine Natur besitzt, die Körper und Seele umgreift, Bewusstes und Unbewusstes, Bekanntes und noch viel mehr Unbekanntes.
– Das weite Feld der Alternativen oder Komplementären Medizin. Über dessen Heilmethoden besteht ein vermutlich nie endender Streit. Homöopathie, Akupunktur, Traditionelle Chinesische Medizin, Reiki, Chiropraktik … sind einige der umkämpften Naturheilmethoden, deren Wirksamkeit ebenso bestritten als leidenschaftlich in Anspruch genommen wird.
– Schließlich Erfahrungen der Bewusstseinserweiterung durch Meditation. »Es ist die unmittelbare, d. h. intuitive Erfahrung des Selbst, die grundverschieden ist von dem Bewusstsein des Ich, wie wir es beständig haben« (Hugo M. Enomiya-Lassalle). Zu dieser den allermeisten Menschen entzogenen Dimension der Erfahrung → S. 457 f..

Was ist Wirklichkeit?

Insgesamt bleibt die Frage, was »Wirklichkeit« ist. Wir wissen ja keineswegs, wie die objektive Welt beschaffen ist (→ S. 50 f.). Wenn Immanuel Kant sagt, die Erfahrung könne uns nichts über die Natur der Dinge an sich lehren, so stellt sich umso mehr die Frage, warum wir in vielerlei Hinsicht dann doch eine außerordentlich verlässliche und stabile Welt erleben, in der es dauerhafte Dinge gibt, deren Gesetzmäßigkeiten und Regeln Berechnungen gestatten und Vorhersagen ermöglichen, auf die wir uns stützen können. Man kann die Wirklichkeit objektivieren, indem man sie in ein Kausalgeflecht auflöst. Die entsprechenden Erfolge sind imponierend und zu besichtigen. Doch bleibt die Frage, was dabei verlorengeht. Angenommen, wir beschränken die Wirklichkeit auf das je Überprüf- und Messbare, erhalten wir dann eine verlässliche Weltsicht oder sitzen wir dadurch erst recht in der Falle?

Es bleibt ein Zweifel an der Übereinstimmung von Wissen und Wirklichkeit, wie ihn bereits Xenophanes (um 570–470 v. Chr.) formulierte: »Das Genaue freilich erblickt kein Mensch, und es wird auch nie jemand sein, der es weiß, … denn selbst, wenn es einem im höchsten Maße gelänge, ein Vollendetes auszusprechen, so hat er selbst trotzdem kein Wissen davon: Schein haftet an allem« (Hermann Diels).

Während gewöhnlich die Theologie Wert darauf legt, das Nichterklärbare, das Wunder als Erweis des Übernatürlichen zu nehmen, beschreibt der oben erwähnte Inder Gopi Krishna seine mystische Erfahrung »des reinen Bewusstseins« als einen evolutionären Schritt der Menschheit, das heißt ein der menschlichen Natur zugehöriges Vermögen, zu dem der heutige Mensch freilich erst unterwegs ist. Er sagt, seine Transzendenzerfahrung sei

Barnett Newman (1905–1970), Der Tod des Euklid, 1947.

»Oh, nach meinem erbärmlichen irdischen euklidischen Verstand«, klagt Ivan Karamasow, »weiß ich nur das Eine, dass gelitten wird …, dass alles zusammenhängt: eines aus dem anderen, direkt und unmittelbar hervorgeht, dass alles fließt und alles sich ausgleicht – das aber ist nur der euklidische Unsinn, ich weiß es wohl, und natürlich werde ich nicht behaupten, dass man auf diese Erkenntnis das Leben gründen kann!« Wer sein Weltbild auf Euklid gründet, mag die Wirklichkeit als messbar und verrechenbar ansehen. Aber selbst in dieser Dimension gelten seit Relativitäts- und Quantentheorie Unberechenbarkeiten. Newman will mit seiner Kunst der Welt des »rechten Winkels« sein Verlangen nach Transzendenz entgegensetzen – wohl wissend, dass sich diese Dimension jeder Gegenständlichkeit entzieht.

Ohne Grenze, ohne Körperlichkeit, ohne irgendeine Empfindung oder Gefühl, das von Sinneswahrnehmungen herrührte, … ein unermesslich großer Bewusstseinskreis, in dem der Körper nur einen Punkt bildete, in Licht gebadet und in einem Zustand der Verzückung und Glückseligkeit, der unmöglich zu beschreiben ist … (aber) nicht als Zeichen einer besonderen göttlichen Gnade, die ausschließlich mir geschenkt wurde oder die ich als Belohnung für einen Verdienst geerntet hätte, sondern als eine stets gegenwärtige Möglichkeit, die in allen menschlichen Wesen vorhanden ist. Diese ergibt sich aus einer Evolution, die noch in der Menschheit am Werke ist und die darauf zielt, eine Bedingung des Gehirns und Nervensystems zu erlangen, die die vorhandenen Grenzen des Denkens zu überschreiten und einen Bewusstseins-Zustand zu schaffen vermag, der jenem weit überlegen ist, der gegenwärtig die natürliche Erbschaft der Menschheit bedeutet. Mit anderen Worten: Ich glaube nicht, dass die Erfahrung trotz ihrer wunderbaren und erhabenen Natur die subjektive Erfassung einer höchsten, vollkommenen und ganzheitlichen Wirklichkeit ist, sondern dass sie ein Aufstieg von einer Stufe der Leiter zur Entwicklung zu einer anderen ist.

Ich weiß nicht, ob ich es der Natur der Manifestation oder dem Umstand verdanke, dass ich dieses Vorzugs gewürdigt wurde, während ich

Gopi Krishna (1903–1984), indischer Yogi, Mystiker und Gelehrter. Nach einer mehrere Jahre dauernden regelmäßigen Meditationspraxis traf ihn 1937 im Alter von 34 Jahren unvorbereitet ein Erlebnis, das in den traditionellen hinduistischen Schriften als »Erwachen der Kundalini« bezeichnet wird. Nach dieser Erfahrung begann er später, sich systematisch und wissenschaftlich damit auseinanderzusetzen. Dabei interessierten ihn insbesondere die biologischen Grundlagen des Kundalini-Aufstiegs.

Kundalini

Mit dem Begriff »Kundalini« verbindet sich die Vorstellung von einer Kraft, die jedem Menschen innewohnt. Sie wird ruhend im Chakra am unteren Ende der Wirbelsäule lokalisiert und symbolisch als eine schlafende zusammengerollte Schlange dargestellt. Durch yogische Praktiken kann sie erweckt werden und steigt dann auf bis zum obersten Chakra. Dort vereinigt sie sich mit der »kosmischen Seele«, die als höchstes Glück erlebt wird. Da das Aufsteigen der Energie nach den klassischen Lehren auch Gefahren in sich birgt, sind eine gute Vorbereitung und ein innerer Reinigungsprozess entscheidend. In Begleitung eines Menschen, der die Kundalini-Kraft bewusst lenken kann, werden mögliche Begleiterscheinungen des Prozesses, etwa intensive Auditionen und Visionen, verständlich.

das normale Leben eines Hausvaters führte, ohne vorherige Unterweisung, religiöse Neigung oder mönchische Disziplin der Gedanken, aber die Tatsache bleibt bestehen, dass vom ersten Anfang an eine eingeborene Überzeugung langsam in mir Gestalt annahm. Sie besagte, dass alles, was ich in dem transzendentalen Zustand erfuhr, nur die nächst höhere Bewusstseinsstufe ist, die die Menschheit im Lauf der Zeit als ihren normalen Besitz zu erwerben bestimmt ist. Von dieser aus ist noch eine höhere Form zu erstreben, die aber in der Gegenwart nicht einmal vorgestellt werden kann.

Gopi Krishna räumt ein, dass er wirklich eine beachtliche Veränderung in sich erfahren hat, gewissermaßen die Entwicklung eines höheren Sinnes, nicht durch eigene Anstrengung, sondern durch etwas, was er »nur Gnade« nennen kann, wenngleich er es zugleich als Ergebnis einer täglich stärker wahrnehmbaren und dennoch unverständlichen Tätigkeit einer strahlenartigen Lebensenergie beschreibt, die in schlafender Form in jedem Menschen gegenwärtig ist:

Ich bin so fest überzeugt von der Wirklichkeit dieses Übersinnes, wie ich von den anderen in uns schon gegenwärtigen Sinnen überzeugt bin. Tatsächlich nehme ich, jedes Mal, wenn ich ihn gebrauche, eine Wirklichkeit wahr, von der alles, was ich sonst für wirklich halte, gegenstandslos und schattenhaft erscheint, eine Wirklichkeit, die dauerhafter ist als die materielle Welt, die von den anderen Sinnen widergespiegelt wird. Sie ist sogar dauerhafter als ich selbst, der vom Gedanken und vom Ich umgeben ist, dauerhafter auch als alles, das ich, die Dauerhaftigkeit eingeschlossen, wahrnehmen kann. Mit Ausnahme dieses außerordentlichen Zuges bin ich ein menschliches Wesen mit einem Körper, der vielleicht empfindlicher ist für Hitze und Kälte und für den Einfluss disharmonischer Faktoren auf gedanklichem wie physischem Gebiet als der normale.

Wollte man sich die Biographie Gopi Krishnas in einem katholischen Kontext vorstellen, wären alle Momente versammelt, die zur Wahrnehmung eines Heiligen und seiner Verehrung gehören. Krishna hat sich dem konsequent entzogen. Er deutet seine ihm selbst ungeheuerlichen Erfahrungen ohne den Einbruch des Himmels, reflektiert sie kritisch und stellt sich einem der bedeutendsten Wissenschaftler seiner Zeit, Carl Friedrich von Weizsäcker, der ihn entsprechend nüchtern auch anschaut und mit dem zusammen er ein Buch über die »Biologische Basis der Glaubenserfahrung« schrieb.

Was immer voranstehend über Wunder gesagt wurde – dabei unterstellt, alles habe sich wie berichtet zugetragen – es sind letztlich Vorgänge, die eher ins Programm des Volksglaubens gehören, als dass sie dem Kernbereich des Christentums zugerechnet werden dürfen, was die protestantischen Kirchen aus ihrem Eigenverständnis sowieso in Abrede stellen. Der Wunderglaube kommt dem Verlangen nach himmlischen Zeichen, nach Gebetserhörung, Trost und Sicherheit entgegen; er kann das volksfromme Begehren befriedigen und einer religiösen Praxis reiche Nahrung bieten – kann aber auch an einem biblisch-jesuanischen Lebensverständnis völlig vorbeigehen.

3. Der populäre Unglaube

Subversive Zweifel

Ebenso wie Heiligenverehrung, Wallfahrten und Wunderglaube zählen nicht minder ein stets latenter Unglaube sowie Formen der Gotteslästerung zum integralen Bestand des Christentums. Spätestens seit dem ausgehenden Mittelalter äußert sich ein subversiver Zweifel, dem der kirchlich verwaltete Glaube kein Recht zugestehen will, immer deutlicher. Davon erhalten wir zunächst nur durch Predigten Kenntnis, die Skeptiker, Agnostiker und Nörgler anprangern. So kritisiert ein Priester in Auxerre, dass diese Leute »nicht mehr Glauben als die Teufel« haben: »Wenn man ihnen von Gott und seinem Paradies und seinen Urteilen spricht, so antworten sie: Ist denn einer zurückgekehrt? Wer ist vom Himmel herabgestiegen?« In seiner »Geschichte des Atheismus« zitiert Georges Minois englische Zeugnisse,

die insgesamt zwar kein kohärentes System bilden, aber deutlich machen, dass man von einer einhelligen Annahme des Glaubens weit entfernt ist:

> Im September 1422 wird ein Mann in Worcester verurteilt, weil der die Auferstehung der Toten geleugnet hat. In derselben Stadt leugnet 1448 ein gewisser Thomas Semer die Göttlichkeit Christi, die Existenz von Himmel und Hölle, die Unsterblichkeit der Seele, die Dreieinigkeit und den göttlichen Charakter der Heiligen Schrift, was für einen einzigen Menschen, überdies einen Geistlichen, sehr viel ist. 1491 wird in Newbury ein Walkarbeiter verurteilt, der meint, dass die Seele mit dem Körper stirbt, so wie die Flamme erlischt, wenn man sie ausbläst. 1499 gestehen in Salisbury vier Männer und eine Frau, dass sie »einzig aus Furcht vor den anderen in die Messe gehen und um die Gefahren zu vermeiden, die uns drohen, wenn wir es nicht wie die anderen machen«. Wie vielen geht es ebenso? 1502 wird ein Mann aus Windsor verurteilt, der nicht an die Auferstehung glaubt, und 1508 eine Frau aus Aldermanbury aus dem gleichen Grund. 1493 erklärt eine Frau aus London, sie habe ihr Paradies in diesem Leben und könne mit einem Paradies in der anderen Welt nichts anfangen.

Diese Liste gibt nur einen zufälligen Ausschnitt wieder. Die Repression, die sie gleichzeitig erkennen lässt, erlaubt die Annahme, dass Zweifel, Unmut und Protest gegen den verpflichtenden Glauben unter der Decke schwelten. Die Anfechtungen und Versuchungen der Heiligen, von denen ihre Legenden berichten, ausschließlich mit sexuellen Verlockungen zu erklären, dürfte zu einseitig sein. Die hl. Thérèse von Lisieux sah sich am Ende ihres Lebens mit jenen solidarisch, die selbst nicht an Gott glauben können und keine Hoffnung haben auf ein Weiterleben nach dem Tode. Selbst die konstant romtreue »Mutter Teresa« blieb zur Überraschung der Nachwelt nicht von Glaubenszweifeln frei. Es wird darum keine Fehlspekulati-

Dieses Foto, wohl aus den 1950er Jahren, zeigt die Wohnstube eines Ehepaares auf der Schwäbischen Alb. Das mit einem Buchszweig geschmückte Kruzifix im »Herrgottswinkel« wird von einem Heiligen- und einem Marienbild flankiert. Hinzu kommt das Bild eines Wallfahrtsortes und eine Herz-Jesu-Figur. An der Wand ein bunter Öldruck »Maria mit Kind« in Begleitung von Putti. Der Hausherr liest Zeitung, die Hausfrau bleibt außerhalb des Bildes, ist aber zweifellos für die Pflege des frommen Interieurs zuständig.

on sein, hinter den permanenten Versuchungslegenden der Heiligen und ihren überbordenden Teufelsphantasien ebenfalls Zweifel oder gar unbewusste Lästerung und blasphemischen Protest zu vermuten. Nur die je aktuellen Amtsträger der Kirchen scheinen von persönlichen Glaubensanfechtungen frei zu sein, als würden sie kraft Amtes stets »vom Glauben getragen«. Dagegen gibt es in der Breite des Volkes eine Überfülle unterschwelligen Misstrauens, so dass ein Sauerländer Bauer, der zeitlebens Sonntag für Sonntag zur Kirche ging, im Rückblick auf seine katholische Unterweisung knapp zusammenfasste: »Iëck glöube, sei hent uns beschiëtten!«

Während zum Beginn des 20. Jahrhunderts Blasphemieskandale und Prozesse durch Literaten und Künstler große Aufmerksamkeit fanden – etwa Oskar Panizza mit seinem Stück »Das Liebeskonzil« oder Max Ernst mit seinem Gemälde »Die Jungfrau züchtigt das Jesuskind vor drei Zeugen« und George Grosz mit seinem Kruzifixus, der eine Gasmaske trägt – ist diese Phase vermeintlicher Gotteslästerung abgeklungen und auch durch Bettina Rheims Fotografie einer nackten Frau am Kreuz aus dem Jahr 2000 nicht aktualisiert worden. Martin Scorseses »The Last Temptation of Christ« (1980), Herbert Achternbuschs »Gespenst« (1982) oder Jean Luc Godards »Je vous salue Marie« (1983) wurden anders diskutiert als die Provokationen zum Jahrhundertbeginn. Die Empörungen kommen eher aus dem streng orthodoxen Lager, während sich die breite Öffentlichkeit kaum noch berührt zeigt.

Demgegenüber scheint der Untergrund in traditionell katholisch geprägten Landstrichen noch zu grummeln, wenngleich nicht belegt werden kann, ob oder wie weit dies Urteil verallgemeinert werden darf. In ländlichen Gebieten katholischer Prägung finden sich erst in jüngerer Zeit vermehrt Pressemeldungen über zerschlagene Kruzifixe und Bildstöcke am Wegrand oder Vandalismus in Kapellen und Kirchen. Dergleichen Sakrilege erscheinen freilich primitiv angesichts der alten Parole des Marquis de Sade (1740–1814): »Reißt ihre Idole nicht im Zorn herunter; macht sie durch Spiel zu Staub, und die Überzeugungen werden von selbst hinfällig.«

Viele Blasphemieskandale und andere Frivolitäten gegen das herrschende Religionsmilieu erklären sich letztlich aus einer Grundströmung, die ein permanenter Glaubenszweifel speist. Die Kirche hat ihn vor der Tür zu halten versucht. Drohungen, Zensur, Indizierung, Exkommunikation und eine breite Palette anderer Strafen mochten zeitweilig auch greifen, doch haben sich diese Formen der Selbstklimatisierung heute erledigt und wirken allenfalls noch in fundamentalistisch ausgerichteten Organisationen, die sich streng gegen Außeneinflüsse abschirmen.

Seit dem späten 18. Jahrhundert steigen bereits im Verlauf der Kindheit Glaubenszweifel auf, die der Religionsunterricht oft mehr verstärkt als mindert. Man kann hier an Goethes Betroffenheit durch das Erdbeben von Lissabon von 1755 denken, das ihm bereits in seinem sechsten Jahr »die Güte Gottes einigermaßen verdächtig« machte. Während Gottfried Keller in seinem autobiographischen »Grünen Heinrich« (1854/55) meinte, »ganze Klumpen von logischen Widersprüchen« müssten den Kindern,

»sobald sie zu Verstand kommen, in die Augen stechen, so dass sich ihr Kopf heftig gegen das Ganze sträuben wird«, unterlag der junge Anton Reiser in der autobiographischen Selbstanalyse des Karl Philipp Moritz (1785/90) einer pietistischen Duckmäuserei, von der er sich nur mühsam zu befreien lernte. Die Biographien von Nietzsche, C. G. Jung, Sartre, Beauvoir, Camus … kennen allesamt in frühen Jahren den Abschied von der überlieferten Religion.

Auf die wie auch immer gottgeweihte Kindheit – Kindheit á Dieu – folgt der Abschied von dieser Kindheit: Kindheit adieu! Am Ende des schmerzenden Prozesses aber steht dann das Offene, der Ausblick, das Neue, die Zukunft; der Zweifler ist nicht, wie sonst in den Traktaten der Frommen dargestellt, der arme bedauernswerte Mensch; sondern er ist der kühne, der wagemutige, der aufrecht gehen wollende Mensch, der mit den Lehren, die er als Lügengespinste empfindet, die alten Fesseln abtut und zu neuen, wenn auch noch unbekannten Ufern aufbricht. Der junge Zweifler ist der Mensch der neuen Kultur. *Martin Scharfe*

Der »Bus der Atheisten« 2009 vor dem Brandenburger Tor in Berlin. Diese »Atheist Bus Campaign« war eine Werbeaktion, von der die Veranstalter sagen, dass sie in Deutschland mehr als 20 Millionen Menschen erreichte. Man wollte für die »Nichtreligiösen« eine stärkere Präsenz in öffentlichen Debatten einfordern und zeigen, »dass sie positive Werte haben und im Zentrum der Gesellschaft stehen«. Kirchen und andere Institutionen sollten: »wahrnehmen, dass sie mit Nichtreligiösen in Zukunft stärker rechnen müssen – als einem kompetentem Gegenüber auf gleicher Augenhöhe«.

Im Rückblick resümieren die Veranstalter: »Neben harscher Kritik haben wir haufenweise lebhafte Zustimmung erfahren. Für einige Monate sind wir zu Aktivisten in Sachen ›Unglauben‹ geworden – für ein Thema, das vor Jahren kaum eine Erwähnung wert gewesen wäre. Ein neuer religiöser Fundamentalismus hat sich etabliert und den ›neuen Atheismus‹ als entschiedene Gegenwehr auf den Plan gerufen. Evangelikale, Kreationisten und Islamisten beherrschen die öffentliche Wahrnehmung mit ihren Themensetzungen nicht länger allein – und das ist gut so.«

Religionskritik als Korrektur des Glaubens

Was in den Generationen seitdem an Religions- und Bibelkritik vorgetragen wurde, wer sich vom Christentum verabschiedete …, all deren Vorbehalte, Einwände, Zweifel und Glaubensverweigerungen bleiben dem Christentum nicht außen vor, sondern sind ihm selbst zugehörig. Man kann nämlich das Dogma gar nicht darstellen, ohne auch seine Infragestellung und Korrektur einzubeziehen. Anzunehmen, Kritik lasse sich übergehen, würde bedeuten, das Dogma aus der Geschichte selbst auszustoßen. Der Wert der teils historisch-kritischen, teils polemisch-lästerlichen Zurechtrückung des orthodoxen Christentums besteht in der – immer noch unvollendeten – Freilegung eines Christentums, das sowohl

Der Psychoanalytiker Tilmann Moser an den Kirchenlehrer Augustinus:

Lieber Augustinus,

auf der Spur der Schuldgefühle und der Lebensverneinung von Patienten begann ich dich zu lesen, sozusagen als einen wortmächtigen Urquell der Verschmähung aller Freude, sie sei denn Freude in und an Gott. Dass es eine riesige Gottesneurose ist, die dich trieb, ist offensichtlich …

Doch zuerst zu deinen eigenen Worten, du Held der Selbstbezichtigung, der kein gutes Haar mehr an sich und seiner Jugend und jungen Erwachsenheit findet. Dadurch warst du so verführerisch für Jahrhunderte, fast Jahrtausende, weil du dein mit enormen Mut erforschtes Leben als Wandlung und Bekehrung vom Falschen, Sündigen, Erbärmlichen zum Richtigen hinstellen kannst … Der Preis aber war die Schmähung alles Natürlichen, Lebensbejahenden … Ich sehe die Millionen von Gläubigen, die sich an deinen Selbstbezichtigungen wie an deiner hemmungslosen Gottesschwärmerei erbaut und berauscht haben. Da ich mich von Gott losgesagt habe, ist es mir leichter, das Neurotische an deinem riesigen Schuldgefühl wie an deiner Verschmelzungssucht mit Gott zu deuten …

Du bist einer der großen Verführer der Christenheit, nicht zum gottgefälligen normalen Leben, sondern zur verquälten Gottessuche und Jenseitssehnsucht, und du hast für Unzählige mit zur Lebenszerstörung beigetragen, weil du ihnen das Leben als Sündenpfuhl und Schlammbad der Versuchung geschildert hast. Es gibt in deinen »Bekenntnissen« keine Nachsicht, keine Ermunterung zum rechten Leben, sondern nur Sünde und Abkehr, Verdammung und Verklärung deiner Errettung.

Du wirfst dir vor, als Säugling, wie man dir sagte, gierig geplärrt zu haben: dass du mit Geheul nach Dingen verlangt hast; dass du gar nach den verweigernden Erwachsenen geschlagen hast! An das Leben im Mutterleib und als Säugling erinnerst du dich begreiflicherweise nicht, aber fest steht, dass die Sündhaftigkeit weit hinter die Geburt zurück reicht: »Wenn aber ›in Bosheit ich empfangen bin und in Sünden meine Mutter in ihrem Schoß mich nährte‹: Wo, frage ich dich, mein Gott, wo, Herr, war ich, dein Knecht, wo und wann in Un-

seinem jesuanischen Anfang als auch der Zukunft gerecht werden kann. Wollte man sich vorstellen, es habe seit Baruch de Spinoza, Richard Simon und Hermann Samuel Reimarus nicht diese unaufhörliche Folge sich abwendender, enttäuschter, empörter, korrigierender Kritik gegeben – in welchem Selbstverständnis und welcher Gestalt würde sich dann dieses Christentum heute darstellen?

Die kirchliche Unfähigkeit, das neuzeitliche wissenschaftliche Denken positiv anzunehmen, führte in Frankreich, als die Liaison von Königtum und Kirche zerschlagen wurde und die bisherige Kirchen- und Offenbarungskritik in eine radikale Kritik der Religion überhaupt überging, in die konsequente Trennung von Kirche und Staat. Für die Kirche schließt dies seitdem ein Leben am Rande der Gesellschaft ein.

Anders in den USA. Hier ging der politisch wirksamste Impuls von Gemeinschaften aus, denen selbst protestantische Verhältnisse in Europa zu eng geworden waren. Sie kamen nach Amerika, um ungehindert ihren Glauben leben zu können. Dies konnte ihnen aber nur gelingen, wenn sie nicht in die alten Abgrenzungsschemata ihrer Herkunftsländer zurückfielen. Sie bildeten selbstgenügsame Gemeinschaften, die ihre eigene Mitte wahrten, ohne übergreifenden Verbund. Wer immer – auch aus katholischen Ländern – noch hinzu kam, die Trennung von Kirche und Staat wurde die Voraussetzung für die freie Entfaltung eines pluralen religiösen (zunächst christlichen) Lebens. Darum aber gibt es für die dort Glaubenden auch keine Legitimationsbasis über die eigene Religionsgemeinschaft hinaus. »Man hat sich auf diese Weise daran gewöhnt, weder dem anderen noch sich selbst kritisch jemals zu nahe zu treten. Das heißt aber, man ist pluralistisch und fundamentalistisch zugleich – wobei ›Fundamentalismus‹ hier nicht im Sinne einer zur Gewalttätigkeit neigenden apologetischen Haltung zu verstehen ist, sondern einfach als Ausschaltung der Zumutung, seine religiöse Anschauung je kritisch hinterfragen zu sollen« (Hansjürgen Verweyen).

In Deutschland setzte die Aufklärung in ihren religiösen Folgen mit voller Macht erst mit Lessing ein, konnte jedoch auf große Vorleistungen für das Gespräch zwischen Philosophie und Theologie aufbauen. Während in Frankreich vor 1789 die Aufklärung nur subversiv zu Wort kam, riss der scholastisch vorgebildete Dialog zwischen Theologie und Philosophie hier nicht ab. So fand die Aufklärung in Deutschland zu keiner Zeit jene antichristliche Schärfe, wie sie Frankreich bestimmte. Vor allem die protestantische Theologie ließ sich von der kritischen Vernunft herausfordern und erreichte einen wissenschaftlichen Standard, der bis weit ins 20. Jahrhundert hinein für die gesamte westliche Welt vorbildlich wurde. Es ist freilich einzuschränken, dass die Reden über die Religion sich vorzugsweise »an die Gebildeten unter ihren Verächtern« richteten, wie Schleiermacher seinen berühmten Traktat adressierte, zumal es die Pfarrerschaft bis heute nicht schafft, das akademisch erreichte theologische Niveau auf Gemeindeebene zu übersetzen.

Diese Schwäche der Kirchen und ihrer Dolmetscher lässt sich in der zweiten Hälfte des 20. Jahrhunderts an keinem Gradmesser deutlicher ablesen, als am Nachrichtenmagazin »Der Spiegel«. »Ich kenne kein anderes Land dieser Erde«, schrieb der katholische Theologe Hansjürgen Verweyen, »wo sich allwöchentlich die Mehrzahl der auch nur halbwegs Gebildeten auf ein Blatt stürzt, das nicht nur die Großen in Politik, Wirtschaft und

René Magritte (1898–1967), Le Rossignol, 1962.

»*Rossignol« ist doppeldeutig übersetzbar. Es kann »Nachtigall« aber auch »Ladenhüter« bedeuten. Magritte schrieb dazu 1956 in einem Brief:*

»*Auf meinem Arbeitsplatz befindet sich ein Bild, genannt ›Die Nachtigall‹, in einem sehr unklaren Entwurfsstadium. Es geht darin um eine Art Rangierbahnhof – Gleise, Signale, Maschinen usw. Am Himmel, auf einer Art Wolke sitzt die Gestalt Gottvaters auf einem Thron – so, wie man ihn auf bestimmten Bildern in der Kirche St. Sulpice dargestellt sieht.*

Für die einen ist die Nachtigall ein ›Ladenhüter‹, für die anderen die Königin der Vögel. Gewissen ›Kennern‹ wird mein fertiges Bild der ›Nachtigall‹ als ›Collage‹ erscheinen, anderen als Verbindung zweier Reise-Erinnerungen an Paris, wieder anderen als Bekenntnis zu Deismus und Atheismus und so fort. Zahlreiche andere Interpretationen eines solchen Bildes sind möglich und bestätigen mein Gefühl für seine Bedeutung: Kern der ›Frage‹ zu sein (die sich nur durch das Unscharfe und ziemlich Riskante des Gesamteindrucks mitteilt).«

kulturellem Leben beißendem Spott unterwirft, sondern auch keine Gelegenheit ungenutzt lässt, Häme über die religiösen Traditionen auszubreiten, die jahrhundertelang den abendländischen Menschen getragen haben.« Das freilich konnte »Der Spiegel« in diesen Jahrzehnten nur deshalb, weil die Kirchen eine beispiellose Informationsverweigerung betrieben haben und dem Kirchenvolk alles unterschlugen, was über Generationen hinweg an religionskritischer Herausforderung und historisch-kritischer Erkenntnis auf den Tisch gelegt worden war. Wer so verfährt, überlässt jenen den Vortritt, die sich selbst bereits von diesem kirchlichen Verhalten missachtet sahen und nun in ihrer Weise nachholen, was innerhalb der Kirchen unaufgearbeitet geblieben ist.

Natürlich kommt einiges mehr hinzu. Freud hat es »ein sehr merkwürdiges psychologisches Problem« genannt, »dass gerade diejenigen Mitteilungen unseres Kulturbesitzes, die die größte Bedeutung für uns haben könnten, denen die Aufgabe zugeteilt ist, uns die Rätsel der Welt aufzuklären und uns mit den Leiden der Welt zu versöhnen, dass gerade sie die allerschwächste Beglaubigung haben.« Zwar sei die »Unbeweisbarkeit

schuld?« Die Antwort auf die rhetorische Frage muss lauten: nie und nirgends.

Das Sündengefühl dehnst du aus auf die kleinen Schülerverfehlungen und den Trotz gegen allzu viel Lernen und vor allem auf die ewigen Schläge: »Sünde war es gleichwohl, wenn ich im Schreiben und Lesen oder im Nachdenken über den Lernstoff zurückblieb hinter dem, was man von uns verlangte.«… Und was machst du aus kleinen Diebstählen »im Keller der Eltern und vom Tisch weg« – also Naschen –: »Ist das die Kindesunschuld? Nein, die gibt es nicht, Herr, nein, die gibt es nicht, lass es mich sagen, mein Gott.« Du wühlst dich hinein in deine Kindes- und Knabenunschuld, so dass schon da

Gottes Erbarmen und die religiöse Erlösung notwendig erscheinen.

Mit der Pubertät wird alles noch schlimmer. Da suhlst du dich in deiner Verderbnis, und deine spätere Errettung wird umso leuchtender. Du sprichst von der »Gier, mich am Niederen zu sättigen«, vom »sumpfigen Gelüst des Fleisches und dem Strudel sich regender Mannbarkeit«, von der »Finsternis der Wollust« und vom »Wirbel der Schändlichkeiten« … Du haust dir mit ungeheurem Eifer deine eigene Pubertät kaputt, als sei sie der Höllenpfuhl gewesen, in dem du fast untergingst, und der einzige, vorsichtige Vorwurf an Gott ist der seiner allzu großen Langmut und Zurückgezogenheit: »Ich wälzte mich in meinen Unzüchten, ich ergoss mich darein, ich zerfloss und verschäumte – und Du schwiegst.« …

Wieso hasse ich dich über sechzehn Jahrhunderte hinweg und halte dich für ein Unglück des Abendlandes, während Millionen deiner Leser die lebensfeindliche »Süßigkeit« der Gottesbeziehung aus deinen Schriften gewonnen und genährt haben? Weil deine Neurose sich ins Große geweitet hat! Weil sie kollektiv geworden ist! Weil sie Anlass zu Religionskriegen war, zu massenhafter Unterwerfung, zum Fundament einer Kirche, die Ungeheures geleistet und Ungeheures verbrochen hat. Dabei denke ich hier nur an das innerseelische Elend der Millionen, die ihr natürliches Menschsein verdammten, um sich deinem Gott zu unterwerfen und ihn zu dem ihrigen zu machen.

Zögernd schreibe ich es hin, trotz deiner riesigen Statur, die sich durch millionenfache Nachahmung im Glauben wie in der Lebensform noch erhöht: Es steckt etwas von Falschmünzerei in deiner Frömmigkeit, in deiner Theologie auf der Basis von Schuld und Verwirrung und Depression und … Und hinter allem steht das Band zur Mutter, die dich am irdischen Vater vorbei zum himmlischen Vater geführt hat und dich so in ihrer seelischen Nähe hielt. Sie entschied wohl auch, dass deine langjährige Freundin und Mutter deines geliebten Sohnes nach Hause geschickt wurde …

Tilmann Moser

der religiösen Lehren« wohl zu jeder Zeit verspürt worden, »gewiss auch von den Urahnen, die solche Erbschaft hinterlassen haben. Wahrscheinlich haben viele von ihnen dieselben Zweifel genährt wie wir … es lastete aber ein zu starker Druck auf ihnen, als dass sie gewagt hätten, dieselben zu äußern« (Sigmund Freud).

Der inhumane Gott

Die am meisten bedrängende Infragestellung des Gottesglaubens geht von erfahrenem Leid aus. Traditionelle Gottesbilder kommen hier an ihre Grenze, zumal mit den Gott zugeschriebenen Eigenschaften der Allmacht, Allwissenheit, Gerechtigkeit und Liebe Aporien entstehen, die rational nicht auflösbar sind. Das hat Hans Jonas zu seinem Urteil geführt: »Nicht weil er nicht will, weil er nicht kann, greift Gott nicht ein!« Und ein andermal: »Ich möchte daran glauben, dass es eine göttliche Gerechtigkeit gibt, aber sobald ich mich mit diesem Gedanken vertraut zu machen versuche, fallen mir die Kinder von Auschwitz ein und Millionen andere, die gequält, gefoltert und ermordet wurden. Aber es ist nicht nur der Krieg und der Holocaust. Gab es nicht schon immer Menschen, die von Natur verwöhnt wurden, und andere, die es nicht wurden, die Schönen und die Hässlichen, die Erfolgreichen und die Erfolglosen, die Mächtigen und die Getretenen? Wartet ein anderes Glück auf sie?« – Für viele führt das Theodizeeproblem zum Atheismus:

Wenn ich Anflüge von Weltschmerz habe, so habe ich wenigstens nicht das Problem, die Zustände auf dieser Erde unter einen Hut zu bringen mit einem allweisen Großen Geist, der sich das ganze Elend einfallen ließ und den ich anscheinend dafür auch noch verehren soll.

Vielleicht hat niemand wuchtiger und sprachlich überzeugender mit dem negativen Gottesbild seiner Kinder- und Jugendjahre Abrechnung gehalten, als der Psychiater Tilmann Moser. In seinem Buch »Gottesvergiftung« (1976) macht er das Bild des Gottes, das Bibel, Umwelt, Eltern und Entziehung entwarfen, und das sich in ihm weiter verzerrt hat, verantwortlich für Schuldgefühle, für Ängste, für früh empfundenen Größenwahn, für das Gefühl, Aussätziger zu sein und das Ziel des Lebens nie erreichen zu können. Gott schien sich ihm anzupreisen als Zuflucht für alles Leid und als Quelle allen Trostes. Doch für den, der dieses Bild erinnert, war dies Lüge, die er nicht durchschauen konnte; er war zum Glauben gezwungen. Den Glauben seiner Kindheit durchzog eine Art Gottesvergiftung, die ihn hinderte, sich als Mensch zu finden und andere als Mensch zu suchen:

Du haustest in mir wie ein Gift, von dem sich der Körper nie befreien konnte. Du wohntest in mir als mein Selbsthass. Du bist in mich eingezogen wie eine schwer heilbare Krankheit, als mein Körper und meine Seele klein waren…

Und wiederum habe ich versucht, auf allgemeine Aufforderung hin, dich anzustaunen, weil du für mich armen Sünder deinen einzigen Sohn geopfert hast. Das macht natürlich Eindruck: Wie schlecht muss ich sein, dass es einer solchen Inszenierung bedarf, um mich zu erlösen! Seltsam, seltsam – keiner von den Predigern hat je Verdacht geschöpft, dass vielleicht nicht mit uns, sondern mit dir etwas nicht stimmt, wenn du vor lauter Menschenliebe deinen Sohn schlachten lassen musstest. Und uns gibst du ihn dann zu trinken und zu essen, wie es heißt, zur Versöhnung.

So verzerrt das Gottesbild hier erscheinen mag, es ist kein extremes Einzelschicksal, das seine Anklage vorträgt. Die von Karlheinz Deschner ... herausgegebenen Sammelbände über den erfahrenen christlichen Glauben zeigen vielfältig, wenn auch nicht in der Eloquenz Mosers, wie selbstzerstörerisch eine Tradition wirken kann, für deren Überlieferungsbestände das moderne Bewusstsein weithin die Akzeptanz verloren hat.

Christophe Vorlet (geb. 1957), Spaziergang im Tiefdruckgebiet.

Ich saß wie in einer Falle mit dir: alle mir wichtigen Menschen zeigten keinerlei Zweifel, dass es dich gebe und du ansprechbar, verständnisvoll, gütig, gerecht, gar »lieb« und »barmherzig« seist, wenn auch mit dem Hintergrund düsterer Strafen, deren schlimmste freilich der Liebes- und Beziehungsverlust sei, und es galt gleichzeitig als ausgemacht, dass bei dem, der dich nicht erreichte, etwas Schlimmes vorliegen müsse. Das brachte mich in die Lage einer keuchenden Ratte, die ihre Tretmühle in wachsender Panik immer schneller tritt. Du hast aus mir eine Gottesratte gemacht, ein angstgejagtes Tier in einem Experiment ohne Ausweg. Ich wäre dem Labyrinth schneller entkommen, wenn es Menschen gegeben hätte, mächtig und klug und verstehend genug, um mit dir über dich zu reden und meine Zweifel oder meine Auflehnung zu ertragen. So aber hatte ich es mit Menschen zu tun, denen du selbst notwendiger Balsam oder Opium warst, und denen ich mit meinen Zweifeln nur Schmerzen zugefügt hätte. Alle waren auf eine stille, verborgene Weise süchtig, und so verschwieg ich ehrfurchtsvoll die Fragen, weil sie gewirkt hätten, als schlüge ich Gebrechlichen die Krücken weg.

Wie Tilman Moser Jahrzehnte später feststellte, ist das repressive Gottesbild seiner Kindheit in der heutigen Gesellschaft stark verblasst. Dennoch lässt sich nicht in einer Generation abstreifen, was die Mentalitätslage und das Denken der westlichen Gesamtkultur geprägt hat. Hätte es über die Zeiten hin eine Unterweisung gegeben, in der man Fragen und Zweifel, auch Auflehnung und Ablehnung loswerden konnte, wären viele Verbiegungen verhindert oder gemindert worden. Im Rückblick stellt sich – vom Einzelschicksal auf das Ganze weiterblickend – die Frage, welchen Anteil der christliche Glaube an den negativen Seiten der europäischen Geschichte hat.

Es gab immer ein den politischen Interessen zugeordnetes Gottesbild. Die Kolonialisierung und Ausbeutung fremder Kontinente und Völker verband sich mit einem Missionsverständnis, das die Interessen Europas und die der Kirche zu verbinden wusste, von der Menschenwürde der indigenen Bevölkerung aber wenig berührt war. Eindrucksvoll belegt dies der Kampf Las Casas' gegen die spanische Conquista. Da der christliche Gott systemkongruent zu Hierarchien und Obrigkeiten war, galt die Obrigkeit »von Gottes Gnaden« gegeben; dem entsprachen Unterordnung und Gehorsam. Aber ein solcher Gott schuf nicht mehr den Kleinen und Schwachen, den Ausgebeuteten und Ohnmächtigen Recht, war nicht der Gott eines Amos und Jesaja, sondern ein »oberster Chef«, den zwar zu Beginn des 20. Jahrhunderts der kleine Jean-Paul Sartre instinktiv ablehnte,

> Fern vom verträumten heimatlichen und weltanschaulichen Lebenshorizont ging mir endgültig und klarer als je zuvor auf, dass die seit meiner Kindheit bestehende Bindung an wesentliche Glaubensinhalte der Kirche nicht mehr bestand, Gebete zu leeren Formeln geworden waren und die so lange als real empfundenen Mächte und Kräfte eines neben dem Diesseits als endgültige Wirklichkeit bestehenden Jenseits sich in nichts aufgelöst und verflüchtigt hatten ...
>
> *Johannes Hösle*

der aber so eng mit der christlichen Tradition verschmolzen ist, dass es auch heute kaum einem aufstößt, wenn die Bibelübersetzungen den Jahwe-Namen aus dem Hebräischen – als gäbe es nichts anderes – nur noch mit »Herr« wiedergeben. Was aber bedeutet es für die Struktur einer Religion, wenn »Gott« Chiffre für ein Autoritätsmodell ist? Wenn das Gottesbild überwiegend Herrschaft spiegelt? Wenn dieser Gott mehr von »Kirchenfürsten« repräsentiert wird, als dass man seinen Ort mit der Ohmacht der Armen und Schwachen verbindet? Irgendwann will eine erwachsen gewordene Menschheit diesen Gott los sein. Ein institutionellen Interessen dienender Gott ist nicht Gott, sondern mit Heidegger ein »Gestell« zu nennen. Was solcherart den Leuten vor-gestellt wird, werden sie eines Tages wieder wegräumen.

4. »Wer bin ich – und wenn ja, wie viele?«

Das bisher beschriebene Christentum, dessen Interesse so betont auf die Erscheinungen himmlischer Gestalten, auf Wallfahrten, Reliquien und Wunder bezogen ist, muss einer vormodernen Religiosität zugerechnet werden. Diese Religionsgestalt hat in den letzten Generationen erhebliche Wandlungen erfahren – vom Ende des »gemeinen Volkes« über eine »populäre Frömmigkeit« bis zur Aufsplitterung der Religiosität in vielfältige Milieus.

Einen Rückblick auf die Religiosität des »gemeinen Volkes« hat zu Beginn der 1930er Jahre Max Rumpf geschrieben. Er sah es, solange es existierte, von keinem »Zeitgeist« berührt. »Hier gibt es entweder durch Jahrhunderte überhaupt keine wesentliche Änderung, oder die vorhandenen Änderungen vollziehen sich so langsam, dass sie von den Mitlebenden nicht gespürt, jedenfalls nicht bewusst und kritisch zur Kenntnis genommen werden.« Doch war zu Beginn des 20. Jahrhunderts diese Zeit abgelaufen.

Francesco Goya (1746–1828), Seltsame Frömmigkeit. Desastres, Blatt 66, 1815–1820.

Der Esel trägt einen Glassarg mit einer mumifizierten Leiche, vor der alles auf die Knie geht. Seltsame Frömmigkeit!

Auf den meisten anderen Blättern von »Los Desastres de la Guerra« schildert Goya in unüberbietbarer Realistik, wie Menschen einander jede nur denkbare Grausamkeit zufügen.

»Gemeines Volk hat in Deutschland, in West- und Mitteleuropa aufgehört zu existieren, und nicht mal seine arme Seele wird wiederkehren, um so ganz anders gewordene Nachlebende zu grüßen.« Und so, wie es gemeines Volk nicht mehr gibt, kann auch von »Volksleben«, »Volksglauben« und »Volksfrömmigkeit« nicht mehr gesprochen werden. Man nennt es heute im wissenschaftlichen Jargon »populäre Religion«. Was im Sockelbereich des Christentums an alten Traditionen noch nachwirkt, rückt in die Vordergründigkeit eines folkloristisch demonstrativen Gebrauchs. Treibende Faktoren dieser Popularisierung sind der Tourismus, die Selbstdarstellungsabsichten der Gemeinden und bevorzugt die Kirchen als institutionalisierte Betreiber von Andachten, Festen, Wallfahrten und sonstiger Brauchtumspflege. Mehr als die frühere Volksfrömmigkeit unterliegen diese Versatzstücke ehemaligen Brauchs dem Einfluss der kirchlichen Vermittlungsinstanzen, die auf ihr Repertoire zurückgreifen und damit – bewusst wie unbewusst – eine kritische Distanz zur »modernen Zeit« einnehmen.

Einerseits darf man diese populäre Frömmigkeit naiv unterfüttert nennen, andererseits wird sie von der Kirchenleitung gestützt. Die Päpste wallfahrten zu den Orten diverser Marienerscheinungen, werten den Glauben an das vieldeutige Geschehen erheblich auf und forcieren damit einen millionenfachen frommen Tourismus. Während sich bestimmte Kirchenkreise davon angesprochen sehen, fühlen sich andere befremdet und ausgrenzt. Ihr Verhältnis zu vielen Formen tradierter Frömmigkeit wird durch kritisches oder einfach auch verständnisloses Denken bestimmt. Zwar verweist man auf das wieder erstarkende Wallfahrtswesen, etwa im Blick auf die Wallfahrt nach Santiago de Compostela, übersieht aber, dass hier (wie anderswo) der kirchliche Rahmen gesprengt ist. Wenn den Camino – beispielsweise – die Schriftsteller Cees Nooteboom und Paulo Coelho gehen, der Psychologe Hans Aebli, die Schauspielerin Shirley MacLaine, die Entertainer Hape Kerkeling, Frank Elstner und Alexander Rüdiger, die Künstlerin Diane, Herzogin von Württemberg, der Eiskunstläufer Norbert Schramm und die US-amerikanische Präsidententochter Jenna Bush …, ist dies nicht als Wasser auf die Mühlen der Kirche zu werten.

Solange es ein »Volk« gab und die Gesellschaft sich in einer gewissen Geschlossenheit ohne pluralistische Aufsplitterung verstand, hatten die Kirchen ein definierbares Gegenüber. Diese vormoderne Situation ist vorbei, dem kirchlichen Bewusstsein aber nicht wirklich präsent, denn das autoritär wirkende kirchliche Interpretationssystem orientiert sich weiterhin am eigenen Denken und den Idyllen einer vormodernen Gesellschaft. Das führt zu erheblichen Störungen. Wenn sich nämlich eine – an sich kompetente – Institution weigert, diese neue Situation anzunehmen, entstehen Irritationen auf beiden Seiten und Störungen in der Interaktion.

Aus Untersuchungen wissen wir zur Genüge, dass in einer überkomplexen Gesellschaft gerade die Identität des Individuums zum Problem geworden ist … Weil sich jeder Sektor aus sich selbst begründet, weil es also keine strukturierenden Regeln mehr zu geben scheint, die unsere ganze Gesellschaft durchziehen, wird dem Individuum von den einzelnen Sektoren der Gesellschaft keine übergreifende Integrationsmöglichkeit mehr angeboten… Man eilt ortlos von einem Sektor zum andern: von der Familie zum Arbeitsplatz, vom Arbeitsplatz vielleicht zur politischen Veranstaltung oder zum Fußballspiel, dann wieder zurück zu seiner Familie… Aus mehreren Gründen wäre es sinnlos, zur Rettung der Gesellschaft jetzt nach Religion zu rufen und darauf zu hoffen, sie könne gesellschaftliche Differenzen integrieren, auf die überlasteten Individuen eine heilende Wirkung ausüben und zudem der Gesetzlosigkeit einer übersteuerten Gesellschaft Abhilfe leisten… In dem Augenblick nämlich, da man Religion nicht mehr als die selbstverständliche Welt- und Gesellschaftsinterpretation voraussetzt oder akzeptiert, die im Unbedingten gründet, hat Religion ihre unmittelbare, wie selbstverständlich sinnstiftende Funktion verloren.

Hermann Häring

Ein junger Lehrer in New York hat seine Schüler, Schwarze und Puertoricaner, aufgefordert, aufzuschreiben, was sie wollen, ohne auf Rechtschreibung und Schönschrift zu achten, zu sagen, was sie empfinden:

Clorox – Frank Cleveland

Ich habe keine Männlichkeit mehr –
    was bin ich?
Ihr habt mir meine Frau vor die Nase gesetzt –
    was bin ich?
Ihr habt mich so erzogen,
dass ich meine Brüder und Schwestern hasse und ihnen misstraue –
    was bin ich?
Ihr sprecht meinen Namen falsch aus und sagt, ich habe keine Selbstachtung –
    was bin ich?
Ihr setzt mir ein verrottetes Schulsystem vor und erwartet von mir,
dass ich mit euch konkurriere –
    was bin ich?
Ihr sagt, ich habe keine Würde,
und dann nehmt ihr mir meine Kultur weg –
    was bin ich?
Ihr nennt mich Boy,
einen dreckigen, runtergekommenen Strichjungen –
    was bin ich?
Jetzt bin ich ein Opfer des Wohlfahrtsstaates –
    was bin ich?
Ihr sagt mir, ich soll warten, bis sich was ändert,
aber vierhundert Jahre sind vergangen und nichts hat sich geändert –
    was bin ich?
Ich bin die Summe eurer Sünden.
Ich bin die Leiche in eurem Keller.
Ich bin die unwillkommenen Schwiegersöhne und Schwiegertöchter und die unerwünschten Kinder.
Ich bin vielleicht eure Vernichtung, aber vor allem bin ich, wie ihr so unverhohlen sagt,
euer Nigger!

Vom »Nutzen« des Glaubens

Hermann Kurzke: Die Erfahrungen der letzten beiden Jahrhunderte mit »neuen Mythen« waren schlecht. Nicht Führerkult und Feuersprüche, Tarotkarten, Horoskop-Idiotie, Schamanismus und Voodoo-Zauber werden uns weiterbringen. Anstatt Privatmythologien zu erfinden und obskuren Kulten zu frönen, ist es an der Zeit, die großen christlichen Überlieferungen mit Macht zu pflegen. Denn beliebig wählbar sind, das ist gegen die Theoretiker der Postmoderne zu erinnern, die Mythen nicht. Kulturell stark kann man nur in dem Bereich sein, in dem man lange Wurzeln hat. Man muss dankbar sein, dass es die großen christlichen Kirchen noch gibt. Sie haben bei allen Mängeln die Überlieferung bis heute getragen, und bis heute findet man in ihren Räumen mehr davon als irgendwo sonst.

Jacques Wirion: Ich lese (Ihren Text) als ein Dokument zur Beglaubigung meiner These von der Unehrlichkeit oder mangelnden Wahrhaftigkeit des Glaubens. Sie loben den Glauben aus praktischen Gründen in Bezug auf Kultur und Lebenskunst, und genau das ist es, was ihn mir anrüchig macht und mich von ihm fernhält: sein praktischer Nutzen. Zwar bin ich keineswegs unempfindlich für die vielen interessanten Aspekte Ihrer Apologie, und trotzdem denke ich nicht, dass man den Glauben so pragmatisch verkaufen sollte. Sie heben – auf der Seite des Glaubens stehend – die Vorteile des Glaubens hervor wie ein Sportler die Vorzüge seiner Sportart, ohne dass er dadurch irgendeinen Unsportlichen überzeugen könnte.

Hermann Kurzke: Ist das alles? Vielleicht ist das alles. Aber ich bin enttäuscht. Ich schreibe eine Art Manifest, die Summe jahrzehntelangen religiösen Nachdenkens, und Sie legen mich mit zwei Griffen auf die Bretter.

So wie in der Gesellschaft insgesamt ist auch in den Kirchen niemand mehr in der Lage, das Geschehen zu überschauen und in seiner Vielfalt zu begreifen. Die zunehmende Differenzierung der Gesellschaft hat der Kirche ihre alten pastoralen Instrumente genommen. Weder Verkündigung noch Gemeindepastoral noch moralische Weisung können in den Griff bekommen, was sich längst ausgegliedert hat. Es gibt kein »Kirchenvolk« mehr, das in seiner Gesamtheit belehrt werden könnte.

Für die deutsche Kirchensituation veranschaulicht dies die Sinus-Milieu-Kirchenstudie von 2006. Sie hat gezeigt, dass die katholische Kirche in Deutschland nur noch in drei von zehn unterschiedenen (aber ebenfalls schrumpfenden) Milieus verankert ist: bei den »Traditionsverwurzelten«, den »Konservativen« und einem Teil der »Bürgerlichen Mitte« (sowie bei einem Splitter der »Postmateriellen«). In den übrigen sechs bis sieben anderen Milieus finden sich einerseits der höhere Anteil junger Menschen als auch jene, die sich entweder als kirchendistanzierte Christen, als nichtchristliche Religiöse, als Nichtreligiöse und religiös Unsichere verstehen. Die Studie betont zwar, dass kaum ein Milieu in offensiver oder gar aggressiver Spannung zur Kirche steht, so dass eine Ansprechbarkeit grundsätzlich gegeben sei, doch bleibt die geistesgeschichtliche Großwetterlage unbeachtet, deren langfristige Bewegungen unumkehrbar sind: Die seit dem 17. Jahrhundert in Naturwissenschaften und Philosophie grundgelegten Entfremdungen, die sich im 19. Jahrhundert zuerst auf die Intellektuellen, dann auf die Arbeiter auswirkten, haben die christlichen Kirchen in eine kulturelle Randstellung gedrängt, die wohl nicht mehr rückgängig zu machen ist. Zwar kann man von der Gegenwart nicht behaupten, sie sei weniger religiös als frühere Zeiten, aber eine deutliche Entkirchlichung, deren weiterer Verlauf im Dunkel liegt, findet statt. Für gestundete Zeit mögen die Kirchen noch Einfluss auf diese Entwicklung nehmen können, sofern sie die Dringlichkeit erkennen und konkreten Veränderungswillen aufbringen. Die ausschließlich organisatorischen und administrativen Antworten der katholischen Kirchenleitung auf den eklatanten Priestermangel zeigen jedoch, dass diese dem Anspruch der Zeit nicht gewachsen ist.

Die aktuelle Entkirchlichung bedeutet allerdings nicht die Aufhebung von Religion; sie ist ein Prozess der Neuorientierung. Der Vorgang hat viele Ursachen. Etwa dass sich der überlieferte Glaube in seiner begrifflichen Komplexität in das heutige Weltbild nicht mehr problemlos einfügen lässt, zumal die Welt in ihrer wirtschaftlichen, sozialen und politischen Unübersichtlichkeit den Menschen ebenfalls überfordert. Eine elementarisierte Neufassung des Glaubens wäre hier dringlich, doch dürfte deren Annahme umso geringere Chancen haben, je unveränderter sie in eine kirchli-

WALERT ROBSER   WALSRT ROBEER   WALSET ROBERR   WALSER ROBERT

che Sprachregelung verpackt ist. Nicht zuletzt gilt, dass gerade religiös suchende Menschen, denen die christliche Überlieferung ihr Leben nicht mehr erschließt, Wege der Selbsterfahrung und Meditation außerhalb der Kirchen suchen. Statt Glaubens*lehre* wollen sie *Erfahrung*. Würden die Gottesdienste auch als Orte aktiver meditativer Praxis erlebbar, könnte sich vielleicht hier eine Kultur des spirituellen Lebens entwickeln, die allen, der Gesellschaft wie der Kirche, gut täte. Aber dazu brauchte es Menschen, die ohne Rücksicht auf bischöfliche Zustimmung liturgische Spielräume für sich in Anspruch nehmen (→ S. 522–532).

Die geschilderte Differenzierung der Gesellschaft bewegt auch die Gruppe jener Christen, die sich von einer einzigen religiösen Tradition nicht mehr ausschließlich betreffen lassen. Sie entwickeln eine multiple Religionszugehörigkeit, die sich unterschiedlich darstellt:

Obwohl der Dialog zwischen Religionen im Allgemeinen die feste Verpflichtung auf eine bestimmte religiöse Tradition voraussetzt, kann die ernsthafte Beschäftigung mit einer anderen Religion schon früh das Gefühl religiöser Mehrfachzugehörigkeit erzeugen … So beansprucht bekanntlich der indische Jesuit Michael Amaladoss, sowohl Hindu als auch Christ zu sein, und der christliche Zen-Meister Ruben Habito lehnt es ab, sich nur mit dem Christentum oder nur mit dem Buddhismus zu identifizieren.

In den meisten Fällen schließt der interreligiöse Dialog jedoch die primäre Identifikation mit einer religiösen Tradition ein, die bei der Beschäftigung mit den anderen Religionen dominant und normativ bleibt … Dies kann zum Beispiel bei Christen der Fall sein, die Zen-Meditation praktizieren, oder bei Juden, die zugleich auch Anhänger eines bestimmten Hindu-Gurus sind.

Catherine Cornille

Zunehmend größer wird die Gruppe jener, die aufgrund ihrer Begegnung mit einer anderen Religion bestimmte Praktiken und Anschauungen dieser Religion mehr zusagend und hilfreich empfinden als die Überlieferungen der eigenen Herkunft. So kann sich jemand für das Verständnis der »Letzten Dinge« entscheiden, wie sie der Buddhismus vermittelt, während er im Bereich ethischer Anschauungen an der christlichen Tradition festhält. Oder es werden zentrale Themen des Christentums – zum Beispiel Inkarnation oder Trinität – in den Kategorien und Begriffen des Hinduismus oder Buddhismus interpretiert. Die wachsende Individualisierung in der westlichen Gesellschaft führt dazu, dass Menschen sich selektiv des religiösen Angebots auf dem Markt der Weltreligionen bedienen. Dieser Modus, fremde Symbole und Riten zu übernehmen, deren Sinnhorizont

Tatsächlich ist kaum etwas trügerischer als der Eindruck eines unwandelbaren »Ich«. Das beginnt schon auf der materiellen Ebene: Unaufhörlich geht das biologische Material unseres Körpers zugrunde, wird ersetzt und umgebaut. Manche Zellen überdauern eine Woche, die meisten nicht länger als ein Jahr. Kaum ein Molekül unseres Körpers, das nicht im Laufe unseres Lebens mehrfach ausgetauscht würde. Metaphorisch gesprochen wird das Haus des »Ich« permanent umgebaut. Und doch haben wir den Eindruck, wir hätten eine kontinuierliche Identität, die uns unser Leben lang begleitet …

Was bedeutet dies für unsere Vorstellung vom »Ich«? Es ist kein feststehendes »Ding«, sondern ein fortlaufender Prozess … Dass wir dennoch das starke Gefühl einer unwandelbaren Identität haben, hängt zum einen mit unserem stabilen Körperbild zusammen, zum anderen damit, dass wir immer unsere gedanklichen Evergreens wiederholen und unser geistiges Repertoire nur langsam ändern … So beruht das »Ich« auf extrem starken Gewohnheiten und kann doch immer wieder aktualisiert werden, im Lichte neuer Erfahrungen, in Reaktion auf unsere Umwelt und auf das, was unsere Mitmenschen uns zurückspiegeln …

Nur manchmal, wenn der permanente innere Konstruktionsprozess gestört wird, merken wir, wie fragil unsere scheinbar feststehende Identität ist. Durch einen Gehirntumor etwa oder im Laufe einer Alzheimer-Demenz kann sich die Persönlichkeit eines Menschen so radikal verändern, dass aus einer vertrauten Identität ein Fremder wird.

Ulrich Schnabel

*Wer bin ich? Sie sagen mir oft,
ich träte aus meiner Zelle
gelassen und heiter und fest
wie ein Gutsherr aus seinem Schloss.*

*Wer bin ich? Sie sagen mir oft,
ich spräche mit meinen Bewachern
frei und freundlich und klar,
als hätte ich zu gebieten.*

*Wer bin ich? Sie sagen mir auch,
ich trüge die Tage des Unglücks
gleichmütig, lächelnd und stolz,
wie einer, der Siegen gewohnt ist.*

*Bin ich das wirklich, was andere von mir sagen? Oder bin ich nur das, was ich selbst von mir weiß?
Unruhig, sehnsüchtig, krank, wie ein Vogel im Käfig, ringend nach Lebensatem, als würgte mir einer die Kehle, hungernd nach Farben, nach Blumen, nach Vogelstimmen,
dürstend nach guten Worten, nach menschlicher Nähe, zitternd vor Zorn über Willkür und kleinlichste Kränkung, umgetrieben vom Warten auf große Dinge,
ohnmächtig bangend um Freunde in endloser Ferne, müde und leer zum Beten, zum Denken, zum Schaffen, matt und bereit, von allem Abschied zu nehmen?*

*Wer bin ich? Der oder jener?
Bin ich denn heute dieser und morgen ein andrer? Bin ich beides zugleich? …*

Dietrich Bonhoeffer

vielleicht unverstanden bleibt, dürfte immer häufiger vorkommen. Ob ein solcher Austausch nun oberflächlich oder reflektiert stattfindet, alle Kulturen und Religionen werden sich im Zuge der fortschreitenden Globalisierung wechselseitig näher kennenlernen. Das macht sie füreinander durchlässig, ohne dass die eigene Identität darüber verloren gehen muss. Synkretismus gibt es seit jeher. Auch das Christentum ist das Ergebnis zahlloser Übernahmen.

Wir haben den portugiesischen Dichter Fernando Pessoa bereits einmal mit seinem Wort zitiert: »Jeder von uns ist mehrere, ist viele, ist ein Übermaß an Selbsten.« Das gilt auf mehreren Ebenen und zunehmend deutlicher für die religiöse Identität oder Nicht-Identität des westlichen Menschen. Wenn Ernst Bloch vom »Atheismus im Christentum« sprach, ging es ihm nicht darum, dem Christentum Glaubensschwäche zu unterstellen, sondern auf eine Verflochtenheit zu verweisen, die Glauben und Zweifel aneinander bindet. Er sah das Potential heutiger Existenz paradox: »Nur ein Atheist kann ein guter Christ sein, gewiss aber auch: nur ein Christ kann ein guter Atheist sein.« Für ihn wurzelte diese Komplexität in einer Christentumsgeschichte, die schon immer Glaubenszustimmung und Zweifel als wechselseitig bedingt ansah. So lange der Zweifel Strafverfolgung weckte, hielt er sich versteckt. Seitdem er zum forschenden Ethos zählt, treibt er die Entwicklung voran, den Glauben aber in die Defensive, so dass heute nahezu jeder Mensch Glauben wie Zweifel in sich selbst erfährt. Das gilt für Intellektuelle mehr als für Durchschnittsbürger, doch auch diesem sind Widersprüche nicht fremd: Er findet alle Variationen des Zweifels und Unglaubens, wenn schon nicht bei sich selbst, so doch bei Kollegen, Nachbarn und Verwandten … und wenn das nicht reicht, in der Medienwelt, die Tag für Tag berichtet, wie alternativ jedermann und jedefrau sein können. So müssen sich schließlich alle fragen, wer sie denn sind – »und wenn ja, wie viele«.

XI. Glauben im Zeitenumbruch

Unser Weg durch zentrale Kapitel der christlichen Glaubenslehre hat deutlich gemacht, wie viel dogmatisches Gelände durch Naturwissenschaften, Philosophie, Religionskritik und historisch-kritische Forschung unterminiert worden ist. Was sich einmal als absolute Glaubensgewissheit verstand, stellen gesicherte Erkenntnisse unterschiedlichster Wissenschaften heute in Frage. Da hilft keine Apologetik. Wer dem christlichen Glauben Zukunft sichern will, muss ihn jedwedem begründeten Einwand und jedem Zweifel aussetzen, um ihm neue Authentizität zu ermöglichen.

Schon viel zu lange und viel zu ängstlich schrecken die Kirchen vor dieser Aufgabe zurück. Dadurch ist, wie unser Buch bis hierhin belegt, der Glaube uns heute zum Unglauben geworden. Was einmal als sicher galt, steht neu in Frage. Was unsere Vorfahren ohne Irritation beschwören und bekennen konnten, zerrinnt unter den Erfahrungen der Geschichte und dem Zugriff kritischen Denkens. Glaubensbekundungen in Bekenntnis, Gebet oder Lied rücken – unbewusst wie bewusst – in Anführungszeichen und werden als fremd empfunden.

Umso mehr soll es nun darum gehen, Menschen vorzustellen, in deren Lebensengagement die krisenhafte Situation des westlichen Christentums wahrnehmbar wird und die mit ihrem gelebten Leben das aktuelle Menetekel an die Wände unserer Kathedralen und Dorfkirchen schreiben – vergleiche Dan 5.

1. Neun biographische Skizzen

Franz Jägerstätter: Keiner will für etwas verantwortlich sein

Franz Jägerstätter, ein Kleinbauer und Familienvater aus dem Innviertel, erkannte früh den Ungeist und die Gesetzlosigkeit des NS-Staates. Er verweigerte den Kriegsdienst, da er als Christ einem ungerechten Regime nicht dienen und an einem verbrecherischen Krieg nicht teilnehmen dürfe:

> Man kann in der heutigen Zeit gar häufig hören, das kann und darf man ruhig tun, die Verantwortung darüber tragen ja andere, und so wird die Verantwortung hinaufgeschoben von einem zum andren, keiner will für etwas verantwortlich sein, und so müsste nach menschlicher Beurteilung über die ganzen Verbrechen und Schrecklichkeiten, denen man gerade in der jetzigen Zeit begegnet, einmal nur einer oder höchstens zwei dafür büßen?

Jägerstätter ging mit seiner Gewissensfrage zum Diözesanbischof Fließer nach Linz. Seiner Frau gegenüber äußerte er anschließend, dass der Bischof keine Offenheit wage, weil er ihn nicht gekannt habe; er hätte ja auch ein Spion sein können. In einem Brief vom 27.2.1946 hält der Bischof über das Gespräch fest: »Ich habe umsonst ihm die Grundsätze der Moral

---

König Belschazzar gab ein großes Gastmahl für seine Großen; es waren tausend Menschen und zusammen mit den Tausend sprach er dem Wein zu. In derselben Stunde erschienen die Finger einer Menschenhand und schrieben etwas auf die weißgetünchte Wand des Palastes. Der König sah den Rücken der Hand, als sie schrieb.

Da erbleichte er und seine Gedanken erschreckten ihn. Seine Glieder wurden schwach und ihm schlotterten die Knie. Der König schrie laut, man solle die Wahrsager, Chaldäer und Astrologen holen.

Da kamen alle Weisen des Königs herbei; aber sie waren nicht imstande, die Schrift zu lesen oder dem König zu sagen, was sie bedeutete.

Darüber erschrak König Belschazzar noch mehr und sein Gesicht wurde bleich. Auch seine Großen gerieten in Angst.

Da die Rufe des Königs und seiner Großen bis zur Königin drangen, kam sie in den Festsaal und sagte: O König, du brauchst nicht zu erbleichen. In deinem Reich gibt es einen Mann, in dem der Geist der heiligen Götter wohnt. Lass Daniel herrufen; er wird die Deutung geben.

Daniel wurde vor den König gebracht und der König sagte zu ihm: In dir, so habe ich gehört, ist der Geist der Götter und bei dir fand man Erleuchtung und Einsicht.

Daniel gab dem König zur Antwort: Die Schrift will ich für den König lesen und deuten. Das Geschriebene lautet: Mene mene tekel u-parsin.

Diese Worte bedeuten:
Mene: Gezählt hat Gott die Tage deiner Herrschaft und macht ihr ein Ende.
Tekel: Gewogen wurdest du auf der Waage und zu leicht befunden.
Peres: Geteilt wird dein Reich und den Medern und Persern gegeben.

Nach Dan 5

Franz Jägerstätter (1907–1943) wurde als Sohn der ledigen Bauernmagd Rosalia Huber und des Franz Bachmeier in St. Radegund geboren und hieß ursprünglich Franz Huber. Da die Eltern zu arm waren, um zu heiraten, wurde er von seiner Großmutter Elisabeth Huber aufgezogen. Am 19. Februar 1917 heiratete seine Mutter den Bauern Heinrich Jägerstätter, der Franz adoptierte. Als sein Stiefvater 1933 kinderlos starb, erbte Franz den Bauernhof. Am 1. August 1933 brachte die Bauernmagd Theresia Auer ein Mädchen zur Welt, das auf den Namen Hildegard getauft wurde. Franz Jägerstätter bekannte sich zur Vaterschaft und sorgte sich um das Mädchen. 1936 heiratete er Franziska Schwaninger. Der Ehe entstammten drei Töchter.

Im Januar 1938 sah J. in einem Traum einen Zug, in den immer mehr Menschen einstiegen, und hörte eine Stimme sagen: »Dieser Zug fährt in die Hölle«. Bei der Volksabstimmung über den Anschluss Österreichs an Deutschland am 10. April gab er die einzige Nein-Stimme in seinem Ort ab. Aus dem öffentlichen Leben seiner Gemeinde zog er sich zurück. Das Euthanasieprogramm der Nationalsozialisten, von dem er erfuhr, und die Verfolgung der Kirche durch sie festigten seinen Entschluss, als gläubiger Katholik keinen Kriegsdienst zu leisten, da es gegen sein Gewissen sei, für den NS-Staat zu kämpfen. Seine Umgebung versuchte ihn umzustimmen und wies ihn auf die

über den Grad der Verantwortlichkeit des Bürgers und Privatmannes für die Taten der Obrigkeit auseinandergesetzt und ihn an seine viel höhere Verantwortung für seinen privaten Lebenskreis, besonders für seine Familie erinnert.« Weiterhin meinte Bischof Fließer: »Ich halte jene idealen katholischen Jungen und Theologen und Priester und Väter für die größeren Helden, die in heroischer Pflichterfüllung … gekämpft haben und gefallen sind. Oder sind Bibelforscher und Adventisten, die ›konsequent‹ lieber im KZ starben als zur Waffe griffen, die größeren Helden?«

Wahrscheinlich ist es der Kirche nie bewusst geworden, dass sie durch ihre Haltung ein Werkzeug des NS-Regimes wurde, indem sie dessen weltliche Kontrollen durch jene einer geistlichen Ordnung ergänzte. Jägerstätter fand ausschließlich in seiner Frau und im Pfarrer des Dorfes eine Stütze. Den Weg in den Tod ging er allein. Er wurde vor ein Kriegsgericht gestellt und am 9. August 1943 in Berlin enthauptet.

Die Nachkriegsgeschichte um die Erinnerung an Franz Jägerstätter aber zeigt, wie schwer sich Kirche und Volk taten, die Denkmuster, die sie im NS-Staat schuldig werden ließen, zu überwinden – sofern sie denn überwunden sind. Die unmittelbaren Folgen von Jägerstätters Verweigerung hatten zunächst seine Frau Franziska und ihre Kinder zu erleiden. Während den Witwen gefallener Männer große Anteilnahme entgegengebracht wurde, erfuhr sie nur Zurückweisung: »Das war so furchtbar, nicht grad weil er gestorben ist, sondern weil die Nachbarn so ablehnend waren zu mir und vorher haben sie mich recht mögen.« – »Ich hätte nichts zu leiden gehabt, wenn ich dagegen gewesen wäre.« Erna Putz, die den späten Spuren Jägerstätters im eigenen Dorf sorgfältig nachgegangen ist, berichtet:

In der Mehrzahl der Gespräche, die ich in der Gegend führte, und die auch nur von ferne Franz Jägerstätter berührten, erlebte ich jeweils ein emotional vorgebrachtes Argument: »Ja, wenn der recht hätte, dann wären ja wir, die wir unsere Köpfe hingehalten haben, alle blöd gewesen.«

Auch die Zweite Republik in Österreich reihte sich in diesen Konsens: eine Anspruchsberechtigung auf Witwen- und Waisenrente wurde Franziska Jägerstätter zunächst aberkannt, da »der Ehegatte Franz Jägerstätter wohl ein Gegner des Nationalsozialismus war«, aber dennoch sei »die gesetzte Handlung nicht als Einsatz für ein freies, demokratisches Österreich im Sinne des §1, OFG/1947 zu werten«.

Ebenso verdrängte die Diözese Linz Jägerstätters Zeugnis. 1945 habe man die Kriegsheimkehrer nicht zurückstoßen wollen. Es sollte gar nicht erst die Frage aufkommen: »Warum habt ihr uns das nicht gleich gesagt, dass jene die größeren Helden sind, die nicht gekämpft haben?« Als im Sommer 1945 Jägerstätters Pfarrer Karobath dem Linzer Diözesanblatt einen Bericht über dessen Kriegsdienstverweigerung zustellte, lehnte der Bischof ab: »Bei aller Achtung vor der subjektiven Haltung des Mannes kann er nicht als objektiv gültiges Vorbild für seine Haltung zum Militärdienst hingestellt werden … « Auch später äußerte der Bischof seine zwiespältige Haltung: »Darum ist Jägerstätter ein besonderer Fall, der mehr zu bewundern als nachzuahmen ist.« Noch 1983 gab es in Wien anlässlich der Vorbereitungen zum Österreichischen Katholikentag Diskussionen darüber, ob Jägerstätter zur Einleitung der Papstmesse genannt werden dürfe, da er doch »gegen die Kirche« gewesen sei.

Inzwischen war der Abstand von der Kriegsgeneration wohl groß genug geworden, denn die Bedenken wurden zerstreut. Es gibt aber zu denken, dass ein Amerikaner der erste Biograph Jägerstätters war, und dass es noch »zwanzig Jahre vor der uneingeschränkten Anerkennung Jägerstätters durch den Bischof seiner Heimatdiözese« der damalige Erzbischof von Bombay war, der unter Verweis auf den von Franz Jägerstätter gesetzten Maßstab eine Stellungnahme des Zweiten Vatikanischen Konzils zur Wehrdienstverweigerung im Dokument über »Kirche und Welt« erreichte. Erzbischof Roberts sagte:

Es ist die Tragik von Millionen junger Katholiken wie Jägerstätter, welche dem von der weltlichen Behörde erhaltenen Befehl gehorchten, weil ihnen das Unrecht der ›Nazis‹ nicht genügend klar war, und auch ihren geistlichen Vätern bis zum höchsten Rang nicht, die sie ja ermutigten, militärischen Dienst zu leisten.

Und warum war ihren geistlichen Vätern bis zum höchsten Rang hin nicht klar, in welches Unrechtssystem sie miteinander verstrickt waren?

Das einsame Lebenszeugnis des Franz Jägerstätter gibt Anlass, nach dem Verhältnis der (katholischen) Kirche zum Hitler-Krieg zu fragen, und diesem vorausgehend zum Reichskonkordat, mit dem sich die Kirche – nach zunächst scharfer Verurteilung der NSDAP vor 1933 – mit dem Regime arrangierte, um eigene Seelsorgsinteressen abzusichern und diese zugleich gegen die Rechte des demokratisch-parlamentarischen Staates einzutauschen. Reinhold Schneider klagte: »Als Katholik komme ich nicht über das Konkordat hinweg. Als Katholik sehe ich mich nicht imstande, die Schuld zu leugnen.« Bis heute gibt es zu diesem Deal mit Hitler zwar eine Fülle rechtfertigender Erklärungen, aber keine Einsicht in eigene Schuld. Ebenso wenig gibt es ein Geständnis, dass die Bischöfe mit ihren ständig erneuerten Mahnungen an die Soldaten, tapfer und opferwillig an der Front ihre »Pflicht« zu erfüllen, diesen Krieg bis zum Schluss unterstützt und religiös motiviert haben. Noch 2007 bezeichnete der an der Theresianischen Militärakademie Wiener Neustadt tätige katholische Militärsuperior Siegfried Lochner Franz Jägerstätter als »ein bedauernswertes Opfer seines irrenden Gewissens und der äußeren Umstände seiner Zeit«, der an einem Krieg nicht teilnehmen wollte, der von vielen als »gerechter Verteidigungskrieg« gesehen wurde, und zitierte in diesem Zusammenhang den Trierer Bischof Bornewasser, der noch 1947 in einem Hirtenbrief geschrieben hatte: »Vaterlandsliebe bedeutet Treue. Wer die Treue bricht, ist ein Verräter.«

Heinrich Missalla weist darauf hin, dass Rom und die deutschen Bischöfe mit Artikel 31 des Reichskonkordats – katholischen Vereinen und Verbänden sind nur solche Aktivitäten zu gestatten, die »ausschließlich religiösen, rein kulturellen und karitativen Zwecken dienen« – *vertraglich* (!) auf die volle Ausübung des Glaubens verzichteten und ihn auf die private Existenz verengten:

Es ist ein wesentlicher Unterschied, ob ein Rückzug auf die Sakristei eine Folge von Zwangsmaßnahmen der Machthaber ist oder eine freiwillige vertragliche Vereinbarung …

Verantwortung für seine Familie hin. Seine Frau Franziska unterstützte ihn, obwohl sie sich der Konsequenzen bewusst war.

Als J. im Februar 1943 zur Wehrmacht einberufen wurde, verweigerte er diesen Dienst. Daraufhin wurde er ins Wehrmachtsuntersuchungsgefängnis Linz gebracht und am 4. Mai nach Berlin-Tegel verlegt. Er wurde am 9. August 1943 in das Zuchthaus Brandenburg an der Havel gebracht und dort um 16 Uhr durch das Fallbeil hingerichtet.

Die Mehrzahl seiner Landsleute wie der katholischen Bischöfe war sich weit über 1945 hinaus in der Missachtung von J.s Kriegsdienstverweigerung einig. Nachdem aber außenstehende Stimmen ein Umdenken angestoßen hatten und hinreichender Zeitabstand gewonnen war, erfolgte eine Rehabilitation J.s und seiner Ehefrau. Die totale Kehrtwende aber brachte J.s Seligsprechung am 26. Oktober 2007 in Linz, so dass er nunmehr als Märtyrer für eine Kirche in Anspruch genommen werden kann, die sich die eigene Gewissenserforschung bis heute erspart.

Bischof Bornewasser von Trier und Bischof Sebastian von Speyer neben Reichskommissar Bürkel, Reichsinnenminister Frick und Reichspropagandaminister Dr. Goebbels bei einer Feierstunde anlässlich der Rückgliederung des Saarlandes an Deutschland.

Glauben im Zeitenumbruch

Während die deutsche und österreichische Kirche noch gelähmt von ihrem Versagen in der NS-Zeit war und sich selbst als »schon immer dagegen gewesen« zu sein feierte, schrieb der amerikanische Soziologe Gordon C. Zahn (1918–2007) ein kritisches Buch über »Die deutschen Katholiken und Hitlers Kriege« (New York/Graz 1965) und stellte fest:

Als im Jahr 1939 der Krieg ausbrach, wurde die Verpflichtung zu gehorchen so häufig und so stark betont, dass wir zu dem Schluss berechtigt sind, dass die Kirche praktisch zu einem Organ der sozialen Kontrolle wurde und insoweit für den nationalsozialistischen Staat arbeitete, als die Gewähr der aufrichtigen Unterstützung des Krieges durch die Katholiken in Frage stand … Sogar inmitten des totalen militärischen Zusammenbruchs, als das Dritte Reich in seinen letzten Zügen lag, erhoben die Bischöfe ihre Stimme, um die Soldaten anzuspornen, ihren letzten Tropfen Blutes für die Sache der Nation zu opfern.

Diese Richtung wurde bereits im September 1939 in einer Erklärung der Bischöfe zum Ausbruch des Krieges festgelegt:

In dieser entscheidenden Stunde ermuntern und ermahnen wir unsere katholischen Soldaten, in Gehorsam gegen den Führer opferwillig, unter Hingabe ihrer ganzen Persönlichkeit ihre Pflicht zu tun.

Die Lehre der Kirche, zwischen gerechten und ungerechten Kriegen zu unterscheiden, wurde zu keiner Zeit erörtert. Damit stellte sich für den katholischen Soldaten niemals die Frage der Wertwahl. Der deutsche Katholik konnte nur zu dem Schluss gelangen, »dass die bloße Tatsache, dass der Krieg im Gange war, ihn als Christ zur vollsten Unterstützung verpflichte, sogar bis zur Opferung seines eigenen Lebens. Bedingungsloser Dienst für Volk und Vaterland und Schutz der Heimat ergeben sich als die im Wesentlichen einzigen Normen, die die Verpflichtungen der einzelnen Katholiken in Bezug auf den Krieg bestimmen« (Gordon Zahn).

Der Episkopat sah sich nie vor die Aufgabe gestellt, das NS-Regime auf die Verantwortbarkeit der gewollten Kriege zu befragen. Der Widerstand beschränkte sich weitgehend auf jene Erlasse, die direkte Angriffe auf Rechte und Eigentum der Kirche einschlossen, oder auf jene Regierungsprogramme, die in den Augen der Hierarchie den katholischen Moralvorstellungen klar widersprachen. Aktive Teilnahme an Hitlers Aggressionskriegen oder deren Unterstützung wurden nicht als diesen Grundsätzen widersprechend angesehen.

Der Rückzug der Kirche auf »eine rein religiöse Religiosität« (Romano Guardini) hat ihren Grund in der Angst vor der »Welt«, und dadurch verliert sie immer mehr die unmittelbare Beziehung zum konkreten Leben. Die fast ausschließliche Beschränkung auf eine »rein religiöse« Lehre und Praxis – neuerdings auch »Kerngeschäft« genannt – lässt den Weltgehalt des Christentums verarmen und führt dazu, dass viele die kirchlichen Rituale nur noch für gewisse Kulminationspunkte des Daseins in Anspruch nehmen – Geburt, Eheschließung, Tod –, um ihnen eine »religiöse« Weihe zu geben. Wie konnte, wie kann eine sich so abschottende Kirche der jesuanischen Forderung entsprechen, »Salz der Erde« zu sein?

Die weiter bestehende Aktualität Jägerstätters liegt in seiner Durchbrechung der Obrigkeits- und Gehorsamsideologie, die strukturelle Grundlagen in der katholischen Kirche selbst hat und darum bis heute überdauert. Die Bischöfe, deren Aufgabe es gewesen wäre, Auflehnung zu ermutigen, haben ausnahmslos Gehorsam gepredigt. Das autoritäre Modell von Kirche hat in der Zeit des Faschismus in beschämender Weise verhindert, dass die Kirche ihrem Auftrag gerecht wurde. Über ihre eigenen Pastoralinteressen hinaus sah sie sich nicht befugt, Einspruch gegen die Regierenden zu erheben. Alle Bischöfe waren bemüht, unbequeme Anfragen zu unterdrücken, die männliche Jugend zum Wehrdienst zu motivieren, sogar den eigenen Priesternachwuchs an der vordersten Front zu wissen, aber weder Papst noch deutscher Episkopat haben Ansätze von Systemkritik und Kreativität aufgebracht – selbst als man bereits wusste, was mit den Juden geschah. Die gänzlich unjesuanische Anschauung, eine menschenverachtende Staatsmacht könnte so etwas wie »gottgewollte Obrigkeit« sein, hat die evangelische Kirche erst in den 1960er Jahren diskutiert, in der katholischen Kirche haben »Glaubensgehorsam« verbunden mit Autoritätsgläubigkeit noch nie einer breiteren Problemerörterung unterstanden.

Damals hätte zum Beispiel – wäre man selbst vom Antisemitismus frei gewesen – eine weltweite Änderung der katholischen Karfreitagsliturgie wahrscheinlich mehr Wirkung gehabt, als jede Anti-Rassismus-Enzyklika, wie sie Papst Pius XI. plante, aber nie veröffentlichte. Oder Pius XII. hätte, wie der Kirchenhistoriker Hubert Wolf zu denken gibt, ein unfehlbares »Dogma über die Einheit des Menschengeschlechts« verkünden können. Doch wendete sich dieser Papst nach 1945 niemals mehr dem fürchterlichsten Versagen des Christentums in seiner eigenen Geschichte zu, sondern betrieb die »leibliche Aufnahme Mariens in den Himmel«. Sich diesem Verdrängen der eigenen Schuldgeschichte in den »heiligen Leitungsstrukturen der Kirche« und in der amtlichen Lehrverkündigung zu stellen, schließt das Selbstverständnis des Systems aus.

Alfred Delp schrieb einen Monat vor seiner Ermordung durch die Faschisten in sein Gefängnistagebuch: »Wir haben die kirchenpolitische Apparatur überschätzt und sie noch laufen lassen zu einer Zeit, wo ihr schon der geistige Treibstoff fehlte. Für einen heilsamen Einfluss der Kirche bedeutet es gar nichts, ob ein Staat mit dem Vatikan diplomatische Beziehungen unterhält. … Die Religion starb an vielen Krankheiten und mit ihr der Mensch.« Später sagte Elie Wiesel: »Der nachdenkliche Christ weiß, dass in Auschwitz nicht das jüdische Volk gestorben ist, sondern das Christentum.« Und Konrad Adenauer äußerte 1946:

Die Judenpogrome 1933 und 1938 geschahen in aller Öffentlichkeit. ... Ich glaube, wenn die Bischöfe alle miteinander an einem bestimmten Tage öffentlich von den Kanzeln aus dagegen Stellung genommen hätten, sie vieles hätten verhüten können. Das ist nicht geschehen, und dafür gibt es keine Entschuldigung. Wenn die Bischöfe dadurch ins Gefängnis oder in Konzentrationslager gekommen wären, so wäre das keine Schande, im Gegenteil. Alles das ist nicht geschehen und darum schweigt man am besten.

Während Franz Jägerstätter sich darüber empörte, dass keiner für einen ungerechten Krieg verantwortlich sein wollte, beschwor ihn sein Bischof, sich auf die »Verantwortlichkeit des Bürgers und Privatmannes« zu beschränken. Doch am 26. Oktober 2007 wurde Jägerstätter im Linzer Dom »seliggesprochen«. Die Kirche, die das tat, ist die Kirche, die ihn rundum im Stich ließ. Wenn sein Lebenszeugnis fortan wirklich ernst genommen werden soll, gilt es, die Verantwortung für das, was heute geschieht oder unterbleibt, nicht mehr wie einstens der kirchlichen Hierarchie zu überlassen: Ob die gewachsenen Gemeindestrukturen heute aufgegeben werden oder der Priestermangel durch ehren- und hauptamtliche Laien und Ständige Diakone ausgeglichen wird, wie es nach Kirchenrecht (c. 517 §2) möglich ist; ob die Ökumene sich weiter entwickelt; katholische Traditionalisten wieder wie in alten Zeiten »Für die Bekehrung der Juden« beten dürfen, was einem theologischen Skandal gleichkommt, zumal es die antijüdische Haltung der Pius-Bruderschaft ermutigt; ob die Botschaft Jesu aus dem Glauben Israels kommt oder zu einem Kult des »Übernatürlichen« verkümmert; ob der römischen Zentralismus über die Vielfalt der Kulturen und theologischen Richtungen siegt, das alles geht heute alle an – sei es gelegen oder ungelegen.

Vilma Sturm: Die Worte der Kirche sind meine Worte nicht mehr

Ihre Kindheit und Jugendzeit begann so fromm, wie es Erbauungsschriften und Heiligenlegenden gerne darstellen: Keinem Schulgottesdienst blieb sie fern, weder werktags noch sonntags. Sie meldete sich als Vorbeterin, las die Zeugnisse moderner Innerlichkeit, Heftchen mit eucharistischen Meditationen, besuchte selbst in den Studienjahren die Messe noch vor den Vorlesungen. Nach Quickborn-Erfahrungen auf Burg Rothenfels suchte sie eine »Nachfolge Christi« mit Gleichgesinnten, lebte auf unangestrengt-naive Weise gegen die Verführungen der »Welt«. Dann wollte sie ihr Leben »Gott aufopfern für eine bedrohte, eine gefährdete Seele«:

Damit dieser Schritt gelänge, wollte ich bereit sein, klaglos alle mir auferlegten Schmerzen und Leiden zu ertragen, Ehe- und Kinderlosigkeit zum Beispiel, den Verlust geliebter Personen, Krankheiten, Behinderungen jeder Art. Ich erbat mir sogar, wie es sich gehört, im Gebet dergleichen Heimsuchungen.
   Am Osterfest jenes Jahres war ich zum dritten Mal auf Burg Rothenfels. In der Nacht zum Karfreitag lag ich wach in meinem Eisenbett auf Stroh im bitterkalten Schlafsaal und verzehrte mich danach, zitternd außen,

Vilma Sturm (1912–1995) wurde in Möchengladbach geboren, studierte Sprachen, wechselte dann zur Rechtswissenschaft und schließlich zur Philosophie. Angesichts der Perspektivlosigkeit einer akademischen Ausbildung im Dritten Reich brach sie ihr Studium ab und besuchte die Höhere Handelsschule in Rheydt. Ab 1935 arbeitete sie als Sekretärin, Buchhändlerin und Fremdsprachenkorrespondentin. Von 1942 bis 1944 in der Truppenbetreuung der Wehrmacht tätig, zog sie sich anschließend nach Wagrain in Österreich zurück. Nach ihrer Rückkehr war sie zeitweise die Geliebte des Pianisten Walter Gieseking.

Ab 1946 lebte Vilma Sturm in Bullay an der Mosel und war als Redakteurin beim »Rheinischen Merkur« beschäf-

Glauben im Zeitenumbruch

tigt. 1949 wechselte sie zur »Frankfurter Allgemeinen Zeitung«, für die sie als freie Mitarbeiterin und von 1959 bis 1977 als festes Redaktionsmitglied arbeitete. Sturm empfand sich als linke Außenseiterin innerhalb der Redaktion.

1968 gehörte Vilma Sturm zu den Mitbegründern des »Politischen Nachtgebets« in Köln und wurde in den folgenden Jahren zu einer wichtigen Stimme in der westdeutschen Friedensbewegung. Neben ihren journalistischen Arbeiten schrieb sie Romane, Erzählungen, Gedichte und Hörspiele. Sie entwickelte sich in den Jahrzehnten der Nachkriegszeit zur engagierten Vertreterin eines christlichen Humanismus, der sich auch in ihren journalistischen Arbeiten bemerkbar machte.

Ich lese in ihren Büchern, höre ihre Interviews, erinnere mich an Gespräche, und ich will mir bei jedem Satz, den ich über sie schreibe, selber widersprechen. Sie war eine fromme Frau, und sie zweifelte an Gott. Sie war eine mutige Frau, und sie zweifelte an sich selber. Sie war eine konservative Frau, und sie ging zu Demonstrationen und war bei der Blockade in Mutlangen zu finden. Sie lebte von Freundschaft, und sie war von den meisten Freunden enttäuscht. Kurz: sie war nirgendwo ganz zu Hause, und sie lebte zwischen allen Zeilen. Danach befragt, ob sie sich eher konservativ oder eher progressiv fühle, antwortete sie: »Bei den einen sehne ich mich nach den anderen und bei den anderen nach den einen.« Sie war aus dem Nest ihrer konservativen Herkunft gefallen. Sie war aus den alten Wörtlichkeiten und Sicherheiten des Katholizismus gefallen, und mit einem Teil ihres Herzens sehnte sie sich danach zurück. Sie liebte die Aufklärer nicht, obwohl sie zu ihnen gehörte … Sie war ermattet auf dem Weg der Befreiung, aber sie hat diesen Weg nie aufgegeben …

Ich korrigiere dieses »nirgendwo ganz zu Hause«. Sie war zu Hause in diesen Themen. Sie war zu Hause bei den Menschen, die mit ihr arbeiteten. Sie lebte in der Wahrheit. Man muss nur ihre Interviews aus Mutlangen und die Filme von den Kirchentagen sehen. Sie wird auf schöne Weise immer zorniger

innen glühend, in ebendieser Nacht sterben zu dürfen, angenommen als Opferlamm wie der am Kreuz.

Darüber vergehen Jahre voll politischer Wirren, die Nazizeit und Krieg über ganz Europa zogen. In diesen Jahren begegnete Vilma Sturm zum ersten Mal Walter Gieseking:

Ich wusste, was die Welt von ihm hielt: der letzte wahre Poet der Musik – der Sieg des Geistes über die Virtuosität – der Meister des légereté – Schmetterlingszartheit und Zyklopenkraft – Dämonie und Simplizität – von einem Kunstverstand geleitet, den kein anderer lebender Pianist besitzt – so hatte ich es gelesen, und so hatte ich es auch selbst empfunden.

Aus der ersten Begegnung wird ein Liebesverhältnis. »Dauer war nicht zu erwarten für das, was da im Schatten von Sünde, von Lüge und Betrug geschah. Aber diese Gedanken schob ich von mir.« Um dann doch zu überlegen, in welchen Tausch sie einwilligte: Ein gehütetes Dasein gegen ein Abenteuer, Ordnung gegen Aufruhr, festen Boden für ungewisses Land:

Auf jeden Fall war er ein Fremder, hergereist aus kalten Regionen, aus einer Ferne, die mir oft Angst machte. Mit all seinen Leugnungen fiel er ins Gehege meines Glaubens ein, mit all seinen ausschweifenden Gedanken überrannte er Zucht und Sitte, riss mich aus dem Wurzelboden aller Ordnungen und ins Ungewisse – wem, wem habe ich mich da ausgeliefert? Er weiß nicht, was ein Elternhaus ist und was Bruder und Schwester; er weiß nicht was ein mühsamer Broterwerb ist, was ein treuer Kamerad bei jeglichem Wetter. Er kennt nicht die gemeinsamen Lieder an den Winterabenden oder auf sommerlicher Fahrt, nicht die Gespräche, die die Welt aus den Angeln heben. Und er weiß nicht, was das rote Licht vor dem Altar bedeutet und die Stille, in die der letzte Orgelton wie in einen großen Schoß fällt – nein, das alles weiß er nicht.
Ist er der Widersacher?
   Ich frage dich, Gott, ist er der Widersacher, der in meinem Arm liegt wie ein Kind, das nach Schutz und Wärme verlangt? Der an meinem Hals hängt wie ein Verzweifelter und sich in meinem Schoß versteckt wie ein endlich heimgekehrter Wanderer? Der nach der Zärtlichkeit meiner Worte verlangt wie ein Verschmachteter und nach der Nähe meiner Haut wie ein Verbannter, der lange Jahre die Heimat nicht sah? Ist das der Widersacher, der mein enges Dasein aufriss in seinen Nähten, der mir Gedanken und Empfindungen eingab, die ich nicht kannte, und mich mit Freuden beschenkte, von denen ich mir nichts hätte träumen lassen – o Gott, ich frage dich!

Später, am Ende des Krieges, als Soldaten eines Panzerkorps, die in Ungarn gekämpft hatten, über die Demarkationslinie nach Österreich ins Wagrainer Tal kamen, wurde einer von ihnen, »ein Edelmann, hoch zu Ross, dessen Gestalt, dessen Stimme, dessen Bildung und Belesenheit, dessen Intelligenz mich berückte, der Vater meines Kindes«. Geheiratet hat sie ihn nicht.

Schwimmend im Meer der Mutter-und-Kind-Zärtlichkeiten, des Einverständnisses mit einem geliebten Wesen, hätte ich ihn, der allein war und von den Anstrengungen um eine neue Existenz aufs Äußerste beansprucht, nicht wegstoßen dürfen. Aber das weiß ich erst heute.

Die kleine Christiane wurde am Fest des heiligen Benedikt 1946 getauft: »Sie ruhte in einem kostbaren Steckkissen, über hellblauer Seide weiße Stickerei mit der Darstellung des Kruzifixus; ein Gebinde aus Palmkätzchen lag auf ihrer Brust.« Am nächsten Tag gab ihr der Kooperator die Aussegnung für ledige Mütter, die mit den Worten schließt: Vade in pace et noli peccare!

Ihre tiefe kirchliche Bindung regierte über alle anderen Umstände des Lebens. Als sie in den folgenden Nachkriegsjahren beim »Rheinischen Merkur« tätig wurde, notiert sie:

Wir im »Rheinischen Merkur« erblickten in der christlichen Religion den fraglos geglaubten Überbau über all unserm Denken und Tun … Wir dachten nicht nur, wir lebten auch mit den Glaubensinhalten. Die Feste des Kirchenjahres, lange vorbereitet, lange nachwirkend, glichen Überschwemmungen mit Frömmigkeit, durch und durch wurden wir damit getränkt. Auch als es nach der Währungsreform wieder zu essen gab, hielten wir das Fasten- und Abstinenzgebot, übten in der vorösterlichen sowohl wie in der vorweihnachtlichen Zeit Enthaltsamkeit von süßen Sachen, nur an den Sonntagen Gaudete und Laetare durfte sie durchbrochen werden.

Dennoch: Der Journalistin Vilma Sturm wurde mit den Jahren der »Rheinische Merkur« zu eng, seine politische Linie zu starr dem Osten gegenüber. Sie wechselte zur damals gegründeten »Frankfurter Allgemeinen Zeitung«, wenngleich Karl Korn, einer der Herausgeber, fürchtete, sie sei zu eigensinnig und auch zu katholisch für das Blatt. Obwohl sie das feste Dienstverhältnis in der Redaktion schon bald in das einer freien Mitarbeiterin umwandelte, blieb sie drei Jahrzehnte für die FAZ tätig:

Die disparatesten Themen – aber gerade das machte mir Vergnügen: mich auf vielen Feldern zu tummeln, in vielen Sätteln zu reiten. Ich ließ es auch nicht bei Reportagen bewenden, sondern sprengte querbeet vom Reiseblatt übers Literaturblatt zur Frauenseite, zum Feuilleton und zu aktuellen Berichten für die Seiten »Deutschland und die Welt«, Informationen raffend und sie, gefällig angeordnet, weiterreichend an ein meist zustimmendes und mich reichlich mit Beifall bedenkendes Publikum.

Die Institution »Frankfurter Allgemeine Zeitung« gab Vilma Sturm mit ihrem Namen öffentliches Ansehen, aber Vilma Sturm fragte sich zugleich, wie weit sie sich denn verkauft hätte an ein Meinungsorgan mit harten antikommunistischen Tendenzen, deutlicher Nähe zur CDU und ständigen Gänsefüßchen für die DDR. Sie selbst bewegte sich mit ihren privaten Aktivitäten eher im linken Bereich: Bensberger Kreis, Ostermarsch, Republikanischer Club, Anti-Imperialismus-Demonstrationen und schließlich Politisches Nachtgebet. Auch wenn sie die Linie der FAZ nicht zu korrigieren vermochte, verständigte sie sich doch mit anderen, je-

und immer jünger. Welch eine Alte! Dabei hatte sie immer Sehnsucht nach Normalität. Gerne wäre sie einem Mann eine gute Frau gewesen. Gerne hätte sie sieben Kinder gehabt, für die die Namen schon ausgedacht waren. Gerne hätte sie sich erfreut an der gebügelten Wäsche, an sauber gestopften Handtüchern und an dem Duft von frisch gebackenem Kuchen.

Je älter sie wurde, desto stärker wuchs ihre Untröstlichkeit. »Sie ist nicht fertig geworden mit dieser Welt«, hat Heinrich Böll gesagt. Sie kann sich nicht abfinden, nicht mit den Bomben, nicht mit der vergifteten Erde, nicht mit zerschlissener Sprache, nicht mit verlorengegangenen Liedern. Sie ist untröstlich. Wenn es einen Trost gibt, dann ist es der der einfachen und einsichtigen Dinge, der Trost eines Baches, einer Eiche, der Hand des Enkelkindes, eines alten Liedes. Aber auch darin bleibt sie nicht lange. Sie sieht die drohende Begradigung des Wasserlaufs, und sie sieht die Bäume fallen. Die Untröstlichkeit wächst aus ihren großen Wünschen an das Leben. Vielleicht hat sie ihren Jesaja zu gut gelesen, bei dem ein Land versprochen ist, in dem die Stummen reden, die Lahmen springen, die Blinden sehen und in dem kein Leben mehr verloren geht. Sie hatte die fromme Unbescheidenheit eines Menschen, der aufs Ganze geht.

Fulbert Steffensky

Rudolf Hernegger (geb. 1919), wies – in der Form maßvoll, in der Sache hart – die Kirche darauf hin, seit Kaiser Konstantin dem Großen die »Knechts- und Leidensgestalt« der Kirche mit der »Gestalt des Triumphes, der Herrlichkeit und Macht« vertauscht und dadurch eine »radikale Veränderung des Christentums« bewirkt zu haben: Durch ihre »Selbstauslieferung an den Staat« habe sich die »Kirche der Gläubigen« in die »Staats- und Volkskirche« verwandelt, die den innerlich heidnisch gebliebenen Massen des Kirchenvolkes um des politisch-gesellschaftlichen Einflusses willen unchristliche Zugeständnisse mache, aber nicht wirklich tolerant sei. Herneggers optimistische Prognose: Die katholische Kirche beginnt heute die fragwürdige »Christlichkeit der konstantinischen Lebensform« zu überwinden.

Erich Przywara SJ (1889–1972), Philosoph und Theologe, betonte in der Auseinandersetzung mit Karl Barth und Max Scheler, dass menschliches Erkennen das Unendliche nur im Spiegel des Endlichen erreichen kann.

1959 verteidigten sieben deutsche Moraltheologen unter dem Motto »Christliche Politik muss realistisch sein« die Atombombe. Einer von ihnen, Gustav Gundlach SJ (1892–1963), weltbekannter Repräsentant der katholischen Soziallehre zur Zeit Pius XI. und Pius XII., äußerte sich zum atomaren Verteidigungskrieg:

Sogar für den möglichen Fall, wo nur noch eine Manifestation der Majestät Gottes und seiner Ordnung, die wir ihm als Menschen schulden, als Erfolg bliebe, ist Recht und Pflicht zur Verteidigung höchster Güter denkbar. Ja, wenn die Welt untergehen sollte, wäre auch das kein Argument gegen unsere Argumentation. Denn wir haben erstens sicher Gewissheit, dass die Welt nicht ewig dauert, und zweitens haben wir nicht die Verantwortung für das Ende der Welt. Wir können dann sagen, dass Gott, der Herr, der uns durch seine Vorsehung in eine solche Situation geführt hat oder hineinkommen ließ, wo wir dieses Treuebekenntnis zu seiner Ordnung ablegen müssen, dann auch die Verantwortung übernimmt.«

des Mal schriftlich Widerspruch anzumelden, »wenn ein Leitartikel, ein Kommentar uns allzu laut die Trompeten des Kalten Krieges zu blasen schien«. Die Schärfung des Bewusstseins, wie sie die journalistische Arbeit mit sich brachte, führte natürlich auch zu einer deutlich kritischeren Haltung gegenüber Christentum und Kirche, ohne dass Vilma Sturm ihrem katholischen Glauben geringere Bedeutung beigemessen hätte:

Wir versuchten in Köln unseren abendlichen Zusammenkünften eine spirituelle Grundlage zu geben. Wir lasen gemeinsam die Bibel und versuchten, uns an gewisse gemeinsame Verpflichtungen zu halten: eine halbe Stunde täglich zu beten, sonntags nicht zu arbeiten und jeglichen Aufwand in der Lebensführung zu vermeiden. Keine dieser Verabredungen vermochten wir einzuhalten, die einzige Sache von einiger Dauer war ein gemeinsam errichtetes Konto, mit dem wir uns bekannt gewordene extraordinäre Notfälle unterstützten, darunter zwei aufsässige Ordensleute, Rudolf Hernegger und Erich Przywara.

Im Rückblick erscheinen die fünfziger Jahre als theoretische Vorbereitung für das, was wir in den sechziger Jahren unternahmen, als Prozess der Bewusstseinsveränderung, als der immer neue Versuch, unseren Ort auszumachen, innerhalb der Kirche sowohl wie im politischen Geschehen; anzugehen gegen die Zwänge, denen wir uns hier wie dort unterworfen sahen; uns Freiheit zu erstreiten von der Amtskirche ebenso wie vom Adenauer-Regime, der christlich-demokratischen Partei; die offene Gesellschaft herbeizuführen in Staat und Kirche.

Die Kirche: schwarze Eule, Haus voll Glorie, mystischer Leib Christi, Verweserin des Reiches, Schwert des Abendlandes, Folklore-Heimstatt – aus all diesen Verkleidungen und Kostümen begannen wir sie herauszuschälen, traten ein in die große Ideologiekritik, in die große Entmythologisierung, um unter den lagernden Schichten von Byzanz und Rom und Aachen die brüderliche Gemeinde des Evangeliums zu finden …

Wir wollten versuchen, einen winzigen Spalt in den zementierten Verbund von Regierung, CDU und Kirche zu treiben, indem wir an die Bischöfe appellierten, sie möchten jenen Christen ihren Schutz gewähren, die die Atombewaffnung ablehnten. Diesen Appell unterzeichneten die Hälfte der angeschriebenen Katholiken …

Es war das Äußerste, was wir glaubten, erreichen zu können, ein Minimum, halbherzig, etwas schief, etwas lahm, das zu fordern wir uns beinahe schämten. Aber es wirbelte Staub auf von »Thüringen bis Wladiwostok«, wie die Schlagzeile eines Zeitungsberichtes lautete; ganz zu schweigen von dem Aufruhr in der katholischen Presse der Bundesrepublik, der von verständnislosem Unwillen bis zu persönlichen Verunglimpfungen ging, bis zu genau jenen Diffamierungen, die wir hatten verhindern wollen. Natürlich war wieder, wie immer in solchen Fällen, von »Verwirrung der Geister« die Rede, davon, dass Katholiken in den »Chor marxistisch-liberaler Verdrehungen« mit einstimmten, dass sie sich auf die Seite derer geschlagen hätten, »die für Moskaus Atom-Monopol kämpfen«.

Die Thesen von sieben katholischen Moraltheologen, wonach die Bombe nicht absolut zu verbieten sei, waren dann nur noch das Tüpfelchen auf dem i: unter dem Deckmantel von Moraltheologie eine Unterstützung der herrschenden politischen Meinung, eine Unterstützung des

»Milieus«, das von Carl Amery Anfang der sechziger Jahre in dem Buch »Die Kapitulation« so brillant beschrieben wurde …

Weihnachten 1966 bekam ich einen Text von Helmuth Gollwitzer zu lesen, worin es hieß, dass er »das Zusammenkartätschen eines bettelarmen, unerhört tapferen Volkes durch die geballte Militärmacht der größten Industrienation« für schlechthin widerlich halte. Beim Konzil, so teilte er mir mit, habe ein vietnamesischer Bischof erzählt, dass in seiner Diözese wöchentlich über tausend Menschen durch die amerikanischen Bomben getötet würden. Mit den Worten: »Wenn uns das kalt lässt, sollten wir wenigstens aufhören, uns Christen zu nennen und Weihnachten zu feiern«, endete der Text. Ich empfand Empörung, Verzweiflung – über die Amerikaner, über die Deutschen, die von den Untaten ihrer Bundesgenossen kaum Notiz nahmen, über die Christen, die schwiegen. Das trieb mich zu Aktionen, von denen ich mir nie etwas hätte träumen lassen.

Zunächst schrieb ich einen Brief an alle deutschen Bischöfe. Darin machte ich einige konkrete Vorschläge, wie die Gewissen der katholischen Christen in dieser Frage aufgeklärt und mobilisiert werden könnten: durch Predigten, durch Informationen in der Kirchenpresse, durch Aufklärungsarbeit in den Vereinen und Verbänden mit dem Ziel, die USA-Regierung mit einer empörten Christenheit zu konfrontieren und sie so zur Aufgabe des Krieges zu zwingen.

Die Antworten darauf, soweit es überhaupt Antworten gab, waren niederdrückend. Die lapidarste kam von dem Generalvikariat des Bischofs von Osnabrück: »Hiermit bestätige ich den Empfang Ihres Schreibens an den H. H. Bischof. Der Bischof wird sich stets im Sinne der Friedensbemühung Papst Pauls VI. für die Sicherung und Erhaltung des Friedens einsetzen.« Es gab auch eingehendere Briefe aus München, Paderborn, Essen und Münster; aber sie waren sich einig darin, dass Gebet und Spenden die einzige Form seien, in der sich Katholiken auf Vietnam einlassen könnten. Eine Stellungnahme gegen die Invasoren wurde durchaus abgelehnt. Niemand ging auf meine konkreten Vorschläge ein.

Es folgte das Jahr 1968 mit all seinen Impulsen zur Veränderung der Kirche. In Essen fand ein Katholikentag statt, bei dem sich wie niemals zuvor und niemals danach Widerstand gegen die Hierarchie manifestierte und Dorothee Sölle spektakuläres Glaubensbekenntnis in einem nächtlichen Gottesdienst gesprochen wurde: »Ich glaube an Gott, der die Welt nicht fertig geschaffen hat / wie ein Ding, das immer so bleiben muss … / Ich glaube an Jesus Christus, / der recht hatte, als er, ein einzelner, der nichts machen kann, genau wie wir / an der Veränderung aller Zustände arbeitete, und darüber zugrunde ging …« Das Politische Nachtgebet war geboren. Man beschloss, in Köln jeden Monat einmal einen solchen Gottesdienst zu halten, abwechselnd in einer katholischen und einer evangelischen Kirche der Innenstadt. Aber Kardinal Frings verweigerte seine Kirchen, war der Ansicht, die Diözesanen vor Verwirrung schützen und den Kirchenraum von Politik freihalten zu müssen. Auch mit dem Präses der Rheinischen Landeskirche, Joachim Beckmann, gab es Ärger.

Wir verstanden das Evangelium als politische Information, als Veröffentlichung von Neuigkeiten, welche die Menschen gemeinsam betreffen. Die Wahrheit, die Jesus verkündigt hatte, war eine Wahrheit, die

Carl Amery, Pseudonym von *Christian Anton Mayer* (1922–2005), deutscher Schriftsteller und Umweltaktivist löste 1963 mit seiner kirchenkritischen Schrift *Die Kapitulation oder Deutscher Katholizismus heute*, gefolgt von *Das Ende der Vorsehung. Die gnadenlosen Folgen des Christentums* eine breite Diskussion aus. Er wies darin dem Christentum Mitschuld an der globalen Umweltzerstörung zu. A. wuchs dabei in eine Rolle des Vordenkers der politischen Ökologie hinein, die er durch sein Engagement unterstrich.

Politisches Nachtgebet

Beim 82. deutschen Katholikentag 1968 in Essen wollte der Ökumenische Arbeitskreis Köln (unter Dorothee Sölle, Fulbert Steffensky, Marie Veit, Vilma Sturm, Egbert Höflich u. a.) einen »politischen Gottesdienst« feiern. Die Leitung des Katholikentags setzte den Gottesdienst erst auf 23 Uhr an, worauf die Gruppe die Veranstaltung »Politisches Nachtgebet« nannte.

In Folge fanden ab Oktober 1968 monatlich in der evangelischen Antoniterkirche in Köln »Politische Nachtgebete« statt. Kardinal Joseph Frings hatte die Benutzung der Kirche St. Peter untersagt. Der Präses der evangelischen Kirche im Rheinland, Joachim Beckmann, beglückwünschte den Kardinal, »dass er das Recht hat, so etwas in einer Kirche zu verbieten«. Er selber konnte nicht gegen die Erlaubnis des Presbyteriums der Evangelischen Gemeinde Köln entscheiden. Zum ersten Gebet am 1. Oktober kamen über 1.000 Menschen. Katholische wie evangelische Kirchenleitung kritisierten Dorothee Sölle. Besonderer Stein des Anstoßes war ein Glaubensbekenntnis, das Dorothee Sölle sprach. Beckmann sah darin »Irrlehren«. Außerdem kritisierte er, dass man bei den Nachtgebeten politische Informationen, die »nur ein Gesprächsthema« seien, zu einem Gottesdienst deklariere.

Sölle beschrieb die Struktur der Nachtgebete so: Bei den Nachtgebeten handelt es sich »um politische Information, um ihre Konfrontation mit biblischen Texten, eine kurze Ansprache, Aufrufe zur Aktion und schließlich die Diskussion mit der Gemeinde«. Für sie seien »Information, Meditation und Aktion die Grundelemente aller folgenden Nachtgebete geblieben«.

Hinter dieser Struktur stand Sölles Überzeugung, dass theologisches Nachdenken ohne politische Konsequenzen immer einer Heuchelei gleichkomme und jeder theologische Satz auch ein politischer sein müsse.

getan werden musste. Und die Kirche war nun eine Arbeiterin in der Schürze mit schmutzigen Händen, die sich abzurackern hatte für das Wohl der Welt. Wir waren gewillt, das vom Altar aus unter die Leute zu bringen.

Tatsächlich ging vom Politischen Nachtgebet eine Bewusstseinsveränderung aus, die zwar nicht das kirchliche »Milieu« erreichte, aber doch weite Kreise sich »kritisch« verstehender Christen. Dennoch waren die immer wieder neuen Versuche, nicht nur »Verkünder«, sondern auch »Täter« des Wortes zu sein, – das Evangelium konkret zu buchstabieren und beispielsweise die Situation der Obdachlosen, der Strafgefangenen, der Schüler, Lehrlinge, Heimzöglinge, Drogensüchtigen zu verbessern –, von mancherlei Misslingen gezeichnet, wenngleich es eindrucksvolles Engagement gab, oft im Abseits, das sich vor niemandem verstecken muss.

Diese Jahre, randvoll mit Reflexionen, Gesprächen, Begegnungen, Aktionen, waren auch Jahre, in denen der hergebrachte Glaube, wie er die Kindheit bestimmte, den Religionsunterricht verpflichtete, die Gottesdienste prägte, einer kritischen Sichtung unterzogen wurde und eine Entzauberung erfuhr, die – so unvermeidbar, wie sie ist – das Gesicht des Glaubens schmerzhaft veränderte:

Alles wurde mit den Jahren, auch innerhalb des Kirchenraumes, in Unterricht, Predigt und Gespräch seiner Wortwörtlichkeit beraubt, mehr oder weniger beliebigem Verständnis preisgegeben. Nicht scharf und schneidend behaupteten sie: »Wunder gibt es nicht« – nein, das erlaubte sich keiner. Es wurde vielmehr an einem solchen Begriff herumgekratzt und -gestochert, vorsichtig und mit Rücksicht auf das Mütterchen in der letzten Bank, aber eben doch so lange, bis die ungeheuren, lieblichen, glänzenden und machtvoll, die farbigen und nachtdunklen Bilder einen einheitlichen Grauton aufwiesen; sie leuchteten nicht mehr. Nicht länger war der Glaube der Eckstein, an dem die Vernunft zu Fall kam, wurde vielmehr, seiner ausschweifenden Dimensionen beraubt, einsichtig und vertretbar auch für das Ende des zwanzigsten Jahrhunderts.

Zunächst fand ich das kaum als Verlust, eher als Eintritt in neue Wahrheiten. Dunkles wurde hell, Fernes wurde in die Nähe gerückt, Labyrinthisches wurde überschaubar und einsichtig.

Mit der Zeit aber ernüchterten die vielen Erfahrungen, die Enttäuschung über eine Kirche, die sich der Herausforderung entzieht, das Evangelium Jesu auch gesellschaftspolitisch ernst zu nehmen:

Ich blieb in der Agneskirche zu Hause, fand dort mein Genügen, für eine Weile noch. Dann ging das zu Ende. Dann glitt ich, wie ein Boot gleitet, ohne Segel, ohne Ruderschlag, nur von der Strömung getrieben, fort. Die Strömung, das waren die um mich herum, die mir lieb waren: die Tochter nicht vor dem Altar getraut, die Enkel nicht getauft, sie und ihr Mann und seine Mutter, die zwanzig Jahre vorher zum Katholizismus konvertiert war, traten aus der Kirche aus. Auch viele Freunde hatten einfach keine Lust mehr, auch der Bruder nicht mit seiner Familie. Häufig war es die pure Feindseligkeit, öfter noch Gleichgültigkeit und Überdruss. Mechtild Höflich erstrebte den Austritt aus der Kölner Diözese, stattdessen die Zugehörigkeit zu einem südamerikanischen Bistum – was natürlich nicht zu realisieren war. Alle ihre acht Kinder blieben, eines nach dem anderen, dem Gottesdienst fern. Die meisten linken Katholiken in meinem Umkreis waren nun nur noch Linke, keine Katholiken mehr. Gewiss lag das nicht an diesem oder jenem Versagen der Kirche; die war uns ja schon lange, bis auf den Papst Johannes, eher gleichgültig gewesen, eine zum Widerstand herausfordernde Institution. Aber warum wandten wir uns mit der Zeit auch von Gemeinde und Gottesdienst ab, damit auch von Bibel und Gebet, damit schließlich überhaupt von jeder ausdrückbaren Frömmigkeit? Ich weiß es nicht. Ich befinde mich mitten in einem Prozess der Ablösung, die an mir geschieht, ohne dass ich es will. Ich gleite und gleite immer weiter fort, irgendwohin ins Leere, wo niemand mehr ist, auch kein Echo, wenn ich versuche, zu rufen. Kaum sind noch die Gestade sichtbar, von denen ich kam; und die Worte, die Namen, die ich einmal hatte, um das Heilige zu benennen, haben sich in Nebel aufgelöst.

Die Worte der Kirche sind meine Worte nicht mehr, ich weiß überhaupt keine Worte, mit denen ich gemeinsam mit anderen Gottesdienst halten könnte … Schon der erste Satz des Vaterunsers, des Credo, lähmt meine Zunge. Ich soll es »Vater« nennen, dies schauerliche Geheimnis hinter dem Lauf der Welt? Nie und nirgendwo auffindbar (weil es doch jenseits von Zeit und Ort ist) und schon gar nicht oben – denn wo ist oben, wo unten, wenn man sich auf einer rotierenden Kugel befindet? Er hat sich jeglichem Begriff, jeglichem Wort, jeglicher Anrede entzogen. Alleräußerstenfalls kann ich sagen: Ich hoffe, dass er ist – nichts weiter.

Ich hoffe, dass er ist, dass er da sein wird in der Stunde meines Todes und mich bei sich sein lassen wird im Nie und Nirgendwo, in dem er wohnt. Gleichzeitig zittere ich davor, dass es anders sein, dass mir nichts bleiben könnte als Sarg und Grab und Verwesung. Aber ich zittere nur im Dunkeln, nachts, wenn ich nicht schlafen kann. Bei Tage bin ich wie alle, die leben, als gäbe es den Tod nicht.

Otto Kuss: In Wirklichkeit ist alles ganz anders

Als Otto Kuss vor dem fünfzigsten Jahrestag seiner Priesterweihe durch Kardinal Bertram in Breslau stand, schrieb er seinen Mitbrüdern vom 1. Februar 1931 »und allen, die wissen wollen, wie es mir in den letzten fünfzig Jahren ergangen ist und wo etwa ich heute stehe«, einen Rückblick auf sein Leben, der vor allem Reflexion über ein Leben wissenschaftlicher theologischer Arbeit als Neutestamentler ist.

Die Erinnerungen an Schulzeit und Studium lassen sich hier übergehen. Wir folgen allein dem Weg des Exegeten, der im Breslauer Studium begann:

Römisch-katholische Exegese war … zu dieser Zeit ein mühseliges und quälendes Geschäft. Mein Lehrer Friedrich Wilhelm Maier brachte in der Vorlesung, um die verzweifelte Situation des um Kirchentreue bemühten römisch-katholischen Exegeten zu illustrieren, gelegentlich das Bild von der Streckbank in einer Folterkammer: rechts zog die Bibelkommission, links die Wissenschaft, und mancher ging dabei zugrunde, wissenschaftlich, kirchlich, menschlich. Wenn man sich von Zeit zu Zeit

Otto Kuss (1905–1991), geboren in Lauban/Schlesien, verbrachte er seine Schulzeit in Schweidnitz und studierte anschließend 1924–1931 in Breslau, Bonn und Berlin Theologie. Promotion 1930 mit einer Arbeit über die Adam-Christus-Parallele. 1931 in Breslau zum Priester geweiht wurde K. zunächst Kaplan in Liegnitz (1931/32), dann nach kurzer Tätigkeit als Präfekt am Erzbischöflichen Knabenkonvikt in Glogau Domvikar und Studentenseelsorger in Breslau (1933–1945). Die Möglichkeit einer Habilitation verhinderten die Nationalsozialisten. 1937 veröffentlichte K. als einer der Ersten eine katholische Neutestamentliche Theologie. Nach dem Krieg apl. Professor für Patrologie an der Philosophisch-Theologischen Hochschule in Regensburg, seit 1948 Ordinarius für Neues Testament an der Erzbischöflichen Philosophisch-Theologischen Akademie in Paderborn. 1960 Berufung auf den Lehrstuhl für Neutestamentliche Exegese und Biblische Hermeneutik der Universität München. – K. zählte zu den bedeutenden katholischen Exegeten. Schwerpunkte seiner Arbeit waren die paulinische Theologie und Paulus selbst. Zu seinem fünfzigsten Weihejubiläum veröffentlichte er, der sich selbst als Einzelgänger verstand, die autobiographische Reflexion »Dankbarer Abschied«, die trotz ihres privaten Charakters Aufsehen erregte.

Friedrich Wilhelm Maier (1883–1957), Professor für neutestamentliche Exegese in Breslau und München. M.s wissenschaftlicher Lebensweg ist gekennzeichnet durch seine kirchliche Verurteilung im Jahre 1912, weil er die Zweiquellentheorie in einem exegetischen Kommentar in Anspruch nahm, was zur Indizierung des Buches führte und zu M.s Entfernung aus dem Lehrkörper der Straßburger Fakultät. M. hatte sozusagen eine Quadratur des Kreises versucht, nämlich sowohl den Forderungen der kirchlichen Tradition als auch den Grundsätzen wissenschaftlicher Methode und Arbeit gerecht zu werden. Die Rückkehr in die Wissenschaft verdankt M. einem selbstbewussten Akt Kardinal Bertrams in Breslau, wo M.s Lehrtätigkeit kräftige Spuren hinterließ. Schüler wie J. Gewieß, O. Kuss, R. Schnackenburg, F. J. Schierse, F. Mussner, J. Blinzler, W. Trilling, J. Blank – sprachen mit Respekt und Begeisterung von den neuen Horizonten, die M. ihnen in der Bibelexegese eröffnet hatte.

Viele Voraussetzungen, auf denen ich meine persönliche theologische Existenz und die damit verbundenen Entscheidungen aufgebaut hatte, haben sich mir als nicht tragfähig erwiesen.

Otto Kuss

wieder einmal den Friedhof der Namen und Arbeiten vergegenwärtigt, der die damalige römisch-katholische Exegese repräsentiert, ist man traurig und betroffen, wie schlecht es doch um Wahrhaftigkeit und Wahrheit gleichermaßen bestellt war; dabei braucht keineswegs im Vornhinein geleugnet werden, dass die »Hüter des Heiligtums« Gefahren heraufziehen sahen, welche die Fundamente des »Systems« in Frage stellten und denen sie eben mit den uralten kirchlichen Mitteln der brutalen Gewalt, sofern und soweit die Machtverhältnisse es nur immer erlaubten, zu steuern suchten. Da sich bei Druckwerken für katholische, auf kirchliche Käuferschichten angewiesene Verlage bei Verboten immer auch – zum Teil beträchtliche – finanzielle Risiken ergaben, mussten die Herausgeber und die Autoren einen vorsichtigen Kurs zwischen Scylla und Charybdis steuern; römisch-katholische Exegese war eine Gratwanderung: man bewegte sich auf einem schmalen Streifen zwischen dem, was unabhängige Wissenschaft erarbeitet hatte und wusste, und dem, was dogmatisch voreingenommene oder auch pseudodogmatisch vermauerte Hinterwäldler an verbindlichen Direktiven verbreiteten und mit den bekannten Zuchtmitteln jedes autoritären Systems zu erzwingen verstanden.

Die dankbare Erinnerung an seinen Lehrer Friedrich Wilhelm Maier hat Otto Kuss sein Leben hindurch begleitet und ist auch für die eigenen Arbeiten ein Maßstab geblieben:

Das Neue Testament war für Friedrich Wilhelm Maier ein Unendliches, Nie-zu-Ergründendes; es war für ihn die Stätte unaufhörlicher Begegnung mit der Sache selbst, mit den göttlichen Dingen, mit Gott, und also mit den allein wesentlichen Dingen des Menschen, und von hier aus lässt es sich wohl auch erklären, dass er so merkwürdig wenig an festen, ein für allemal präzisierten Resultaten interessiert war. Er konnte Examenskandidaten, die sich auf einen kaum einige Semester alten Kollegtext beriefen, zur Verzweifelung bringen mit der Bemerkung, er habe seine Meinung seither längst wieder geändert. Das Geschriebene, Fixierte, das für immer Festgelegte irritierte ihn, er empfand es wie eine Mauer, die ihm den Zugang zu der Sache selbst zu versperren drohte [und wer von ihm Geschriebenes liest, wird niemals ahnen können, welches Leben von ihm ausging, wenn er auf dem Katheder stand].

Ganz ähnlich sah sich Otto Kuss selbst. Im Rückblick auf sorgsam erarbeitete und begründete Positionen konnte er sagen, diese Bilanz sei nur »vorläufig« und eine von vornherein als veränderbar eingestufte Ansicht, »und solange ich mit der Kraft zu lebendigem Vollzug lebe, solange – glaube ich, weiß ich – werde ich mich weder alten noch neuen, weder bescheiden-zurückhaltenden, noch forsch-zuversichtlichen, noch gar ›unfehlbaren‹ Fixierungen vorschnell, unkritisch, ohne langes, gewissenhaftes Zögern und Prüfen anvertrauen«. So sehr sich Otto Kuss ein Leben lang um exegetische Erkenntnisse bemühte, die in Kommentaren oder Buchreihen – zusammen mit seinen Schülern – vorgelegt wurden, so blieb dabei seine eigene, sich langsam verändernde Weltanschauung »und damit der sich stetig vergrößernde, wenn auch niemals ›endgültige‹ Abstand zu einem gängigen ›Standardkatholizismus‹« grundsätzlich immer aus dem Spiel:

Niemals konnte es für mich auch nur den geringsten Zweifel geben, dass ich »meinen« Weg, so wie Erkenntnis und Gewissen ihn mir wiesen, ohne Konsequenzen zu gehen hatte, zugleich aber fehlte mir jede, auch nur geringste Missionierungstendenz. Wenn ich mich hier und da verständlich zu machen suchte, so ging das letztlich nur mich an, und was ich im Innersten wirklich dachte, erfuhren auch meine Schüler auf dem Felde der Wissenschaft, wenn überhaupt, nur indirekt, in Andeutungen und eher zufällig, bis mir mein Scheiden aus dem aktiven »Dienst« die erwünschte Freiheit gab und die seit langem ersehnte rückhaltlose Offenheit möglich machte, ohne dass noch unmittelbarer Schaden – oder was man als solchen auffassen konnte – für irgendjemanden zu befürchten stand.

In den letzten Jahren vor seiner Emeritierung fühlte sich Otto Kuss »schon längst ›ausgewandert‹ oder doch ›auf dem Wege‹ in ein noch unbekanntes Land«. Die einmal in Anspruch genommene »Klarheit der Schrift« für eine kirchliche Selbstbegründung hatte sich für ihn aufgelöst. Wer wirklich Erkenntnis suche, meinte er, stoße nicht auf »die Schrift«, sondern immer nur auf »Interpretationen«, die äußerst divergent seien und häufig kirchentrennende Konsequenzen hätten:

Niemals jedenfalls hat eine Gruppe, die sich auf »die Bibel« stützt, das Ganze, immer wählt sie aus und setzt entsprechende Bevorzugungen und Abwertungen. Zu den grundlegenden Voraussetzungen solcher Methoden gehört die ebenso seltsame und unmögliche wie verständliche Hypothese, dass »die Schrift« sich nicht widersprechen könne, da überall der sich offenbarende Gott ihr Urheber sei; mit diesem dogmatischen Postulat werden die Ergebnisse theologischer »Forschung« für den jeweiligen Glaubensbereich programmiert und vorausgenommen. In Wirklichkeit ist alles ganz anders.

Einem Exegeten, dessen Denken ein Leben lang um Paulus und dessen Briefe kreiste, stellten sich damit neue Fragen. Wenn das Genie des Paulus so gut wie alles, was er von Jesus übernahm, zu dem neuen Ganzen wandelte, das als »paulinische Theologie« eine kirchliche Dogmatik grundlegte, die bis heute in mannigfachen Spielformen das christliche Spektrum modifiziert, bleibt gleichwohl zu prüfen, ob die Exegese, die Paulus der Jüdischen Bibel angedeihen ließ, in allen Anwendungen für alle Zeiten unverändert gilt. Oder ob der von Paulus geführte Beweis heute der Überprüfung bedarf. Und warum manche charismatischen Ordnungselemente der kirchlichen Anfänge unterdrückt wurden, und mit welchem Recht sich das später gültige System durchsetzte.

Mehr als über Paulus aber wuchs für den Neutestamentler die Unsicherheit über das, was oder wer Jesus wirklich war:

Es gibt immer nur Interpretationen, Assimilierungen, Mythisierungen, Projektionen, auch massive »wissenschaftliche« Vergewaltigungen von diesem Jesus, der als das, was er »historisch« war, völlig unerreichbar bleibt.

Ich glaube an ein grundsätzlich niemals endendes »Unterwegs«, was unser Leben angeht und was unser Denken betrifft … Ich werde auch im Augenblick meines Todes – hoffentlich und äußerst wahrscheinlich – noch unterwegs sein und in einen offenen, unendlichen Horizont blicken. Denke ich daran – und eigentlich höre ich keinen Augenblick auf, daran zu denken –, verschwindet alle Unruhe, die mich zeitweise gewiss quälend geplagt hat. Ich glaube, dass ich mit solcher Überzeugung und mit dem Festhalten daran dem »Gott«, den wir alle nicht kennen, von dem wir nur Legenden, Märchen, Mythen erzählen hören, dass ich diesem »Gott«, dem absolut unbekannten »Anfang« und dem absolut unbekanntem »Ende«, auf solche Weise »die Ehre gebe« – um dem Schlechthin-Unergründlichen ziemlich »hilflos« eine unverständlich-herkömmliche Formel anzufügen, welche die menschliche Reaktion auf diesem Felde oder doch das niemals zu einem sicheren Resultat kommende Streben danach »unbeholfen« signalisiert.
Ich bin dankbar für das, was gestern war, ich mühe mich nach Kräften um das Heute, aber was morgen sein wird, weiß ich nicht. Doch die Hoffnung war niemals lebendiger.

Otto Kuss

Glauben im Zeitenumbruch

Unter den lange Zeit beliebten Fragebögen, die Prominente beantworten sollten, war der im FAZ-Magazin der bekannteste. Otto Kuss wurde nicht zur Beantwortung eingeladen, tat dies aber 1984 aus eigenem Antrieb, »um Bekannten und Freunden nach meinem Tode auch auf diesem Wege ein wenig Auskunft darüber zu geben, wie ich mich selber verstehe«. Hier folgen einige für ihn charakteristische Antworten:

Was ist für Sie das vollkommene irdische Glück?

Eine so törichte Frage beantwortet – nach ausgestandener Pubertät – ein verständiger Mensch kaum noch; freilich wundert er sich bei dem beklagenswerten Zustand menschlicher »Intelligenz« nicht, wenn sie gestellt wird.

Welche Eigenschaften entschuldigen Sie bei einem Mann am meisten?

Klugen Widerspruch, verständiges Geltenlassen, ein wenig »Treue«, sobald es darauf ankommt.

Ihre Lieblingstugend?

Ich weiß von keiner, und wahrscheinlich gibt es sie gar nicht – aber wenn schon: Mit »Konformismus« darf sie sehr wenig, mit »Nonkonformismus« sollte sie sehr viel zu tun haben.

Was wäre für Sie das größte Unglück?

Irgendeine Art »ewiges Leben« etwa – nicht weil ich es für mich nicht wollte, sondern weil ich mir beim besten Willen nicht das Geringste darunter vorstellen kann: Was ich in tausend Büchern davon gelesen, von unzähligen Kanzeln gehört, in vielen Gesprächen erfahren habe, vermochte niemals Hilfe zu bringen.

Mehr und mehr rückt in seinen späten Jahren Otto Kuss neben Jesus die Gestalt des Sokrates, von dem es auch keine originalen Zeugnisse gibt, sondern lediglich Bilder und Entwürfe unterschiedlicher Art, die eine zwingende Gesamtvorstellung nicht vermitteln können. Dennoch bewahrt das Verständnis des Sokrates höhere Plausibilität als das Verständnis Jesu, denn Sokrates bleibt ganz im Rahmen einer menschlichen Existenz, während für Jesus von den grundlegenden Urkunden der kirchlich-dogmatischen Weiterentwicklung etwas völlig Analogieloses behauptet wird:

Dieser »Jesus« ist »Gott«, was immer man sich darunter vorstellen mag, und er ist es als absolut einziger unter den Menschen. Der seltsame Begriff »Gottmensch« bleibt allein auf ihn anwendbar: das jedenfalls ist die These der kirchlichen Tradition von den Anfängen bis in die Gegenwart. Kritische Stellungnahmen zu dieser extremen Hypothese, Bestreitungen im Namen der Vernunft, auch empörte Ablehnungen zum Schutze bestimmter andersartiger … Gottesvorstellungen hat es stets gegeben, außerhalb der kirchlichen Bereiche natürlich … ; es sieht so aus, wie wenn diese ganze Problematik, die niemals völlig außer Sicht kommen konnte, heute – wenigstens im Bereich wissenschaftlicher Theologie – erneut besonders brennend würde und dem Einzelnen, ob er nun will oder nicht, je nach seinen Erkenntnismöglichkeiten neue und auch unvermutete Entscheidungen abzwingt.

So folgenreich derartige Erkenntnisse für die Kirche sind und ihre bisher beanspruchten Fundamente erschüttern, so gegensätzlich und eigensinnig konnte Otto Kuss auf klerikalen Traditionen beharren, die das Zweite Vatikanische Konzil aufgab, etwa, wenn er die Abschaffung der lateinischen Liturgiesprache bedauerte, sich über liturgische Reformen beklagte oder darüber räsonierte, dass er den Kapuzinern als »Privatmessner« nicht mehr willkommen war. Mag darin eine stockkonservative Haltung erkennbar sein, die ihm die Liebe zu einfachen Formen der Volksfrömmigkeit erlaubte, so kennzeichnete ihn doch viel tiefer – bereits seit Jugendtagen und stetig zunehmend – »die Haltung des Nonkonformisten, der seiner Kirche nicht hörig, sondern kritisch fragend gegenüberstand und doch bei immer größer werdendem Abstand mit ihr – jedenfalls äußerlich – verbunden blieb«, wie sein letzter und langjähriger Assistent, Werner Bracht, Otto Kuss kennzeichnet. Der anlässlich seines Goldenen Priesterjubiläum von Kuss geschriebene Lebensbericht mündet darum auch in Skepsis:

Wenn es um die zentralen Fragen – Woher? Wohin? Warum? Wozu? – geht, gibt es Sicherheit als Antwort nicht. Jede Religion, jede Philosophie, jede wie immer geartete Weltanschauung lebt von bestreitbaren Thesen, Hypothesen, »Glaubensinhalten«, die sich voneinander unterscheiden, vielfach oder zumeist nichts miteinander zu tun haben, häufig einander widersprechen oder einander gar bekämpfen.

Es besteht nicht die geringste Aussicht, eine einzige aus der unübersehbaren Zahl der realisierten oder noch zu realisierenden Möglichkeiten als die vor allen anderen und allen anderen gegenüber »richtige«, »wahre« zu bestimmen, und zwar so, dass alle »Vernünftigen«, alle »Gutgesinnten« – oder wie man sich hier ausdrücken will – zu gemeinsamem, unabänderlichem Einverständnis gelangten. Alle »Vorschläge« sind ohne Ausnahme zufällig, alle sind gleich »richtig« und gleich »falsch«; niemals und nirgendwo handelt es sich um solide Resultate, immer nur um jeweils andere Stufen einer prinzipiell unendlichen Versuchsreihe …

Der Ertrag eines unvoreingenommenen Vergleiches alles dessen, was dem Menschen hier und jetzt an religiösen, philosophischen, weltanschaulichen Weisungen zur Verfügung steht, ist nicht »Wahrheit«, »Sicherheit«, sondern der Zweifel, eine Unsicherheit, die durch nichts aufgehoben werden kann, sofern der Mensch nicht mutwillig und fahrlässig auf Sand bauen will, sondern auf verantwortbare Erkenntnis aus ist …

Eben dies bedenken, eben dies niemals vergessen, immer von neuen sich damit beschäftigen, stets wieder den Mut aufbringen, es sich einzugestehen, »annehmen«, Ja sagen, nicht gezwungen und als Vergewaltigter, sondern »schlicht« – aber wie viel Kompliziertheit, Mut, Risikobereitschaft, Demut, Hingabe steckt in diesem einfachen »schlicht« – einverstanden sein und sich zugleich allem inneren Widerstand und Zweifel gegenüber stets von neuem um solches Einverständnis mühen – das ist »beten«.

Den größer werdenden Kreis der Promovenden lud Otto Kuss dazu ein, einmal im Monat an einer möglichst genauen Übersetzung des Neuen Testaments mitzuarbeiten … bis sehr viel später in einem mühsamen Prozess aus diesem Ansatz das »Münchener Neue Testament« entstand.

Es gibt nicht eben viele in der zeitgenössischen Theologenschaft, die ähnlich über ihren wissenschaftlichen Erkenntnisweg Rechenschaft geben, da er ja auch immer den eigenen Glaubensweg berührt. Allzu viele publizieren über den »Glauben an sich«, wie er aus der Tradition, im Denken von diesem und jenem, angesichts heutiger Problemstände usw. zu verstehen sei. Sie predigen in die Länge und Breite, bieten wohlfeile »Lebenshilfen« an und möchten alle Welt überzeugen, dass ihr Glaube Sicherheit und Geborgenheit schenke. Anders jene, wie etwa Fridolin Stier, die gerade dadurch, dass sie ihre eigene Not nicht verschweigen, den tiefer Angefochtenen Begleiter auf einsamen Wegen werden. Schließlich auch jene, deren radikales Fragen und Zweifeln verunsichern wie befreien kann, die in Krisen stürzen, bisherige Identität in Frage stellen, und vielleicht dann doch helfen, in Ungewissheiten einen eigenen Standort zu finden. Am ärgerlichsten sind die Offiziellen, die ihre persönlichen Fragen und Zweifel hinter der dogmatischen Sprachregelung verkümmern lassen – ohne zu spüren, wie sehr sie selbst dabei verkümmern. Aber eine Kirche, die offiziell nur Gewissheit vorgibt, verliert in heutiger Zeit all jene, die angefochten leben, die es sich mit sich selbst nicht leicht machen, denen das »Althergebrachte« gerade in seiner museal gewordenen Unveränderheit nicht mehr hilft. Da ist vermeintliche »Glaubenstreue« dann nur noch Fassade.

Ihre Helden in der Wirklichkeit?

Alle Nonkonformisten, welcher Richtung auch immer – und niemals vergessen: Johannes der Täufer, Jesus von Nazaret, Paulus von Tarsus waren Aussteiger und in solchem Sinne das Gegenteil all derer, die sich heute emphatisch auf sie berufen.

Was verabscheuen Sie am meisten?

Ohne Ausnahme alle Theologen, Philosophen, Weltanschauungslehrer, die so etwas Blasphemisches wie eine »ewige Hölle« der Qualen für möglich halten – gleichgültig, ob sie die meisten, viele oder nur wenige im Auge haben: dass sie selber zur Himmelslobby gehören, daran zweifeln sie kaum, und wenn, dann nur rhetorisch.

Ihr Motto?

»Dein Wille geschehe, wie im Himmel, so auf Erden« – auch wenn ich wirklich nicht weiß, zu wem ich hier spreche.

Glauben im Zeitenumbruch

Simone Weil (1909–1943), französische Philosophin, wuchs in einer großbürgerlichen jüdischen Familie auf. Die Eltern standen dem Judentum fern, wie auch S. nie damit vertraut wurde. Erst 14 Jahre alt, wünschte sie ernstlich zu sterben, weil sie fürchtete, niemals Zutritt zum »Reich der Wahrheit« zu finden. Später gewann sie »plötzlich und für immer die Gewissheit, dass jedes beliebige menschliche Wesen« in dieses Reich der Wahrheit kommen kann, »sobald es nur die Wahrheit begehrt und die Aufmerksamkeit unaufhörlich darauf gerichtet hält«.

Von 1925–1928 besuchte S. W. das *Lycée Henri IV* und fand dort in Émile Chartier, der unter dem Pseudonym Alain publizierte, eine hervorragende philosophische Schulung. Anschließend studierte sie an der *École Normale Supérieure*, um Gymnasiallehrerin zu werden. Nebenher engagierte sie sich in vielen sozialen und politischen Aktionen.

1931 wurde S. W. Philosophielehrerin am damaligen Mädchengymnasium in Le Puy, das heute nach ihr benannt ist. Die Hälfte ihres Gehalts teilte sie mit den Arbeitslosen. Lange blieb sie allerdings nirgendwo, denn wegen ihrer ungewöhnlichen Unterrichtsmethoden und politischen Aktivitäten wurde sie häufig versetzt. Eine Zeit lang arbeitete sie als Fabrikarbeiterin bei Renault, um die Lebensbedingungen der Arbeiter kennenzulernen. Im Spanischen Bürgerkrieg kämpfte sie für kurze Zeit auf Seiten der *Federación Anarquista Ibérica*.

Bei allem politischem und sozialem Engagement waren Politik und Religion für S. W. eine Einheit. Zunächst agnostisch orientiert, bestimmten ab 1936 religiöse Erfahrungen ihr Leben, das sie als Suche nach dem Absoluten betrachtete. Die christliche Mystik und eigenes mystisches Erleben bewegten seitdem ihr Denken, ohne dass sie ihren bisherigen Nonkonformismus aufgab. Der Dominikaner Jean-Marie Perrin, mit dem sie im ständigen Gespräch war, konnte sie nicht in die katholische Kirche locken. Für sich begehrte sie kein Heil, falls es – mit Blick auf die Geschichte – Heiden und Ketzern vorenthalten sei. Sie glaubte, »dass man Gott nie genug widerstehen kann, wenn es aus reiner Sorge um die Wahrheit geschieht«. Vor der deutschen Besetzung Frankreichs floh sie zunächst nach Marseille und 1942 nach England. Dort stellte sie sich der »Force de la France Libre« zur Verfügung. Sie starb in Ashford/Kent 34-jährig an Lungentuberkulose und Entkräftung.

Simone Weil: Alle Wahrheit in sich aufnehmen

Der amerikanische Psychiater Robert Coles meinte in einer Studie zu Simone Weil, sie sei eine ehrgeizige Gläubige gewesen, begierig Jesus zu begegnen – »vielleicht sogar, eine seiner Heiligen zu werden«.

Will man sie dazu zählen, gehörte sie zur raren Sorte jener Heiligen, die der Kirche im Wissen um ihre Geschichte kritisch begegneten. Dem Christentum fühlte sie sich zugehörig, aber für die Kirche konnte sie sich nicht entscheiden:

> Nicht ein einziges Mal, nicht einmal während einer Sekunde hatte ich die Empfindung, Gott wolle mich in der Kirche haben.

In ihrer letzten umfangreichen Schrift »Die Einwurzelung« urteilt Simone Weil, nur die Mystik habe den »wahren Geist des Christentums« erhalten, »außerhalb der reinen Mystik aber hat der römische Götzendienst alles verunreinigt«. Heinz Abosch dazu: »Wir dürfen dies als Simone Weils letztes Wort zur Religion ansehen, das allen Vereinnahmungsversuchen dieser oder jener Richtung ein striktes Dementi entgegensetzt.« Aber insofern die Mystik möglicherweise die einzige Chance für das Christentum bleibt, sowohl im Gespräch der Weltreligionen, zumal mit den asiatischen, als auch im Diskurs mit dem heutigen wissenschaftlichen Weltbild Authentizität zu wahren, bleibt Simone Weil eine notwendige und gültige *Herausforderung* für die Kirche.

Die kirchliche Selbstbezeichnung »katholisch« betrachtete Simone Weil als nicht eingelöst. Die Kirche müsse *alle* Wahrheit in sich aufnehmen, um wirklich katholisch zu sein. Doch sei die Kirche nicht bereit, die Wahrheiten, die außerhalb ihrer zu finden seien, anzuerkennen und in sich aufzunehmen. Zu solchen Wahrheiten zählte Simone Weil beispielsweise die Lehre des Hinduismus über *atman*, das göttliche, unsterbliche Selbst des Menschen, das identisch ist mit *brahman*, das ewige, unvergängliche Absolute, das sich im Universum repräsentiert. Der Katholizismus schließe zu vieles aus seiner Welt aus:

> So viele Dinge bleiben außerhalb seines Gesichtskreises, so viele Dinge, die ich liebe und nicht aufgeben will, so viele Dinge, die Gott liebt, denn ansonsten hätten sie keine Existenz. Die ungeheure Dimension der vergangenen Jahrhunderte, mit Ausnahme der letzten zwanzig; alle von farbigen Rassen bewohnte Länder; das gesamte weltliche Leben in den Ländern der weißen Rasse; alle dort als häretisch beschuldigten Traditionen wie die der Manichäer und Albigenser; alle Schöpfungen der Renaissance, die, wenn auch oft erniedrigt, nicht ganz wertlos sind.

Gott sei auch in den vorchristlichen Religionen schon anwesend gewesen, was sich aber kirchlicher Wahrnehmung und Wertschätzung entziehe.

Das von der biblisch-christlichen Welt abgedrängte »Heidentum« erfährt durch Simone Weil eine neue Wertung. Sie erkennt in den vorchristlichen Religionen eine Prophetie, die sich durch die antiken Mysterienreligionen ebenso verfolgen lasse wie etwa in der Edda. Ebenso verfolgt sie bis in die Frühgeschichte zurück den sakramentalen Gebrauch von Brot und Wein.

Dagegen findet Simone Weil in der schultheologisch buchstabierten katholischen Dogmatik nicht einmal mehr Frömmigkeit:

Wenn ich den Katechismus des Konzils von Trient lese, scheint er mit der Religion, die dort dargelegt wird, nichts gemein zu haben.

Dessen Art Glaubenslehre bleibt für sie ohne lebendige Wahrheit. Wahrheit sieht sie in den Evangelien und erkennt darin sich selbst wieder in der Gewissheit, mit dem Geist des Evangeliums schon immer vertraut gewesen zu sein: dem Geist der Armut, der Nächstenliebe, der Reinheit und der Liebe zum Kreuz. Sie findet, man hätte die Evangelien und zumal das Kreuz Christi nie der Dogmatik überlassen dürfen, weil Dogmen ausgrenzen: Sie grenzen die Wahrheit anderer Religionen aus und produzieren Häretiker.

Damit ist ein weiterer Aspekt benannt, der Simone Weil hinderte, sich zur Kirche zu bekennen: deren furchtbares *Anathema sit*, mit dem die Kirche durch die Jahrhunderte ihrer Geschichte vermeintlichen oder tatsächlich verweigerten »Glaubensgehorsam« bestrafte und damit über menschliches Schicksal wie über den Tod von Hunderttausenden bestimmte. Simone Weils Sympathie galt den Ketzern; sie selbst hatte ja immer als Häretikerin gewirkt, war Kommunisten und Sozialisten als Erzketzerin begegnet und in dieser Eigenwilligkeit des Denkens ließ sie auch als gläubige Christin nicht nach. Sie lehnte den Anspruch der Kirche ab, sich die Weltgeschichte, alle Kulturen und Rassen unterstellen zu wollen und warf ihr »Machtmissbrauch« vor.

Nach dem Untergang des Römischen Reiches, das totalitär gewesen war, hat zuerst die Kirche im 13. Jahrhundert, nach dem Albigenserkrieg, einen Totalitarismus begründet. Dieser Baum trug zahlreiche Früchte.

Entschieden erwartete sie, um der Kirche beitreten zu können, dass diese offen bekenne, »dass sie sich geändert hat oder ändern will. Wie könnte man sie sonst ernst nehmen, wenn man sich der Inquisition erinnert?«

Einen Machtmissbrauch erkannte Simone Weil auch darin, dass die Kirche den Sakramentenempfang an diskriminierende Bedingungen knüpfte:

Die Kirche müht sich, das Paradies zu einem Mittel der Erpressung zu machen und jeden zu verurteilen, der sie nicht für unfehlbar hält. Sie wird sich nicht heiligen, außer sie legt die Macht nieder, mit der sie die Sakramente verweigert … Auch die Absolution ist jedem zu gewähren, der um sie nachsucht … Alles gewähren, was verlangt wird … Keine geistliche Gewalt ausüben, außer es werde um geistliche Führung nachgesucht; dann soll sie allerdings streng ausgeübt werden. Den Leuten Mut machen, um Führung nachzusuchen. Aber, dass es dann niemals auch nur das geringste Element von gesellschaftlichem Zwang gäbe! Dass jedem Gehorsam frei zugestimmt werde! Christus hat den Seinen ausdrücklich verboten, nach Herrschaft und Macht zu streben.

Eine gängelnde, klein haltende Kirche konnte Simone nicht ertragen:

Ich empfinde eine ständig wachsende Zerrissenheit, sowohl auf der Ebene der Vernunft als auch in der Mitte des Herzens, wegen meiner Unfähigkeit, wahrhaft das Unglück der Menschen, die Vollkommenheit Gottes und die Verbindung zwischen beiden zusammenzudenken.

Simone Weil

Glauben im Zeitenumbruch

> Sie dürfen mir auch auf mein Wort glauben, dass Griechenland, Ägypten, das alte Indien, das alte China, die Schönheit der Welt in den Künsten und in der Wissenschaft, der Anblick der Heimlichkeiten des menschlichen Herzens in solchen Herzen, die von religiösem Glauben leer waren – dass alles dies ebenso viel wie alles ersichtlich Christliche dazu beigetragen hat, mich Christus als Gefangene zu überliefern. Ich glaube sogar, sagen zu dürfen: noch mehr. Die Liebe zu diesen Dingen, die außerhalb des sichtbaren Christentums steht, hält mich außerhalb der Kirche fest.
>
> *Simone Weil*

> Das Christentum Simone Weils hat den Anschein, Züge östlicher Überlieferung zu tragen, so dass man es ein buddhistisches Christentum nennen könnte, einen Buddhismus mit positiver Zielsetzung, sofern ein solcher möglich wäre. Es trägt auch den Anschein der Verzweiflung: ein in die äußerste Finsternis geschleuderter Mensch sagt sich, dass diese Finsternis nur der Mantel des Lichtes, ja das Licht selber sei. Aber hat nicht auch Johannes vom Kreuz so gesprochen, so geglaubt? In Wahrheit kann von Verzweiflung keine Rede sein.
>
> *Reinhold Schneider*

Aus Mangel an Glauben hat man die Sakramente mit Bedingungen umzäunt. Das muss sich ändern, soll das Christentum nicht zugrunde gehen. Auf jeden Fall braucht es eine neue Religion. Entweder ein Christentum, das sich so sehr verändert hat, dass es anders geworden ist, oder eine andere Sache.

Dem Dominikaner-Prior Jean-Marie Perrin, mit dem sie über religiöse Dinge in einem langen und intensiven Gespräch stand und der sie wiederholt zur Taufe drängte, warf sie vor, einer dogmatischen Wahrheitsanmaßung verhaftet zu bleiben. Dagegen setzte Simone Weil ihr eigenes Credo:

Gottes Kinder dürfen hienieden kein anderes Vaterland haben als das Universum mit der Gesamtheit aller Vernunftwesen, die es bevölkert haben, bevölkern und bevölkern werden. Das ist die Heimat, die Anrecht auf unsere Liebe hat.

Die Kirche könne einen solchen Anspruch nicht erheben, ihre Dogmen sperrten zu viel Welt aus. »Unsere Liebe muss den gesamten Raum, mit derselben Ausdehnung, mit derselben Intensität, ähnlich dem Sonnenlicht, erfüllen.«

Drei Wochen vor ihrem Tod beschrieb Simone Weil Skakespeares Narren als Vorbilder. Es sei notwendig, deren Tragik jenseits der komischen Gebärde zu erkennen:

Die Narren sind die einzigen Personen, die die Wahrheit sagen ... In dieser Welt sind allein jene Menschen, die den letzten Grad der Erniedrigung, weit unterhalb des Bettlertums erreicht haben, die nicht nur ohne gesellschaftliches Ansehen sind, sondern auch der von jedermann am meisten geschätzten Würde, der Vernunft ermangeln, – allein jene Menschen können die Wahrheit sagen. Alle anderen lügen.

In diesem Sinne war Simone Weil zu jeder Zeit ihres Lebens eine Närrin angesichts der etablierten Macht. Der ihr bewusste Gegensatz von Priester und Narr wird von Leszek Kolakowski folgendermaßen charakterisiert: »Der Priester ... dient dem Kultus des Endgültigen und der anerkannten Selbstverständlichkeiten, die in den Traditionen verwurzelt sind. Der Narr ist der Zweifler an allem, was als selbstverständlich gilt.« Simone Weil war dieser Zweifler. In ihrer Person verbanden sich Mystik und Politik in einer Weise, die das eine vom anderen nicht trennen lässt.

Hugo Lassalle: Zen für das Christentum

Wollte man die üblichen Schemata von konservativ und progressiv verwenden, wäre Hugo Lassalle ebenso wenig wie Otto Kuss in einer dieser Rubriken unterzubringen. An täglicher Messe, Brevier, Rosenkranzgebet und intensiven Jahresexerzitien hielt er lebenslang fest, unbeschadet seiner frühen Ahnung, dass nicht nur das Christentum, sondern die Menschheit insgesamt vor einem Umbruch in ein neues Bewusstsein stehe. Er hatte bei einer Tagung Jean Gebser (→ S. 38) kennengelernt, der ihm den weltgeschichtlichen Vorstellungsrahmen lieferte, um von einer menschheitlichen Bewusstseinsveränderung überzeugt zu sein, die auch ohne das Zutun des Einzelnen einen tiefgreifenden Einfluss auf den religiösen Bereich ausübt:

So meinen heute viele Menschen, die christlich erzogen wurden, mit dem besten Willen nicht mehr an das glauben zu können, was man sie in der Kindheit gelehrt hat. Dennoch erwacht in ihnen oft ein Verlangen nach etwas, was sie nicht benennen können und ihnen doch als wichtiger erscheint denn alles andere. Und weil sie es in dem Christentum, wie sie es einmal ihr eigen nennen konnten, nicht mehr finden, wenden sie sich nach Asien, um eben das zu suchen, was ihren Hunger sättigen kann. Manche finden dann nach einem langen Umwandlungsprozess gerade dort das Christentum wieder, wo sie es am wenigsten erwartet haben. Sie verlieren es dann kein zweites Mal, weil sie es nun wirklich integriert haben.

Andere finden das Gesuchte in anderen Religionen. Das dürfte nur selten voll und ganz gelingen, da sie die zweitausend Jahre Christentum (man könnte auch noch tausend Jahre Judentum hinzuzählen) in ihren Vorfahren nicht vollständig abstreifen können. Sie treten dann formell zu einer nichtchristlichen Religion über, bleiben aber, wenn auch nun in negativer Form, der Beziehung zum Christentum verhaftet, was sich nicht selten in sich ständig verschärfenden Vorurteilen und Anklagen gegen alles Christliche äußert. Es braucht einen langen, schmerzvollen Prozess, eine andere Religion wie etwa den Buddhismus innerlich anzunehmen.

Knut Walf

Lassalle sah in Gebsers Theorie eine Bestätigung und Entwicklung seiner Überzeugung, dass die Zen-Meditation zum spirituellen Fortschritt der Menschheit betragen könne und ein neues Bewusstsein fördere, das durch die Erfahrung des Absoluten getragen wird. Als er in Japan dem Buddhismus begegnete und Zen üben lernte, war ihm bewusst geworden, dass die Christenheit außerhalb ihrer verdrängten mystischen Traditionen »unmündig« im eigenen Glauben geblieben ist. »Es gibt doch selbst unter den Ordensleuten kaum einen, der bis zur Säuberung des Grundes geht«, notierte er im April 1965 in sein Tagebuch. »Wir, Priester und Ordensleute, sind fast alle bonpu (unerleuchtet), weil wir weder das Satori noch ein anderes Erlebnis des Durchbruchs haben.« Die Ursache für den Exodus aus der Kirche sah er in einer der Christenheit fehlenden tiefen spirituellen Erfahrung und meditativen Praxis. »Das Verlangen nach Meditation ist sehr groß. Alle diese Menschen, oder die meisten, suchen auf diesem Weg nach der Lösung ihres religiösen Problems und sind von der Kirche her und z. T. auch vom Christentum allgemein eben jetzt nicht ansprechbar.« Immer wieder empfand er die Neigung, einen eigenen Orden für die Zen-Praxis von Christen zu gründen, und dies um so mehr, als alle maßgeblichen Jesuiten in der japanischen Ordensprovinz gegen seine Zen-Pläne waren, wenngleich es niemanden gab, der sich über das Zen ein kompetentes Urteil hätte erlauben können. Das führte ihn 1966 dazu, dem damaligen Generaloberen Pedro Arrupe die Bitte um Exklaustration (Freistellung vom Orden) vorzutragen: »Der innere Konflikt ist schon jetzt manchmal unerträglich … Es ist das größte Opfer meines Lebens, den Orden zu verlassen.«

Hugo Lassalle (1898–1990), wurde in Externbrock/Ostwestfalen, geboren. 1919 trat er in den Jesuitenorden ein und erfuhr die damals ordenstypische scholastische Ausbildung in Philosophie und Theologie. 1929 ging L. als Lehrer für die deutsche Sprache an die Sophia-Universität des Jesuitenordens und als Sozialarbeiter in die Slums der japanischen Hauptstadt. 1939 übersiedelte er nach Hiroshima.

Im August 1945 erlebte L. in Hiroshima den Abwurf der ersten Atombombe und war seitdem strahlengeschädigt. 1948 wurde er unter dem Namen Makibi Enomiya japanischer Staatsbürger und erhielt die Ehrenbürgerschaft von Hiroshima. Der Bau der Weltfriedenskirche dort machte ihn weltbekannt.

Seit Ende der vierziger Jahre im Dialog mit Buddhisten, begann er 1956 als Jesuit in einem japanischen Zen-Kloster Zen zu üben. Ab 1967 führte er Tausende in die Übung des Zen ein und vermittelte damit dem Christentum eine bis dahin nicht praktizierte Form spiritueller Erfahrung. Aus den Brüchen und Spannungen der Gegenwart wagte er den Schritt in ein grenzüberschreitendes »neues Bewusstsein«. Als Jesuit und Zen-Lehrer, Deutscher von Geburt und japanischer Staatsbürger wurde er eine »lebendige Brücke« zwischen den Kulturen und Religionen Europas und Asiens.

Zen

Die erreichbaren Anfänge des Zen liegen im China des 6. Jahrhunderts, doch dürften seine Wurzeln weiter zurückreichen. Elemente des Daoismus und Konfuzianismus sind wahrscheinlich miteingeflossen. Die Überbringung der Lehre nach Japan im 12. und 13. Jahrhundert hat weiter zur Wandlung des Zen beigetragen. Im 19. und insbesondere im 20. Jahrhundert machten die Zen-Schulen in Japan große Veränderungen durch. Dabei wurde von Laien eine Form des Zen begründet, die auch die westliche Welt erreichte und dort heute ihre Inkulturation erfährt.

Zen bedeutet, das Leben zu leben – in seiner ganzen Fülle. Der Zugang zu diesem »Einfachsten von allem« ist dem Mensch jedoch versperrt, weil ihn der niemals endende innere Monolog blockiert. Die permanente Beschäftigung mit sich selbst und die schützende Ich-Bezogenheit hindern ihn, zum eigenen Grund zu gelangen.

Zen-Lehrer sagen bisweilen: »Ich würde gerne irgendetwas anbieten, um dir zu helfen, aber im Zen haben wir überhaupt nichts.« Sie wollen damit die Illusion nehmen, Zen biete erwerbbares Wissen oder könne etwas »Nützliches« sein. Auf einer anderen Ebene wird auch das Gegenteil behauptet: Zen biete das »ganze Universum«, da es die Aufhebung der Trennung von Innenwelt und Außenwelt, also »alles« einschließe.

Zen wird oft als »irrational« empfunden, auch weil es sich jeder begrifflichen Be-

Lassalles Bitte wurde abgelehnt. Umso mehr beschäftigte ihn die Frage, ob Zen nur eine Methode sei, neutral für eine Übernahme in die christliche Praxis, oder ob sich mit Zen buddhistische Essentials verbinden, die nur um den Preis eines verfälschenden Synkretismus ins Christentum übernommen werden können. Die Verbindung von Zen und Christentum weckt ja nicht nur seitens der katholischen Kirche, sondern auch bei seinen buddhistischen Gesprächspartnern Widerspruch: der Buddha sei gegen Einheitserlebnisse hieß es. Auch Lassalles Vorgesetzte sahen Christentum und Zen wie zwei Parallelen, die sich nicht treffen. Hans Urs von Balthasar schrieb, die Übung asiatischer Meditationen sei Verrat am Christentum; der Jesuit Josef Sudbrack kritisierte Lassalles Weg als New-Age-verdächtig. Doch Hugo Lassalle gewann, je intensiver er sich mit dem Zen-Buddhismus, der christlichen Mystik und seinem eigenen Erfahrungsweg auseinandersetzte, eine große persönliche Sicherheit: »Für mich selbst gibt es keinen Widerspruch, ob man das nun glaubt oder nicht.« Die Zen-Meditation komme zwar aus dem Buddhismus, doch »der Weg, wenn er richtig gegangen ist, hat mit keiner Philosophie oder Theologie direkt etwas zu tun. Jeder kann ihn gehen – wenn er ihn richtig geht – um zum eigentlichen Ziel seiner Religion zu kommen.« Lassalle glaubte, dass ein neuer Schritt in der Geschichte der Menschheit bevorstehe, in der das rationale Denken seine Dominanz verliere und die Menschen lernen würden, aus der Erfahrung des »Grundes« zu leben (→ S. 37 ff.).

Und doch lässt sich die Zen-Meditation nicht einfach als eine »Methode« beschreiben, die »inhaltsneutral« bleibe, wie Lassalle dies mehrfach gegenüber seinen Kritikern tat. Wenn alle Formen des Vorstellens und Denkens wegfallen, hat das auch Einfluss auf die manifesten Glaubensbilder, mit denen sich der Mensch bis dahin umgeben hat. So notierte er 1982 in sein Tagebuch:

> Ich muss die Dunkelheit ertragen. Der gegenständliche Gott ist nicht mehr, und die »Identität« ist noch nicht lebendig in mir.

Und ein Jahr später:

> Wenn man nicht mehr an einen vorgestellten Gott glauben kann … sollte man bedenken, dass sich an der Sache nichts geändert hat. Die Wirklichkeit bleibt … Zen ist keine Religion im gewöhnlichen Sinne (Christentum, Buddhismus etc.). Aber es spricht das religiöse Bewusstsein an, und zwar in einer Tiefe, wo es noch nicht mit einer Religion verbunden ist. Daher kann es auch den Religionen zur tiefsten religiösen Erfahrung verhelfen … Umgekehrt kann auch das Zen in Verbindung mit einer Religion eine Erfüllung finden, die ihm vielleicht ohne diese Beziehung nicht zuteil wird.

Allerdings blieb ihm die »dunkle Nacht«, wie sie von Mystikern bezeugt wird, nicht erspart:

> Gelegentlich tauchte mir auch … eine andere Besorgnis auf: wie, wenn es tatsächlich kein göttliches Gegenüber gibt … Hier ist bei mir ein Prozess in den Gang gekommen, über den ich mit keinem reden kann, der noch einigermaßen feststeht im »traditionellen Glauben«. Mir scheint, ich

muss den Prozess nicht aufhalten wollen, sondern es geht darum, in einen dunklen Grund einzutreten, wo es immer noch dunkler wird, so dass man sich vielleicht an einem Strohhalm noch zu orientieren versucht. Es hat eine neue Phase begonnen. Wie lange wird es dauern, bis ich am anderen Ufer bin? Werde ich es noch erleben? Auf jeden Fall bleibt es wahr: Wenn wir drüben sind, angekommen: es wird keine Enttäuschung sein.

Eine fundamentale Auseinandersetzung, die sich aus dem Weg des Zen und der hergebrachten Theologie gewissermaßen zwangsläufig ergibt, zeichnet sich bei Hugo Lassalle nicht ab. Den Versuch, die reguläre Dogmatik aus der Erfahrung der Mystik aufzuarbeiten, wie er bei Meister Eckhart vorliegt oder wie ihn Willigis Jäger unternimmt, hat Hugo Lassalle nicht unternommen. Seine Zielrichtung war ausschließlich davon bestimmt, einer vergessenen, verdrängten und sogar verpönten meditativen Spiritualität wieder Eingang in das kirchliche Leben zu verschaffen, und zwar in der Erkenntnis, dass eine Kirche ohne diese Dimension jede Bedeutung für die geistig und religiös lebendigsten Menschen verlieren wird – soweit sie es nicht schon getan hat:

Wenn östliche Meditation regen Zuspruch findet, so ist dies nicht in erster Linie einer geschickten Propaganda zu verdanken, sondern offenbar einem Vakuum, das sich im religiösen Bewusstsein der westlichen Menschen ausgebreitet hat. Die breiten Volkskreise reagieren darauf intuitiv, ohne sich um theoretische Bedenken gegen östliche Meditation zu kümmern, wie sie gelegentlich von einer dem gegenwärtigen Bewusstsein nicht mehr voll angemessenen Philosophie oder Theologie vorgetragen werden. Wer an einem Bewusstsein festhält, das nicht mehr voll gültig ist, verliert unweigerlich, so bitter dies sein mag, Stimme und Einfluss in der Gegenwart.

Viele Menschen empfinden heute das Denken in der Meditation eher als Hindernis auf dem Weg zu Gott. Auch Gottesbeweise helfen ihnen nicht weiter, denn sie verlangen nach Gotteserfahrung. Sie spüren, dass sie nur auf dem Weg der Erfahrung zur Vereinigung mit Gott gelangen können ... Die allgemeine Suche nach religiöser Erfahrung erwächst aus der unreflexen Einsicht, dass die Alleingültigkeit des rationalen Denkens an ihre Grenze gestoßen ist. In diesem Wandel des Bewusstseins liegt es begründet, wenn heute die Zenmeditation und andere ungegenständliche Meditationsweisen breiteren Anklang finden als die gegenständlichen, denen in westlichen Kulturen in der Vergangenheit der Vorzug gegeben wurde.
Knut Walf

Das Tor, das Hugo M. Enomiya Lassalle, inmitten der katholischen Kirche zum Zen-Buddhismus hin geöffnet hat – im Geiste seiner Ordensbrüder Matteo Ricci und Adam Schall, die im 16. und 17. Jahrhundert schon einmal die Tür nach China öffnen wollten, um jedoch von Rom mit Langzeitfolgen daran gehindert zu werden – dieses Tor vermag heute kein römisches Dekret mehr zu schließen. Aber ob die christlichen Kirchen – die katholische wie die evangelische, das freikirchliche Spektrum inbegriffen – die Wachheit gewinnen, in ihre festgeschriebene liturgische Ordnung Raum für meditative Elemente zu übernehmen, ob sie dem Schweigen und stimmung widersetzt. Es zielt immer auf die Erfahrung und das Handeln im gegenwärtigen Augenblick.

Zen ist der weglose Weg, das torlose Tor. Die dem Zen zugrundeliegende Erkenntnis braucht nicht gesucht zu werden, sie ist immer schon da. Könnten die Suchenden nur ihre permanenten Anstrengungen aufgeben, die Illusion der Existenz eines »Ich« aufrechtzuerhalten, würden sie sich unmittelbar als erleuchtet erleben.

Das Beschreiten des Zen-Wegs ist jedoch eines der schwierigen Dinge, die ein Mensch unternehmen kann. Er muss lernen, das selbstbezogene Denken aufzugeben und letztlich das eigene Selbst. Darum dauert der Übungsweg gewöhnlich mehrere Jahre, bevor die ersten Schwierigkeiten überwunden sind. Dabei behilflich sind die Roshi genannten Lehrmeister.

Primäre Aufgabe des Zen-Schülers ist die fortgesetzte, vollständige und bewusste Wahrnehmung des gegenwärtigen Moments, eine Achtsamkeit ohne eigene urteilende Beteiligung. Diesen Zustand soll der Zen-Schüler nicht nur während des Zazen, sondern möglichst in jedem Augenblick seines Lebens beibehalten.

»Zen ist nicht etwas Aufregendes, sondern Konzentration auf die alltäglichen Verrichtungen.« Auf diese Weise kann sich die Erkenntnis der absoluten Realität einstellen (Satori). Die rationale Frage nach dem Sinn des Lebens wird aufgehoben zugunsten vollkommener innerer Befreiung: »Es gibt nichts zu erreichen, nichts zu tun und nichts zu besitzen.«

Zazen ist die wichtigste und unverzichtbare Meditationstechnik im Zen-Buddhismus, die Körper und Geist zur Ruhe bringen und den Boden für mystische Erfahrungen bereiten soll. Während des Z. in betont aufrechter, stabil in sich selbst ruhender Körperhaltung wird der Körper nicht bewegt, da die äußere, körperliche Disziplin der inneren, geistigen Beobachtung und Konzentration eine Stütze bietet.

Glauben im Zeitenumbruch

der Stille im Gottesdienst Geltung verschaffen, ob sie die theologische und religionspädagogische Ausbildung mit Zazen verbinden, so dass Pfarrer und Lehrer eine wesentlich höhere spirituelle Kompetenz gewinnen, als dies bis heute der Fall ist …, das entscheidet wesentlich über die künftige Präsenz des Christentums in der Gesellschaft.

Henri Le Saux: Indische Erfahrung und westliche Begriffswelt

Anders als Hugo Lassalle, der bei allen Bemühungen, die Meditationskultur Asiens für das Christentum zu erschließen, sein jesuitisches Selbstverständnis nie in Frage stellte, war das Leben des Benediktinerpaters Henri Le Saux, in Indien unter den Namen Swami Abhishiktananda bekannt, ein Aufbruch zum »anderen Ufer«. Er verließ sein bretonisches Heimatkloster mit einer traditionellen monastisch geprägten Identität. Zu dieser Zeit war das Christentum in seiner römisch-katholischen Gestalt noch die unbefragt einzig wahre Religion. Zunächst überlegte er, einen kontemplativen Orden zu gründen, der dem Christentum die spirituellen Erfahrungen und Lebensformen der Upanishaden erschließen sollte. Darum begann er ein Leben als Hindu-Sannyasi:

Der wandernde indische Sannyasi ist in Wahrheit dem wandernden Jünger des Evangeliums nahe verwandt. Wenn man den Auftrag ernst nimmt … das Reich Gottes zu verkünden, so handelt es sich um nichts weniger, als alles zu verkaufen, was man besitzt; nichts für das Morgen anzusammeln wie die Vögel des Himmels; sein Feld, sein Haus, seine Familie zu verlassen, nichts für unterwegs mitzunehmen, weder einen Sack noch Brot noch Geld noch zwei Kleider, und zu essen, was einem vorgesetzt wird …

Der wandernde indische Sannyasi ist ebenso sorglos und frei von allen Bindungen an Dinge, Orte oder Menschen, er bewegt sich überall wie ein Fremder und ist doch überall zu Hause, frei und unabhängig in der Absolutheit seiner Entblößung.

Doch zunächst blieb Henri Le Saux, ohne es nach außen zu zeigen, ein gequälter Mensch, weil ihn die Spannung zwischen der Treue zu sich selbst und der Treue zur Kirche zerriss. Er sah, dass er mit der Sorge für seinen Lebensunterhalt auch alle sozialen Sicherungen hinter sich lassen musste, auch die Integration in eine Kirche, und dass er sich nicht länger an traditionelle Glaubensvorstellungen und Dogmen klammern dürfe, um in den Abgrund des inneren Wegs springen zu können – ohne Absicherung. Doch verschaffte ihm dies existentielle Not:

Heiligabend voller Angst. Ganz anders als letztes Jahr. Tieferer Fall in den Abgrund. Gratwanderung. Unfähig, mich für die eine oder andere Seite zu entscheiden. Welche Qual …

Meine Nerven sind am Ende. Den Frieden im Jenseits des Ich … Genau da ist meine Angst; und bezüglich des christlichen Friedens – wie könnte der advaitische Abgrund, der mich anzieht, mir erlauben, mich darin in Sicherheit zu wiegen.

Henri Le Saux / Swami Abhishiktananda (1919–1973) ist die Schlüsselgestalt des christlich-hinduistischen Dialogs. Aufgewachsen in der Bretagne, trat er mit 19 Jahren in die Abtei Sainte-Anne von Kergonan ein. 1948 kam er 38-jährig nach Indien, um ein indisch-christliches Mönchtum zu erproben. Er gründete zusammen mit dem französischen Priester Jules Monchanin den Ashram Shantivanam, der später unter Bede Griffiths (→ S. 493) zu einem christlich-interreligiösen Zentrum mit weltweiter Ausstrahlung wurde.
Schon 1949 traf L. S. Sri Ramana Maharshi und erkannte die spirituelle Herausforderung Indiens. Er vertiefte sich in die Upanishaden wie ins Evangelium – und die Spannung zwischen beiden Traditionen drohte ihn zu zerreißen. Er suchte nach einem inneren Durchbruch, der ihm die Konflikte zwischen seiner christlichen Identität und der mystischen Erfahrung Indiens löste. Er fand Sri Gnanananda, der für ihn zum Guru wurde. Später ging L. S. nach Nordindien und lebte als Einsiedler im Himalaya. Zu seinem christlichen Namen nahm er einen hinduistischen Namen an und erteilte doppelte christlich/hinduistische Mönchsweihen. Eine Hälfte des Jahres verbrachte er in seinem südindischen Ashram Saccidananda, die andere in einer Höhle im Himalaya. 1973 ereilte ihn ein Herzinfarkt, der zugleich für ihn das »Finden des Grals« war. L.S. starb in einem katholischen Spital in Indore.

Le Saux merkte, dass sein Versuch, Indien vom Christentum her zu verstehen, nicht angemessen war. Er sah sich gezwungen, das Christentum von den Kategorien Indiens her zu verstehen. Auf diesem Wege ergab sich für ihn jedoch eine Relativierung des Christentums, denn nun musste er den eigenen Glauben in seinen historischen Bedingungen verstehen lernen, von einer bestimmten Kultur und Zeit abhängig und darin begrenzt. In einem Brief an Raimon Panikkar zu Weihnachten 1972 bekannte er:

Ich bin gezwungen zu akzeptieren, dass der sogenannte christliche Zugang zum »Mysterium« praktisch, de facto, nur ein Zugang unter mehreren ist! Ein brillantes und schillerndes Spiel dessen, »Der in den Welten spielt«.

Allerdings hatte Le Saux schon früh eine entsprechende Ahnung, wie sein Tagebucheintrag vom 2. Juli 1954 belegt:

Christentum, Hinduismus, Buddhismus etc. sind nicht parallele Wege, und noch weniger sind sie eine Serie von Schritten hin zur Wahrheit, mit dem Christentum als letzten Schritt … Jedes ist »wahr« auf seiner Linie, ohne dass sie sich überlappen, obwohl sie sich in geheimnisvollen »Korrespondenzen« rufen.

Le Saux wollte nicht Gefangener der Begriffe bleiben, in die vor allem das griechisch gedachte und reflektierte christliche Glaubensverständnis gegossen worden ist; er suchte eine religiöse Existenz jenseits aller »Verbegrifflichung«:

Gewiss hat der Begriff seinen Wert, aber er ist nicht absolut, er ist gebunden an die Entwicklung des menschlichen Bewusstseins, das ist gerade das ganze Problem, das die Theologie bewegt …
Ich sage nicht, dass die Hindu-Philosophie größer ist als die griechische, beide ergänzen sich vielmehr. Sollte nicht die abendländische Erfahrung und ihre Verbegrifflichung durch die überbegriffliche oder vielmehr jenseits des Intellekts liegende Erfahrung erneuert werden? Das allein interessiert mich hier. Diese Erfahrung am Ort ihres Ursprungs wiederzufinden, vor ihrer Verbegrifflichung …
Wie Sie bleibe auch ich griechisch, wie immer es scheinen mag, meine Intelligenz, die von der Scholastik geformt wurde, erschrickt gerade vor dem Problem, das die Hindu-Erfahrung der christlichen Theologie stellt, ein Problem, bei dem man tastet, das einen manchmal an den Rand bringt. Und doch, wenn das Christentum jenseits der kulturellen Welt des Mittelmeerraumes eindringen will, muss es der unbestreitbaren spirituellen Erfahrung des Hinduismus und des Buddhismus begegnen.

Gelegentlich konnte er sich auch eines bissigen Humors nicht enthalten: »Die Kirche rühmt sich, den Geist zu besitzen, gewiss … aber im Käfig.« Le Saux sah deutlich, wie extrem das Christentum herausgefordert würde, wenn es sich wirklich dem vedantischen Denken stellte. Im Kontakt mit Indien, meinte er, könne »jegliche Theologie nur explodieren«. Falls sich aber das Christentum der indischen Erfahrung nicht stelle, setze es seine Universalität aufs Spiel und wäre nicht *katholos*, umfassend.

Bede Griffiths / Swami Dyananda (1906–1993) entstammte einer anglikanischen Familie, studierte Literaturwissenschaften und Philosophie in Oxford und trat 26-jährig als Benediktiner in Prinknash Abbey ein, wo er den Mönchsnamen Bede nach dem angelsächsischen Mönch Beda Venerabilis annahm. 1955 kam er nach Indien und versuchte dort zusammen mit einer kleinen Gruppe einheimischer Mönche indische und christliche Spiritualität zu verbinden. 1968 übernahm er den von Henri Le Saux/Swami Abhishiktananda 1950 gegründeten Saccidananda-Ashram. Unter Griffiths Leitung wurde dieser Ashram ein wichtiges und weltweit wirkendes Zentrum für den Dialog der Religionen.

Glauben im Zeitenumbruch

Upanishaden, Textgattung, die den Korpus der Veden beendet oder vollendet. Die zentrale Lehre der frühen U. besteht darin, das Selbst (Atman) mit dem Urgrund der Realität (Brahman) als identisch zu verstehen. Diese Sicht wurde zu einem Ausgangspunkt der indischen Philosophie.

Die eine Gottheit verbirgt sich in jedem Lebewesen, dennoch durchdringt Er alles und ist das innerste Wesen in Allem. Er vollbringt jede Arbeit und hat seinen Wohnsitz in Allem. Er ist das Zeugnis ablegende Bewusstsein, formlos und unsterblich (Svetasvetar-Upanishad, VI,11.).

Brahman, die universale Essenz, ist das Allem innewohnende Selbst. Es ist wahrlich die Wirklichkeit von Leben und Erleuchtung. Wenn der Mensch Brahman erkennt, wird er erleuchtet. Es gibt keinen Weiseren als den, der die innere Göttlichkeit erkannt hat. Er verrichtet alle täglichen Arbeiten als Ausdruck seines göttlichen Selbst und seine Freude ist von Universeller Liebe durchdrungen (Mundaka-Upanishad, III,1/4.).

Advaita (Sanskrit: »Nicht-Zweiheit«). Der Zustand, in dem es nur Einheit gibt, ohne die Unterscheidung, die allen Erscheinungsformen zukommt, wenn in den Kategorien von Subjekt und Objekt, Wahrnehmendem und Wahrgenommenen gedacht wird. Dieser Zustand kann nur Gott oder Brahman als Absolutem zugeschrieben werden (→ S. 199).

Als die höchst mögliche menschliche Erfahrung, die gemacht werden kann, sah Le Saux die Advaita-Erfahrung, das ist die Erfahrung der Nichtzweiheit, die zentrale »Lehre« der Upanishaden. Wenn schon das Universum im menschlichen Bewusstsein, soweit wir das nach heutigem Kenntnisstand für den uns bekannt gewordenen Kosmos sagen können, zur Selbstwahrnehmung gekommen ist, strebe alles darauf hin, dass die ganze Evolution der Menschheit zu einer immer tieferen Erkenntnis gelange:

Nach Jahrtausenden seiner Geschichte erreichte der Mensch den Punkt, wo er zu seinem Selbstbewusstsein erwachte und entdeckte, dass er ein denkendes Wesen ist: Dies war der Anfang des reflexiven Denkens … Jedoch noch bevor Parmenides von dem Geheimnis des Seins fasziniert war und Plato und Aristoteles den »Wesenheiten« (Essenzen) den Primat gegeben und das Abendland zu der Kontemplation der Ideen, des Logos, des Eidos geführt hatten, waren die indischen Rishis schon zu jenem reinen Bewusstsein erwacht, zu dem Bewusstsein des einzigen Selbst, jenseits aller Worte, aller Gedanken, selbst des reflexiven Denkens – zu dem *sat*, dem Einen Sein ohne ein zweites …

Tatsächlich befindet sich die Christenheit gegenwärtig an einer der schwerstwiegenden Wendungen ihrer Geschichte, sie findet sich im Osten bis auf ihre Wurzeln in Frage gestellt. Diese Konfrontation geht weit über die Herausforderung durch die griechische »Vernunft« und durch den Humanismus hinaus. Diese Begegnung mit dem Osten stellt den Wert all ihrer mentalen und sozialen Strukturen in Frage … im Licht der höchsten spirituellen Erfahrung, von der die ganze indische Tradition zeugt.

Wenn das Christentum seinen Universalitätsanspruch beibehalten will, ist es dazu herausgefordert, diese Advaita-Erfahrung zu integrieren – das bedeutet nicht notwendigerweise ihre hinduistische oder buddhistische Formulierung – denn wenn ihm dies nicht gelingt, muss es akzeptieren, auf eine bloße religiöse Sekte reduziert zu werden, die ihre Rolle in der Menschheitsgeschichte gespielt hat, indem sie während zwei Jahrtausenden sinnvoll den religiösen Bedürfnissen eines bestimmten Bereiches der zivilisierten Welt gedient hat. Doch muss die Konfrontation zwischen den Vertretern der Bibel und denen der Upanishaden oder vielmehr die gegenseitige Entdeckung ihrer spirituellen Reichtümer, auf der Ebene der höchsten Erfahrung stattfinden und nicht auf der Ebene theologischer Diskussion (auch nicht der Dogmen), nicht einmal auf der Ebene der *Worte* dieser Schriften …

Es leuchtet ein, dass allein im Bereich spiritueller Erfahrung diese Begegnung mit den östlichen Religionen stattfinden kann, doch zugleich stellt sich der Zweifel ein, dass es kirchlichen Konferenzen, Gremien, hierarchischen Instanzen je gelingen könnte, selbst die einfachen Wege des Schweigens, der meditativen Stille und der Versunkenheit zu beschreiten, auf denen es keine Amtswürde und keine Entscheidungsgewalt mehr gibt. Dass der Weg über »das System« gesteuert werden müsste, hat auch Henri Le Saux nicht angenommen. Er erwartete die Entwicklung einer »authentischen indischen christlichen Theologie« nicht von theologischen Gipfeltreffen, sondern von demütigen Bemühungen, »die im Schweigen der verschiedenen Ashrams« von Menschen geleistet werden, die bis in die Tiefen der Erfahrung des Selbst eindringen:

> Obwohl diese upanishadische Erfahrung den Begriff und den Namen Gottes vermeidet, führt sie den Menschen näher an das göttliche Mysterium heran als irgendeine Gotteserfahrung, die abhängig ist von Namen und Formen, von Begriffen, Bildern oder Symbolen …
>
> Dann sind die Ewigkeit, die Absolutheit, das Selbstsein, die Herrschaft Gottes nicht mehr Begriffe, die der Mensch mit Hilfe der Analogie oder der Negation verzweifelt zu verstehen sucht; ihre Wahrheit wird vielmehr erfahren in der Entdeckung, dass man *ist*, jenseits aller Bedingtheiten. Dann ist Gott nicht mehr ein »Er«, über den die Menschen unter sich zu sprechen wagen. Er ist nicht einmal mehr ein »Du«, dessen Gegenwart der Mensch als ein Gegenüber erfährt, vielmehr wird Gott – ausgehend von der Wahrnehmung seiner selbst – als ein »Ich« entdeckt und erfahren …

An anderer Stelle schreibt Le Saux, das »andere Ufer« erreiche der Mensch »durch das Aufbrechen seiner selbst in seiner Tiefe. Und das ist inkommensurabel mit jedem Ritus, jeder Formel, jedem Gebet und jedwedem Gesetz«. In sein Tagebuch notierte er, »dass ich von einem anderen ergänzt werden muss, der kein anderer ist«. Und wiederum: »Die Befreiung ist das Zusammentreffen des Menschen mit seinem wahren Wesen, die Berührung mit dem ›Ort seines Ursprungs‹, wie Ramana Maharshi zu sagen pflegte, die den Menschen ganz und gar frei und für den Geist verfügbar macht.«

Ordensmänner wie Hugo Lassalle, Bede Griffiths und Henri Le Saux haben die Christenheit – nicht nur die katholische Kirche – durch ihr gelebtes Leben darauf aufmerksam gemacht, vor welcher Herausforderung das Christentum steht. Es gehört zum Wesen dieser Herausforderung, nicht von »oben« genehmigt und in Ausführung und Resultaten kontrolliert werden zu können.

Petra Mönnigmann: An jedem Tag sollte ein Mensch weniger leiden

Ob wir Hugo Lassalle folgen auf dem Weg des Zen, oder uns von Henri Le Saux für das eigene Selbst sensibilisieren lassen, oder auch nur von Bede Griffiths Forderung hören, unsere Religion im Licht des östlichen Denkens neu zu reflektieren, um eine andere Seite des Christentums zu entdecken – stets geht es darum, dass ich »von einem anderen ergänzt werden muss, der kein anderer ist«. Mit Recht konnte Le Saux sagen, Indien habe diese Erfahrung bereits gekannt, noch bevor Platon und Aristoteles zu philosophieren begannen. Er kann auch sagen, das Christentum sei, wenn es den eigenen Universalitätsanspruch beibehalten wolle, dazu herausgefordert, diese Advaita-Erfahrung für sich selbst zu gewinnen. Auch Heinrich Zimmer ist nicht zu widersprechen, dass Indien vom Unbewussten mehr in Erfahrung gebracht habe als bislang der Westen oder sonst wer irgendwo. Doch ist im Gegenzug auf die Propheten Israels zu verweisen, die einen Gott vertraten, der keinen Rückzug in die Innerlichkeit verlangte, sondern soziale Gerechtigkeit und Parteinahme für die Armen, und diesen Maßstab jeder kultischen Verehrung überordneten.

Petra Mönnigmann (1924–1976) trat in Werl/Westfalen dem Schulorden der Ursulinen bei und ging 1966 als Ordensfrau und Lehrerin für drei Jahre nach Indien. Während ihrer Arbeit in der wohlgeordneten Umgebung eines Caritas-Institutes lernte sie durch Zufall bitterste Not und Armut in den abgelegenen Orten kennen. Sie sah, tief

(→ S. 497)

Die Spannung zwischen der östlichen und der christlichen Spiritualität wird nirgendwo deutlicher als im Zeugnis einer Frau, die ihre Liebe zu Gott – von dem sie nicht weiß, ob er wirklich da ist – in der bedingungslosen Zuwendung zu den Hilflosen und Elenden Indiens lebt. Als sie mit 42 Jahren nach Indien kam, war sie vom Leid der Menschen, die sie dort traf, so ergriffen, dass sie sich ohne Vorbehalt in ihren Dienst stellte. Sie verließ ihren Orden, um nur noch den Hungrigen und Kranken zu helfen. Als sie mit 52 Jahren bei einem Verkehrsunfall starb, fand man bei ihr ein »geistliches Testament«, auf einen Zettel ohne Datum und Adresse geschrieben, mit ihrer Unterschrift, aber in der dritten Person:

Paula Modersohn-Becker (1876–1907),
Der barmherzige Samariter, 1907.

Sie diente Gott ihr ganzes Leben lang und mit ihrer ganzen Kraft, in vollem Bewusstsein, dass sie nicht wirklich glaubte an ihn oder besser an das, was man von ihm lehrte, stets tätig, als ob sie glaubte, und in brennender Hoffnung, er möchte wirklich da und in ihrer Nähe sein.

Als sie jung war, versuchte sie ihn zu verstehen und zufrieden zu stellen, und beides misslang ihr völlig. Er erschien ihr von Grund auf ungerecht: Er verlangte, »gut« genannt zu werden, und legte zugleich den Menschen grausame Schmerzen und Ängste auf; er gab Anordnungen und gestaltete die Menschen so, dass sie sündigen mussten; er gewährte keine Freiheit, keine Wahl und keine Möglichkeit zu entkommen. An ihn zu denken, erfüllte sie oft mit Schrecken, bis sie es endlich lernte, sich dem Unbekannten und Unerkennbaren zu unterwerfen. Später nahm sie dann mit großer Verwunderung wahr, dass sie Gott liebte, und sie war nie imstande zu verstehen, dass jemand Gott so sehr lieben und mit ihm so viel und so lebendig umgehen kann, ohne auch nur in irgendeinem Punkt über ihn Gewissheit zu haben. Sie glaubte, dass vielleicht ein Großteil dieser Liebe Sehnsucht sei. Sie konnte sich nie ganz von dem Verdacht befreien, Theater zu spielen, wenn sie betete oder über Gott sprach oder für ihn arbeitete.

Sie lernte es nie, die Schmerzen von Menschen und Tieren anzusehen, ohne selber tiefes Leid zu empfinden, und sie liebte Jesus, wer immer er sein mochte, wegen seines Mitgefühls mit den Leidenden. Sie war sehr erschüttert über die Grausamkeit seines Todes. Sie blieb in seiner Kirche und arbeitete in ihr, weil sie nicht wusste, wo sie anders hingehen sollte. Sie wusste, dass sie mit all ihrer Arbeit auch nicht eines der Leiden des Menschen entscheidend ändern konnte, aber sie arbeitete so viel und so hart wie möglich, um an jedem Tag zumindest das zu erreichen, dass ein Mensch weniger leiden musste, und darin erfuhr sie großes Glück.

Tief in ihrem Herzen wusste sie mit absoluter Gewissheit, dass der unbekannte und unerkennbare und geliebte Gott sie ständig führte, aber nie verschwand ihre tödliche Furcht vor den Dingen, die dieser Gott den Menschen antut. Sie gestand nur die Möglichkeit zu, dass diese Grausamkeiten sich irgendwie doch mit seiner Liebe vertrugen, und sie sah mit ungeduldiger Erwartung dem Tag ihres Todes entgegen, wenn Gott sich selbst und seine Wege offenbart, und wenn alle Ungewissheit, alle Furcht und alles Leid vorüber sind.
Petra Mönnigmann

Angesichts der konkreten Not, die Hunger und Krankheit schaffen, sah diese Frau keine Wahl zwischen dem »Weg zum Selbst«, wie ihn die indischen Heiligen und nach ihnen Henri Le Saux beschrieben haben, und dem Weg zu den Armen vor ihren Füßen. Ist damit eine Alternative gegeben, die christlicherseits zugunsten einer vita activa beantwortet werden muss? Ist überhaupt der mystische Weg, wie er in indischen Ashrams und christlichen Klöstern – wie Fulbert Steffensky einmal meinte – in »spiritueller Artistik« begangen wird, auf den Straßen des Alltags zu leben? Dieser Frage stellte sich bereits Meister Eckhart und beantwortete sie in einer kühnen Umdeutung der Geschichte von Maria und Martha bei Lk 10,38-42:

Martha aber stand in gereifter, wohl gefestigter Tugend und in einem unbekümmerten Gemüt, ungehindert von allen Dingen. Daher wünschte sie, dass ihre Schwester in den gleichen Stand gesetzt würde, denn sie sah, dass jene noch nicht *wesentlich* dastand. Es war ein gereifter (Seelen-)Grund, aus dem sie wünschte, dass auch jene (= Maria) in alledem stünde, was zur ewigen Seligkeit gehört.

Während normalerweise – auch im Christentum – das kontemplative Leben dem sorgenden Alltag übergeordnet wird, Martha zwar als nützlich, aber ohne geistigen Horizont eingeschätzt wird, identifiziert sich Eckhart mit der Aktivistin:

Martha fürchtete, dass ihre Schwester im Wohlgefühl und in der Süße stecken bliebe und wünschte, dass sie würde wie sie (selbst). Deshalb sprach Christus und meinte: Sei beruhigt, Martha, (auch) sie hat den besten Teil erwählt. Dies (hier, nämlich Marias Untätigkeit) wird sich bei ihr verlieren …, sie wird selig werden wie du!

In seinen »Reden der Unterweisung« wird Eckhart noch deutlicher:

Wäre der Mensch so in Verzückung, wie's Sankt Paulus war, und wüsste einen kranken Menschen, der eines Süppleins von ihm bedürfte, ich erachtete es für weit besser, du ließest aus Liebe von der Verzückung ab und dientest dem Bedürftigen in größerer Liebe.

So geht es letztlich nicht darum, Maria gegen Martha oder Martha gegen Maria auszuspielen, sondern in der einen, die andere zu finden, will heißen, eine *vita mixta* zwischen Meditation und Aktion zu leben, weil die eine Lebensform die andere fordert und fördert. »Was wir eingenommen haben in der Kontemplation«, sagt Meister Eckhart, »das geben wir aus in der Liebe«.

beunruhigt, dass sich niemand für diese Ärmsten zuständig fühlte. Sie war nach Indien gekommen, um den Armen zu helfen und begriff nun, dass sie bisher für den gehobenen Mittelstand gearbeitet hatte. In ihr reifte die Idee, eine religiöse Gemeinschaft für die Ärmsten zu gründen, mit Schwestern, die keine Almosen verteilen, sondern den Armen durch Beispiel und Anleitung helfen, dem Elend zu entkommen: die Hilfe zur Selbsthilfe geben.

Um sich dieser Aufgabe widmen zu können, trennte sich Schwester Petra von den Ursulinen und gründete am 1. Juni 1969 in der indischen Stadt Pattuvam mit acht jungen Mädchen die religiöse Gemeinschaft Dina Sevana Sabbah (»Dienerinnen der Armen«).

Bei einem Verkehrsunfall kam P. M. mit vier Mitschwestern Pfingsten 1976 in Indien ums Leben. Eine Freundin von ihr, Schwester Willigard, erst seit 1975 dem Orden angehörig, wurde als Nachfolgerin gewählt. Sie hat maßgeblichen Anteil daran, dass die junge Ordensgemeinschaft nach dem Tod von Sr. Petra bestehen blieb, sich festigen und ausbreiten konnte. Sr. Willigard leitete die Gemeinschaft als Generaloberin von 1976 bis 1989. Seitdem liegt die Leitung bei indischen Schwestern.

Heute zählen zu den Dienerinnen der Armen rd. 650 Schwestern, die in 74 Stationen in ganz Indien arbeiten.

Hélder Câmara (1909–1999), als elftes von 13 Kindern einer Familie in Fortaleza/Brasilien geboren. 1931 empfing er die Priesterweihe, engagierte sich rasch für soziale Anliegen und die Arbeiterschaft; 1952 folgte die Bischofsweihe. C. wurde zum prominentesten Kämpfer gegen soziale Ungerechtigkeit, die er eine »kollektive Sünde« nannte. Er machte sich zur Stimme derer, die keine Stimme haben.

An der Gründung der Brasilianischen Bischofskonferenz war C. initiativ beteiligt, nicht minder am Aufbau der ersten Basisgemeinden. In seiner Person verkörperte er die Theologie der Befreiung. Er steht für eine Kirche, die sich aus der jahrhundertelangen Verstrickung mit den Reichen und Mächtigen löste und an die Seite der Armen stellte.

Seit 1964 Erzbischof von Olinda und Recife im armen Nordosten Brasiliens, erregte C. politisch immer häufiger Anstoß. Beim Konzil war er ein unermüdlicher Mahner zum prophetischen Aufbruch. Mario von Galli hielt ihn für den »vielleicht einflussreichsten Konzilsvater«, der neue Horizonte öffnete und ein neues innerkirchliches Klima schaffte.

Er legte sich mit der Militärdiktatur an, kämpfte für Menschenrechte und die

Hélder Câmara: Vision einer anderen Kirche

Mit Hélder Câmara wurde ein Mann Bischof, der die hergebrachte kirchliche Theologie und Hierarchie nie in Frage stellte, aber das Bischofsamt in einer Aufsehen erregenden Weise neu interpretierte. Sein Biograph, José de Broucker, sagt, er habe ihn nie mit einem »Hirtenstab« in der Hand gesehen; auch die Mitra zu tragen, versuchte er zu vermeiden.

Ergreifen wir die Initiative zur Ablegung unserer persönlichen Titel, wie Eminenz, Euer Gnaden, Exzellenz. Geben wir die Manie auf, uns wie Adelige zu betrachten, und verzichten wir auf unsere Wappen und Wahlsprüche ... Vereinfachen wir uns selbst, unsere Art, uns zu kleiden. Machen wir unsere moralische Kraft und unsere Autorität nicht von der Fabrikmarke unseres Wagens abhängig ...

Dementsprechend wollte Câmara auch nicht hervorgehoben wohnen. »Erlauben wir nicht, dass unser Haus ein Palais genannt wird. Aber wachen wir auch darüber, dass es das nicht wirklich ist.« Als Erzbischof-Koadjutor von Rio de Janeiro wohnte er in einem Zimmerchen bei seiner Schwester. Als er Erzbischof von Recife wurde, zog er – sobald es ihm möglich war – aus dem Bischöflichen Palais aus und sprach von diesem Haus auch nur mit beschämter Ironie: »Das sogenannte Bischöfliche Palais ... Was man das Bischöfliche Palais nennt ... Das Bischöfliche Palais, wie man so sagt ...« Er glaubte, es sei historisch zu belegen, dass tiefgreifende Reformen in der Kirche stets mit einer Rückkehr zur Armut verbunden gewesen seien. In seinem »Gedankenaustausch mit bischöflichen Amtsbrüdern« von 1963 führte er seine oben zitierten Aufforderungen weiter:

Haben wir, ja oder nein, eine kapitalistische Gesinnung angenommen, Methoden und Verfahren, die Bankiers sehr gut anständen, die aber vielleicht doch nicht ganz schicklich für jemanden sind, der ein anderer Christus ist? ... Die Vorsehung hat uns schon vom Kirchenstaat befreit. Wann wird die Stunde Gottes schlagen, die die Kirche Christi dahin bringt, sich wieder mit Frau Armut zusammenzufinden?

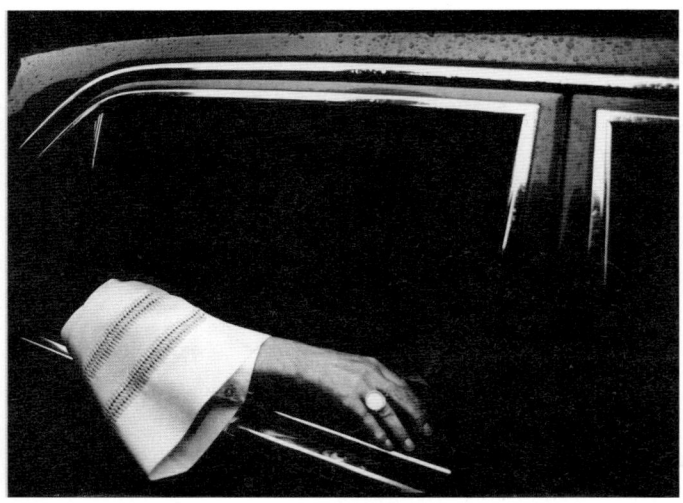

Hélder Câmara sah im Zweiten Vatikanischen Konzil die »Vervollständigung« des Vaticanum I durch die Korrektur der Hypertrophie der römischen Kurie und das Ende eines exzessiven Zentralismus. Zugleich dachte er über die Konzilszeit hinaus. Bereits im September 1964 erwähnt er in einem Rundbrief die Idee eines dritten Vaticanums. Er erinnerte an ein Wort Papst Johannes' XXIII., sie alle seien Novizen in Sachen Konzil gewesen, erklärte dann aber: »Unser Noviziat geht zu Ende. Wir sind bereit für das Vaticanum III.« Für Hélder Câmara sollte es innerhalb von zehn Jahren stattfinden und unter anderem den Frauen den Zugang zum Priestertum ermöglichen. Für die Zeit nach dem Konzil rechnete er jedoch damit, dass die römische

Kurie alles unternehmen werde, um auf den Papst einzuwirken, und fragte sich besorgt, wie man sich gegenüber der Kurie verhalten solle, falls diese ganz grundsätzlich den Geist des Konzils nicht teilt. Er wollte unbedingt, dass die Kirche auf der Höhe der im Konzil erreichten Theologie bleibe. Für die nachkonziliaren Kommissionen forderte er Unabhängigkeit von den römischen Instanzen und für den Papst einen Senat.

Ebenso wie Hélder Câmara sah auch der belgische Kardinal Suenens, Câmaras intensivster Mitstreiter für eine neue Kirche, den Geist des Vaticanums in Gefahr, falls die Kurie unverändert bleibe. Beide rechneten damit, dass nach dem Konzil die »Progressiven« und jene verfolgt würden, die sich für eine Kurienreform eingesetzt hatten. Als er zum Ende des Konzils bei einer Pressekonferenz in Rom am 1. Dezember 1965 ein »Nachkonzil auf der Höhe des Vaticanum II« forderte, sagte er:

Wir, die Excellentissimi, brauchen eine excellentissime Reform! … Genug mit einer Kirche, die bedient sein will; die immer die Erste zu sein verlangt; die die Demut und den Realismus besitzt, den Zustand des religiösen Pluralismus zu bejahen; die *opportune, importune* herausschreit, dass sie das Monopol der Wahrheit inne hat? Genug mit den Kirchenfürsten, die weit vom Volk entfernt bleiben, und selbst vom Klerus.

Câmara besaß kein Auto, saß nur selten am Steuer eines Wagens, aber nahm noch seltener die Dienste eines Chauffeurs in Anspruch. Er brauchte einfach kein Auto:

Wozu? Ich trete auf die Straße, ich gehe in die Richtung, die ich wünsche, und ich bin noch keine zehn Meter weit, als schon ein Wagen anhält: »Eh! Dom Hélder! Kann ich Sie mitnehmen?« Also steige ich in den Wagen. Und so geht es alle Zeit.

Für den Bischof ist das eine bevorzugte Gelegenheit für Kontakte mit den Menschen. Er lernt sie kennen, fragt und hört zu. Er erfährt, wie die Leute und ihre Familien leben; er lernt ihre Probleme kennen. Wenn er dann später einen Vortrag vorbereitete oder eine Predigt, erinnerte er sich. Und die Menschen? Kaum einer kam auf die Idee, ihn »Monsignore« zu nennen. »Ich wüsste nicht«, sagt de Broucker, »ihn jemals mit einem Bischofsring am Finger gesehen zu haben. Wenn er auch immer seine Soutane getragen hat, so duldete er seit dem Konzil daran auch nicht die geringste Spur eines bischöflichen Paspels.« Zwar versuchte er nie als Bischof inkognito zu bleiben, aber es war nur das kleine, an einem Kettchen hängende hölzerne Brustkreuz, das ihn kennzeichnete. Dem Bild des Bischofs, wie es aus der Geschichte überkommen und in der Gegenwart – zumal in Deutschland – immer noch im fürstbischöflichen Erbe steht, glich Dom Hélder Câmara in nichts.

Bei seiner Ankunft in Recife im April 1964 hatte er ausgerufen: »Wer bin ich?« und sich vorgestellt:

Ich bin einer aus dem Nordosten, der zu andern aus dem Nordosten spricht, die Augen auf Brasilien, Lateinamerika und die Welt gerichtet. Ein menschliches Geschöpf, das sich in Schwachheit und Sünde als der Bruder aller Menschen, aller Rassen und aller Weltteile betrachtet. Ein

Forderung nach Rückkehr zur Demokratie. Als er 1970 in Paris die grauenvollen Folterungen durch brasilianische Militärs anprangerte, gab es in Brasilien zuerst eine Pressekampagne gegen ihn. Anschließend schwiegen ihn die Medien des Landes zehn Jahre lang tot. Er durfte nicht mehr publizieren, wurde als »roter Bischof« diffamiert, selbst Berichte über ihn durften in den Medien nicht erscheinen. Sein Haus wurde mehrmals mit Maschinenpistolen beschossen.

Der furchtlose Mann war in Kirche und Welt gleichermaßen umstritten. Mit seiner Botschaft »Entwicklung ist Frieden, Unterentwicklung ist Krieg« musste C. polarisieren. Dennoch wuchs sein Ansehen immer mehr. Zweimal wurde er für den Friedensnobelpreis vorgeschlagen. Universitäten in aller Welt verliehen ihm die Ehrendoktorwürde.

Als er mit 90 Jahren starb, nahmen mit Tränen und Beifall zugleich mehr als 10 000 Menschen Abschied von »ihrem« Bischof, den sie »Bruder der Armen« nannten. Auf seinen Wunsch hin wurde er in der Kathedrale von Olinda beigesetzt. 40 Bischöfe und Erzbischöfe sowie zahlreiche Politiker und führende Persönlichkeiten des Landes gaben ihm das letzte Geleit.

Kardinal Juan Luis Cipriani, Erzbischof von Lima/Peru, in seiner Verurteilung der Befreiungstheologie:

Als Kirche sind wir berufen, in größerem Maß auf die Nachfrage nach spirituellen Werten zu reagieren. Vielen Armen fehlt es an Liebe, Verständnis, Trost durch das Gebet. Sie sind arm, da es keine Ordensleute gibt, die ihnen zu essen geben und sie die Wahrheit lehren, jene Wahrheit, die uns frei macht. Diese Wahrheit wird oftmals zur Ideologisierung manipuliert.

Es ist traurig, wenn man sieht, dass sich hinter einer offensichtlich hochherzigen Politik der heimliche Wunsch verbirgt, die Armen weiterhin schlecht zu behandeln. Ein Großteil dieser Politik entsteht aus einer Theologie der Befreiung, die den Vorrang der rein materiellen Dimension des Menschen festlegt, den Vorrang der politischen Dimension vor der menschlichen Dimension. Aus diesem Konzept entstehen Fragestellungen, die eine korrekte Interpretation des Menschen beleidigen.

Dies beleidigt nicht nur unter theologischen Gesichtspunkten, sondern es beleidigt Gott selbst und das ganze Lehramt der Kirche. Deshalb ist es angebracht, dass private und öffentliche Institutionen und Institutionen, die auch nur unregelmäßige Beziehungen zur Kirche haben, sehr genau den christlichen Sinn der Präsenz der Kirche bei der Hilfe für Arme kennen: Oft werden rein politische Projekte unterstützt und wenn man um Mithilfe bei Programmen zur Katechese oder Lebensmittelversorgung bittet, dann wird zur Bedingung gemacht, dass diese keine katholischen Inhalte haben.

Die Armut der Heiligen Familie soll uns vor Augen führen, welche wunderbare Initiativen es gibt, wenn man armen Menschen helfen will, ohne dabei zuzulassen, dass Arme im Dienst einer politischen Ideologie manipuliert werden.

Christ, der sich an Christen wendet, das Herz im ökumenischen Sinne weit offen für die Menschen aller Glaubensbekenntnisse und aller Weltanschauungen. Ein Bischof der katholischen Kirche, der, in der Nachfolge Christi, nicht kommt, um sich bedienen zu lassen, sondern um zu dienen. Katholiken und Nichtkatholiken, Gläubige und Ungläubige, hört meinen brüderlichen Gruß: Gelobt sei unser Herr Jesus Christus!

Der Bischof ist für alle da. Niemand stoße sich daran, wenn er sieht, wie mich Leute besuchen, die als Unwürdige und Sünder angesehen werden. Wer ist denn kein Sünder? Wer kann den ersten Stein werfen? Unser Herr, den man beschuldigte, bei Zöllnern einzukehren und mit Sündern zu essen, antwortete, gerade die Kranken bedürften des Arztes.

Niemand erschrecke, wenn er mich mit Leuten zusammen sieht, die als kompromittierend oder gefährlich gelten, mit Leuten der Macht oder der Opposition, mit Antireformisten oder Reformisten, Revolutionären oder Antirevolutionären, guten oder schlechten Glaubens.

Niemand versuche, mich in eine Gruppe einzuspannen oder mich an eine Partei zu binden, damit er seine Freunde als meine ansehe und seine Feindschaften teile.

Meine Tür und mein Herz werden allen offen stehen, absolut allen. Christus ist für alle gestorben: ich darf niemanden vom brüderlichen Dialog ausschließen. Es ist klar, dass ich, obwohl ich alle liebe, nach dem Beispiel Christi eine besondere Liebe zu den Armen hegen muss. Beim Letzten Gericht werden wir alle danach gerichtet werden, wie wir Christus in den Hungrigen, den Durstigen, den Besudelten, den Wundgeschlagenen, den Unterdrückten behandelt haben ...

Tatsächlich hat Hélder Câmara nie gezögert, Partei für die Armen zu ergreifen – und das durchaus in einem politischen Sinn. So leitete er bereits 1961 im Namen der Bischofskonferenz Verhandlungen mit der Regierung ein, eine Grundbildung für alle jene Schichten zu betreiben, die sich ihrer eigenen Möglichkeiten nicht bewusst sind. Man mobilisierte in zwölf Staaten Brasiliens ein Bildungsprogramm, dass sich der Schulen und des Transistorradios bediente. Dabei lernte der Bauer nicht nur das Lesen. Er hörte auch: »Sie arbeiten für den Unterhalt der Familie. Aber Pedros Familie hat Hunger. Das Volk arbeitet und hat Hunger. Ist es gerecht, dass Pedros Familie hungert? Ist es gerecht, dass das Volk Hunger hat?« Oder: »Das brasilianische Volk wird ausgebeutet. Ausgebeutet nicht nur von den Brasilianern. Es gibt viele Ausländer, die unser Volk ausbeuten. Wie kann man das Land aus dieser Lage befreien?« Schon vor dem Staatsstreich einer Militärjunta vom 1. April 1964 wurde die so fragende Fibel beschlagnahmt: »Wenn dieses ABC-Buch nicht gemacht ist, um das Volk in die Revolution hineinzutreiben und für den Kommunismus mit ›unserm Herrgott‹ Publizität zu machen, dann weiß ich nicht, worum es geht«, lautete ein Urteil. Und die Erklärung, dass »jedes menschliche Wesen das Recht auf menschenwürdige Lebensbedingungen« hat, wurde damit beantwortet, diese Behauptung sei »eines Esels würdig, weil sie absurd ist«. Der Episkopat seinerseits reagierte geteilt. Der Erzbischof von Rio, Kardinal des Barros Câmara, ließ wissen, dass er nichts mehr mit dem Kurs zu schaffen habe. Als dann die Militärs im April 1964 an die Macht kamen, entwickelte sich ein Kampf, in dem Dom Hélder zunächst eine Starrolle einnahm. Bei einer Pressekonferenz im Juli skandierte er:

Ohne Reformen ist das Hindernis der Unterentwicklung unmöglich zu überwinden ... Ohne Agrarreform wird das sozusagen unmenschliche Elend der Landarbeiter anhalten. Ohne Bankenreform wird man der Entwicklung des Landes wenig helfen, und ohne Steuerreform wird der Reiche sich weiter bereichern, während der Arme leidet. Ohne Wahlreformen scheinen die Wahlen frei zu sein, aber sie werden in Wirklichkeit dem Einfluss des Geldes unterworfen sein. Ohne Verwaltungsreform wird die Bürokratie weiter die Kraft des öffentlichen Lebens unterhöhlen.

Als er 1970 in einem Fußballstadion in Paris vor mehr als 10 000 Zuschauern sprach, prangerte er die Folter von politischen Gegnern in seiner Heimat an. Mit derartigen Aussagen riskierte er immer sein Leben. Letztlich bewahrten ihn die glühende Verehrung, die er nicht nur in Brasilien genoss, und seine kompromisslose Aufrichtigkeit davor, im Gefängnis zu landen. Die Militärs ließen ihn nach Brasilien zurückkehren, doch Interviews mit der Presse wurden ihm nun verboten. »Es war, als wäre ich vom Erdboden verschluckt«, erinnerte er sich später selbst: »Ein Rundschreiben der Militärregierung an die Presse bestimmte schlicht und ergreifend, dass ich nicht mehr existierte.«

Aber ist es wirklich die Aufgabe eines Bischofs, sich soweit in politische Dinge einzumischen? Als er am 2. Mai 1965 ein Regionalseminar eröffnete, erläuterte der Erzbischof, warum diese Fragen die Kirche und den Klerus angehen:

Dieses Haus wird Priester für die Verkündigung des Evangeliums heranbilden. Aber man verkündigt das Evangelium nicht abstrakten, zeitlosen und im Leeren verbleibenden Wesen. ... Wenn unsere Seminaristen in die Kirchen und Kapellen kommen ... und von dem sprechen, was uns am göttlichen Leben selbst teilnehmen lässt, wie werden sie dann vergessen können, dass sie das göttliche Leben Hörern verkünden, die sehr oft in untermenschlichen Verhältnissen leben? ... Auf der Ebene rein geistiger Evangeliumsverkündigung schweben wollen, hieße in kurzer Frist die Vorstellung erwecken, die Religion sei eine vom Leben abgesonderte Theorie und ohne Kraft, es zu erreichen und in dem umzugestalten, was es an Sinnlosem und Irrigem enthält. Das hieße sogar dem einen Anschein von Recht geben, der behauptet, dass die Religion die große Verfremdete und die große Verfremderin, das Opium des Volkes sei.

Ein andermal sagte er: »Ich bitte Sie um Verzeihung, wenn ich bei Ihnen vielleicht den Eindruck erwecke, mehr ein Politiker als ein Bischof, ein Priester zu sein. Aber unter den Bedingungen der Welt von heute ist die Sorge für diese menschlichen Probleme gleichsam eine Forderung des Evangeliums.«

Nachdem das Zweite Vatikanische Konzil abgeschlossen war, dessen erweckte Zukunftshoffnungen in einem wesentlichen Teil der Klugheit und Unermüdlichkeit Hélder Câmaras zu verdanken sind, erklärte er auf Pressekonferenzen, was ein »Nachkonzil auf der Höhe des Vaticanum II tun müsste«:

Es ist dringend, einen weltweiten Feldzug für die Abschaffung der gegenwärtigen Sklaverei zu eröffnen, um so die politische Unabhän-

Wenn ich den Armen zu essen gebe, nennen sie mich einen Heiligen. Aber wenn ich frage, warum die Armen nichts zu essen haben, schimpfen sie mich einen Kommunisten.

Glauben im Zeitenumbruch

Die Theologie der Befreiung ist eine in den 1960er Jahren in Lateinamerika entstandene Bewegung, die sich als »Stimme der Armen« versteht. Sie trat 1968 mit der Zweiten Allgemeinen lateinamerikanischen Bischofskonferenz (CELAM in Medellín) für ein Evangelium ein, das aus Ausbeutung, Entrechtung und Unterdrückung befreit. Den Namen gab ihr das Buch von Gustavo Gutiérrez *Teología de la liberación* (1971). Unter der Führung des brasilianischen Erzbischofs Hélder Câmara wurden die sozialen Ungerechtigkeiten in Lateinamerika deutlich benannt, das liberal-kapitalistische wie das marxistische Gesellschaftssystem kritisiert, und stattdessen ein gewaltloser, reformerischer »Dritter Weg« zur *liberación* vorgeschlagen. Anknüpfend an die Enzyklika *Populorum Progressio* von Papst Paul VI. erhob der gesamte lateinamerikanische Episkopat die »Option für die Armen« zur Leitlinie ihrer Arbeit. Die Bewegung gewann weitere Impulse durch das Zweite Vatikanische Konzil, wirkte in die Ökumene hinein und inspirierte den sozialkritischen Protestantismus.

Zur Analyse ihrer eigenen Lage gehörte die Kritik am Missbrauch der Religion als einem Stützpfeiler der Unterdrückung, der Durchsetzung von Ausbeutungsinteressen und Verdummung der Armen. Befreiungstheologen kritisierten die traditionelle Verbindung von »Thron und Altar«, das heißt die

gigkeit der Völker durch eine wirtschaftliche Unabhängigkeit zu vervollständigen, die nicht nur einigen bevorzugten Schichten oder einigen speziellen Gebieten, sondern allen Menschen erreichbar ist ...

Freilich wusste er sich unter seinen Bischofskollegen stets in einer Minderheit, doch klagte er nie an, sondern warb ohne Verdruss, wider alle Hoffnung zu hoffen:

Wir, Bischöfe von Brasilien, getrieben von der Liebe zu Gott und zum Nächsten; dessen bewusst, dass wir gegenüber den lateinamerikanischen Massen in Schuld und Rückstand sind; bestrebt, mitzuarbeiten an der Befreiung von Millionen Kindern Gottes, die in unserm Land und in unserm Kontinent am Rande des wirtschaftlichen, kulturellen, künstlerischen, politischen, sozialen und religiösen Lebens leben; in der Einsicht, dass allein eine klare, positive, mutige und koordinierte Aktion Dokumenten wie *Gaudium et Spes, Populorum Progressio* und den Beschlüssen von *Mar del Plata* praktischen Bestand verleihen wird:
bekräftigen den Entschluss, im höchsten Maße die Bewegung »Moralischer, befreiender Druck« ... hinsichtlich der grundlegenden Menschenrechte zu fördern, wobei wir den Ton auf die Befreiung von jeder Form der Sklaverei oder der Knechtschaft, auf das Recht auf Leben, Freiheit und persönliche Sicherheit und auf Arbeit legen:
Unsere Unterschrift hier hat vertragliche Geltung.

Hélder Câmara war der Ansicht, falls man wünsche, dass die Menschenrechte endlich mehr sind als bloße Worte, sei es unerlässlich, die theoretische Aussage ständig in Beziehung zu der uns umgebenden Wirklichkeit zu bringen. Das ließ ihn auch jede Scheu verlieren, gegen die USA zu polemisieren:

Die USA sind eine leibhaftige Demonstration der inneren Widersprüche des kapitalistischen Systems, das es sogar fertig bringt, unterentwickelte Schichten selbst mitten im reichsten Land der Welt zu schaffen.

In der Kirche wollte er dem Wort Sozialismus Bürgerrecht verschaffen. Dabei ging er davon aus, dass es mehr als einen einzigen Typus von Sozialismus gibt. Aus seinen Gesprächen mit europäischen Marxisten wusste er, »dass der Marxismus im Begriff ist, sich zu entmythologisieren und sich aus seiner bisherigen Verbindung mit dem historischen Materialismus zu befreien«. Mit Nachdruck betonte er 1968 in Recife:

In diesem Augenblick können wir Christen dem Sozialismus die Mystik der universalen Brüderlichkeit und der totalen Hoffnung anbieten, eine unvergleichlich weitere als die enge Mystik, die aus dem historischen Materialismus hervorgegangen ist.

Alle, die bisher schon der Ansicht waren, dass der Erzbischof Hélder Câmara ein Kommunist sei, glaubten dafür jetzt mehr als nur Indizien zu besitzen, nämlich einen Beweis: sein Geständnis.
Hélder Câmara ließ sich davon nicht irritieren. Nie ließ er den Zweifel zu, anderes als ein Mann der Kirche zu sein, wenngleich er damit eine »evan-

gelische Heftigkeit« verband, mit der er auf vielen Gebieten eine Umkehrung der kirchlichen Perspektiven anstrebte:

Man muss wissen und verstehen, dass die Situation in Lateinamerika in einigen Jahren andere Lösungen erfordern wird, wenn man Priester haben will ... dass man, um den Bedürfnissen der Gemeinden zu entsprechen, einfacheren, aus den Kerngemeinden hervorgegangenen Männern die Hände wird auflegen müssen. Ich werde das nie ohne die Genehmigung Roms tun. Aber ich werde die Mittel zu finden versuchen, dort begreiflich zu machen, dass es keine andere Lösung gibt.

Schon damals galt die Zahl der verfügbaren Priester als völlig unzureichend. Man war sich klar, dass Ausbildung und Leben der Priester neu zu überdenken und dabei von den Bedürfnissen der Gemeinden auszugehen sei. Es wurde nicht mehr in Frage gestellt, verheiratete Laien weihen zu sollen, die aus den Gemeinden hervorgegangen sind und ihnen dienen wollten. Eine kleinere Gruppe von Bischöfen wurde sich einig, dass diese Reform zu beschleunigen sei. Câmara räumte allerdings in einem privaten Gespräch ein, Rom wolle nicht einmal diese Frage hören und die Antwort darauf keinesfalls zulassen. Öffentlich hat er sich dazu nie romkritisch geäußert, sein Biograph aber hat ihn in Verdacht, dass er auf eine Öffnung in dieser Frage gehofft habe, »mit verhaltenem Unmut«.

Eindeutig aber drängte Câmara darauf, dass die Bischöfe mit dem Status der »Unmündigkeit« Schluss machten, der ihnen allzu oft aufgezwungen werde:

Es genügt nicht zu sagen, dass der Heilige Vater kaum daran interessiert ist, an der Spitze der Diözesen und in der Leitung der Konferenzen Bischof-Seminaristen zu haben. Es sollte überhaupt keine Bischof-Seminaristen geben. Es geht nicht um ein anmaßendes oder hochmütiges Verhalten, es geht darum, die Verantwortung anzunehmen, die Gott uns auferlegte, wenn er uns – freilich ohne irgendein Verdienst unsererseits – das Priestertum in seiner Fülle mitteilt und uns in die bischöfliche Kollegialität eintreten lässt.

In diesem Zusammenhang stehen auch seine Bemühungen um eine Revision des bischöflichen Selbstverständnisses. Machen wir Schluss, forderte er auf, mit Bischofsfürsten, die ihren Klerus kühl auf Distanz halten:

Wenn ein Priester krank ist – leiblich oder seelisch – verdient er, dass er wie ein Sohn umsorgt wird. Wenn er alt, müde, abgekämpft ist, muss er in uns einen Vater finden. Wenn er in Gefahr ist, und vor allem, wenn er fällt, muss er mehr denn je in uns Jesus Christus finden. ... Es gibt so manche, die zurückkehren möchten, und wenigstens anlässlich eines Jubiläums sollten sie zur Zelebration der heiligen Messe wieder zugelassen werden, selbst wenn sie die Torheit begangen hätten, eine Zivilrauung gewagt zu haben. Es gibt andere, die es vorziehen, ihr Familienleben aufrecht zu erhalten, die aber von der Möglichkeit träumen, ein sakramentales Leben zu führen.

politische Allianz von römisch-katholischer Hierarchie und rechtsgerichteten Parteien und Regimes in Lateinamerika. Die Kirche dürfe nicht die Menschen zum Werkzeug ihrer institutionellen Selbsterhaltung machen, sondern die Kirche müsse zum Werkzeug der Erhaltung der Schöpfung werden.

Politische und kirchliche Reaktionen folgten unvermeidbar. Das Verständnis von Erlösung als Befreiung und dessen soziale Folgerungen für die politischen Systeme in Lateinamerika führten zu heftigen Kontroversen. Unter Papst Johannes Paul II. und Kardinal Joseph Ratzinger erfuhr die Befreiungstheologie in den 1970er Jahren eine offizielle Ablehnung. Durch die Ernennung von Gegnern zu Bischöfen wurde eine Gegenbewegung eingeleitet.

Nur die in den Beschlüssen von Medellín verankerte Parteinahme für die Armen verhinderte den offenen Bruch der kirchlichen Hierarchie mit der Befreiungstheologie. Doch setzt Benedikt XVI. seine Ablehnung fort. Im Dezember 2009 sprach er vor brasilianischen Bischöfen von »einigen trügerischen Prinzipien der Befreiungstheologie«. Er richtete seine Kritik wahrscheinlich an den anwesenden Bischof von Caçador, Luiz Carlos Eccel, der in einem Hirtenbrief geschrieben hatte: »Wer die Befreiungstheologie ablehnt, lehnt auch Jesus Christus ab, denn jede Theologie ist entweder befreiend oder sie ist keine Theologie.«

Glauben im Zeitenumbruch

Als Ende 1984 zwei synchronisierte Dokumente gegen die Befreiungstheologie von Kardinal Ratzinger und Kardinal Höffner erschienen, protestierte der Schweizer Kapuziner Walbert Bühlmann (1916–2007) in der Kapuziner-Zeitschrift »Neues Forum« (Luzern, November 1984) und sandte eine Kopie an Kardinal Ratzinger:

Die Kirche von Lateinamerika hat wie kaum eine andere das Konzil ernst genommen und in die Tat umgesetzt … Eine Kirche der Sakramentalisierung wurde eine Kirche der Evangelisierung; eine Kirche als Teil des Systems und Großgrundbesitzerin, nahm kritische Distanz vom System und vertauschte nicht wenige Paläste mit gewöhnlichen Häusern; eine Kirche der abstrakten, universalen Theologie wurde eine Kirche der kontextuellen, das Leben verändernden Befreiungstheologie …

In Europa wurde man fast neidisch auf dieses Wunder des Aufbruchs. Man betrachtete es als Zeichen der Hoffnung und erwartete im Stillen, dass auch das alte Europa sich auf ähnliche Weise erneuere …

Diese »Hosanna«-Stimmung ist nun jäh in »Crucifige«-Stimmung umgeschlagen. Die Befreiungstheologie, theologischer Hintergrund und Ausdruck der gesamten Erneuerung, ist von zwei koordinierten kirchlichen Dokumenten scharf unter Beschuss genommen worden. Was soll man dazu sagen? … Das [Ratzinger-]Dokument strotzt von Behauptungen, die keineswegs bewiesen werden. Man muss auf guten Glauben hin annehmen, dass »manche«, »gewisse«, »viele« Befreiungstheologen im marxistischen Fahrwasser treiben und nur noch eine Perversion der christlichen Botschaft vorlegen …

Das Dokument ist auch politisch höchst unheilvoll. Die scharfen Ausführungen über die Rechtsregime werden von diesen rasch unterschlagen, dafür stürzen sie sich auf die Hauptaussagen, dass die Befreiungstheologen Marxisten seien, was sie schon immer behaupteten. Das ist die jubelnde Reaktion in der lateinamerikanischen Rechts-Presse! Statt Solidarität Verrat. Man wird traurig.

In all diesen Fragen, auch im Blick auf eine andere Einbeziehung der Laien, drängte er nach vorne, neue Horizonte zu erschließen. »Die Wagemutigen von heute bereiten die normalen Haltungen von morgen vor.« Er meinte, der Moralismus und der Juridismus habe der Kirche viel geschadet. Diese Haltungen seien verantwortlich für den Weggang vieler Menschen, für die Gleichgültigkeit einer noch größeren Zahl anderer und für das mangelnde Interesse derer, die von Widerwillen »gegen unseren Pharisäismus« gepackt sind. Im Blick auf die damals anstehenden Arbeiten zur Reform des Kirchenrechts sagte er:

Wir alle haben Achtung für die alten Vorschriften. Nur stützt sich … unser heutiges kanonisches Recht grundlegend auf das römische Recht, das zwar ein von aller Welt als solches anerkanntes Meisterwerk ist, aber eben doch ein Meisterwerk des heidnischen Gesetzes.

Trotzdem beachtete Hélder Câmara die kirchlichen Gesetze mit hoher Loyalität. Zwar hielt er sie nicht alle für gleichermaßen gut begründet oder mit dem Evangelium vereinbar. Was aber auch immer Gesetz und Ordnung festlegen, für Hélder Câmara war allen Vorschriften die Liebe übergeordnet. Wenn der Obere keinen Dialog führe, meinte er, sei er tot; dann werde er auch keine Macht haben. Was die Güte nicht erreiche, werde die Strenge erst recht verfehlen.

Am 10. April 1985 wurde Dom Hélder wegen der erreichten kanonisch vorgeschriebenen Altersgrenze als Erzbischof von Olinda und Recife von Johannes Paul II. in den Ruhestand versetzt. Sein Nachfolger wurde José Cardoso Sobrinho, der Câmaras Lebensprogramm abrupt aufhob. Bereits zu Beginn seiner Amtszeit machte Cardoso seinen Kurswechsel deutlich, indem er zurück in das Bischofspalais von Recife zog. Ganz auf römischer Linie setzte er sich dafür ein, den Einfluss der Befreiungstheologie zurückzudrängen und rückte damit auch in eine kircheninterne Gegnerschaft zu Kardinal Paulo Evaristo Arns, dem Erzbischof von São Paulo. Einige der pastoraltheologisch und gesellschaftspolitisch bedeutsamen Einrichtungen Câmaras wurden geschlossen.

Die vatikanische Nachfolgeregelung zeigte, wie entschieden Papst Johannes Paul II. den Kurs Hélder Câmaras umbiegen und die Befreiungstheologie zurückdrängen wollte. Welcher Gesinnung er sich bei dem dafür ausgesuchten Cardoso bediente, machte im März 2009 noch einmal eine Meldung deutlich, die in den Mittelpunkt der internationalen Berichterstattung geriet: Ein neunjähriges Mädchen war vom eigenen Stiefvater vergewaltigt worden. Die daraus entstandene Zwillingsschwangerschaft wurde in der 15. Schwangerschaftswoche abgebrochen, da nach Aussage der Ärzte Lebensgefahr für das nur 36 kg wiegende Mädchen bestand. Cardoso sagte in einem Fernsehinterview, die Erwachsenen, die der Abtreibung zugestimmt haben, darunter die Mutter des Kindes, sowie das durchführende Ärzteteam, hätten sich damit automatisch – mit Bezugnahme auf Can. 1398 des Codex Iuris Canonici – die Exkommunikation zugezogen. Die Kirche könne auch in einem solchen Fall keine Ausnahme machen, da das »Gesetz Gottes« höher als »menschliche Gesetze« stehe.

Heinrich Missalla: Nichts muss so bleiben, wie es ist

Abschließend soll die Stimme eines Mannes mit »linkskatholischem« Werdegang zu Wort kommen, der ebenso wie Erzbischof Câmara mit dem Aufbruch, den das Zweite Vatikanische Konzil zu verheißen schien, alle Hoffnung auf eine erneuerte, lebendige und offene Kirche verband. Heute gesteht sich Heinrich Missalla ein, die vielen entmutigenden Anzeichen der konkret existierenden Kirche wegen seiner eigenen Hoffnungsträume immer wieder neu übersehen zu haben.

Es fing damit an, dass Papst Paul VI., statt den innerkirchlichen Dialog zu stärken, in seiner Enzyklika *Ecclesiam suam* »die immer bereitwillige und frohe Befolgung der kanonischen Vorschriften und die Unterordnung unter die Führung der rechtmäßigen Vorgesetzten«, forderte, »wie es sich für freie und liebende Kinder geziemt«. Auch hätten alle Reformgruppen aufhorchen müssen, als Johannes Paul II. den Katechismus der Katholischen Kirche von 1993 »die reifste und vollendetste Frucht der Lehre des Konzils« nannte. Missalla meint insbesondere, dem verschärften Kirchenrecht nicht genügend Bedeutung beigemessen zu haben, weil die kirchlichen Erneuerungsbewegungen – Priester- und Solidaritätsgruppen, die Initiative »Kirchen von unten« und die Bewegung »Wir sind Kirche« – mehr auf eine biblische Theologie setzten als auf Kanonistik, sonst hätte die Bearbeitung des kirchlichen Gesetzbuches *Codex Iuris Canonici* von 1983 ein heilsames Erwachen bewirken müssen. Es waren deutsche Kirchenrechtler, die auf die Problematik des neugefassten CIC aufmerksam machten. So Professor Norbert Lüdecke von der Universität Bonn:

> Die Amtskirche ist hinsichtlich ihrer sakrosankten Kernstrukturen nicht nur reformunwillig. Sie ist ihren eigenen dogmatischen Festlegungen gegenüber machtlos und insoweit nicht vorwerfbar reformunfähig.

Auch der Limburger Domkapitular und Kirchenrechtler Werner Böckenförde (1928–2003) hatte 1998 die KirchenVolksBewegung »Wir sind Kirche« aufgefordert, einen »unverstellten Blick auf harte rechtliche Realitäten« zu richten und »in der Rechtsgestalt der Kirche das Kirchenverständnis des Gesetzgebers zu erkennen«. Dieser Blick befreie von Illusionen, von beschönigenden, dem Wunschdenken entsprechenden Selbst- oder Fremdtäuschungen über einen in Wirklichkeit weniger positiven Sachverhalt: »Nichts gegen ›Kirchenträume‹, aber alles gegen ihre Verwechslung mit der Kirchenrealität.« Darum sollten Gläubige wachsam sein gegen die verschiedenen in der Kirche heute anzutreffenden Formen der Verharmlosung und Bagatellisierung. Böckenfördes Resümee: »In ihrer Rechtsgestalt präsentiert sich die Kirche als ein Ort sakral begründeter Herrschaft, in der christliche Freiheit zu Gehorsam wird.«

Wie wollen kirchenbegeisterte Idealisten, die sich lebenslang für eine freies, menschenfreundliches Christentum in vielfältigen öffentlichen Engagements einsetzen, mit einer Kirche fertig werden, die Glauben gegen »Glaubensgehorsam« eintauscht? Wird hier Jesus und sein Reich-Gottes-Programm nicht unter völlig fremden Strukturen begraben? Hat sich die Christologie im Prozess der Kirchengeschichte nicht zu einer systemadäquaten Herrschaftstheologie entfaltet, unter der die befreiende Kraft der ursprünglichen Freudenbotschaft erstickt? Heinrich Missalla reflektiert:

Heinrich Missalla, geboren 1926 in Wanne-Eickel, wurde in seinem späteren Denken und Handeln wesentlich durch die Kindheit und Jugendzeit des NS-Krieges geprägt: Erst 16-jährig kam er als Luftwaffenhelfer zum Einsatz, wurde im Juli 1944 Soldat und war vom März 1945 bis zum Juni 1946 in Kriegsgefangenschaft in Frankreich. Anschließend Studium der Philosophie und Theologie in Paderborn, München und Münster. 1953 Priesterweihe in Paderborn, von 1953–1959 Seelsorger in verschiedenen Gemeinden, dann Religionslehrer an einer Berufs- und Handelsschule bis 1968. 1969 Promotion zum Dr. theol. in Münster; Dozent an der PH Koblenz; von 1971–1991 Professor für Religionspädagogik an der Universität GH Essen. M.s wichtigste Publikationen befassen sich mit der deutschen katholischen Kriegspredigt im Ersten Weltkrieg und der Kriegsunterstützung durch den Episkopat im Zweiten Weltkrieg. Er war Mitbegründer des Bensberger Kreises, der Zeitschrift »Publik-Forum« und der Initiative »Kirche von unten«. Sein lebenslanges Engagement führte M. in eine wachsende Distanz zur Kirche, doch sieht er seinerseits diese Loslösung als einen Reifungsprozess.

Kurz vor seinem Tod schrieb P. Alfred Delp im Gefängnis:

Das Schicksal der Kirchen wird in der kommenden Zeit nicht von dem abhängen, was ihre Prälaten und führenden Instanzen an Klugheit, Gescheitheit, »politischen Fähigkeiten« usw. aufbringen. Auch nicht von den »Positionen«, die sich Menschen aus ihrer Mitte erringen konnten. Das alles ist überholt …

Von zwei Sachverhalten wird es abhängen, ob die Kirche noch einmal einen Weg zum Menschen finden wird … Der eine Sachverhalt meint die Rückkehr der Kirchen in die »Diakonie« …, und zwar in einen Dienst, den die Not der Menschheit bestimmt, nicht unser Geschmack oder das Consuetudinarium einer noch so bewährten kirchlichen Gemeinschaft. »Der Menschensohn ist nicht gekommen, sich bedienen zu lassen, sondern zu dienen« (Mk 10,45). Man muss die verschiedenen Realitäten kirchlicher Existenz einmal unter dieses Gesetz rufen und an dieser Aussage messen, und man weiß eigentlich genug. Es wird kein Mensch an die Botschaft vom Heil und vom Heiland glauben, solange wir uns nicht blutig geschunden haben im Dienst des physisch, psychisch, wirtschaftlich, sittlich oder sonst wie kranken Menschen.

Je älter ich werde, desto mehr wird mir klar, dass der biblische Glaube nicht mit dem kirchlichen Glauben identisch ist. Der kirchliche »Glaube« scheint Sicherheit zu bieten, biblischer Glaube hingegen fordert, weckt und fördert die Bereitschaft, sich offen, unvoreingenommen und ungeschützt auf die Rätsel und Dunkelheiten des Lebens einzulassen, ohne zu resignieren oder zu verbittern … Damit wird die Herausforderung an den einzelnen Menschen größer, und es besteht die Gefahr, dass viele Menschen ihr wegen mangelnder personaler Reife nicht gewachsen sind und den Verlust der garantierten Sicherheit mehr fürchten als den Gewinn einer neuen Freiheit.

Vielleicht hat meine Lebensgeschichte in den jungen Jahren dazu geführt, dass Offenheit für Begegnungen und damit auch für persönliche Veränderungen einen so hohen Stellenwert gewonnen hat …

Das katholische Milieu der früheren Jahrzehnte hat sich zwar weithin aufgelöst, doch dessen noch vorhandene Elemente erleben seit einiger Zeit dank römischer Unterstützung beängstigende Verstärkung. Ein Priester kann ohne Beanstandung dumm und faul sein und sich wie ein Pascha aufführen, wenn er jedoch einem evangelischen Christenmenschen die Kommunion reicht, muss er mit Disziplinarmaßnahmen der kirchlichen Behörde rechnen. Es gibt (wieder) überall Menschen, die als »richtige« Katholiken darauf achten, dass der wahre katholische Glaube nicht beschädigt wird, andernfalls schicken sie eine Eingabe an den Ortsbischof oder gar direkt nach Rom. …

Der kirchenamtliche Betrieb, die überlieferten Formeln, Rituale und Gesetze haben für mich kaum noch Bedeutung – ohne dass ich ihnen die Anerkennung ihrer relativen Notwendigkeit verweigere. Und was uns aus römischen Amtsstuben an Weisungen, Erklärungen, Dekreten und Verlautbarungen serviert wird – ob zu *Humanae vitae*, zur Mundkommunion oder zur lateinischen Messe, als Ablassgewährung, als neue Karfreitagsfürbitte oder als Bestreitung des Kircheseins der evangelischen Kirche – das weckt nicht nur die Frage danach, was den hohen Herrn in Rom eigentlich wichtig ist, das zeugt auch vom Wirklichkeitsverlust der Leitungsorgane und führt dazu, dass die Gläubigen sich immer weniger um das kümmern, was ihnen aus Rom zugemutet wird. In einer Zeit, da die Gottesfrage unzählige Menschen umtreibt, arbeitet eine Expertenkommission jahrelang an einem viele Seiten umfassenden Dokument über die alte Lehre vom »Limbus«, jenem Seitenflügel der höllischen Wohnungen, in dem ungetaufte Kinder vermutet werden, und kommt zu dem Ergebnis, dass es »ernsthafte theologische Gründe« für die Überzeugung gebe, dass auch ungetaufte Kinder gerettet würden. Was ist hinsichtlich der Ausbildung der Kleriker zu erwarten, wenn im Jahr 2008 der ehemalige Kardinalpräfekt der Kleruskongregation in der Kathedrale von Westminster ein Pontifikalamt im tridentinischen Ritus hält und mit einer »Cappa magna« in die Kirche zieht, einer sechs Meter langen Purpurschleppe aus Moiré-Seide? Was alte zölibatäre Männer zum »Wesen der Frau« äußern, könnte zur allgemeinen Erheiterung beitragen, wenn diese Herren nicht an den Schaltstellen des kirchlichen Apparates säßen.

Solcherart Erfahrungen der real gegebenen Kirche durchziehen viele Insidergespräche, Pfarrkonvente, kirchenkritische Publikationen und Kommentare des Kirchenfunks – getränkt mit Spott, Sarkasmus und Resignation. An der Kirche in ihrer rechtlichen Unangreifbarkeit ändert solche Kritik nichts, vermittelt aber ein wachsendes Ohnmachtsbewusstsein und bewegt viele – bisweilen »Leuchttürme« wie Heinrich Böll oder Vilma Sturm – zu einem Abschied, dessen weiterwirkende Erosionskraft sich in den jährlichen Austrittsstatistiken niederschlägt. Für die Christenheit ist dies, weit über den katholischen Rahmen hinaus, ein tödlicher Prozess, der das gesamtgesellschaftliche Klima mitbestimmt. Heinrich Missalla beschreibt seinen eigenen Weg unter der Überschrift »Entfremdung«:

Es waren nicht nur das gestörte Verhältnis zum kirchlichen Apparat und das für mich nicht mehr hinnehmbare Gebaren des römischen Papstes, die zu einer wachsenden Entfremdung von der real existierenden Kirche und schließlich zur Loslösung von der kirchlichen Behörde führten. Seit mehreren Jahren konnte ich wesentliche kirchliche Lehren nicht mehr im Sinne der vatikanischen Glaubenskongregation verstehen und akzeptieren, insbesondere die römische Doktrin über das kirchliche Amt. Es ist mir nicht mehr möglich, der römisch-katholischen Lehre »religiösen Verstandes- und Willensgehorsam« (was mag wohl ein »religiöser Gehorsam« sein?) entgegenzubringen, selbst wenn die Autoritäten »diese Lehre nicht definitiv als verpflichtend zu verkünden beabsichtigen«. Die in den Konzilstexten zu findenden Bilder von der und für die Kirche – Braut Christi, Familie Gottes, Herde und Schafstall, Mutter, Leib Christi usw. – wurden mir zunehmend fremd. Die Kirche sollte »ein Zeichen für die innigste Vereinigung mit Gott« sein, aber dieses »Zeichen« hatte seinen Verweisungscharakter ebenso verloren wie die Sakramente den ihren. Was ist mit Zeichen anzufangen, wenn sie nicht mehr verstanden werden? All die mir aus der Bibel als auch aus den Schriften der Kirchenväter vertrauten Bilder gehörten zu einer Idee von Kirche, die durch keine Erfahrung mit der konkret existierenden Kirche gedeckt wurde. Dabei erwartete ich durchaus keine »Kirche der Heiligen«. Ich wollte nicht mehr als Brüder und Schwestern, die sich miteinander um die Erkenntnis dessen mühten, was die geschichtliche Stunde von den Christen und Christinnen fordert und wie der alte Glaube in einer Sprache zu vermitteln sei, die nicht über die Köpfe der Menschen hinweggeht. Ich habe von der Hoffnung gelebt, diese Kirche könne sich – auch strukturell – reformieren und sich nicht nur auf einige unwesentliche Korrekturen beschränken.

Mit der wachsenden Distanz zur Kirche aber wuchs die Offenheit und Freiheit, sich ehrlich Rechenschaft zu geben über das, was den Glauben heute quält, was gedacht und gesagt werden muss, um das eigene Fragen und Zweifeln nicht gegen diesen Glauben abzugrenzen. Was wäre das auch für ein Glaube, wenn er die existentielle Spannung, in der wir heute leben, nicht offen zur Sprache bringen darf – bis hin zur Infragestellung des Glaubens!

Beim Rückblick auf mein Leben hätte ich allen Grund, mit dem Psalmisten »Gott« zu danken, dass er mich behütet und mein Leben begleitet hat. Doch gleichzeitig bedrängt mich die Frage, warum zum Beispiel mein Klassenkamerad als Luftwaffenhelfer neben mir sterben musste, warum mein Freund aufgrund eines simplen Abzählvorgangs an die Ostfront abkommandiert wurde und gleich in den Tod gefahren ist, während ich

---

> Wir sind wieder ganz auf die Anfänge des Verstehens zurückgeworfen. Was Versöhnung und Erlösung, was Wiedergeburt und heiliger Geist, was Feindesliebe, Kreuz und Auferstehung, was Leben in Christus und Nachfolge Christi heißt, das alles ist so schwer und so fern, dass wir es kaum mehr wagen, davon zu sprechen. In den überlieferten Worten und Handlungen ahnen wir etwas ganz Neues und Umwälzendes, ohne es noch fassen und aussprechen zu können.
>
> Unsere Kirche, die in diesen Jahren nur um ihre Selbsterhaltung gekämpft hat, als wäre sie ein Selbstzweck, ist unfähig, Träger des versöhnenden und erlösenden Wortes für die Welt zu sein. Darum müssen die früheren Worte kraftlos werden und verstummen, und unser Christsein wird heute nur in zweierlei bestehen: im Beten und Tun des Gerechten unter den Menschen. Alles Denken, Reden und Organisieren in den Dingen des Christentums muss neu geboren werden aus diesem Beten und aus diesem Tun …
>
> Es ist nicht unsere Sache, den Tag vorauszusagen – aber der Tag wird kommen –, an dem wieder Menschen berufen werden, das Wort Gottes so auszusprechen, dass sich die Welt darunter verändert und erneuert. Es wird eine neue Sprache sein, vielleicht ganz unreligiös, aber befreiend und erlösend, wie die Sprache Jesu, dass sich die Menschen über sie entsetzen und doch von ihrer Gewalt überwunden werden …
>
> *Dietrich Bonhoeffer*

an der Westfront überlebt habe. Warum befinde ich mich auf der Sonnenseite des Lebens, während Millionen andere ohne eigenes Verschulden eher dahinvegetieren? Ich verstehe immer mehr und besser, dass viele Menschen nicht an einen (liebenden) Gott, eine göttliche Vorsehung und an ein göttliches Weltregiment glauben können …

Bei der Suche nach Vergewisserung finde ich: Auch in der Bibel ist der Glaube an Gott nicht selbstverständlich. Sie ist voller Geschrei nach einem Gott, der schweigt und die Menschen allein lässt. Das beginnt mit dem Schreien des Blutes des ermordeten Abel (Gen 4,10) und endet mit dem Schrei der Frau, die im letzten Buch der Bibel als Zeichen am Himmel erscheint (Offb 12,2). Mose und das Volk schreien fast ununterbrochen zum Herrn; die Propheten schreien, die Beter der Psalmen schreien, Ijob sitzt in der Asche und schreit, und Jesus stirbt mit einem Schrei auf den Lippen (Mk 15,37). Wer nicht willentlich die Augen und Ohren verschließt, weiß um die millionenfachen Schreie der Opfer von Unrecht und Gewalt bis in unsere Tage …

Nach Nietzsche ist »›Der Vater‹ in Gott … gründlich widerlegt; ebenso ›der Richter‹, ›der Belohner‹. Insgleichen sein ›freier Wille‹: Er hört nicht – und wenn er hörte, wüsste er trotzdem nicht zu helfen. Das Schlimmste ist: Er scheint unfähig, sich deutlich mitzuteilen: Er ist unklar!« – Dies ist es, was ich, als Ursachen für den Niedergang des europäischen Theismus, aus vielerlei Gesprächen, fragend, hinhorchend, ausfindig gemacht habe; es scheint mir, dass zwar der religiöse Instinkt mächtig im Wachsen ist – dass er aber gerade die christliche Befriedigung mit tiefem Misstrauen ablehnt.

Selbst wenn diese Fragen unaufhebbar erscheinen und zur conditio humana gehören, bis hin zu Albert Camus' Heroismus, die Absurdität des Menschen hinzunehmen, doch so zu leben, dass dieses Leben ein Protest gegen solche Absurdität bleibt, – selbst dann bewahrt das Reich-Gottes-Programm Jesu seine Gültigkeit, für Christen wie Nichtchristen:

Wenn Jesus nicht nur sagt, dass er »den Armen eine gute Nachricht bringe, … den Gefangenen die Entlassung verkünde und … die Zerschlagenen in Freiheit setze« (Lk 4,18), sondern dass er bei den Hungernden, den Fremden, den Obdachlosen, den Kranken und Gefangenen zu finden ist (Mt 25,35 ff.), dann kann der Platz derer, die sich an Jesus orientieren und ihm folgen wollen, nur an der Seite der Bedrängten, Armen und Ohnmächtigen sein. Die Frage nach der wahren Gotteserkenntnis wird in den heiligen Schriften der Juden und Christen anders als in der griechischen Philosophie beantwortet, und diese Antwort ist auch nicht schlechthin identisch mit dem, was der Katechismus sagt … »Dem Schwachen und Armen verhalf er zum Recht. Heißt nicht das, mich wirklich erkennen?« (Jer 22,16) Der Erweis der Gotteserkenntnis ist erst dann erbracht, wenn kein Unrecht mehr geschieht. Es gibt keine Gotteserkenntnis ohne gelebte Praxis. Kurz: Gotteserkenntnis und das Tun der Gerechtigkeit gehören zusammen. Nur im Vollzug ereignet sich der Glaube und seine Wahrheit. Die gelebte Praxis ist also nicht Konsequenz des Glaubens, sondern Strukturelement der Wahrheit selbst.

Die Deutschen, ein Kulturvolk, haben noch gar nicht begriffen, dass ihnen gerade eine Wurzel ihrer Kultur wegbricht … Was werden meine Enkel noch erfahren, wenn es keine Vermittlung und Weitergabe spiritueller Erfahrung, keine lebendigen Kirchen und keine Geschichten mehr gibt?

Antje Vollmer

Die Religiösen sprechen von Gott, wenn menschliche Erkenntnis (manchmal schon aus Denkfaulheit) zu Ende ist oder wenn menschliche Kräfte versagen – es ist eigentlich immer der deus ex machina, den sie aufmarschieren lassen, entweder zur Scheinlösung unlösbarer Probleme oder als Kraft bei menschlichem Versagen, immer also in Ausnutzung menschlicher Schwäche bzw. an den menschlichen Grenzen; das hält zwangsläufig immer nur solange vor, bis die Menschen aus eigener Kraft die Grenzen etwas weiter hinausschieben und Gott als deus ex machina überflüssig wird. …

Ich will also darauf hinaus, dass man Gott nicht noch an irgendeiner allerletzten heimlichen Stelle hineinschmuggelt, sondern dass man die Mündigkeit der Welt und des Menschen einfach anerkennt, dass man den Menschen in seiner Weltlichkeit nicht »madig macht«, sondern ihn an einer seiner stärksten Stellen mit Gott konfrontiert, dass man auf alle pfäffischen Kniffe verzichtet und nicht in Psychotherapie oder Existenzphilosophie einen Wegbereiter Gottes sieht. Dem Wort Gottes ist die Zudringlichkeit all dieser Menschen viel zu unaristokratisch, um sich mit ihnen zu verbünden. Es verbündet sich nicht mit dem Aufruhr des Misstrauens, dem Aufruhr von unten.

Dietrich Bonhoeffer

2. Das Schicksal der Kirchen

In den voranstehenden Biographien christlich engagierter Menschen brechen sich die großen Glaubensfragen, von denen dieses Buch handelt. Ihre Lebensgeschichten machen konkret, was wir zuvor historisch untersucht und theologisch befragt haben. Alle Zeitzeugen veranschaulichen und beglaubigen den Problemhorizont, unter dem sich der christliche Glaube heute neu einholen muss.

Der nun folgende Abschnitt nimmt die äußere Situation der Kirche in den Blick, wobei auch hier manche Entwicklung mit den Erfahrungen zusammenhängt, die heutige Menschen an der Kirche irre werden lassen. Die Biographien von Vilma Sturm und Heinz Missalla haben stellvertretend für zahllose andere Zeitgenossen die Enttäuschung über die Kirche, wie sie allerwege erlebt wird, zur Sprache gebracht. Ihr Lebensrückblick müsste den Amtsträgern schlaflose Nächte bereiten.

Wollen diese Verantwortlichen nicht sehen, was geschieht? Ihre Mitarbeiter zeigen sich angepasst, um Anstellung oder Karriere nicht zu gefährden – oder haben sie gar überangepasst dem System ihre individuellen Überzeugungen geopfert? Leicht kann man sich selbst mit einer Welt umgeben, die nur bestätigt, statt mit Frage und Zweifel zu beunruhigen. Doch könnte bereits der Blick in die eigene Verwandtschaft genügen, um zu erkennen, was die Stunde geschlagen hat. Im privaten Milieu aber stehen Bischöfe und Kardinäle, die auf Kanzeln und in Hirtenbriefen »*importune, opportune* die Wahrheit verkündigen«, stumm und hilflos ihren kirchendistanzierten und ungläubigen Familienangehörigen gegenüber.

Nicht minder hilflos erscheint die Wahrnehmung der kirchlichen Amtsgeschäfte, wenn es darum geht, eine zukunftsträchtige Antwort auf die desolate Seelsorgssituation zu geben. Angesichts des ausbleibenden Priesternachwuchses führen sich die Bischöfe (nach einem Wort Hélder Câmaras) wie »Bischof-Seminaristen« auf. Sie wissen, dass in zwanzig bis dreißig Jahren die derzeitige klerikale Kirchenstruktur an ihr Ende kommt; dass die heute konstruierten Gemeindeverbünde ständig vergrößert werden müssen; dass der spärliche Nachwuchs und dessen geistiger Zuschnitt nur eine bescheidene Pastoralverwaltung gestatten; dass – genau genommen – die europäische Kirche, soweit sie Priesterkirche ist, ihrem Zusammenbruch entgegengeht … und dennoch kuschen sie in dieser Frage um Sein oder Nichtsein Rom gegenüber, spielen in ihren Diözesen organisatorische Verlegenheitslösungen durch, statt Ansehen und Amt aufs Spiel zu setzen, um aller Welt deutlich zu machen, dass man eine Kirche nicht retten, ihre Zukunft nicht neu entwerfen kann, wenn man offenen Konflikt und Ärger mit der eigenen Institution um jeden Preis umgehen will. Dann aber sollte man sich vor aller Welt auch dazu bekennen, nur noch Nachlassverwalter zu sein, wie dies im Bereich abgehender Kirchen derzeit demonstriert wird.

> Was haben die stählerne Pracht des Petersdoms in Rom und der Kaiserdom in Berlin mit dem Geist Christi zu tun? Was hat das sogenannte christliche Abendland mit der merkwürdigen Mischung aus Geist und Verrat, aus Frömmigkeit und Machtgelüsten mit dem armen Mann Gottes aus Nazaret zu tun? Nein, jenes Abendland war weniger christlich, als wir ihm unterstellen. Darum ist es ein Glück und der Anfang einer neuen Freiheit, dass wir nie mehr Kirchen bauen können, wie wir sie gebaut haben; dass wir von den Mächtigen des Landes nie mehr hoch geachtet werden, wie wir geachtet wurden, und dass die Kirchen ihre alte Selbstverständlichkeit verloren haben. Jede Träne, die man jener Welt nachweint, jedes Schielen zurück ist Verrat am Erbe, das noch vor uns liegt. Die Kirche ist kleiner geworden, und die Kirche ist schöner geworden. Noch nie war ihre Aufmerksamkeit auf den Frieden und die gerechte Verteilung der Güter größer als heute. Noch ist sie nicht frei genug von gesellschaftlichen Diktaten, aber sie war noch nie so frei, wie sie heute ist. Jeder Auszug bedeutet Schmerz und Verlust, besonders wenn man noch nicht weiß, wohin man kommt. Aber es gibt Verluste, die einen reicher machen.
>
> *Fulbert Steffensky*

Abgehende Kirchen

Bereits 1986 hatte der Europarat eine Kommission eingesetzt, um das Problem der »überzähligen religiösen Gebäude« zu untersuchen. Der vorgelegte Bericht spricht von Tausenden leer stehender, umgewidmeter oder veräußerter Kirchen. Erst in den Jahrzehnten danach wurde die Dramatik überflüssig gewordener Kirchen ins Bewusstsein der Gesellschaft geschrieben. Das bauliche Erbe der christlichen Vergangenheit, in Deutschland etwa 24 500 Gotteshäuser der katholischen Kirche und 21 000 der evangelischen Landeskirchen, wird –von Jahrzehnt zu Jahrzehnt dringlicher – einer Gesellschaft überantwortet, die sich damit vermutlich überfordert sieht. Die beiden großen Konfessionen stehen einer kaum noch zu stoppenden Entwicklung gegenüber, die sie in ihrer Substanz treffen wird. Noch 1950 teilte sich die deutsche Bevölkerung etwa zu gleichen Teilen in Katholiken und Protestanten. Heute sind knapp ein Drittel Katholiken, knapp ein Drittel Protestanten, aber mehr als ein Drittel Angehörige anderer Bekenntnisse oder Religionslose. Von den Kirchenangehörigen besucht an gewöhnlichen Sonntagen nicht mehr die Hälfte die Gottesdienste, wie es um 1950 noch der Fall war, sondern nur noch ein Bruchteil – in den evangelischen Kirchen vier Prozent, in den katholischen Kirchen etwa 13 Prozent. Angesichts dieser Entwicklung steht die weitere Unterhaltung der vorhandenen Kirchen in Frage, wenngleich die Bestandsaufnahme von Rainer Fisch zu dem Ergebnis kommt, dass »fehlende Gottesdienstteilnehmer der Grund für redundante Kirchengebäude sind, nicht sinkende Steuereinnahmen. Es handelt sich hierbei also nicht um ein wirtschaftliches, sondern um ein theologisches Problem.« Die deutlichste Problemanzeige stammt aus dem Bistum Essen, das erst 1958 gegründet wurde, nunmehr aber an eine Grenze gekommen ist, die radikale Bereinigung verlangt. Demnach ist zu erwarten:

Die zukünftige Organisationsstruktur der Seelsorge im Bistum Essen sieht 42 große »Pfarreien« mit durchschnittlich 24 000 Mitgliedern vor, die eine »Gemeinschaft von Gemeinden« bilden. Das heißt: Innerhalb dieser Pfarreien wird es etwa fünf bis sieben »Gemeinden« geben, die – mit meist nur einer Kirche im Zentrum – die Aufgaben der Seelsorge »vor Ort« und nah bei den Menschen verwirklichen. Einige Gemeinden werden – zumindest für die nächste Zeit – dazu noch eine Filialkirche haben.

In dieser Struktur bleiben Kirchen übrig, die weder als Pfarrkirche noch Gemeindekirche noch Filialkirche benötigt werden. Im Etat der zukünftigen Pfarreien sind daher für diese Kirchen keine Mittel mehr vorgesehen. Für diese Kirchen – die im zukünftigen Pastoralkonzept als Gottesdienstort funktionslos werden – wurde der Begriff »Weitere Kirchen« geprägt.

Herbert Fendrich

Der Begriff »Weitere Kirchen« meint also jene Kirchen, in denen in Zukunft kein Gottesdienst mehr stattfindet, um den herum sich kein gemeindliches Leben gruppiert und die darum auch im »künftigen Finanzrahmen« ausgeklammert bleiben. Zwar soll der euphemistische Begriff »Weitere Kirchen« nicht heißen, diese seien unmittelbar zum Abriss freigegeben. Jedenfalls solle dies nicht die erste Handlungsoption sein. Bevor es zu dieser *ultima ratio* komme, seien andere Möglichkeiten zu prüfen.

Aber ein erforderliches Einsparvolumen von 40 Prozent im Bereich der Immobilienerhaltung und -unterhaltung zwinge zum Handeln. Und so entwickelt das Bistum das Konzept einer »offenen Kirche« mit sakraler wie profaner Nutzung. In einer Publikation des Bistums wird ausgeführt:

Kirchen sollten über die Gottesdienstzeiten hinaus (für Stille, Einkehr, Andacht etc.) geöffnet sein, aber auch geöffnet werden für andere Nutzungsmöglichkeiten, die dem »heiligen Ort« nicht entgegenstehen (vgl. can. 1210 CIC). Gerade dadurch könnten sie sich als erhaltenswert erweisen ...

Theologisch sollten wir Abschied nehmen von einem einseitigen Verständnis des Kirchenraumes im Sinne einer monofunktionalen Sakralität ... Eine »offene« Kirche kann überzeugendes Zeichen für die »Kirche in der Welt von heute« sein. Es besteht nicht die Gefahr, dass sie dabei ihre zentrale Funktion als Ort für Gebet und Liturgie verliert. Sie könnte Kirche für »Sonntag« und »Alltag« werden, für Glaube und Leben.

Ist die Aufgabe eines Kirchenraumes unvermeidlich, sind unbedingt Überlegungen zu alternativen Nutzungsmöglichkeiten anzustellen. Das gilt auch für nicht denkmalgeschützte Kirchenräume. Durch diese »Schutzklausel« soll ausgeschlossen werden, dass die »bequemste« Lösung – Abreißen und Grundstück gewinnbringend veräußern – vorschnell angestrebt wird. Das ernste Bemühen um Alternativen soll verlangt und muss nachgewiesen werden.

Alternative Eigennutzung hat Vorrang. Ökumenische Nutzungsteilung ist denkbar. Die Integration außerkirchlicher, öffentlicher wie privater Partner in die Nutzung und Finanzierung von Kirchengebäuden ist ebenfalls ein Weg zur Erhaltung. Die schwierige Suche nach Nutzungspartnern sollte von dem Bewusstsein getragen sein, dass der Kirchenraum in der Regel ein Raum von hoher Qualität ist (ästhetisch, emotional, eventuell historisch). Wir haben »was zu bieten«! Wenn wir glauben, dass unsere Kirchen die »spürbare Gegenwart Gottes« erfahren lassen, könnten wir zuversichtlich sein, dass sie diesen »Dienst am Menschen« auch in einer geänderten Nutzung weiter tun.

Umnutzungen sollten, soweit wie möglich, dem Erhalt des Kirchengebäudes dienen, es sollte nur so wenig Bausubstanz wie nötig zerstört oder verändert werden. Kulturelle Zwecke und öffentlich-rechtliche Träger sind sicher vorzuziehen. Private und kommerzielle Nutzungen sind aber auch denkbar. Hierbei ist besonders auf eine angemessene und seriöse Nutzung zu achten. Natürlich ist nicht jede Nutzung denkbar, ein »unwürdiger« Gebrauch sollte nach Möglichkeit auch mit juristischen Mitteln ausgeschlossen werden.

Bei der Abwägung »Abriss« oder »kommerzielle Umnutzung« sollte auch daran gedacht werden, dass umgenutzte Gebäude grundsätzlich restituierbar sind. Das lehrt die Geschichte: Kirchen haben als Pferdeställe, Munitionslager, Fabrik und Gefängnis überlebt und sind wieder zu Kirchen geworden. Ein Abriss ist hingegen irreversibel. *Herbert Fendrich*

Das Bistum Essen meint, fast ein Drittel seiner Kirchenbauten nicht mehr halten zu können. Das darin eingeschlossene Problem der neuen »Organisationsstruktur der Seelsorge« mit nur noch 42 Großpfarreien bei jeweils etwa 24 000 Mitgliedern macht das Dilemma komplett. Zu den abgestoßenen Kirchen zählen sieben Kirchen aus der Zeit vor 1918; zwölf aus der Zeit zwischen den Kriegen, darunter bedeutende Bauten von Josef Franke und Dominikus Böhm. Von den Kirchen, die zwischen 1945 und der Gründung des Bistums gebaut wurden, stehen 18 zur Disposition. Die prominenteste ist »Heilig Kreuz« in Bottrop von Rudolf Schwarz mit der großen Eingangsfensterwand von Georg Meistermann. 56 Kirchen sind aus der Zeit nach der Gründung des Bistums 1958, knapp die Hälfte der Kirchen, die im Bistum insgesamt gebaut wurden (119). Die sichtbare Hälfte der eigenen Geschichte wird also abgestoßen. Überwiegend handelt es sich um Kirchen von hervorragendem Erhaltungszustand, die auch für Liturgie und Gottesdienst heute in höherem Maße geeignet sind als die meisten älteren Kirchen.

Sakral oder profan? Ist die Kirche ein »Gotteshaus«?

Die ungewöhnliche Offenheit, die das Bistum Essen mit seiner Entscheidung an den Tag legte, 94 Kirchen aus dem Kanon der Gemeindekirchen zu entlassen, hat viel Widerspruch ausgelöst und zu grundsätzlichen Diskussionen geführt. Dabei verfuhr das Bistum selbst »säkularisierend«, indem es das geläufige Verständnis der Kirche als »Gotteshaus« aufhob. Zumindest sei dieses zu relativieren, was bereits die biblische Tradition nahe lege, denn dort finde sich »eine breit bezeugte Skepsis und Zurückhaltung, was den Begriff ›Gottes Haus‹ angeht«. Schon mit der Jerusalemer Tempelweihe verbinde sich die Frage Salomos: »Wohnt Gott denn wirklich auf der Erde? Siehe, selbst der Himmel und die Himmel der Himmel fassen dich nicht, wie viel weniger dieses Haus, das ich gebaut habe« (1 Kön 8,27). Ähnlich wird Jes 66,1 herangezogen: »Der Himmel ist mein Thron und die Erde der Schemel für meine Füße. Was wäre das für ein Haus, das ihr mir bauen könntet? Was wäre das für ein Ort, an dem ich ausruhen könnte?« Und schließlich bringe der Apostel Paulus die »Gotteshausfrage« auf den Punkt: »Ihr seid Gottes Bau … Wisst ihr nicht, dass ihr der Tempel Gottes seid und der Geist Gottes in euch wohnt?« (1 Kor 3,9b.16). Und so wird gefolgert:

Die strikte Trennung von »sakral« und »profan« ist auf diesem biblischen Hintergrund grundsätzlich, aber auch im theologischen Verständnis des Kirchengebäudes problematisch …

Das primäre christliche Verständnis einer Kirche ist ein Gebäude, wo sich die Gemeinde versammelt. Gott hat nicht ein exklusives »Haus« für sich. Er ist da, wo sich Menschen zum Gottesdienst versammeln. Da ist er mitten unter ihnen! Deswegen konnten die Christen der ersten Jahrhunderte auf Sakralbauten verzichten und »in den Häusern das Brot brechen« (vgl. Apg 2,46). Und als man im 4. Jahrhundert erste repräsentative Monumentalbauten für den Gottesdienst errichtete, wollte man ausdrücklich nicht die sakrale Bauform eines antiken Tempels, sondern die Basilika, eine profane Markt- und Versammlungshalle. *Herbert Fendrich*

Offenbar kommt die Bereitschaft, die Unterscheidung von profan und sakral für den Kirchbau nicht länger anerkennen zu wollen, hier unter dem Druck der neuen Verhältnisse zustande, denn noch in den Jahrzehnten zuvor haben Architekten und Theologen äußerst kontrovers darüber gestrit-

Wie verhalte ich mich im Gotteshaus? Schild mit Piktogrammen vor dem Dom St. Jakob in Innsbruck, 2004.

»Was mich betrifft, so habe ich den Aufenthalt in Kirchen von jeher geliebt«, sinniert Thomas Mann in den *Betrachtungen eines Unpolitischen*. Kirchen sind Orte der Freiheit von Politik und Gesellschaft. »Zwei Schritte seitwärts von der amüsanten Heerstraße des Fortschritts, und ein Asyl umfängt dich, wo der Ernst, die Stille, der Todesgedanke im Rechte wohnen und das Kreuz zur Anbetung erhöht ist. Welche Wohltat! Welche Genugtuung! Hier ist weder von Politik noch von Geschäften die Rede, der Mensch ist Mensch hier, er hat ein Herz und macht kein Hehl daraus, es herrscht eine reine, befreite, unbürgerlich-feierliche Menschlichkeit.«

ten, wobei die kirchliche Seite auf die Sakralität des Kirchenraumes größten Wert legte und auch die Kirchweihliturgie Sakralität fordert.

Anders urteilen viele Architekten. Radikal plädierte Walter Förderer für Kirchenräume im Mietwohnungsbau. Es sollten Räume »allgemeiner Bedeutung« sein, um der spezifischen, heute nicht mehr nachvollziehbaren kirchlichen Symbolik ein Ende zu setzen. Der angemietete Raum führe notwendig vom exklusiv eigenen Ort weg und ebenso von einer architektonischen Symbolik. Diese neuen »Kirchen« müssten Orte der Auseinandersetzung sein; die »Gottesdienste« darin hätten das Gegenüber von Pfarrer und Gemeinde aufzugeben zugunsten allseitig verpflichtender Gespräche in mündiger Partnerschaft. Den gesamten bisherigen Kirchenbau hielt Förderer für fragwürdig, weil er eine Institution zementiere und zudem eine heute nicht mehr vorhandene geistige Bedeutung von Kirche simuliere.

Dieser Vorstellung multifunktionaler Räume, die sowohl Gottesdiensten als auch gemeindlichen Versammlungen und Festen dienen, wurde entgegengehalten, dass Vielzweckräume in ihrer Unbestimmtheit Unbehagen aufkommen lassen, weil sie die räumliche Erlebniskraft reduzieren und keine ausreichenden Identifikationsangebote besitzen. Das Bedürfnis nach einem eigenen Sakralraum sei weiterhin vorhanden und darum zu respektieren. Kirchenräume sollten nicht der Nutz- und Verbrauchswelt zugehören; sie sollten leer sein und doch voll von Sprache, Bild und Gleichnis, damit der Mensch an einem Ort des Heilen und Einen noch innewerden könne.

Während es überwiegend Architekten waren, die das Sakrale an eine vergangene Gesellschaftsordnung gebunden sehen und darum als überholt betrachten, nimmt nunmehr das Bistum Essen diese Position auf. Theologische Parallelen lassen sich von Dietrich Bonhoeffer oder Heinrich Kahlefeld ableiten, die den Dualismus von sakral und profan aufga-

Im hessischen Willingen können Gäste des Restaurants »Don Camillo« ihre Pasta in der nicht mehr benötigten evangelischen Kirche zu sich nehmen.

Glauben im Zeitenumbruch

Die Marienkirche in Neubrandenburg ist eine dreischiffige Hallenkirche. Das Innere des Kirchenschiffs misst in der Länge 22,4 Meter und in der Breite 53,6 Meter. Der Gewölbescheitel im Mittelschiff ist 18,5 Meter hoch.

Im Jahr 1975 erwarb die Stadt Neubrandenburg die Liegenschaft und begann mit dem Wiederaufbau und Ausbau der Ruine als Konzerthalle und Kunstgalerie. Die zunächst verfolgte Gestaltungskonzeption wurde vom Bauministerium des Landes nach der Wiedervereinigung 1989/90 verworfen. Nach mehreren Architekturwettbewerben entschied man sich 1996 für einen Entwurf des finnischen Architekten Pekka Salminen.

Mit der Wiedereröffnung der Marienkirche 2001 erfolgte die Namengebung als »Konzertkirche Neubrandenburg«, die inzwischen als einer der großartigsten Spielorte in ganz Deutschland gilt. Im Turm befindet sich eine ständige Ausstellung über norddeutsche Backsteingotik.

ben. Kahlefeld (1903–1980) meinte, Jesus habe eine Lösung aus den jüdischen kultgesetzlichen Bindungen angestrebt und damit eine Entgrenzung exklusiv heiliger Worte, Orte und Zeichen betrieben, was aber kaum exegetischen Konsens finden dürfte.

Mit Blick auf den Gottesdienstraum wird gefolgert, dass die ersten Gemeinden einen Heiligkeitsbezirk im Sinne des Tempels nicht mehr kannten. Mitten im Leben, wo sich die brüderliche Gemeinde im Namen Jesu versammelte, sei ein geistiger Raum heiliger Anwesenheit entstanden. Autoren, die das gesellschaftskritische Denken der 68er Jahre mitvollzogen, wollten mit ihrer Ablehnung der Sakralität auch den damit verbundenen kirchlichen Machtanspruch überwinden. Gleichzeitig fürchtete man, den Denkformen archaischer Prägung verhaftet zu bleiben. »Das würde heißen, eine für uns unvollziehbare und auch nicht wünschbare Sakralisierung durch Stimmungseffekte doch noch erreichen zu wollen. Es wäre eine romantische Flucht aus der Gegenwart in die Vergangenheit, die dem sentimentalen Wunsch des Erwachsenen gleichkäme, sich in die Kindheit hineinzuträumen.« Darum solle gerade der Architekt wachsam sein gegenüber Versuchen, den Kirchenraum als Stätte des ganz Anderen zu gestalten und ihn damit einzugrenzen. So radikal sich diese Positionen zunächst darstellten, konnten sie doch nicht den mehrheitlichen Wunsch überdecken, dass der Kirchenbau über alle Funktionalität hinaus ein »Mehr« zu Ausdruck bringe. Allerdings hat die Diskussion um die Entsakralisierung trotz ihres bis heute offenen Ausgangs das Bewusstsein für die veränderte kirchliche Situation in der Gesellschaft der Gegenwart geschärft.

Funktionslose Kirchen der Innenstädte

Wenden wir uns vom Bistum Essen der Situation der City-Kirchen zu. Bekannt sind die mittelalterlichen Stadtansichten, etwa von Köln oder Lübeck, die auf engem Raum eine große Zahl stattlicher Kirchen zeigen. Im Bereich der Kölner Altstadt gab es ehedem viermal so viele Sakralbauten wie heute. Die meisten dieser Kirchen verlor die Stadt nicht durch die Zerstörungen des Zweiten Weltkriegs, sondern durch die Säkularisierung zu Anfang des 19. Jahrhunderts. In Lübeck stellt sich die Entwicklung anders dar. Hier wuchs die Stadt im 13. und 14. Jahrhundert zur zweitgrößten deutschen Stadt nach Köln heran. In dieser Epoche wurden vier große Pfarrkirchen errichtet, vor allem die »Bürgerkathedrale« St. Marien sowie der Dom als Bischofskirche; dazu drei Klöster mit ebenfalls großen Kirchen und das Heilig-Geist-Hospital. Diese riesigen Bauten haben – bis auf maßvolle Änderungen – ihre Gestalt bis heute bewahrt.

Aber welche Funktionen konnten so große Kirchen im Bereich der alten Stadtkerne sichern? Der Strukturwandel der City – mitbedingt durch horrende Boden- und Mietpreise – führte zur Entleerung der Geschäftsstraßen und einem Austausch der Bewohner: Wer vermögend war, wanderte in ruhige Wohnlagen ab, während Ausländer, Singles und junge Menschen in den Altbaubestand einrückten; die Situation der Innenstadtgemeinden veränderte sich dramatisch: Die »Gemeinde«, die sich heute noch in den großen City-Kirchen versammelt, findet im Chorraum oder auch in der Sakristei ausreichend Platz.

Nun waren diese städtischen Kirchen allerdings nie auf eine Gemeinde allein bezogen, wurden also auch nie durch Sonntagsgottesdienste ausgelastet. Als zum Beispiel der Mainzer Dom gebaut wurde, war Mainz eine Kleinstadt von 12 000 Einwohnern, die neben dem Dom weitere Großkirchen besaß. Der Dom hatte – wie in Köln und Lübeck – nicht primär Gemeindefunktionen, sondern darstellende Aufgaben. Doch nicht nur die Kathedralkirchen, auch die übrigen innerstädtischen Großkirchen waren öffentliche Räume, die neben den Gottesdiensten zentrale Stadtfunktionen erfüllten; sie nahmen auch Marktfunktionen wahr bis hin zu sozialen Einrichtungen. Erst in der Neuzeit reduzierte sich die Nutzung zunehmend auf den Kultbereich, wenngleich diese City-Kirchen öffentliche Räume geblieben sind.

Immer noch übernahmen Kirchen eine Identität stiftende Rolle, als Ende des 19. Jahrhunderts und im 20. Jahrhundert Vorstädte und Stadtrandsiedlungen entstanden. Oft haben allein die Kirchbauten, soweit sie stadträumliche und architektonische Qualität bieten, Ortskerne gebildet mit denen sich entscheidende lebensgeschichtliche Daten verknüpfen: Taufe, Erstkommunion und Konfirmation, Hochzeit und Tod.

Mit vielen Kirchen verbinden sich Plätze und Höfe der Ruhe, an denen die Hektik des Stadtverkehrs vorbeifließt und wo der Fußgänger zu seinem Recht kommt. Es sind Nischen der Erinnerung, der Sammlung, der Beruhigung des Auges und des Hörens nach innen. Unter diesen Aspekten hat die Gestaltung des öffentlichen Raumes nicht immer hinreichend Aufmerksamkeit gefunden. Gerade im Getriebe der Verkehrs- und Geschäftsstraßen, wie im gestaltlosen Einerlei der Wohn- und Gewerbegebiete sind Inseln der Ruhe und des Verweilens unbedingt zu sichern. Damit stellt sich den Städten die Frage, wie weit sie die alten City-Kirchen in ihr Bewusstsein wieder zurückholen und in die eigene Stadtgestaltung einbeziehen wollen. Diese Frage steigert sich mit dem Bedeutungsverlust der City-Kirchen für die gottesdienstliche Nutzung – reduziert auf sonntags von 10 bis 12 Uhr, dazu ein paar Sonderanlässe pro Jahr und vielleicht einige Konzerte. Hier könnten sich Städte und Kirchen gemeinsam Gedanken machen, wie sich die City-Kirchen als öffentliche Räume nutzen lassen – für die eigene Bevölkerung, für Touristen, für Kult und Kultur.

In der Utrechter Domkirche hat man angefangen mit dem Einfachsten, wofür allerdings hundert freiwillige Mitarbeiter gebraucht wurden, die sich auch fanden: Gastlichkeit gegenüber den tausenden Touristen und anderen Besuchern, Führungen und andere Auskünfte an denjenigen, der will. Wer alleingelassen werden will, kann seinen eigenen Weg gehen. Das tägliche Mittagsgebet in einer Seitenkapelle ist ein unaufdringliches Angebot. Es gibt einen Laden, wo man Schallplatten mit Orgelmusik aus dieser Kirche kaufen kann, Bücher, Ansichtskarten, aber auch Souvenirs und Kuchen.

In der Kirche gibt es ein kleines Teehaus, in dem etwas gegessen und getrunken werden kann. Das evangelische Citypastorat, das in der Domkirche eingerichtet ist, bietet verschiedene Veranstaltungen in der Kirche und in einem Nebenraum an, und versucht damit, sich auf das Leben der Stadt einzuspielen. In der Kirche ist noch eine Kapelle den Heiligen aus früherer und neuer Zeit gewidmet; jeden Tag liegen in einem großen Buch andere Namen vor ...   *Hans Blankensteijn*

Bibliothek in der Kirche des früheren Steyler Missionshauses in Ingolstadt.

Umnutzung von Kirchen

Für den Untersuchungszeitraum von 1980 bis 2005 hat es bedeutend mehr Publikationen und Tagungen aus dem protestantischen als aus dem katholischen Kontext zu diesem Gegenstand gegeben. Das hat sicherlich mehrere Ursachen: Zu einen sah sich die Evangelische Kirche in Deutschland früher und in stärkerem Maße mit der Verwendung von ungenutztem Kirchenraum konfrontiert ... Sicherlich trägt jedoch auch die Diskussionskultur, die bei Protestanten im Allgemeinen stärker ausgeprägt ist als in der römischen Kirche, zu einer intensiveren Auseinandersetzung mit der Problematik bei.

Rainer Fisch

Die heutige Leere der Kirchen hängt wesentlich mit den Lehren der Kirche zusammen.
Franz Alt

Für 500 000 Euro hat die katholische St.-Martin-Gemeinde die neoromanische Kirche in Hannover umgestaltet. Sie bietet jetzt 1500 Verstorbenen Platz. Problemlos kann die Zahl der Plätze auch auf 3000 erhöht werden. Die Herz-Jesu-Kirche ist damit das erste Kolumbarium Norddeutschlands – ein überdachter Friedhof, Bestattungsort für Urnen.

In den Seitenschiffen führen dünne Stahlstreben zur Decke empor. Wie Schließfächer sind daran kleine Glaskästen aufgereiht. An die biblische Jakobsleiter soll die Konstruktion erinnern, die »bis zum Himmel reichte« (Gen 28,12). Die Alternative zum Kolumbarium war die Schließung der Kirche aus Kostengründen: »So bleibt sie als Gottesdienstort erhalten.«

Die Kirche will angesichts einer sich wandelnden Grabkultur auf der Höhe der Zeit bleiben. Ein gewisses Geschäftsdenken ist dabei wohl unvermeidlich: »Der Businessplan ist so kalkuliert, dass die Einnahmen die Kosten für den Erhalt der Kirche decken«, sagt der Geschäftsführer des Kolumbariums. Der Preis für einen Urnenschrein (Nutzungszeit: 20 Jahre) liegt je nach Stellplatzhöhe auf der »Himmelsleiter« zwischen 2600 und 2900 Euro. In der Urnenkirche gibt es weiterhin Messfeiern. Vergleichbare Projekte existieren bislang nur in Aachen, Erfurt und Marl.

Zu verkaufende Kirchen?

Ehe eine Kirche verkauft oder gar abgerissen wird, müssen andere Verwendungsmöglichkeiten überprüft werden. Dazu gehören vorab kirchliche Sondernutzungen, etwa Nutzungen als City-Kirche, Jugendkirche, Begräbniskirche … sowie die Umnutzung für gemeindenahe Aufgaben. Muss aber verkauft werden, gilt die Übereignung an andere christliche Kirchen oder Religionsgemeinschaften als drittbester Fall. Die Übereignung an nichtchristliche Glaubensgemeinschaften wird laut Handreichungen der katholischen wie evangelischen Kirche ausgeschlossen. Ob stattdessen die weitere Verwendung als Restaurant oder Turnhalle angemessener ist?

Die Richtlinien des Bistums Essen nennen außer sozialen Einrichtungen im engeren Sinne auch kulturelle Verwendungen:

Wir werden immer die Pflicht haben, eine würdige Nutzung zu sichern. Aber Essen, Trinken und Schlafen sind nicht verwerflich. Der Phantasie und Kreativität sollten bei Umwandlungskonzepten nicht vorschnell Grenzen gesetzt werden. Ein bisschen Mut tut gut.

Zur Zeit häufen sich bei uns die Anfragen von Bestattungsunternehmen, die einen Kirchenraum zu einem Ort der Abschieds- oder Beerdigungskultur werden lassen wollen … In dem Zusammenhang liegt es nahe zu fragen, ob Kirchen nicht auch geeignet sind, zu Orten des Lebens und der gestalteten Freizeit zu werden. Um ein spektakuläres und provozierendes Beispiel zu nennen: Eine denkmalgeschützte neugotische Kirche in Bristol hat man mit großem Erfolg in ein Indoor-Kletterzentrum verwandelt. Ein sehr denkmalgerechter Umgang. Kaum Einbauten nötig. Alles reversibel.

Hier schlägt kirchliche Liberalität (oder ist es Verzweiflung, die sich hinter Ironie versteckt?) bereits Purzelbäume. Gewiss kann man Kirchen, um sie nicht abzureißen und die Liegenschaft in bare Münze umzutauschen, in allerlei Nutzungen überführen und dabei denken, dass viele nach 1803 aufgelassene Kirchenräume als Erntescheunen, Lagerstätten, Fabriken und dergleichen gedient haben und gerade deswegen erhalten geblieben sind, um heute wieder als Kirchen geschätzt zu werden. Aber dieses Denken setzt sowohl seitens der Kirchen als auch seitens der Städte zu niedrig an.

Kirchen »nach dem Ende des Christentums«

Nehmen wir als Beispiel Wismar. Die drei gotischen Großkirchen von Wismar führen die Schicksale deutscher Kirchenmonumente im 20. Jahrhundert anschaulich vor Augen.

Die riesige *Nikolaikirche* hat mit ihrer üppigen Ausstattung den Krieg ohne große Schäden überstanden. Sie befindet sich im Besitz der Stadt, dient aber als einzige der großen Kirchen Wismars der evangelischen Kirchengemeinde. Wie Lübeck, Rostock, Stralsund gibt sie den Glanz der Hansestadt in allen Facetten wieder. Die *Marienkirche* dagegen erlitt im Krieg schweren Schaden. Als stadtbildprägendes Monument hätte sie unbedingt wieder aufgebaut werden müssen. Stattdessen ließ die DDR den durchaus noch stabilen Bau bis auf den mächtigen Turm 1960 sprengen, obwohl niemand eine Idee hatte, was an dessen Stelle treten könnte. So klafft nun im Herzen der Stadt ein Loch. Die Deutsche Stiftung Denkmalschutz hat das Mahnmal zum Lehrbeispiel für die norddeutsche Backsteinbaukunst umfunktioniert. Der architektonisch wuchtigste Koloss in Wismar ist die *Georgenkirche*. Sie wurde im Krieg beschädigt und weil man sie verfallen ließ, kam es später zum Einsturz von Teilbereichen. Ihr Wiederaufbau gehört zu den bedeutendsten restauratorischen Leistungen nach der Wende von 1989. Die evangelische Kirche hat das gewaltige Hochaltarretabel, um 1430 entstanden, gemeinsam mit einem Förderkreis für 750 000 Euro saniert und möchte es am angestammten Ort auch wieder aufstellen. Doch das verweigert die Stadt. Die Georgenkirche solle als »Kulturkathedrale« und Gotikmuseum dienen, da sie den Genius der nordischen Backsteingotik in überwältigender Reinheit verkörpert. In dieser Nutzung, hieß es, könne der Altar Nichtchristen verstören (mit vier Metern Höhe und zehn Metern Breite bei geöffneten Flügeln das größte Altarretabel seiner Art im gesamten Ostseeraum. Es weist 42 Heiligenfiguren auf der Vorder- und 16 Maltafeln auf der Rückseite auf.). Auch die Georgenkirche ist im Besitz der Stadt. Aber wem »gehört« sie? Und wer bestimmt, an was hier erinnert und seitens der Landeskirche Mecklenburgs noch getan werden darf?

Eine technische Installation hat den Bildstock ersetzt. Ortsausgang des Dorfes Schröck bei Marburg an der Lahn, der sich selbst durch seine Geschichte als »stark katholisch geprägt« vorstellt. 1993.

Immerhin ist es sehr befriedigend, dass die Stadt Wismar die Georgenkirche einer neuen Bestimmung zuführt und ihren alten Glanz erneuert. Aber wie werden diese Räume zukünftig erlebt? Sind sie nur noch Kunstdenkmäler, die als Kirchenräume ihre Ansprüche verloren haben? Erfahrungen von Gustav Seibt deuten an, wohin die Reise »nach dem Ende des Christentums« gehen kann:

Aschersleben ist eine hübsche, nagelneu renovierte Kleinstadt am Nordabhang des Harzgebirges. Im hohen Mittelalter war sie ein wichtiger Stützpunkt bei der Kolonisierung und Christianisierung der wendisch-heidnischen Mark …

Das schönste Bauwerk am Ort ist die spätgotische Stephanikirche, ein schlichter, feierlicher Hallenbau, (in dem sich) … wie an so vielen anderen sakralen Orten die deutsche Geschichte mit ihren Glaubenskämpfen und Kriegen (spiegelt). Außerdem wurden hier über viele Generationen die Menschen ganz regulär getauft, verheiratet und ausgesegnet. Ehrfurcht gebietend ist das selbst für den, der sich der evangelischen Gestalt des Christentums nicht speziell verbunden fühlt, ja wohl auch für glaubensarme Freigeister. Denn neben der überkommenen Frömmigkeit gibt es mit gutem Grund auch eine gebildete Andacht für Geschichte und Kunst, als

Kirchen als öffentlicher Raum

Der Gebrauch von Kirchengebäuden als Versammlungsstätten außerhalb religiöser Kulthandlungen hat in Deutschland eine lange Tradition. Auch die deutsche Nationalversammlung tagte 1848 in der Paulskirche in Frankfurt. Kirchenbauwerke wurden vor allem im Protestantismus, aber auch innerhalb der katholischen Kirche von jeher auch außerliturgisch verwendet. Durch den Verzicht einer Zugangskontrolle sind sie im besten Sinne öffentlicher Raum. Gottfried Kiesow stellte anlässlich des Künstlertreffens des Bistums Münster im Jahre 1999 fest: »Die politische Wende in der DDR wäre kaum möglich gewesen, hätte sich die Bürgerbewegung nicht in den Kirchenräumen versammeln können, auf die der Zugriff der Staatsorgane nur schwer möglich war.«

Rainer Fisch

Glauben im Zeitenumbruch

Respekt vor dem, was war und wofür Menschen vor uns gekämpft und gelitten haben, was ihnen Trost und Lebensmut gab.

Die kleine Gruppe der glaubensarmen Freigeister mit gebildeter Andacht für Geschichte und Kunst könnte sich freilich wie die nicht minder seltene Gruppe frommer Christen vor Ort schnell ernüchtert sehen:

> Wer … in die Dämmerkühle dieser Kirche trat, sah sich unversehens in den Lärm einer Kantine versetzt. Drei Frauen gesetzten Alters saßen mit Kaffeekrüglein an einem breiten Tisch, wo Postkarten und Führer auslagen, und schwatzten, was das Zeug hielt. Sie sprachen nicht gedämpft, nein, sie lärmten und johlten, was in der Kirche, die noch in vorreformatorischen Zeiten für leises Gebetsgemurmel und die Solostimme des Priesters errichtet wurde, einen gellenden, ja infernalischen Halligalli ergab …
>
> Das kann passieren in einem Sakralraum, der nur wenige Besucher anzieht: Die Aufsichtspersonen nisten sich mit der Zeit häuslich ein, der Raum wird ihnen letztlich zur Stube. Überraschend aber war die Reaktion auf unsere Bitte um Stille: Man sei doch zur Arbeit hier, denn man müsse hier täglich sechs Stunden sitzen und bedürfe auch einmal einer Pause.

Der Bericht im Feuilleton der »Süddeutschen Zeitung« stammt nicht aus der Wahrnehmung eines Kirchenfrommen, aber aus dem Empfinden, dass jeder Ort seine eigene Würde hat und jeder Raum einen spezifischen Anspruch. Seine Erfahrung, meint Gustav Seibt, wäre als Einzelfall kurios genug, doch wenn dem Einzelfall ein halbes Dutzend ähnlicher folge, werde daraus ein Symptom. Er fand auch in der Stiftskirche von Gernrode, in den Domen von Quedlinburg und Halberstadt »Zeichen der Not in Landstrichen, die nur noch etwa 20 Prozent eingetragene Christen und mutmaßlich weit weniger praktizierende aufweisen« und meinte, »noch hütet eine Restkirche diese Stätten. Aber sie geht mit ihnen um, als handle es sich um archäologische Orte einer längst untergegangenen vorweltlich finsteren Religion, die keinen Respekt mehr verdient.«

Gewiss werden die denkmalgeschützten Kirchen, die Wahrzeichen europäischer Geschichte sind, alle kommenden Nivellierungen in ihrer Bausubstanz überdauern. Aber wie präsentiert »die Restkirche« sie ihren ungebildeten Besuchern?

Die Kirchen und ihre Nutzung

Die letzte Frage führt zu der gewichtigeren, wie die Kirche sich selbst angesichts des stattfindenden Traditionsabbruchs in ihren eigenen Räumen versteht. Glaubt sie, die vorhandenen Gemeindekirchen in ihrer überlieferten Gestalt beibehalten zu können? Erscheinen ihr die Bankreihen in den Langhäusern – davon abgesehen, dass diese regulär kaum noch gefüllt werden – weiterhin als angemessene Kommunikationsstruktur? Im schulischen Bereich heißt diese Ordnung »Frontalunterricht«; es ist eine nur eingeschränkt angemessene Form des gemeinsamen Lernens. Im Kirchenraum entspricht die Reihung »Rücken an Rücken« zwar einer lehrenden Autorität, der eine hörende und hörige Kirche zugeordnet ist, aber sie verwehrt das sich räumlich darstellende Miteinander der feiernden Gemeinschaft und stellt zugleich – mit wachsender Deutlichkeit – mit den leer

---

Citykirchen
Citykirchen sollen Sakralgebäude genannt werden, die in einem urbanen Kerngebiet mit hoher Konzentration von Dienstleistungseinrichtungen stehen, die von ihrer baulichen Gestalt her öffentlich ausstrahlen und in denen parochienübergreifende Funktionen wahrgenommen werden.
Frank W. Löwe

Offene Kirchen
Da nach katholischem Verständnis ein Gotteshaus auch der persönlichen Frömmigkeit dient, verbietet es sich, die Zugänglichkeit zu verwehren. Aus Angst vor Vandalismus und Diebstahl wagen es jedoch auch viele katholische Pfarrgemeinden heute nicht mehr, ihr Gebäude unbeaufsichtigt zu öffnen. Dadurch können die Kirchen einen Teil ihrer Funktionen nicht mehr wahrnehmen.
Rainer Fisch

bleibenden Bänken den Niedergang der »Restkirche« vor Augen. Denkt man von heute aus eine Generation weiter, so wird im katholischen Bereich um das Jahr 2035 der Klerus seinem Minimalstatus entgegengeschrumpft sein. Dann steht jedem vor Augen, in welch krassem Missverhältnis die vorhandenen Räume, die darin noch stattfindenden Gottesdienste und die verbliebenen »Gläubigen« zueinander stehen.

Die Ausstattung. Zunächst geht es um die Frage, welchem Glauben und welchem Gemeindeverständnis ein Kirchenbesucher begegnet. Natürlich sind alte Kirchen voller Bilder. Einerlei aus welchem Jahrhundert sie stammen und welchen künstlerischen Wert sie haben mögen, sie schildern durchweg eine untergegangene Gestalt christlicher Glaubenswelt: Ob nun die Geburt Christi, die Passion, Ostern oder Mariä Himmelfahrt hier begegnen, ist es übertrieben zu sagen, dass die Mehrzahl dieser Bilder heutige Betrachter in eine Märchenwelt führt? Nehmen wir den Kreuzweg als Beispiel. In dessen Bildern müssten die Kreuze der eigenen Zeit sichtbar werden. Einen solchen Kreuzweg betrachtend zu gehen könnte heißen, sich des Leids und Unrechts in der eigenen Geschichte bewusst zu werden, Mystik mit Politik zu verbinden, Frömmigkeit mit Öffentlichkeit. Welcher Pfarrer, welche Kirchengemeinde sucht Künstler, die dem Schrei der Menschen ein Gedächtnis geben? »Haben wir«, fragt Johann Baptist Metz, »auch nur in Ansätzen, wirklich eine anamnetische [erinnernde] Kultur, die das kultische Passionsgedächtnis an unsere geschichtlichen Erfahrungen zurückbindet und so verhindert, dass es schließlich nur als geschichtsferner Mythos gefeiert wird?« Das desolate Verhältnis des Christentums zur modernen Kunst schließt ein Nichtverhältnis zu den Tragödien der eigenen Zeit in sich ein. Und wenn Christen denn schon einen biblisch fundierten Gottesglauben beanspruchen, sollte in ihren Kirchen sichtbar werden, dass dieser Gott ein Menschheitsthema ist oder überhaupt kein Thema. Denkmalschutz hin oder her: Sofern die Kirchen nicht – wie Nietzsche meinte – zu Grabmälern eines toten Gottes werden sollen, was sie vielfach bereits sind – muss der Kirchenbesucher durch die Kunst ebenso wie durch das Wortgeschehen mehr und mehr auf die Höhe der Zeit geführt werden.

Die Raumordnung. Die alten Kirchen waren auf den Altar am Ende des Ostchores ausgerichtet. Der Chor selbst blieb den Klerikern vorbehalten. Handelte es sich um Klosterkirchen trennte ein Lettner Volk und Mönchskonvent, wie dies auch in Bischofskirchen der Fall ist, in denen das Domkapitel diesen Bereich einnimmt. Das Volk, also die Laienschaft, reiht sich – Bank hinter Bank – im Langhaus auf. Für Mönchskirchen vielleicht hinnehmbar, für Gemeindekirchen nicht akzeptabel.

Dieses Raumkonzept blieb katholischerseits in Deutschland bis zur Liturgischen Bewegung und weltweit bis zum Zweiten Vaticanum ziemlich unverändert bestehen. Die reformatorischen Kirchen richteten die Sitzordnung – der Langhausarchitektur bisweilen krass widersprechend – auf Kanzel und Wort aus. Ansonsten erfuhr der Kirchenraum keine grundlegende Neugestaltung, während die freikirchlichen Gemeindesäle in einer ernüchternden Funktionalität jeden Anspruch auf räumliche Dignität preisgaben. Wirkliche Bewegung in die Gestaltung des Kirchenraumes kam erst mit einem neuen Gemeindeverständnis. Der »Altar« wurde nun als Tisch des gemeinsamen Mahles verstanden, so dass er von der äußersten Stirnwand des Langhauses immer entschiedener in die Gemeinde

Kultkirche

In der katholischen Kirche spielt die Eucharistiefeier unter den symbolischen Kulthandlungen eine zentrale Rolle. Sie gilt als Mitte, Ursprung und Ziel der Glaubensgemeinschaft, als Höhepunkt des christlichen Lebens. Zwar wird sie als Zeichen der Einheit doziert, entartet jedoch angesichts der Milieu- und Klassenbindung der katholischen Kirche zur Illusion, weil bestimmte Bevölkerungsgruppen faktisch von der Teilnahme ausgeschlossen sind. Außerdem werden in Zukunft mehr und mehr Orte und Regionen von diesem propagierten Höhepunkt des christlichen Lebens ausgeschlossen. Denn die Bedingungen, unter denen die Messe gültig und erlaubt gefeiert wird, sind viel zu eng definiert, um eine lebendige sakramentale Praxis zu ermöglichen. Der Leiter der Eucharistiefeier muss ein vom Bischof mit einer Weihe ausgestatteter und dazu beauftragter unverheirateter Mann sein.

In der extrem patriarchalisch und hierarchisch ausgerichteten Verfassung der katholischen Kirche, die einer absoluten Monarchie ähnelt, ist die Entscheidungsmacht dem weihebasierten Amtsträgern vorbehalten …

Anstatt die Kopplung kirchlicher Leitungsmacht an ehelose, mit sakramentaler Weihe ausgestattete Männer zu lösen, hält die Kirchenleitung krampfhaft an der historisch gewordenen und inzwischen anachronistischen Struktur fest. Sie riskiert damit ein dreifaches Risiko: Erstens überfordert sie die weniger werdenden Kleriker, bis diese ausbrennen, krank werden oder ihren Beruf quittieren. Zweitens entmutigt sie hoch motivierte und kompetente, sowohl ehelose als auch verheiratete Frauen und Männer, die ihre Talente und Energien für den pastoralen Dienst in den Gemeinden mobilisiert haben und sich nun tendenziell aus diesem Beruf zurückziehen. Und drittens verstolpert sie sich in eine Reaktion, die Jesus an den Pharisäern und Schriftgelehrten geißelt, dass sie sich nicht um die Menschen in den Gemeinden sorgen, sondern sich an ihren eigenen Überlieferungen und Menschensatzungen festhalten. Dass sie die Schlüssel zum Himmelreich in der Hand halten, die Gemeinden aber nicht hineinlassen.

Friedhelm Hengsbach SJ

zurückgeholt wurde. Das brach den Bann, »der die Liturgie seit vierhundert Jahren in einem Zustand der Unveränderlichkeit und schließlich der Starre festgehalten hat« (Josef Andreas Jungmann). In den meisten Kathedralkirchen findet sich der Altar bis in die Vierung gezogen, so dass er nun von drei Seiten umstanden werden kann. Eine Endgültigkeit dieser Entwicklung lässt sich trotzdem nicht behaupten, denn sowohl das Ende der Volkskirche als auch grundsätzliche Fragen nach Amts- und Sakramentsverständnis sowie der heutigen Liturgiefähigkeit des Menschen verlangen fortgeführte Lösungen.

Angesichts der minimierten Gemeinden in zu großen Räumen empfiehlt sich eine Orientierung an südeuropäischen Kirchen mit ihrem beweglichen Gestühl. Um den Altar herum mögen feste Installationen bleiben, – keine spartanisch unbequemen Sitze, sondern solche in angemessener Ausstattung. Eine zusätzliche Lichtführung kann den benutzten Raum aus der weiteren Kirche herausheben und begrenzen. Mit mobilem Gestühl lässt sich die je anstehende Besucherzahl und Veranstaltungsform berücksichtigen. Unverzichtbar ist dabei eine Raumgestalt, die kein oben und unten, vorn und hinten, nah oder fern zulässt. In einer solchen Zuordnung wird nicht »gepredigt« sondern gesprochen, ist sogar eine Unterbrechung durch Nachfrage oder Entgegnung denkbar. Steht dem Gottesdienst ein sicherer Mensch mit spiritueller Kompetenz voran, so gibt es nichts Störendes. Eigene Unsicherheit braucht freilich ein Auditorium, das nicht eigenständig denkt, keine Fragen stellt und keinen Einwand wagt.

Offene Kirche? Über die innere, gottesdienstliche Funktion einer Kirche hinaus stellt sich die Frage nach ihrer äußeren Stellung im Stadtraum – und umgekehrt, ob und wie sich die Stadt im Kirchenraum wiederfindet. Man hat gefragt, ob sich die City-Kirche angesichts ihres öffentlichen Charakters nicht als Agora verstehen lasse. Agora war im antiken Griechenland zunächst der städtische Versammlungsort, später der Marktplatz, das Zentrum des öffentlichen Lebens. Im Mittelalter hat es Kirchen gegeben – für Frankreich und die Niederlande nachweisbar – die sich als Agora verstanden. Das aber setzte voraus, dass sich Kirche und Gesellschaft faktisch deckten. Heute stehen die mittelalterlichen Kirchen zwar als »Relikte« einer vergangenen Epoche in unseren Stadtzentren. Aber da es keine »Volkskirche« mehr gibt, ist das Agora-Konzept eher anachronistisch. »Die Begegnung von Kirche und Welt findet in der Welt statt, nicht in der Kirche oder deren Nebenräumen« (Hans Blankensteijn).

Oben: Kirchenzentrum München-Riem (2000–2005). Durch den Gesamtbau führt ein zentraler Gang zwischen evangelischem und katholischem Gebäudeteil. Weitere Einrichtungen wie Kindergarten, Säle und Jugendräume kommen hinzu.

Unten: Inneres der Herz-Jesu-Kirche München-Neuhausen (1996–2000). Der Raum ist klar auf den Altar ausgerichtet. Ein Kreuz-Vorhang, aus einer Messing-Kupferlegierung gewebt, bildet die Altarrückwand.

Es muss nichts »aktuell« sein, was sich im Kirchenraum abspielt. Angesichts des geschäftigen Lebens, dass die Stadtkirchen umspült, ist es eine Wohltat für Leib und Seele, einen Raum betreten zu können, der Ruhe erlaubt, Besinnung zulässt, entspannend wirkt. Das gilt für Christen wie Nichtchristen. Denkbar sind Kirchen, in denen während ihrer Öffnungszeiten Gregorianischer Choral, Orgelmusik, die Gesänge von Taizé oder Klassische Musik zu hören sind. Die Mehrzahl der Besucher läuft in solchen Kirchen nicht hilflos hin und her. Die meisten suchen sich einen Platz, um eine Weile zu lauschen und Raum wie Musik auf sich wirken zu lassen. Auch das sind »Wellness«-Angebote, die der Seele gut tun.

Man kann dem Besucher ebenfalls Literatur an die Hand geben. Etwa Literaturausschnitte, die beschreiben, wie andere Menschen zu anderen Zeiten Kirchen besucht und erlebt haben. Oder Lesestücke, die der eigenen Besinnung Anstöße geben. Doch darf dergleichen nicht nach dem Muster gestrickt sein, wie sie die Heftchen des Schriftenstandes in der Kirche gewöhnlich bereithalten. In einer Offenen Kirche sind Missionierungsabsichten fehl am Platz. Was zu lesen, zu bedenken und zur Entspannung angeboten wird, sollte Substanz haben, aber nicht katechetisch sein.

Ein Spezifikum ist der Kirchenführer. Die Fülle von Jahreszahlen, Stifternamen und Bauetappen, die sich in der gängigen Gattung häufen, kann niemand behalten und will letztlich auch keiner wissen. Ein Bewusstmachen des Raumes ist wichtiger, als dessen Ausstattung Stück für Stück zu beschreiben.

Trotz aller Geschichte, welche die Mehrheit unserer Kirchen verkörpert, ist eine Zeitansage möglich, falls auch gegenwärtige Kunst ihr Recht hat. Es müssen nicht gleich Werkfolgen, Retrospektiven oder thematische Ausstellungen sein – auch an einem einzelnen Bild oder einer Skulptur lässt sich der Sinn für die Sprache unserer Zeit bilden. Viele Künstler stellen für einen begrenzten Zeitraum eines ihrer Werke gerne zur Verfügung. Doch genügt es nie, ein Kunstwerk lediglich in den Kirchenraum zu stellen. Es muss schon zum Thema werden, mit anderen Kunstwerken verglichen, durch Führungen, Diskussionen und Vorträge ergänzend interpretiert werden …

Sei eine Kirche alt oder neu, was in ihr geschieht, kann der geistigen Auseinandersetzung mit der eigenen Zeit dienen, damit alle Augen bekommen, die sehen können, und Ohren, die hören können.

Die Eingangsfassade der Herz-Jesu-Kirche kann nahezu ganz geöffnet werden. Ein niedriger Durchgang führt von der Vorhalle in den Kirchenraum. Bei geschlossener Front spiegelt sich in den Scheiben der Himmel.

Glauben im Zeitenumbruch

3. Das Geschehen in den Kirchen

Meditation

Hinter dem Gebet und hinter den Gottesdiensten des Christentums fehlt weitgehend eine Dimension, aus welcher jeder Kult schöpfen muss: meditative Praxis. Henri Le Saux hat aus seiner Begegnung mit der Mystik Indiens dieses Defizit bewusst gemacht. Er meinte, wenn das Christentum den eigenen Universalanspruch behalten wolle, müsse es die spirituellen Erfahrungen des Hinduismus und des Buddhismus integrieren, zwar nicht in deren Formulierung, auch nicht auf der Ebene theologischer Diskussion, sondern in der eigenen Erfahrung. Hugo Lassalle hat den Anfang gemacht, das Christentum auf diesen Weg zu führen. Seitdem sind es immer mehr geworden, die als Zen-Lehrer die Spiritualität europäischer Klöster und Gemeinden beleben.

Gewiss besitzt das Christentum seine eigene mystische Tradition, doch wurde diese einer begrifflichen Theologie untergeordnet. In der Mystik geht es weder um Begriff und System, noch um Wissen und Anspruch als um einen Erfahrungshintergrund, ohne den jede Glaubenslehre taubes Stroh ist. Noch vielmehr: Es geht um die Zurücknahme des Ich, damit jene tieferen Erfahrungsebenen auftauchen können, welche die normale Ich-Aktivität abdrängt. Denn das Ich mit seinen bisher absolvierten Bewusstseinsebenen – der erstaunliche Weg der Evolution des menschlichen Geistes – ist zugleich ein Schleier, der die tiefere Identität des Menschen abdrängt. Was damit gemeint ist, zeigt sich in dem Gespräch, das ein mexikanischer Indianer-Schamane mit einem jungen amerikanischen Anthropologen führte:

»Ich habe dich hierher geführt, um dich eine Sache zu lehren: du sollst das Nicht-Tun lernen … Nicht-Tun ist so schwierig und setzt so viel Kraft voraus, dass du besser nicht darüber sprichst. Nicht, bevor du die Welt angehalten hast.«
Don Juan sah sich um und deutete auf einen großen Felsblock. »Dieser Stein hier wird durch Tun zum Stein«, sagte er. Ich wartete auf eine Erklärung, aber er schwieg. Schließlich musste ich ihm sagen, dass ich nicht verstanden hatte, was er meinte.
»Das ist Tun!«, rief er.
»Wovon sprichst du, Don Juan?«
»Tun ist das, was den Stein zu einem Stein und den Busch zu einem Busch macht. Tun ist das, was dich zu dir selbst und mich zu mir selbst macht.«
…
Wieder deutete er auf den Stein. »Dieser Stein ist ein Stein durch all das, was du in Bezug auf ihn zu tun weißt«, sagte er. »Die Welt ist so-und-so, nur weil wir uns sagen, dass sie so-und-so ist. Wenn wir aufhören, uns zu sagen, dass die Welt so-und-so ist, dann wird die Welt aufhören, so-und-so zu sein … Dein Problem ist, dass du die Welt mit dem verwechselst, was die Leute tun. Damit stehst du nicht allein da. Jeder von uns tut das … Was die Leute tun, ist mit Recht sehr wichtig, aber nur als ein Schild. Wir lernen nie, dass die Dinge, die wir tun, nur Schilde sind, und wir lassen sie über unser Leben herrschen …«

Marginalie:

Es geschah, als es bei einem Sesshin mittags gegen 14 Uhr eine Schale Tee und einen kleinen Keks gab. Ohne Gedanken, aber voll konzentriert auf das Geschehen im Augenblick, durchfuhr es mich wie einen Blitz: »Das ist doch dasselbe wie unsere Eucharistie – Gott gibt sich in sichtbarer Gestalt zur Nahrung für uns Menschen.«

Als ich das später einmal Pater Lassalle erzählte, meinte er kühl: »Das dürfen Sie aber nicht laut sagen.«

Heute denke ich: Es muss ab und an laut gesagt werden, damit Menschen, die eine ähnliche Erfahrung machen, sich trauen, das ernst zu nehmen. Sonst bleibt die Aufforderung, »Gott in allen Dingen zu sehen«, nur ein schöner Sonntagsgedanke, der stirbt, wenn er nicht mehr gedacht wird. Ist nicht die ganze Erscheinungswelt im Grunde nichts anderes als die Manifestation des göttlichen Wesens? Und alles Leben Gottes Leben?

Peter Lengsfeld

Was hier »die Welt anhalten« genannt wird, kann in den meditativen Traditionen der Welt heißen, den »inneren Monolog« abstellen, den »Weg des Schweigens« gehen oder »leer werden«. Der deutsche Zen-Meister Willigis Jäger beschreibt seinen eigenen Weg hinter die Schleier der Außenwelt so:

Dort gibt es ein Erfassen, Erkennen und Erleben, das keinen Erfassenden mehr kennt oder braucht. Diese Nicht-Dualität zu erfahren, ist das Ziel ... Das ganze technokratische, systeminterne theologische Glaubensgebäude schmolz zusammen. Es war alles viel, viel einfacher. Was zurückblieb, war die Gewissheit, dass ich nicht das bin, was ich gemeint habe zu sein, und dass alles aus dem Hintergrund kommt, den wir Leerheit, Gottheit, das Eine nennen.

Man wird nicht erwarten können, dass sich kirchliche Gottesdienste regulär mit Zen-Übungen verbinden, aber wünschens- und fördernswert ist es, dass es zunehmend mehr Zen-Lehrer unter Theologen und Pfarrern gibt, deren Einfluss zu einer deutlichen Veränderung des spirituellen Milieus in den Kirchen führt. Wenn es denn so ist, wie der in diesem Zusammenhang unaufhörlich zitierte Karl Rahner meinte, dass die Überlebenschance des Christentums an seiner Wiederentdeckung der Mystik hänge, und diese die »Religiosität der Zukunft« sei, »... weil die Frömmigkeit von morgen nicht mehr durch die ... öffentliche Überzeugung und religiöse Sitte aller mitgetragen wird, die bisher übliche religiöse Erfahrung also nur noch eine sehr sekundäre Dressur für das religiös Institutionelle sein kann«, kommt alles darauf an, der meditativen Praxis im kirchlichen Milieu Raum zu geben.

Das freilich, darf man voraussagen, würde vieles verändern: Ämter und Titel, Kleiderordnung und Repräsentanz, Darstellung von Autorität und Macht, Anspruch auf Kontrolle und Unterwerfung. Denn wenn es in der Meditation um die Zurücknahme des Ich geht, um die Öffnung des Bewusstseins in eine tiefere Dimension, dann relativieren sich alle anderen Bedeutungen. Dann verwandelt sich auch das christliche Selbstverständnis: Symbole und Bilder erschließen sich in einer neuen Leuchtkraft, das Glaubensverständnis vertieft sich. Es ereignet sich eine Bewusstseinserweiterung, in der Konfessionen und Religionen nicht gegeneinander abgeschottet sind, sondern transparent werden für die hinter ihnen liegende Ebene, die gewöhnlich eine kulturell bedingte Interpretation überdeckt. Und es geschieht eine Schwerpunktverlagerung von der Formel, dem dogmatischen Ausdruck, der kontrollierten Orthodoxie zu einer eigenen spirituellen Lebendigkeit hin.

Es ist nicht erforderlich, diese Entwicklung vom Kirchenvolk insgesamt zu erwarten. Es genügt, wenn ein guter Teil der Pfarrerschaft davon berührt wird und Bildungshäuser diese Linie verfolgen. Dann kann sich Folgendes ereignen:

> Ohne das Wissen der Tradition, welche abgelagerte Weisheit und bewährte Wahrheit aus dem Leben und Sterben von Generationen enthält, wird der Bezug auf die Gegenwart, den wir zu vollziehen haben, zu einem hilflosen Schwanken im Winde unsicherer, selbst erst suchender, aber auch leer laufender religiöser Gefühle und jeglicher Meinung, die gerade auf dem Markt oder zufällig biographisch aktuell ist. Ohne dieses Wissen bleiben wir blinde Wanderer und Blindenführer. ... Jede Menschlichkeit und die religiöse Gegenwart unserer Gesellschaft lebt davon, dass in ihr mehr präsent ist, mehr gezeigt, gewusst, gedacht und gelehrt wird, als was unser kleines Bewusstsein in seiner kurzen biographischen Spanne erfahren, erkannt hat und selber weiß. Daher muss es den Schatz der Kirche (und der anderen Religionen, die manchmal – und sei es vorübergehend, in der Zeit der eigenen Suche und des Heranwachsens – hilfreicher als die Schätze des eigenen Hauses sind) und die Repräsentation des Geheimnisses des Heiligen und des Friedens über alle Vernunft geben. ... Es muss Orte des konzentrierten Lebens, Betens, Meditierens, des Heiligen, Gottesdienste als Verehrung des Heiligen und stellvertretendes und verschwiegenes Ewiges Gebet bestimmter Menschen (und religiöser Gemeinschaften) für uns und unsere Welt geben, damit das, was hier, an diesen Schatzorten aufbewahrt, erfahren, gelernt und zur Verfügung gestellt wird, sich überall, in aller freien Wirklichkeit, jenseits von Tempeln, Synagogen, Moscheen und Kirchen auswirken kann.
>
> *Matthias Kroeger*

Glauben im Zeitenumbruch

Im Rahmen der regulären Gemeindegottesdienste wird es Phasen geben, wo nicht gesprochen, nicht gesungen, nichts getan wird. Während man bisher bei einer selbst auferlegten Schweigeminute, sofern es diese gab, eine kaum unterdrückte Ungeduld spürte, lernen nun alle, die Stille anzunehmen. Aus dem gemeinsamen Schweigen erwächst innere Offenheit. Das »Anhalten der Welt« führt in kleinen Schritten zu einer neuen Gemeinsamkeit – eben aus der je erlebten Erfahrung der Stille.

Das gesprochene Wort gewinnt neue Kraft. Wer spricht, spricht aus eigener Ruhe. Kann warten, bis alle bereit sind zu hören. Gibt dem voraufgegangenen Wort Raum, lässt ein Lied, die Orgel ausklingen … Die Sprache überwindet tote Begriffe, wird dichter und kraftvoller, lässt aufhorchen.

Gebet

Die gängige Diktion lautet, beten heiße, mit Gott zu sprechen. Aber jedes Gespräch verlangt ein Gegenüber, besteht aus Rede und Antwort. Je mehr aber »Gott« schweigt, versucht der Mensch sich ein Bild von Gott zu machen, das letztlich den Beter hindert, über das Bild hinaus zu kommen in die bildlose »Leere« oder in »das Nichts«.

Das Bedenken der Evolutionsgeschichte und der nüchternen menschlichen Erfahrung hat uns gelehrt, dass es den Gott der überkommenen »Schöpfungstheologie« nicht gibt; dass die Natur in ihrer ganzen »Machart« mit der Idee eines gütigen und fürsorglichen Gottes unvereinbar ist; dass diese Vorstellung an jeder beliebigen Stelle, die sich empirisch nachprüfen lässt, irreführend ist, und – schlimmer noch – dass es diesen Gott gar nicht geben darf, da ein Gott in Bewusstsein und Freiheit so nicht handeln dürfte, wie die Natur jederzeit mit ihren Kreaturen verfährt (→ S. 165 ff.). Wir haben auch gesagt: Das Wort »Gott« ist kein Begriff zur Erklärung bestimmter Vorgänge in der Welt. Gott hat mit Erdbeben, Überschwemmungen, Seuchen, Krankheiten, Unfällen und dem Wettergeschehen nichts zu tun. Also ist dieser Nothelfer-Gott zu verabschieden. Er hebt die Eigengesetzlichkeit der Welt nicht auf. Die meisten »Fürbitten«, die aus teuren Büchern für Gottesdienste zu wählen sind, ignorieren diese Einsicht und klammern sich an ein Gottesbild, das eine falsche Theodizeeproblematik nährt und die Menschen unmündig hält.

Das Gottesbild dieser Gebetspraxis macht Gott zum Lückenbüßer, der herhalten muss, wenn er gerade gebraucht wird. Er wird zum imaginierten Partner, der tröstet, aber letztlich vertröstet. Dorothee Sölle kritisiert dieses öffentliche Beten als Unreife:

> Immer noch nicht gebannt ist die Gefahr, das Gebet mit Magie zu verwechseln, vielleicht darum, weil Magie dem Menschen schnellere und leichtere Hilfe verspricht, als der christliche Glaube es kann. Magisches Beten rechnet mit dem wunderbaren Eingreifen eines extramundanen Wesens, das unsere Schwierigkeit plötzlich und ohne unser Zutun löst … Ich meine, man sollte, wenn man solche Gebete hört oder sich selber bei solchen Stoßseufzern und Bitten ertappt, nicht von »kindlichem Gottvertrauen« sprechen, sondern eher von theologischen Playboys, die durch das, was sie für Glauben halten, daran gehindert werden, erwachsen zu werden – und das heißt nichts anderes als: Verantwortung zu übernehmen. Wir müssen lernen, vor allem im politischen, im öffentlichen Gebet,

Steingarten in Ryôan-ji, Kyoto.

Beten

Gottes Eingreifen in die Welt können wir nicht mehr denken nach den Mustern von Souveränität und Autorität, wie sie in solchen Redefiguren mitschwingen. Wie ein Vater oder eine Mutter, wie ein König oder Kanzler, wie ein Manager oder ein Journalist ins Leben »eingreifen«, greift Gott in die Welt der Relativitätstheorie oder Quantenphysik eben nicht ein, nicht im entferntesten. Und auch nicht in die Welt der DNA.

Johannes Röser

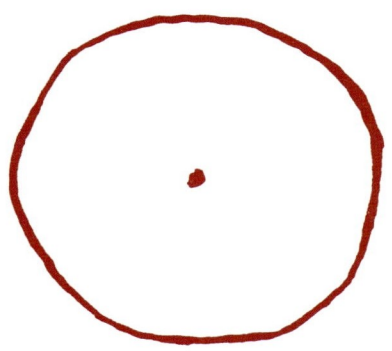

Ich weiß nicht, was ich bin;
ich bin nicht, was ich weiß:
Ein Ding und nicht ein Ding,
ein Pünktchen und ein Kreis.

aufzuhören, die eigene Ohnmacht zu verklären und auf den Fetisch, den alles vermögenden, allmächtigen Papa, der die Sache schon in Ordnung bringen wird, zu starren. Denn Gott, jedenfalls der, mit dem Jesus lebte, hat keine anderen Hände als unsere. Keine anderen Augen, keine anderen Ohren. Der Schrei, den wir nicht hören, wird nicht gehört, das Unglück, das wir nicht wahrnehmen, wird nicht wahrgenommen. Die Überwindung dieser Magie im Gebet beginnt damit, dass wir merken: Gott handelt nicht unmittelbar, wunderhaft, von oben. Er will unsere Hände brauchen, unsere Augen, unsere Ohren, so schwach, so arm, so »nur menschlich« ist er. Im Gebet identifizieren wir uns nicht mit einem starken »superman«, sondern wir übernehmen die Verantwortung für unsere Welt.

Eine tiefere Ebene des Gebets weist der japanische Zen-Meister Daisetz T. Suzuki:

Das Gebet ist, vom Verstand gesehen, eine weitere Form des Widerspruchs, denn es weigert sich, dem natürlichen Lauf der Dinge Gehorsam zu leisten: Darin ist es ganz und gar menschlich. Tiere beten nicht, ebenso wenig die Engel und die Götter. Nur der Mensch betet, weil er sich seines Unvermögens bewusst ist, sich über sich selbst zu erheben, und doch so sehnsüchtig danach verlangt.

Wenn Suzuki dann fortfährt: »Zu wem beten? Wir wissen es nicht, doch wir beten«, denkt er ganz buddhistisch. Er meint, dass wir Gott nicht »wissen« können. In diesem Punkt sind Zen-Buddhisten radikal: »Gott wird sich niemals Köpfen offenbaren, die mit rationalen Vorstellungen voll gestopft sind; nicht, weil er rationalem Verstehen abgeneigt wäre, sondern weil er einfach jenseits eines solchen Verständnisses ist.« Doch ebenso sagt Meister Eckhart: »Auch erkennen (wollen) sollst du nichts von Gott, denn Gott ist über allem Erkennen«.

Wenn aber Gebet keine Bewegung vom Menschen fort, sondern zu ihm hin ist, dann ist Beten zugleich leicht und schwer. Leicht, weil jeder nur zu sich selbst kommen muss. Schwer, weil Menschen überall leichter und schneller hingelangen als zu sich selbst.

Wie leicht das Gebet als Weg zu sich selbst ist, zeigt eine Begegnung, von der Nikos Kazantzakis erzählt:

Wir hielten vor einem kleinen türkischen Kloster, in dem Derwische lebten, die jeden Freitag tanzten. Das grüne Bogentor zeigte auf dem Türbalken eine bronzene Hand – das heilige Zeichen Mohammeds.

Robert Delaunay (1885–1941), Kreisformen. Sonne Nr. 2, 1912/13.

Ich glaube keinen Tod –
sterb ich gleich alle Stunden,
so hab ich jedes Mal
ein besser Leben funden.

Glauben im Zeitenumbruch

Was vermag das Gebet? Es hat nicht vor dem Menschenofen bewahrt; es hat nicht die Freiheit gebracht; die Völker nicht erlöst ... Aber Mütter, Bräute, Väter, Freunde haben es in die Nacht geschickt und keine Antwort vernommen.

Reinhold Schneider

Manchmal pendeln die Menschen aus purer Not hin und her. Einerseits sagen sie, dass Gott natürlich nicht in den Weltenlauf eingreift, andererseits aber soll er sie irgendwie persönlich kennen, schätzen, schützen. Am Ende begnügen sich nicht wenige mit einer Minimalreligion: hier Wissen, dort Glaube. Das aber geht auf Dauer selten gut.

Johannes Röser

Wenn wir vom Gottesdienst reden, ergreift uns unterschwellig die Vorstellung eines abgegrenzten Raumes, nämlich des Gotteshauses sowie einer geheimnisvollen Liturgie. Einen Gottesdienst, der dem Willen Jesu Christi entspricht, gibt es jedoch nicht, ohne dass dieser sich in der Sympathie, Liebe und Gerechtigkeit gegenüber den anderen Menschen verkörpert.

Also findet der Gottesdienst nicht zuerst in einem Kirchengebäude statt, sondern in der Familie, in der Fabrik oder im Büro, in der Kommunikation mit anderen Menschen, mit denen wir zusammenleben. Folglich sind nicht die sakramentalen Symbolhandlungen die erste Liturgie. Und auch nicht das Kirchengebäude ist der erste Ort der Liturgie, sondern unser alltägliches Leben, das praktisch die Arbeit leistet, die biblische Botschaft in den Alltag unserer Zeit zu übersetzen.

Friedhelm Hengsbach SJ

Wir traten in den Hof. Aus einer Zelle trat ein Derwisch auf uns zu; er legte grüßend die Hand auf Brust, Lippen, Stirn. Wir setzten uns. Der Derwisch sprach von den Blumen, die wir rundum sahen, und vom Meer, das zwischen den spitzen Blättern des Lorbeerbaumes blitzte. Später begann er, über den Tanz zu sprechen.
»Wenn ich nicht tanzen kann, kann ich nicht beten. Ich spreche durch den Tanz zu Gott.«
»Was für einen Namen gebt ihr Gott, Ehrwürden?«
»Er hat keinen Namen«, erwiderte der Derwisch. »Gott kann man nicht in einen Namen pressen. Der Name ist ein Gefängnis. Gott ist frei.«
»Wenn Ihr ihn aber rufen wollt? Wenn es notwendig ist, wie ruft Ihr ihn?«
»Ach!«, antwortete er. »Nicht: Allah. Ach! werde ich ihn rufen.«
Ich erbebte.
»Er hat recht«, murmelte ich.

Solange Gott noch außen gesucht wird, statt im eigenen Seelengrund, sind Mensch und Gott sich fremd. Meister Eckhart: »Einfältige Menschen glauben, sie sollten Gott so sehen, als stünde er dort und sie hier. Das ist nicht so. Gott und ich sind eins!« Eckhart nennt den Seelengrund das Göttliche in jedem Menschen. Gott und Mensch gehören hier in Einheit zusammen. Darum ist der Weg zum eigenen Seelengrund zugleich der Weg zu Gott. Sich selbst finden und Gott finden, fallen in eins.

Man würde sich wünschen, das öffentliche Gebet in der Kirche wäre eine Schule, in der Menschen zu sich selbst, zur Welt, zur eigenen Zeit und zu ihrer Verantwortung für alles finden.

Gottesdienst

Wenn nun aber Gottesdienste das öffentliche und allgemein formulierte Gebet kennen – wie privat oder wie politisch darf es dann darin zugehen? Seit Thomas Müntzer wurde das nie wieder so leidenschaftlich diskutiert, wie im Für und Wider um das Politische Nachtgebet in Köln 1968 (→ S. 480). Präses Beckmann und Kardinal Frings vertraten die Position: »Politik gehört nicht in den Gottesdienst!« – »Nichts gehört so sehr in den Gottesdienst wie Politik«, erwiderte der Arbeitskreis. Vilma Sturm (→ S. 475 ff.) reflektierte:

Wir hatten ja während der Arbeit für Vietnam den bedenklichen Mangel an politischer Information in den Gemeinden zu spüren bekommen. Hier war Gebet immer noch Zwiesprache mit Gott, Kommunion private Vereinigung durch Einverleibung. Frömmigkeit war Bemühung um das eigene Heil, Politik, das schmutzige Geschäft draußen, gehörte nicht in den sakralen Raum. Was wir selbst gelernt hatten (durch Männer wie Metz und Filthaut, Küng, Kasper, Schlette und Halbfas, die an den Fakultäten unserer Hochschulen lehrten), war die politische Bedeutung des Evangeliums. Wir waren überzeugt davon, dass Politik eine Form der Nächstenliebe sei. Nirgends konnte, wenigstens zu unserer Zeit, Nächstenliebe mächtiger und wirkungsvoller in Erscheinung treten als im politischen Handeln. Uns war klar: unser Nächster verhungert, wenn Politik das nicht verhindert; Barmherzigkeit, Caritas genügt nicht. Wir verstanden das Evangelium als politische Information, als Veröffentlichung von

Neuigkeiten, welche die Menschen gemeinsam betreffen. Die Wahrheit, die Jesus verkündet hatte, war eine Wahrheit, die getan werden musste … Wir waren gewillt, das vom Altar aus unter die Leute zu bringen.

Rund anderthalb Jahrzehnte später stellt ein Mitbegründer des Politischen Nachtgebets, Fulbert Steffensky, diese Gottesdienstform einer »hochkirchlich-liturgischen« gegenüber. Er schildert einen modernen Mehrzweckraum: Keine Kirchenbänke, keine Orgel, dafür eine gute Lautsprecheranlage, die anfangs einen leise verjazzten Bach hören lässt. Auf den Plätzen das Programm des aktuellen Gottesdienstes: Autoritäre Strukturen in der Schule; dazu eine vorbereitete Resolution. Der Pfarrer führt in das Thema ein, das mit dem »Kinderevangelium« (Mk 10,13-16) verschlüsselt wird. Danach tritt ein junger Lehrer auf, der zum Thema spricht. Anschließend diskutieren die Anwesenden, zunächst jeder mit seinem Nachbarn, dann alle zusammen. Schließlich lässt der Pfarrer über die Resolution abstimmen. Es bildet sich ein Arbeitskreis, der sich weiter mit dem Thema befassen soll. Es folgen noch ein meditativer Text, ein gemeinsames Lied, und der Gottesdienst ist beendet. Steffensky kommentiert:

Dieser Gottesdienst hat ehrenvolle Absichten. Aber das ist sein Problem: Er besteht nur aus Absichten. Alle Schnörkel sind entfernt. Es gibt im Raum keine Bilder, die unprogrammatisch sind und nur um ihrer Schönheit willen dort hängen. Der Altar ist auf seine Funktion zurückgeführt: Er ist ein kleiner Tisch … Bestehen bleibt nur, was der Sache dient … sozusagen ein lernzielorientierter Gottesdienst. Die Kirche ist Schulhaus geworden, der Gottesdienst Unterricht und Arbeit.

Diesem Gottesdienst stellt Steffensky einen anderen gegenüber, nun in einer reich geschmückten Kirche: Es brennen viele Kerzen, es duftet nach Weihrauch. Um das Evangelium vorzulesen, nimmt nicht einfach einer der Mitfeiernden das Buch und liest. Vielmehr wird das Evangeliar in einer feierlichen Prozession hereingebracht, gesegnet, mit Weihrauch geehrt. Auch wird der Text nicht gelesen, sondern gesungen. Das Buch wird geküsst, man verbeugt sich vor ihm …

In diesem Gottesdienst ist alles Arrangement, alles ist Stil. Stilbruch ist ein schlimmes Vergehen. Vielleicht wird auch hier das Kinderevangelium gesungen. Aber das Kinderevangelium zielt auf nichts – nicht auf die Unterdrückung der Kinder wie in dem zuerst beschriebenen Gottesdienst, seine Verkündigung geht ins Allgemeine. Dieser Gottesdienst hat keine Absichten, er hat nur sich selbst zur Absicht.

Hier werden Gottesdienstformen einander gegenübergestellt, die unterschiedliche Pole bilden. Der erste Typ arbeitet mit Appellen, die sich aus der Sache Jesu ableiten. Es geht ihm um Handlungsentwürfe und deren Realisation. Das ist legitim, doch schränkt Steffensky ein, Befreiung geschehe nicht auf dem Weg der Appelle. Dazu sei der »Umweg über die Symbole« notwendig. Die Absichtsfreiheit des liturgischen Spiels, der Poesie und der Besinnung müsse Heimat schaffen, eine langfristige Einübung in Lebensentwürfe.

Nicht-theistische Gottesdienste

Für kirchliche Gottesdienste gilt die theistische Sprache als selbstverständlich – obwohl sie doch alle Selbstverständlichkeit verloren hat. Wenn hier eine Weiterentwicklung möglich sein soll, ist sie an einen Bewusstseinsprozess von Pfarrern und Kirchenvolk gebunden, der notwendig durch Verunsicherung, Zweifel und zeitweilige Identitätskrisen führt.

Man mag einwenden, dass die theistische Rede an gegenständliches Denken gebunden ist, wie es Kindern und einfachen Menschen zukommt, und dass darum theistische Vorstellungen nie zu umgehen seien. Aber in diesem Horizont ist unsere Kultur nicht mehr zuhause. Die naive Sprache muss in einem ersten Schritt lernen, theistische Begriffe als Metaphern zu verstehen, wie dies im Religionsunterricht bereits vom 1. Schuljahr an Aufgabe ist. Damit wird das geschlossene System tradierter dogmatischer und liturgischer Formeln aufgebrochen und Sensibilität für das ganz und gar nicht eindeutige, alle Fixierungen übersteigende Wort »Gott« gestiftet. Bis hier eine neue Reife erreicht ist, lässt sich »Gott« nur in Anführungszeichen denken und sprechen, bis allgemein bewusst wird, dass dies der Name des universalen Geheimnisses ist, das sich jeder Benennung entzieht, in dem aber die Urgründe der Wirklichkeit geborgen sind. Das Recht, von »Gott« zu reden, müssen sich die Kirchen in einem mühsamen Prozess erst wieder verdienen.

> *Es ist das Wissen um die Symbolhaftigkeit der historisch gewachsenen Musik. Wer sich bewusst davon lösen will, fällt in ein absurdes Nichts von Voraussetzungslosigkeit.*
> Hans Werner Henze

> *Jedoch – nun gilt es, die Kehrseite des Gesagten zu beachten und die Erinnerung daran wach zu halten, wie oft und leicht das wörtliche und historische Festhalten an der Tradition regressiv wurde und die Gegenwartsfähigkeit der Kirchen und ihrer Menschen behindert und verhindert hat.*
> Matthias Kroeger

Beide Formen sind aber nicht gegeneinander auszuspielen. Wenn der christliche Gottesdienst das Evangelium Jesu in die eigene Zeit tragen soll, genügt die Absichtslosigkeit liturgischer Choreographie nicht. Konkrete Information und daraus sich ergebende Konsequenzen gehören hinzu. Information im Blick auf Bibel und Glaube: Wer den Gottesdienst besucht, das Evangelium hört, muss für dieses Evangelium geschärfte Ohren bekommen. Also auch erfahren, wie sich Mythos, Symbol und Geschichte im biblischen Text treffen. Und dieses Evangelium will in die eigene Zeit hinein ausgelegt werden. Vom Evangelium her ist Stellung zu nehmen zu Gewalt und Gewaltlosigkeit, Krieg und Frieden, Ausbeutung und Sklaverei, Armut und Reichtum, Abhängigkeit und Befreiung. Mystik und Politik gehen Hand in Hand. Frömmigkeit kann auf kritische Reflexion, Aufarbeitung der Tradition und konkretes Engagement nicht verzichten.

Das Erste, was der heutige Gottesdienst braucht, ist eine Erneuerung seiner Sprache. Im Blick auf Predigt, Gebet und Lied stellt sich die Problematik jeweils anders.

Die Predigt wird von der Individualität des Pfarrers bestimmt. Mit »Vorsätzen« und guter Vorbereitung allein lässt sich nicht viel erreichen, solange das theologische Bewusstsein nicht hinreichend informiert und wach ist. Wichtiger ist die grundsätzliche Lebendigkeit des Geistes, nie endendes Studium, eine rege Auseinandersetzung mit den geistigen Vorgängen der Zeit. *Agere sequitur esse* (»das Handeln folgt dem Sein«), sagte der scholastische Theologe: Wer unlebendig lebt, spuckt Floskeln aus. Die Hörer der Predigt sollen an den Prozessen der Theologie Anteil gewinnen. Zweihundertfünfzig Jahre kritische Exegese sind nicht zu unterschlagen, Fragen und Zweifel zu benennen. Das stets zitierte Mütterchen, deren Glaube vor Verunsicherung zu schützen sei, ist kein orientierender Maßstab, vielmehr gilt die religiöse Neugier der geistig regen Kirchenbesucher, ihr Verlangen nach Information, nach spiritueller Durchdringung und Aufarbeitung der Glaubenstradition. Wenn der Prediger verarbeitet, was der Alltag an ihn heranträgt, wozu Kultur und Wissenschaft herausfordern, wird seine Sprache auch nicht die »Sprache Kanaans« bleiben.

Ein zentrales Problem der Predigt besteht darin, dass sie zu wenig aus der mystischen Tradition schöpft. In der Schultheologie der Kirchen kommt die Mystik kaum zur Sprache. Der Katechismus der Katholischen Kirche kennt das Wort nicht einmal und schließt in seiner begrifflichen Glaubenslehre die Sache erst recht aus. Mystische Erfahrungsmitteilung wird dogmatisch gefiltert und begegnet nur noch verblasst. Während die großen Naturwissenschaftler wie Planck, Heisenberg und Schrödinger nach einer Sprache suchten, in der sich die spirituelle Dimension ihrer physikalischen Entdeckungen ausdrücken ließ, blieben und bleiben Meister Eckhart oder Nikolaus von Kues, die hier Brücken sein könnten, dem Normaltheologen fremd.

Und die Sprache der Gebete? Hier wird nur selten frei gesprochen. Man bedient sich der Bücher, benutzt überlieferte Texte – und bewegt sich damit bereits auf einem Boden mit zahllosen Bruchstellen. Schon bei der Gottesanrede »O Herr!« kann der sensibilisierte Zeitgenosse abschalten. Das biblische Tetragramm JHWH mit »Herr« wiederzugeben, mochte zu Zeiten des Obrigkeitsdenkens und fehlenden feministischen Bewusstseins plausibel sein, heute hat es seine Legitimität verloren.

> *Die dominierende, die kirchliche Atmosphäre und die das Bild der Kirche bestimmende Sprache ist immer noch ungebrochen, meist ungeniert und unbegriffen theistisch.*
> Matthias Kroeger

Da wir in vielen Bereichen des Glaubens keine eigene Sprache mehr haben und eine neue erst gewonnen werden muss, mag es oft unumgänglich sein, im alten Zungenschlag zu verweilen statt resigniert zu verstummen. Es bleibt jedoch gültig, dass die Sprache vergangener Menschen und Zeiten nicht die eigene Sprache ist; darum auch, dass deren Gebete nicht die unseren sein können.

Dasselbe gilt für die Lieder. Was die Kirchengesangbücher anbieten, steht in einem sehr spannungsreichen und kritischen Verhältnis zur Gegenwartskultur. Das Gesangbuch ermöglicht gemeinsames Singen; ohne Textvorlage ist eine Gottesdienstgemeinde heute kaum noch in der Lage, ein mehrstrophiges Lied zu singen. Aber wie immer, wenn ein Kanon normiert wird: der sich darin artikulierende Glaube – sei es, dass seine Sprache von weit her kommt, sei es dass sie »modern« ist – begegnet dem Einzelnen auch als etwas Fremdes. Hermann Kurzke, Professor für neuere deutsche Literatur und Berater bei der bevorstehenden Revision der evangelischen wie katholischen Kirchengesangbücher, meint:

Der heutige Sänger alter Lieder spielt eine Rolle und trägt ein Kostüm, er mag es wissen oder nicht … Dennoch wird es ersprießlicher sein, die abendländischen Mythen kultiviert zu pflegen, anstatt diesen Acker unbestellt zu lassen. Das Singen und Verständlichmachen alter Lieder zu fördern ist besser als aufgeklärt zu verstummen.

Das europäische Klassische Ballett ist eine Tanzform ohne religiöse Tradition. Ein Grund für die Religionsferne dieser Kunst dürfte die bewusste Körperlichkeit sein, die der Tanzferne christlicher Liturgie diametral entgegensteht. Umso beachtlicher sind Versuche, sakrale und insbesondere christliche Themen in den Körpercode des Balletttanzes, seine Bewegungen, Schritte und Körpergesten umzusetzen.

Kurzke hält eine vollständige Bekenntnisübereinstimmung beim Singen alter Lieder weder für möglich noch für nötig und plädiert dafür, alte Lieder nicht zu modernisieren, sondern ihnen die Würde ihres Alters zu lassen. Dafür nennt er zwei Beispiele: Die Geozentrik in Friedrich von Spees Lied »Ist das der Leib, Herr Jesu Christ«, in dem es derzeit heißt: »gleichwie die Welt viel tausend Meil / die Sonn umläuft in schneller Eil«, sei im Gedenken einer Vergangenheit, in der die Erde noch im Mittelpunkt stand, wieder herzustellen, um auch heute steif und fest zu singen: »gleich wie die Sonn viel tausend Meil / die Welt umläuft in schneller Eil.« Das halte die Erinnerung an eine große Erfahrung wach.

Wegweisend wurde hier John Neumeier (geb. 1942) mit dem Hamburger Staatsopernballett seit 1973. Neumeier bezeichnet sich selbst als »Christ und Tänzer«. Er hat Hauptwerke der europäischen geistlichen Musik und zentrale christliche Glaubensformeln mit einem kraftvollen Tanzstil interpretiert. Mit ihm hat die Suche nach einer Sprache für religiöse Inhalte begonnen.

Entsprechend will er »die Lieder auch nicht theologisch zensieren, sondern sie von einem Glauben sprechen lassen, der nicht mehr der unsere ist«. Dann seien ein wörtliches Verständnis von Auferstehung und Himmelfahrt hinzunehmen, der Jüngste Tag nicht preiszugeben, Bilder militärischer Metaphorik zu akzeptieren, da sie »unentbehrlich sind und sich nicht erübrigen durch eine sanfte Gesinnung«; diese Toleranz gelte selbst für erotische Metaphorik, etwa in der siebten Strophe des Liedes »Ich will dich lieben, meine Stärke« von Angelus Silesius, wo es heißt:

Gib meinen Augen süße Tränen,
Gib meinem Herzen keusche Brunst;
Lass meine Seele sich gewöhnen,
Zu üben in der Liebe-Kunst:
Lass meinen Sinn, Geist und Verstand,
Stets sein zu dir gewand.

Glauben im Zeitenumbruch

Das Eucharistieverständnis hat wesentlich dazu beigetragen, eine Kirche als »Gotteshaus« zu verstehen und diese Bezeichnung auf Synagogen und Moscheen zu übertragen. Das legitime Verhalten in Synagogen wie Moscheen weicht jedoch stark vom erwarteten Verhalten in Kirchen ab.

Das gemeinsame Abendmahl

Ich erinnere mich mit Freude an den wundervollen Streit, den es 2003 auf dem Berliner Kirchentag um das gemeinsame Abendmahl gegeben hat. Die Leitungen beider Kirchen hatten beschlossen, dass es kein gemeinsames Mahl geben sollte mit dem ewig falschen Argument, man sei noch nicht so weit. Aber da waren einige Tausend Leute, denen das nicht mehr eingeleuchtet hat. Sie waren schon so weit und haben in der Gethsemane-Kirche zusammen das Brot gegessen.

Dies sei provokativ und eine Demonstration, haben damals Bischöfe gesagt.

Ist mit diesem gebildeten Verständnis für nostalgische Sprachgesten das Beharren der Denkmalschützer verwandt, die in alten Kirchen barocke Hochaltäre oder Gestühl aus dem 18. Jahrhundert beibehalten wollen, ohne dem Bedürfnis gegenwärtiger Gemeinden Rechnung zu tragen? Das Problem, wie sich die Individualität des Glaubens zur Kollektivität des Gesangs verhält, ist nicht leicht zu beantworten, aber wenn Archaismen, erhabenes Pathos oder Kitsch (im heutigen Liedgut) bis zur Beteiligungslosigkeit führen, ist eine Grenze überschritten. Darum ist bei Hermann Kurzke auch zu lesen:

Tradieren heißt nicht bewahren, sondern von Generation zu Generation anpassen, reparieren, weiterentwickeln, erneuern, anbauen, abreißen, umbauen, altes Fachwerk freilegen oder altes Fachwerk verputzen – alles auf dem selben Grundstück am selben Haus.

Eucharistie/Abendmahl

Der Glaube der Kirche scheint, dogmatisch gesehen, eine äußerst stabile Größe zu sein, gewissermaßen unveränderlich. Geschichtlich gesehen ist er viel weniger stabil. Was wirklich geglaubt wird, ändert sich von Epoche zu Epoche, Region zu Region und vor allem von Mensch zu Mensch. Man braucht nur genau hinzusehen, wie sich die theologischen Handbücher verändern, wie die Kirchengesangbücher ihre Auswahl treffen und das Liedgut retuschieren. Das gilt auch für die Abendmahlslehre und Abendmahlspraxis. So heißt es im Blick auf die neueren eucharistischen Lieder:

Das Abendmahlslied der Gegenwart nimmt fast keines der bekannten Themen der Abendmahlslieder vorangegangener Epochen mehr auf. Die kontroverstheologische Problematik in der Abendmahlsauffassung der einzelnen Konfessionen ist eliminiert.

Eucharistische Themen in den Liedern heute sind das gemeinschaftliche Mahl, die aus der Feier der Eucharistie erwachsene Mitmenschlichkeit, die Sendung in den Alltag – durchaus wichtig und vor allem konfessionsverbindend. Die Frage nach Realpräsenz taucht in den Liedern so gut wie kaum noch auf: Es fällt auf, dass in der Hauptsache äußerst allgemeine Formulierungen getroffen werden, die abseits von jeder auch nur annähernd konfessionell-dogmatisch bestimmten stehen. Der Begriff »Opfer« ist in diesem Zusammenhang fast ein verpönter Begriff geworden, den scheinbar nur »ewig Gestrige« als Begriff für die Eucharistie zu verwenden pflegen – nicht zuletzt vielleicht, weil er konfessionell anstößig erscheint ... Unterschiede in der Lehre werden oft nur noch als Ärgernis wahrgenommen und »an der Basis« durch die Praxis auch gelegentlich beseitigt.

Guido Fuchs

Was hier die Entwicklung des Kirchenlieds andeutet, deckt der exegetische Befund, der die überlieferte Abendmahlslehre in ihren philosophischen Distinktionen von Substanz und Akzidenz, Realpräsenz und Transsubstantiation mit den geschichtlichen Anfängen konfrontiert – und aufhebt. Das »Vermächtnis« Jesu wird nicht mehr im vermeintlich »Letzten Abendmahl« gesehen, sondern in seiner Übung offener Tischgemeinschaft. Wer die Mahlgleichnisse Jesu von der Abendmahlsdeutung trennt, kann sich zwar auf eine frühe Entwicklung stützen, verfehlt aber die Reich-Gottes-Programmatik Jesu. Kern seiner Botschaft (→ S. 257 f.) war es, mit Menschen, die gesellschaftlich nicht harmonieren, an einem Tisch zusammenzukommen, um konkret erfahrbar zu machen, wie der Himmel auf Erden sein kann.

René Magritte (1898–1967), Die liebenswerte Wahrheit, 1966.

Muss die Liturgie der Kirchen in der Lebenspraxis Jesu Rückhalt finden? Die katholische wie die evangelische Kirche stellen sich dieser Frage bisher nicht. Sie folgen einer Theologie, die sich erst nach Jesu Tod entwickelt hat und dabei Deutungen benutzte, die zwar dem antiken Umfeld entsprachen, aber dem Gottesverständnis Jesu widersprechen. Darüber wurde oben ausführlich gehandelt (→ S. 287–301). Hier mag ein Resümee genügen:

Die sogenannten Abendmahls»berichte« und »Einsetzungsworte« entstanden im Prozess der frühen Gemeindebildungen. Sie lassen einen Jesus sprechen, der ein Vermächtnis über den eigenen Tod hinaus festlegt, um damit einen Kult zu begründen. Es ist aber unstrittig, dass es außerhalb der Vorstellungen Jesu lag, eine »Kirche« zu gründen oder gar für diese Institution eine Liturgie zu stiften. Wenn die Abendmahlstexte dennoch einen Jesus sprechen lassen, der bereits auf seinen Tod zurückschaut und diesen sogar theologisch deutet, verraten sie ihre zeitlich abgehängte Position. Hier redet »Jesus« in einer Weise, die angesichts seines jähen Endes absolut anachronistisch ist. Dieser »Jesus« beansprucht, mit seinem Tod den mit Mose gestifteten »Bund« zu erneuern: »Dieser Kelch ist der Neue Bund in meinem Blut, das für euch vergossen wird« (Lk 22,20). Nirgendwo sonst denkt Jesus in der Kategorie »Bund«. Die spätere Gemeinde hingegen verbindet damit das Interesse, als neues Bundesvolk das »wahre Israel« zu sein. Übergangen wird, dass der von Jeremia 31,31-34 verheißene »neue Bund« mitnichten an ein blutiges Opfer gebunden ist, vielmehr den Menschen »ins Herz geschrieben« wird. Vor allem aber besteht die Problematik der vermeintlichen Einsetzungsworte darin, dass die beanspruchte Sühnopferdeutung der Verkündigung Jesu rundum widerspricht. Auch wenn Hebr 8,10 sich auf Jer 31 bezieht, freilich 9,12 betont, es sei das Blut Christi, das ewige Erlösung bewirke, geht das am Gottesverständnis Jesu vorbei, denn der vertrat mit seiner ganzen Existenz einen Gott absoluten Vergebungswillens (→ S. 262–264).

> Wer ist denn provokativ? Es sind doch die Männer, seltener Frauen, die Christen das Recht absprechen, miteinander das Brot der Hoffnung zu teilen … Wir können nicht darauf warten, bis die letzten fußkranken Mitglieder von Kirchenleitungen angekommen sind und das Mahl für erlaubt halten. Wenn Gruppen ein solches Mahl anbieten, dann bitte ich Sie dorthin zu gehen und einander das Brot und den Wein zu reichen. Wir alle sind verantwortlich für das Fortschreiten der Wahrheit. Es gibt nicht nur die Tugend des Gehorsams, es gibt auch die Tugend des Ungehorsams. Es gibt die Sünde des Gehorsams, wo man nicht gehorchen darf. Wir Deutschen wissen davon ein Lied zu singen …
>
> Gehen Sie hin an diese Orte des einen Tisches! Auf Dauer werden die Bischöfe schon fördern, was sie nicht verhindern können. Kein Wunsch wurde auf den letzten Katholiken- und Kirchentagen so deutlich und unter so viel Beifall artikuliert wie der Wunsch nach dem gemeinsamen Abendmahl. Das ist ja nicht das erste Mal, dass die Gemeinden weiter sind als ihre Kirchenleitungen. Leitungsgremien entwickeln in der Regel Bewahrungs- und Hinhaltestrategien. Konflikte in den Kirchen entstehen nicht durch die sogenannten Neuerer. Auch die Verzögerungsstrategien bringen die Kirche auseinander …
>
> *Fulbert Steffensky*

Michael Triegel (geb. 1968), Abendmahl, 1994.

Gewohnte Bildvorstellungen werden hier regelrecht ad absurdum geführt. Das Gehäuse für das gemeinsame Mahl ist überaus prächtig, merkwürdig allein der dunkle Vorhang, der nahezu völlig den Blick in die heitere Landschaft verdeckt und ernüchtert. Daran ändert auch die wunderbare Früchtegirlande nichts. Die Gäste sind ausgeblieben oder bereits gegangen – einsam sitzt die zentrale Gestalt der Zeremonie am Tisch, genau in der Mittelachse des Bildes. Purpur- und goldfarben gewandet, bleibt sie unzugänglich. Ein Goldgrund verdeckt das Gesicht, im Leuchten des edlen Materials verschwindet die Identität. In der Fülle von Abendmahlsbildern der letzten Jahrzehnte ist dieses von besonderer Radikalität – ein erhabener Moment, ein großes Geheimnis löst sich auf in ein prachtvolles, aber entleertes Bild. (Rainer Behrends)

Nun ist aber die Sühnopfertheologie aus der Disposition der frühen hellenistischen Gemeinden in die kirchlichen Liturgien übergegangen. Die damit geschaffene Problematik vermochte die spätere Kirche nicht mehr einzuholen. Erst die exegetische Forschung hat diese Fehldeutung aufgedeckt, obgleich der normale Christ (diesen Kreis bevölkern auch niederer und höherer Klerus) nicht in der Lage ist, die Entwicklung der Abendmahlstradition zu durchschauen. Wenn bei Abendmahl oder Eucharistiefeier die »Einsetzungsworte« gesprochen werden, sind fast alle überzeugt, einen historischen Bericht zu hören.

Aber ob es nur eine Generation braucht, bis sich herumspricht, dass die Theologie des Abendmahls bzw. der Eucharistie in der Praxis und Lehre Jesu keinen Rückhalt hat, oder ob dazu weitere drei, vier oder mehr Generationen erforderlich sind: die erwiesene Problematik liegt auf dem Tisch. Sie wird zunehmend deutlicher auf Revision drängen. Wenn man allerdings glaubt, eine Revision sei ausgeschlossen, weil der definierte Dogmenbestand und die bisherige Tradition damit ins Wanken geraten, sollte man auch mit realistischem Sinn erwägen, in welcher Sackgasse sich die kirchliche Entwicklung dann irgendwann verfängt.

4. Glaube und Mystik

Die in diesem Buch reflektierte Theologie, wie sie dem heutigen Wissen und Verstehen ausgesetzt wird, mag vielen Lesern mitvollziehbar erscheinen und kann doch Ratlosigkeit auslösen, weil die Frage bleibt, was denn letztlich noch standhält. Darum finden sich diesem Kapitel Biographien vorangestellt, die einerseits zeigen, wie andere mit ihrer Glaubensnot und Kirchenkritik umgegangen sind, und von denen vielleicht einige das Vertrauen ermutigen, dass in den derzeitigen Traditionsabbrüchen auch die Ansätze für eine neue Glaubensgestalt stecken.

Im Rahmen der traditionellen Theologie scheint der Glaube weiterhin zu »verdunsten«. In einer mystischen Perspektive kann sich das Resultat jedoch anders zeigen. Darum soll nachfolgend bedacht werden, wie hier die Dinge gesehen werden.

Im Blick auf die Gottesfrage werden die von der europäischen Religionskritik vorgetragenen Einwände als hilfreich und klärend akzeptiert. Ein davon bestimmter A-theismus gilt nicht als Angriff, weil auf der Ebene der theistischen Gottesbestreitung mystische Erfahrung nicht zu Hause ist (→ S. 214 ff.).

Die Christologie der Schultheologie steht im Gefolge des theistischen Denkens: Eine dualistisch gedachte Welt, die Gott und Welt voneinander trennt, ist natürlich auf Erlösung bezogen. Man deutet diese Erlösung mit dem vom Himmel herabgestiegenen Gottessohn, der durch seinen Kreuzestod die gefallene Menschheit wieder mit dem Vatergott versöhnt. Nur auf dem Hintergrund eines solch theistisch verstandenen Gottes haben Opfertheologie und Erlösungslehre Bedeutung.

Die Mystik denkt anders. Zwar kennt auch sie eine »Christologie«, doch entgrenzen sich deren Aussagen: Was die Schultheologie Christus alleine vorbehält, spricht die Mystik jedem Menschen zu. Schon Meister Eckhart pointiert:

> Alles, was die Heilige Schrift über Christus sagt, das bewahrheitet sich völlig an jedem guten und göttlichen Menschen.
>
> Alles, was Gott Vater seinem eingeborenen Sohn in der menschlichen Natur gegeben hat, das hat er alles auch mir gegeben: hiervon nehme ich nichts aus, weder Einigung noch Heiligkeit, sondern er hat mir alles ebenso gegeben wie ihm.

Mit solch kühnen Sätzen wolle Eckhart »mehr wissen, als nötig war«, konstatierte die päpstliche Verurteilungsbulle Johannes XXII. vom 27. März 1329. Bernhard Welte (1906–1983), Freiburger Professor für christliche Religionsphilosophie und theologische Grenzfragen, räumte ein – trotz hoher Wertschätzung des Meisters –, man dürfe es durchaus als Einseitigkeit empfinden, dass Eckhart »das einmalige geschichtliche Faktum der Inkarnation und des Kreuzes und der Auferstehung als solches weniger betont«.

Es handelt sich hier jedoch keineswegs um eine Übertreibung Eckharts. Seine anthropologisch gerichtete Denkweise ist der mystischen Erfahrung allgemein eigen. Den Betroffenen wurde dies oft zum Verhängnis. Der islamische Mystiker al-Halladsch (um 858–922) wurde zum vierfachem Tod verurteilt, weil man – in einem »wortwörtlichen« Glau-

---

> Wir können nicht redlich sein, ohne zu erkennen, dass wir in der Welt leben müssen – »etsi deus non daretur« (als wenn es Gott nicht gebe). Und eben dies erkennen wir – vor Gott! Gott selbst zwingt uns zu dieser Erkenntnis. So führt uns unser Mündigwerden zu einer wahrhaftigen Erkenntnis unserer Lage vor Gott. Gott gibt uns zu wissen, dass wir leben müssen, als solche, die mit dem Leben ohne Gott fertig werden. Der Gott, der mit uns ist, ist der Gott, der uns verlässt (Mk 15,34)! Der Gott, der uns in der Welt leben lässt ohne die Arbeitshypothese Gott, ist der Gott, vor dem wir dauernd stehen. Vor und mit Gott leben wir ohne Gott ...
>
> Gerade hier liegt der entscheidende Unterschied zu allen Religionen. Die Religiosität des Menschen weist ihn in seiner Not an die Macht Gottes in der Welt, Gott ist der deus ex machina. Die Bibel weist den Menschen an die Ohnmacht und das Leiden Gottes; nur der leidende Gott kann helfen. Insofern kann man sagen, dass die beschriebene Entwicklung zur Mündigkeit der Welt, durch die mit einer falschen Gottesvorstellung aufgeräumt wird, den Blick frei macht für den Gott der Bibel, der durch seine Ohnmacht in der Welt Macht und Raum gewinnt. Hier wird wohl die »weltliche Interpretation« einzusetzen haben.
>
> *Dietrich Bonhoeffer*

Das Stichwort von der Ohnmacht Gottes haben der Philosoph Hans Jonas und der Theologe Jürgen Moltmann aufgegriffen und weitergeführt. Ihnen widersprechen Walter Groß und Karl-Josef Kuschel:

> Als ob es denkerisch überzeugender wäre, Auschwitz und das Grauen der Weltgeschichte mit der Vorstellung von einem ohnmächtigen Gott zu bewältigen! ... Biblisch ist es unmöglich, von Gott in den Kategorien der Ohnmacht zu sprechen ... Wir sind der Meinung, dass es angemessener ist, mit dieser Aporie zu leben, anstatt sie entweder zu leugnen oder sie mit Hilfe einer verfehlten »Theologie des Leidens Gottes« aufzulösen.

Bleibt zu fragen, wie weit sich solche Gedankengänge innerhalb einer theistischen Theologie bewegen.

Glauben im Zeitenumbruch

bensverständnis gefangen – ihm auf seiner Ebene nicht zu begegnen wusste (→ S. 221 f.). Anderen erging es ähnlich. Wenn nämlich Mystiker von ihren Erfahrungen sprechen, werden sie von jenen, die dieser Rede in einem naiven Glaubensverständnis begegnen, der Häresie bezichtigt. So geschah es der Begine Aleydi, die 1236 in Cambrai zum Tode verurteilt und verbrannt wurde. Oder der Marguerite Porète (gest. 1310), die wegen zweier Sätze, die sich später bei Meister Eckhart finden, hingerichtet wurde. Diese und viele andere Opfer waren ihren Richtern gegenüber oft hilflos, weil sie, wie Hugo Lassalle sagt, »es noch nicht verstanden, ihre mystischen Erfahrungen in einem System unterzubringen«. Für sich selbst hat es der Jesuit ebenfalls lernen müssen und ist dabei am Zwang zur Apologie nicht ganz vorbeigekommen (→ S. 489 f.).

In Meister Eckharts Behauptung: »Alles, was die Heilige Schrift über Christus sagt, das bewahrheitet sich völlig an jedem guten und göttlichen Menschen«, äußert sich eine Überzeugung, die jeder mystischen Erfahrung eigen ist, und zwar grundlegend. Im Blick auf die Bedeutung Jesu lässt sie sich heute so formulieren:

Jesus von Nazaret war ein historischer Mensch von einmaliger Individualität. Sein Tod am Kreuz war der Tod eines Propheten, mit dem dieser für sein öffentliches Auftreten büßte, ähnlich wie Martin Luther King oder Óscar Romero für ihr Leben bezahlten. Von Jeremia heißt es: »Als er nun alles gesagt hatte, was ihn Jahwe zu reden geheißen, ergriffen ihn die Priester … und alles Volk und sprachen: Du musst sterben« (Jer 26,8). Für Jesus lässt sich ein ähnliches Schicksal behaupten. Er selbst dürfte den eigenen Tod als Folge seines Auftretens in Jerusalem verstanden haben.

Wenn dieser historische Jesus nun aber in seiner späteren Deutung als »eingeborener Sohn« Gottes bezeichnet wurde, schließlich sogar als »Licht vom Licht, wahrer Gott vom wahren Gott«, so sieht kein Mystiker darin ein Problem, denn in deren Sprache sind es Kennzeichnungen, welche die Mystik jedem anderen Menschen auch zuspricht. Bei Meister Eckhart heißt es:

Michael Triegel (geb. 1968), Salvator II, 1997.

Im Typ des segnenden Christus schafft der Künstler ein kleines Selbstbildnis und nennt es keck »Salvator«. Vor der Raumlosigkeit eines dunklen Hintergrundes zeugt es von Selbst- und Sendungsbewusstsein. So wie schon Albrecht Dürer sich in seinem berühmten Selbstbildnis von 1500 in hieratischer Frontalität darstellt, von Christusdarstellungen des Spätmittelalters übernommen, gibt sich auch Triegel Züge des Erlösers (vgl. S. 229).
Die Anstößigkeit des Bildes erfährt eine Entgrenzung, wenn die anthropologische Christologie Meister Eckharts bedacht wird. Was die Schultheologie Christus alleine vorbehält, spricht er jedem Menschen zu: »Alles, was die Heilige Schrift über Christus sagt, das bewahrheitet sich völlig an jedem guten und göttlichen Menschen.« Und: »Alles, was Gott Vater seinem eingeborenen Sohn in der menschlichen Natur gegeben hat, das hat er alles auch mir gegeben: hiervon nehme ich nichts aus, weder Einigung noch Heiligkeit, sondern er hat mir alles ebenso gegeben wie ihm.«

Darum bin ich Ursache meiner selbst meinem Sein nach, das ewig ist, nicht aber dem Werden nach, das zeitlich ist. Und darum bin ich ungeboren, und nach der Weise meiner Ungeborenheit bin ich ewig gewesen und bin ich jetzt und werde ich ewig bleiben. Was ich meiner Geborenheit nach bin, das wird sterben und zunichte werden, denn es ist sterblich; darum muss es mit der Zeit verderben. In meiner ewigen Geburt wurden alle Dinge geboren, und ich war die Ursache meiner selbst und aller Dinge.

Der Vater gebiert seinen Sohn ohne Unterlass, und ich sage mehr noch: Er gebiert mich als seinen Sohn und als denselben Sohn. Ich sage noch mehr: Er gebiert mich nicht allein als seinen Sohn; er gebiert mich als sich und sich als mich und mich als sein Sein und als seine Natur. Im innersten Quell, da quelle ich aus im Heiligen Geiste; da ist ein Leben und ein Sein und ein Werk. Alles, was Gott wirkt, das ist Eins; darum gebiert er mich als seinen Sohn ohne jeden Unterschied. Mein leiblicher Vater ist nicht eigentlich mein Vater, sondern nur mit einem kleinen Stückchen seiner Natur, und ich bin getrennt von ihm; er kann tot sein und ich kann leben. Darum ist der himmlische Vater in Wahrheit mein Vater … er wirkt mich als seinen eingeborenen Sohn ohne jeden Unterschied.

Dass der Mensch im eigenen Seelengrund Gott findet, dass Gott als tiefste Wahrheit zuzeigen ist, obwohl er jeden Einzelnen zugleich grenzenlos überschreitet, so dass der Weg zu Gott der Weg zu sich selbst und der Weg zu sich selbst der Weg zu Gott ist – diese Sicht ist angesichts der theologischen Schultradition neu zu lernen.

Es geht hierbei um das Verhältnis von Erfahrung und Offenbarung. Die theologische Tradition denkt dualistisch und additiv: als trenne Natur und Gnade eine saubere Grenze; als könne der Mensch »reine Natur«, bar des »Göttlichen Funkens« sein; als füge sich Gotteserkenntnis aus »geoffenbarter« und »natürlicher« Erkenntnis zusammen. Stattdessen bleibt zu fragen, ob die innere und unbedingte Hinordnung des Menschen auf Gott nicht in dem Sinne ein Konstitutiv seiner Natur ist, als der Mensch qua Mensch ohne dieses Konstitutiv nicht gedacht werden kann. Gotteserkenntnis ist dann nie eine partielle Erfahrung, sondern umgreift das Ganze: Gott, Mensch und Welt in einem, ohne sich aus »natürlicher« und »übernatürlicher«, sogenannter »geoffenbarter« Erkenntnis zusammenzusetzen.

James Ensor (1860–1949), Christus geht über das Meer, 1885.

Unter den vielen Bildern, in denen Ensor seinen Konflikt mit der Gesellschaft gestaltete, heben sich jene heraus, in denen er diese Konflikte mit dem Leben Christi verband. Als Künstler isoliert und als Erneuerer der Kunst seiner Zeit verkannt, identifizierte er sich mit Christus, am deutlichsten in einer Zeichnung der Kreuzigung von 1886, auf der er das Namensschild INRI durch ENSOR ersetzte. Zurückhaltender als solche Identifikationen sind Abstraktionen des Lichtes, wie in dem Gemälde »Christus geht über das Meer«, ein Wendepunkt seiner späteren religiösen Darstellungen. »Christus« verschmilzt mit einer kosmischen Schau, in der eine Vision des Lichtes als Offenbarung von Welt erfahren wird.

Der Weg zur Gotteserfahrung setzt nicht *neben* oder *hinter* den regulären menschlichen Erfahrungen an, sondern *in* diesen selbst. Dies bedeutet, die Gotteserfahrung auch nicht *neben* einer lebenslangen Selbsterfahrung unterzubringen, sondern die sich in ihrem inneren Wesen transzendierende Selbsterfahrung mit der Gotteserfahrung verschränkt zu sehen. Geschieht dies, ist kein theologischer Satz mehr möglich, der nicht zugleich auf eigene Erfahrung bezogen wäre, und zwar in einer Weise, die im Aufschließen eigener Erfahrung die Sensibilität für neue, tiefgehende Erfahrung weckt.

Also ist auch die Christologie anthropologisch zu buchstabieren. Der Titel »Christus« gilt dem Mystiker als übertragbar auf die ewige, transpersonale Seinsweise, die alle Menschen kennzeichnet. Die folgende Beschreibung von Willigis Jäger steht im gleichen Erfahrungsrahmen, den auch Meister Eckhart bestimmt:

Solange wir eine unüberbrückbare Kluft zwischen Jesus und uns aufrichten, wird das Christentum seine wahre Mission nicht erfüllen. Solange wir Jesus nur anbeten, werden wir ihm nicht als Führer folgen. Er ist der Erstgeborene unter Brüdern und Schwestern, der uns gesagt hat, wer wir wirklich sind: Kinder Gottes. Diese Kindschaft gilt es zu erfahren. Das Göttliche möchte in uns zum Durchbruch kommen.

Wir haben unseren Ursprung vergessen; das scheint mir die Sünde wider den Heiligen Geist zu sein ... Die Verleugnung des Göttlichen in uns ist die eigentliche Sünde. Erlösung ist die Befreiung aus der Unkenntnis zur Erkenntnis unseres wahren göttlichen Wesens.

Jesus wollte in die Erfahrung Gottes, in die Fülle des Lebens führen. Er nannte diese Fülle des Lebens »Reich Gottes« oder »ewiges Leben«. Er wollte zur Umkehr zu diesem Leben bewegen. Um das zu erfahren, müssen wir »wiedergeboren werden«. Wir müssen unser wirkliches Leben erfahren. Die leibliche Geburt hat uns diese Erfahrung nicht gebracht.

Wir haben einzutreten in die ständige Kommunikation mit Gott, d. h. mit unserem tiefsten Wesen, das göttlich ist. Leben ist Religion ... Die Kontaktstelle zu Gott ist hier und jetzt; denn nichts ist, was nicht göttlich wäre. Hier und jetzt ist auch die Hölle. Himmel und Hölle sind nur getrennt durch unser Ich. Wer es lassen kann, geht ein ins Reich Gottes. Es gibt keine magischen Rituale, die uns dorthin führen, sondern nur das Sterben unseres falschen Ich. Nur die Liebe gibt uns Kraft, alles zu lassen, um in diese neue Seinsordnung einzutreten.

Piotr Naliwajko (geb. 1960), »Ecce Homo«, 1988.

XII. Das Jenseits

Der amerikanische Wissenschaftsphilosoph Hilary Putnam ist der Ansicht, von den Vorsokratikern bis zu Kant habe niemand am menschlichen Vermögen, Wahrheit erkennen zu können, gezweifelt. Erst der philosophische Konstruktivismus habe das Verhältnis von Wissen und Wirklichkeit durch Überwindung des naiven Realismus anders bestimmt. Putnam bestreitet die menschliche Fähigkeit, objektive Realität wahrnehmen zu können. Einerseits gelte es, die »gesellschaftlichen Konstruktion der Wirklichkeit« zu erkennen (→ S. 51 ff.); daneben aber müsse alles Erkennen und Wissen auch von den Strukturen unserer Wahrnehmungsfähigkeiten als abhängig erkannt werden:

Wenn nun eine kognitive Struktur bis heute standgehalten hat, so beweist das nicht mehr und nicht weniger als eben, dass sie unter den Umständen, die wir erlebt und dadurch bestimmt haben, das geleistet hat, was wir von ihr erwarteten. Logisch betrachtet heißt das aber keineswegs, dass wir nun wissen, wie die objektive Welt beschaffen ist; es heißt lediglich, dass wir einen gangbaren Weg zu einem Ziel wissen, das wir unter von uns bestimmten Umständen in unserer Erlebenswelt gewählt haben. Es sagt uns nichts – und kann uns nichts darüber sagen – wie viele andere Wege es da geben mag und wie das Erlebnis, das wir als Ziel betrachten, mit einer Welt jenseits unserer Erfahrung zusammenhängt … Der radikale Konstruktivist hat ein für allemal dem »metaphysischen Realismus« abgeschworen und stimmt voll und ganz mit Piaget überein, wenn er sagt: »L'intelligence … organise le monde en s'organisant elle-même.«
Ernst von Glasersfeld

Wie oben bereits in größerer Breite reflektiert (→ S. 80 ff.), hat diese Einsicht die absoluten Gültigkeitsansprüche aller nur denkbaren Instanzen aufgehoben. Davon ist auch keine Religion ausgenommen. Zwar beklagte Papst Johannes Paul II., in jüngster Zeit hätten »verschiedene Lehren Bedeutung erlangt, die sogar jene Wahrheiten zu entwerten trachten, die erreicht zu haben für den Menschen eine Gewissheit war«, doch steht diesem Verlust ein für das Zusammenleben der Menschen, Völker und Religionen größerer Gewinn gegenüber. Es genügt nun nicht mehr, die eigene Position als nichthinterfragbare Wahrheit zu beanspruchen. »Wahrheit« will fortan im Austausch aller am Erkenntnisprozess der Menschheit beteiligten Vorgänge erörtert und zugleich nach vorne hin offen gehalten werden. Dabei ist es auszuhalten, dass auch einander widersprechende Positionen bedingte Gültigkeit für sich beanspruchen können.

Wahrscheinlich wurde der homo zum sapiens, entwickelten die Hirnprozesse sich über Reflexe und bloßen Instinkt erst hinaus, als die Gottesfrage auftauchte, als sprachliche Mittel es ermöglichten, die Frage nach ihm zu formulieren. (…) Wir sind die Geschöpfe, die imstande sind, die Existenz Gottes zu leugnen oder zu bejahen. Unsere geistigen Anfänge liegen »im Wort«. Sowohl der Strenggläubige als auch der kategorische Atheist empfinden diese Streitfrage als sinnvoll. Der schwankende Agnostiker stellt ihre Bedeutung nicht in Abrede. Die simple Behauptung, »Ich habe nie von Gott gehört« würde als absurd empfunden. Existenz und Tod sind, indem sie sich auf »Gott« beziehen, immerwährende Themen menschlichen Denkens, wenn dieses Denken dem Rätsel menschlicher Identität, unserer Anwesenheit in einer wie auch immer gearteten Welt gegenüber nicht gleichgültig ist. …

Wir sind einer nachprüfbaren Lösung des Rätsels unserer Existenz, ihrer Natur und ihres Zweckes – wenn es ihn überhaupt gibt – in diesem wahrscheinlich multiplen Universum, wir sind einer Antwort auf die Frage, ob der Tod endgültig ist oder nicht, keinen Zoll näher gekommen als Parmenides oder Platon. Vielleicht sind wir weiter davon entfernt als sie. … Vor der Moderne waren unsere Doktrinen, unsere Dichtung, Kunst und Wissenschaft von den drängenden Fragen nach Dasein, Sterblichkeit und Gott durchsetzt. Sich dieser Fragestellung zu enthalten, sie zu zensieren würde bedeuten, den bestimmenden Puls, die dignitas unseres Menschseins, zu löschen. Der durch Fragen ausgelöste Schwindel setzt ein Leben ständiger Selbstprüfung in Gang.
George Steiner

Ferdinand Hodler (1853–1918), Die Nacht, 1890.

In diesem Bild hat Hodler seine eigenen Zwangsvorstellungen beschworen, die ihn seit Kindertagen quälten. Sich als den Mann in der Mitte darstellend, erwacht er entsetzt – von einem auf ihm hockenden schwarzverhüllten Phantom aufgeschreckt. Seit seiner Kindheit war der Tod ihm ein steter Gefährte. Der Vater starb mit 32, die Mutter mit 39 Jahren. Deren Beerdigung »war so dürftig wie möglich. Auf einem gewöhnlichen Handkarren wurde der rohe Sarg auf den Friedhof geführt und als Leichengeleite trippelten wir Kinder, meine Geschwister und ich, allein hinterher.«

Auch von den Geschwistern fiel eins nach dem anderen der vom Vater ererbten Krankheit zum Opfer. 1889 waren alle an Tuberkulose gestorben: »Mir war schließlich, als wäre immer ein Toter im Haus und als müsste es so sein.« Diese Erfahrungen ließen sich nicht verdrängen. In seinen Bildern stellte sich Hodler dem Tod und der nagenden Angst vor dem eigenen Sterben – darin dem Norweger Edvard Munch wesensgleich.

Als Hodler »Die Nacht« malte, fühlte er sich noch zwischen zwei Frauen gefangen. Der Mann rechts im Hintergrund trägt ebenfalls seine Züge. Er ruht abseits der übrigen Gestalten und mag die Hoffnung auf eine friedvolle Zukunft ausdrücken.

1. Das dunkle Tor des Todes

Die Frage nach einem »Jenseits« schließt die grundsätzliche Skepsis, die bereits für Erkenntnisse der Naturwissenschaften gilt, a priori in sich ein. Wenn schon die Wissenschaften ihren Anspruch, zu wissen, was Materie und Geist sind, aufgegeben haben, so gilt dies für eine Dimension jenseits des Todes, aus der noch niemand zurückgekommen ist, umso bestimmter. Was hierüber gesagt wird, kann nur in Symbol und Mythos gesagt werden. Sofern einer diese Sprache für gegenstandslos hält, mag er vielleicht Bertolt Brecht zustimmen, wenn er vor »Verführung« warnt: »Laßt euch nicht verführen / Zu Fron und Ausgezehr! / Was kann euch Angst noch rühren? / Ihr sterbt mit allen Tieren. / Und es kommt nichts nachher.«

Diese Rede mutet nihilistisch an, und allgemein herrscht die Meinung, solche Hoffnungslosigkeit sei Atheisten vorbehalten. Doch seit dem 19. Jahrhundert mehren sich christliche Stimmen, die ihre eigene Glaubensposition und den Gedanken eines Fortlebens nach dem Tode trennen. Dem protestantischen Theologen Friedrich Schleiermacher (1768–1834) war es durchaus recht, einer Verheißung ewigen Lebens nicht anhängen zu müssen. Auch Leo Tolstoi (1828–1885) verband sein sozial verpflichtetes Christentum nicht mit der Hoffnung auf ein postmortales Leben: »Nie hat Christus auch nur mit einem Wort die persönliche Auferstehung und die Unsterblichkeit der Persönlichkeit jenseits des Grabes bestätigt.« Für sich selbst, meinte er, »kann ich nicht mehr zweifeln, dass ich persönlich untergehe.«

Aus den Reihen der zeitgenössischen Theologenschaft hat Dorothee Sölle (1929–2003) am deutlichsten diese Einstellung vertreten:

Ich glaube an das Leben nach dem Tod, das Leben, das weitergeht nach meinem individuellen Tod, an den Frieden, der vielleicht irgendwann einmal sein wird, wenn ich schon lange tot bin, an die Gerechtigkeit und die Freude. Ich glaube nicht an eine individuelle Fortexistenz, und ich möchte auch nicht in die Lage kommen, daran glauben zu müssen. Ich empfinde das als eine Krücke des Glaubens, aber eigentlich sollten wir ja gehen lernen, und ich möchte gehen lernen, ohne mich dieser bürgerlichen Krücke bedienen zu müssen …

Eine junge Frau fragte mich einmal: »Ist für Sie mit dem Tod alles aus?« Ich antwortete: »Es kommt darauf an, was Sie unter ›alles‹ verstehen. Wenn Sie für sich ›alles‹ sind, dann ist für Sie alles aus. Wenn nicht, dann geht alles weiter, ›mer läbn ewig‹, wie ein schönes jiddisches Lied singt.

Die individuelle geistige, seelische und körperliche Existenz endet mit dem Tod. Das ist kein Gedanke, der mir Schrecken einflößt, dass ich ein Teil der Natur bin, dass ich wie ein Blatt herunterfalle und vermodere, und dann wächst der Baum weiter, und das Gras wächst, und die Vögel singen, und ich bin ein Teil dieses Ganzen. Ich bin zu Hause in diesem Kosmos, ohne dass ich jetzt meine Teilhaftigkeit, die ich vielleicht siebzig Jahre lang gehabt habe, weiterleben müsste.

In ihrem letzten, unvollendet gebliebenem Buch »Mystik des Todes« reflektiert Dorothee Sölle, wenn sie auf Friedhöfen ein »Auf Wiedersehn« lese, komme ihr das verlogen vor, was den Protest ihres Mannes Fulbert Steffensky herausforderte:

Handtuchhalter, 17. Jahrhundert.

Eine ungewöhnliche Darstellung: halb lebender Mensch, halb Skelett. Bei jedem Händewaschen wird man an die Vergänglichkeit des Lebens erinnert. Das Memento mori – »Gedenke des Todes« verbindet sich mit dem alltäglichen Leben.

Wie kann die Hoffnung von Menschen verlogen sein? Was immer Menschen in ihrer Hoffnung sagen – »Auf Wiedersehn, Gott wird die Toten auferwecken, unsere Tränen werden getrocknet werden« – es sind Spiele und Lieder der Hoffnung, dass das Leben geborgen wird und dass Menschen mit ihrem Tod nicht in eisige Abgründe stürzen. Auch der Satz von der Unsterblichkeit der Seele ist ein solcher Hoffnungssatz. Vielleicht gibt es bessere Sätze als diesen, das mag schon sein. Menschen gehen mit ihrer Hoffnung und ihrer Sprache aufs Ganze. Selbst wenn du diese Hoffnung nicht teilst; wenn du in deiner Sprache nicht so weit springen willst, warum willst du die Hoffnungssprachen der anderen diskreditieren als Lüge?

Dorothee Sölle verteidigt ihre Position, weil sie ein Verständnis des Lebens, das die Endlichkeit negiert, nicht akzeptieren mag. Sie sieht in allem ein Kommen und Gehen, und dieses »Für-eine-Zeit« im Gegensatz zum »Immer« rechnet sie zur Wahrheit des Lebens. Steffensky antwortet darauf mit einer Gottesvorstellung, welche jedoch die Erfahrung der Evolutionsgeschichte ausblendet:

Die Ausrichtung des christlichen Glaubens auf Auferstehung und »ewiges Leben« bedenkt selten, dass die damit verbundene Vorstellung auch abschrecken kann. »Ewiges Leben«, »Auferstehung« – heißt es einmal bei George Steiner – »welch schrecklicher Gedanke«.

Welcher Gott wäre das, der in kalter Gleichgültigkeit Menschen erblühen ließe, in ihre Jugend das Versprechen der Schönheit und der Ganzheit legt und sie dann aussichtslos absterben lässt? … Wenn man Gott als Liebe und Gerechtigkeit denkt, dann kann ich mir nicht vorstellen, dass er so achtlos mit dem Leben seiner Kreaturen umgeht.

Dorothee Sölle entgegnet auf einer anderen Ebene: »Mystische Sätze wie ›Wo die Liebe ist, da ist Gott‹ bleiben auch im Sterben eines Menschen wahr. Sie werden nicht zunichte. Der Tod kann sie nicht aufheben.« Auf der Ebene des »Schöpfergottes«, dessen Fürsorgepflicht Steffensky in Anspruch nimmt, ist eine stimmige Argumentation, die menschliche Hoffnung stützen könnte, kaum erreichbar.

Das Jenseits

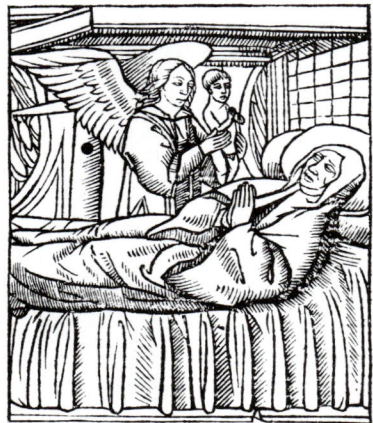

Der Engel holt Wettis Seele aus ihrem sterbenden Körper. Paris, 1513.

Die Seele

Die Seele: Das ist der Mensch in seiner unvertretbaren Einmaligkeit. Seele: Das ist die geistige Vertrautheit mit sich selbst – welche freilich nicht anders als durch den Körper erworben wird … Es gibt »mich« nur mit Haut und Haaren. Aber ich bin nicht mit Haut und Haaren identisch. Während der Körper altert, wachse ich als Persönlichkeit über die Wechselfälle der Zeit hinaus. Und was den Tod überdauert, bin ich selbst im Spiegel meiner Lebensgeschichte. So stirbt der Mensch als »Seele« in Gott hinein … Von der Unvergänglichkeit der menschlichen Seele zu sprechen heißt demnach zu bekennen, dass der wahre Charakter eines Menschen zu jeder Sekunde hier auf Erden geformt, im Tod aber offenbar wird.

Bertram Stubenrauch

Seelen im Fegefeuer. Miniatur aus dem Stundenbuch der Katharina von Kleve, um 1440.

2. Die Seele, der Zwischenzustand und die Auferstehung am Jüngsten Tag

Die heutige Theologie vertritt in der Frage, die zwischen dem Ehepaar Sölle-Steffensky kontrovers erörtert wurde, ebenfalls unterschiedliche Positionen. Da die Dogmatik freilich, im Gegensatz zur griechischen Tradition, die von einer Leib-Seele-Dualität ausgeht, ein »ganzheitliches« Menschenbild beansprucht, weil die Bibel keinen von der Seele getrennten Leib kenne, kommt sie in eine fundamentale Zwickmühle, die kaum aufhebbar erscheint. Denn in diesem Verständnis stirbt der Mensch eben »ganzheitlich« und nicht nur der Leib. Soll aber die Lösung des Problems in der »Auferstehung« bestehen, kann sie nicht als »Rückgabe des Körpers« verstanden werden, sondern wäre dann als eine gesamtmenschliche »Erneuerung«, um nicht zu sagen als Neuerschaffung zu denken. In jedem Fall resultiert aus diesem Ansatz die Vorstellung eines Zwischenzustands.

Evangelische Theologen haben mit Preisgabe der Lehre von der Unsterblichkeit der Seele den Tod als vollständige *annihilatio* des Menschen akzeptiert: damit sei er tot, ausgelöscht, vernichtet. Neues Leben sei nur als eine gnadenhafte göttliche Neuschaffung aus dem Nichts zu erhalten, wie etwa Eberhard Jüngel meint. Damit fallen aber auch alle Vorstellungen über einen »Zwischenzustand« weg, z. B. über das Schicksal der Verstorbenen und das Gebet für sie. Zugleich wäre der gesamte Heiligenhimmel mitsamt allen Heiligsprechungen zu streichen. Der unüberschaubar große Markt katholischer volksfrommer Anrufungen und Erhörungsgewissheiten bliebe nur als eine Projektion Trost suchender Menschen.

Aber die katholische Dogmatik denkt anders. Obwohl sie vom biblischen Denken her ebenfalls den Ganztod des Menschen mit Leib und Seele vorgegeben sieht, mag sie den Zwischenzustand nicht als vollständige Auslöschung akzeptieren. So etwa weiß Joseph Ratzinger, dass das »Wesentliche des Menschen, die Person« überdauert: »das, was in dieser irdischen Existenz leibhaftiger Geistigkeit und durchgeistigter Leiblichkeit gereift ist, das besteht auf eine andere Weise fort. Es besteht fort, weil es in Gottes Gedächtnis lebt.« Doch führt dies – auch für Ratzinger – zu einer Reihe von Fragen:

Die erste lautet: Ist Unsterblichkeit damit nicht zu einer puren Gnade gemacht, obgleich sie doch in Wahrheit dem Wesen des Menschen als Menschen zukommen muss? … Muss nicht gerade um der Menschlichkeit des Glaubens willen an der natürlichen Unsterblichkeit festgehalten werden, weil eine rein christologisch aufgefasste Fortexistenz des Menschen notwendig ins Mirakelhafte und Mythologische abgleiten würde?…

Nun könnte man sagen: Aber ist es denn nicht viel einfacher, das Unterscheidende des Menschen darin zu sehen, dass er eine geistige, unsterbliche Seele hat? … Was wir in einer mehr substantialistischen Sprache »Seele haben« nennen, werden wir in einer mehr geschichtlichen, aktualen Sprache bezeichnen »Dialogpartner Gottes sein«. Damit ist nicht gesagt, dass die Redeweise von der Seele falsch sei (wie ein einseitiger und unkritischer Biblizismus heute behauptet); sie ist in gewisser Hinsicht sogar notwendig, um das Ganze dessen zu sagen, worum es hier geht. Aber sie ist andererseits auch ergänzungsbedürftig, wenn man nicht in eine dualistische Konzeption zurückfallen will, die der dialogischen und personalistischen Sicht der Bibel nicht gerecht werden kann.

Hier wird »Seele«, um jedem Dualismus zu entkommen, auf »das Wesentliche, die Person« bezogen, jedoch besteht dieses Wesentliche nur fort, »weil es in Gottes Gedächtnis lebt«. Dazu meint nun Arnold Angenendt, das sei »dann doch wieder nicht so weit entfernt von der evangelischen Position, wenn dort für die Zwischenzeit bis zur Auferstehung Gott als ›einzig in Frage kommender Sinn-Träger‹ (Heinrich Ott) angesehen wird. Die Annahme eines bleibenden Person-Kontinuums aber kann, ja muss letzten Endes doch wieder zum Postulat einer weiterlebenden Seele führen. ›Soll aber Auferstehung den Einzelnen in seiner unverwechselbaren Identität betreffen und nicht die Neuschaffung eines anderen sein, so muss es ein Prinzip geben, das irdisches und postmortales Sein miteinander verbindet, ein Prinzip, das in der abendländischen Tradition Seele heißt. So gesehen kommt keine denkerisch verantwortete Eschatologie ohne einen gewissen anthropologischen Dualismus aus‹ (Gisbert Greshake).«

In der wissenschaftlich geprägten Welt hat der Seelenbegriff seine Ablösung durch die psychoanalytische Lehre Sigmund Freuds gefunden, die stattdessen von der Psyche spricht, die ein bewusstes Ich mit einem unbewussten Es und einem sozial bestimmten Über-Ich verbindet. Seitdem gilt für die meisten Wissenschaftler die Vorstellung von einer unsterblichen Seele als überholt, »denn bei alldem handelt es sich in Wirklichkeit nur um das Verhalten einer riesigen Ansammlung von Nervenzellen und dazugehörigen Molekülen«, sagt der DNA-Entdecker und Nobelpreisträger Francis Crick in seinem Buch »Was die Seele wirklich ist« (1994).

Wenn nun auch die Naturwissenschaft bisher keinerlei Substrat gefunden hat, das sich als Seele ansehen ließe – was bedeutet das? Ist alles Reden von der Seele, wie es seit der Antike bis heute geführt wird, ungedeckte Münze? Gegen die Metapher vom Weiterleben in »Gottes Gedächtnis« hätte sich Dorothee Sölle wahrscheinlich auch nicht gewehrt. Bevor wir uns der Frage nach dem, was jenseits des Todes zu erwarten sein mag, zuwenden, soll der Blick zunächst in Zeiten zurückgehen, die dem menschlichen Schicksal jenseits des Todes mehr Vertrauen entgegen gebracht haben, als moderne Menschen dies tun.

Meister des Lebensbrunnens, Messe des hl. Gregor (Ausschnitt), um 1510.

Die Legende erzählt, dass Papst Gregor der Große eine Messe feierte, während der ihm Zweifel an der kirchlichen Lehre von der Wandlung des Brotes und des Weines in Christi Fleisch und Blut quälten. Da sei ihm Christus als Schmerzensmann leibhaftig erschienen und sein Blut sei in den Messkelch geflossen. Dass auf dessen Heilswirkung die armen Seelen im Fegefeuer hoffen, zeigt die sehnsuchtsvoll bittende Geste des Menschen unten am Altarfuß. Bis zum Tage wird die Eucharistie »in der Meinung« verstorbener Verwandter gefeiert.

3. Jenseitsvorstellungen

Neandertaler

Bis vor rund hunderttausend Jahren haben die Menschen – archäologischer Kenntnis zufolge – in ihren Toten kaum anderes gesehen »als ganz normale Kadaver«. Man fand ihre Knochen verstreut zwischen den Abfällen ihrer Lagerplätze. Das entspricht noch der Art, wie auch Primaten ihre Toten unbeachtet lassen. Aber bereits bei den Neandertalern differenziert sich das Verhalten. Die bei Krapina im Balkan gefundenen Neandertaler-Toten waren abgefleischt und verbrannt worden; in der Höhle von Hortus in den Pyrenäen wurden sie dagegen einfach auf dem Müll geworfen; in der Höhle von La Chapelle-aux-Saints in Südfrankreich war ein alter Mann in einer tiefen Grube beigesetzt worden. An weiteren Fundstellen in Europa und Asien waren die Gräber mit rotem Ocker besprengt worden. In der Regel begruben die Neandertaler ihre Toten vollständig, doch kann daraus noch nicht geschlossen werden, dass sich mit diesen frühen Begräbnissen bereits ein Glaube an ein Leben nach dem Tode verbunden hat. Dazu gehört ein Abstraktionsvermögen, das Vergangenheit und Zukunft übergreift. In jüngerer Zeit wird die Beweiskraft dieser Fundstätten wieder in Frage gestellt. Das archäologische Material erlaube kaum zweifelsfreie Schlüsse auf Transzendenz-Vorstellungen. Andererseits sprechen die Funde dafür, dass die Neandertaler ein komplexes System sozialen Verhaltens entwickelt hatten, das sich auch für den modernen Menschen als typisch erweist.

Vorgeschichtliche Bestattung

Hinweise auf regelmäßige Beisetzungen stammen aus dem oberen Paläolithikum. Bei Sungir, 200 Kilometer nordöstlich von Moskau, wurden vier gut erhaltene Gräber entdeckt, nach den Radiokarbon-Messungen zwischen 25 500 bis 22 000 Jahre alt. Die Leichen, mit rotem Ocker bestreut, waren in sehr aufwändiger Kleidung und mit reichem Schmuck beerdigt worden, ein Mann, eine Frau und zwei heranwachsende Kinder. Der Mann trug ein Stirnband und mehrere Halsketten mit etwa 3000 Perlen aus Mammut-Elfenbein, Hut oder Kappe waren mit durchbohrten Zähnen von Polarfüchsen besetzt. Stirn und Oberarme schmückten Elfenbeinspangen. Knapp 5000 Perlen waren auf der Kleidung des Jungen verstreut worden. Er trug einen Gürtel aus mehr als 250 durchbohrten Eckzähnen des Polarfuchses. Neben ihm lag ein 2,4 Meter langer Speer. Am aufwändigsten war das Grab des Mädchens. Es enthielt 5274 Perlen, zahlreiche Elfenbeinlanzen, von denen eine 1,6 Meter lang war, sowie weiteren Schmuck. Diese und andere Gräber belegen zum ersten Mal den Wunsch, den sozialen Rang von Toten zu demonstrieren. Die Kindergräber lassen diesen Rang bereits erblich verstehen, so dass vermutlich damals schon die vollständig gleichberechtigte Gesellschaft ihr Ende gefunden hatte. Vor allem aber zeigt der Befund ein Denken über den Tod hinaus in der symbolischen Ausstattung der Toten für ein jenseitiges Leben.

Vom Ahnenkult der Steinzeit bis zur altindischen Seelenwanderungslehre, vom Wiederauferstehungsgedanken Zarathustras und der jüdischen Prophetie bis zu den christlichen Himmels- und Höllenvisionen und den Unsterblichkeitsspekulationen bedeutender Philosophen wie Platon und Pythagoras reicht eine Tradition der Besinnung und Nachdenklichkeit zurück, die nach Kriterien wissenschaftlicher Strenge bis heute nichts bewiesen hat, deren Kerngedanke aber, es gebe so etwas wie eine unsterbliche Seele, immer noch viele intelligente Zeitgenossen fasziniert. Dieser Gedanke hilft manchem, auch außerhalb kirchlicher Bindung, den Verlust eines Angehörigen oder eines Freundes zu verkraften.

Was sie denken und empfinden, wurde nicht von zweihundert Jahren Aufklärung im Namen der empirischen Wissenschaft, auch nicht von der Hirnforschung, widerlegt, ist durchaus nicht mehr Teil irgendeiner Art von reaktionärer Volksbetäubung, und es lässt sich auch nicht einfach mit dem trivialen Schlaubergersatz erledigen, der Mensch neige nun einmal aus Angst vor dem Tod zu Hirngespinsten dieser Art.

Mathias Schreiber

Steinzeit

Auch die gewaltigen Steingräber des Neolithikums, von denen wir die Anlage von Newgrange bereits kennenlernten (→ S. 27), bezeugen einen Totenkult, ohne dass wir sagen können, welche Rolle sie in ihren Gesellschaften einnahmen und welche Vorstellungen über ein Jenseits sich mit ihnen verbanden. Die Steingräber Nordeuropas enthielten reiche Grabbeigaben mit dekorierter Töpferware, Bernstein-Amuletten und wohl auch Speiseopfern. Natürlich gehörten zu den Megalithgräbern ausgedehnte Kulte. Dass der darin gefeierte Glaube sich auf Leben und Tod bezog, darf unterstellt werden, aber keine Stimme berichtet über nähere Inhalte. Welche Symbolik den Stein auszeichnete, der mit ungeheuren Anstrengungen über große Entfernungen herbeigeschafft wurde, wird in der Religionsgeschichte unterschiedlich beantwortet; mal werden ihm Dauer und majestätische Macht zugeschrieben, mal erscheint er, wie in Gen 28,11.17-19 oder in der Kaaba von Mekka, als »Haus Gottes«, mal soll er Ahnenkraft verkörpern. Auch können sich Opferkulte damit verbunden haben, etwa um die Lebenskraft auf der Erde zu erneuern.

Ein großer Grabhügel auf dem Overton Hill bei Avebury, Wiltshire, im Süden Englands. Unter solchen Grabhügeln waren in vielen Bereichen Europas Einzelgräber angelegt als weithin sichtbare Monumente.

Ägypten

Die megalithische Kultur endete in Europa im 3. vorchristlichen Jahrtausend. Seit 2800 v. Chr. wurden hier keine neuen Steinmonumente mehr errichtet. Um diese Zeit hatte die Frühzeit Ägyptens bereits begonnen (3100–2670), das Alte Reich schloss sich von 2670 bis 2150 an. Mit der Geschichte Ägyptens beginnt ein Totenkult, der monumentale Grabbauten, die Schrift und die Idee der Unsterblichkeit verbindet. Nirgendwo sonst repräsentiert das Grab das Ganze einer Kultur, Diesseits und Jenseits, Berufsleben und Totenkult. Diese Einheit ist schon antiken Reisenden aufgefallen. So schrieb Hekateios von Abdera, der 320–305 in Alexandria lebte und Ägypten bereiste:

> Die Einheimischen geben der im Leben verbrachten Zeit einen ganz geringen Wert. Dagegen legen sie das größte Gewicht auf die Zeit nach ihrem Tode, während der man durch die Erinnerung an die Tugend im Gedächtnis bewahrt wird. Die Behausungen der Lebenden nennen sie »Absteigen«, da wir nur kurze Zeit in ihnen wohnten. Die Gräber der Verstorbenen bezeichnen sie als »ewige Häuser«, da sie die unendliche Zeit im Hades verbrächten. Entsprechend verwenden sie wenig Gedanken auf die Ausrüstung ihrer Häuser, wohingegen ihnen für die Gräber kein Aufwand zu hoch erscheint.

Jan Assman interpretiert den ägyptischen Steinbau, der während der 3. Dynastie (2670–2600) an die Spitze des kulturellen Wertesystems rückt:

> Der Staat beschäftigt ganze Armeen von Steinbruchexpeditionen, Handwerkern und Fronarbeitern und investiert in architektonische, plastische, epigraphische und sonstige Konstruktionen von Ewigkeit mindestens so viel Energie wie andere in Eroberung und Verteidigung. In der

Das Jenseits

Die Nachtfahrt von Amun Re im Tal der Könige, Theben, 14. Jahrhundert v. Chr.

Der Sonnengott Amun, dargestellt mit Widderkopf und der roten Sonnenscheibe zwischen den Hörnern, fährt jede Nacht mit einer Barke vom Land seines »Untergangs« im Westen auf einem unterirdischen Strom nach Osten, um am Morgen wieder in die Oberwelt zu gelangen. In der Barke übernimmt die Riesenschlange Mehen, die sich um die Kajüte windet, den Schutz Amuns.

Der Abend eines jeden Tages verbindet sich mit dem Wissen um die eigene Sterblichkeit, bewahrt aber auch die Hoffnung, die Todesnacht zu überwinden, weil die immer wieder erfolgte Rückkehr der Sonne dafür eine Garantie bietet. Das stets neu aufscheinende Sonnenlicht sperrt sich gegen einen endgültigen Abschied vom Leben.

»Auch angesichts der Unausweichlichkeit des Todes leben noch wir Späteren vom ägyptischen Glauben an den Sieg des Lebens über den Tod dank einer kosmischen Mystik, die in Ägypten grundgelegt worden ist« (Manfred Görg).

4. Dynastie nimmt diese Bautätigkeit Formen an, die den Eindruck erwecken, der gesamte Staat wäre um der Einrichtung von Riesenbauten wegen geschaffen worden. Im Rahmen dieser Sinnformation entwickelt sich die ausgeprägte Dichotomie von Lehm und Stein, die das Siedlungsbild des pharaonischen Ägypten kennzeichnet. Der Steinbau dient ausschließlich der Konstruktion sakraler Räume und der Abbildung von Ewigkeit. Alle Gebrauchsfunktionen wie Wohnen, Verwalten, Magazinieren usw. werden in Lehmziegelbauweise realisiert … Die Sehnsucht, die sich in diesen gewaltigen Kulturanstrengungen ausdrückt, zielt auf Erlösung aus der Vergänglichkeit der Lehmwelt und auf eine durch den Stein vermittelte Teilhabe an der kosmischen Ewigkeit.

Soweit sich die ägyptische Geschichte zurückverfolgen lässt, wird sie vom Glauben an ein Weiterleben der Toten bestimmt. Mit seinem Tod muss der Verstorbene die schwerste Prüfung bestehen: das Gericht. Die Szene – »vielleicht das markanteste Kennzeichen der ägyptischen Religion« (Manfred Görg) – wird oft dargestellt: Anubis wägt das Herz und Thot notiert das Ergebnis; darauf muss der Verstorbene vor dem Gericht des Osiris erscheinen, um aus dem berühmten Totenbuch zu rezitieren und versichern, dass er der aufgezählten schlechten Taten nicht schuldig ist:

> Nicht hab ich bewirkt das Leiden der Menschen,
> noch meinen Verwandten Zwang und Gewalt angetan.
> Nicht habe ich das Unrecht an die Stelle des Rechtes gesetzt,
> noch Verkehr gepflegt mit dem Bösen …

Das Ergebnis der überprüften Pflichten entscheidet, ob sich der Verstorbene der Weltordnung, der *maat*, gegenüber positiv verhalten hat. Das zeigt die Waage an, die Thot, der Gott des Messens und Prüfens, abliest. Es geht darum, ob das Herz des Menschen mit der *maat*, der Weltordnung, gleichgewichtig ist. Einige Ägyptologen meinen, diese Szene könne auch als Sterbevorbereitung vorweggenommen worden sein.

Menschen, die diese Prüfung nicht bestanden, weil das Böse zu sehr von ihnen Besitz ergriffen hat, erleiden einen zweiten Tod. Die »Verdammten«, wie die Ägypter sie im Gegensatz zu den »Verklärten« nennen, werden in dunklen Orten zusammengepfercht, müssen ihren Urin trinken und ihre Exkremente essen. Es herrscht unerträglicher Gestank bei Heulen und Wehklagen. Die Situation wird in unterschiedlichen Bildern variantenreich dargestellt. Seele, Herz und selbst der Schatten werden zerrissen oder durch Feuer vernichtet, in Kesseln gekocht, in brennende Seen geworfen. Die spätere christliche Hölle hat hier ihren Vorentwurf.

Das Schicksal jener, die das Gericht bestehen, vertritt exemplarisch der König, dessen Grabanlagen von den Pyramiden bis zu den spätzeitlichen Bauten vielgestaltig zeigen, wie er, der exemplarische Mensch, in dem alles in höchster Potenz erscheint – bis hin zur Gottessohnschaft – den Weg vom Tod ins neue Leben vollzieht. Das Medium, in dem sich dieses Geschehen vermittelt, ist der Osiris-Mythos, in dem auch der spätere christliche Auferstehungsglaube seine Vorwegnahme gefunden hat (→ S. 321 f.). Die ägyptischen Großbauten, zumal die ins Gigantische erhobenen Pyramiden, demonstrieren als Grabanlagen, dass der Tote nicht ins Chaos versinkt, sondern dass gerade die Sicherung äußerer Fortdauer zu seiner Rettung beiträgt. Nicht passives Verhalten, nicht Vertrauen allein auf einen gnädigen Gott, sondern eigenes Mitgestalten gewährt dem Menschen Anteil an seiner »Auferstehung«.

Israel und die Bibel

Die kanaanäischen Städte gehörten einer Hochkultur an, die bis ins 4. Jahrtausend v. Chr. zurückreicht. Ihre Religion bestimmte ein breit gefächertes Pantheon mit Göttern, die Schutzgötter der Könige und Städte waren und zugleich die Fruchtbarkeit des Landes sicherten. Der Wettergott Baal/Haddad hat erst in späterer Zeit seinen Aufstieg in das kanaanäische Pantheon erkämpfen müssen, um hier schließlich dominant zu werden. Der Baal-Mythos interpretiert den Zyklus der Natur, der von Auferstehung im Frühling über die Fruchtfülle bis zum Tod in der Sommerhitze führt, um im nächsten Jahr erneut zu erwachen. Die nachexilische Überarbeitung der Bibel (→ S. 103 ff.) hat viele dieser alten Spuren gelöscht. Erst die Textfunde aus Ugarit haben wieder erkennbar gemacht, was unklar und unverständlich geworden war, nachdem die Durchsetzung des Monotheismus den Polytheismus der Erzväter Israels mit der neuen Lehre überschrieben hatte. Viele Attribute und Fähigkeiten des Baal wurden auf den Gott des Exodus Jahwe übertragen und für ihn reklamiert.

Das vorexilische Israel grenzte sich von der Religionswelt des Umfeldes also kaum ab. Doch sprechen die späteren biblischen Texte eine andere Sprache als die älteren Texte aus Ugarit. Auch die archäologischen Befunde verweisen auf eine andere Realität. Sie lassen (z. B. im Gräberbereich von Ketef Hinnom mit ägyptogenen Beigaben) eine Anlehnung an ägyptische Totenversorgung erkennen. Es stimmt darum nicht, wie oft behauptet wird, Israel und die Bibel würden kein Leben nach dem Tod kennen. Die älteste, noch gemeinsemitische Anschauung kennt die Scheol, ein großes unterirdisches Totenhaus. Die Quellen sprechen von einem rituellen Kontakt mit den Toten, sagen aber nichts über ihren Zustand. Es bestand jedoch ein Ahnenkult. Die Formel vom »Heimgehen zu seinen

Ugarit, ein Ruinenhügel in Syrien, wurde 1928 entdeckt. Der Bereich dehnt sich auf ca. 20 Hektar aus, von denen bisher erst sechs ausgegraben wurden. Das umfangreiche Textmaterial von U. aus verschiedenen Archiven und in unterschiedlichen Sprachen (akkadische und sumerische Keilschrifttafeln, Tontafeln in hurritischer Sprache) sind größten Teils Dokumente des Wirtschaftslebens, der Politik, der Gesellschaft und der Kultur. Die religiösen Texte (Mythen, Epen, Opfer- und Götterlisten) haben einen neuen Zugang zum semitischen Pantheon, zur Kultpraxis, zum Recht und zur sozialen Ordnung der Region eröffnet.
Für das Verständnis des Alten Testaments haben die U.texte viele neue Erkenntnisse gebracht, vor allem, um die kanaanäische Kultur nicht mehr isoliert, sondern im Zusammenhang mit den Nachbarvölkern sehen zu können. Demnach wurzelt das spätere Israel ganz in der Mischkultur, die U. detailliert bezeugt, wenn auch die wichtigsten Texte aus einer Zeit stammen, die noch deutlich vor der Volkwerdung Israels liegen und vor der Entwicklung seiner theologischen Anschauungen.

Totenbuch des Neferrenpet, 19. Dynastie, 1295–1186 v. Chr.

Die unsterbliche Seele (Ba) in Gestalt eines Vogels mit Menschenkopf. Die linke Gestalt (mit Kultbart) trägt das Anch-Lebenszeichen.

Vision Ezechiels von der Auferweckung Israels in der Synagoge von Dura-Europos in Syrien, 250 n. Chr.

»Da sagte er zu mir: Sprich als Prophet über diese Gebeine und sag zu ihnen: Ihr ausgetrockneten Gebeine, hört das Wort des Herrn: Ich selbst bringe Geist in euch, dann werdet ihr lebendig … Und als ich hinsah, waren plötzlich Sehnen auf ihnen und Fleisch umgab sie und Haut überzog sie … (Ez 37)

Vätern« (Gen 15,15) kann eine Wiederbegegnung mit den eigenen Ahnen vor Augen haben (Gen 25,8). Totenbefragung ist belegt (1 Sam 28).

Nachdem sich in Israel die Jahwe-allein-Bewegung und schließlich der Monotheismus durchsetzen konnte, wurden Ahnenkult und Totenbeschwörung bekämpft. Dies war kein populäres Programm, sondern von einer Minderheit getragen, welche die spätere schriftliche Überlieferung bestimmte. Die Alleinverehrung des Nationalgottes Jahwe sollte neben anderen Gottheiten auch die Verehrung von Unterweltgottheiten und die Ahnenverehrung ausschließen. »Die negative Beurteilung der Kanaanäer und des kanaanäischen Einflusses auf Israel ist als Folge der Entwicklung zum Monotheismus der Bibel zu beurteilen« (Oswald Loretz). Die Reform König Joschijas von 623 v. Chr. verschärfte die Gesetzgebung: Verbot der Totenbeschwörung (Dtn 18,11; 2 Kön 23,24) und der Hausgötter (2 Kön 23,24). Jahwe ist ein Gott der Lebenden, nicht der Toten, die ihn ihrerseits auch nicht beachten (können) (vgl. Ps 6,5f.; 88,10ff.; Sir 17,27f.).

Diese Position formuliert in klarer Sprache noch Jeschua ben Sira (Jesus Sirach/Ben Sira), der zwischen 190 bis 170 v. Chr. schrieb:

Wer wird in der Unterwelt (Scheol) den Herrn preisen, an Stelle derer, die da leben und Lobgesang darbringen? Bei dem Toten, der ja nicht einmal mehr ist, hat der Lobgesang aufgehört; wer lebt und gesund ist, lobt den Herrn! (17,27 f.)

Aber das Leben in dieser Welt als dem Ort des Gotteslobes überzeugte den vom Leid gezeichneten Verfasser des Hiob-Buches nicht mehr. Er sah, dass nicht jedes Menschenleben zur Erfüllung gelangt. Zwar bestimmt seine Ausgangsbasis noch das vorgegebene Denken, sodass zunächst in diesem Rahmen eine Antwort gesucht wurde. Doch verändern bald persisch-hellenistische Denkweisen diese Problematik. Die Rückkehr bestimmter Toter ins Leben weckt Hoffnungen. Die sieben Märtyrerbrüder der Makkabäer bezeugen einen Auferstehungsglauben »zu einem neuen ewigen Leben« (2 Makk 7):

Dies ist die Stunde der Geburt der jüdischen Auferstehungshoffnung, die einzig mögliche Weise, am altbiblischen Menschenbild festzuhalten und zugleich an eine ausgleichende Gerechtigkeit in dieser Welt zu glauben. Der zweite der sieben Märtyrerbrüder spricht daher vor seinem gewaltsamen Tod zu seinem Henker: »Du verruchter Mensch, du nimmst uns zwar jetzt das zeitliche Leben, aber der König der Welt, um dessen Tora willen wir sterben, wird uns zu ewigem Wiedererstehen wahren Lebens auferwecken« (2 Makk 7,9) …

Das irdische Leben des Menschen hat mit dieser neuen Deutung des Todes die Spannung der Einmaligkeit verloren, der es im biblischen Denken ausgesetzt war. Zwar ist dieses zweite Leben nicht als zweite Chance konzipiert, wie es z. B. bei der Lehre von der Seelenwanderung möglich ist, aber es eröffnet die Möglichkeit, nicht eingetretenes Glück in dieser Welt und erlittenes Unrecht nicht als endgültigen Verlust, als endgültiges Misslingen deuten zu müssen. Das äußerliche Misslingen des irdischen Lebens hat nun nicht mehr die verzweiflungsvoll endgültige Bedeutung und kann mit größerer Gelassenheit akzeptiert werden.

Karl Erich Grözinger

Zuletzt schließlich entwickelt sich unter griechischem Einfluss ein Seelenglaube. Dieser rechnet mit der Aufnahme der Totengeister gerechter Menschen in den Himmel; unter »Himmel« wird die Welt Jahwes verstanden, nicht die Scheol. Erste Anzeichen dafür finden wir in Ps 49,16 und 73,24 f. Möglicherweise verallgemeinert sich hier auch die mythische Tradition von der Aufnahme einzelner Menschen wie Henoch und Elija in die Welt des Himmelsgottes. Im Buch der Weisheit und bei Philon (um 20/10 v. Chr. – nach 40 n. Chr.) hat sich der Seelenglaube bereits durchgesetzt. Der Kohelet allerdings wahrt zu diesen Spekulationen skeptische Distanz. Für ihn gibt es kein Leben nach dem Tode, nur eine traurige Existenz in der Scheol (Koh 3,19-21; 6,6).

In seiner weiteren Entwicklung führt die Übernahme des Seelenglaubens zum griechischen Dualismus, nach dem der Mensch aus Leib und Seele besteht. Die unsterbliche Seele gerät Zeit des irdischen Lebens in die »Gefangenschaft« des Körpers, doch besteht der Vorzug dieser Anschauung darin, dass nun die irdischen Leiden als belanglos gelten dürfen, denn »der Gerechten Seelen sind in Gottes Hand, und keine Marter wird sie anrühren … Nachdem sie nur wenig gezüchtigt wurden, werden sie mit großen Dingen beschenkt werden« (Weish 5,1-5).

Während der Auferstehungsglaube den Verstorbenen zunächst der Erde überlässt, wo er lange auf seine Auferweckung warten muss, gewinnt der jüdische Glaube – und mit ihm die spätere Christenheit – nun den Vorzug, Auferstehungs- und Seelenglauben miteinander verbinden zu können: Auf eine unmittelbare Belohnung nach dem Tod muss der Gerechte nicht verzichten; seine Seele kann gleich ins Paradies eingehen, während der Leib seiner Wiedererweckung vergewissert wird.

In der Zeit Jesu wirkte sich der Auferstehungsglaube parteienbildend aus. Die pharisäische Richtung befürwortet ihn – allerdings nur für die Gerechten und Frommen. Sadduzäer und andere Traditionalisten bleiben bei der strengen Linie, dass sich Jahwe- und Ahnenverehrung nicht vertragen, und sehen in einem erfüllten Leben Gottes Segen. Daneben ist auch schon der Seelenglaube präsent, wie Josephus über die Essener berichtet: »Die Seelen aber seien unsterblich und würden immer bestehen«; »sie schwingen sich empor in die Höhe«, wo ihnen ein guter Ort beschieden sei.

Der Seelenbegriff, der bis heute das Denken mitbestimmt, findet sich erstmals bei griechischen Denkern des 6. Jahrhunderts v. Chr. Er fand seine stärkste Förderung durch Platon (428–347), verbunden mit dem Gedanken an eine Wiederverkörperung: im Tode trennt sich die Seele vom Körper, vergisst ihr bisheriges Leben und verbindet sich mit einem neuen Körper.

Christliche Vorstellungen

Das frühe Christentum hatte zunächst keine einheitliche Anschauung vom Leben nach dem Tode. Die Begriffe (leibliche) »Auferstehung« und (körperlose) »Seele« begegnen durcheinander. Unter den Evangelien handelt Lukas am deutlichsten vom postmortalen Schicksal. Die Auferstehung Jesu schildert er als Rückkehr in die Existenz des irdischen Körpers. Als der Auferstandene sich seinen Jüngern zeigt und diese meinen, einen Geist zu sehen, sagt er zu ihnen:

Himmelfahrt des Propheten Elija, Italienische Bibel, 1130.

Die 2 Kön 2,1–18 erzählte »Entrückung« des Elija hat – neben der Entrückung des Henoch (Gen 5,21–24) – auf die spätere Überlieferung einen nachhaltigen Eindruck ausgeübt. Angeregt von diesen beiden Traditionen sind auch die späteren Entrückungsgeschichten des Baruch, Mose und Isaak (in außerbiblischen Schriften) entstanden. Die von Lukas beschriebene »Himmelfahrt« Jesu ist in diese Tradition ebenfalls einzuordnen. Bereits die vorlukanische Überlieferung deutete seine Auferweckung mit Hilfe der alttestamentlichen Schriftreflexion als »Erhöhung«. Erst in der weiteren Entwicklung vollzog sich die Loslösung des Erhöhungsmotivs vom Auferstehungsverständnis.

> Des Menschen bester Freund ist immer noch einer, der die Unsterblichkeit der Seele für möglich hält.
>
> Mathias Schreiber

Meister von St. Laurenz, Christi Hadesfahrt, 1425–1430.

Die Hades- oder Höllenfahrt Christi meint die Welt des Todes, aus der der Auferstandene befreit. Das ostkirchliche Gegenstück dazu sind die Anastasis-Bilder (→ S. 307). Hier zieht Christus, auf den Flügeln des Höllentores, die eine dämonische Gestalt unter sich begraben, stehend Adam, Eva, König David, Johannes den Täufer … aus dem Höllenrachen. Doch geht es bei diesem Bildthema nicht allein um die Errettung der Voreltern und Gerechten des Alten Testaments, sondern um die Errettung der Menschheit insgesamt durch das Erlösungswerk Christi.

Was seid ihr so bestürzt? Warum lasst ihr in eurem Herzen solche Zweifel aufkommen? Seht meine Hände und meine Füße an: Ich bin es selbst. Fasst mich doch an und begreift: Kein Geist hat Fleisch und Knochen, wie ihr es bei mir seht. Bei diesen Worten zeigte er ihnen seine Hände und Füße. Sie staunten, konnten es aber vor Freude immer noch nicht glauben. Da sagte er zu ihnen: Habt ihr etwas zu essen hier? Sie gaben ihm ein Stück gebratenen Fisch; er nahm es und aß es vor ihren Augen (Lk 24,38-43).

Diese grobsinnliche Schilderung steht im Gegensatz zu dem »Rühr mich nicht an!« bei Joh 20,17 und auch im Gegensatz zu der sonstigen neutestamentlichen Schilderung des Auferstandenen. Nachdem Lukas solcherart die Rückkehr Jesu in das leibliche Leben beschrieben hat, notiert er wenige Verse weiter seine Himmelfahrt:

Dann führte er sie hinaus in die Nähe von Betanien. Dort erhob er seine Hände und segnete sie. Und während er sie segnete, verließ er sie und wurde zum Himmel emporgehoben; sie aber fielen vor ihm nieder. Dann kehrten sie in großer Freude nach Jerusalem zurück (Lk 24,50-52).

Himmelfahrt wird hier verstanden als die Aufnahme Jesu in die göttliche Welt. In diesem Nacheinander verknüpft Lukas »zwei miteinander konkurrierende Vorstellungen – Auferstehung und Vergöttlichung« (Bernhard Lang). Anders ist es, wenn er vom postmortalen Schicksal gewöhnlicher Menschen spricht. Dann genügt ihm die Apotheose (»Verherrlichung«, »Vergöttlichung«) allein. So etwa wird der arme Lazarus nach seinem Tod gleich von Engeln in den »Schoß Abrahams« getragen, während der unbarmherzige Reiche stracks in den Hades kommt, wo er qualvolle Schmerzen erleidet. Das jeweilige postmortale Schicksal tritt also unmittelbar nach dem Tode ein. So auch wenn Jesus am Kreuze zu dem mitgekreuzigten Räuber sagt: »Amen, ich sage dir: Heute noch wirst du mit mir im Paradiese sein« (Lk 23,43). Dem Paradies steht hier der Hades gegenüber, wie bei Lk 12,4-5 verdeutlicht:

Fürchtet euch nicht vor denen, die den Leib töten, euch aber sonst nichts tun können. Ich will euch zeigen, wen ihr fürchten sollt: Fürchtet euch vor dem, der nicht nur töten kann, sondern die Macht hat, euch auch noch in den Hades zu werfen. Ja, das sage ich euch: Ihn sollt ihr fürchten (Lk 12,4-5).

Während das alte Israel nur die Scheol für *alle* Toten kannte, wird in späterer Zeit das postmortale Schicksal auf Hades und Himmel aufgeteilt. Im Neuen Testament begegnet jedoch keine einheitliche Lehre. Bernhard Lang findet in komplizierten Unterscheidungen eine griechische und eine hebräische Vorstellung, die verschiedenen geistigen Welten zugehören. Dies änderte sich jedoch, als das Christentum einen angesehenen Platz neben den kulturbestimmenden traditionellen Religionen erobert hatte. Über das Leben nach dem Tode gehen danach zwischen Christen und Nichtchristen die Anschauungen kaum noch auseinander. Bernhard Lang bestimmt die Übereinstimmungen in sechs Punkten:

1. Der Mensch besitzt eine unsterbliche, vom Körper zu unterscheidende Seele.
2. Diese trennt sich im Tod vom Körper. Wird sie von höheren Mächten privilegiert, steigt sie in den Himmel auf – einen überirdischen, jenseits des Fixsternhimmels liegenden Ort.
3. Die im Himmel lebenden Seelen sind glücklich, weshalb sie griechisch als *makarioi*, lateinisch als *beati* – als Glückliche, Glückselige oder kurz als Selige – bezeichnet werden.
4. Das Glück besteht in der Wiedervereinigung mit den bereits verstorbenen Freunden und Vorfahren.
5. Nach anderen Auffassungen kommt es zu einer dauernden Begegnung der Seele mit Gott.
6. Die Bösen erwartet im Jenseits eine – möglicherweise ewige – Strafe.

Diese Überzeugung entspricht jener Lehre, die immer noch in Dogmatiken und Katechismen vertreten wird, wenngleich sie im Neuen Testament wenig Rückhalt hat, denn der hier ins Zentrum tretende Seelenbegriff gehört zu den Anleihen aus dem »Heidentum«. Die damals entwickelte Lehre vom Leben nach dem Tod versteht sich dementsprechend als eine Summe heidnischen und christlichen Denkens.

Schon Origenes (185–253) betont: »Nicht allein bei Christen und Juden, sondern auch bei vielen Griechen und Barbaren herrscht der Glaube, dass die menschliche Seele nach ihrer Trennung vom Körper fortbesteht und lebt« (Gegen Celsus 7,5). Doch nehmen die christlichen Autoren nicht alle mit dem Seelenbegriff verknüpften Vorstellungen der griechischen Philosophie auf, insbesondere lehnen sie den meist damit verbundenen Reinkarnationsglauben ab. Auch das mit dem Himmel verbundene elitäre Konzept der antiken Vorstellung wird überwunden: Während im heidnischen Denken der Himmel nur auserwählten Menschen zuteil wurde – im christlichen Pendant anfangs nur Märtyrern zugestanden – erklärt die Kirche den Himmel nun all ihren Gläubigen offen.

Oben: Der Sterbende setzt seine Hoffnung auf Gott. Rohan-Stundenbuch, um 1430.

Zwischen dem Sterbenden und Gott tobt der Kampf eines geflügelten Teufels und eines Engels um dessen Seele, die sich bereits in den Klauen des Teufels befindet. Die beiden Spruchbänder erklären den Kampf für noch nicht entschieden. Das vom Mund des Sterbenden ausgehende Band zitiert Ps 31,6: »In deine Hände lege ich voll Vertrauen meinen Geist; du hast mich erlöst, Herr, du treuer Gott.« Dem lateinischen Vers antwortet Gott auf Französisch: »Pour tes Péchés pénitence feras. Au jour du Jugement aveques mois seras« – Tust du Buße für deine Sünden, bist du am Tag des Gerichtes bei mir.

Unten: Sterbefresko der Francesca Romana (1384–1440).

Das Wandbild erzählt, »wie der ewige Gott sich herabließ, die Seele der seligen Francesca aufzunehmen, als sie sich von ihrem allerheiligsten Leib trennte«. Welt und Jenseits trennt ein Wolkenband; ein Blumenband verbindet beide Sphären. Die Seele wird traditionsgemäß als nacktes Menschlein dargestellt. Am Sterbebett betet eine Gruppe von Oblatinnen. Engel musizieren, unter ihrer Gruppe sind die Lieblingsheiligen der Sterbenden zu sehen.

Das Jenseits

Meister der Verherrlichung Mariä (tätig um 1460–1480), Weltgericht.

Das von Mt 25,31–46 inspirierte Thema rückt Christus als Richter, auf einem Regenbogen thronend, ins Zentrum. Der entblößte Oberkörper verweist auf seine Wundmale, die ihn als Erlöser kennzeichnen. Heilige Frauen und Männer, in unterschiedlichen Trachten und Amtsinsignien, umgeben ihn. Der realen Welt unter dem thronenden Christus kündet ein Posaunenengel das Jüngste Gericht. Aus ihren Gräbern erheben sich die Toten. Sie werden zu Christi Rechten empfangen zum himmlischen Freudenfest, zu seiner Linken in den Höllenrachen getrieben.

Im Blick auf die Hölle, eine eher ägyptische und griechische Erfindung, unterscheiden sich auf den ersten Blick heidnische und christliche Vorstellungen kaum voneinander. Bei näherem Zusehen finden sich aber doch wichtige Unterschiede zwischen beiden Traditionen. Origenes versteht die Hölle noch nicht als Ort ewiger Qual, sondern als Stätte der Reinigung, um danach geläutert zu Gott aufzusteigen. Diesen postmortalen Reinigungsprozess lehnte Augustinus (354–430) ab und verschärfte die Verdammungslehre. Für ihn steht die Verdammung bereits als Strafe für die Erbsünde fest, die auf Adam zurückführt und darum jedem Menschen anhaftet, so dass selbst Kleinkinder der Hölle verfallen, wenn sie ungetauft sterben. Außerdem hält er die Zahl der Verdammten für größer als die der Seligen. Im weiteren Kirchenleben wird Augustinus, nicht Origenes zum Lehrmeister der Hölle. Erst im Mittelalter versucht man, einzelne Momente der augustinischen Höllenlehre abzumildern. Dazu dient das *Fegefeuer* als Reinigungsort (*purgatorium*), um minder befleckte Seelen auf den Himmel vorzubereiten. Diesem Denken entsprach auch der *Limbus puerorum*, ein Ort »ohne Gottesschau« im Halbdunkel zwischen Himmel und Hölle, der ungetauften Kindern und – wie der Paderborner Dogmatiker Bernhard Bartmann (1860–1938) noch lehrte – den »Millionen von Geistesschwachen« vorbehalten sei. Im Jahr 2007 hat Benedikt XVI. jedoch erklärt, diese »ältere theologische Meinung« solle seitens des kirchlichen Lehramts nicht mehr unterstützt werden. Was aber das Höllenschicksal der Menschheit insgesamt angeht, so bestätigte das Konzil von Florenz 1442 Augustins Heilspessimismus: Die Kirche »glaubt fest, bekennt und verkündet, dass niemand, der sich außerhalb der katholischen Kirche befindet, nicht nur keine Heiden, sondern auch keine Juden oder Häretiker und Schismatiker, des ewigen Lebens teilhaftig werden können, sondern dass sie ins ewige Feuer wandern werden« (→ S. 553 ff.).

Die mittelalterliche Himmelsspekulation sieht so aus: Nach Thomas von Aquin wird es kein tätiges Leben geben, auch gesellschaftlicher Austausch spielt im Himmel keine Rolle. Es gilt, »dass zur Glückseligkeit die Gesellschaft von Freunden nicht wesentlich dazugehört; denn der Mensch besitzt seine ganze Vollkommenheit in Gott« (*Summa theologica* I II 4,8). Die Reformation brachte gegenüber dieser Anschauung vom ewigen Leben keine abweichende Position. Sie knüpfte an die Gottesschau der Scholastik an, versuchte aber deren Himmelsbild allein aus der Bibel zu begründen. Calvin betonte: »Wir müssen in diesem Lehrstück auf Bescheidenheit halten, damit wir nicht unser Maß vergessen ...« (*Institutio* 3,25,10) Die nachreformatorische Zeit steuerte allerdings ein neues Motiv bei – zumal Luther ein Dasein ohne Abwechslung, ohne Essen und Trinken und möglicherweise ohne Unterhaltung zu schaffen gemacht hatte: Im 17. Jahrhundert kommen Musik und Gesang zum Himmel hinzu, was bis dahin allenfalls das Geschäft der Engel war. Später mochte das Halleluja-Singen, etwa bei Ludwig Thoma, eher zu scherzender Ironie werden, zur Zeit der Barockmusik verlieh es dem sonst eher faden Himmel Lebendigkeit.

Das Jenseits im neuzeitlichen Denken

Von unterschiedlichen Seiten und aus unterschiedlichen Motiven richten sich im weiteren Verlauf der Neuzeit, zumal vom Denken der Aufklärung angespornt, bisher nicht gehörte Einwände gegen das überlieferte Jenseitsbild.

Während sich die christlichen Prediger – bis weit ins 19. Jahrhundert hinein – in Höllenpredigten kaum zügeln können und damit das Volk in Furcht und Gehorsam halten, wird der eigenständig denkende Bürger bereits seit dem 17. Jahrhundert von Generation zu Generation kritischer. Die Infragestellung kommt aus allen Richtungen. Der Jesuit Friedrich Spee (1591–1635) durchbricht den Hexenwahn, spricht die Zauberer und Hexen vom Teufelskult frei und plädiert, die Hölle auch für die Heiden, die Christus nie gekannt haben, zu schließen. – Der französische Baron de La Hontan schreibt 1703 einen Dialog »zwischen dem Autor und einem Wilden mit gesundem Menschenverstand«, in dem der Indianer sagt: »Du beschuldigst Gott der Tyrannei, wenn du glaubst, er habe auch nur einen Menschen geschaffen, um ihn auf ewig durch das Feuer im Inneren der Erde unglücklich zu machen.« – Zu dieser Zeit finden die Gegner der ewigen Verdammnis in Pierre Bayle (1667–1706) einen Mitstreiter von beißender Ironie. In seinem berühmten Dictionnaire wendet er sich gegen die calvinistische Prädestinationslehre und erklärt diese für absurd: »Ein Gesetzgeber, der den Menschen untersagt, Verbrechen zu begehen und sie dennoch dazu treibt und ewig dafür bestraft ...: Das hat nichts mehr mit Religion zu tun ... Hier führt der Weg zum Atheismus.« – Im 18. Jahrhundert folgen die Philosophen immer mehr Bayles Spuren. Montesquieu (1689–1755) fragt: »Man bestraft einen Menschen, damit er morgen nicht wieder etwas Böses tut und damit es die anderen abschreckt. Wenn aber die Seligen gar nicht sündigen können und die Verdammten gar nichts Gutes mehr tun können, wozu dann die Strafen und

Michael Triegel (geb. 1968), Kleines Gericht, 2001/2002.

Hier sitzt ein Kind auf dem Regenbogenthron des Weltrichters, das rechte Ärmchen hoch erhoben, Lilie und Schwert gehen von ihm aus, aufsteigende und fallende Gestalten umgeben diesen »Richter«, der ebenso ironisch verstanden werden kann, wie er das Paradoxon darstellt, in dem auch die Christophorus-Legende gipfelt. Rechts unten greift Eva nach dem Apfel. Gegenüber mit einem Pinsel in der Hand der Künstler als Adam. Ist die Tür unter dem Kind eine Tabernakeltür oder das »Tor der Ewigkeit«?

> Goethe, nicht eben ein Frömmler, glaubte an das ewige Leben. Die Natur sei verpflichtet, ihm eine andere Form des Daseins anzuweisen, wenn die jetzige seinen Geist nicht ferner auszuhalten vermöge, sagte er zu Eckermann. »Der Mensch soll an Unsterblichkeit glauben, er hat dazu ein Recht, es ist seiner Natur gemäß.« Selbst wenn dieser Glaube eine melancholische Träumerei wäre, geboren aus der Sterbeangst eines alten Mannes, nur keck, nur inszeniert, »nur« Ästhetik, wäre er nicht verwerflich. Er kultivierte doch wenigstens ein sonst Tabuisiertes, gäbe ihm Sprache und Gestalt. Wenn die graue Wahrheit trostlos ist und Trostloses aus ihr folgt, ist es dann nicht Stärke, eine hilfreiche Fiktion zu pflegen? Novalis nennt den Himmel unbefangen ein »Erzeugniß des produktiven Herzens«. Ist der Himmel deswegen zu verwerfen? Die barsche Ehrlichkeit, die die Unsterblichkeit niedermacht, ist achtbar, aber sie ist hilflos nach ihrem leichten Triumph und weiß nicht weiter. Es gibt keinen Sieg des Intellekts über den Tod. Das Unaufklärbare zu kultivieren ist intellektuell nicht weniger redlich als die unproduktive Tapferkeit, die dem Nichts »ohne Illusion« ins Auge blicken will. »Welch ein freundlicher Augenblick wird es sein«, verspricht Goethe ungeniert Eduard und Ottilie, die sich bis in den Tod geliebt haben, »wenn sie dereinst wieder zusammen erwachen.«
>
> Hermann Kurzke

> Ich sprach einmal mit Walter Jens darüber, ob er die Seele für unsterblich halte. Er zitierte den Philosophen Ernst Bloch, der auf die Frage nur geantwortet habe: »Wer weiß?« Ich fügte hinzu: Gott sei für mich keine Realität, sondern eine literarische Figur wie Hamlet oder Odysseus. Darauf Jens: »Kann es eine größere Realität geben als die von Hamlet oder Odysseus?« Das hat mir gefallen. Was die Dimension der zeitlichen Unendlichkeit angeht, glaube ich an eines: Es gibt gewisse Melodien, etwa von Mozart oder Beethoven, die währen ewig – solange es Menschen gibt, die sie hören können.
>
> Marcel Reich-Ranicki

Belohnungen?« – Diderot schließlich folgert, auch die aufrechteste Seele sei versucht »zu wünschen, dass es dieses Höchste Wesen besser nicht gäbe.« – Und eine einfache protestantische Frau, Madame Rolland: »Welch unbegreifliches Wesen hat man aus Gott gemacht? … Ein ungerechtes, zorniges, parteiisches, hinterhältiges Wesen, gleich einem völlig verworfenen Menschen. Eine mit der höchsten Macht vereinte, unendliche Weisheit muss notwendigerweise gut sein, sie straft nicht mit solch rachedurstiger Grausamkeit.«

Dennoch halten Kirche und Theologie weiter an der Hölle fest – als Garant der gesellschaftlichen Ordnung. Man erklärt die Hölle zum besten Bollwerk für Stabilität, Ordnung, öffentliche und private Moral, und dass es sie geben muss! Der Pariser Domherr Bergier deklariert: »Die Welt wäre nicht bewohnbar, wenn die Bösen nach diesem Leben nichts mehr zu fürchten hätten.« Das dahinter stehende Gottesverständnis, wie es etwa unter Ludwig XV. vertreten wurde, verdeutlicht »der höchst royalistische, höchst katholische und höchst blutrünstige Joseph de Maistre« an der Figur des Scharfrichters als des Stellvertreters Gottes auf Erden:

Man wirft ihm einen Giftmörder vor, einen Vatermörder, einen Gotteslästerer. Er ergreift ihn, bindet ihn auf ein liegendes Kreuz und hebt den Arm: darauf entsteht eine grauenvolle Stille, in der man nur noch das Krachen der Knochen unter dem Druck der Eisenstange und die Schmerzensschreie des Opfers hört. Sodann bindet er ihn wieder los und trägt ihn zum Rad. Die gebrochenen Glieder werden durch die Speichen geflochten und der Kopf hängt nach unten. Die Haare sträuben sich und aus dem weit aufgerissenen Mund dringen nur noch ab und zu wenige, von einem Blutschwall begleitete Wörter, die den Tod herbeiwünschen. Er hat sein Werk vollendet, sein Herz schlägt wild, aber vor Freude, voller Stolz sagt er zu sich selbst: »Niemand rädert besser als ich.« …

Alle Macht, alle Größe ist auf den Scharfrichter gegründet. Er ist der Schrecken und das Bindeglied der menschlichen Gesellschaft. Nehmt diesen unbegreiflichen Beruf aus der Welt, und die Ordnung weicht dem Chaos, die Throne wanken und die Gesellschaftsordnung bricht zusammen. Gott, der die Obrigkeit geschaffen hat, hat also auch die Strafe geschaffen.

Solange es die Vorstellung von einem solchen Moloch-Gott gibt, gibt es auch eine ewige Hölle. Die traditionelle Glaubenslehre hielt an ihr fest, so dass niemand sie in Frage stellen konnte, ohne sich selbst aus der kirchlichen Glaubensgemeinschaft auszuschließen. Doch je mehr die Hölle unter einem aufgeklärten humanistischem Denken unglaubwürdig wurde, umso mehr wurde binnenkirchlich ein Klima bewahrt, das ihre Gültigkeit nicht bezweifelte. Das zeigt sich für das 19. Jahrhundert am deutlichsten an Jean-Marie Vianney, dem Pfarrer von Ars (1786–1859). Seine Seligsprechung 1905 und die Heiligsprechung von 1925 belegen jene Tugenden, welche die Kirche bei ihren Priestern zu dieser Zeit am höchsten schätzte: eine bis zur Askese getriebene Genügsamkeit, die Verdammung aller Werte der laizistischen Gesellschaft und die bis zum Horror getriebene Angst vor der Hölle. Der Pfarrer von Ars hatte es in seinem ganzen Leben mit Teufel und Hölle zu tun. Er wurde ab 1824 fünfunddreißig Jahre lang von äußerst geräuschvollen Erscheinungen gequält; er war Stammgast in einem höllischen Jenseits. Entsprechend steckten seine Predigten voller Ängste und Schrecken: »Wenn es auch noch so schwer ist, als Verheirateter zum Heil zu gelangen und wenn auch der größte Teil der Verheirateten, ohne es zu wissen, der Verdammnis anheim fallen wird, so können doch jene, die Gott rufen, das Heil erlangen.« Aber schon der geringste »unreine Gedanke genügt, um verdammt zu werden«. Erbarmen ist nur zu erwarten, wenn man sich bemüht, ein Leben lang unglücklich zu sein: »Selbst unsere guten Werke nützen uns gar nichts, denn für sie haben wir in diesem Leben durch zeitliche Güter eine Belohnung erhalten, während unsere Sünden immer weiterleben.«

Für die katholische Kirche wurde der Höhepunkt ihrer Höllen»pastoral« um 1920 erreicht: »Nie zuvor waren die offiziellen Vorschriften über den Glauben an die Hölle derart bis ins Detail ausgearbeitet« (Georges Minois). Doch so sehr man damit den alten Glauben sichern und gegen jede Kritik verteidigen wollte, umso krasser ging diese Höllenobsession an den Menschen des 20. Jahrhunderts vorbei, denn inzwischen verblasste der Glaube an die christliche Hölle zu einer kaum noch berührenden Formsache, einem Fossil der Geistesgeschichte, das für einen starren dogmatischen Rahmen weiterhin als unentbehrlich gelten mag, für die moderne Welt aber dysfunktional ist und zu nichts mehr dient.

Nun ist die Hölle ja ein Ding, das seit Augustinus über eine Linie diverser Konzilien dazu gebraucht wurde, die Heilsnotwendigkeit der Kirche zu unterstreichen. Darum noch einmal das Konzil von Florenz 1442:

Weltgerichtsaltar. Mittelrheinisch, um 1475. Ein Seitenflügel zeigt die zur Höllenstrafe Verurteilten.

Die Kirche glaubt fest, bekennt und verkündet, dass niemand, der sich außerhalb der katholischen Kirche befindet, nicht nur keine Heiden, sondern auch keine Juden oder Häretiker und Schismatiker, des ewigen Lebens teilhaft werden können, sondern dass sie ins ewige Feuer wandern werden.

Inzwischen ist dem kirchlichen Denken diese rigoristische Position ebenfalls problematisch geworden, aber da sich die Kirche in diesem Glauben selbst als irrtumsfrei erklärt hat, ist sie außerstande, ihrer selbst bewirkten Gefangensetzung zu entkommen und eine frühere Definition aufzuheben. Was in solchen Fällen geschieht, hat sich schon oft bewährt: Man behält den Wortlaut, aber verändert den Sinn:

Zu den Dingen, die die Kirche immer gepredigt hat und auch weiterhin lehren wird, gehört auch diese unfehlbare Erklärung, dass es außerhalb der Kirche kein Heil gibt.

Dieser Lehrsatz ist jedoch in dem Sinn zu verstehen, den ihm die Kirche selbst gibt … In seinem unendlichen Erbarmen hat Gott gewollt, da es sich um Heilsmittel handelt, die die letzten Dinge des Menschen

> Lassen wir das Vorhandensein ewiger Höllenqualen zu, so verliert mein geistiges und religiöses Leben überhaupt jeden Sinn und jeden Wert, verlief es ja doch im Zeichen des Terrors. Im Zeichen des Terrors kann keine Wahrheit offenbar werden.
>
> *Nikolai Berdjajew*

Das Jenseits

betreffen ... dass unter gewissen Umständen ihre Heilswirkung auch erlangt werden kann, wenn diese Mittel nur Gegenstand eines »Wunsches« oder »Verlangens« sind ... Deshalb muss ein Mensch, wenn er sein allgemeines Heil erlangen will, nicht unbedingt ein erklärtes Mitglied der Kirche sein, er muss ihr jedoch zumindest durch Wunsch oder Verlangen zugehören.

Es ist jedoch nicht immer notwendig, dass dieser Wunsch explizit zum Ausdruck kommt, wie bei den Katechumenen. Wenn ein Mensch in unabänderbarer Unwissenheit lebt, akzeptiert Gott auch den impliziten Wunsch, der so genannt ist, weil er ein Teil des positiven Strebens der Seele ist, ihren eigenen Willen nach dem Willen Gottes auszurichten.

So erlaubt nun diese beliebig dehnbare Interpretation Papst Pius' XII. von 1953, der starren alten Formel zu entkommen, Heilspessimismus gegen Heilsoptimismus auszutauschen und die Hölle im großen Stil zu entvölkern. Seitdem herrschen in der Kirche Rückzugsgefechte. Das Zweite Vatikanische Konzil eröffnete 1965 in seiner Konstitution *Lumen gentium* den Menschen aller Religionen den Weg zum Heil, wobei Juden und Muslime eigens genannt werden.

Aber auch den anderen, die in Schatten und Bildern den unbekannten Gott suchen, auch solchen ist Gott nicht ferne, da er allen Leben und Atem und alles gibt und als Erlöser will, dass alle Menschen gerettet werden. Wer nämlich das Evangelium Christi und seine Kirche ohne Schuld nicht kennt, Gott aber aus ehrlichem Herzen sucht, seinen im Anruf des Gewissens erkannten Willen unter Einfluss der Gnade in der Tat zu erfüllen trachtet, kann das ewige Heil erlangen.

William Blake (1757–1827), Zusammenführung einer Familie im Himmel, 1808 – in der Wiedergabe eines Stichs von Louis Schiavanelli, 1898.

Wie die Geschwister, so umarmen sich auch die Eltern in Freude über ihr glückliches Wiedersehen, das nie mehr enden soll.

Selbst die Atheisten, denen bisher die Hölle sicher war, empfangen frohe Botschaft:

Die göttliche Vorsehung verweigert auch denen das zum Heil Notwendige nicht, die ohne Schuld noch nicht zur ausdrücklichen Anerkennung Gottes gekommen sind, jedoch, nicht ohne die göttliche Gnade, ein rechtes Leben zu führen sich bemühen. *Lumen gentium*, Art. 16

Am widersprüchlichsten ist, dass für diesen Richtungswechsel dieselbe Basis in Anspruch genommen wird, die bis dahin zweitausend Jahre Drohungen rechtfertigte. Sollte bis jetzt neun Zehnteln der Menschheit die ewige Verdammnis drohen, so steht nun allen das ewige Heil in Aussicht. Das im Mai 1964 von Papst Paul VI. gegründete »Sekretariat für die Nichtchristen« kommt 1967 in einer kurzen Anspielung auf die Hölle zu sprechen, umschreibt sie aber als »zweiten Tod«, um gleich hinzuzufügen: »Sicherlich, kein Mensch kann beurteilen, ob je einem Menschen dieses Unglück widerfahren ist. Nur Gott allein weiß, wer diese Menschen sind,

Robert Delaunay (1885–1941), Kreisformen (Sonne und Mond), 1912/31.

»Die Farbe ist Form und Inhalt zugleich«, war Robert Delaunays Überzeugung. »Sie ist allein das Thema, das sich entwickelt und umwandelt, außerhalb jeder psychologischen oder anderen Analyse. Die Farbe ist ihre eigene Funktion; ihre gesamte Bewegung ist in jedem Augenblick präsent, wie in der musikalischen Komposition der Epoche von Bach oder in unserer Zeit guter Jazz. Das ist wirklich eine Malerei, die keine traditionelle, erklärende oder literarische Vermittlung nötig hat!« In den »Kreisformen«, die Delaunay mehrfach variierte, sah er seine ersten wirklich ungegenständlichen Bilder. Die Farbbeziehungen in mandalaartigen Figuren bedeuteten für ihn eine forme mobile totale, was sowohl die Simultanität der Farben angeht, als auch die von ihnen ausgehende Intensität der Lichtenergie. Jedes Segment hat seine besondere Farbe, die mit den anderen Farbtönen der Kreisgestalt in eine lebendige Beziehung tritt.

und ob es überhaupt solche gibt.« Damit kann der ganze bisherige Lehrbestand als in Frage gestellt gelten, zumal eine Verlautbarung der »Kongregation für die Doktrin des Glaubens an das ewige Leben im Jenseits« sagte, »dass die Gefahr von Darstellungen, die der Phantasie und persönlicher Willkür entsprungen sind, sehr groß ist, denn ihre Übertreibungen tragen zum großen Teil Schuld an den Schwierigkeiten, denen sich der christliche Glaube oft gegenübersieht … Weder die Heilige Schrift noch die Theologie liefern uns genügend Aufschluss für eine Darstellung des Jenseits.«

So breitet sich über die Hölle Schweigen aus, weil der Gesamtkomplex zu belastet ist und störende Assoziationen weckt. Allerdings erklärte der ultrakonservative und von Rom 1988 exkommunizierte Bischof Marcel Lefebvre: »Heute scheint man die Hölle leider vollkommen vergessen zu haben … Ist es möglich zu vergessen, dass Gott Gesetze und Strafen eingesetzt hat?« Und 1989 bedauerte Kardinal Ratzinger die eingetretene Situation: Im Blick auf die Fastenpredigten monierte er, dass der Priester bei der ersten Predigt den Leuten erkläre, dass es keine Hölle gibt; bei der zweiten, dass es kein Fegefeuer gibt; bei der dritten versuche er den Leuten zu erklären, dass es auch keinen Himmel gibt und dass wir versuchten müssen, ihn schon auf Erden zu finden. Die meisten Prediger würden zwar sagen, dass es sehr wohl einen Himmel im Jenseits gebe, von der Hölle spreche jedoch niemand mehr.

Die – zuweilen riskanten, wenn nicht gar skandalösen – Prädestinationsthesen des Augustinus, des Thomas, des Luther von De servo arbitrio, des Zwingli, des Calvin u.ä. setzen – gewiss mit unterschiedlichem Gewicht – einen Gottesbegriff von solcher willkürlichen Grausamkeit voraus …, dass der im Neuen Testament allenthalben und auf verschiedene Weise zum Ausdruck kommende Versöhnungswille eines Gottes, der bis zur »stellvertretenden« »Tötung« seines »Sohnes« die Menschen »liebt«, eben damit völlig unglaubwürdig werden müsste. Dem schauerlichen und zutiefst abstoßenden Gedanken einer »ewigen Hölle« gegenüber, gar in der verklemmt-sadistischen Anschaulichkeit etwa Dantescher Visionen, hat ein – gewiss nicht vulgärer…, aber verantwortungsbewusster, vernünftiger, unromantischer, sich bescheidender »Atheismus« durchaus Züge von »Humanität« und sympathischer Ehrfurcht vor dem Unzugänglichen – wenn man will: vor »Gott« –, welche den groben und »Gottes« schlechthin unwürdigen Höllenträumen … um ein Unendliches überlegen sind.

Otto Kuss

Die modernen Höllen

Im 20. Jahrhundert, meint der französische Philosoph Jean Guitton (1901–1999), würden die Atheisten mehr von der Hölle sprechen als die Christen:

Heutzutage, da die Gläubigen versuchen, die Grauen des ewigen Todes abzuschwächen, muss man paradoxerweise im Lager der bis hin zum erklärten Atheismus ungläubigen Denker die präzisesten Ausdrücke aus der Welt der Hölle suchen. Es hat vielleicht noch nie eine Epoche gegeben, in der der Gedanke von der Möglichkeit einer Hölle mehr Anklang und Entgegenkommen bei den Laien, die ohne jeden Glauben sind, gefunden hätte.

Bei Georges Bernanos (1888–1948) heißt es in seinem »Tagebuch eines Landpfarrers« noch ganz christlich: »Die Hölle, Madame, das ist nicht mehr zu lieben.« Entsprechend entdecken andere Autoren des 20. Jahrhunderts, dass die Hölle im Menschen selbst liegt. »Wenn der Mensch die Hölle nicht versteht«, meint Marcel Jouhandeau (1888–1979), »dann deswegen nicht, weil er sein eigenes Herz nicht verstanden hat«. Auch die Psychoanalyse des 20. Jahrhunderts zeigt, dass die Hölle als Gegenwelt oder »Schatten« der geordneten Welt verstanden werden kann. Zu einem der »Sätze des Jahrhunderts« aber wurde Jean-Paul Sartres Formulierung: »Die Hölle, das sind die anderen.« Sartre interpretierte:

Aber dieses »Die Hölle, das sind die andern« ist immer falsch verstanden worden … Wenn wir versuchen, uns zu erkennen, benutzen wir im Grunde Kenntnisse, die andere über uns schon haben … Was ich auch über mich sage, immer spielt das Urteil anderer hinein … Und es gibt eine Menge Leute auf der Welt, die in der Hölle sind, weil sie zu sehr vom Urteil anderer abhängen. Das zweite, was ich sagen möchte, ist, dass diese Leute… wie tot sind. Insofern sie … oft Opfer der Urteile bleiben, die man über sie gefällt hat. … In welchem Teufelskreis wir auch immer sind, ich denke, wir sind frei, ihn zu durchbrechen. Und wenn die Menschen ihn nicht durchbrechen, dann bleiben sie, wiederum aus freien Stücken, in diesem Teufelskreis. Also begeben sie sich aus freien Stücken in die Hölle.

Hier bleibt für Garcin nur Resignation:

Also das ist die Hölle. Ich hätte es nie geglaubt … Wisst ihr noch: Schwefel, Scheiterhaufen, Rost … Was für Albernheiten. Ein Rost ist gar nicht nötig, die Hölle, das sind die andern.

Diese Höllen sind nicht mehr an einen Richterspruch gebunden und in ihr stecken nicht nur die Bösen. Es gibt eine Hölle für alle – das scheint von den ersten Höllenängsten bis heute nach dreitausend Jahren das Resultat menschlichen Nachdenkens zu sein. Aber zugleich lehnen es Menschen doch auch ab, sich von Sartre bestimmen und ihr Leben von ihm unter die Höllenmetapher rücken zu lassen. Tatsächlich haben die alten wie die modernen Höllen nur begrenzte metaphorische Gültigkeit. Sind sie dann nichts weiter als eine Fata Morgana, die sich lediglich bestimmten Menschen aufdrängt? Georges Minois, der sein Höllenbuch die »Geschichte ei-

---

Frage: Im Sinne der Mystik sind »Himmel« und »Hölle« also nicht jenseitige Wirklichkeiten, in die wir nach dem Tode eintreten, sondern Metaphern für ein im Hier und Jetzt erfülltes beziehungsweise unerfülltes Leben?

Wenn Sie es den Menschen so erklären, können Sie diesen alten Begriffen einen Sinn abgewinnen. Wenn Sie aber darauf bestehen, dass das Erdendasein per se ein Jammertal und das eigentliche Leben überhaupt nur im Jenseits zu finden ist – und zwar als Belohnung für normenkonformes Handeln –, dann werden Sie berechtigtes Kopfschütteln ernten. Das sind mythische Bilder, die ihre Relevanz erst wieder in einer zeitgemäßen Interpretation finden.

Willigis Jäger

ner Fiktion« genannt hat, meint resümierend, die Antwort auf die Frage nach Himmel und Hölle könne vielleicht bei jener verwirrenden Einheit der Gegensätze gesucht werden, die bereits an der Basis der Quantenwelt zu finden ist, das heißt an der Wurzel des Universums und zitiert dazu den Görlitzer Mystiker Jakob Böhme:

Der heilige Gott und der Gott der Finsternis sind nicht zwei Götter: Es gibt nur einen, den einzigen Gott. Er ist in sich selbst ganz Wesen, er ist das Gute und das Böse, der Himmel und die Hölle, das Licht und die Finsternis, Zeit und Ewigkeit, Anfang und Ende.

Können Paradies und Hölle dann nicht die beiden widersprüchlichen Facetten ein und derselben Wirklichkeit im Menschen sein? Zwei Virtualitäten der Persönlichkeit, die abwechselnd zum Ausdruck kommen? Ist Satan nicht ein Engel?« Wie John Milton meinte:

>The mind is its own place, and in itself
>Can make an Heaven of Hell, a Hell of Heaven.

Max Beckmann (1884–1950), Auferstehung, 1916/18 (unvollendet).

Nach seiner »Auferstehung« von 1909 (→ S. 317) veränderte sich das Thema unter Beckmanns Kriegserfahrung radikal. Bereits das Querformat verbleibt in der Horizontalen. Statt des verklärenden Lichts steht nun ein schwarzes Gestirn über dem Geschehen, das nicht Erlösung sondern Vernichtung bringt. Die Menschenmenge ist in Grüppchen zersprengt, dazwischen drängen sich Verwundete und Tote. Diese Geschundenen streben nicht nach oben, sondern sind in die unten versammelte bürgerliche Gesellschaft hereingebrochen, zu der, rechts unten, auch Beckmann selbst, seine Frau, sein Sohn Peter und einige Bekannte zählen. Zerstörte Häuser, Bombenkrater, verrenkte und verstümmelte Leiber bilden das Szenario dieser Apokalypse, die keine Hoffnung mehr kennt und damit ein konsequentes Gegenbild zu einer Auferstehung ist. Nichts spielt direkt auf den Krieg an, aber alles verweist auf eine zerstörte Ordnung – bis hin zum Unvermögen, das Bild fertigzustellen, als ob das Thema zu schmerzvoll wäre, als dass ein Mensch es lange ertragen könnte.

Das Jenseits

4. Nahtod-Erfahrungen

Die letzten Jahrtausende mythischer Jenseitsdeutung finden in der Gegenwart gewiss nicht ihr Ende, aber die bisherige Rede von Himmel und Hölle hat eine Grenze erreicht, über die hinweg es keine unveränderte Fortsetzung gibt. Der Tod büßte seine metaphysische Verhaftung ein, ohne dass die Angst vor ihm geringer geworden wäre. Mit dieser Angst geht eine postchristliche Gesellschaft anders um als in vergangenen Zeiten. So wie Leben und Religion heute stärker individuell bestimmt werden, findet der Mensch angesichts des Todes weniger Trost in den fraglich gewordenen Inhalten des Glaubens als in erfahrungsbezogenen Perspektiven, wie sie bevorzugt in Nahtod-Erfahrungen und Reinkarnationsvorstellungen gesehen werden.

Die Bücher von Elisabeth Kübler-Ross und Raymond Moody mit ihren Berichten über Nahtod-Erfahrungen haben in den 1970er Jahren ein Interesse angestoßen, das inzwischen interdisziplinär von Psychologie, Soziologie, Medizin, Religionswissenschaft und Theologie verfolgt wird. Auch wenn vordem solche Erlebnisberichte nicht im öffentlichen Bewusstsein waren, sind sie doch zu allen Zeiten und in vielen Kulturen belegt. Möglicherweise häufen sich in jüngerer Zeit Nahtod-Erfahrungen, weil die moderne Medizin öfter als früher Menschen, die dem klinischen Tod nahe standen, ins Leben zurückführen kann. Es handelt sich bei diesen Nahtod-Erfahrungen um ein Spektrum, dessen einzelne Elemente schon oft beschrieben worden sind.

Stellvertretend für zahllose Erfahrungsberichte berichtet Sabine Mehne (geb. 1957), Physio- und Familientherapeutin, von ihrem Nahtod-Erlebnis:

Ich lag mit einer Blasenlähmung im Krankenhaus und wurde zur Untersuchung in einen separaten Raum gefahren. Während die beiden Ärzte mit dem Ultraschall beschäftigt waren und auf das Monitorbild schauten, bin ich aus meinem Körper ausgestiegen.

Es geschah ganz plötzlich. Als würde mein Wesen – auf das Format einer kleinen Kugel zusammengeschnurrt – mit einem Mal durch meinen Kopf hinauskatapultiert. Dann war ich außerhalb meines Körpers. Von einem Moment auf den anderen hatte ich keine Schmerzen mehr. Es war wie eine Erlösung, eine Befreiung von den Qualen, die ich monatelang aushalten musste.

Sobald ich meinen Körper verlassen hatte, fühlte es sich an, als dehnte ich mich aus, wie eine Wolke. Dazu kam ein Licht. Ich kann nicht sagen, ob es von außen kam oder aus mir heraus – außen und innen spielten keine Rolle mehr. Ich war das Licht. Ich habe die Zimmerwände wahrgenommen, aber gleichzeitig war die Decke nach oben hin offen, so dass unendlich Platz war. Ich hatte den Eindruck, heimzukommen. Es fühlte sich an wie Verliebtsein – nur tausendmal stärker. Als tauchte ich in eine Art Untergrund sein, um dort weiter zu existieren. Ohne Körper.

Ich war nicht tot im klinischen Sinne. Das ist keine Voraussetzung für eine Nahtod-Erfahrung. So viel weiß man heute. Die beiden Ärzte waren mit ihren Geräten und damit beschäftigt, meine Lähmung in den Griff zu bekommen. Es kann nur einen Moment gedauert haben. Aber es kam mir viel länger vor – weil alles gleichzeitig passiert ist: Ich sah mich, sah die Ärzte, sah meinen Lebensfilm und nahm das Universum wahr: alles im sel-

---

Der niederländische Kardiologe und Nahtodforscher, Pim van Lommel, hat 2009 in seinem Buch »Endloses Bewusstsein« neue medizinische Fakten zur Nahtoderfahrung vorgelegt. In einem Interview berichtete er:

Wir begannen Patienten, die einen Herzstillstand überlebt hatten, möglichst bald nach der Wiederbelebung nach ihren Eindrücken zu befragen. Innerhalb von vier Jahren haben wir in zehn Kliniken insgesamt 344 Patienten nach einem Herzstillstand befragt. 62 von ihnen hatten eine Nahtoderfahrung durchlebt. Das bedeutet, dass etwa 18 Prozent aller Patienten mit einem Herzstillstand davon berichten … Sie erinnerten sich an Details, die sie unmöglich wissen konnten. Details, die von der Familie, von Ärzten und Krankenschwestern nachträglich bestätigt wurden …

Obwohl bei einer Nahtoderfahrung das Gehirn nicht mit Sauerstoff versorgt wird, haben Patienten diese außergewöhnlichen Erlebnisse. Das kann nur bedeuten, dass unser Bewusstsein nicht im Gehirn entsteht. Gegen diese Hypothese wehren sich allerdings viele meiner Kollegen, weil es nicht in ihr wissenschaftliches Konzept passt. Mehr als 95 Prozent der Wissenschaftler sind davon überzeugt, dass das Bewusstsein ein Produkt unseres Gehirns ist. Würde ihre Hypothese stimmen, wären Nahtoderfahrungen unmöglich …

Was bedeutet das für die Forschung?

Das wir uns eingestehen sollten, dass die Entstehung unseres Bewusstseins noch ein Rätsel ist. Und die Aufgabe der Wissenschaft ist es, Fragen zu stellen, offen zu sein, für neue Hypothesen. Bislang basieren jedoch alle Studien auf der Hypothese, dass das Bewusstsein ein Produkt unseres Gehirns ist. Dabei wissen wir noch so wenig. Wir wissen nicht, warum Bewusstsein entsteht, wir wissen nicht, woher es kommt. Wir müssen ganz neu nachdenken, um eine neue Theorie über die Ursache von Nahtoderfahrungen zu entwickeln.

ben Augenblick. Ich sah mein Leben als Bilderfolge, von der Geburt bis zu meiner Erkrankung. Und ich spürte all die Gefühle der Menschen, die mich umgeben hatten. Es gab nicht nur schöne Momente, sondern auch Hass und Streit, aber ich begriff auf einmal, was die anderen antrieb, wieso sie so und nicht anders gehandelt hatten. Dann verlor alles seine Wichtigkeit, nachdem es mir klar geworden war …

Mein Grundgefühl heute ist: Das Leben ist etwas Besonderes. Es ist kostbar, auf der Welt zu sein. Ich habe mehr Vertrauen, weil ich glaube, Teil eines großen Ganzen zu sein. Ich nenne es Gott, auch wenn der Begriff oft missbraucht worden ist. Ich bin aus dieser göttlichen Energie herausgekommen, um auf der Erde zu leben und meine Aufgaben zu erfüllen. Wenn ich sterbe, werde ich wieder Teil dieser großen Energie. Nennen Sie es Paradies. – Ich habe mich bemüht, das, was ich erlebt habe, mit meinem protestantischen Glauben zu vereinbaren. Aber es hat alles gesprengt. Sicher bin ich nur: In mir lebt Gott. Ich beginne gerade damit, mich mit den Mystikern zu beschäftigen.

Solche Nahtod-Erlebnisse haben oft eine nachhaltige Wirkung; sie verändern das bisherige Leben und verringern häufig die Angst vor dem Sterben. Medizinisch sind sie als eine Folge chemischer Prozesse im Gehirn erklärt worden. Dass man damit dem komplexen Phänomen bereits gerecht wird, ist nicht anzunehmen.

Schon C. G. Jung wusste 1952 von einer Patientin, die bei einer schweren Geburt einen Kreislaufkollaps erlitt, bei welcher der Puls aussetzte. In tiefer Ohnmacht und mit geschlossenen Augen schien sie tot zu sein. Wiederbelebungsversuche führten aber zum Erfolg. Sie berichtete später, sie habe alles von oben mit angesehen, wie sie auf dem Operationsbett lag und sich über das hysterische Verhalten von Arzt und Helfern amüsierte, während sich hinter ihr eine leuchtende Landschaft auftat. »Ich wusste, dass hier der Eingang zu einer anderen Welt war und dass, wenn ich mich umdrehen sollte, um das Bild direkt anzuschauen, ich mich versucht fühlen würde, durch das Tor hinein- und damit aus dem Leben hinauszugehen.« Sie war sicher, dass sie nicht sterben werde. Die Patientin konnte später Einzelheiten über das Verhalten des Arztes berichten, die alle zutrafen. Jung kommentiert: »Es ist in der Tat nicht leicht zu erklären, wieso in einem Zustand schweren Kollapses erinnerungsfähige, ungemein intensive psychische Vorgänge stattfinden und wieso bei geschlossenen Augen wirkliche Vorgänge mit konkreten Einzelheiten beobachtet werden können. Man sollte doch nach aller Voraussetzung erwarten, dass eine so deutliche Gehirnblutleere gerade das Zustandekommen hochkomplexer psychischer Vorgänge verhindern würde.«

Zahllose Erfahrungen dieser Art sind inzwischen aus allen Kulturen und Religionen zusammengetragen worden. Seit 1981 werden sie von der »International Association for Near Death Studies« (IANDS) untersucht, um – soweit möglich – auch empirisch-wissenschaftlich erklärt zu werden. Die jüngste Studie legte der niederländische Kardiologe Pim van Lommel 2009 vor. Das rätselhafte aber gut dokumentierte Phänomen, dass Menschen bei erwiesener Bewusstlosigkeit dennoch später »gehört« und »gesehen« haben, was währenddessen geschah, hat ihn zu der Überzeugung geführt, »dass das Bewusstsein weder an eine bestimmte Zeit noch an einen bestimmten Ort gebunden« sei:

Wie entsteht Ihrer Ansicht nach unser Bewusstsein?

Ich glaube, dass es bereits vor der Geburt eines Menschen existiert und auch nach seinem Tod fortbesteht. Alle Erfahrungen, die jemand im Laufe seines Lebens macht, werden dort gespeichert. Auch die Emotionen und Gedanken anderer Menschen fließen in das endlose Bewusstsein. Es wächst also ständig. Über unser Gehirn haben wir Zugang zu jenem Anteil, den wir als unser eigenes Ich erleben. Die Hirnzellen fungieren dabei als eine Art Empfangsmodul des Bewusstseins – ähnlich wie ein Mobiltelefon, das aus den elektromagnetischen Feldern genau jene Anrufe herausfiltert, die für uns bestimmt sind. Der übrige Teil des Bewusstseins bleibt uns normalerweise verschlossen.

Wie passen Nahtoderfahrungen in Ihre Theorie?

Bei einem Herzstillstand zum Beispiel wird unser Gehirn nicht ausreichend mit Sauerstoff versorgt. Ähnlich wie ein defektes Mobiltelefon keine Anrufe empfängt, sind wir in dieser Zeit bewusstlos. Dennoch haben Patienten erstaunliche Erlebnisse. Warum? Weil sie plötzlich freien Zugang zum endlosen Bewusstsein bekommen, unabhängig von unserem Gehirn. Die Menschen erleben Erstaunliches: Sie begegnen Verstorbenen, sie durchleben ihre eigene Kindheit, ihre erste Liebe noch einmal. Die meisten von ihnen kehren verändert von ihrer Nahtoderfahrung zurück.

Was lehrt uns die Nahtodforschung über den Tod?

Sie kann natürlich kein wissenschaftlicher Beleg dafür sein, dass es ein Leben nach dem Tod gibt. Denn es kehrt schließlich niemand zurück, um uns davon zu berichten. Was wir haben, sind Berichte von Menschen, die im Sterben lagen und gerettet wurden. Dennoch haben mich persönlich die Nahtoderfahrungen der Patienten davon überzeugt, dass unser Bewusstsein unabhängig von unserem Körper existieren kann, auch nach dem Tod.

Der Stern, 28. September 2009.
Interview: Astrid Viciano

Das Jenseits

Die Vorstellung eines nicht-lokalen und endlosen Bewusstseins macht eine große Zahl außergewöhnlicher Bewusstseinserlebnisse, wie mystische und religiöse Erfahrungen, Sterbevisionen, peri- und postmortale Erlebnisse, eine erhöhte intuitive Sensibilität, prophetische Träume, Fernwahrnehmungen und den Einfluss des Bewusstseins auf die Materie begreifbar. Man kann sich nur schwer der Schlussfolgerung entziehen, dass das endlose Bewusstsein schon immer unabhängig von unserem Körper existierte und auch zukünftig weiter existieren wird ... Wir sollten die Möglichkeit ernstlich in Erwägung ziehen, dass der Tod ebenso wie die Geburt nur ein Übergang in einen anderen Bewusstseinszustand darstellen könnte und dass unser Körper zeit unseres Lebens als Schnittstelle oder Resonanzort fungiert.

Mit dieser Position überschreitet van Lommel aber bereits den Bereich, der ihm als Naturwissenschaftler zusteht. Wie immer die von ihm untersuchten außergewöhnlichen Bewusstseinszustände zu verstehen sind, der Bereich jenseits des Todes entzieht sich jeder empirischen Reflexion. Nahtod-Erfahrungen mögen deutlich machen, dass zur Natur des Menschen noch ein Potential unentdeckter und vielleicht auch unentwickelter Fähigkeiten gehört (vgl. S. 457 f.), aber zu meinen, dass diese auch den Bereich jenseits des Todes abdecken, wäre eine wissenschaftliche Grenzüberschreitung.

Soziologisch sind Nahtod-Erfahrungen als kulturabhängig auszumachen. So gaben Interviewpartner aus dem Bereich der neuen Bundesländer in Deutschland ihren geschilderten Inhalten nur selten eine religiöse Interpretation. In den asiatischen Religionen werden die geschilderten Inhalte hingegen dominant vom jeweiligen religiösen Vorstellungsbereich mitbestimmt. Eine Nahtod-Erfahrung wird in ihrer Bewusstwerdung also unter den gesellschaftlichen Vorgaben ihrer Zeit reflektiert.

Eine gewisse Parallele zu heutigen Nahtod-Erfahrungen bietet das Tibetische Totenbuch *Bardo-thödol* (wörtlich: Befreiung durch Hören im Bardo), ein Ratgeber zur Sterbe- und Totenbegleitung, wie man mit den Phänomenen, die während des Todes und des Zustandes zwischen Tod und Wiedergeburt (*bardo*) auftreten, umgehen soll, um trotz schlechter Voraussetzungen Befreiung aus dem bedingten Dasein zu erlangen. Auch ist das Buch eine Hilfe für den Umgang mit dem Tod von Freunden, Verwandten und Bekannten. Die Wurzeln des Totenbuches sollen bis in die schamanistische Vergangenheit Tibets im 8. Jahrhundert zurückreichen. Literarisch ist es nachweisbar seit dem 14. Jahrhundert. In jedem Fall spiegelt der Text einen Übergangsbereich zwischen alter und neuer Religion in Tibet.

Während dem Tibeter vermittelt wird, dass die dämonischen Erscheinungen, die ihm im Sterbe- und Zwischenzustand aufsteigen, keine objektive Existenz haben, sondern Erscheinungen seiner eigenen Geist-Natur sind – »der Sinn dieser Unterweisung ist, dass du jedwede Erscheinung, wie schrecklich sie auch sein mag, als eine Erscheinung deiner selbst verstehst« – soll ein Nichtbuddhist diese Erfahrung im Material der jeweils eigenen Kultur machen können. Die berühmte französische Asienforscherin Alexandra David-Néel (1868–1969) hat einen tibetischen Lama nach dem Bardo des Christen befragt:

Wann ist der Mensch tot?

Der Eintritt des Todes verläuft in folgenden Phasen:

1. Beim klinischen Tod fallen Herzfunktion und Atmung aus, der Körper reagiert auf äußere Reize nicht mehr mit Reflexen; einige Stoffwechselvorgänge bleiben auf einem niedrigen Niveau erhalten, wodurch eine minimale Tätigkeit der Hirnzellen möglich wird. Normalerweise geht der klinische Tod in etwa 4 bis 6 Minuten in den endgültigen Zelltod über. Danach führt der durch den Kreislaufstillstand hervorgerufene Sauerstoffmangel zu irreversiblen Schäden.

2. Der Hirntod ist definiert durch den irreversiblen Funktionsverlust von Großhirn und Hirnstamm. Er ist der Individualtod des Menschen.

3. Der Tod im biologischen Sinn ist das Ende aller Organ- und Zellfunktionen. Gewisse Zellen des Menschen – zum Beispiel Muskelzellen, die bei körperlicher Ruhe sowieso schlecht mit Sauerstoff versorgt sind – können noch Stunden nach dem klinischen Tod weiterleben.

Kommen die Christen, die die Religion Issu (Jesu) befolgen, in das Bardo?
»Gewiss.«
»Sie glauben aber doch weder an die lamaistischen Götter noch an Wiedergeburten noch an irgendwas, was im Bardo-thödol beschrieben wird.«

»Sie werden in das Bardo gehen; was sie jedoch in ihm sehen, sind Issu, Engel, Dämonen, das Paradies, die Hölle und so weiter. In ihrem Geist werden sie alle Dinge, die man sie gelehrt hat, an die sie geglaubt haben, sehen. Sie werden Visionen haben, die sie erschrecken; das Jüngste Gericht, die Qualen der Hölle. Die Bilder der geträumten Reise mit ihren eingebildeten Erlebnissen werden von denen abweichen, die ein Tibeter kennenlernen wird, die Sache ist jedoch die gleiche.«

Das Tibetische Totenbuch ist sich also seiner eigenen Symbolsprache bewusst und versteht diese zugleich als kulturell bedingt. Im Unterschied zu Nahtod-Erfahrungen im christlichen Milieu wird der Sterbevorgang jedoch gänzlich von einem Reinkarnationsglauben bestimmt. Das Totenbuch will ja dazu anleiten, durch Erkenntnis der eigenen Geistnatur dem Schicksal einer Wiedergeburt zu entgehen. Dazu werden die möglichen Bardo-Zustände beschrieben bei mehrfachem Hinweis, dass sie allen Bedingtheiten subjektiver Wahrnehmung unterliegen. Über ein »Leben nach dem Tod« breitet sich buddhistisches Schweigen. Dies gilt selbst für die beschriebenen Bardo-Zustände; indem das Totenbuch sie bewusst macht, sollen ihre Gestalten – einerlei ob sie friedvoll oder furchterregend begegnen – als die »Ausstrahlung der ureigenen Geist-Natur« erkannt werden, denn »nichts ist an ihnen, was aus Materie gewirkt wäre. Leere kann der Leere nichts anhaben … Wenn du dies erkennst, dann ist der Angst und Furcht jeder Boden entzogen, und du wirst [mit dem Urgrund des Seins] in eins verschmelzen und ein Buddha werden.«

Hieronymus Bosch (um 1450–1516), Auffahrt der Seligen zum ewigen Licht, 1500.

Von unten wird die Seele von Engeln immer höher getragen bis zu einem röhrenförmigen Tunnel, der in überhelles Licht hineinführt. Von solchen Übergängen durch einen Tunnel in eine Sphäre befreienden Lichts berichten auch moderne Nahtod-Erfahrungen.

Das Jenseits

5. Reinkarnation oder Seelenwanderung

Die zunehmende Beachtung von Nahtod-Erfahrungen verknüpft sich auch im westlichen Milieu immer deutlicher mit Reinkarnationsvorstellungen. Seit dem späten 19. Jahrhundert findet die Idee der Seelenwanderung hier steigende Beachtung. Zwar steht dieser Begriff für divergierende Modelle, für die ein reflektierter und einheitlicher Seelenbegriff aussteht, aber da sich ein populäres Glaubensbedürfnis nicht darum kümmert, was jeweils mit »Seele«, oder »Geist-Natur« gemeint ist, finden sich die verbreiteten Vorstellungen von »Seelenwanderung« heute europäisch überformt. Das zwingt zu der Frage, ob oder wie der in Anspruch genommene Seelenbegriff im ursprünglichen Kontext überhaupt vorhanden ist. Von Anfang an haben europäische Forscher – zunächst aus unzureichender Quellenkenntnis – ihre eigene Gedankenwelt in die östliche Religionswelt projiziert. Dem westlichen Reinkarnationsdenken sind also zunächst die asiatischen Ausgangspositionen voranzustellen.

Hinduistische Religionen: Leiden an der Wiedergeburt

Die ältesten Texte über Reinkarnation finden sich in den Upanishaden. Die ihnen vorauffliegenden Veden (ca. 1800–600 v. Chr.), rituelle Sakraltexte, sind noch ohne Reinkarnationsvorstellungen. Warum es in der darauf folgenden Upanishaden-Literatur zu einer Reinkarnationslehre kam, lässt sich nur hypothetisch beantworten. Eine der dafür wichtigen Voraussetzungen war vermutlich das zyklische Denken, in dem die Naturgesetzlichkeit der ständigen Wiederkehr auf den Menschen und den Weltlauf übertragen wurde. Auch schamanistische Einflüsse und Vorstellungen von der Seelenreise sind nicht auszuschließen. Gewiss sind gesellschaftliche Umbrüche ebenfalls beteiligt, insbesondere seit für Wanderasketen, die sich aus hierarchischen Bindungen lösten, nicht mehr brahmanische Geburt und Bildung zählten, sondern eine Ethik des Lebenswandels. Seit diesem Wendepunkt in der Geschichte der vedischen Religionen – es ist die Achsenzeit (→ S. 30) vor rund 2500 Jahren – gehört der Reinkarnationsglaube zum festen Bestand der meisten hinduistischen Religionen. Grundlage für diesen Glauben ist das Karmagesetz, das als unumstößlich gilt:

> So wie Blüten und Früchte, auch ohne angetrieben zu werden, ihre Zeit im Jahre einhalten, so auch die begangenen Taten. Wie unter tausend Kühen das Kalb seine Mutter herausfindet, so verfolgen die früher begangenen Taten ihre Täter.

Dieser Vorgabe folgt die Bhagavadgita:

> Gleichwie der Mensch abgenutzte Kleider ablegt und neue anzieht, so legt der Geist die abgenutzten Körper ab und geht in andere neue ein.

Nach solch karmischem Vergeltungsprinzip werden Mord und Diebstahl sowie jegliche andere Verfehlung mit schlechten Wiedergeburten geahndet:

Die Upanishaden haben ein prägnantes Bild: Die Bienen sammeln denselben Honig von den verschiedensten Bäumen; der Honig bleibt erhalten, aber jede einzelne Honigprobe vergisst, wenn sie einmal gesammelt ist, ihre spezielle Herkunft von einem bestimmten Baum. So wissen die einzelnen »Seelen«, die in das große Selbst-Sein eingehen, nicht mehr, woher sie kommen und wohin sie gegangen sind – sie gehören zum Sein ohne Einzelbewusstsein.

Mathias Schreiber

Der Mensch, der eines anderen Gut, welcher Art auch immer, gewaltsam an sich genommen und wer eine noch nicht dargebrachte Opfergabe genossen hat, wird unweigerlich ein Tier. Auch die Frauen versündigen sich, wenn sie stehlen, und werden zu Frauen dieser Geschöpfe … In welchem Geisteszustand man auch eine Tat begeht, man erntet dafür stets einen Leib entsprechender Art.

Die Zwangsläufigkeit, mit der jedes Vergehen seine Ahndung findet, »gleicht einem Räderwerk, das beim Ablaufen sich selbst wieder aufzieht« (Jan Gonda). Der mit den endlosen Wiedergeburten verbundene Leidensdruck findet bei Tukaram (1598–1650), einem indischen Dichter, schmerzhaften Ausdruck:

> Unzählige Zeitalter sahen mich in diesem Zustand;
> Ich weiß nicht, wie viele noch kommen.
> Kein Bleiben: die unaufhaltsame Bewegung
> fängt von vorne an.
> Selbst am Ende des Kreislaufs, kein Wechsel für mich.
> Wer wird mein Unglück tragen?
> Wer nimmt meine Last auf sich?
> Dein Name ist der Fährmann auf dem
> Fluss des Lebens,
> Du kommst dem zu Hilfe, der ihn anruft.
> Es ist Zeit, dass Du herbeieilst.
> Ich bin, o Narayana, ein Armer in Not.
> Schau nicht auf meine Fehler;
> Tuka bittet um Dein Erbarmen.

Repräsentierte die Herrschaft der Brahmanen eine streng abgestufte soziale Hierarchie, so unterliegen nun alle, Privilegierte wie Unterprivilegierte, einer ausgleichenden Gerechtigkeit. Erlösung geschieht allein durch Ausstieg aus dem Kreislauf der Geburten (*samsara*), niemals innerhalb. Wiedergeburten bringen Unheil, nicht Heil. Die europäische Tradition der Neuzeit hat an dieser Stelle eine totale Umwertung im Reinkarnationsverständnis vollzogen. Wilhelm Dilger, der über Jahrzehnte evangelischer Missionar in Indien war, urteilte 1908 über das hinduistische Reinkarnationsverständnis:

Es ist oft nahezu unmöglich, einem Menschen, der ein Verbrechen begangen hat und überführt und geständig ist, begreiflich zu machen, dass er dafür *verantwortlich* ist. Ebenso schwer ist einem durch eigene Schuld ins Elend Geratenen begreiflich zu machen, dass dieses Elend nicht die Folge von Werken früherer Geburten, sondern die Schuld eben jetzt begangener Sünden sei.

Sechzig Jahre später hat der schwedische Ökonom Gunnar Myrdal (1898–1987) die »Fortschrittsresistenz« Asiens in den hinduistischen und buddhistischen Religionen gesehen, wie auch Vertreter des Reformhinduismus, etwa Radhakrishnan, der Karmalehre Fatalismus unterstellten. Helmut Zander, der die Geschichte der Seelenwanderung in Europa be-

Totenverbrennung in Varanasi am Ganges.

Die Toten zu verbrennen ist in Indien seit dem Altertum üblich. Zunächst bleibt »der sogenannte ›Tote‹« mit seiner Leiche geheimnisvoll verbunden. Erst wenn die sterblichen Überreste vernichtet sind, kann die Verbindung mit dem Diesseits zerreißen. Solange dies nicht geschieht, besucht der Tote die Orte, an denen er sich zu Lebzeiten aufgehalten hat.

Ähnlich wie im Christentum traditionell gewordene Anschauungen durch eine theologische Neuinterpretation ihrer Erstarrung entrissen werden, haben die großen Lehrer des Reform-Hinduismus gleichfalls eine Übersetzung auf heutige Bewusstseinsstrukturen hin vollzogen.

Solange ein Mensch die Höhe seines Geistes noch nicht gewonnen hat, die es ihm ermöglicht, sich selbst als atman, also transzendent und göttlich zu erkennen, muss die Seele von Verkörperung zu Verkörperung bis zu ihrer Erleuchtung wandern. Erst der Erleuchtete durchschaut den Trug aller Zweiheit und gelangt zur inneren Erkenntnis aus wesenhaft gewordener Einheit. Anders gesagt, er überwindet alle Zweiheit, die jedem Erkennen noch zugrunde liegt, denn »wenn alles zu atman geworden ist, wie sollte er da irgendjemand sehen, wie sollte er da irgendjemand riechen … wie sollte er den Erkenner erkennen?«

Das Jenseits

Das Lebensrad. Wandmalerei in einem tibetischen Kloster, 19./20. Jahrhundert.

Das »Lebensrad« (bhavacakra) gehört zu den ältesten Bildtypen der buddhistischen Malerei. Der Betrachter soll innehalten und in diesem Spiegel sich selbst erkennen.

schreibt, urteilt, die Vielzahl von Wiedergeburten lasse keine Geltung des Lebens als »höchstes Gut« zu. Auch würden Gut und Böse in ihrer Reduktion auf den karmischen Wert relativiert. »Schuld ist in diesem Kontext kein Vergehen gegen ein göttliches Gebot und im Kern kein soziales Problem, sondern Verschlechterung des eigenen Karma.«

Buddhismus: Neuinterpretation der Wiedergeburtslehre

Für die Lebenszeit Siddhartas aus der Familie der Gautama, nach seiner tiefsten Erfahrung als »der Erwachte«, der Buddha, in die Weltgeschichte eingegangen, galten bisher die Jahre zwischen 560 und 480 v. Chr.; die neuere Forschung datiert ihn rund hundert Jahre später, zwischen 450 und 370 v. Chr. Buddhas Lehre lässt sich als eine Auseinandersetzung mit der hinduistischen Tradition verstehen, aus der er kam und von der er sich zugleich löste. Er verwarf die Jenseitsvorstellungen der brahmanischen Theologie und überschritt deren Relativierung der Welt zu einer theologia negativa hin, die ein letzten Wissen über transzendente Wirklichkeiten verneint. Zugleich erstrebte er die Überwindung des Reinkarnationssystems: »Keine Erlösung durch Reinkarnation und Karma, sondern eine Erlösung von Reinkarnation und Karma« (Helmut Zander). Im Sinne seines Grundsatzes, Extreme zu vermeiden, verfolgte der Buddha jedoch auch hier einen eher toleranten Kurs gegenüber der Tradition: die hinduistischen Heiligtümer und Götter sollten bleiben dürfen. Inwieweit mit diesen Fragen allerdings schon der historische Buddha oder erst Schüler aus den folgenden Generationen beschäftigt waren, ist einer historisch-kritischen Forschung anzuvertrauen, die es – der biblischen Exegese vergleichbar – für das buddhistische Schrifttum noch nicht gibt.

Im mutmaßlich originären Korpus der Schriften Buddhas besaß die Reinkarnationsvorstellung keinen hervorgehobenen Stellenwert; sie wurde erst in den Werken seiner Schüler herausgearbeitet. In Fragen des vor- und postmortalen Schicksals war der Buddha zurückhaltend. Nie hat er irgendein Etwas als Nirvana aufgezeigt. Darum ist »nicht zu erschließen, ob der Erhabene jenseits des Todes existiert. Es ist nicht zu erschließen, ob er nicht existiert, oder ob beides oder keines von beiden zutrifft.« Ähnliches dürfte auch für Komplexe wie *samsara*, den Kreislauf der Geburten, gelten. Für die Weitergabe der Lehre im Mönchs-Buddhismus und dessen Entwicklung zum Mahayana-Buddhismus gelten natürlich die Interpretationen späterer Generationen. Dabei wurde die aussparende Anthropologie Buddhas inhaltlich aufgefüllt. So erinnert sich der Buddha in der Mahayana-Tradition detailliert an seine früheren »hunderttausend Existenzen« und wird nach seinem Tod zum Boddhisattva vergöttlicht. Insgesamt ist der heutige Buddhismus ein hoch komplexer Kosmos von Traditionen und Reflexionen zur Wiedergeburt des Menschen. Wenn man vom historischen Buddha sagen kann, dass er die Probleme um »die Identitätssicherung des reinkarnierenden Subjekts mit der großen These vom Tisch wischte, dass man über dieses Subjekt nichts, nicht einmal das Nichts-Sagen sagen könne, dass überhaupt die gesamte Mechanik von Geburtenkreislauf und Karma Illusion sei« (Helmut Zander), so hat diese radikale Problembereinigung nicht auf ganzer Linie standgehalten. Besonders die populären Traditionen des Mahayana-Buddhismus und der tibetische Tantrismus haben die philosophische Behutsamkeit des Anfangs aufgegeben.

Die Legende erzählt, dass Gautama in der dritten Nachtwache vor seiner Erleuchtung diesen Kreislauf des Werdens und Vergehens geschaut und die Ursache für die Entstehens des Leiden erkannt habe.

Das Lebensrad wird von einer zornvollen Gottheit umklammert. Sie gleicht einem riesigen Ungeheuer ambivalenter Natur: Einerseits lässt sich darin der Totengott Yama erkennen, andererseits trägt die dämonische Gestalt eine Krone mit fünf Tathagatas (»Vollendeten«).

Der äußere Ring schildert in zwölf Szenen die Daseinsfaktoren, die das Leben eines Menschen bestimmen und immer wieder hineinziehen in den ewigen Kreislauf von Geburt und Tod. Es mag genügen, auf das erste und letzte Glied dieser Kette zu verweisen. Oben rechts tappt ein blinder Alter mit seinem Stock ins Ungewisse. Das letzte Glied schließt sich oben links an: Ein Leichenträger trägt einen Verstorbenen davon.

Zwischen den sechs Speichen des Rades sind die Daseinsbereiche zu sehen, in denen sich die Wiedergeburt vollziehen kann, je nachdem, ob sich gute oder schlechte karmische Kräfte im früheren Leben angesammelt haben. Die gute Wiedergeburt wird im oberen Bereich gezeigt: In der Mitte die Welt der Freuden, in der die Götter (devas) leben. Rechts davon die Welt des Kampfes, in den die Titanen (asuras) verwickelt sind. Links die Welt des tätigen und lernenden Menschen. – Im unteren Bereich der schlechten Wiedergeburten zeigt sich rechts die Welt des Leidens, von Menschen gejagte und sich selbst jagende Tiere. Links gegenüber das Reich der unbefriedigten Begierden, dazwischen ganz unten die Welt der Qualen, die kalte und die heiße Hölle, die dem Totenrichter untersteht.

Aber weder die glücklichen noch die unglücklichen Aufenthalte sind von Dauer. Sie drehen sich im Kreise um ein dunkles Zentrum, denn der Mensch wird immer wieder umgetrieben von drei Grundübeln, die in der Nabe des Rades durch die drei ineinander verbissenen Tiere dargestellt sind: der Hahn verkörpert Gier, die Schlange Hass und das Schwein Verblendung. Sie lassen dem Menschen, der im umschließenden Kreis erscheint, nur zwei Möglichkeiten: entweder sich freizumachen von den dunklen Kräften, wie es hier der linke helle Halbkreis darstellt, oder zurückzufallen in den dumpfen Zustand, der in eine Tiergestalt zurückführt.

Das Jenseits

6. Reinkarnationsglaube im Abendland

Bibel und frühes Christentum

Über die längste Zeit der jüdischen und christlichen Geschichte war die Idee der Seelenwanderung in der allgemeinen Öffentlichkeit unbekannt. Die Bibel ist sowohl in ihren jüdischen wie ihren christlichen Schriften nirgendwo davon berührt. Zwar gab und gibt es immer wieder das Interesse, einzelne biblische Wendungen reinkarnatorisch auszulegen, doch lässt sich keine einzige dieser Interpretationen exegetisch belegen. Es fehlen aber nicht nur positive Hinweise auf Vorstellungen von Inkarnation, es fehlt auch jegliche Ablehnung. Das Thema existiert für die Bibel nicht – trotz Rudolf Steiner und anderer Autoren. Das gilt selbst für die jüdische und christliche Literatur außerhalb des biblischen Kanons.

Als sich die Jesusbewegung durch Gemeindegründungen in hellenistischen Städten schon bald vom Judentum entfernte und sogar bewusst distanzierte, waren synkretistische Amalgamierungen mit der antiken Welt eine direkte Folge. Philosophisch gebildete Konvertiten entfalteten ein platonisch geprägtes Milieu, das dem Christentum von seiner jüdischen Wurzel her fremd war. Gängige Anschauungen von Seelenwanderung sind für den Gemeindealltag zu vermuten, wenngleich Berichte darüber fehlen. Doch bemühte sich bereits Justin (gest. 165) in seinem *Dialog mit Tryphon*, der Reinkarnationslehre ihre Plausibilität nehmen, indem er argumentierte, eine Strafe (der Wiedergeburt), an die man sich nicht erinnere, sei keine Strafe.

Wenn auch in den folgenden Jahrhunderten die Seelenwanderungslehre weiterhin abgewiesen wurde, vollzog sich die Auseinandersetzung bisweilen doch auf schmalem Grat, da die platonische Tradition zum antiken Milieu gehörte, in dem sich das Christentum verständlich machen musste. Dennoch: bei der Seelenwanderung fand die griechische Inkulturation ihr Ende: hier wurde aus dem griechischen Platonismus ein »christlicher Gegenplatonismus« (Heinrich Dörrie).

Seit dem Aufkommen des Reinkarnationsglaubens in Europa wird ein frühchristlicher Theologe trotzdem immer wieder dafür in Anspruch genommen: Origenes (185–253/54). Er hat er in seinen Schriften mehrfach auf die Vorstellungen von Seelenwanderung in seiner Zeit Bezug genommen, allerdings mehr offen und fragend als je zustimmend. In seinem Matthäuskommentar heißt es:

> Andere Leute, welche der kirchlichen Lehre sehr fremd sind, mögen die Vermutung aussprechen, die Seelen wanderten aus menschlichen Leibern je nach ihrer verschiedenen Schlechtigkeit in die Körper von Hunden. Wir aber haben das keineswegs in der Heiligen Schrift gefunden.

Ähnlich distanziert in seinem Johanneskommentar: »Diesbezüglich muss man prüfen, was die Reinkarnation eigentlich ist und worin sie sich von der Inkarnation unterscheidet.«

Origenes versperrt sich keiner Frage und keinem Einwand von vorneherein. Er kann sich auf ein Gespräch einlassen, aber am Ende einer weiteren Erörterung sagt er:

> Bei den westlichen Reinkarnationsvorstellungen geht es darum, dass Menschen noch einmal eine Chance haben wollen. Man möchte noch einmal in diese irdischen Lebenszusammenhänge zurückkommen und es dort besser machen. Doch es gibt zwei Probleme: Ich selbst muss es besser machen, muss mehr leisten. Gleichzeitig jedoch haben sich die Verhältnisse auf Erden nicht grundlegend verändert. Wie also soll ich in meinem zweiten Leben eine bessere Chance haben? Mit diesem Problem werden die westlichen Reinkarnationsvorstellungen letztlich nicht fertig.
>
> *Hans Kessler*

Dies sollen nach unserer Ansicht keine festen Lehren sein, sondern nur Fragen und Probleme. Ich habe es nur deshalb ausgesprochen, damit die angeschnittene Frage nicht ohne Behandlung bleibe.

Dass Origenes dennoch bis heute für die Seelenwanderung in Anspruch genommen wird, verdankt er dem polemischen Hieronymus (347–419), der als einziger diesen Vorwurf erhob, ohne ihn zu belegen. Insgesamt hat sich die christliche Theologie zu keiner Zeit der Reinkarnationslehre zugewandt und dazu auch keine Neigung verspürt, weil diese Anschauung ihr systemfremd ist. Im Jahr 1900 nannte der Theosoph James Morgan Pryse (1859–1942) die Konsequenzen der Reinkarnationslehre für das Christentum eine Wahrheit, die nicht einfach zur Gesamtsumme der anderen hinzukommt, sondern »einen neuen Faktor, der die ganze Gleichung ändert«.

Reinkarnationsvorstellungen der westlichen Welt

Mögen diese Systemgegensätze auch bestehen und sich wechselseitig ausschließen, es verhindert nicht, dass seit dem 19. Jahrhundert immer mehr Menschen der westlichen Welt dem Reinkarnationsdenken zuneigen. Bis in die Zeit der Aufklärung bewegte sich die Vorstellung der Seelenwanderung im Untergrund. Das Denken Platons über die Seelenwanderung wurde immer wieder einmal in intellektuellen Kreisen aufgegriffen. Im europäischen Mittelalter geschah dies nachweisbar zum ersten Mal im 11. Jahrhundert; zu Beginn der Neuzeit kam Giordano Bruno (1548–1600) darauf zu sprechen, aber noch ohne öffentliche Wirkung. Erst durch Franciscus Mercurius van Helmont (1614–1699) trat die Seelenwanderung in die intellektuelle Öffentlichkeit, während Gotthold Ephraim Lessing (1729–1781) sie mit seiner Schrift »Die Erziehung des Menschengeschlechts« einem erweiterten Kreis erschloss. In der Romantik avancierte die Seelenwanderung zu einem ersten Thema. Später gab Arthur Schopenhauer (1788–1860) dem Christentum insgesamt den Abschied, nachdem er sich dem Buddhismus zugewandt und die Reinkarnationslehre in sein neues Weltbild übernommen hatte. Aber erst im späten 19. und frühen 20. Jahrhundert popularisierte die in New York gegründete Theosophische Gesellschaft unter ihrer charismatischen Begründerin Helena Petrowna Blavatsky (1831–1891) das Reinkarnationsdenken unter europäischen Vorzeichen, das heißt, sie passte es dem europäischen Fortschrittsdenken an unter Umdeutung oder Ausschaltung der fremd bleibenden asiatischen Elemente. Dabei bleibt von der buddhistischen Tradition in der Regel nicht viel übrig. Der Grundgedanke bei Lessing, die Entwicklung zu immer höherer Vollendung, bestimmt bis heute das westliche Reinkarnationskonzept. Die weiteren Schritte verbinden sich mit unterschiedlichen geistigen Strömungen, von denen die Theosophischen Gesellschaften und Rudolf Steiner (1861–1925) mit seiner Anthroposophie die bekanntesten Bewegungen sind, die auch die Gegenwart noch bestimmen.

Heute nehmen manche Vertreter des Reinkarnationsgedankens in Anspruch, ihren Glauben mit einem christlichen Selbstverständnis verbinden zu können. Sie sagen, angesichts der täglich vor Augen liegenden Erfahrung, dass so viele Leben unvollständig und »ungelebt« endeten, gebe allein der Gedanke der Wiedergeburt tröstenden Sinn; nur so könne

---

Ein Jahr vor seinem Tod legte Lessing (1729–1781) Thesen über die »Erziehung des Menschengeschlechts« vor. Er fragte:

Warum sollte ich nicht so oft wiederkommen, als ich neue Kenntnisse, neue Fertigkeiten zu erlangen geschickt bin? Bringe ich auf Einmal so viel weg, dass es der Mühe wieder zu kommen etwa nicht lohnt?

Oder, weil ich es vergesse, dass ich schon da gewesen? Wohl mir, dass ich das vergesse. Die Erinnerung meiner vorigen Zustände würde mir nur einen schlechten Gebrauch des gegenwärtigen zu machen erlauben. Und was ich auf jetzt vergessen muss, habe ich denn das auf ewig vergessen?

Im Frühjahr 1776 verfasste Goethe glühende Liebeslyrik für die ihm unerreichbare Frau von Stein. Zwischen den Briefen an Charlotte überlebten folgende Verse:

*Sag', was will das Schicksal uns bereiten?
Sag', wie band es uns so rein genau?
Ach, du warst in abgelebten Zeiten
Meine Schwester oder meine Frau.*

Zur Zeit der Romantik wird die Seelenwanderung zu einem verbreiteten Thema. Heinrich von Kleist (1777–1811) tröstet einen Freund, erneut wegen einer Liebesgeschichte:

Komm, lass uns etwas Gutes tun und dabei sterben! Einen der Millionen Tode, die wir schon gestorben sind und noch sterben werden. Es ist, als ob wir aus einem Zimmer in das andere gehen.

Im weiteren Verlauf des 19. Jahrhunderts entdeckt Arthur Schopenhauer (1788–1860) für sich den Buddhismus und übernimmt auch die Reinkarnationsvorstellung in sein Weltbild. Wilhelm Busch hingegen, der zeitweilig der Seelenwanderung zuneigte, überschreibt um 1900 die folgenden Verse mit »Tröstlich«:

*Die Lehre von der Wiederkehr
Ist zweifelhaften Sinns.
Es fragt sich sehr, ob man nachher
Noch sagen kann: Ich bin's.
Allein, was tut's, wenn mit der Zeit
Sich ändert die Gestalt?
Die Fähigkeit zu Lust und Leid
Vergeht wohl nicht so bald.*

alles Misslungene und Unvollendete von Mal zu Mal größerer Reife entgegengehen. Darum verbindet sich mit der Hoffnung, wiedergeboren zu werden, im Westen Zustimmung und Trost, während diese Aussicht in den asiatischen Religionen nur Bedrückung und Leid schafft.

Die westliche Hoffnung auf Reinkarnation widerspricht somit dem hinduistischen wie dem buddhistischen Grundansatz. Da der Buddhismus keine Identität der Person kennt, im strengen Sinn also auch keine »*Wieder*geburt« sondern allenfalls eine »Seelen*wandlung*«, ist selbst in diesem Wort der Begriff Seele noch problematisch. Der Religionswissenschaftler Michael von Brück bemerkt dazu:

> Was auch immer genau unter »Seele« verstanden wird, es müsste sich um ein bewusstes charakter- und gedächtnistragendes Selbst handeln, wenn die moralisch geforderte Vergeltung einen Sinn, d. h. vor allem eine das Bewusstsein reinigende Funktion haben soll ... Damit entfällt jedoch die moralische Komponente des Wiedergeburtarguments, denn wie sollte es möglich sein, dass ein Mensch, ohne die Schuld des vorigen Lebens zu erkennen, dieselbe in einem neuen Leben abbüßen und letztlich durch Einsicht überwinden kann?

Ein Ausgleich zwischen dem östlichen und westlichen Reinkarnationsglauben, dem unterschiedliche Anthropologien zugrunde liegen, ist bis heute nicht zu sehen. Hier ist auch nicht gleiche Gültigkeit für beide Systeme zu unterstellen, wie dies für die Symbolwelt unterschiedlicher Religionen gelten darf (→ S. 203 f.), weil ja erfahrungszugängliche Objektivität in Anspruch genommen wird. Insofern fragt sich, mit welchem Recht sich das westliche Modell gegen das östliche Modell behauptet. Aber da zusätzlich in beiden Kulturkreisen weitere voneinander abweichende Inkarnationsmodelle existieren, die ihre Prägung wesentlich aus den Bedingungen ihres jeweiligen gesellschafts- und geistesgeschichtlichen Rahmens gewinnen, bleibt letztlich die Frage, worin sie mehr als Sinn gebende Konstrukte sind.

7. Auferstehung – Ewiges Leben

Angesichts des Todes, dem niemand entgeht, hat sich die menschliche Phantasie schon immer einer jenseitigen Welt bemächtigt. Ludwig Feuerbach hielt das Grab für die Geburtsstätte der Religion. Drastischer formuliert der jüdische Religionswissenschaftler Zwi Werblowski, Religion beginne dort, »wo Menschen sich mehr mit einem Leichnam beschäftigen, als zu seiner bloßen Beseitigung notwendig ist«.

Von diesem Ansatz her verwundert es nicht, wenn die in Christus geglaubte Auferstehung von den Toten als das Zentrum des Christentums angesehen wird. Entsprechend fokussiert der katholische Dogmatiker Walter Simonis die christliche Dogmatik auf den »einen Punkt«: »Ich glaube an Auferstehung und ewiges Leben«. Diese Position konzentriert das Christentum auf eine Perspektive jenseits des Todes mit all den Konsequenzen, die darin für eine solche Heilsanstalt gegeben sind. Aber die Reich-Gottes-Programmatik Jesu hat dort nicht ihren Ort.

> »Seele« im Sinne der Neurowissenschaften ergibt sich aus bestimmten Strukturen der Vernetzung von Neuronen. Wie immer im Bereich evolutiver Prozesse haben wir es mit Selbstorganisationsvorgängen zu tun, die ihre eigene Struktur bilden. Dementsprechend lässt sich das, was wir im naturwissenschaftlichen Denken Seele nennen, als ein System verstehen, das auf sich selbst zurückwirkt.
>
> *Eugen Drewermann*

> Die fernöstliche Version der Seele ohne strikt gedachtes Selbst ... könnte die Weltreligion der Zukunft sein. Allerdings wäre – bliebe sie unverändert – ein Preis dafür letztlich wohl der Abschied von der griechisch-europäischen Kultur des Individuums, welche die selbstbewusste Kontinuität einer einmaligen Person an die Idee einer prinzipiellen Unabhängigkeit des Geistes vom Wechselspiel der Natur bindet.
>
> *Mathias Schreiber*

> Nun sagt man, das Entscheidende sei, dass im Christentum die Auferstehungshoffnung verkündigt würde, und dass also damit eine echte Erlösungsreligion entstanden sei. Das Schwergewicht fällt nun auf das Jenseits der Todesgrenze. Und eben hierin sehe ich den Fehler und die Gefahr ... Das Diesseits darf nicht vorzeitig aufgehoben werden.
>
> *Dietrich Bonhoeffer*

Nehmen wir die Bibel insgesamt, so finden sich darin ähnliche Bilder wie in den außerbiblischen Religionen, doch ist zu beobachten, dass sich die massive ägyptische Ausrichtung auf das Jenseits auf den Glauben Israels nicht auswirkte. Israel war mehr am Leben vor dem Tode als an einem postmortalen Schicksal interessiert. Im Neuen Testament jedoch liegt der Akzent im Kontext des Osterglaubens anders. Paulus hat »Lust, aus der Welt zu scheiden und ganz bei Christus zu sein« (Phil 1,23). Den Thessalonichern stellt er in Aussicht, mit den bereits Verstorbenen »auf den Wolken in die Luft entrückt« zu werden, »dem Herrn entgegen. Dann werden wir immer beim Herrn sein« (1 Thess 4,17). Auch der johanneische Jesus verspricht, im Haus seines Vaters »einen Platz vorzubereiten, dann komme ich wieder und werde euch zu mir holen, damit auch ihr dort seid, wo ich bin« (Joh 14,3). Im Buch der Johannes-Offenbarung wird die eher individuelle Heilserwartung durch universale Bilder von der »heiligen Stadt«, dem »neuen Jerusalem« und dem »neuen Himmel und der neuen Erde« ersetzt. Nimmt man die mythischen Bilder von einer »Wiederkunft des Menschensohnes« hinzu, so verbindet sich damit das »Ende der Welt«: »Die Sonne wird sich verfinstern und der Mond nicht mehr scheinen; die Sterne werden vom Himmel fallen und die Kräfte des Himmels erschüttert. Dann wird man den Menschensohn mit großer Macht und Herrlichkeit auf den Wolken kommen sehen. Und er wird die Engel aussenden und die von ihm Auserwählten aus allen vier Windrichtungen zusammenführen, vom Ende der Erde bis zum Ende des Himmels« (Mk 13,24-27).

Teilhard de Chardin (1881–1955) hat versucht, diesen Mythos mit der kosmischen Evolution zu verbinden: dass die Entwicklung des Universums nicht zufällig sei, sondern mit dem Zielpunkt Mensch vor sich ging, dass sie vom Willen des Schöpfergottes geleitet war und in Christus zur Erfüllung und Vollendung komme. Diese Zielgerichtetheit der Evolution, die zu dem eschatologischen Punkt Omega führen soll, findet seitens der modernen Kosmologie keine Stütze, wie auch die damit verquickte Christologie spekulativ bleibt.

Insgesamt bedient sich die christliche »Lehre von den letzten Dingen« (Eschatologie) diverser Metaphern und Vorstellungsmodelle, die in ihrer Verschiedenheit bis zum Tag keine klare Aufarbeitung gefunden haben: etwa die Rede von einem »Weiterleben nach dem Tode« als Ausgleich für Defizite des irdischen Lebens; die Vorstellung von der »Unsterblichkeit der Seele«, die ungeklärt lässt, was unter »Seele« verstanden werden soll; die seitens protestantischer Theologen lange favorisierte »Ganztod«-These, die sich gegen die Idee einer unsterblichen Seele wendet und die jenseitige Existenz des Verstorbenen der Souveränität Gottes unterstellt; und vor allem der Glaube an die »Auferstehung von den Toten«. Mit dieser Formel verbinden sich ebenfalls unterschiedliche Deutungen. In traditioneller Dogmatik etwa diese:

Die Auferweckung Jesu von den Toten definiert diesen, wie eine alte Formel sagt, als Gottes Sohn, der, wie Paulus sofort interpretiert, als solcher aller Menschen Herr ist (Röm 1,3f.). Das aber kann man so sonst von keinem Menschen sagen, auch nicht im Blick auf die für alle Menschen erwartete Totenauferstehung. Vielmehr gilt, dass der Glaube an den von den Toten auferweckten Gottessohn Jesus Christus zur Hoffnung auf die Auferstehung aller Menschen allererst berechtigt und ermächtigt,

---

Unsterblichkeit der Seele? Bezeichnend ist doch schon, dass das hiermit Gesagte durch eine Verneinung zustande kommt: Un-Sterblichkeit. Positiv kann man es gar nicht ausdrücken. Die Verneinung der Sterblichkeit ist nichts als das Eingeständnis größter Ohnmacht, Ausdruck eines unendlichen Bedürfnisses. Es gibt eben Großwörter, die sagen etwas, was es nicht gibt, aber wir brauchen sie – dazu gehören die Wörter Gott, Ewigkeit, Unsterblichkeit der Seele. Die so bezeichneten Sachen existieren gar nicht, aber trotzdem brauchen wir diese Wörter, um das Leben zu ertragen, um mit den Wörtern zu spielen, egal ob niedlich oder heroisch. Wer von der Unsterblichkeit der Seele spricht, benutzt einen ehrwürdigen Sprachgebrauch, der aber völlig sinnlos geworden ist. Mit der Unsterblichkeit der Seele zielen wir auf einen zeitlichen Zustand, etwas Statisches. Dabei ist doch alles immer in Bewegung: unser Denken, Fühlen, Ahnen, Glauben. Als etwas Statisches ist es gar nicht vorstellbar.

Martin Walser

Ich muss dir sagen, an ein persönliches Weiterleben nach dem Tode glaube ich nicht mehr. Aber mir ist ganz wohl dabei.

Reinhold Schneider

Alfred Manessier (1911–1993), Auferstehung, 1949.

Die Bilder der Auferstehung Christi, die in diesem Buch in ihrer geschichtlichen Entwicklung mit wichtigen Beispielen vorgestellt werden (→ S. 302–313), enden kunstgeschichtlich bereits mit dem Barock. In der Kunst der Gegenwart ist die Auferstehung kein lebendiges Motiv mehr. Bei Max Beckmann verändert sich das Thema zum Antibild (→ S. 317, 557), Michael Triegel verrätselt die Tradition ironisch (→ S. 551).

Dagegen meinte Manessier: »Das Ungegenständliche scheint mir die gegenwärtige Chance zu sein, durch die der Maler am besten an die innere Wirklichkeit herankommen und das Bewusstsein seines Wesentlichen, sogar seines Seins erhaschen kann.« Und zu seiner eigenen Kunst: »Es kommt mir mehr und mehr darauf an, das innere Gebet des Menschen darzustellen. Meine Themen sind die religiösen und kosmischen Erfahrungen, die der Mensch in Konfrontation mit der Welt macht. Meine Bilder versuchen in jeder Weise Zeugnis zu sein für etwas, das vom Herzen gelebt wird, nicht für etwas, das man mit den Augen sehen kann ... Der Anfang meiner abstrakten Malerei war ein Fragen. Je weiter ich in das Gegenstandslose eindrang, umso näher kam ich dem Innern der Dinge ... Der Künstler ist der Ort der Transfiguration und aller Mutationen, und damit meine ich den Künstler, der sich nicht zu einem bloßen Spiegel der Natur macht. Die alten Meister verfügten über große Intensität der Darstellung. Und dasselbe wird von uns verlangt. Was die reine Malerei angeht, bleibt es dasselbe. Abstraktion ist die Konsequenz einer bestimmten kulturellen Entwicklung; auf dem Hintergrund eines langen historischen dialektischen Prozesses.«

Das »Auferstehung« genannte Bild zeigt ein explodierendes Lichtphänomen, eine Sonne, die letzte Reste von Dunkelheit und Schwere aus sich herausgeschleudert hat. Auf jede materielle Gegenständlichkeit wird verzichtet. Die Anschaulichkeit der Tradition gilt nicht mehr. Wenn überhaupt, lässt sich »Auferstehung« nur noch in symbolischer Abstraktion ins Bild bringen.

gleichgültig ob sie ohnehin schon auf dergleichen hoffen oder nicht. Dann aber lebt der christliche Glaube nicht von der Hoffnung auf die Auferstehung der Toten, sondern die Hoffnung auf die Auferstehung lebt vom Glauben an Jesus Christus, also vom Glauben an den einen durch die Auferstehung von den Toten als Sohn Gottes und als unser Herr definierten Menschen Jesus von Nazareth. Und das ist nun eben nicht nur ein feiner, sondern zugleich auch ein entscheidender Unterschied.

Eberhard Jüngel

Wenn Theologen einen solchen Glauben weiter denken, werden die Hoffnungen konkret:

Die Psyche des Menschen erlischt, sein Körper verwest. Trotzdem geht der Glaubende davon aus, dass dem, was er heute als seine psychosomatische Identität erlebt, Zukunft und Leben verheißen ist. Verwesung ist kein Argument gegen das Leben für denjenigen, der sein Verwesen dem lebendigen und Leben schaffenden Gott anvertrauen darf.

Meister des Hildegardis-Codex, Die wahre Dreiheit in der wahren Einheit, um 1147.

Die das feurige Zentrum ausfüllende Menschengestalt ist ikonographisch ohne Vorbild: Sie steht aufrecht da, mit vor der Brust nach vorne geöffneten und erhobenen Händen, in ein den ganzen Körper umhüllendes Gewand gekleidet, aber mit nackten Füßen. Das Gesicht unter dunklen, auf die Schulter fallenden Haaren mit ernstem Ausdruck und nach oben gerichteten Augen. Diese Gestalt wird vom Scheitel her von dem »überhellen« äußeren Licht umflossen, und zwar so, dass sie nirgendwo mit der »funkelnden Lohe« in Berührung kommt; gewissermaßen ist sie in eine Schutzhaut aus Licht gehüllt, weil die Energie des inneren Kerns vernichtend sein könnte. Diese saphirblaue Gestalt ist androgyn, den Menschen in seiner Doppelgeschlechtlichkeit repräsentierend.

Es handelt sich um ein Meditationsbild, dessen Darstellung der Betrachter als seine eigene Wirklichkeit erkennen soll.

Zugleich ist es ein Gottesbild eigener Art, ausschließlich der Lichtsymbolik vorbehalten. Hans Blumenberg beschreibt das Licht mit paradoxen Metaphern: Es ist das »selbst nicht-erscheinende Erscheinenlassen« als auch die »unzugängliche Zugänglichkeit der Dinge«. Oder man kann sagen: »Es ist die Helligkeit, die das sich orientierende Sehen ermöglicht und die damit zugleich das Dasein sich selbst verständlich macht, dass es nicht ›im Dunkeln tappt‹, sondern ›seinen Weg sieht‹, dass es ›aus und ein weiß‹ und keine Angst zu haben braucht.«

Licht als Gottessymbol hat die höchste Abstraktion, die einer sinnlichen Qualität zukommen kann. Zugleich wird dieses Licht in der Vollkommenheit der Kreisgestalt vorgestellt, die Fülle und Anfanglosigkeit einschließt.

Wenn die Ostersonne Manessiers in ihrer relativen Abstraktheit auf etwas hinweisen soll, »das vom Herzen gelebt wird«, aber nicht für etwas steht, »das man mit den Augen sehen kann«, sah dies Manessier »auf dem Hintergrund eines langen historischen Prozesses«. Dennoch findet sich diese Abstraktion bereits siebenhundert Jahre früher in Hildegards visionärem Bild. Hier wird mehr kundgetan, als dies Manessiers Gottessonne vermittelt: Gott muss die eigene Schöpfung vor seiner Gottheit bewahren, weil das Bedingte vor dem Unbedingten aus sich heraus nicht zu bestehen vermag.

Anders Eberhard Jüngel:

Ein Mensch, der vor seiner Geburt existierte – die absurde Erwägung anzustellen –, wäre eben ein anderer. Dasselbe gilt für das utopische Postulat einer Kontinuität des menschlichen Lebens über den Tod hinaus. »Ich« wäre dann zwar unendlich, aber »ich« wäre nicht ich. Hoffnung auf Auferstehung wird schon aus diesem allgemeinen Grund etwas anderes sein müssen als Hoffnung auf unendliche Fortsetzung.

Wenn Jüngel dann meint, das eigentliche Ziel der Auferstehung der Toten sei es, »auf dass Gott sei alles in allem« (1 Kor 15,28), so dass die Hoffnung auf Auferstehung in ihrem Kern Hoffnung auf Gott sei, kommt er darin der mystischen Theologie entgegen. In dieser Tradition herrscht größere Zurückhaltung und insgesamt ein metaphorisches Denken, das eine Kompatibilität mit dem evolutiven Weltbild und zugleich mit anderen Glaubenstraditionen zulässt:

Das Jenseits

> Wir sollten niemals Fragen wie die nach der Unsterblichkeit allein vom eindimensionalen, tendenziell kalten und verdinglichendem Denken des modernen Naturtechnikers beantworten lassen.
>
> *Mathias Schreiber*

> Die Mutigen wissen
> Dass sie nicht auferstehen
> Dass kein Fleisch um sie wächst
> Am jüngsten Morgen
> Dass sie nichts mehr erinnern
> Niemandem wiederbegegnen
> Dass nichts ihrer wartet
> Keine Seligkeit
> Keine Folter
> Ich
> Bin nicht mutig.
>
> *Marie Luise Kaschnitz*

Was Auferstehung letztlich bedeutet, lassen sie [die christlichen Mystiker] offen. Wir Menschen können uns ein Weiterleben nur mit einem Ich vorstellen. Warum sollte es nicht Existenzmöglichkeiten geben, die das Ich überschreiten? Wir sind als Menschen doch nur eine Version in diesem gewaltigen Kosmos, der 250 Milliarden Galaxien haben soll. Wir leiden an einem entsetzlichen Egozentrismus und Geozentrismus und meinen, dass dieser Tanz der Galaxien nur unseretwegen existiere. Wir halten uns für die Krone des Kosmos. Dabei krabbeln wir erst seit drei Millionen Jahren als Menschen auf diesem Staubkorn herum. Gott aber ist zeitlos. Er hat doch nicht 16 Milliarden Jahre lang auf uns gewartet. Auferstehung ist nur die Chiffre, die wir für eine ganz andere Existenzform verwenden, über die unser Verstand nichts weiß. Auf einer transpersonalen Ebene ahnen wir aber, dass es einen Ausbruch aus der personalen Enge gibt. Es ist ein Erwachen in die Zeit- und Raumlosigkeit der wahren Wirklichkeit.

Willigis Jäger

Ähnlich äußert sich zur Frage nach dem »überlebenden Ich« die bereits oben zitierte Sabine Mehne nach ihrer Nahtod-Erfahrung:

Das Ich ist ein Begriff aus unserer Alltagswelt. Er passt nicht in den Zustand, den ich erlebt habe. Es ist schwer, das Erlebte in Worte zu fassen, denn unsere Sprache hat keine dafür, weil entsprechende Erfahrungen fehlen oder nicht geteilt werden. Ich empfand es so, dass die Essenz von mir auch außerhalb meines Körpers existierte. Aber ich weiß nicht, ob der Begriff Ich es trifft. Es war jenseits dessen. In meiner Vorstellung kehre ich oder das, was ich das Heilige in uns nenne, nach dem Tod in diese Urkraft zurück.

Diese Rede – welche Wirklichkeit sie auch beschreibt – vermeidet die dogmatische Begrifflichkeit, weil sie der eigenen Erfahrung keine adäquate Sprache verleiht. Dafür ist solche Erfahrung allem voraus und von naturwissenschaftlichem Wissen nicht einzuholen. Vielleicht eröffnet sie auch eine Dimension, in der sich zukünftig die Religionen der Welt möglicherweise einmal treffen.

Anders gewendet: Ist es möglich, dass sich das Christentum in Zukunft einmal darauf verständigen kann, gegenüber dem Jenseits, wie schon Calvin mahnte, »auf Bescheidenheit zu halten, damit wir nicht unser Maß vergessen«? Keine Religion der Welt kann hier definitiv sprechen. Da mag es angemessener sein, zu sagen: »Es ist, wie es ist! Ich lasse mich in meinem Tod auf eine Wahrheit ein, die ich mit allen Menschen vor mir und nach mir teile. Ich tue es in Demut und Solidarität mit allen Lebewesen. Oder mit John Henry Newman: Ex umbris et imaginibus in veritatem.«

XIII. Wohin gehen wir?

Der anglikanische Theologe Don Cupitt (geb. 1934) ist der Ansicht, dass in den gegenwärtigen kulturellen Umwälzungen die religiösen und moralischen Traditionen »in Rauch aufgehen«:

Einige Menschen versuchen verzweifelt, an ihren Traditionen festzuhalten oder sie wieder herzustellen, doch sie entdecken zu ihrem Entsetzen, dass es sich nicht machen lässt: Die Substanz der Tradition schmilzt dahin, gleitet ihnen durch die Finger, selbst wenn sie versuchen, diese festzuhalten. Der Verlust wird so schnell so vollständig, dass es Historikern schon sehr bald schwer fallen wird, sich wieder vorzustellen, wie es einmal war, aufrichtig an solche Dinge zu glauben und sich an solche Sitten und Gebräuche zu halten.

Cupitt meint, dass heute alle unsere großen religiösen Überlieferungen dem Ende entgegengehen, so wie die einst großen Religionen des antiken Mesopotamien, Ägyptens und Griechenlands ihr Ende gefunden haben. Von der Lehre werde so gut wie nichts bleiben. Der größte Teil der christlichen Theologie sei bereits verloren. Das zeige sich, wenn Zeitgenossen beispielsweise erklären sollten, dass Jesus mit seinem Tod für unsere Sünden gebüßt habe und dies unsere Erlösung bedeute. Das entsprechende Wissen und Verständnis sei selbst für zentrale Glaubensinhalte schon vor Generationen verloren gegangen, »und es steht kaum zu erwarten, dass es wiederkehren wird«.

Die Einschätzung, »so gut wie nichts« von der christlichen Lehre werde überleben, bedürfte gewiss näherer Unterscheidung und Begründung. Nicht zu bestreiten ist, dass heute auch in Regionen nachwirkender christlicher Tradition der Glaube dahinwelkt. Sogar praktizierende Christen stehen auf weiten Strecken der offiziellen Lehre hilflos gegenüber. Die moderate Zeitschrift »Christ in der Gegenwart« stellt fest: »Die positive Rhetorik, anderen ›den Glauben vorzuschlagen‹ und eine ›Zeit der Aussaat‹ einzuleiten, perlt an den Realitäten ab wie Wasser vom Autolack.« Sie fragt:

Stimmt es wirklich, dass die Kirche eigentlich ein gutes Produkt habe, das sie nur besser vermarkten, verkaufen müsse? Was aber wäre, wenn es mit dem Saatgut nicht mehr stimmt, weil es »verbraucht« ist, weil im 21. Jahrhundert eben nicht mehr derselbe Samen keimen kann wie der im ersten, der im dreizehnten oder der im siebzehnten Jahrhundert verwendete? Ja, wenn es im Lauf der Zeit immer schon nie exakt derselbe Samen sein konnte, um zu gedeihen? Waren Theologie, Philosophie und andere Wissenschaften in der Geschichte des Christentums nicht immer auch ein wenig wie »Zuchtanstalten«, die im Zuge des historischen Wandels neue Sorten aus den bewährten alten durch Kreuzungen – Inkulturation – unter den Bedingungen eines gewandelten Klimas hervorbringen mussten, um der Fruchtbarkeit zu dienen? Und die den Ur-Samen zur Korrektur auch wieder einzukreuzen hatten?

Es erklärt sich leicht, dass eine Zeit, die das Neue, das sie selbst ist, nicht begriffen hat, schmerzlich glaubt, etwas verloren zu haben.
Robert Musil

Die Weitergabe des christlichen Glaubens ist hierzulande in einer schweren Krise. Der Traditionsfaden ist bei den meisten fast, bei vielen schon ganz gerissen. Was soll man tun? Die Intellektuellen sollten aufhören, das Fallende auch noch zu treten, denn es kommt nichts Besseres nach. Es ist Zeit für Neugier auf Religion. Es ist Zeit, religiös produktiv zu werden. Das Christentum ist nicht nur passiv erfahrene Offenbarung, es ist auch aktive Kulturarbeit. Die Bibel muss zu allen Zeiten weitergeschrieben werden. Erzählungen und Rituale, Fernsehspiele und Philosophien müssen um sie herum entstehen. Alle großen Kulturleistungen sind Apokryphen zur Bibel, alle großen Dichter Propheten und Evangelisten, die das Wort Gottes in die Sprache ihrer Zeit übersetzen.
Hermann Kurzke

Die Kirche wird nicht sterben, sie wird sich verwandeln. Was wir erleben, sind die Geburtsschmerzen einer gereinigten Kirche. Aber auch der Geburtsschmerz ist ein Schmerz. »Eine Frau, wenn sie gebiert, hat Schmerzen, denn ihre Stunde ist gekommen. Wenn sie aber das Kind geboren hat, denkt sie nicht mehr an die Angst um der Freude willen, dass ein Mensch zur Welt gekommen ist« (Johannes 16, 21).
Fulbert Steffensky

> Die Krisen räumen auf; zunächst mit einer Menge von Lebensformen, aus welchen das Leben längst entwichen war und welche sonst mit ihrem historischen Recht nicht aus der Welt wären wegzubringen gewesen.
>
> *Jakob Burckhardt*

Dass wir in diesem Buch der gleichen Frage nachgegangen sind und Antworten darauf versucht haben, werden vielleicht auch Leser zugestehen, die mit diesen Antworten nicht einverstanden sind. Wir haben dabei den heutigen Traditionsabbruch in Augenschein genommen, wie er sich im Christentum der westlichen Welt vollzieht. Zwar liegen einige Ursachen dafür außerhalb von Christentum und Kirche, doch sind in der christlichen Tradition selbst Bedingungen angelegt, die dem heutigen Glaubensschwund sein dramatisches Ausmaß verleihen. Um der Zukunft gerecht zu werden, sind darum Erkenntnisse zu bearbeiten, die den stattfindenden Paradigmenwechsel erhellen.

1. Die Enterbung Israels und die Hellenisierung des Christentums – eine Wurzel heutiger Glaubensproblematik

Das Christentum hat bereits in den frühesten Anfängen eine Enterbungsstrategie gegenüber seiner jüdischen Herkunft begonnen, welche die wurzelhafte Bedeutung Israels verdrängte und dessen Heilige Schrift mit einer neuen Interpretation unterlief (→ S. 335). Dabei bleibt zu beachten, dass diese Interpretation primär eine heidenchristliche ist, »die eine grundlegende hermeneutische Verschiebung in der Rezeption der jüdisch vorgegebenen heiligen Schriften impliziert« (Hubert Frankemölle).

Schon bald wurde der Jüdischen Bibel ein veränderter Sinn untergeschoben: Was originär auf Israel verweist, nahm die Kirche in Anspruch. Sie löste das Buch Israels von dessen Geschichte und hob es auf eine neue Bedeutungsebene, indem sie den tragenden Begriffen eine andere Identität gab – was sich bis in die heutige Gebetssprache und die Metaphorik der Kirchenlieder niederschlägt. Heißt es in einem Adventslied: »O komm, o komm, Immanuel; nach dir sehnt sich dein Israel …«, so wird »Israel« hier metaphorisch aufgehoben und durch Kirche ersetzt. Die biblischen Namen Esau und Jakob, Hagar und Sara werden mit der Beziehung von Synagoge und Kirche verknüpft, wobei die unterlegene Gestalt als Synagoge gedeutet wird, während die Kirche einen biblischen Vorentwurf ihrer »heilsgeschichtlich« verstandenen Bestimmung erhält.

> Der Begriff »Altes Testament« verdankt sich logischerweise dem Begriff »Neues Testament«: er ist demnach nachneutestamentlichen Ursprungs und zur Umschreibung der Bibel der Christen im 1. und zu Beginn des 2. Jh. nicht nur »im Grunde«, sondern absolut »anachronistisch«. …
>
> *Hubert Frankemölle*

Auch der Begriff »Volk Gottes« wurde Israel genommen und auf die Kirche übertragen. Das konnte ohne theologischen Einwand über die Jahrhunderte hin geschehen. Erst in jüngster Zeit artikulierte sich Kritik. »Dieser Begriff ist weltgeschichtlich für die Juden besetzt«, wandte der Dogmatiker Laurenz Volken ein, denn schon vom Neuen Testament her lässt es sich nicht rechtfertigen, die Kirche als das »neue Gottesvolk« zu bezeichnen; nach Röm 11,1 ist die Christenheit nur »Mitinhaberin an der Wurzel« Israel. »Nicht du trägst die Wurzel, sondern die Wurzel trägt dich«, betont Paulus. Die Kirchenbegründung, die er darin entwirft, ist fundamental für jeden Versuch, das Verhältnis Israel/Kirche theologisch zu bestimmen – was nahezu zweitausend Jahre lang überlesen wurde.

Der Siegeszug des hellenistischen Christentums führte, wie wir gesehen haben, immer mehr Nichtjuden in die frühen Gemeinden. Deren Liberalität gegenüber der Tora machte es den jüdischen Mitgliedern schwer, diese Entwicklung zu bejahen (→ S. 282, 350 f.). Viele zogen sich zurück.

Konrad Witz (um 1400–1445/46), Synagoge, um 1430.

Das Hauptmotiv, das sich mit der personalisierten Synagoge verbindet, ist Blindheit, unter Inanspruchnahme von 2 Kor 3,12-18: »Weil wir eine solche Hoffnung haben, treten wir mit großem Freimut auf, nicht wie Mose, der über sein Gesicht eine Hülle legte … Bis heute liegt die gleiche Hülle auf ihrem Herzen, wenn Mose vorgelesen wird. Sobald sich aber einer dem Herrn zuwendet, wird die Hülle entfernt …«

Als mehr als tausend Jahre später Ecclesia und Synagoge in der Bildenden Kunst erscheinen, ist die Augenbinde für die Synagoge längst gewebt.

Die Darstellung der Synagoge (im Gegenüber zur Ecclesia) tritt in den monumentalen Portalskulpturen von Bamberg und Straßburg jedoch gereinigt auf. Beide Frauen sind Königinnen, die Synagoge wird ebenbürtig neben der Ecclesia dargestellt, wobei dem körpersprachlichen Ausdruck der Synagoge die Sympathie des Meisters als auch des Betrachters gehört. In der Reihe dieser Tradition steht auch die letzte würdige Darstellung von Konrad Witz. Seine Tafel war für einen Altar mit Szenen aus dem Alten und Neuen Testament bestimmt. Die Synagoge erscheint noch einmal als jugendliche Frau, die von ihrer Bühne abtreten muss. Ihre »niedergeschlagenen Augen machen die Binde fast überflüssig, sie ist nur ein zarter, durchsichtiger Schleier. Sie wird nicht von außen her verstoßen, sondern folgt tragischer Notwendigkeit. Die offene Tür, auf die sie zugehen muss und deren Knick den Bruch der Lanze mit magischer Kraft unterstreicht, führt aus dem Lebensraum hinaus« (Wolfgang Seiferth).

Doch von nun an verschleppen Passionsspiele Ecclesia und Synagoge in die volkstümliche Unterhaltung. Die Kunst verliert das Interesse an den beiden Frauengestalten, deren eine schon dabei ist, sich in die Himmelskönigin aufzulösen, während die andere auf die Gasse gezogen und in die Unterwelt verstoßen wird.

Die Auseinandersetzung schuf heftige Konflikte und schürte in den dominant heidenchristlichen Gemeinden einen Antijudaismus, der sich bereits in den Evangelien niederschlägt. Jules Isaak stellt die historischen Konstellationen, in denen die Evangelien wurzeln, folgendermaßen dar:

An dem Tag, an dem das jüdische Christentum auf die Stufe einer Sekte gestellt und später dann zur Häresie wurde, tat sich eine Kluft zwischen diesen beiden Konfessionen [dem jüdischen und dem sich aus dem Judentum lösenden hellenistischen Christentum] auf: Wahrlich, vom jüdischen Volk zu verlangen, dass es ein Gesetz leugnet, das es als von Gott selbst gegeben betrachtete, das zu verlangen, was Jesus niemals gefordert hatte, war ein unmögliches Verlangen. Die wachsende gegenseitige Feindschaft der Lehrer (der jüdischen und der christlichen Lehrer) und die Entwicklung des christlichen Dogmas gaben den Rest: Die Kluft wurde zu einem Abgrund …

Dies geschah schon zu einer Zeit, in die die Abfassung der Evangelien fällt. In der Folge wurde sie [sc. die Abgrenzung vom Judentum] noch verstärkt … Daraus und in Verbindung mit der unablässigen jüdisch-christlichen Polemik entsteht eine noch tendenziösere Überlieferung, die die Evangelien in gewisser Hinsicht jeder historischen Substanz beraubte, und der Mythos der Verstoßung, der Verwerfung und der des Gottesmor-

Tenebrae

Nah sind wir, Herr
Nahe und greifbar.

Gegriffen schon, Herr,
ineinander verkrallt, als wär
der Leib eines jeden von uns
dein Leib, Herr.

Bete, Herr,
bete zu uns,
wir sind nah.

Windschief gingen wir hin,
gingen wir hin, uns zu bücken
nach Mulde und Maar.
Zur Tränke gingen wir, Herr.

Es war Blut, es war,
was du vergossen, Herr.

Es glänzte.
Es warf uns dein Bild in die Augen, Herr.
Augen und Mund stehen so offen und
leer, Herr.

Wir haben getrunken, Herr.
Das Blut und das Bild, das im Blut war,
Herr.

Bete, Herr,
bete zu uns,
wir sind nah.

Paul Celan

---

des trat an die Stelle einer gänzlich verschiedenen Wirklichkeit ... Dann, als das Judentum verfallen, herabgewürdigt und verhetzt war und außer Gefecht erschien, war die Richtung schon gegeben und die Überlieferung schon festgelegt. Der Mythos des Verbrechens zeugte den Mythos der Strafe: Der eine sowie der andere erklärte, bemäntelte und rechtfertigte sogar das Martyrium Israels. Sie waren beide dazu angetan, das Gewissen der Christen zu besänftigen und einzuschläfern.

Das für die Passionsüberlieferung der Evangelien orientierende Markusevangelium konzipierte einen Prozess vor dem Hohen Rat, von dem man heute annimmt, dass er gar nicht stattgefunden hat; er konnte aber die Römer auf Kosten der Juden entlasten (→ S. 278 ff.). In Mt 23 wird von »Jesus« eine Polemik gegen die Pharisäer und Schriftgelehrten vorgetragen, die den Konfliktverhältnissen des späten Jahrhunderts galt, aber den historischen Jesus massiv verzeichnet. Äußerst verhängnisvoll für das christliche Verhältnis zu den Juden wirkte sich das Wort aus: »Sein Blut komme über uns und unsere Kinder« (Mt 27,25). Es wurde in späterer Zeit (dem matthäischen Sinn zuwider) als »Selbstverfluchung« des jüdischen Volkes missdeutet und dazu benutzt, Mitleid und Schuldgefühle angesichts gequälter Juden abzublocken. Im Johannesevangelium wird bereits der Terminus »die Juden« negativ besetzt. Wie bei Lukas wird auch hier nahegelegt, dass »die Juden« Jesus ans Kreuz schlugen.

Die Linie, die von den Evangelien ausgehend durch die Kirchengeschichte führt, steigert sich von der Enterbung Israels über Jahrhunderte der Verfolgung bis zur Ermordung Israels in Auschwitz. Gewiss mischten sich in diese Linie später auch fremde antisemitische Einflüsse, denen der christliche Antijudaismus aber nicht wehrte. Jules Isaac belegt in seinem Buch »Die Genesis des Antisemitismus« (1956), dass von allen Spielarten des Antisemitismus der christliche Antijudaismus alle anderen »hinsichtlich Dauer, Aufbau des Systems, schädlicher Wirkung, Umfang und Tiefe weit übertrifft«. So wurde Auschwitz jener absolute Tiefpunkt der Geschichte, der als das Scheitern des überlieferten Christentums gesehen werden muss:

Offenbar gibt es keinen Sinn der Geschichte, den man mit dem Rücken zu Auschwitz retten kann, keine Wahrheit der Geschichte, die man mit dem Rücken zu Auschwitz verteidigen, und keinen Gott, den man mit dem Rücken zu Auschwitz anbeten kann. Als theologisch-politische Katastrophe lässt Auschwitz weder das Christentum und seine Theologie noch auch die Gesellschaft und ihre Politik ungeschoren.

Johann Baptist Metz

Was in der Shoah geschah, fordert mehr als ein neues Verhältnis zwischen Christen und Juden, es fordert die Einsicht in die glaubensgeschichtliche Abhängigkeit von den Juden, ohne die sich Christen in ihrer Identität nie mehr gegen sie, noch ohne sie verstehen können.

Johann Baptist Metz sieht in der »Theologiewerdung« des Christentums, also im Prozess seiner frühen hellenistisch gerichteten Selbstreflexion »so etwas wie eine ›Halbierung des Geistes des Christentums‹«. Unter dieser Hellenisierung ist die Rezeption des spätgriechischen, hellenistischen Denkens zu verstehen, das einerseits die Universalisierung des

Christentums betrieb, andererseits wesentlich zur Ausbildung seiner dogmatischen Gestalt beitrug, die heute kaum noch existentiell mitvollzogen wird. Adolf von Harnack (1851–1930) hat diese Hellenisierung als einen Prozess der Selbstentfremdung des Christentums bewertet. Joseph Ratzinger hingegen sieht darin das Zu-sich-selbst-Kommen des Christentums: »Ich bin der Überzeugung, dass es im Tiefsten kein bloßer Zufall war, dass die christliche Botschaft bei ihrer Gestaltwerdung zuerst in die griechische Welt eintrat und sich hier mit der Frage nach dem Verstehen, nach der Wahrheit verschmolzen hat.« Dagegen Johann Baptist Metz, der sich fragt, ob nicht das Christentum die biblische Gedächtniskultur zu schnell und zu vorbehaltlos »gegenüber einer reinen Abstraktions- und Ideenkultur primär hellenistischer Herkunft« preisgegeben hat.

Was der griechische Geist innerhalb der frühchristlichen Theologieentwicklung vor allem bewirkte, ist die Entfaltung einer Christologie, deren abstrakte Begrifflichkeit zentrale Problemknoten der heutigen Glaubensschwierigkeiten bildet. Wenn das Christentum seine Identität erst gefunden haben soll, nachdem es seine jüdischen Ansätze von den philosophischen Traditionen des Griechentums läutern ließ und sich mit dem griechischen Logos verschmolz, verwundert es nicht, dass die Konzile der ersten Jahrhunderte in ihrer begriffskomplexen Christologie das jüdische und jesuanische Erbe ausklammerten und in ihren Glaubensbekenntnissen übergingen (→ S. 327 ff.).

Unmittelbare Folge dieser Entwicklung ist das Auseinanderfallen von Lehre und Leben. Wer fragt, was denn Weihnachten oder Ostern gefeiert wird, bekommt rat- und hilflose Antworten. Die anzutreffende Suche nach religiöser Erfahrung findet im theologischen System keine Orientierung. Zwischen Glaubenslehre und Erfahrung, Dogmatik und Mystik, klafft ein Abgrund. Wer hier wieder zusammenführen will, was bereits in den Anfängen auseinanderfiel, muss bereit sein, eine über Jahrhunderte unbefragte Tradition infrage zu stellen. Wie sonst kann wieder zusammenkommen, was jüdisch-christlich zusammengehört?

Die erste Einsicht aus dem Gesagten hebt die stets suggerierte Ungebrochenheit der Linie von den christlichen Anfängen bis zum heutigen Papsttum auf, zumal jene Deutung, der Benedikt XVI. das Christentum unterstellt sehen möchte, als sei es erst unter dem griechischen Logos »zu sich selbst gekommen«. Diesen Vorgang möchte er sogar allen späteren Inkulturationen noch vorgeordnet sehen. Doch entziehen sich die frühen Anfänge – die nur im Plural existieren – jeder Normierung. Einen einheitlichen Anfang hat es nie gegeben. Wir sollten diese heterogenen Anfänge so genau wie möglich kennen und aus heutiger Freiheit bewerten. Zwar können wir nicht programmatisch festlegen, wohin sich das Christentum entwickeln soll, wohl aber können wir reflektieren, wohin wir uns – in Kenntnis der Anfänge, der vielfachen Wendepunkte der Geschichte und unserer eigenen Geschichtlichkeit – entwickeln wollen. Der Glaube gerät dabei zunehmend unter die Bedingungen heutiger Weltorientierung und bewusster Steuerung. Die hochgradige Individualisierung des gebildeten Menschen hat sich von einer dogmatisch-klerikalen Gängelung längst gelöst und bewegt sich auf eine Religiosität zu, die auch in zentralen Glaubensfragen selbstverantwortliches Denken beansprucht. Darum fragt sich zugleich, ob und wie in Zukunft Religion noch das leisten kann, was ihr in früheren Zeiten an orientierender Kraft zukam.

In Celans Tenebrae sehen die Juden das Spiegelbild Christi, wenn sie trinken, »was du vergossen, Herr«; aber das Bild gleicht ihnen selbst. Obwohl es im Gedicht heißt »Es glänzte«, liest Celan in seinen beiden Aufnahmen von Tenebrae »es glänzt«, die Vergangenheit zur Gegenwart machend. »Augen und Mund stehen so offen und leer, Herr«: durch Celans starkes Verbum »stehen« gehören diese Augen und Münder zu tödlich entstellten Gesichtern. »Wir haben getrunken«, sagen sie, wie in der Todesfuge »wir trinken und trinken«.

Die Kreuzigung in die jüdische Agonie hineinzunehmen, war keine ökumenische Geste für Celan – ebenso wenig wie für Marc Chagall, dessen russisch-jüdische Szenen er bewunderte. Auf Chagalls Kreuzigungen ist der Märtyrer ein osteuropäische Jude im Tallit, inmitten brennender Torarollen und Synagogen, und es gibt keine Rettung: das Leiden dauert an. Sich seinen Todeskampf vorzustellen, »als wär / der Leib eines jeden von uns / dein Leib, Herr«, fordert das Leiden des Juden Jesus von einer kirchlichen Ideologie zurück, die es gegen die Juden instrumentalisierte.

John Felstiner

2. Die christliche Glaubenslosigkeit – eine Folge der christlichen Glaubenslehre

Die repräsentative Befragung von *Kirchenmitgliedern und Geistlichen beider Konfessionen* durch Klaus-Peter Jörns kommt zu dem Ergebnis, »dass das traditionell Christliche nicht mehr als nur noch einen Bodensatz ausmacht«. Vor allem »in der Trinitätslehre ist es zu einem totalen Bruch mit der Tradition gekommen«. Wenn in diesem kirchenorientierten Milieu auch eine Gottesbeziehung ausgemacht werden kann, die sich zwar nicht »an den dogmatischen Leitlinien orientiert, aber sehr stabil zu sein scheint«, bleibt als Gesamtresümee, dass das traditionelle dogmatische System »den von den Gottgläubigen gestellten Fragen in vielem nicht mehr gerecht« wird. Die Kluft zwischen dem, was die Repräsentanten der Amtskirche für normativ und gültig vorstellen, und dem, was die Kirchenmitglieder tatsächlich glauben und leben, wird immer größer. Offenbar ist der überkommene Glaubensinhalt zu großen Teilen nicht mehr zu vermitteln, denn diese Inhalte werden seitens der Adressaten nicht mitvollzogen. Diese bewerten das auch nicht als Defizit, sondern zunächst als Befreiung von Ballast, später als Unabhängigkeit, die sowohl zu Glaubensdistanz als auch zu neuer Glaubensorientierung frei macht.

Die Gründe für den auch innerkirchlich ausfallenden Glauben sind in der Struktur wie in den Inhalten der Glaubenslehre gegeben. Schon die Anlage des Glaubens als »Glauben an« und die damit verbundene Verpflichtung zum »Glaubensgehorsam«, mit deren Einforderung sich für die katholische Kirche der Disziplinierungs- und Kontrollapparat der ehemaligen Inquisition, der heutigen »Kongregation für die Glaubenslehre« (*Sanctum Officium*) verbindet, verursachen Lähmung. Wo Handhaben

Neo Rauch (geb. 1960), Lehre, 1999.

Der Titel »Lehre« begegnet auch auf dem Bild. Offenbar ist der locker bekleidete Mensch erschöpft zusammengesunken. Noch hält er den Zeigestock gegen denjenigen des Anzugträgers erhoben. Beide haben wohl in Fragen der Lehre die Klingen gekreuzt. Wer im Streit um die Lehre den Kürzeren gezogen hat, ist klar. Der akkurat gekleidete und in Habacht-Stellung erscheinende Apparatschik vertritt sie wirkungsvoll. Mit seinem weißen Zeigestock – es wird ja kein Blindenstock sein – verweist er auf die schwarze Tafel- oder Bildfläche. Schwarzweiß-Denken liegt ihm wahrscheinlich besonders. Er nimmt sich jedenfalls im Innern genauso gemauert aus wie die Umgebung. Er verwaltet die ordentlich eingehüllten Schachteln hinter ihm, in denen offenbar die Lehre verpackt ist. Alles hier ist rechteckig und insofern scheitert die Assistentin auch bei dem Versuch, den Niedergesunkenen zu verpacken. Dieser lässt sich auch jetzt noch nicht in das vorgesehene Verpackungsmaterial einschlagen, er liegt ersichtlich quer. Ob er für den Mauerdurchbruch verantwortlich ist? Jedenfalls dringt durch die Öffnung ein schlangen-, kabelförmiges Gebilde, das offenbar von den Räumlichkeiten Besitz ergreift. Symbolisiert es den Geist, der der Gängelung durch die Lehre Leben und Freiheit des Denkens entgegenzusetzen gewillt ist? Und der sich nicht aufhalten lässt, auch wenn seine Vertreter scheinbar unterliegen?

entwickelt werden, um die Vielfalt möglicher Auslegungen auf eine einzige »richtige« Interpretation zu reduzieren, zerstören dogmatische Lehrsätze, zumal in ihrer auf den Buchstaben fixierten Lesart, die individuelle Glaubenslebendigkeit.

Was den Inhalt des Glaubens angeht, so befördert vor allem die Christologie, wie sie die frühen Konzilien von Nicäa bis Chalcedon entwickelten, ihre eigene Infragestellung. Der in den Kategorien der griechischen Philosophie gedachte gottmenschliche Christus ist erstens auf ein geozentrisches Weltverständnis bezogen und zweitens in den begrifflichen – griechisch definierten – Unterscheidungen wie *Wesen*, *Natur* und *Person* eine Kunstfigur, auf die Ratlosigkeit antwortet.

Zusätzlich wird die Erlösungslehre zum Problem. Die Deutung des Kreuzestodes Jesu als gottgefälliges Sühnopfer hat heute, noch vor jeder theologischen Kritik, an Plausibilität und Akzeptanz eingebüßt (→ S. 297 ff.). Wenn Theologen darauf verweisen, dass schon die Propheten die Liebe gegen den Opferkult setzten, die Liebe zu Gott an die Liebe zum Nächsten banden und darin Gottes Nähe vermittelt sahen, finden sie die unmittelbare die Zustimmung des Kirchenvolks. Dass aber ein kaum zu sich selbst gekommenes Christentum – besser gesagt: *eine* seiner damaligen Ausprägungen – Jesus als Gottes Opferlamm deutete, widerstrebt der inneren Akzeptanz, denn tatsächlich kehrt diese Deutung zum mythischen Verfahren des heilbringenden Sündenbocks zurück, das bereits die archaischen Religionen prägt und in den antiken Gesellschaften noch zum Inventar aller Religionen zählte. So konnte sich zwar das Christentum in seiner Anfangszeit als Religion verständlich machen, weil es mit seinem Sühnopfer-Ritual einem herrschenden Grundverständnis entgegenkam und damit die eigene Ausbreitung erleichterte, doch wurde auf diesem Wege der Opfermechanismus bestätigt statt überwunden, und erst recht wurde nicht jene »Aufklärung« freigesetzt, die der Reich-Gottes-Botschaft Jesu innewohnt.

Einen anderen kritischen Komplex der Christologie haben die theologischen Klassiker der jüngeren Vergangenheit unter den Begriff der Paradoxie gestellt. Karl Barth nennt (in seiner zweiten Bearbeitung des Römerbriefs) »die Offenbarung in Christus ein paradoxes Faktum«, weil der »Abgrund zwischen Gott und Mensch ganz aufgerissen, das Ärgernis ganz gegeben ist«. Der Glaube an diesen Christus habe zum Inhalt »das Wunder, das Unmögliche, das Paradox«. Und darum ist ein solcher Glaube »für alle der gleiche Sprung ins Leere. Er ist allen möglich, weil er allen gleich unmöglich ist.«

Bei Friedrich Gogarten heißt es in einem Vortrag von 1923: »Dieses Wort von Jesus von Nazareth, der Gottes eingeborener Sohn ist, widerspricht dem tiefsten menschlichen Denken und Fühlen auf das Ärgerlichste.« Denn, dass »Gott – *horribile dictu* – Mensch wird«, ist etwas »was menschlich gesehen unmöglich ist und unmöglich bleibt«. Aber »man kann Unmögliches – und noch einmal sei es gesagt: es handelt sich hier um Unmögliches – man kann Unmögliches nur glauben.«

Emil Brunner nennt die Offenbarung Gottes in Christus »das Wunder und Paradox, gegen das sich Natur und Vernunft aufbäumen ..., *das* Paradox, *der* Denkwiderspruch – nicht ›*etwas* Paradoxes, *etwas* Widervernünftiges‹ –, weil es die Voraussetzung alles Denkens, das Gesetz selbst, außer Kraft setzt«.

Trinität

Wie soll man sich den Christus vorstellen, der für den christlichen Glauben irgendwie Gott und Mensch zugleich sein muss? Man versucht zu unterscheiden zwischen Naturen, Substanzen, Hypostasen, Personen, Kräften, göttlichem und menschlichem Willen in einer »gottmenschlichen Zusammensetzung«, die der unvorstellbaren, im Jahr 681 nochmals bestätigten dogmatischen Formulierung von Chalzedon zufolge weder eines noch vieles, weder vermischt noch getrennt sein kann ... Kaum, wenn überhaupt, ließ es sich vermeiden, entweder die Göttlichkeit oder die Menschlichkeit oder die Einheit Christi aufzugeben. Daraus folgte eine ununterbrochene Kette von wechselseitigen Anklagen und Verurteilungen. Die Bemühungen der Kaiser, die Konzilien oftmals unter Vorgabe eines Ergebnisses einberiefen, zielten aus offensichtlichen Gründen des Zusammenhalts im Reich meistens auf eine Versöhnung zwischen den verschiedenen theologischen Strömungen. Abgesetzte und verbannte Bischöfe wurden rehabilitiert und bisweilen erneut verurteilt, auch post mortem ... Die Verwirrung nahm zu, und mit der Verwirrung auch die politischen Konflikte und persönlichen Interessen, die Unruhen, Gewalttätigkeiten, die Schismen.

Sergio Quinzio

Die ganze Trinitätslehre ist ein Abweg, ein Holzweg in der Geschichte der Kirche. Sie ist ein spekulativer Überbau, dessen Bauleute nicht mehr beim Glauben der Gläubigen blieben, sondern meinten, das könne und müsse man noch gründlicher begreifen ... So oder so handelt es sich dabei nur um die Kopfgeburt theologischen Denkens, das sich seit den Apologeten auf einen Nebenweg begab. (Eine Kopfgeburt, die, das sollte man nicht vergessen, nicht nur zu den gewaltsamen Umdeutungen der biblischen Glaubenszeugnisse und zu den unsäglichsten Begriffsklopfereien theologischer Spekulation führte, sondern auch Anlass zu den übelsten Streitereien und Spaltungen, zu Mord und Totschlag in der Kirche wurde.) Mit dieser Kopfgeburt kann der Durchschnittsglaube, jedenfalls heute, aber auch gar nichts anfangen.

Walter Simonis

Michael Triegel (geb. 1968), Anthropisches Prinzip, 1996/97.

Maria mit dem Kind, mit Nimbus und Kreuznimbus gekennzeichnet, stürzen aus der Höhe in einen Kirchenraum. Während Marc Chagall für seinen »Engelsturz« von 1947 keinen Zweifel daran lässt, dass sich in seinem Bild eine Katastrophe ereignet, scheinen hier Mutter und Kind davon unbetroffen zu sein. Maria ist üppig gewandet, ihre Augen sind dem Kind zugewandt, irritierend ist nur ein scharfes Messer in ihrer Hand, wie oft bei Triegel, als sei es ihr Attribut.

Gewissermaßen als Pedrella – Stufen führen aus dem Raum dorthin – liegt dieser Sohn als Leiche, nach fürchterlichen Martern, die seinen Leib blutig geschunden haben.

Der so Gemarterte, in seinen Gliedmaßen verkrampft, wie wir ihn von Grünewald her kennen, liegt vor einem schwarzen Grund. Auch der auf eine Jochstellung verkürzte Kirchenraum, in den Maria und ihr Kind kopfüber fallen, öffnet sich auf diesen schwarzen Grund hin. Eine Mittelachse vermeidet das Bild, dadurch entsteht ein Ungleichgewicht, das die Diagonale betont. Zusätzlich betont die vermeintliche Unfertigkeit des Bildes ein Spannungsgefüge. Die Kirchenarchitektur ist nämlich nur als Skizze ausgeführt; die Linien schneiden einander, wie es bei Entwürfen der Fall ist. Selbst ein Teil der farbenfrohen Kleidung der Madonna ist ohne Ausmalung geblieben und betont die Unvollständigkeit des Bildes.

Drei Textfragmente in lateinischer Sprache sind zu lesen. Ausführlich die Zeile im unteren Bildfeld: (ET INCARNATUS ES)T DE SPIRITU SANCTO EX MARIA VIRGINE, »und hat Fleisch angenommen durch den Heiligen Geist von Maria der Jungfrau«. Im Bogenfeld, mit der Kirchenarchitektur verbunden, ist ein »AGNU(S) zu lesen, auf das »Lamm Gottes« anspielend, »das hinwegnimmt die Sünden der Welt«. Beide Zitate sind zentrale Sätze der Christologie. Während das Agnus Dei auf

Auch Rudolf Bultmann spricht vom Paradox des Glaubens. Dass Gott »in Christus die Sünde vergibt«, ist »nie einzusehen, sondern nur zu glauben«. Allein Paul Tillich nennt die Lehre, dass in Jesus Gott ein realer Mensch geworden sei, »nicht paradox, sondern sinnlos ... Das Wort Gott ist Ausdruck für eine letzte Wirklichkeit, und ... das Einzige, was Gott nicht tun kann, ist, aufzuhören, Gott zu sein. Aber das ist genau das, was die Formel ›Gott ist Mensch geworden‹ ausdrückt ... Gott kann nicht zu etwas werden, was nicht Gott ist.« Oder auch: »Ein göttliches Wesen verwandelt sich in den Menschen Jesus von Nazareth« – das sind »Absurditäten«, das ist »etwas Absurdes«.

Wer sich auf diese Absurdität als Baustein eines dogmatischen Systems eingelassen hat, nimmt sie im nächsten Moment rational in Anspruch für den weiteren Ausbau eben dieses dogmatischen Gebäudes, ohne die besagte Absurdität als Paradoxon auf jener Sprachebene zu lassen, auf der sie in der Mystik durchaus ihr Recht findet (→ S. 224 ff.). Mit einer mystikfernen, dogmatischen Christologie aber sieht sich der heutige Mensch vor eine Wand gestellt, die jeden weiteren Schritt verwehrt und eine gewissermaßen christlich bedingte Glaubenslosigkeit verursacht.

Fragwürdig ist sie, weil sie Forderung eines Verhaltens ist, das beansprucht, vernünftig und objektiv begründet zu sein, und dabei völlig unrational, ja fundamentalen Gesetzen der Logik widerstreitend, und ausschließlich subjektiv, durch das glaubende Subjekt bedingt ist ...; gefährlich ist sie, weil sie die Bereitschaft zu einem Verhalten ist, das grundsätzlich jede Paradoxie und Absurdität annehmen, vertreten und verbreiten kann, da in einem solcherart als vernünftig, objektiv bedingt und absolut gewiss geglaubten Verhalten das Kriterium, ob etwas angenommen werden darf oder kann oder soll, stets das Geglaubte selbst ist, das sich selbst als das Wahre und somit Anzunehmende bezeugt und erweist.

Günter Waldmann

Die »Gewissheit« solcher Dogmen wird also durch den Annehmenden selbst gesetzt: Es sind Setzungen aus einem Vorstellungs- und Denkhorizont, für den es keinerlei Begründung gibt – außer der Selbstbeanspruchung, Offenbarung zu sein. Eine solche mit den Begriffen der griechischen Philosophie metaphysisch entworfene Christologie ist an ihr Ende gekommen. Der Zeitgenosse empfindet ihre Inhalte so fremd, dass er weder Motivation noch Möglichkeit gegeben sieht, sich damit ernsthaft auseinanderzusetzen. Dieser Glaube kann darum auch keine Alternative zur heutigen Glaubenslosigkeit sein, weil seine Struktur innerhalb dieser Glaubenstradition nicht überwunden werden kann – es sei denn durch einen Systembruch.

den hingerichteten Jesus in der Pedrella verweist, belegt der Satz aus dem Credo die jungfräuliche Geburt Jesu. So fest und klar dieses Glaubensbekenntnis aber auch in römischer Kapitalschrift dokumentiert wird, der Sturz der jungfräulichen Mutter mit ihrem Sohn aus der Höhe und dessen Leiche im Bildsockel stellen die darauf gegründete Erlösungsbotschaft in Frage.

Malerisch ebenfalls nicht ausgeführt, nur als Skizze entworfen, ist der sitzende nackte Mann, der ein wenig aus der Mittelachse verschoben vor dem dunkel-ungewissen Hintergrund auf die eigene Geste seiner rechten Hand verweist, die jener des lehrenden Christus in den Apsiden byzantinischer Dome gleicht. Es dürfte sich nicht um eine bestimmte Person, vielmehr um den Homo sapiens in größter Allgemeinheit handeln. Er trägt eine Brille mit gedunkelten Gläsern, so dass er vielleicht auch gar nicht sieht. Verkörpert er das anthropische Prinzip, nach dem das Bild benannt ist? Dieses Prinzip deuten die Evolutionswissenschaften unterschiedlich. Es besagt in seinem Ansatz, dass dem Aufbau der Welt ein die Existenz von Leben ermöglichender Faktor zugrunde liegt, denn wenn eine der grundlegenden physikalischen Konstanten um ein Geringes anders ausgefallen wäre, hätte der Mensch nie ins Dasein kommen können.

Der an den Pfeiler geheftete Zettel – nicht der Kirchenarchitektur zugehörig und ebenso »provisorisch« – sagt: Quomodo conserva es in amaritudinem, »Du bist gewissermaßen in Bitterkeit eingehüllt« Worauf wird verwiesen? Michael Triegel möchte seine Arbeit als Untersuchung und Befragung der Bilder und Symbole der christlichen Tradition verstanden wissen: er wägt sie auf ihre Gültigkeit hin, widerspricht ihnen, ironisiert sie, paraphrasiert sie oder stimmt ihnen auch zu, weil er meint, dass sie in ihrer Archetypik nach wie vor ihre Gültigkeit haben. Gefährlich aber sei es, sie als Realität misszuverstehen, statt zu fragen, welche Bedeutung sie für Christen wie Nichtchristen bewahren.

Wohin gehen wir?

Michael Triegel (geb. 1968), Transfiguration, 1992.

Transfiguration, »Umwandlung«, bezieht sich auf die bei Mk 9,2-10 erzählte Geschichte von der »Verklärung Jesu«: »Da ward er verwandelt vor ihnen und seine Obergewänder wurden glänzend, sehr weiß, wie kein Walker auf Erden so zu weißen vermag. Und sehen ließ sich vor ihnen Elija mit Mose, und sie redeten mit Jesus ...« Dieser Schilderung wie der christlichen Ikonographie entspricht Triegels Bild kaum. Jesus schwebt knapp über dem Erdboden. Er ist nicht eingebunden in die umgebende Szenerie von sechs Personen, drei Männern und drei Frauen. Die Frau, die ihn zu berühren trachtet, müsste ins Leere greifen, obgleich Schatten von Jesu Gestalt auf ihre Hand fällt. Der Verklärte bleibt ungesehen und ungreifbar. Dazu passt der Eindruck, dass alle Personen ins Leere blicken oder ihren Blick ins Innere lenken, jedenfalls nicht etwas Äußeres beachten. Im Vordergrund sitzen zwei Gefesselte; der Linke hat die Augen geschlossen. Mit seiner Position am Wasser lässt er an Narziss denken.

Über der Szene hängen neben dem zentralen Ei weitere elementar lebenswichtige und Staunen weckende Organe: Hirn, Herz, ein Auge und das männliche Geschlechtsteil – Organe, die dezidiert auf das Menschsein Jesu abheben. Im christlichen Symbolbereich haben sie nicht alle ihren Ort. Das Bild lässt eine christlich enggeführte Deutung nicht zu.

Das Ei begegnet schon bei Piero de la Francesca (→ S. 431). Es ist der griechischen Mythologie entnommen und verweist bei Piero wie bei Triegel auf die göttliche Herkunft und die Jungfrauengeburt des Kindes. Bei Mk 1,11 heißt es: »Du bist mein geliebter Sohn ...« Die übrigen Organe zwingen jedoch dazu, diese Sohnschaft anders zu verstehen, als es die Dogmatik will.

Wie die Girlande und die Fäden, an denen das Ei und die Organe herabhängen, reichen auch die roten Fäden an Jesu Händen und seinem linken Arm über den Bildrand hinaus. Ein Mann und eine Frau halten ebenfalls Fäden; sie sind straff gespannt. Ihre Farbe lässt an Blutbahnen denken.

Das Bild heißt nicht »Verklärung« sondern »Umwandlung«. Keine äußere Verwandlung ist gemeint, sondern eine innere Umwandlung, Dazu haben die hier Versammelten gerade erst den Faden aufgenommen. Befreiung setzt dort an, wo Narziss seine Selbstverliebtheit mit dem Schließen der Augen beenden kann.

3. Die historisch-kritische Exegese – eine Infragestellung des dogmatischen Christusbildes

Über mehr als tausend Jahre hin haben Glaubensbekenntnisse und Dogmen keinen Zweifel darüber aufkommen lassen, dass eine »hohe« Christologie die angemessene Umschreibung der Bedeutung Jesu sei, den die spätere Zeit als »gezeugt, nicht geschaffen, eines Wesens mit dem Vater ...« bekennt. Dieser Ansatz einer Christologie »von oben« hat es »schwer zu erklären, woher er denn seine christologischen Erkenntnisse nimmt«, räumt selbst der Dogmatiker Hans-Martin Barth ein. Galt dies bereits für die frühe Kirche, so verschärft sich der Einwand angesichts unseres heutigen Wissens vom historischen Jesus. Dogmatiker gingen und gehen dieser Spannung aber kaum mit Leidenschaft nach.

Erst im 19. Jahrhundert begann die historisch-kritische Exegese die herrschende Christologie durch ihre Frage nach dem *Menschen* Jesus in eine radikale Krise zu stürzen. Auf die Wiederentdeckung des Menschen Jesus folgte die Entdeckung des *Juden* Jesus. In diesem Prozess führten die Wege von Exegese und Dogmatik immer weiter auseinander. So wie schon 1678 Bischof Bossuet die »Kritische Geschichte des Alten Testaments« von Richard Simon als »für den Glauben verderblich« beurteilte, halten auch der katholische »Weltkatechismus« von 1993 und dessen »Kompendium« von 2005 immer noch volle Distanz zur historisch-kritischen Forschung, weil deren Ergebnisse Revisionen einfordern, die – um der Wahrheit willen – zur Revision dogmatischer Lehren führen müssten.

Die Entdeckung der Geschichte und die Wege der geschichtlichen Forschung haben den tradierten Glauben in fast allen dogmatischen Gebieten zu Korrekturen gezwungen. Zwar kann man sich dieser Einsicht entziehen und wie bisher das dogmatische Denken in globo über alle irritierenden exegetischen Resultate kopieren, aber man eröffnet dem Christentum damit keine Zukunft. Apologetische Abwehr, die immer noch die Befunde der historisch-kritischen Forschung mit der Glaubensformulierung einer weit vorausliegenden Zeit zur Deckung bringen will, verfehlt wahrhaftiges Denken und damit auch eine fundamentale Glaubwürdigkeit. Bleibt es bei apologetischer Abwehr, wird jene Wahrhaftigkeit aufgegeben, die Bedingung für ein neu und tiefer verstandenes Christentum ist.

Die Ergebnisse der historisch-kritischen Exegese haben gezeigt, wie sehr die Bibel aus den geschichtlichen Bedingungen ihrer Jahrhunderte zu verstehen ist. Sie ist ein Buch von Menschen. Sie wird darum genauso kritisch gelesen werden müssen wie andere Bücher aus Vergangenheit und Gegenwart. Als »Wort des lebendigen Gottes«, wie der katholische Kult eine vorgetragene Lesung beantwortet, kann die Bibel nur zur Geltung kommen, wenn der Hörer dem jeweiligen Text für sein eigenes Leben diese Anerkennung gibt. Ein »objektiv« gegebenes »Wort Gottes« lässt sich weder mit der Bibel noch mit irgendeinem anderen Text der Welt in Anspruch nehmen.

4. Die Säkularisierung der Religion, die Auflösung der Metaphysik und das Entscheidend-Christliche

In seinem Buch über das Christentum und die Weltreligionen stellt Joseph Ratzinger/Benedikt XVI. fest:

> Der Zerfall der antiken Religionen wie die Krise des Christentums zeigen dies: Wenn Religion mit elementaren Gewissheiten einer Weltsicht nicht mehr in Einklang zu bringen ist, löst sie sich auf.

Der von Matthias Grünewald 1513–1515 geschaffene »Isenheimer Altar« war für die Kranken in der Hospitalkirche des Antoniterklosters zu Isenheim bei Colmar bestimmt. 1793 wurde der Wandelaltar während der Französischen Revolution dem Kultgebrauch entzogen und nach Colmar gebracht. Dort fand er in der aufgelassenen Klosterkirche Unterlinden, die seit 1849 als Museum dient, seinen neuen Standort, an dem er bis heute gegen Gebühr zu besichtigen ist. Diesem Kultentzug entspricht auch die Haltung der Betrachter: Entspannt geben sie sich dem musealen Kunstgenuss hin. Sie sind Touristen, nicht Gläubige.

Ebendies geschieht heute. Umso mehr verwundert das gestörte Verhältnis der Kirche(n) zu solchen »elementaren Gewissheiten«, zu denen neben den naturwissenschaftlichen Forschungsresultaten auch die Ergebnisse der historischen Forschung zählen. Statt sich mit ihnen sachlich auseinanderzusetzen, wird alles, was als Störung oder Bedrohung erscheint, entweder übergangen, wie der »Weltkatechismus« belegt, oder den Theologen als Übergriff und Irrtum angelastet. Sie müssen mit schärfsten Einschränkungen ihrer Arbeit rechnen, erfahren Schreib- und Publikationsverbote, Missachtung und Zerstörung ihres Ansehens, wenn ihre Forschungsergebnisse kontrovers zur Tradition stehen – oder dies auch nur befürchtet oder unterstellt wird. Bis heute ist das *Nihil obstat* für Berufungen auf theologische Lehrstühle nur zu erwarten, wenn der Bewerber weder durch missliebige Themenwahl noch dogmatisch störende Resultate aufgefallen ist.

Dass Joseph Ratzinger/Benedikt XVI. das Christentum dennoch als Aufklärung in Anspruch nimmt, unterliegt einem höchst eigenwilligen Umwidmen von Begriffen:

> Im Christentum ist Aufklärung Religion geworden und nicht mehr ihr Gegenspieler. Weil es so ist, weil das Christentum sich als Sieg der Entmythologisierung, als Sieg der Erkenntnis und mit ihr der Wahrheit verstand, deswegen musste es sich als universal ansehen und zu allen Völkern gebracht werden: nicht als eine spezifische Religion, die andere verdrängt, nicht aus einer Art von religiösem Imperialismus heraus, sondern als Wahrheit, die den Schein überflüssig macht.

Als »Aufklärung« und »Sieg der Entmythologisierung« kann Benedikt das Christentum feiern, weil er Offenbarung und Vernunft als korrespondierend ansieht, das säkulare Wissenschaftsverständnis hingegen als Absage an die Religion. Zwar nennt er Glaube und Vernunft ein »Zwillingspaar, in dem keines vom anderen gänzlich zu lösen ist und doch jedes seinen eigenen Auftrag und seine besondere Identität wahren muss«, kritisiert aber den verengten und vor der Wahrheitsfrage kapitulierenden Vernunftsbegriff. Wenn sich die Vernunft mit einer technisch-säkularen Ratio begnüge, bleibe sie gegenüber Missbrauch, Gewalt und Terror anfällig. Angesichts dieser Bedrohung stelle das Christentum eine geradezu »reinigende

Kraft für die Vernunft selbst« dar, – womit er die Idee einer Begegnung von Glaube und Vernunft auf gleicher Augenhöhe preisgibt, wie schon zuvor in seiner Diskussion mit dem Philosophen Jürgen Habermas, in der er fragte, »ob nicht die Vernunft unter Aufsicht gestellt werden« müsse. Nur dem Glauben schreibt er jene innewohnende Ratio zu, welche die säkulare Vernunft zu orientieren und letztlich gar zu retten vermöge. Damit erscheint bei ihm der Glaube als Hüterin der Wahrheit über die Vernunft. In dieser Betrachtungsweise, die sich ihre eigene Logik und Unangreifbarkeit schafft, gilt der Weg der europäischen Geistesgeschichte seit der Aufklärung als Abfall von der Wahrheit (→ S. 80 ff.). Ignoriert wird, dass sich die Wissenschaften methodisch auf ihre eigenen Bedingungen begrenzen, Glaubensinhalte demnach kategorial ausschließen, was nicht nur den Wissenschaften, sondern auch dem Glauben entspricht. Stattdessen dominiert eine pessimistische Weltsicht, welche die modernen Errungenschaften seit der Aufklärung überwiegend ablehnt und verurteilt. Für Benedikt XVI. sind säkulares Denken und säkulare Vernunft defizitäre Entwicklungen.

Gegenüber Ratzingers Verständnis von Glaube und Vernunft hat Jürgen Habermas darauf bestanden, dass die Religionen heute »die Autorität der ›natürlichen‹ Vernunft, also die fehlbaren Ergebnisse der institutionalisierten Wissenschaften« anerkennen müssen, wobei er »eine borniert, über sich selbst unaufgeklärte Aufklärung« dem Selbstverständnis der heutigen Wissenschaften nicht zugesteht. Das Gespräch zwischen beiden Kombattanten führt aber nicht weiter, weil Ratzinger den Vernunftbegriff anders fasst, als dies im allgemeinen Verständnis heute geschieht. Er beruft sich auf das Johannesevangelium: »Im Anfang war der Logos, und der Logos ist Gott, so sagt uns der Evangelist.« Dann folgert er: Insofern Logos Vernunft bedeutet, ist Gott Vernunft. Und Jesus Christus ist nicht nur das Fleisch gewordene Wort Gottes, sondern auch die Fleisch gewordene Vernunft, die Kirche als dessen Gründung und Bevollmächtigung die wahre Hüterin der Vernunft. Ein Abirren von der Kirche und ihrer Lehre ist folglich widervernünftig. Das ist – bei radikaler Vereinfachung – der Zirkelschluss, der Ratzingers Denken bestimmt und dazu führt, »die Wahrheit«, fern jeder Relativierung, in der römisch-katholischen Kirche beheimatet zu sehen, während alle anderen Konfessionen, Religionen und Weltanschauungen davon nur gebrochene Anteile besitzen. Aus diesem Ansatz heraus vertritt er die platonische Überzeugung, die Vernunft sei zum Begreifen des »Wesens« oder der »eigentlichen Form« der Welt, also der absoluten Wahrheit fähig. Dabei irritieren ihn widersprechende Fakten nicht. Die historisch-kritische Methode mit ihren vielen störenden Details oder die Evolutionswissenschaften mit ihren Einsichten in die Herkunft des Menschen sind in der Perspektive dieses Denkens prinzipiell nicht in der Lage, dem Logos, dem Wort Gottes und dem davon abgeleiteten Weltbild zu widersprechen.

Ein solches Denken verhindert die Anerkennung kultureller Verschiedenheit, religiöser Vielfalt und sonstiger relativierender Erkenntnis. Es widerspricht den Grundüberzeugungen der Moderne, die Gesellschaft und Staat erst friedens- und kooperationsfähig machen. Wenn Habermas sagt, dass die säkulare und die religiöse Seite sich wieder füreinander öffnen, schließt dies für ihn die Forderung ein, dass die religiöse Seite »die weltanschauliche Neutralität des Staates, gleiche Freiheiten für alle Religions-

---

Priester und sonstige Angestellte des Kirchenapparates dürfen ja heutzutage nicht ehrlich sein. Sie müssen so tun, als glaubten sie jedes Wort des Glaubensbekenntnisses. Wenn ich unter Glauben etwas Lebenswichtiges, Begeisterndes und Tragendes verstehe (nicht ein gleichgültiges oder verlegenes Nicht-Bestreiten), dann sind die allermeisten Christen Häretiker, denn sie »glauben« (im emphatischen Sinn) allenfalls an wenige ausgewählte Segmente des Christentums. »Empfangen durch den heiligen Geist, geboren von der Jungfrau Maria … hinabgestiegen in das Reich des Todes, am dritten Tage auferstanden von den Toten, aufgefahren in den Himmel … von dort wird er kommen zu richten die Lebenden und die Toten« – ist es nicht viel ehrlicher, diese uralten Bekenntnisformeln postmodern als Mythen zu verstehen und in spielerischem Respekt als Zitate früheren Glaubens zu lesen, als entweder im Kinderglauben zu verharren oder vor ihnen zu verstummen oder sich zu irgendeinem »modernen« Verständnis hinzuquälen (also an ihnen so lange herumzuinterpretieren, bis sie in unser blasses und fades Gegenwartschristentum passen), oder gar fundamentalistisch vorzugeben, man glaube im wörtlichen Sinne wie eh und je?

Hermann Kurzke

gemeinschaften und die Unabhängigkeit der institutionellen Wissenschaften aus eigenen Gründen« anerkennt:

Dabei geht es nicht nur um den Verzicht auf politische Gewalt und Gewissenszwang zur Durchsetzung religiöser Wahrheiten, sondern um ein Reflexwerden des religiösen Bewusstseins angesichts der Notwendigkeit, die eigenen Glaubenswahrheiten sowohl zu konkurrierenden Glaubensmächten wie zum Monopol der Wissenschaften auf die Produktion von Weltwissen in Beziehung zu setzen.

Das schließt die Erwartung ein, »dass sich die Theologie auf das nachmetaphysische Denken ernstlich einlässt«, was der heutigen Theologie allerdings noch weite Wege abverlangen dürfte. Seitdem Kant einsah, »dass dem Menschen die Wirklichkeit prinzipiell nur so erscheint, wie dies durch die besondere Struktur seines Erkenntnisvermögens bedingt ist«, gilt in der Philosophie ein Erkenntniszugriff auf »Dinge an sich«, unabhängig von dessen Erkenntnisbedingungen, für unmöglich (→ S. 68). Die Folgen dieser geistesgeschichtlichen Entwicklung der Moderne werden angesichts des herrschenden Verständnisses von Offenbarung und Wahrheit die Theologie – gewollt wie ungewollt – noch einholen und eine Neudarlegung des Glaubens erzwingen, auch wenn dies heute unvorstellbar erscheint. Vielleicht kann die Theologie aber zu der damit verbundenen Säkularisierung vieler Traditionsinhalte doch ein positives Verhältnis gewinnen, weil die Tendenz zur Säkularisierung dem Christentum aus seiner eigenen Tradition heraus zukommt.

Entscheidend ist, dass man die verschiedenen Säkularisierungsprozesse, die sich in der Moderne abgespielt haben, nicht ... als Prozesse der Ablösung vom religiösen Untergrund, sondern als Prozesse der Interpretation, Anwendung und bereichernden Spezifizierung dieses Untergrunds ansehen muss ... Man müsste hier hinzufügen, dass Säkularisierung kein Begriff ist, der im Gegensatz zum Wesen der Botschaft steht, sondern einen Aspekt von ihr darstellt, der seinerseits konstitutiv ist ...

*Luis Murschetz (geb. 1936),
Das Prinzip Hoffnung.*

Was sind nämlich Europa oder das Abendland oder die Moderne anderes als vor allem die Kultur der wissenschaftlichen und ökonomischen und technischen Rationalität? Doch diese Rationalität hat sich, wie uns Max Weber gelehrt hat und wie seither im Überfluss wiederholt worden ist, in keiner anderen Kultur des Erdballs verwirklicht, auch wenn alle anderen materiellen Bedingungen gegeben waren, weil nur im Abendland die jüdisch-christliche religiöse Tradition wirksam war. Der Monotheismus ist (ich fasse hier rasch und grob zusammen) die Voraussetzung dafür, die Natur unter der einheitlichen Perspektive einer Naturwissenschaft, als unentbehrliche Grundlage für die technologische Beherrschung der Natur zu denken; die christliche, vor allem die protestantische Ethik ist die Voraussetzung dafür, die Arbeit, das Sparen, den wirtschaftlichen Erfolg als religiöse Gebote zu denken und also als fähig, eine tiefe und totale Verpflichtung hervorzurufen ...

Diese Züge der europäischen Mentalität... sind Effekte der Säkularisierung der christlichen Religiosität: Der »buchstäbliche« Glaube an die christlichen Wahrheiten schwächt sich mit dem Beginn der Moderne und der großen Erschütterung der Reformation ab, macht aber einer Neigung

zu anderen, wenngleich nicht mehr jenseitigen, aber doch nicht mit der alltäglichen sichtbaren Realität identischen Welten Platz …

Das Schicksal der Moderne, das Schicksal des Abendlandes auf sich zu nehmen, bedeutet auch, vor allem, die zutiefst christliche Bedeutung der Säkularisierung anzuerkennen. *Gianni Vattimo*

Um dieses Verständnis zu teilen, ist ein Blick auf das Christentum notwendig, das seinen Wahrheitsanspruch nicht mit ein für allemal definierten Formeln verbindet, sondern dessen entscheidendes und einziges Gesetz die Liebe ist. Seit dem angesagten »Ende der Metaphysik« in der modernen Wissenschaft sind dem metaphysisch gestützten dogmatischen Denken die Fundamente entzogen. Das stürzt das bisherige Glaubensgebäude in eine Fundamentalkrise – gewiss, und die kirchlichen Ängste, die darauf antworten, gehen ihrem Höhepunkt erst noch entgegen. Zugleich aber führt diese Entwicklung an den »verlorenen Anfang« zurück, zum Reich-Gottes-Programm Jesu, das in der griechischen Jesusbewegung schon bald gegen eine Christologie ausgewechselt wurde, die überwiegend Metaphysik ist. Darum ist noch einmal an das Fazit von Gianni Vattimo (→ S. 83 f.) zu erinnern:

Richard Oelze (1900–1980), Erwartung, 1935/36.

Indem der Blick des Betrachters direkt in die Gruppe hineingezogen wird, bleibt ihm kaum Freiheit, sie als Außenstehender zu beobachten und so zum Geschehen Distanz zu wahren. Sehen ist immer schon Hineingezogensein.

Lässt der Titel noch an ein Bestimmtes oder irgendwie Bestimmbares denken, so spricht das Bild von einer unbestimmbaren, allseitigen Bedrohung. Diese Allseitigkeit realisiert Oelze vor allem mittels der Figuren, die per Blickbahn nicht allein zum Horizont, sondern auch nach rechts, links und zum Betrachter hin ausgerichtet sind. Das Erwartete liegt nicht in einer einmaligen Katastrophe, die vorüberginge, vielmehr scheint ein alle Existenz bedrohendes Verhängnis bevorzustehen. Es geht um das Ungewisse als das dem Menschen unfassbar Übergeordnete, das seine Existenz quälend bedroht.

Ein entscheidender Augenblick in der Religionsgeschichte: ein Prophet, ein religiöser Mensch, und eine ehebrecherische Frau stehen sich gegenüber. Was wird geschehen? Wird er die Autorität der Heiligen Schrift gegen sie in Anspruch nehmen? Der Frau Moral predigen?

Sie stellten sie in die Mitte und sagten zu Jesus: Meister, diese Frau wurde beim Ehebruch auf frischer Tat ertappt. Mose hat uns im Gesetz vorgeschrieben, solche Frauen zu steinigen. Nun, was sagst du?

Jesus aber bückte sich und schrieb mit dem Finger auf die Erde. Als sie hartnäckig weiterfragten, richtete er sich auf und sagte zu ihnen: Wer von euch ohne Sünde ist, werfe als Erster einen Stein auf sie. Und er bückte sich wieder und schrieb auf die Erde.

Als sie seine Antwort gehört hatten, ging einer nach dem anderen fort, zuerst die Ältesten. Jesus blieb allein zurück mit der Frau, die noch in der Mitte stand. Er richtete sich auf und sagte zu ihr: Frau, wo sind sie geblieben? Hat dich keiner verurteilt? Sie antwortete: Keiner, Herr.

Da sagte Jesus zu ihr: Auch ich verurteile dich nicht. Geh und sündige von jetzt an nicht mehr! (Joh 8,3-10)

Dieses »Auch ich verurteile dich nicht« ist ein Höhepunkt der Religionsgeschichte. Der Nachwelt ging und geht diese Akzeptanz immer noch zu weit. In den Kirchen tut man sich schwer, ebenso wie Jesus jene an seinen Tisch zu laden, die mit dem Gesetz kollidieren. Und auch dem Islam scheint es undenkbar, auf das Praktizieren einer Gesetzlichkeit zu verzichten, die bereits siebenhundert Jahre früher für die Menschheit insgesamt überwunden wurde.

Die Wahrheit, die uns laut Jesus befreien wird, ist weder die objektive Wahrheit der Wissenschaft noch die der Theologie: Genauso wie die Bibel kein Buch über Kosmologie ist, ist sie kein anthropologisches oder theologisches Handbuch. Die schriftliche Offenbarung ist nicht dazu da, uns wissen zu lassen, wie wir sind, wie Gott beschaffen ist, was das »Wesen« der Dinge ist oder die Gesetze der Geometrie – und uns somit durch die »Erkenntnis« der Wahrheit zu befreien. Die einzige uns durch die Heilige Schrift offenbarte Wahrheit, die im Laufe der Zeit keinerlei Entmythisierung erfahren kann – da es sich nicht um eine experimentelle, logische, metaphysische Aussage, sondern um einen praktischen Appell handelt –, ist die Wahrheit der Liebe, der caritas.

Auch wenn die Christenheit in all ihren Konfessionen und Schattierungen die Wahrheit stets mit »Aussagen« (als Übereinstimmung von Aussage und Gegenstand), mit Lehre und Bekenntnisformel verbunden hat, hat sie zugleich in ihrer gesamten Geschichte konkret belegt, dass eine solche »Wahrheit« nicht frei macht, sondern immer und immer wieder nur dazu verführt, sie zu behaupten, sie durchzusetzen, sie mit Autorität, Macht und Geltungsstreben zu sichern. Dieses Christentum des *Codex iuris canonici*, dessen Recht nicht einmal die Persönlichkeitsrechte, wie sie vor weltlichen Gerichten gelten, respektiert, dieses Christentum der Lehrverurteilungen, der Inquisition, der Schnüffelei und Denunziation, der Schreib- und Redeverbote, des Misstrauens, der Kontrolle und Absicherungen durch Eide …, dieses Christentum ist zu *keiner* Zeit das Salz der Erde, die Stadt auf dem Berge, das Licht der Welt gewesen.

Nur dort, wo die Liebe zum Nächsten gelebt wurde, wurde die freimachende, erlösende Wahrheit, von der das Evangelium spricht, erfahren. Humaner gemacht hat das Christentum die Welt durch das Lebenszeugnis zahlloser und meist namenloser Menschen: Von früh auf bis heute war es die Armenfürsorge in den Gemeinden, die Zuwendung zu den Verlassenen, die Pflege der Kranken, die Annahme jener, von denen die Reichen und Gesunden sich abwenden … dieser Dienst hat eine neue Dimension in die Weltgeschichte gebracht.

So sehr es bis zum Tage Scharen unbekannter Menschen sind, die das Evangelium Jesu leben, so ragen aus dieser Geschichte auch Namen hervor – in Vergangenheit und Gegenwart –, von denen einige erinnert seien, um die anderen, die von ihnen bis heute vertreten werden, nicht zu vergessen: Da ist Ambrosius, der das Einschmelzen von Kelchen zum Loskauf der Gefangenen durchsetzt; Martin von Tours, der die Gemeinschaft mit seinen Mitbischöfen aufkündigt, weil sie einen der Irrlehre Geziehenen zur Todesstrafe verurteilen; da sind Peter Waldes und Franz von Assisi, welche die Bergpredigt mit radikaler Armut und Nächstenliebe einlösen; Elisabeth von Thüringen, die als Königstochter Pflegearbeiten übernimmt, die niemand sonst tun will; Bernhardin von Siena oder Damian Deveuster, die unter Einsatz ihres eigenen Lebens Pestkranken und Aussätzigen dienen; Vinzenz von Paul, der sich den Galeerensträflingen zuwendet und zusammen mit Louise de Marillac und einer unübersehbaren Gefolgschaft sich den Kranken und Hilflosen widmet; der Arzt Friedrich Joseph Haas, der den Gefangenen und Verbannten Russlands Recht, den Kranken und Krüppeln Zuwendung erstreitet; William Wilberforce, der als das soziale Gewissen im Britischen Parlament die Legitimation der

Sklaverei überwindet; Friedrich Engels, der in seiner Jugend noch um ein »positives« Christentum ringt, um dann gegen die christlich-bürgerliche Welt das himmelschreiende Elend der arbeitenden Bevölkerung unter der Frühindustrialisierung anzuklagen und zusammen mit Karl Marx das Kommunistische Manifest zu verfassen; Friedrich von Bodelschwingh, der sich lebenslang für soziale Gerechtigkeit engagiert und in den Bodelschwingh'schen Anstalten den Debilen und Schwachen ihre Würde zurückgibt, die ihnen außerhalb versagt bleibt; Martin Luther King, der für die Bürgerrechte der Schwarzen Amerikas und in aller Welt kämpft; Desmond Mpilo Tutu, der die Welt auf die unerträglichen Zustände der Schwarzen Südafrikas unter der Apartheidpolitik hinweist; Óscar Arnulfo Romero, der – wie alle vorweg Genannten – nach der Maxime lebt: »Die Kirche würde ihre Liebe zu Gott und ihre Treue zum Evangelium verraten, wenn sie aufhörte, die Stimme derer zu sein, die keine Stimme haben.«

Die Wahrheit eines Christentums, das der Reich-Gottes-Verkündigung Jesu folgt, ist aus sich evident. Diese Wahrheit muss nicht geglaubt, nicht bewiesen und nicht verteidigt werden. Sich auf sie einzulassen, verlangt kein Verstandesopfer sondern Sensibilität, Mitmenschlichkeit und Mitgefühl für alles Leben. Das Christentum, das sich in dieser Rückbesinnung auf die Reich-Gottes-Thematik zu sich selbst bekehrt, ist eine Größe, die sich heute selbst noch nicht kennt. Der Weg zu dieser Selbstfindung wird schwer und irritierend sein, weil damit auf viel Zubehör, das sich in zweitausend Jahren angesammelt und Patina angesetzt hat, aus Notwendigkeit und Einsicht verzichtet wird.

Es ist aber keineswegs so, als habe vor allem die römische Kirche größte Schwierigkeit, der Verkündigung Jesu die zentrale Position im Christentum zurückzugeben, den Glauben also aus seiner theologisch-rationalen Systematik zu befreien, um ihn auf die Liebe als der befreienden Wahrheit zurückzuführen. Die Reformation hat ihrerseits, um jeder Werkgerechtigkeit zu entkommen, gegen einen Glauben polemisiert, der erst durch die Liebe begründet wird. Das führte zu dem schrecklichen Wort Luthers: »Verflucht sei die caritas!« Er wollte sicherstellen, dass nicht erst die tätige Liebe den Glauben zu einem erlösenden Geschehen macht, so dass es dann gar nicht auf den Glauben als solchen ankomme. Diese Sorge bewegt – quer durch die Christenheit – immer noch Theologen und Kirchen. Dabei wurden oft, selbst um geringer begrifflicher Unterscheidungen willen, quer durch alle christlichen Jahrhunderte abweichend denkende Menschen mit größter Lieblosigkeit verfolgt, gefoltert und lebendigen Leibes hingerichtet. Und immer noch dürfte es dem Christenvolk in seiner Gesamtheit schwerfallen, die eigentliche Gestalt des Glaubens im Leben und Tun der Liebe zu erkennen. Würde diese Wende einmal vollzogen, könnte das Christentum zum Herz der Welt werden – zutiefst verbunden mit allen Menschen unterschiedlicher Weltanschauung, soweit sie nur bereit sind, sich den Hilflosen gegenüber als Nächste zu erweisen.

Neo Rauch (geb. 1960), Glasfenster in der Elisabethkapelle des Naumburger Doms, 2007.

5. Die alte Ordnung und das Chaos des neuen Denkens

Der christliche Pluralismus, wie er sich heute weltweit darstellt, gestattet keine Prognose für die Zukunft. Regression und Progression werden sich ineinander verhaken, der Fundamentalismus wird auf unterschiedlichen Niveaus wachsen, das kritische Denken nicht minder. Wie sich die großen Konfessionen in diesem geistigen Umbruch orientieren, unterliegt keinem geschichtlichen Zwang. Es lohnt sich aber, einen Musterfall der Religionsgeschichte heranzuziehen, der auch heute zu denken gibt. Es ist der Kollaps eines Klerus, als das junge Christentum dabei war, einen ägyptischen Tempel nach dem anderen für den eigenen Gottesdienst umzuwidmen, während die alte Priesterschaft im Traditionalismus erstarrte:

Was hat dem ägyptischen Priestertum bis auf wenige Ausnahmen das altehrwürdige Erbe so unwürdig aus der Hand schlagen lassen, dass es nicht mehr die Energie besaß, seine Theologie wirksam zur Geltung zu bringen? Waren nicht alle Voraussetzungen gegeben, um im Widerstand gegen die griechisch-römische Obrigkeit wenigstens in konservativen Kreisen der Landstätte Ägyptens für eine Revitalisierung klassischer Göttervorstellungen zu werben, wie dies in nationalen Krisenzeiten Ägyptens immer wieder möglich war? Das Priestertum (aber) verkroch sich mit zunehmender Ängstlichkeit in eine Isolation, die ihrerseits mit anwachsender Verschärfung all das zum Erliegen und Absterben brachte, was die Theologie Ägyptens mit berechtigtem Selbstbewusstsein hätte herzeigen können …

Noch bis in die hellenistische, die griechisch-römische Zeit hinein konnte die Priesterschaft in Gestalt der Tempelhierarchien und der Priesterkonzilien als Sachwalter des »Alten Glaubens« fungieren. Allerdings kann von einer ausgesprochenen Fortbildung der offiziellen Religion kaum mehr die Rede sein. Die Gestalt des Kultus ist ohnehin nur unbedeutend modifiziert worden. Auch an den alten religiösen Vorstellungen hat man jedenfalls großenteils festgehalten; die Priester haben es sich angelegen sein lassen, diese in den von ihnen verfassten Tempelinschriften und Papyri zu verewigen, indem sie das Alte meistens in ein neues Gewand gekleidet haben. Das allmähliche Ausbleiben einer schöpferischen Initiative kann auch an der möglicherweise sehr begrenzten Mitwirkung von Priestern an der … Literatur beobachtet werden. Wie auf dem Gebiet der Theologie ist wohl auch die Leistung der ägyptischen Priestertums in hellenistischer Zeit im Bereich der Philosophie, Astrologie, Astronomie, Medizin sowie der Volksliteratur, Geschichtskenntnisse, der Philologie überhaupt – vor allem im Blick auf eine Breitenwirkung – zurückgegangen. Und das alles, weil das Priestertum nur im Bewahren des Althergebrachten das Heil und das eigene Überleben suchte. Es verlor zugleich mit dem Rückzug von ursprünglich reservierten Kompetenzbereichen in der Öffentlichkeit jegliche Kraft zur politischen Auseinandersetzung mit der neuen Zeit.
Manfred Görg

Wie immer die ägyptische Religion nach dreitausend Jahren unter den Bedingungen einer veränderten Bewusstheit überholt gewesen sein mag, die

---

Bereits Adolf Erman (1854–1937), Begründer der Berliner Ägyptologischen Schule, hat die Bemühungen der ägyptischen Priesterschaft mit unverhohlener Ironie geschildert:

Die Sprache, die sie schrieben, konnte niemand außer ihnen recht verstehen; denn mit unendlicher Gelehrsamkeit putzten sie die alte Schriftsprache ihrer Väter auf. Aus der Literatur von drei Jahrtausenden hatten sie die Worte gesammelt, und sie gefielen sich nur darin, all diese Ausdrücke, die niemand mehr kannte, in ihren Inschriften zu verwenden.

historischen Vorgänge resultierten aus einem Sicherungsbedürfnis, das zur inneren Emigration führte und eine schleichende Aushöhlung der Glaubenskraft bewirkte. »Die Verklammerung mit dem Ritualismus und dem Kultapparat wird so zur Hülse des Unglaubens derer, die die Botschaft Ägyptens hätten zur Sprache bringen können« (Manfred Görg). Dass diese Religion dennoch das Potential besaß, zentrale Symbole des christlichen Credo zu inspirieren, lag an der Wirkmächtigkeit der Symbolik selbst, die erhalten blieb und bei der späteren christlichen Glaubensformulierung ihre Kraft bewies (→ S. 318–325).

Selbst ein unausweichlicher und fundamentaler Paradigmenwechsel führt demnach nicht zu vorweg bestimmten Resultaten, sondern kann von der Lebendigkeit und Kreativität der verantwortlichen Träger einer Tradition mitbestimmt werden. Der ägyptische Klerus hat sich mit seiner Abschottung und in seiner Zuflucht zu den seit jeher definierten Inhalten der Tempeltraditionen das eigene Grab geschaufelt. Obgleich sich Geschichte nie in gleichen Abläufen einfach wiederholt, illustriert der damalige Vorgang doch ähnliche Degenerationsprozesse in der kirchlichen Gegenwart.

Im betrachteten Fall hat eine Universalreligion die antike Volksreligion abgelöst; aber eine neue Bewusstseinsmutation muss die Ablösung einer existierenden Religion keineswegs zur Folge haben. Der Überschritt von der mythischen zur rationalen Existenz nahm zwar den Volksreligionen ihre bis dahin unangefochtene Gültigkeit, doch beendete dieser Übergang keineswegs ihre Vitalität. Das neue Verlangen nach existentieller Wahrheit und subjektiv vertiefter Frömmigkeit erfasste zunächst nur eine geistig und spirituell sensible Schicht meist städtischer Prägung, ohne den zahlenmäßig größeren Anteil des »gemeinen Volkes« einzubeziehen. Aus diesem Grunde behaupteten sich die alten Volksreligionen sowohl in als auch neben den Universalreligionen auf einer früheren Bewusstseinsebene. Sie leben dort – einschließlich bedeutsamer Elemente der Naturreligionen – selbst in breiten Kreisen der westlichen Welt immer noch fort.

Die Auflösung der kollektiven Totalität vollzieht sich zunächst nur in einer fortgeschrittenen Bildungsschicht, die aber kulturbestimmend wirkt. Die Gebildeten entmythisieren die herrschende Religion durch Interpretation, was von Sokrates bis Bultmann stets neu verwirrt. Zwar läuft diese Entwicklung auf Befreiung und ein Selbständigwerden des Einzelnen hinaus, rückt ihn aber auch in eine bis dahin unbekannte Unsicherheit.

Darum gibt es Religionen in der Religion. Die Universalreligionen haben die vorausgegangenen Volksreligionen nicht einfach abgehängt oder gar in ihrer Substanz »erledigt«, vielmehr leben viele ihrer Elemente in den neuen Strukturen weiter. Diese Komplexität der heutigen großen Religionen versammelt eine Ungleichzeitigkeit ihrer Inhalte, wie dies am Beispiel des Volksglaubens gezeigt werden konnte.

Den gegenwärtigen Weltreligionen steht eine in Ausmaß und Folgen noch nicht überschaubare Krise bevor. Dass das Christentum in diesem Prozess Schrittmacher ist, kann nicht verwundern, weil es ja auch am intensivsten in die Kultur der westlichen Welt eingebunden ist und diese mitgestaltet hat. »Mutationen sind immer dann aufgetreten«, heißt es bei Jean Gebser, »wenn die herrschende Bewusstseinsstruktur zur Weltbewältigung nicht mehr ausreichte.« Zweifellos befindet sich das Christentum derzeit in einem Paradigmenwechsel, wie ihn Gebser beschrieben hat. Je

M. C. Escher (1898–1972), Liberation (Befreiung), 1955.

Franz Marc (1880–1916), Kämpfende Formen, 1914.

traditionsorientierter sich da eine Kirche gibt, umso tiefer wird sie innere Irritation und Angst ergreifen:

Das »Neue« anzunehmen, es sichtbar werden zu lassen, begegnet immer dem stärksten Widerstande, weil es die Überwindung des Althergebrachten, Erworbenen und mühselig Gesicherten erfordert. Dies aber ist gleichbedeutend mit Schmerz, Leid, Kampf, Unsicherheit und ähnlichen Begleiterscheinungen, die jeder soweit als möglich zu vermeiden trachtet.

Doch nicht nur diese Angst vor dem Leid hindert die Akzeptierung neuer Gegebenheiten, sondern auch das Gefühl der Bedrohung, das aus der Unmöglichkeit des Verstehens erwächst, weil man der alten Bewusstseinsstruktur noch zu stark verhaftet ist …
Jean Gebser

Allfällige Vermeidungsversuche sind verständlich, wenn man bedenkt, dass mit jeder neuen Bewusstseinsmutation bisherige Sicherheiten fraglich werden. Auch die früheren Mutationen vom magischen zum mythischen und zum mentalen Bewusstsein (→ S. 19–37) zeigen, dass stets ein bislang Unvorstellbares vorstellbar wurde. Als die mythische Struktur zu verblassen begann, war die Wahrnehmung der mentalen Struktur dem griechischen Menschen weder erfahrbar noch denkbar. Er sah sich einer unbegreiflichen Chaotisierung gegenüber, denn Mutationszeiten sind immer auch Zeiten der Störung wie Zerstörung. Nicht minder verwirrt die heutige Chaotisierung der Welt. Auch diesmal lösen sich Sicherheiten auf, relativieren sich für sicher geglaubte Wahrheiten, so dass nicht gesagt werden kann, dass diese Welt irgendwelche Eigenschaften besäße, die einer Interpretation durch den Menschen voraufgingen.

Allgemeine Wahrheiten zu vertreten bedeutet, nur Scheinlehren über das Chaos der Erscheinungen zu stülpen. Respekt für Kontingenz und Diskontinuität beschränkt das Wissen auf das Lokale und das Besondere. Jede explizit umfassende und kohärente Sichtweise ist bestenfalls nicht mehr als eine zeitweise nützliche, das Chaos maskierende Arbeitshypothese; schlimmstenfalls ist sie aber eine repressive Ideologie, die nur die Beziehung zwischen Macht, Gewalt und Unterwerfung verdeckt.

Richard Tarnas

In dieser Gemengelage hat sich unter dem Einfluss der säkularisierenden und pluralistischen Entwicklungen der Moderne die kulturelle und intellektuelle Rolle der Religion drastisch verändert. Während der gestaltende Einfluss der Kirchen als institutionalisierte Religion zurückgeht, erwacht angesichts der Irritationen der Postmoderne die religiöse Sensibilität zu neuem Leben. Dabei mag der Niedergang der traditionellen Glaubensformen die verbreitete spirituelle Desorientierung ebenso verursachen als auch die Suche nach neuen Formen religiöser Orientierung forcieren.

> Zu viel zu glauben ist gefährlicher als zu wenig zu glauben.
>
> *Abraham Heschel*

Autorenverzeichnis (Randspalte)

Abaelard, Peter (1079–1142), frz. Philosoph und Theologe, 88
Anati, Emmanuel (geb. 1930), ital. Paläoethnologe, 18, 21,
Anouilh, Jean (1910–1987), frz. Dramatiker, 88
Archimedes (um 285–212 v. Chr.), griech. Mathematiker und Physiker, 138
Aristoteles (384–322), griech. Philosoph, 88, 143
Assmann, Jan (geb. 1938), dt. Ägyptologe, 92, 98,185, 325
Augustinus (354–430), Kirchenlehrer, 91

Baeck, Leo (1873–1956), Rabbiner, Repräsentant des dt. Judentums, 192
Barnett, Lincolm (1909–1979), amerikan. naturwiss. Autor, 50
Becker, Jürgen (geb. 1959), dt. Kabarettist, 397
Benz, Arnold (geb. 1945), Schweizer Astrophysiker, 146
Berdjajew, Nicolai (1874–1948), russ. Philosoph, 553
Berger, Peter (geb. 1929), österr.-amerikan. Soziologe, 53
Blawat, Katrin, dt. Journalistin, 159
Blondel, Maurice (1861–1949), frz. Philosoph, 66,
Boff, Leonardo (geb. 1938), brasilian. Theologe, 423, 428
Bonhoeffer, Dietrich (1906–1945), dt. Theologe, 470, 507, 508, 533, 568
Bornkamm, Günther (1905–1990), dt. Neutestamentler, 268, 269
Brecht, Bertolt (1898–1956), dt. Schriftsteller, Dichter, Regisseur, 69
Brox, Norbert (1935–2006), dt. Kirchenhistoriker, 415
Brunner-Traut, Emma (1911–2008), dt. Ägyptologin, 320, 323
Buber, Martin (1878–1965), jüd. Religionsphilosoph, 88, 225
Bühlmann, Walbert (1916–2007), Schweizer Kapuziner, Missionswissenschaftler, 410, 412, 504
Burckhardt, Jacob (1818–1897), Schweizer Historiker, 574
Bürger, Peter (geb. 1961), dt. Publizist, 370
Busch, Wilhelm (1832–1908), dt. Zeichner, Maler, Dichter, 567

Celan, Paul (1920–1970), dt-sprachiger Lyriker, 576
Cipriani, Juan Luis (geb. 1943), Kardinalerzbischof von Lima/Peru, 500
Crossan, John Dominic (geb. 1934), irisch-amerikan. Neutestamentler, 248, 250, 279, 280, 348
Cupitt, Don (geb. 1934), engl. Theologe, 127

Delp, Alfred (1907–1945), dt. Jesuit und Theologe, 506
Dobrinski, Matthias (geb. 1964), dt. Journalist, 366, 367
Dondelinger, Patrick (geb. 1966), luxemburg. Religionsanthropologe, 441, 442, 444, 445
Drewermann, Eugen (geb. 1940), dt. Theologe, 14,154, 170, 171, 173, 568

Eckert, Jost (geb. 1940), dt. Neutestamentler, 273
Ermann, Adolf (1854–1937), dt. Ägyptologe, 590
Felstiner, John (geb. 1936), amerik Literaturwissenschaftler, 577
Fisch, Rainer (geb. 1970), dt. Architekt, 515, 517, 518
Fischer-Barnicol, Dora, 46
Fo, Dario (geb. 1926), ital. Dramatiker und Schauspieler, 88
Frankemölle, Hubert (geb. 1939), dt. Neutestamentler, 276, 574
Frankl, Viktor E. (1905–1997), österreichischer Neurologe und Psychiater, Begründer der Logotherapie, 60

Gebser, Jean (1905–1973), dt.-schweizer. Kulturphilosoph, 32
Girard, René (geb. 1923), frz. Literaturwissenschaftler, Kulturanthropologe und Religionsphilosoph, 231
Goethe, Johann Wolfgang (1749–1832), dt. Dichter, 206, 567
Gollwitzer, Helmut (1908–1993), dt. Theologe, 208
Görg, Manfred (geb. 1934), Alttestamentler und Ägyptologe, 324, 544
Gössmann, Elisabeth (geb. 1928), dt. Theologin, 395
Grass, Günter (geb. 1927), dt. Schriftsteller und Graphiker, 437
Grimm, Jacob (1785–1863), dt. Sprach- und Altertumswissenschaftler, 41
Groß, Walter (geb. 1941), dt. Alttestamentler, 533
Gundlach, Gustav (1992–1963), dt. Jesuit und Sozialethiker, 478

Häring, Bernhard (1912–1998), dt. Redemptorist, Moraltheologe, 393
Häring, Hermann (geb. 1937), dt. Theologe, 66, 130, 133, 353,
Harnack, Adolf von (1851–1930), dt. Kirchen- und Dogmenhistoriker, 270, 326, 336,
Harvey, A. van, amerikan. Theologe, 456
Heisenberg, Werner (1901–1976), dt. Physiker, 51
Hengsbach, Friedhelm (geb. 1937), dt. Jesuit und Sozialethiker, 519, 526
Heschel, Abraham Joshua (1907–1972), jüd.-amerikan. Theologe, Rabbiner, 593
Hesse, Hermann (1877–1962), dt. Dichter, 435
Hoffmann, Paul (geb. 1933), dt. Neutestamentler, 244, 245, 249, 255, 264, 331, 341, 344, 349, 355, 360, 368, 372, 398, 423,
Hösle, Johannes (geb. 1929), dt. Romanist, 465

Iles, George (1852–1942), amerk. Historiker, 88
Illich, Ivan (1926–2002), österr.-amerikan. Autor und Kulturphilosoph, 232

Jäger, Willigis (geb. 1925), dt. Benediktiner und Zen-Meister, 37, 448, 556
James, William (1842–1910), amerikan. Philosoph und Psychologe, 93
Jaspers, Karl (1883–1969), dt. Philosoph, 314
Jesaja, von 736–701 v. Chr. als Prophet in Juda tätig, 103
Jörns, Klaus Peter (geb. 1939), dt. Religionssoziologe und Theologe, 297
Jünger, Ernst (1895–1998), dt. Dichter, 83

Kant, Immanuel (1724–1804), dt. Philosoph, 65
Kaschnitz, Marie Luise (1901–1974), dt. Schriftstellerin, 572
Keller, Ernst, 53
Keller, Marie-Luise, 453
Kepler, Johannes (1571–1630), dt. Naturforscher, 136
Kessler, Hans (geb. 1938), dt. Theologe, 566
Kienzler, Klaus (geb. 1944), dt. Theologe, 426
King, Karen L. (geb. 1954), amerikan. Kirchenhistorikerin, 347
King, Margaret L., amerikan. Historikerin, 387
Kleist, Heinrich von (1777–1811), dt. Dichter, 567
Klosinski, Lee Edward (geb. 1940), amerikan. Theologe, 257
Knauer, Peter (geb. 1935), dt. Jesuit und Theologe, 425
Koch, Herbert (geb. 1942), dt. Pfarrer und Theologe, 262
Kolakowski, Leszek (1927–2009), polnischer Philosoph, 109
Körtner, Ulrich H. J. (geb. 1957), dt.-österr. Theologe, 156
Krishna, Gopi (1903–1984), indischer Yogi, Mystiker und Gelehrter, 200
Kroeger, Matthias (geb. 1935), dt. Theologe, 124, 219, 224, 226, 340, 523, 528,
Kügler, Joachim (geb. 1958), dt. Neutestamentler, 238
Kühn, Herbert (1895–1980), dt. Prähistoriker und Religionswissenschaftler, 20,
Kummer, Christian (geb. 1945), dt. Jesuit und Naturphilosoph, 167,
Küng, Hans (geb. 1928), Schweizer Theologe, 315*
Kurzke, Hermann (geb. 1943), dt. Germanist, 210, 213, 468, 552, 573, 585
Kuschel, Karl-Josef (geb. 1948), dt. Theologe, 533
Kuss, Otto (1905–1991), dt. Neutestamentler, 106, 243, 252, 268, 270, 271, 272, 352, 413, 482, 483, 484, 485, 555
Lallâ (14. Jh.), indische Dichterin, 199
Lang, Bernhard (geb. 1946), dt. Alttestamentler und Religionswissenschaftler, 111,
Lavant, Christine (1915–1973), österr. Dichterin, 166
Lengsfeld, Peter (geb. 1930), dt. Theologe und Zen-Lehrer, 522
Lerner, Gerda (geb. 1920), amerikan. Historikerin, 387
Lessing, Gotthold Ephraim (1729–1781), dt. Dichter und Kritiker, 567
Levinas, Emmanuel (1906–1995), frz.-jüd. Philosoph, 188
Lichtenberg, Georg Christoph (1742–1799), dt. Schriftsteller, Mathematiker und Physiker, 88
Lill, Rudolf (geb. 1934), dt. Historiker, 358, 359
Lommel, Willem (Pim) van (geb. 1943), niederländ. Arzt und Wissenschaftler, 558, 559
Löwe, Frank W. (geb. 1964), dt. Theologe, 518
Luckmann, Thomas (geb. 1927), dt. Soziologe, 53
Lüdemann, Gerd (geb. 1946), dt. Neutestamentler, 228, 230, 312,

Mack, Burton L., amerikan. Neutestamentler, 266, 274, 279, 345, 346, 399
Maimonides, Moses (1135–1204), jüd. Religionsphilosoph und Gesetzeslehrer, 119
Mann, Thomas (1875–1955), dt. Schriftsteller, 132, 169, 268
Marshall, Bruce (1899–1987), schott. Schriftsteller, 452
Marti, Kurt (geb. 1921), Schweizer Lyriker und Schriftsteller, 90, 392
McBrian, Richard (geb. 1936), amerikan. Theologe, 428
Mensching, Gustav (1901–1978), dt. Religionswissenschaftler, 341
Merz, Blanche (1919–2002), Schweizer Bauingenieurin, Geobiologin und Politikerin, 443
Metz, Johann Baptist (geb. 1928), dt. Theologe, 176, 416
Meyer, Thomas (geb. 1943), dt. Politologe, 425
Moser, Tilmann (geb. 1938), dt. Psychoanalytiker, 462, 463, 464
Musil, Robert (1880–1942), österr. Schriftsteller, 573

Nestle, Wilhelm (1865–1959), dt. Altphilologe, 314
Newton, Isaak(1643–1727), brit. Physiker und Mathematiker, 141,
Nipperdey, Thomas (1927–1992), dt. Historiker, 77
Nishitani, Keji (1900–1990), japanischer Philosoph, 215

Obrist, Willy (geb. 1918), Schweizer Arzt und Psychoanalytiker, 87

Pagels, Elaine (geb. 1943), amerikan. Religionshistorikerin, 347
Picasso, Pablo (1881–1973), span. Maler, 22
Posener, Allen (geb. 1949), brit.-dt. Journalist, 454

Quinzio, Sergio (geb. 1927), ital. Philosoph und Theologe, 80, 117, 579

Radhakrishnan, Sarvapalli (1888–1975), ind. Philosoph und Staatspräsident, 197, 198
Ratzinger, Joseph (geb. 1927), dt. Theologe, Präfekt der Glaubenskongregation, Papst Benedikt XVI., 168, 349, 350
Reichholf, Josef H. (geb. 1945), dt. Evolutionsbiologe, 161
Reich-Ranicki, Marcel (geb. 1920), dt. Literaturkritiker, 552
Reimarus, Elise (1735–1805), Schriftstellerin, Tochter von Hermann Samuel Reimarus, 94
Rilke, Rainer Maria (1875–1925), dt. Dichter, 54
Röser, Johannes (geb. 1956), dt. Journalist und Theologe, 156, 160, 165, 174, 177, 330, 524, 526
Rosien, Peter (geb. 1942), dt. Journalist und Theologe, 164
Rubeli-Guthauser, Nico (geb. 1963), Schweizer Theologe und Judaist, 279

Safranski, Rüdiger (geb. 1945), dt. Philosoph und Schriftsteller, 80, 169
Sahagún, Bernadino de (1499–1590), span. Missionar und Ethnologe, 35
Salimbene von Parma (1221– nach 1288), ital. Chronist, 41
Salmann, Elmar (geb. 1948), dt. Benediktiner, 66,
Schatz, Klaus (geb. 1938), Jesuit und Kirchenhistoriker, 350,
Schillebeeckx, Edward (1914–2009), belg. Dominikaner und Theologe, 420
Schnabel, Ulrich (geb. 1962), dt. Journalist, 455, 469
Schnädelbach, Herbert (geb. 1936), dt. Philosoph, 14, 213
Schneider, Reinhold (1903–1958), dt. Schriftsteller, 88, 488, 526, 569
Schnelle, Udo (geb. 1952), dt. Theologe, 351
Schrade, Hubert (1900–1967), dt. Kunsthistoriker, 306
Schreiber, Mathias (geb. 1943), dt. Journalist, 542, 548, 562, 568, 572
Schweitzer, Albert (1875–1965), elsäss. Theologe und Arzt, 314
Schwienhorst-Schönberger, Ludger (geb. 1957), dt. Alttestamentler, 130
Simonis, Walter (geb. 1940), dt. Theologe, 289, 579
Sölle, Dorothee (1928–2003), dt. Theologin, 56, 338, 429, 430
Steffensky, Fulbert (geb. 1933), dt. Theologe, 417, 418, 419, 476, 477, 509, 530, 531, 573
Stegemann, Ekkehard W. (geb. 1945), dt. Neutestamentler, 246
Stegemann, Wolfgang (geb. 1945), dt. Neutestamentler, 278
Steiner, George (geb. 1929), frz.-engl. Sprachwissenschaftler jüd. Herkunft, 537
Stier, Fridolin (1902–1981), dt. Theologe, 55,
Stock, Alex (geb. 1937), dt. Theologe, 306
Stolz, Matthias (geb. 1973), dt. Journalist, 13
Stubenrauch, Bertram (geb. 1961), dt. Theologe, 540
Sturm, Vilma (1912–1995), dt. Journalistin, 234

Trummer, Peter (geb. 1941), österr. Neutestamentler, 291, 292,
Twardowsky, Jan (1915–2006), polnischer Lyriker und Religionspädagoge, 436

Ustinov, Peter (1921–2004), brit. Schauspieler, Regisseur, Schriftsteller, 88

Vattimo, Gianni (geb. 1936), ital. Philosoph, 379,
Vermes, Geza (geb. 1924), ungar.-engl. Judaist, 247, 260, 261,
Verweyen, Hansjürgen (geb. 1946), dt. Theologe, 65, 115, 134
Voltaire (1694–1778), frz. Philosoph und Schriftsteller, 88
Vorgrimler, Herbert (geb. 1929), dt. Theologe, 298

Waggerl, Karl Heinrich (1897–1973), österr. Schriftsteller, 88
Walser, Martin (geb. 1927), dt. Schriftsteller, 569
Weil, Simone (1909–1943), frz. Philosophin, 487, 488
Weinberg, Steven (geb. 1933), amerikan. Astrophysiker, 154
Weischedel, Wilhelm (1905–1975), dt. Philosoph, 71
Weiss, Peter (1916–1982), dt. Schriftsteller, 88
Weizsäcker, Carl Friedrich von (1912–2007), dt. Physiker und Philosoph, 210
Wellershoff, Dieter (geb. 1925), dt. Schriftsteller, 15, 150, 315
Werbick, Jürgen (geb. 1946), dt. Theologe, 91,
Wess, Paul (geb. 1936), österr. Theologe, 107, 115
Wetering, Janwillem van de (1931–2008), niederländ. Schriftsteller, 453
Wiesel, Elie (geb. 1928), jüd.-amerikan. Schriftsteller und Publizist, 55,
Wirion, Jacques (geb. 1946), luxemburg. Germanist, 216, 468
Wyschogrod, Michael (geb. 1928), ungarisch-amerikan. Philosoph, 331, 332

Zimmer, Dieter E. (geb. 1934), dt. Germanist und Publizist, 42, 43, 44,

Textverzeichnis

R = Randspalte

R 13 Matthias Stolz, Eine Frage des Glaubens. ZEIT-Magazin 52/2009, S. 16.

R 14 Herbert Schnädelbach, Geburtsfehler? Vom Fluch und Segen des Christentums, Wiechern Verlag, Berlin 2001, S. 32.
Knut Walf, Stille Fluchten. Zur Veränderung des religiösen Bewusstseins, Kösel-Verlag, München 1983, S. 172 f.
Eugen Drewermann, Wenn die Götter Sterne wären. Moderne Kosmologie und Glaube. Im Gespräch mit Jürgen Hoeren, Herder Verlag, Freiburg 2004, S. 162.

R 15 Dieter Wellershof, Der Himmel ist kein Ort, Kiepenheuer & Witsch, Köln 2009, S. 200; 202; 204.

R 18 Emmanuel Anati, Höhlenmalerei. Die Bilderwelt der prähistorischen Felskunst, Benziger Verlag, Zürich 1997, S. 400 f.

R 20 Herbert Kühn, Auf den Spuren des Eiszeitmenschen, Wiesbaden 1950, S. 91-94, zit. n.: Joseph Campbell, Mythologie der Urvölker, Die Masken Gottes, Sphinx Verlag, Basel, Bd. I, S. 344 f.

20-21 Göran Burenhult, Die Anfänge der Kunst, in: ders. (Hg.), Menschen der Urzeit. Die Frühgeschichte der Menschheit von den Anfängen bis zur Bronzezeit, Karl Müller Verlag, Köln 2004, S. 96-121, hier: S. 106, 114-116.

R 21 Emmanuel Anati, a.a.O., S. 406.

R 22 Pablo Picasso, zit. n.: Damien Hirst, Süddeutsche Zeitung, 10./11. 4. 2010.

22-23 Leo Frobenius, Das unbekannte Afrika, München 1923, S. 34 f. Zit. n.: Joseph Campbell, a.a.O., S. 332 f.

R 23 Jean Gebser, Ursprung und Gegenwart. 1. Teil: Die Fundamente der aperspektivischen Welt, Deutscher Taschenbuch Verlag, München 1973, 4. Aufl. 1992, S. 104.

27 Michael J. O'Kelly, zit n.: Göran Burenhult, Newgrange – Ein Sonnentempel, in: ders., Menschen der Urzeit, a.a.O., S. 309.

30-31 Karl Jaspers, Vom Ursprung und Ziel der Geschichte (1949). Fischer Taschenbuch Verlag, Frankfurt am Main 1955, S. 15.

31 Mahavagga I,3,1-3, zit. n.: Joseph Campbell, Mythologie des Westens, Die Masken Gottes, a.a.O., Bd. III, S. 26.

R 32 Platon, Apologie des Sokrates, Übersetzung Friedrich Schleiermacher (sprachlich leicht verändert).
Jean Gebser, a.a.O., S. 128.

33 Georges Minois, Geschichte des Atheismus. Von den Anfängen bis zur Gegenwart, Verlag Hermann Böhlaus Nachfolger Weimar, Weimar 2000, S. 44.
Ebd., S. 42.
Platon, Apologie des Sokrates, Übersetzung Friedrich Schleiermacher (sprachlich leicht verändert).

34 (Aristophanes) Georges Minois, a.a.O., S. 42.

35 Gustav Mensching, Die Religion, Stuttgart 1959; München o.J., S. 186.

35-36 Ebd., S. 187.

36 F. B. Stubenvoll, Heidenthum im Christentum. Heidelberg 2. Aufl. 1891, S. 3.

R 37 Willigis Jäger, Die Welle ist das Meer. Mystische Spiritualität, Herder Verlag, Freiburg 2000, S. 31.

37-39 Hugo M. Enomiya-Lassalle, Verändert die Praxis des Zen das religiöse Bewusstsein? in: Knut Walf (Hg.), Stille Fluchten. Zur Veränderung des religiösen Bewusstseins, Kösel-Verlag, München 1983, S. 19-22.

41 Dieter E. Zimmer, So kommt der Mensch zur Sprache. Über Spracherwerb, Sprachentstehung und Sprache & Denken, Haffmans Verlag, Zürich 1986; Heyne-Sachbuch 310, München o.J., S. 178.

R 41 Jacob Grimm, Über den Ursprung der Sprache, Insel Verlag, Frankfurt am Main 1985, S. 33 f.
Salimbene von Parma, zit. n.: Hubertus Halbfas, Das Menschenhaus, Patmos Verlag, Düsseldorf 1972, S. 9.

42 Jacob Grimm, a.a.O., S. 31.
Benjamin Lee Whorf, Sprache, Denken, Wirklichkeit. Beiträge zur Metalinguistik und Sprachphilosophie, Rowohlt Taschenbuch Verlag, Reinbek bei Hamburg 1963, S. 20f.

42-44 Yoko Tawada, Von der Muttersprache zur Sprachmutter, in: Neue Zürcher Zeitung Folio (Zürich) 10/1994, S. 18-20.

R 42 Dieter E. Zimmer, a.a.O., S. 181.

R 43 Ebd., S. 182.

R 44 Ebd., S. 161 f.

44 Benjamin Lee Whorf, a.a.O., S. 53.

R 46 Dora Fischer Barnicol, Zur Einführung in: Keiji Nishitani, Was ist Religion?, Insel Verlag, Frankfurt am Main 1982, S. 27 f.

47 Helmut Fischer, Glaubensaussage und Sprachstruktur, Furche Verlag, Hamburg 1972, S. 238.
Yoshinori Takeuchi, zit. n.: Keiji Nishitani, Was ist Religion?, Insel Verlag, Frankfurt am Main 1982, S. 17.
Nikolaus von Kues, zit. n.: Kitaro Nishida, A Study of Good (1911), übers. v. V. H. Viglielmo, Tokio 1960, S. 56 f.

48-49 Peter Bürger, Aanewenge, Leuteleben und plattdeutsches Leutegut im Sauerland, Maschinen- und Heimatmuseum Eslohe, 2006, S. 584.

49 Ebd., S. 586.

R 50 Lincolm Barnett, Einstein und das Universum. Fischer Taschenbuch Verlag, Frankfurt am Main 1952, S. 18 ff.

50 Platon, Der Staat, Buch VII, 514 A ff. (Übersetzung Friedrich Schleiermacher, sprachlich vereinfacht).
Werner Heisenberg, Das Naturbild der heutigen Physik, Rowohlt Verlag, Hamburg 1955, S. 18.

51 Ebd., S. 21.

R 51 Werner Heisenberg, Sprache und Wirklichkeit. Essays, Deutsche Taschenbuch Verlag, München 1967, S. 20-43, hier: S. 43.

52 Peter L. Berger/Thomas Luckmann, Die gesellschaftliche Konstruktion der Wirklichkeit. Eine Theorie der Wissenssoziologie, S. Fischer Verlag, Frankfurt am Main 1980, S. 125.
Ebd., S. 130.

52-53 Peter Sloterdijk, Der mystische Imperativ, in: ders. (Hg.), Mystische Zeugnisse aller Zeiten und Völker, gesammelt von Martin Buber (1909), Eugen Diederichs Verlag, München 1993, S. 25 f.

53 Ebd., S. 29.

R 53 Dieter E. Zimmer, Redens Arten, Haffmans Verlag, Zürich 1988, S. 75.
Peter L. Berger/Thomas Luckmann, a.a.O., S. 111; 116.

R 54 Rainer Maria Rilke, Werke. Auswahl in zwei Bänden. Bd. 1: Gedichte. Leipzig 1953, S. 121.

R 55 Fridolin Stier, Vielleicht ist irgendwo Tag. Aufzeichnungen, Kerle Verlag, Freiburg i.Br. 1981, S. 25.
Elie Wiesel, Loccumer Protokolle 25/1986, S. 117.

56 Karl Schwind (Hg.), Michael Triegel. Im Spiegel der Welt, Wienand Verlag, Köln 2003, S. 101 f.

R 56 Dorothee Sölle, Gefangen, in: Dies., Ich will nicht auf tausend Messern gehen. Gedichte, Deutscher Taschenbuch Verlag, München 1986, S. 55.

57 Heinrich Buhr, Der Glaube – was ist das?, Neske Verlag, Pfullingen 1963, Umschlagrückseite.

58-59 Theodor Schneider, Was wir glauben. Eine Auslegung des Apostolischen Glaubensbekenntnisses, Patmos Verlag, Düsseldorf 1985, S. 21 f.

59-60 Heinrich Buhr, a.a.O., S. 11 f.

60-61 Viktor E. Frankl, … trotzdem Ja zum Leben sagen. Ein Psychologe erlebt das Konzentrationslager, Kösel-Verlag, München, zit. n. der Ausgabe dtv 30142, 20. Aufl. 2000, S. 108; 124-127.

R 60 Ebd., S. 121.

62-63 Heinrich Buhr, a.a.O., S. 37 f.

65 Joseph Ratzinger (Benedikt XVI.), Glaube – Wahrheit – Toleranz, Das Christentum und die Weltreligionen, S. 137 © Libreria Editrice Vaticana, Città del Vaticano. © Verlag Herder GmbH, Freiburg i. Br., 4. Auflage 2005.

R 65 Hansjürgen Verweyen, Joseph Ratzinger – Benedikt XVI. Die Entwicklung seines Denkens, Wissenschaftliche Buchgesellschaft, Darmstadt 2007, S. 107.
Immanuel Kant, Die Religion innerhalb der Grenzen der bloßen Vernunft (1793), Gesammelte Werke, Akademieausgabe, Berlin VI, 10, 19-20.

R 66 Elmar Salmann, Zwischenzeit. Postmoderne Gedanken zum Christsein heute, Schnell Verlag, Warendorf 2004, S. 78.
Hermann Häring, Im Namen des Herrn. Wohin der Papst die Kirche führt, Gütersloher Verlagshaus, Gütersloh 2009, S. 153.
Maurice Blondel, Geschichte und Dogma, zit. n.: Josef Nolte, Dogma in Geschichte, Herder Verlag, Freiburg 1971, S. 240.

66 Joseph Ratzinger (Benedikt XVI.), Glaube – Wahrheit – Toleranz, Das Christentum und die Weltreligionen, S. 143f. © Libreria Editrice Vaticana, Città del Vaticano. © Verlag Herder GmbH, Freiburg i. Br., 4. Auflage 2005.

68-70 Galileo Galilei, Brief an Christine von Lothringen, 1615; in: Museion 5/2000, S. 2-32 (Urs Guggenbühl, Galileo Galilei. Zum Verständnis von Wissenschaft und Glauben).

R 69 Bertolt Brecht, Das Leben des Galilei, Suhrkamp Verlag, Frankfurt am Main 1955, III. Akt.

70-72 Werner Heisenberg, Erste Gespräche über das Verhältnis von Naturwissenschaft und Religion, in: Hans-Peter Dürr (Hg.), Physik und Transzendenz, Scherz Verlag, Bern 1986, S. 295-297.

R 71 Wilhelm Weischedel, 34 große Philosophen im Alltag und Denken. Nymphenburger Verlag, München 1966, S. 223.

72 Ken Wilber, Naturwissenschaft und Religion. Die Versöhnung von Wissen und Weisheit, Wolfgang Krüger Verlag, Frankfurt am Main 1998, S. 82, 154.

73 Ebd., S. 224 f.

74 Walter F. Otto, Die Sprache als Mythos, in: ders., Mythos und Welt, Stuttgart 1926, S. 285.

74-75 Nach Raffaele Pettazoni, zit. in: Hubertus Halbfas, Religion. Reihe „Themen der Theologie«, Kreuz Verlag, Stuttgart, 1976, S. 35.

76 Walter F. Otto, Gesetz, Urbild und Mythos, in: ders., Die Gestalt und das Sein. Gesammelte Abhandlungen über den Mythos. Eugen Diederichs Verlag, Düsseldorf-Köln 1955, S. 91.
Migne, PG 199, 381-384; zit. n.: Hans Georg Beck, Byzantinisches Lesebuch, C. H. Beck Verlag, München 1982, S. 277 f.

R 77 Thomas Nipperdey, Wie das Bürgertum die Moderne erfand, Reclam Verlag, Stuttgart 1988, S. 50.

77 André Malraux, Psychologie der Kunst. Das imaginäre Museum(1947), Rowohlt Taschenbuch Verlag, Reinbek bei Hamburg 1957, S. 59.

79 Thomas Nipperdey, a.a.O., S. 65.

R 80 Rüdiger Safranski, Ein Meister aus Deutschland. Heidegger und seine Zeit. Hanser Verlag, München 1994, S. 493; 354.
Sergio Quinzio, Die jüdischen Wurzeln der Moderne, Campus Verlag, Frankfurt am Main 1995.

80 Friedrich Nietzsche, Werke, Hanser Verlag, München 1956, WBG-Ausgabe, Darmstadt 1997, Bd. III, S. 903.

81 Ganni Vattimo, Jenseits des Christentums, Hanser Verlag, München 2004, S. 70.
Santiago Zabala, Eine Religion ohne Theisten und Atheisten, in: Richard Rorty/Gianni Vattimo (Hg.), Die Zukunft der Religion, Suhrkamp Verlag, Frankfurt am Main 2006, S. 19; 20; 21.

82-83 Ebd., S. 24.

83-84 Ebd., S. 27; 29; 30.

R 83 Ernst Jünger, zit. n.: Guido Fuchs, Fronleichnam. Ein Fest in Bewegung. Pustet, Regensburg 2006, S. 7.

83-85 Gianni Vattimo, Das Zeitalter der Interpretation, in: Rorty/Vattimo, a.a.O., S. 56-58.

86 Jürgen Werbick, Den Glauben verantworten. Eine Fundamentaltheologie, Herder Verlag, Freiburg/Basel/Wien 32005, S. 261.

87 Ernst Troeltsch, Die Absolutheit des Christentums und die Religionsgeschichte (1902), Neuausgabe München/Hamburg 1969, S. 99.

R 87 Willy Obrist, Tiefenpsychologie und Theologie. Zwei Etappen der Evolution des Bewusstseins, Benziger Verlag, Düsseldorf 1993, S. 258.

87-88 Eugen Drewermann, Tiefenpsychologie und Exegese, Bd. II, Olten 1985, S. 763; 767; 761; 767.

88-89 Hans-Dieter Bastian, Theologie der Frage, Chr. Kaiser, München 1969, S. 70; 71; 83; 263; 306.

89-90 Max Horkheimer, Zur Produktivität des Zweifels, in: Gerhard Rein (Hg.), Dialog mit dem Zweifel, Kreuz Verlag, Stuttgart/Berlin 1969, S. 148-152, hier: S. 151 f.

R 90 Kurt Marti, Ein Topf voll Zeit, 1928-1948. Nagel & Kimche (im Hanser Verlag), München 2008, S. 189.

90 Joseph Ratzinger, Einführung in das Christentum © 2000 Kösel-Verlag, München, in der Verlagsgruppe Random House GmbH, S. 22 ff.

91 Jürgen Werbick, Toleranz und Pluralismus, In: Ingo Broer/Richard Schlüter (Hg.), Christentum und Toleranz, Wissenschaftliche Buchgesellschaft, Darmstadt 1996, S. 117.

92-93 Übersetzung: Klaus Berger/Christiane Nord, Das Neue Testament und frühchristliche Schriften, Insel-Verlag, Frankfurt am Main und Leipzig 5. Aufl. 2001.

R 92 Arnold Angenendt, Toleranz und Gewalt. Das Christentum zwischen Bibel und Schwert, Aschendorff Verlag, Münster 2007, S. 97.

R 93 William James, zit. n.: Ulrich Schnabel, Die Vermessung des Glaubens, Blessing Verlag, München 2008, S. 160 f.

R 94 Elise Reimarus zit. n.: Der Zensur zum Trotz. Das gefesselte Wort und die Freiheit in Europa, Herzog August Bibliothek Wolfenbüttel, Wolfenbüttel 1991, S. 26.

94 Jakob Böhme, zit. n.: Gustav Mensching, a.a.O., S. 89.

R 98 Jan Assmann, Herrschaft und Heil. Politische Theologie in Ägypten, Israel und Europa, Hanser Verlag, München 2000; Wissenschaftliche Buchgesellschaft, Darmstadt, S. 262.

R 106 Otto Kuss, Dankbarer Abschied (Privatdruck), tuduv-Verlagsgesellschaft, München 1982, S. 44 f.

106 Paul Tillich, Die religiöse Deutung der Gegenwart. Gesammelte Werke, Band 10, Evangelisches Verlagswerk, Stuttgart 1968, S. 275.

106-107 Bernhard Lang, Die Bibel. Eine kritische Einführung, Schöningh Verlag, Paderborn 1990, S. 174 f.; 182 f.

R 107 Paul Wess, War Jesus »wirklich als Mensch Gott«?, in: Hermann Häring (Hg.), »Jesus von Nazaret« in der wissenschaftlichen Diskussion, Lit-Verlag, Wien/Berlin 2008, S. 136.

108 Rudolf Bultmann, Neues Testament und Mythologie. Das Problem der Entmythologisierung der neutestamentlichen Verkündigung (1941), in: H.-W. Bartsch (Hg.): Kerygma und Mythos, Band 1. 1948. 4. Aufl., Reich Verlag, Hamburg 1960, S. 15-48, hier: S. 18.

109 Rudolf Bultmann, Jesus Christus und die Mythologie, in: Glauben und Verstehen, Bd. 4, J.C.B. Mohr (Paul Siebeck), Tübingen 4. Aufl. 1984, S. 141-189, hier: S. 156-158.
Karl Jaspers/Rudolf Bultmann, Die Frage der Entmythologisierung, Piper Verlag, München 1954, S. 19.

R 109 Leszek Lolakowski, Die Gegenwärtigkeit des Mythos, Piper Verlag, München 1973, S.19; 163; 168.

111 Hans-Martin Barth, Dogmatik. Evangelischer Glaube im Kontext der Weltreligionen, Chr. Kaiser/Gütersloher Verlagshaus, Gütersloh 2001, S. 592.
Hans Küng, Christ sein, Piper Verlag, München 1974, S. 458.

R 111 Bernhard Lang, a.a.O., S. 209.

112 Joseph Ratzinger (Benedikt XVI.), Jesus von Nazareth. Erster Teil: Von der Taufe im Jordan bis zur Verklärung, S. 15; 20. © Libreria Editrice Vaticana. Città del Vaticano. © RCS Libri S.p.A., Milano. © Verlag Herder GmbH, Freiburg i. Br., 3. Auflage 2007.

113 Georg Steins, Rolle rückwärts in die Heilige Schrift? Fragen von Peter Rosien an Gregor Steins, in: Publik Forum 2/2006, S. 45.

113-114 Otto Kuss, a.a.O., S. 121 f.

R 114 Herder Korrespondenz, Spezial: Glauben denken. Theologie heute – eine Bestandsaufnahme, Editorial von Ulrich Ruh, Februar 2008, S. 3.

R 115 Hansjürgen Verweyen, Der Weltkatechismus, Patmos Verlag, Düsseldorf 1994, S. 138.

R 116 Paul Wess, a.a.O., S. 140.

117 Karl Erich Grözinger, Jüdisches Denken. Bd. 1, Campus, Frankfurt am Main 2004, S. 229.

R 117 Sergio Quinzio, a.a.O., S. 94.

118 Gershom Scholem, Über einige Grundbegriffe des Judentums, Suhrkamp Verlag, Frankfurt am Main 1970, S. 91 f.

119 Karl Erich Grözinger, a.a.O., S. 433 f.

120 Leo Baeck, Das Wesen des Judentums, Wiesbaden o. J., S. 4-7.

121-122 Jan Assmann, Das kulturelle Gedächtnis, C. H. Beck Verlag, München 4. Aufl. 2002, S. 205 ff.

123-124 Norbert Brox, Kirchengeschichte des Altertums, Patmos Verlag, Düsseldorf 1983, S. 138.
124 Irenäus von Lyon, Wider die Häresien 3,3,1; 4,26,2.
125 Irenäus von Lyon, Wider die Häresien 3,3,2 f.
R 126 C. G. Jung, Erinnerungen. Träume. Gedanken, Walter Verlag, Olten 1971, S. 301.
R 127 Don Cupitt, Nach Gott. Die Zukunft der Religionen, Klett-Cotta, Stuttgart 2001, S. 151.
Peter Trummer, »... dass alle eins sind!« Neue Zugänge zu Eucharistie und Abendmahl, Patmos Verlag, Düsseldorf 2001, S. 139.
Johann Baptist Metz, Memoria passionis. Ein provozierendes Gedächtnis in pluralistischer Gesellschaft, Herder Verlag, Freiburg 2006, S. 32.
128 Joseph Ratzinger (Benedikt XVI.), Glaube – Wahrheit – Toleranz, Das Christentum und die Weltreligionen, S. 97. © Libreria Editrice Vaticana, Città del Vaticano. © Verlag Herder GmbH, Freiburg i. Br., 4. Auflage 2005.
Augustinus, Enchiridion, zit. n.: Richard Tarnas, Idee und Leidenschaft. Die Wege des westlichen Denkens, Zweitausendeins, Hamburg 1997, S. 143.
129 Richard Tarnas, ebd., S. 144.
130 Hermann Häring (Hg.), »Jesus von Nazaret«, a.a.O., S. 39 f.
Ludger Schwienhorst-Schönberger, Einheit und Vielfalt, in: Frank-Lothar Hossfeld (Hg.), Wieviel Systematik erlaubt die Schrift? (Quaestiones disputatae 185), Herder Verlag , Freiburg 2001, S. 68.
131-132 Hans-Georg Beck, Vom Umgang mit Ketzern. Der Glaube der kleinen Leute und die Macht der Theologen, C.H. Beck Verlag, München 1993, S. 18 f.
133-134 Die Interpretation der Bibel in der Kirche, Vatikanstadt, 15. 4. 1993. Dokument zit. n.: www.vatican.va/roman_curia/congregations/cfaith/pcb_documents/rc_con_cfaith_doc_19930415_interpretazione_ge.html
R 133Hermann Häring, Glaube ja – Kirche nein? Die Zukunft christlicher Konfessionen, Wissenschaftliche Buchgesellschaft, Darmstadt 2002, S. 84.
R 134 Hansjürgen Verweyen, Der Weltkatechismus, a.a.O., S. 91; 93.
137-138 Galileo Galilei, zit. n.: Richard Tarnas, Idee und Leidenschaft. Die Wege des westlichen Denkens, Zweitausendeins, Hamburg 1997, S. 327.
R 138 Archimedes, Psammites I, 1.
138-139 Galileo Galilei, zit. n.: Johannes Hemleben, Galileo Galilei, Rowohlt Taschenbuch Verlag, Reinbek 1969, S. 7 f.
142 Stephen W. Hawking, Die kürzeste Geschichte der Zeit, Rowohlt Taschenbuch Verlag, Reinbek 2007, S. 60.
R 143 Aristoteles, Vom Himmel, 279b; 280 und 283b.
144 Gerhard Staguhn, Vom Beschreiben des Unbeschreiblichen: Warum gibt es die Welt?, in: Katechetische Blätter, 2007, S. 415.
145 Stephen W. Hawking, Einsteins Traum, Rowohlt Taschenbuch Verlag, Reinbek 1993, Umschlag.
Stephen W. Hawking, Eine kurze Geschichte der Zeit, Rowohlt Taschenbuch Verlag, Reinbek 1991, S. 179 f.
146 Gerhard Staguhn, Die Rätsel des Universums, Deutscher Taschenbuch Verlag, München 2001, S. 73.
Dietrich Bonhoeffer, Widerstand und Ergebung. Briefe und Aufzeichnungen aus der Haft, hg. von Eberhard Bethge, Siebenstern-TB, München und Hamburg 2. Aufl. 1965, S. 155.
R 146 Arnold Benz, in: Zur Debatte, Katholische Akademie in Bayern, 3/2009.
150 Gerhard Staguhn, Die Rätsel des Universums, a.a.O., S. 44.
R 150 Dieter Wellershoff, a.a.O., S. 233.
151-152 Gerhard Staguhn, Die Rätsel des Universums, a.a.O., S. 48 ff.
152-153 Ebd., S. 116f.; 118; 124.
R 154 Steven Weinberg, Die ersten drei Minuten, Piper Verlag, München 1980, S. 158 ff.
Eugen Drewermann, Wenn die Sterne Götter wären, a.a.O., S. 87.
155 Manfred Eigen, Stufen zum Leben, Piper Verlag, München 2000, S. 97.
155-156 Eugen Drewermann, ... und es geschah so. Die moderne Biologie und die Frage nach Gott, Walter Verlag, Düsseldorf 1999, S. 679.
R 156 Johannes Röser, Christ in der Gegenwart 7/2009.
156 Eugen Drewermann, ... und es geschah so, a.a.O., S. 493.
158 Josef H. Reichholf, Das Rätsel der Menschwerdung, Deutscher Taschenbuch Verlag, München 1993; 3. Aufl. 1997, S. 29.
159 Ebd., S. 85.
R159 Katrin Blawat, in: SZ, 15. Juli 2009, S. 14 (gekürzt ohne Kennzeichnung).
160 Josef H. Reichholf, a.a.O., S. 89.
Ebd., S. 115.
161 Karl Rahner, Art. Monogenismus, LThK2, Bd. 7, Sp. 561 f., hier: Sp. 562.
R 161 Josef H. Reichholf, Evolution. Die wichtigsten Antworten, Herder Verlag, Freiburg 2007, S. 79; 82.
Josef H. Reichholf, ebd., S. 80 f.
163 Reinhold Bernhardt, Durchbrochene Naturgesetze?, in: Herder Korrespondenz, Sonderheft »Getrennte Welten«, 10/2008, S. 22.
R 164Peter Rosien, Gott liebt ohne Bedingung, Publik-Forum 23/2009, S. 40.
165 Hans Küng, Der Anfang aller Dinge. Naturwissenschaft und Religion. Piper Verlag, München 2005, S. 176; 173.
R 165 Johannes Röser, Christ in der Gegenwart 7/2009.
166 Reinhold Schneider, Winter in Wien. Aus meinen Notizbüchern 1957/58, Herder Verlag, Freiburg 1958, S. 284.
Gerhard Staguhn, Die Rätsel des Universums, a.a.O., S. 165 f.
167 Eugen Drewermann, Im Anfang ... Die moderne Kosmologie und die Frage nach Gott, Walter Verlag, Düsseldorf 2002, S. 1079 f.; 1081.
R 167Christian Kummer, zit. n.: Christ in der Gegenwart 7/2009.
168 Hans Küng, a.a.O., S. 141.
Eugen Drewermann, Im Anfang ..., a.a.O., S. 1086; 1087.
169 Hans-Martin Barth, Dogmatik. Evangelischer Glaube im Kontext der Weltreligionen. Kaiser/Gütersloher Verlagshaus, Gütersloh 2001, S. 476.
Eugen Drewermann, Im Anfang ..., a.a.O., S. 1090.
R 169 Thomas Mann, Vom künftigen Sieg der Demokratie (1938), zit. n.: Karl-Josef Kuschel, Im Spiegel der Dichter, Patmos Verlag, Düsseldorf 1997, S. 169.
Rüdiger Safranski, zit. n.: ebd., S. 170 f.
R 170 Bernd Ogan, »Jesus von Nazareth« in: Hermann Häring (Hg.), »Jesus von Nazaret«, a.a.O., S. 304.
Eugen Drewermann, Wenn die Sterne Götter wären, a.a.O., S. 200f.;199.
170-171 Eugen Drewermann, ... und es geschah so, a.a.O., S. 627.
171 Ebd., S. 772.
R 171 Eugen Drewermann, Wenn die Sterne Götter wären, a.a.O., S. 236 f.
172 Hans-Dieter Mutschler, Kann der Physiker Gott beweisen?, in: Herder Korrespondenz, Sonderheft »Getrennte Welten«, 10/2008, S. 42.
R 172 Zit. n.: Klaus Müller, Vom Dogma zur Poesie: das neue Gott-Denken, Christ in der Gegenwart 11/2010, S. 121f.
173 Hans-Dieter Mutschler, a.a.O., S. 44 f.
R 173 Eugen Drewermann, Wenn die Götter Sterne wären, a.a.O., S. 135.
174 Fritjof Capra, Der kosmische Reigen. Physik und östliche Mystik – ein zeitgemäßes Weltbild O. W. Barth (Scherz), Bern u.a. 1977, S. 306.
R 174 Johannes Röser, Einstein hat Folgen. Jenseits des Kinderglaubens: Gott, die Flut und der Kosmos, Christ in der Gegenwart 5/2005.
175 Daisetz T. Suzuki, Der westliche und der östliche Weg, Ullstein Verlag, Berlin 1988, S. 94.
Willigis Jäger, Die Welle ist das Meer. Mystische Spiritualität, Herder Verlag, Freiburg 2000, S. 84 f.
176-177 Johann Baptist Metz, a.a.O., S. 177; 89.
R 175 Ebd., S. 39.
R 177 Johannes Röser, Einstein hat Folgen, a.a.O., Christ in der Gegenwart 5/2005.
178 Bertolt Brecht, Mutter Courage und ihre Kinder. Eine Chronik aus dem dreißigjährigen Krieg, Suhrkamp Verlag, Frankfurt am Main 1966.
180 Mircea Eliade, Die Sehnsucht nach dem Ursprung. Von den Quellen der Humanität, Suhrkamp Verlag, Frankfurt am Main 1981, S. 44.
180-181 Joseph Campbell, Mythologie der Urvölker. Die Masken Gottes, a.a.O., Bd. I, S. 18.
181-182 Fridolin Stier, Vielleicht ist irgendwo Tag. Aufzeichnungen, Kerle Verlag, Freiburg 1981, S. 13 f.
182-183 John Hick, Gott und seine vielen Namen, Lembeck Verlag, Frankfurt am Main 2001, S. 45.
R 183 Jan Assmann, Herrschaft und Heil. Politische Theologie in Ägypten, Israel und Europa, Hanser Verlag, München 2000, S. 260.
R 185 Ebd., S. 263.
R 188 Emmanuel Levinas, Schwierige Freiheit. Versuch über das Judentum, Jüdischer Verlag, Frankfurt am Main 1996. Zit. n.: Christ in der Gegenwart 2/2008, S. 28.
R 192 Leo Baeck, zit. n.: Edna Brocke, Leo Baeck – ein deutscher Jude, in: Kirche und Israel 2/1990, S. 128.
193ff Alle Koranzitate nach: Muhammad Asad, Die Botschaft des Koran. Übersetzung und Kommentar, Patmos Verlag, Düsseldorf 2009.
194 Ibn Ishaq, Das Leben des Propheten. Aus dem Arabischen übertragen und bearbeitet von Gernot Rotter. Erdmann, Tübingen 1976, zit. n.: Hubertus Halbfas, Das Welthaus. Ein religionsgeschichtliches Lesebuch, Calwer/Patmos, Stuttgart/Düsseldorf 1983, Nr. 17.
R 197 Sarvapalli Radhakrishnan, Weltanschauung der Hindu. Holle, Baden-Baden 1961, S. 28.
R 198 Sarvapalli Radhakrishnan, ebd., S. 30.
199 Sarvapalli Radhakrishnan, ebd., S. 20f.; 36.
Rudolf Jockel, Die lebenden Religionen, Deutsche Buchgemeinschaft, Berlin-Darmstadt-Wien 1959.
R 199 Otto von Glasenapp, Indische Gedichte aus vier Jahrtausenden, Berlin 1925, S. 81 f.
R 200 Gopi Krishna, in: Carl Friedrich von Weizsäcker, Die Sterne sind glühende Glaskugeln, und Gott ist gegenwärtig. Über Religion und Naturwissenschaft. Herder Verlag , Freiburg 1992, S. 53 f.
200 Sarvapalli Radhakrishnan, a.a.O., S. 78 f.
R 202-203 Hermann Oldenburg, Buddha. Sein Leben, seine Lehre, seine Gemeinde, 1881, neu hg. v. Helmuth von Glasenapp, Magnus Verlag, Stuttgart o. J., S. 293.
R 203 Matthias Kroeger, Im religiösen Umbruch der Welt: Der fällige Ruck in den Köpfen der Kirche, Kohlhammer Verlag Stuttgart 2004, S. 124.
205 Lukrez, De natura rerum, I, 62-79, übers. v. Dietrich Ebener, zit. n.: Georges Minois, Geschichte des Atheismus, a.a.O., S. 56f.
205-206 Sextus Empiricus, Hypotyposes, III, 3,6, zit. n.: Georges Minois, ebd., S. 66.
206 Étienne Dolet, zit. n.: Georges Minois, ebd., S. 175.
207 Ludwig Feuerbach, Das Wesen des Christentums, Reclam Verlag, Stuttgart 1969, S. 53f.; 80.
R 208 Helmut Gollwitzer, zit. n.: Werner Trutwin, Gespräch mit dem Atheismus, Theologisches Forum 1, Patmos Verlag, Düsseldorf 1970, S. 31 f.
208/210 Karl Marx, Die Frühschriften, hg. v. Siegfried Landshut, Kröner Verlag, Stuttgart 1968, S. 246 ff.
R 210 Hermann Kurzke/Jacques Wirion, Unglaubensgespräche. Vom Nutzen und Nachteil der Religion für das Leben, C.H. Beck Verlag, München 2005, S. 17 f.
Carl Friedrich von Weizsäcker, Im Garten des Menschlichen, Hanser Verlag, München 1977; Sonderausgabe 1984, S. 517.
211 Friedrich Nietzsche, Der Antichrist, Nr. 51; 52;17.
212 Sigmund Freud, Die Zukunft einer Illusion.: Gesammelte Werke, hg. von Anna Freud u.a., Bd. XIV, S. Fischer Verlag, Frankfurt am Main 3. Aufl. 1963, hier zit. n.: Werner Trutwin, Theologisches Forum 1, Patmos Verlag , Düsseldorf 1970, S. 48 f.
213 Sigmund Freund, zit. n.: Joachim Scharfenberg, Sigmund Freund und seine Religionskritik als Herausforderung für den christlichen Glauben. Vandenhoek & Ruprecht, Göttingen 1970, S. 149.
Georges Minois, a.a.O., S. 570 f.
R 213 Hermann Kurzke/Jacques Wirion, a.a.O., S. 18 f.
Herbert Schnädelbach, in: Neue Rundschau 2/2007, S. 114.
214 Marcus Borg, Heute Christ sein. Den Glauben wieder entdecken, Patmos Verlag, Düsseldorf 2005, S. 74.
Richard Swinburne, The Coherence of Theism, Oxford University Press, Oxford 1977, S. 1.
215 Xenophanes, Fragmente, zit. n.: Die Vorsokratiker, Bd. 1, hg. v. M. Laura Gemelli Marciano, Sammlung Tusculum, Artemis & Winkler, Düsseldorf 2007, S. 249/251.
John Shelby Spong, Was sich im Christentum ändern muss. Ein Bischof nimmt Stellung, Patmos Verlag, Düsseldorf 2006, S. 66.
R 215 Keiji Nishitani, a.a.O., S. 87.
R 216 Hermann Kurzke/Jacques Wirion, a.a.O., S. 47.
216 Paul Tillich, Gesammelte Werke, Bd. VIII, Ev. Verlagswerk, Stuttgart 1970, S. 142 f.
217 Paul Tillich, Gesammelte Werke, Bd. XIV, a.a.O., S. 172, Nr. 7.
Hans Jonas, Der Gottesbegriff nach Auschwitz, Suhrkamp Verlag, Frankfurt am Main 1987, S. 39; 41.
218 Elie Wiesel, Macht Gebete aus meinen Geschichten, Herder Verlag, Freiburg 1986, S. 23.
218-219 Dorothee Sölle, Gott denken, Kreuz Verlag, Stuttgart 1990, S. 223f.
R 219 Matthias Kroeger, a.a.O., S. 219.
219-220 Jüdische Mystik, zit.n.: Karen Armstrong, Nah ist und schwer zu fassen der Gott. 3000 Jahre Glaubensgeschichte von Abraham bis Albert Einstein. Droemer Knaur, München 1993, S. 305.
220 Euagrios Ponticos, Über das Gebet, 67; 71; zit. n.: Karen Armstrong, a.a.O., S. 311.
221 Maximus Confessor, Ambigua, PG, 91.1088c.
Symeon, der Neue Theologe, zit. n.: Karen Armstrong, a.a.O., S. 316.
Bistami, zit. n.: ebd., S. 319.
Halladsch, zit. n.: ebd., S. 321.
222 Als er zur Kreuzigung gebracht wurde ..., zit. n.: ebd., S. 322.
Ibn al-Arabi, zit. n.: ebd., S. 336.
223 Rumi, zit. n.: Hubertus Halbfas, Das Welthaus, a.a.O., Nr. 209.
Bernhard Welte, Meister Eckhart. Gedanken zu seinen Gedanken, Herder Verlag , Freiburg 1979.
224 Rumi, zit.n.: Martin Buber, Mystische Zeugnisse aller Zeiten und Völker. Eugen Diederichs Verlag, München 1993, S. 46.
Dionysius Areopagita, zit. n.: Dorothee Sölle, Mystik und Widerstand, Hoffmann und Campe Verlag, Hamburg 1997, S. 95 f.
R 224 Matthias Kroeger, a.a.O., S. 124.
225-226 Heinz Zahrnt, Gotteswende, Piper Verlag, München 1992, S. 85 f.
Willigis Jäger, a.a.O., S. 42 f.
R 225 Martin Buber, Die Erzählungen der Chassidim, Manesse Verlag, Zürich 1949, S. 575.
R 226 Matthias Kroeger, a.a.O., S. 106.
R 226-227 Interview mit Hartmut Meesmann, in: Norbert Copray (Hg.), Baustelle Christentum. Glaube und Theologie auf dem Prüfstand. Publik-Forum/Matthias Grünewald, Oberursel/Ostfildern 2009, S. 33 f.
226-227 Ulrich Schnabel, a.a.O., S. 492 f.
228-229 Peter Rosien, Mein Gott, mein Glück, Publik-Forum, Oberursel 2007, S. 19f.
R 228/230 Gerd Lüdemann, im Geleitwort zu Peter Rosien, a,a,O., S. 5 f.
230 Meister Eckhart, 5. Predigt; a.a.O.
Peter Rosien, Mein Gott, mein Glück, a.a.O., S. 41.
231 Matthias Kroeger, a.a.O., S. 263.
Dorothee Sölle, Mystik, a.a.O., S. 365.
R 231 René Girard, Christentum und Moderne, in: René Girard/Gianni Vattimo, Christentum und Relativismus, Herder Verlag, Freiburg 2008, S. 39.
232 Dorothee Sölle, Mystik, a.a.O., S. 97.
R 232 Ivan Illich, In den Flüssen nördlich der Zukunft. Letzte Gespräche über Religion und Gesellschaft mit David Cayley, C.H. Beck Verlag, München 2006, S. 232.
232-233 Das denkende Herz. Die Tagebücher von Etty Hillesum, Kerle Verlag, Freiburg 1983, Rowohlt Taschenbuch Verlag, Reinbek 1985, S. 149.
R 234 Vilma Sturm, Barfuß auf Asphalt, Kiepenheuer & Witsch, Köln 1987, zit n.: der Ausgabe Deutscher Taschenbuch Verlag, S. 319 f.
234 Keiji Nishitani, Was ist Religion?, Insel Verlag, Frankfurt am Main 1982, S. 34.

236 Hansjürgen Verweyen, Joseph Ratzinger/Benedikt XVI. Die Entwicklung seines Denkens. Wissenschaftliche Buchgesellschaft, Darmstadt 2007, S. 97.
Ulrich H.J. Körtner , Christ in der Gegenwart 23/2007, S. 190.
237 Joachim Jeremias, Der gegenwärtige Stand der Debatte um das Problem des historischen Jesus, in: Helmut Ristow/Karl Matthiae, Der historische Jesus und der kerygmatische Christus. Evangelische Verlagsanstalt, Berlin 1960, S. 18.
Paul Tillich, Auf der Grenze. Siebenstern-TB, Hamburg 1962, S. 30.
R 238 Joachim Kügler, Glaube und Geschichte, in: Hermann Häring (Hg.), »Jesus von Nazaret«, a.a.O., S. 195 f.
238 Joachim Jeremias, a.a.O., S. 25.
Joseph Ratzinger/Benedikt XVI., Jesus von Nazareth. Erster Teil: Von der Taufe im Jordan bis zur Verklärung, Herder Verlag, Freiburg-Basel-Wien 2007, S. 14.
Paul Tillich, Auf der Grenze, a.a.O., S. 40.
Otto Kuss, a.a.O., S. 121.
240 Fridolin Stier, An der Wurzel der Berge. Aufzeichnungen, Herder Verlag, Freiburg 1984, S. 143 f.
Richard Simon, zit. n.: Paul Hazard, Die Krise des europäischen Geistes, Hoffmann und Campe, Hamburg 1939, S. 169.
243 Wolfgang Trilling, Geschichte und Ergebnisse der historisch-kritischen Jesusforschung, in: Franz-Joseph Schierse (Hg.), Jesus von Nazareth. Grünewald, Mainz 1972, S. 211.
R 243 Otto Kuss, a.a.O., S. 144.
R 244-245 Paul Hoffmann, Jesus von Nazaret und die Kirche. Spurensicherung im Neuen Testament, Katholisches Bibelwerk, Stuttgart 2010, S. 91 f.; 94.
245 Paul Hoffmann/Christoph Heil (Hg.), Die Spruchquelle Q. Studienausgabe. Griechisch und Deutsch, Wissenschaftliche Buchgesellschaft, Darmstadt 2002, S. 27.
R 246 Hubert Frankemölle, Das jüdische Neue Testament und der christliche Glaube: Grundlagenwissen für den jüdisch-christlichen Dialog, Kohlhammer Verlag, Stuttgart 2009, S. 34.
Ekkehard Stegemann, Welchen Sinn hat es, von Jesus als Messias zu reden?, in: Kirche und Israel 1/1992, S. 30 f.
R 247 Geza Vermes, Jesus der Jude. Ein Historiker liest die Evangelien, Neukirchner Verlag, Neukirchen-Vluyn 1993, S. 137.
R 248 John Dominic Crossan, Wer tötete Jesus? Die Ursprünge des christlichen Antisemitismus in den Evangelien, C. H. Beck Verlag, München 1999, S. 262 f.
248 Übersetzung: Klaus Berger und Christiane Nord, a.a.O.
Vgl. Burton L. Mack, Wer schrieb das Neue Testament? Die Erfindung des christlichen Mythos. C. H. Beck Verlag, München 2000, S. 119.
249 Burton L. Mack, a.a.O., S. 121.
R 249 Paul Hoffmann, a.a.O., S. 78 f.
R 250 John Dominic Crossan, Der historische Jesus, C. H. Beck Verlag, München 1995, S.478.
John Dominic Crossan, Jesus. Ein revolutionäres Leben, C. H. Beck Verlag, München 1996, S. 171.
250 Klaus Berger, Paulus, C. H. Beck Verlag, München 2002, S. 38.
R 252 Otto Kuss, a.a.O., S. 78.
253 John Dominic Crossan, Der historische Jesus, C. H. Beck Verlag, München 1994, S. 303.
Broshi, Magen, The Role of the Temple in the Herodian Economy. Journal of Jewish Studies 38, 1987, S. 31, zit. n.: John Dominic Crossan, Der historische Jesus, a.a.O., S. 307.
Goodman, Martin, The first jewish Revolt. Soial Conflict and the Problem of Debt. Journal of Jewish Studies 33, 1982, S. 422 ff.; zit. n.: John Dominic Crossan, Der historische Jesus, ebd..
254 John Dominic Crossan, Der historische Jesus. a.a.O., S. 554.
R 255 Paul Hoffmann, a.a.O., S. 24.
256 Geza Vermes, Jesus der Jude, Jüdische Verlagsanstalt, Berlin 1991, S. 242.
R 257 Lee Edward Klosinski, in: John Dominic Crossan, Der historische Jesus, a.a.O., S. 451.
257-258 John Dominic Crossan, Jesus. Ein revolutionäres Leben, a.a.O., S. 96-100; 103.
260 John Dominic Crossan, ebd., S. 90.
R 260-261 Geza Vermes, a.a.O., S. 234 f.
R 262 Herbert Koch, Die Kirchen und ihre Tabus. Die Verweigerung der Moderne. Patmos Verlag, Düsseldorf 2006, S. 214.
263 Herbert Koch, a.a.O., S. 81 f.
R 264 Paul Hoffmann, a.a.O., S. 49 f.
264 Adolf von Harnack, Das Wesen des Christentums. Siebenstern-TB, Gütersloher Verlagshaus, Gütersloh 2. Aufl. 1985, S. 90.
Herbert Vorgrimler, Gott. Vater, Sohn und heiliger Geist, Aschendorff Verlag, Münster 2003, S. 89.
R 266 Burton L. Mack, a.a.O., S. 147.
266 Klaus Berger, Paulus, a.a.O., S. 38.
267 Günther Bornkamm, Paulus. Kohlhammer Verlag, Stuttgart 1969, S. 243.
R 268 Günther Bornkamm, ebd., S. 243.
Otto Kuss, a.a.O., S. 103.
269 Friedrich Nietzsche, Der Antichrist, Nr. 35; 39.
R 269 Übersetzung: Klaus Berger und Christiane Nord, a.a.O.
Günther Bornkamm, a.a.O., S. 244.
269-270 Leo Baeck, Werke, Gütersloher Verlagshaus, Gütersloh 2006, Bd. 5, S. 423 f.
R 270 Adolf von Harnack, zit. n.: Otto Kuss, Paulus. Die Rolle des Apostels in der theologischen Entwicklung der Urkirche. Pustet, Regensburg 1976, S. 443 f.
Otto Kuss, Dankbarer Abschied, a.a.O., S. 107.
270 Thomas Söding, Christ in der Gegenwart 23/2007, S. 189.
271 Hubert Frankemölle, Studien zum jüdischen Kontext neutestamentlicher Theologien, Katholisches Bibelwerk, Stuttgart 2005, S. 25.
R 271 Otto Kuss, Paulus, a.a.O., S. 307.
R 272 Otto Kuss, Dankbarer Abschied, a.a.O., S. 104.
R 273 Otto Kuss, Paulus, a.a.O., S. 443.
Jost Eckert, Die urchristliche Verkündigung im Streit zwischen Paulus und seinen Gegnern nach dem Galaterbrief, Pustet Verlag, Regensburg 1971, zit. n.: Otto Kuss, Paulus, a.a.O., S. 92.
R 274 Burton L. Mack, a.a.O., S. 206; 380.
275 Burton L. Mack, a.a.O., S. 211.
R 276 Hubert Frankemölle, Das jüdische Neue Testament und der christliche Glaube, a.a.O., S. 167.
276-278 Burton L. Mack, a.a.O.., S. 219f.
R 278 Wolfgang Stegemann, Gab es eine jüdische Beteiligung an der Kreuzigung Jesu?, in: Kirche und Israel 1/1998, S. 3-24.
278 Burton L. Mack, a.a.O., S. 216.
R 279 John Dominic Crossan, Wer tötete Jesus?, a.a.O., S. 256.
Burton L. Mack, a.a.O., S. 53.
Nico Rubeli-Guthauser, Er starb. Und die Gewalt seines Todes wiederholte sich. Ein Neutestamentler appelliert an das öffentliche Gewissen: John Dominic Crossans Streitschrift gegen Raymond E. Brown, in: Kirche und Israel 1/1998, S. 41 f.; 33.
R 280 John Dominic Crossan, Wer tötete Jesus?, a. a. O., S. 25 f
280-281 John Dominic Crossan, Jesus. Ein revolutionäres Leben, a.a.O., S. 198.
282 Ulrich Luz, Die Jesusgeschichte des Matthäus, Neukirchener Verlag, Neukirchen-Vluyn 1993, S. 165; 169.
R 289 Walter Simonis, Jesus Christus, wahrer Mensch und unser Herr. Christologie, Patmos Verlag, Düsseldorf 2004, S. 126.
292 Gerd Theißen, Die Religion der ersten Christen. Eine Theorie des Urchristentums, Gütersloher Verlagshaus, Gütersloh 2000, S. 192; 175.
R 291 Peter Trummer, »Das ist mein Leib«. Neue Perspektiven zu Eucharistie und Abendmahl, Patmos Verlag, Düsseldorf 2005, S. 172.
292-293 Gerd Theißen, Die Religion der ersten Christen, a.a.O., S. 229 f.
R 292 Peter Trummer, »das ist mein Leib«, a.a.O., S. 167 ff.
293 Gerd Theißen, Die Religion der ersten Christen, a.a.O., S. 98.
294 Herbert Haag, Worauf es ankommt. Wollte Jesus eine Zwei-Stände-Kirche?, Herder Verlag, Freiburg 1997, S. 80 f.
295 Vgl. Gerd Theißen, Die Religion der ersten Christen, a.a.O., S. 187.
297 Empedokles, Fragmente, zit. n.: Die Vorsokratiker, Bd. 2, hg. v. M. Laura Gemelli Marciano, Sammlung Tusculum, Artemis & Winkler, Düsseldorf 2009, S. 305/307.
R 297 Klaus Peter Jörns, Notwendige Abschiede. Auf dem Weg zu einem glaubwürdigen Christentum. Gütersloher Verlagshaus, Gütersloh 2004, S. 321; Umschlag.
R 298 Herbert Vorgrimler, Gott. Vater, Sohn und heiliger Geist, Aschendorff Verlag, Münster 2003, S. 90.
301 Klaus-Peter Jörns, a.a. O., S. 315f.
303 Pinchas Lapide, Auferstehung. Ein jüdisches Glaubenserlebnis. Calwer/Kösel, Stuttgart/München 1977, S. 32.
305 Paul Hoffmann, Art. Auferstehung II/1, in: TRE, IV, S. 499
308 Paul Hoffmann, Art. Auferweckung Jesu, in: Neues Bibel-Lexikon, hg. v. Manfred Görg und Bernhard Lang, Benziger Verlag, Bd. I, Zürich 1991, Sp. 202-215, hier: Sp. 207, 208, 209.
R 310 Gerd Lüdemann, Die Auferstehung Jesu. Historie, Erfahrung, Theologie, Radius Verlag, Stuttgart 1994, S. 97; ders., Ketzer, Die andere Seite des frühen Christentums, Radius Verlag , Stuttgart 1995, S. 82.
Eugen Drewermann, Tiefenpsychologie und Exegese Bd. 2, Walter Verlag, Olten 1991, S. 311f.
311 Willy Obrist, a.a.O., S. 263.
311-312 John Dominic Crossan, Jesus. Ein revolutionäres Leben, a.a.O., S. 217.
312 John Dominic Crossan, Der historische Jesus, a.a.O., S. 520.
R 314 Albert Schweitzer, Die Mystik des Apostels Paulus, Mohr Verlag, Tübingen 1930, S. IX f.
Karl Jaspers, Der philosophische Glaube, Piper Verlag, München 1948, S. 61
Wilhelm Nestle, Die Krisis des Christentums. Ihre Ursachen, ihr Werden und ihre Bedeutung, Hannsmann Verlag, Stuttgart 1947, S. 558.
314 Walter Simonis, Auferstehung und ewiges Leben? Die wirkliche Entstehung des Osterglaubens, Patmos Verlag, Düsseldorf 2002, S. 54; 61; 62.
R 315 Hans Küng, Der Anfang aller Dinge. Naturwissenschaft und Religion, Piper Verlag, München 2005, S. 225.
Dieter Wellershoff, a.a.O., S. 80.
316 Deutsches Allgemeines Sonntagsblatt, Nr. 18; 18. Mai 1998.
Walter Simonis, a.a.O., S. 11.
R 320 Emma Brunner-Traut, Pharao und Jesus als Söhne Gottes, in: dies., Gelebte Mythen. Beiträge zum altägyptischen Mythos. Wissenschaftliche Buchgesellschaft, Darmstadt 1981, S. 48.
322 Manfred Görg, Mythos, Glaube und Geschichte. Die Bilder des christlichen Credo und ihre Wurzeln im alten Ägypten, Patmos Verlag, Düsseldorf 1992, S. 145.
R 323 Emma Brunner-Traut, a.a.O., S. 39.
R 324 Manfred Görg, Die Barke der Sonne. Religion im alten Ägypten, Herder Verlag, Freiburg 2001, S. 74.
324 Eugen Drewermann, Dein Name ist wie der Geschmack des Lebens. Tiefenpsychologische Deutung der Kindheitsgeschichte nach dem Lukasevangelium, Herder Verlag, Freiburg–Basel–Wien 1986, S. 61.
R 325 Jan Assmann, Erinnertes Ägypten, Kulturverlag Kadmos, Berlin 2006, S. 43 f.
R 326 Adolf von Harnack, a.a.O., S. 140.
326 Übersetzung: Klaus Berger/Christiane Nord, a.a.O.
327 Herbert Vorgrimler, a.a.O., S. 92f.
328 Ebd., S. 113.
R 330 Johannes Röser, Christ in der Gegenwart 7/2009.
330 Norbert Brox, Jüdische Wege des altkirchlichen Dogmas, in: Kairos NF 26 (1984), S.13.
331 Dietmar W. Winkler, Ostsyrisches Christentum. Untersuchungen zur Christologie, Ekklesiologie und zu den ökumenischen Beziehungen der Assyrischen Kirche des Ostens (= Studien zur Orientalischen Kirchengeschichte 26), Münster 2003, S. 44.
Karl Holl, zit. n.: Gerd Lüdemann, Ketzer. Die andere Seite des frühen Christentums, Radius Verlag, Stuttgart 1995, Anm. 647.
Martin Noth, Geschichte Israels, Vandenhoek & Ruprecht, Göttingen, 5. Aufl. 1963, S. 386.
R 331 Paul Hoffmann, Die »Transzendenz« Gottes in der Verkündigung Jesu, in: Josef Bruhin u.a., Misere und Rettung, Edition Exodus, Luzern 2007, S. 125.
Michael Wyschogrod, Christologie ohne Antisemitismus?, in: Kirche und Israel 1/1992, S. 6f., 9.
R 332 H. M. Kuitert, Kein zweiter Gott. Jesus und das Ende des kirchlichen Dogmas, Patmos Verlag, Düsseldorf 2004, S.171.
332 Amos Oz, Eine Geschichte von Liebe und Finsternis, Suhrkamp Verlag, Frankfurt am Main 2002, S. 104 f.
David Flusser, Jesus, Rowohlt Taschenbuch Verlag, Reinbek bei Hamburg 1968.
333-334 Will Herberg, Ein Jude sieht auf Jesus (1966), in: Fritz A. Rothschild (Hg.), Christentum aus jüdischer Sicht, Institut Kirche und Judentum, Berlin 1995, S. 269; 271; 272; 273; 275.
335 Abraham Joshua Heschel, Erneuerung des Protestantismus: Eine jüdische Stimme (1963), in: Fritz A. Rothschild (Hg.), a.a.O., S. 315 f.
335-336 Abraham Joshua Heschel, Jüdischer Gottesbegriff und die Erneuerung des Christentums (1967), in: Fritz A. Rothschild (Hg.), a.a.O., S. 345 f.; 347 f.
R 336 Adolf von Harnack, a.a.O., S. 143; 145.
336 Otto Kuss, Dankbarer Abschied, a.a.O.
Paul Hoffmann, Jesus von Nazaret und die Kirche, a.a.O., S. 35 f.
R 338 Dorothee Sölle/Luise Schottroff, Jesus von Nazaret, Deutscher Taschenbuch Verlag, München 2000, S. 140 f.
339 Karl Rahner, Über die Schriftinspiration (Quaestiones disputatae 1), Herder Verlag, Freiburg 1958, S. 61.
R 340 Matthias Kroeger, a.a.O., S. 181.
340 Abraham Heschel, Erneuerung des Protestantismus, in: Fritz A. Rothschild (Hg.), a.a.O., S. 322 f.
341 Alfred Loisy, L'évangile et l'église, Paris 1902; unveränderter Nachdruck: Frankfurt am Main, 1973.
R 341 Gustav Mensching, Soziologie der Religion, Röhrscheid Verlag, Bonn 1968, S. 223 f.
Paul Hoffmann, Jesus von Nazaret und die Kirche, a.a.O., S. 142.
343 John Dominic Crossan, Der historische Jesus, a.a.O., S. 443.
R 344 Paul Hoffmann, Jesus von Nazaret und die Kirche, a.a.O., S. 177.
344 John Dominic Crossan, Der historische Jesus, a.a.O., S. 450 f.
R 345-346 Burton L. Mack, a.a.O., S. 309 f.; 312 f.; 315 f.; 320 f.
347 Günther Bornkamm, Paulus, a.a.O., S. 15.
R 347 Elaine Pagels/Karen L. King, Das Evangelium des Verräters. Judas und der Kampf um das wahre Christentum, C. H. Beck Verlag, München 2008, S. 16.
R 348 John Dominic Crossan, Jesus. Ein revolutionäres Leben, a.a.O., S. 146 f.
348 Günter Klein, Die zwölf Apostel. Ursprung und Gehalt einer Idee, Vandenhoek & Ruprecht, Göttingen 1961, S. 13.
349 Norbert Brox, Kirchengeschichte des Altertums, a.a.O., S. 94 f.
R 349 Joseph Ratzinger, Zur Lage des Glaubens. Ein Gespräch mit Vittorio Messori (1985), Herder Verlag, Freiburg 2007, S. 49.
Paul Hoffmann, Jesus von Nazaret und die Kirche, a.a.O., S. 169.
R 350 Joseph Ratzinger, Zur Lage des Glaubens, a.a.O., S. 167.
Klaus Schatz, zit. n.: Arnold Angenendt, Toleranz und Gewalt, a.a.O., S. 360.
350 Irenäus von Lyon, Wider die Häresien 3,3,1; 4, 26, 2.
R 351 Udo Schnelle, Paulus. Leben und Denken. De Gruyter Verlag, Berlin 2003, S. 103.
R 352 Otto Kuss, Paulus, a.a.O., S. 322.
352 Joseph Ratzinger (Benedikt XVI.), Glaube und Vernunft. Die Regensburger Vorlesung. Vollständige

Ausgabe, S. 17 f. © Libreria Editrice Vaticana, Città del Vaticano. © Verlag Herder GmbH, Freiburg i. Br., 2006.
353 Hermann Häring, Im Namen des Herrn, a.a.O., S. 185 f.
353-354 Abraham Joshua Heschel, Erneuerung des Protestantismus, in: Fritz A. Rothschild (Hg.), a.a.O., S. 316; 315 f.; 317.
354 Joseph Ratzinger, Der angezweifelte Wahrheitsanspruch. Die Krise des Christentums am Beginn des dritten Jahrtausends, in: Frankfurter Allgemeine Zeitung, 8.1.2000, zit. n.: Hermann Häring, Theologie und Ideologie bei Joseph Ratzinger, Patmos Verlag, Düsseldorf 2001, S. 44.
354-355 Joseph Ratzinger (Benedikt XVI.), Glaube und Vernunft. Die Regensburger Vorlesung. Vollständige Ausgabe, S. 28 f. © Libreria Editrice Vaticana, Città del Vaticano. © Verlag Herder GmbH, Freiburg i. Br., 2006. Hermann Häring, Theologie und Ideologie, a.a.O., S. 54.
R 355 Paul Hoffmann, Jesus von Nazaret und die Kirche, a.a.O., S. 173.
R 356 Reinhold Schneider, in: Karl-Josef Kuschel, Vielleicht hält Gott sich einige Dichter. Literarisch-theologische Porträts, Matthias Grünewald Verlag, Mainz 1991/1996, S. 244.
357 Paul Hoffmann (Hg.), Priesterkirche, Patmos Verlag, Düsseldorf 1987, S. 16f.
358 Ebd., S. 23ff.
R 358-359 Rudolf Lill, Glaube und historische Vernunft. Vom Umgang des Vatikan mit der Geschichte, in: Hans Zehetmair (Hg.), Glaube, Vernunft, Politik. Eine Verhältnisbestimmung, Herder Verlag, Freiburg 2009, S. 145 ff.
R 360 Paul Hoffmann, Jesus von Nazaret und die Kirche, a.a.O., S.178.
Übersetzung: Klaus Berger/Christiane Nord, a.a.O..
360-361 Elisabeth Schüssler-Fiorenza, Die Anfänge von Kirche, Amt und Priestertum in feministisch-theologischer Sicht, in: Paul Hoffmann (Hg.), a.a.O., S. 93 f.
364 D. Martin Luthers Werke. Kritische Gesamtausgabe. Weimar 1883 ff., (WA) 41, 210, 14-25.
Ebd., 41, 210, 17-21.
365 Gustav Mensching, Die Religion. Erscheinungsformen, Strukturtypen und Lebensgesetze, Schwab Verlag, Stuttgart 1959, S. 186.
R 366-367 Matthias Dobrinski, Oh Gott, die Kirche. Versuche über das katholische Deutschland. Patmos Verlag, Düsseldorf 2006, S. 95 ff.
366 Ludwig Ott, Grundriss der katholischen Dogmatik, Herder Verlag, Freiburg 2. Aufl. 1954, S. 315-335.
366-367 Josef Neuner/Heinrich Roos, Der Glaube der Kirche in den Urkunden der Lehrverkündigung, Pustet Verlag, Regensburg 4. Aufl.1954, Nr. 379.
367 Michael N. Ebertz, Die Bürokratisierung der katholischen »Priesterkirche«, in: Paul Hoffmann (Hg.), a.a.O., S. 132-163, hier: S. 156f.
R 368 Paul Hoffmann, Jesus von Nazaret und die Kirche, a.a.O., S. 175.
369-371 Albert Rouet, Auf dem Weg zu einer erneuerten Kirche, in: Reinhard Feiter/Hadwig Müller (Hg.), Was wird jetzt aus uns, Herr Bischof? Ermutigende Erfahrungen der Gemeindebildung in Poitiers, Schwabenverlag, Ostfildern 2009, S. 17-42.
R 370 Peter Bürger, Die fromme Revolte. Katholiken brechen auf, Publik-Forum, Oberursel 2009, S. 87.
R 372 Paul Hoffmann, Jesus von Nazaret und die Kirche, a.a.O., S. 171.
372 Manfred Josuttis, Der Pfarrer ist anders. Aspekte einer zeitgenössischen Pastoraltheologie. München 1982, 9, zit. n.: Paul Hoffmann (Hg.), a.a.O., S. 248.
372-373 Michael Weinrich, Das Priestertum ohne Priesteramt. Protestantische Anmerkungen zum praktizierten Protestantismus, in: Paul Hoffmann (Hg.), a.a.O., S. 242-258; hier: S. 257 f.
R 373-374 Die Zitate sind der Sendung von Michael Hollenbach im Deutschlandradio Kultur »Das evangelische Pfarrhaus – ein Abgesang« am 27. Juni 2009 entnommen.
373-374 Isolde Karle, zit. n.: Christ in der Gegenwart 3/2010.
374-375 Brigitte Röder/Juliane Hummel/Brigitta Kunz, Göttinnendämmerung. Das Matriarchat aus archäologischer Sicht, Droemer Knaur Verlag, München 1996, S. 19f.
375 Gerda Lerner, Die Entstehung des Patriarchats, Campus Verlag, Frankfurt am Main 1991, S. 49; 52; 79; 104f.
376-375 Vgl. Rainer Albertz, Religionsgeschichte Israels in alttestamentlicher Zeit, Vandenhoek & Ruprecht, Göttingen 1992, Bd. I., S. 132.
378 Judith Plaskow, Feministischer Antijudaismus und der christliche Gott, in: Kirche und Israel 1/1990, S. 17.
379 Luise Schottroff, Auf dem Weg zu einer Rekonstruktion der Geschichte des frühen Christentums, in: Luise Schottroff/Silvia Schroer/Marie-Theres Wacker, Feministische Exegese. Wissenschaftliche Buchgesellschaft, Darmstadt 1995, S.183.
R 379 Gianni Vattimo, Relativismus, a.a.O., S. 40.
381 Tertullian, De cultu feminarum, I, 1,2.
381-382 Augustin, De trinitate, 12.7.10.
382 Kurt Flasch, Augustin. Einführung in sein Denken, Reclam Verlag, Stuttgart 3. Aufl. 2003, S. 210 f.
383 Zit. n.: Gerda Lerner, a.a.O., S. 175.
385 Ebd., S. 67.
386 Ebd., S. 78.
R 387 Margret L. King, Frauen in der Renaissance. C.H. Beck Verlag, München 1993, S. 128.
Gerda Lerner, Die Entstehung des feministischen Bewusstseins. Vom Mittelalter bis zur ersten Frauenbewegung. Campus Verlag, Frankfurt am Main 1995, S. 98.
387 Die Werke der Hadewijch. Hg. u. übers. von Josef O. Plassmann, Hannover 1923, S. 35f.
387-388 Juliana von Norwich, zit n.: Gerda Lerner, Die Entstehung des feministischen Bewusstseins, a.a.O., S. 115.
388 Christine de Pizan, Das Buch von der Stadt der Frauen, Orlanda Frauenverlag, Berlin 1986, S. 55.
389 Ebd.
Anne Askew, zit. n.: Gerda Lerner, Die Entstehung des feministischen Bewusstseins, a.a.O., S. 183.
390 Jane Anger, zit. n.: ebd., S. 184.
Mary Astell, zit. n.: ebd., S. 191f.
390-391 Sarah Grimké, zit. n.: ebd., S. 196.
R 392 Kurt Marti, Ein Topf voll Zeit, a.a.O., S. 130 f.
392 Gerda Lerner, Die Entstehung des feministischen Bewusstseins, a.a.O., S. 200.
394-395 Elisabeth Gössmann, Geburtsfehler: weiblich, Iudicium Verlag, München 2003, S. 410 f.
R 395 Ebd., 410.
R 397 Jürgen Becker, im Interview mit der »Westfalenpost«, 3. März 2010.
R 398 Paul Hoffmann, Jesus von Nazaret und die Kirche, a.a.O., S. 33 f.
398-399 Karl Rahner, Sendung und Gnade, Tyrolia Verlag, Innsbruck 1959, S. 402 f.
R 399Burton L. Mack, a.a.O., S. 394 f.
402 Karl Müller/Theo Sundermeier (Hg.), Lexikon missionstheologischer Grundbegriffe, Reimer Verlag, Berlin 1987, S. 487.
403 John Dominic Crossan, Jesus. Ein revolutionäres Leben, a.a.O., S. 152.
404 Vilma Sturm, Barfuß auf Asphalt, Kiepenheuer & Witsch, Köln 1987. Zit. n. der Ausgabe dtv 104404, S. 267 f.
404-405 Ebd., 272 f.
405-406 Ebd., 273 ff.
406-407 Walbert Bühlmann, Weltkirche, Styria Verlag, Graz 1984, S. 32.
408 Ebd., S. 207.
Zitate: Ebd., S. 175.
409 Benezet Bujo, zit. n.: Thomas Seiterich-Kreuzkamp, Theologie und Kirche in Afrika, Publik-Forum 8/1994, S. 22-24, hier: S. 23.
R 410 Walbert Bühlmann, Wo der Glaube lebt. Einblicke in die Lage der WeltkircheHerder Verlag, Freiburg 1974, S. 192.
R 412 Walbert Bühlmann, Weltkirche. Neue Dimensionen. Modell für das Jahr 2001. Styria, Graz 1984, S. 201 f.
412 Walbert Bühlmann, Wo der Glaube lebt. Einblicke in die Lage der Weltkirche, Herder Verlag, Freiburg 1974, S. 189f.
413 Ernst Käsemann, Begründet der neutestamentliche Kanon die Einheit der Kirche?, in: EvTheol 11 (1951/52), S. 13-21, hier: S. 19 f.
R 413 Otto Kuss, Dankbarer Abschied, a.a.O., S. 71 f.
413-414 Hermann Häring, Glaube ja – Kirche nein. Die Zukunft christlicher Konfessionen. Wissenschaftliche Buchgesellschaft, Darmstadt 2002, S. 111.
R 415 Norbert Brox, Kirchengeschichte des Altertums, a.a.O., S. 138.
R 416 Johann Baptist Metz, Memoria passionis, a.a.O., S. 41.
416 Norbert Brox, Art.: Häresie, RAC, S. 248-297, hier: S. 251.
417 Walter Nigg, Das Buch der Ketzer. Artemis Verlag, Zürich 1949, S. 71.
R 417 Fulbert Steffensky, Bibelarbeit. Deutscher Evangelischer Kirchentag in Bremen, Manuskript, S. 7.
R 418 Fulbert Steffensky, Bibelarbeit, a.a.O.
418 Josef Nolte, Was ist kirchentrennend?, in: ders., Theologia experimentalis. Übergänge zu einer Metatheologie, Patmos Verlag, Düsseldorf 1975, S. 59.
R 419 Fulbert Steffensky, Bibelarbeit, a.a.O.
R 420 Edward Schillebeeckx, Menschen. Die Geschichte von Gott, Herder Verlag, Freiburg 1990, S. 8.
423 Hermann Häring, Theologie und Ideologie . . ., a.a.O., S. 123.
R 423 Leonardo Boff, in: imprimatur 8/2000.
Paul Hoffmann, Jesus von Nazaret und die Kirche, a.a.O., S. 175 f.
R 425 Thomas Meyer, Fundamentalismus – Aufstand gegen die Moderne, Rowohlt Taschenbuch Verlag, Reinbek bei Hamburg 1989, S. 157.
R 426 Klaus Kienzler, Der religiöse Fundamentalismus. Christentum, Judentum, Islam, C. H. Beck Verlag, München 1996, S. 47 f.
R 428 Richard McBrian, in: Herder Korrespondenz 1987, S. 372.
Leonardo Boff, Süddeutsche Zeitung, 17./18. 4. 2010, S. 8.
428 Karen Armstrong, Im Kampf für Gott. Fundamentalismus im Christentum, Judentum und Islam, Siedler Verlag, München 2004, S. 511 f.
R 429-430 Dorothee Sölle, Es muss doch mehr als alles geben. Nachdenken über Gott, Deutscher Taschenbuch Verlag, München 1995, S. 85 f.
431 Friedrich Nietzsche, Die Fröhliche Wissenschaft, in: Sämtliche Werke, hg. von Giorgio Colli und Mazzino Montinari, Berlin- New York 2. Aufl. 1988, S. 381.
432 Klaus Schreiner, Maria. Jungfrau, Mutter, Herrscherin, Hanser Verlag, München 1994, S. 468. Ebd., S. 469.
432-433 Michael Schmaus, Art. Aufnahme Marias in den Himmel, in: LThK2, Bd. 1, Sp. 1068-1072, hier: Sp. 1068; 1071.
Manfred Görg, Mythos, Glaube und Geschichte. Die Bilder des christlichen Credo und ihre Wurzeln im alten Ägypten, Patmos Verlag, Düsseldorf 1992, S. 110.
434 Klaus Schreiner, a.a.O., S. 496.
435 Ebd., S. 499ff.
R 435 Hermann Hesse, zit. n.: Klaus Schreiner, ebd., S. 494.
R 437 Günter Grass, Die Blechtrommel (1962), Suhrkamp Verlag, Frankfurt am Main 1964, S. 112.
437-438 Klaus Schreiner, a.a.O., S. 502.
438 Ebd., S. 504.
Friederich Theodor Fischer, zit. n.: ebd., S. 507.
439 Cees Nooteboom, zit. n.: Klaus Schreiner, ebd., S.11.
439 ff. Nach: Monika Hauf, Marienerscheinungen. Hintergründe eines Phänomens, Patmos Verlag, Düsseldorf 2006.
R 441 Patrick Dondelinger, Die Visionen der Bernadette Soubirous und der Beginn der Wunderheilungen in Lourdes, Pustet Verlag, Regensburg 2003, S. 67; 96; 98.
443-444 Karl Rahner, Visionen und Prophezeiungen (Quaestiones disputatae 4), Herder Verlag, Freiburg 1958, S. 9.
R 443 Blanche Merz, Orte der Kraft in der Schweiz, AT Verlag, Aarau 1998, S. 16; 24 f.
444 Dr. Formigão, zit. n.: Karl Rahner, Visionen und Prophezeiungen, a.a.O., S. 39.
Karl Rahner, ebd., S. 41f; 55.
R 444-445 Patrick Dondelinger, a.a.O., S. 105; 187; 113.
445 Carl Gustav Jung, Erinnerungen, Walter Verlag, Olten 1971, S. 299.
R 445 Ebd., S. 129.
446 Hermann Häring, in: Der Tagesspiegel, 17.4.2005.
448 Süddeutsche Zeitung, 10. Mai 2007.
R 448 Willigis Jäger, Die Welle ist das Meer, a.a.O., S. 154.
449 Arnold Angenendt, Heilige und Reliquien, C.H. Beck Verlag, München 2. Aufl. 1997, S. 181 f.
Johan Huizinga, Herbst des Mittelalters, Stuttgart 11. Aufl.1975, S. 256.
450 Frank N. Stein, Rasputin. Teufel im Mönchsgewand, Tosa Verlag, Wien 2003, S. 134.
451 Henri Troyat, Rasputin, Patmos Verlag, Düsseldorf 2002, S. 101.
451-452 Angaben nach der Internet-Seite medjugorje bolzano.it
R 452 Bruce Marshall, Das Wunder des Malachias, Jakob Hegner Verlag, Olten/Köln 1950, zit. n. der Ausgabe Fischer Taschenbuch Verlag, Frankfurt am Main 1953, S. 13.
Ernst und Marie-Luise Keller. Der Streit um das Wunder, Gütersloher Verlagshaus, Gütersloh 1968, S. 37 f.
R 453 Janwillem van de Wetering, zit. n.: Ulrich Schnabel, a.a.O., S. 467.
R 454 Allen Posener, im Interview mit dem PUR-Magazin.
454 Ulrich Schnabel, a.a.O., S. 50.
454-455 Ebd., S. 70 f.
455 Ebd., S. 74.
R 455 Ulrich Schnabel, a.a.C., S. 122 f.
R 456 A. van Harvey, The Historian and the Believer, New York 1966, zit. n.: Ernst und Marie-Luise Keller, a.a.O., S. 234.
456 Gopi Krishna/Carl Friedrich von Weizsäcker, Biologische Basis der Glaubenserfahrung, O.W. Barth Verlag, Bern 1971, S. 7-45.
Carl Friedrich von Weizsäcker, Aufbau der Physik, Deutscher Taschenbuch Verlag, München 1988, S. 602.
Hugo M. Enomiya, Zen-Buddhismus, J. P. Bachem, Köln 1966, S. 384.
457-458 Gopi Krishna, Kundalini. Erweckung der geistigen Kraft im Menschen (1983), Otto Wilhelm Barth/Scherz Verlag, Bern 2009, S. 192 f.
458 Ebd., S. 199.
459 Georges Minois, a.a.O., S.96 f.
461 Martin Scharfe, Über die Religion. Glaube und Zweifel in der Volkskultur, Böhlau Verlag, Köln/Weimar/Wien 2004, S. 217.
R 462-464 Tilmann Moser, Von der Gottesvergiftung zu einem erträglichen Gott. Psychoanalytische Überlegungen zur Religion, Kreuz Verlag, Stuttgart 2003, S. 153-156; 161f.; 174; 175.
462 Hansjürgen Verweyen, Theologie im Zeichen der schwachen Vernunft, Pustet Verlag, Regensburg 2000, S. 26.
463-464 Sigmund Freud, Die Zukunft einer Illusion, Gesammelte Werke XIV, S. Fischer Verlag, Frankfurt am Main 2. Aufl. 1999, S. 346 ff.
464-465 Tilmann Moser, Gottesvergiftung, Suhrkamp Verlag, Frankfurt am Main 1976, S. 28 f.
R 465 Johannes Hösle, Und was wird jetzt?, Geschichte einer Jugend, C. H. Beck Verlag, München 2002, S. 220.
467 Hermann Häring, Glaube ja – Kirche nein? Die Zukunft christlicher Konfessionen, Wissenschaftliche Buchgesellschaft, Darmstadt 2002, S. 50f.
R 467 Zit. n.: Dorothee Sölle, Und ist noch nicht erschienen, was wir sein werden. Stationen feministischer Theologie, Deutscher Taschenbuch Verlag 1987, S 138 f.
R 468 Hermann Kurzke/Jacques Wirion, a.a.O., S. 23 f.; 26 f.
469 Catherine Cornille, Mehrere Meister? Multiple Religionszugehörigkeit in Praxis und Theorie, in: Reinhold Bernhardt/Perry Schmidt-Leukel (Hg.), Multiple religiöse Identität, Theologischer Verlag Zürich, Zürich 2008, S. 21.
R 469 Ulrich Schnabel, a.a.O., S. 436-440.
R 470 Dietrich Bonhoeffer, Widerstand und Ergebung, Siebenstern-TB, München/Hamburg 1965, S. 179.
Die biographischen Skizzen zitieren aus folgenden Werken:

Franz Jägerstätter: Erna Putz, Franz Jägerstätter, »besser die Hände als der Wille gefesselt …«, Veritas Verlag, Linz/Passau 1987.
Vilma Sturm: Dies., Barfuß auf Asphalt. Kiepenheuer und Witsch, Köln 1981; Deutscher Taschenbuch Verlag, München 1985.
Otto Kuss: Ders., Dankbarer Abschied (Privatdruck), tuduv-Verlagsgesellschaft, München 1982.
Simone Weil: Angelika Krogmann, Simone Weil, Rowohlt Taschenbuch Verlag, Reinbek bei Hamburg 1970. Heinz Abosch, Simone Weil zur Einführung, Junius Verlag, Hamburg 1990.
Hugo Lassalle: Ursula Baatz, Hugo M. Enomiya-Lassalle. Ein Leben zwischen den Welten. Biographie, Benziger Verlag, Düsseldorf 1998.
Henri Le Saux: Das Feuer der Weisheit. Ein Benediktiner verbindet den lebendigen christlichen Glauben mit dem reichen spirituellen Erbe Indiens. O.W. Barth/Scherz Verlag, Bern 1979. Ders., Der Weg zum Anderen Ufer. Die Spiritualität der Upanishaden, Diederichs Verlag, Düsseldorf/Köln 1980. Ders., Das Geheimnis des heiligen Berges. Als christlicher Mönch unter den Weisen Indiens, Herder Verlag, Freiburg 1989. Christian Hackbarth-Johnson, Henri Le Saux/Swami Abhishiktananda, in: Reinhold Bernhardt/Perry Schmidt-Leukel (Hg.), Multiple religiöse Identität. Theologischer Verlag Zürich, Zürich 2008, S. 35-58.
Petra Mönigmann, Testament.
Helder Camara: José de Broucker, Dom Helder Camara. Die Leidenschaft des Friedensstifters, Styria Verlag, Graz 1971. Ders., Dom Helder Camara. Die Bekehrung eines Bischofs, Peter Hammer Verlag, Wuppertal 1978.
Heinrich Missalla, Nichts muss so bleiben, wie es ist. Mein katholisches Leben im 20. Jahrhundert, Publik-Forum, Oberursel 2009.
R 476-477 Fulbert Steffensky im Vorwort zu Vilma Sturm, Vorne – wo ist das? Landpresse, Weilerswist, o.J. (aber nach dem Tod von V. S.).
R 482 Otto Kuss, Dankbarer Abschied, a.a.O., S. 108.
R 483 Ebd., S. 140.
R 484-485 Josef Hainz, (Hg.), Unterwegs mit Paulus. Otto Kuss zum 100. Geburtstag. Pustet, Regensburg 2006, S. 268 ff.
R 487 Simone Weil, zit. n.: Dorothee Seelhöfer, in: Christ in der Gegenwart 7/2009, S. 77.
R 488 Simone Weil, zit. n.: Otto Betz, in: Christ in der Gegenwart 7/2009, S. 78.
Reinhold Schneider, zit. n.: Karl-Josef Kuschel, Vielleicht hält Gott sich einige Dichter, a.a.O., S. 280 f.
489 Knut Walf, Stille Fluchten. Zur Veränderung des religiösen Bewusstseins, Kösel Verlag, München 1983, S. 22.
491 Ebd., S. 36 f.
497 Josef Quint (Hg.), Meister Eckhart. Deutsche Predigten und Traktate, Hanser Verlag, München 1963, S. 286.
R 500 Juan Luis Cipriani, www.kreuz.net. Katholische Nachrichten, 31. 10. 2004.
R 504 Walbert Bühlmann, Von der Kirche träumen, Styria Verlag, Graz 1986, S.171 f.
505 Norbert Lüdecke, zit. n. Manuskript.
Werner Böckenförde, zit. n. Manuskript.
R 506 Alfred Delp, Das Schicksal der Kirchen, in: ders., Gesammelte Schriften, hg. v. Roman Bleistein, Frankfurt am Main, S. 318-323, hier: S. 318 f.
R 507 Dietrich Bonhoeffer, a.a.O., S. 152 f.
R 508 Antje Vollmer, zit. n.: DER SPIEGEL 52/1997. www.spiegel.de/spiegel/print/d-8848797.html
Dietrich Bonhoeffer, a.a.O., S. 134 f.; 174.
R 509 Fulbert Steffensky, Bibelarbeit, a.a.O., S. 8.
510 Herbert Fendrich, Was wird aus unseren Kirchen? Bistum Essen, Dokumente, 05/2006, S. 3; Download.www.BistumEssen.de.
511 Ebd.
512 Ebd.
R 512 Thomas Mann, Betrachtungen eines Unpolitischen, zit. n.: Hermann Kurzke, a.a.O., S. 24.
R 514 Rainer Fisch, Umnutzung von Kirchengebäuden in Deutschland. Eine kritische Bestandsaufnahme, Deutsche Stiftung Denkmalschutz, Bonn 2008, S. 132.
515 Hans Blankensteijn, Der Kirchenraum als städtische Agora, in: Die Wiederkehr des Genius Loci. Die Kirche im Stadtraum – die Stadt im Kirchenraum. Hg. v. Martin C. Meddens und Waldemar Wucher, Bauverlag, Wiesbaden/Berlin 1987, S. 145.
R 515 Rainer Fisch, a.a.O., S. 13.
516 Herbert Fendrich, Was wird aus unseren Kirchen?, a.a.O.
R 517 Rainer Fisch, a.a.O., S. 41.
517-518 Gustav Seibt, in: Süddeutsche Zeitung, 9. 6. 2008.
R 518 Frank W. Löwe, zit. n.: Rainer Fisch, a.a.O., S. 76. Rainer Fisch, ebd., S. 43.
R 519 Friedhelm Hengsbach, Gottes Volk im kirchlichen Exil, Imprimatur 3/2010, S. 142.
R 522 Peter Lengsfeld, in: ders., Wie Zen mein Christsein verändert, Herder Verlag, Freiburg 2004, S. 96.
552 Carlos Castaneda, Die Lehren des Don Juan, Fischer Taschenbuchverlag, Frankfurt am Main 14. Aufl. 1982 (mit sprachlichen Änderungen).
523 Willigis Jäger, Im Grund ist alles eins in Gott, in: Michael von Brück/Willigis Jäger/Niklaus Brantschen u.a., Wie Zen mein Bewusstsein verändert, Herder Verlag, Freiburg 2004, S. 60.
R 523 Matthias Kroeger, a.a.O., S. 281 f.
R 524 Johannes Röser, Einstein hat Folgen. Jenseits des Kinderglaubens: Gott, die Flut und der Kosmos, in: Christ in der Gegenwart 5/2005.
R 524-525 Angelus Silesius, Der cherubinische Wandersmann,
hg. v. Erich Brock, Diogenes Verlag, Zürich.
524-525 Dorothee Sölle, Das entprivatisierte Gebet, in: dies., Das Recht ein anderer zu werden, Luchterhand Verlag, Neuwied 1971, S. 130 ff.
525 Daisetz T. Suzuki, Wesen und Sinn des Buddhismus. Ur-Erfahrung und Ur-Wissen. Die Quintessenz des Buddhismus, Herder Verlag, Freiburg-Basel-Wien 1993, S. 40.
Josef Quint, Meister Eckhart, Deutsche Predigten und Traktate, Hanser Verlag, München 1978, Predigt Nr. 42.
525-526 Nikos Kazantzakis, Im Zauber der griechischen Landschaft, F.A. Herbig, München 4. Aufl. 1980, S. 88.
R 526 Reinhold Schneider, zit. n.: Karl-Josef Kuschel, Vielleicht hält Gott sich einige Dichter, a.a.O., S. 273.
Johannes Röser, Christ in der Gegenwart 7/2009.
Friedhelm Hengsbach, Gottes Volk …, a.a.O., S. 137.
526-527 Vilma Sturm, Barfuß, a.a.O., S. 259 f.
527 Fulbert Steffensky, Feier des Lebens. Spiritualität im Alltag, Kreuz Verlag, Stuttgart 8. Auflage 2003, S. 93; 95.
R 528 Hans Werner Henze, zit. n.: Matthias Kroeger, a.a.O., S. 284.
Matthias Kroeger, ebd.
Matthias Kroeger, a.a.O., S. 123.
529 Hermann Kurzke/Jacques Wirion, Unglaubensgespräche. Vom Nutzen und Nachteil der Religion für das Leben, C.H. Beck Verlag, München 2005, S. 232.
R 530-531 Fulbert Steffensky auf dem 32. Deutschen Kirchentag 2009 in Bremen, zit. n. Bibelarbeit, a.a.O., S. 6 f.
530 Das Liedgut der Tradition, in: Hermann Kurzke/Andrea Neuhaus (Hg.) Gotteslob-Revision, Franke Verlag, Tübingen und Basel 2003, S. 163.
Guido Fuchs, Fronleichnam, Pustet Verlag, Regensburg 2006, S. 33.
533 Meister Eckhart, Predigt Nr. 5, Bulle Johannes' XXIII., in: Josef Quint, a.a.O., S. 449 ff.
R 533 Dietrich Bonhoeffer, a.a.O., S. 178.
534 Meister Eckhart, Predigt 32, in: Josef Quint, a.a.O., S. 308; Predigt 7, ebd., S. 185.
536 Willigis Jäger, Suche nach dem Sinn des Lebens, Vianova Verlag, Petersberg 7. Aufl. 2004, S. 121.
537 Ernst von Glasersfeld, in: Paul Watzlawick (Hg.), Die erfundene Wirklichkeit. Wie wissen wir, was wir zu wissen glauben?, Piper Verlag, München 2006, S. 23.
R 537 George Steiner, Warum Denken traurig macht. Zehn (mögliche) Gründe. Suhrkamp Verlag, Frankfurt a.M. 2006, S. 72; 74.
538-539 Dorothee Sölle, Gegenwind. Erinnerungen, Hoffmann und Campe, Hamburg 1995, S. 302 f.
539 Dorothee Sölle, Mystik des Todes, a.a.O., S. 139 f. Ebd., S. 142.
R 539 George Steiner, a.a.O., S. 13.
540-541 Joseph Ratzinger, Einführung in das Christentum © 2000 Kösel-Verlag, München, in der Verlagsgruppe Random House GmbH, S. 295 f.
R 540 Bertram Stubenrauch, Was kommt danach? Himmel, Hölle, Nirwana oder gar nichts, Pattloch Verlag, München 2007, S. 226.
541 Arnold Angenendt, Heilige und Reliquien. Die Geschichte ihres Kultes vom frühen Christentum bis zur Gegenwart. C. H. Beck, München 1997, S. 308. Dort zit. Gisbert Greshake/Jakob Kremer, Resurrectio mortuorum. Zum theologischen Verständnis der leiblichen Auferstehung, Wissenschaftliche Buchgesellschaft, Darmstadt 1986, S. 267.
R 542 Mathias Schreiber, Was von uns bleibt. Über die Unsterblichkeit der Seele, Deutsche Verlagsanstalt, München 2008, S. 20.
543 Jan Assmann, Ägypten. Eine Sinngeschichte, Hanser Verlag, München 1996; Fischer-TB 1999, S. 82.
543-544 Jan Assmann, Ägypten, a.a.O., S. 93.
546 Karl Erich Grözinger, Jüdisches Denken, a.a.O., S. 200; 202.
R 548 Mathias Schreiber, a.a.O., S. 128.
549 Bernhard Lang, Himmel und Hölle. Jenseitsglaube von der Antike bis heute, C. H. Beck, München 2003, S. 43 f.
R 552 Hermann Kurzke/Jacques Wirion, Unglaubensgespräch, a.a.O., S. 22.
Marcel Reich-Ranicki, zit. n.: Mathias Schreiber, a.a.O., S. 25.
552 Georges Minois, Die Hölle. Zur Geschichte einer Fiktion, Eugen Diederichs Verlag, München 1994, S. 370.
553 Konzil von Florenz, Bulle »Cantate Domino«, DH 1351. Heinrich Denzinger, Kompendium der Glaubensbekenntnisse und kirchlichen Lehrentscheidungen, hg. v. Peter Hünermann, Herder Verlag, Freiburg-Basel-Rom-Wien 37. Aufl. 1991, S. 468.
R 553 Nikolai Berdjajew, zit. n.: Bernhard Lang, Himmel und Hölle. Jenseitsglaube von der Antike bis heute, C. H. Beck Verlag, München 2003, S. 85.
553-554 Zit. n.: Yves Congar, in: Georges Minois, Die Hölle, a.a.O., S. 390.
R 555 Otto Kuss, Dankbarer Abschied, a.a.O., S. 119 f.
R 556 Willigis Jäger, Die Welle ist das Meer, a.a.O., S. 94.
556 Jean Guitton, zit. n.: Georges Minois, Die Hölle, a.a.O., S. 405.
Jean-Paul Sartre, Geschlossene Gesellschaft, Rowohlt Taschenbuch Verlag, Reinbek bei Hamburg 1986, S. 60 ff.
R 558-559 Pim van Lommel, Interview mit Astrid Viciano, in: Der Stern, 28. September 2009.
558-559 Sabine Mehne, in: Günter Ewald, Nahtoderfahrungen – Hinweise auf ein Leben nach dem Tod?, Topos plus Verlagsgesellschaft/Matthias-Grünewald-Verlag, Ostfildern 2008 (m. Ä.).
560 Pim van Lommel, Endloses Bewusstsein, Patmos Verlag, Düsseldorf 2009, S. 23.
561 Alexandra David-Néel, Unsterblichkeit und Wiedergeburt. Lehren und Bräuche in China, Tibet und Indien. Brockhaus Verlag, Wiesbaden 1962, S. 55 f.
R 562 Mathias Schreiber, a.a.O., S. 89.
562 Mahabharata, XII. 181,12-16; zit. n.: Helmut Zander, Geschichte der Seelenwanderung in Europa. Wissenschaftliche Buchgesellschaft, Darmstadt 1999, S. 31.
Bhagavadgita II, 22; zit. n.: Zander, ebd.
563 Gesetzbuch des Manu, zit. n.: Zander, ebd., S. 30.
Tukaram, zit. n.: Zander, ebd., S. 33.
Wilhelm Dilger, zit. n.: Zander, ebd., S. 36.
R 566 Hans Kessler, in: Norbert Copray (Hg.), Baustelle, a.a.O., S. 142.
566-567 Origines, zit. n.: Zander, ebd., S. 142.
R 568 Nach Eugen Drewermann, Wenn die Götter Sterne wären, a.a.O., S. 250.
Mathias Schreiber, a.a.O., S. 35 f..
Dietrich Bonhoeffer, Widerstand, a.a.O., S. 167.
568 Michael von Brück, Ewiges Leben oder Wiedergeburt?, Herder Verlag, Freiburg 2007, S. 276 f.
569-570 Eberhard Jüngel, Tod, Kreuz Verlag, Stuttgart-Berlin 1973, S. 54.
R 569 Martin Walser, zit. n.: Mathias Schreiber, a.a.O., S. 24.
Reinhold Schneider, zit. n.: Karl-Josef Kuschel, a.a.O., S. 274.
Dieter Wellershoff, a.a.O., S. 80.
570 Hans-Martin Barth, Dogmatik, a.a.O., S. 360.
571 Eberhard Jüngel, a.a.O., S. 151.
R 572 Mathias Schreiber, a.a.O., S. 143.
Marie Luise Kaschnitz, Kein Zauberspruch, Insel Verlag, Frankfurt am Main 1972, S. 57.
572 Willigis Jäger, Die Welle ist das Meer, a.a.O., S. 180.
Sabine Mehne, a.a.O.
573 Don Cupitt, Nach Gott. Die Zukunft der Religion, Deutscher Taschenbuch Verlag, München 2004, S. 111.
Editorial »Der Samen«, Christ in der Gegenwart 43/2008, S. 480.
R 573 Robert Musil, Der deutsche Mensch als Symptom, Hamburg 1967, zit. n.: Josef Nolte, a.a.O., S. 248.
Hermann Kurzke/Jacques Wirion, a.a.O., S. 23.
Fulbert Steffensky, Wo kommst du her, und wo willst du hin? Bibelarbeit zu 1. Mose 16,1-16. 32. Deutscher Evangelischer Kirchentag in Bremen 2009, zit. n. Bibelarbeit, a.a.O., hier: S. 8.
R 574 Jakob Burckhardt, Weltgeschichtliche Betrachtungen, Berlin 1965, S. 148.
Hubert Frankemölle, Studien zum jüdischen Kontext neutestamentlicher Theologien, a.a.O., S. 43.
575-576 Jules Isaac, Jesus und Israel, Paris 1946. Dt. Ausgabe: Zürich/Wien 1968, S. 461 f.
R 576 Paul Celan, Tenebrae, zit. n.: John Felstiner, Paul Celan. Eine Biographie, C. H. Beck Verlag, München 1997, S. 140 f.
576 Johann Baptist Metz, Memoria passionis, a.a.O., S. 39.
R 577Interpretation nach John Felstiner, a.a.O., S. 141 ff.
R 579 Sergio Quinzio, a.a.O., S. 71.
Walter Simonis, Über Gott und die Welt. Gottes- und Schöpfungslehre, Patmos Verlag, Düsseldorf 2004, S. 43; 47.
580 Paul Tillich, Systematische Theologie, Evangelisches Verlagswerk, Stuttgart 1958, Bd. II, S. 104; 120; 123.
Günter Waldmann, Christliches Glauben und christliche Glaubenslosigkeit. Philosophische Untersuchungen zum Phänomen des christlichen Glaubensvorgangs und zu seiner Bedeutung für die Situation der Gegenwart, Niemeyer Verlag, Tübingen 1968, S. 320 f.
584 Joseph Ratzinger (Benedikt XVI.), Glaube – Wahrheit – Toleranz, Das Christentum und die Weltreligionen, S. 115, 137 f. © Libreria Editrice Vaticana, Città del Vaticano. © Verlag Herder GmbH, Freiburg i. Br., 4. Auflage 2005.
585 Benedikt XVI. in der für die römische Universität »La sapienza« bestimmten, aber nicht vorgetragenen Rede von 2008: www.vatican.va/holy_father/benedict_xvi/speeches/2008/january/documents/hf_ben-xvi_spe_20080117_la-sapienza_ge.html
R 585Hermann Kurzke/Jacques Wirion, a.a. O., 234.
586 Jürgen Habermas, in: Neue Zürcher Zeitung 10./11.2.2007, S. 71-72.
586-587 Gianni Vattimo, Jenseits des Christentums, a.a.O., S. 93; 95; 106f; 134.
589 D. Martin Luther, WA 17/II, S. 161-172, zit. n.: Hans-Martin Barth, Dogmatik, a.a.O., S. 83.
R 590 Adolf Erman, Die Religion der Ägypter. Ihr Werden und Vergehen in vier Jahrtausenden, De Gruyter Verlag, Berlin/Leipzig 1934, S. 368.
590 Manfred Görg, Der Kollaps eines Klerus. Zu einem Musterfall der Religionsgeschichte. in: Paul Hoffmann (Hg.), Priesterkirche, a.a.O., S. 229 f.
592 Jean Gebser, a.a.O., S. 70.
593 Richard Tarnas, a.a.O., S. 505.
R 593 Abraham Heschel, Jüdischer Gottesbegriff und die Erneuerung des Christentums, in: Fritz A. Rothschild (Hg.), a.a.O., S. 348.

Die Bibelzitate folgen der Einheitsübersetzung (Stuttgart 1979), soweit nicht anders angegeben.
Die frühchristlichen Schriften werden zitiert nach Klaus

Berger/Christiane Nord, Das Neue Testament und frühchristliche Schriften, Insel-Verlag, Frankfurt am Main und Leipzig, 5. Aufl. 2001.
Die Texte des Zweiten Vatikanischen Konzils werden zitiert nach Karl Rahner/Herbert Vorgrimler, Kleines Konzilskompendium. Sämtliche Texte des Zweiten Vatikanums, Herder Verlag, Freiburg-Basel-Wien 1966.
Die Beschlüsse der Würzburger Synode nach Gemeinsame Synode der Bistümer in der Bundesrepublik Deutschland (1971-1975), Herder Verlag, Freiburg-Basel-Wien 1976.

Abbildungsverzeichnis

5 (u.) © Succession Picasso / VG Bild-Kunst, Bonn 2010
7 (o.) © VG Bild-Kunst, Bonn 2010
9 Markus Nowak © KNA-Bild
10 (o.) Parking. Aus: Martial Leiter: Moderne Welt. Zeichnungen. © Limmat Verlag, Zürich 1989
11 © Robert Rauschenberg / VG Bild-Kunst, Bonn 2010
13 Quint Buchholz, BuchBilderBuch. Geschichten zu Bildern. 45 farbige Bilder mit 45 Texten von Herbert Achternbusch bis Paul Wühr. Mit einem Vorwort von Michael Krüger. © 2004 Sanssouci im Carl Hanser Verlag München
17 © John Reader / SPL / Agentur Focus
19 © The Natural History Museum, London
26 (o.) Göbekli Tepe. Copyright: DAI, Orient-Abteilung/Dieter Johannes
26 (u.) © Michael J. O'Kelly.
36 (o./u.) © bpk
43 © Zygmunt Januszewski
45 © VG Bild-Kunst, Bonn 2010
51 René Magritte, Die unsichtbare Welt, 1953/1954. Privatbesitz Houston/USA. Fotograf: © Westermann - ARTOTHEK. © VG Bild-Kunst, Bonn 2010
53 © Stasys Warschau
56 Illustration: © Claudio Gnani_developdesign.ch
57 Konrad von Soest. Foto: akg-images
59 (l.) © Succession Picasso / VG Bild-Kunst, Bonn 2010
60 © Deutscher Taschenbuch Verlag, München
67 Bamberg, Dom, Georgenchorschranke: Blendarkaden um 1230, Prophetenreihe. © Bildarchiv Foto Marburg
68 Immanuel Kant. Foto: akg-images
72 (u.) »Meditierender buddhistischer Mönch« © by Fritz Kortler
75 Hans Erni, Zeicheninstrumente mit Kopf eines Engels von Piero della Francesca, 1975 © by Courtesy of Hans Erni, 6006 Luzern
77 Apsis des Domes von Monreale. © Foto: Erwin Böhm, Mainz
78 (u.) © VG Bild-Kunst, Bonn 2010
79 © VG Bild-Kunst, Bonn 2010
81 © VG Bild-Kunst, Bonn 2010
82 © VG Bild-Kunst, Bonn 2010
84 © VG Bild-Kunst, Bonn 2010
90 © Münchner Stadtmuseum, Sammlung/Graphik/Plakat/Gemälde
98 Von Generation zu Generation, 1968/69 by Samuel Bak. Image Courtesy of Pucker Gallery. www.puckergallery.com
99 Jericho round tower, 80. © The Ancient Art and Architecture Collection Ltd, UK-Middlesex
100 (o.) © The Israel Museum, Jerusalem
100 (u.) Wandmalerei aus dem Grab des Rekhmere. Foto: akg-images / Erich Lessing
101 (o.) Mauern von Arad und die salomonische Festung. Foto: akg-images / Erich Lessing
102 © Stiftung BIBEL + ORIENT, Freiburg (Schweiz)
103 Amun-Reichstempel, Karnak. Foto: akg-images / Erich Lessing
108 (r.) © Annemarie und Josef Schelbert
118 © Bibliotheca Rosenthaliana, Special Collections, Universiteit van Amsterdam
124 School: Saint Ambrose Scourging Heretics and Mystic Marriage of Saint Catherine - detail (Saint Ambrose). Milan, Pinacoteca di Brera © 2010 Photo Scala, Florence - courtesy of the Ministerio Beni e Att. Culturali
125 Meister des hl. Petrus, um 1280, Siena. Foto: akg-images / Rabatti-Domingie
126 Karikatur. Holzstich nach Wilhelm Scholz (1824-1893). Aus: Kladderadatsch, 22. Jg. Nr. 51, Berlin, 14.11.1869, S. 208. Berlin, Slg. Archiv für Kunst & Geschichte. Foto: akg-images
136 (u.) © Landesamt für Denkmalpflege und Archäologie Sachsen-Anhalt, Juraj Lipták
137 (u.) © EMB-Archiv, Adligenswil (CH)
139 Michael Mathias Prechtl, Galileo Galilei, Brecht & Ei, 1982. © Frydl Prechtl-Zuleeg
140 Michael Mathias Prechtl, Johannes Kepler, 1981. © Frydl Prechtl-Zuleeg
141 (o.) © bpk
142 (o.) © Spiegel-Verlag Rudolf Augstein GmbH & Co. KG, Hamburg
142 (u.) © Salvador Dalí, Fundació Gala-Salvador Dalí / VG Bild-Kunst, Bonn 2010
145 © Bundesministerium für Bildung und Forschung 2008
148/149 © Bundesministerium für Bildung und Forschung 2008
157 © Annemarie und Josef Schelbert
158 Josef H. Reichholf: Das Rätsel der Menschwerdung. Zeichnungen von Fritz Wendler. © 1990 Deutscher Taschenbuch Verlag, München
160 Josef H. Reichholf: Das Rätsel der Menschwerdung. Zeichnungen von Fritz Wendler. © 1990 Deutscher Taschenbuch Verlag, München
162 © Spiegel-Verlag Rudolf Augstein GmbH & Co. KG, Hamburg
166 picture-alliance / dpa / epa Sabangan © dpa - Fotoreport
167 © Will Mc Bride, Berlin
171 © VG Bild-Kunst, Bonn 2010
173 © VG Bild-Kunst, Bonn 2010
177 © 2010 The Andy Warhol Foundation for the Visiual Arts, Inc. / Artists Rights Society (ARS), New York
179 David Mcdermott & Peter Mcgough, »Face of God, 1928«, 1990,
Oil on canvas, 112 x 107 cm, © Courtesy Galerie Bruno Bischofberger, Zurich
180 (o.) Sonnenscheibe, Amun-Re und Skarabäus, Theben-West, Tal der Könige. Foto: akg-images / François Guénet
180 (u.) Echnaton (1364-1347 v. Chr.). Königsfamilie bei einem Opfer für Aton. Kairo, Ägyptisches Museum. Foto: akg-images / Erich Lessing
185 Dieter Franck, »Der Mensch durchbricht die Himmel (nach einem alten Holzschnitt)« in: Dieter Franck/Friedrich Weinreb, »Zeichen aus dem Nichts«, Verlag der Friedrich Weinreb Stiftung, Zürich 2006
187 © KNA-Bild
189 © VG Bild-Kunst, Bonn 2010
190 © VG Bild-Kunst, Bonn 2010
191 (l.) Sch'ma Yisrael 1991 by Samuel Bak. Image Courtesy of Pucker Gallery. www.puckergallery.com
193 © Roland & Sabrina Michaud / Agentur Focus
201 © Staatliches Museum für Völkerkunde München, Inv.Nr.: 68-9-1, Foto: S. Autrum Mulzer (Ausschnitt)
204 © VG Bild-Kunst, Bonn 2010
209 © VG Bild-Kunst, Bonn 2010
211 © The Munch Museum / The Munch Ellingsen Group / VG Bild-Kunst, Bonn 2010
215 © VG Bild-Kunst, Bonn 2010
217 Aus: Zvi Kolitz, Jossel Rackowers Wendung zu Gott. Illustrationen: Tomi Ungerer © 2008 Diogenes Verlag AG, Zürich
222 © bpk / SBB
225 © Kate Rothko-Prizel & Christopher Rothko / VG Bild-Kunst, Bonn 2010
227 M.C. Escher´s »Bond of Union« © 2010 The M.C. Escher Company-Holland. All rights reserved. www.mcescher.com
229 © VG Bild-Kunst, Bonn 2010
233 Study I, 1995 by Samuel Bak. Image Courtesy of Pucker Gallery. www.puckergallery.com
239 Arcabas, polyptyque des Pélerins d'Emmaüs, Le Repas (détail), Torre de Roveri, Italie © VG Bild-Kunst, Bonn 2010 / Foto: © Dr. Richard Cleave, Nikosia (Zypern).
241 David Friedrich Strauß (1808-1874), Porträtaufnahme, um 1868. Berlin, Slg. Archiv für Kunst & Geschichte. Foto: akg-images
242 (u.) © VG Bild-Kunst, Bonn 2010
244 © Annemarie und Josef Schelbert
245 © Annemarie und Josef Schelbert
247 © Annemarie und Josef Schelbert
252 © Annemarie und Josef Schelbert
256 Foto: © Inge Bruland
257 © Ogando/laif
261 © picture-alliance
267 © VG Bild-Kunst, Bonn 2010
272 Foto: akg-images / André Held
282 © VG Bild-Kunst, Bonn 2010
289 (l.) Codex Purpureus: Last Supper and Washing of the Feet. Rossano, Cathedral © 2010 Photo Scala, Florence
290 Staatsgalerie Stuttgart © Foto: Staatsgalerie Stuttgart
291 © Salzburg Museum
296 © VG Bild-Kunst, Bonn 2010
299 (o.) Foto: Rheinisches Bildarchiv Köln
300 (o.) Foto: Rheinisches Bildarchiv Köln
300 (u.) © bridgemanart.com
301 © Georg Baselitz
305 Foto: Dietrich Klatt, Celle
311 Lovis Corinth, Der rote Christus, 1922. Pinakothek der Moderne, München. © Blauel/Gnamm - ARTOTHEK
313 © VG Bild-Kunst, Bonn 2010
317 © VG Bild-Kunst, Bonn 2010
322 London, British Museum / EMB-Archiv, Adligenswil (CH)
325 © PantherMedia/Peter H.
328 © www.kunstverlag-peda.de
333 Michael Mathias Prechtl (1926-2003), Hermann Kesten im Café, 1979. © Frydl Prechtl-Zuleeg
337 © Arnulf Rainer
342 © Annemarie und Josef Schelbert
343 © Annemarie und Josef Schelbert
352 © bpk, Foto: Jürgen Liepe
356 © VG Bild-Kunst, Bonn 2010
357 (l./r.) © VG Bild-Kunst, Bonn 2010
361 The Roman Eastern Emperor Constantine IV, with his brothers Heraclius, Tiberius III, and Justinian II, Assigning Privileges of the Church of Ravenna to the Bishop Reparatus. Ravenna, Church of Sant' Appollinare in Classe © 2010 Photo Scala, Florence - courtesy of the Ministerio Beni e Att. Culturali
366 © Christa Stauber
367 © Christa Stauber
368 © Jupp Wolter (Künstler), Haus der Geschichte, Bonn
369 © www.kunstverlag-peda.de
370 © CCC,www.c5.net
371 © VG Bild-Kunst, Bonn 2010
376 (l.) © Stiftung BIBEL + ORIENT, Freiburg (Schweiz)
380 Candace Carter, Frauenaltar, 1991/1992. © VG Bild-Kunst, Bonn 2010
381 Foto: Dietrich Klatt, Celle
385 Giovanni di Paolo (um 1403-1482), Die Heilige Katharina von Siena, Bagnoregio. Foto: akg-images / Pirozzi
393 © KNA-Bild
394 Jean du Bos vor Maria. Amiens, 1438. Foto: akg-images / Erich Lessing
395 © Aufbau Verlag
396 © ddp images/AP Photo/Paul Vernon
400 (o.) © Steyl Bildarchiv, München
400 (u.) Matteo Ricci. Kupferstich um 1602. Foto: akg-images
401 Foto: Roland R. Ropers
404/405 © 2010 The Andy Warhol Foundation for the Visiual Arts, Inc. / Artists Rights Society (ARS), New York
406 (u.) Foto: Copyright Michael Albus, Heidesheim
410 (l.) © Crispin Hughes/Panos Pictures, 2010
410 (r.) © Imago / Image broker
411 Mother Teresa with mothers and children in her Mission in Calcutta India. © Tim Graham / Alamy
414 Die vier Evangelisten by Samuel Bak. Image Courtesy of Pucker Gallery. www.puckergallery.com
417 Der Friede mahnt die Kirchen zur Toleranz, Gemälde um 1600-1625. Utrecht, Museum Catharijneconvent. Foto: akg-images
421 Flight from Berlin, 1990-91 by Samuel Bak. Image Courtesy of Pucker Gallery. www.puckergallery.com
424 © Georg Bubolz
426 © Foto:Banning/laif
433 © Stiftung BIBEL + ORIENT, Freiburg (Schweiz)
434 © Stiftung BIBEL + ORIENT, Freiburg (Schweiz)
435 © bpk
439 The Virgin of Guadalupe. Guadalupe, Monastery © 2010 Photo Scala, Florence
449 © ullstein bild - AP
457 © VG Bild-Kunst, Bonn 2010
459 © Georg Bubolz
460 (u.) © Fotograf Axel Schulten. Mit freundlicher Genehmigung der Schönhauser Promotion GmbH
461 picture-alliance/ dpa / Klaus-Dietmar Gabbert © dpa - Report
463 © VG Bild -Kunst, Bonn 2010
475 © ullstein bild - B. Friedrich
489 Foto: Roland R. Ropers
493 Foto: Roland R. Ropers
498 © Bernd Arnold
505 © Heinrich Missalla
509 © GLÜCKUNDSELIGKEIT
510/511 © Tobias Trapp Werbefotografie, Oldenburg
513 © FISCH, Rainer, in: Ders., Umnutzung von Kirchengebäuden in Deutschland. Eine kritische Bestandsaufnahme. Bonn: Monumente Publikationen der Deutschen Stiftung Denkmalschutz, 2009
514 © FISCH, Rainer, in: Ders., Umnutzung von Kirchengebäuden in Deutschland. Eine kritische Bestandsaufnahme. Bonn: Monumente Publikationen der Deutschen Stiftung Denkmalschutz, 2008
515 © FISCH, Rainer, in: Ders., Umnutzung von Kirchengebäuden in Deutschland. Eine kritische Bestandsaufnahme. Bonn: Monumente Publikationen der Deutschen Stiftung Denkmalschutz, 2010
520 (o.) © Foto: Stefan Müller-Naumann, München
520 (u.) © www.florian-holzherr.com
521 © www.florian-holzherr.com
525 © L & M SERVICES B.V. The Hague 20100806
530 (o.) © picture-alliance / Bildagentur Huber. Foto: Bildagentur Huber/Thiele
531 © VG Bild Kunst, Bonn 2010
532 © VG Bild Kunst, Bonn 2010
534 © VG Bild Kunst, Bonn 2010
535 © VG Bild-Kunst, Bonn 2010
538 Ferdinand Hodler (14.3.1853-19.5.1918), Die Nacht, 1890. Öl auf Leinwand. 116 x 299 cm. © Kunstmuseum Bern, Stadt Bern
544 © EMB-Archiv, Adligenswil (CH)
546 (o.) © Werner Forman Archiv / Musees Royaux du Cinquantenaire, Brussels
548 Foto: Rheinisches Bildarchiv Köln
549 (o.) © EMB-Archiv, Adligenswil (CH)
550 © P. Schälchli, Zürich
551 © VG Bild-Kunst, Bonn 2010
555 Robert Delaunay, Kreisformen (Sonne, Mond), 1913/1931, Öl auf Leinwand, 200 x 197 cm, (c) 2010 Kunsthaus Zürich
557 © VG Bild-Kunst, Bonn 2010
564 © Martin Brauen
570 © VG Bild-Kunst, Bonn 2010
578 © courtesy Galerie EIGEN + ART Leipzig/Berlin / VG Bild-Kunst, Bonn 2010
581 © VG Bild-Kunst, Bonn 2010
583 © VG Bild-Kunst, Bonn 2010
587 © Bernhard Till Schargorodsky, Herzberg
586 © Luis Murschetz
589 © courtesy Galerie EIGEN + ART Leipzig/Berlin / VG Bild-Kunst, Bonn 2010
591 M.C. Escher´s »Liberation« © 2010 The M.C. Escher Company-Holland. All rights reserved. www.mcescher.com

Wir danken allen Rechteinhabern und Verlagen für die freundliche Genehmigung zum Nachdruck. Trotz intensiver Bemühungen ist es uns nicht gelungen, alle Rechteinhaber zu ermitteln. Wir bitten daher um Verständnis, wenn wir gegebenenfalls erst nachträglich eine Abdruckhonorierung vornehmen können.